KB235689

프로에게 배우는

PC 리모델링

PC Remodeling

김중태 지음

프로에게 배우는

PC 리모델링

PC Remodeling

http://pcre.bookbee.co.kr

"프로에게 배우는 PC리모델링"

eBeecom Publishing
3thFL, Sung-Mun Bldg, 96-26 Sinseol-dong, Dongdaemun-gu, Seoul, Korea
First Edition Printed 2002
Printed in Korea

초판인쇄 / 2002년 8월 30일
초판발행 / 2002년 9월 10일

발행인 / 강기원
발행처 / 도서출판 이비컴
주소 / (130-811) 서울 동대문구 신설동 96-26 성문빌딩 302호
전화 / 02-2254-0658, 팩스 / 02-2254-0634

저자 / 김중태
기획 / 김중태, 이비컴 기획팀
진행 / 김재덕, 이현정
Photo / 김중태, 김재덕
표지디자인 / 빛과 소금
편집디자인 / 디자인합(hoplus.com)
제작 / 강기원
마케팅 / 지운집, 안종남, 송선미

인쇄 / 평화당인쇄주식회사 이일수
출력 / 예일정판 이기호
제본 / 성민문화사 이해진

출판등록 2002.4.9 제 6-0596호
ISBN 89-89484-22-7
전자우편 : help@bookbee.co.kr
서포터사이트 : http://pcre.bookbee.co.kr
홈페이지 : http://www.bookbee.co.kr

값 25,000원

십 수 년 전에 저는 컴퓨터에 대해 아는 것이 없던 컴맹이었습니다. 그런 제가 어느날 컴퓨터를 배워보겠다고 세운상가를 찾았습니다. 당시에는 애플과 IBM이 함께 팔리던 시절로 컴퓨터에 일자무식인 저는 어떤 기종을 사야할 지도 몰랐습니다. 결국 며칠 동안 컴퓨터 상가를 돌아다니다가 마음씨 좋아보이는 종업원이 있는 가게에 들어가서 종업원이 권하는대로 컴퓨터를 샀습니다. 이것이 제가 산 첫 번째 컴퓨터인 IBM XT입니다.

이후 저는 컴퓨터 관련 서적을 여러 권 낸 컴퓨터 필자가 되었지만 아직도 저는 컴퓨터 고수가 아닙니다. 제 전공 분야는 시와 소설이며 컴퓨터가 아니기 때문입니다. 그런 제가 전공과는 먼 컴퓨터 서적을 내는 이유는 역설적으로 제가 컴퓨터를 잘 모르기 때문입니다. 컴퓨터를 모르기 때문에 이런 책이 나왔으면 좋겠다는 생각을 자꾸 하게 되고, 이런 생각이 모여 컴퓨터 책을 집필하는 동기가 되었던 것입니다.

이 책 역시 컴퓨터를 잘 모르는 사람을 위한 하드웨어 책으로 기획되었습니다. 아마 제가 컴퓨터 고수였다면 이 책에서 구입, 조립, 색칠하기와 같은 초보자 과정을 다루지 않고 중급자나 고급자를 위한 튜닝 작업에 관해 다루었을 겁니다. 그렇지만 컴퓨터 고수가 아니기에 초보자가 가장 필요로 하는 구입 요령부터 다루고 있는 것입니다.

이 책에는 제가 컴퓨터를 배우면서 보고 느낀 경험을 정리했습니다. 내게 필요한 컴퓨터 사양을 판단하는 방법과 구입, 조립, 분해, 리모델링, 에러 처리 과정을 정리했습니다. 컴퓨터를 처음 접하는 분들이나 컴퓨터 초보자라고 생각하는 분들을 위한 하드웨어 입문서라 할 수 있습니다. 하드웨어를 다루고자 하는 여러분에게 도움이 되었으면 좋겠습니다.

이번 판에서 부족한 점은 다음 판에 보완하여 더욱 나은 책으로 만들겠습니다. 책이 나올 수 있도록 힘써주신 이비컴 사장님과 직원 여러분들에게 감사드립니다. 늘 제게 힘이 되는 가족과 독자 여러분에게도 감사의 말씀을 전합니다. 모든 분들에게 감사드립니다.

2002년 8월 8일 김중태

저자 인터뷰

"최고의 Dr 하드웨어! 김중태의 몸으로 익히는 책"

1. 필자로서 이 책에 대해 간략히 소개한다면?

제가 알고 있는 하드웨어 관련 지식과 경험 중에서 하드웨어를 다루는 방법을 정리한 책입니다. 실제로 하드웨어를 손으로 만지면서 가장 많이 겪거나 필요로 하는 부분을 다룬 책이라고 볼 수 있습니다.

2. 지금까지 여러 권의 좋은 하드웨어 책을 집필하였는데 이 책이 그 책과 다른 점이 있다면?

제가 쓴 '하드웨어 팔만대장경' 은 하드웨어에 관한 정보를 수록한 백과사전으로 하드웨어에 관한 지식을 정리하여 이를 독자에게 전하는 것이 목적이었습니다. 반면 이 책은 지식이 아니라 하드웨어 관련 체험과 경험을 전하는 것이 목적입니다. 따라서 이전 책은 머리로 보는 책이고 이번 책은 몸으로 익히는 책이라는 점이 다릅니다.

3. PC리모델링은 아직 국내 PC사용자들에게 생소할지 모르는데 PC리모델링에 있어 사용자는 어떤 점에 주목해야하나?

많은 사용자들이 좋은 PC를 가지고도 활용하지 못하고 있습니다. PC리모델링은 자신이 사용하는 PC를 좀더 잘 활용하자는 의미를 담고 있습니다. 적은 비용으로 기존의 PC에 대한 만족감을 올리고, PC리모델링을 통해 PC 사용 기간을 연장함으로써 환경 오염을 줄이고 자원 낭비를 막을 수 있습니다. 또한 PC리모델링 과정을 통해 PC에 대한 지식을 향상시키고, PC의 가치를 향상시킬 수 있습니다. 최종적으로 자신이 사용하는 PC를 최대한 활용하는 자세를 정립시키는 것이 PC리모델링의 목표라고 할 수 있습니다.

4. 책에서 보면 PC구입이나 분해, 조립, 업그레이드 등 PC사용자에 대한 배려가 남다른데 그렇게까지 상세하게 제시한 이유는?

컴퓨터 책은 어떤 책이라도 쉽고 자세하게 설명을 해야 한다고 생각합니다. 저도 모르는 내용이 있으면 책을 보면서 처음부터 하나씩 배웁니다. 독자들 역시 모르는 것이 있기에 책을 보는 것이라 생각합니다. 책 내용을 모두 알거나 이해한다면 책을 볼 필요가 없겠죠. 모르는 것이 있어 뭔가 배워보려고 책을 보는 독자들에게 어려운 용어나 간단한 설명으로 책을 진행한다면 책을 보지 말라는 소리와 같습니다. 그래서 저는 이 분야에 대해 잘 모르는 사람이 이 책을 보더라도 이해할 수 있도록 책을 씁니다. 그 결과로 독자의 입장을 배려한 책이 나오는 것이라 생각합니다.

5. 필자가 볼 때 베스트 PC 사용자란? (관리부분에서)

자신에게 필요한 PC 사양을 잘 알고, 자신이 사용하고 있는 PC를 잘 활용하고 있는 사용자입니다. 훌륭한 사용자는 자신에게 필요한 사양을 잘 알기 때문에 꼭 필요한 내용만 적절한 시기에 업그레이드 합니다. 때문에 적은 비용으로 큰 만족을 얻으며, 불필요하게 낭비하는 부품도 없습니다. 여기에 직접 부품을 교체하거나 간단한 고장을 진단할 수 있는 실력을 갖춘다면 최고의 PC 사용자라 말할 수 있겠죠.

interview

6. 우리나라 PC 사용자의 하드웨어 PC 활용 수준과 부탁의 말이 있다면?

우리나라 PC 사용자의 하드웨어 활용 수준은 매우 높은 편이라고 생각합니다. 하드웨어에 대하여 잘 알고 있고, 잘 활용하는 편입니다. 아쉬운 점은 최신 PC 중심으로 활용이 이루어지고 있는 점입니다. 이 때문에 구형 PC에 대한 정보를 다루는 경우가 적으며, 구형 PC의 수명이 매우 짧습니다.

또 한 가지 아쉬운 점은 하드웨어의 기본적인 원리에 대한 공부가 부족한 점입니다. 예를 들어 국내 사용자는 CD롬드라이브의 벤치마크 결과에 대해서는 매우 해박한 지식을 가지고 있습니다. 그렇지만 배속의 기준이 왜 '150KB/초'여야 하며, CD롬드라이브가 왜 불합리하게 선속도 일정 운동 방식을 채택하고 있는지에 대해서 잘 아는 분은 적습니다. 이런 기본 원리를 모르고 있는 상태에서는 배속을 비롯한 CD롬드라이브의 성능을 제대로 평가할 수 없습니다. 국내 사용자들이 하드웨어의 기본 원리부터 공부를 시작하여 기초가 좀더 튼튼해진다면 더욱 훌륭한 사용자가 될 것이라고 생각합니다.

7. 필자는 다양한 집필활동과 대외활동을 하는데 독자를 위해 자신을 소개한다면?

저는 컴퓨터 관련 서적을 쓰고 있지만 컴퓨터에 능통한 사람이 아닙니다. 제 약력을 보신 분은 알겠지만 저는 국문학도로 우리말과 우리글에 관심이 많은 사람입니다. 그래서 한글운동을 한 적도 있고 개인 시집을 낸 적도 있습니다. 지금도 시와 소설을 쓰기 위해 준비 중입니다. 컴퓨터하고는 거리가 먼 편이죠.

그런 제가 컴퓨터 관련 서적을 쓰고 있는 이유는 제가 컴퓨터를 모르기 때문이라 생각합니다. 제 책을 보신 독자들은 책이 쉽고 재미있다고 과분하게 평을 해주시는데, 이는 제가 초보자 입장에서 바라보는 것이 가능하고 글쓰기가 전공 분야였기 때문이라고 생각합니다. 물론 앞으로도 컴퓨터 관련 글을 쓰는 동안에는 제가 컴퓨터를 처음 배울 때의 마음으로 글을 쓰고자 노력할 것입니다.

8. PC사용자나 독자들이 필자와 만나려면?

독자들을 위하여 개인 홈페이지를 운영하고 있습니다. '도와주세요119(www.HELP119.com)' 사이트로 접속하시면 여러분을 위한 공간이 마련되어 있습니다.

- 1965년 태어남
- 1984년 서강대 국문학과 들어가 1991년 마침
- 컴퓨터 프로그래머와 시인, 한글운동가로 활동했음
  - 〈이야기〉〈태백한글〉〈새롬데이터맨〉 등에서 사용하는 각종 글꼴 제작 배포
  - 최초의 전자시집인 〈사랑바보에게 보내는 편지 1.0〉을 발행한 디지털 시인
  - 최초의 컴퓨터 컬러잡지인 〈말사랑글사랑〉 발행
  - 〈글과생각〉에 2년간 낱말실력을 기르는 방법인 〈어휘력쑥쑥〉을 연재했으며, 〈포스데이타〉〈꿈따라〉〈한글소식〉 등 여러 매체에 한글과 문화 관련 컬럼 연재
  - 〈한겨레신문〉〈경향신문〉 등에 2년간 컴퓨터 관련 컬럼을 연재한 것을 비롯하여, 〈HOW PC〉〈창비문화〉〈말〉〈브리태니커 백과사전〉〈디지털타임즈〉〈CNet Korea〉등의 여러 매체에서 컴퓨터 컬럼니스트로 활동
- 현재 김중태 컴퓨터 문화원 원장
- 그 동안 낸 책

  〈컴국지〉〈자바스크립트 이야기〉〈신 하드웨어 팔만대장경〉〈C언어 이야기〉〈C++ 이야기〉〈CD레코딩 체험수기〉〈우리 아기 홈페이지 만들기〉〈누구나 할 수 있는 PC통신과 인터넷〉〈김중태의 통신이야기〉〈사랑바보에게 보내는 편지〉〈야그야그〉
- 웹사이트 주소 : http://www.help119.com(도와주세요119)

기획자 노트

"누구나 할 수 있는 PC분해와 리모델링, 당신도 누구나에 한 사람일뿐입니다."

pcBee라는 PC전문포탈사이트(www.pcbee.co.kr)에 잠시 관여할 때 필자를 오랜만에 만났었습니다. 이미 수년 전부터 필자의 컴퓨터 하드웨어에 관한 책을 익히 보고 팬(Fan)이 된지라 그에 대한 신뢰는 남달랐구요.

기존에 모 출판사에서 출간된 〈하드웨어 팔만대장경〉이라는 책을 보고 정말 놀란 적이 있었습니다. 그 방대한 자료와 하드웨어 지식을 정리하고 집필한다는 것이 놀라웠고 그러한 책이 국내에 출간되게 된 것도 컴퓨터를 사용하는 한 사람으로서 반가운 일이었습니다. 아직도 그 책은 컴퓨터 책 중에 몇 안되는 스테디셀러라고 자부합니다

지난 겨울 그의 사무실에서 PC리모델링과 튜닝에 대한 이야기를 몇 시간 동안 신나게 나눈 기억이 납니다. 그 때의 주고받았던 이야기가 어느 새 한 권의 책이 되어 이제 독자 여러분에게 선보이기를 목전에 두고 있습니다.

기획에 들어가면서 이미 필자와 공유했지만 이 책을 진행하면서 다른 책들과 사뭇 많이 다름을 느낄 수 있었습니다.

첫째 PC조립에 대한 부분에서 분해를 빼놓지 않았다는 점입니다. 대부분의 책들이 조립에만 신경을 썼지 사용자의 개성 있는 활용, 즉 중고PC 활용이나 업그레이드 등을 고려한 분해에 관한 부분은 잘 언급하지 않습니다. 조립에도 효율적 기술들이 요구되지만 분해에도 역시 노하우가 필요하다고 느꼈습니다.

둘째, PC리모델링입니다. 물론 기획 단계에서 PC튜닝 부분도 고려 했지만 사용자에게 다소 위험스러운 일이라 간단히 소개만 하였고, 대신 매우 흥미로운 PC리모델링을 다뤘다는 점이죠. 집이나 사무실에서 잠자고 있는 구형 PC나 주변 기기, 그리고 현재 사용하고 있는 PC를 좀더 감각적이고 개성 있게 사용할 수 있도록 한 PC리모델링 테크닉은 이 책의 핵심적 내용이기도 합니다. 아마 국내 하드웨어 관련 책 중에서 이런 부분은 처음 다루는 내용이 아닐까 생각됩니다.

셋째, 별책부록에서는 각 부품별 에러증상과 퇴치법을 다뤘고 윈도우의 고질적 VDX 에러에 대한 총체적인 문제점을 짚어 주었는데, 이 부분은 아주 인상적이었습니다. 또한 업그레이드 부분에서 서술되는 각 부품에 대한 역사나 종류 등은 〈하드웨어 팔만대장경〉의 요약판처럼 간결하게 정리된 느낌이었습니다.

어느 것 하나 버릴 것 없는 원고를 보면서 필자의 꼼꼼함에 반했고, 사용자에 대한 배려 있는 해설에 뿌듯했습니다. 필자는 어떤 책을 쓰든지 항상 개념을 중시합니다. 개념을 제대로 알지 못하면 뿌리가 약해 응용력이 떨어지고 결국 껍데기를 배운 것에 지나지 않는다고 늘 충고합니다. 이제까지 출간된 그의 랭귀지 책이든, 하드웨어 책이든 그는 한번도 그러한 원칙에서 벗어남이 없습니다. 이 책 역시 그러한 원칙에서 예외는 아니더군요.

note

PC Remodeling Inside

PC를 구입해야 한다면

PC 구입의 첫걸음은 PC에 대한 필요성과 더불어 필요한 PC의 성능을 꼼꼼히 따져보는 일입니다.

비용이 들더라도 멋진 시스템을 갖고 싶다면 시스템을 교체 할 수 있습니다.

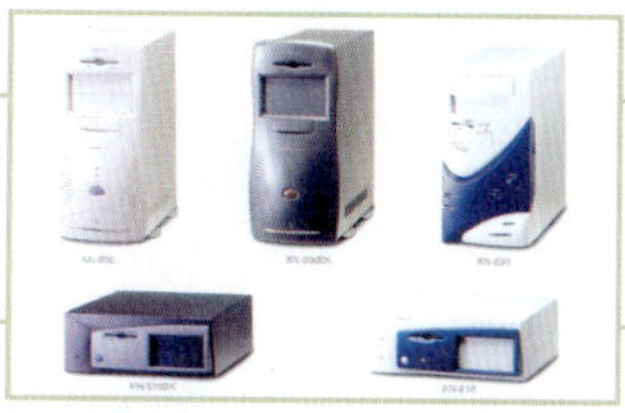
늘 사용하는 PC가 싫증난다면 케이스를 바꿔 변화를 줄 수 있습니다.

기업에서 사용한다면 AS문제를 고려해 대기업 PC를 구입하는 것이 좋습니다.

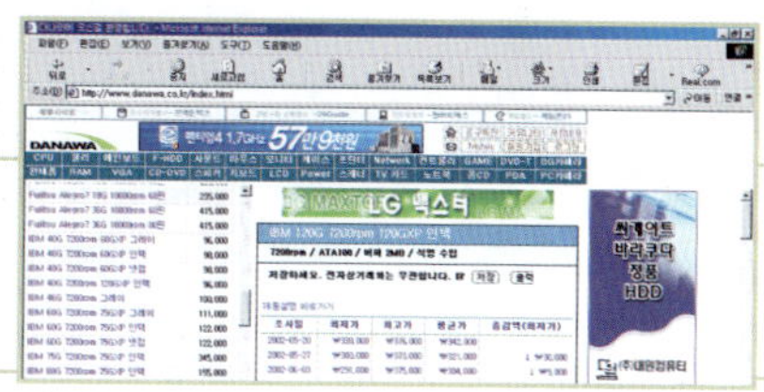
가격 비교 사이트의 가격과 실제 판매가격이 다를 수 있습니다.

PC를 조립해야 한다면

PC 조립은 싼 가격으로 원하는 부품을 얻을 수 있으며, 조립과정을 통해 컴퓨터 지식을 넓히고 스스로 쉽게 업그레이드 할 수 있습니다.

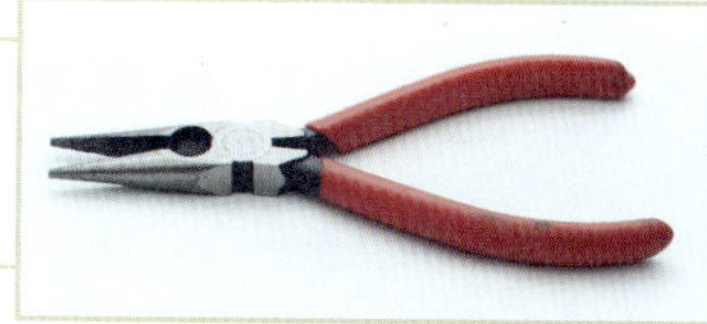
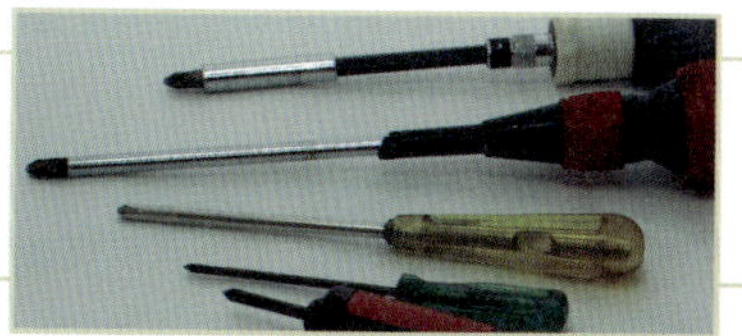
PC조립에 필요한 도구들

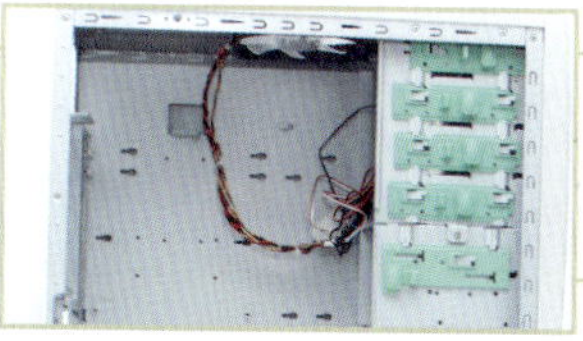

케이스 옆면 뚜껑을 떼어낸 상태. 주기판을 장착할 면입니다.

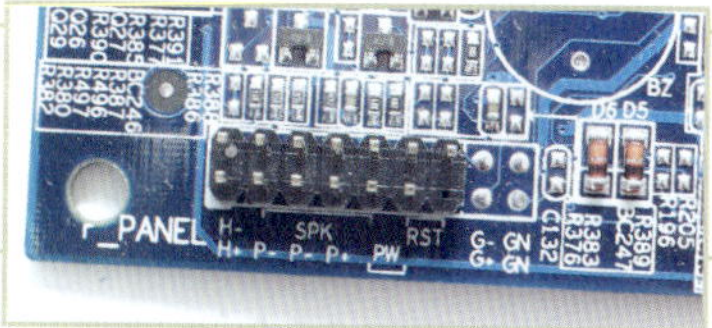

설명서를 보고 주기판의 깜박이 단자를 찾습니다.

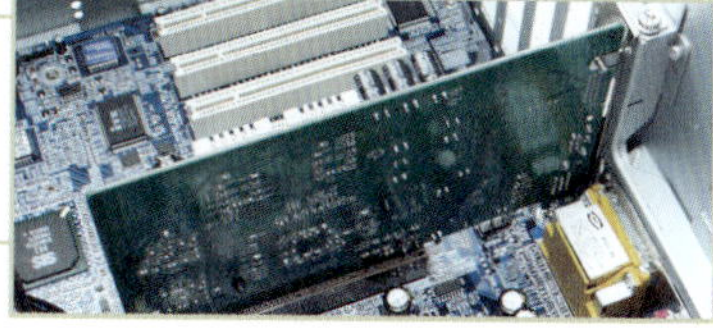
나사를 조여 그래픽카드 장착이 끝난 상태입니다.

내부 케이블 정리용 타이 제품들

타이를 이용하여 내부 케이블을 깔끔하게 정리한 상태

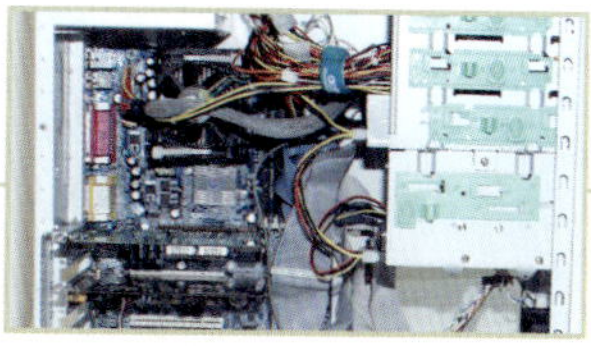

PC를 분해해야 한다면 혹은 업그레이드해야 한다면

분해는 업그레이드를 위하여 꼭 필요한 행위입니다. 등산할 때보다 하산할 때가 더 주의해야 하고 어렵듯이 분해는 조립보다 어렵고 많은 주의가 요구됩니다. 그러나 한번 익혀두면 요긴하게 활용할 수 있습니다.

전원 콘센트에서 전원 코드를 빼는 것이 가장 중요한 첫번째 순서입니다.

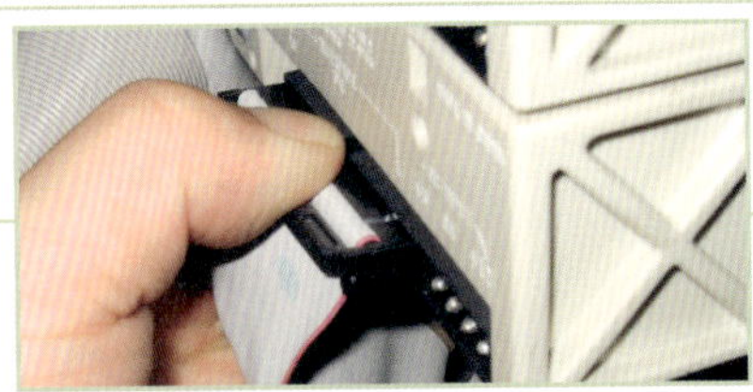
하드디스크 케이블을 뺄 때는 커넥터의 좌우를 잡거나 위아래를 잡고 당겨야 합니다.

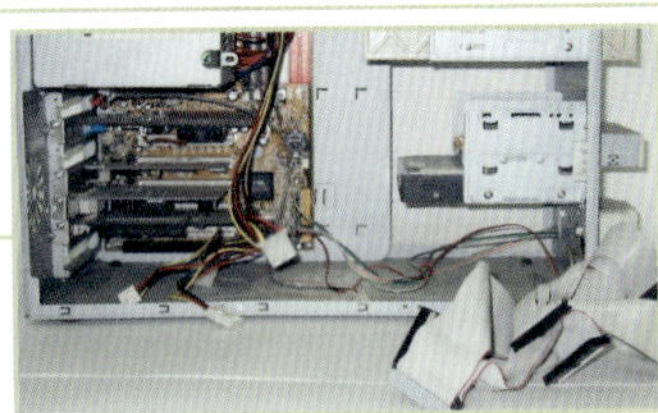
각종 케이블이 분리된 상태입니다.

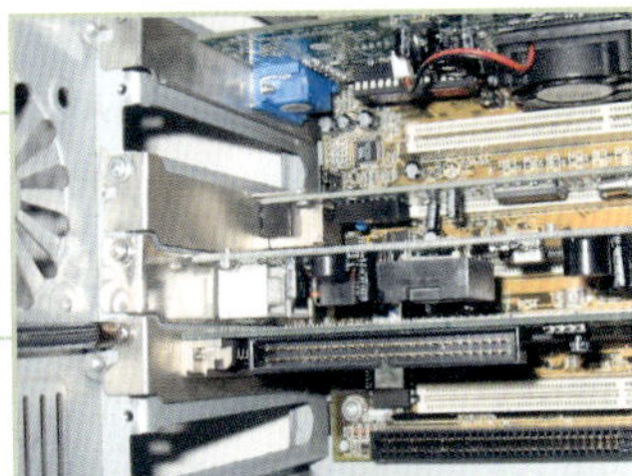
슬롯에 장착된 카드들. 고정 나사를 풀 때는 자석 드라이버를 이용하는 것이 좋습니다.

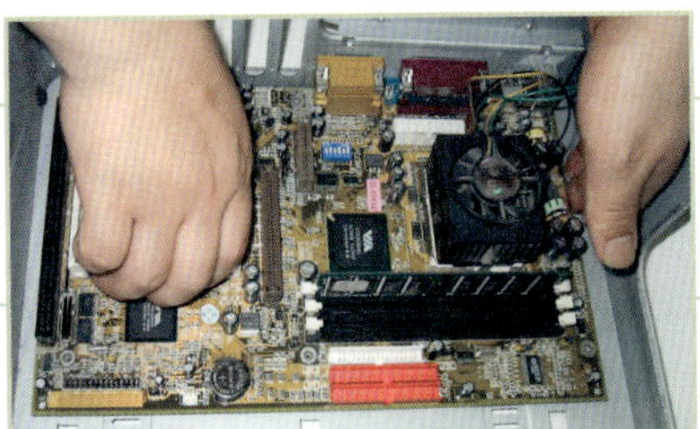
주기판의 부품이 손상되지 않도록 주기판 기판 부분이나 슬롯부분을 잡고 들어올립니다.

소켓 레버를 들어올리고 CPU를 분리합니다.

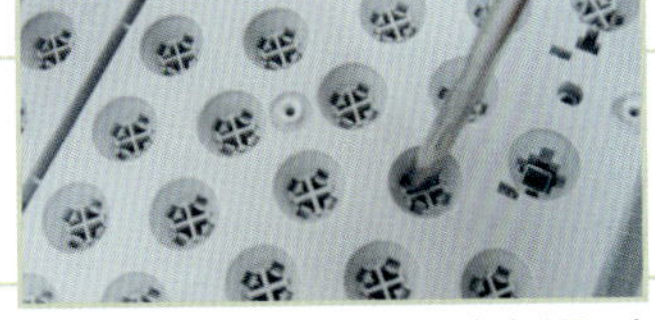
키를 분리할 때는 일자 드라이버를 이용하여 하나씩 들어올립니다.

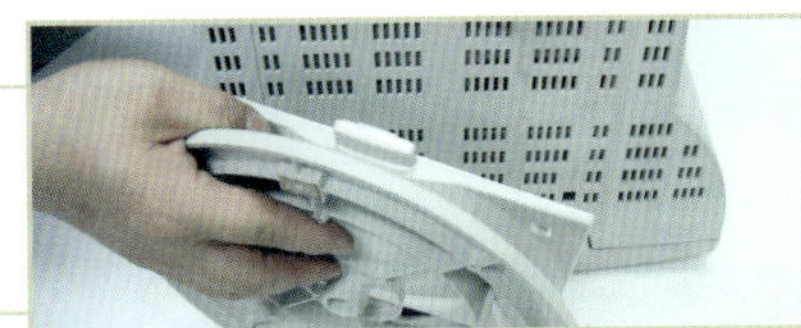
모니터 케이스가 분리된 상태

PC를 깔끔히 청소하려면

PC리모델링의 기본은 청소입니다. 깨끗하게 청소하는 것만으로도 PC는 새로운 느낌을 줍니다.

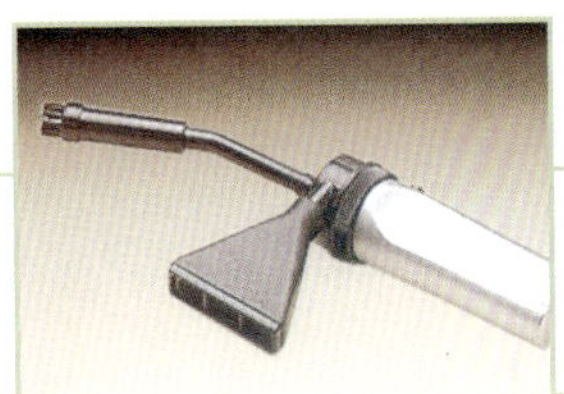

PC청소를 위한 도구들

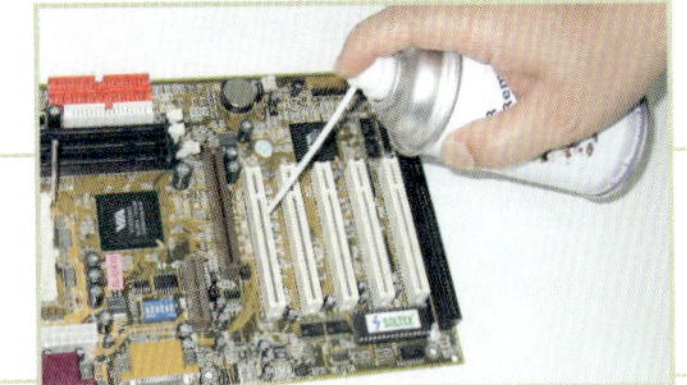
슬롯이나 구석에 낀 먼지는 먼지 제거기의 압축공기로 털어냅니다.

전원공급기 팬에는 엄청난 양의 먼지가 쌓여있습니다.

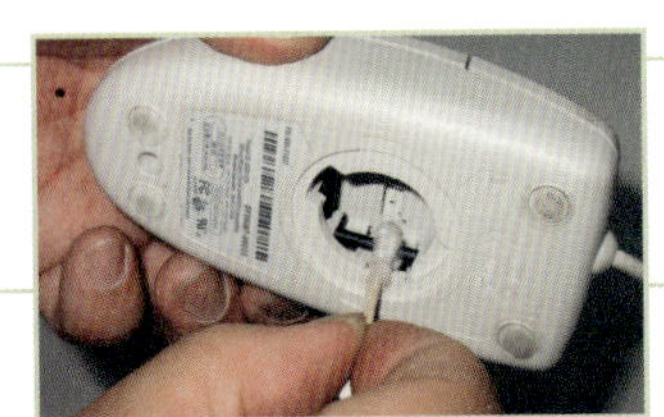
마우스 내부의 롤러에 묻은 이물질은 면봉 등을 이용하여 닦아줍니다.

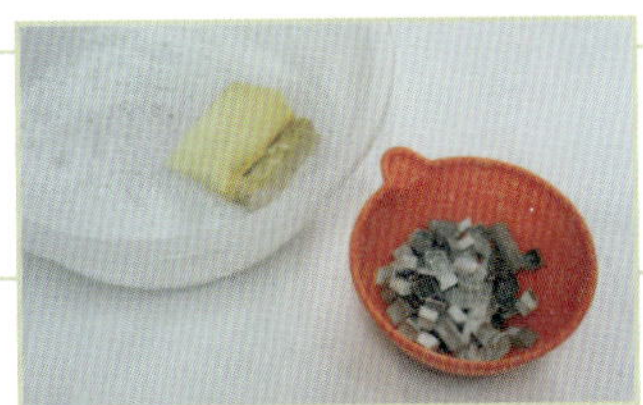
대야에 키보드 키를 넣고 세제 탄 물에 담가 수세미로 잘 닦습니다.

개성 있는 PC리모델링을 하려면

색칠은 가장 손쉬우면서도 가장 효과 높은 PC리모델링 기술입니다. 낡은 부분을 손질하고 약간의 기능 개선을 통해 신선한 만족감을 느낄 수 있습니다.

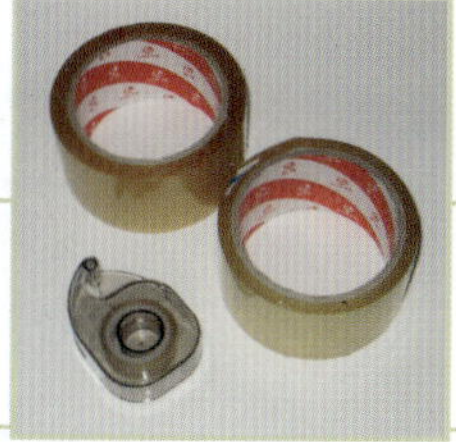

리모델링에 필요한 도구들

키보드 리모델링-고급스런 키보드로 변신한 모습(변경 전/변경 후)

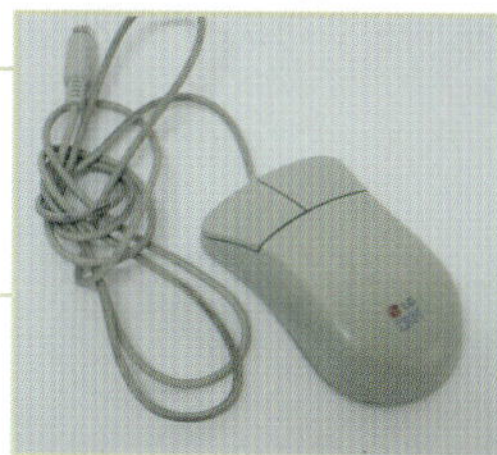
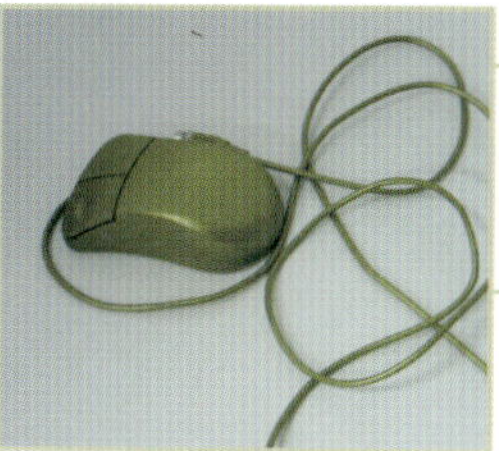
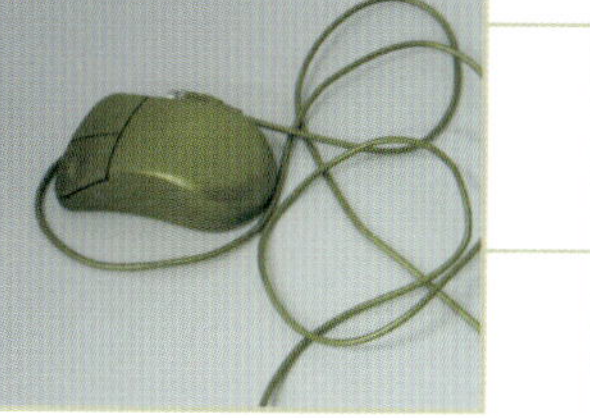

마우스 리모델링-칠하기 전과 칠이 끝난 상태의 모습

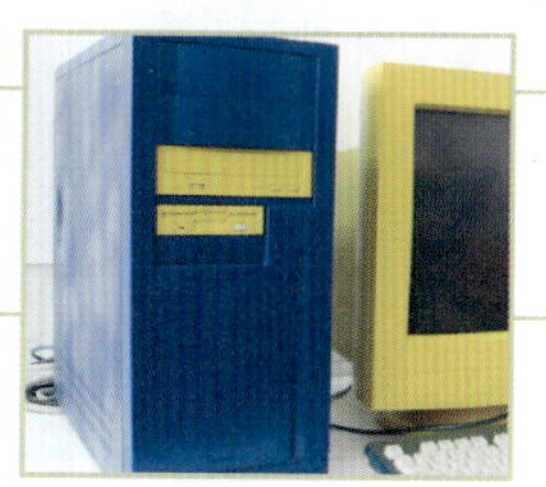

본체 리모델링-칠하기 전과 칠이 끝난 상태의 모습(미들타워용, 스탠다드형)

모니터 리모델링-칠하기 전과 칠한 후의 모니터 상태

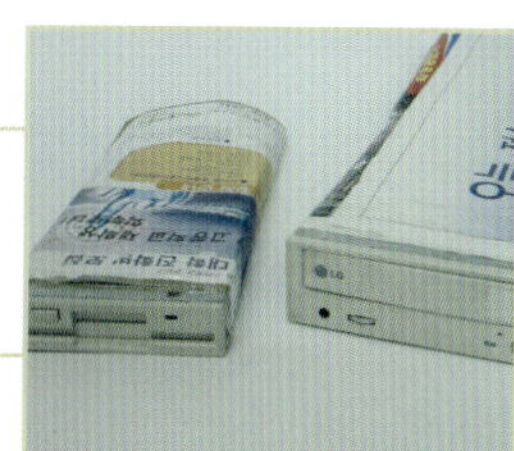

드라이브 리모델링-칠이 끝난 상태의 드라이브들

완성된 리모델링 PC들

자작 PC튜닝을 하려면

PC튜닝은 PC의 성능을 향상시키는 방법과 PC에 개성을 부여하기 위한 변형을 일컫습니다. 그래서 위험성도 따르고 전문가의 도움도 반드시 필요합니다. 여기서는 튜닝에 대한 정보와 주의할 점, 그리고 필요한 도구와 용품들에 대해서만 알아보겠습니다.

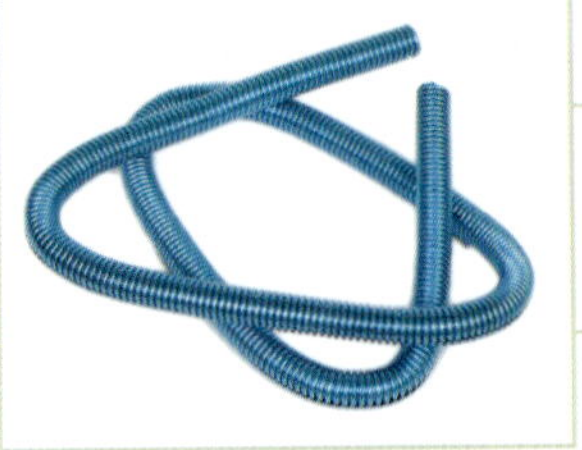

깔끔한 배선정리를 위한 케이블 튜닝용품

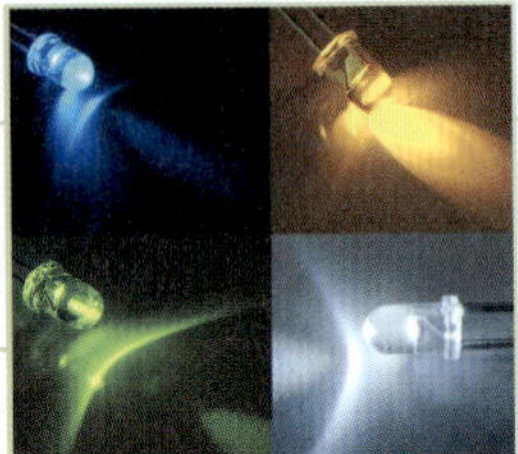

화려한 조명효과를 위한 조명 튜닝용품

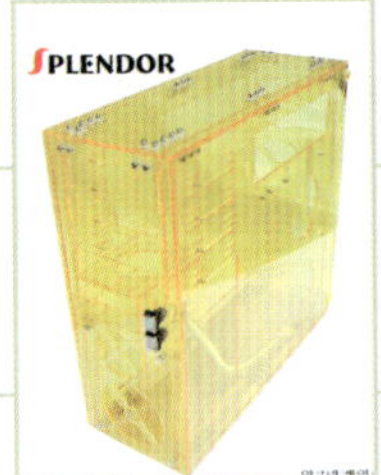

효율성과 디자인이 미려한 튜닝 케이스

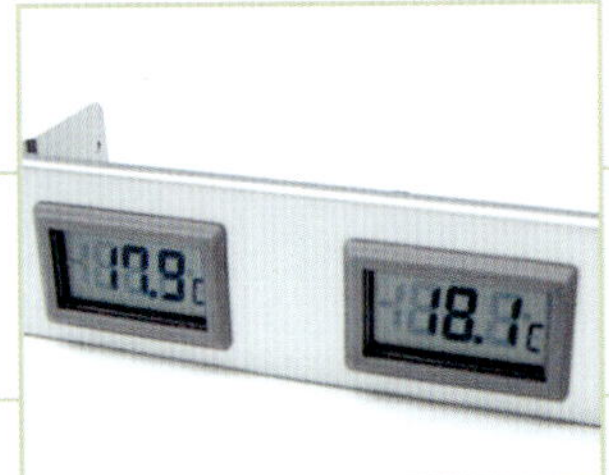

냉각, 방열, 온도관련 튜닝용품

PC를 멋지게 장식하려면

집 안 분위기를 바꿀 때 소품하나로도 멋진 분위기를 연출하듯이 PC에도 장식품을 이용하여 참신하고 개성 있는 변화를 줄 수 있습니다. 장식품의 활용도 일종의 PC리모델링입니다.

모니터를 장식하는 각종 장식품

키보드에 끼울 수 있는 인형과 마우스에 끼우는 소품들

프라모델을 이용한 개성 넘치는 PC장식들

contents

contents

contents

Section 02 싸게 구입하기

Section 03 구입할 때 주의사항

Section 04 PC에 관한 기초 상식

Section 05 PC 조립 준비

contents

Section 06 펜티엄4 조립하기

Section 07 기타 제품 장착하기

Section 08 PC 분해하기

Part 02 업그레이드와 부품 이야기

Section 01 업그레이드 준비

Section 02 CPU 이야기

contents

Section 03 주기판 이야기

Section 04 케이스와 전원공급기 이야기

Section 05 메모리 이야기

Section 06 저장 장치 이야기

contents

contents

Section 07 입출력 장치 이야기

contents

Section 08 기타 장치 이야기

contents

Part 03 PC 리모델링과 튜닝

Section 01 PC 청소하기

contents

Section 02 PC 색칠하기

Section 03 PC 튜닝

Section 04 PC 장식하기

Part 04 PC 관리와 문제 해결

Section 01 PC 활용과 PC 사용 환경

Section 02 좀더 편한 PC

contents

Section 03 환경 설정하기

contents

contents

Section 04 문제와 해결

Part 01

구입과 조립, 분해

Section 01 PC Remodeling

PC 선택의 첫 걸음

01 무엇을 살 것인가?

PC는 자신의 작업에 필요한 것으로 구입해야 합니다.

PC 구입의 첫 걸음은 PC에 대한 필요성과 더불어 필요한 PC의 성능을 따져 보는 일입니다. PC가 필요하다고 결론이 났다면 필요한 성능에 맞는 제품을 경제적인 가격으로 구입해야 합니다.

1 PC 환경을 점검하고 불편한 점이 있나 검토합니다.

이미 PC가 있다면 PC 환경의 불편한 점을 검토합니다.

PC 구입 전에 가장 먼저 따져볼 일은 자신의 PC 환경입니다. PC가 없는 분이라면 당연히 PC를 한 대 구입해야 합니다. 문제는 PC가 한 대 이상 있는 경우입니다. 기존 PC가 있을 경우 현재의 PC를 사용함에 어떤 불편이 있는가 신중하게 검토해야 합니다. 현재의 PC로 자신이 필요한 작업을 하는데 문제가 없다면 PC를 새로 사거나 성능을 향상시켜야 할 이유가 없기 때문입니다.

많은 사람들이 자신이 사용하는 PC의 성능도 다 쓰지 못하면서 새로운 PC를 구입하려고 합니다. 새 것에 대한 집착, 더 좋은 성능에 대한 집착 때문입니다. PC를 구매하는 소비자의 성향은 가전제품을 구매하는 소비자의 성향과 비슷합니다. 산 지 얼마 안된 29인치 TV가 있어도 만족하지 못하는 사람이 많습니다. 조금의 여력만 생긴다면 최신형 50인치 TV를 사고 싶어하는 사람이 많습니다.

예술적인 디자인의 매킨토시 G4 큐브 시스템. 제품을 보는 순간 사고 싶다는 충동을 느낄 정도의 작품입니다.

원하는 작업을 할 수 없다고 판단될 때가 PC 교체 시기입니다.

이런 교체 심리를 나쁘다고 말할 수는 없습니다. 그렇지만 자신의 경제적 형편에 맞지 않게 최신 기종의 PC로 자주 교체하는 것은 바람직하지 않습니다.

PC를 사용 중인 분이라면 먼저 PC를 교체해야 할 이유가 있는지 확실하게 검토해보기 바랍니다. 예컨대 내가 최신 3D 게임을 하고 싶고 현재 PC로는 게임이 어려울 때 PC의 성능을 향상시켜야 합니다. 인터넷과 문서 작업 정도만 하는 사람이 고사양의 최신 PC로 교체하는 일은 바람직하지 않습니다.

저사양 PC로는 3D 게임이 어렵습니다. 최신 3D 게임을 하려면 성능 향상이 필요합니다.

2 신규 구입과 업그레이드, 교체와 추가의 차이를 파악합니다.

업그레이드를 하면 적은 돈으로 성능을 향상시킬 수 있습니다.

현재 자신의 PC 환경으로 프로그램을 사용하는 데 불편함이 있다면 성능을 향상시켜주어야 합니다. 이때 시스템 전체를 새로 살 것인지 아니면 필요한 부품만 교환하여 업그레이드 할 것인지 결정해야 합니다. 물론 전체를 새 것으로 바꾸면 가장 좋겠지만 비용이 많이 듭니다. 새로운 PC를 사려면 대략 100만원 정도의 비용이 들어갑니다. 그렇지만 필요한 부품만 교체한다면 몇 만원 또는 몇 십 만원으로 충분합니다.

비용, 만족감, 편리성을 따져 시스템 구입과 업그레이드 여부를 판단합니다.

새로 구입할 것이냐 업그레이드를 할 것이냐의 문제는 비용, 만족감, 편리성의 세 가지 기준에 의해 결정합니다.

첫 번째는 비용 문제입니다. 2002년을 기준으로 볼 때 셀러론 급 이상의 PC라면 어지간한 작업을 하는데 무리가 없습니다. 3D 게임도 무리 없이 다 실행됩니다. 따라서 최신형 그래픽카드만 교체해도 3D 성능을 크게 향상시킬 수 있습니다.

3D 게임을 제대로 즐기겠다면 그래픽카드만 교체해 주면 됩니다. 비용은 6~20만원 정도입니다. 인터넷으로 다운로드 받은 파일의 양이 많아서 하드디스크 용량이 부족하다면 하드디스크만 추가해주면 됩니다. 60GBbyte 용량의 하드디스크를 추가하는데 약 12만원이면 됩니다. 그런데 시스템 전체를 교체하고자 한다면 100만원 정도의 비용이 필요합니다.

두 번째 기준은 심리적 만족감입니다. 기왕 PC 성능을 향상시키기로 했는데 이전의 PC를 그대로 사용하면서 부품 몇 개만 바꾸면 새로운 분위기가 안 생깁니다. 돈이 좀더 들더라도 시스템 전체를 바꿈으로써 산뜻하게 새 기분을 느끼려는 분도 많습니다. 경제적 여력이 충분하다면 업그레이드 대신 신규 구입을 택하셔도 좋습니다.

비용이 들더라도 멋진 시스템을 갖고 싶다면 시스템을 교체할 수 있습니다.

부품별 업그레이드가 귀찮다면 시스템을 통채로 교체할 수 있습니다.

세 번째 기준은 편리성입니다. 주기판을 비롯하여 CPU, 메모리, 그래픽카드, 하드디스크 등의 주요 부품을 직접 업그레이드 할 경우, 비용은 어느 정도 절약할 수 있지만 이를 위해 자신이 많은 수고를 해야 합니다. 시간을 낭비하는 것이 더 아깝다고 생각하거나 직접 조립하고 업그레이드 할 엄두가 나지 않는 분은 비용 문제를 떠나 새 제품을 구입하는 것이 좋습니다.

경제성, 만족감, 편리성의 세 가지 기준에 의해 여러분의 PC는 신규 구입이나 업그레이드 여부를 결정할 수 있습니다. 결정은 여러분의 몫입니다.

PC가 두 대일 경우 활용할 수 있는 일이 많습니다.

만약 PC를 교체 또는 업그레이드 한다면 지금 사용중인 PC의 처리 문제가 발생합니다. 많은 분이 예전에 사용하던 PC를 버리거나 누구에게 줍니다. 특히 부품을 교체한 경우에는 남는 부품을 제대로 활용하지 못하고 버립니다. 그러나 PC를 한 대 더 가지고 있을 경우 활용할 수 있는 일이 많습니다.

공간 문제로 인하여 집에 두 대의 PC를 두기 곤란하다면 교체를 해야 합니다. 그렇지만 집에 자녀들이 있다면 두 대 이상의 PC를 사용하는 것이 유리합니다. 앞으로의 PC 환경은 개인마다 한 대의 PC를 사용해야 합니다. 그때마다 새 제품을 사는 것은 무리입니다. 중고 제품이라 하더라도 지금까지 활용한 만큼은 사용할 수 있습니다.

교체보다는 추가의 형태로 PC를 구입하는 것이 좋습니다.

다시 말해 최신형 PC 한 대를 가진 집보다는 구형 PC 한 대가 더 있는 환경이 컴퓨터 사용 환경으로 아주 좋습니다. 구형 PC는 각종 실험용 PC로 좋고, 네트워크 공부에 도움이 되며, 둘 이상이 PC를 동시에 사용해야 할 경우, 최신형 PC의 고장 시 비상용으로, 기타 네트워크 게임 등에 활용할 수 있습니다.

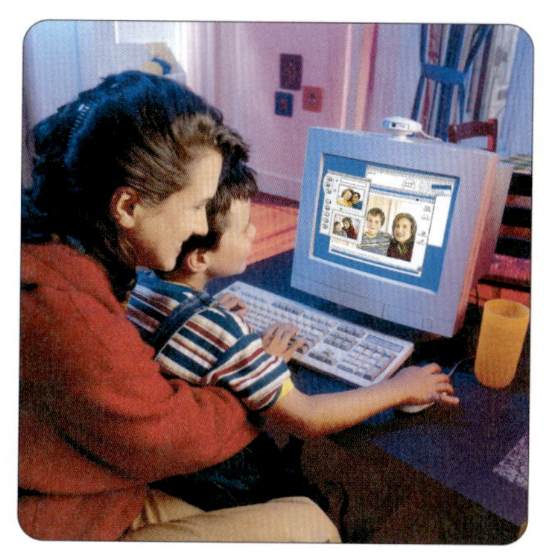

앞으로는 개인별로 컴퓨터를 한 대씩 사용해야 합니다.

따라서 집에 두 대 이상의 PC를 둘 공간이 있다면 기존 PC를 버리지 않는 것이 좋습니다. 새로 산 PC를 추가하여 두 대의 PC를 사용하는 환경으로 만드는 것이 좋습니다.

3 PC 사양을 파악하고 구입할 제품을 결정합니다.

자신에게 필요한 PC의 사양을 판단하고 결정합니다.

PC를 새로 사거나, 교체 또는 업그레이드 해야 한다면 자신에게 맞는 PC의 사양을 판단해야 합니다. CPU 속도, 메모리 용량, 하드디스크 용량, 그래픽카드 품질 등을 판단하여 자신의 필요에 맞는 PC 사양을 정확하게 진단하는 것이 필요합니다.

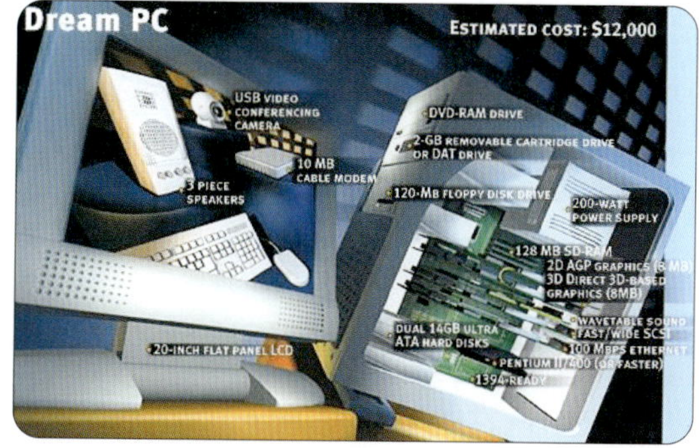

최신 사양의 컴퓨터. 그러나 낮은 사양의 컴퓨터도 어지간한 작업은 소화할 수 있습니다.

많은 분들이 최신 제품만을 구입해야 한다고 생각하지만 사실 이미 판매가 중단된 구형 제품을 몇 년 째 사용중인 사람이 더 많습니다. 높은 성능을 요구하지 않는다면 무리해서 최신 제품을 구입할 이유가 없습니다. 중고를 이용하는 것도 좋은 방법입니다.

필요한 사양이 높지 않다면 구형이나 중고를 이용합니다.

중고 제품을 이용하면 비용을 좀더 절감할 수 있습니다. 예를 들어 1년 전에 나온 PC라면 지금도 사용하기에 무리가 없지만 가격은 새 PC를 구입하는 것에 비해 매우 저렴합니다. 고장난 부품의 일부를 교체하거나 업그레이드가 필요할 때에도 중고 부품을 이용하는 것이 좋습니다. 몇 분의 일 가격으로 고장난 부품을 교체할 수 있습니다.

'나는 꼭 새 제품을 사야 직성이 풀린다' 는 분이 아니라면 중고 제품 활용을 권합니다. 예를 들어 플로피디스크드라이브는 중고를 쓰나 새것을 쓰나 별 차이가 없습니다. 또 꼭 필요하지만 자주 쓰는 제품도 아닙니다. 그렇지만 3~4배 정도 가격 차이가 납니다. 새것은 16,000원 수준이고, 중고는 3~5천 원에 구입할 수 있습니다. CD롬드라이브 역시 중고는 1만원 정도로 구입이 가능합니다.

최신 사양이 필요하지 않는 작업이라면 중고PC를 이용하는 것이 바람직합니다.

물론 PC 부품도 소모품의 성격을 지닌 것이 있습니다. 따라서 중고 제품을 구입할 때는 어떤 품목을 중고로 사는 것이 좋은가를 따져볼 필요가 있습니다. 중고 제품 구입 요령과 구입할 때 주의할 점은 나중에 다시 설명드리겠습니다.

4 고장 수리, 성능 보완, 기능 추가, 환경 변화 중에서 어느 것인가?

수리, 보완, 추가, 변화 중에서 어떤 상황인지 판단합니다.

이미 PC를 사용 중인 분이 PC를 바꾸어야겠다고 말을 할 때는 네 가지 경우 중의 하나에 해당합니다. 고장 수리, 성능 보완, 기능 추가, 환경 변화 중에서 한 가지에 속합니다. 그렇지만 본인은 이 네 가지를 명확하게 구분하지 못하는 경우가 많습니다. 그저 막연하게 새로 사거나 업그레이드를 해야 한다고 느낄 뿐입니다. 자신이 PC를 교체하려는 이유가 이 네 가지 사유 중 어디에 속하는지 정확하게 판단할 수 있다면 좀더 효율적이고 경제적인 업그레이드가 가능합니다.

❶ 고장 수리

고장난 부품을 고치는 방법은 다양합니다. 고장난 제품을 수리하는 방법과 중고 제품을 구입해 대체하는 방법, 새 제품으로 대체하는 방법, 새 기능의 제품으로 교체하는 방법입니다.

비싼 제품이거나 무료 AS가 가능한 제품은 수리하는 것이 좋습니다. 무료 AS 기간 중인 제품은 물론 당연히 수리를 맡기는 것이 좋으며, 무료 AS가 끝났다 하더라도 모니터 프린터 등의 제품은 수리 비용이 비싸지 않기 때문에 AS를 맡겨 고쳐쓰는 것이 좋습니다.

무료 AS 기간이 끝난 제품 중에 가격이 매우 싸고 중고품의 가격이 싼 제품이라면 중고품을 구입해 대체하는 것이 좋습니다. 반면 중고품 구하기가 어렵거나 가격이 아주 싼 제품일 경우에는 새 제품을 구입해 대체할 수 있습니다. 또한 고장난 것을 교체하는 김에 성능도 향상시키는 경우도 많습니다. 예컨대 CD롬드라이브가 고장나면 아예 CDRW나 DVD

롬으로 바꾸는 경우가 있습니다.

상황과 지닌 제품의 가치에 따라서 여러분은 네 가지 방법 중 하나를 선택하시면 됩니다. 여러분의 판단을 돕기 위해 네 가지 방법에 어울리는 경우를 요약해 보았습니다. 고장 제품의 질과 개인의 환경에 따라 적절하게 응용하여 결정하기 바랍니다.

□ 수리가 좋은 경우

모니터는 고장이 났을 때 수리해서 사용하는 것이 좋습니다.

무료 AS 기간이 남은 대부분의 제품들(CPU, 주기판, 하드디스크, 모니터, CD롬드라이브, 프린터 등)

유료라 하더라도 수리비가 적게 드는 제품들(모니터, 프린터 등)

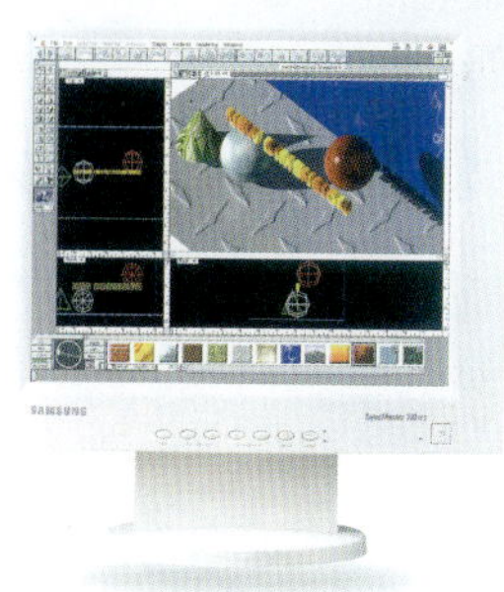

□ 중고품으로 대체하는 것이 좋은 경우

그래픽카드 등의 제품은 수리도 쉽지 않고 수리 비용도 비쌉니다.

무료 AS 기간이 끝난 제품 중에 중고품의 가격이 수리비보다 싸거나 수리비와 비슷한 제품(플로피디스크드라이브, 하드디스크, 키보드, 마우스, CD롬드라이브, CDRW레코더, 스캐너, CPU, 주기판, 그래픽카드 등)

또는 수리가 쉽지 않은 품목들(CDRW레코더, 스캐너, 주기판, 그래픽카드, CPU 등)

□ 새 제품으로 대체하는 것이 좋은 경우

키보드 마우스 등은 가격이 싼 제품이므로 고장났을 때 새 제품을 구입해도 부담이 되지 않습니다.

중고를 구하기 어렵거나 새 제품 가격이 비싸지 않은 제품들(메모리, 마우스, 케이스)

□ 성능 향상 제품으로 대체하는 것이 좋은 경우

CD롬드라이브가 고장났을 때 CDRW로 교체하는 것을 고려할 수 있습니다.

고장난 제품의 기능을 포함하면서도 새 기능을 사용할 수 있는 제품들(CD롬드라이브를 CDRW레코더나 DVD롬으로)

용량을 확장하여 사용의 편리를 확장할 수 있는 제품들(1~4GByte의 저용량 하드디스크를 60GByte 이상의 고용량 하드디스크로)

속도 향상과 신기능을 추가할 수 있는 제품들(구형 CPU와 주기판을 신형 CPU와 주기판으로)

하드디스크는 교체도 쉽고 자주 업그레이드 해주는 품목에 속합니다.

❷ 성능 보완

PC 사용 환경이 떨어져 작업 속도가 많이 떨어진다고 느낄 때 교체 욕구를 느낍니다. 예를 들어 메모리가 부족하거나 CPU가 느릴 때 하드디스크 용량이 부족하여 불편함을 느낄 때 등입니다. 성능을 보완하기 위해서는 특정 부품만 교체하거나 시스템 전체를 바꾸어야 합니다. 어느 쪽에 해당하는 지 잘 판단해야 합니다. 하드디스크 용량이 부족한 것에 불과하다면 하드디스크만 추가 또는 교체해주면 됩니다. 메모리가 부족하다면 메모리만 추가 또는 교체해주면 됩니다. 반면 주기판이나 CPU를 교체할 경우에는 시스템의 부품 상당수를 교체해야 합니다. 특정 부품만 교환해도 되는 상황인데 시스템 전체를 교환하여 비용을 낭비하지 않도록 합시다.

일반 사용자라면 CD롬드라이브를 DVD롬드라이브로 교체하는 것이 좋습니다.

❸ 기능 추가

지금까지 사용하지 못한 새로운 기능을 추가하고자 할 때도 교체 욕구를 느낍니다. 예를 들어 CD롬드라이브를 사용 중인데 CDRW를 사용해야 한다거나 DVD 타이틀을 사용하고 싶다는 욕구가 발생합니다. 기능 추가 욕구는 새로운 기능에 대한 욕구이므로 업그레이드를 해 줄 필요가 있습니다. 이때 어떤 제품으로 추가 또는 교체하는 것이 좋은지 판단해야 합니다.

CDRW레코더가 필요한 것인지, DVD롬드라이브가 필요한 것인지 아니면 두 기능이 모두 필요한 것인지 판단해야 합니다. 그래야 이중으로 낭비되는 비용을 막을 수 있습니다. 또한 DVD롬드라이브를 장착해야 한다면 기존의 CD롬드라이브를 폐기하고 교체할 것인지, 추가로 DVD롬드라이브를 장착할 것인지 잘 판단해야 합니다. 여유가 된다면 교체보다는 추가의 형태로 업그레이드 하는 것이 바람직합니다. CD롬드라이브가 있는 상태에서 CDRW레코더를 사용하는 것이 레코딩에 훨씬 유용하기 때문입니다.

❹ 환경 변화

PC 사용에 아무런 문제가 없지만 그냥 PC에 변화를 주고 싶을 때가 있습니다. 케이스를 바꾸고 싶다거나 멀쩡하게 잘 사용하는 CDRW드라이브를 최신형으로 바꾸고 싶을 때가 있습니다. 업그레이드를 하더라도 성능 상의 큰 변화가 없지만 교체 욕구를 느낄 때가 있습니다.

늘 사용하는 컴퓨터의 모습이 답답하다면 케이스를 바꾸어주면서 변화를 줄 수 있습니다

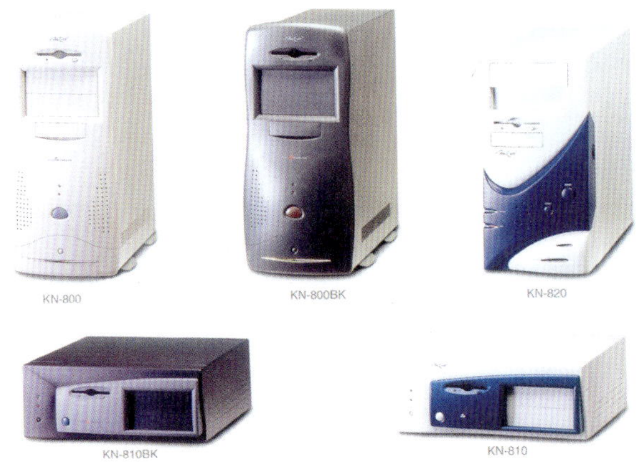

자신의 욕구대로 교체하더라도 성능상 변화가 크지 않다면 환경 변화에 대한 욕구로 해석해야 합니다. 이 경우 제품을 교체하여 비용을 크게 낭비하지 말고 다른 방법으로 변화를 모색해보는 것이 좋습니다. 예를 들어 케이스를 바꾸는 것보다는 케이스에 색칠을 하거나 장식을 꾸며서 변화를 주는 것을 고려해볼만 합니다.

케이스에 색칠을 하는 것만으로도 산뜻한 변화를 느낄 수 있습니다.

업그레이드 이유는 이처럼 대략 네 가지로 구분됩니다. 그렇지만 자신의 욕구가 어디에 속하는지조차 모르는 분들이 많을 겁니다. 앞서의 글을 읽고 자신의 욕구가 어느 쪽에 속하는지 잘 판단해보기 바랍니다. 고장 수리, 기능 개선, 환경 변화의 욕구일 경우라면 무리하지 않고 필요한 부품만 교체하기 바랍니다.

02 PC 선택 기준

1 용도와 성능에 따른 기준

그래픽작업용은 고성능으로 사무용은 저사양으로 구입합니다.

PC 사양을 선택하는 기준은 역시 용도입니다. 집에서 사용할 것이냐 회사의 업무용이나, 출장용이냐에 따라서 PC 종류가 달라집니다. 또한 일반 사무용, 인터넷용, 게임용, 그래픽작업용, 서버용이냐에 따라서도 구입 기준이 달라집니다.

기업에서 고성능 그래픽작업용으로 사용한다면 워크스테이션급의 기능을 가진 PC를 구입하는 것이 좋지만 인터넷이나 간단한 사무용으로 사용한다면 저사양의 PC를 구입하는 것이 좋습니다. 서버용으로 구입한다면 안정성 위주로 선택합니다. 만약 인터넷만 사용하겠다면 판 PC나 웹패드와 같은 인터넷 전용 단말기를 선택하는 것도 좋습니다. 게임용이라면 중간급 정도의 성능이면 무난합니다.

인터넷 전용 단말기형 PC라 할 수 있는 웹패드

이동이 많은 직장인은 노트북을 구입하는 것이 좋습니다.

집에서 사용할 게임용으로 구입한다면 그래픽 기능을 향상시킨 사양으로 선택해야 하며, 인터넷용이라면 저가 제품을 선택합니다. 또한 이동이 잦은 직장인의 업무용이라면 노트북과 같이 휴대용 PC를 구입하는 것을 고려할 수 있습니다.

외근이 많은 직장인이라면 노트북이 업무용으로 적당합니다.

2 관리에 따른 기준

기업용은 AS가 중요한 구입 기준으로 대기업 제품으로 구입합니다.

가정용이라면 큰 문제가 없겠지만 기업용으로 구입하는 것이라면 유지 관리 문제도 중요한 구입 기준이 됩니다. 기업에서는 빠른 AS가 되는 PC를 구입합니다. PC 구입 비용보다는 PC가 고장날 경우 발생하는 손해가 크기 때문입니다. 그래서 구입 비용이 더 들더라도 AS가 확실한 대기업 제품을 선호합니다.

만약 여러분이 사려는 PC가 업무용이고 자신이 그 회사의 사장이 아니라면 대기업 제품을 구입하는 것이 좋습니다. 그렇다고 해서 대기업 제품이 좋거나 안정적이라는 의미는 아닙니다. 또한 AS가 잘되기 때문도 아닙니다. 구매 담당자라면 대기업 제품을 사야 PC가 고장났을 때 발생하는 문제에 대한 책임을 피할 수 있기 때문입니다.

가정용은 AS보다는 구입 비용을 기준으로 PC를 선택합니다.

가정용으로 구입하는 PC라면 AS 문제에 대해 민감하게 생각할 필요가 없습니다. AS가 조금 늦는다고 해서 심각한 경제적 타격을 주는 것이 아니니까요. 가정용으로 구입한다면 AS 문제는 중요한 구입 기준이 되지 않습니다. 저비용 고성능이면 충분하다고 생각합니다.

기업에서 사용한다면 AS 문제를 고려해 대기업 PC를 구입하는 것이 좋습니다.

3 크기에 따른 기준

사무용으로는 크기가 작은 미니 PC를 사용하는 것이 좋습니다.

많은 분들이 경제적인 면 위주로 PC를 구매하는데 실제로 PC를 사용할 때는 PC의 크기가 큰 영향을 미칩니다. 덩치가 큰 PC는 작업 공간을 많이 차지하여 작업 효율을 떨어뜨립니다. 반면 덩치가 너무 작은 PC는 주변 기기를 추가로 달 공간이 없어서 확장성이 떨어집니다.

인터넷이나 문서 작업 등의 간단한 사무용으로 사용할 것이고 앞으로 기능 확장이 필요하지 않는 제품이라면 덩치가 작은 소형PC를 구입하는 것이 좋습니다. 공간을 적게 차지하기 때문에 책상을 넓게 사용할 수 있습니다. 또한 아무 곳에나 PC를 둘 수 있어 좋습니다. 덩치가 큰 PC는 책상에 PC 본체와 모니터 키보드 마우스만 올려놓아도 책상 하나를 전부 차지합니다. 때문에 종이 작업을 비롯한 기타 작업이 매우 불편합니다.

크기가 매우 작은 타블렛 PC. 휴대도 가능한 초소형 PC입니다.

시중에는 공책이나 손바닥만한 크기의 PC가 판매중입니다.

PC는 책만한 크기의 제품도 시중에 많이 나와있고, 그보다 작은 손바닥만한 크기의 제품도 있습니다. 작은 PC를 사야 한다면 공책 크기나 손바닥 크기의 PC 구입을 고려해보기 바랍니다.

이처럼 손바닥만한 PC도 있습니다.

03 PC 구매 기준

1 무엇을 살 것이며 어느 모델을 살 것인가?

구입하려는 부품의 목록과 사양을 결정합니다.

자신에게 필요한 PC의 사양을 결정했다면 사양에 필요한 부품 목록을 점검해야 합니다. 게임용 PC로 만들기로 결정했다면 게임용에 가장 적합한 부품 목록을 결정해야 합니다. 구입할 부품 목록이 결정되었다면 이번에는 어느 모델로 살 것인가 결정해야 합니다.

어느 제품이 좋은지 모를 경우에는 시중에서 가장 많이 팔리는 제품을 구입합니다.

하드디스크 용량이 부족하여 하드디스크의 용량을 늘려야 하는 경우를 생각해봅시다. 제일 먼저 하드디스크의 용량을 결정해야 하며, rpm수, 가격, 제조회사, 판매처와 AS, 기타 성능을 비교해야 합니다. 이 일은 생각보다 쉽지 않습니다. 제품에 대한 정보가 많아야 하며 제품의 성능을 평가할 수 있는 실력이 있어야 하기 때문입니다.

만약 하드디스크에 관한 지식이 많지 않다면 가장 보편적인 제품을 선택하는 것이 좋습니다. 많은 사람들이 좋다고 추천하고 시중에서 가장 인기 있는 하드디스크를 선택하면 무난합니다.

제품 선택에 자신이 없다면 가장 잘 팔리는 제품을 구입합니다.

2 어디서 살 것인가?

신용할만한 큰 업체 중에서 싼 업체를 선택해 구입합니다.

어디서 살 것인가는 세 가지 기준에 따라 결정합니다.

- ① 판매 가격
- ② 신용(환불, AS 문제)
- ③ 구입의 편리성

아마도 대부분의 사람은 판매 가격을 보고 가장 싼 곳에서 구입하려 할 것입니다. 그렇지만 지나치게 싼 곳은 좋지 않습니다. 일반적인 정상 가격에 비해 지나치게 싸다면 신뢰성에 문제가 있을 가능성이 높습니다. 따라서 신용을 확보할만한 큰 업체들 중에서 싸게 파는 곳을 선택하는 것이 좋습니다.

홈쇼핑을 이용하면 시간과 인력, 운송비용을 절약할 수 있습니다.

경제적 능력이 떨어지는 학생들은 부품을 구입할 때 돈 문제를 가장 먼저 고려합니다. 그렇지만 경제적인 여유가 있는 직장인들은 신뢰성과 구입의 편리성을 많이 고려합니다. 가장 좋은 구입 방법은 전자상가에 가서 시장 조사를 하고 직접 현금을 주고 구입하는 것입니다. 그렇지만 시간이 많지 않은 직장인들은 홈쇼핑이나 전화 주문을 통해서 구입하는 것이 좋습니다. 특히 금액이 크지 않은 한 두 개 정도의 부품이라면 홈쇼핑을 통해서 주문하는 것이 직접 가서 사는 것보다 유리합니다. 시간 비용과 주차 비용을 고려하면 오히려 더 비쌀 수가 있습니다.

초창기 인터넷 시대의 대표적인 홈쇼핑인 한솔CS Club 쇼핑몰

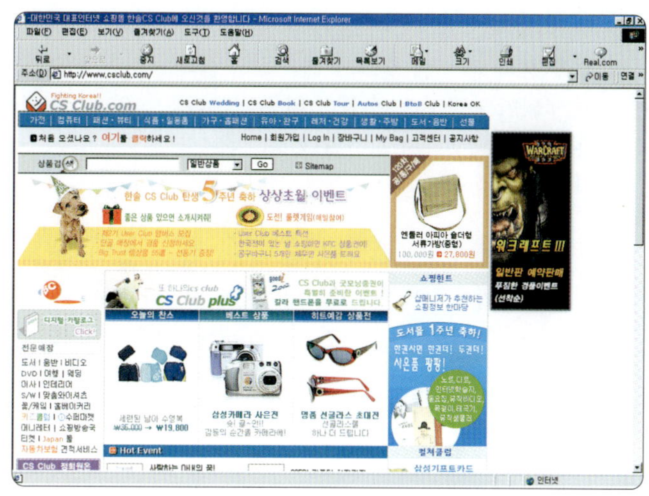

전화주문과 택배를 이용하면 전자상가의 업체에서 제품을 구입할 수 있습니다.

집에서 부품을 받아보는 방법은 두 가지가 있습니다. 인터넷 홈쇼핑을 이용하는 방법과 전자상가의 업체에 물건을 주문하고 집에서 받아보는 방법입니다. 전자상가는 원하는 물건을 빨리 구해주며 당일 배달이 됩니다. 가격도 쌉니다. 대신 택배비를 따로 받는 경우가 대부분입니다. 집에서 부품을 받아볼 분은 홈쇼핑과 전자상가에 전화주문하는 방식 중에서 택일하면 됩니다. 물론 요즘은 어지간한 전자상가 업체도 인터넷 쇼핑몰을 운영하므로 인터넷으로 주문하는 것이 편리합니다.

전자상가의 업체들도 전화주문을 받고 배달해줍니다.

3 언제 어떤 방식으로 살 것인가?

제품 구매는 하루에 하는 것이 좋습니다.

시간과 돈에 여유가 있다면 편한 시간에 전자상가에 나가서 제품을 사는 것이 가장 좋습니다. 그렇지만 직장인은 물건을 사러 전자상가에 나가는 일 자체가 쉽지 않습니다. 따라서 날을 정해 한 번에 필요한 제품을 구입하는 것이 좋습니다. 며칠에 걸쳐서 조금씩 부품을 사게 되면 시간도 많이 들고 비용도 많이 듭니다. 부품 가격이 조금 싸다고 하지만 시간 비용과 교통 비용을 고려하면 오히려 홈쇼핑을 이용하는 것보다 비쌀 수도 있습니다. 따라서 가능한 하루에 몰아서 제품을 구매하도록 합니다.

차가 없는 사람은 오토바이 배달을 이용합니다.

하루에 쇼핑을 하면 물건의 부피가 꽤 됩니다. 본체 케이스에 부품에 프린터, 스캐너 등등. 차를 가지고 있는 분이라면 차에 물건을 싣고 오지만 차가 없는 분은 물건을 들고 집으로 오는 일이 난감합니다. 택시를 이용할 수도 있지만 택시 잡는 곳까지 물건을 들고 가는 일도 여의치 않습니다. 또한 물건을 가득 들고 택시 잡는 일도 어렵습니다. 이럴 때는 오토바이 배달이나 택배를 이용하는 것이 좋습니다. 물건을 구입한 가게에 약속 시간에 오토바이 배달을 부탁하고 자신은 집으로 돌아갑니다. 그러면 업체에서 정해진 시간에 오토바이로 배달해줍니다. 물론 배달 비용은 본인이 부담해야 합니다.

배달 비용만 지불하면 전자상가의 업체들도 배달해줍니다.

Section 02 PC Remodeling

싸게 구입하기

01 구입 계획으로 비용 절감하기

조금이라도 더 적은 비용으로 더 좋은 제품을 사려면 계획을 잘 세워야 합니다. 언제 어디서 어떻게 무엇을 구입할 것인가를 계획함으로써 많은 비용을 절감할 수 있습니다. 따라서 단 하나의 부품을 구입하더라도 계획을 세우고 구입하기 바랍니다.

1 구입에 들어가는 비용을 계산합니다.

구입 비용은 제품 가격 외에도 금융 비용과 기타 비용을 포함하여 계산합니다.

제품 구입의 첫 번째는 구입에 들어가는 비용을 계산하는 일입니다. 이때 제품의 판매 가격만을 구입 비용으로 계산하기 쉬운데 구입 비용은 제품 판매 가격 외에도 많은 요소를 고려하여 계산해야 합니다. 비용은 크게 다섯 가지로 구분할 수 있습니다.

① 제품 구입 비용(제품 가격 – 보너스 상품 가격)
② 카드 수수료와 이자 비용
③ 교통 비용이나 운반 비용
④ 시간 비용과 인건비
⑤ 기회 비용과 정보 비용

덤으로 주는 제품 가격도 계산합니다.

대기업 제품은 덤으로 주는 제품도 많습니다.

제품 구입 비용은 가게나 홈쇼핑에서 제품을 판매하는 비용입니다. 하드디스크의 가격이 20만원이라면 이 가격이 순수한 제품 구입 비용입니다. 이때 홈쇼핑 등에서 구입할 경우에는 보너스 상품을 주는 경우가 있습니다. 제품 가격에서 보너스 제품의 가격을 뺀 가격이 실질적인 제품 가격입니다. 그렇지만 보너스 제품이 내게는 전혀 필요하지 않고 되팔아서 돈으로 받을 수 없는 제품이라면 보너스 제품의 가격은 0원이나 마찬가지입니다. 예를 들어 시스템을 살 경우 윈도우XP와 같은 운영체제와 각종 프로그램을 받습니다. 이 경우 다른 프로그램은 가치가 없지만 윈도우XP와 같은 운영체제는 돈을 주고 구입해야 하는 제품입니다. 따라서 윈도우XP 가격만큼 제품 비용에서 빼주고 계산해야 하드웨어만의 가격이 나옵니다.

신용카드 수수료와 이자 등의 금융 비용도 계산합니다.

A업체는 하드디스크를 20만원에 팔고 B라는 업체는 19만 5천원에 판매합니다. 현금을 주고 산다면 195,000원이 더 싼 것이 분명합니다. 그렇지만 내가 신용카드로 구입하고자 하는데 A는 카드 수수료를 받지 않고, B는 카드 수수료로 5%를 더 받습니다. 그렇다면 B에서 신용 카드로 구입할 경우 가격은 204,750원으로 A업체보다 비싼 셈입니다.

혹은 두 업체가 모두 20만원에 파는데 A 업체는 행사 기간 중이라 XX카드로 결제할 경우 무이자 할부 판매로 팔고 B 업체는 무이자 할부 판매를 하지 않습니다. 그렇다면 A 업체에서 XX카드를 이용해 무이자 할부로 결제하는 것이 훨씬 유리합니다. 일시불로 결제하면 이자 비용을 손해보지만 무이자로 몇 개월을 할부로 카드를 결제한다면 몇 달 동안의 이자 수익만큼 이익인 셈입니다.

운송비는 교통비와 주차비 등이 포함됩니다.

전자상가에 직접 가서 하드디스크를 살 경우 전철비나 버스비가 들어갑니다. 자가용을 몰고 간다면 주차비와 기름 값이 들어가겠죠. 주차비와 기름값으로 8천원 정도를 썼다면 이 비용을 제품 가격에 포함시켜 계산해야 합니다. 전자상가에서 20만원에 판매하는 제품이지만 이를 구입하기 위해서 인력과 함께 8천원의 교통비를 더 쓴 것이므로 208,000원에 구입한 결과가 됩니다.

직장인이라면 시간 비용도 돈으로 계산합니다.

전자상가까지 가면서 소모한 시간 비용도 계산해야 합니다. 물론 시간 비용을 돈으로 환산하기는 어렵습니다. 그렇지만 인력이 투자되는 시간 비용도 어느 정도는 고려해야 합니다. 학생들은 돈을 버는 사람이 아니기 때문에 시간 비용을 돈으로 환산하기 어렵습니다. 그렇지만 자영업이나 직장인이라면 한 시간 동안 벌 수 있는 돈으로 시간 비용을 계산할 수 있습니다.

따라서 전자상가의 A업체가 20만원에 하드디스크 팔고 B 홈쇼핑에서 205,000원에 판매하지만 택배비 포함된 가격이라면 B 홈쇼핑의 가격이 더 싼 셈입니다. 5천원을 더 주는 대신 직접 전자상가에 나가면서 소모되는 시간을 아껴 다른 일에 투자할 수 있기 때문입니다.

기회를 얻을 수 있는데 투자하는 비용이 기회 비용입니다.

기회 비용은 기회를 얻기 위해 투자하는 비용입니다. 공 CD를 구입해서 하드디스크의 중요 자료를 CD 레코더로 저장하고 하드디스크를 포맷하려고 하는 경우를 생각해봅시다. 동네의 컴퓨터 가게는 부품 가격이 조금 비싸기는 하지만 지금 걸어나가서 바로 구입할 수 있습니다. 반면 전자상가까지 나가는 일은 쉽지 않습니다. 홈쇼핑은 배달 시간이 하루 이상 걸립니다. 이 경우 가격이 조금 비싸더라도 집 근처에 있는 컴퓨터 가게나 문방구에서 공 CD를 구입하는 것이 좋습니다. 즉시 백업하고 하드디스크를 포맷해 활용할 수 있어 기회를 얻는 셈입니다. 또한 시간 비용과 인건비도 절감할 수 있습니다. 이처럼 기회 비용을 좀더 투자해서 다른 비용을 절감하거나 큰 이익을 얻을 수 있습니다. 따라서 기회 비용은 돈을 투자한 금액보다 이로 인해 얻는 이익이 더 클 수 있어 +로 표시될 수 있는 비용입니다.

잠깐! 구입을 미루다가 기회를 놓치는 사람들

컴퓨터 가격이 떨어지기만을 기다리면서 몇 년을 보낸 사람을 의외로 많이 봅니다. 컴퓨터를 사용하고 싶지만 100만원이 넘는 돈을 투자하기는 부담스럽다면서 컴퓨터 구입을 미루는 사람이 많습니다. 가격이 내려오면 사겠다는 뜻이죠.

그럴 때 저는 20만원 이내의 중고 컴퓨터라도 구입해 사용하라고 권합니다. 중고 컴퓨터라도 사용하면 컴퓨터를 사용하는 것이기 때문에 컴퓨터를 남보다 먼저 배우게 되는 것입니다. 컴퓨터를 남보다 먼저 다루게 되면서 생기는 기회를 통해 새로운 사업을 할 수도 있고 새로운 취미 생활을 즐길 수도 있습니다. 그리고 중고 컴퓨터를 사용하다가 정말 최신형 컴퓨터에 대한 필요성을 느낀다면 그때 최신 제품을 구입하면 됩니다. 이미 중고 컴퓨터를 통해 컴퓨터를 어느 정도 배웠기 때문에 신제품 구입에도 많은 도움을 받을 수 있습니다. 이런 이유로 필자 주변에는 중고 컴퓨터를 구입해서 남보다 먼저 컴퓨터를 사용한 사람이 많습니다.

반면 새 컴퓨터를 사겠다고 미루다가 몇 년을 그냥 보낸 사람도 많습니다. 이들은 결국 컴퓨터를 배우지 못한 셈이고 컴퓨터를 일찍 배웠을 경우 잡을 수 있는 기회를 여러 차례 놓친 셈입니다.

1년 뒤에 좋은 컴퓨터를 사서 쓰는 것보다 지금 당장 10만원 짜리 중고 컴퓨터를 사용하는 사람은 기회 비용 측면에서 볼 때 엄청난 이득을 보는 것입니다. 기회 비용을 조금 투자해 얻는 이익은 다른 비용을 모두 합친 것보다 더 큽니다. 남보다 먼저 무엇인가를 배워서 인생을 바꿀 기회를 얻을 수 있기 때문입니다.

남들보다 먼저 사용해보고 배우는 것이 기회를 잡는 길입니다.

정보 비용은 정확한 제품 정보를 얻는데 들어가는 비용입니다.

정보 비용은 제품에 대한 정보를 얻기 위한 비용으로 인터넷으로 가격을 검색하는데 들어가는 시간과 비용만을 뜻하는 말이 아닙니다. 실제로 제품을 보고 만지면서 얻는 정보를 위해 투자하는 비용입니다. 정보 비용 역시 정보를 얻기 위해 투자하는 비용과 이로 인해 얻을 수 있는 이익을 고려할 때 +로 표시될 수 있는 비용입니다.

인터넷 홈쇼핑으로 볼 때는 A 사의 제품 디자인과 색상, 기능이 더 좋아 보였지만, 실제로 전자상가에서 눈으로 확인해본 결과 B 사의 제품이 더 디자인, 색상, 기능이 좋을 수 있습니다. 또한 인터넷 홈쇼핑에는 A사의 갑 모델이 가격도 싸고 성능이 좋은 것으로 올라왔지만 실제로 전사상가에 가서 여러 업체를 돌아보니 그 제품보다는 B사의 을 모델이 성능도 더 좋고 가격도 더 싸게 출시되고 있다는 사실을 알 수 있습니다.

만약 여러분이 인터넷 홈쇼핑의 정보만 믿고 A 사의 프린터를 사고, A 사의 갑 모델을 샀는데 나중에 전자상가에 가서 확인해보니 B 사의 프린터가 훨씬 좋고 멋있으며, B 사의 을 모델이 더 성능과 가격 면에서 좋다는 사실을 알게 된다면 무척 후회할 겁니다. 그렇다면 여러분은 정보력 부재로 인하여 경제적 손실을 입은 것은 물론이며, 더 좋은 제품을 사용할 수 있는 기회를 잃어버리게 되는 셈입니다. 마음에 들지 않은 A사 제품을 몇 년 간 써야 하는 상황에 처합니다.

다섯 가지 비용을 고려해 제품을 구입하는 것이 현명합니다.

이처럼 제품 구입 비용은 단순하게 제품 가격만으로 결정되는 것이 아닙니다. 제품 가격만 생각하면 홈쇼핑이 좋겠지만 정보 비용과 기회 비용까지 생각하면 수 많은 제품이 진열된 상가를 방문해 구입하는 것이 좋습니다. 또한 실제로 많은 사람들이 전자상가를 이용하는 이유로 싼 가격보다는 다양한 제품을 직접 보고 고를 수 있다는 점을 내세웁니다.

같은 제품이라도 업체에 따라서 가격이 다르므로 꼼꼼하게 구입 비용을 검토합니다.

여러분은 이제 제품 가격만 가지고 제품 구입 비용을 따지지 않을 것이라 생각합니다. 다양한 비용 요소를 따져보고 자신에게 필요한 제품을 최적의 비용을 지불해 구입하기 바랍니다. 그리고 잊지 말아야 할 점은 싸구려 중고 컴퓨터라도 구입하는 것이 컴퓨터가 아예 없는 상황보다는 낫다는 것입니다.

2 중고 제품을 활용합니다.

신기술 제품이 아니라면 중고 제품을 활용하는 것이 좋습니다.

PC 선택 기준에서 제시한 것처럼 구입 계획을 잘 세운다면 중고 제품을 활용해도 되는 제품을 알아낼 수 있습니다. 예를 들어 플로피디스크드라이브의 경우 꼭 새 제품을 구입해서 사용할 이유가 없습니다. 자주 사용하지도 않으며, 중고 제품이라 하더라도 성능에 지장이 없고 고장도 잘 안나는 제품입니다. 그렇다면 1만 6천원을 주고 새것을 사는 것보다는 4천원 정도를 주고 중고를 구입하는 것이 좋습니다. 이럴 경우 4분의 1 비용으로 구입이 가능합니다.

CD롬드라이브도 새것으로 사야 할 이유가 없습니다. 중고 제품이라 하더라도 CD롬을 사용하는데 문제가 없습니다. 또한 24배속이나 48배속, 52배속의 성능 차이는 별로 없습니다. 따라서 적당한 배속의 중고 제품을 구입해 사용하면 비용을 절약할 수 있습니다.

10만원대의 중고 시스템을 구입해도 사용하기 충분합니다.

현재 시중에 판매되는 중고 시스템의 경우 10만원대 정도면 셀러론에 3D 그래픽카드가 장착된 제품을 구입할 수 있습니다. 이 정도면 인터넷이나 웬만한 3D 게임도 할 수 있습니다.

중고 제품은 인터넷이나 PC 통신의 중고 판매 게시판을 이용해서 구입하거나 전자상가의 중고 판매 업체를 이용하면 됩니다. 이때 제품 가격만 고려하지 말고 중고 제품을 사기 위해서 내가 투자해야 하는 시간과 교통비도 고려해야 합니다.

비용을 아끼겠다면 직접 거래를, 시간을 아끼겠다면 전자상가의 중고 취급점을 이용합니다.

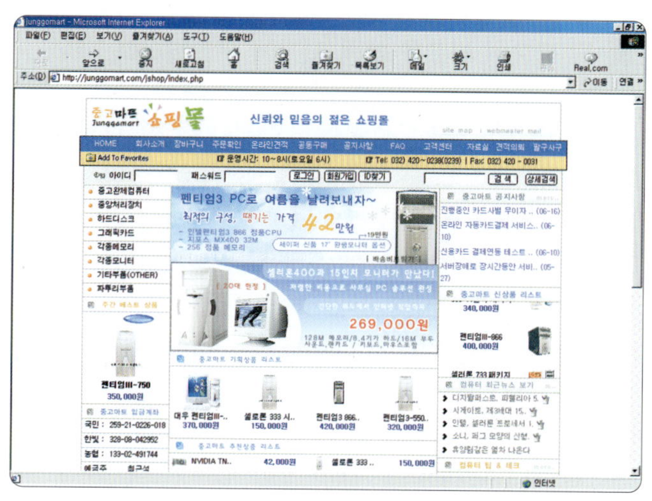

3 가격 비교를 통해 싼 제품을 구입합니다.

최저 가격을 알아내기 위해 가격 비교 사이트를 이용합니다.

구입 계획이 철저하다면 다양한 판매처의 가격 비교를 통해서 가장 싼 가격에 판매하는 곳을 알아낼 수 있습니다. 경우에 따라서는 같은 제품을 20~30% 정도 싸게 살 수도 있습니다. 아무 생각 없이 전자상가에 가서 아무 업체에나 들어가 제품을 구입하는 것보다는 여러 곳의 가격 비교를 한 다음에 싸게 파는 업체에 가서 구입하는 것이 훨씬 비용 절감 효과가 큽니다.

가격 비교 사이트는 가격을 비교하는데 도움을 줍니다.

4 꼭 필요한 부품을 빠른 시간에 구입합니다.

구입 계획을 세우면 충동 구매가 예방됩니다.

구입 계획이 중요한 이유는 필요 없는 부품을 구입하지 않게 해주기 때문입니다. 만약 계획 없이 전자상가에 들렀다면 필요하지 않은 부품을 충동구매할 수 있습니다. 그렇지만 구입 계획을 제대로 세웠다면 꼭 필요한 사양의 부품만 구매하게 되므로 불필요한 부품을 구입하지 않게 됩니다. 또한 최적화된 부품을 구입하게 되므로 구입 만족도도 높아집니다.

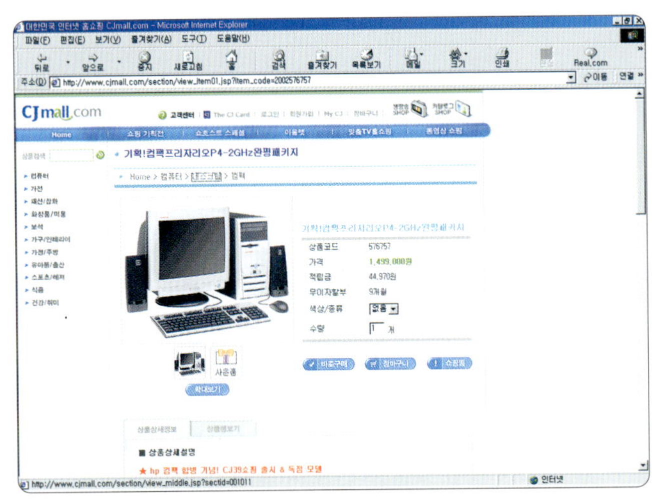

구입 전에 인터넷 사이트를 방문해 꼼꼼하게 구입계획을 세우면 충동 구매를 방지할 수 있습니다.

구입 시간 단축으로 시간과 비용을 아낍니다.

구입 계획을 세우면 가능한 짧은 시간에 구입을 마칠 수 있습니다. 자신이 사야 할 품목을 정했다면 한 번에 모든 부품을 구입할 수 있습니다. 이를 통해 시간 비용과 교통 비용 등을 크게 줄일 수 있습니다. 또한 따로 구입할 때에 비해 할인을 더 받거나 보너스 제품을 받을 수 있습니다.

02 조립품이 완제품보다 싼 이유

1 조립품은 완제품보다 쌉니다.

대기업 제품은 광고비 등이 포함되어 조립품보다 비쌉니다.

대기업에서 판매하는 완제품은 운영비나 광고비가 포함되어 있어 비쌀 수밖에 없습니다. 즉 광고를 많이 하는 기업의 제품일수록 제품 성능에 비해 가격이 높을 수밖에 없습니다. 또한 AS가 좋은 기업일수록 인건비가 크게 늘어나므로 가격이 비쌉니다. 이에 비해 전자상가에서 부품을 구입해 직접 조립할 경우에는 광고비나 인건비가 포함되지 않기 때문에 완제품에 비해 많이 쌉니다.

또한 대기업 제품은 보너스 제품이 많이 포함되어 있어 그 비용만큼 가격이 비쌀 수밖에 없습니다. 예를 들어 대기업 제품은 대부분 운영체제인 윈도우XP와 몇 가지 소프트웨어를 기본적으로 제공합니다. 이들 소프트웨어의 가격이 제품 가격에 반영되기 때문에 전자상가의 조립품보다 가격이 쌀 수 없습니다.

대기업 제품은 운영체제와 광고비 등이 포함되어 비쌉니다.

따라서 여러분이 가장 적은 비용으로 PC를 사고 싶다면 전자상가에 가서 부품을 구입한 다음에 직접 조립하는 것이 좋습니다.

대기업 제품은 조립품보다 1.5~2배 정도 비쌉니다.

예를 들어 2002년 5월 말 현재 S전자의 펜티엄4 1.7GHz PC의 가격은 본체 가격만 1,718,2000원입니다. 사양은 다음과 같습니다.

S 전자의 제품 사양

보드	i845, 사운드 카드 내장형
CPU	펜티엄4 1.7GHz
케이스	
메모리	256MB DDR
그래픽	RIVA TNT M64 32MB
모뎀	없음
하드디스크	40GB (UDMA100)
3.5" FDD	
DVD	16X
키보드	
휠마우스	
기타	윈도우XP를 비롯한 각종 소프트웨어와 교육용 쿠폰

리바TNT M64 32MB는 이 시기에 매우 낮은 저사양의 그래픽카드이며 하드디스크 용량도 작은 편입니다. 그런데도 170만원이 넘습니다. 이 제품에서 기타 부분만 제외하고 용산의 상가에서 부품을 구입해 조립할 경우 64만원 정도면 조립이 가능합니다. 물론 소프트웨어 가격도 무시할 수 없지만 개인에게 필요 없는 소프트웨어를 포함시킨 것도 문제입니다. 리눅스를 사용하려는 사용자라면 구태여 윈도우XP를 포함된 가격으로 PC를 살 이유가 없는 것이니까요.

소프트웨어 가격을 어느 정도 고려한다 해도 분명 2배가 넘는 가격 차이가 난다는 사실은 분명합니다. 물론 실제로 홈쇼핑이나 기타 판매처를 통해 제품을 판매할 때는 이보다 좀더 싼 가격에 판매합니다. 때문에 대략 1.5~2배 정도의 가격 차이가 나는 것으로 보면 맞을 것 같습니다.

필요 없는 소프트웨어를 덤으로 받는 대신 100만원 가까운 차액을 지불하려는 사용자는 없을 것입니다. 더구나 사양이 너무 낮아서 제품을 구매하자 마자 다시 대부분의 부품을 업그레이드 해야 하는 상황이라면 대기업 제품을 구입할 이유가 별로 없습니다.

대기업 제품은 조립 제품에 1.5~2배 이상 비쌉니다.

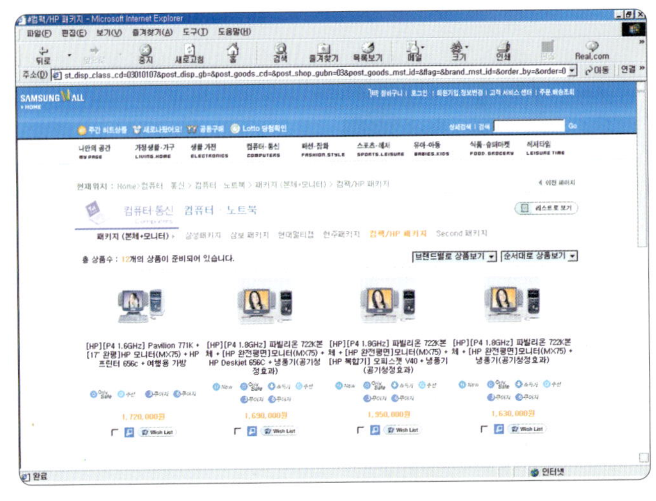

조립비를 주면 부품가격으로 시스템을 맞출 수 있습니다.

조립을 할 실력이 안된다고 걱정할 필요도 없습니다. 부품 가격에 2만원만 추가로 지불하면 업체에서 조립을 해줍니다. 물론 요즘은 용산의 업체들도 조립만 전문으로 해주는 업체에 용역을 의뢰하는 추세입니다. 하여간 부품 가격에 2만원 정도만 추가하면 완제품으로 조립해줍니다. 따라서 직접 조립할 실력이 안되는 사람도 구입 계획만 잘 세우고 싸게 파는 업체에서 제품을 구입하면 싼 가격에 완제품을 구입할 수 있습니다.

2 AS 문제를 고려할 때도 조립품이 싸고 좋은 이유

대기업의 AS 기간은 짧으며 유상 AS는 매우 비쌉니다.

앞서 예를 통해 확인해본 것처럼 조립품이 대기업의 완제품보다 싼 것은 분명합니다. 이때 대기업은 AS를 장점으로 내세웁니다. 사실 많은 사람들이 대기업 제품을 선호하는 이유는 조립품의 경우 AS가 안되거나 AS가 불편하다는 점 때문입니다. 대기업 제품을 사면 편하게 무료로 AS를 받을 수 있어 조립품보다 낫다고 말합니다. 그러나 이 문제도 시각을 달리 하면 다른 결론으로 도달합니다.

우선 대기업의 AS 기간은 대부분 1년입니다. 1년이 지난 후에 대기업 제품의 AS를 받아 보신 분을 알겠지만 엄청나게 비싼 출장비와 부품 교체비를 받습니다. 시중에서 60기가 신품 하드를 13만원에 팔고 있는데 10기가 짜리 중고 하드를 교체하려면 20만원을 내라고 합니다. 말도 안되는 일이죠. 또한 1년 안이라 하더라도 사용자의 과실로 인한 것이나 무상 AS에 해당되지 않은 것은 무상으로 고쳐주지 않습니다. 예를 들어 사용자가 실수로 파일을 지웠을 때 프로그램을 다시 깔아주는 일은 무상으로 안해줍니다.

결국 대기업의 AS가 무상이라서 좋은 것은 불과 1년에 불과하며 시스템 자체에 문제가 발생했을 때만 해당합니다. 그렇다면 1년에 과연 몇 번이나 무상 AS를 받을 수 있을까요? PC 하드웨어는 자연 고장이 거의 없습니다. 대부분의 AS는 사용자가 컴퓨터에 대한 지식

이 없어서 생기는 문제들입니다. 하여간 이것 저것 다 합쳐도 일 년에 몇 차례 부르지 않습니다. 그리고 그것이 모두 다 무료 AS는 아닙니다. 그렇다면 조립품으로 구입한 다음에 그 차액을 이용하여 유료 AS를 받는 것이 더 낫다는 결론에 도달합니다.

컴닥터119와 같은 AS업체를 이용하면 가장 빠른 시간에 AS를 받을 수 있습니다.

출장 AS 업체를 이용하는 것이 더 저렴합니다.

과거와는 달리 요즘은 컴닥터와 같은 출장 AS 업체들이 많습니다. 벼룩시장 등의 생활정보지를 보면 출장 AS 업체 광고가 꽤 많이 나오죠. 이들 업체는 한 번 출장에 5,000~30,000원 정도의 비용을 받고 문제를 해결해줍니다. 100만원의 차액이라면 이런 출장 서비스를 100번 또는 30번 이상 부를 수 있는 비용입니다. 설마 일 년 동안 이렇게 많은 AS를 요청하는 분은 없겠죠.

출장 AS 업체가 없던 10여 년 전만 해도 대기업 제품은 AS가 좋다는 점이 장점이 될 수 있었습니다. 그렇지만 지금은 대기업의 AS도 장점이 되지 못합니다. 오히려 대기업 AS가 출장 AS를 이용하는 것보다 터무니 없이 비쌀 뿐입니다.

이제 컴퓨터 초보자라고 해서 AS 문제를 두려워해 대기업 제품을 사야할 이유는 없습니다. 가장 현명한 선택은 조립품을 사고 남는 차액으로 출장 AS 비용에 사용하거나 더 좋은 제품으로 업그레이드하는 것입니다. 그렇게 하더라도 여전히 돈은 남을 것입니다.

03 가장 싼 가격 알아내기

1 인터넷을 이용해 싸게 파는 곳을 파악합니다.

인터넷을 이용해 싸게 파는 곳을 파악합니다.

PC관련 제품을 가장 싸게 파는 곳이 어딜까? 정답이 없습니다. 부품별로 싸게 파는 곳이 달라지기 때문입니다. 전자상가나 홈쇼핑은 주력 제품이 있어서 자신의 주력 제품은 싸게 팔지만 기타 제품은 남들과 같은 가격에 판매합니다. 때문에 사용자는 스스로 싸게 파는 곳을 알아내야 합니다.

한 가지 분명한 것은 과거와는 달리 가장 싸게 파는 곳을 알아내기가 무척 쉬워졌다는 사실입니다. 인터넷이 보급되기 전에는 직접 전자상가의 업체들을 기웃거리고 발품을 팔아야만 싸게 파는 곳을 알아낼 수 있었습니다. 물론 그것도 자신이 다녀본 업체 중에서 가장 싼 곳이라는 의미를 가질 뿐입니다.

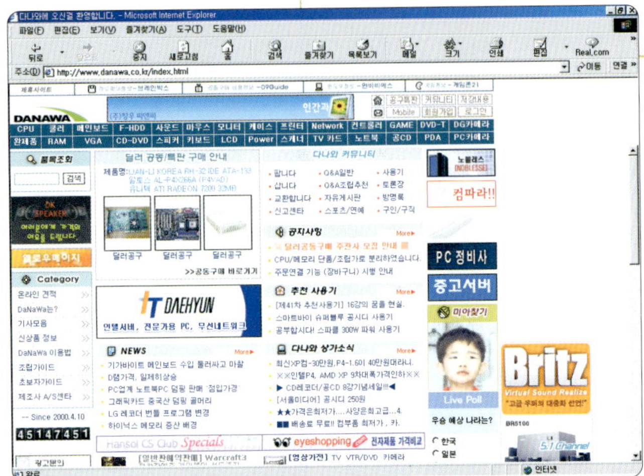

컴퓨터 전문 가격 비교 사이트로 유명한 다나와(www.danawa.co.kr)

그렇지만 지금은 인터넷을 통해서 싸게 파는 업체에 관한 정보를 손쉽게 얻을 수 있습니다. 가장 싸게 파는 곳을 알아내는 가장 좋은 방법은 가격 비교 사이트를 이용하는 것입니다.

다나와, 베스트바이어 등의 가격 비교 사이트를 이용하면 손쉽게 가격 정보를 얻을 수 있습니다.

현재 가장 많은 사람들이 이용하는 가격 비교 사이트는 다나와, 에누리, 오미, 베스트바이어 등입니다. 더 많은 가격 비교 사이트를 알고 싶다면 검색엔진에서 '가격비교'라는 낱말로 검색해보면 찾을 수 있습니다.

이중 다나와는 컴퓨터 관련 제품의 가격만 비교하는 사이트이기 때문에 이용자들이 가장 많이 찾는 사이트입니다. 그외 많은 가격 비교 사이트가 있지만 이 모든 가격 비교 사이트를 돌아보는 것은 쉬운 일이 아닙니다. 다나와나 에누리 같은 곳 한 두 사이트만 방문해봐도 현재 전자상가의 시세를 알 수 있습니다. 베스트바이어는 모든 쇼핑몰의 가격 비교가 가능한데 대형 쇼핑몰의 가격 비교면에서 장점이 있습니다. 다나와와 베스트바이어 정도만 방문해도 컴퓨터 가격은 어느 정도 파악이 가능합니다.

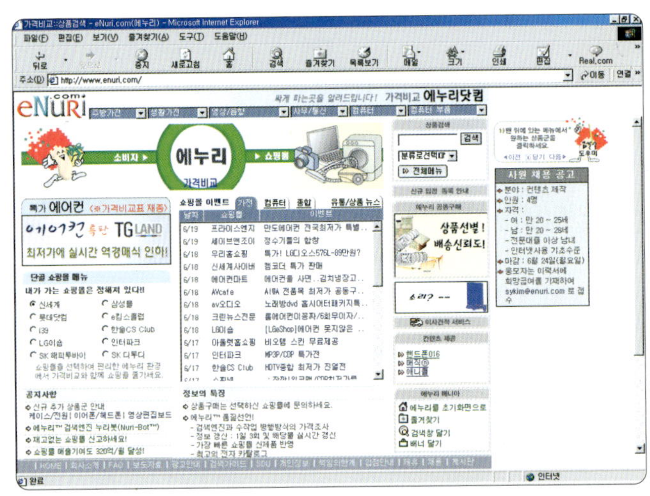

가격 비교 사이트인 에누리닷컴 (www.enuri.com)

요즘은 이들 가격 사이트의 이용이 빈번해지는 바람에 전자상가의 업체들이 대부분 가격 비교 사이트에 올려진 최저 가격에 거의 접근한 가격으로 제품을 판매합니다. 한 마디로 업체별로 제품 가격 차이가 그다지 심하지 않은 상태로 변한 것입니다. 인터넷이 등장하기 전에는 전자상가의 업체별로 가격 차이가 매우 심했습니다. 20~30% 이상 차이나는 경우도 많았습니다. 그렇지만 요즘은 전자상가의 어느 업체를 가더라도 가격 차이가 심하지 않다는 사실을 알 수 있을 겁니다.

가격 비교 사이트의 정보를 100% 신뢰하지 않아야 합니다.

가격 비교 사이트를 이용할 때 주의할 점이 있습니다.

① 사이트에 올려놓은 최저 가격이 진실이 아니라는 점입니다.
② 현금가와 신용카드 구입가에 차이가 있습니다.
③ 전자상가의 가격과 홈쇼핑 업체의 가격은 따로 비교해야 합니다.

다나와에 가보면 남들은 다 20만원이라고 올려놓는데 혼자서 유독 19만원이라고 올려놓는 업체가 있습니다. 그럼 이 업체에서 정말로 19만원에 파느냐? 그렇지 않습니다. 19만원에 파는 줄 알고 이 업체를 방문해보면 그 물건은 마침 다 팔려서 재고가 없다고 변명합니다. 그러면서 다른 회사 제품을 사라고 권유합니다. 한 마디로 말해서 자신들은 판매하지도 않은 물건을 매우 싼 가격에 올려놓고 고객을 유인하는 것입니다. 소비자는 일단 싼 가격을 올려놓은 업체를 방문하거나 전화를 하기 마련입니다. 이런 심리를 이용하기 위하여 가격을 싸게 매겨놓고는 정작 문의하면 그 물건은 재고가 없다는 식으로 말하는 수법입니다. 따라서 지나치게 가격 차이가 난다면 한 번 의심해봐야 합니다.

가격 비교 사이트의 가격과 실제 판매 가격이 다를 수 있습니다.

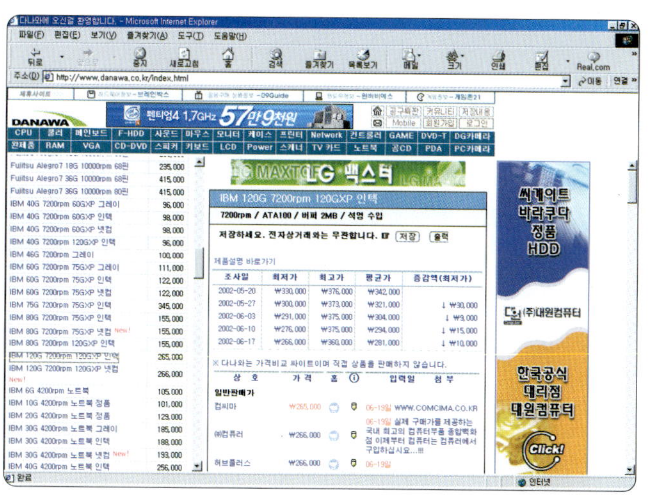

가격 비교 사이트의 가격이 맞는지 확인해야 합니다.

똑같은 20만원을 올려놓았다 하더라도 어떤 구입가를 기준으로 하느냐에 따라서 두 업체의 가격 차이가 발생합니다. 다나와 사이트에 올라오는 가격은 현금가를 기준으로 하며 신용카드를 사용하면 수수료를 따로 받습니다. 수수료를 받는 것은 불법이지만 현실적으로는 대부분의 전자상가에서 신용카드 수수료를 받고 있습니다. 그나마 신용카드로 결제가 가능한 업체도 많지 않습니다. 따라서 똑 같은 가격이라 하더라도 구입 전에 전화로 문의하여 신용카드 수수료는 받는지 받는다면 몇 퍼센트를 받는 지 확인해봐야 합니다.

전자상가의 업체는 대부분 현금가만을 기준으로 가격이 올라옵니다. 이에 비해 홈쇼핑 업체는 수수료나 배송료가 포함된 가격으로 올라올 수도 있습니다. 이런 점을 감안하여 어떤 가격 비교 사이트에서는 실제 가격이라는 항목을 따로 만들어 비교의 편의를 제공합니다. 만약 여러분이 홈쇼핑을 통해 집에서 물건을 받아볼 생각이라면 최저 가격만 보지 말고 수수료와 배송료 부분까지 함께 계산하여 가격 비교를 하시는 것이 옳습니다.

베스트바이어는 현금가와 카드 수수료 배송료까지 비교할 수 있는 가격 비교 사이트입니다. (www.bestbuyer.co.kr)

유명한 하드웨어 동아리의 게시판을 이용하면 좋은 업체를 고를 수 있습니다.

싼 가격을 알아내는 방법으로 가격 비교 사이트를 이용하는 것이 가장 편리하지만 진짜 싼 가격을 알고 싶다면 동아리 게시판을 이용하는 것이 좋습니다. 꽤 많은 게시물을 수시로 읽어봐야 한다는 부담이 있지만 좋은 물건을 싸게 파는 업체들의 명단을 얻을 수 있어 유용합니다. 하드웨어 동아리는 클수록 게시물의 내용이 우수합니다. 하이텔의 OSC 동아리 등이 하드웨어 관련 동아리로 가장 우수하며, 게시판도 잘 정돈되어 있습니다.

하이텔의 OSC 동아리. 하드웨어 관련 동아리로는 제일 유명합니다.

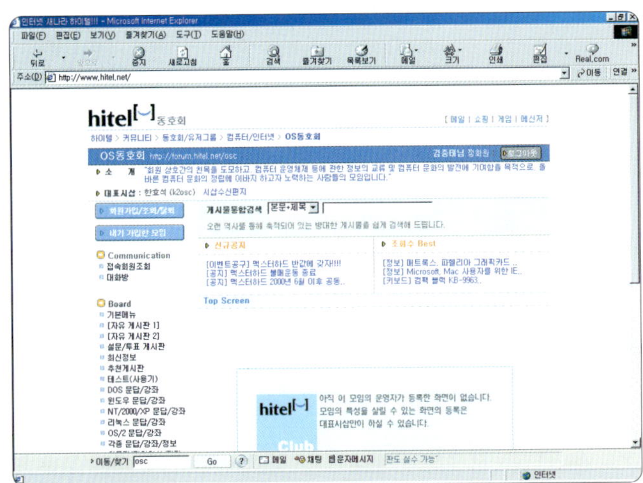

04 물건 싸게 사기, 편하게 사기

1 전자상가에서 싸게 사는 요령

가격을 알고 가야 하며 여러 곳을 돌아다녀야 합니다.

용산 등의 전자상가에서 물건을 사게 사려면 가장 싸게 파는 업체의 물건 가격을 알고 가야 합니다. 이때 진행 순서는 다음과 같이 진행하는 것이 좋습니다.

> 손님: A 제품 얼마입니까?
> 직원: 20만원입니다.
> 손님: 19만 5천원에 판매하는 곳이 있는데 이 가격에 안될까요?
> 직원: 어디에서 그렇게 파는데요?
> 손님: 갑이라는 업체요.
> 직원: 저희는 그 가격에 어렵고 19만 8천원까지 해드릴께요.
> 손님: 좋습니다. 그럼 그 가격으로 하나 주세요.

사실 업체 종업원들이 가장 싫어하는 말 중의 하나가 '어디에서는 얼마에 파는데요' 라는 말입니다. 그렇지만 소비자 입장에서는 이 말이 협상 카드의 하나입니다. 분명 더 싸게 파는 곳이 있는 것이 사실이라면 현재 업체에서 가격 협상을 할 여지가 있습니다.

전자상가 관련 뉴스를 전하는 사이트(www.inews.org/mart/)를 이용하면 상가 동정이나 휴무 일정을 알 수 있습니다.

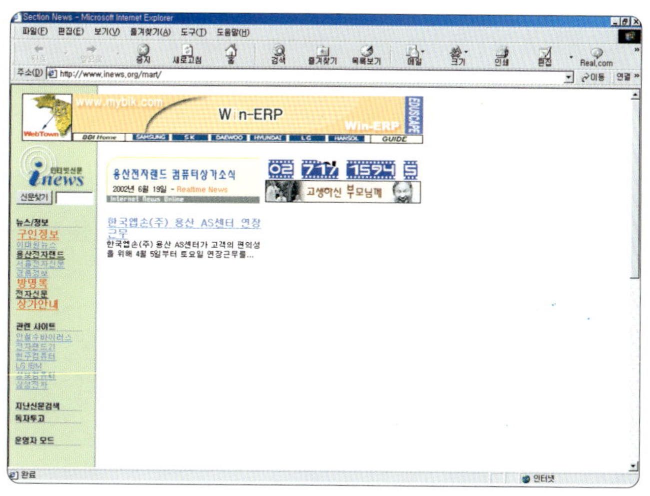

전자상가에서 파는 가격은 어느 정도 선까지 흥정이 가능합니다.

물론 그 업체에서 '그럼 그 업체에 가서 사세요' 라고 답변하면 협상은 끝난 것입니다. 수고스럽더라도 자신이 알고 있는 업체로 가서 물건을 사야 합니다. 그러나 협상을 할 줄 아는 업체라면 '우리는 그 가격에는 어렵고 얼마까지 줄 수 있다' 고 이야기할 것입니다. 업체에서 제시한 가격에 살 것인지 여부는 여러분이 결정할 문제입니다.

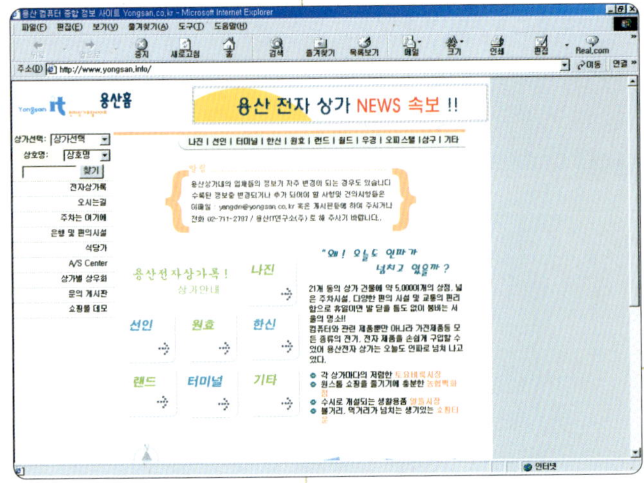

하여간 다른 곳에서 파는 가격을 알고 간다면 두 가지 점에서 유리합니다. 첫 번째로 가격을 물어봤을 때 그 업체에서 판매하는 제품이 어느 정도 비싸고 싼 지 판단할 수 있습니다. 두 번째로 판매원과 협상할 때 자신이 원하는 가격을 제시하는 근거 자료가 될 수 있다는 점입니다. 이를 통해 협상을 좀더 유리하게 이끌 수 있습니다.

용산전자상가에 대한 정보를 수록하고 있는 용산 사이트 (www.yongsan.info)

물건 가격을 흥정할 때는 예의를 갖추고 감정적인 말을 삼갑니다.

물건을 흥정할 때 삼가야 할 말이 있습니다. 상대방의 감정을 상하게 하는 말은 사용하지 않아야 합니다.

보기1: 인터넷에는 19만 5천원으로 나오는데, 왜 여기는 비싸게 팔아요?

결과1: 왜 이 가게는 비싸게 파느냐고 말하는 순간 협상은 끝납니다. 업체 직원은 기분이 상해 '그럼 그 가게 가서 사시구려' 라고 말할 가능성이 높습니다. 업체마다 모두 최저가로 팔 수는 없습니다. 업체의 규모와 운영비, AS, 주력 상품, 공급처와의 관계에 따라서 업체마다 가격은 차이날 수밖에 없습니다. 이런 차이점을 인정하고 흥정에 들어가야 합니다. 동네 구멍가게나 백화점에 가서 '왜 여기는 같은 물건을 이마트와 같은 대형할인점에 비해 비싸게 파느냐' 고 말하는 것이나 같습니다. 흥정의 목표는 상대 업체에서 최저로 줄 수 있는 가격을 끌어내는 것이지, 대한민국 최저가로 사는 것이 목표가 아니라는 사실을 분명하게 인식하기 바랍니다.

보기2: 갑에서는 19만 5천원에 팔아요. 여기도 그렇게 줘요.(우긴다)

결과2: 조금 전에 말한 것처럼 업체마다 판매 가격이 같을 수 없다는 사실을 인정해야 합니다. 모든 전자상가의 업체가 대한민국 최저가에 맞추어 물건을 팔 수는 없는 일입니다.

보기3: 여긴 왜 이렇게 없는게 많아요?

결과3: 종업원이 '그럼 다 갖추고 파는 데 가서 사세요.' 라고 할 지 모릅니다. 모든 업체가 수 만 종의 제품을 모두 갖추고 팔 수 없습니다. 주력 상품만 갖추어놓고 판매하는데 찾는 물건이 없다고 성질을 부리면 업체 직원도 기분 좋을 리 없습니다.

보기4: 갑이라는 업체는 정말 개판이어요. 여기(을 업체)는 좀 낫군요.

결과4: 전자상가의 업체들은 경쟁 관계이기는 하지만 동종 업계에 종사하는 사람들이라서 동료 의식이 있습니다. 때문에 다른 업체에 대한 비방과 욕도 같은 상가 안에 있는 자신을 욕하는 것처럼 받아들입니다. 다른 업체에 대한 비방은 하지 않도록 합니다.

보기5: 여기 A 하드 있어? 얼마야?

결과5: 종업원의 나이가 어리다고 해서 반말로 대해서는 안됩니다. 상대방을 존중할 때 상대방도 나를 존중합니다. 반말 들어서 기분 좋을 사람 아무도 없겠죠.

용산전자상가에 대한 종합적인 안내가 있는 홈페이지 (www.yn.co.kr)

흥정을 끝낼 때도 다시 그 가게에 들러 구입할 여지를 남겨야 합니다.

어떤 업체에 들어가서 가격 흥정을 했는데 원하는 가격에 성사되지 않으면 흥정을 마치고 나와야 합니다. 이때 좋은 말로 끝내고 나오는 것이 중요합니다. 이때 다음과 같은 표현으로 흥정을 마치고 나와야 합니다.

직원: 그 가격에는 어렵습니다.
손님: 알겠습니다. 말씀 감사합니다. 다른 곳을 좀더 둘러보고 결정하도록 하겠습니다.
직원: 예, 알아보고 다시 한 번 들러주세요.

흥정을 마칠 때는 항상 상대방에게 '고맙습니다'라는 표현을 써주어야 합니다. 그리고 다시 올 가능성을 남기고 말을 끝맺어야 합니다. 다음과 같은 표현은 좋지 않은 표현으로 절대 사용해서는 안됩니다.

직원: 그 가격에는 어렵습니다.
손님: 그래요. 그럼 딴 데 가서 사죠. 뭐.
직원: 그렇게 하세요.(속으로 기분 상함)

'딴 데 가서 사죠'라는 말은 어떤 흥정을 하더라도 절대 해서는 안되는 말입니다. 그 말을 내뱉고 다른 곳을 갔는데 다들 처음 가게보다 비싸게 판다면 문제입니다. 딴 데 가서 산다고 나왔는데 그 가게가 가장 싸게 파는 곳이거나 그 가게에만 원하는 물건이 있을 수 있습니다. 따라서 '딴 데 가서 사죠'라는 말은 하면 안됩니다. '다른 곳을 좀더 둘러보고 결정할께요'라고 말하고 가게를 나와야 합니다.

'딴 데 가서 사죠'라는 말에는 '이 가게는 안돼'라는 의미 즉, 무시하는 뜻이 내포되어 있어 직원의 기분을 상하게 합니다. 그렇지만 '다른 곳도 둘러보고 결정하죠.'라는 말에는 이 가게에 대한 정보가 아직 부족해서 결정을 내리지 못한다는 의미일 뿐이며, 돌아보고 당신네 가게가 좋다면 다시 오겠다는 뜻을 담고 있습니다. 소비자로서 당연히 가져야 할 합리적인 행동의 과정이기 때문에 업체 직원들도 다른 곳을 둘러보고 결정하겠다는 손님에 대해서는 기분 나빠 하지 않습니다. 때문에 다른 곳을 둘러봤는데 아까 그 가게가 가장 싸거나 자신이 찾는 물건을 구비하고 있다면 다시 들어가서 물건을 구입하면 됩니다.

손님: 둘러보고 왔는데 여기가 제일 나은 것 같군요. 아까 말씀한 가격으로 A 하드 하나 구입하죠.
직원: 예. 알겠습니다.

테크노마트 홈페이지 (www.tm21.co.kr). 용산 외의 전자상가로는 가장 큰 전자상가입니다.

많이 돌아다닐수록 싸게 살 수 있습니다.

전자상가에서 물건을 싸게 사는 두 번째 방법은 여러 업체를 돌아다니는 것입니다. 인터넷을 통해 알고 가는 가격은 대략적인 요즘 시세를 알 수 있는 참고 자료일 뿐입니다. 전자상가를 실제로 돌아다녀보면 그보다 더 싸게 파는 곳도 분명 만날 수 있습니다. 따라서 여러 군데의 업체를 돌아다니면서 가격을 알아보는 것을 두려워해서는 안됩니다.

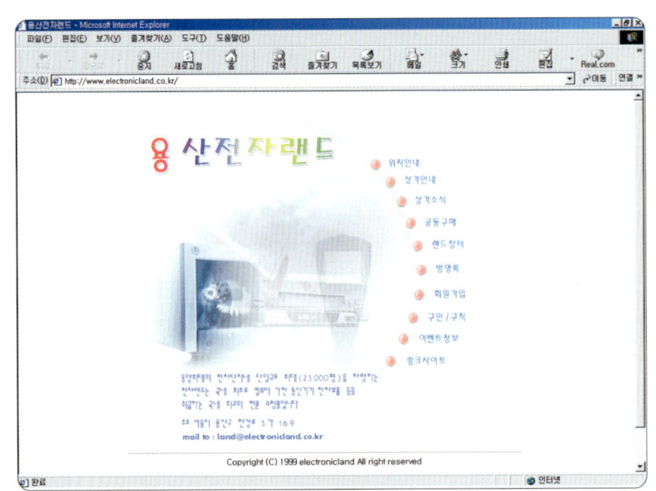

전자상가는 개별적인 홈페이지를 따로 운영합니다. 용산전자랜드 홈페이지. (www.electronicland.co.kr)

2 물건을 편하게 구입하는 방법

단골 업체를 정하면 편리합니다.

PC 제품을 구입할 때는 가격이 구매 기준의 전부는 아닙니다. 구입하는 업체의 친절함이나 구매의 편리성도 중요한 구매 기준이 됩니다. 따라서 친절하고 AS가 확실하면서도 대체로 가격도 저렴한 업체를 알아두었다가 단골로 삼는 것도 좋습니다. 저는 컴퓨터 부품을 살 때 늘 사던 곳에서 삽니다. 대신 그 업체는 국내 최저 가격과 비교해도 결코 비싸지 않게 파는 곳입니다.

이처럼 단골 업체를 정해두면 이곳 저곳 알아보는 힘든 작업을 하지 않아도 됩니다. 가격 비교 사이트에서 최저 가격과 평균적인 시세를 알아보고 단골 업체의 홈페이지에 들어가 가격을 비교해봅니다. 그래서 가격이 더 싸거나 가격 차이가 크지 않으면 단골 업체로 가서 구입합니다. 물론 가격 차이가 꽤 크다면 싸게 파는 다른 업체를 이용합니다.

computer100 홈페이지(www.computer100.co.kr) 규모가 크지 않더라도 믿을만한 업체를 단골로 정해야 합니다.

3 국내외 홈쇼핑을 이용해 싸게 구입하는 방법

홈쇼핑을 이용할 때는 가격보다는 신용을 먼저 고려하기 바랍니다.

아직까지도 홈쇼핑은 대체로 전자상가와 가격 경쟁을 할 정도로 싸지 않습니다. 아직도 대기업에서 운영하는 홈쇼핑은 가격이 비싼 편입니다. 그러나 몇몇 중소 홈쇼핑은 자신의 주력 제품을 싸게 팝니다. 문제는 이런 홈쇼핑에서 제품을 구입할 경우 AS와 환불에 문제가 발생할 확률이 높다는 사실입니다. 따라서 가격적인 장점이 있다 하더라도 확실하게 믿을 수 있는 홈쇼핑이 아니라면 구매를 자제하는 것이 좋습니다. 가능한 시용할 수 있는 큰 규모의 홈쇼핑을 이용하는 것이 좋습니다.

사실 요즘은 어지간한 사이트는 다 쇼핑몰을 운영하고 있습니다. 한솔, LG홈쇼핑, 인터파크와 같은 전문 홈쇼핑 외에도 대부분의 규모 있는 사이트는 홈쇼핑을 운영합니다. 대체적으로 평상시에 판매하는 제품의 가격은 이들 홈쇼핑이 전자상가보다 비쌉니다. 그렇지만 특별 판매, 이벤트 판매, 공동구매 형태로 판매할 때는 전자상가보다 더 싸게 판매하는 경우가 많습니다. 이런 특별 판매 행사를 이용한다면 신뢰성 있는 홈쇼핑에서 안전하게 물건을 구매하면서도 싸게 구입할 수 있습니다.

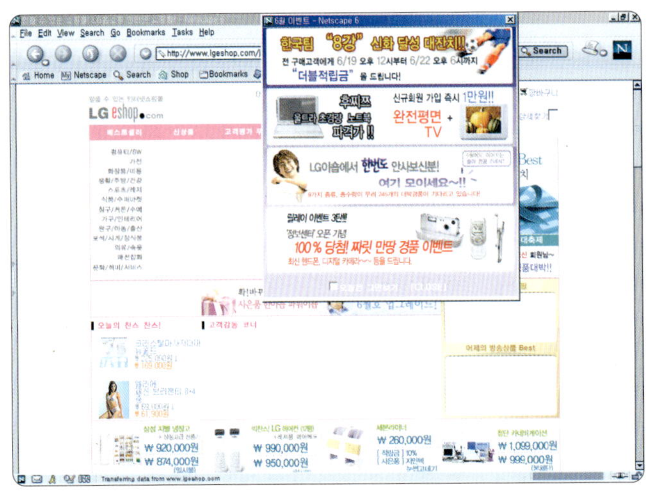

LG eSHOP(www.lgeshop.com) 홈페이지

특별 판매 행사를 이용하면 좋은 제품을 싸게 살 수 있습니다.

전자상가보다 더 싼 가격에 노트북이나 주변 기기를 구입할 수 있으며, 책의 경우 가끔씩 서점에 가서 사는 것보다 50% 싼 가격으로 구입할 수도 있습니다. 이런 특별 행사는 전자우편을 통해서 알려줍니다. 이런 이유로 여러 곳의 사이트에 가입을 했고, 이들 사이트에서 보내는 광고 편지를 일단은 한 번 읽어봅니다. 혹시라도 내가 필요로 하고 있는 제품이 싸게 나올지 모르기 때문입니다. 여러분도 큰 규모의 홈쇼핑에서 진행하는 특별 판매 행사를 관심 있게 살펴보면 많은 도움이 될 것입니다.

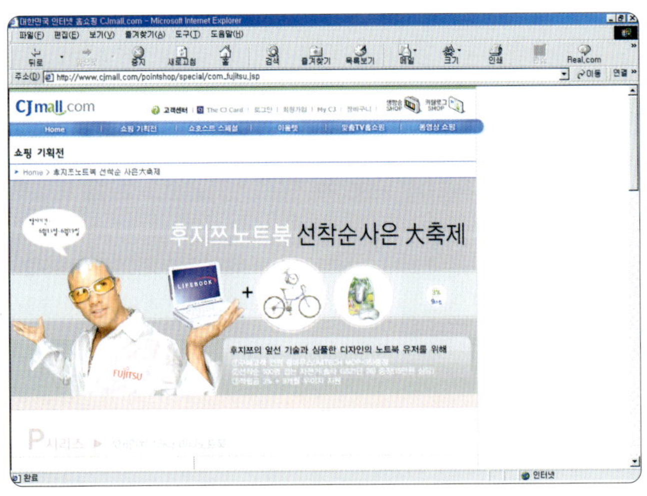

CJMALL(www.cjmall.com)의 행사 안내문. 대기업 홈쇼핑의 행사 판매를 이용하면 싼 가격에 좋은 제품을 살 수도 있습니다.

소프트웨어 구입은 해외 홈쇼핑을 이용하는 것이 유리합니다.

국내에서 비싸게 파는 몇몇 제품은 해외 홈쇼핑을 이용하는 것이 좋습니다. 해외 홈쇼핑을 이용하는 경우는 크게 두 가지입니다. 국내에서 워낙 비싸게 파는 제품인 경우와 국내에서 구입하기 어려운 제품인 경우입니다. 단 운송 중에 파손의 염려가 있는 제품은 구입을 피하는 것이 좋습니다. 제품을 다시 반송하고 다시 받는 일이 간단하지 않습니다. 국내에서도 팔고 가격이 비싸지 않은 제품은 국내 업체를 이용하는 것이 좋습니다.

국내 네티즌이 가장 많이 이용하는 해외 쇼핑몰인 아마존(www.amazon.com). 도서 외에도 각종 물품을 구매할 수 있습니다.

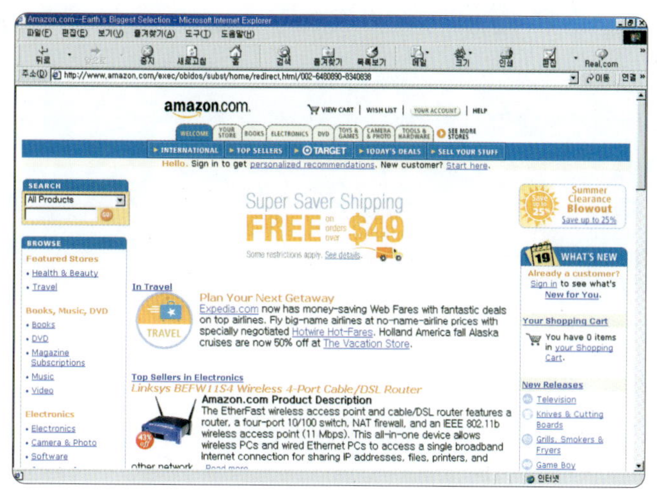

해외 홈쇼핑을 이용했을 때 가장 유용한 경우는 소프트웨어를 구입할 때입니다. CD롬타이틀을 비롯한 영문 소프트웨어의 경우 외국의 홈쇼핑을 이용할 경우 무척 싼 가격에 구입할 수 있습니다. 또한 노트북과 같이 고가의 제품도 외국 홈쇼핑을 이용하여 싸게 구입할 수 있습니다. 신용카드만 있다면 결제도 간단합니다. 국내 홈쇼핑을 이용하는 것과 큰 차이 없습니다. 해외 홈쇼핑 이용을 두려워할 필요는 없습니다. 물론 신뢰할 수 있는 유명한 홈쇼핑을 이용해야 한다는 점은 잊지 말아야 합니다.

해외 홈쇼핑을 이용할 때는 야후를 비롯한 신뢰할 수 있는 쇼핑몰을 이용해야 합니다.

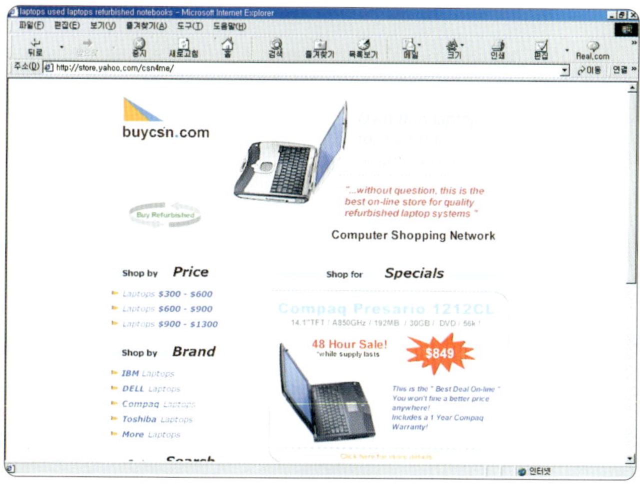

Section 03 PC Remodeling

구입할 때 주의사항

01 구입을 피해야 하는 업체들

신용이 떨어지는 업체에서는 구입을 피합니다.

전자상가에서 물건을 구입할 때 구입을 피해야 하는 업체들의 유형이 몇 있습니다.

① 싸게 판다고 광고해서 가보면 그 제품 없으니 다른 제품으로 사라고 권유하는 업체
② 불친절한 업체, 짜증을 내는 업체
③ 영수증이나 세금 계산서를 발급해주지 않는 업체
④ 정상가 이상으로 지나치게 싸게 파는 업체
⑤ 홈페이지 관리가 거의 안되는 업체
⑥ 신용카드 수수료를 지나치게 많이 받는 업체
⑦ 신용카드를 받지 않는 업체
⑧ 인터넷에 좋지 않은 업체라고 사용자들이 글을 올리는 업체
⑨ 환불이나 AS에 대해서 미적거리는 업체. 또는 다른 곳에 가서 알아보라고 떠미는 업체

이들 업체에서 물건을 구입할 경우 문제가 발생할 확률이 높으며 AS와 환불에 많은 어려움을 겪을 가능성이 큽니다. 특히 업체 들어갈 때와 물건을 사지 않고 나오려고 할 때 인상이 달라지는 업체는 절대적으로 피해야 하는 업체입니다.

반면 단골로 삼아도 좋을만한 업체들의 유형도 있습니다. 앞서의 업체와 정 반대로 생각하면 되겠죠.

① 광고한 제품의 재고가 없을 때 다른 곳에서라도 구해서 광고한 금액대로 파는 업체
② 어떠한 경우에도 친절하게 대응하는 업체
③ 말하지 않아도 영수증과 제품 견적서를 발급해주는 업체. 그렇지만 세금 계산서는 요구해야 발급해 줍니다.
④ 대체로 싸지만 평균 시세 이하로 지나치게 싸게 팔지 않는 업체. 적절한 가격을 유지하며 마진을 유지하는 업체가 좋은 업체입니다.
⑤ 홈페이지를 잘 관리하는 업체
⑥ 신용카드 수수료를 안받거나 보편적인 선에서 받는 업체. 대개의 경우 5% 정도 받습니다.
⑦ 인터넷 게시판에 여러 회원들이 괜찮은 업체라고 추천하는 업체. 단 직원을 시켜서 올린 게시물일 가능성도 있으니 확인할 필요가 있습니다.
⑧ 언제라도 즉석에서 환불이나 AS를 해주는 업체

전자상가에서 오래 영업한 업체일수록 신용이 높습니다.

02 구입할 때 확인할 내용

제품 구입 전에 사려는 제품이 맞는지 확인합니다.

제품을 구입할 때 여러분은 다음의 내용을 먼저 확인해봐야 합니다.

① 자신이 사려던 제품인가?
② 정품인가?
③ 반품이나 AS는 확실한가?

사려는 제품이 없다면 구매하지 않는 것이 현명합니다.

만약 자신이 사려던 '가' 회사의 제품이 마침 그 업체에 없다면 업체 종업원은 '나' 회사의 제품을 권유할 것입니다. 이때 시간이 충분하다면 일단 구입을 미루는 것이 현명합니다. 가능한 여러분이 구입하려 했던 '가' 회사의 제품을 구입하는 것이 후회하지 않는 길입니다. '나' 회사 제품을 사더라도 사용에 문제가 없지만 사람의 심리는 자신이 사려던 것이 없어서 대체품을 샀을 때는 기분이 찜찜하면서 만족도가 떨어지기 마련입니다. 조금 더 수고를 하더라도 원래 사고자 했던 제품을 구입하는 것이 좋습니다.

정품만이 AS를 받을 수 있습니다.

정품을 구입해야 AS를 받을 수 있습니다.

정품 여부는 포장 상태와 업체의 설명을 통해 확인할 수 있습니다. 정품은 비품이나 그레이 제품보다 가격이 조금 더 비싸지만 AS가 확실합니다. 물론 좀더 싼 제품을 원한다면 벌크 제품이나 그레이(정품이 아닌 비품) 제품을 구입해도 좋습니다. 단 AS 여부는 책임이 어렵다는 점을 분명하게 아셔야 합니다.

제품 받을 때 영수증은 꼭 챙깁니다.

정품 확인이 끝난 후에 여러분은 돈을 지불하고 제품을 구입하게 됩니다. 이때 여러분은 다음 내용을 꼭 받아서 챙겨야 합니다.

① 영수증 또는 입금증
② 거래명세표
③ AS 스티커

거래명서는 필수 사항이 아닙니다. 그렇지만 영수증은 꼭 챙겨두어야 합니다. 나중에 반품, 교환, 환불과 차액 환급 때 꼭 필요합니다. 만약 여러분이 산 제품에 문제가 있어서 반품 또는 교환을 할 경우 영수증이 없다면 차액을 환불받기 어렵습니다. 물론 같은 제품으로 교환을 할 경우에는 환불이 필요 없습니다. 그렇지만 다른 회사 제품으로 환불받을 때는 영수증이 있어야 제대로 차액을 환불 받습니다.

AS 할 때는 영수증 또는 시리얼번호나 AS 스티커를 기준으로 삼습니다.

AS 스티커는 제품에 따라서 필요한 경우도 있고 그렇지 않은 경우도 있습니다. 국내 기업에서 만든 제품이라면 AS 스티커가 필요 없습니다. 그렇지만 수입 제품의 경우에는 AS 스티커를 받아야만 AS를 해주는 경우가 있습니다. 수입 제품의 경우에는 한 곳에서 수입하는 곳이 아니고 여러 업체에서 같은 품목을 수입합니다. 그래서 자신이 수입해서 판매한 제품만 AS를 해주기 마련입니다. 또한 구입 날짜를 기준으로 AS를 해주는 곳은 AS 스티커에 적힌 날짜를 기준으로 AS를 해줍니다.

하드디스크나 그래픽카드와 같은 품목은 특히 AS가 많이 발생하는 품목이며 같은 제품을 여러 업체에서 수입해 판매하는 대표적인 상품입니다. 이런 제품은 AS 스티커를 붙여야만 교환이나 환불이 가능합니다. 제품을 구입할 때 AS를 받으려면 무엇을 받아야 하는지 확인하기 바랍니다. 제품의 고유번호(시리얼 번호)로 AS를 해주는 경우나 국내 수입원이 하나인 경우라면 AS 스티커가 필요 없지만 수입선이 여러 개인 제품은 수입업체의 스티커가 붙은 제품만 AS를 해준다는 점을 알아두기 바랍니다.

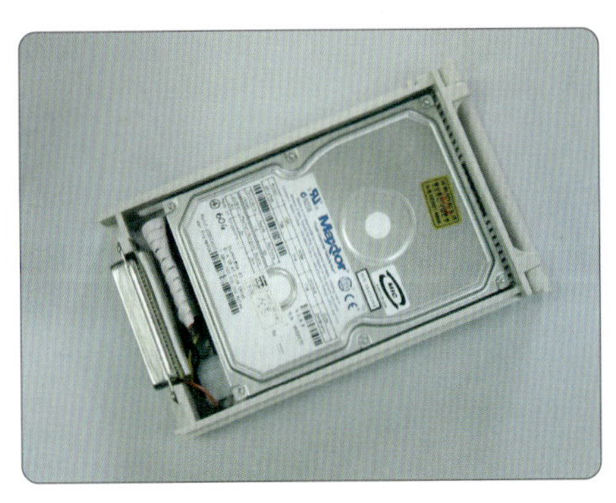

제품에 붙은 딱지(스티커)나 제품 번호로 AS를 받을 수 있습니다.

조립한 PC를 받을 때는 부속품과 설명서, CD를 챙깁니다.

만약 여러분이 조립을 의뢰하여 맡겼다면 그 업체는 조립된 본체를 여러분께 건네줄 것입니다. 이때 여러분이 잊지 말고 챙겨야 하는 품목들이 있습니다. 각 부품별 부속 제품들입니다. 여러분이 부품을 개별적으로 구입했다면 상자 채로 구입하게 됩니다. 따라서 부속품도 상자 안에 들어있습니다. 그렇지만 완성품이나 조립된 본체를 구입할 때는 각 부품이 본체 안에 내장되게 됩니다. 이때 많은 업체에서 각 부품에 딸려있던 부속품을 잘 챙겨주지 않는 실수를 범합니다. 이들 부속품은 지금은 사용하지 않지만 나중에 사용할 수 있습니다. 예를 들어 TV 수신카드에 딸려나오는 비디오 연결 케이블이나 USB 저장장치에 딸려나오는 USB 연장 케이블 등은 나중에 유용하게 사용할 수 있습니다.

그러므로 여러분은 조립을 부탁하거나 조립 후에 각 부품의 설명서와 드라이버를 비롯한 부속품을 모두 챙겨달라고 부탁해야 합니다. 그러면 그 업체는 별도의 상자에 조립하고 남은 각종 부속품을 넣어서 줄 것입니다.

부품별 부속품이 모두 들어있는지 어떻게 확인할 수 있을까요? 부품별 설명서를 펼치면 제일 앞 쪽에 제품을 구입했을 때 들어있는 부속품에 대한 설명이 나옵니다. 이 부분을 참고하여 혹시라도 빠진 부품이 없는 지 확인해야 합니다. 설명서와 각종 드라이버 파일과 프로그램이 든 디스크, CD는 특히 잘 챙겨야 하는 품목입니다. 그외 지금은 사용하지 않지만 나중에 사용할 수 있는 각종 케이블과 부속품도 잘 챙겨두어야 합니다.

제품에 포함된 부속물들. 당장은 필요 없어도 나중에 필요하므로 잘 챙겨둡니다.

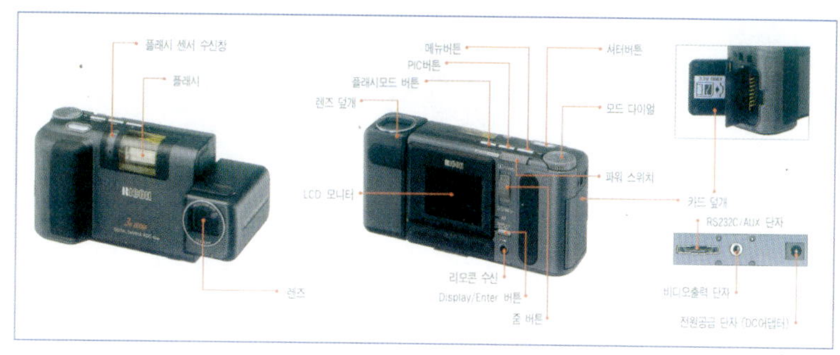

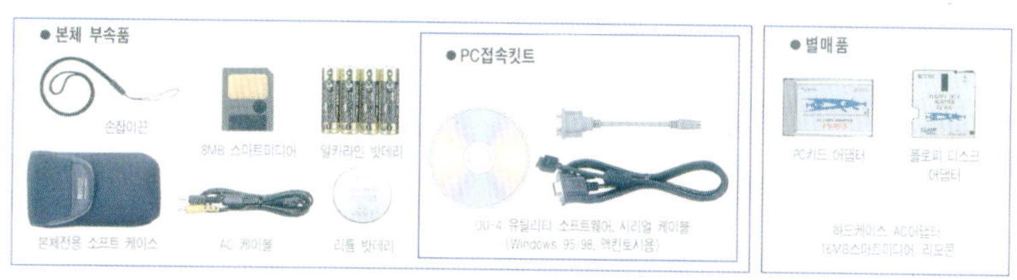

03 환불, 교환, AS, 보관

1 환불이나 교환받는 요령

영수증은 환불이나 교환을 위해 꼭 보관해야 합니다.

앞서 말씀 드린 것처럼 제품을 구입할 때 여러분은 영수증을 필수적으로 챙겨서 보관해야 합니다. 만약 여러분이 산 제품에 문제가 있어서 반품 또는 교환을 할 경우 영수증이 없다면 차액을 제대로 환불받기 어렵습니다. 물론 같은 제품으로 교환을 할 경우에는 환불이 필요 없습니다. 그렇지만 다른 회사 제품으로 환불받을 때는 영수증이 있어야 제대로 차액을 환불 받습니다.

전자상가의 교환 환불 관행은 다음과 같습니다. 물론 여러분이 구입한 '가' 회사의 제품이 고장난 제품이거나 불량품이 확실한 경우에만 교환이나 환불을 해줍니다.

① 일단 '가' 회사의 제품으로 교환해줍니다. 같은 제품으로 1:1 교환을 해주는 것이 기본 원칙입니다. 이때 그 업체에서 샀다는 것을 증명해야 합니다. 영수증이 있으면 가장 확실한 것이고, 영수증이 없다면 제품에 그 회사의 판매 날짜가 적힌 스티커라도 붙어있어야 합니다. 물론 단골이라 안면을 익혔다면 영수증 없이 가져가도 교환해줍니다.

② 교환한 제품도 똑 같은 불량품이거나 또는 '가' 회사의 전 제품 자체가 구조적인 문제가 있을 경우에는 환불을 해줍니다. 이때 영수증에 기재된 금액대로 환불해주므로 영수증이 꼭 필요합니다.

③ 만약 영수증이 없다면 언제 얼마의 가격으로 구입했는지 확인할 수 없기 때문에 오늘 날짜를 기준으로 환불해줍니다. 대개의 경우 구입할 때보다 제품 가격이 내려가므로 여러분은 손해를 보게 됩니다.

예를 들어 5월 1일에 '가' 회사의 그래픽카드는 20만원 '나' 회사의 그래픽카드는 15만원이라고 합시다. 나는 '가' 회사의 제품을 20만원 주고 구입했습니다. 그런데 사용하다 보니 '가' 회사 제품에 문제가 있어서 환불받고 '나' 회사 제품으로 교환하기로 했습니다. 그동안 '가' 회사 제품의 그래픽카드는 16만원으로 '나' 회사 제품의 그래픽카드는 13만원으로 가격이 떨어진 상태입니다.

이때 20만원을 주고 구입한 영수증이 있다면 일단 20만원을 환불받습니다. 그런 다음에 여러분은 그 돈으로 13만원을 지불하고 '나' 회사의 제품을 구입하면 되므로 차액인 7만원이 남게됩니다.

그렇지만 영수증이 없다면 얼마에 샀는지 증명할 길이 없으므로 오늘 가격인 16만원만 돌려받게 됩니다. 억울하다고요? 영수증을 제대로 챙기지 않은 여러분의 잘못입니다. 16만원에서 13만원을 지불하면 3만원만 남게 되므로 4만원을 손해보는 셈이죠. 그러므로 꼭 영수증을 챙기기 바랍니다.

제품에 문제가 있을 때는 교환보다 환불을 받는 것이 좋습니다.

제품에 문제가 있어서 '가' 회사의 그래픽카드를 사용하지 않겠다면 다른 회사 제품으로 교환하는 것보다는 환불을 받는 것이 좋습니다. 현금으로 다시 환불받으면 아무 곳에서나 여러분이 원하는 제품을 구입할 수 있습니다. 그렇지만 다른 회사 제품으로 교환할 경우에는 그 업체에 있는 몇몇 제품에서만 골라야하므로 손해입니다. 따라서 여러분은 환불받겠다는 의사 표시를 명확하고 분명하게 해주어야 합니다.

제품에 문제가 없을 경우에는 어떻게 환불받을 수 있을까요? 가 회사의 A 그래픽카드나 TV수신카드를 구입한 경우를 생각해봅시다. 집에 가져가서 사용해보니 예상보다 품질이 마음에 들지 않습니다. 환불하거나 다른 회사 제품으로 교환했으면 좋겠습니다. 그럼 불량이 아닌 제품도 전자상가에서 교환을 해줄까요? 대부분 환불해줍니다. 대신 말을 잘 해야 합니다.

우선 자신이 구입한 업체에 가서 솔직하게 말을 해야 합니다. '죄송하지만 얼마 전 구입한 A 제품이 내가 원하는 성능을 보이지 않아서 나 회사의 B 제품으로 교환하고 싶은데 교환해주면 고맙게 생각하겠습니다.' 라고 말을 해줘야 합니다. 만약 솔직하게 말하지 않고 엉뚱한 핑계를 잡아서 험담을 늘어놓으면 상황이 안좋게 변합니다. 교환이나 반품 이유를 솔직하게 말하고 감사의 말을 전하면 대부분의 업체들이 교환이나 환불 처리를 해줍니다.

환불받으려면 구입할 때의 내용물을 모두 가져가야 합니다.

그리고 불량이 아닌 제품을 환불 또는 교환하려면 포장 상태가 판매에 영향을 미치지 않는 제품이어야 합니다. 이를 위해서는 제품을 뜯을 때 가능한 포장을 적게 훼손하는 방법으로 뜯어야 합니다.

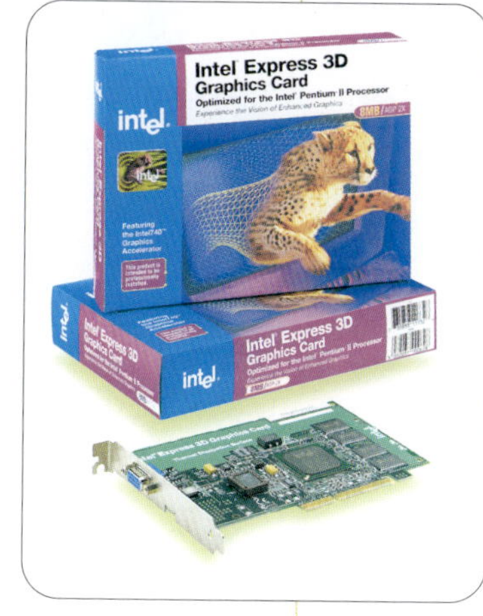

포장이 제품 판매에 영향을 미치지 않는 그래픽카드 등의 제품은 환불이나 교환이 쉽습니다.

예를 들어 메모리 제품이나 플로피디스크드라이브 등은 원래 포장이 없는 상태로 판매하기 때문에 교환이나 반품 처리가 가장 쉽습니다. 주기판이나 그래픽카드, CD롬드라이브와 같은 제품은 상자 안에 포장되어 판매되지만 밀봉 포장이 아니고, 상자를 열고 비닐 봉투의 스카치테이프를 떼어내고 꺼내는 형태입니다. 그래서 그래픽카드나 주기판과 같은 포장 제품도 교환이 쉬운 편입니다.

교환이 가장 어려운 제품은 포장을 뜯을 때 포장 상태가 훼손되는 제품입니다. CPU 등이 대표적인 상품입니다. 정품 CPU나 하드디스크는 밀봉된 포장 상태에서 판매되며, 포장을 뜯는 순간 포장 상태가 훼손됩니다. 이렇게 되면 반품 받은 제품을 다시 판매할 수 없습니다. 그래서 이런 제품은 교환이나 환불을 안해줍니다.

그러나 이런 제품이라고 해서 완전히 교환이 불가능하는 것은 아닙니다. 업체와의 관계에 따라서 교환이 가능할 수도 있습니다. CPU의 경우 정품(샤스타)과 벌크(세라믹) 제품 간의 가격 차이를 손해보는 조건으로 교환을 할 수 있습니다. 또한 단골 고객이면 업체에서 조건 없이 교환해주기도 합니다. 단골 업체를 지정해 거래하는 것이 좋은 이유 중 하나는 교환이나 환불의 문제 발생 때 해결이 쉽다는 점입니다.

2 AS 받을 때 꼭 챙겨야 할 내용

AS는 구입한 업체에 맡기거나 직접 AS점을 찾아가 맡깁니다.

사용 중인 제품에 문제가 생겨서 AS를 받아야 합니다. 이때 여러분은 그 제품을 구입한 전자상가의 업체에 직접 찾아가야 합니다. 여기에 AS를 부탁하면 그 업체는 아래와 같은 두 가지 행동 중에서 하나를 여러분에게 권장합니다.

① 우리 업체에 맡기면 저희가 알아서 AS 한 다음에 연락 드릴께요.
② 이 근처에 그 제품의 AS 센터가 있는데 그 쪽으로 가져가서 말해보세요.

여기에서 여러분은 판단을 잘 해야 합니다. 2번 행동에 따라서 여러분이 직접 '가' 그래픽카드의 AS 센터를 방문한다면 즉각적인 AS를 받을 수 있습니다. 물론 AS는 정품을 구입한 경우에만 받을 수 있습니다. 그레이 제품을 구입한 경우에는 AS를 거절 당합니다.

직접 AS 센터에 가기 싫다면 여러분은 업체에 AS를 맡기면 됩니다. 그 업체에서 AS 센터를 직접 가보라고 말하더라도 여러분은 구입한 업체에 물건을 맡겨서 AS를 받을 수 있습니다. 이때 여러분이 꼭 챙겨야 하는 것이 있습니다. 제품 보관증입니다.

AS를 부탁한 다음에는 제품 보관증을 꼭 받아야 합니다.

여러분이 업체에 AS를 부탁하면서 물건을 건네줍니다. 이때 반드시 제품 보관증을 받아야 합니다. 그렇지 않고 며칠 뒤에 AS한 물건을 돌려달라고 하면 그 업체는 '무슨 물건이요?' 하고 반문할 수 있습니다. 물론 이런 경우는 극히 드문 일이며 그 업체에서 악의를 가지고 물건을 안돌려주려는 것이 아닙니다.

전자상가의 큰 업체를 가보면 알겠지만 하루에도 수 천 종류의 물건을 사고 팔고 환불하느라고 정신이 없습니다. 그래서 물건을 제대로 챙기지 못하고 흘리는 것이 많습니다. AS를 부탁한 물건을 반품한 물건으로 알고 공급업체로 넘겨버리는 일이 가끔 발생합니다. 이때 여러분이 제품 보관증을 받아두었다면 배상을 받을 수 있지만 제품 보관증을 받아두지 못했다면 배상받을 길이 없습니다.

또한 제품 보관증을 받아야만 그 업체에서도 그 물건에 제품 보관증 사본을 붙여서 폐기할 물건이 아님을 확인할 수 있습니다. 종업원에게 달랑 그래픽카드만 하나 주고 나중에 온다고 말하면 나중에 다른 종업원이 그래픽카드를 아무 곳에나 치워버리고는 까마득하게 잊어버리는 사태가 종종 발생합니다. 그래서 약속한 날짜에 가보면 AS를 맡기지도 않은 상태이거나, 엉뚱한 곳에 제품이 가 있는 경우도 종종 발생합니다. 따라서 AS를 맡길 때는 반드시 제품 보관증을 챙겨야 합니다.

AS를 맡길 때는 제품보관증을 꼭 받아둡니다.

AS는 교환이나 수리의 형태로 처리해줍니다.

전자상가의 AS 형태는 두 가지 형식으로 진행됩니다. 하나는 AS를 맡기러 가면 일단 새 제품으로 교환해주는 경우입니다. 가장 깔끔한 방식인데 주로 하드디스크처럼 즉각적인 수리가 곤란하거나 AS 센터가 없는 수입 제품의 경우에 해당합니다. 하드디스크가 특별한 이유 없이 고장이 나면 AS 센터나 총판이라고 부르는 도매상들이 일대일 교환을 해줍니다.

다른 형식은 제품을 직접 시험해보고 수리를 해보는 경우입니다. 주로 대기업 제품이거나 AS 센터가 운영되는 제품이 이에 해당합니다. 이 경우 시간이 어느 정도 소요됩니다. 몇 분만에 바로 처리가 되는 경우도 있지만 몇 시간에서 며칠이 걸릴 수도 있습니다. 이 경우에도 물건을 맡길 때 제품 보관증을 반드시 받아두어야 합니다.

영수증에 적힌 구입 날짜는 AS기간 산정의 기준이 됩니다.

AS 받고자 할 때 가장 문제가 되는 부분은 AS 기간입니다. 1년 동안 무상 AS라고 해서 AS 센터에 가져가면 무상 기간이 끝났다고 말하는 경우가 종종 있습니다. 이는 AS 산정 기간이 서로 다르기 때문에 발생합니다.

소비자는 AS 시작 날짜를 구입한 날로 생각합니다. 그런데 제품 제작사나 총판에서는 AS 날짜의 기준을 공장 출고일로 잡습니다. 이는 전자상가의 컴퓨터 관련 제품의 관행만이 아니고 가전 제품 대부분에 적용하고 있는 관행입니다. 따라서 AS 기간이 1년인 그래픽카드를 구입했는데 출고일이 구입일보다 6개월 정도 앞선다면 실제 AS 기간은 6개월만 남은 셈입니다. 때문에 구입일로부터 10개월이 지난 시기에 고장난 제품을 AS센터에 맡기면 AS 센터로부터 AS 기간이 지났다고 거절당할 수 있습니다.

이런 경우 여러분은 구입한 업체에 가서 구입일로부터 1년이 지나지 않았음을 확인시켜주고 AS를 요청해야 합니다. 구입할 때 AS 기간이 6개월 밖에 안남았다고 알려주고 판매하는 업체는 없습니다. 출고일 기준으로 AS 기간이 6개월만 남았다면 누가 그 제품을 사려 하겠습니까? AS는 분명 구입일로부터 1년입니다. 때문에 이 경우에도 여러분이 보관하고 있는 영수증은 큰 힘을 발휘합니다. 영수증은 몇 년 동안 잘 보관해두셔야 하는 품목입니다.

3 제품 구입 후 보관 요령

제품 구입 후에도 영수증, 설명서, 프로그램 CD는 보관합니다.

제품을 구입한 후에 영수증과 견적서를 보관하는 것은 기본입니다. 그리고 보관할 공간이 충분하다면 포장 상자도 버리지 않고 보관하는 것이 좋습니다. 이사할 때 유용하게 사용할 수 있고, 중고로 다시 되팔 때 유용하게 사용하게 사용할 수 있습니다.

그렇지만 대부분의 가정은 포장 상자까지 보관할 정도의 공간이 없습니다. 따라서 포장 상자를 버리게 되는데 이때도 부속품으로 받은 디스크와 CD, 설명서를 비롯한 각종 부속품은 절대 버리면 안됩니다. 잘 정리해두어야 나중에 다시 요긴하게 사용할 수 있습니다.

부속물은 잘 보관합니다.

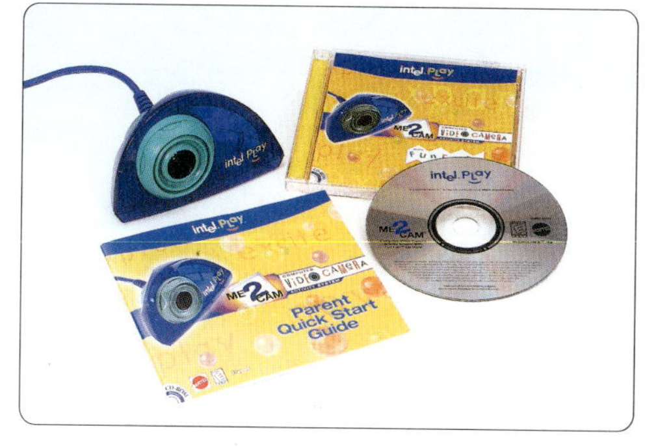

제품을 보관할 때는 전자파 차단 기능이 있는 봉지에 넣어서 보관합니다.

사용하지 않는 제품을 보관할 때는 전자파 차단 기능이 있는 비닐 봉투에 하나씩 집어넣고 포장을 해 보관해야 합니다. 특히 그래픽카드나 메모리, CPU와 같이 기판이 외부로 공개된 제품은 포장에 신경써야 합니다. 제품들끼리 부딪치면서 손상을 입을 가능성이 큽니다.

또한 제품을 장기 보관할 때는 습기 제거용 팩을 함께 넣어서 보관하면 좋습니다. 습기 제거용 팩을 함께 넣어두면 습기 제거로 인한 손상을 어느 정도 방지할 수 있습니다.

04 중고 제품 구입 요령

1 거래할 때의 요령

원칙을 세우고 직접 거래를 합니다.

비용을 아끼기 위해 중고 제품을 구입하는 경우가 많습니다. 이때 조금만 방심하면 사기를 당하거나 큰 손해를 볼 수 있습니다. 예를 들어 돈을 입금한 뒤에 받은 제품이 불량인 경우에 다시 돈을 돌려받기가 의외로 어렵습니다. 물론 다시 돈을 돌려받는다 하더라도 꽤 번거로운 과정을 거쳐야 합니다. 이런 일을 방지하려면 원칙을 세워 중고 제품을 구입해야 합니다.

우선 중고 거래 장터를 이용하여 개인과 일대일로 거래할 때는 직접 만나서 성능을 확인하고 구입하는 것을 원칙으로 해야 합니다. 우편이나 택배로 거래하거나 지하철 역에서 만나 제품을 건네받을 경우 물건의 성능을 확인할 수 없습니다. 나중에 집에 와서 문제가 발생할 경우 아주 골치 아픕니다. 따라서 판매하는 사람의 집이나 사무실에서 물건의 이상 유무를 확실하게 확인한 후에 구입해야 합니다.

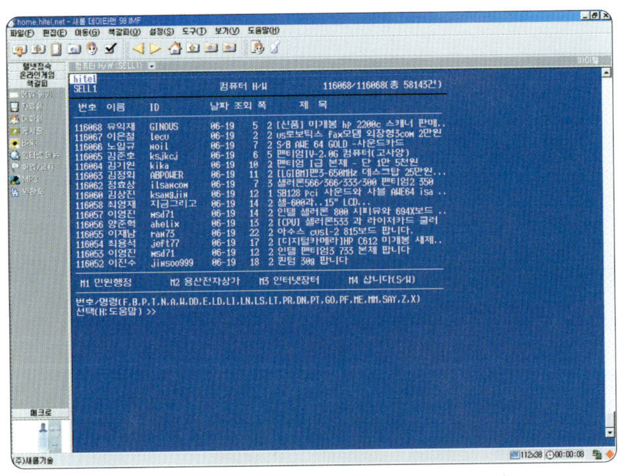

대형 사이트나 PC통신사의 직거래 장터는 직접 거래에 유용합니다.

전자상가의 중고 취급점을 이용합니다.

그리고 아주 특이한 제품이 아니고 엄청 싸게 제품을 구입할 생각도 아니라면 전자상가의 중고 취급점을 이용하는 것이 좋습니다. 전자상가의 중고 취급점을 이용하면 다양한 제품 중에서 선택할 수 있고, 구입한 물건에 문제가 있을 경우 교환 또는 환불, AS가 가능합니다. 중고 취급점의 가격이 개인에게 구입하는 것보다는 조금 비싼 편이지만 확실하게 동작되는 제품을 구입할 수 있고, AS가 된다는 점에서 장점이 있습니다.

우편 발송 때는 배송 확인증을 잘 보관합니다.

직접 거래가 가장 좋지만 경우에 따라서는 택배나 우편으로 물건을 사고 팔아야 하는 경우가 있습니다. 이때 물건을 보내는 입장이라면 택배 직원이나 우체국에서 주는 배송 확인증을 잘 보관하기 바랍니다. 제품을 받지 못했다고 전화가 오는 경우가 종종 있습니다. 배달 사고가 나는 경우도 있지만 제품을 받고도 물건이 도착하지 않았다고 우기는 사람이 있을 수 있습니다. 때문에 배송 확인증을 가지고 상대방의 수령 여부를 확인해야 합니다.

당연한 이야기겠지만 우편 발송 때는 등기나 소포로 발송해야 합니다. 일반 우편으로 보낼 경우 상대방의 수령 여부를 확인할 수 없습니다.

2 중고로 구입하면 좋지 않은 제품들

소모품 성격이 있는 제품은 거래할 때 성능을 잘 따져 봐야 합니다.

중고 제품을 구입할 때는 소모품 성격이 있는 제품과 그렇지 않은 제품을 구분할 줄 알아야 합니다. 소모품 성격이 있는 제품은 가능한 중고로 구입하지 않는 것이 좋습니다. 만약 돈 문제 때문에 어쩔 수 없이 중고로 구입해야 한다면 정말로 싼 가격에 구입해야 합니다.

모니터는 시간이 지날수록 성능이 떨어지는 소모성 제품입니다.

소모품 성격이 있는 제품이란 시간이 지날수록 성능이 떨어지는 제품을 말합니다. 가장 대표적인 제품으로 모니터를 들 수 있습니다. 모니터는 사용 기간이 오래 될수록 초첨이 흐려지면서 점이 선명하지 못하는 현상이 강해집니다. 이는 전자총이 마스크를 통과하면서 마스크의 구멍이 열에 의해 점차 왜곡되기 때문에 발생합니다. 때문에 몇 년 된 모니터는 화면이 흐려지면서 눈이 쉽게 피곤해집니다. 다시 말해서 모니터는 사용 기간에 비례하여 성능이 크게 떨어지는 것입니다.

볼마우스도 사용 기간에 비례하여 성능이 점차 나빠집니다. 볼과 휠 사이의 간격이 점차 벌어지거나 변형되는 현상이 발생하기 때문입니다.

사용 시간이 길어질수록 고장날 확률이 급격하게 증가하는 제품도 소모품 성격이 있는 제품으로 분류할 수 있습니다. CD레코더, 노트북 등이 여기에 속합니다. 이들 제품은 구입할 때 동작에 이상이 없으면 100%의 성능을 발휘합니다. 그러나 잘 동작하다가 어느날 갑자기 고장날 수 있는 제품이며 오래 사용하면 고장을 일으키는 제품에 속합니다. 주로 정밀하거나 모터로 구동되는 제품들이 어느날 갑자기 고장 날 확률이 높습니다.

모니터 등은 소모품 성격이 강하므로 가격 비교를 잘 해야 합니다.

CPU, 메모리, FDD 등은 단순하여 고장이 적습니다.

이에 비해 CPU, 주기판, 메모리, 케이스, FDD, 키보드 등은 오래 사용했다고 해도 쉽게 고장나지 않은 제품에 속합니다. 구입할 때 문제가 없다면 싫증이 나서 버릴 때까지 큰 문제 없이 사용이 가능한 제품들입니다.

하드디스크는 소모품 성격이 있지만 소모품으로 분류하기 어려운 제품입니다. 구입할 때만 이상이 없고 조심스럽게 사용한다면 사용 도중에 고장 날 확률이 많지 않습니다. 그렇지만 충격에 약하므로 조심스럽게 사용해야 합니다.

소모품 성격이 강한 중고 제품을 구입할 때는 가격 비교에 좀더 냉철해야 합니다. 가격 차이가 크지 않다면 약간의 비용을 더 지불하더라도 신제품을 구입하는 것이 좋을 때가 있습니다.

CPU나 메모리 등은 중고로 구입해도 좋은 제품입니다.

Section 04 PC Remodeling

PC에 관한 기초 상식

일단 이 책은 컴맹 수준을 벗어난 분을 대상으로 하지만 컴퓨터 구입에 참고가 될 수 있는 기초적인 지식을 몇 가지 살펴보겠습니다. 아는 내용이라면 다음 장으로 넘어가셔도 좋습니다.

개별 제품에 관한 상식은 세 번째 마당인 업그레이드 부분에 좀더 자세하게 설명해놓았습니다. 개별 제품에 관해 알아보시려면 업그레이드 부분을 참고하기 바랍니다.

01 PC의 종류

1 매킨토시와 PC의 차이점

일반적으로 말하는 PC는 IBM PC를 말합니다.

이 책을 통해 우리가 조립하려는 PC는 IBM PC 계열의 PC입니다. PC는 개인용컴퓨터(Personal Computer)의 줄임말입니다. 요즘은 PC라는 용어가 개인용 컴퓨터를 뜻하지만 예전에는 IBM에서 만든 개인용 컴퓨터만을 가리키는 용어였습니다.

일반적인 퍼스널컴퓨터(PC)의 표준적인 모습. 본체, 모니터, 키보드, 마우스로 구성됩니다.

호환이 안되는 컴퓨터는 이기종 컴퓨터, 호환이 되는 컴퓨터는 호환(클론) 컴퓨터

PC는 제조회사에 따라서 다양한 기종이 있습니다. 이때 제조회사별로 만든 컴퓨터 중에서 서로 자료교환이 안되는 기계를 이기종(異機種)이라고 합니다. 그리고 제조회사가 다르더라도 자료호환이 100% 되는 컴퓨터를 호환(클론:clone)컴퓨터라고 합니다. 현재 시중에서 판매되는 PC는 크게 두 종류입니다. 애플사에서 만든 매킨토시 계열 제품과 IBM 계열 제품입니다.

❶ 매킨토시(Mac)

GUI 방식의 매킨토시 컴퓨터

애플사에서 출시하는 컴퓨터로 국내에서는 디자인, 출판용으로 많이 사용하고 있는 기종입니다. 요즘 출시되는 제품은 iMac, 파워맥 등의 제품이 있습니다.

애플사의 최신 제품. 파워 매킨토시 G4 큐브 제품으로 디자인이 뛰어납니다.

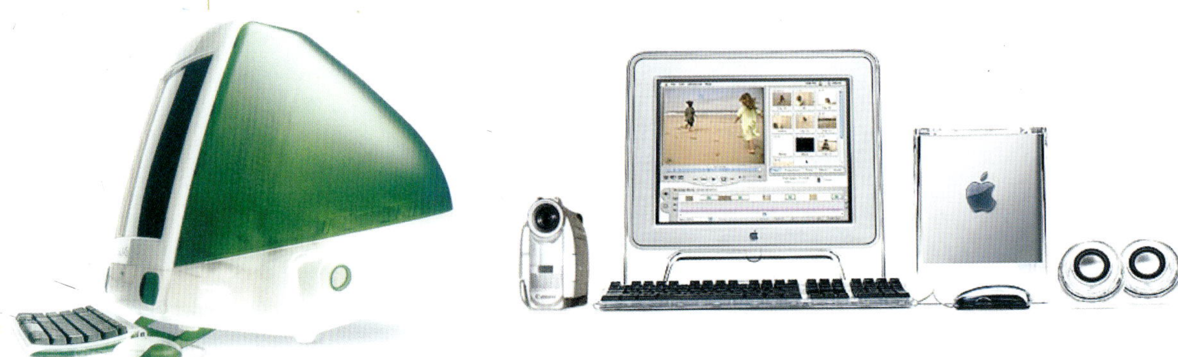

❷ IBM PC

IBM에서 만든 컴퓨터로 흔히 우리가 말하는 PC라고 하면 IBM PC를 말합니다. PC라는 말은 원래 IBM PC에서 따온 말로 IBM에서 만든 컴퓨터의 제품 이름입니다. 그런데 IBM PC가 널리 퍼지자 그냥 PC가 개인용 컴퓨터를 뜻하는 보통 명사로 사용된 것입니다. 때문에 지금도 PC라고 하면 IBM 호환 PC를 말합니다.

국내에 판매되었던 10년 전의 XT 시스템 모습

현재 시중에 판매중인 제품은 대부분 IBM 계열 제품입니다. IBM은 PC 제작 기술을 공개하고 다른 기업에 이전시켰기 때문에 세계 각국에서 IBM 호환 PC를 만들 수 있습니다. 삼보컴퓨터, 삼성전자, LGIBM 등에서 만든 PC도 IBM PC 설계도를 바탕으로 만드는 IBM PC 호환 기종입니다.

최근에 판매중인 PC의 형태

우리가 이 책에서 다루려는 PC 역시 매킨토시가 아니라 IBM 계열의 PC입니다. 매킨토시와 PC는 제조회사도 다르지만 서로 자료 호환이 불가능한 이기종이라는 차이점이 있습니다.

2 PC와 워크스테이션의 차이

워크스테이션은 고성능의 PC로 볼 수 있습니다.

워크스테이션의 기본적인 성능과 형태는 PC와 거의 같습니다. 다만 개인이 사용하는 PC에 비하면 고성능의 PC라고 보시면 됩니다. 그래서 주로 건축 설계나 고성능 3D 그래픽 처리, 연산이 많은 시뮬레이션 작업 등에 많이 사용합니다. 한 마디로 최고의 부품을 사용해 만든 최고 성능의 PC로 보시면 됩니다.

워크스테이션 모습

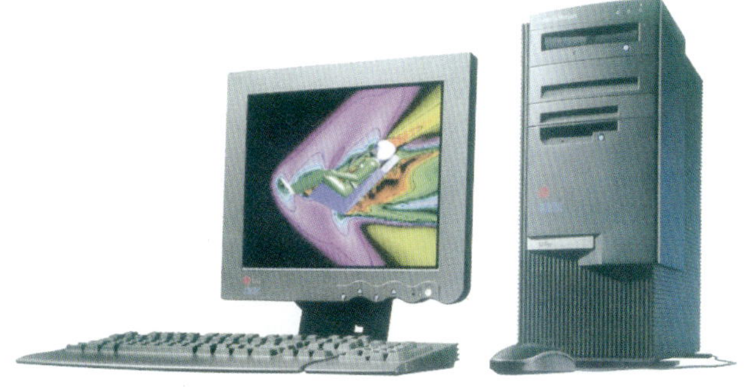

네트워크에 연결하여 사용하는 독립적인 PC를 워크스테이션이라고 합니다.

그렇다면 왜 PC라는 말을 안 쓰고 워크스테이션이라는 말을 쓸까요? 이는 워크스테이션의 용도가 PC와 다르기 때문입니다. 워크스테이션은 대부분 기업체에서 사용하는데 이들 기업체의 메인 프레임(호스트 컴퓨터)에 연결해 사용하는 고성능 PC가 워크스테이션입니다. 그런데 워크스테이션은 독립적인 PC이기 때문에 메인 프레임과 별도로 운영될 수 있습니다. 이런 점은 메인 프레임에 의지해야 하는 기존의 단말기(터미널)와 다른 점입니다.

즉 워크스테이션이라는 용어는 PC와 구별하기 위해 사용하는 용어가 아니고, 터미널과 구별하기 위해 사용하는 용어로 보시면 됩니다. 그리고 고급 작업을 수행하기 위하여 최고 성능의 PC로 꾸미는 것이고요. 이는 네트워크에 사용할 서버용 컴퓨터를 만들기 위해 고급 사양으로 서버용 PC를 만드는 것과 같습니다.

지멘스의 워크스테이션 모습

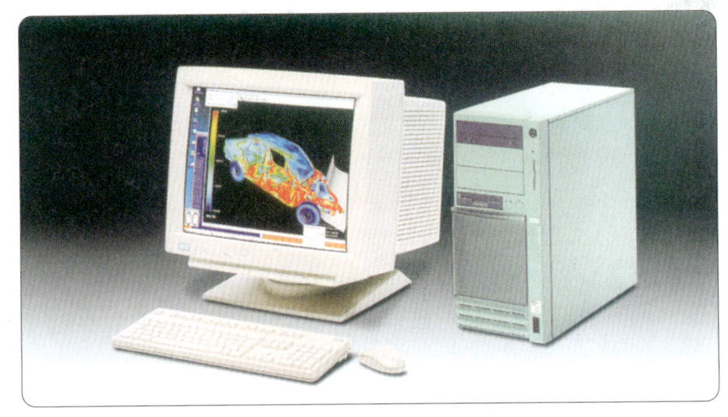

워크스테이션은 네트워크 상의 한 노드로 사용하는 PC입니다.

네트워크에서 워크스테이션은 사람에 의해 접근할 수 있는 네트워크 상의 한 노드로 봅니다. 사람에 의해 접근할 수 있는 노드이므로 데스크탑 컴퓨터와 연결되는 표준 아이템들을 갖추고 있다는 점이 특징입니다. 즉 키보드, 마우스, 모니터, CPU, 램 등을 가지고 있어 사람들이 키보드로 네트워크에 접근할 수 있습니다. PC와 구별되는 점은 네트워크용이기 때문에 특정 부품을 사용하지 않을 수도 있다는 점입니다. 예를 들어 일반 PC에서는 하드디스크가 필수적이지만 워크스테이션에서는 하드디스크가 필수 장치가 아닙니다. 따라서 하드디스크가 없는 워크스테이션도 있습니다.

다양한 워크스테이션 모습

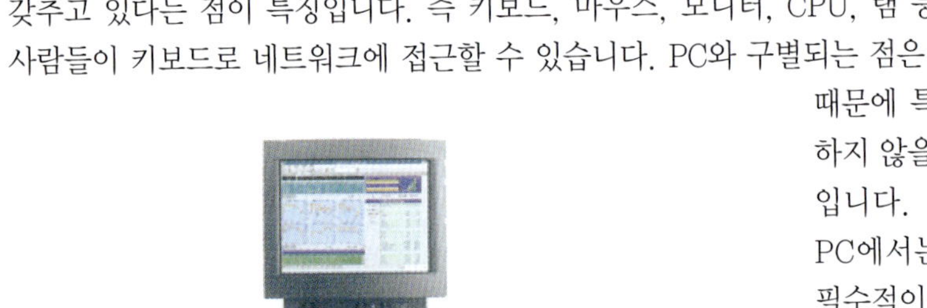

네트워크에 연결하지 않고 집에서 독립적으로 사용할 경우 워크스테이션이나 서버라고 부르지 않습니다.

따라서 워크스테이션용으로 만들었다고 해도 집에서 홀로 사용한다면 워크스테이션이 아닌 고성능 PC에 불과한 셈입니다. 많은 분들이 3D 그래픽 작업을 위해서 워크스테이션으로 꾸며야 한다고 말하는데 이는 정확한 표현이 아닙니다. 3D 그래픽 작업을 위한 PC는 고성능 PC인가의 여부가 중요한 기준이지 워크스테이션이냐 아니냐가 기준이 되는 것이 아닙니다.

물론 IBM 등에서는 워크스테이션을 PC와 구분하여 따로 판매합니다. 그렇지만 이는 워크스테이션의 용도에 최적화해서 만든 PC라는 뜻입니다. 서버에 맞게 최적화된 부품으로 구성한 PC를 서버(PC 서버)라고 부르는 것과 같은 맥락입니다. 서버용으로 만들었다 해도 네트워크에 연결되지 않은 상태로 집에서 혼자 사용한다면 독립 PC로 분류하는 것처럼 워크스테이션용으로 만들었다 해도 네트워크에 연결하지 않고 독립 PC로 사용하면 PC로 구분합니다.

다양한 모습의 서버 컴퓨터

02 겉모양에 의한 PC 구분

외형에 따라 데스크탑, 노트북, HPC로 구분합니다.

PC를 겉모양에 따라서 데스크탑, 랩탑, 노트북, HPC, 팜탑, 포켓 PC 등으로 구분합니다. 이 중 현재 시중에서 볼 수 있는 형태는 데스크탑, 노트북, HPC 등입니다. 랩탑은 사장되었으며 포켓 PC 등은 이제 막 보급되기 시작하는 제품입니다.

노트북은 다시 크기나 용도에 따라서 표준형 노트북(=올인원 노트북), 서브 노트북, 울트라 서브 노트북(=미니 노트북)으로 구분합니다. 데스크탑 역시 크기에 따라서 표준형과 미니(미니 사이즈=북 사이즈) PC로 구분합니다.

대부분의 사람은 데스크탑 PC를 구입합니다. 그렇지만 자신의 PC 환경이 남달라야 하는 사람이라면 좀더 다양한 형태의 PC를 원할 것입니다. 휴대성과 크기를 고려할 때 데스크탑과 구별되는 PC로 다음과 같은 것이 있습니다. 여러분의 용도에 맞게 선택하기 바랍니다.PC 구입의 첫 걸음은 PC가 과연 필요성과 필요한 PC의 성능을 따져보는 일입니다. PC가 필요하다고 결론이 났다면 필요한 성능에 맞는 제품을 경제적인 가격으로 구입해야 합니다.

1 데스크탑(Desk Top) 컴퓨터

책상 위에 올려놓고 사용하는 데스크탑(Desk Top) 컴퓨터

데스크탑은 책상(Desk) 위(Top)에 올려놓고 사용하는 컴퓨터라는 뜻입니다. 우리가 사용하는 PC의 대부분은 데스크탑 PC에 속합니다. 가장 많이 판매되고 있는 기본 PC이며, 형태도 다양하고 성능과 가격도 매우 다양합니다.

데스크탑 PC의 기본적인 형태

잠깐! 베어본 PC와 베어본 노트북

대부분의 노트북은 완제품 형태로 나옵니다.

베어본(bare bone) PC란 뼈대만 있는 PC를 말합니다. 완제품의 형태도 아니고 부품의 형태도 아닌 반완제품 형태의 PC를 말합니다. PC 본체에서 CPU와 메모리 하드디스크 등의 몇몇 부품이 빠진 제품을 말합니다. 주로 미니 PC와 같은 특이한 형태의 케이스를 가진 PC를 판매할 때 베어본 형태로 판매합니다. 베어본 PC는 대부분 독특한 케이스에 주기판과 전원공급기, 기타 스위치 장치가 장착된 형태의 PC로 내부 부품은 빠진 형태입니다. 사용자는 베어본 PC를 구입한 다음에 CPU와 메모리, 하드디스크를 추가로 장착해 사용합니다.

베어본 노트북 역시 가장 핵심이 되는 CPU 메모리, 하드디스크 등이 없는 상태의 노트북입니다. 일종의 조립형 노트북이라고 할 수 있습니다. 사용자는 노트북의 핵심인 PCU 하드디스크, 메모리를 자신이 원하는 사양으로 조립할 수 있습니다. 대개의 경우 노트북을 구입한 사용자들이 CPU와 하드디스크, 메모리의 성능을 업그레이드 하려 한다는 점에 착안하여 출시되는 제품입니다. 가격적인 장점이 크지 않아 널리 보급되는 형태의 노트북은 아닙니다.

데스크탑은 본체 케이스(case)의 형태와 크기에 따라서 다시 다음과 같이 구분합니다.

❶ 풀타워형(Full Tower Type=Big Tower Type)

위아래로 길쭉한 형태의 PC입니다. 탑처럼 위아래로 길다 하여 타워형이라 합니다. 드라이브 장치를 많이 달고자 하는 전문 사용자들이 많이 사용하는 형태로, 특히 서버용 PC로 많이 사용하는 형태입니다. 초보자들은 잘 사용하지 않습니다.

풀타워형 PC

❷ 미들타워형(Middle Tower Type)

풀타워보다 높이가 조금 더 낮은 타워형입니다. 최근 가장 많이 사용하는 형태로 요즘 나오는 컴퓨터의 대부분은 미들타워형입니다.

미들타워 케이스

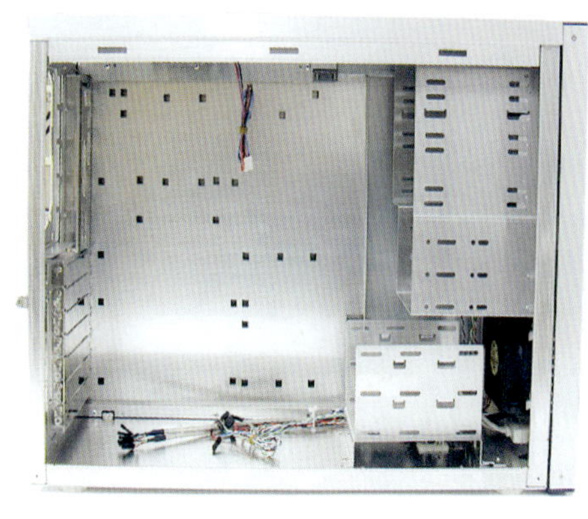

미들 타워형 중에 위아래 길이가 좀더 짧은 제품은 미니 미들타워형(Mini Middle Tower Type)으로 분류합니다. 좌우 폭보다 위아래 길이가 조금 더 긴 타워형으로 높이가 한 자 정도 근처인 컴퓨터를 말합니다. 정사각형에 가까운 직사각형 모습이라고 생각하면 됩니다. PC의 소형화에 맞추어 미들타워형과 함께 가장 많이 판매되는 형태입니다.

미니 미들타워형 PC

❸ 스탠다드형(Standard Type=Stand Type)

가로로 놓고 사용하는 컴퓨터로 좌우 길이가 높이보다 훨씬 긴 컴퓨터입니다. 좌우 길이가 위아래보다 훨씬 길어 안정적이라는 점이 장점입니다. 본체가 넓고 높지 않아 본체 위에 모니터를 올려놓고 사용하는 경우가 많습니다. 요즘은 많이 볼 수 없는 형태의 PC입니다.

스탠다드형 PC의 본체

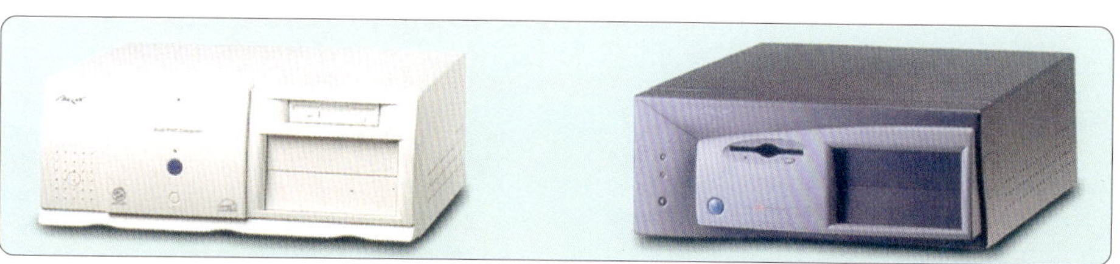

2 미니 PC

미니 PC(=미니 데스크탑 컴퓨터=북 사이즈 PC)는 일반적인 데스크탑에 비해 크기가 매우 작은 PC를 말합니다. 책 만한 크기의 제품이 가장 많으며 그보다 작은 제품도 많습니다. 심한 경우 서브 노트북보다 작은 크기의 제품도 있습니다. 책상 위의 공간을 적게 차지하므로 책상을 넓게 사용하고자 하는 분들이 구입하면 좋습니다.

노트북 사이즈 데스크탑. 공책 크기의 본체를 가진 데스크탑을 가리킵니다.

미니 PC는 본체의 크기가 일반 데스크탑에 비하면 매우 작지만 들고 다니는 모델은 아닙니다. 단지 본체 크기가 작을 뿐입니다. 그래서 미니 PC는 데스크탑의 한 종류로 분류합니다.

다양만 미니 데스크탑 모습. 일반적인 PC에 비하면 그야말로 장난감처럼 작은 모습입니다.

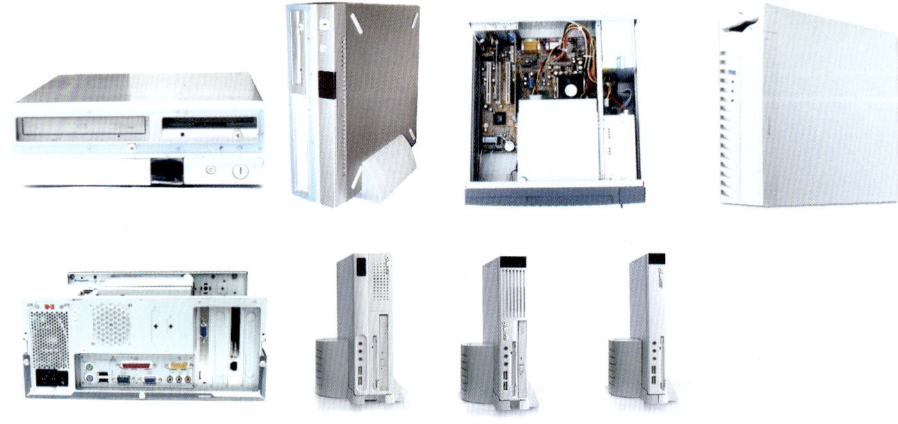

3 포켓 PC(미니어처 PC)

손바닥에 들어가는 데스크탑인 포켓 PC

포켓(pocket PC)는 미니어처 PC라고도 합니다. 주머니에 들어갈 정도로 작은 PC를 말합니다. 국내에는 에스프레소 제품이 수입되어 판매된 적이 있으며 OQO 제품은 아직 시중에 출시되지 않은 상태입니다. PDA 정도의 크기로 매우 작지만 PC이기 때문에 데스크탑 PC가 할 수 있는 일은 모두 할 수 있습니다.

기본적으로 500g 이하의 무게를 지니며, 한 손에 쥘 수 있고, 주머니에 들어가는 크기의 초소형 PC를 말한다고 보시면 됩니다. 노트북과 다른 점은 키보드 등의 주변 장치를 연결해야 PC를 사용할 수 있다는 점입니다. 포켓 PC 계열로는 포켓 EPC-에스프레소, OQO 등의 제품이 있습니다.

들고다니는 PC인 포켓 PC

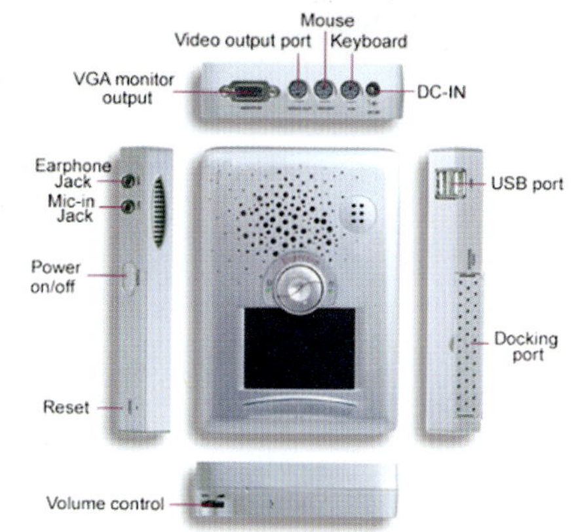

미니 PC는 가지고 다닐 정도로 작은 제품이 아니지만 포켓 PC는 출퇴근하면서 가지고 다닐 수 있는 크기의 제품입니다. 따라서 퇴근하면서 집에 가져가서 가정용으로 사용하려는 사용자나 보안을 위하여 자리를 비울 때 PC도 가지고 다니고자 하는 사람에게 좋습니다. 심지어는 휴대용 하드디스크나 휴대용 저장장치 대용으로 사용해도 좋습니다.

초기에 나온 제품은 본체를 가지고 다니다가 키보드 마우스 모니터를 연결해 사용하도록 했지만 최근에는 모니터가 내장되어 노트북과 비슷한 형태로 사용할 수 있게 출시되고 있습니다.

가장 작은 상용 PC인 에스프레소

현재까지 상용제품으로 판매되는 제품 중에서 가장 작은 PC로 알려진 제품은 포켓사이즈 PC라고 부르는 EPC(Express PC)입니다. 정식 모델명은 Espresso입니다.

150mm(L)×106mm(W)×32mm(H) 의 크기를 가진 이 제품의 무게는 460그램에 불과하다. 미니 노트북보다 작은 셈입니다. 그러나 성능은 데스크탑과 차이 없습니다. 한국 돈으로 약 100만원 정도에 판매되었던 이 제품은 인텔의 펜티엄III 700MHz의 고성능 CPU를 장착했으며, 인텔 810 칩셋을 사용한 주기판을 사용합니다. 하드디스크는 6기가, 메모리는 64메가를 기본으로 장착했습니다. 본체에 어지간한 입출력단자가 다 내장되어 있어

주변 기기도 모두 사용할 수 있습니다. CD롬드라이브나 DVD롬드라이브, FDD, 시리얼 포트, 프린터 등은 기본으로 제공되는 미니도킹스테이션을 이용하여 사용할 수 있습니다. 운영체제도 윈도우98부터 리눅스까지 모두 지원합니다.

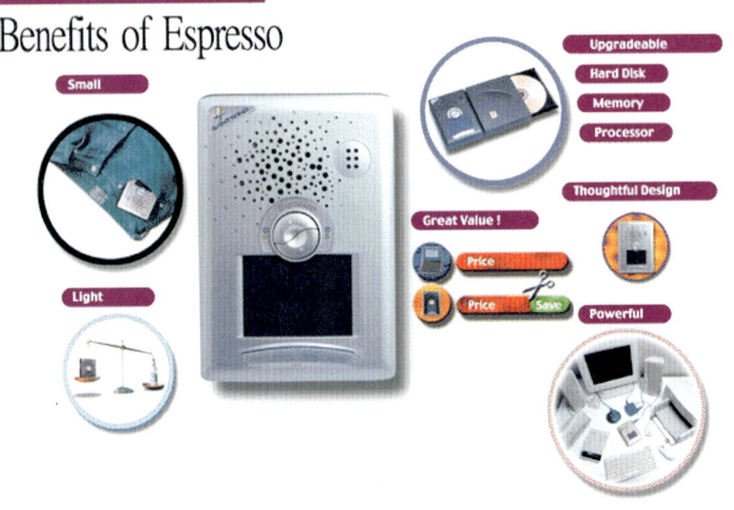

포켓사이즈 EPC인 Espresso 제품의 본체. 청바지 주머니에 들어갈 정도로 작으며 마우스랑 크기가 비슷합니다.

에스프레소는 무게가 460g에 불과합니다.

에스프레소는 일반 데스크탑 PC가 가진 기능을 모두 가지고 있지만 무게는 460g에 불과합니다. 포켓 PC의 장점은 작기 때문에 휴대가 간편하고 보안이 쉽다는 점입니다. 우선 크기가 휴대용 하드디스크 크기에 불과하므로 휴대용 하드디스크 대용으로 사용할 수 있습니다. 또한 잠깐 자리를 비우거나 퇴근할 때 본체를 분리하여 안전한 곳에 보관해둘 수 있습니다. 휴대용 하드디스크 하나만 해도 가격이 수십 만원이고, 지문 인식 키보드를 비롯한 보안 장치 하나를 장착하려 해도 수십 만원 합니다. 그렇다고 해서 보안이 완벽한 것이 아닙니다. 이렇게 볼 때 본체 기능을 다 가지고 있으면서 추가로 휴대성과 보안성을 가진 포켓 PC는 사무실용으로 장점이 있습니다.

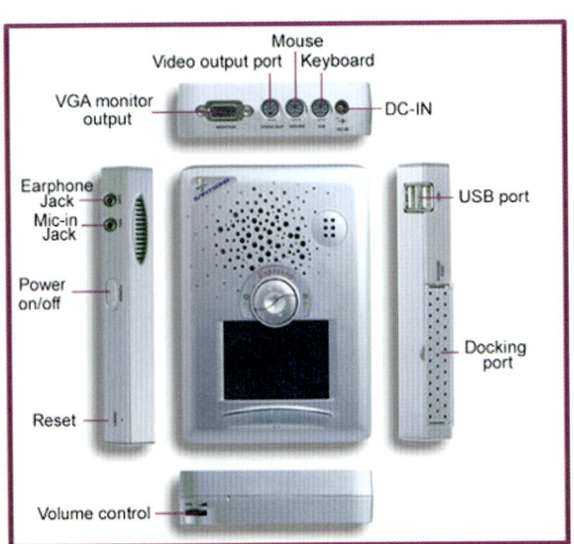

Example 1
Espresso connects with monitor and keyboard.
Example 2
Using Docking station install software and I/O.

EPC의 본체 외형도와 도킹스테이션을 이용한 사용 모습

성능이 업그레이드 된 EPC2가 판매중입니다.

EPC는 현재 업그레이드 된 제품이 출시된 상태인데 최근 제품은 포켓 EPC2 모델입니다. 포켓 EPC2는 셀러론부터 펜티엄III 1GHz 이상의 CPU를 장착하고, 30GB 이상의 하드 디스크도 장착할 수 있습니다.

이처럼 포켓 EPC2의 사양은 EPC보다 향상되었지만 무게는 오히려 950g으로 크게 늘어난 상태입니다. 이 정도 무게라면 오히려 미니노트북보다 효용성이 더 떨어진다고 할 수 있습니다. 미니노트북은 같은 무게에 키보드와 스크린까지 겸비하고 있기 때문에 EPC2보다 효용 가치가 높습니다.

포켓 EPC-II의 모습. 크기는 매우 작지만 성능은 데스크탑과 동일합니다.

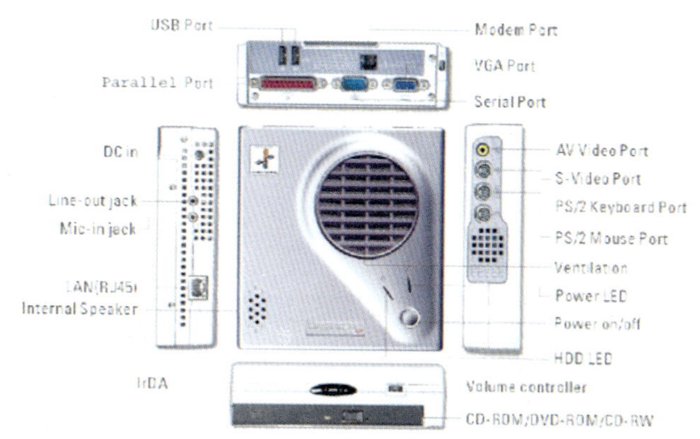

포켓 EPC-II의 각종 출력 단자와 이 단자에 연결할 수 있는 장비들의 보기. 데스크탑 PC보다도 많은 IO를 지원하는 점이 특징입니다.

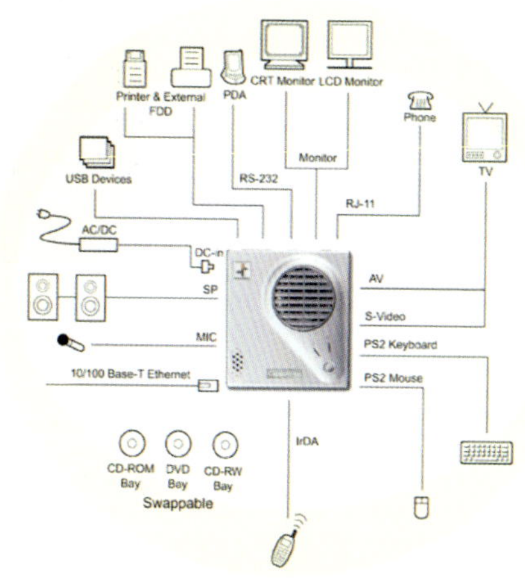

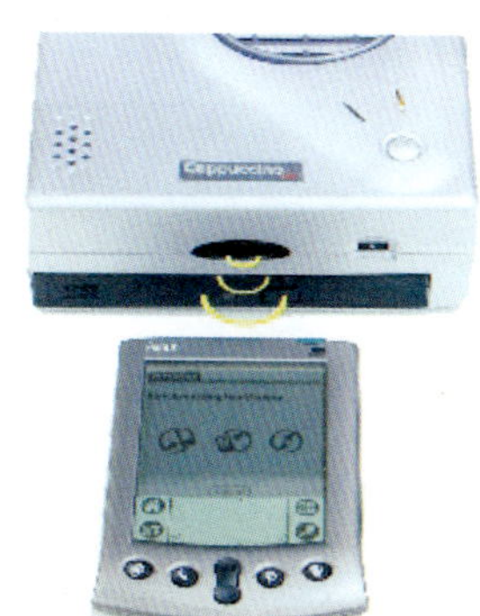

IrDA(적외선 무선 장치)를 이용하여 무선으로 다른 장비와 자료 교환이 가능합니다.

250g 무게의 미니어처 PC인 OQO

OQO는 상용 PC 중에서는 가장 작은 크기의 PC로 무게가 250g에 불과한 초소형 PC입니다. MS WinHEC 2002 컨퍼런스에 선보인 OQO는 샌프란시스코에 본부를 두고 있는 OQO에서 만든 제품입니다. 가격은 약 1,000달러 전후이며 아직 정식 판매는 시작하지 않았습니다.

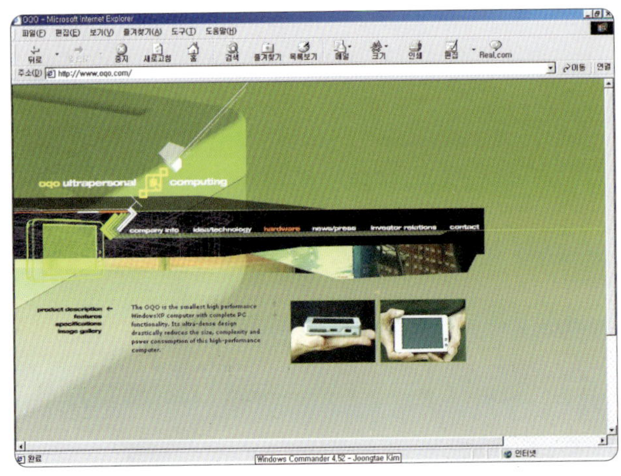

OQO를 생산하는 OQO의 홈페이지(http://www.oqo.com)

트랜스메타의 5800 크루소 CPU를 장착하고 10GB의 하드디스크와 256MB의 메모리를 갖추고 있어 사양은 일반 데스크탑이나 노트북과 비교해도 손색이 없습니다. 그외 파이어와이어 및 USB 포트를 이용하여 주변기기를 사용할 수 있으며, WiFi, 블루투스 등을 지원하기 때문에 무선 네트워킹도 사용할 수 있습니다. 매우 작은 크기지만 4인치의 스크린도 포함하고 있어 PC로 사용하는데 지장이 없습니다.

OQO의 형태

또한 OQO는 도킹스테이션을 이용하면 데스크탑처럼 이용할 수 있는데 두 종류의 도킹스테이션을 지원합니다. 그 중 하나는 14인치 스크린을 가지고 있기 때문에 노트북처럼 사용할 수 있습니다. 특이한 점은 기존의 노트북처럼 도킹스테이션에 OQO를 올려놓고 쓰는 방식이 아니라 슬롯으로 OQO를 밀어넣는 방식이라는 점입니다.

OQO는 매우 작은 크기에 무선 네트워킹을 지원하기 때문에 PDA보다 훨씬 효율적인 제품입니다. PDA는 한정된 운영체제와 브라우저를 사용해야 하지만 OQO는 윈도우XP에서 익스플로러와 같은 일반 브라우저를 완벽하게 사용할 수 있기 때문입니다. 물론 OQO가 상업적으로 성공을 거둘지는 더 두고봐야 할 일이지만 OQO의 출현으로 인해 PC의 소형화가 진전되고 있음은 분명합니다. OQO는 앞으로도 많은 기업들이 더욱 작고 뛰어난 성능의 초소형PC를 출시할 것임을 예고하는 상징입니다.

손바닥에 들어가는 PDA 정도의 크기임을 알 수 있습니다.

4 표준 노트북 컴퓨터

공책 크기의 컴퓨터인 노트북(Notebook) 컴퓨터

공책이라는 의미의 노트북에서 연상할 수 있는 것처럼 노트북 컴퓨터는 공책 크기 정도의 컴퓨터를 말합니다. 가지고 다닐 수 있다는 장점 때문에 최근에 보급이 많이 늘고 있습니다. 데스크탑을 제외하면 가장 많이 사용하는 컴퓨터라 할 수 있습니다.

노트북 컴퓨터의 기본적인 형태

크기에 따라 표준 노트북과 서브 노트북, 미니 노트북으로 구분합니다.

HP의 옴니북 시리즈는 서브 노트북의 대명사였습니다.

노트북은 크기와 무게에 따라서 표준 노트북과 서브 노트북, 미니 노트북(울트라 서브 노트북)의 세 가지 등급으로 구분하고 있습니다. 이때 크기란 좌우의 넓이를 말하며 두께는 기준으로 삼지 않습니다. 과거에는 크기와 무게를 기준으로 노트북을 나누었지만 최근 들어 노트북 기술이 발전하면 무게가 계속 가벼워지자 노트북의 무게보다는 장착된 시스템의 유무로 노트북을 구분하는 것이 일반적입니다.

표준 노트북은 FDD나 CD 롬드라이브가 내장된 제품을 말합니다.

일반적인 노트북의 형태

표준형 노트북은 FDD나 CD롬드라이브가 본체에 내장된 제품을 말합니다. 무게는 약 2~5Kg의 무게를 가지면 B5보다 큰 면적을 가진 노트북입니다. 기본적으로 FDD는 내장되어 있습니다. FDD가 내장되지 않으면 서브 노트북으로 분류합니다.

표준형 노트북은 데스크탑을 대신할 수 있는 강력한 성능에 있습니다.

표준형 노트북이라 할 수 있는 노트북

표준형 노트북의 주안점은 데스크탑의 기능에 필적하는 성능을 가지는데 있습니다. 과거에는 3~5Kg 정도로 꽤 무거웠지만 최근에는 1.8Kg대의 제품도 많이 선보이고 있습니다. 이 때문에 과거에는 1.8Kg대의 노트북을 서브 노트북이라고 불렀지만 최근에는 1.5Kg 이하를 서브 노트북으로 편입시키는 상황입니다. 무게보다는 FDD 내장 여부로 서브 노트북을 구분하는 것이 더 좋습니다.

표준형 노트북은 덩치가 큰 대신 CPU 속도도 빠르고 화면도 크기 때문에 데스크탑 PC 대용으로 사용할 수 있는 강력한 성능을 자랑합니다. 무게가 무겁기 때문에 들고 다니는 이동성보다는 책상 위의 자리를 적게 차지하면서도 데스크탑 PC 성능을 대신하는 용도로 많이 사용합니다. 그래서 기업에서 책상 위에 올려놓고 사용하는 사무용으로 많이 사용합니다.

잠깐! 올인원 노트북이란?

노트북을 광고하는 내용을 보면 올인원(All in One)노트북이라는 말을 자주 볼 수 있습니다. 올인원은 하나의 노트북에 모든 것이 다 들어있다는 말입니다. 그러니까 노트북에 데스크탑이 가진 기능을 모두 집어넣었다는 뜻입니다.

올인원 노트북이라고 말하면 노트북 본체에 플로피디스크와 CD롬드라이브(또는 DVD-ROM드라이브)가 기본적으로 장착된 제품을 말합니다. 물론 사운드카드와 모뎀 또는 네트워크 기능도 당연히 내장되어 있습니다. 때문에 데스크탑처럼 멀티미디어 PC로 충분히 활용할 수 있으며, CD롬드라이브를 따로 구입할 필요가 없습니다. 이처럼 사운드, 모뎀, FDD, CD롬드라이브가 본체에 기본적으로 내장된 제품을 올인원 노트북이라고 말합니다.

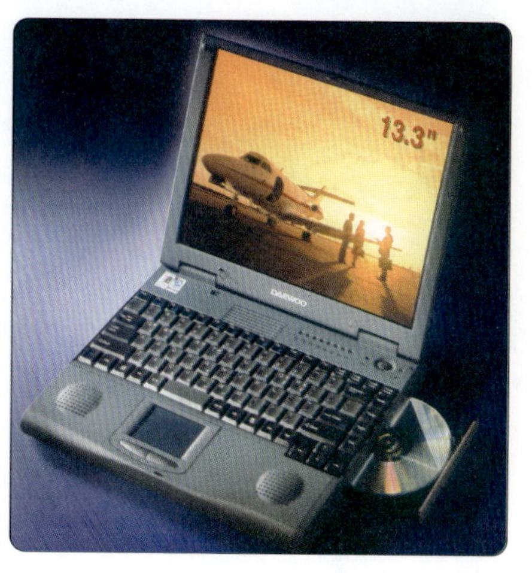

올인원 노트북. CD롬드라이브를 내장한 모델입니다.

과거에는 표준형 노트북이라고 할 경우 FDD만 내장하고 CD롬드라이브는 내장하지 않는 것이 기본이었습니다. 그러나 최근에는 일반적인 표준형 노트북도 대부분 올인원 형태로 출시됩니다. 최근 출시되는 모델 중 상당수는 CD롬드라이브 대신 CDRW레코더나 DVD롬드라이브를 장착합니다.

최근에는 DVD롬드라이브를 내장한 올인원 노트북이 판매중입니다.

5 서브 노트북

서브 노트북은 FDD가 내장되지 않은 작고 가벼운 노트북입니다.

서브 노트북은 무게가 가벼운 노트북을 말합니다. 무게를 줄이기 위하여 본체에 FDD를 장착하지 않은 제품을 서브 노트북으로 분류합니다. 당연히 CD롬드라이브는 없습니다. FDD는 외장형으로 제공하기 때문에 별도의 포트 리플리케이터나 별도로 제공하는 FDD용 슬롯에 장착하여 사용하며, CD롬드라이브 역시 별도의 포트 리플리케이터를 이용하거나 PCMCIA 방식으로 사용합니다. 드라이브 장치를 모두 외장형으로 사용하는 것입니다.

무게는 약 1~2Kg 정도의 제품을 서브 노트북이라고 분류합니다. 초기에 나온 서브 노트북은 약 1.8Kg 전후의 무게를 가졌지만 최근에는 1.3Kg의 무게를 가지는 것이 보통입니다. 때문에 요즘은 1.5Kg이 넘는 제품을 서브 노트북급으로 보기 어렵습니다. 표준 노트북도 요즘은 2Kg 밑의 무게를 가지기 때문에 무게로 서브 노트북을 구별하기는 곤란합니다. 때문에 FDD와 CD롬드라이브 등이 본체에 내장되지 않은 제품을 서브 노트북으로 분류합니다.

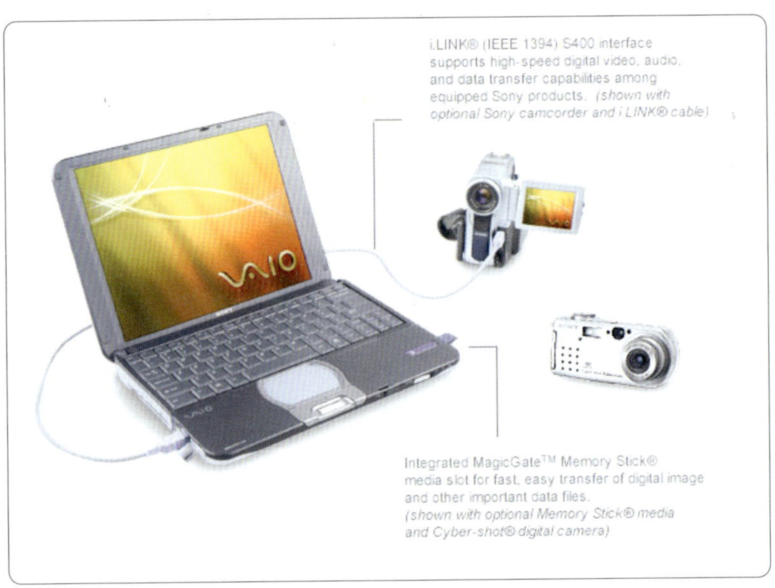

i.LINK® (IEEE 1394) S400 interface supports high-speed digital video, audio, and data transfer capabilities among equipped Sony products. (shown with optional Sony camcorder and i.LINK® cable)
Integrated MagicGate™ Memory Stick® media slot for fast, easy transfer of digital image and other important data files. (shown with optional Memory Stick® media and Cyber-shot® digital camera)

SONY의 서브 노트북

B5 크기 정도에 키보드는 타자에 불편함이 없습니다.

서브 노트북의 경우 휴대성 위주로 되어 있어 무게가 가볍지만 키보드의 크기는 다른 노트북에 비해 작지 않습니다. 일반적인 노트북 키보드에 비해 약 90~100% 크기의 키 크기를 가지고 있어 타자를 치는데 불편은 없습니다.

사이즈는 다양하지만 서브 노트북의 기본 사이즈라면 좌우 크기가 B5와 비슷한 제품을 말합니다. 이 때문에 서브 노트북을 B5 사이즈 노트북이라고 합니다. 서브 노트북을 구별하는데 두께는 기준으로 삼지 않습니다.

6 미니 노트북

서브 노트북보다 작은 노트북이 미니 노트북입니다.

울트라 서브 노트북이라고 부르는 미니 노트북은 서브 노트북보다도 더 작은 제품입니다. 아직도 서브 노트북과의 경계가 명확하지 않지만 대체로 1Kg 미만의 노트북을 미니 노트북이라고 합니다.

서브 노트북과의 차이점은 다음과 같이 구별할 수 있습니다.

서브 노트북과 미니 노트북의 구분

서브 노트북	미니 노트북
1~2Kg 사이의 무게. 보통 1.3Kg 근처의 무게를 가짐	1Kg 이하의 무게
액정 화면이 기본적으로 800×600이나 1024×768을 지원	1024×768 상태는 가상 화면으로만 제공
표준형 노트북의 키보드와 비슷해 타자에 어려움이 없음	키보드의 키피치가 매우 작아서 타자가 어려움

최근의 서브 노트북은 1Kg대의 무게를 가지고 있습니다.

미니 노트북과 서브 노트북과 경계가 애매합니다. 국내에 미니 노트북의 개념이 도입된 것은 도시바의 리브레또가 판매되면서부터입니다. 리브레또는 당시로서는 파격적인 900g대의 무게에 비디오테이프 정도의 작은 크기를 가진 노트북입니다. 주머니에 넣고 다닐 수 있을 정도로 작습니다. 리브레또는 기존의 서브 노트북과 크게 차별되었고 이를 나타내기 위해 울트라 서브 노트북이라고 불렀습니다. 요즘은 미니 노트북으로 용어가 정립되었습니다.

미니 노트북. 1Kg 정도에 불과한 가볍고 작은 노트북입니다.

A5보다 작은 크기에 1Kg 이하의 노트북이 미니 노트북으로 분류됩니다.

미니 노트북의 크기는 보통 A5보다 작은 편입니다. 서브 노트북의 크기가 일반적으로 B5인 것하고 비교해도 꽤 작은 편입니다. 미니 노트북이 서브 노트북과 다른 점은 크기 때문에 나타납니다.

첫 번째로 무게가 1Kg 이하로 매우 가볍습니다. 두 번째로 본체의 크기를 줄이다보니 화면 크기가 작습니다. 좌우로는 800이나 1024 픽셀을 지원하지만 위아래로는 480 픽셀 지원이 기본입니다. 최근에는 600 픽셀 지원하는 제품도 꽤 많이 나왔습니다. 때문에 1024

×768이나 1280×1024 해상도는 화면을 스크롤해 사용하는 방식으로 지원합니다. 반면 서브 노트북은 액정 화면의 기본 해상도로 1024×768을 지원하는 노트북이 많습니다.

세 번째로 미니 노트북은 키보드의 키가 매우 작습니다. 크기가 작다보니 키피치가 작을 수밖에 없습니다. 그래서 서브 노트북은 타자에 불편이 없지만 미니 노트북은 정상적인 타자 작업이 어렵습니다. 이 때문에 미니 노트북은 입력 용도보다는 입력된 자료를 출력하는 용도로 주로 사용합니다.

7 팜탑 컴퓨터

손바닥 위에 올려놓고 사용하는 팜탑(Palm Top) 컴퓨터

손바닥(Palm) 위에 올려놓고 칠 수 있는 정도의 작은 크기인데 글판이 너무 작아서 타자 치기가 불편합니다. 초기의 제품은 한 손에 올려놓기에는 조금 컸지만 그 이후에 나온 제품은 한 손에 올려놓고 사용해도 될 정도로 작고 가벼워졌습니다. 크기가 노트북보다 작지만 키보드 사용이 어려워서 보급이 안되고 있는 제품으로, 최근에는 펜 컴퓨터, PDA, HPC라는 제품으로 변신하여 보급되고 있습니다.

팜탑 컴퓨터는 사람 손보다 조금 크거나 사람 손바닥만한 크기를 가집니다.

8 기타 유형의 PC

PDA와 노트북의 장점을 딴 판 PC

판 PC(Tablet PC)는 구분이 아주 애매한 PC에 속합니다. 데스크탑도 아니고 노트북도 아니고, 미니 PC도 아닙니다. 이처럼 애매한 PC가 속속 등장하고 있습니다. 요즘 유행하는 혼용(fusion) 제품이라 할 수 있습니다.

판 PC는 OQO처럼 액정 화면을 가지고 있습니다. 그런데 노트북처럼 덮개로 덮고 다니는 것이 아니라 PC 표면의 판이 화면 겸 입력 장치 역할을 합니다. 액정 화면이 외부로 드러난 형태로만 보면 PDA에 가깝습니다. 그렇지만 PC라는 점에서 PDA와 다릅니다. 또한 무게를 줄이기 위한 노력을 하지 않은 PC라는 점에서 미니 PC하고도 구별됩니다.

판 PC의 목표는 PDA처럼 사용할 수 있는 PC입니다.

판 PC는 덩치도 큰 편이고 무게도 꽤 나가는 편입니다. 판 PC의 목표는 PDA처럼 들고다니다가 어디서나 빨리 사용할 수 있는 PC인 것입니다. 즉 인터페이스는 PDA지만 성능은 노트북인 형태로 만든 PC인 것입니다. 이런 형태의 PC가 성공할 지 여부는 잘 모릅니다. 그렇지만 앞으로도 판 PC처럼 다양한 제품이 계속 출시될 것이라는 점은 분명해보입니다.

덩치 큰 PDA처럼 생긴 판 PC

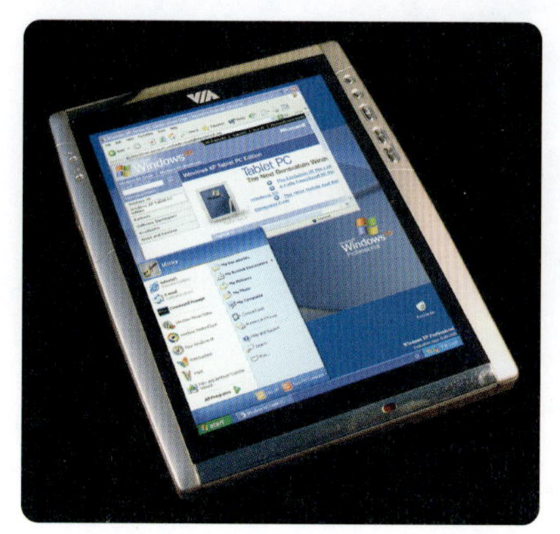

03 팜탑과 펜 컴퓨터, PDA, HPC, 웹패드의 구별

현재 미니 노트북과 팜탑, 펜 컴퓨터, PDA, HPC, 웹패드는 일반인이 쉽게 구별하지 못할 정도로 용어를 혼동하고 있습니다. 각 용어의 뜻을 정리해보면 다음과 같습니다.

손바닥 크기의 PC를 팜탑 컴퓨터라 합니다.

팜탑은 손바닥에 올려놓을 정도의 크기를 가진 컴퓨터를 뜻하므로 크기를 기준으로 분류하는 용어입니다. 따라서 손바닥 크기의 휴대용 컴퓨터는 모두 팜탑으로 분류하는 것이 옳습니다. 따라서 손에 올려놓을 정도의 크기인 초미니 PC와 초미니 노트북, HPC가 모두 팜탑의 범주에 포함된다고 볼 수 있지만 노트북보다 작은 의미로 사용된 용어임을 감안할 때 HPC와 같은 의미로 볼 수 있습니다.

손에 들고 다니는 핸드헬드 PC(HPC)

HPC(Hand Held PC)는 손에 들고 다니는 PC라는 뜻입니다. 따라서 들고 다닌다는 의미가 강하기는 하지만 팜탑과 같은 뜻을 지닌 용어로 볼 수 있습니다. HPC는 PC이므로 PDA와 구별됩니다.

국내에서 생산된 초창기 HPC

키보드 대신 펜을 사용한 컴퓨터를 펜 컴퓨터라고 합니다.

펜 컴퓨터는 인터페이스에 의한 구분입니다. 키보드 대신 펜을 사용하는 컴퓨터라는 뜻이므로 펜을 사용하는 컴퓨터는 모두 펜 컴퓨터로 분류할 수 있습니다. 따라서 HPC 중에서 키보드를 사용하지 않고 펜만 사용하는 것을 펜 컴퓨터로 보면 됩니다.

HP의 PDA. 펜을 이용하는 펜 컴퓨터에 속합니다.

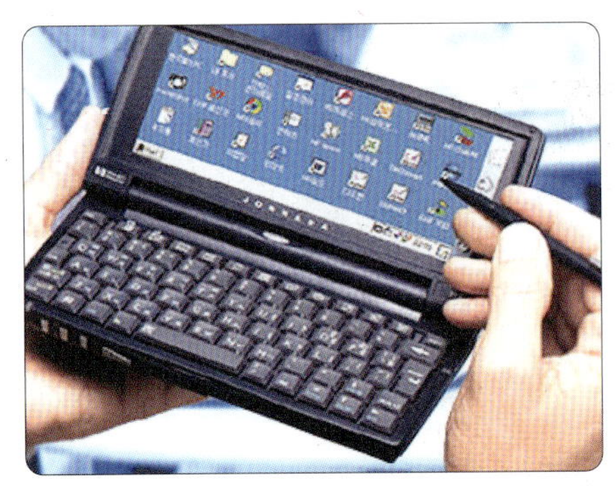

개인용 단말기 PDA

PDA는 개인 정보 단말기를 가리킵니다. 휴대용 PC를 PDA로 사용할 수도 있지만 대개의 경우 전용 PDA를 사용합니다. 휴대용 PC를 PDA로 사용하지 않은 이유는 전원 관리 기능 때문입니다. 전용 PDA는 아무 곳에서나 사용하기 쉽고, 전원을 누르면 짧은 시간에 프로그램이 동작하며, 배터리 지속 시간이 매우 길어 한 달 정도는 여유 있게 사용할 수 있습니다. 이에 비해 미니 노트북을 비롯하여 HPC 계열의 PC들은 부팅 시간이 길고, 배터리 지속 시간이 몇 시간에 불과하다는 단점 때문에 PDA용으로 사용하지 않습니다. PC용 프로그램을 사용할 수 없다는 점에서 HPC와 PDA는 구별됩니다.

다양한 PDA 모습

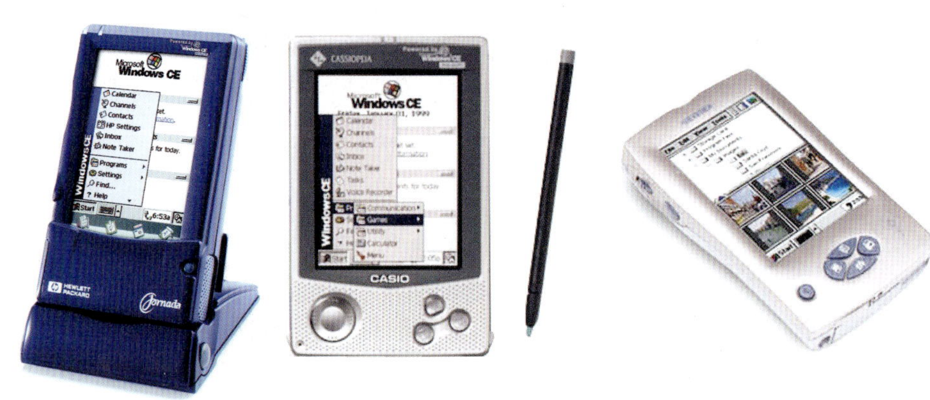

인터넷만 사용하도록 고안된 웹패드

웹패드는 웹을 사용할 수 있도록 만든 패드입니다. 인터넷의 웹을 검색하려는 사용자를 위해 만든 기기로 일종의 대형 PDA라고 말할 수 있습니다. 형태는 그릇받침대나 책받침대 모양으로 생겼고 큰 액정 화면이 있습니다. 사용자는 전자펜 등의 도구를 마우스 대용으로 사용하면서 인터넷을 검색할 수 있습니다.

웹패드는 덩치가 커서 일반 데스크탑 PC나 노트북으로 인터넷을 사용하는 것과 같은 효과를 가집니다. 이 점에서 조그마한 화면에 전용 운영체제를 사용해야 하는 PDA와 다릅니다. 그렇지만 저장 장치를 비롯하여 PC로서 갖추어야 할 주변 기기를 갖추고 있지 않다는 점에서 노트북과 구별됩니다. 즉 고용량 하드디스크와 같은 주변 기기를 내장하지 않고 오직 인터넷 검색에 최적화시킨 PC형 단말기로 보면 됩니다.

PDA는 개인 정보 단말기를 가리킵니다. 휴대용 PC를 PDA로 사용할 수도 있지만 대개의 경우 전용 PDA를 사용합니다. 휴대용 PC를 PDA로 사용하지 않은 이유는 전원 관리 기능 때문입니다. 전용 PDA는 아무 곳에서나 사용하기 쉽고, 전원을 누르면 짧은 시간에 프로그램이 동작하며, 배터리 지속 시간이 매우 길어 한 달 정도는 여유 있게 사용할 수 있습니다. 이에 비해 미니 노트북을 비롯하여 HPC 계열의 PC들은 부팅 시간이 길고, 배터리 지속 시간이 몇 시간에 불과하다는 단점 때문에 PDA용으로 사용하지 않습니다. PC용 프로그램을 사용할 수 없다는 점에서 HPC와 PDA는 구별됩니다.

VIA에서 만든 웹패드. 부피가 꽤 큽니다.

04 PC 구성품의 구분

1 기본장치와 주변장치

PC는 기본장치와 주변장치로 구성됩니다.

컴퓨터는 기본장치와 주변장치로 구성됩니다. 기본장치는 PC를 사용하기 위한 최소한의 장치를 뜻하는데 모니터(Moniter)와 키보드(Keyboard), 본체(System Unit)를 말합니다. 기본장치만 있으면 컴퓨터를 사용할 수 있습니다. 부가장치 또는 주변장치는 기본장치를 도와서 좀더 유용한 결과를 얻기 위해서 사용하는 장치로 프린터, 마우스, 사운드카드, 모뎀, 스캐너 등이 이에 속합니다.

❶ 기본장치

기본장치인 본체, 모니터, 키보드. 마우스와 스피커는 부가장치에 속합니다.

기본장치는 입력장치, 연산장치, 출력장치로 구성됩니다. 입력장치는 키보드이고, 연산장치는 본체, 출력장치는 모니터입니다. 본체는 주기판과 CPU, 케이스, 파워로 구성되며 주기판에는 각종 회로와 부품이 장착됩니다.

주기판은 수백 수천 개의 부품이 장착되는데 이 중에서도 CPU가 가장 중요합니다. 그외 슬롯(Slot), 롬(Rom=Read Only Memory), 램(Ram=Random Access Memory) 등이 중요한 부품으로 취급됩니다.

주기판(Main Board) 모습

❷ 주변장치

주변장치는 다시 보조기억장치와 보조 입출력 장치, 각종 통신 장비와 인터페이스 장비로 구별할 수 있습니다.

디지털카메라를 비롯한 다양한 주변장치

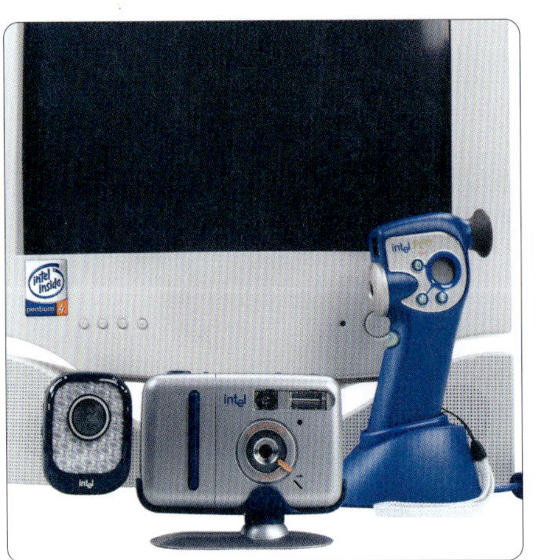

또 키보드를 대신해서 사용하는 입력장치인 마우스와 사진을 컴퓨터 파일로 만들어주는 입력장치인 스캐너 등이 있으며, 작업한 내용을 종이로 출력해주는 프린터 등이 있습니다.

2 기능에 따른 구분

PC를 구성하는 각 부품과 장비를 구분할 때는 보통 각 부품의 기능과 역할에 따라서 구분하며 일반적으로 다음과 같이 구별합니다.

❶ 연산장치

주기억장치인 CPU

명령받은 것을 실행하여 결과를 처리하는 장치를 말하며 흔히 중앙연산처리 장치라고 부르는 CPU를 말합니다. 컴퓨터의 성능이 이 CPU의 능력에 의해서 결정될 정도로 가장 핵심적인 부품입니다.

❷ 기억장치(저장장비)

기억장치는 입력 받은 자료나 처리결과를 기억하는 장치입니다. 주기억장치로는 램과 롬이 있으며, 보조기억장치로는 플로피디스크, 하드디스크, 백업테이프, CD롬, 광디스크 등의 장비가 있습니다.

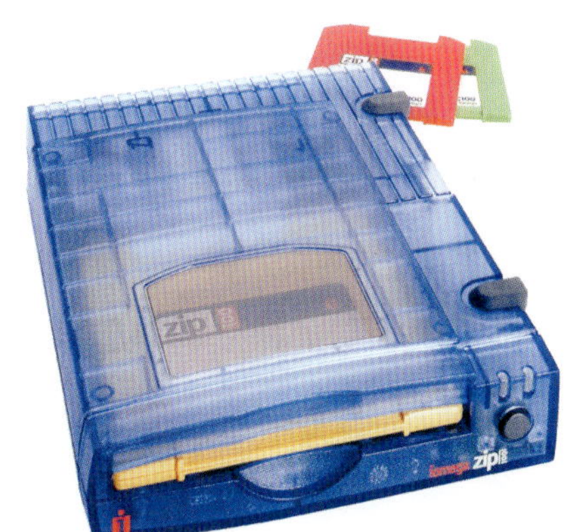

보조기억장치의 한 종류인 집드라이브. 주기억장치의 작업물을 보관하는 일을 합니다.

❸ 입력장치

입력장치의 한 종류인 디지털카메라

입력장치는 컴퓨터에게 명령을 내리기 위해서 명령을 입력해주는 장치로 주입력장치는 키보드입니다. 보조입력장치도 여러 종류가 있는데, 그림을 그릴 때 사용하는 마우스나 전자펜, 게임을 할 때 사용하는 조이스틱, 사진을 컴퓨터 파일로 만들어주는 스캐너 등이 보조입력장치에 해당합니다.

키보드와 마우스에 이어서 요즘 널리 보급되는 입력장비로는 스캐너와 디지털카메라를 들 수 있습니다. 스캐너는 사진을 복사기처럼 읽어서 컴퓨터파일로 만들어주는 입력장비입니다. 그리고 디지털카메라는 카메라로 찍은 사진 내용을 컴퓨터파일로 저장해주는 장비입니다.

❹ 출력장치

출력장치는 작업결과를 사람이 눈으로 볼 수 있게 해줍니다.

출력장치는 컴퓨터가 작업한 결과를 사람에게 보여주기 위한 장치로 주출력장치는 모니터입니다. 사람은 모니터를 통해서 작업한 결과를 볼 수 있습니다. 보조출력장치로는 작업결과를 종이로 출력해주는 프린터, 도면을 그려주는 플롯터, 소리를 들려주는 스피커 등이 있습니다.

❺ 인터페이스 카드류

인터페이스 카드는 슬롯에 장착하는 형태로 된 제품입니다.

인터페이스 카드는 분류가 매우 애매한 장비들입니다. 그래픽카드, 사운드카드, TV수신카드, 동영상카드 등이 이에 해당하는데 입력장치로 분류할 수도 있고, 출력장치로 분류할 수도 있습니다. 그래서 이들 장비는 별도로 분류하여 인터페이스 카드로 따로 구분합니다.

❻ 통신장비

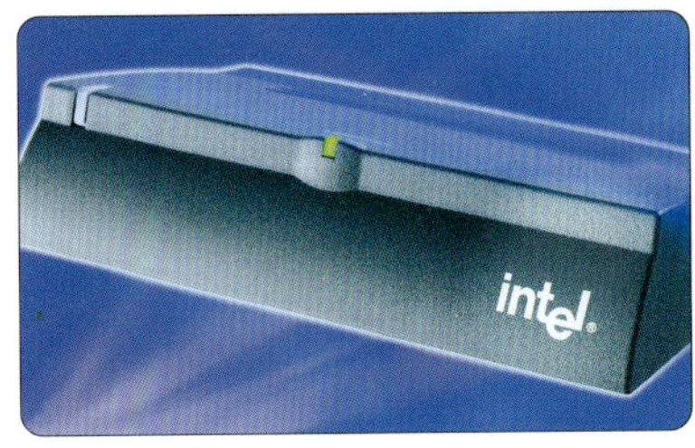

DSL 모뎀. 통신장비는 두 장비 사이의 통신을 담당합니다.

컴퓨터 자체가 온갖 부품의 통신을 통해서 명령을 수행하는 기계지만 다른 컴퓨터와 자료를 주고받기 위해서 별도의 통신장비를 장착합니다. 각종 케이블과 모뎀, 랜 장비 등이 이에 해당합니다.

❼ 장식품과 편의품

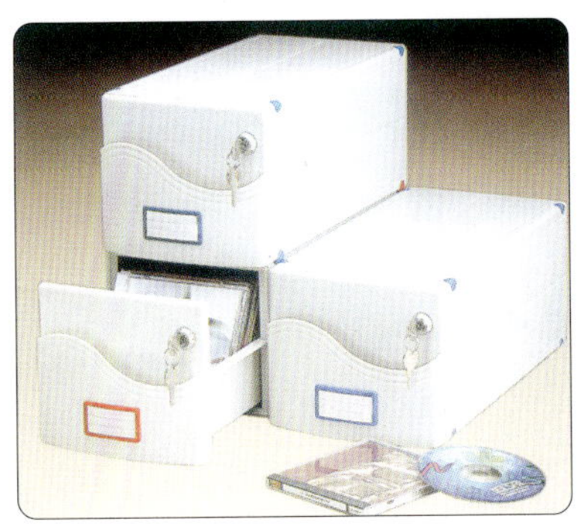

장식품과 편의품의 한 종류인 CD 컨테이너

사용자는 컴퓨터 작업의 효율을 높이고 몸의 건강을 위하여 각종 편의품을 사용합니다. 키홀더 손목받침대 등의 편의품은 사용자의 건강을 지켜주고 작업효율을 높여줍니다. 이런 제품을 장식품(악세서리) 또는 편의품이라고 말합니다.

기능에 따른 컴퓨터 장비의 구분

주연산장치	CPU
보조연산장치	코프로세서(Co-Processer)
주기억장치	램, 롬
보조기억장치	플로피디스크, 하드디스크, CD롬, 광디스크, 백업테이프, DAT테이프, 집디스크, 재즈디스크, 미니디스크, 파워디스크, MO디스크, 사이퀘스트, HiFD, 슈퍼디스크, 이지플라이어, 클릭, 썸브드라이브, 외장형 USB하드디스크, 플래시메모리
주입력장치	키보드
보조입력장치	마우스, 조이스틱, 타블렛, 마이크, 건반, TV, VCR(VTR), 디지털카메라, 스캐너, 터치스크린, 전자펜
주출력장치	모니터
보조출력장치	프린터, 플로터, 스피커, TV, VCR, 빔프로젝트, 출력기
인터페이스 카드	그래픽카드, 사운드카드, 동영상카드, TV수신카드, 통합카드
통신장비	모뎀, 랜장비, 인터넷폰, 이더넷카드, 라우터
장식품	손목받침대, 디스크보관함, 보안기, 키홀더, 마우스걸이통

Section 05 PC Remodeling

PC 조립 준비

01 PC 조립의 장단점

1 PC 조립의 장점

❶ 싼 가격으로 컴퓨터를 살 수 있습니다.

PC를 직접 조립하는 가장 큰 이유는 적은 비용으로 컴퓨터를 구입할 수 있다는 점입니다. 대기업의 완제품 PC가 많이 싸졌다고는 하지만 여전히 조립품에 비하면 비쌉니다. 더구나 자신이 직접 부품을 구입해 조립하는 경우와 비교하면 거의 2배 정도 차이가 납니다. 싼 가격으로 PC를 구입할 수 있다는 점은 PC 조립의 가장 큰 장점입니다.

❷ 자신이 원하는 좋은 부품을 사용할 수 있습니다.

PC 직접 조립하면 자신이 원하는 최적의 부품을 사용해 PC를 만들 수 있습니다. 따라서 안정성 있고 막강한 기능의 PC를 만들 수 있습니다.

❸ 조립과정을 통하여 컴퓨터 지식이 쌓입니다.

자신이 직접 조립하는 과정을 통하여 컴퓨터에 대해서 좀더 많은 것을 배울 수 있습니다. 물론 직접 조립한 실력이므로 나중에 업그레이드도 손쉽게 할 수 있습니다.

❹ 조립PC는 업그레이드가 쉽습니다.

조립 PC는 그 특성상 어떤 부품이라도 업그레이드가 가능합니다. 그러나 대기업 제품은 일체형으로 나오는 경우가 많기 때문에 업그레이드가 불가능한 경우가 많습니다. 그래픽카드나 사운드카드가 보드에 칩의 형태로 붙어서 나오는 경우에는 교체나 업그레이드가 불가능합니다. 원하는 부품을 언제든지 교체할 수 있는 점도 조립PC의 장점입니다.

2 조립 PC의 단점

❶ 시간을 많이 뺏깁니다.

PC를 직접 조립할 경우 부품을 구입하고 조립하는 시간을 뺏깁니다. 그렇지만 하드웨어에 대한 공부 시간으로 볼 수 있기 때문에 큰 단점이라 할 수 없습니다.

❷ 조립한 PC는 AS가 어렵습니다.

조립 PC의 가장 큰 단점은 AS 문제입니다. 자신이 직접 조립했기 때문에 문제가 생길 경우 직접 해결하거나 AS 업체를 불러야 합니다. 또한 문제가 생긴 부품을 교환하기 위해서는 직접 부품을 구입한 곳에 찾아가야 하는 번거로움이 있습니다.

그러나 실제로 PC를 사용하면서 하드웨어적인 문제가 발생하는 경우는 매우 드문 일입니다. 따라서 AS를 두려워할 필요는 없습니다.

02 조립 준비 과정

1 조립 계획 세우기

자신의 손으로 PC를 조립하고자 한다면 먼저 조립 계획을 세워야 합니다. 조립 계획은 네 단계로 구분할 수 있습니다.

① 조립의 첫 번째 준비는 자신에게 알맞은 PC의 사양을 결정하는 일입니다.

② 구입할 PC의 사양이 결정되었다면 시장조사를 통해서 각 부품에 대한 조사를 마칩니다. 이때 공책과 볼펜을 가지고 꼼꼼하게 기록해두는 것이 좋습니다.

③ 시장조사가 끝나면 구입 계획을 잡아야 합니다. 가능한 하루에 구입을 끝내도록 합니다.

④ 제품을 모두 집으로 운반했다면 조립 공구를 갖추고 조립을 시작합니다.

2 조립 도구 준비하기

십자 드라이버 하나면 조립이 충분합니다.

조립할 때 사용하는 도구는 여러 가지가 있지만 꼭 필요한 필수 도구는 십자(+) 드라이버 하나입니다. 중간 크기의 드라이버 하나만 있으면 조립을 끝낼 수 있습니다. 그 외의 도구는 조립을 좀더 편하게 도와주는 도구로 갖추면 더욱 좋습니다.

조립 도구에 포함시키지 않는 다양한 도구들이 있는데 이들 도구에 대해서는 업그레이드 편에서 좀더 자세하게 설명하겠습니다.

조립 도구를 선택할 때는 반드시 손잡이 부분이 절연체로 감싼 제품을 구입해야 합니다. 절연체로 감싼 제품을 사용해야 감전의 위험을 줄일 수 있습니다.

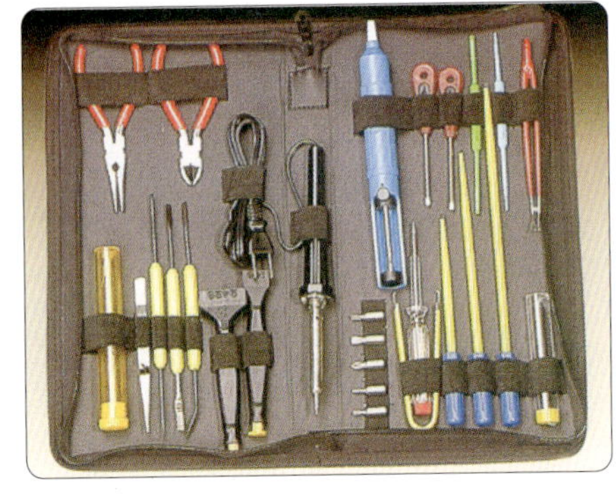

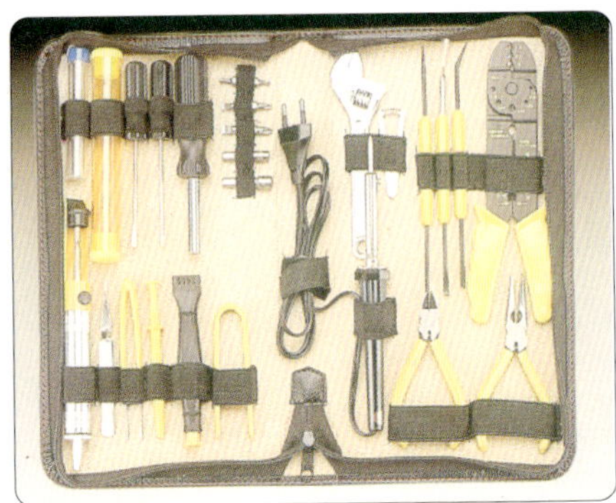

조립용 도구세트를 갖추면 좋지만 PC 조립을 위해서 세트를 살 필요는 없습니다.

❶ 드라이버류

□ 십자 드라이버

다양한 크기의 십자 드라이버

드라이버는 중간 크기의 십자 드라이버 하나면 충분합니다. 길이는 20cm가 넘는 중간 길이 제품이 사용하기 가장 편리합니다. 나사에 끼우는 끝 부분은 자석인 제품과 자석이 아닌 제품이 있는데 자석으로 처리된 제품이 사용하기 편합니다. 조립하다 보면 나사를 자주 떨어뜨리는데 자석으로 처리된 드라이버라면 나사를 떨어뜨리지도 않고 떨어진 나사를 줍기도 편합니다.

□ 일자 드라이버

일반적인 PC 조립에는 일자 드라이버를 쓸 일이 별로 없습니다. 특수한 몇몇 부품이나 머리가 뭉그러진 십자 나사를 풀 때 일자 드라이버를 사용합니다. 일자 드라이버는 드라이버의 길이보다는 끝 부분의 두께에 따라서 작은 것부터 큰 것까지 여러 종류를 갖추는 것이 좋습니다.

일자 드라이버

❷ 집게류

□ 핀셋

점퍼 핀을 빼거나 끼울 때 편리하게 사용할 수 있습니다. 조립할 때는 부품별로 점퍼 핀을 설정하기 때문에 핀셋의 용도가 크지 않습니다. 맨손으로도 가능합니다. 그러나 조립이 어느 정도 된 상태에서 점퍼 핀을 뺄 때는 핀셋을 사용하는 것이 좋습니다. 각종 선과 주변 장치에 가려서 손가락을 이용해 점퍼 핀을 빼는 일이 거의 불가능하기 때문입니다.

□ 긴코자름집게(long nose plier)

긴코자름집게는 나사나 점퍼 핀 등을 잡는 용도에 많이 사용합니다. 핀셋은 주로 점퍼 핀에만 사용하지만 긴코자름집게는 점퍼 핀, 나사 케이블, 스페이서 등의 부품을 잡을 때도 유용하게 사용할 수 있습니다. 하나 정도 가지고 있으면 매우 편리한 집게입니다.

긴코자름집게

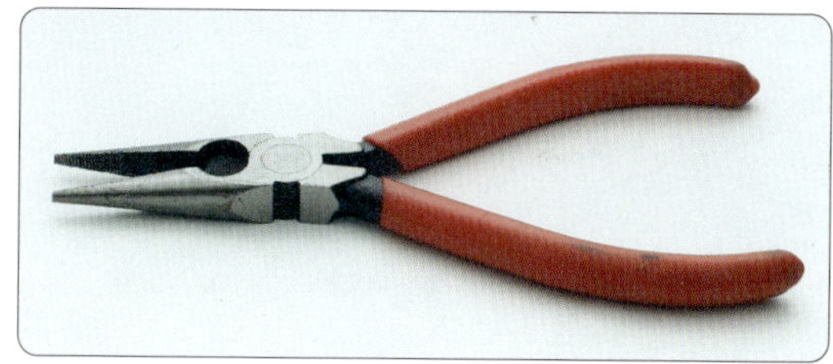

□ 자름집게(pincher)

줄여서 집게로 부르며 집집마다 하나 정도는 가지고 있는 도구입니다. PC 조립 때는 별로 쓸 일이 없습니다. 나사가 헛돌거나 케이스와 카드가 맞지 않을 때 카드를 구부리기 위한 용도로 사용하는 정도입니다.

□ 선자름집게(nipper)

주로 전선을 자르거나 전선의 피복을 벗길 때 사용하는 자름집게입니다. 조립할 때 많이 사용하는 도구는 아닙니다. 조립할 때 사용하는 경우는 케이블을 묶은 타이를 자르는 정도입니다.

선자름집게

❸ 보호 장구

□ **장갑**

장갑은 케이스의 날카로운 면이나 주기판, 카드 뒷면의 뾰쪽한 부분으로부터 손을 보호하고, 감전사고로부터 보호해줍니다. 면장갑을 주로 사용하는데 장갑 겉면을 고무로 칠한 절연 장갑이 좋습니다. 감전사고 예방도 되고 밀착력도 좋아 제품을 잡기도 편합니다.

❹ 기타

□ **정리용품**

각종 케이블과 바인더, 타이 등은 복잡한 전선과 케이블을 깔끔하게 정리해줍니다. 필수 도구는 아니지만 정리용품을 사용하면 PC의 내부와 외부를 한결 깔끔하게 정리할 수 있습니다.

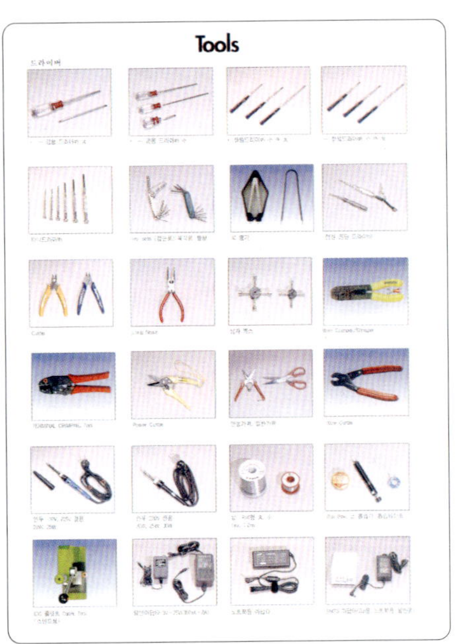

PC 조립용 공구들.
일반 조립은 십자 드라이버로 충분하며 자름집게 등은 네트워크 공사 때 사용합니다.

03 조립 할 때 주의 사항

❶ 조립할 때는 안전 사고에 주의합니다.

조립할 때 가장 주의할 점은 역시 안전 문제입니다. 케이스를 비롯하 각종 도구에 신체가 긁히거나 베일 수 있습니다. 그렇지만 무엇보다도 전기 사고를 조심해야 합니다. 감전 사고로 큰 화를 당할 수도 있고, 누전에 의해 화재가 발생할 수도 있습니다. 따라서 전기 제품을 사용할 때는 반드시 전압을 확인하여 100V 제품을 220V 콘센트에 꽂지 않도록 주의합니다.

잠깐! 누전과 정전기 대처 요령

전원을 잘못 연결하거나 누전이 되었을 경우 주기판의 회로를 비롯하여 부품이 탈 수 있습니다. 예를 들어 주기판이 일부가 케이스에 닿은 상태에서 전원을 연결하면 타는 냄새가 납니다. 또는 펑 하는 소리와 함께 부품의 일부가 고장날 수 있습니다. 이런 경우에는 지체 없이 전원부터 끄고 난 다음에 다음 일을 생각해야 합니다.

정전기는 여러 가지 이유에 의해 나타나는데 손에서 발생하는 정전기도 무시할 수 없습니다. 특히 램이나 칩이 있는 부품을 잡을 때는 손의 정전기를 없앤 다음에 만지는 것이 좋습니다. 손의 정전기를 예방하려면 손으로 케이스의 금속 부분을 먼저 만지면 됩니다.

❷ 부품 파손에 주의합니다.

조립을 하다 보면 전기나 정전기에 의한 부품이 손상 입을 수 있습니다. 또는 드라이버로 부품의 칩 부분을 긁는 실수도 합니다. 특히 끝이 자석으로 처리된 드라이버를 사용할 때는 부품을 건드리지 않도록 주의해야 합니다.

정전기를 방지하기 위해서는 스웨터와 같은 옷을 입으면 안됩니다. 스웨터를 입으면 몸에서 강한 정전기가 계속 발생합니다. 정전기에 강한 옷을 입도록 합니다.

❸ 부품 유실과 충격에 주의합니다.

조립할 때 많이 고생하는 경우는 나사나 점퍼 핀과 같은 작은 부품을 찾지 못할 때입니다. 이런 문제를 방지하려면 각 부품을 찾기 쉬운 곳에 잘 정리해두어야 합니다. 또한 전원을 켠 상태에서 시스템에 충격을 주면 하드디스크가 고장날 수 있습니다. 본체를 옮길 때는 전원을 끈 상태에서 옮기도록 합니다.

잠깐! 누전에 대한 대비

시스템을 만질 때 전기 충격이 온다면 누전으로 봐야 합니다. 이럴 때는 접지를 함으로써 어느 정도 해결이 가능한데, 접지선으로는 일반 전기선을 컴퓨터 케이스에 연결해서 사용하면 됩니다. 케이스에 연결한 접지선을 기둥이나 창의 쇠 부분에 접지시키면 더욱 효과가 좋습니다.

흔한 경우는 아니지만 전기를 끈 뒤에 케이스를 만졌을 때도 감전 현상이 나타나는 경우가 있습니다. 이 역시 누전된 케이스가 충전되어 있기 때문에 나타나는 현상으로 전원공급기를 교체하면 대부분 해결이 됩니다.

Section 06 PC Remodeling

펜티엄4 조립하기

펜티엄4를 위주로 설명하지만 다른 PC 조립에도 적용되는 조립 방법입니다.

컴퓨터의 종류는 CPU에 의해 결정되는데 현재 시중에서 판매되는 CPU는 AMD, 인텔 두 회사 제품이 대부분입니다. 인텔 회사의 CPU는 다시 셀러론과 펜티엄III, 펜티엄4 등으로 구분되며 이들 CPU는 핀 수와 지원하는 기능에 따라서 다시 여러 종류로 구분합니다.

이 책에서는 현재는 물론 앞으로 가장 많이 판매될 CPU라 생각하는 펜티엄4를 기준으로 조립 방법을 설명합니다. 비록 펜티엄4를 기준으로 조립 방법을 설명하지만 셀러론이나 AMD의 CPU를 이용하여 조립할 때도 대부분 공통적으로 적용되는 조립 방법입니다. CPU에 따른 조립 방법의 차이점이라면 CPU와 냉각팬을 장착하는 방법의 차이점 정도에 불과합니다. CPU와 냉각팬을 장착하는 방법은 이 책의 내용과 CPU에 포함된 설명서를 참고하시면 어렵지 않게 익힐 수 있습니다.

펜티엄4 CPU. CPU의 종류에 따라서 조립 방법에 차이가 납니다.

PC 조립 순서는 상황에 따라 효율적인 순서를 따르면 됩니다.

PC를 조립하는 순서는 자유로운 편입니다. CPU를 끼운 주기판을 케이스에 장착해도 되고, 주기판을 케이스에 장착한 다음에 CPU를 끼워도 됩니다. 케이스를 먼저 씌우고 전원을 연결해 시험하는 사람도 많지만 전원을 연결해 시험해본 뒤에 제일 마지막으로 케이스를 씌우는 경우도 많습니다. 이처럼 반드시 이것을 먼저 조립해야 한다는 순서는 없습니다. 그러나 효율적인 조립을 위해 일반적인 조립 순서를 지키는 것이 좋습니다.

일반적인 조립 순서는 다음과 같습니다.

① 케이스의 바깥 케이스(=껍데기)를 벗깁니다.

② 점퍼 핀을 조정하여 주기판의 환경을 설정합니다.

③ 주기판에 CPU를 장착합니다.

④ 주기판에 메모리를 장착합니다.

⑤ 주기판을 케이스에 장착합니다.
⑥ 전원공급기를 케이스에 장착합니다.
⑦ 각종 LED 케이블을 주기판에 연결합니다.
⑧ 그래픽카드를 비롯하여 각종 카드를 슬롯에 장착합니다.
⑨ 드라이브 장치를 케이스에 고정시킵니다.
⑩ 전원 케이블과 인터페이스 케이블을 드라이브에 연결시킵니다.
⑪ 케이스를 씌웁니다.
⑫ 외부 케이블을 연결시킵니다.
⑬ 전원을 켜고 시험해 봅니다.

01 주기판 점퍼 핀 설정하기

주기판 설명서를 보고 점퍼 핀을 설정합니다.

제일 먼저 주기판의 점퍼 핀을 설정해야 합니다. 점퍼 핀은 주기판의 환경을 설정하는데 사용합니다. 점퍼 핀 설정 방법은 주기판 설명서를 보면 나와 있습니다.

조립에 사용할 펜티엄4용 주기판과 주기판 설명서

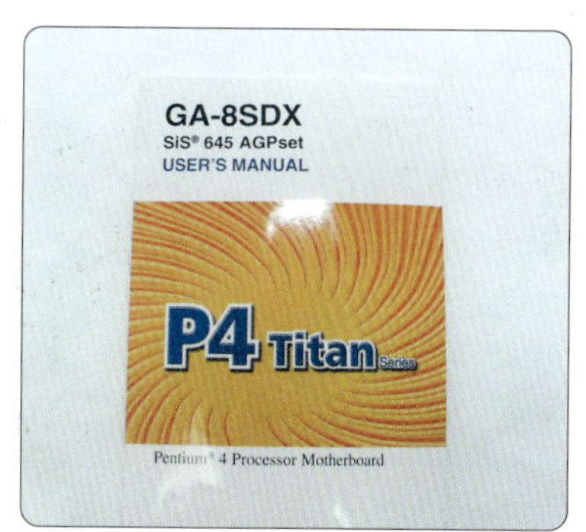

최신 주기판은 자동으로 환경 설정이 이루어집니다.

요즘 나오는 주기판은 대부분 자동으로 환경 설정이 가능하고, 기본적인 설정 내용만으로도 조립이 가능하도록 되어있기 때문에 점퍼 핀을 설정하는 경우가 많지 않습니다. 그러나 오버클럭을 비롯한 몇 가지 특수 작업을 시도하려는 분이라면 점퍼 핀으로 기본적인 설정 내용을 바꾸어주어야 합니다.

점퍼 핀으로 설정하는 내용 중에서 가장 중요한 것은 CPU의 클럭 수와 배율을 조정하는 것입니다. 그리고 CPU의 전압을 설정합니다.

설명서를 참고하여 점퍼 핀으로 CPU의 클럭 수와 배율을 조정합니다.

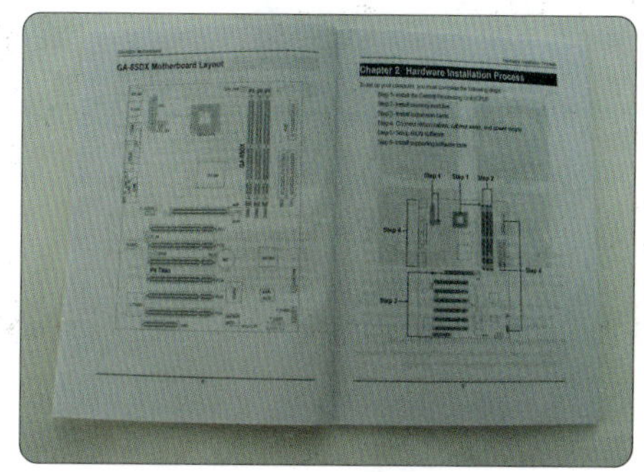

02 CPU와 램 장착하기

CPU와 램을 먼저 장착한 다음에 주기판을 케이스에 정착합니다.

486이나 펜티엄 시절에는 주기판을 케이스에 장착한 다음에 CPU를 장착했습니다. 당시에는 CPU를 장착하는 일이 아주 쉬웠습니다. 지프 방식이고 냉각팬도 없었기 때문에 소켓의 레버만 들어올리고 CPU를 끼우면 됩니다. 그렇지만 최근에는 대형 냉각팬을 사용하고 케이스의 크기가 줄어들면서 주기판을 케이스에 고정시킨 후에 CPU나 램을 장착하는 일이 까다롭게 변했습니다.

어떤 케이스는 공간이 넓어 주기판을 고정한 뒤에 CPU를 장착해도 되지만 어떤 케이스는 전원공급기가 CPU나 메모리 장착 부분을 가려버리기 때문입니다. 때문에 과거와는 달리 최근에는 주기판을 장착하고 CPU를 장착하지 않습니다. 먼저 주기판에 CPU를 장착하고 주기판을 케이스에 장착합니다.

CPU는 소켓 방식이냐 슬롯 방식이냐에 따라서 장착 방식이 조금씩 달라집니다. 최근에는 대부분 소켓 방식으로 출시되기 때문에 슬롯 방식의 CPU는 거의 없는 편입니다.

1 소켓 방식의 CPU 장착하기

01

CPU의 소켓의 ZIF 레버를 위로 들어올립니다. 수직으로 그냥 들어올리려고 하면 걸리는 부분이 있어 힘이 듭니다. 바깥 쪽으로 약간 밀면서 살짝 들어올리면 쉽게 레버가 올라갑니다.

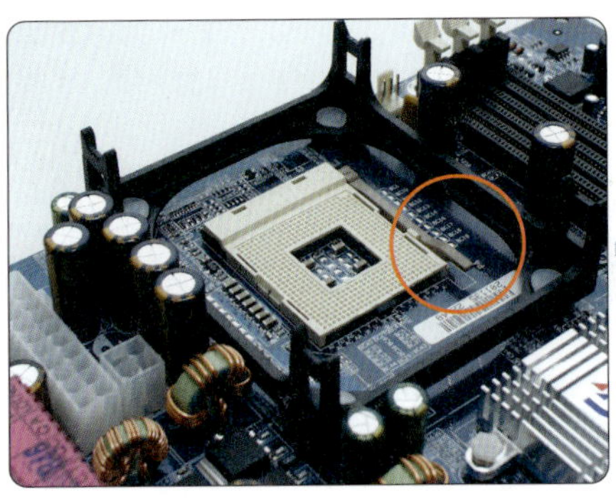

1 주기판의 CPU 소켓. 레버가 닫혀있는 상태입니다.

2 손가락을 이용해 레버를 바깥 쪽으로 살짝 밀어줍니다.

3 위로 들어올립니다.

4 레버는 완전히 들어올려야 합니다. 중간만 들어올리면 CPU가 들어가다가 걸려 파손될 우려가 있습니다.

02

478핀 펜티엄4 CPU를 소켓에 끼워넣습니다. CPU의 핀과 소켓의 구멍을 잘 맞춥니다. CPU의 한 쪽 면을 보면 핀이 없는 모서리가 있고, 소켓에도 구멍이 없는 모서리가 있습니다. 이 모서리를 맞추고 CPU를 놓으면 딱 맞게 쏙 들어갑니다.

이때 CPU의 밑면이 소켓에 완전히 붙었나 확인합니다. 만약 이 부분에 틈이 있다면 ZIF 레버가 완전히 젖혀진 상태가 아닙니다. ZIF 레버를 완전히 위로 올리면 딱 맞게 들어갑니다. 틈이 있는 상태에서 지프 레버를 내리면 CPU 핀에 손상이 올 수 있습니다.

1 조립에 사용하는 478핀용 펜티엄 CPU. CPU의 윗 면에는 점이 찍혀있고 모서리가 대각선으로 깍인 부분이 있습니다.

2 CPU의 밑면을 보면 핀이 없는 모서리가 있습니다.

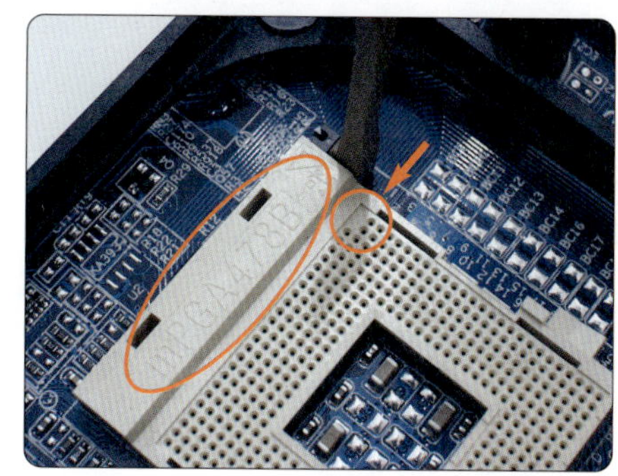

3 소켓의 네 모서리를 잘 살펴보면 구멍이 없는 모서리가 있습니다. 윗 면에는 mPGA478B라고 새겨진 글씨가 보입니다. 즉 478핀 펜티엄4 CPU를 장착하는 소켓이라는 뜻입니다.

4 핀이 없는 CPU의 모서리와 구멍이 없는 소켓의 모서리를 맞춥니다.

5 CPU를 놓으면 CPU가 소켓에 쏙 들어가면서 밀착합니다.

03

CPU를 끼웠으면 ZIF 레버를 내려 고정시킵니다.

1 레버를 내릴 때는 천천히 내려야 합니다. 만약 내리는 도중에 걸리는 느낌이 있으면 CPU가 제대로 삽입된 것이 아니므로 다시 한 번 CPU 장착 상태를 확인해야 합니다.

2 이 부분이 레버를 거는 걸림돌입니다.

3 바깥 쪽으로 약간을 힘을 주면서 맨 밑 부분까지 레버를 내리면 딸깍하고 레버가 걸리면서 잠깁니다.

04

냉각팬을 설치합니다. 셀러론의 경우 조립 과정 중에 가장 힘든 부분이 냉각팬 설치 작업입니다. 냉각팬 고정 고리를 좌우에 끼워주어야 하는데 이 일이 쉽지 않기 때문입니다. 그러나 여기에서 무리하게 힘을 주다가는 CPU나 주기판에 상처를 낼 수 있습니다. 무리하게 힘을 주지 않도록 주의합니다. 펜티엄4는 냉각팬 설치가 쉬운 편입니다.

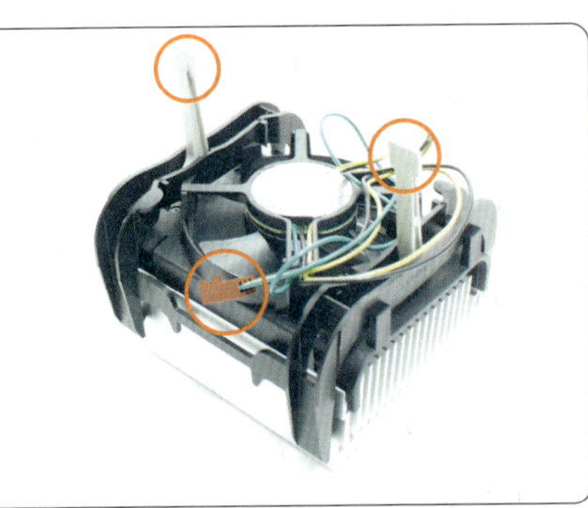

1 CPU 냉각팬의 모습. 케이블은 전원 공급용 케이블이고, 위로 솟은 막대기가 고정용 레버입니다.

2 냉각팬을 CPU 위에 조심스럽게 올려놓습니다. 이때 한 쪽 방향으로 치우치지 않고 CPU 중앙에 위치하도록 자리를 잡습니다.

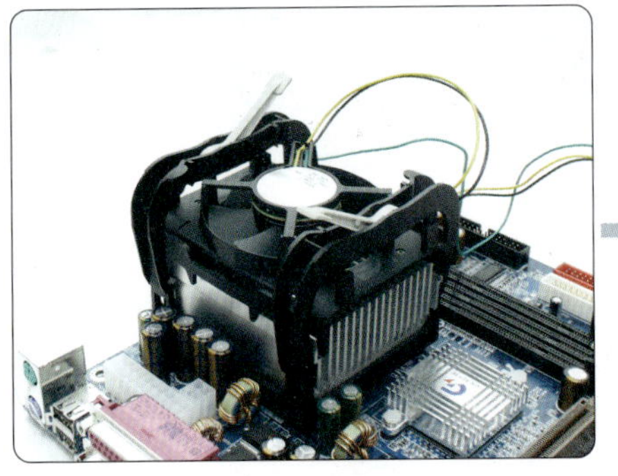

3 냉각팬은 소켓 구멍과 일치하게 만들어졌습니다. 방향이 틀리면 일치하지 않습니다. 냉각팬 전원케이블이 주기판의 냉각팬 전원 단자 쪽으로 향하게 방향을 잡으면 됩니다.

4 냉각팬을 소켓에 끼웠으면 양 손으로 고정 레버를 잡고 서로 반대방향으로 눌러줍니다. 누르는 힘에 의해 레버가 고정핀을 밀어주면서 걸림돌을 꽉 물게 됩니다.

5 냉각팬이 단단하게 고정되었습니다.

05

CPU 냉각팬의 전원을 연결합니다. 냉각팬의 위치는 주기판의 설명서를 보면 나와 있습니다. 대개의 경우 CPU 소켓에 아주 가까운 곳에 핀의 형태로 솟아있는 것이 냉각팬용 전원 단자입니다. 냉각팬의 전원 케이블이 짧기 때문입니다.

1 CPU 소켓 주변에 냉각팬의 전원 단자가 있습니다.

2 냉각팬의 전원선을 주기판의 전원 핀에 끼웁니다. 앞뒤가 틀리면 들어가지 않습니다. 완전히 밀착하도록 깊숙하게 끼웁니다.

3 냉각팬의 전원선을 끼운 상태

2 메모리 장착하기

01

메모리 소켓에서 0번(또는 1번) 소켓(뱅크)를 찾습니다. 메모리 소켓의 0번은 설명서를 참조하거나 주기판에 인쇄된 글씨로 알 수 있습니다. 메모리는 0번 소켓(뱅크)부터 채워야 합니다.

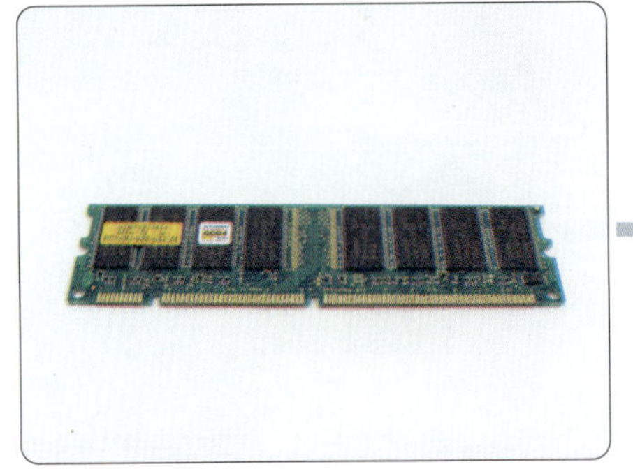

1 조립에 사용할 168핀 SD램

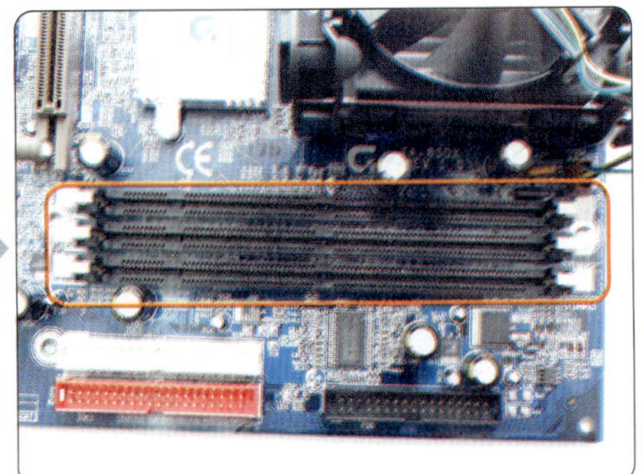

2 메모리 소켓의 모습

3 메모리 소켓 주변에 'DIMM1' 'DIMM2' 'DIMM3' 이라고 적혀 있습니다. DIMM1이 1번 또는 0번 램 소켓(슬롯)입니다.

02

메모리 소켓 양 쪽 끝의 잠금 장치를 좌우로 벌려서 열어줍니다.

1 메모리 소켓 양 쪽 끝에 있는 잠금 장치

2 바깥 쪽으로 약간의 힘을 주면 약간 기울어지면서 열립니다. 힘을 세게 주거나 갑자기 힘을 주면 부러질 염려가 있습니다. 살짝만 힘을 주어도 열립니다.

3 메모리 소켓의 잠금장치를 연 상태

03

메모리를 양 끝의 홈에 맞게 수직으로 끼운 뒤에 위에서부터 약간 힘을 주면서 눌러주면 딸깍 하고 끼워집니다.

1 잠금 장치를 연 메모리 소켓의 슬롯. 튀어나온 부분을 경계로 좌우 길이가 다릅니다.

2 메모리를 소켓의 홈과 일치하는 방향으로 위에서부터 살며시 끼웁니다. 이때 메모리의 양끝을 두 손으로 잡고 수평으로 힘의 균형을 유지하는 것이 좋습니다. 한 손으로 밀면 좌우 힘의 균형이 안맞아 기울어질 수 있습니다.

3 홈이 일치된 상태에서 위에서 약간의 힘을 주고 누르면 메모리가 깊숙하게 삽입되고, 딸깍 소리와 함께 좌우의 잠금 장치가 잠깁니다. 이때 너무 힘을 강하게 주면 메모리가 손상될 수 있으니 주의하기 바랍니다. 힘을 주는데도 들어가지 않는다면 메모리 소켓의 방향을 바꾼 상태일 수 있습니다. 홈이 일치되도록 끼운 것인지 확인하고 다시 끼워보기 바랍니다.

4 잠금 장치를 제대로 잠근 상태. 만약 이 부분에 틈이 있거나 메모리가 수평으로 꽉 끼워진 상태가 아니라면 잘못 끼워진 것입니다. 제대로 끼웠는데도 잠금 장치가 꽉 끼워지지 않는다면 손으로 잠금장치를 밀어주어 틈이 없도록 해줍니다.

5 이 사진처럼 잠금 장치에 틈이 있거나 아래 부분의 연결 부분이 보인다면 잘못 끼워진 것입니다. 메모리를 꺼내고 처음부터 다시 제대로 끼워야 합니다.

03 주기판 장착, 고정하기

스페이서를 잘 끼워 주기판을 케이스와 닿지 않게 해 줍니다.

주기판을 케이스에 장착할 때는 누전 문제에 신경 써야 합니다. 주기판이 케이스의 금속면에 닿지 않도록 주의해야 합니다. 주기판이 케이스에 닿으면 전원을 켜는 순간 합선이 되면서 시스템이 망가지거나 화재가 날 염려가 있습니다. 이를 위해서 가장 중요한 것은 스페이서를 정확하게 끼워주는 일입니다.

스페이서는 주기판을 케이스의 금속 면으로부터 약간 거리를 띄워주는 역할을 합니다. 이를 통해 주기판이 케이스에 닿지 않도록 해주며 주기판의 움직임에 약간의 탄력을 주기도 합니다.

01

스페이서를 주기판에 끼웁니다.

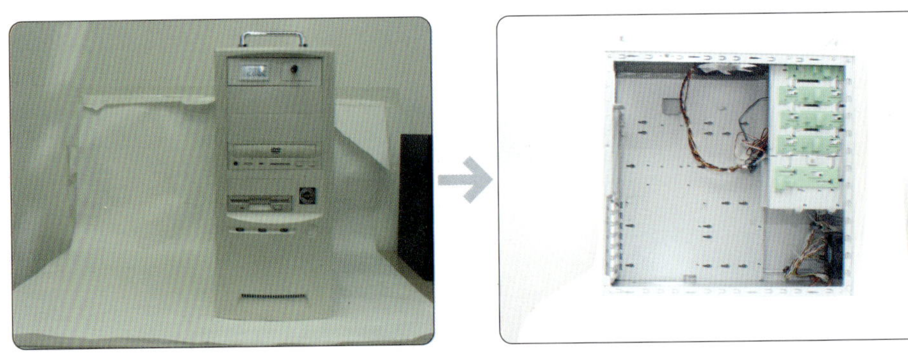

1 조립에 사용할 케이스

2 케이스의 옆면 두껑을 떼어낸 상태. 주기판을 장착할 면입니다.

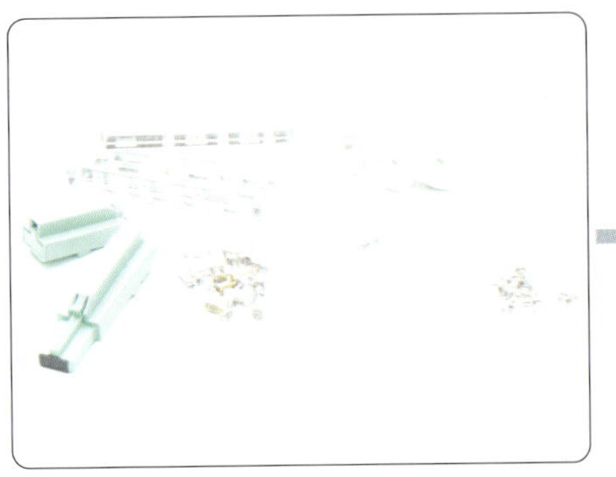

3 주기판에 들어있는 각종 나사와 부속품들. 나사와 밑면 지지용 고무 바퀴, 슬롯 마개 등입니다.

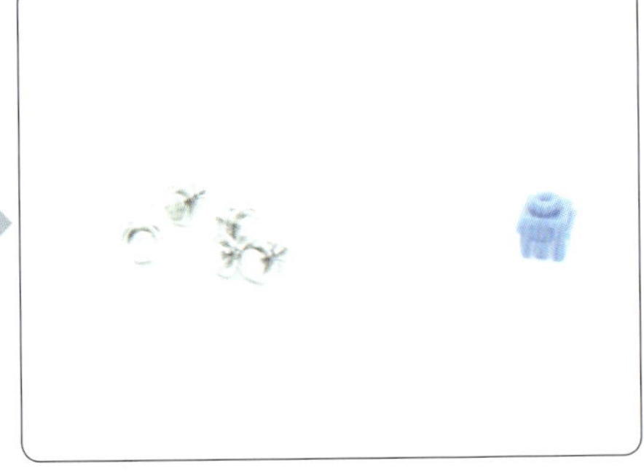

4 케이스에 포함되어 제공되는 스페이서 모습. 스페이서는 금속이나 플라스틱으로 만들어진 작은 부품입니다. 모양도 사각형에서 원형까지 조금씩 다릅니다.

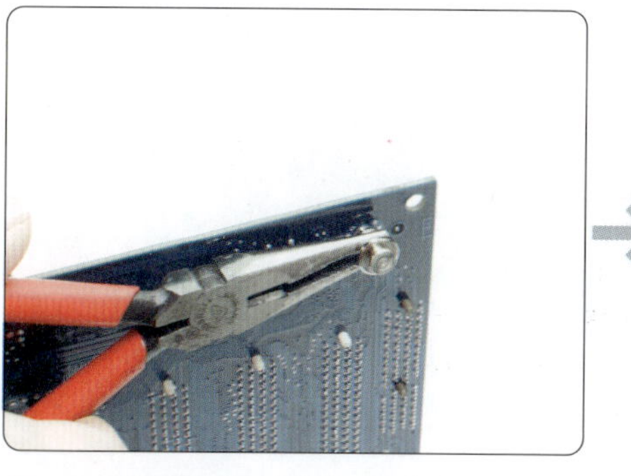

5 스페이서를 주기판의 스페이서 구멍에 밀어넣어 끼웁니다. 이때 딱 소리가 나도록 끝까지 밀어넣어야 합니다.

6 케이스에 나있는 스페이서 구멍마다 스페이서를 끼우는 것이 아닙니다. 주기판의 나사 구멍에 해당하는 곳만 스페이서를 끼웁니다. 중간 중간 주기판을 케이스에 대가면서 스페이서를 끼워야 할 구멍의 위치를 파악합니다.

7 스페이서를 주기판에 끼운 상태

02

주기판의 나사 구멍과 케이스의 나사 구멍을 맞춥니다. 요즘 나오는 주기판은 대부분 블라켓이 없지만 블라켓이 있다면 블라켓을 먼저 고정시킨 후에 주기판을 케이스에 맞추어 고정시켜야 합니다.

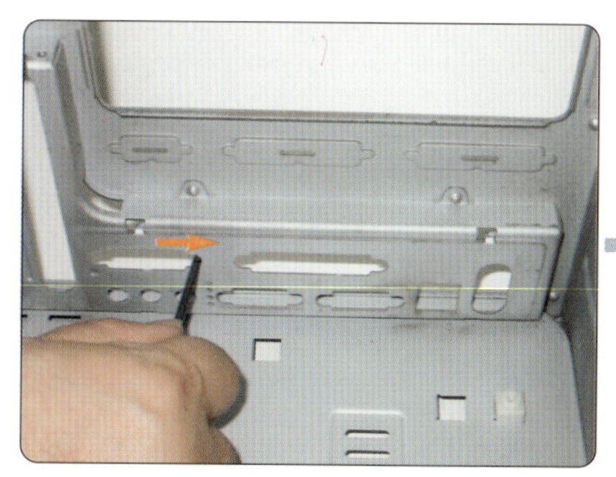

1 블라켓이 따로 있는 케이스라면 블라켓을 먼저 케이스에 고정시킵니다. 대부분은 블라켓 걸쇠 부분을 홈에 끼우고 오른 쪽으로 밀어넣으면 고정됩니다. 블라켓을 고정시킨 다음에 블라켓의 구멍에 맞추어 주기판을 케이스에 올려놓고 위치를 잡습니다.

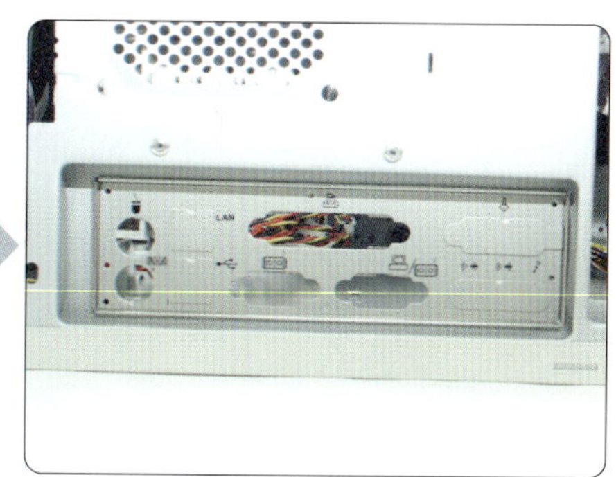

2 이번 조립에 사용하는 케이스는 블라켓이 장착된 형태입니다. 블라켓의 USB 포트 구멍과 사운드카드용 포트 구멍이 막혀 있는 상태입니다.

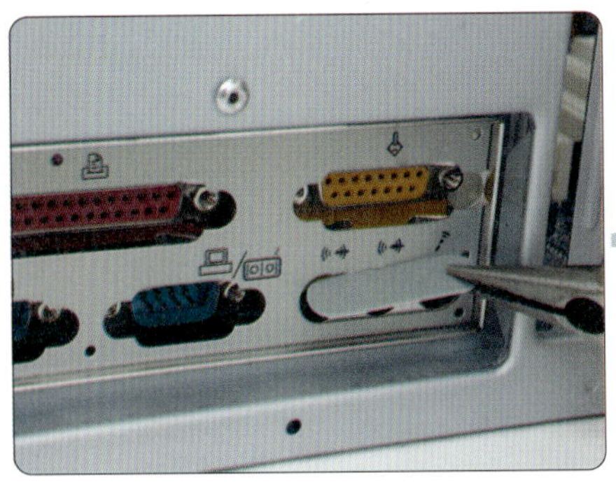

3 주기판은 USB 포트와 사운드카드 내장형입니다. 따라서 블라켓의 USB 포트 마개와 사운드카드 포트 마개를 드라이버나 자름집게를 이용하여 떼어냅니다. 드라이버나 집게로 마개 부분을 밀거나 마개를 좌우로 흔들거리면 손쉽게 마개가 떨어집니다.

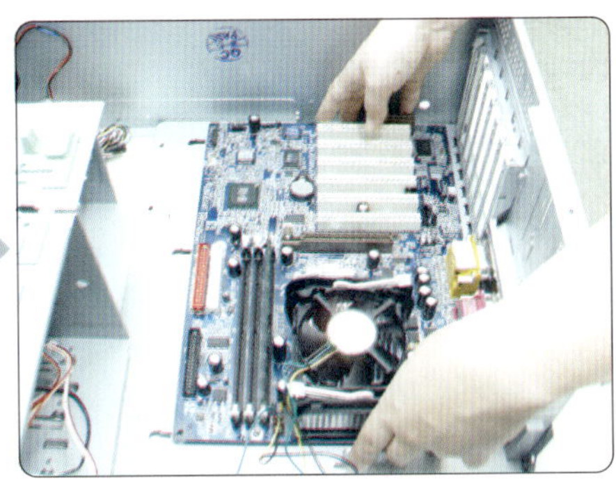

4 일반적으로는 스페이서 위에 주기판을 올려놓지만 이번에 조립하는 케이스는 주기판에 스페이서를 먼저 박는 제품입니다. 따라서 주기판에 고정시킨 스페이서를 케이스의 스페이서 구멍에 맞추어야 합니다.

5 스페이서를 구멍에 끼운 후 주기판을 브라켓 쪽으로 밀어넣어 슬롯 쪽으로 밀착시키면 주기판이 케이스에 어느 정도 고정됩니다.

6 주기판의 포트가 블라켓 구멍 사이로 밀착될 정도도면 잘 고정시킨 것입니다.

03

나사로 주기판을 케이스에 고정시킵니다. 먼저 스페이서 구멍과 주기판 구멍을 맞춥니다. 구멍을 맞춘 뒤에 나사를 조입니다. 이때 완전히 꽉 조이지 말고 3분의 2 정도만 조입니다. 첫 나사부터 꽉 조이면 다른 구멍의 위치가 틀려져 고생합니다.

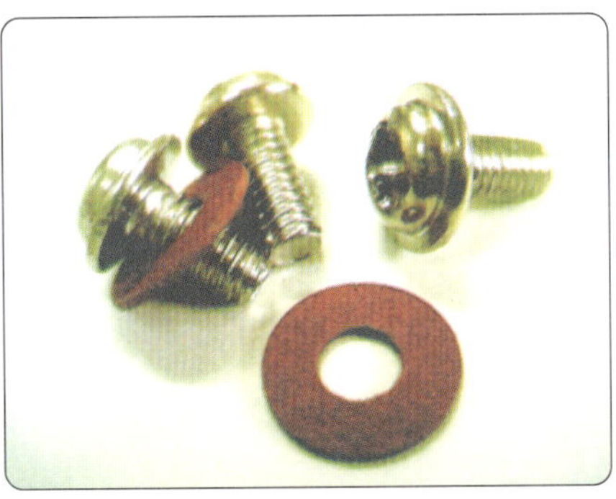

1 주기판 고정에 사용하는 나사들. 밤색으로 된 둥근 판이 붙어있는 나사들이 있는데 둥근 판은 나사를 조일 때 주기판이 손상되는 것을 막기 위해 사용하는 방지판입니다. 방지판을 끼운 상태로 함께 조여주는 것이 좋습니다.

2 일단 느슨한 형태로 나사를 적당하게 조입니다. 첫 나사부터 강하게 조이면 다른 구멍에 나사를 조이기 힘듭니다. 다른 구멍의 나사까지 모두 박은 다음에 다시 하나씩 조여주는 방법을 사용합니다.

3 나사를 다 박았으면 다시 하나씩 꽉 조여서 케이스에 주기판을 단단하게 고정시킵니다.

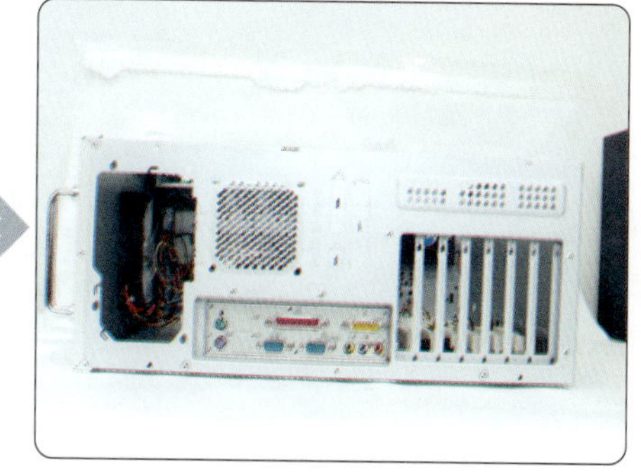

4 뒷면에서 보면 주기판의 각종 포트가 블라켓에 딱 맞게 튀어나온 상태입니다.

04 전원공급기 장착과 전원 연결하기

전원공급기가 주기판을 가리기 때문에 주기판을 먼저 장착합니다.

주기판을 장착한 다음에는 케이스 형태에 따라서 순서가 조금씩 달라질 수 있습니다. 슬롯에 각종 장치를 장치한 다음에 전원공급기와 전원선을 나중에 연결할 수도 있지만 여기서는 전원공급기를 먼저 장착하고 전원선을 연결도록 하겠습니다. 그 까닭은 각종 카드를 연결한 다음에 전원선을 연결하려고 보면 손이 들어가지 않는 경우가 있기 때문입니다. 따라서 주기판을 장착한 다음에는 전원공급기를 장착하는 것이 좋습니다.

물론 어떤 케이스는 이미 전원공급기가 장착된 경우도 있습니다. 이런 케이스를 사용 중이라면 전원 케이블만 연결해주년 됩니다.

01

전원공급기를 본체 케이스에 맞춘 후 나사로 조여 장착합니다.

1 ATX형 전원공급기 모습

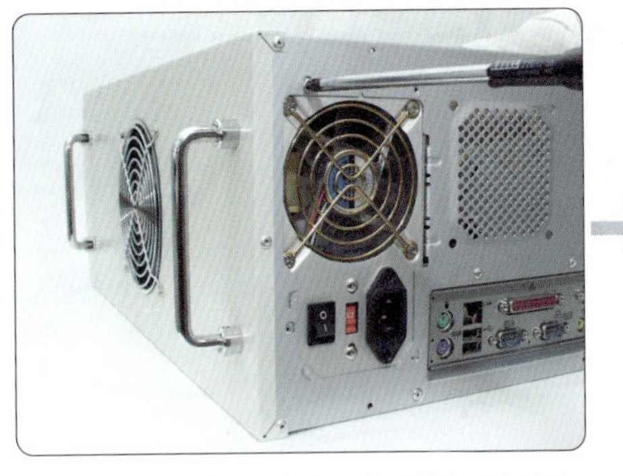

2 전원공급기를 케이스에 밀착시킵니다. 케이스에 뚫린 구멍과 잘 맞추면 됩니다. 전원공급기를 맞춘 뒤에 나사를 조여서 전원공급기를 고정시킵니다.

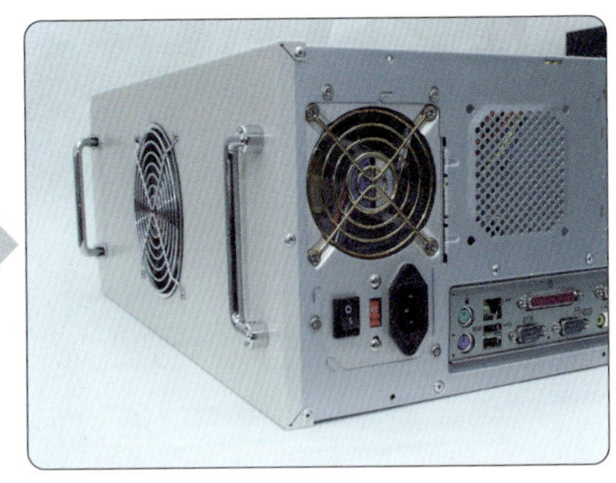

3 전원공급기를 케이스에 장착한 상태

02

전원공급기의 주기판용 전원선을 주기판에 연결합니다.

1 ATX형 전원공급기의 주기판용 전원선. 사각형 모습인데 양 쪽 모서리가 대각선으로 깎인 면이 있습니다.

2 펜티엄4용 주기판은 4핀 짜리 보조 전원선을 추가로 사용합니다. 전원공급기에 있는 펜티엄4용 4핀 보조 전원선.

3 전원공급기의 12V용 전원선. 하드디스크와 CD롬드라이브 연결에 사용합니다.

4 전원공급기의 플로피디스크드라이브(FDD)용 전원선

5 주기판의 전원선 연결 단자. 20핀 짜리가 주전원 단자로 양 쪽의 모서리가 대각선으로 깎인 면이 있어 전원선 단자와 일치합니다. 왼쪽의 4핀 짜리 단자는 보조 전원선을 연결하는 단자입니다.

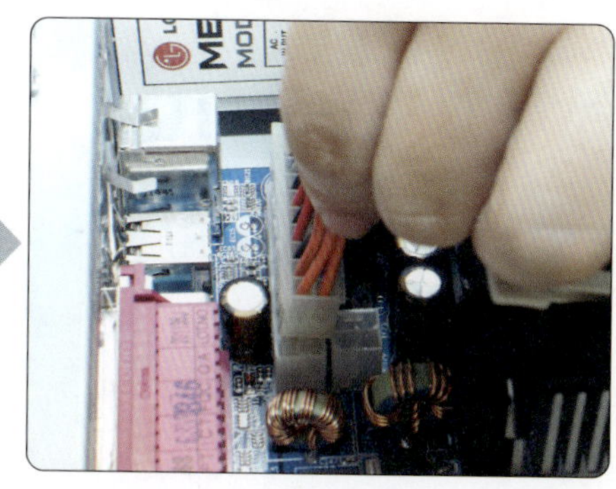

6 주기판용 전원선을 주기판의 전원 커넥터에 연결합니다. 이때 대각선으로 깎인 모양을 일치시키면 됩니다. 방향이 일치하지 않으면 들어가지 않습니다.

7 대각선 모서리를 일치한 후에 약간의 힘을 주고 밀어넣으면 딸깍 하고 장착됩니다.

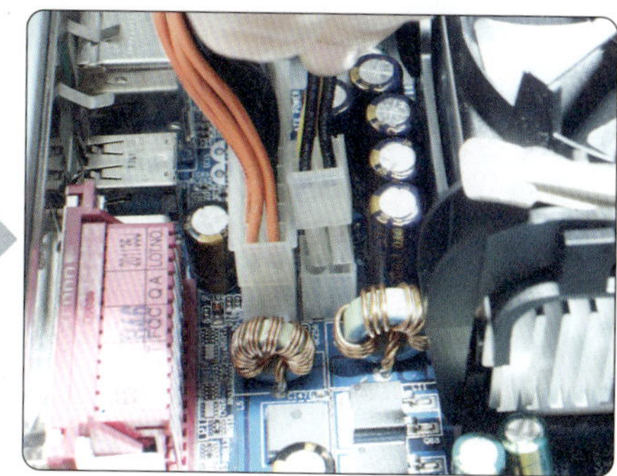

8 4핀 짜리 보조 전원선도 같은 방식으로 밀어넣습니다.

9 보조전원선까지 끼운 상태

03

전원공급기가 기본적으로 내장되지 않은 경우라면 전원 스위치도 사용자가 케이스에 연결해 달아주어야 합니다.

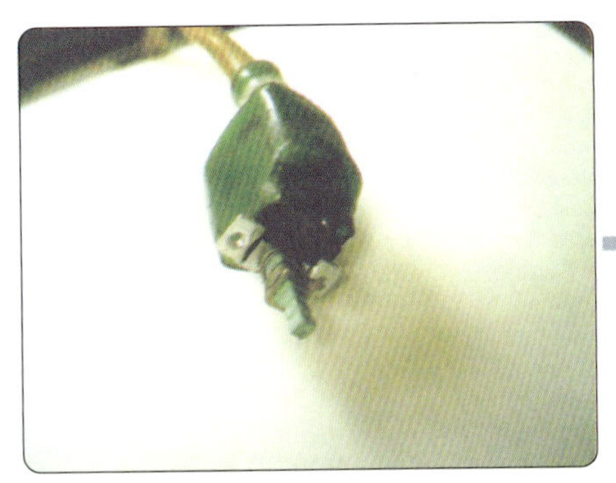

1 전원공급기에 연결된 전원 스위치

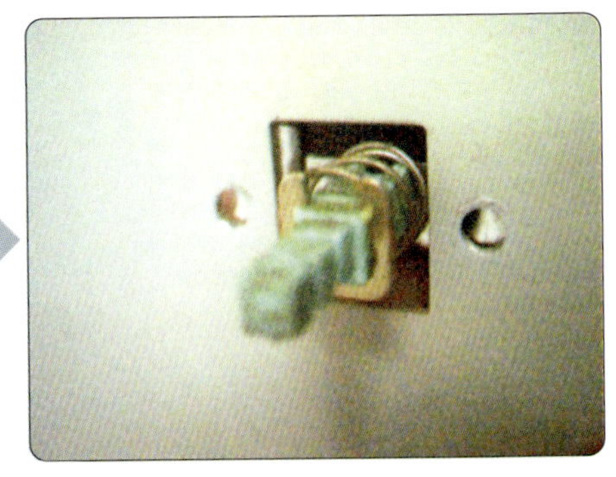

2 전원 스위치를 POWER 스위치 연결 부분에 끼워넣습니다.

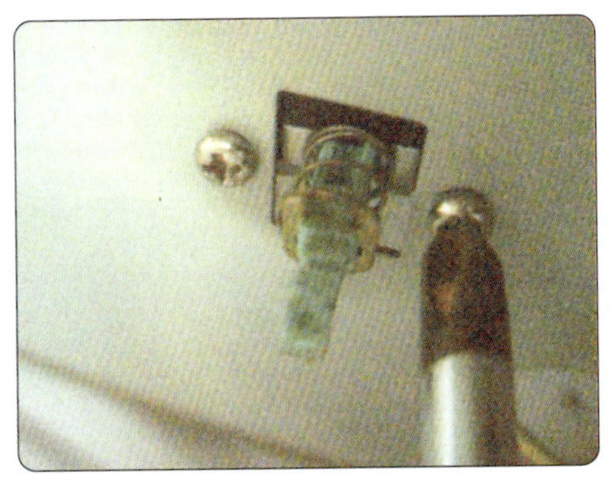

3 나사로 전원 스위치를 고정시킵니다.

05 각종 LED(깜박이) 케이블 연결하기

주기판 설명서를 보고 LED 선을 연결합니다.

케이스에 달린 각종 LED(깜박이)선을 주기판에 끼웁니다. 이때 주기판의 단자(또는 핀) 순서는 설명서의 내용을 참고합니다. 깜박이선에는 커넥터 이름이 적혀 있기 때문에 설명서의 순서에 맞게 케이블을 끼우면 됩니다.

깜박이선을 연결할 때는 대부분 좌우(양극음극,+-) 구별이 없지만 경우에 따라서는 좌우 구별을 필요로 하는 선도 있습니다. 나중에 LED에 불이 안들어온다면 좌우를 돌려서 연결해줍니다. 선은 대부분 2개의 선으로 되어있는데 검정색 선이 음극을 나타내는 선입니다.

01

설명서를 보고 주기판의 깜박이 단자를 찾습니다.

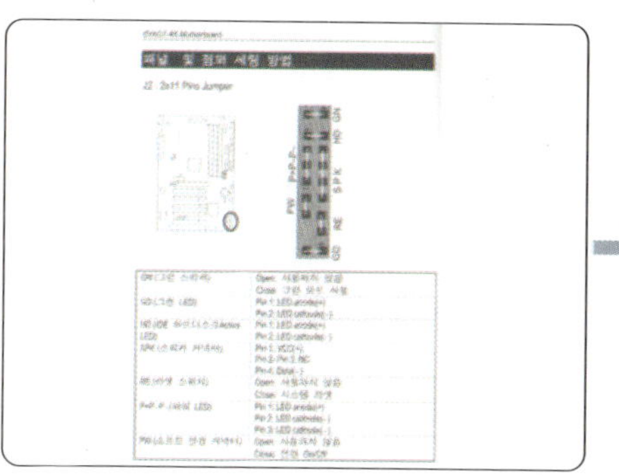

1 설명서에 나오는 LED 단자 설명 부분

2 주기판의 깜박이선 연결 단자

02

깜박이선에 적힌 이름을 보고 해당 깜박이 단자에 깜박이선을 연결합니다.

1 케이스에 딸려있는 깜박이선 묶음. 타이로 묶인 상태이므로 선자름집게나 커터칼을 이용하여 묶음선을 자릅니다.

2 깜박이선에 적힌 선 이름을 통해 각 깜박이선의 용도를 파악할 수 있습니다.

3 깜박이선을 순서대로 깜박이 단자에 연결합니다.

4 첫 번째 깜박이선을 깜박이 단자에 연결한 상태

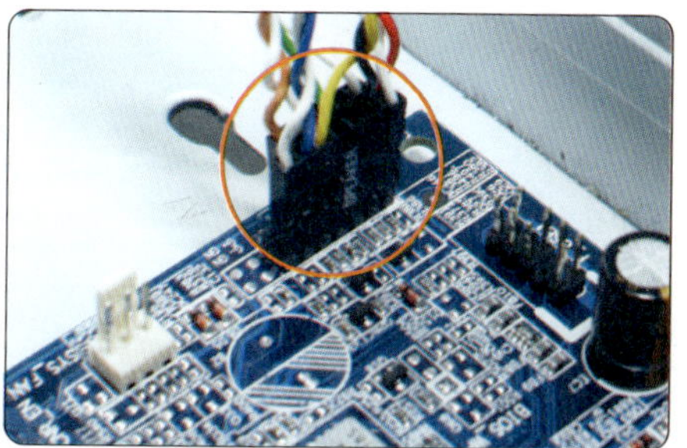

5 깜박이선을 순서대로 깜박이 단자에 연결했습니다.

06 그래픽 카드와 각종 카드 장착하기

슬롯에 각종 카드를 장착해야 하는데 이때 CPU에 가까운 쪽부터 끼워나가는 것이 일반적인 순서입니다. 제일 먼저 AGP 그래픽카드를 끼우고, 이어서 사운드카드, SCSI 카드, 모뎀 등을 차례대로 장착합니다.

01

AGP 방식의 그래픽카드를 AGP 슬롯에 끼웁니다.

1 AGP 방식의 그래픽카드

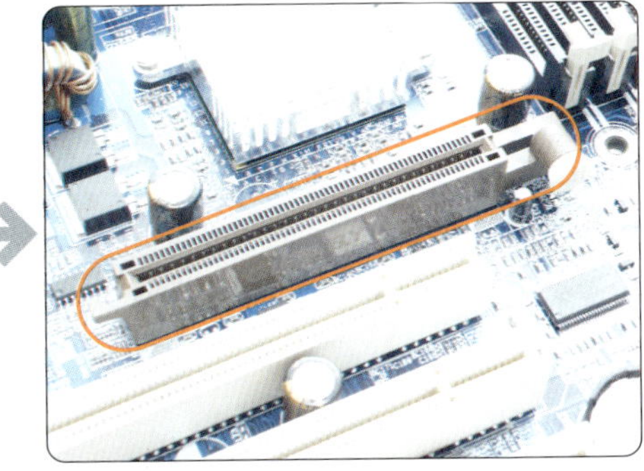

2 AGP 방식의 슬롯

3 그래픽카드 고정을 위해 스프링 장치가 된 고정 걸쇠가 있습니다. 고정 걸쇠를 잡아당기면서 그래픽카드를 장착해야 합니다.

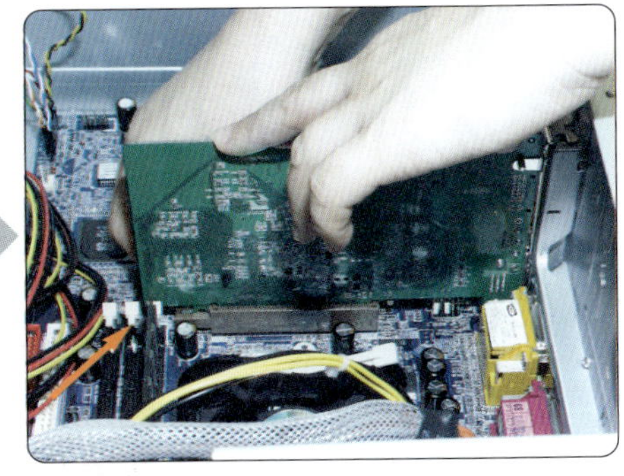

4 고정 걸쇠를 잡아당기면서 다른 한 손으로 그래픽카드를 삽입합니다. 삽입이 된 후에는 고정 걸쇠를 놓아 그래픽카드 끝을 고정시킵니다.

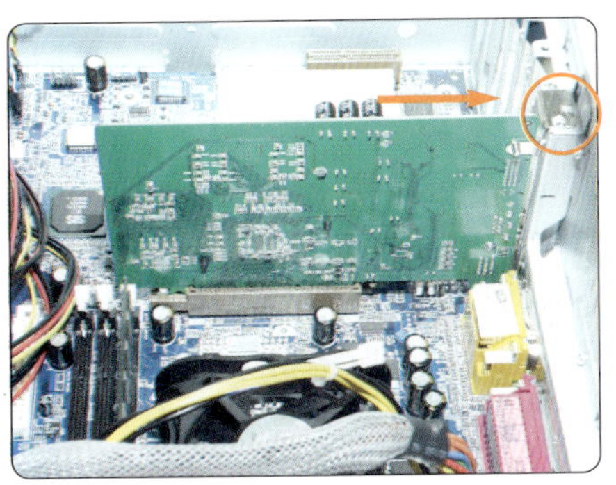

5 양 손의 엄지 손가락을 이용하여 그래픽카드를 위에서 아래로 눌러주며 밀어넣습니다. 특히 슬롯 쪽이 제대로 끼워지도록 눌러줍니다. 제대로 끼워지면 슬롯 쪽의 나사 구멍이 케이스의 슬롯 마개 부분과 밀착합니다.

02

그래픽카드를 제대로 끼웠으면 나사를 이용하여 카드를 고정시킵니다.

1 그래픽카드를 슬롯에 고정하기 위해 나사를 조입니다.

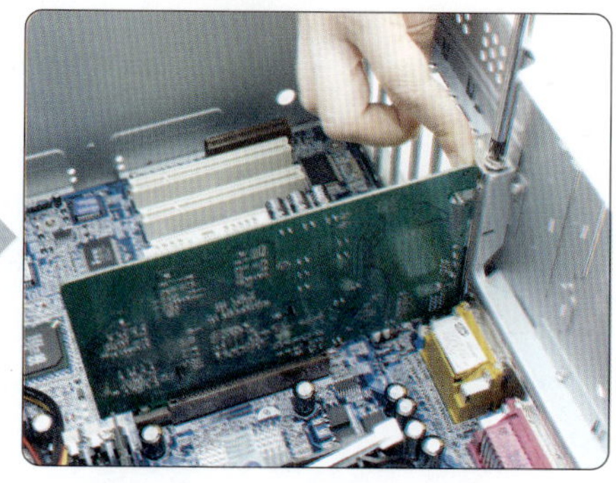

2 나사를 조일 때는 그래픽카드의 나사 구멍이 케이스의 나사 구멍과 일치하도록 합니다. 손을 놓으면 그래픽카드가 좌우로 밀리면서 구멍과 어긋나므로 한 손으로는 그래픽카드를 잡아주면서 나사를 조이는 것이 좋습니다.

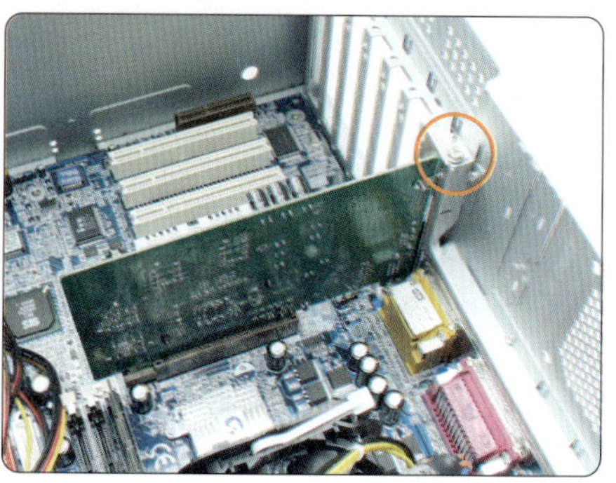

3 나사를 조여 그래픽카드 장착이 끝난 상태입니다.

03

사운드카드나 SCSI 카드, 랜카드, 모뎀 등도 남아있는 PCI 슬롯에 차례대로 장착합니다. 그래픽카드를 장착할 때처럼 슬롯에 카드를 끼우고 위에서 밀어넣은 다음에 나사로 조여주면 됩니다.

1 PCI 슬롯은 주기판에 3~7개 정도가 있습니다.

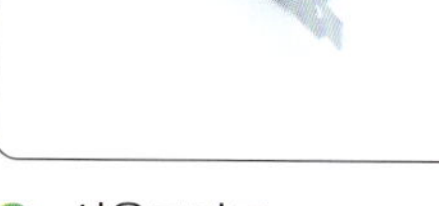

2 사운드카드

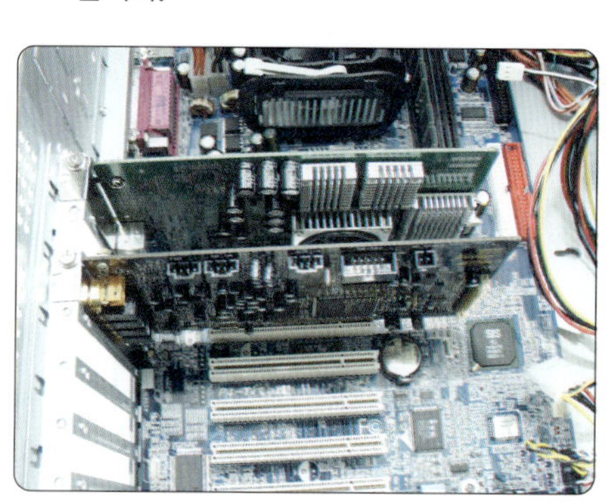

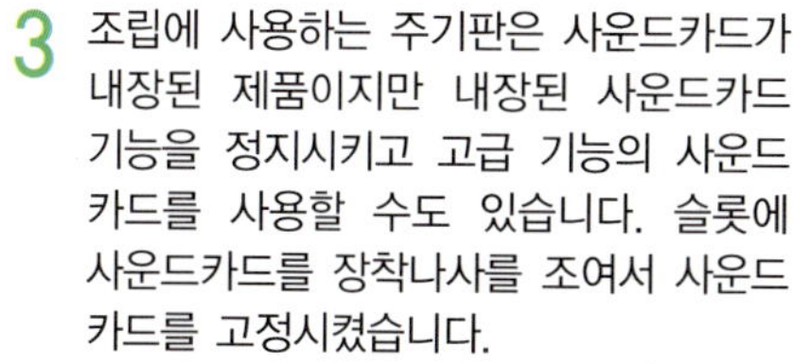

3 조립에 사용하는 주기판은 사운드카드가 내장된 제품이지만 내장된 사운드카드 기능을 정지시키고 고급 기능의 사운드카드를 사용할 수도 있습니다. 슬롯에 사운드카드를 장착나사를 조여서 사운드카드를 고정시켰습니다.

07 FDD, HD, CD롬드라이브 장착하기

드라이브를 연결할 때는 먼저 드라이브를 장착하고 각종 선을 연결합니다.

FDD, HD, CD롬드라이브를 장착할 때 드라이브를 하나씩 장착할 때마다 케이블을 연결할 수도 있고, 드라이브를 모두 장착한 다음에 케이블을 연결할 수도 있습니다. 드라이브를 하나 달 때마다 케이블을 연결하면 다음 드라이브를 장착할 때 케이블이 방해가 되어 작업하기 곤란합니다. 따라서 드라이브를 다 장착한 다음에 케이블을 연결하는 것이 좋습니다. 케이블 연결 방법은 뒤에 나오는 케이블 연결 부분을 참고하기 바랍니다.

드라이브 앞 부분이 케이스와 수직으로 일치하도록 신경 씁니다.

드라이브를 장착할 때 신경 써야 하는 부분은 드라이브의 앞 부분이 케이스와 일치하도록 하는 것입니다. 어떤 케이스는 나사 구멍에만 맞추면 케이스 앞 부분과 일치하도록 설계되어 있지만 대다수의 케이스는 사람이 눈으로 보면서 맞추어야 합니다. 따라서 중간중간 바깥 케이스를 씌워가면서 케이스와 일치하게 깊이를 조절했는 지 확인해야 합니다.

드라이브는 FDD, HDD, CD롬드라이브 순서로 장착합니다.

드라이브를 장착할 때는 플로피디스크드라이브를 먼저 장착하는 것이 좋습니다. 플로피디스크드라이브를 장착하여 앞면이 케이스와 일치하는 지 확인합니다. 그런 다음에 하드디스크, CD롬드라이브 순으로 장착합니다.

드라이브를 장착하는 위치도 중요한데 하드디스크는 CD롬드라이브는 하드디스크의 바로 위에 위치한 베이에 장착하는 것이 좋습니다. 하드디스크와 CD롬드라이브의 위아래 간격을 줄 경우 하나의 케이블로 하드디스크와 CD롬드라이브를 연결하기가 곤란합니다. 따라서 CD롬드라이브는 하드디스크 바로 위 쪽에 장착하도록 합니다. 물론 케이블을 두 개 사용하여 각기 다른 채널을 이용할 경우에는 거리를 두고 장착해도 상관 없습니다.

하드디스크와 CD롬드라이브는 마스터와 슬레이브 설정을 잘 해야 합니다.

만약 하드디스크 하나와 CD롬드라이브 하나를 장착한다면 하드디스크는 프라이머리 케이블의 마스터로 설정해 연결하고, CD롬드라이브는 세컨더리 케이블의 마스터로 연결하는 것이 좋습니다. 이렇게 두 개의 채널을 사용하는 이유는 하나의 케이블에 하드디스크와 CD롬드라이브를 사용할 경우 CD롬드라이브의 작업 속도가 하드디스크의 작업 속도에 영향을 줄 수 있기 때문입니다.

마스터와 슬레이브에 대한 내용은 두 번째 마당 하드디스크에 관한 설명 부분을 참고하기 바랍니다.

1 플로피디스크드라이브 장착하기

01

플로피디스크드라이브를 장착할 3.5인치 베이 마개를 빼냅니다.

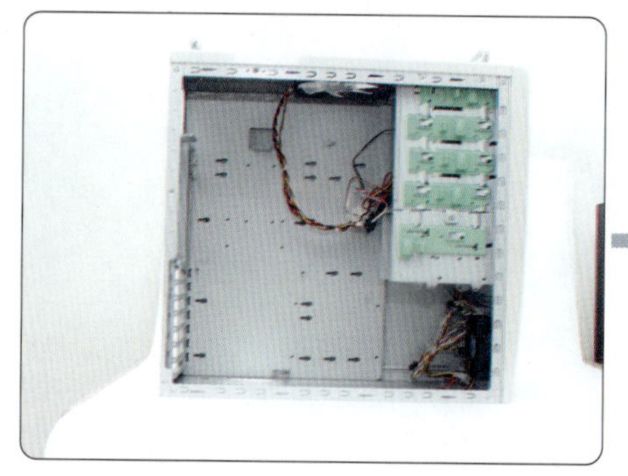

1 케이스의 플로피디스크드라이브용 3.5인치 베이

2 제일 아래 쪽의 베이 마개를 떼어내야 합니다. 케이스 내부에서 드라이버로 아래 쪽의 베이 마개를 힘있게 밀어줍니다.

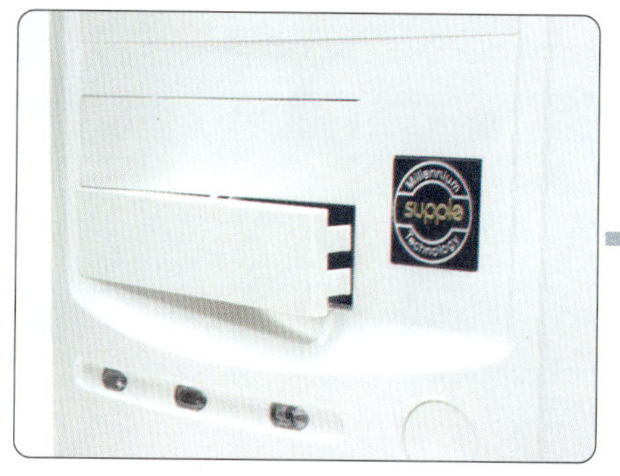

3 케이스 안 쪽에서 드라이버로 밀자 베이 마개가 튀어나옵니다.

4 3.5인치 드라이브용 베이 마개를 떼어냅니다.

02

플로피디스크드라이브를 앞에서 안 쪽으로 밀어넣고 케이스 앞면과 맞춥니다.

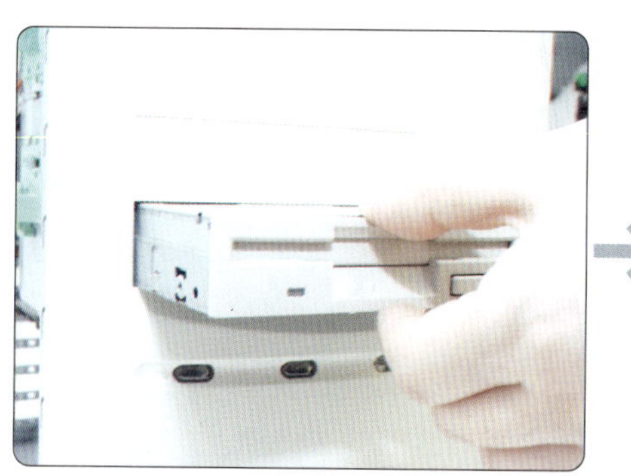

1 플로피디스크드라이브를 케이스 앞에서 안 쪽으로 밀어넣습니다.

2 바깥 케이스를 씌웠을 때 앞 부분에 거의 닿을 정도로 밀어넣고 좌우면의 금속 지지대 나사 구멍과 드라이브의 나사 구멍이 일치하는가 확인합니다.

03

나사를 조여 플로피디스크드라이브를 케이스에 고정시킵니다.

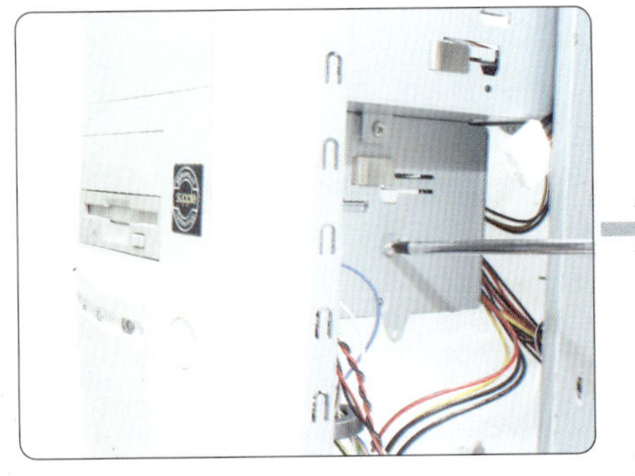

1 나사 구멍이 일치하면 나사를 헐겁게 조입니다. 첫 나사부터 꽉 조이면 다른 나사 구멍에서 작업하기가 곤란합니다.

2 나사를 다 끼운 다음에 다시 나사를 꽉 조여줍니다. 나사 구멍마다 나사를 다 조인 상태입니다.

2 하드디스크 장착하기

01

하드디스크의 점퍼 핀을 조정하여 마스터로 설정합니다. 점퍼 핀 설정 방법은 하드디스크 표면에 적혀있습니다.

1 3.5인치 하드디스크

2 하드디스크의 윗면. 하드디스크에 관한 각종 정보를 기록해둔 면입니다.

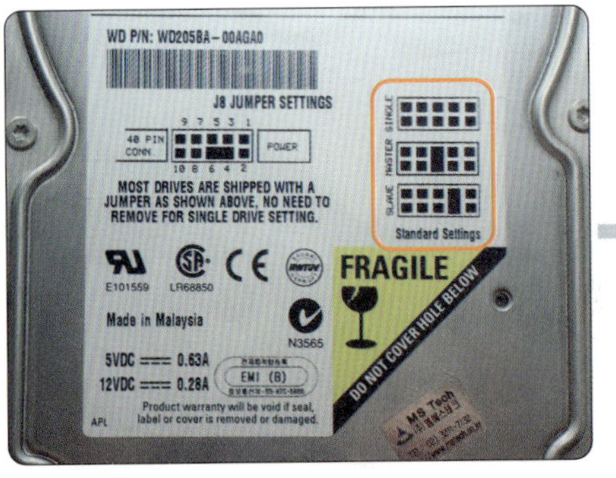

3 하드디스크 윗 면에 적힌 점퍼 핀 설정 방법. MA는 마스터를 SL은 슬레이브를 나타냅니다. C: 드라이브로 설정할 예정이므로 마스터로 설정해야 합니다.

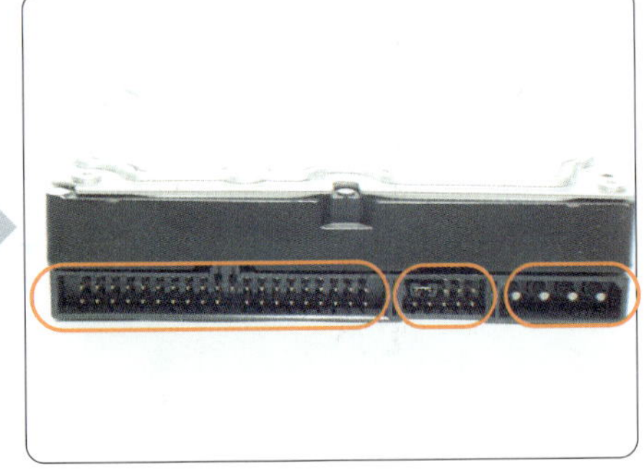

4 하드디스크의 뒷면. 각종 커넥터와 점퍼 핀이 위치합니다.

5 핀셋이나 롱노우즈 집게를 이용하여 하드디스크의 점퍼를 조정합니다. 기본적으로 마스터로 설정되어 출시되는데, 마스터로 설정된 상태라면 조정할 필요가 없습니다.

6 점퍼 핀의 상태를 조정하여 하드디스크를 마스터로 설정했습니다.

02

하드디스크를 3.5인치 베이에 장착하고 나사로 조입니다.

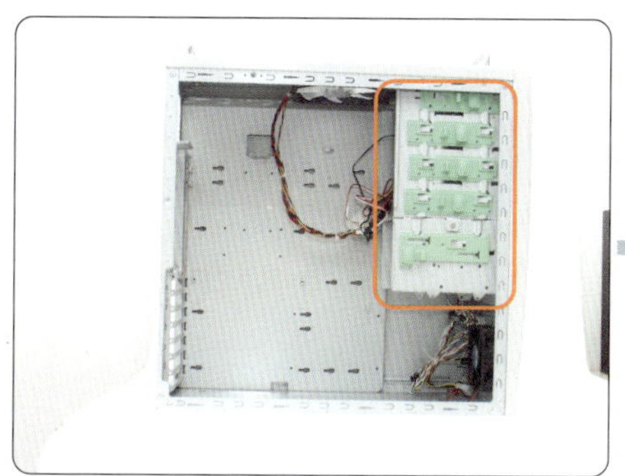

1 케이스의 하드디스크용 3.5인치 베이

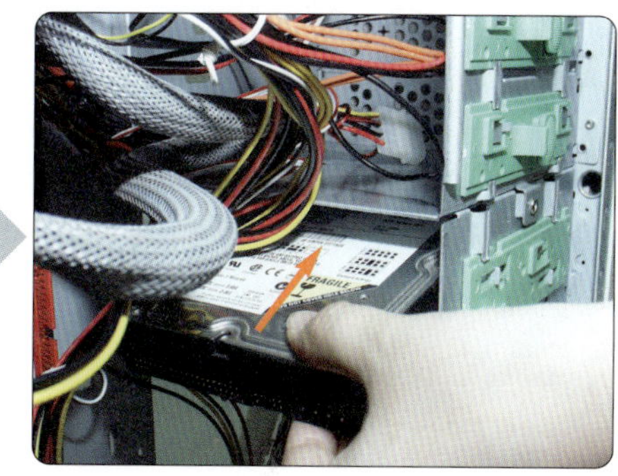

2 하드디스크는 케이스 안 쪽부터 앞 쪽으로 밀어넣습니다. 이때 인쇄가 된 윗 면이 위로 향하고, 기판 부분이 아래로 향하도록 합니다. 인쇄된 면이 위로 향하도록 하는 이유는 기판 부분이 위로 향할 경우 먼지가 쌓여 정전기의 영향을 받거나 땀이나 물방울 등이 떨어졌을 때 영향을 받지 않도록 하기 위해서입니다.

3 케이스 앞 부분에 거의 닿을 정도로 밀어넣고 하드디스크와 지지대의 나사 구멍이 일치하는가 확인합니다.

4 하드디스크 고정용 나사. 아무 나사나 사용할 수 있지만 하드디스크 전용 나사를 사용하면 더 좋습니다. 하드디스크 전용 나사는 다른 나사에 비해 길이가 짧습니다.

5 나사 구멍이 일치하면 나사를 조이기 시작합니다.

6 나사 구멍마다 나사를 다 조였습니다. 다시 하나씩 꽉 조여서 하드디스크를 케이스에 단단하게 고정시킵니다.

3 CD롬드라이브와 DVD롬드라이브, CDRW레코더 장착하기

CD롬드라이브, DVD롬드라이브, CDRW의 장착 방법은 같습니다.

내장형 DVD롬드라이브와 CD롬드라이브, CDRW레코더는 장착 방법이 같습니다. 때문에 여기선 DVD롬드라이브 장착 방법 하나만 설명합니다. 만약 여러분이 DVD롬드라이브 대신 CD롬드라이브나 CDRW레코더를 구입해 장착한다 하더라도 아래의 내용대로 따라 하면 됩니다.

01

DVD롬드라이브의 점퍼 핀을 조정하여 마스터로 설정합니다. 점퍼 핀 설정 방법은 제품 설명서나 DVD롬드라이브의 표면에 적혀있습니다.

1 DVD롬드라이브

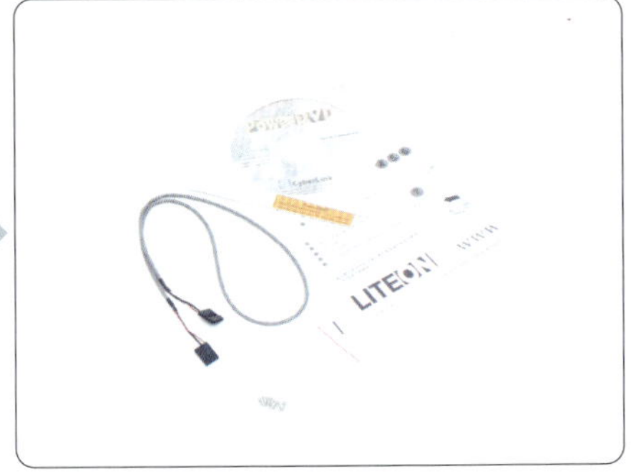

2 DVD롬드라이브의 부속품. 설명서와 프로그램이 든 CD, 오디오케이블입니다.

3 DVD롬드라이브의 뒷면. 각종 커넥터와 점퍼 핀이 위치합니다.

4 뒷면 점퍼 핀 부분을 보면 MA, SL, CS 라는 표시가 되어 있습니다. MAster, SLave, Cable Select라는 뜻입니다. 사용할 DVD롬드라이브를 무엇으로 설정할 지 결정한 다음에 점퍼 핀을 뽑아 원하는 위치에 꽂습니다.

5 핀셋이나 롱노우즈 집게를 이용하여 DVD롬드라이브의 점퍼를 조정합니다. 기본적으로 슬레이브로 설정되어 출시되는데, 하나의 하드디스크 케이블로 하드디스크와 DVD롬드라이브를 모두 연결한다면 슬레이브 상태로 설정해 사용합니다. 다른 채널 즉, 세컨더리 케이블을 이용한다면 마스터나 슬레이브 어떤 것으로 설정해도 상관 없지만 마스터로 설정하는 것이 좋습니다.

02

베이 마개를 떼어내고 DVD 롬드라이브를 5.25인치 베이에 장착합니다. 베이 마개를 떼어내는 요령은 플로피디스크드라이브 때 설명한 것처럼 드라이버로 케이스 안 쪽에서 케이스 앞 쪽으로 밀어주면 됩니다. 비어 있는 아무 베이에나 장착하면 되지만 하드디스크와 가까운 쪽에 장착하도록 합니다.

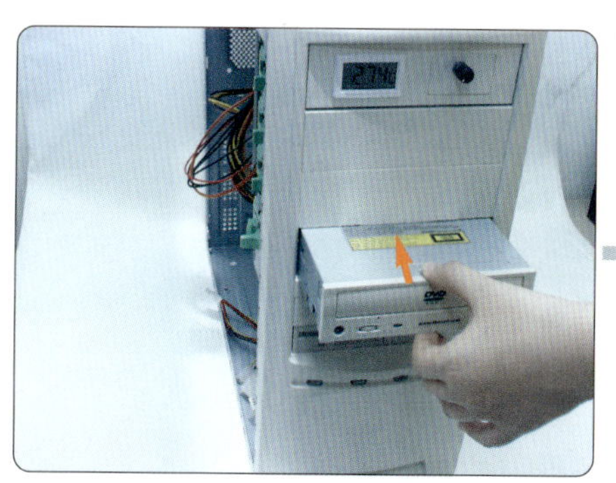

1 케이스의 5.25인치 베이에 DVD롬드라이브를 넣고 앞 쪽에서 안 쪽으로 DVD 롬드라이브를 밀어넣습니다. 아무 베이에나 장착할 수 있지만 하드디스크 바로 위 쪽의 베이에 장착하는 것이 좋습니다.

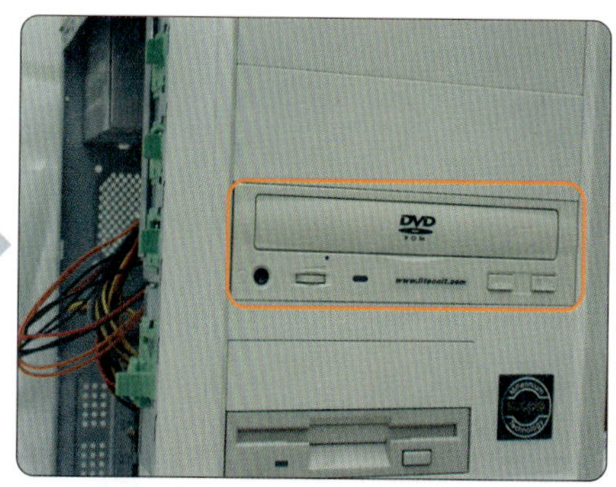

2 DVD롬드라이브를 밀어넣은 상태. 드라이브의 앞 면이 케이스와 일치하는 지 확인합니다.

03

DVD롬드라이브를 나사나 고정 장치로 고정시킵니다.

1 이번 조립에 사용하는 케이스는 나사가 아니라 고정 장치를 이용하여 DVD롬드라이브를 고정시킵니다. 고정 장치를 앞으로 밀어주면 드라이브가 고정됩니다. 나사를 이용하는 케이스라면 하드디스크를 고정시킬 때처럼 나사로 조여주면 됩니다.

2 DVD롬드라이브가 장착된 상태

08 내장 케이블 연결하기

케이블의 연결 단자가 일치하지 않을 경우에는 별도로 구입해 사용합니다.

내장 케이블 중에서 필수적으로 연결이 필요한 케이블은 전원선, 플로피디스크드라이브 인터페이스 케이블, 하드디스크 인터페이스 케이블, 오디오 케이블입니다. 이 중 가장 문제가 되는 케이블은 오디오 케이블입니다. 오디오 케이블은 DVD롬드라이브에 포함되어 제공되는데 DVD롬드라이브에서 제공하는 오디오 케이블의 단자 모양과 사운드카드의 커넥터 모양이 일치하지 않는 경우가 많기 때문입니다. 이런 경우에는 별도로 오디오 케이블을 구입해서 모양을 맞추어야 합니다.

1 플로피디스크드라이브 케이블 연결하기

01

플로피디스크드라이브 케이블을 주기판의 플로피디스크드라이브 커넥터에 끼웁니다.

1 주기판의 플로피디스크드라이브 케이블 단자. 하드디스크 케이블 커넥터보다 폭이 좁습니다. 커넥터 주변에 FDD라는 글씨가 써져있어 하드디스크 커넥터와 구별됩니다.

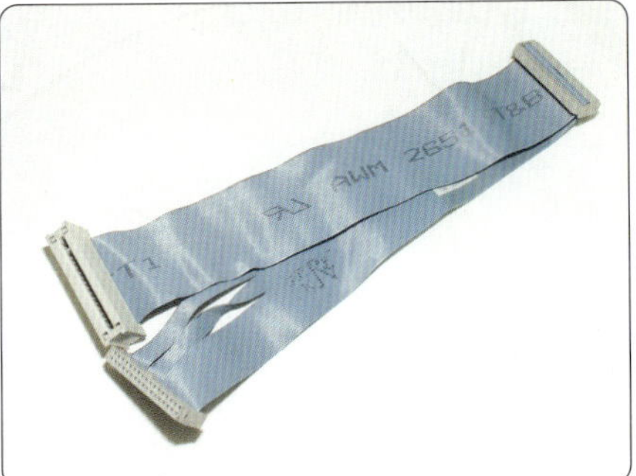

2 플로피디스크드라이브 케이블. 하드디스크 케이블보다 폭이 좁습니다. 빨간 색 선이 1번(또는 0번) 선입니다. 주기판에 연결할 때는 암핀 형태로 된 쪽을 끼우면 됩니다.

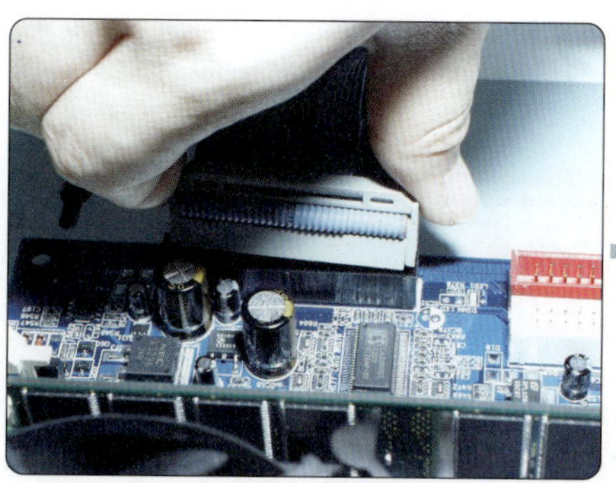

3 커넥터의 1번 핀 자리와 FDD 케이블의 1번 핀 자리를 맞춥니다. 주기판 커넥터의 1번 핀 자리는 주기판 설명서를 참고하면 됩니다. 설명서를 보지 않더라도 FDD 케이블의 돌기와 커넥터의 홈이 일치하게 되어 있어 방향이 맞을 때만 케이블이 삽입됩니다.

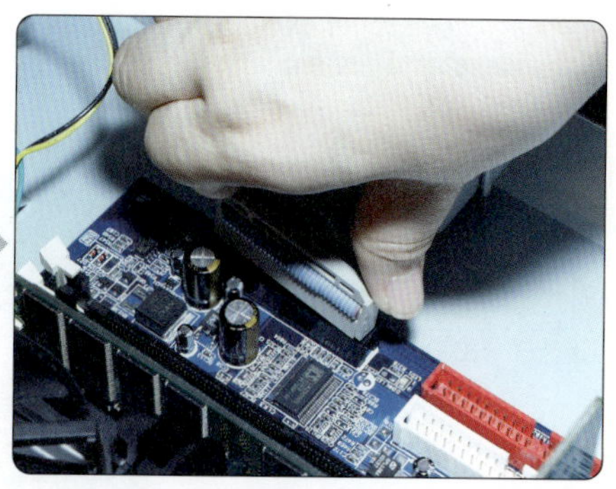

4 홈과 돌기를 맞추었으면 위에서 밀어넣어 케이블을 커넥터에 연결합니다.

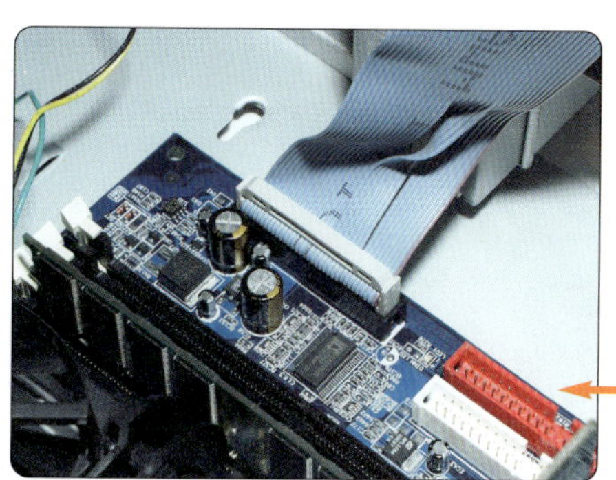

5 주기판의 커넥터에 플로피디스크드라이브 케이블을 연결합니다. 케이블의 커넥터 중간에 튀어나온 부분과 주기판 커넥터의 홈 부분을 맞추고 밀어넣으면 됩니다.

02

남은 한 쪽 케이블 끝을 플로피디스크드라이브 커넥터에 연결합니다. FDD에 연결할 때는 케이블의 1번 선이 바깥 쪽으로 향하게 끼우면 됩니다. 또는 커넥터의 홈과 케이블의 돌기를 맞추면 방향이 맞는 것입니다.

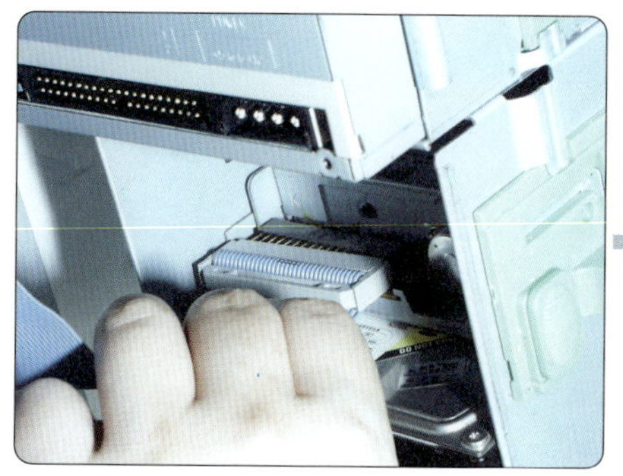

1 남은 한 쪽 끝을 플로피디스크드라이브의 커넥터에 연결합니다.

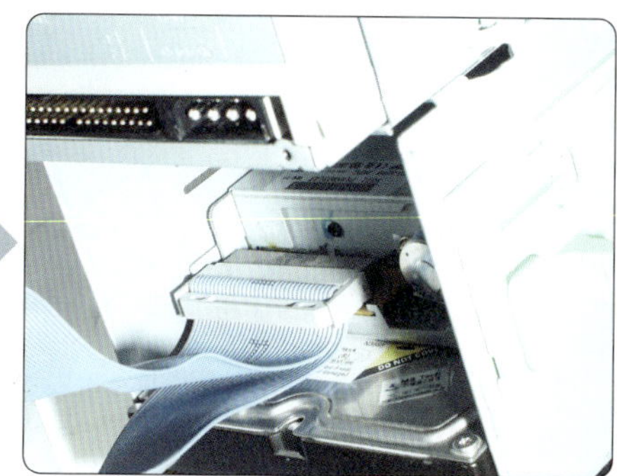

2 한 쪽 끝을 플로피디스크드라이브 커넥터에 연결한 상태입니다.

2 하드디스크 케이블 연결하기

01

하드디스크 케이블을 주기판의 하드디스크 단자와 하드디스크 사이에 연결합니다.

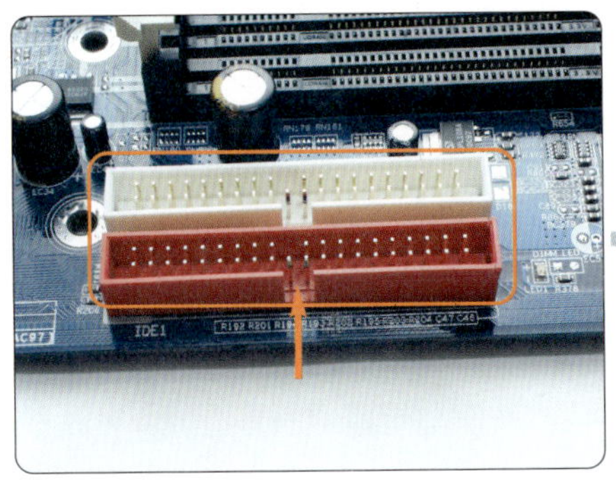

1 주기판의 하드디스크 케이블 단자. 두 개가 있으며 가운데 홈이 파여 있어 케이블의 돌기와 딱 맞게 연결할 수 있습니다.

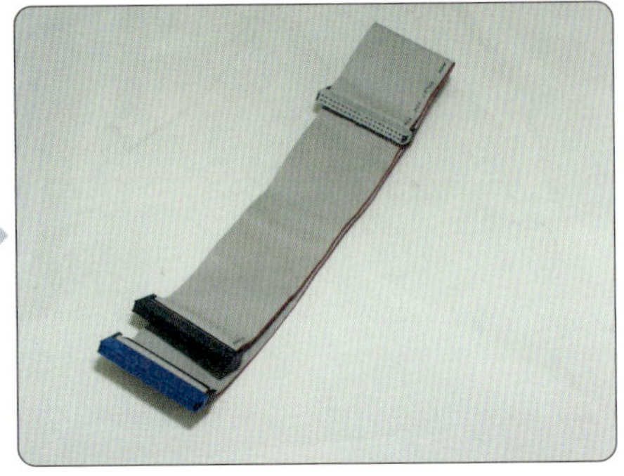

2 하드디스크 케이블. 빨간 색 선이 1번(또는 0번) 선입니다. 커넥터 부분에는 돌기가 나와 있어 주기판의 하드디스크 단자와 방향을 일치시킬 수 있습니다.

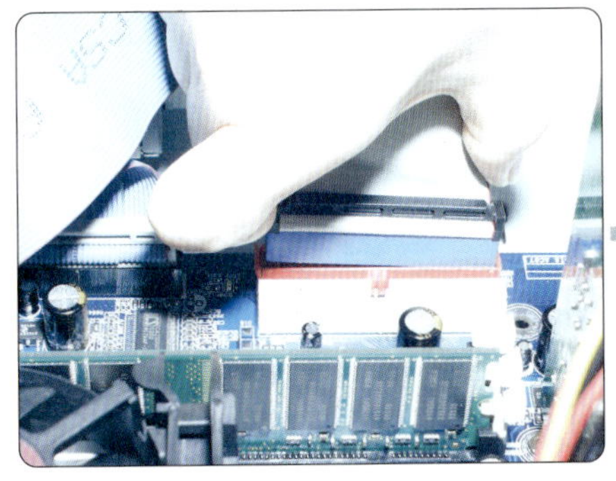

3 주기판의 커넥터에 하드디스크 케이블을 연결합니다. 케이블의 커넥터 돌기와 주기판 커넥터의 홈 부분을 맞추고 밀어넣으면 됩니다.

4 주기판의 하드디스크 단자에 한 쪽 끝을 연결한 상태. 케이블의 빨간선 부분이 1번 선입니다.

02

케이블의 남은 한 쪽 끝을 하드디스크에 연결합니다.

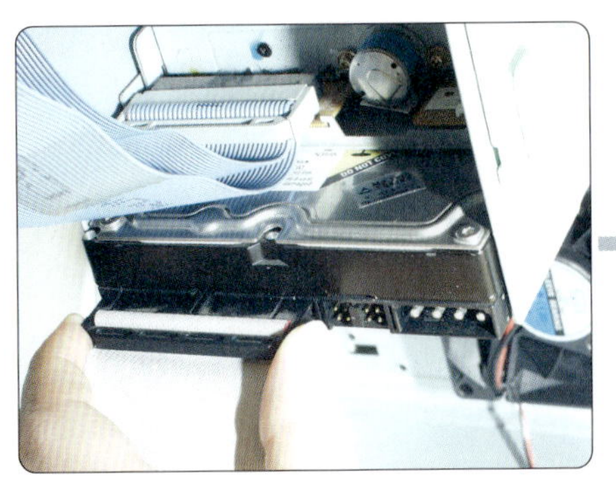

1 남은 한 쪽 끝을 하드디스크의 커넥터에 연결합니다. 케이블의 1번 핀 자리에 해당하는 빨간 선 부분이 하드디스크의 가운데(전원 단자 쪽)으로 향하게 장착하면 됩니다. 케이블의 돌기와 하드디스크의 홈을 맞추면 되기 때문에 좌우를 혼동하지 않고 맞출 수 있습니다.

2 하드디스크의 케이블 단자에 케이블이 연결된 상태. 빨간색 선이 하드디스크의 전원 단자 쪽으로 향하게 연결했습니다.

3 DVD롬드라이브 케이블 연결하기

DVD롬드라이브의 케이블은 하드디스크 케이블을 사용합니다.

EIDE 방식의 내장형 DVD롬드라이브나 CD롬드라이브, CDRW레코더 등에서 사용하는 케이블은 하드디스크 인터페이스 케이블입니다. 즉 이들 드라이브는 시스템에서 하드디스크로 인식하고 하드디스크처럼 사용하는 장치입니다. 따라서 DVD롬드라이브의 케이블은 주기판의 하드디스크 단자에 연결해주면 됩니다.

DVD롬드라이브는 이전에 장착한 하드디스크의 케이블에 함께 연결하는 방법과 별도의 하드디스크 케이블에 연결하는 방법을 사용할 수 있는데 대개의 경우 별도의 하드디스크 케이블에 연결하는 방법을 사용합니다.

01

DVD롬드라이브 케이블을 주기판의 세컨더리 하드디스크 단자에 끼웁니다.

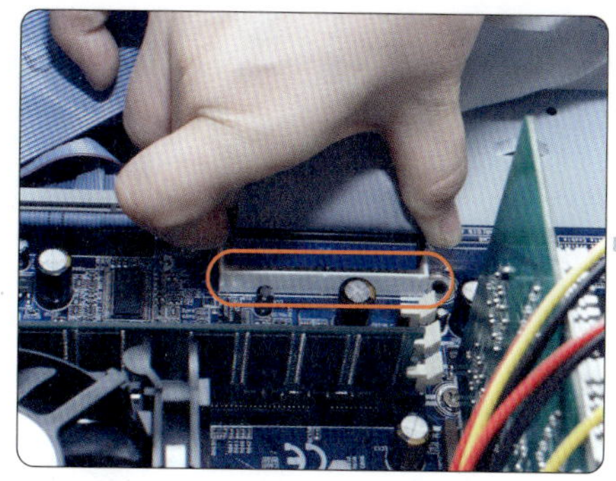

1 세컨더리 하드디스크 단자에 하드디스크 케이블을 끼웁니다.

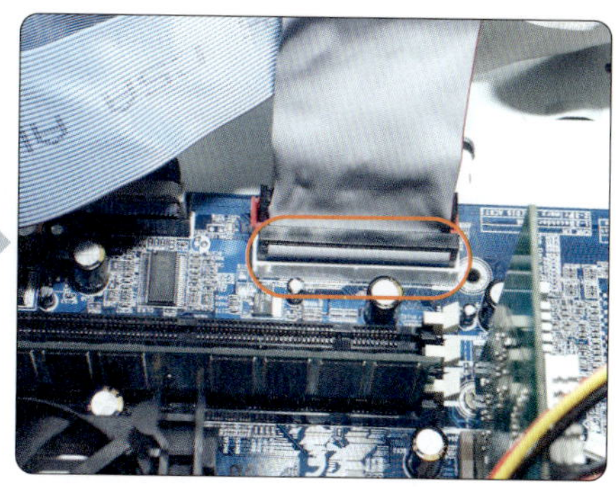

2 세컨더리 하드디스크 단자에 하드디스크 케이블을 추가로 끼운 상태

02

DVD롬드라이브에 케이블의 반대편 끝을 끼웁니다.

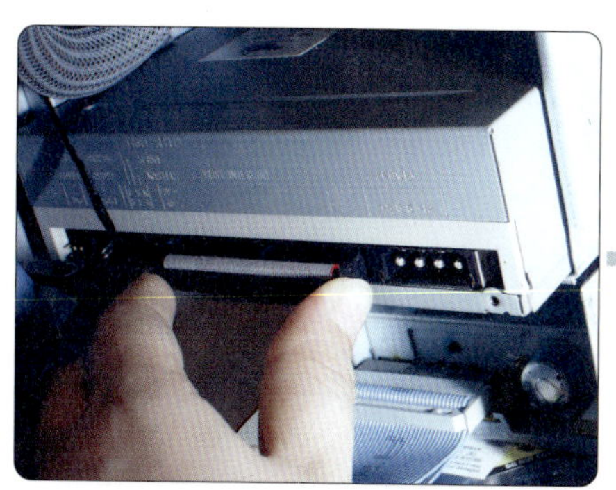

1 하드디스크 케이블의 남은 한 쪽 끝을 DVD롬드라이브에 끼웁니다. 1번 선인 빨간 선이 DVD롬드라이브의 전원 단자 쪽으로 향하게 끼웁니다. 또는 드라이브와 케이블의 홈을 맞추면 됩니다.

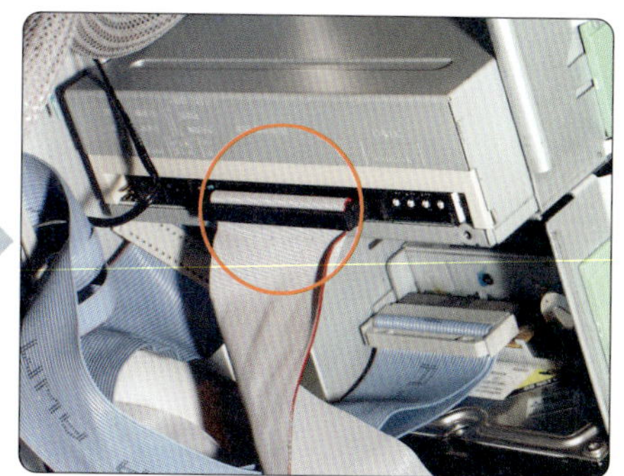

2 DVD롬드라이브에 하드케이블을 연결한 상태

03

오디오 케이블을 사운드카드의 오디오 커넥터에 연결합니다.

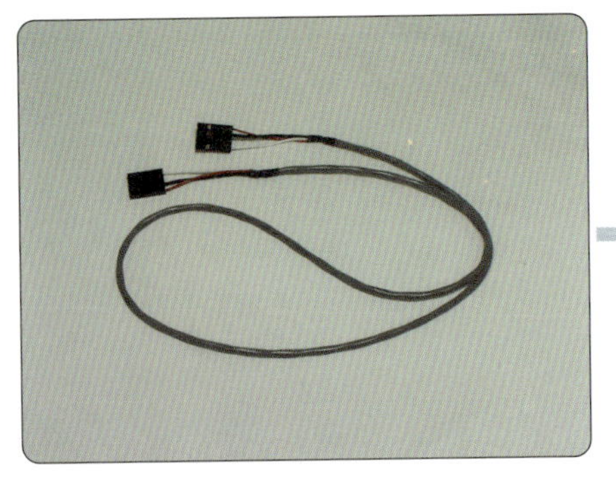

1 DVD롬드라이브에 포함된 오디오 케이블. 케이블 커넥터 모양은 조금씩 다를 수 있습니다.

2 DVD롬드라이브의 오디오 케이블 단자

3 사운드카드의 오디오 케이블 단자. CD IN 또는 AUDIO IN이라고 써진 단자에 연결하면 됩니다.

4 사운드카드의 CD IN 단자에 오디오 케이블을 끼웁니다.

5 사운드카드의 오디오 케이블 커넥터에 오디오 케이블의 한 쪽 끝을 연결한 상태

04

오디오 케이블의 반대편 끝을 DVD롬드라이브의 오디오 단자에 연결합니다.

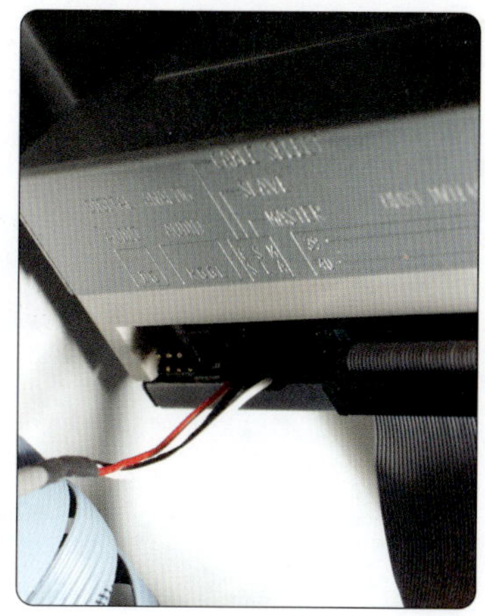

1 남은 한 쪽 끝을 DVD롬드라이브의 오디오 커넥터에 연결합니다.

4 각 드라이브에 전원선 연결하기

01

플로피디스크드라이브 전원선을 연결합니다.

1 전원공급기에 연결된 플로피디스크드라이브 전원선. 커넥터 모양이 다른 전원선과 달라서 쉽게 구별됩니다.

2 플로피디스크드라이브의 전원 커넥터

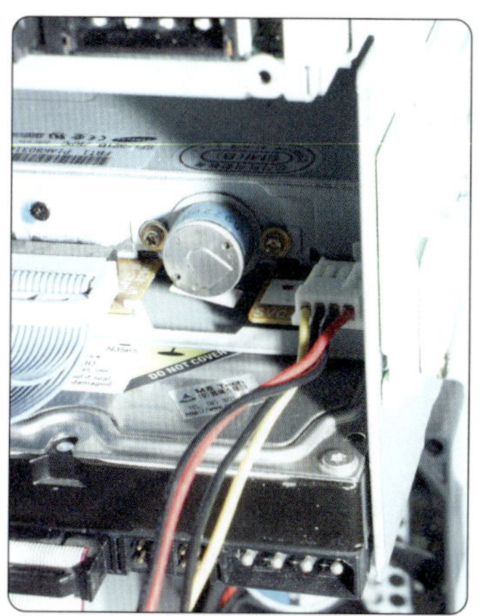

3 케이블이 연결된 상태. 전원선을 전원 커넥터에 연결할 때는 살짝 힘을 주면서 밀어넣습니다. 이때 좌우가 바뀌지 않도록 주의합니다. 케이블의 좌우를 바꾸면 플로피디스크드라이브가 동작하지 않습니다. 케이블의 커넥터를 보면 홈이 파인 면이 있습니다. 이 면과 드라이브의 튀어나온 돌기 부분이 일치하도록 맞추면 됩니다.

02

하드디스크와 DVD롬드라이브에 전원선을 연결합니다.

1 전원공급기에 연결된 하드디스크 전원선. 하드디스크 외에도 다양한 장치에 사용하는 다용도 전원선입니다. 양 쪽 끝이 대각선으로 깎인 모서리가 있어 좌우 구별이 쉽도록 했습니다.

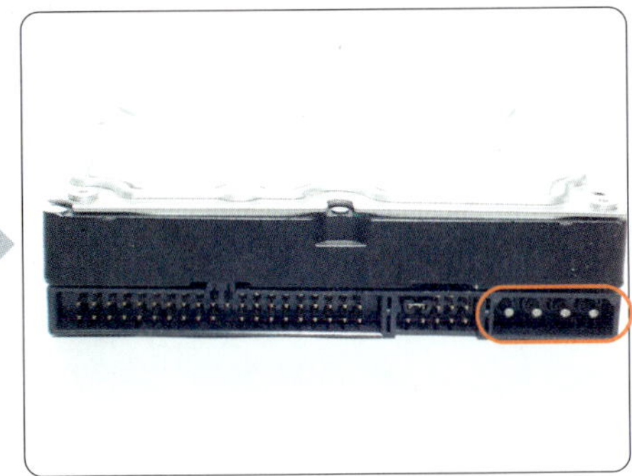

2 하드디스크의 전원 단자. 역시 모서리 부분이 대각선으로 처리된 부분이 있습니다.

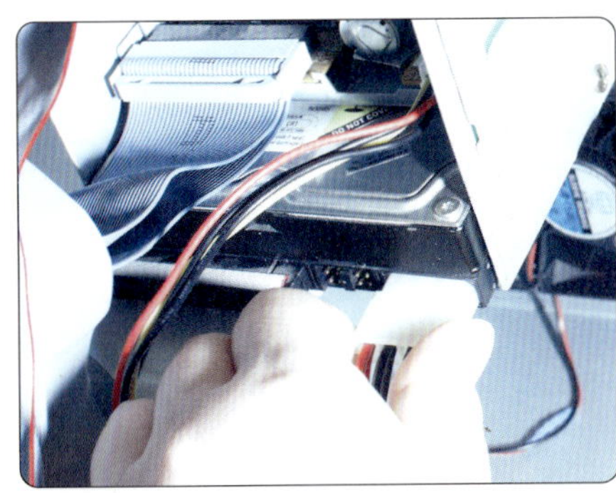

3 하드디스크의 모서리 진 부분과 전원선의 모서리 진 부분이 일치하도록 방향을 맞추고 밀어넣습니다. 대각선 모서리가 맞지 않으면 들어가지 않습니다. 들어가지 않으면 방향을 제대로 맞추었나 확인해 봅니다.

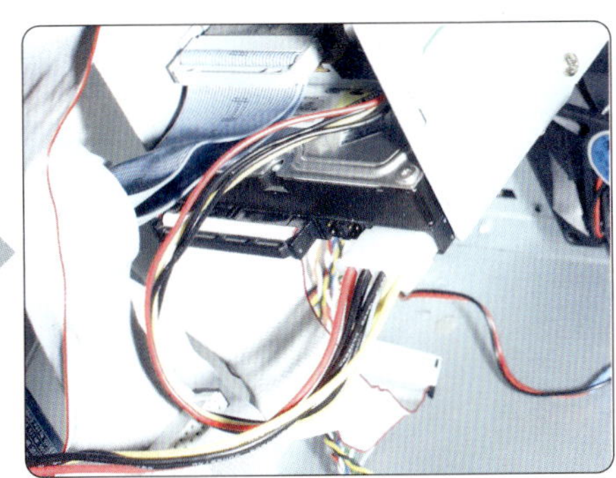

4 드라이브 전원 커넥터는 약간 빡빡해서 잘 안들어갑니다. 끝까지 밀어넣도록 합니다.

03

DVD롬드라이브에 전원선을 연결합니다.

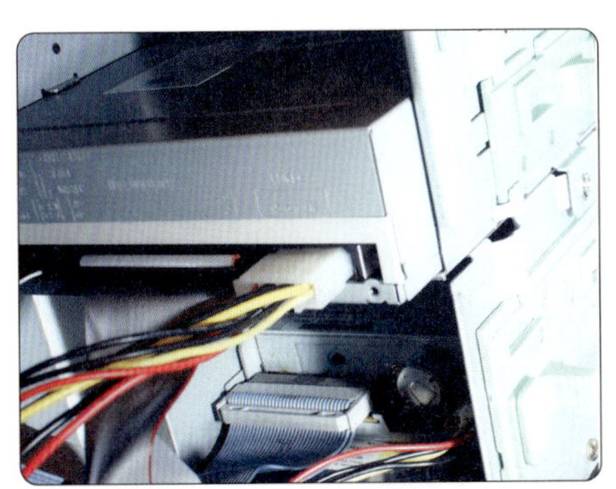

1 DVD롬드라이브도 하드디스크에 전원선을 연결하는 방법 그대로 연결합니다.

5 내부 케이블 정리하기

01

모든 케이블의 연결이 끝났으면 치렁치렁한 내부 케이블을 정리합니다. 내부 케이블 정리에는 컴퓨터용 타이나 밴드, 포장용 끈 등을 사용하면 됩니다.

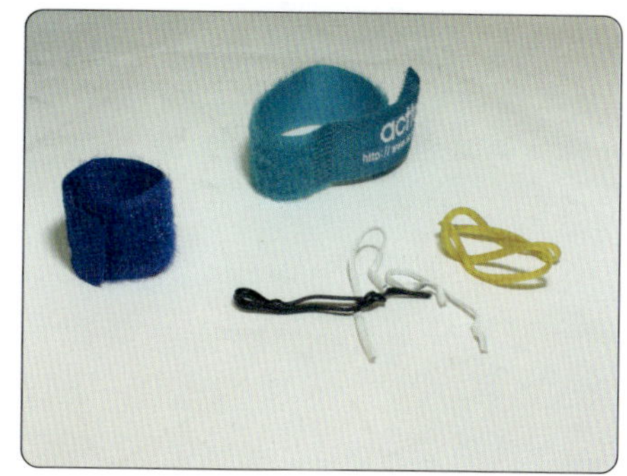

1 케이블 정리용 타이 제품들. 빵봉지 묶을 때 사용하는 철심이 든 플라스틱 끈이 유용합니다.

02

내부 케이블을 정리합니다. 케이블을 꼭 정리해야 하는 것은 아니지만 여력이 된다면 깔끔하게 정리하는 것이 보기에 좋습니다.

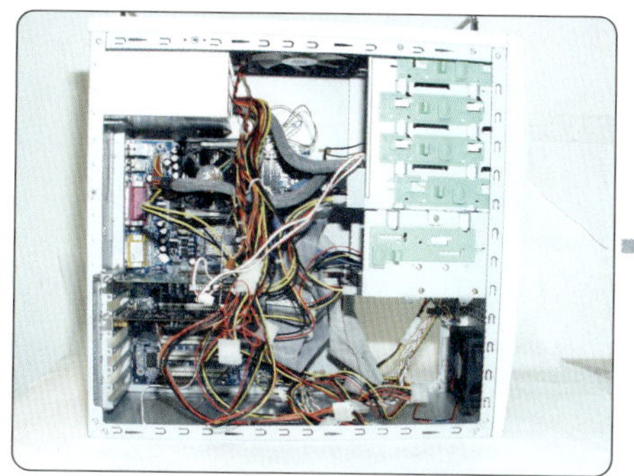

1 케이블을 정리하기 전의 상태. 보기에도 지저분해 보이지만 케이스를 열고 닫을 때 케이블이 케이스의 돌기에 걸려 끊어질 수 있습니다.

2 타이를 이용하여 내부 케이블을 깔끔하게 정리한 상태. 보기에도 좋고 사용하기도 편합니다.

6 빈 슬롯 닫기

01

빈 슬롯은 슬롯 마개를 이용하여 막습니다.

1 슬롯 마개를 빈 슬롯의 슬롯 마개 부분 홈에 끼웁니다.

2 슬롯 마개를 밀어넣기만 해도 되는 케이스가 있지만 대개의 경우는 나사를 이용하여 슬롯 마개를 고정시키는 방식입니다. 나사 방식이라면 나사를 이용하여 슬롯 마개를 슬롯 홈에 고정시킵니다.

7 본체 케이스 씌우기

본체 케이스를 씌우기 전에 간단하게 부팅 여부를 검사합니다.

지금까지 과정으로 본체의 조립은 끝난 상태입니다. 이제 본체 케이스를 씌우면 조립이 완성됩니다. 그런데 원래는 케이스를 씌우기 전에 전원 코드를 연결하여 제대로 부팅이 되는가 확인해야 합니다. 케이스를 씌우고 나사를 다 조인 다음에 전원을 연결했다가 제대로 동작하지 않으면 다시 분해해야 합니다. 이런 과정을 줄이기 위하여 케이스를 씌우기 전에 전원 코드를 연결하고 시험해보는 것이 일반적인 과정입니다.

따라서 여러분은 케이스를 씌우기 전에 간단하게 전원 코드와 키보드, 모니터를 연결하여 전원을 켠 다음에 이상 없이 동작하는가 여부를 확인하기 바랍니다. CMOS 셋업까지 들어가면 CPU나 메모리, 주기판 등에 문제가 없는 것이고, 플로피디스크나 하드디스크로 부팅이 된다면 드라이브 연결 과정까지 문제가 없는 것으로 생각할 수 있습니다.

물론 본격적인 시스템 검사는 모든 주변 기기를 연결한 다음에 세밀하게 하겠지만 일단 부팅이 되는가 여부 정도는 검사한 다음에 케이스를 씌우는 것이 좋습니다.

01

기본적인 조립이 끝난 상태이므로 케이스를 씌웁니다. 왼쪽 덮개부터 씌웁니다.

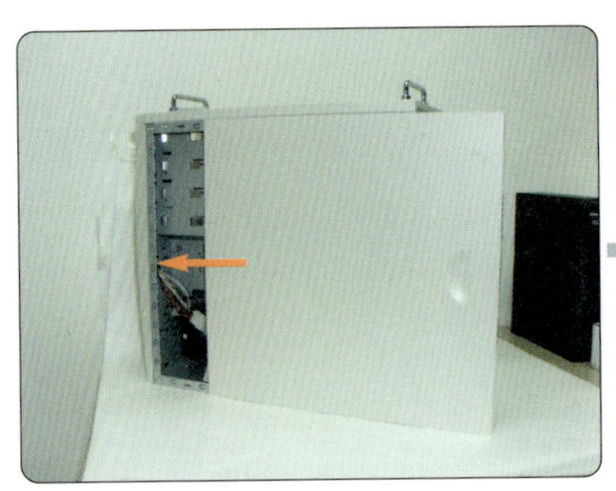

1 왼쪽의 덮개부터 홈에 맞춘 뒤에 밀어넣습니다.

2 덮개의 이가 꽉 물리도록 빈 틈 없이 맞춥니다.

3 나사로 덮개를 고정시킵니다.

4 왼쪽 덮개를 씌운 상태

02 오른쪽 덮개도 씌웁니다.

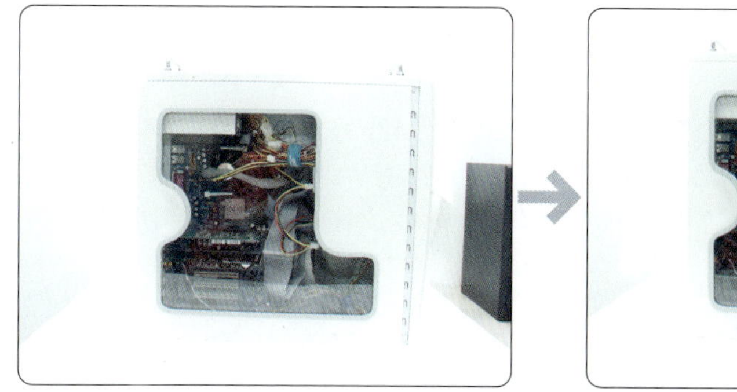

1 오른쪽 덮개도 홈에 맞추고 밀어넣습니다.

2 오른쪽 덮개를 틈이 없도록 케이스에 잘 밀착시킵니다.

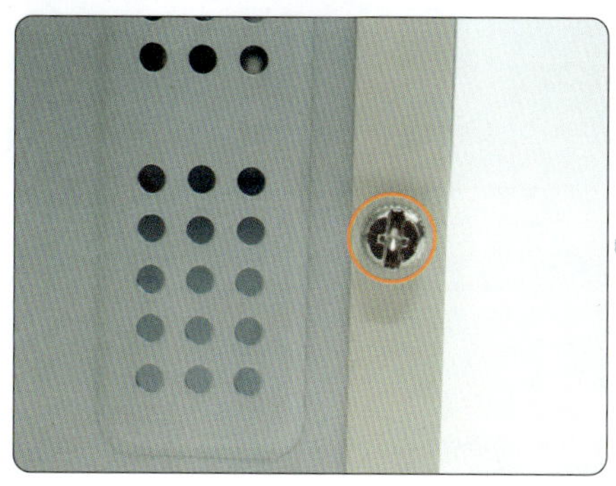

3 오른쪽 덮개 고정용 손나사

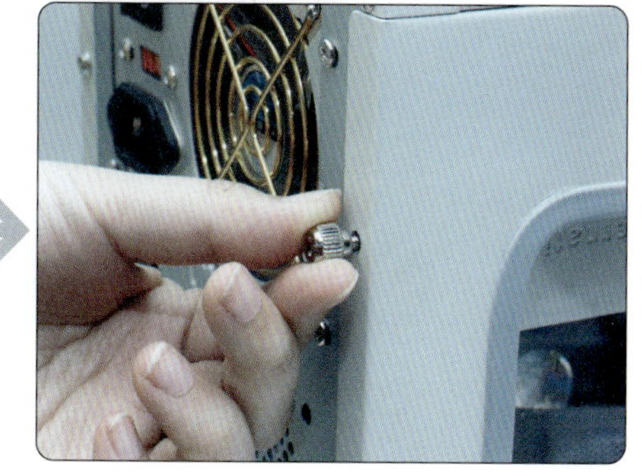

4 손나사를 손이나 드라이버로 돌려 덮개를 케이스에 고정시킵니다.

5 오른쪽 덮개가 고정된 상태

8 고무받침대 끼우기

케이스를 씌우면 조립은 1차적으로 완성된 것입니다. 고무받침대는 본체에 가해지는 충격을 흡수하기 위해 끼우는 받침대로 케이스에 끼워진 상태로 출시되는 경우도 있습니다. 만약 케이스에 끼워진 상태가 아니라면 사용자가 직접 끼워줍니다.

01

덮개를 씌우면 1차적으로 조립이 완성된 것입니다.

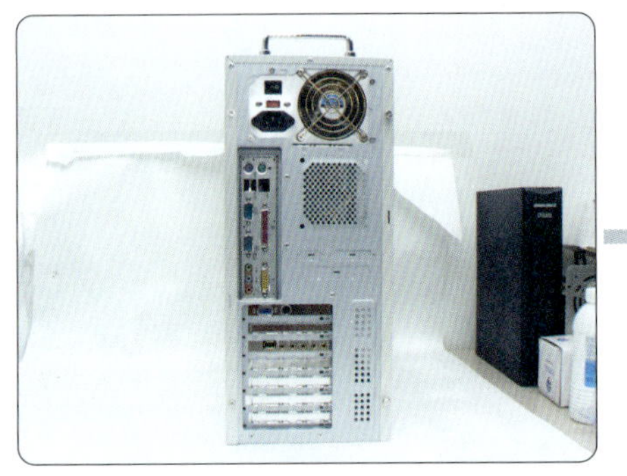

1 조립이 끝난 본체의 뒷 면

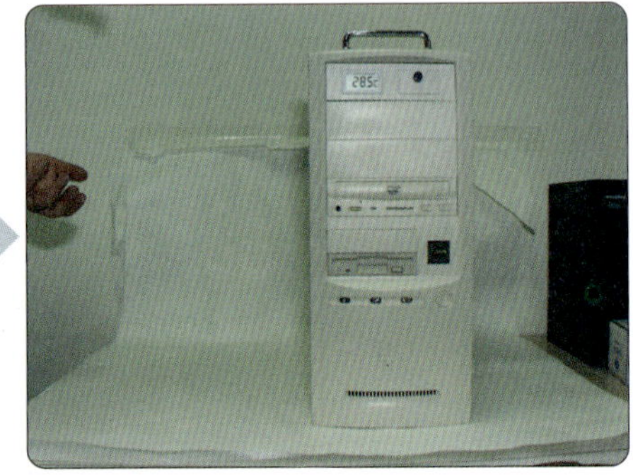

2 조립이 끝난 상태의 본체 앞 면

3 조립이 끝난 상태의 본체 옆 면

02

고무받침대를 본체 밑면에 끼웁니다.

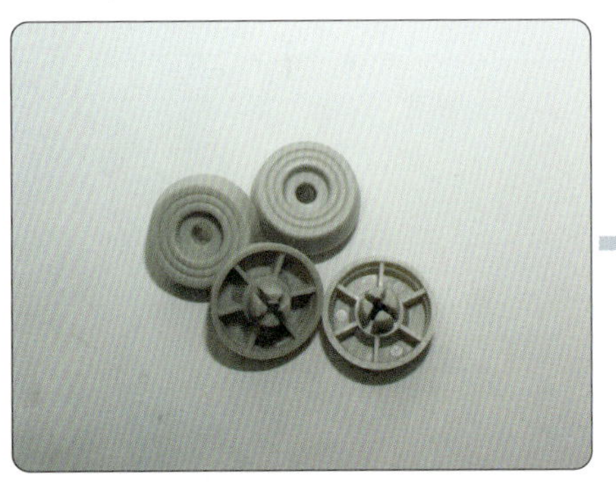

1 본체 지지를 위해 본체 밑면에 끼울 고무받침대.

2 고무받침대를 본체 밑면의 구멍에 끼웁니다.

3 고무받침대를 구멍에 맞춘 뒤에 밀어넣으면 딸깍하고 걸립니다.

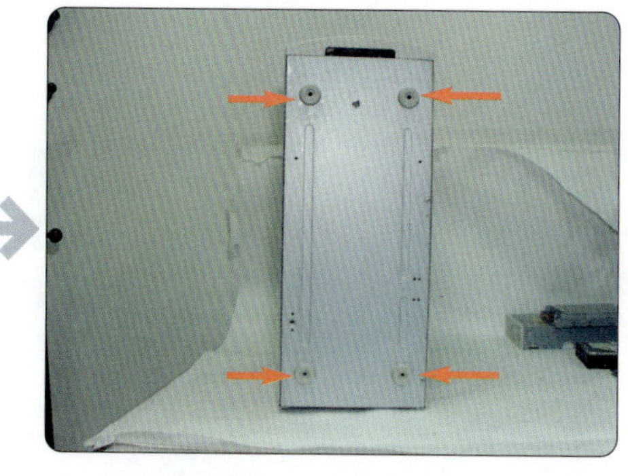

4 고무받침대를 네 부분에 모두 고정시킨 상태. 고무받침대는 케이스가 쉽게 흔들거리지 않도록 완충작용을 하면서 바닥에 밀착시켜주는 일을 합니다.

09 외부 기기 연결하기

지금까지의 과정을 통해 조립이 다 끝났습니다. 이제 외부 주변 장치를 연결하면 됩니다. 먼저 기본 입출력 장치인 키보드와 마우스, 모니터 케이블을 연결합니다. 그런 뒤에 스캐너나 외부 저장 장치 등을 연결합니다. 마지막으로 전원선을 연결하고 전원을 켜면 됩니다.

01

키보드용 PS2 포트에 키보드를 연결합니다.

1 PS2 방식의 키보드와 키보드의 PS2 커넥터

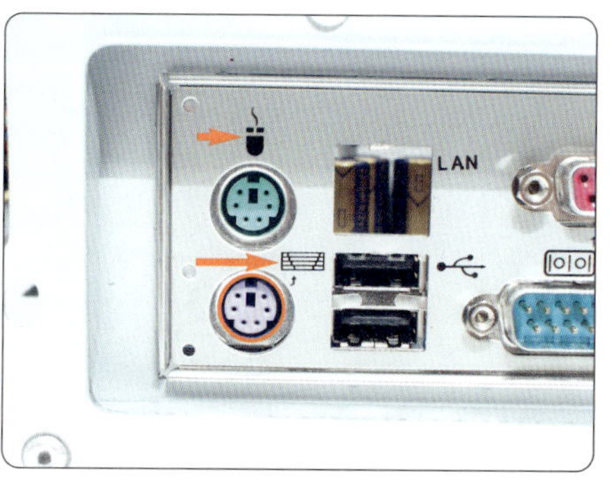

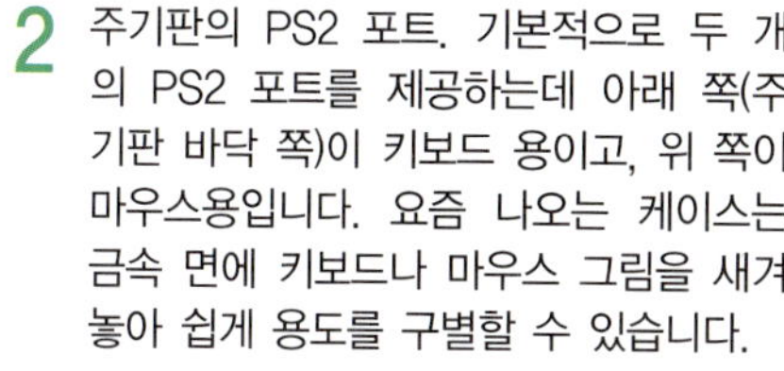

2 주기판의 PS2 포트. 기본적으로 두 개의 PS2 포트를 제공하는데 아래 쪽(주기판 바닥 쪽)이 키보드 용이고, 위 쪽이 마우스용입니다. 요즘 나오는 케이스는 금속 면에 키보드나 마우스 그림을 새겨 놓아 쉽게 용도를 구별할 수 있습니다.

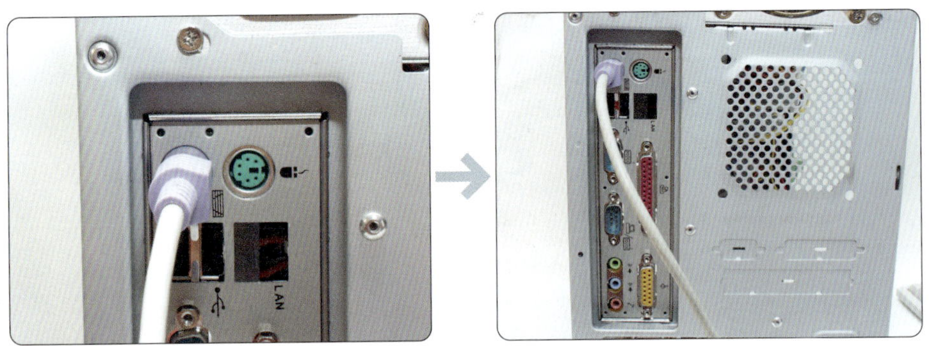

3 키보드의 커넥터를 아래 쪽에 위치한 키보드용 PS2 포트에 연결합니다.

02

마우스용 PS2 포트에 마우스를 연결합니다.

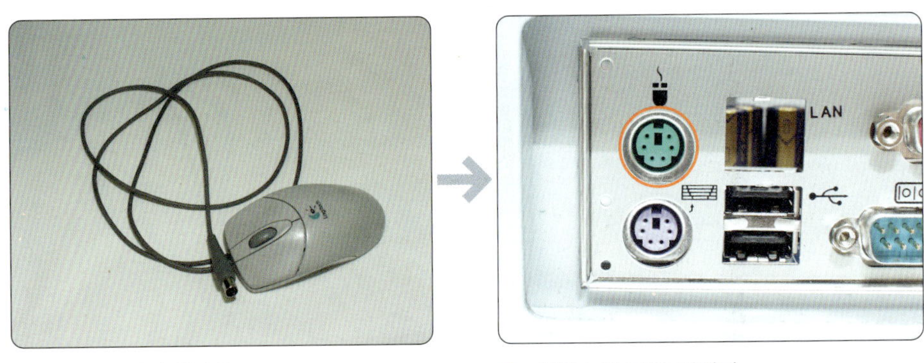

1 PS2 방식의 휠마우스

2 마우스의 PS2 커넥터

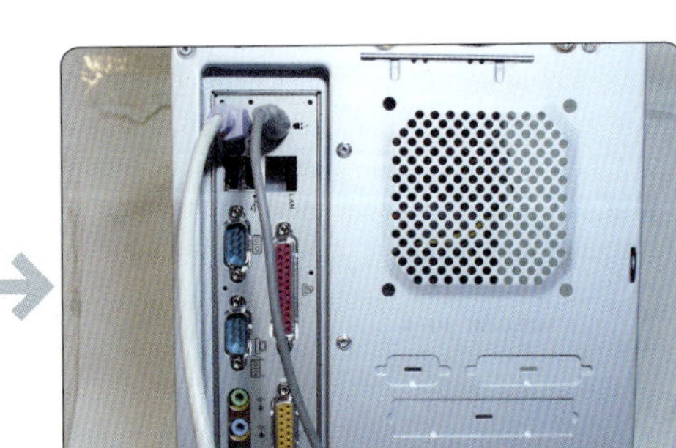

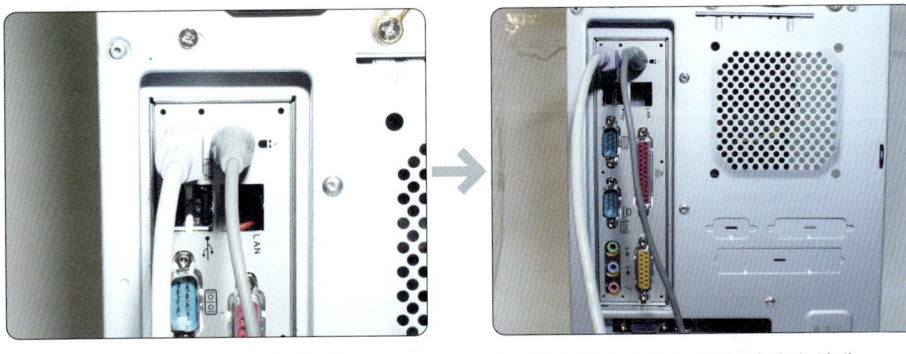

3 마우스 선을 PS2 포트에 연결합니다.

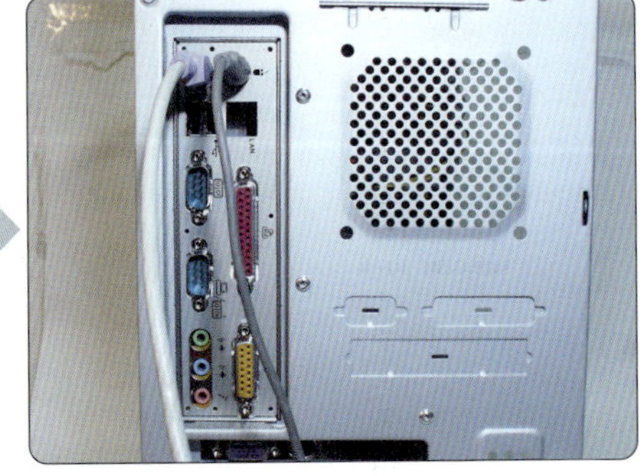

4 키보드와 마우스 선이 연결된 상태

03

모니터를 AGP 그래픽카드의 모니터 포트에 연결합니다.

1 그래픽카드의 모니터 포트

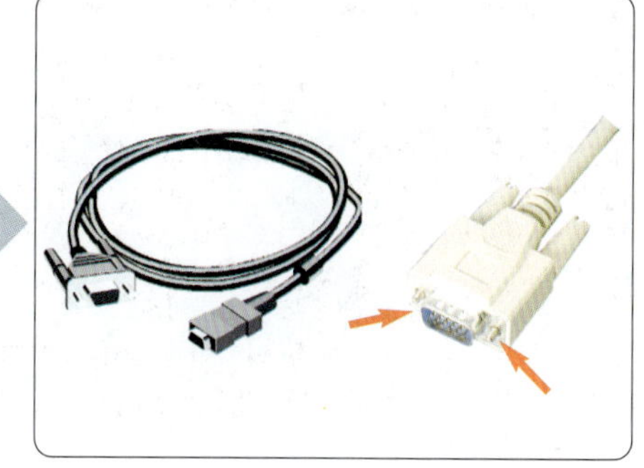

2 모니터에 사용하는 모니터 케이블과 모니터 포트 연결 단자. 한 쪽이 아예 모니터에 고정된 제품도 있지만 양 쪽을 사용자가 연결해야 하는 제품도 많습니다. 수핀으로 된 단자는 그래픽카드에 연결하고 나머지 단자는 모니터에 연결합니다. 양 쪽의 나사는 연결 후에 고정시키는 나사입니다.

3 모니터 케이블을 그래픽카드에 연결하고 양 쪽의 나사를 조여서 단단하게 모니터 케이블을 그래픽카드에 고정시킵니다.

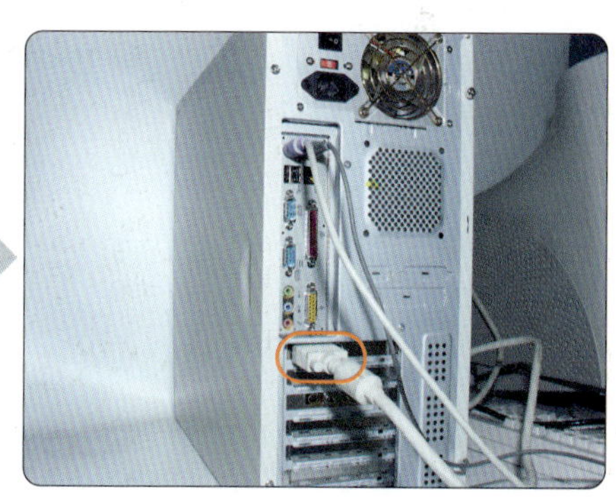

4 모니터 케이블을 본체에 고정시킨 상태

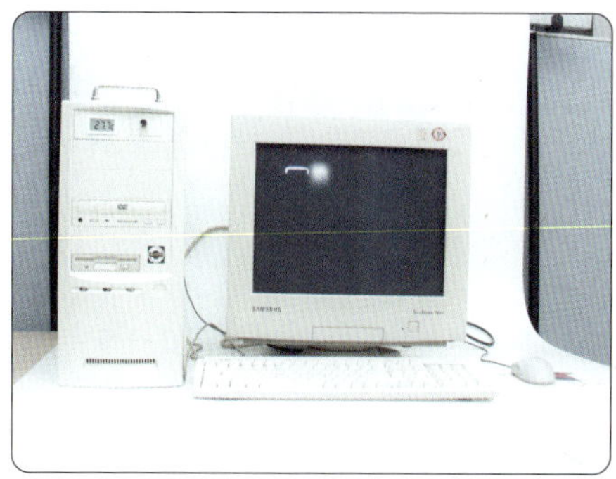

5 시스템 완성. 조립된 본체에 키보드, 마우스, 모니터를 연결시키면 기본 시스템이 완성됩니다.

지금까지의 과정을 통해 모든 장비 연결이 끝났습니다. 이제 전원을 연결하고 CMOS 셋업을 이용해 환경을 설정하고 부팅을 해서 이상이 없으면 성공적으로 조립이 끝난 것입니다.

Section 07 PC Remodeling

기타 제품 장착하기

6장을 통해 펜티엄4를 조립하는 방법에 대해 자세하게 살펴봤습니다. 펜티엄4가 아닌 셀러론이나 AMD CPU를 사용하는 PC를 조립할 때도 펜티엄4를 조립할 때처럼 조립하면 됩니다.

본체를 조립한 후에는 기타 주변 장치를 연결합니다. 각종 인터페이스 카드류 제품을 추가로 장착하기도 하고 외부 기기를 연결하기도 합니다. 인터페이스 카드를 장착하는 방법은 6장의 그래픽카드 장착 방법을 참고하면 됩니다. 외부 기기의 경우 스피커, 마이크, 헤드폰, 스캐너, 외장형 모뎀, 내장형 모뎀 등의 다양한 제품을 연결할 수 있습니다.

이들 제품은 인터페이스 카드를 장착하고 선만 연결해주면 됩니다. 요즘 많이 사용하는 몇 가지 제품의 연결 방법을 정리했으니 참고하기 바랍니다.

01 전원선과 접지선 연결

컴퓨터 본체의 전원선은 휴즈가 있는 멀티 콘센트에 연결합니다.

컴퓨터 시스템은 전압에 매우 민감한 제품입니다. 때문에 벽에 있는 전원 콘센트에 바로 본체 전원선을 연결하면 안됩니다. 본체의 전원선을 연결할 때는 휴즈가 있는 멀티 콘센트를 이용해야 합니다. 멀티 콘센트는 과도한 전압이나 전류 때 휴즈를 통해서 전기를 차단해줍니다. 때문에 주기판이나 기타 부품이 과부하로 손상되는 일을 막아줍니다.

멀티 콘센트는 전원 차단 스위치와 휴즈, 접지선의 유무에 따라서 가격이 조금 차이 납니다. 그렇지만 가격 차이가 크지 않으므로 전원 차단 스위치와 휴즈, 접지선이 있는 멀티 콘센트를 구입해 사용하기 바랍니다.

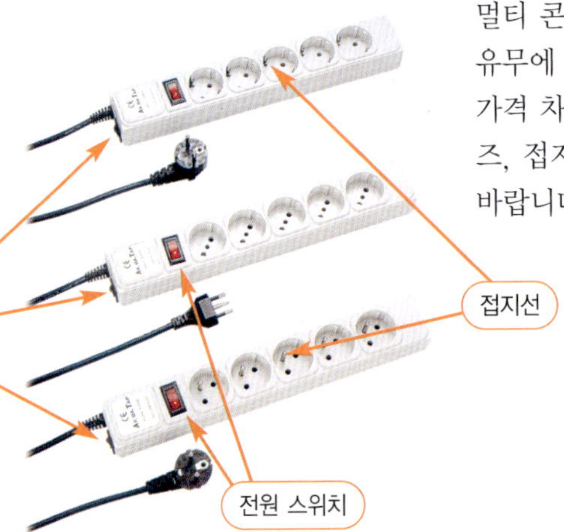

전원 차단 스위치와 휴즈, 접지선이 달린 멀티 콘센트. 컴퓨터는 멀티 콘센트를 이용하여 전기를 공급해주어야 합니다.

전원을 연결할 때는 접지를 지원하는 전원 코드와 콘센트를 사용합니다.

컴퓨터의 접지는 크게 세 가지 형태로 이루어집니다. 가장 기본적인 접지는 접지선이 있는 콘센트에 전원선을 연결하는 것입니다. 기본적으로 컴퓨터 본체에서 사용하는 본체용 220V 전원선은 두 개의 전원 핀 외에도 접지 핀이 장착된 형태로 출시됩니다. 한 개의 접지 핀이 따로 있는 형태이거나 머리 부분에 접지판이 붙어있는 형태입니다. 접지핀이나 접지판이 붙어있는 본체 전원선을 접지선을 지원하는 콘센트에 연결하면 자동으로 접지가 이루어집니다. 이를 위해서는 접지를 지원하는 전원 코드와 전원 콘센트를 사용해야 합니다.

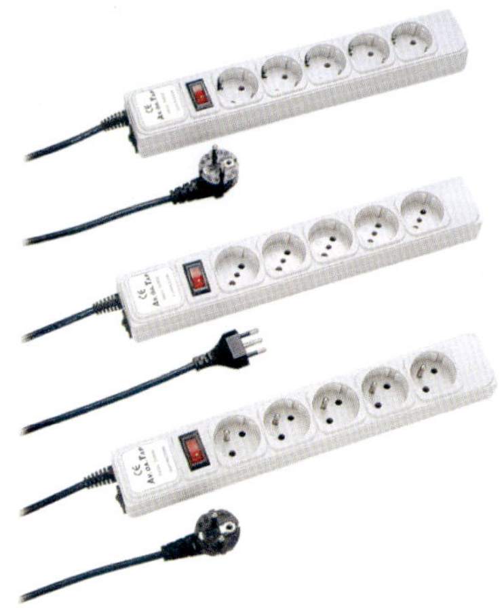

전원선과 전원 콘센트의 접지핀, 접지판 부분

전원선과 전원 코드에서 접지가 안되는 경우에는 본체에 접지선을 연결한 다음에 벽이나 금속으로 된 창살 등에 연결해주어야 합니다. 이 작업은 번거로운 작업입니다.

본체 내부에 장착된 주변 기기도 접지를 해주는 것이 좋습니다. 드라이브의 경우 접지선을 제공하는 제품들이 몇 있습니다. 이 경우 드라이브에 접지선을 나사로 고정시키고 다른 한 쪽을 케이스의 금속 면에 고정시켜주면 접지가 됩니다.

드라이브용 접지선. 한 쪽을 드라이브의 접지 핀에 연결하고 둥근 부분을 본체 케이스의 드라이브 베이에 연결한 다음에 나사로 고정시키면 접지가 됩니다.

잠깐! 본체 전원공급기에 달린 암핀 콘센트의 역할

본체의 전원공급기를 보면 전원선 연결 콘센트 말고 밑에 세 개의 암핀으로 된 콘센트가 하나 더 있습니다. 요즘 거의 사용하지 않는 이 콘센트는 왜 있는 것일까요?
이 콘센트는 본체로부터 전원을 공급받아 사용하는 주변 기기용입니다. 대표적인 제품으로 모니터가 있습니다. 요즘은 모니터도 자체적으로 콘센트에 연결한 전원선을 통해 전기를 공급받지만 과거에는 본체의 전원공급기로부터 전기를 공급받았습니다. 지금도 소형 모니터는 본체의 전원공급기로부터 공급받아 사용하는 형태로 출시되고 있습니다.
최근에는 이 콘센트를 사용하는 주변기기가 별로 없지만 콘센트 숫자가 부족할 때는 유용하게 사용할 수 있습니다.

전원공급기의 주변기기용 콘센트

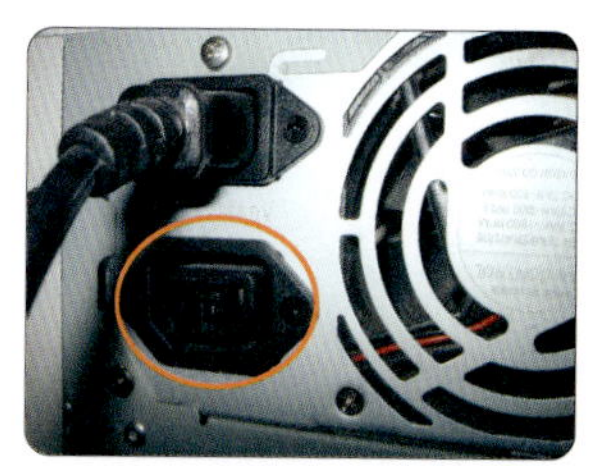

02 본체 뒷 편의 포트 사용하기

본체 뒤에서 보면 각종 포트가 있습니다. 이들 포트 중에서 PS2 포트에 키보드와 마우스를 연결하는 방법은 설명했으니 다른 포트에 장비를 연결하는 방법을 알아봅시다.

1 USB 포트에 장비 연결하기

본체 뒤에는 USB 포트가 2개 있습니다.

본체 뒤에서 보면 PS2 포트 옆에 작은 크기의 네모난 구멍 형태로 된 두 개의 USB 포트가 있습니다. 여기에는 USB 방식의 장비라면 어떤 제품이라도 연결이 가능합니다. USB 방식의 마우스, 스캐너, PC 카메라 등 다양한 장비를 연결할 수 있습니다.

USB 포트. 보통 2개가 달려 있습니다.

다음 사진은 USB 스캐너와 USB 방식의 휴대용 저장장치를 연결한 상태입니다. 보시면 알겠지만 휴대용 저장장치를 연결하기가 쉽지 않습니다. 또한 매번 본체 뒤로 가서 저장장치를 빼고 끼우는 일이 어렵습니다. 특히 본체 뒤가 벽에 막힌 곳에서 작업하는 분이라면 더욱 힘듭니다.

USB 포트에 스캐너 케이블과 휴대용 저장장치를 장착한 모습

자주 끼우고 빼는 장치는 연장 케이블을 이용하는 것이 편합니다.

PC 카메라나 스캐너처럼 한 번 연결한 뒤에 고정적으로 사용하는 장비가 아니라면 본체 뒷 면에 장비를 끼우고 빼는 일이 어렵습니다. 이럴 때는 연장 케이블을 이용하는 것이 좋습니다. 연장 케이블은 한 쪽은 암핀, 한 쪽은 수핀 형태로 된 케이블을 말합니다. 길이는 다양하게 있는데 1미터 정도의 제품이면 사용에 불편이 없습니다.

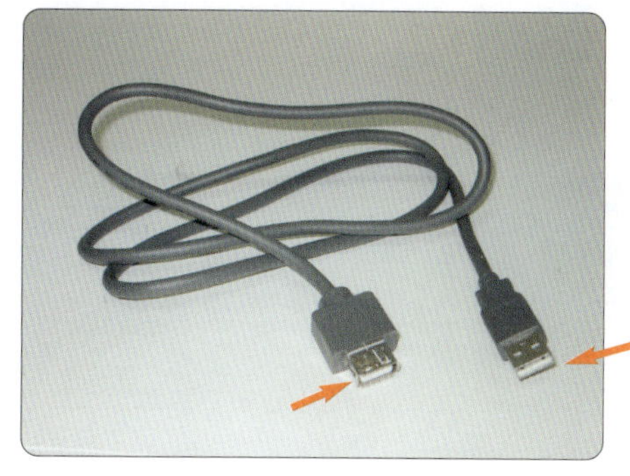

USB 연장 케이블. 한 쪽은 수핀이고 한 쪽은 암핀입니다.

USB 케이블을 사용할 때는 다음과 같이 한 쪽은 본체 뒤의 USB 포트에 연결합니다. 그리고 반대편 끝을 사용하기 편한 곳에 둡니다. 예를 들어 키보드나 모니터 옆에 케이블을 두고 사용하다가 장비를 연결할 일이 있으면 바로 앞에서 연결해 사용합니다.

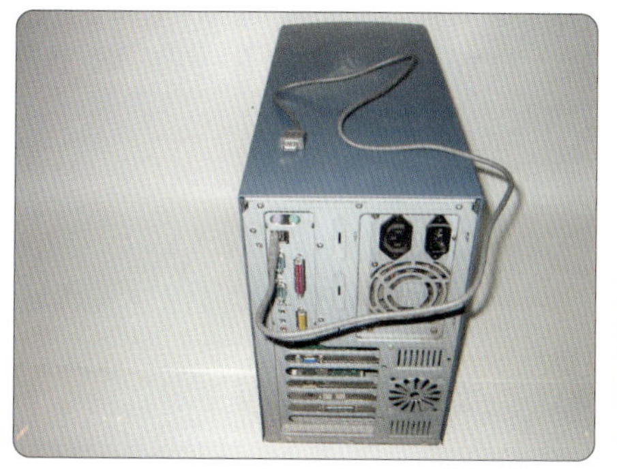

USB 케이블을 본체 뒤의 USB 포트에 연결합니다.

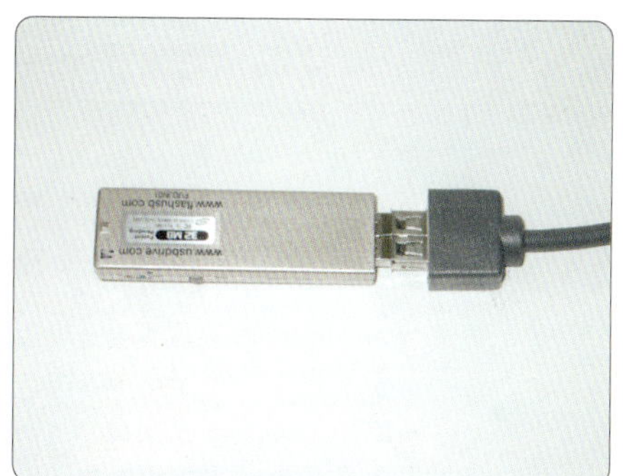

연장 케이블에 휴대용 저장장치를 연결할 수 있어 장비의 장착과 탈착이 쉽습니다.

2 프린터 포트와 시리얼 포트

프린터 포트는 25핀 암핀 모양입니다.

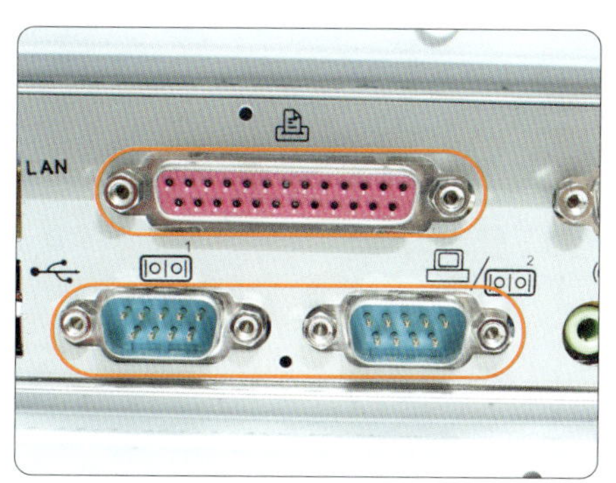

본체 뒤에 있는 25핀 프린터 포트와 시리얼 포트. 가장 큰 포트라 쉽게 찾을 수 있습니다.

프린터는 프린터 포트에 연결합니다. 프린터 포트 역시 본체 뒤에 나와 있습니다. 프린터 케이블의 수핀 커넥터를 프린터 포트에 연결하면 됩니다. 프린터 포트는 25핀 암핀으로 가장 큰 포트이기 때문에 쉽게 구별됩니다. 또한 요즘 나오는 케이스는 블라켓에 프린터 그림이 그려져 있습니다.

시리얼 포트는 9핀 수핀 형태입니다.

시리얼 포트(직렬 포트)는 9핀 수핀 형태로 된 포트입니다. 보통 2개의 시리얼 포트가 있습니다. 왼쪽의 것이 com1 포트이고, 오른쪽이 com2 포트입니다. 요즘은 시리얼 포트를 거의 사용하지 않습니다. 대부분 PS2 포트나 USB 포트를 이용하여 장비를 연결하기 때문입니다. 9핀 시리얼 마우스와 같은 구형 장비를 이용하는 사람들이 가끔 사용하는 정도입니다.

시리얼 방식의 마우스. 본체의 시리얼 포트에 연결해 사용합니다.

3 사운드카드의 포트

사운드카드에는 소리 입출력과 조이스틱 포트가 장착되어 있습니다.

사운드카드에는 주변 기기 연결 단자가 많습니다. 그나마 과거에는 네 개에 불과하던 단자가 지금은 더욱 늘어났습니다.

요즘 나오는 주기판 중 상당수는 사운드카드를 내장한 제품입니다. 사운드카드를 내장한 주기판은 본체 뒤에 사운드카드용 단자를 장착하고 있습니다. 주기판의 사운드카드 포트는 4개를 제공합니다.

15핀 암핀 형태로 된 포트는 조이스틱 포트입니다. 이곳에 조이스틱을 연결하면 됩니다. 나머지 세 개는 소리 입출력용입니다. 요즘 나오는 주기판이나 사운드카드는 입력 단자의 색을 통해 단자의 기능을 설명하고 있습니다. 맨 왼쪽에 있는 연두색 단자는 출력용입니다. 이곳에는 스피커나 헤드폰을 연결합니다. 가운데 있는 하늘색 단자는 입력용입니다. 오디오의 출력 케이블을 이곳에 연결합니다.

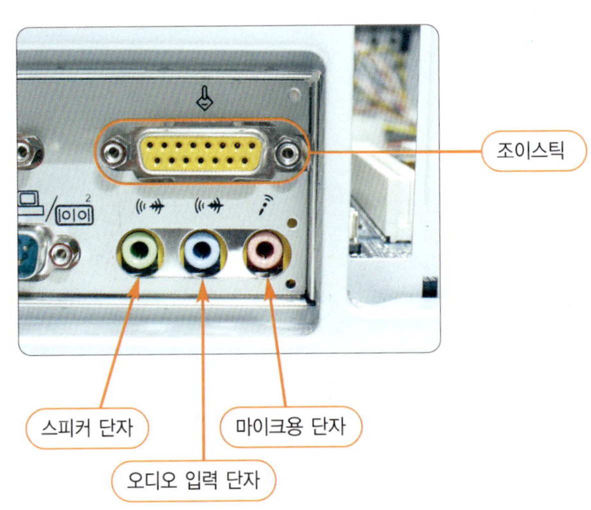

사운드 내장 주기판에서 제공하는 사운드카드용 단자들. 위의 15핀 단자는 조이스틱, 아래 왼쪽부터 스피커, 오디오 입력, 마이크용 단자입니다.

조이스틱 포트에는 오락용 주변 기기나 미디를 연결합니다.

조이스틱 포트는 조이스틱만 연결하는 단자가 아빈니다. 조이패드나 휠 장치와 같은 게임용 입력 도구는 대부분 조이스틱 단자에 연결합니다. 또한 미디 등의 전자 악기용 케이블도 조이스틱 단자에 연결합니다. 그래서 요즘은 조이스틱 단자라고만 부르지만 원래는 조이스틱/미디 단자로 부릅니다.

조이스틱 포트에 조이스틱 케이블을 연결한 상태

고급형 사운드카드는 S/PDIF 단자가 추가로 제공됩니다.

별도의 사운드카드를 장착하더라도 기본적으로 앞서 설명한 네 개의 단자는 제공됩니다. 중저가형이라면 지금 설명한 네 개의 단자만 제공되지만 좀더 고급형이라면 디지털 출력용 단자인 S/PDIF 단자가 추가로 제공됩니다.

고급형 사운드카드에는 디지털 입출력 단자인 S/PDIF 단자를 지원합니다.

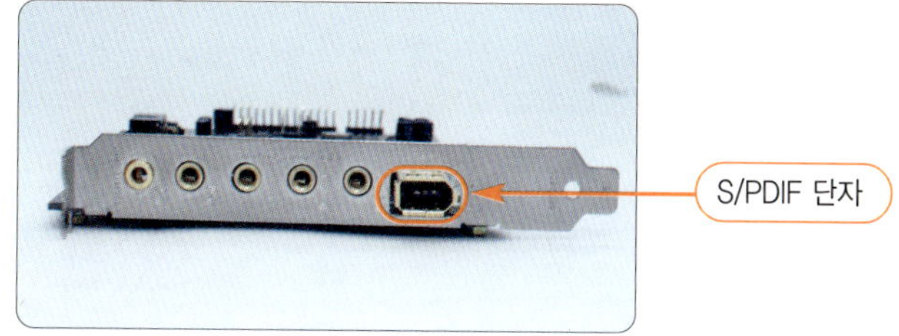

4 모니터 케이블 연결하기

BNC 단자가 있는 모니터라면 BNC 케이블로 모니터를 연결합니다.

그래픽카드에 모니터 케이블을 연결하는 방법은 앞서 설명했습니다. 그런데 BNC 단자를 가지고 있는 모니터라면 케이블 연결 방식이 조금 달라집니다. 최근 출시되는 모니터 중에서 고급형은 좀더 좋은 화질을 위해 BNC 단자라는 것을 장착해 출시됩니다. 다섯 개의 단자로 이루어진 BNC 단자를 이용하여 모니터 케이블을 연결하면 화질이 좀더 좋습니다.

모니터에 장착된 BNC 단자

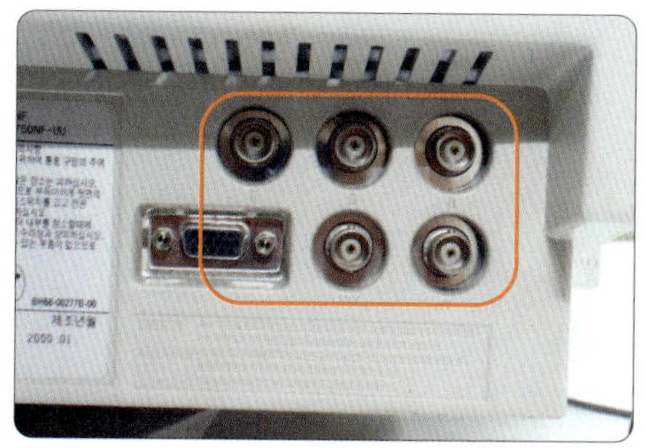

여러분의 모니터 뒤에 다음 사진과 같이 BNC 단자가 있다면 일반 모니터 케이블 대신 BNC 케이블을 연결해 사용하는 것이 좋습니다. 좀더 깨끗하고 선명한 화질을 볼 수 있습니다. BNC 케이블은 전자상가에서 쉽게 구할 수 있습니다.

5 모뎀과 랜 선 연결하기

벽에서 연결한 전화선은 Line에, 모뎀에서 전화기 연결은 Phone에 연결합니다.

내장형 모뎀은 주기판의 슬롯에 장착해 사용합니다. 내장형 모뎀의 외부 단자는 두 개입니다. 하나는 Line이라고 써진 단자이고 다른 하나는 Phone라고 써진 단자입니다. Line 단자는 벽의 전화기 콘센트에서 연결된 전화선을 입력해주는 단자입니다. Phone 단자는 모뎀에서 전화기로 연결할 때 사용하는 단자입니다. 따라서 벽의 '전화선 ⇨ 모뎀 ⇨ 전화기'의 순서로 선을 연결해주면 됩니다.

만약 벽에서 딴 전화선을 PHONE 단자에 연결하면 모뎀은 동작하지 않습니다.

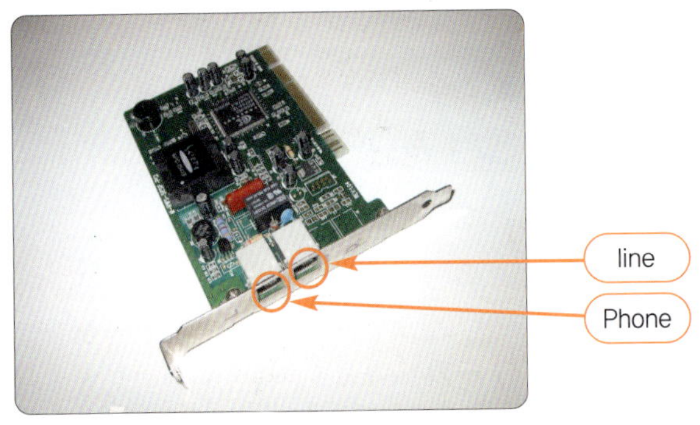

내장형 모뎀. LINE과 PHONE 선의 방향을 잘 구분해야 합니다.

초고속 통신망에서 나온 선을 랜카드에 끼워줍니다.

요즘은 모뎀을 사용하는 사람은 거의 없고 초고속 통신망을 사용합니다. 초고속 통신망을 사용하려면 LAN 카드를 컴퓨터에 장착해야 합니다. 보통 1만원 전후의 보급형 랜카드를 장착하면 됩니다. 랜카드는 입력 단자가 하나라서 연결이 쉽습니다. 초고속 통신망용 모뎀에서 나온 선을 랜카드의 구멍에 끼워주기만 하면 됩니다.

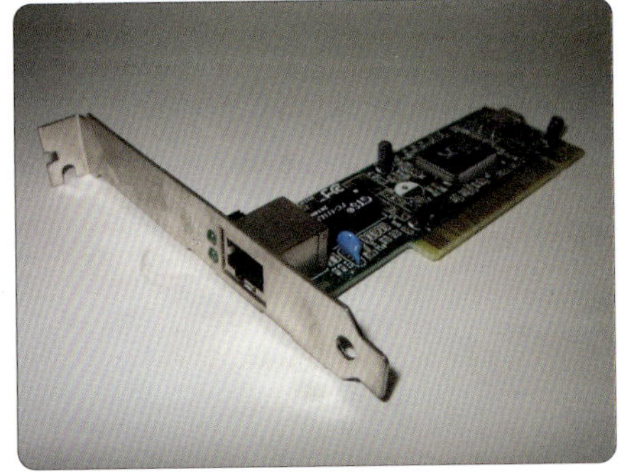

1만원 전후의 보급형 랜카드

랜카드를 장착하고 랜카드에 ADSL 모뎀에서 나온 선을 연결한 상태. 정상적으로 동작할 때 랜카드의 깜박이에 불이 들어오면서 반짝거립니다. 아래 쪽 카드는 내장형 모뎀이고, 그 밑은 SCSI 카드입니다.

6 기타 내장형 카드에 케이블 연결하기

SCSI 카드는 SCSI 장비를 사용하기 위해 장착하는 카드입니다.

일반적으로 컴퓨터의 슬롯에 장착하는 카드는 그래픽카드와 사운드카드, 모뎀, 랜카드가 대부분입니다. 그 외에도 다양한 인터페이스 카드가 있지만 특별한 수요층만 사용합니다. 이들 카드 외에 일반인이 가장 많이 장착하는 카드라면 SCSI 카드를 들 수 있습니다.

외장형 케이블을 연결할 때는 핀의 종류와 핀 수를 확인해야 합니다.

SCSI 카드는 SCSI 방식의 장비를 사용하기 위해서 필수적으로 장착해야 하는 카드입니다. 개인 사용자는 보통 5만원 전후의 보급형을 많이 사용합니다. 내장형으로 된 SCSI 카드는 내장형 케이블 단자와 외장형 케이블 단자 두 개를 제공하는 것이 일반적입니다. 이때 외장형 케이블 단자로 제공하는 단자의 핀의 종류와 수에 따라서 SCSI 장비의 연결 상태가 달라집니다. SCSI 장비를 연결하는 케이블은 한 종류가 아닙니다. 여러 종류의 케이블 형태를 가지고 있기 때문에 케이블의 종류를 정확하게 알고 구입해야 합니다.

내장형 SCSI 카드. 내장형 케이블과 외장형 케이블을 연결할 수 있는 단자를 제공합니다.

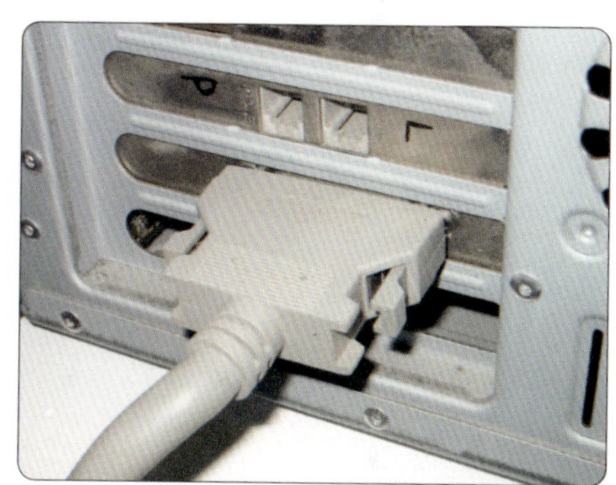

SCSI 카드를 장착하고 외장형 CD레코더에 연결한 SCSI 케이블을 연결한 상태. 케이블의 종류가 여러 종류이기 때문에 케이블의 종류를 정확하게 알고 구입해야 합니다.

Section 08 PC Remodeling

PC 분해하기

01 분해의 의미와 분해 준비

1 분해의 의미

분해는 조립의 역순으로 합니다.

분해는 조립의 반대말입니다. 순서 역시 조립의 반대입니다. 분해는 업그레이드를 위하여 꼭 필요한 행위입니다. 분해를 해야 다시 새로운 제품으로 교체할 수 있기 때문입니다. 그런데 분해는 조립보다 더 어렵습니다. 이는 등산할 때보다 하산하기가 어려운 것과 비슷합니다.

분해가 어려운 이유는 결합된 상태를 알 수 없기 때문입니다.

조립할 때는 새 부품으로 차근차근 끼우고 조여주면 됩니다. 조립할 때는 딱딱 맞게 되어 있습니다. 그렇지만 분해할 때는 딱딱 맞게 분해되지 않습니다. 우선 오래된 부품일 경우 나사가 뭉그러져 나사를 돌릴 수 없는 경우가 있습니다. 또한 끼우면서 고정 장치나 걸림돌에 딱 걸린 제품의 경우 빼기가 여간 힘든 것이 아닙니다. 끼울 때는 모든 부분이 다 보였기 때문에 쉬웠지만 분해할 때는 두 면이 밀착하여 어떤 식으로 끼워진 상태인지 파악할 수 없습니다. 그래서 분해는 조립보다 더 어렵습니다. 또한 조심스럽습니다.

분해가 어렵기 때문에 분해하는 법에 대해서 알아두어야 합니다. 분해할 때 가장 까다로운 부분은 케이블 분리와 고정 고리 분리, 나사 풀기입니다. 특히 걸쇠 부분에 어떤 식으로 걸렸는지 이해해야 분해가 쉽습니다. 이 부분을 어떻게 처리해야 할 지 알아봅시다.

2 분해할 때 주의 사항

반드시 전원 콘센트를 빼고 분해합니다.

분해할 때 가장 먼저 주의해야 할 부분은 전원 코드를 뺀 다음에 분해를 해야 한다는 점입니다. 전원 코드를 전원 콘센트에 연결한 상태라면 PC의 본체 전원을 껐다 해도 감전의 위험이 큽니다. 따라서 반드시 전원 콘센트를 뺀 상태에서 분해에 들어가야 합니다.

분해한 부품을 잘 보관하고 분해 순서를 잘 기억해야 합니다.

다음으로 주의할 점은 분해된 부품을 잘 보관하는 것입니다. 특히 나사의 경우 잘 보관해야 합니다.

마지막으로 분해 순서를 잘 기억해야 합니다. 나중에 다시 조립할 때를 대비하여 분해 순서를 잘 기억하고 분해된 순서대로 부품을 차례대로 늘어놓는 것이 좋습니다. 분해 순서를 기억하기 어려울 것 같으면 빈 종이에 분해 과정을 써가면서 하는 것이 좋습니다.

이상의 내용을 잘 숙지한다면 분해와 재조립이 어렵지 않을 것입니다.

02 전체적인 시스템 분해 순서

1 외부 기기 연결선 제거

PC 분해 순서는 조립의 역순입니다. 따라서 다시 설명드리지 않아도 될 것 같지만 몇몇 부분에서 조심해야 하기 때문에 전체적인 분해 순서를 한 번 살펴보겠습니다.

01

전원 콘센트에서 전원 코드를 뺍니다. 분해의 첫 번째 작업이자 가장 중요한 작업입니다. 전원 스위치를 끄는 것으로는 안되고 반드시 전원 코드를 빼야 합니다.

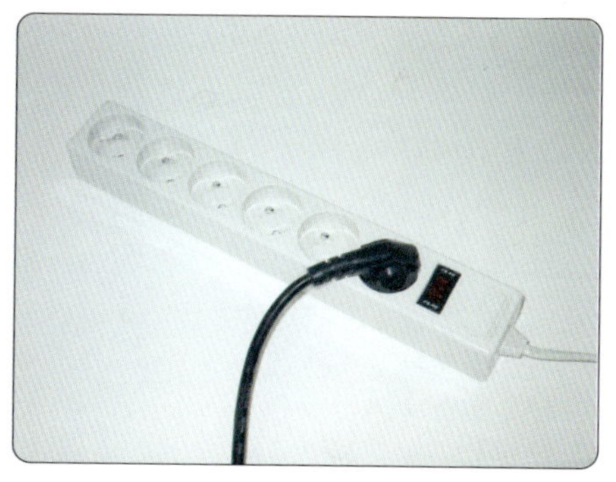

1 전원 콘센트에서 전원 코드를 빼는 것이 가장 중요한 첫 번째 순서입니다.

02

각종 주변 기기와 프린터, 마우스, 키보드, 모니터 케이블을 분리합니다. 모니터나 프린터 케이블처럼 조임 나사가 있는 경우에는 나사를 먼저 충분하게 풀어주어야 합니다. 나사가 조여있는 사실을 깜박 잊고 확 잡아당기면 부품이 손상받을 수 있습니다.

1 모니터선의 커넥터를 고정시킨 나사를 풉니다.

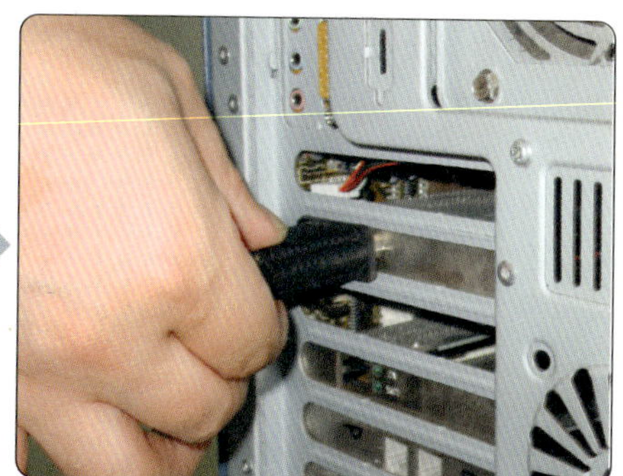

2 모니터선을 잡아당겨 분리합니다. 선을 분리할 때는 선을 잡는 손가락의 위치가 중요합니다. 항상 커넥터 부분을 잡으며 선 부분은 잡지 않도록 합니다. 커넥터의 위아래를 잡거나 좌우를 손으로 잡고 수평으로 잡아당겨서 선을 분리합니다.

03

선은 그냥 잡아당기는 선, 나사를 돌려 빼는 선, 걸림쇠 장치를 누르면서 잡아당기는 선의 세 종류가 있습니다. 각 선의 형태에 맞게 선을 분해해야 합니다.

1 모니터선을 제거할 때 이 사진처럼 선을 잡고 잡아당길 경우 케이블이 망가질 수 있습니다. 특히 모니터 조임 나사를 푸는 잊는 경우가 많은데 조임 나사를 풀지 않은 상태에서 선을 잡아당기면 쉽게 선이 망가집니다.

2 키보드나 마우스선을 뺄 때는 커넥터 부분을 잡고 잡아당깁니다.

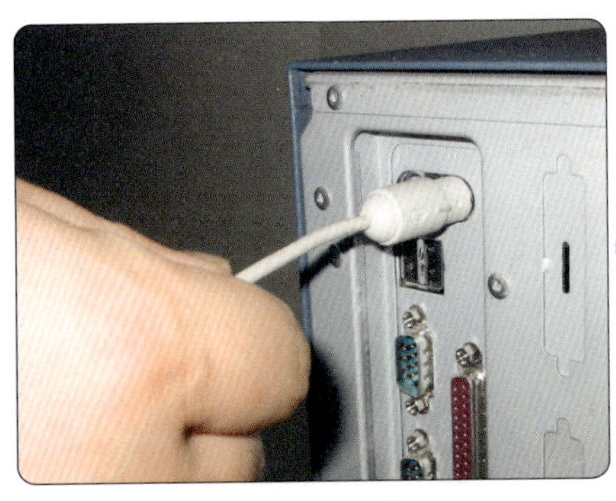

3 마우스 선에 조임나사가 없다고 해서 선을 잡고 잡아당기면 끊어질 염려가 많습니다. 항상 선 끝에 달린 커넥터 부분을 잡고 제거해야 합니다.

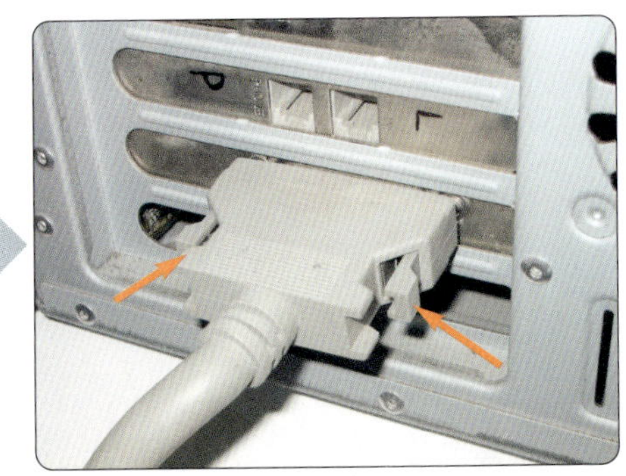

4 SCSI 카드에 장착한 SCSI 케이블 커넥터. 좌우에 있는 걸쇠 장치를 손으로 눌러야 SCSI 카드에 물린 잠금 장치가 풀립니다.

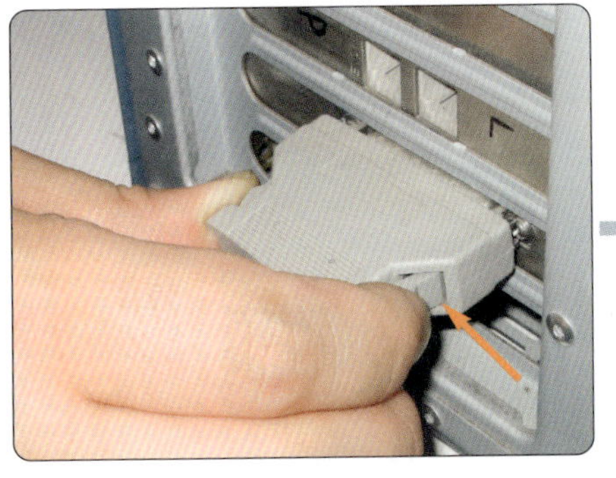

5 SCSI 케이블처럼 커넥터 양 쪽에 스프링 장치가 설치된 걸쇠 장치가 있으면 양 쪽을 동시에 눌러주면서 커넥터를 잡아당겨야 합니다. 무작정 커넥터를 잡고 힘으로 잡아당기면 커넥터가 파손됩니다.

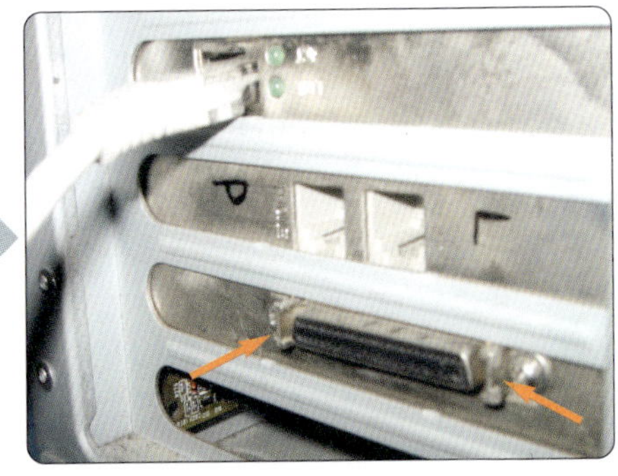

6 랜선이나 모뎀의 전화선은 윗 부분에 투명하고 작은 걸쇠가 있습니다. 투명한 걸쇠 부분을 아래로 눌러줘야 걸린 부분에서 선을 빼낼 수 있습니다.

7 랜선이나 모뎀선을 제거할 때는 한 손가락으로 윗 부분의 걸쇠 장치를 눌러주면서 천천히 빼야 합니다. 커넥터를 좌우로 잡고 힘으로만 잡아당기면 케이블이 파손됩니다.

2 본체 케이스의 덮개 제거

케이스 종류에 따라 외부 덮개의 분해 방법은 다양합니다.

본체 케이스의 외부 덮개는 다양한 형태로 고정되어 있습니다. 가장 흔한 형태는 세 면이 붙은 윗 덮개 형태로 뒷면을 나사로 조이는 형태입니다. 그외 좌우 덮개와 윗 덮개가 세 개로 분리되는 형태도 있고, 베젤부와 덮개가 일체형으로 되어 있는 제품도 있습니다. 베젤부와 일체형인 경우에는 나사를 사용하지 않고 앞면의 걸쇠로 덮개를 고정시키는 형태입니다. 케이스별로 덮개를 고정시키는 방법과 분해하는 방법에 차이가 조금씩 있지만 잘 살펴보면 어렵지 않게 분해하는 방법을 알 수 있습니다.

01

나사로 케이스를 고정한 경우에는 바깥 케이스의 조임 나사를 풀고 케이스를 들어 올려 분리합니다.

1 대부분의 케이스는 나사로 바깥 케이스를 고정시킨 형태입니다. 드라이버를 이용하여 나사를 풉니다.

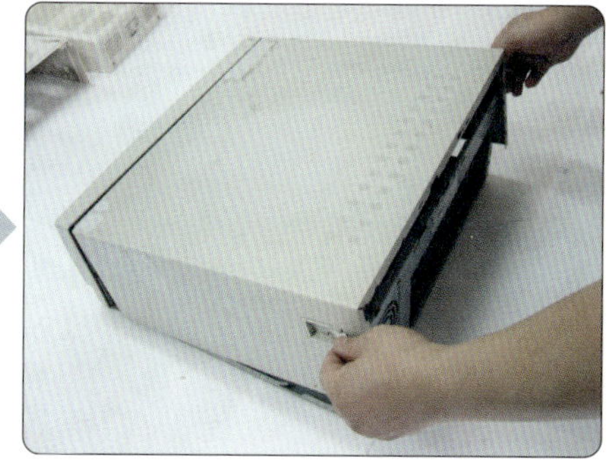

2 바깥 케이스를 앞으로 당기거나 위로 들어올리면서 벗겨냅니다. 주의할 점은 본체 내부의 케이블이 케이스의 돌출 부위에 걸릴 수 있다는 사실입니다. 따라서 확 잡아당기지 말고 일단 1~3cm 정도만 잡아 당긴 후에 걸리는 느낌이 있나 확인하면서 서서히 벗겨내야 합니다.

02

나사를 사용하지 않는 방식은 앞부분의 좌우에 잠금 장치가 있습니다. 잠금 장치를 잡아당기면서 케이스를 잡아당겨 분리합니다.

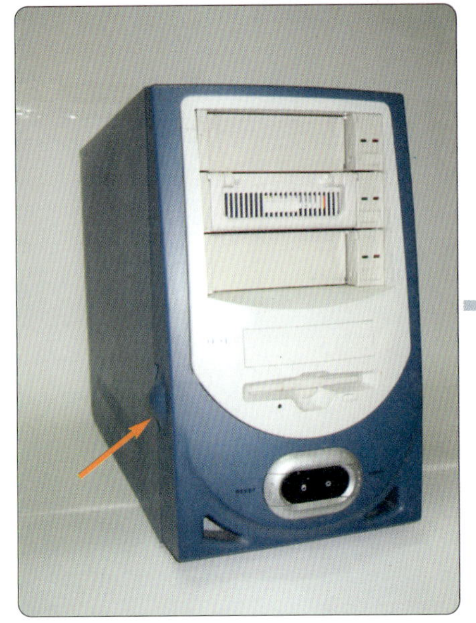

1 뒷 면에 고정 나사가 없는 모델은 대부분 앞에서 잡아당기는 형태입니다. 앞부분의 좌우에 튀어나온 부분이 걸쇠 부분입니다.

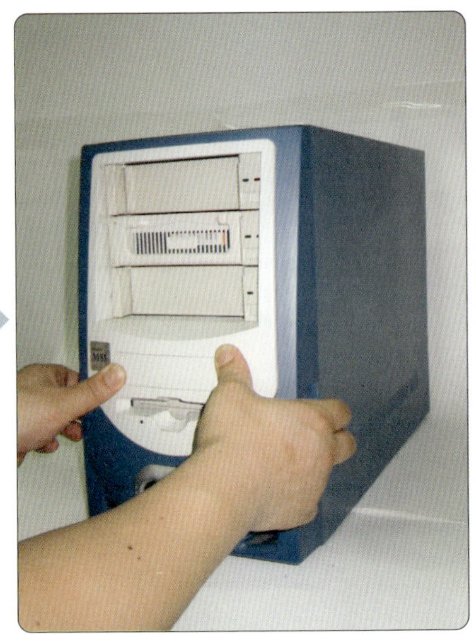

2 걸쇠 부분을 양 손으로 잡고 몸 쪽으로 잡아당기면서 케이스도 함께 잡아당깁니다.

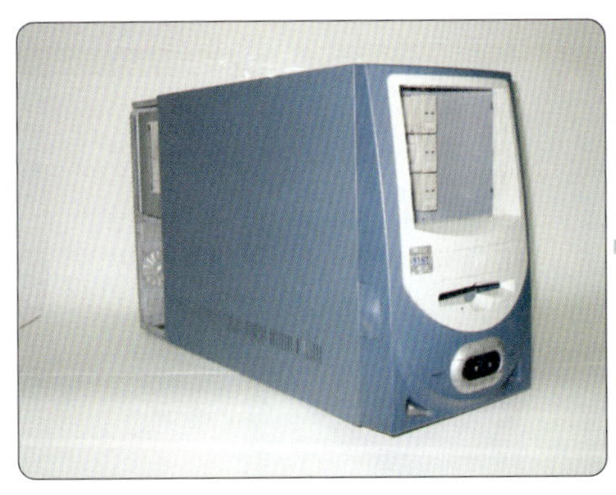

3 베젤부와 함께 외부 덮개가 통채로 앞으로 나옵니다. 케이스와 베젤부가 붙어있는 형태의 제품입니다.

4 케이스를 벗겨낸 철골부(새시부) 상태

03

케이스가 좌우 윗면의 세 부분으로 따로따로 분해되는 제품은 뒷면에 고정 나사가 있습니다. 고정 나사를 푼 다음에 좌우면의 케이스부터 걷어냅니다.

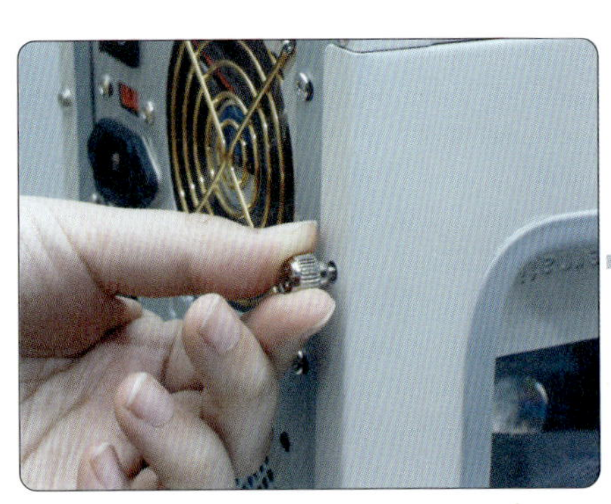

1 뒷 면의 손나사를 돌려 나사를 풀고 옆면 케이스를 뒤로 밀어 분리합니다.

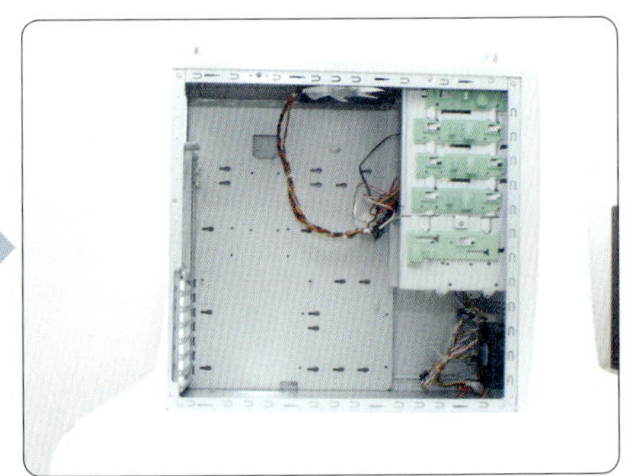

2 옆 면 케이스를 분리한 상태

3 내부 케이블 분리

케이블을 분리할 때는 케이블의 커넥터를 잡고 분리합니다.

내부 케이블을 분리할 때는 드라이브가 고정된 상태에서 내부 케이블을 분리해야 쉽게 분리할 수 있습니다. 이때 케이블의 선 부분을 잡고 잡아당기면 케이블이 끊어질 우려가 큽니다. 반드시 케이블의 커넥터 부분을 좌우나 위아래로 잡고 잡아당겨야 합니다. 특히 오디오케이블, FDD 케이블, 전원선은 고정 장치가 있어 분리가 어렵습니다. 주의해서 차근차근 분리하기 바랍니다.

케이블은 분리하기 쉬운 것부터 분리하는 것이 좋습니다.

드라이브 연결 케이블 중에서 인터페이스 케이블과 전원선 중 어느 것을 먼저 분리하는 것이 좋을지는 사용자가 판단할 문제입니다. 케이스 상태나 시스템에 따라서 다릅니다. 어떤 케이스는 전원선을 먼저 빼는 것이 좋고, 어떤 케이스는 케이블을 먼저 빼는 것이 작업하기 편합니다.

01

내부 케이블을 분리합니다. 먼저 전원선을 분리합니다.

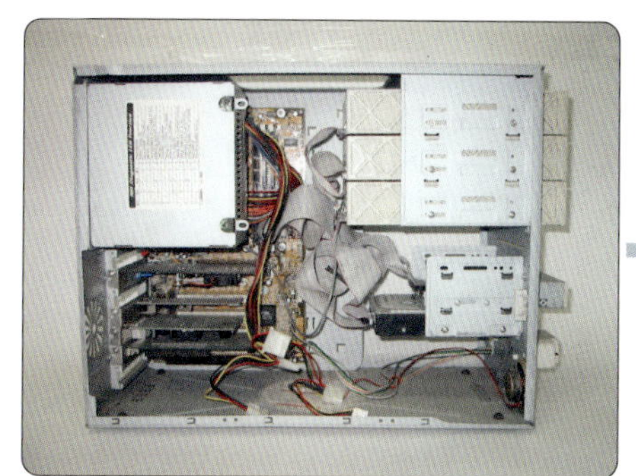

1 복잡하게 연결된 내부 케이블

2 하드디스크나 DVD롬드라이브의 전원선은 고정 장치에 의해서 걸려있는 상태입니다. 또한 커넥터하고 매우 빡빡하게 연결되어 있어 분리가 쉽지 않습니다. 힘으로만 잡아당기려고 하면 고생합니다. 특히 선을 잡고 잡아당기면 선이 쑥 빠지는 구조로 되어있으니 주의해야 합니다. 케이블의 커넥터 부분을 잡고 처음에는 위아래로 흔들흔들하면서 약간 빼내어 고정 장치에서 분리합니다. 그런 다음에는 좌우로 조금씩 흔들어주면서 뒤로 잡아당기면 쉽게 뺄 수 있습니다.

3 플로피디스크드라이브의 전원선은 아래 부분이 고정 장치에 의해서 꽉 끼워진 상태입니다. 선을 붙잡고 확 잡아당기면 선이 뚝 끊어집니다. 케이블의 커넥터 부분을 잡고 약간 위로 들어올리면서 흔들흔들 반동을 주면서 잡아당겨야 합니다. 그래야 밑부분의 고정 부위가 분리되면서 케이블이 빠져나옵니다.

02

드라이브로부터 하드디스크와 플로피디스크드라이브의 인터페이스 케이블을 분리합니다.

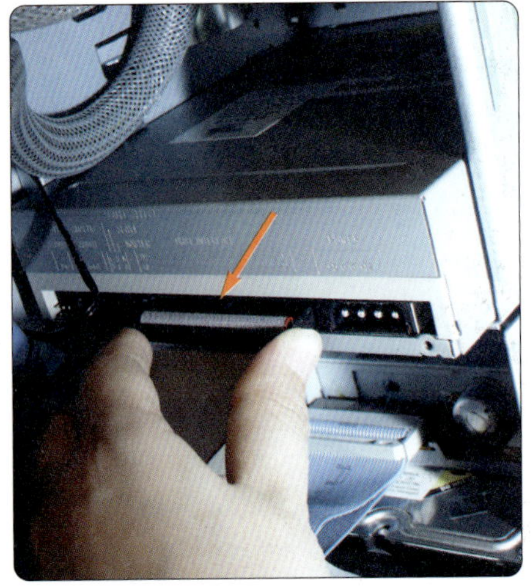

1 전원선을 분리했으면 DVD롬드라이브에 연결된 하드디스크 케이블을 분리합니다. 하드디스크 케이블과 플로피디스크드라이브 케이블은 커넥터 좌우나 위아래를 잡고 잡아당기면 쉽게 빠집니다.

2 하드디스크 케이블을 뺄 때는 커넥터의 좌우를 잡거나 위아래를 잡고 잡아당겨야 합니다. 부득이하게 케이블을 잡고 뺄 때는 넓은 면의 앞뒤로 넓게 잡고 잡아당깁니다.

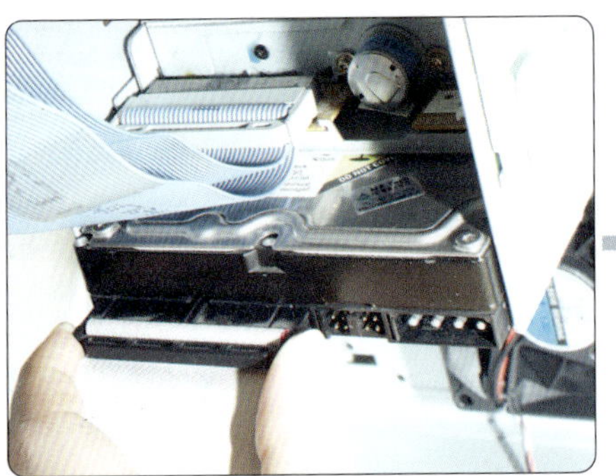

3 하드디스크에 연결된 하드디스크 케이블도 분리합니다.

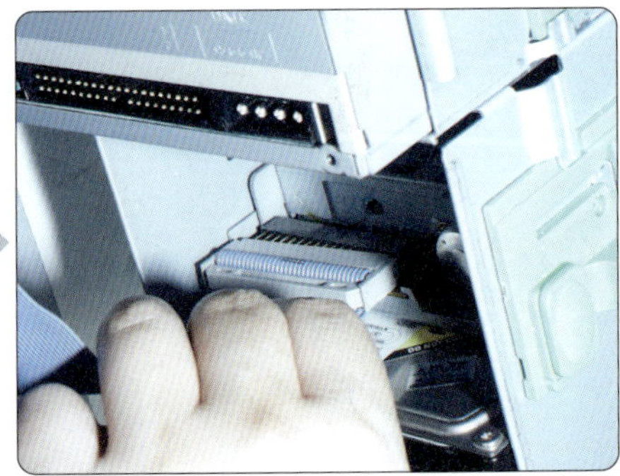

4 플로피디스크드라이브에 연결된 커넥터를 분리합니다.

5 플로피디스크드라이브 케이블을 뺄 때 커넥터의 좌우를 잡기 곤란한 경우가 많습니다. 이럴 때는 커넥터의 수평면이나 케이블 평면 쪽으로 위아래를 넓게 잡고 잡아당깁니다.

6 드라이브 쪽에 연결된 케이블을 모두 분리한 상태

03

주기판에 연결된 드라이브 케이블을 분리합니다.

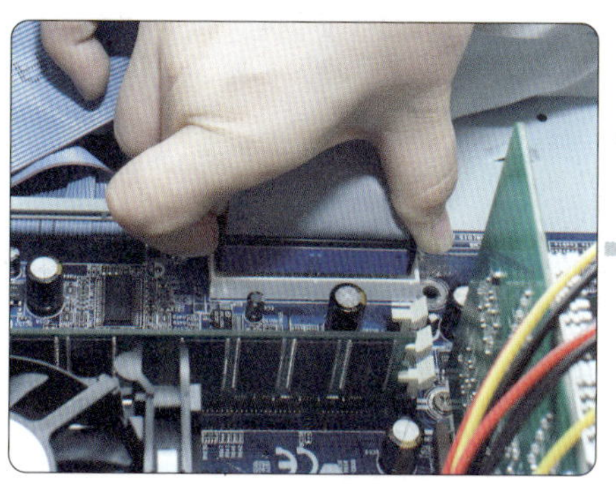

1 케이블 반대편인 주기판에 연결된 커넥터를 주기판에서 분리합니다.

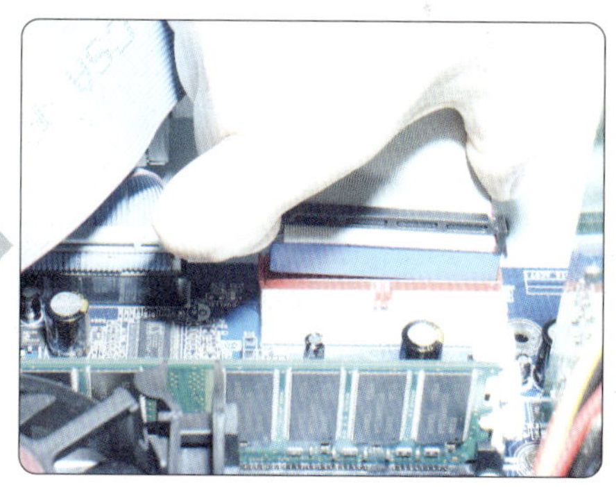

2 주기판에 연결된 하드디스크 케이블을 분리합니다.

3 주기판은 주변 회로와 케이블 때문에 케이블의 커넥터를 잡기가 곤란한 경우가 많습니다. 이럴 때는 케이블의 평면을 위아래로 넓게 잡고 잡아당겨 케이블을 분리합니다.

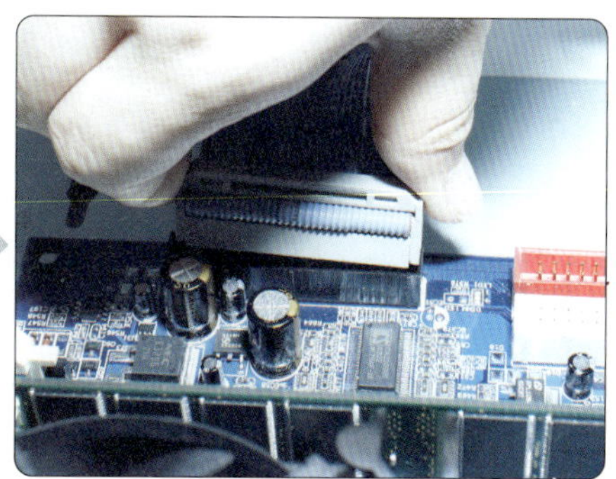

4 주기판에 연결된 플로피디스크드라이브 커넥터를 분리합니다.

04

주기판에 연결된 깜박이 케이블을 분리합니다.

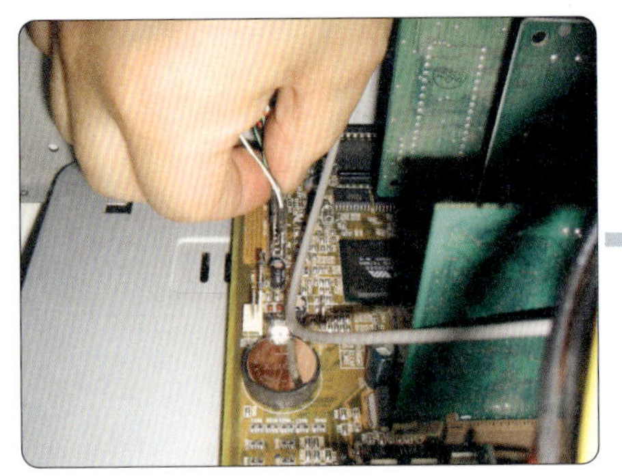

1 주기판에 연결된 깜박이(LED) 케이블을 잡아당깁니다.

2 깜박이 케이블은 좌우로 잡고 쑥 잡아당기면 손쉽게 빠집니다.

05

오디오 케이블을 분리합니다.

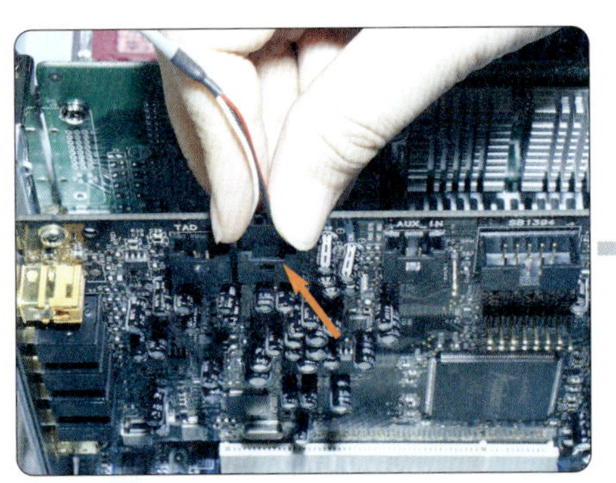

1 사운드카드에 연결된 오디오케이블의 분리합니다. 사운드카드에는 고정 장치가 없기 때문에 위로 잡아당기면 쉽게 빠집니다.

2 각종 케이블이 분리된 상태입니다.

고정 장치가 있는 오디오 케이블은 뺄 때 위로 들면서 뺍니다.

DVD롬드라이브나 CD롬드라이브에 연결된 오디오케이블은 분리합니다. 케이블의 형태에 따라서 잡는 형태가 조금 다릅니다. 평면형 케이블은 좌우나 위아래 커넥터를 잡고 쑥 잡아당기면 쉽게 빠집니다. 그렇지만 오디오케이블의 경우 구형 케이블은 커넥터가 고정 장치에 의해 물려 있는 형태가 있습니다. 또한 크기도 작도 케이블의 선도 가늘어 아차 실수하면 끊어먹을 우려가 있습니다.

고정 장치가 있는 오디오 케이블은 플로피디스크드라이브의 케이블을 뺄 때처럼 케이블의 커넥터 부분을 위아래로 잡고 약간 위로 들어올리고 흔들흔들 반동을 주면서 잡아당겨야 합니다. 그래야 밑부분의 고정 부위가 분리되면서 케이블이 빠져나옵니다.

드라이브에 연결된 오디오 케이블은 뺀 뒤에는 사운드 카드에 연결된 나머지 한 쪽을 빼면 됩니다.

4 드라이브 분리하기

01

CD롬드라이브나 하드디스크의 나사를 풀어 분리합니다.

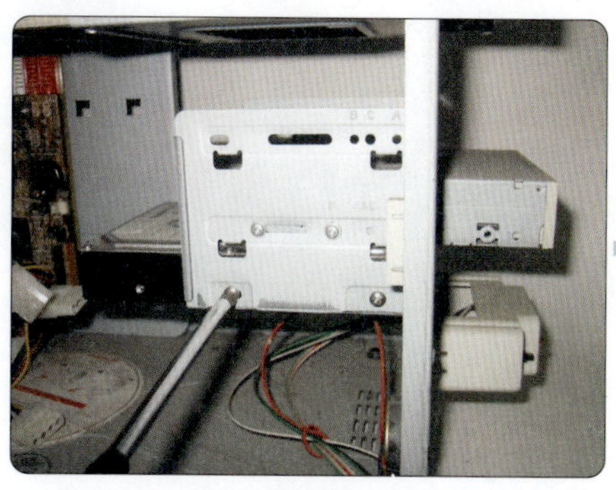

1 드라이브의 나사를 풉니다. 이때 나사가 다 풀리는 순간 주기판 사이의 틈으로 떨어질 수 있으니 한 쪽 손으로 나사 밑을 받치면서 푸는 것이 좋습니다. 자석 드라이버를 사용하는 경우라면 나사가 떨어지지 않아 편리합니다.

2 반대편 나사까지 모두 풉니다.

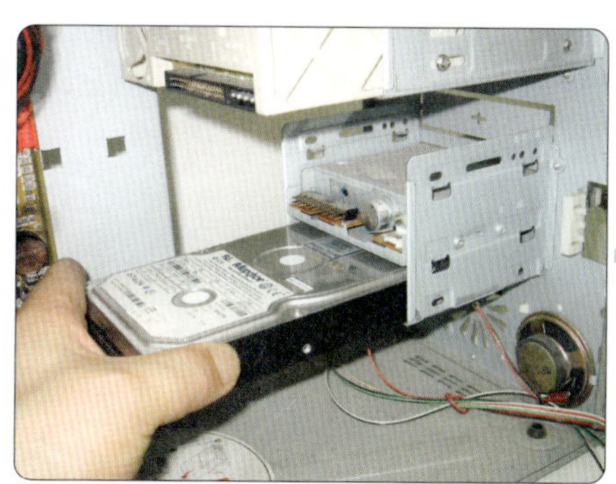

3 하드디스크를 안 쪽으로 잡아당기면서 꺼냅니다.

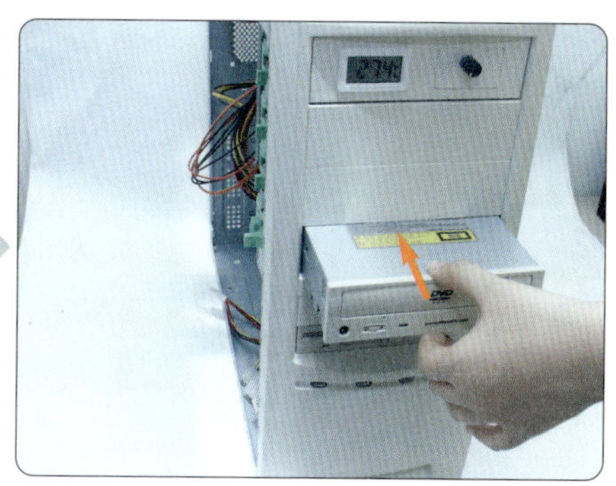

4 DVD롬드라이브도 나사를 풀고 본체 앞으로 밀어서 분리합니다.

잠깐! 나사 머리가 망가졌을 때 나사 빼는 방법

나사를 풀 때 가장 문제가 되는 부분은 나사가 헛 돌 때와 나사 머리가 뭉그러졌을 때입니다. 나사가 헛 돌 때는 아무리 드라이버를 돌려도 나사가 빠져나오지 않습니다. 매우 난감한데 이럴 때는 한 손으로 나사를 돌리면서 다른 한 손으로 핀셋이나 십자 드라이버, 핀셋, 커터날 등을 이용하여 나사를 바깥 쪽으로 밀어주면 됩니다. 나사 머리가 뭉그러진 상태인 경우에는 집게(핀처)를 이용하여 나사를 돌려주는 것이 좋습니다. 각이 진 나사는 롱노우즈 집게나 자름집게로 돌려주면 되고, 머리가 둥글거나 튀어나온 머리가 거의 없는 나사는 선자름집게(니퍼)를 이용해 돌려주면 됩니다. 이때 너무 힘을 주면 나사 머리가 잘릴 수도 있으니 적당하게 힘조절을 하기 바랍니다.
구석진 곳이라 집게로 돌려주기 어렵거나 계속 헛돌 때는 나사 머리를 잘라서 일단 드라이브를 분리한 다음에 집게로 남은 나사 몸통을 꺼내는 것이 좋습니다. 선자름집게를 이용하면 나사 머리를 어렵지 않게 자를 수 있습니다.

02

플로피디스크드라이브 나사를 풀어 분리합니다.

1 플로피디스크드라이브 고정 나사도 풉니다.

2 플로피디스크드라이브는 안 쪽에서 앞 쪽으로 밀어 꺼냅니다.

5 슬롯 장착 카드 분리

슬롯에 장착된 카드를 분리할 때의 순서는 없습니다. 분리하기 편한 카드부터 차례대로 분리하면 됩니다.

슬롯에 장착된 각종 카드를 들어올릴 때 주의할 점은 카드의 어느 면을 잡고 들어올리냐 하는 점입니다. 아무 생각 없이 카드의 기판 면을 잡고 들어올리다가 기판에 장착된 부품을 부러뜨리는 경우가 있습니다. 기판을 들어올릴 때는 한 손은 나사 구멍 쪽에 가까운 편편한 면을 잡고, 다른 한 손으로는 끝 부분의 편편한 면을 잡고 균일한 힘을 주어 들어올리는 것이 좋습니다.

빡빡해서 잘 안 빠지는 카드는 슬롯 바깥 쪽에서 드라이버를 이용하여 밀어주면서 나서 구멍 부분을 위로 잡아당기면 나서 구멍 부분부터 비스듬하게 경사지면서 빠집니다. 한 쪽 면이 빠지면 좌우로 흔들흔들하면서 위로 잡아당겨주면 쉽게 빠집니다.

01

슬롯에 장착한 카드의 고정 나사를 풉니다.

1 슬롯에 장착된 카드들. 고정 나사를 풀 때는 자석 드라이버를 사용하는 것이 좋습니다. 나사를 푼 다음에 들어올리기 좋습니다.

02

슬롯에 장착된 각종 카드를 들어올립니다.

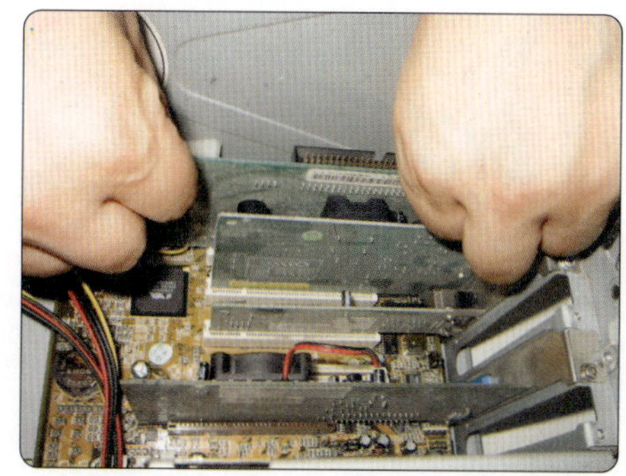

1 양 손으로 잡고 카드를 잡아 당겨야 합니다. 부품이 부러지지 않도록 평평하고 힘을 잘 받는 면을 잡아주는 것이 요령입니다.

03

차례대로 슬롯에 장착된 카드를 분리합니다.

1 그래픽카드를 분리합니다. 카드의 부품이 손상되지 않도록 양손으로 부품이 없는 기판을 잡고 위로 들어올리도록 합니다.

6 전원공급기와 전원선 분리

주기판을 분리하기 전에 주기판을 가리는 전원공급기를 분리합니다.

주기판을 교체하고자 할 때 전원공급기를 분리하는 이유는 주기판을 들어내는데 전원공급기가 방해될 때입니다. 전원공급기를 케이스로부터 분리하지 않고도 주기판의 전원공급선을 분리할 수 있고 주기판을 들어낼 수 있다면 구태여 전원공급기를 분리할 이유가 없습니다.

크기가 작은 미니 케이스를 사용할 경우에는 대부분 전원공급기가 주기판의 윗 부분을 상당 부분 가리기 때문에 전원공급기를 분리하지 않은 상태에서 주기판을 분리하기 어렵습니다. 그렇지만 미들타워 이상의 케이스라면 전원공급기를 분리하지 않고도 주기판을 분리할 수 있습니다. 이런 경우에는 구태여 전원공급기를 꼭 분리할 필요 없습니다. 전원공급선만 분리하면 됩니다.

01

전원공급기가 분해에 방해될 때는 전원공급기를 분리합니다.

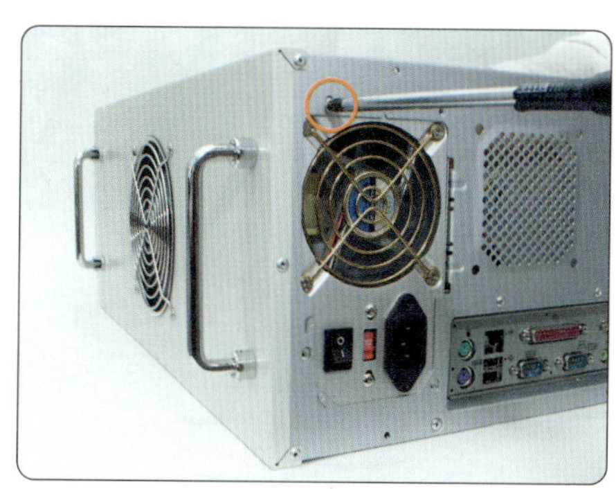

1 전원공급기의 나사를 풀어서 전원공급기를 분리합니다. 케이스 앞 부분에 연결된 전원 스위치의 분리 여부를 판단하여 분리해야 할 경우 나사를 풀어 분리합니다.

02

전원공급기를 분리했으면 주기판에 연결된 전원선을 분리합니다.

1 펜티엄4용 주기판은 20핀 주전원공급선과 4핀 보조전원공급선이 있습니다. 커넥터가 걸림 장치에 걸려있는 상태이므로 커넥터를 잡고 걸림 장치 쪽으로 조금 기울인 뒤에 위로 잡아당깁니다.

2 셀러론을 비롯한 기존의 ATX형 전원공급기는 20핀 짜리 전원공급선 하나만 있습니다. 걸림 장치가 되어 있기 때문에 걸림 장치 부분을 손으로 눌러 걸림 장치를 해제하면서 위로 잡아당겨야 합니다.

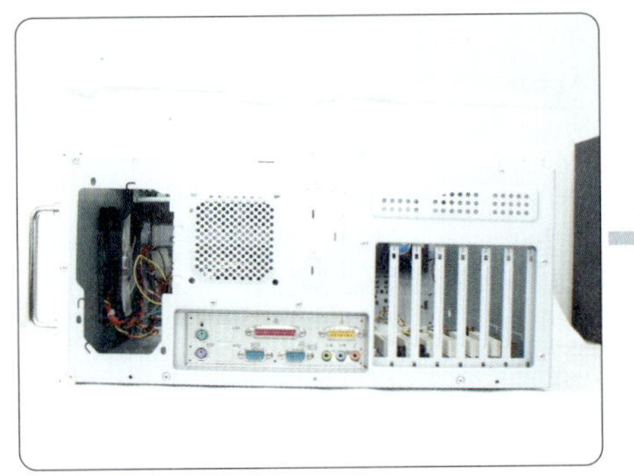

3 펜티엄4용 케이스에서 전원공급기를 분리한 상태

4 셀러론 시스템에서 전원공급기를 제거한 상태

7 본체 케이스에서 주기판, 스페이서, 블라켓 분리

01

주기판의 고정 나사를 풀어서 주기판을 케이스로부터 분리합니다.

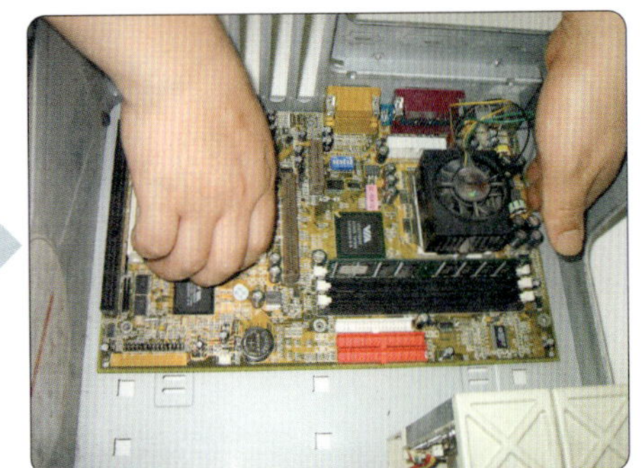

1 주기판의 나사를 하나씩 풉니다. 이때 자석 드라이버를 사용 중이라면 드라이버가 주기판의 부품을 건드리지 않도록 주의합니다. 자석 드라이버로 주기판의 부품을 긁으면 부품이 손상입을 수 있습니다.

2 주기판의 부품이 손상되지 않도록 주기판 기판 부분이나 슬롯 부분을 잡고 들어올립니다.

02

스페이서는 꼭 제거해야 할 필요가 없습니다. 다시 주기판을 장착할 때 사용할 것이므로 제거하지 않는 것이 바람직합니다. 이 책에서 스페이서 제거법을 다루는 이유는 주기판을 장착할 때 스페이서를 잘못 끼운 상황일 때를 대비하여 제거방법을 알려드리는 것입니다.

1 스페이서를 손으로 제거할 수는 있지만 무척 힘듭니다.

2 스페이서를 제거할 때는 긴코자름집게를 이용하여 스프링 장치 부분을 눌러주면서 반대편으로 밀어주면 쉽게 제거됩니다. 스페이서를 끼운 반대편 면에서(케이스 바깥 쪽 면) 스페이서의 걸쇠로 사용하는 돌기 부분을 밀어주면서 분리합니다.

3 스페이서를 분리한 상태

03

블라켓 역시 제거할 이유가 없습니다. 주기판을 교체하더라도 블라켓은 계속 사용해야 하기 때문에 블라켓까지 분리할 이유는 없습니다. 이 책에서 블라켓 제거방법을 다루는 이유는 튜닝이나 색칠 때 블라켓 부분도 분리하여 색칠하는 경우를 위해서입니다.

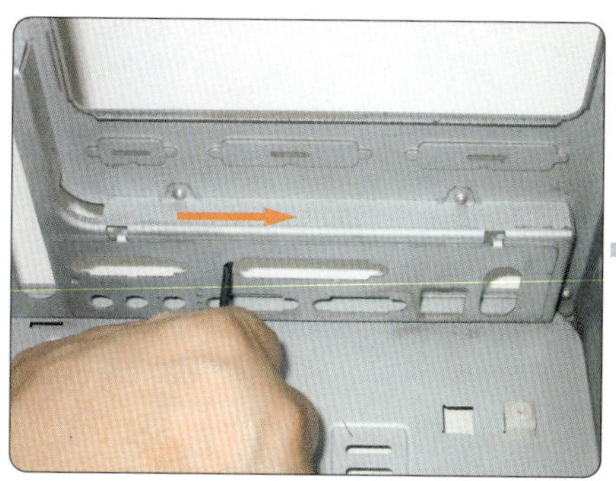

1 오른쪽으로 밀어서 고정시킨 상태이므로 제거할 때는 왼쪽으로 밀어서 걸쇠를 분리합니다. 손으로는 어렵고 드라이버를 이용하면 쉽습니다.

2 왼쪽으로 밀어 걸쇠가 분리되었으면 손으로 들어올립니다.

3 손으로 블라켓을 분리하여 들어올리는 상태

8 주기판에서 메모리 분리

주기판이 장착된 상태에서도 메모리를 빼낼 수 있습니다. 메모리만 교체하려고 한다면 주기판을 분리할 필요가 없습니다. 본체 케이스만 벗긴 상태에서도 메모리 교체는 가능합니다.

01

주기판의 메모리 잠금 장치를 양 쪽에서 눌러줍니다.

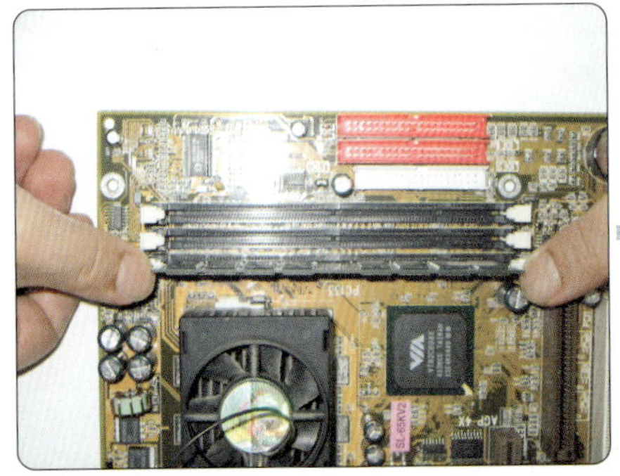

1 먼저 좌우 끝에 달린 잠금 장치 레버를 위에서부터 눌러 좌우로 벌려줍니다.

2 양 쪽의 잠금 레버를 위에서 누르면서 벌리면 툭 하고 메모리가 튀어나오며 메모리 소켓에서 분리됩니다.

02

메모리의 기판 부분을 잡고 들어올립니다.

1 분리된 메모리를 손으로 잡고 위로 잡아 당겨 분리합니다. 이때 정전기에 주의하도록 합니다.

9 주기판에서 셀러론 CPU 분리하기

CPU 제거 방법은 대부분 비슷하지만 요즘 많이 판매되는 셀러론과 펜티엄4 CPU의 냉각팬 구조가 조금 다르기 때문에 CPU 제거방법을 구분하여 설명합니다.

01

CPU 위의 냉각팬을 분리합니다.

1 냉각팬의 전원공급선을 분리합니다. 선이 약하므로 커넥터 부분을 잡고 조심스럽게 들어올립니다.

2 냉각팬의 걸쇠를 분리합니다. 셀러론 CPU의 냉각팬 분리는 손으로 어렵습니다. 한 손으로는 드라이버를 이용하여 냉각팬 잠금 걸쇠를 위에서부터 눌러주는 동시에 다른 한 손으로 십자 드라이버를 이용하여 걸쇠를 바깥 쪽으로 밀어주어야 겨우 분리가 됩니다. 이 사진처럼 아무 생각 없이 드라이버로 냉각팬 걸쇠를 밀어내다가는 잠금장치의 돌기가 부러질 수 있으니 각별한 주의가 필요합니다.

3 고정 고리가 분리된 다음에 냉각팬을 들어올려 냉각팬이 분리된 상태.

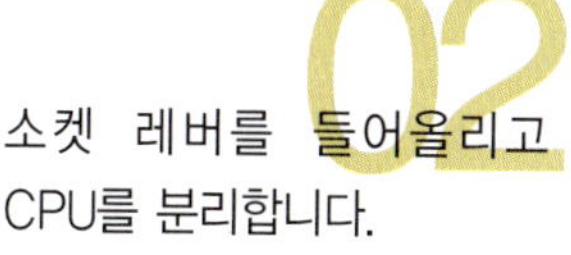

02

소켓 레버를 들어올리고 CPU를 분리합니다.

1 CPU 소켓 잠금 레버를 약간 바깥 쪽으로 밀면서 들어올립니다.

2 레버는 완전히 들어올려야 합니다.

3 레버를 들어올린 뒤에 CPU를 잡고 수직으로 위로 잡아올리면 CPU가 분리됩니다.

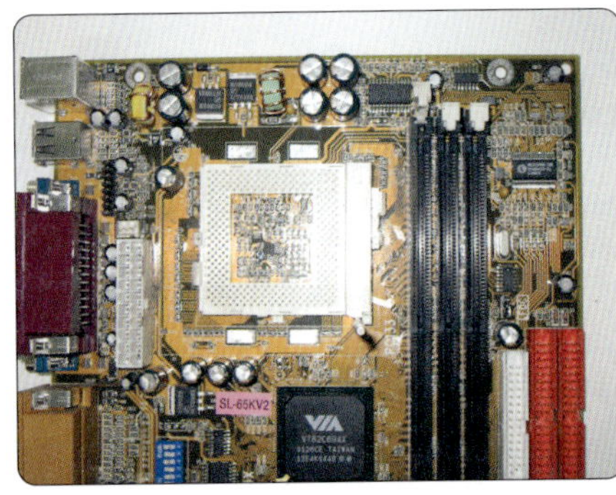

4 CPU를 분리한 상태의 370 소켓용 주기판

10 주기판에서 펜티엄4 CPU 분리하기

기본적으로 펜티엄4 CPU 제거 과정은 조립의 역순입니다. 앞서 설명한 셀러론 CPU 분리 과정과 거의 동일합니다.

01 냉각팬 전원공급선을 분리합니다.

1 냉각팬 전원공급선을 들어올려 분리합니다.

02

냉각팬 잠금장치를 해제하고 냉각팬을 들어올립니다.

1 냉각팬 잠금 레버를 반대편으로 들어올리면 잠금 장치가 해제됩니다.

2 냉각팬을 들어올립니다.

03

CPU 잠금 레버를 올리고 CPU를 분리합니다.

1 CPU 소켓의 잠금 레버를 손가락을 이용해 약간 바깥 쪽으로 밀면 걸쇠에서 분리됩니다. 이후 레버를 천천히 들어올립니다.

2 레버를 완전히 들어올려야 CPU가 손상 없이 분리됩니다.

3 펜티엄4 CPU를 위로 그대로 들어올립니다.

4 CPU를 들어올려 주기판에서 분리한 상태

잠깐! 슬롯형 CPU 분리하는 과정

슬롯형 CPU는 소켓형보다 분리하기 쉽습니다. 냉각팬 잠금장치가 주기판에 고정되지 않기 때문에 슬롯에서 CPU를 위로 잡아당기기만 하면 분리됩니다.

1. 슬롯형 CPU는 먼저 좌우의 고정 지지대에 끼워넣은 고정 장치를 분리합니다. 튀어나온 부분을 밀면서 위로 잡아당기면 고정 장치가 분리됩니다.
2. 좌우의 지지대 고정 나사를 풀어서 지지대를 분리합니다.

03 키보드 분해하기

키보드 종류에 따라서 분해 과정이 조금 다릅니다.

일반인이 키보드를 분해할 일은 거의 없습니다. 또 키보드 분해는 컴퓨터의 각종 부품 중에서 가장 까다로운 편입니다. 일반적으로 키보드를 분해할 일이 없지만 이 책에서는 키보드 분해 방법을 자세하게 다룹니다. 키보드를 깨끗하게 청소하거나 키보드의 케이스에 색칠을 하려면 키보드 분해 과정이 필수적이기 때문입니다.

이 책에서는 세 가지 종류의 키보드 분해법을 다룹니다. 하나는 가장 싼 보급형 키보드의 분해법입니다. 가격이 1만원 전후인 멤브레인 방식의 키보드는 현재 가장 널리 보급된 제품입니다. 시중에 나오는 1만원 전후의 보급형 제품은 대부분 멤브레인 방식의 키보드로 보시면 됩니다. 아마도 여러분이 가지고 있는 키보드는 대부분 이 제품군에 속할 것으로 생각합니다. 그래서 분해 방법을 상세하게 다룹니다.

두 번째 키보드는 같은 멤브레인 방식이지만 기능키가 추가된 제품입니다. 기능키가 추가된 제품이라 하더라도 분해 방법은 보급형과 거의 같습니다. 세 번째는 기계식 방식의 키보드입니다. 분해 방법이 멤브레인 방식과 조금 다르며 이에 따라 청소 방법이나 색칠 방법도 조금 다릅니다.

키보드 분해는 시간이 가장 오래 걸리는 분해작업입니다.

키보드를 완전 분해하려면 시간이 가장 오래 걸립니다. 또한 스프링이 고장날 위험도 큽니다. 그렇지만 가격이 비싼 제품이 아니므로 두려워하지 말고 분해해보기 바랍니다. 지저분한 키보드를 깨끗하게 청소하거나 예쁘게 색칠할 수 있습니다.

1 보급형 멤브레인 방식 키보드 분해

01 뒷 면의 나사를 풉니다.

1 보급형의 멤브레인 방식 키보드. 사무실에서 사용중인 LG전자의 키보드를 분해 대상으로 삼았습니다.

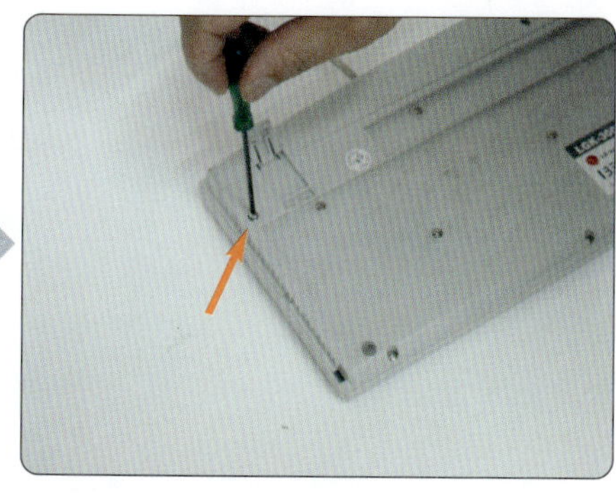

2 뒷 면의 나사를 풉니다. 나사가 작기 때문에 소형이나 중간 크기 십자 드라이버를 이용합니다. 멤브레인 방식의 키보드에서 외부 나사는 덮개만 고정시키는 것이 아니라 안에 있는 시트도 함께 고정시키는 역할을 합니다.

잠깐! 숨겨진 나사에 주의합니다.

아래 그림의 스티커 부분을 잘 살펴보기 바랍니다. 동그란 스티커 밑에 나사가 하나 감추어진 상태입니다. 스티커를 떼어내면 숨겨진 나사가 나타납니다.

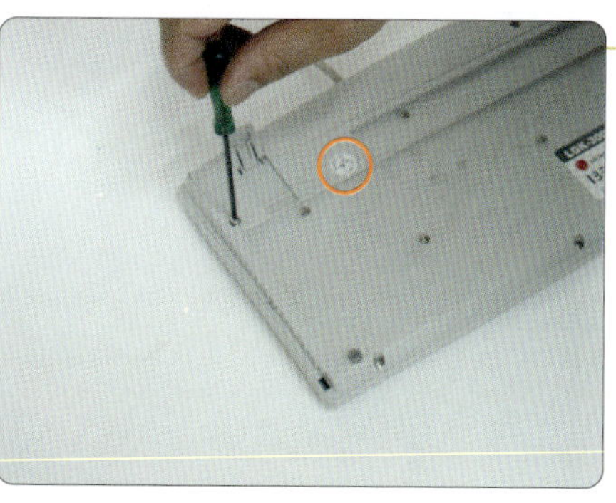

스티커 부분 화살표 처리

초보자들은 눈에 보이는 나사만 풀고 케이스를 열려고 하는데 가운데 나사가 하나 안 풀렸기 때문에 당연히 열리지 않습니다. 이때 무리하게 키보드 케이스를 열려고 하면 파손의 위험이 있습니다. 어딘가 걸리는 부분이 있다면 스티커 밑에 숨겨진 나사가 있는가 확인해보기 바랍니다.

스티커의 나사까지 모두 푼 상태. 나사가 꽤 많습니다.

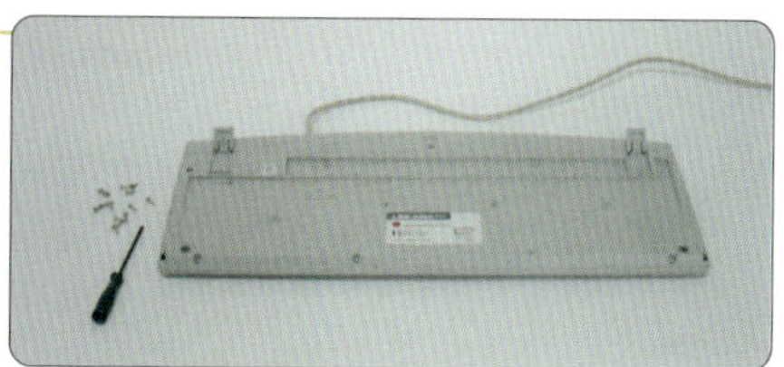

02 바닥 면의 덮개를 분리합니다.

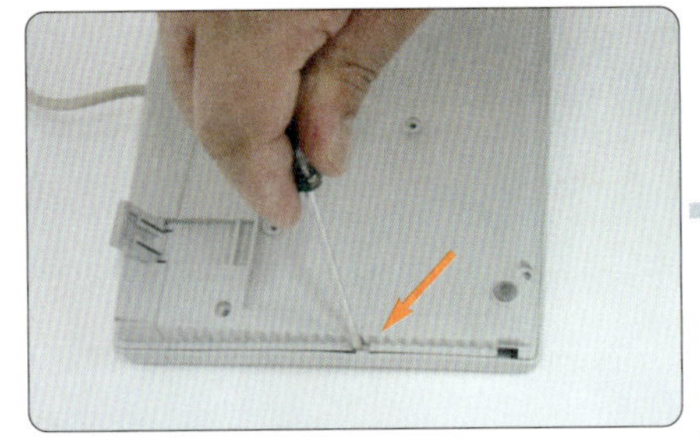

1 키보드 네 방향의 일정 지점마다 걸쇠에 의해 덮개가 물려 있는 상태입니다. 십자 드라이버를 이용하여 걸쇠를 하나씩 밀어주면서 한 쪽 방향부터 차례대로 덮개를 떼어냅니다.

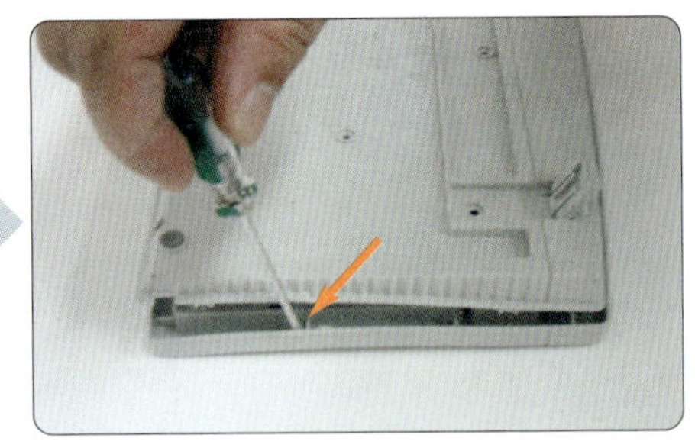

2 한 쪽 면의 걸쇠를 밀어주면서 덮개를 떼어내고 있습니다.

3 다른 방향도 십자 드라이버를 이용하여 덮개를 분리합니다.

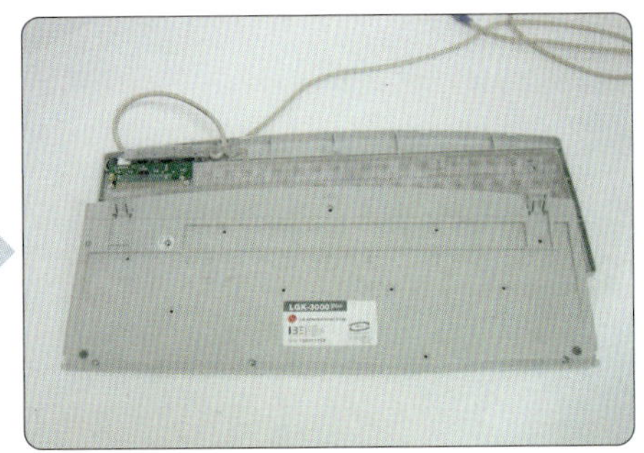

4 바닥 부분의 덮개를 떼어낸 상태

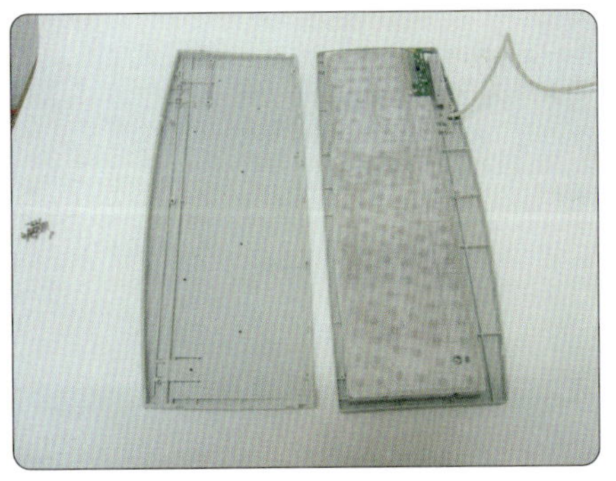

5 바닥 덮개가 분리된 상태

03 멤브레인 시트를 걷어냅니다.

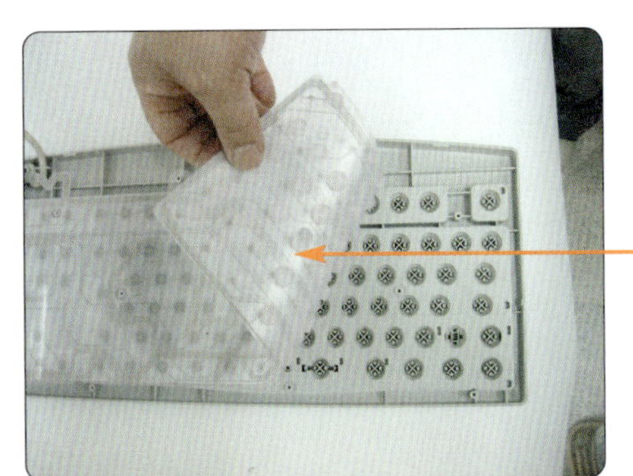

멤브레인 시트

1 여러 겹으로 된 시트를 조심스럽게 걷어냅니다.

잠깐! 조립할 때는 멤브레인 시트의 돌기를 키보드의 구멍에 맞추면 쉽게 조립이 됩니다.

멤브레인 시트를 다시 조립하기는 어렵지 않습니다. 멤브레인 시트에 요철 형태로 달려 있는 고무돔(고무캡)이 키보드의 키 배열 상태와 일치하기 때문입니다. 그렇지만 고무돔만 키보드 구멍에 일치시켜서는 안됩니다. 완전히 밀착시키지 않으면 공간이 뜨는 문제가 발생합니다. 멤브레인 시트를 잘 보면 테두리 부분을 따라 조그마한 돌기가 있습니다. 이 돌기는 키보드 윗 덮개의 작은 구멍에 삽입하도록 만든 돌기입니다. 멤브레인 시트의 돌기를 키보드의 구멍에 꽉 끼우면 멤브레인 시트가 키보드 윗 덮개에 완전히 밀착됩니다.

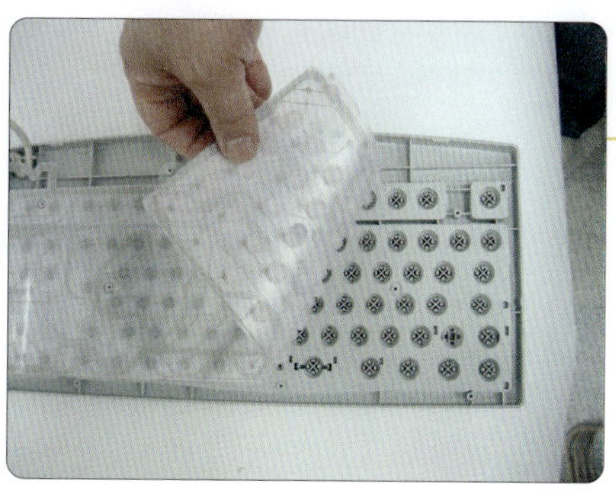

멤브레인 시트에 있는 고무 돌기와 덮개에 있는 고무 돌기 구멍을 맞추면 쉽게 조립이 됩니다.

대부분의 멤브레인 키보드는 키톱을 받쳐주는 고무돔이 시트에 고정된 일체형으로 출시됩니다. 그렇지만 몇몇 키보드는 고무돔이 하나씩 떨어진 제품도 있습니다. 또한 몇몇 키 부분만 분리형으로 된 제품도 있습니다. 이런 제품은 분해가 까다롭습니다. 일체형이 아닌 키보드는 멤브레인 시트를 분해할 때 시트를 들어서 분해하지 말고 윗 덮개를 위로 들어올리는 방식으로 시트를 윗 덮개와 분리합니다.

04

키보드 회로도를 고정시킨 나사를 풀어서 회로도를 키보드 윗 덮개에서 분리시킵니다.

1 회로도 고정 나사를 푼 다음에 회로도를 들어올립니다. 회로도는 키보드 선에 연결된 상태입니다. 사진에서 주의 깊게 볼 부분은 키보드 선이 어떤 형태로 끼워져 있나 하는 점입니다. 잘 기억하셔야 조립할 때 쉽게 조립할 수 있습니다. 멤브레인 방식의 키보드는 회로도가 매우 작다는 특징이 있습니다. 회로도와 키보드 선도 분리가 가능합니다. 키보드선을 연결한 흰색의 커넥터를 잡아 당기면 회로도와 키보드선이 분리됩니다.

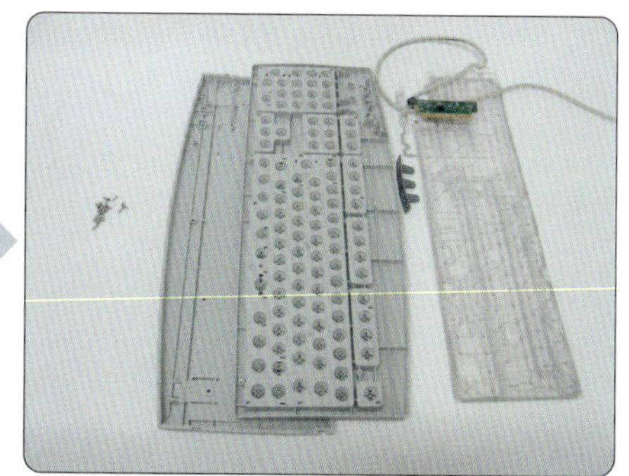

2 멤브레인 시트를 분해한 상태

05

키보드 윗 덮개에서 스프링 장치가 안된 키를 하나씩 분리합니다.

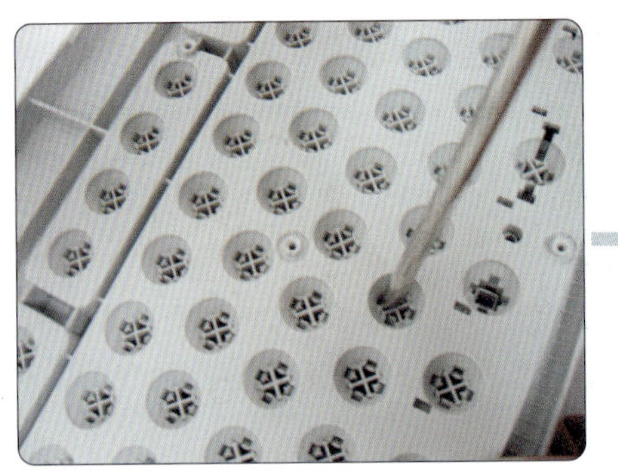

1 키를 분리할 때 드라이버를 이용하면 편리합니다. 십자 드라이버로 키보드의 키톱을 밀면 반대편으로 키가 떨어져 나옵니다.

2 드라이버로 밀자 키가 떨어져 나옵니다.

3 키가 분리된 상태

4 뒤에서 미는 방식은 생각보다 힘듭니다. 이럴 때는 일자 드라이버를 이용하여 앞에서 분리시키는 것이 좋습니다. 일자 드라이버를 키 밑에 끼우고 들어올리면 키가 분리됩니다. 이때 한 손으로 키를 잡아주지 않으면 키가 툭 하고 멀리 튀어나갑니다. 키가 튀지 않도록 손으로 잡아주면서 분리합니다. 주의할 점은 스프링 장치가 된 큰 키의 분해입니다. 스프링 장치 된 키의 분해는 뒤에 설명하겠습니다.

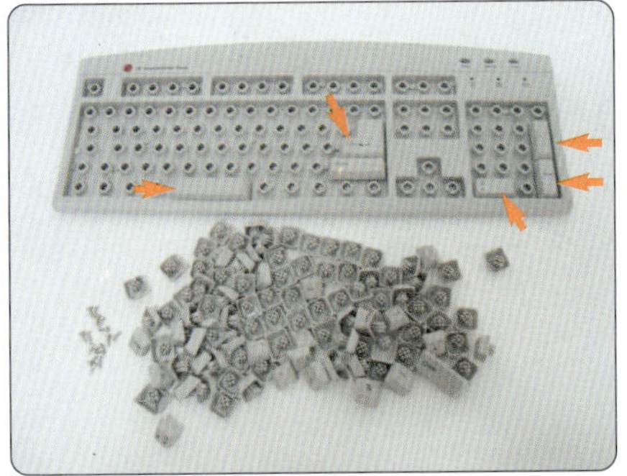

5 스프링 장치가 된 키보드만 제외하고 모두 분해한 상태입니다.

06

걸쇠 장치가 된 키를 조심스럽게 분해합니다. 스페이스바, Shift키, Enter키와 키패드의 덩치 큰 키들이 스프링 장치 된 키입니다.

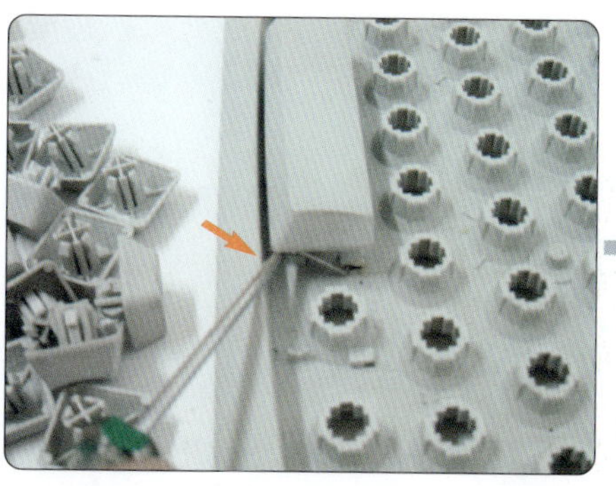

1 걸쇠 장치가 된 키는 분해가 까다롭습니다. 아무 생각 없이 힘을 주어 키를 들어 올리면 걸쇠나 걸쇠 고정 고리가 파손됩니다. 따라서 걸쇠 장치가 된 키보드는 조심조심 살피면서 분리합니다.

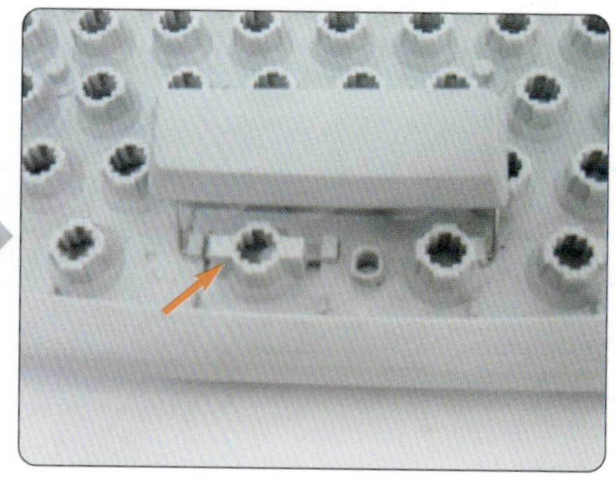

2 걸쇠 장치가 된 키를 키톱 구멍과 분리한 상태. 이제 걸쇠 부분을 일자 드라이버로 밀면서 키톱 구멍에서 분리합니다.

3 걸쇠 장치가 된 스페이스바 키. 조심하지 않으면 걸쇠를 물어주고 있는 고리 부분이 쉽게 파손됩니다.

4 걸쇠 장치가 된 키를 분해하여 모든 키를 다 분해한 상태.이 상태면 키보드 분해는 다 끝난 셈입니다.

2 기능키가 있는 멤브레인 방식 키보드의 분해

기능키가 있는 키보드도 분해 방법은 앞서 설명한 보급형 키보드와 같습니다. 다만 제조회사와 모델별로 약간씩의 차이가 있습니다. 기본적으로 나사가 보이는 곳부터 하나씩 풀면서 분해하는 과정은 같습니다.

01

뒷 면 나사를 풉니다.

1 여러 가지 기능 키가 달린 삼성전자의 키보드

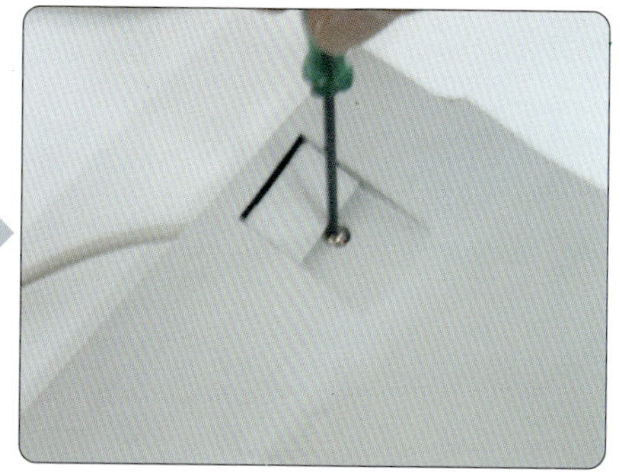

2 뒷 면의 나사를 풉니다. 이 나사는 바닥 덮개 외에도 내부의 금속판과 멤브레인 시트를 모두 고정시키는 역할을 합니다.

02

나사를 다 풀었으면 키보드 덮개를 분리합니다.

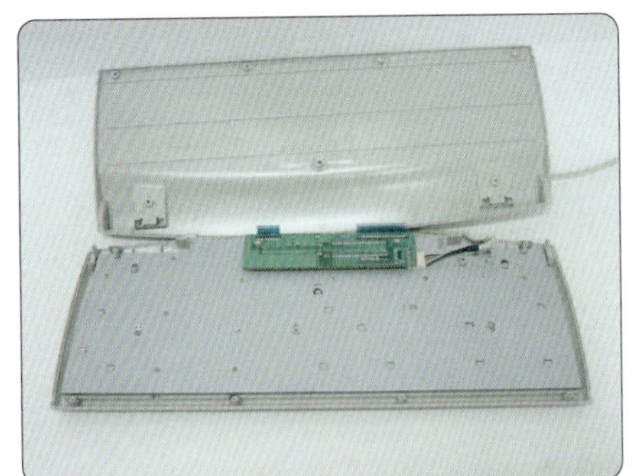

1 키보드 바닥 덮개를 분리했습니다.

03

회로도를 고정시키는 나사를 풀고 회로도를 분리합니다.

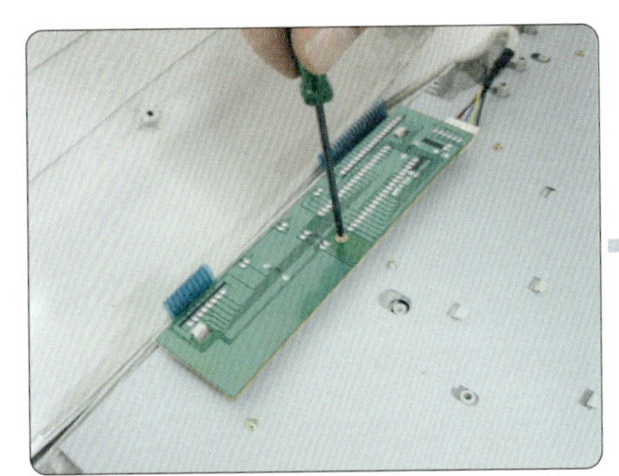

1 회로도를 고정시킨 나사를 풉니다.

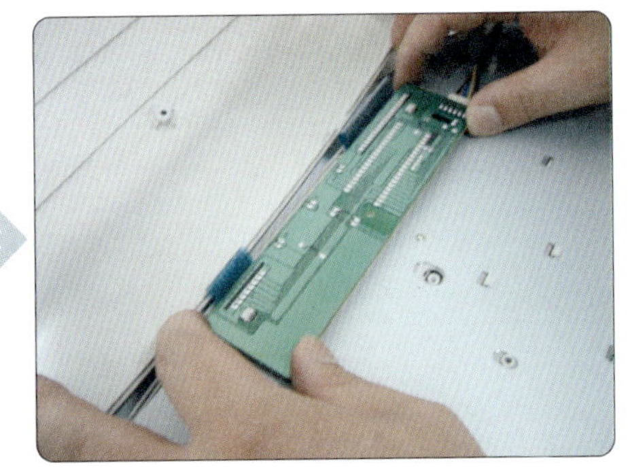

2 회로도를 들어올립니다.

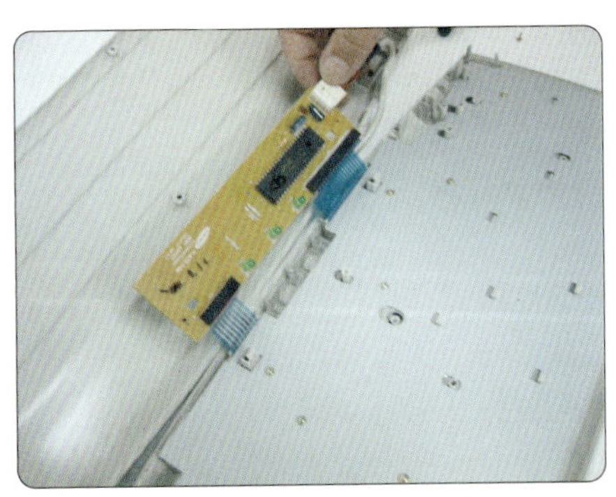

3 회로도를 분리한 상태. 시트의 케이블이 연결된 상태인데 케이블의 커넥터 부분을 잡아당기면 회로도와 시트가 분리됩니다. 회로도와 키보드선을 분리하려면 흰색의 커넥터를 잡아당기면 됩니다.

04

금속판 고정 나사를 풀어 금속판과 멤브레인 시트를 분리합니다.

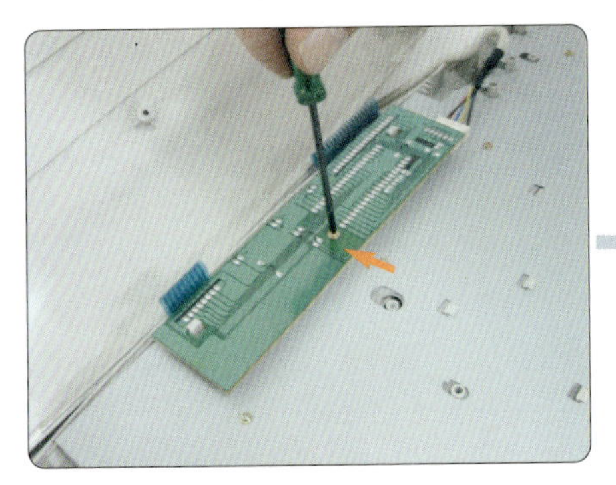

1 회로도 밑에 있던 나사마저 풉니다.

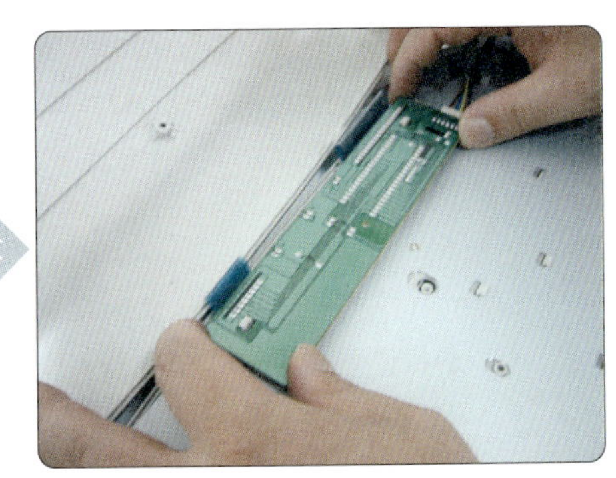

2 금속판을 들어올립니다.

3 바닥 덮개와 회로도, 금속판, 멤브레인 시트가 분리된 상태. 그 뒤의 분해 과정인 시트 걷어내기와 키 분리하기 과정은 첫 번째 키보드 분해 과정대로 하면 됩니다.

3 기계식 키보드의 분해

기계식 키보드가 멤브레인 방식과 다른 점은 키와 회로도가 붙어있다는 점입니다. 또한 회로도가 매우 크다는 점입니다. 이런 이유로 기계식은 대부분 윗덮개와 바닥 덮개, 회로도의 세 부분으로 분리됩니다.

01 뒷 면 덮개의 나사를 풉니다.

1 IBM에서 만든 기계식 방식의 키보드

2 뒷 면 덮개의 나사를 풉니다.

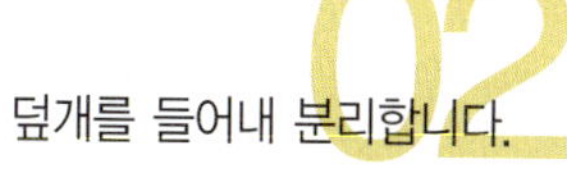

02 덮개를 들어내 분리합니다.

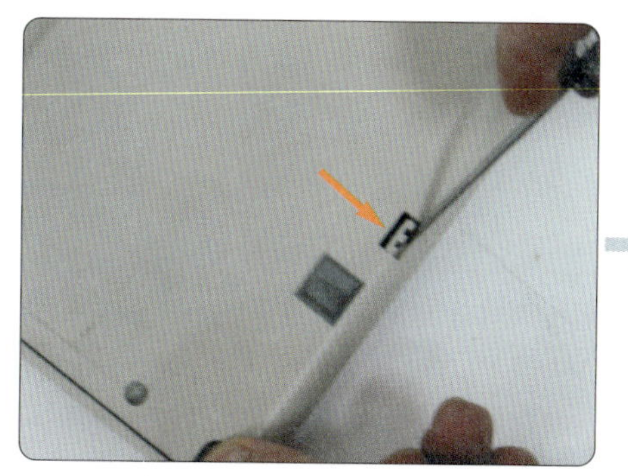

1 걸쇠에 걸린 부분을 일자 드라이버로 밀어주면서 분리하고, 키보드 덮개를 위로 들어올립니다.

2 키보드 덮개가 분리된 상태. 기계식 키보드는 멤브레인 방식과는 달리 키보드 면적만큼 큰 회로도를 사용합니다.

03

회로도를 뒷 면 덮개로부터 분리합니다.

1 회로도를 조심스럽게 들어올려 뒷면(바닥) 덮개와 분리합니다.

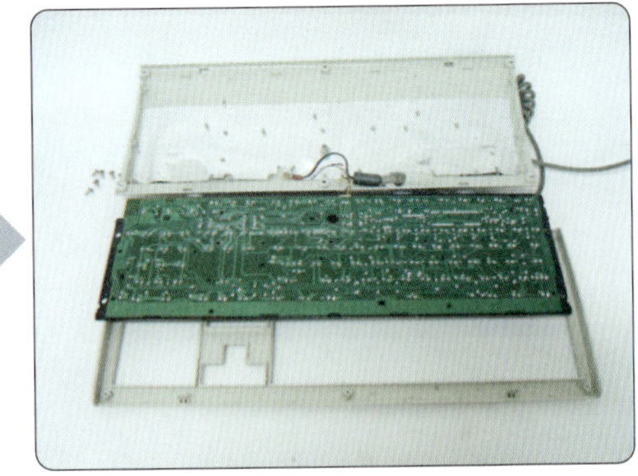

2 기계식 키보드는 이처럼 뒷 면 덮개, 회로도, 윗 면 덮개의 세 부분으로 분리됩니다.

04

키보드 선이 연결된 곳을 분리합니다.

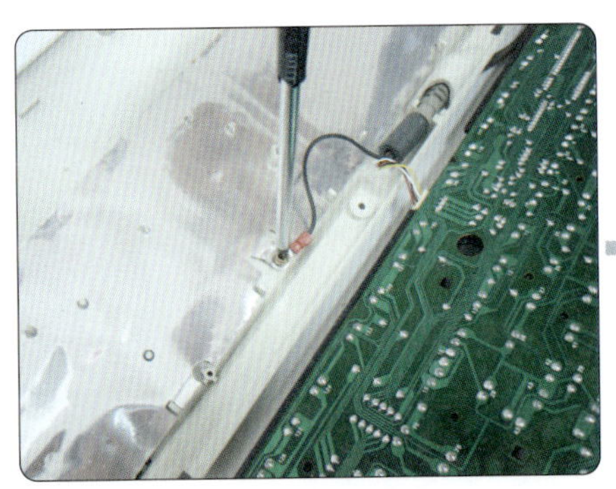

1 키보드 선에서 분리하여 덮개에 고정시킨 이 선은 접지를 위해 연결한 선입니다. 나사를 풀어 접지선을 분리시킵니다.

2 뒷 면 덮개에서 접지선을 분리한 상태. 흰색 커넥터 부분이 키보드선과 연결되는 커넥터입니다.

3 키보드선의 흰색 커넥터 부분을 잡고 잡아당기면 회로도와 키보드 선이 분리됩니다.

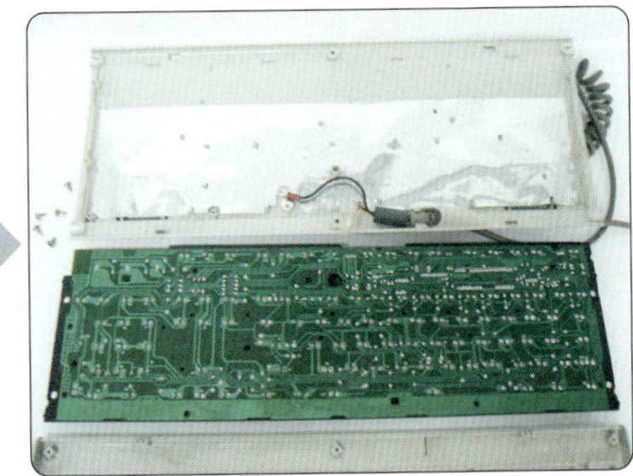

4 키보드 선을 회로도로부터 분리시킨 상태

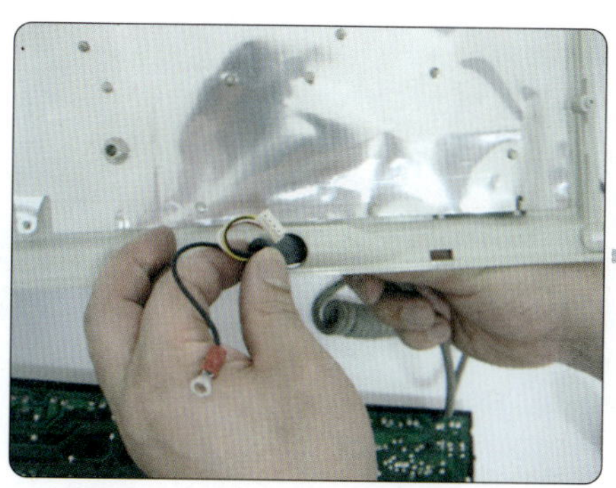

5 선의 끝 부분을 구멍 속으로 밀어줌으로써 키보드 선을 완전히 분리시킵니다.

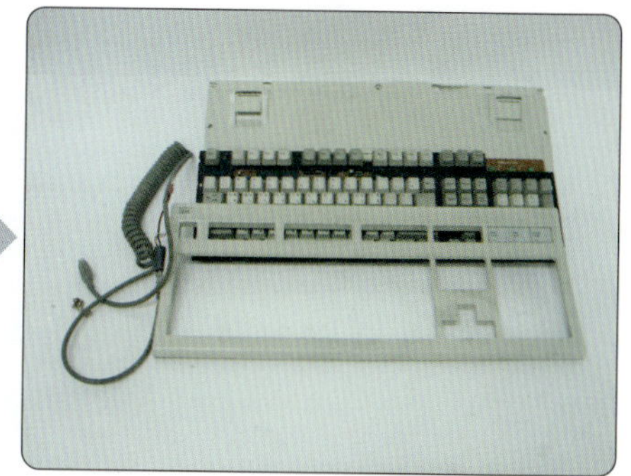

6 키보드 선이 회로도와 분리된 상태입니다.

05

회로도로부터 일반 키를 분리합니다.

1 키를 분리할 때는 일자 드라이버를 이용하여 키를 하나씩 들어올립니다. 단 걸쇠나 스프링 장치가 된 키는 맨 나중에 분해합니다.

2 걸쇠 장치가 된 큰 키만 남기고 분해한 상태

06

걸쇠 장치가 된 키를 분리합니다.

1 걸쇠 장치가 된 큰 키들. 스페이스바, 엔터, 쉬프트 키 등 크기가 큰 키는 대부분 걸쇠 장치가 되어 있습니다.

2 걸쇠 장치가 된 키는 조심스럽게 들어올립니다.

3 키를 키톱 구멍에서 들어올린 상태

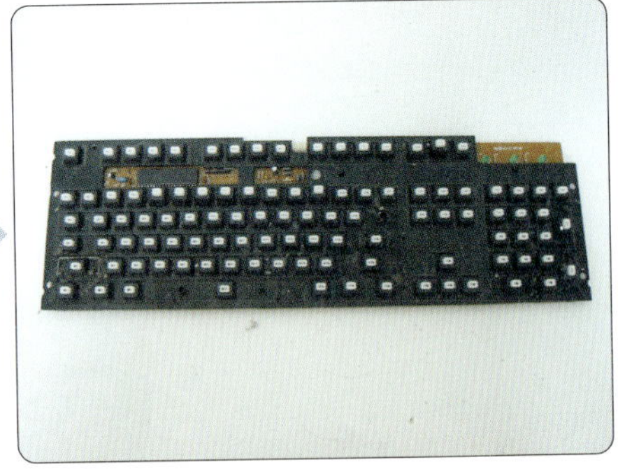

4 모든 키를 분해한 상태

잠깐! 분해한 키보드 조립하기

키보드를 분해하는 것만큼이나 키보드 조립은 어렵습니다. 가장 어려운 점은 키보드에 키톱을 끼울 때 순서를 모른다는 점입니다. 키톱은 키보드에 손가락으로 잡고 밀어넣으면 딱 소리나면서 쉽게 들어갑니다. 그런데 키보드의 자판 배열을 어떻게 알 수 있을까요?

1. 가장 좋은 방법은 키보드 하나를 빌려와서 빌려온 키보드의 배열을 보면서 키를 끼우는 것입니다.
2. 빌려올 키보드가 없다면 윈도우에서 아래아한글과 같은 워드프로세서를 띄우고 마우스를 이용하여 자판 배열 그림을 보면서 맞춥니다. 그러나 몇몇 특수키의 배열은 나타나지 않는 단점이 있습니다.
3. 기본적인 글씨의 순서는 직접 키보드를 쳐보면 알 수 있습니다. 메모장을 띄우고 키를 하나씩 쳐보면 글씨의 배열 순서는 알 수 있습니다. 역시 몇몇 특수키의 배열 순서는 알 수 없다는 것이 단점입니다.
4. 컴퓨터 입문서를 보면 키보드 사진을 찍은 것이 있습니다. 이 사진을 참고하면 어느 정도 도움이 됩니다.

키를 조립할 때는 손가락으로 잡고 눌러주면 됩니다.

04 마우스 분해하기

마우스 분해는 2단계로 설명할 수 있습니다. 마우스에 낀 때를 간단하게 제거하기 위한 분해라면 공을 꺼내는 분해로도 충분합니다. 그러나 색칠을 하거나 좀더 깨끗하게 마우스를 청소하겠다면 기판까지 분해해야 합니다. 두 가지 분해 과정을 모두 설명하겠습니다.

1 공만 꺼내기

01

마우스 밑 바닥이 위로 향하게 합니다.

1 밑 바닥의 공 마개를 보면 홈과 함께 마개를 여는 방향이 표시되어 있습니다.

02

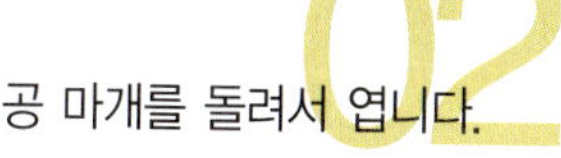

공 마개를 돌려서 엽니다.

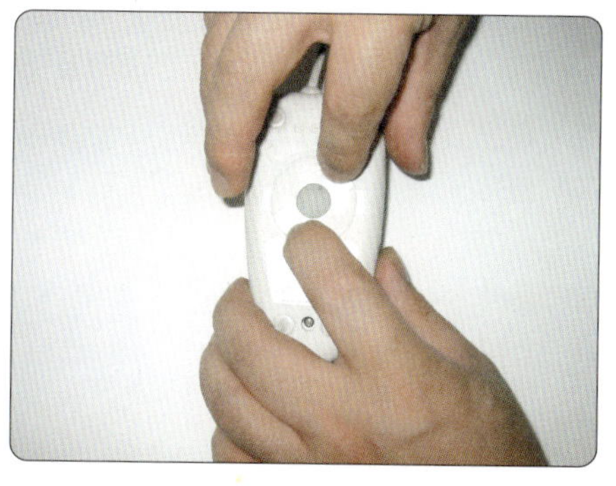

1 두 손을 홈에 끼우고 열리는 방향으로 마개를 돌립니다.

03

뒤집어 공을 꺼냅니다.

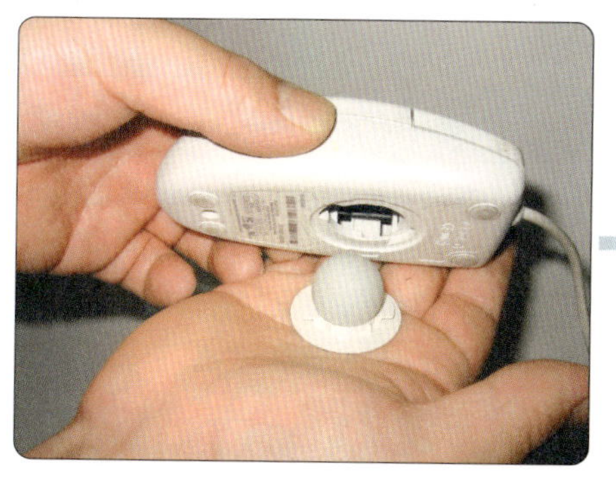

1 마개가 돌아가 열리면 다시 뒤집어 마개와 공을 꺼냅니다.

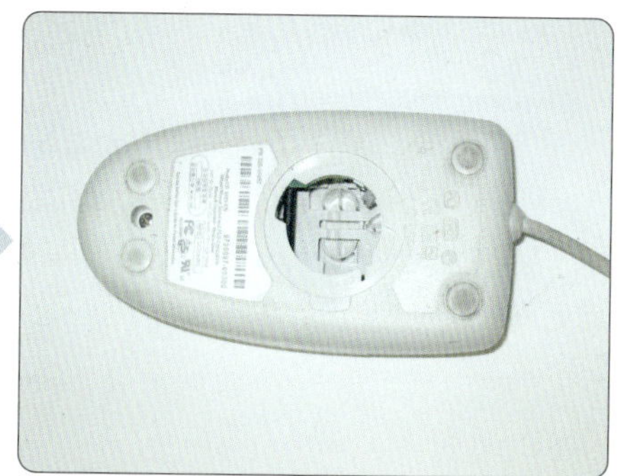

2 마개와 공이 빠진 상태

2 마우스 회로도 분해하기

01

공을 꺼낸 뒤에 바닥 면의 나사를 풉니다.

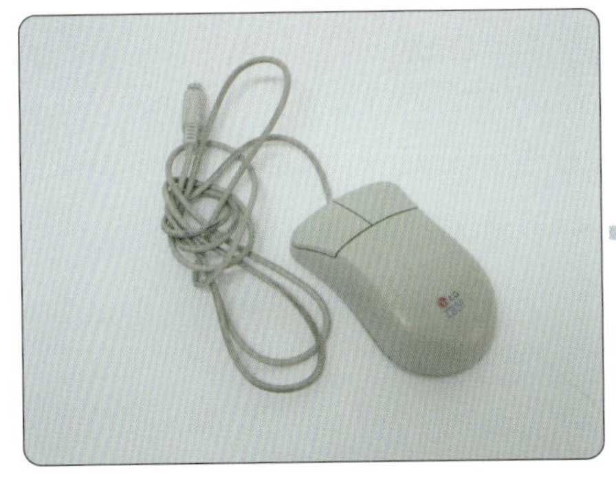

1 분해에 사용할 IBM 마우스

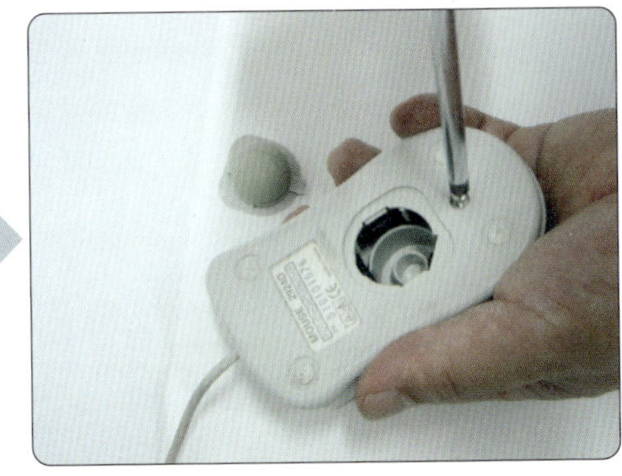

2 나사를 풀고 들어올립니다. 이때 테두리 주변에 걸쇠가 걸려있는 상태이므로 조심스럽게 분리합니다.

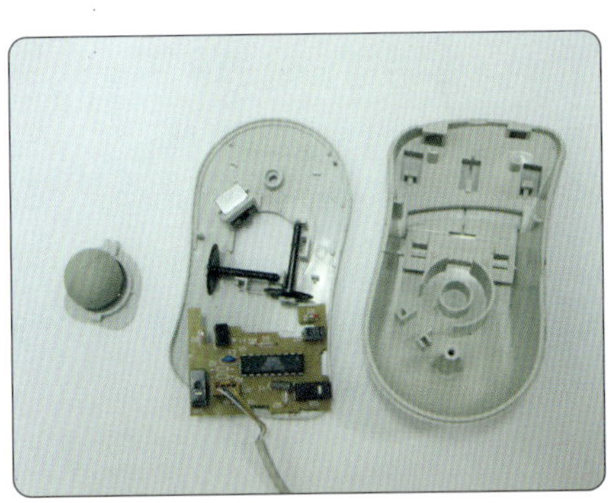

3 윗 덮개와 바닥 덮개가 분리된 상태입니다. 단추도 분해할 수 있는데 사진을 보면 단추 부분이 걸쇠로 단단하게 고정된 모습을 볼 수 있습니다. 단추를 분리하려다가 실수로 걸쇠를 파손하면 마우스 사용이 어렵기 때문에 어지간한 상황이 아니라면 단추는 분해하지 않도록 합니다.

02

마우스 선을 회로도와 분리합니다.

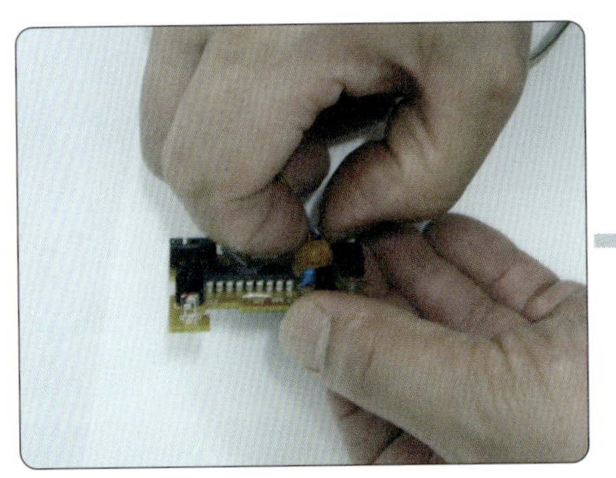

1 회로도에 연결된 마우스 선을 분리합니다. 커넥터를 잡고 잡아당기면 됩니다.

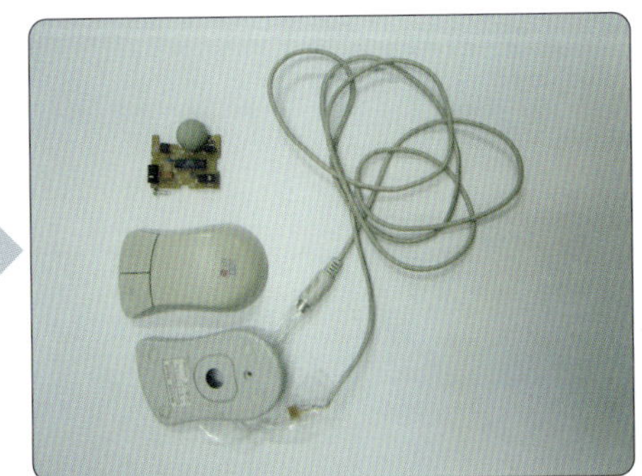

2 부품별로 분해된 상태. 단추만 분해하지 않았습니다.

05 모니터 분해하기

모니터의 코일에 전기가 충전되어 있으니 각별하게 주의합니다.

모니터를 분해할 때 주의할 점은 절대적으로 전원선을 뺀 상태에서 분해해야 한다는 점입니다. 또한 전원선을 뺀 뒤에도 어느 정도 시간이 흐른 뒤에 분해해야 합니다. 그 이유는 모니터에 감긴 코일에 꽤 많은 양의 전기가 충전되어 있어 감전의 위험이 있기 때문입니다.

1 17인치 보급형 모니터 분해

17인치 보급형 모니터는 요즘 가장 많이 팔린 모니터입니다. 이 모니터의 분해 방법만 익히면 다른 모델의 모니터도 같은 방법으로 분해할 수 있습니다.

01

모니터 바닥의 받침대를 분리합니다.

1 분해에 사용할 KDS 17인치 모니터

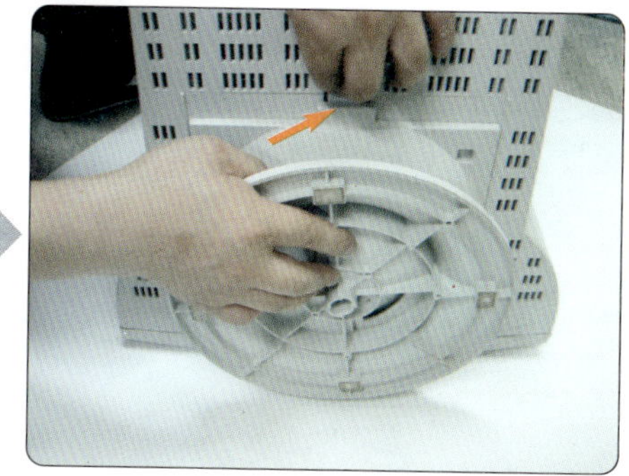

2 모니터를 뒤집거나 세웁니다. 바닥의 받침대는 걸쇠 장치와 몇 군데 홈에 의해 고정된 상태입니다. 걸쇠 부분을 손으로 눌러주면서 반대방향으로 받침대를 밀어주면 빠집니다.

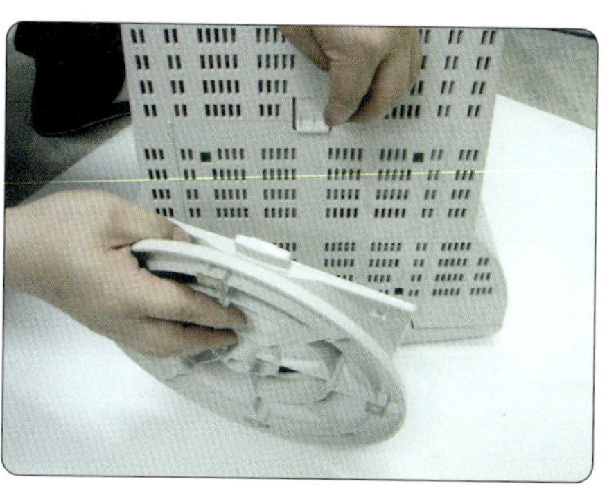

3 받침대를 분리했습니다.

02

모니터 케이스 나사를 풉니다.

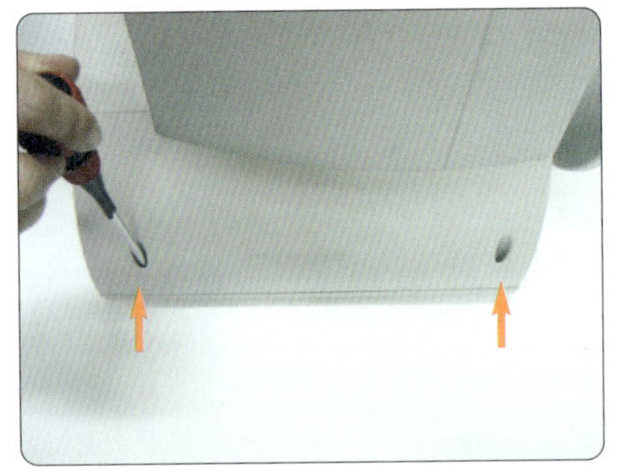

1 뒤에서 보면 모니터 케이스 조임 나사는 2~4개 정도 박힌 상태입니다. 긴 드라이버를 이용하여 나사를 풉니다.

03

케이스를 들어올리고 전원선을 구멍 사이로 빼줍니다.

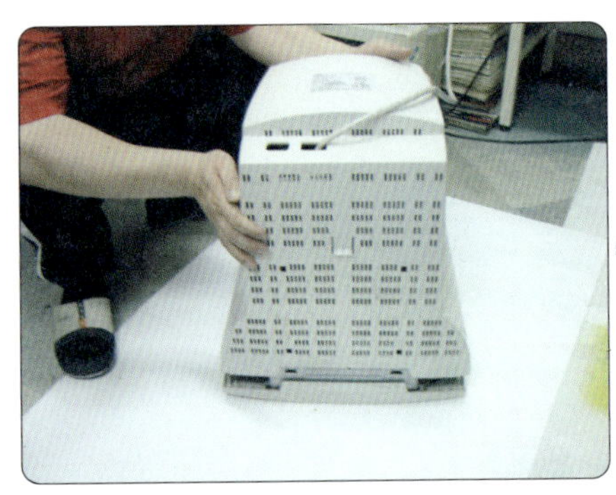

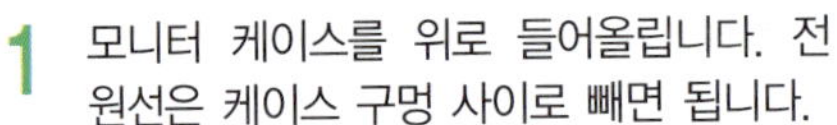

1 모니터 케이스를 위로 들어올립니다. 전원선은 케이스 구멍 사이로 빼면 됩니다.

2 모니터 케이스가 분리된 상태

2 소형 모니터 분해 방법

소형 모니터 분해 방법을 설명하는 이유는 이 모니터의 분해 방법이 앞서의 일반 모니터와 조금 다르기 때문입니다. 앞서의 17인치 모니터는 받침대를 먼저 분해했지만 소형 모니터는 케이스를 분리한 다음에나 받침대 분해가 가능합니다. 이처럼 모니터별로 약간의 차이가 있다는 점을 이해하는데 도움이 됩니다.

01

모니터의 케이스 조임 나사를 풉니다.

1 분해에 사용할 10인치 소형 모니터

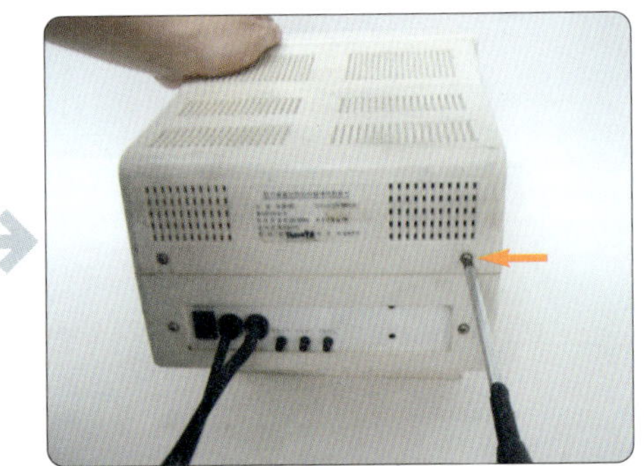

2 뒷 면에 박힌 윗 덮개용 나사를 풉니다.

02

케이스를 들어올려 윗 덮개를 분리합니다.

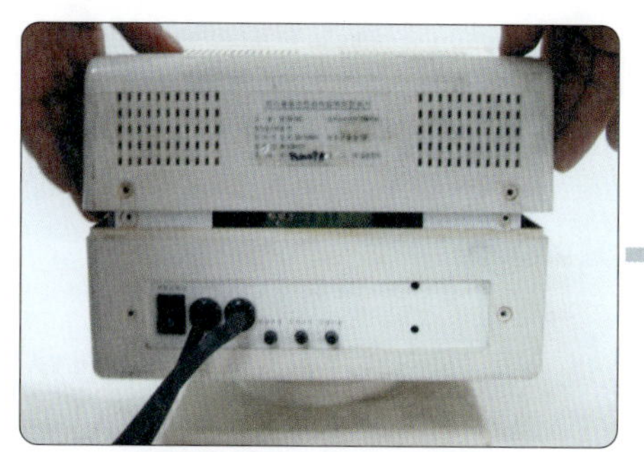

1 윗 덮개를 먼저 들어올립니다.

2 윗 덮개가 분리된 상태

03

아래 덮개도 분리합니다.

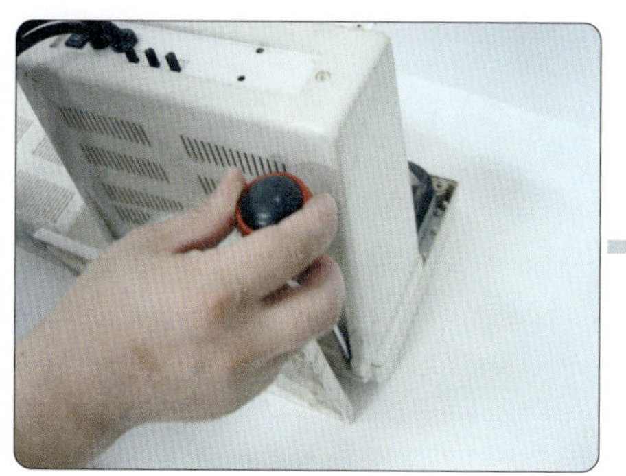

1 아래 덮개 고정용 나사를 풉니다.

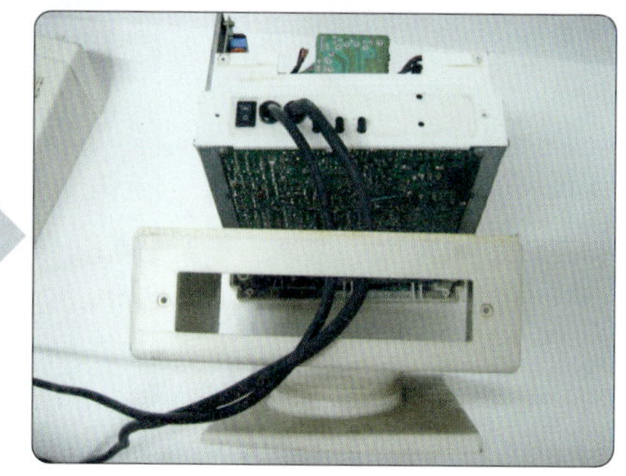

2 아래 덮개를 브라운관, 회로도와 분리합니다.

04

아래 덮개와 받침대를 분리합니다.

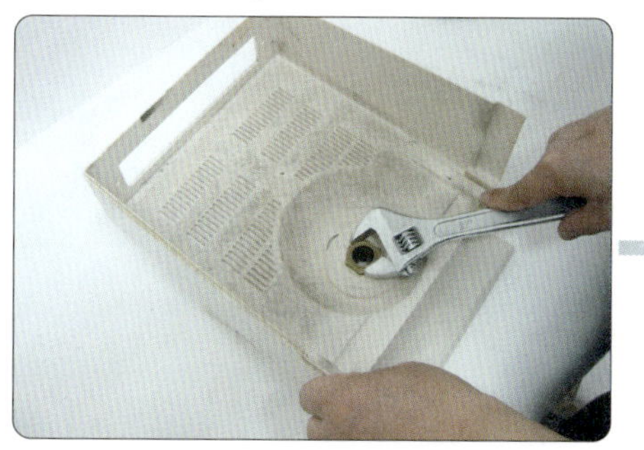

1 이 모니터는 아래 덮개가 대형 육각 나사로 고정된 상태입니다. 스패너를 이용하여 나사를 돌립니다.

2 나사를 돌려 아래 덮개와 받침대를 분리한 상태

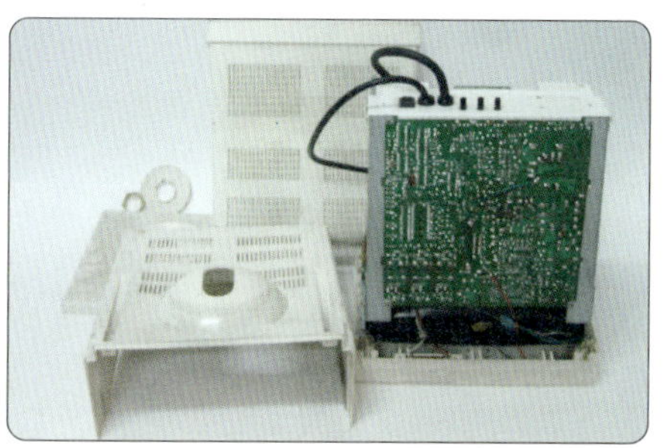

3 모든 부품이 분해된 상태

06 본체의 세부 분해하기

1 스탠다드형 본체의 분해

전자상가에서 스탠다드형 본체를 구입하는 경우는 많지 않습니다. 주로 대기업 제품에서 많이 볼 수 있습니다. 미들타워형은 분해는 앞서 살펴보았으므로 이번에는 스탠다드형 본체를 분해하는 과정을 알아봅시다.

01

본체 뒤에 박힌 나사를 풉니다.

1 분해에 사용할 LG IBM 컴퓨터. 좌우 면에 잠금 장치로 사용하는 고리가 있습니다.

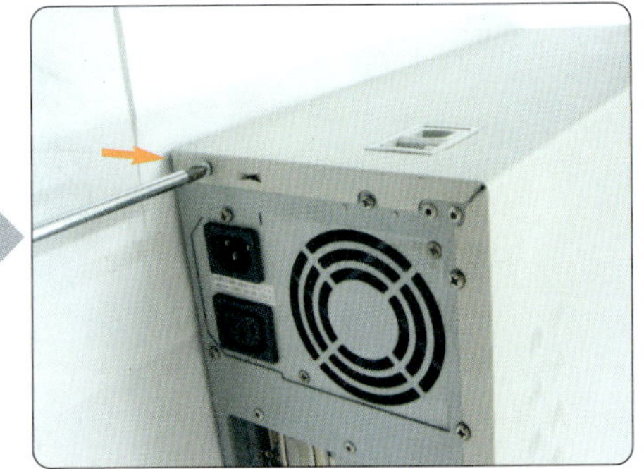

2 본체 뒤에 있는 나사를 풉니다.

02

케이스를 들어 올려 분리합니다.

1 양 쪽에 달린 잠금 장치를 뒤로 젖히면서 위로 들어올립니다.

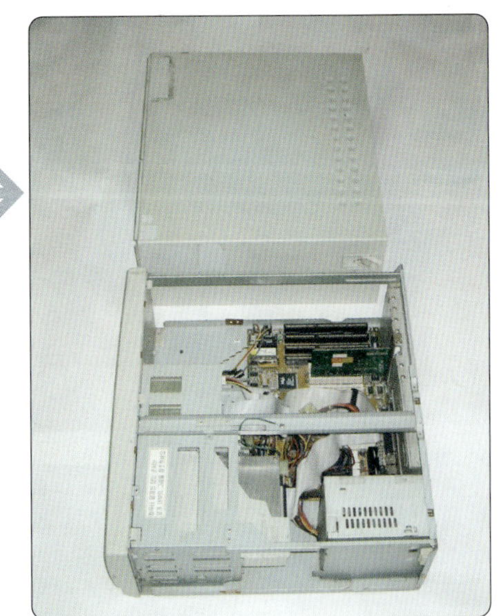

2 윗 덮개를 분리한 상태

03

베젤부를 분리합니다.

1 베젤부가 걸쇠 장치로 장착된 상태입니다. 걸쇠 부분을 밀면서 잡아당기면 케이스에서 분리됩니다.

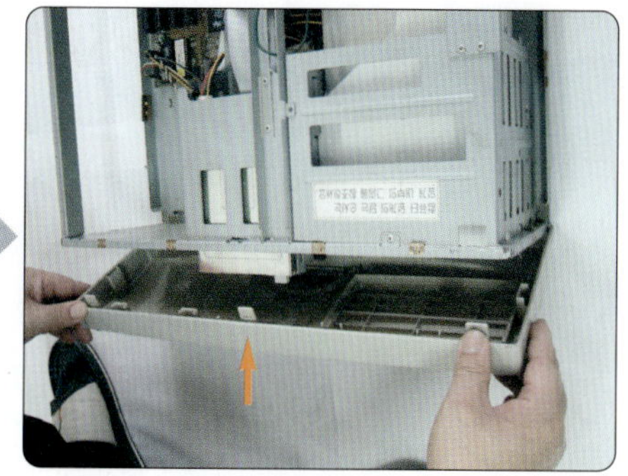

2 베젤부를 떼어냅니다.

04

베젤부에 연결된 선을 분리합니다.

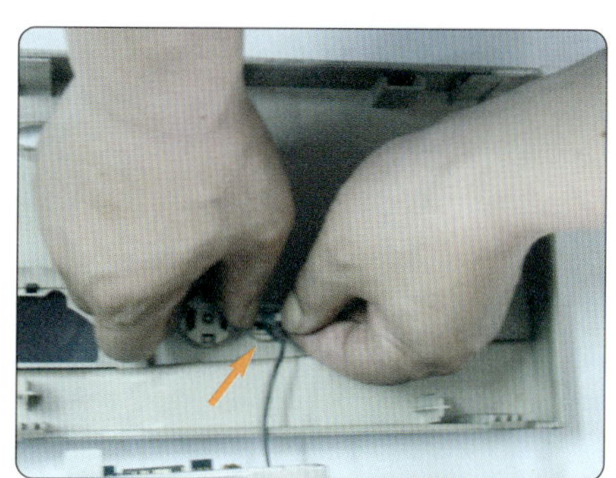

1 전원 단추에 연결된 리셋(reset) 선을 분리합니다.

05

단추를 떼어냅니다.

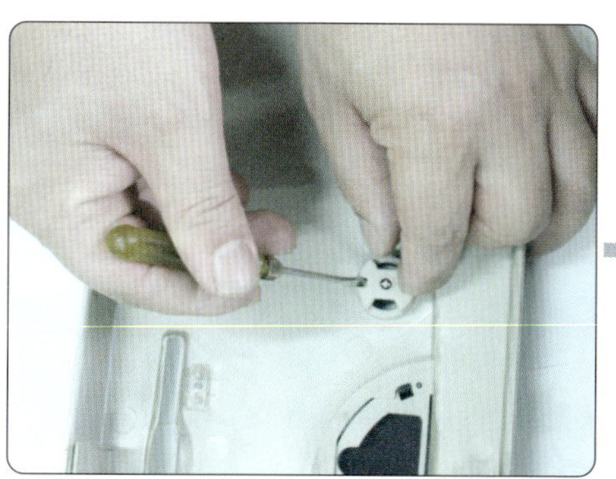

1 전원 단추 역시 걸쇠 장치로 장착된 상태입니다. 일자 드라이버를 이용하여 걸쇠 부분을 눌러주면서 밉니다.

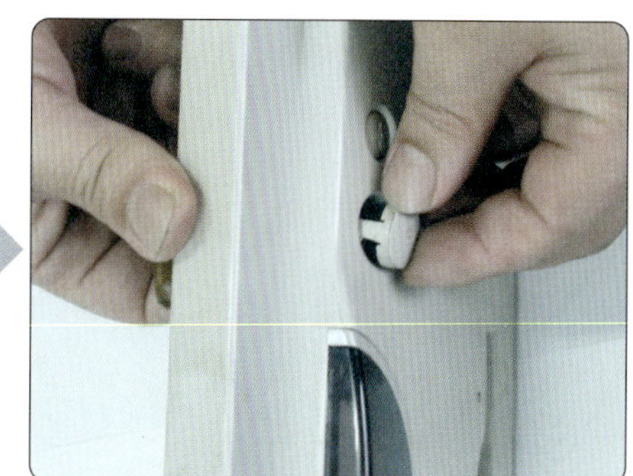

2 전원 단추가 분리되어 앞으로 튀어나옵니다.

06

깜박이 표시 부분의 아크릴 덮개를 분리합니다.

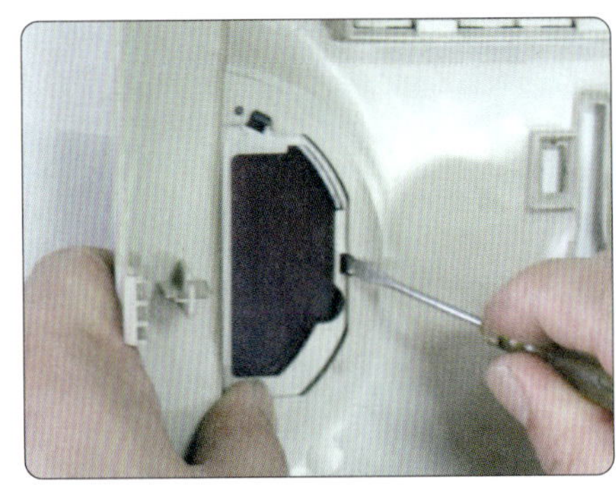

1 깜박이 표시부가 표시되는 아크릴판도 걸쇠 장치로 장착된 상태입니다. 일자 드라이버를 이용하여 걸쇠를 밀면서 분해합니다.

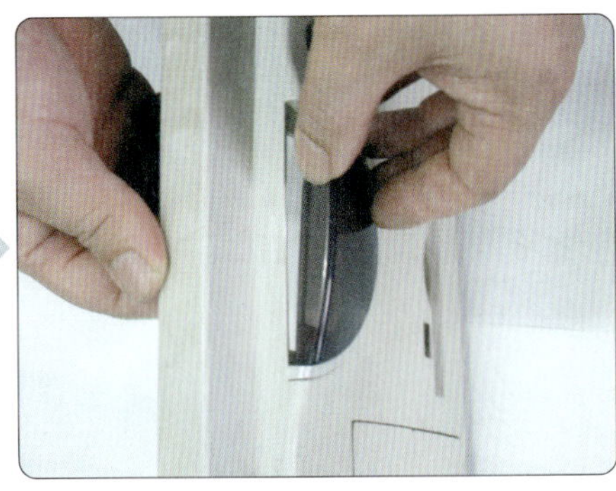

2 아크릴 판이 분리됩니다.

07

베이 마개와 기타 부속품도 분해합니다.

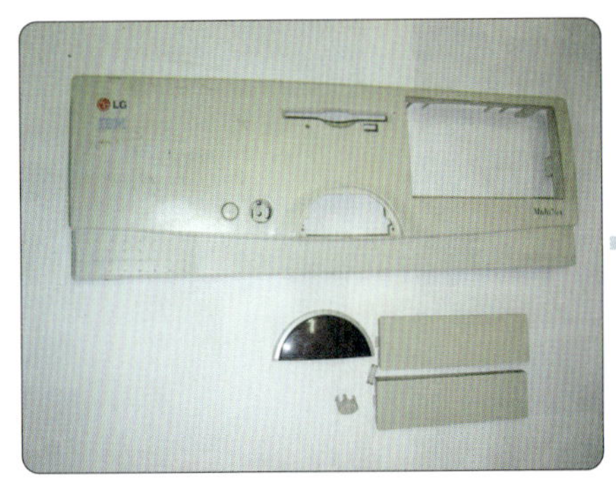

1 베이 마개도 드라이버로 밀면서 분해합니다. 리셋 단추는 분해하지 않았는데 필요하다면 전원 단추를 분해할 때의 요령으로 분리합니다.

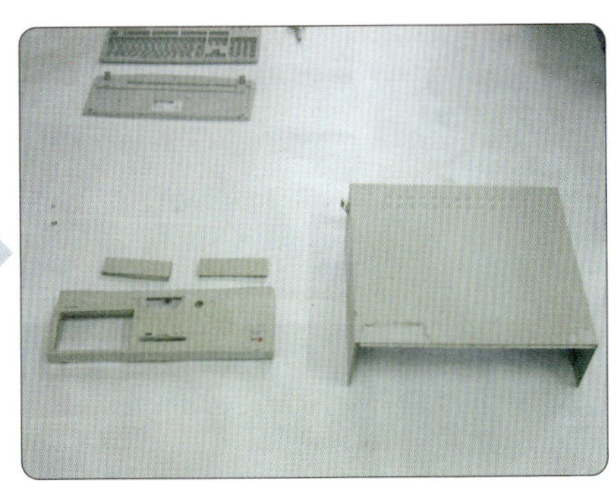

2 칠을 하기 위해 종이 위에 올려놓은 케이스 부품들

잠깐! 베젤부 분해할 때 주의할 점

아래 사진은 색칠을 하기 위해 분해한 본체의 케이스 부품입니다. 사진에는 잘 보이지 않지만 베젤부의 깜박이가 분해된 상태입니다. 전원, 재시동, 하드디스크 깜박이를 표시하는 LED 창은 대부분 투명 아크릴로 가려진 상태입니다. 이 아크릴은 대개 1~3개의 아크릴 조각으로 베젤부에 박혀있는 상태입니다. 이 아크릴 역시 걸쇠 장치로 장착된 상태이기 때문에 분해가 가능합니다. 다만 걸쇠 장치가 매우 약하므로 분해할 때 너무 무리한 힘을 주지 않도록 주의해야 합니다.

2 전원공급기 분해

전원공급기는 먼지가 가장 많이 끼는 부품입니다.

전원공급기는 가장 먼지가 많이 끼는 부품입니다. 수시로 분해하여 먼지를 털어줄 필요가 있습니다. 대개의 경우 케이스 덮개를 연 다음에 전원공급기만 쉽게 분리할 수 있는 구조로 되어 있습니다. 따라서 케이스를 연 다음에 전원공급기만 분리한 다음에 세밀하게 분해하여 먼지를 털어주면 됩니다.

01

전원공급기의 전원선을 모두 분리한 다음에 케이스에서 전원공급기를 떼어냅니다.

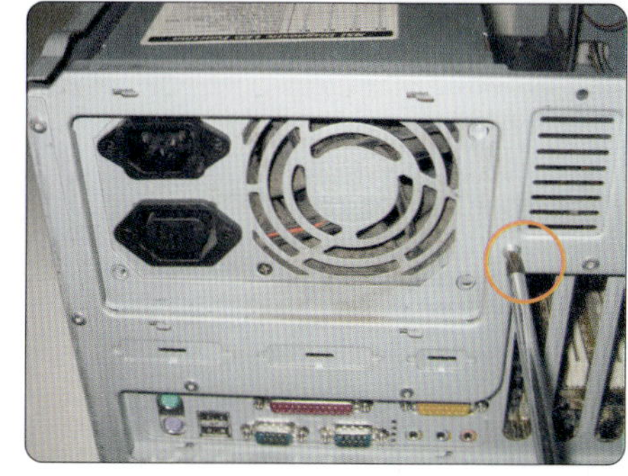

1 주기판이나 드라이브에 연결된 전원선을 뽑은 다음에 전원공급기를 케이스에 고정시킨 나사를 풉니다.

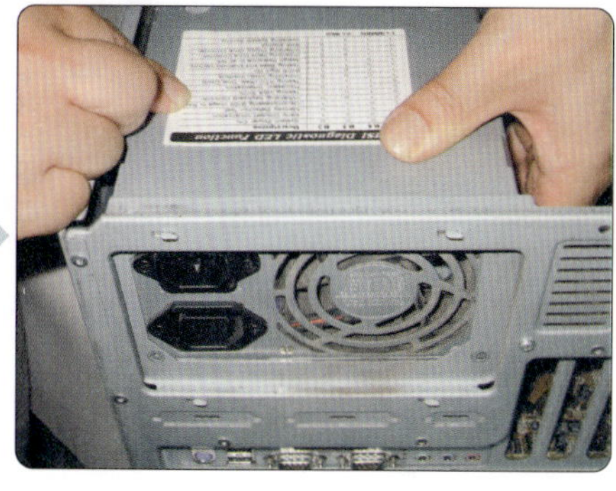

2 나사를 다 풀었으면 전원공급기를 잡아 당겨 분리합니다.

3 전원공급기를 떼어냅니다.

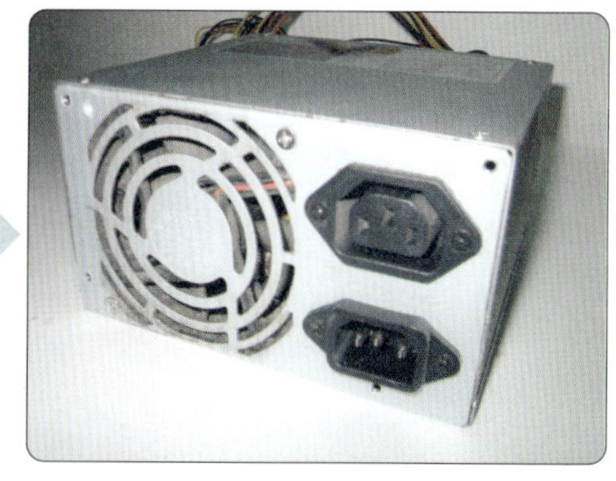

4 본체에서 분리한 전원공급기

02

전원공급기의 덮개 나사를 풀고 덮개를 분리합니다.

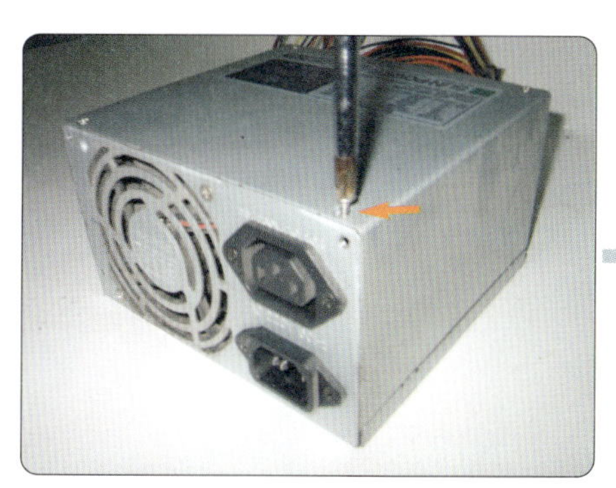

1 덮개의 나사를 풉니다.

2 전원공급기 덮개를 들어올립니다.

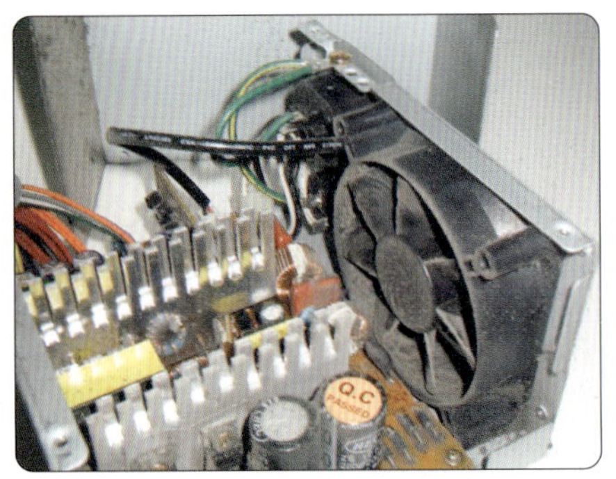

3 덮개를 분리한 상태

03

전원공급기 냉각팬 고정 나사를 풀고 냉각팬을 분리합니다.

1 냉각팬 고정 나사를 풉니다.

2 전원공급기 냉각팬을 들어올립니다.

04

냉각팬 전원공급선을 분리합니다.

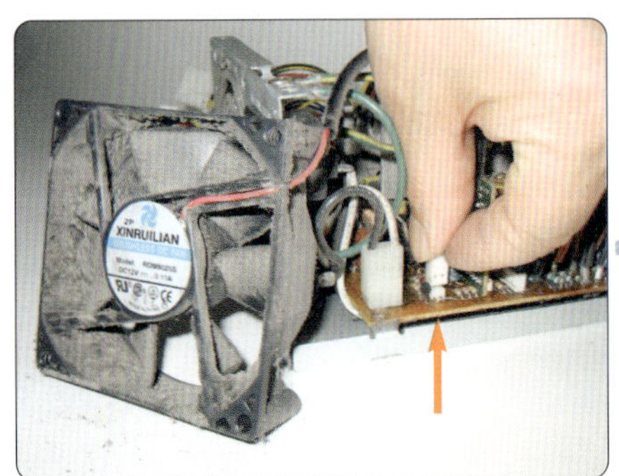

1 전원공급기 냉각팬의 전원선 커넥터를 잡고 전원선을 분리합니다.

2 전원공급기를 분해한 상태

07 기타 제품의 분해

1 외장형 드라이브를 비롯한 기타 장치의 분해

모든 장치는 지금까지 과정을 참조하여 분해가 가능합니다.

지금까지 설명드린 제품은 가끔씩 분해할 필요가 있거나 분해와 조립이 쉬운 제품들입니다. 또한 분해 단계는 문제가 되지 않을 단계까지만 설명 드렸습니다. 비록 간단한 분해 과정이지만 실제로 이 책에 있는 내용을 바탕으로 분해에 들어가면 몇 가지 어려운 문제가 발생합니다. 그 이유는 여러분이 사용하는 제품의 제조회사와 모델이 각기 다르기 때문에 이 책에 있는 것과 똑 같은 방법으로 분해되지 않기 때문입니다. 그렇지만 이 책의 내용을 참고하고 응용한다면 어렵지 않게 분해할 수 있습니다.

이 책에서 수 많은 제품의 분해 과정을 모두 설명드리기는 곤란합니다. 또한 세밀하게 분해 과정을 설명하기도 어렵습니다. 모니터의 윗 덮개를 분해하는 과정은 설명할 수 있지만 앞 덮개를 비롯하여 브라운관의 각 부품을 분해하는 과정은 설명하기 곤란합니다.

분해의 기본은 나사를 풀고 연결된 것을 분리하는 것입니다.

비록 모든 제품의 분해 과정을 깊은 곳까지 자세하게 설명하지는 않았지만 분해의 기본 방법은 어느 정도 이해하셨을 것이라 생각합니다. 대부분의 제품은 분해 과정이 비슷합니다.

① 나사를 풉니다.

② 덮개를 벗깁니다. 이때 걸쇠 장치 부분을 밀어서 잠금 장치를 제거하면서 덮개를 벗깁니다.

③ 각 부품을 고정시킨 나사를 풉니다.

④ 케이블은 커넥터로 연결된 부분을 분리합니다.

⑤ 작은 부품 역시 나사와 걸쇠 장치 부분을 분리하면서 계속 분해합니다.

이상의 과정을 계속 반복하면서 점차 세밀하게 분해하면 됩니다. 책에서 설명하지 못했지만 각종 외장형 드라이브를 비롯한 대부분의 컴퓨터용 제품이 일정 수준까지는 분해가 가능합니다. 일정 수준까지라는 의미는 덮개(케이스) 정도는 분해가 가능한 제품을 말합니다. 정밀한 모터와 광헤드를 사용하는 일부 광학 장치를 제외하면 대부분 덮개까지는 분해가 가능합니다.

분해 후 성능에 문제가 될 수 있는 제품은 분해를 삼갑니다.

예를 들어 외장형 CDRW레코더의 경우 덮개를 분해하고 안에 있는 먼지를 털어낼 수 있습니다. 레이저 프린터나 잉크젯 프린터 역시 덮개를 분해하고 먼지를 털 수 있습니다. 그렇지만 회로도 주변의 부품을 분해하는 수준까지는 무리입니다. 잘못하면 성능에 이상이 생길 수 있습니다.

그렇다고 해서 분해를 두려워할 필요는 없습니다. 사실 초보자들이 분해를 두려워하는 가장 큰 이유는 분해가 어렵다고 생각하거나 분해 과정 중에 제품을 파손시킬 것이라는 우려, 분해 뒤에 조립을 할 자신이 없어서입니다. 그렇지만 앞서 설명드린 내용을 보신 분이라면 분해가 어렵지 않다는 것을 아실 겁니다. 이 책에서 설명한 분해 요령은 비록 간단한 내용이지만 분해에 대한 두려움이 있는 분들에게 분해를 두려워할 이유가 없다는 사실을 알려줍니다.

결국 제품의 분해 가능 여부는 여러분의 판단과 실력에 따라 결정됩니다. 일단 비싸지 않거나 중요하지 않은 제품부터 하나씩 분해하면서 분해 요령을 익힙니다. 그러면서 점차 정밀한 분해 과정을 익히면 됩니다. 분해를 잘 해야 PC 리모델링을 잘 할 수 있습니다. 작은 소품들부터 하나씩 분해하면서 분해 요령을 익혀보기 바랍니다.

2 분해하면 안되는 제품들

하드디스크는 절대로 분해하면 안됩니다.

지금까지 설명한 분해 과정은 일반 사용자들도 분해할 수 있고 분해해도 괜찮은 제품입니다. 그렇지만 몇몇 제품은 일반 사용자가 절대로 분해해서는 안됩니다. 또한 분해를 하더라도 일정 단계까지만 분해해야 하는 경우가 있습니다.

절대로 분해해서는 안되는 제품으로는 하드디스크가 대표적입니다. 하드디스크는 먼지가 들어가지 않도록 밀봉된 제품입니다. 때문에 나사를 풀고 외부 덮개를 여는 순간 수명을 장담하지 못합니다. 하드디스크는 절대로 분해하지 않도록 합니다.

광매체 드라이브도 가능한 분해하지 않습니다.

하드디스크 외에도 내장형 CD롬드라이브나 플로피디스크드라이브와 같은 드라이브 제품들은 대부분 분해하면 곤란합니다. 이들 제품은 분해한 다음에 조립이 어려운 제품입니다. 하드디스크처럼 치명적인 결함이 생기는 것은 아니지만 분해 뒤에 헤드의 위치가 제 위치를 벗어날 수 있는 여지가 있습니다. 따라서 내부 부속품까지 보이는 수준의 분해를 하면 안됩니다.

모니터와 스캐너도 분해하지 않습니다.

모니터 역시 케이스를 분해하고 청소하는 것은 가능하지만 브라운관 주변의 부품을 분해해서는 안됩니다. 자기편향 고리관을 비롯한 몇몇 부품은 위치가 벗어날 경우 성능에 변화가 생깁니다. 따라서 덮개까지만 분해하도록 합니다. 이 책에서는 앞 덮개와 브라운관을 분해하지 않았는데 분해 실력이 뛰어나다고 자부한다면 앞덮개와 브라운관을 분해하는 정도까지는 분해해도 괜찮습니다.

분해 후에 성능에 이상이 생길 수 있는 제품의 분해는 조심합니다.

절대로 분해하면 안되는 제품은 분해를 했을 경우 성능이 떨어지거나 변화하는 제품이며, 하드디스크나 모니터가 이에 속합니다. 그리고 가능한 분해를 하면 안되는 제품으로는 정밀한 이동을 생명으로 하는 드라이브 제품입니다.

그리고 가장 중요한 기준은 분해 후에 다시 원상태로 조립이 가능한가입니다. 아무리 분해가 쉽더라도 원상태로 조립할 수 있는 실력이 안된다면 분해하지 않아야 합니다.

분해하면 안되는 제품들

절대로 분해하면 안되는 제품	하드디스크
분해가 가능하지만 분해한 뒤 정밀도가 달라질 수 있는 제품	CD롬드라이브, CDRW레코더, DVD롬드라이브, 스캐너, 디지털카메라, 플로피디스크드라이브, 조이스틱, 광마우스
덮개는 분해할 수 있지만 내부 부품은 분해하지 말아야 할 제품들	모니터, 레이저 프린터, 잉크젯 프린터, 전자펜 마우스, 외장형 저장 장치

AMD

Part 02

업그레이드와 부품 이야기

Section **01** PC Remodeling

업그레이드 준비

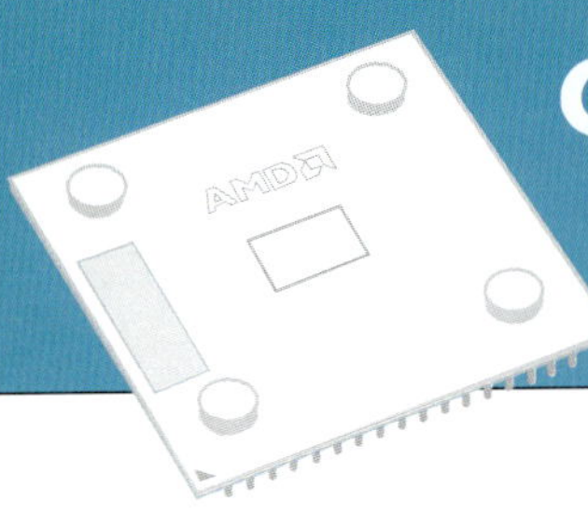

01 업그레이드의 의미

1 업그레이드의 뜻과 업그레이드 순서

업그레이드는 PC 성능을 향상시키는 작업입니다.

업그레이드(Upgrade)는 기존 PC의 성능을 향상시키는 작업을 의미합니다. 쉽게 말하자면 기존 PC의 부품을 좀더 좋은 것으로 바꾸거나 새로운 제품을 추가하는 작업을 말합니다. 업그레이드를 하는 이유는 좀더 좋은 PC를 사용하고 싶기 때문입니다.

업그레이드는 꼭 필요한 부품만 추가 또는 교체하는 작업입니다. 다시 말해 최소한의 비용으로 성능을 향상시키는 작업입니다. 업그레이드를 잘 하면 새 PC를 사지 않고도 새 PC를 구입한 것과 같은 효과를 얻을 수 있습니다.

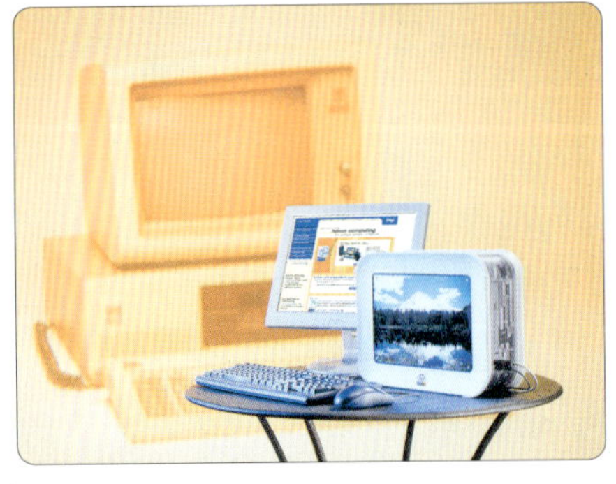

20년 전의 초기 IBM PC와 최근 출시되는 신형 PC. 20년 동안 엄청난 성능 향상이 이루어졌습니다.

자신에게 필요한 제품을 업그레이드 합니다.

그렇다면 무엇을 어떻게 업그레이드 해야 할까요? 가장 먼저 교체하거나 추가해야 할 부품은 무엇일까요? 자신에게 꼭 필요한 품목부터 교체하면 됩니다. 남이 구입한 물건에는 관심 둘 필요가 없습니다.

1. 작업에 꼭 필요한 제품을 먼저 업그레이드 합니다.

업그레이드의 첫 번째 품목은 여러분의 작업에 반드시 있어야 하는 제품입니다. 예컨대 매일 같이 컬러로 된 보고서를 만들어야 하는데 컬러 프린터가 없다면 곤란합니다. 이 경우에는 컬러 프린터를 구입하는 것이 1순위입니다.

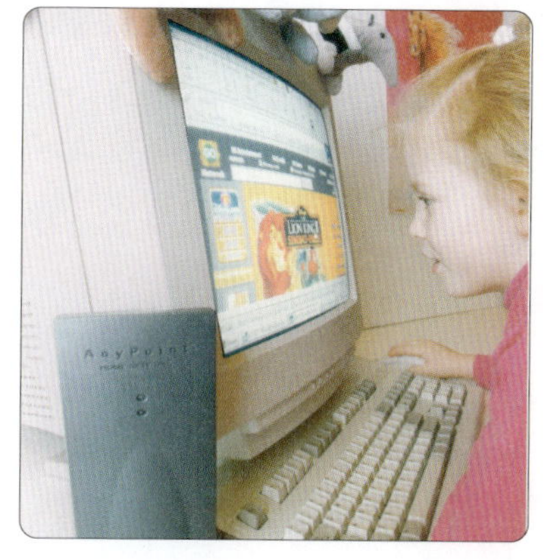

업무용보다 게임용 컴퓨터의 업그레이드가 빈번합니다. 작업에 필요한 품목부터 업그레이드 해줍니다.

2. 업그레이드를 통해 가장 큰 효과를 얻을 수 있는 제품을 업그레이드 합니다.

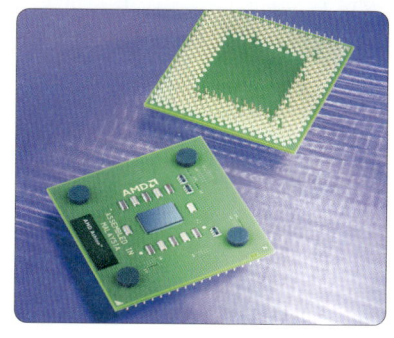

업그레이드를 통해서 큰 효과를 얻을 수 있는 품목을 업그레이드 해줍니다.

메모리가 부족해서 프로그램을 돌릴 수 없는 상황이라면 메모리를 업그레이드 합니다. 3D 게임을 하고 싶은데 그래픽카드가 구형이라면 3D 그래픽카드로 교체해주어야 합니다. 업그레이드를 통해서 가장 큰 효과를 얻을 수 있는 품목부터 업그레이드 합니다.

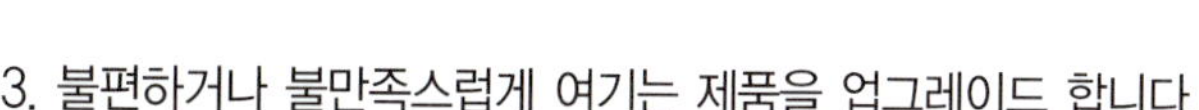

3. 불편하거나 불만족스럽게 여기는 제품을 업그레이드 합니다.

AMD의 x86-64 기술 광고문. 하루가 다르게 기술이 발전하고 있습니다.

인터넷으로 파일을 다운로드 받아야 하는데 하드디스크의 용량이 부족해 곤란을 겪는다면 하드디스크를 추가해야 합니다. CPU가 느려서 게임을 제대로 할 수 없다면 CPU를 교체해주어야 합니다. 여러분이 불편하다고 생각하는 품목부터 업그레이드 합니다.

이상 세 가지 기준을 바탕으로 업그레이드 할 품목을 선택합니다. 업그레이드 할 때는 자신에게 필요한 품목을 우선적으로 선택해야 합니다. 남들이 구입한 품목은 신경 쓸 필요가 없습니다. 하드디스크 용량이 부족해 곤란을 겪는 사람이라면 하드디스크를 교체해야 합니다. 그런데 남이 구입한 스피커가 멋있다고 불필요하게 스피커를 구입한다면 잘못 된 업그레이드라 할 수 있습니다. 남이 산 것을 사는 것은 업그레이드가 아닙니다. 업그레이드는 자신에게 필요한 제품을 사는 작업입니다.

조립비를 주면 부품가격으로 시스템을 맞출 수 있습니다.

CPU, 메모리, 하드디스크, 주기판, 그래픽카드가 가장 주된 업그레이드 품목입니다.

일반적으로 PC를 사용중인 사람이 업그레이드를 할 때 가장 많이 하는 업그레이드 작업 다섯 가지를 손꼽으라면 다음과 같습니다.

① 좀더 빠른 CPU로 교체
② 메모리 용량 추가
③ 주기판 교체
④ 하드디스크 용량 추가
⑤ 그래픽 카드를 고성능으로 교체

물론 이 외에도 키보드, 마우스, 프린터, 모니터, 스캐너, 조이스틱, 스피커, DVD롬드라이브, 사운드카드 등의 다양한 부품을 업그레이드 할 수 있습니다. 그러나 CPU와 주기판 업그레이드가 가장 중요한 업그레이드 품목이며 또한 업그레이드가 가장 까다로운 품목입니다. 때문에 이 책에서는 CPU와 주기판에 관해서 많은 분량을 다룹니다.

키보드나 프린터 등은 업그레이드의 개념보다는 기능 추가나 변화를 위한 교체의 성격이 더 강합니다. 키보드나 스피커를 교체한다고 해서 시스템 속도가 빨라지는 것이 아니기 때문입니다. 또한 키보드나 스캐너를 중간에 바꾸는 경우는 거의 없습니다. 스캐너를 사용하다가 속도가 느리다면서 더 빠른 스캐너로 바꾸는 사용자는 거의 없습니다. 그래서 이들 품목은 업그레이드라는 말을 사용하기가 어색한 품목입니다.

일반적으로 업그레이드라고 말하면 주로 CPU나 주기판, 메모리의 업그레이드를 생각하게 됩니다. 이들 제품을 교체하면 시스템 속도가 크게 향상되기 때문입니다. 이 책에서 이들 세 품목에 대해서 집중적으로 다루고 있는 이유도 이들 제품이 컴퓨터에서 차지하는 중요성이 매우 높기 때문입니다.

CPU는 가장 자주 업그레이드 하는 품목이며 사람들이 가장 먼저 업그레이드 하려는 품목입니다.

2 업그레이드 비용 줄이는 방법

업그레이드는 조립보다 어렵습니다.

많은 사람들이 PC 전체를 조립하는 일보다 부품 한 두 개만 교체하는 업그레이드가 더 쉬울 것으로 생각합니다. 하지만 실제로는 업그레이드가 더 어렵습니다. 업그레이드가 더 어려운 이유는 부품 공급 문제 때문입니다. 새 제품 조립 때는 부품 공급에 어려움이 없습니다. 모두 현재 판매중인 신제품을 사용하기 때문입니다. 그러나 업그레이드 할 때는 구형 컴퓨터에 최신 장비를 맞추어야 하는 어려움이 있습니다. 때문에 최신 부품이 이전의 구형 PC와 맞지 않은 경우가 자주 발생합니다.

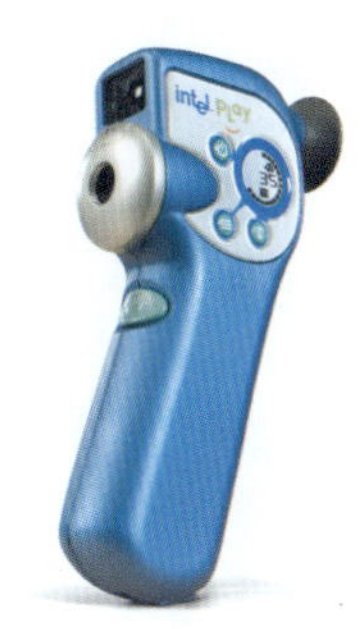

최신형 멀티미디어 장비로 업그레이드 하려고 하지만 구형 PC에서 지원해주지 않는 전송 방식을 사용한다면 업그레이드가 어렵습니다.

최신 제품이 구형 PC와 궁합이 맞지 않아 업그레이드가 어렵습니다.

예를 들어서 구형 펜티엄 시스템에 60GByte 용량의 하드디스크를 추가하려고 하면 구형 펜티엄 시스템에서 하드디스크를 인식하지 못하는 문제가 발생합니다. 메모리를 추가하려고 해도 이전에 사용하던 72핀 메모리는 시중에서 구하기 어렵습니다. 168핀 메모리를 사용하는 시스템이라 하더라도 요즘 판매하는 168핀 메모리를 추가로 장착하면 충돌을 일으킵니다. 결국은 시스템 전체를 바꾸어야 합니다.

둘 다 셀러론 CPU지만 형태부터 완전히 다릅니다. 이처럼 장착 방식만 달라져도 업그레이드가 불가능합니다.

최신 기술에 관심을 가져야 업그레이드 비용이 적게 듭니다.

이처럼 업그레이드는 부품의 궁합 면에서 어려움이 있습니다. 최신 부품이 이전의 PC와 맞지 않은 경우가 많습니다. 이런 이유로 업그레이드는 조립보다 더 어렵다고 말합니다. 따라서 이런 어려움을 최소한으로 줄이고자 한다면 처음 PC를 구입할 때부터 업그레이드를 염두에 두고 구입해야 합니다.

특정 기능에 최적화된 컴퓨터는 업그레이드가 어렵습니다.

예를 들어 1년 정도 쓰다가 버릴 생각이라면 셀러론으로 구입해도 상관 없지만 펜티엄4로 업그레이드 할 생각이라면 처음부터 펜티엄4용 주기판을 구입하는 것이 좋습니다. 그래야 1~2년 뒤에 좀더 성능이 좋은 펜티엄4 CPU로 업그레이드가 가능합니다.

물론 업그레이드를 염두에 두고 구입했다 해도 문제가 되는 경우가 종종 있습니다. 펜티엄4가 나왔을 때 업그레이드를 생각해 비싼 돈을 주고 펜티엄4 주기판을 구입한 분들은 현재 펜티엄4의 CPU 소켓이 478핀으로 바뀌는 바람에 업그레이드가 어렵게 되었습니다. 때문에 업그레이드를 염두에 둔다면 시장의 동향이나 향후 적용될 기술 동향에 관심을 가질 필요가 있습니다. 인터넷의 컴퓨터 정보 사이트를 통해 최신 뉴스를 보고, 전시회를 자주 가보는 것은 향후 기술 동향을 파악하는데 큰 도움이 됩니다.

전시회 관람은 최신 정보나 기술 동향을 파악할 수 있어 유용합니다.

02 업그레이드 할 때 주의할 점

1 업그레이드 할 때 살펴볼 점

하드디스크의 중요 자료를 따로 보관합니다.

업그레이드를 할 때 가장 주의해야 할 점은 하드디스크에 있는 자료의 보관입니다. 기존의 하드디스크를 포맷하거나 파티션을 지우는 실수를 할 수 있습니다. 특히 하드디스크 교체나 추가 때 자주 발생하는 일입니다. 따라서 중요한 내용은 작업 전에 꼭 백업해두어야 합니다. 다른 하드디스크에 복사하거나 CD레코더로 기록해두는 방법으로 백업해두기 바랍니다.

하드디스크에 있는 중요 자료는 만약을 위해 백업해둡니다.

부품 손상에 주의합니다.

업그레이드 할 때는 주변 기기를 삽입하는 과정에서 다른 부품에 손상을 입힐 수 있습니다. 처음부터 조립하는 것이 아니고 복잡한 내부의 부품을 넣고 빼는 과정에서 다른 부품을 건드리기 쉽습니다. 부품에 손상이 없도록 주의해서 작업해야 합니다.

부팅 디스크를 만들고 PC 환경을 기록해둡니다.

하드디스크를 교체할 경우에는 플로피디스크로 부팅해야 합니다. 따라서 시동 디스크를 만들어두어야 합니다. 또한 하드디스크를 포맷하거나 새로운 하드웨어 추가로 인하여 PC 환경이 변할 수 있습니다. 만약 PC 환경이 잘못된 방향으로 변한다면 이전의 환경으로 되돌려줄 필요가 있습니다. 이때를 위하여 PC 환경 정보를 기록해둘 필요가 있습니다.

2 비상용 시동 디스크 만들기

제어판을 이용해 비상용 시동 디스크를 만듭니다.

비상용 시동 디스크는 하드디스크가 제대로 동작하지 않을 때 필요한 디스크입니다. 다시 말해서 하드디스크를 교체할 경우에 꼭 필요한 디스크입니다. 하드디스크를 새로 장착했을 때는 하드디스크로 부팅할 수 없습니다. 이때 시동 디스크를 만들어 플로피디스크드라이브에 넣으면 플로피디스크드라이브로 부팅이 됩니다.

시동 디스크를 만드는 방법은 두 가지입니다. 도스의 format 명령어를 이용하여 부팅 디스크로 포맷하는 방법과 윈도우98의 제어판에서 시동 디스크 만들기 기능을 이용하는 방법입니다. 도스를 사용하는 것은 어려운 일이니 초보자는 윈도우98에서 시동 디스크를 만드는 것이 좋습니다.

윈도우98의 제어판에서 시동 디스크 만들기

01

윈도우98의 '내 컴퓨터'를 선택합니다.

02 [제어판]을 선택합니다.

03 [프로그램 추가/제거]를 선택합니다.

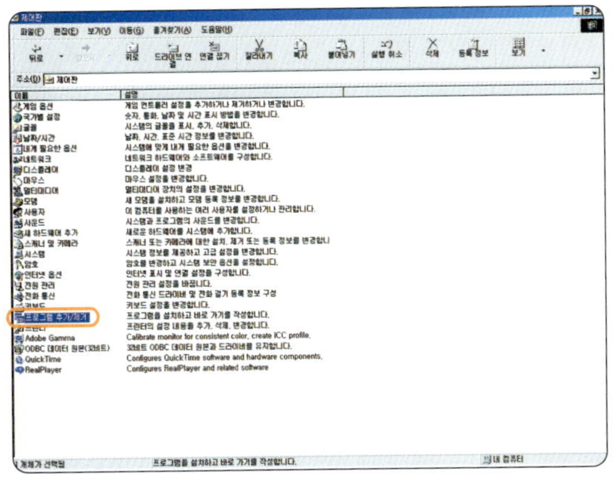

04 [시동 디스크] 시트를 선택합니다.

05 [디스크작성]을 선택하고 [확인]을 누릅니다.

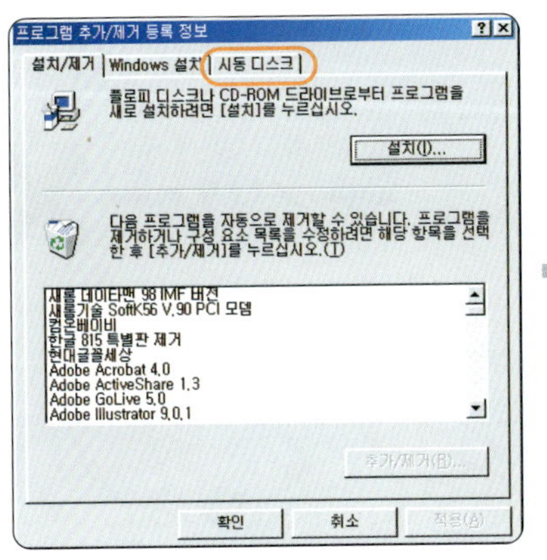

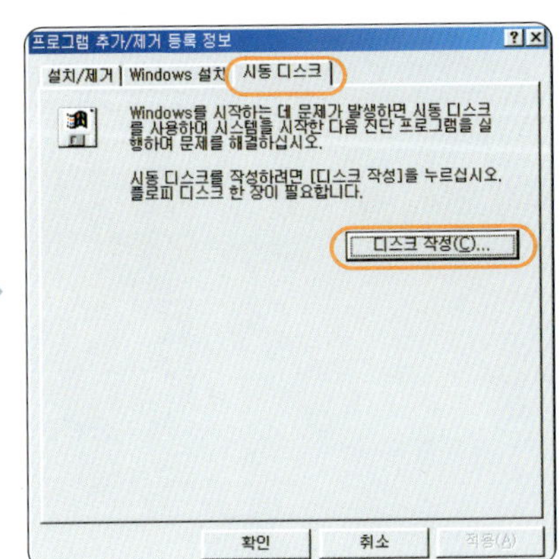

06

[Windows 98 CD-ROM 디스크] 를 삽입하라는 안내창이 나타납니다. 윈도우98 CD를 CD롬드라이브에 넣고 [확인] 버튼을 눌러줍니다.

07

윈도우98 CD의 경로가 틀렸을 경우에는 다음과 같이 윈도우98 CD가 있는 [복사할 파일의 원본 위치]를 묻는 안내문이 나타납니다. 여기에서 윈도우98 CD가 있는 폴더를 지정해주면 다음 단계로 진행됩니다.

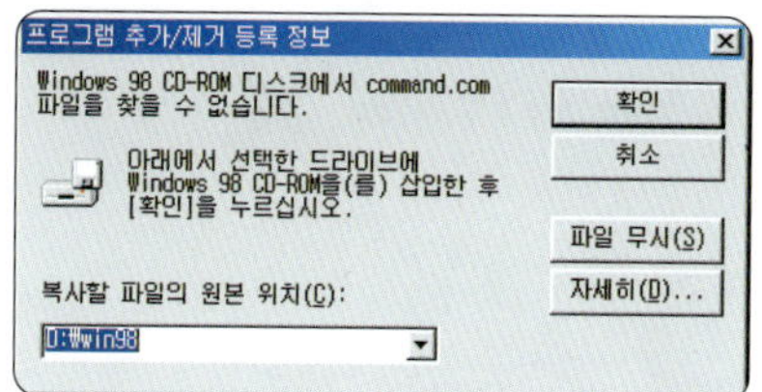

윈도우98 CD가 있는 폴더를 묻는 안내문

08

플로피디스크드라이브에 빈 플로피디스크를 삽입하라는 안내문이 나타납니다. 플로피디스크드라이브에 빈 플로피디스크를 삽입하고 [확인] 아이콘을 눌러줍니다. 디스크 검사가 진행되고 시동 디스크가 만들어집니다.

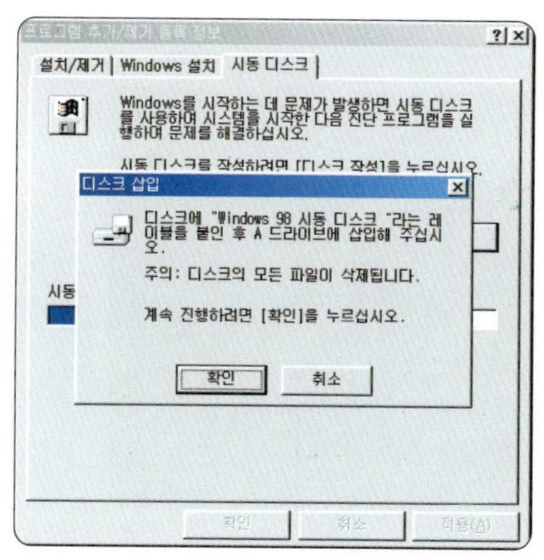

09

시동 디스크 작성이 끝나면 다시 [프로그램 추가/제거] 화면이 나옵니다. 플로피디스크드라이브에서 시동 디스크를 빼고 시동 디스크에 라벨을 붙여 시동 디스크임을 알게 만듭니다.

도스의 format 명령어 이용해 부팅 디스크 만들기

01

윈도우98에서 [시작 ⇨ 프로그램 ⇨ 한글 MS-DOS] 순으로 아이콘을 선택해 한글 도스를 실행시킵니다.

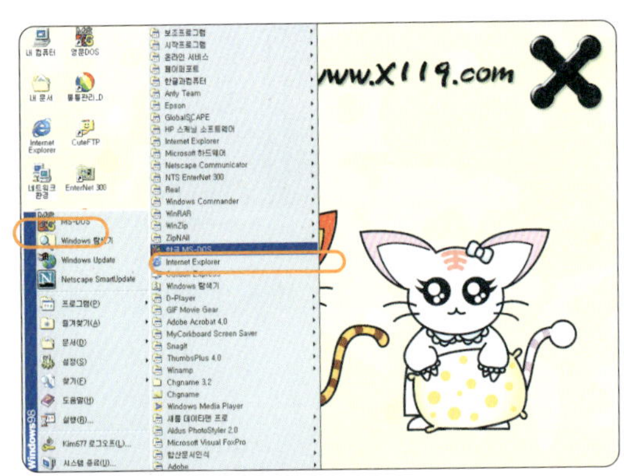

MS-DOS 아이콘을 선택합니다.

02

도스 창이 실행됩니다.

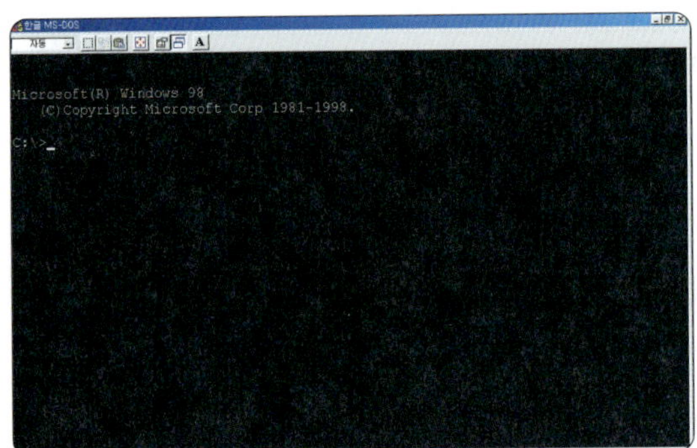

도스가 실행된 상태

03

도스 창에서 'format a: /s'라고 명령을 내린 뒤에 엔터키를 누릅니다.

format a: /s [ENTER]

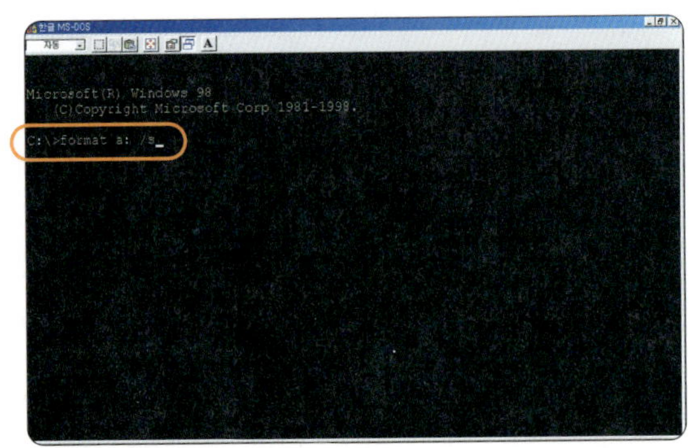

04

플로피디스크를 삽입한 다음에 준비가 되면 [Enter] 키를 누르라는 안내문이 나옵니다. 플로피디스크드라이브인 A: 드라이브에 빈 플로피디스크를 삽입합니다.

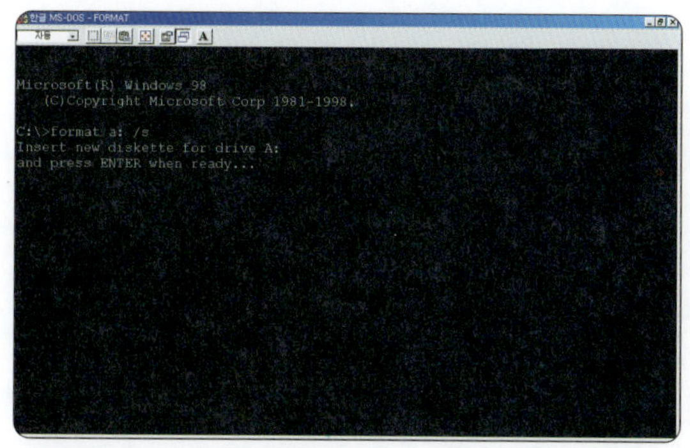

05

디스크를 넣고 엔터키를 누르면 포맷 작업이 진행됩니다.

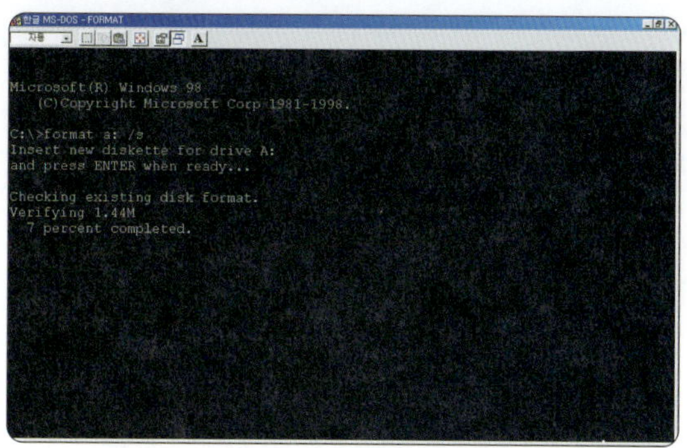

06

포맷이 끝나면 볼륨라벨을 입력하라고 나옵니다.

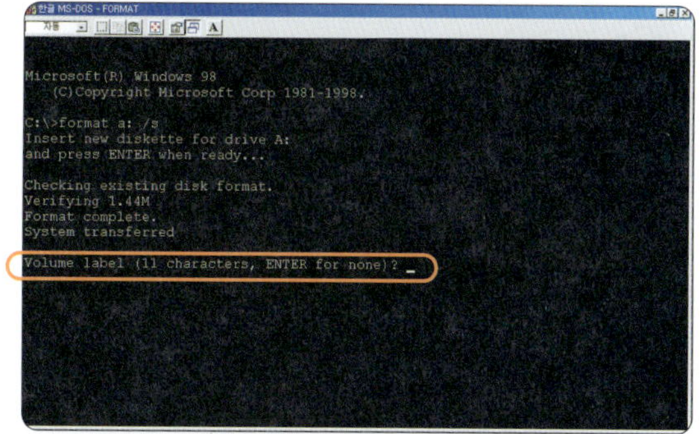

07

볼륨라벨로 win98 이라고 입력하거나 [Enter]키를 눌러 다음 단계로 진행합니다.

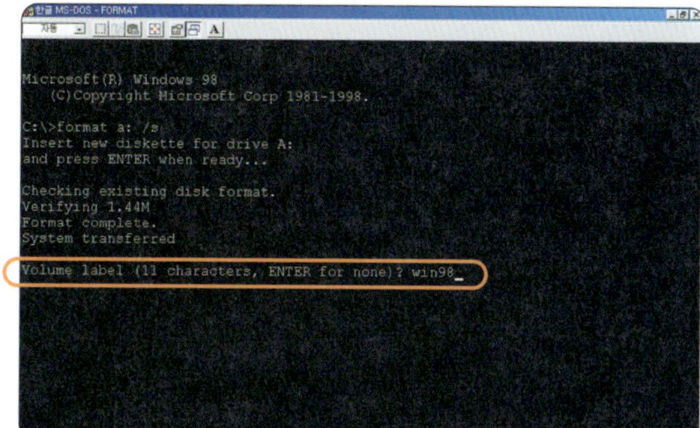

08

다른 디스크를 더 포맷하겠냐는 질문이 나타납니다.

```
Microsoft(R) Windows 98
   (C)Copyright Microsoft Corp 1981-1998.

C:\>format a: /s
Insert new diskette for drive A:
and press ENTER when ready...

Checking existing disk format.
Verifying 1.44M
Format complete.
System transferred

Volume label (11 characters, ENTER for none)? win98

    1,457,664 bytes total disk space
      411,136 bytes used by system
    1,046,528 bytes available on disk

          512 bytes in each allocation unit.
        2,044 allocation units available on disk.

Volume Serial Number is 0F50-13E2

Format another (Y/N)?
```

09

[N]을 입력하면 포맷 작업이 끝납니다. 플로피디스크드라이브에서 디스크를 빼고 시동 디스크라고 적은 라벨을 붙여서 다른 디스크와 구별해줍니다.

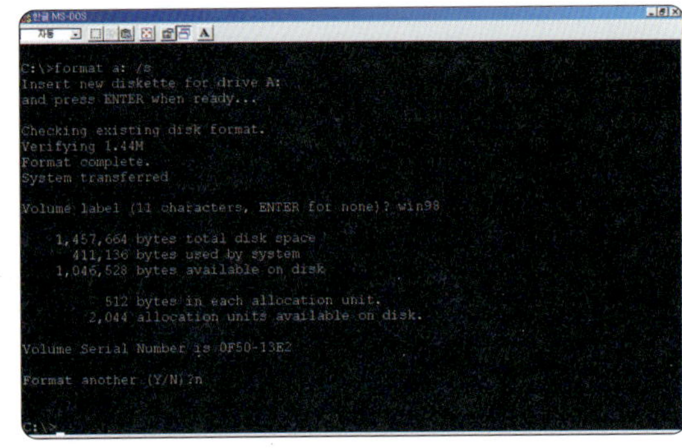

```
C:\>format a: /s
Insert new diskette for drive A:
and press ENTER when ready...

Checking existing disk format.
Verifying 1.44M
Format complete.
System transferred

Volume label (11 characters, ENTER for none)? win98

    1,457,664 bytes total disk space
      411,136 bytes used by system
    1,046,528 bytes available on disk

          512 bytes in each allocation unit.
        2,044 allocation units available on disk.

Volume Serial Number is 0F50-13E2

Format another (Y/N)?n

C:\>
```

포맷 작업이 끝난 상태

3 PC 환경 기록하기

config.sys와 autoexec.bat 파일 복사하기

하드디스크의 루트 디렉토리에 있는 파일 중에서 부팅과 관련된 내용을 담고 있는 환경 파일은 config.sys와 autoexec.bat 파일입니다. 이 두 파일을 copy 명령어나 윈도우의 탐색기를 이용하여 시동 디스크에 복사해두어야 합니다. 또는 다른 디스크에 복사해두어야 합니다.

config.sys 파일 내용.
config.sys를 비롯한 환경 설정 파일은 백업해두는 것이 좋습니다.

Config.sys - 메모장

파일(F) 편집(E) 찾기(S) 도움말(H)

```
[MENU]
MENUCOLOR 11,1
MENUITEM LG48X,     ONLY EMS 8M + LG CDROM 40X
MENUITEM EMS,       ONLY EMS 8M
MENUITEM NODEVICE,  NO DEVICE
MENUDEFAULT NODEVICE,4

[LG48X]
DEVICE=HIMEM.SYS
DEVICE=EMM386.EXE RAM 8192
DOS=HIGH,UMB
REM DEVICEHIGH=CDROM₩GSCDROM.SYS /D:MSCD000 /v

[EMS]
DEVICE=HIMEM.SYS
DEVICE=EMM386.EXE RAM 8192
DOS=HIGH,UMB

[NODEVICE]
DEVICE=HIMEM.SYS
DEVICE=EMM386.EXE NOEMS
DOS=UMB,HIGH

[COMMON]
FILES=80
BUFFERS=40
device=C:₩WINDOWS₩biling.sys
LASTDRIVE=Z
```

CMOS 내용 기록해두기

또한 현재 사용중인 PC의 CMOS 설정 내용이 바뀌면 윈도우98 실행에 문제가 발생할 수 있습니다. 따라서 CMOS에 기록된 내용 중에서 중요한 부분은 종이에 따로 옮겨 적는 것이 좋습니다.

잠깐! CMOS 내용을 프린터로 출력하기

CMOS의 내용을 일일이 손으로 적기는 쉽지 않습니다. 프린터로 출력해 보관하는 것이 좋습니다. 프린터가 연결된 상태라면 [Shift]+[PrintScreen] 키를 눌러서 CMOS의 설정 내용을 출력할 수 있습니다. 그러나 포스트 스크립트 레이저 프린터가 연결되어 있다면 [PrintScreen] 키를 눌러도 인쇄되지 않을 수 있습니다. 이때는 레이저 프린터의 에뮬레이터 모드를 KSSM 등으로 변경해야 합니다.

Section 02 PC Remodeling

CPU 이야기

01 CPU의 뜻과 동작 원리

1 CPU가 하는 일

컴퓨터의 연산장치로 사용하는 마이크로프로세서가 CPU

CPU는 컴퓨터 전체를 통해서 가장 중요한 부품이며 컴퓨터의 성능을 결정 짓는 핵심 부품입니다. 때문에 PC 조립을 염두에 둘 경우 제일 먼저 결정해야 하는 부품이 CPU입니다.

각종 전자부품과 반도체 칩을 하나의 작은 칩에 내장한 전자 부품을 마이크로프로세서라고 합니다. 마이크로프로세서는 전기밥통에 사용하는 저성능 제품부터 컴퓨터에 사용하는 고성능 제품까지 매우 다양합니다. 마이크로프로세서 중에서 가장 복잡하고 고성능인 제품은 컴퓨터의 연산 장치로 사용합니다. 이것이 CPU입니다.

컴퓨터의 연산장치로 사용하는 CPU

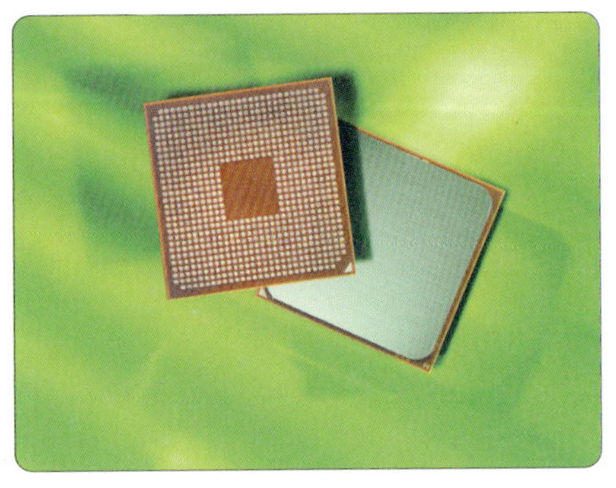

CPU는 중앙연산장치라는 의미입니다.

CPU는 Central Processing Unit의 줄임말로 중앙처리장치 또는 중앙연산장치라고 합니다. CPU는 컴퓨터에서 컴퓨터의 성능을 결정하는 가장 중요한 기준부품으로 컴퓨터에 사용한 CPU가 16비트 CPU라면 컴퓨터도 16비트 컴퓨터가 되고, 32비트 CPU를 사용했다면 컴퓨터도 32비트 컴퓨터가 됩니다.

CPU 이름이 펜티엄4라면 컴퓨터 이름도 펜티엄4가 됩니다.

CPU의 중요성이 커지면서 최근에는 CPU 이름에 의해서 컴퓨터 이름이 결정됩니다. 우리가 사용하는 CPU는 인텔이나 AMD와 같은 회사에서 생산하는데 이곳에서 만들어 판매하는 CPU의 이름이 셀러론, 펜티엄III, 펜티엄4, 애슬론입니다. 그래서 펜티엄4 CPU를 장착한 컴퓨터는 펜티엄4 컴퓨터가 되고, 애슬론 CPU를 장착한 컴퓨터는 애슬론 컴퓨터가 됩니다.

애슬론 CPU를 장착한 컴퓨터는 애슬론 컴퓨터가 됩니다.

오늘날의 CPU는 원칩 형태로 판매됩니다.

반도체가 발달하지 않던 과거에는 CPU를 만들 때 진공관이나 트랜지스터 등의 부품을 이용했습니다. 때문에 CPU의 크기가 매우 컸습니다. CPU의 끝 부분에 chip라는 말이 붙지 않고 unit라는 이름이 붙은 이유도 이 때문입니다. 지금은 CPU가 하나의 전자부품 형태로 출시되기 때문에 CPU는 칩이라는 의미로 받아들이지만 과거에는 회로도의 일정 지역에 많은 부품을 장착하여 CPU 역할을 수행했습니다. 이 때문에 unit라는 말이 붙은 것입니다.

초창기 컴퓨터인 에니악과 초창기 컴퓨터에 사용한 CPU들

오늘날 CPU는 하나의 칩 형태로 판매되는데 이를 원 칩 제품이라고 합니다. 이처럼 하나의 형태를 지닌 원칩(One Chip) 형태는 1971년 인텔이 세계 최초로 4004라는 마이크로프로세서를 생산하면서부터입니다. 당시 개발한 4004는 4비트 CPU로 전자계산기에 많이 사용했습니다.

요즘 나오는 CPU는 하나의 칩으로 만듭니다.

CPU 칩 하나에는 천 만개 정도의 전자부품이 집적됩니다.

우리가 보기에는 하나의 부품으로 보이지만 CPU는 거대한 도시처럼 잘 설계된 길과 수많은 부품이 장착된 제품입니다. CPU에는 1천 만개가 넘는 부품이 집적된 제품입니다. 그리고 1천 만개에 달하는 트랜지스터 사이로 자료를 송수신하기 위하여 정말 미세한 데이터통로들이 복잡하게 얽혀있습니다. CPU의 단면을 확대한 사진을 보면 CPU 안이 얼마나 정밀한 지 알 수 있습니다.

펜티엄4 CPU의 회로도. 눈으로 볼 수 없는 정교한 선들이 복잡한 도시의 길과 건물처럼 얽혀있습니다.

2 CPU의 동작 과정

CPU는 사용자가 내린 명령을 처리하는 주연산장치입니다.

CPU 안에는 반도체로 구성된 수 천 만개의 부품이 복잡하게 얽혀있습니다. 이들 부품은 맡은 역할에 따라서 몇 가지 구역으로 구분합니다. CPU 종류에 따라서 구역의 구분은 조금씩 다르지만 초기의 CPU는 크게 실행유니트와 버스유니트의 두 가지 구조로 되어 있습니다. 실행부분에서 명령을 처리해서 결과물을 생산하면 버스유니트를 통해서 주고받는다고 보면 됩니다. 그후에 CPU가 점차 복잡해지면서 CPU의 어드레스 유니트와 명령 유니트의 네 부분으로 확대되었고 각종 기능이 추가되었습니다. CPU가 복잡해지면서 CPU의 구역도 점점 세분화됩니다.

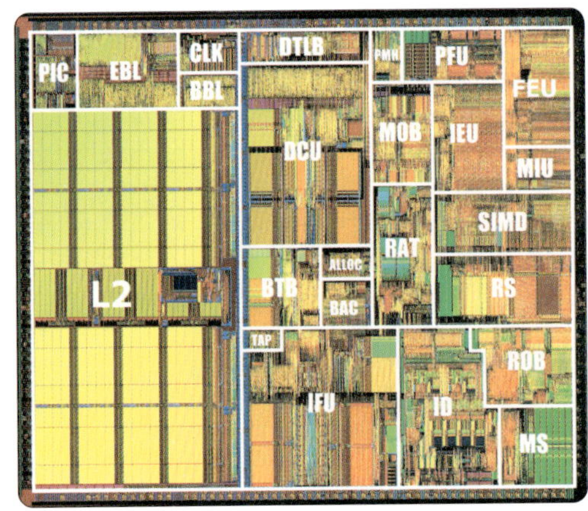

펜티엄III CPU의 구역. 구역별로 하는 일이 다릅니다.

CPU의 핵심은 연산 기능입니다.

CPU의 동작 과정을 살펴보겠습니다. CPU의 기본 동작 기능을 쉽게 설명하면 호출 기능, 해독 기능, 제어 기능, 연산 기능으로 구별할 수 있습니다. 예를 들어서 '1+2' 라는 내용을 처리하기 위해서 키보드로부터 '1+2' 라는 내용을 입력받으면 이 내용을 램에서 CPU로 가져와야 하는데 이것이 호출 기능입니다. 그리고 '1+2' 라는 명령을 CPU가 이해할 수 있도록 이진수로 해독하는 해독 기능이 실행됩니다. 동시에 다른 자료를 처리하는 조정 기능을 해야하는데 이것이 제어 기능입니다. 마지막으로 실제로 '1+2' 를 계산하여 3이라는 결과를 만들어 내는 것이 연산 기능입니다. 그리고 이렇게 연산된 내용을 조정 기능이 제어하여 출력장치로 보냄으로써 사람들 눈에 명령의 결과가 보이는 것입니다.

펜티엄4 CPU의 구역별 기능

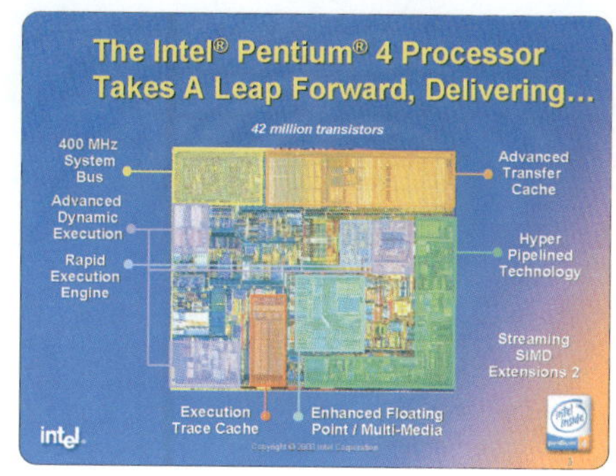

02 인텔의 CPU

1 인텔 초창기의 CPU 4004부터 8080까지

인텔 4004 – 세계 최초의 MPU

인텔에서 1971년 생산한 마이크로프로세서로 4비트 CPU입니다. 전자계산기에 많이 사용한 4004 칩은 세계 최초의 마이크로프로세서이며 이후에 나온 CPU의 원형이 되었습니다. 4004는 2,250개의 트랜지스터를 집적했으며, 4비트 데이터 버스와 12비트 어드레스 버스를 사용했습니다.

4004 프로세서의 sim4 모습

최초의 8비트 MPU 8008

인텔은 4004의 성공에 힘입어 4040을 개발하고 1972년에는 8비트 CPU인 8008을 개발합니다. 1973년에는 8080을 개발했습니다. 8080은 8008보다 열 배 정도가 빨랐으며 64KB의 메모리를 이용할 수 있습니다. 8비트 데이터 버스와 16비트 어드레스 버스를 사용했으며, 40핀 CERDIP(CERamic Dual In-line Package)이라는 방식으로 제조되었습니다. 트랜지스터 집적 수는 약 4,000개에 달합니다. 8080은 최초의 개인용 컴퓨터라 부르는 알테어에 사용되었습니다.

최초의 8비트 MPU인 8080의 기판과 8080 CPU를 이용해 만든 Intellec8의 모습

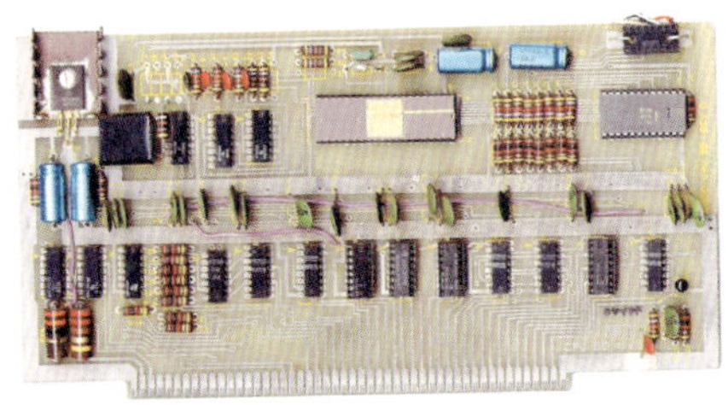

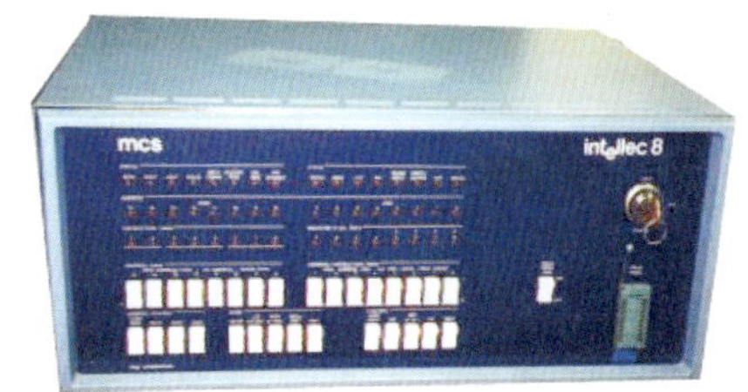

2 IBM PC의 대중화에 기여한 86시리즈

8086 CPU는 16비트 CPU이며, PC용으로 만들어진 CPU입니다.

8086 모델은 이전의 CPU와는 달리 인텔이 PC용으로 만든 최초의 CPU입니다. 또한 8086은 16비트 CPU입니다. 8086은 1MB의 메모리를 지원하며, 4.77MHz의 클럭 수를 지원했습니다. 그 후에 개선된 후속 모델이 나왔는데 후속 모델은 12MHz까지 속도가 향상되었습니다.

8086은 IBM PC의 CPU로 사용된 칩입니다. 이후 인텔은 86으로 끝나는 CPU를 계속하여 생산합니다. 80486까지 이어진 인텔의 86 시리즈는 IBM PC의 보급과 함께 CPU의 대명사로 자리 잡습니다.

8086보다 기능은 떨어지지만 가격은 싼 제품이 8088

인텔이 만든 8086은 성능이 뛰어났지만 가격이 비쌌습니다. 그래서 PC 가격을 내리기 위하여 좀더 싼 CPU가 필요했습니다. 이런 필요에 의해 인텔은 1979년에 8086의 후속 제품으로 8088을 발표합니다. 8088은 내부 클럭은 16비트로 동작하지만 외부 클럭은 8비트로 설계되어 8086보다 성능이 뒤떨어지는 대신 가격이 쌉니다.

IBM PC XT 모델에 사용한 8088 CPU

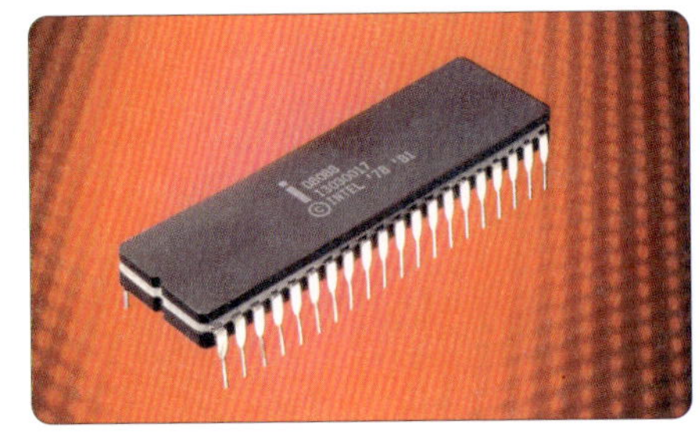

8088은 절반만 16비트인 CPU

8088의 외부 클럭을 8비트로 설계한 이유는 8비트 기존의 8비트 장비들을 사용할 수 있기 때문입니다. 8088은 8비트 장비를 생산하던 많은 업체의 환영을 받았고, IBM XT IBM PCjr 등의 PC에서 사용되었습니다.

IBM PC XT 시스템. 오른쪽 시스템은 좀더 고급형입니다.

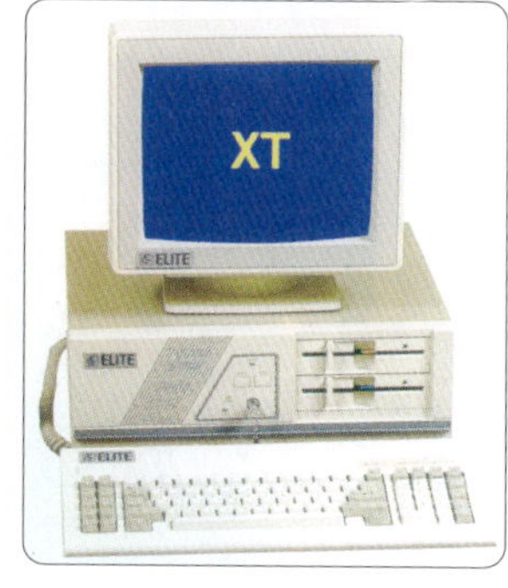

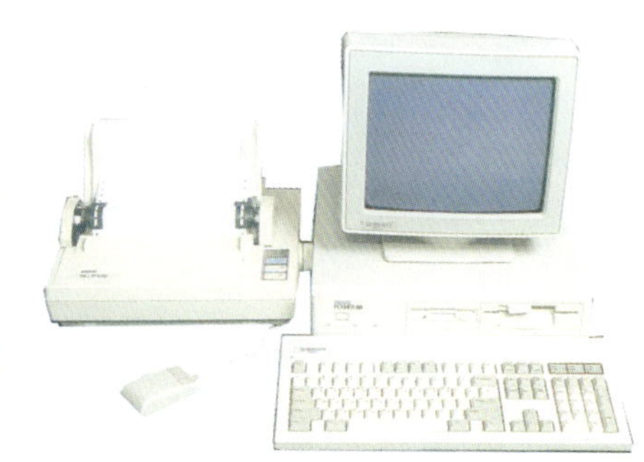

AT 컴퓨터로 부른 80286 컴퓨터

인텔이 1982년 생산한 80286 CPU는 AT(Advanced Technology)라고 불렀습니다. 때문에 80286 CPU를 장착한 컴퓨터를 AT 컴퓨터라고 불렀습니다. 8086이 절반만 16비트인 반면에 80286은 내부버스와 외부버스가 모두 16비트인 완전한 16비트로 개발되었습니다. 어드레스 버스는 24비트를 채용하여 16MB까지 메모리 관리가 가능해졌습니다. 초기의 클럭 속도는 12MHz를 지원했지만 나중에 20MHz까지 향상되었습니다.

80286 CPU를 이용한 286 컴퓨터

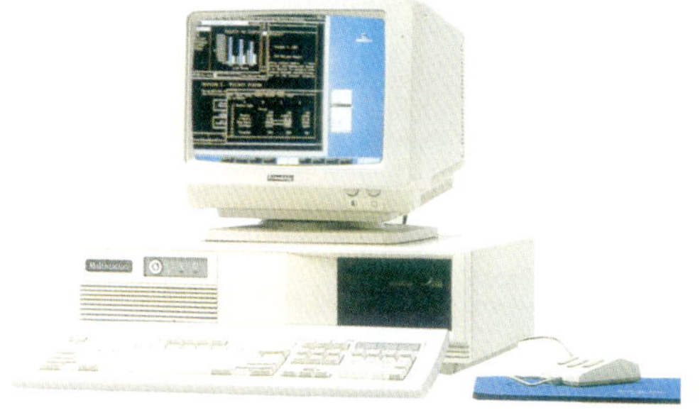

80386DX로 발표된 32비트 CPU

1985년에 발표된 80386은 32비트 CPU입니다. 80386의 특징은 가상 모드의 사용, 멀티태스킹 가능, 다양한 제품군으로 출시되었다는 점입니다. 80386DX는 내부버스, 외부버스, 어드레스버스가 모두 32비트로 만들어졌기 때문에 멀티태스킹이 가능합니다. 또한 32비트 운영체제를 사용할 수 있습니다. 기존의 도스는 물론이고, 유닉스, 리눅스와 같은 32비트 지원 운영체제도 PC에서 사용이 가능해졌습니다.

당시로서는 고성능인 80386 컴퓨터

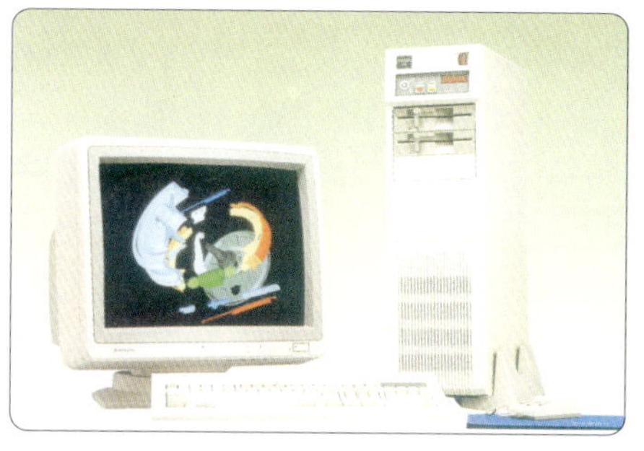

80387을 내장한 80486

1989년에 발표된 80486DX는 25MHz의 속도를 가졌으며, 트랜지스터 집적 수는 386의 4배인 120만 개로 100만 단위를 넘어섰습니다. 80486은 기존의 30386 CPU에 80387 보조프로세서를 결합한 제품입니다. 때문에 80486은 80386에 비하여 훨씬 빠르게 작업합니다.

인텔의 80486 CPU와 CPU 광고

더블 클럭킹의 80486DX2와 트리플 클럭킹의 80486DX4

80486은 다양한 모델이 출시되었는데 후기에는 더블 클럭킹 기술을 적용한 80486DX2와 트리플 클럭킹 기술을 이용한 80486DX4가 등장했습니다. 클럭 속도도 빨라져 초기의 25MHz보다 훨씬 빠른 33, 50, 66, 100MHz의 클럭 속도를 지원하는 제품이 속속 등장했습니다.

80486 CPU를 장착한 풀타워 형태의 486 컴퓨터 시스템

3 CPU의 대명사가 된 펜티엄 시리즈(펜티엄, 펜티엄프로, 펜티엄MMX)

64비트 설계가 적용된 펜티엄

1993년에 발표된 펜티엄(Pentium) CPU는 다양한 신기술이 적용되어 개발된 제품입니다. 파이프라인, 슈퍼스칼라, 고성능 부동소수점 유니트, CODE Cache와 DATA Cache의 분리, 다이렉트 맵, 분기 예측과 동적 실행, 64비트 외부 버스 채용, 멀티프로세싱(듀얼 CPU), 메모리 페이지 크기의 선택, FRC 및 에러 검출 등의 다양한 신기술이 적용되었으며 캐시의 양도 80486보다 배가 많은 16KB로 향상되었습니다. 단 외부의 자료버스는 64비트로 설계되었으나 내부적으로는 32비트로 동작했습니다.

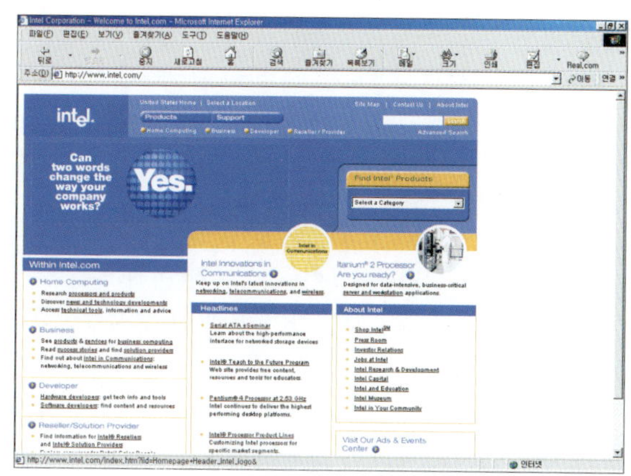

인텔 홈페이지(www.intel.com)

잠깐! 펜티엄의 뜻과 인텔 인사이드 전략

펜티엄은 그 동안 인텔이 붙이던 8086, 80186, 80286, 80386, 80486 등의 숫자 모델명을 사용하지 않고 펜티엄이라는 상품이름을 사용했습니다. Pentium은 희랍어로 5를 뜻하는 Pent와 Intel의 I, 작은 기계를 뜻하는 um이 모여서 만들어진 합성어입니다. 이처럼 펜티엄은 5를 뜻하는 펜트(펜타곤)에서 따온 이름으로 486에 이어서 개발한 586이라는 의미를 담고 있습니다. 인텔이 80586 대신 펜티엄으로 이름을 지은 이유는 호환 칩을 생산하는 후발업체들을 견제하기 위해서입니다.

펜티엄이 나오기 전까지는 다른 업체들도 인텔이 사용한 286, 386, 486이라는 칩 이름을 사용했습니다. 숫자로 된 이름은 상표로 등록하여 보호받을 수 없기 때문에 다른 업체들도 인텔의 CPU와 같은 이름으로 판매가 가능했습니다. 이 때문에 인텔은 486 다음의 제품을 펜티엄으로 짓고 상표등록을 한 것입니다. 따라서 486이라는 이름을 가진 칩은 AMD나 사이릭스 등의 경쟁 회사에서도 사용할 수 있었지만 펜티엄이라는 낱말은 오직 인텔사의 CPU에만 사용할 수 있습니다.

인텔의 광고 사진들. 인텔은 적극적으로 펜티엄 시리즈 광고를 폈습니다.

인텔 인사이드(intel inside) 로고

인텔은 인텔은 상품명으로 등록한 펜티엄 시리즈를 판매하면서 'Intel Inside'라는 판매전략도 함께 폈습니다. 인텔 인사이드 전략은 인텔의 CPU를 장착한 시스템에 'Intel Inside'라는 로고를 부착할 수 있도록 하는 판매전략입니다. 이에 따라 대대적인 CPU 광고가 시행되었고 사람들은 인텔과 인텔 인사이드 로고가 있는 컴퓨터를 최고의 컴퓨터로 생각하게 되었습니다. 물론 인텔 인사이드 광고 덕에 인텔이라는 회사가 일반인에게도 널리 알려졌습니다.

고성능의 CPU인 펜티엄프로

인텔은 펜티엄을 내놓은 뒤에 좀더 강력한 성능을 지닌 펜티엄프로 제품을 출시했습니다. 1995년에 출시된 펜티엄프로는 서버와 워크스테이션과 같은 고급형 제품을 위해 개발되었다. 32비트 연산에 최적화된 CPU로 4개의 CPU를 동시에 장착하여 시스템을 구성할 수 있어 멀티프로세서 시스템을 지원했습니다.

또한 주기판에 장착해서 사용하던 L2(Level 2) 캐시를 CPU 안에 내장시켜서 캐시의 성능이 대폭 향상되었습니다. 그러나 가격이 비싸고 소켓7 방식과 호환되지 않는 소켓8 방식을 독자적으로 사용했기 때문에 많이 팔리지 않았습니다.

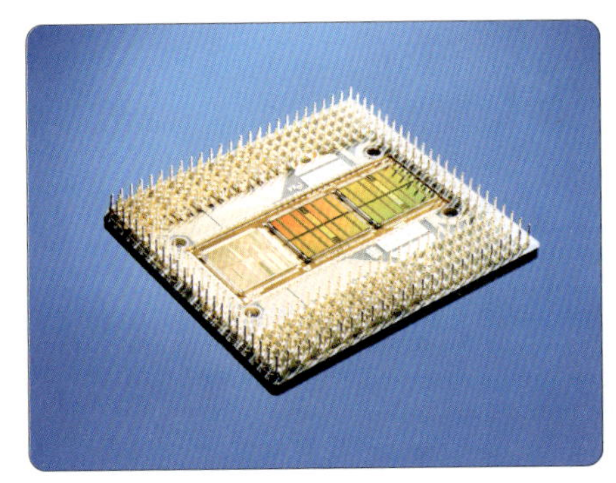

펜티엄프로 CPU

펜티엄MMX는 저가형 시장을 위해 출시한 제품

펜티엄에 이어 출시된 펜티엄프로는 가격이 비싸다는 이유로 판매가 부진했습니다. 이 때문에 저가형의 CPU가 필요했고 인텔은 펜티엄MMX를 출시했습니다. 펜티엄MMX는 펜티엄프로보다 2년 뒤에 출시된 제품이지만 저가형으로 개발된 제품이라 성능은 펜티엄프로보다 떨어집니다.

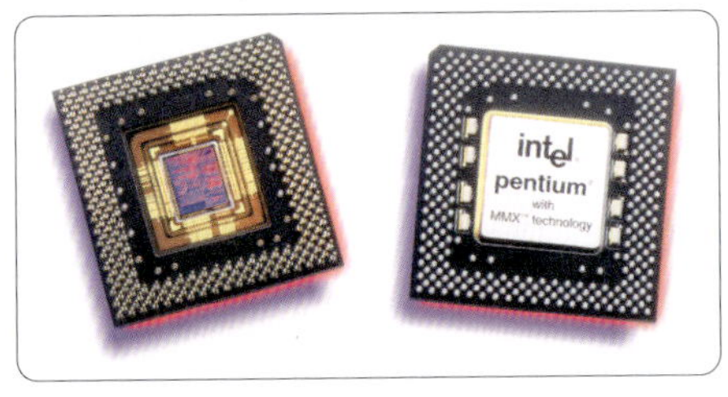

인텔의 펜티엄MMX CPU

MMX는 CPU에 내장한 멀티미디어 명령어입니다.

MMX(Multi Media Extention)는 인텔이 개발한 기술로 PC의 성능을 높이기 위하여 개발한 기술입니다. MMX는 오디오, 비디오, 그래픽 데이터 등을 보다 효율적으로 처리하기 위해 특별하게 고안된 57개의 강력한 명령어를 이용해 멀티미디어의 처리속도를 향상시키는 것이 목표입니다.

멀티미디어 기능을 강화한 인텔의 펜티엄MMX CPU

동영상으로 화상 회의가 가능하다는 인텔의 광고

예를 들어 동영상 재생 속도가 기존의 CPU는 1초에 15 프레임을 보여줄 수 있다면, MMX 기술을 채용한 펜티엄MMX는 1초에 20 프레임을 보여줄 수 있습니다. 그렇지만 이는 MMX 명령어를 사용하는 전용 프로그램을 사용할 때의 이야기입니다.

MMX 명령어를 사용하지 않을 경우 펜티엄MMX의 성능은 기존의 펜티엄과 별 차이가 없습니다. 펜티엄MMX가 기존의 펜티엄보다 빠른 이유는 MMX 기능 때문이 아니라 클럭수가 높아졌고 캐시의 양이 늘었기 때문입니다.

MMX CPU의 광고물을 붙이고 있는 인텔 부회장 Mike Aymar와 인텔MMX 광고

4 펜티엄II

펜티엄II는 펜티엄MMX의 개선판입니다.

인텔은 펜티엄프로를 출시한 지 얼마 안되어 펜티엄프로를 단종시키고 1997년 5월에 펜티엄II를 내놓았습니다. 인텔이 펜티엄프로를 단종시킨 이유는 펜티엄프로의 제조 가격이 너무 비쌌기 때문입니다. 펜티엄II는 제조 가격을 낮추기 위해 캐시를 외부로 끌어낸 슬롯 방식을 택했습니다.

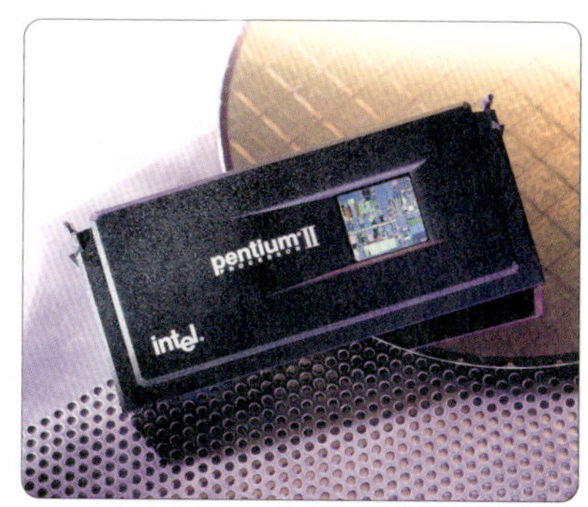

슬롯1 방식으로 생산된 카트리지 형태의 펜티엄II CPU

대역폭 확대, 16비트 처리 능력이 강화되었습니다.

펜티엄II는 캐시를 내장했기 때문에 성능은 기존의 펜티엄보다 향상되었지만 가격이 비쌌습니다. 대역폭 확장 기술과 16비트 코드 처리 능력 향상으로 성능이 강화되었으며, 동적 실행과 이중 독립 버스 기능이 추가되었습니다.

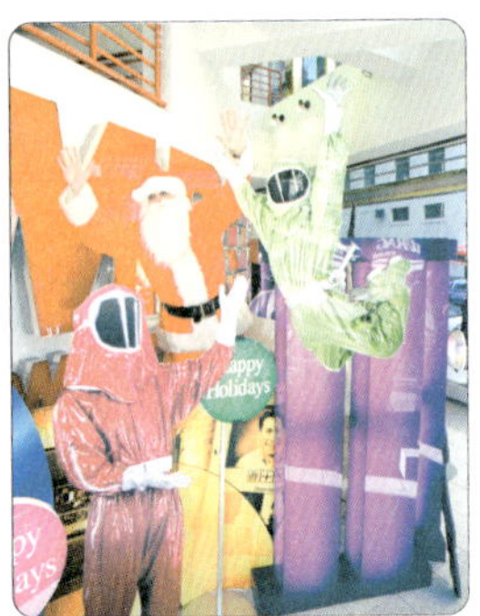

펜티엄II 광고에 등장한 버니피플. 반도체 공장의 작업복을 입은 형태입니다.

슬롯1의 SEC 카트리지 방식 채용

펜티엄II의 가장 큰 변화는 과거 십 여 년 이상 사용한 소켓 방식이 아니라 슬롯 방식으로 전환한 점입니다. 때문에 정사각형의 모습이던 CPU가 직사각형으로 길어지고 옆으로 세워서 장착하는 형태로 바뀌었습니다. 이는 캐시 메모리를 외부로 빼기 위한 조치 때문입니다. 물론 캐시를 CPU 밖에 둠으로써 제작단가를 낮출 수 있게 되었고, 이 때문에 펜티엄II의 제작비용은 펜티엄프로보다 훨씬 쌉니다.

슬롯 방식의 펜티엄II. 주기판의 슬롯에 카드를 삽입하는 형태로 장착합니다.

100MHz버스 클럭 지원

펜티엄II의 변화 중 하나는 100MHz 버스 클럭으로 동작하는 제품이 출시되기 시작한 점입니다. 펜티엄II 제품의 초기 제품인 클라매쓰 모델은 66MHz로 동작하지만 후기의 데슈츠 모델 계열 제품은 100MHz로 동작합니다. 물론 이를 뒷받침하기 이해서는 인텔의 BX 칩셋을 장착한 주기판을 사용해야 합니다. 또한 메모리도 PC100용을 사용해야 합니다.

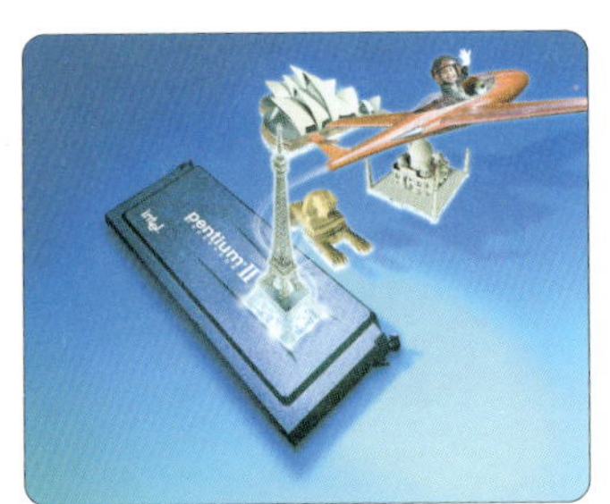

펜티엄II의 우수함을 알리는 광고 사진

5 펜티엄II 셀러론

저가형에 슬롯 방식으로 출시된 코빙턴 셀러론

가격이 비싼 펜티엄프로와 펜티엄II는 시장에서 기대만큼의 성공을 거두지 못했습니다. 이 때문에 저가형 시장을 AMD 등의 경쟁 업체에서 장악했습니다. 결국 인텔은 펜티엄MMX를 출시 했던 것처럼 저가형 CPU를 만들어 출시해야 했습니다.

그 결과 펜티엄II에 내장된 캐시 메모리를 뺀 저가형 CPU를 발표합니다. 이것이 1998년에 발표된 코드명 코빙턴인 셀러론(Celeron) CPU입니다. 캐시가 빠진 셀러론의 성능은 펜티엄MMX와 별다를바 없습니다. 가격은 낮았지만 성능이 기존의 펜티엄MMX와 비슷했기 때문에 사용자들은 셀러론에 대해서 실망했고 시장에서 곧 외면당했습니다. 초기의 셀러론은 슬롯 방식으로 출시되었습니다.

인텔에서 내놓은 슬롯 방식의 초기 셀러론 CPU와 로고

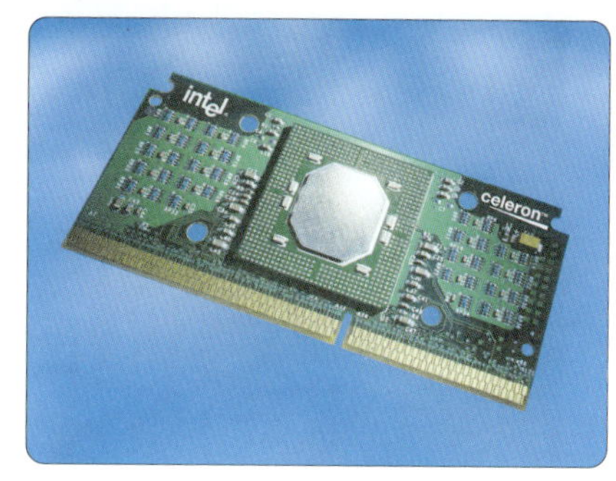

슬롯 방식이 실패하자 소켓 방식으로 다시 셀러론을 내놓습니다.

슬롯 방식의 셀러론 판매가 부진하면서 소켓 방식의 CPU 시장을 경쟁업체에서 장악하자 인텔은 기존의 셀러론에 캐시를 다시 추가한 새로운 셀러론을 출시합니다. 코드명 멘도시노인 셀러론A는 기존의 셀러론과는 달리 캐시가 내장되어 성능이 대폭 향상되었습니다.

초기의 멘도시노 역시 슬롯 방식이었는데 슬롯 방식이 시장에 정착하지 못하자 인텔은 슬롯 방식을 포기하고 다시 소켓 방식으로 셀러론을 만들었습니다. 소켓 방식의 셀러론을 뉴 셀러론이라 합니다. 후기에 출시된 PPGA 방식의 셀러론이 요즘 판매되고 있는 소켓370 방식의 뉴 셀러론입니다. 뉴 셀러론은 기존의 셀러론과 달리 0.18 마이크론 공정으로 제조됩니다.

소켓370 방식의 셀러론

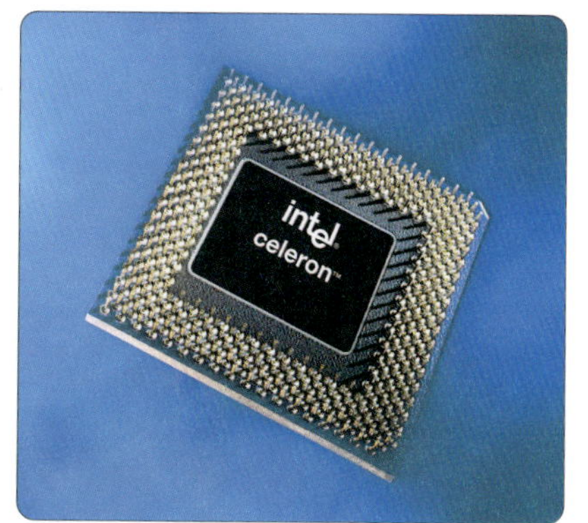

잠깐! 셀러론의 뜻은?

셀러론은 가장 많이 팔린 CPU 입니다. 셀러론이라는 이름은 Lexicon Branding이라는 작명 회사에 의뢰하여 얻은 이름으로, 'Celer' 또는 'Cella'와 'On'을 합쳐서 만든 합성어입니다. 라틴어에서 유래된 Celer는 celerity(민첩하다)라는 의미를 담고 있으며, Cella는 방이나 세포를 뜻하는 Cell의 고대 영어입니다. On은 타키온, 지온처럼 낱말의 뒤에 붙은 접미사입니다. 따라서 셀러론은 작고 빠른 칩이라는 의미를 담고 있습니다.

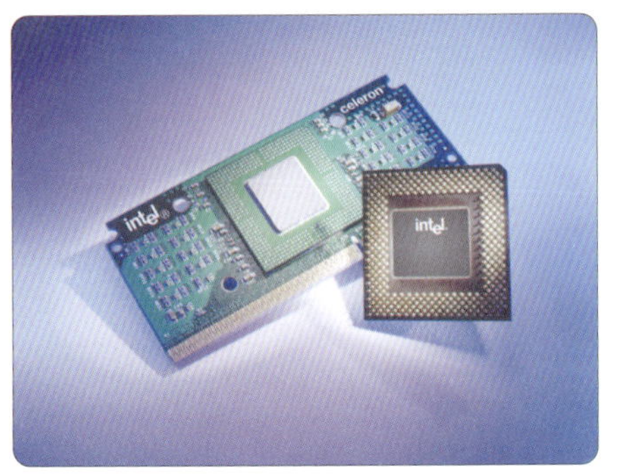

슬롯방식과 소켓 방식의 셀러론

6 지온(Xeon)

서버급에 사용하는 고성능 CPU인 지온

펜티엄II의 한 종류인 지온(Xeon)은 중상위급 서버와 워크스테이션용으로 개발된 펜티엄II CPU를 말합니다. 당연히 지온은 일반 펜티엄II보다 고성능입니다. 그 까닭은 펜티엄II가 CPU의 절반 속도로 동작하는 512KB의 캐시를 가진데 비해 지온은 CPU와 같은 속도로 동작하는 512KB~2MB의 캐시를 가지고 있기 때문입니다. 물론 이 때문에 지온은 가격이 비싸며 주로 서버나 워크스테이션용으로 사용되고 있습니다.

펜티엄II XEON CPU

지온은 펜티엄II 제품군으로 출시되었지만 펜티엄III 제품군에도 지온이라는 이름의 제품이 있습니다. 그래서 펜티엄II XEON, 펜티엄III XEON으로 앞에 CPU 등급을 나타내는 이름을 붙입니다.

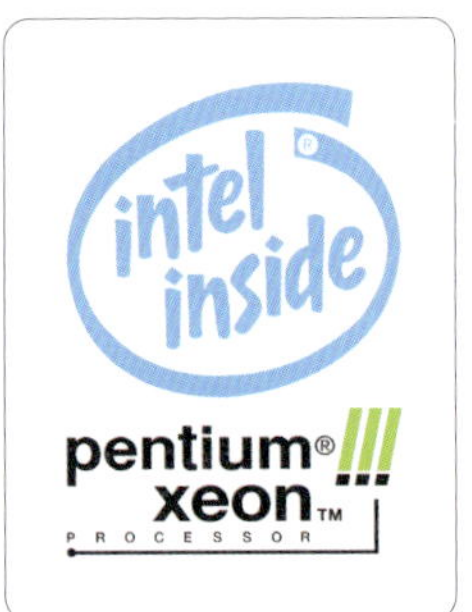

펜티엄III XEON CPU와 로고

펜티엄III XEON은 슬롯2 방식의 0.18 마이크론 공정으로 생산됩니다.

펜티엄III 제품에 속하는 지온은 코드명 태너(Tanner)로 개발된 제품으로 0.18 마이크론의 공정으로 생산됩니다. 장착 방식은 슬롯2입니다.

상자로 포장된 펜티엄III XEON CPU

현재 출시되는 지온은 소켓 603 방식의 지온

지온은 이후 코드명 Prestonia로 개발한 XEON을 출시합니다. 이 CPU는 1.7V에 400MHz 버스 스피드, 256KB의 L2 캐시를 가집니다. 이름도 그냥 XEON으로 바뀌었습니다.

최근 판매주인 지온의 특징은 소켓 603 방식이라는 점입니다. 펜티엄III 지온에서 사용하던 슬롯 방식을 포기하고 펜티엄4급 지온은 소켓 방식을 채택했습니다.

소켓603 방식으로 생산하는 XEON CPU와 로고

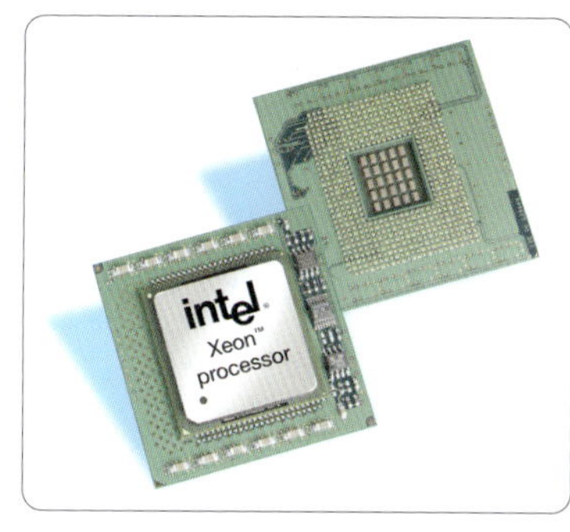

Xeon MP는 하이퍼쓰레딩 기술 지원

인텔이 최근에 출시한 XEON 모델은 펜티엄4 기반의 Xeon MP입니다. 코드명 Foster로 개발된 Xeon MP는 1.4, 1.5, 1.6GHz로 발표되었습니다. Xeon MP는 Netburst 아키텍쳐로 출시한 최초의 멀티 프로세서 지원 프로세서로서 하나의 프로세서로도 2개의 프로세서를 사용하는 것 같은 효과를 내는 하이퍼쓰레딩 기술을 지원합니다.

XEON MP CPU

제온의 또 다른 모델인 Xeon MP 프로세서는 1MB의 L3 캐시를 장착하고 있으며 256KB의 L2 캐시, 8KB의 L1 캐시를 장착하고 있습니다.

XEON MP CPU

7 펜티엄III

펜티엄III의 특징은 스트리밍 SIMD 확장 기술입니다.

펜티엄III는 코드명 카트마이(Katmai)로 개발된 CPU입니다. 펜티엄III의 가장 큰 특징은 Streaming SIMD Extensions이라는 기술을 적용한 점입니다. 이 기술은 펜티엄III가 3D 게임을 비롯한 3D 그래픽에서 우수한 성능을 발휘할 수 있도록 해줍니다. 즉 펜티엄III는 3D 그래픽의 성능 향상에 주안점을 두고 개발된 CPU입니다.

펜티엄III 로고를 담은 광고

SECC2 방식이 도입된 펜티엄III

펜티엄III의 외관은 기본적으로 펜티엄II와 비슷합니다. 그렇지만 펜티엄III는 기판 위에 바로 방열판과 팬이 장착되는 SECC2 방식의 패키지 방식을 사용합니다. 이는 비용 절감을 하기 위해서입니다. SECC 2는 기판을 둘러싸던 상하판 중에서 하판이 없어지고 대신 방열판을 바로 연결한 방식입니다.

SECC2 방식의 초기 펜티엄III와 로고

쿠퍼마인은 133MHz의 FSB를 지원합니다.

펜티엄III는 여러 모델이 출시되었는데 코드명 쿠퍼마인에 해당하는 제품은 133MHz의 FSB를 지원합니다. 또한 인텔로서는 처음으로 0.18 마이크론 공정 기술을 도입해서 제조했으며, L2 캐시를 온다이 형태로 장착했습니다. 쿠퍼마인의 L1 캐시는 32KB이고, L2 캐시는 256KB의 크기를 가지고 있습니다.

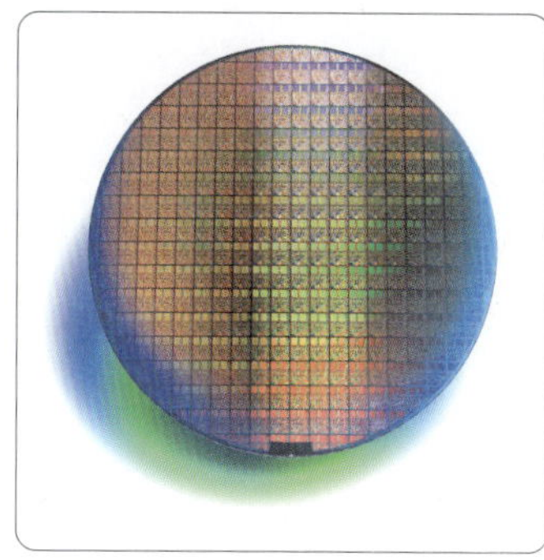

펜티엄III 쿠퍼마인의 웨이퍼 칩과 다이. 0.18 마이크론 공정용 웨이퍼입니다.

잠깐! FSB(Front Side Bus system)와 BSB의 뜻

프론트 사이드 버스(FSB)는 CPU와 메인 메모리 사이의 버스를 의미하며, 백 사이드 버스(Back Side Bus)는 CPU와 L2 캐시 사이의 버스를 뜻합니다. 따라서 FSB가 100MHz라면 CPU와 주기판의 메인 메모리 사이를 100MHz의 클럭 속도로 움직이면서 자료를 전송한다는 뜻입니다. 대개의 경우 FSB보다는 BSB가 두 배 정도 빠르게 움직이는 편입니다.

133MHz FSB를 사용하려면 전용 칩셋이 필요합니다.

펜티엄III은 BX 이상의 칩셋을 장착한 주기판에서 사용이 가능합니다. 그러나 133MHz의 시스템 버스를 사용하고자 할 때는 펜티엄III 전용 칩셋을 사용해야 합니다.

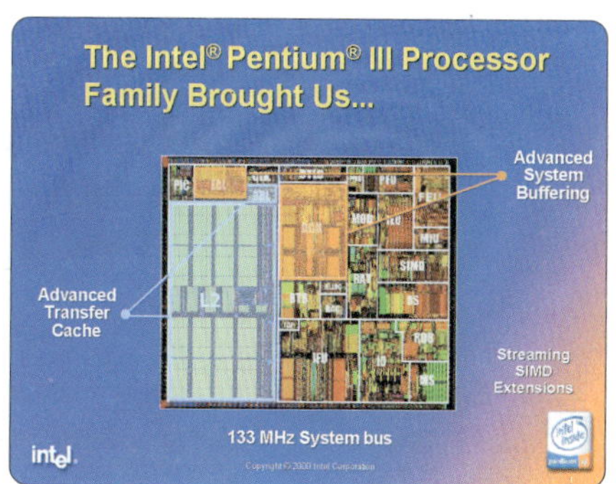

펜티엄III의 기능별 구역(섹션) 구성도와 구역별 기능 설명

펜티엄III는 나중에 소켓 방식으로 바꾸어 출시했습니다.조립비를 주면 부품가격으로 시스템을 맞출 수 있습니다.

쿠퍼마인은 나중에 슬롯 방식에서 소켓 방식으로 변화합니다. 펜티엄III 500E의 경우 슬롯 방식에서 FC-PGA 370 방식으로 출시됩니다. FC-PGA 370 방식은 소켓370처럼 PGA 방식으로 제작하는 방식을 말합니다.

FCPGA 패키징 방식으로 생산된 소켓 방식의 펜티엄III

FC-GPA370은 소켓370 방식과 호환되도록 만든 방식이지만 쿠퍼마인의 경우 1.6V의 전압을 사용하기 때문에 2.0V를 사용하는 이전의 소켓370 주기판에서는 쿠퍼마인을 사용할 수 없습니다. 따라서 쿠퍼마인 지원용 주기판을 사용해야 합니다.

8 펜티엄4

펜티엄III과 비슷한 성능의 펜티엄4

코드명 윌라멧으로 개발된 펜티엄4는 2000년 11월일에 발표되었으며 몇 가지 신기술이 도입되었습니다.

펜티엄4는 넷버스트(NetBurst) 아키텍처를 사용했는데 이는 비디오나 3D 그래픽 영역의 대용량 자료(burst)를 교환함에 있어 네트워크(net) 기능이 향상되었기 때문에 붙은 이름입니다. 또한 파이프라인의 단계가 늘어났습니다. 펜티엄4는 20단계의 파이프라인으로 구성된 하이퍼 파이프라인 테크놀로지(Hyper Pipelined Technology)를 사용했습니다. 펜티엄III CPU가 12단계의 파이프라인을 사용한 것에 비해 거의 2배 가까이 늘어난 셈입니다.

인텔의 펜티엄4 CPU와 로고. 소켓방식으로 생산되었습니다.

펜티엄4의 성능은 펜티엄III와 비슷합니다.

펜티엄4는 100MHz의 FSB를 4배로 높여주는 쿼드펌프드 기술이 사용되었습니다. 이에 따라 펜티엄4는 400MHz의 FSB를 사용할 수 있다고 인텔이 발표했습니다. 그렇지만 실제 측정 결과 동일한 클럭일 경우 펜티엄III과 성능 면에서 별 차이가 별로 없는 것으로 나타나 사용자에게 실망을 안겨주었습니다.

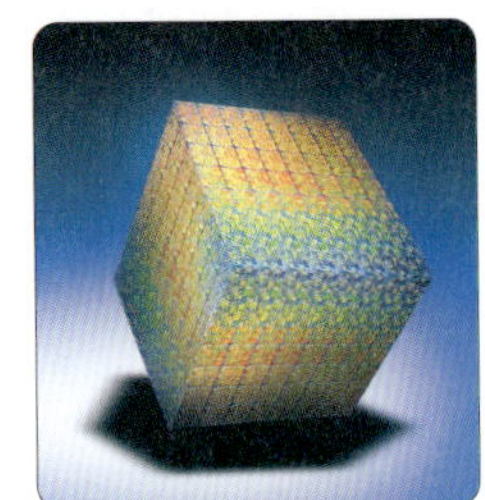

펜티엄4로 구현한 구체와 정육면체의 워터이미지를 통해 펜티엄4의 기술력을 과시했지만 소비자의 기대에 미치지 못한 성능을 보여 실망을 안겨주었습니다.

잠깐! 펜티엄4의 FSB는 400MHz가 아니라 100MHz입니다.

많은 사람들이 펜티엄4의 FSB를 400MHz로 알고 있습니다. 그러나 이는 잘못 알려진 사실입니다. 펜티엄4의 성능이 기존의 펜티엄III와 별반 차이가 없는 까닭은 펜티엄4의 FSB가 100MHz에 불과하기 때문입니다. 펜티엄4의 FSB가 400MHz라고 알려진 이유는 인텔의 보도전략 때문에 생긴 오해입니다. 펜티엄4의 기본 클럭은 100MHz입니다. 그런데 쿼드 펌프드(Quad Pumped) 기술을 이용하여 4배인 400MHz까지 끌어올릴 수 있다는 것입니다. 그러나 이렇게 끌어올린 400MHz는 100MHz의 4배 성능을 발휘하는 것이 아닙니다. 이런 점을 무시하고 400MHz라는 수치에만 집중하다 보니 펜티엄4의 성능이 과대포장된 것입니다.

펜티엄4의 다이 구성도와 새롭게 적용된 신기술에 대한 안내. 400MHz의 FSB를 지원한다는 말이 왼쪽 윗 부분에 적혀있습니다.

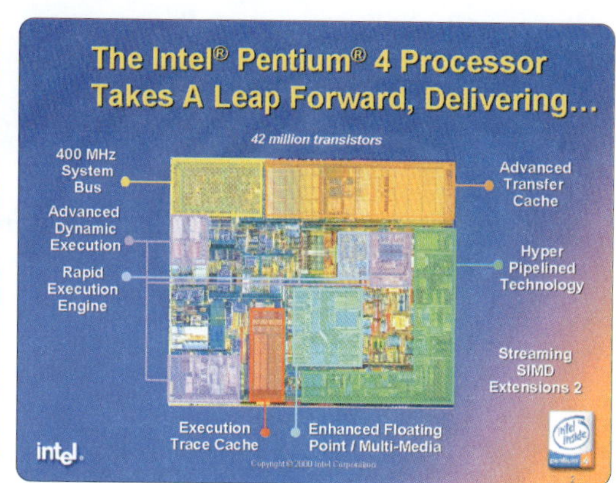

초기 펜티엄4는 423핀으로 2기 펜티엄4는 478핀으로 생산되었습니다.

펜티엄4의 초기 모델인 윌라멧은 수명이 짧았습니다. 곧 2기 제품인 노쓰우드(Northwood) 계열에 의해 시장에서 퇴출당하고 맙니다. 문제는 노쓰우드 CPU의 패키징 방식이 윌라멧 계열과 다르다는 점입니다. 윌라멧은 윌라멧은 PGA423(소켓423) 방식을 사용한 반면 노쓰우드 계열은 mPGA478이라는 방식을 사용합니다. 간단하게 말해서 두 CPU의 핀 수부터 틀립니다. 초기 모델인 윌라멧은 423핀을 사용했고 후기 모델은 노쓰우드는 478핀을 사용했습니다.

0.18마이크론 공정에 423핀으로 생산된 초기의 펜티엄4 CPU인 윌라멧

2기 모델은 노쓰우드은 478핀을 사용합니다.

두 모델의 핀 수가 다르기 때문에 당연히 주기판의 소켓 모양도 다릅니다. 즉 같은 펜티엄 4 CPU라 하더라도 핀 수가 다르기 때문에 주기판이 호환되지 않는 문제점이 발생한 것입니다. 이 때문에 423 핀용 주기판을 구입한 사용자는 CPU 업그레이드 시에 478 핀용 주기판을 다시 구입해야 하는 부담이 있습니다.

코드명 노쓰우드인 478핀 방식의 펜티엄4 CPU

초기는 0.18 마이크론 공정으로 생산했습니다.

펜티엄4는 펜티엄III에 비해 크기가 2배 정도 커졌다는 외형적인 차이를 보입니다. 이는 제조 공정은 펜티엄III과 같은 0.18 마이크론 공정을 사용하면서 트랜지스터 수는 4,200만 개로 늘어났기 때문으로 볼 수 있습니다. 소켓478 방식의 펜티엄4도 초기에는 0.18 마이크론 공정으로 생산되었습니다. 이들 제품은 1.7V의 전압을 사용합니다.

0.18 마이크론 공정으로 생산되는 펜티엄4와 전용 메인 칩셋

후기 펜티엄4는 0.13 마이크론 공정을 사용합니다.

초기에 나온 펜티엄4는 0.18 마이크론 공정을 이용해 생산했지만 후기에 나온 펜티엄는 0.13 마이크론 공정으로 생산됩니다. 이에 따라 사용 전압도 1.5V로 낮아집니다. 따라서 현재 시중에서 판매중인 소켓478 방식에 1.5V를 지원하는 펜티엄4는 0.13 마이크론 공정으로 생산되는 CPU로 보시면 됩니다.

0.13 마이크론 공정으로 생산되는 후기 펜티엄4 CPU

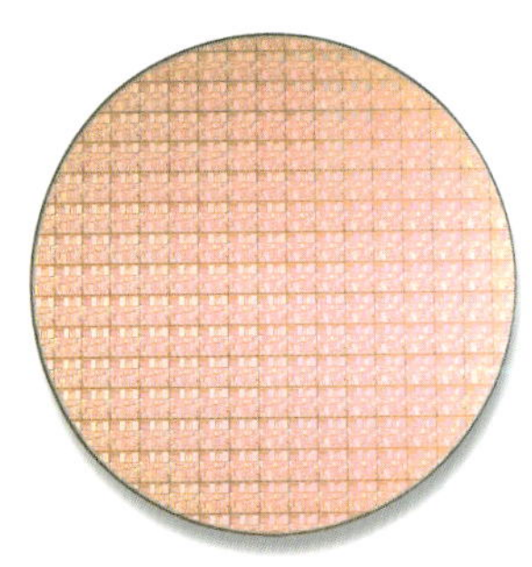

0.13 마이크론 공정의 웨이퍼와 이 웨이퍼로 만든 펜티엄4 다이

9 인텔의 차기 CPU

이타니움이 차기 CPU의 이름입니다.

인텔이 중간에 발표한 코드명 머시드로 개발중인 CPU

인텔의 차기 CPU는 코드명 머시드로 부르는 CPU입니다. 머시드는 나중에 이타니움(Itanium)이라는 이름으로 바뀌었습니다. 이타니움은 IA64 프로젝트에 의해 개발되는 차기 CPU로 인텔과 HP가 공동으로 추진하고 있습니다.

인텔은 이타니움 이후의 제품으로 코드명 매킨리(McKinley)를 개발 중입니다. 이들 CPU가 발표되면 CPU의 성능이 한층 더 발전할 것이라고 합니다.

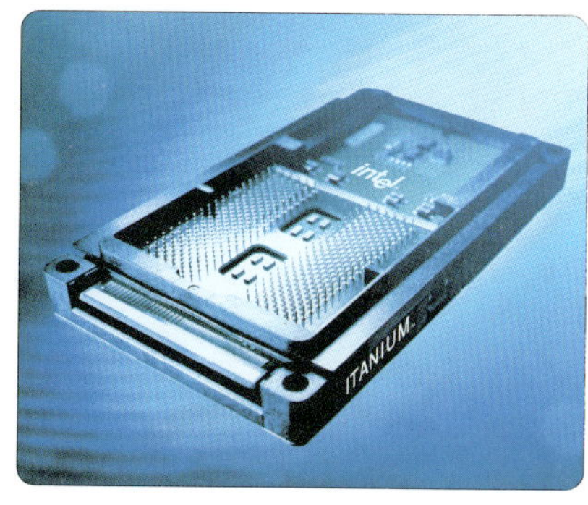

인텔이 차기 CPU로 이름을 지은 이타니움의 시제품 모습과 로고

10 인텔의 모바일용 CPU

노트북용 CPU는 데스크탑용과 다릅니다.

노트북 컴퓨터에도 셀러론과 펜티엄4 CPU를 사용합니다. 또한 클럭 수도 같습니다. 그렇다면 데스크탑용 펜티엄4와 노트북용 펜티엄4는 같은 제품일까요? 아닙니다. 두 제품은 완전히 다른 제품입니다. 이 때문에 인텔은 노트북에 사용하는 칩셋을 일반 PC용과 구별하기 위하여 모바일(Mobile) CPU라고 부릅니다.

인텔의 모바일 펜티엄MMX CPU. 데스크탑용과 모양이 다릅니다.

모바일 CPU는 얇고 작게 만듭니다.

노트북용 CPU는 외형부터 데스크탑용과 다릅니다. 데스크탑에 사용했던 슬롯 방식의 거대한 CPU를 노트북에 사용할 수는 없는 일입니다. 노트북의 특성상 매우 작고 얇게 만들어야 합니다. 때문에 카트리지 형태도 개발된 것도 있지만 필름 형태로 제작된 CPU도 있습니다. 노트북에 장착하기 쉽도록 BGA 방식이라는 형태로 제작합니다.

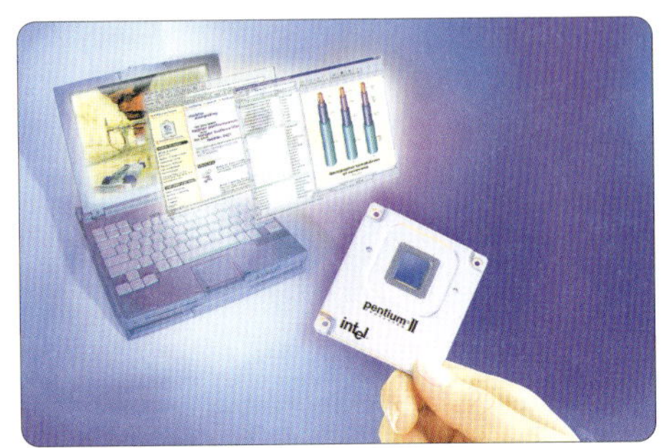

인텔의 모바일 펜티엄II CPU. 작고 얇게 만듭니다.

노트북용 CPU의 기술력은 소형화, 저발열, 저전압, 저전력 기술입니다.

노트북용 CPU는 노트북의 특성상 발열을 줄이는 기술과 저전력으로 동작하는 기술이 가장 큰 과제입니다. 열을 줄이기 위해서 노트북용 CPU는 캐시 메모리를 줄입니다. 때문에 일반적으로 노트북 CPU의 캐시 메모리는 데스크탑용의 절반 수준에 불과합니다. 캐시 메모리가 많아지면 CPU의 부피도 커지고 열도 많이 발생하기 때문입니다.

인텔의 모바일 셀러론 CPU. 저전력 기술이 중요 핵심 기술로 사용됩니다.

노트북 CPU는 데스크탑용보다 훨씬 저전력으로 설계됩니다.

전력 소모를 줄이기 위하여 CPU 사용 전압도 매우 낮습니다. 노트북용 CPU는 데스크탑용 CPU보다 훨씬 낮은 1.35V 정도의 전압을 사용합니다. 데스크탑용 CPU가 보통 2~3V대의 전압을 사용하는 것에 비하면 절반 수준에 불과합니다. 전력 역시 0.5와트의 저전력 CPU로 개발됩니다. 그러나 저전압 저전력 설계만으로도 부족하여 모바일 펜티엄III의 경우에는 스피드 스텝이라는 절전 기술을 함께 사용하고 있습니다.

인텔의 모바일 펜티엄III CPU. 스피드 스텝이라는 절전 기술을 사용합니다.

노트북용 CPU의 성능은 데스크탑용보다 떨어집니다.

일반인이 착각하기 쉬운 점 중의 하나는 인텔의 모바일 CPU와 데스크탑 CPU의 이름이 같을 경우 성능도 같을 것이라는 추측입니다. 이는 틀립니다. 앞서 설명한 것처럼 인텔의 모바일 CPU는 저전력을 구현하기 위해 캐시의 양도 줄이는 등 많은 개조가 이루어집니다. 때문에 인텔의 펜티엄III CPU와 모바일 펜티엄III CPU의 성능은 차이가 있습니다. 당연히 데스크탑용 CPU가 더 성능이 좋습니다.

인텔의 모바일 CPU

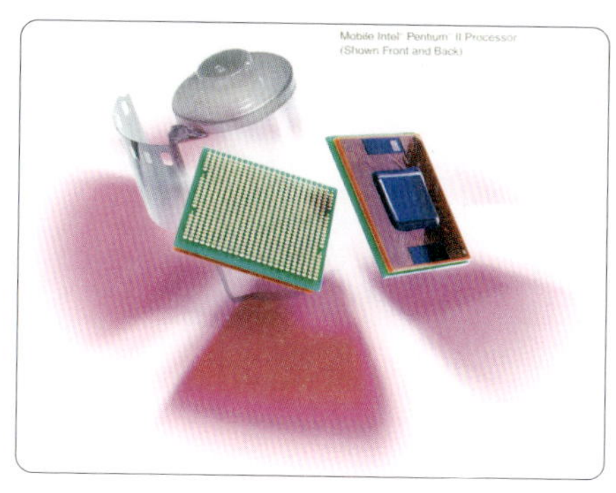

최근 노트북 CPU 시장은 인텔과 경쟁 업체의 도전으로 진행됩니다.

인텔은 그동안 모바일 CPU라는 이름으로 그 동안 노트북용 CPU 시장을 장악했지만 요즘은 트랜스메타를 비롯한 경쟁 업체의 도전으로 인하여 예전만큼 시장을 장악하지 못하고 있습니다.

잠깐! 모바일 CPU는 얼마나 작은가?

모바일 CPU는 그 특성상 작게 만들어야 합니다. 최근에 출시되는 모바일 CPU는 한 면이 4cm도 안되는 작은 크기입니다. 두께 또한 매우 얇습니다. 아래 사진을 보시면 우표와 거의 비슷한 크기임을 알 수 있습니다.

이처럼 모바일 CPU를 더욱 작고 얇게 만드는 이유는 전력 소모를 줄여 발열을 줄이고 노트북의 크기를 줄이기 위해서입니다.

자와 우표로 CPU의 크기를 비교하는 사진. 우표만큼이나 작습니다.

MFBGA와 MFPGA 방식으로 패키징 합니다.

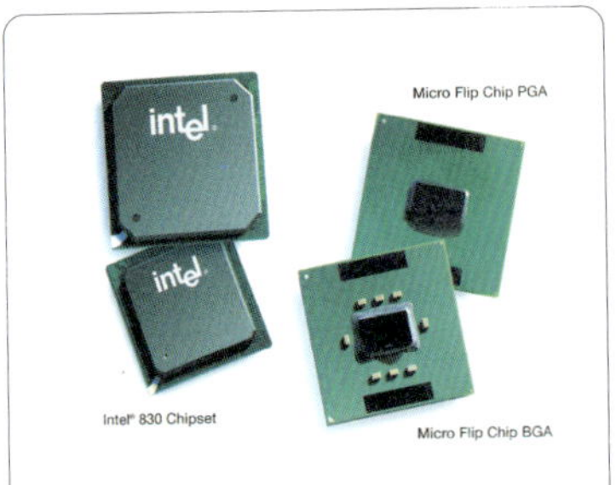

모바일 펜티엄III CPU의 패키징 방식

인텔이 최근 출시하고 있는 제품은 모바일 펜티엄 III와 모바일 펜티엄4입니다. 이들 제품은 소켓 방식의 하나인 MFC-BGA(Micro Flip Chip BGA)와 MFC-PGA(Micro Flip Chip PGA)라는 패키징 방식으로 생산됩니다.

모바일 펜티엄III는 133MHz를 지원합니다.

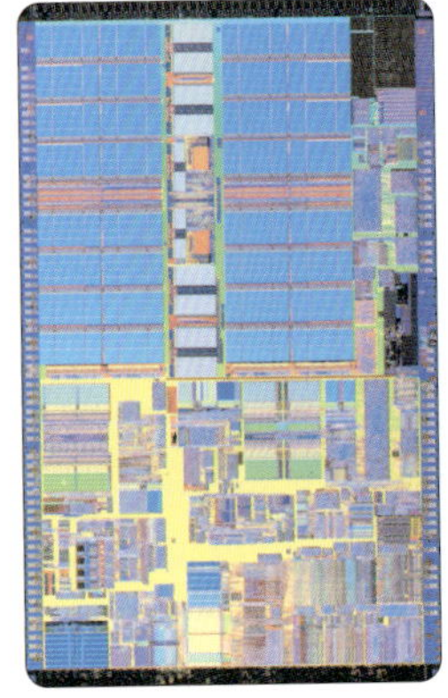

모바일 펜티엄III와 830 칩셋

모바일 펜티엄III는 주기판의 메인 칩셋으로 인텔 830 칩셋을 사용합니다. 모바일 펜티엄III는 4,400 만개라는 엄청난 트랜지스터 집적도를 보이며 512KB의 L2 캐시를 내장하고 있습니다. 또한 133MHz의 FSB를 지원하는 고성능 CPU입니다.

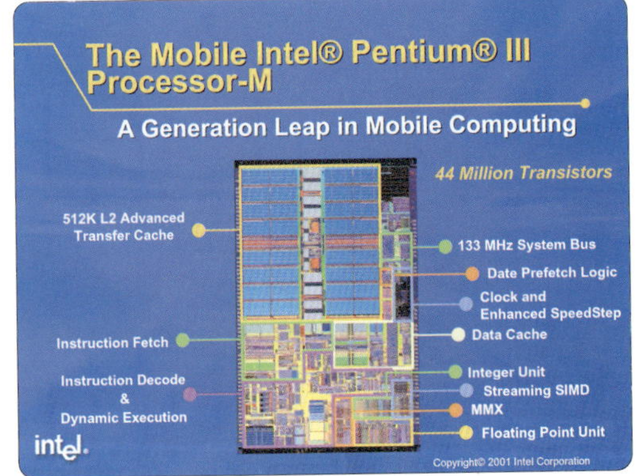

인텔의 모바일 펜티엄III 다이와 구역별 구성도

모바일 펜티엄4는 1.8GHz의 클럭 속도와 400Hz의 FSB 지원

가장 최근에 출시된 모바일 펜티엄4는 모바일 펜티엄III보다 좀더 높은 클럭 속도를 지원합니다. 현재까지 출시된 제품은 1.4GHz부터 1.8GHz의 클럭 속도를 지닌 제품입니다. 모바일 펜티엄4는 5,500만 개의 트랜지스터 집적도를 보이지만 스피드 스텝을 비롯한 절전 기술을 이용하여 발열 문제를 해결하고 있습니다.

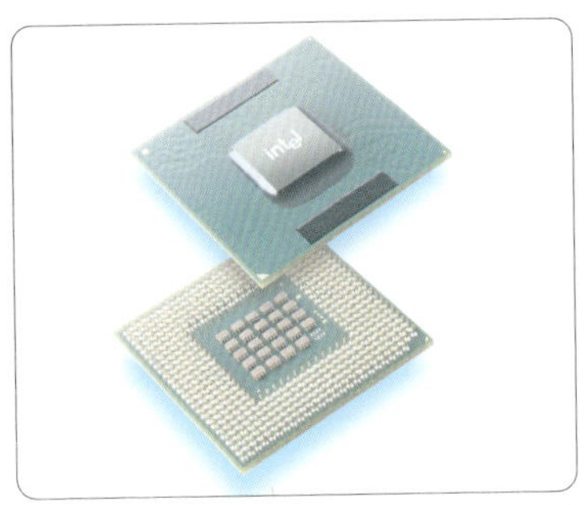

인텔의 모바일 펜티엄4 CPU와 로고

모바일 펜티엄4는 IR845 칩셋과 함께 사용합니다.

모바일 펜티엄4 CPU는 인텔의 Mobile IntelR 845 칩셋을 사용할 경우 NetBurst 기술과 400MHz FSB, 하이퍼파이트라인드 기술 등의 최신 기술을 사용할 수 있습니다. 또한 모바일 펜티엄4는 SDRAM을 1GB까지 장착할 수 있도록 지원합니다.

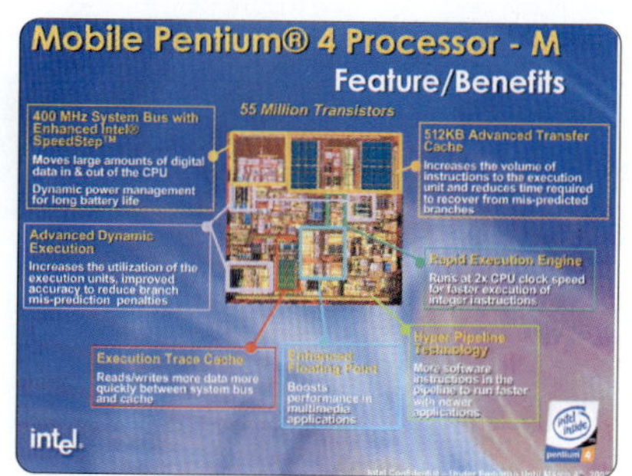

인텔의 모바일 펜티엄4 CPU와 845 칩셋. 모바일 펜티엄4의 성능을 표시한 구역 구성도

03 AMD와 기타 업체의 CPU

1 AMD의 K 시리즈

인텔 독주시대에서 AMD와의 양자 구도로 개편

IBM PC용 CPU는 인텔사의 제품이 가장 많이 팔리지만 경쟁 업체의 제품도 어느 정도 시장을 차지하고 있습니다. 과거에는 AMD와 Cyrix사 제품이 시장에서 팔리면서 3자 경쟁 구도를 형성했습니다. 여기에 몇 군데 제조회사가 추가되어 여러 업체의 경쟁 체제로 접어들었습니다. AMD, Cyrix, NexGen,Ti(Tesas Instrument), DEC, 센토 테크놀로지, 라이즈 테크놀로지, VIA 등이 IBM PC용 CPU를 만들었습니다.

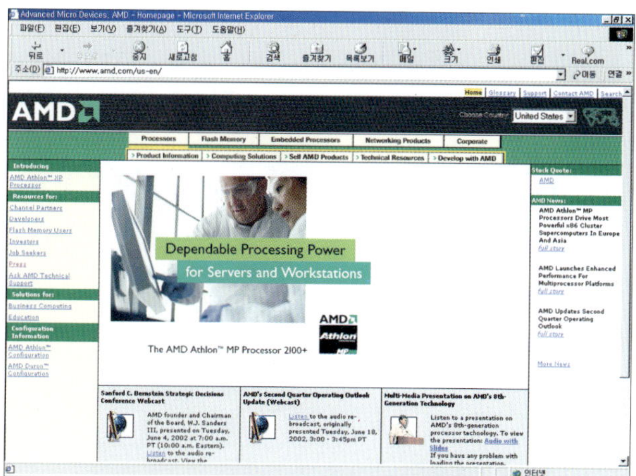

AMD의 홈페이지 (www.amd.com)

그렇지만 인텔의 정책에 패배한 업체들이 나타나면서 하나 둘 CPU 사업을 포기합니다. 결국 현재 인텔의 경쟁 업체로 일반인에게 CPU를 판매하는 업체는 AMD사가 유일합니다. 그외 VIA, 트랜스메타(Transmeta) 사 등의 여러 업체에서 CPU를 만들고 있지만 인텔과 경쟁할 정도의 규모는 안됩니다.

인텔 호환 칩의 선두주자이자 인텔의 가장 강력한 경쟁상대인 AMD의 로고

AMD

호환AMD에서 내놓은 펜티엄급 CPU인 K5

AMD는 1991년에 내놓은 'AMD386'을 발판으로 인텔 호환 칩 업체의 선두 주자로 떠오릅니다. 이후 AMD는 AMD486과 펜티엄급에 해당하는 K5, 후속 제품인 K6를 발표합니다. 특히 1996년에 출시한 K5부터 시작하는 K 시리즈는 AMD사가 독자적으로 개발한 제품으로 AMD가 인텔과 경쟁할 수 있는 기술력을 갖추었음을 반증하는 제품입니다. 이후 1997년에 발표된 K6, 1998년에는 K6-2가 출시되면서 인텔과의 경쟁에 더욱 가속도를 붙입니다.

AMD가 내놓은 AMD-K5와 AMD-K6 CPU

코드명 샤프투스인 K6-III

1999년에 AMD는 코드명 샤프투스(Sharptooth)로 개발한 K6-III를 발표합니다. K6-III는 256KB의 2차 캐시가 하나의 칩에 포함되므로 2차 캐시가 CPU 속도와 같은 속도로 움직이게 됩니다. 따라서 캐시 성능이 크게 향상되었습니다. K6 시리즈는 저가형 시장에서 큰 성공을 거두었고 코드명 K7의 출현까지 AMD를 지탱시켜줍니다.

인텔 CPU의 막강한 경쟁 제품이었던 K6-III, K62+, K6-III+

2 인텔을 추월한 애슬론(Athlon)

인텔보다 앞서 1GHz 시대를 연 CPU인 코드명 K7

코드명 K7는 AMD가 심혈을 기울여 개발한 AMD의 제 7세대 CPU인 애슬론(Athlon) CPU입니다. 1999년 6월 23일 정식으로 출시한 애슬론은 인텔의 후발주자라는 ADM에 대한 인식을 바꿔주는 계기가 되었습니다. 그때까지 인텔의 CPU에 비하여 열세에 있던 부동 소수점 연산 능력에서 앞선 모습을 보여주었기 때문입니다. 또한 1GHz CPU를 인텔보다 먼저 발표함으로써 속도 면에서도 인텔을 앞서나가기 시작했습니다.

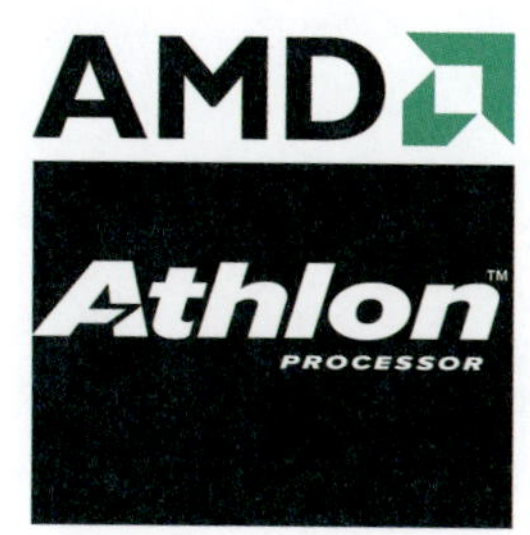

애슬론 로고

뛰어난 부동소수점 능력으로 펜티엄4보다 뛰어난 성능 발휘

애슬론은 각종 컴퓨터 관련 잡지의 성능 비교 결과 인텔 CPU보다 우수한 것으로 나왔습니다. 언론에서 AMD의 애슬론에 대해 찬사를 보내자 소비자들도 애슬론 제품에 대해 관심을 보이기 시작했고 기대 반 우려 반이었던 애슬론은 시장 초기에 상당한 성공을 거두게 됩니다.

초기에 출시된 애슬론은 알파 프로세서의 EV6 프로토콜을 사용하고 200MHz의 FSB 사용, 인텔 CPU의 4배에 해당하는 128KB의 온보드 L1캐시, 인텔 CPU의 2배에 해당하는 512KB의 프로그램 가능 L2 캐시를 갖추었습니다. 그외 9단계 슈퍼스칼라 마이크로 아키텍처 등으로 펜티엄4보다 뛰어난 성능을 자랑합니다.

슬롯A 방식을 채용한 초기 애슬론은 클래식 애슬론으로 부릅니다.

애슬론은 이전의 소켓7 방식과는 달리 슬롯A라는 AMD만의 독자적인 장착 방식을 사용합니다. 슬롯A는 인텔의 펜티엄II에서 사용하는 슬롯1과 외형은 같지만 전기적인 신호가 다르기 때문에 호환성은 없습니다. 애슬론은 나중에 소켓 방식으로 장착 방식을 바꿉니다.

AMD K7로 발표된 애슬론의 시제품 모습. 이전의 소켓 방식과는 달리 슬롯 방식으로 개발한 CPU이다.

3 2기 애슬론 CPU 썬더버드

풀스피드의 온다이 L2 캐시를 장착한 썬더버드

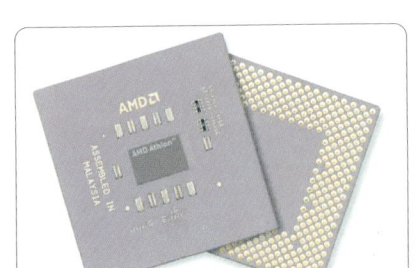

AMD는 클래식 애슬론에 이어 다른 설계 방식으로 제작한 애슬론을 출시합니다. 이것이 코드명 썬더버드(Thunderbird)로 개발된 제 2기 애슬론입니다.

애슬론 CPU와 로고

썬더버드가 기존의 애슬론과 다른 점은 온다이 된 풀 스피드의 L2 캐시를 장착한 점입니다. 썬더버드는 L2 캐시의 크기를 512KB에서 256KB로 줄인 대신 속도는 CPU 클럭과 동기화된 온다이 풀 스피드 L2 캐시로 변화합니다. 이에 따라 썬더버드는 인텔의 쿠퍼마인 CPU와 경쟁하는 제품으로 출시됩니다.

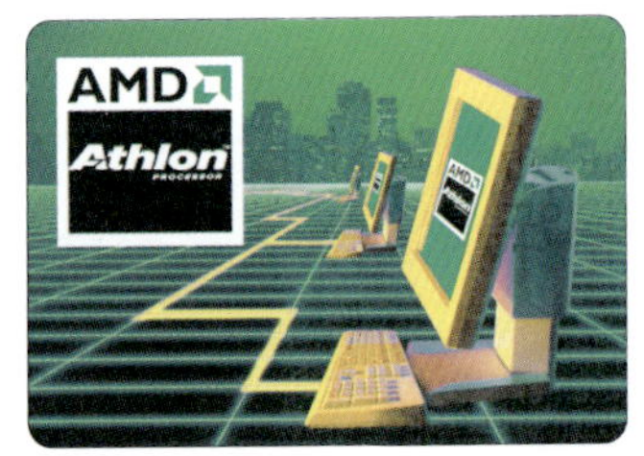

애슬론 CPU 광고 화면

썬더버드는 소켓A 형태의 462핀 PGA 소켓 방식으로 출시

썬더버드는 클래식 애슬론과 외형에서도 큰 변화를 보입니다. 썬더버드는 슬롯 방식이 아닌 462핀 PGA 소켓 방식으로 출시가 되었습니다. 이 역시 소켓 방식의 CPU를 출시한 인텔의 정책에 대응하기 위해서입니다.

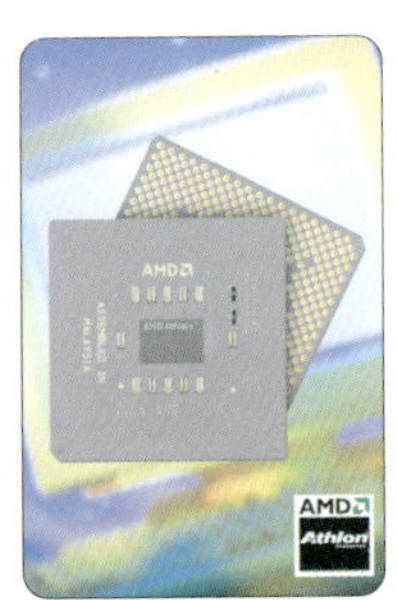

소켓 방식의 애슬론 CPU와 로고

썬더버드는 멀티미디어 기능이 강화됨

썬더버드는 'Enhanced 3DNow!' 명령어 탑재를 통해 이전의 애슬론보다 멀티미디어 기능이 한층 강화되었습니다. 또한 동작 전압도 1.7V로 바뀌었습니다. 또한 소켓 방식의 썬더버드의 경우 한계 보장 온도도 70도에서도 90도 늘어났습니다. 이는 CPU 가운데에 온다이 된 L2 캐시 영향 때문이라고 볼 수 있습니다. FSB는 266MHz 속도를 지원하며 PC2100 DDR SDRAM 메모리를 지원합니다.

애슬론 CPU와 칩셋, 애슬론이 지원하는 DDR SDRAM

4 저가형 애슬론 CPU 듀론(Duron)

듀론은 썬더버드의 저가형 제품으로 셀러론을 노리고 출시한 제품입니다.

애슬론을 통해 고성능과 고급형 CPU의 기술적인 면에서도 인텔을 앞서가기 시작한 AMD는 셀러론과 쿠퍼마인 등으로 반격을 시도한 인텔의 전략에 맞대응하기 위하여 저가형 제

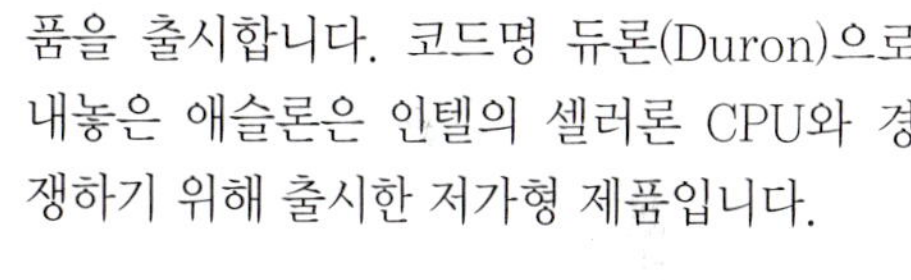

품을 출시합니다. 코드명 듀론(Duron)으로 내놓은 애슬론은 인텔의 셀러론 CPU와 경쟁하기 위해 출시한 저가형 제품입니다.

듀론 CPU와 로고

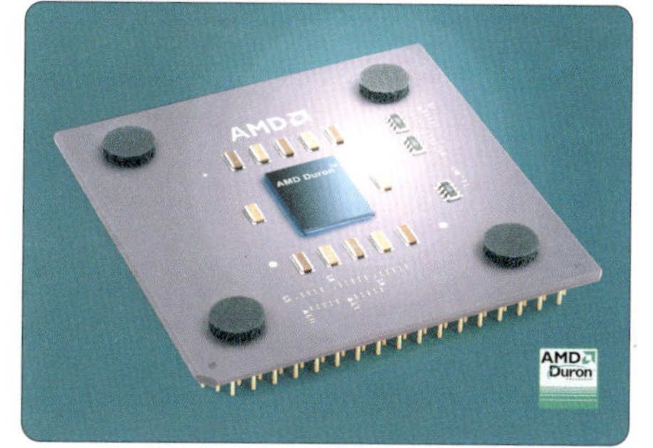

듀론은 소켓 방식으로 출시됩니다.

듀론 역시 썬더버드처럼 소켓 방식으로 출시됩니다. 때문에 초기의 클래식 애슬론 주기판에 사용할 수 없고 듀론용 주기판을 이용해야 합니다.

소켓 방식의 듀론 CPU

듀론의 L2 캐시는 썬더버드의 4분의 1 수준이며, 다이 크기도 작습니다.

듀론의 L2 캐시는 64KB로 썬더버드의 256KB에 비하면 4분의 1에 불과합니다. 그러니까 듀론은 썬더버드의 캐시를 줄인 제품으로 보면 됩니다. 크기는 썬더버드의 12cm보다 작은 사방 10cm에 불과합니다. 듀론의 동작 전압은 1.5V로 썬더버드보다 낮습니다. 이 때문에 전력 소비가 적습니다.

AMD의 듀론 CPU의 부분과 로고

잠깐! 애슬론의 CPU 색깔이 다른 이유

AMD의 애슬론 CPU를 보면 똑 같은 제품인데도 색깔과 모양이 조금 다르다는 사실을 알 수 있습니다. 예를 들어 어떤 CPU는 초록색이고 어떤 CPU는 파란색으로 출시됩니다. 이는 생산 공장이 다르기 때문입니다. 초록색의 애슬론은 'Dresden Fab 30'에서 생산되는 애슬론이고, 파란색의 애슬론은 'Austin Fab 25'에서 생산됩니다.

AMD사의 Dresden Fab 30 공장 풍경

공장에 따라서 색이 달라보이는 이유는 두 공장에서 사용하는 공정상의 차이 때문입니다. 파란색 애슬론 알루미늄 사용하기 때문에 원래의 색대로 파랗게 보이지만 독일의 'Dresden Fab 30'에서 생산되는 애슬론은 구리를 사용하기 때문에 구리의 노란색과 결합하여 초록색으로 보이는 것입니다.

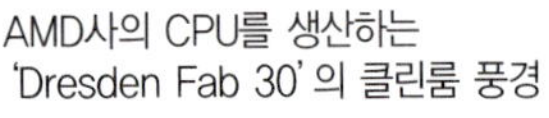
AMD사의 CPU를 생산하는 'Dresden Fab 30'의 클린룸 풍경

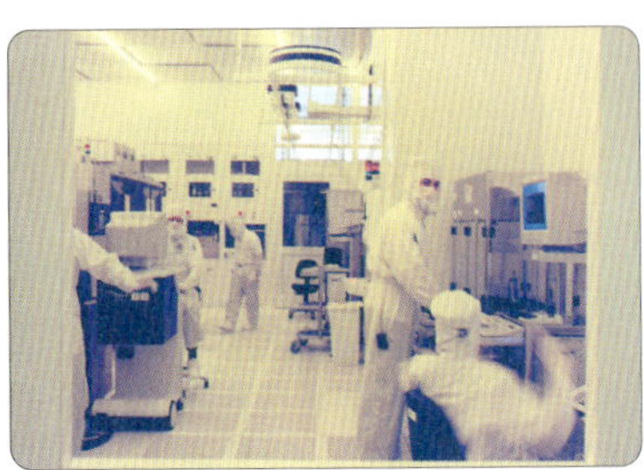

5 펜티엄4의 경쟁자 애슬론XP

애슬론XP는 펜티엄4의 경쟁 제품입니다.

AMD가 현재 시중에서 주력 상품으로 판매중인 제품은 코드명 팔로미노(Palomino)로 개발한 애슬론XP입니다. 애슬론XP는 펜티엄4의 경쟁제품입니다. 애슬론XP는 128KB의 L1 캐시와 256KB의 L2 캐시를 가지고 있습니다. 소켓A 방식으로 출시되었으며 1.33GHz부터 이후 계속 속도가 향상된 제품을 선보이고 있습니다.

애슬론XP CPU와 로고

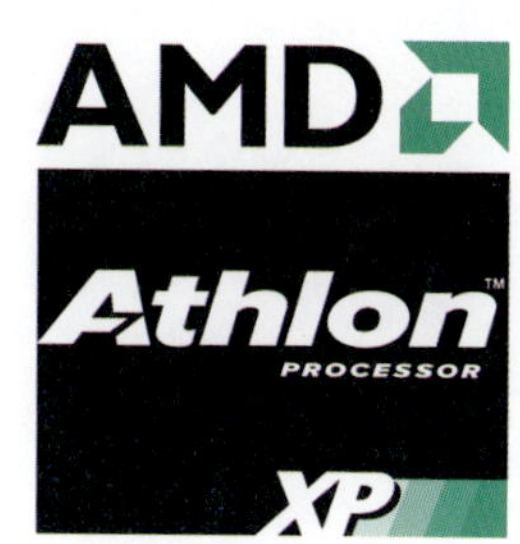

애슬론XP2100+는 펜티엄4 2.1GHz와 같은 제품임을 나타냅니다.

특이한 점은 애슬론의 제품 이름입니다. 애슬론XP2100+은 2.1GHz를 뜻하는 말이 아닙니다. 애슬론XP2100+은 펜티엄4 2.1GHz 제품과 같거나 더 높은 성능을 보인다는 뜻입니다. 애슬론XP2100+의 실제 클럭 속도는 1.74GHz입니다.

초기에는 0.18 공정, 후기에는 0.13 마이크론 공정으로 생산

초기의 애슬론XP는 0.18 마이크론 공정으로 생산되었지만 현재 출시중인 애슬론XP는 0.13 마이크론 공정으로 생산되고 있습니다. 이에 따라 사용 전압도 낮아졌습니다.

0.13 마이크론 공정의 애슬론XP CPU

6 서버용 CPU인 애슬론MP

서버용 CPU 애슬론MP

AMD는 하이엔드 시장을 노리고 서버용 애슬론도 출시했습니다. 서버용 애슬론은 애슬론MP라는 이름으로 출시되었습니다.

애슬론MP CPU와 760MP 칩셋, 로고

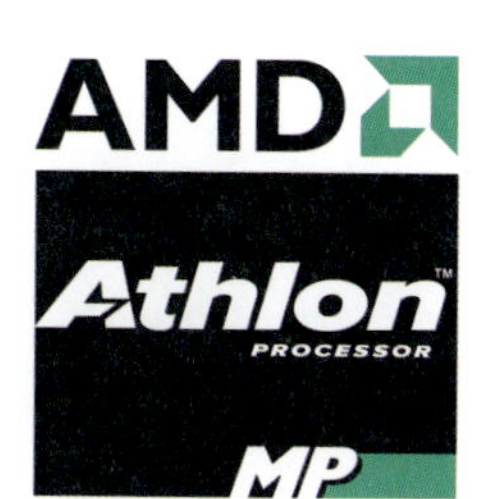

128KByte의 L1 캐시와 첨단 기술 지원

애슬론MP는 64K 명령어 및 64K 데이터 캐시 등 총 128K L1 캐시를 장착하고 있으며 256K의 통합, 온-칩 L2 캐시 등을 포함해 총 384K 캐시를 장착하여 캐시 성능이 뛰어납니다. 또한 266MHz의 시스템 버스 지원, 첨단 3D 운영을 지원하는 3DNow! Professional 기술, 성능 향상을 지원하는 QuantiSpeed 아키텍처 등의 기술을 지원하고 있습니다.

애슬론MP CPU와 760MP 칩셋

애슬론MP CPU와 760MP 칩셋

애슬론MP는 사방 128mm의 크기에 약 3천7백50만개의 트랜지스터 집적도를 보이며 0.18 마이크론 구리 공정 기술로 생산됩니다.

7 모바일 애슬론 CPU

노트북용 CPU인 모바일 애슬론 시리즈

모바일용 CPU에서는 AMD가 인텔에 많이 뒤진 상태였습니다. 그렇지만 모바일 애슬론을 출시하면서부터 인텔을 따라잡고 있습니다. 모바일 애슬론은 인텔의 모바일 펜티엄 시리즈처럼 애슬론을 노트북용으로 바꾼 것입니다. 성능은 데스크탑용 애슬론과 큰 차이 없습니다.

모바일 듀론 CPU

모바일 애슬론XP CPU

3대 신기술로 무장한 모바일용 CPU인 모바일 애슬론4

모바일 애슬론 시리즈는 모바일애듀론과 모바일 애슬론을 거쳐 현재 모바일 애슬론4까지 출시된 상태입니다. AMD의 7세대 x86 프로세서에 해당하는 모바일 AMD 애슬론4는 고속 애플리케이션 실행을 가능케 하는 '퀀티스피드 아키텍처', 사용자의 필요에 따라 전력 소모량을 3단계로 조절, 배터리 사용시간을 획기적으로 연장시킨 '파워나우' 기술을 비롯하여 디지털 비디오 편집, MP3 압축, DVD 재생, 3D 게임 등 3D 그래픽과 멀티미디어 컨텐츠를 위한 '3D나우! 프로페셔널'의 3대 신기술이 적용된 제품입니다.

모바일 애슬론4 CPU와 로고

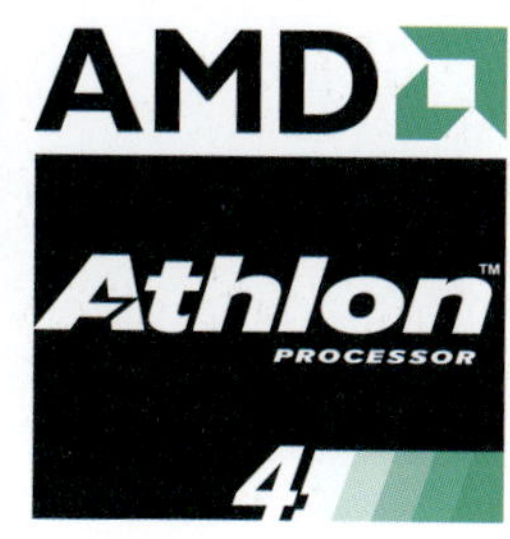

마이크로소프트사의 운영체제에 최적화 설계

그외 데스크탑용 애슬론 시리즈에서 지원하던 384KB의 토털 온칩 캐시 메모리, 파이프라인형 수퍼스칼라 기술, 200MHz의 FSB 속도도 지원하고 있습니다. 특히 애슬론4는 마이크로소프트사의 운영체제에서 최적의 기능을 발휘할 수 있게 설계되었는데 이는 자주 사용되는 명령어를 미리 프로세서에 가져다 놓는 '데이터 프리패치 기능'을 적용시켰기 때문입니다. 이 기능을 위해 256KB 온칩 L2 캐시메모리와 128KB 온칩 L1 캐시메모리가 장착되어 있습니다. 애슬론4는 현재 6만 여개 이상의 소프트웨어 애플리케이션과 호환됩니다.

윈도우XP에 최적화된 애슬론4 CPU

국내외 대기업도 채택한 모바일 애슬론4

AMD의 모바일 애슬론4의 이런 장점 덕분에 애슬론4는 국내외의 호평을 받았습니다. 이 때문에 그 동안 AMD에게 인색하던 삼성, 삼보, 컴팩 등의 대기업 노트북에 채용되어 모바일 애슬론4 노트북이 출시된 상태입니다. 앞으로도 모바일 애슬론4는 인텔의 모바일 펜티엄 시리즈의 강력한 경쟁 제품으로 자리잡을 예정입니다.

세계를 배경으로 한 광고 사진처럼 애슬론4는 큰 성공을 거두고 있습니다.

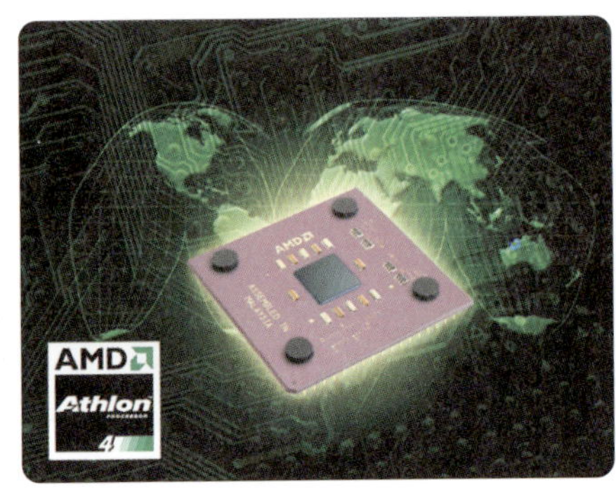

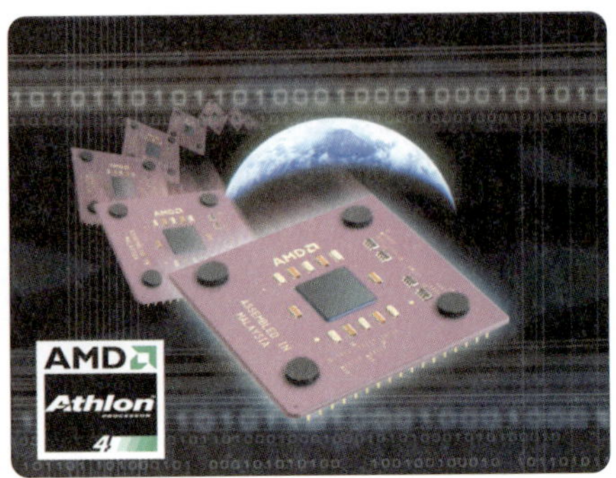

8 제8세대 CPU Opteron

제8세대 CPU는 Opteron으로 부릅니다.

AMD는 현재 제8세대 CPU인 Opteron을 준비중입니다. AMD의 로드맵에 의하여 8세대 CPU는 w/x86-64 기술이 적용되어 생산되는 제품으로 코드명 슬러지해머(Sledge Hammer)와 크로해머(Claw Hammer)로 개발되던 CPU입니다.

AMD의 8세대 CPU인 Opteron

모바일용 데스크탑용 서버/워크스테이션용으로 개발됩니다.

현재 AMD의 라인업은 모바일용, 데스크탑용, 서버/워크스테이션용으로 구분하여 출시됩니다. 이 중 일반인이 관심을 가지는 데스크탑용은 현재 출시중인 7세대 CPU인 애슬론XP가 계속 발전되는 형태로 진행되는데, 0.13 마이크론 공정으로 생산되는 코드명 Thoroughbred 인 애슬론XP를 거쳐 코드명 Barton인 애슬론XP로 이어집니다. 바톤은 512KB의 L2 캐시를 내장하여 출시될 예정입니다.

AMD의 CPU 개발 로드맵

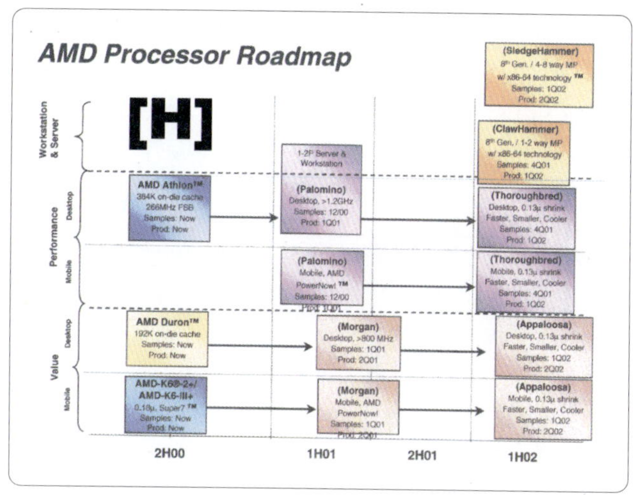

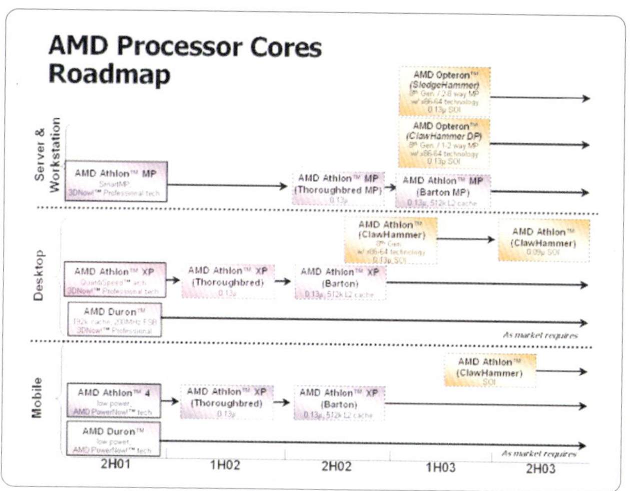

크로해머 기술 구성도

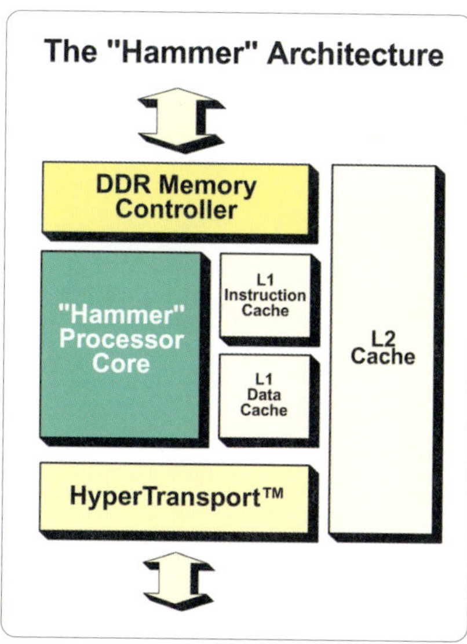

한편으로는 데스크탑용 제8세대 CPU도 출시되는데 크로해머 엔진의 8세대 CPU는 w/x86-64 기술에 0.13 마이크론 공정으로 생산되다가 0.9 마이크론 공정으로 발전할 예정입니다.

8세대 CPU의 특징은 w/x86-64 기술입니다.

서버/워크스테이션용으로는 현재 판매중인 애슬론MP가 코드명 Thoroughbred MP를 거쳐 코드명 Barton MP로 이어집니다. Thoroughbred MP는 0.13 마이크론 공정이 도입되며 Barton MP는 512KB의 L2 캐시를 내장하는 점이 특징입니다.

코드명 슬러지 해머로 개발중인 8세대 CPU

서버용의 8세대 CPU인 Opteron은 슬러지해머와 크로해머의 두 가지 모델로 출시되며 w/x86-64 기술에 0.13 마이크론 공정이 적용됩니다.

모바일용 역시 0.13 마이크론 공정에 512KB의 L2 캐시 내장 예정

모바일용으로는 고급 사양인 애슬론4에 이어 모바일 애슬론XP Thoroughbred와 Barton으로 이어집니다. Thoroughbred는 0.13 마이크론 공정이 도입되며 Barton MP는 512KB의 L2 캐시를 내장합니다.

애슬론4 CPU와 로고

모바일 애슬론XP

반면 저가형인 모바일 듀론은 당분간 현재의 기술에 변화 없이 클럭 속도만 향상될 전망입니다.

모바일 듀론 CPU

04 기타 업체의 CPU

1 넥스젠부터 사이릭스의 CPU까지

넥스젠 IDT의 CPU는 시장에서 실패했습니다.

현재 CPU 시장은 인텔과 AMD 두 업체가 양분하고 있지만 이들 업체 외에도 많은 업체에서 CPU 시장에 참여했습니다.

넥스젠은 nx586 CPU를 내놓았는데 같은 클럭 속도일 경우 펜티엄보다 빨라서 인기를 끌었습니다. IDT는 1998년에 소켓7 방식의 윈칩 시리즈를 내놓았습니다. 성능은 떨어지지만 저렴한 가격이 장점이었습니다.

IDT의 윈칩 CPU와 로고

사이릭스는 AMD와 함께 호환칩 시장의 선두 주자였지만 VIA사로 넘어갔습니다.

사이릭스 역시 86 호환 칩인 86 시리즈를 시장에 출시했습니다. 특히 사이릭스는 한때 AMD와 함께 인텔의 가장 강력한 경쟁업체로 주목받았습니다. 6x86 시리즈 이후 MediaGX를 내놓아 히트했으며, MII를 비롯한 여러 모델의 제품을 내놓았습니다.

그렇지만 결국 시장 장악에 실패한 사이릭스는 내셔널세미컨덕터로 인수되었고, CPU 부문이 2000년 2월에 다시 메인칩셋 제조회사인 VIA사로 넘어갔습니다.

사이릭스의 6x86 시리즈 CPU

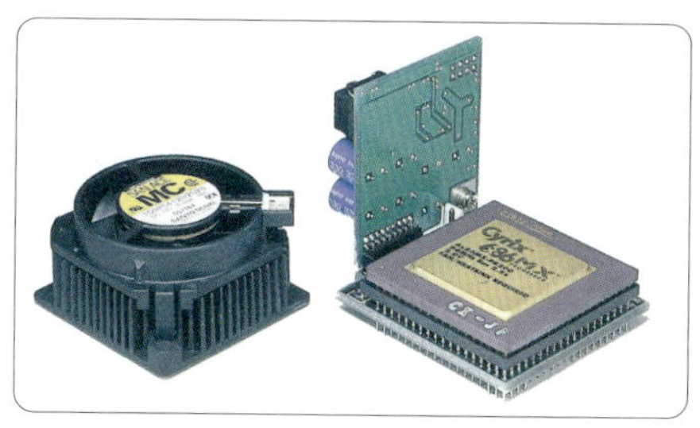

2 VIA사의 C3 시리즈

사이릭스의 계승자인 VIA사의 C3 CPU

VIA사는 인텔과 경쟁관계에 있는 메인칩셋 회사인데 CPU를 장악한 인텔이 메인칩셋도 장악하자 역으로 CPU 부분을 인수하여 인텔과 양 부문의 경쟁을 시작했습니다. VIA는 사이릭스를 인수한 이후 1999년말부터 코드명 '조슈아(Joshua)'로 개발한 사이릭스III CPU를 출시했습니다. 사이릭스III 시리즈는 667MHz 이후 C3라는 이름으로 바꾸어 출시됩니다.

VIA의 C3 CPU와 로고

1GHz 속도까지 출시

1GHz의 속도를 가진 C3 CPU

C3는 이후 속도를 계속 올린 신 모델을 발표했는데 가장 최근에 발표한 제품은 대만 컴퓨덱스 타이페이 2002(Compudex Taipei 2002) 전시회에서 발표한 1GHz의 속도를 가진 C3 CPU입니다.

저가에 소켓370과 호환되는 것이 장점

소켓370 방식의 C3 CPU

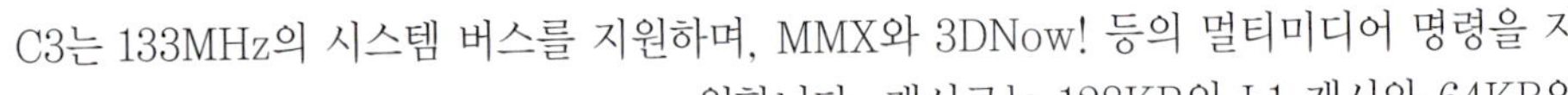

C3는 133MHz의 시스템 버스를 지원하며, MMX와 3DNow! 등의 멀티미디어 명령을 지원합니다. 캐시로는 128KB의 L1 캐시와 64KB의 L2 캐시가 장착되어 있습니다. 장착방식은 PPGA370 방식으로 소켓 370과 호환이 됩니다. 때문에 370 소켓용 주기판에서 C3 CPU를 바로 장착해 사용할 수 있습니다.

C3는 'Cool Processing!' 이라는 주제를 내걸고 판매중입니다.

C3의 시장 점유율은 매우 낮습니다. 머큐리 리서치에 의하면 약 1% 정도의 시장을 점유하고 있습니다. 그렇지만 저가를 무기로 C3는 특수 시장을 지속적으로 공략하여 시장을 확대하는 전략을 추진중입니다. C3는 'Cool Processing!' 이라는 주제를 통해 저렴하면서도 편하게 사용할 수 있는 CPU 시장을 노리고 있습니다.

'Cool Processing!' 을 주제로 내건 C3 CPU 광고물

05 CPU에 대해 알고 싶은 것들

1 1차(L1) 캐시와 2차(L2) 캐시

CPU 내부의 캐시는 1차 캐시, 외부에 장착된 캐시는 2차 캐시

컴퓨터의 속도를 좌우하는 메모리로는 주기판에 장착하는 주기억장치와 캐시 메모리, 그래픽카드에 장착된 비디오 메모리, CPU 안에 내장된 캐시 메모리가 있습니다. 과거에는 주기판에 장착된 캐시 메모리를 L2 캐시(Level 2=2차 캐시)라고 부르고 CPU 안에 내장된 메모리를 L1 캐시(Level 1=1차 캐시)라고 불렀습니다.

펜티엄4는 256KB와 512KB의 L2 캐시를 가진 두 모델로 판매됩니다.

3차 캐시는 CPU 바깥의 캐시를 뜻합니다.

그렇지만 나중에 CPU의 성능 향상을 위해 2차 캐시 기능을 하는 캐시 메모리를 CPU에 포함시켜 CPU를 제작하게 됩니다. 이 때문에 1차 캐시와 2차 캐시 모두 CPU에 포함된 캐시를 뜻하게 되었습니다. 요즘은 CPU 내부의 버스를 이용하는 캐시 메모리를 1차 캐시라고 부르고 CPU 외부에 장착된 캐시를 2차 캐시라고 부릅니다. 따라서 주기판의 캐시는 3차 캐시가 되는 셈입니다.

애슬론MP는 고성능인 128KB의 L1 캐시와 256KB의 2차 캐시를 가집니다.

2 소켓 방식과 슬롯 방식

PGA 패키징 방식이 소켓 방식

486과 펜티엄 시절에 사용하던 CPU 장착방식을 소켓 방식이라고 합니다. 소켓 방식은 PGA패키징으로 생산된 CPU를 장착하는 방식입니다. PGA는 'Pin Grid Array'의 줄임말로 핀을 정렬해서 꽂는 방식이라는 뜻입니다. 소켓 방식의 CPU를 보면 밑 면에 핀이 수백 개 장착된 상태인데 이 핀을 CPU 소켓의 구멍에 맞추어 CPU를 장착합니다.

소켓7이라고 적힌 주기판의 CPU 소켓과 소켓7에 CPU를 장착한 모습

소켓 방식과 다른 방식인 슬롯 방식

반면 슬롯 방식은 그래픽카드를 주기판의 슬롯에 장착하는 것처럼 슬롯에 CPU를 장착하는 방식입니다. 초기의 펜티엄II, 지온, 셀러론, 애슬론이 슬롯 방식으로 만들어진 CPU입니다. 현재는 슬롯 방식으로 출시되는 CPU가 거의 없습니다.

슬롯 방식의 펜티엄II CPU

소켓1부터 소켓7, 소켓8, 소켓370, 소켓423, 소켓478, 소켓A, 소켓640까지

소켓 방식은 CPU의 핀 수에 따라서 여러 종류가 있습니다. 169핀을 사용했던 486 시절의 소켓1부터 펜티엄 시대에 사용한 소켓8 방식까지 8 종류가 있습니다. 이 중 펜티엄에 사용한 소켓7 방식은 소켓 방식을 대표하는 방식이었습니다.

소켓7 방식의 펜티엄MMX

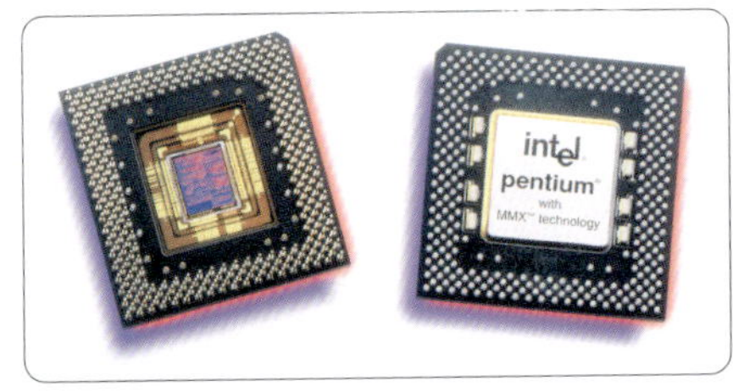

CPU의 핀 수로 소켓 방식을 구별합니다.

이후 소켓A, 소켓370, 소켓423, 소켓478, 소켓603 등의 여러 가지 소켓 방식이 등장했습니다. 물론 이들 소켓방식은 핀 수도 다르고 소켓의 크기도 다르기 때문에 서로 호환되지 않습니다. 과거에는 소켓 방식의 이름으로 구별했지만 요즘은 같은 모델의 CPU도 서로 다른 소켓 방식으로 출시되기 때문에 이름으로 구별하기 힘듭니다. 그래서 CPU의 핀 수를 통해서 소켓 방식을 구별합니다. 같은 펜티엄4 CPU라도 423핀과 478핀의 두 종류로 출시되기 때문에 소켓423, 소켓478이라는 이름으로 두 방식의 소켓을 구별합니다.

소켓A 방식의 애슬론 CPU

셀러론 CPU부터 사용한 인텔의 소켓370

초기의 셀러론 CPU는 슬롯 방식으로 판매되었습니다. 그러나 슬롯 방식의 CPU가 인기를 끌지 못하자 인텔은 소켓370이라는 소켓 방식의 셀러론을 출시합니다. 그러나 최근에는 셀러론도 소켓478 방식으로 생산하고 있습니다.

소켓370 방식의 셀러론

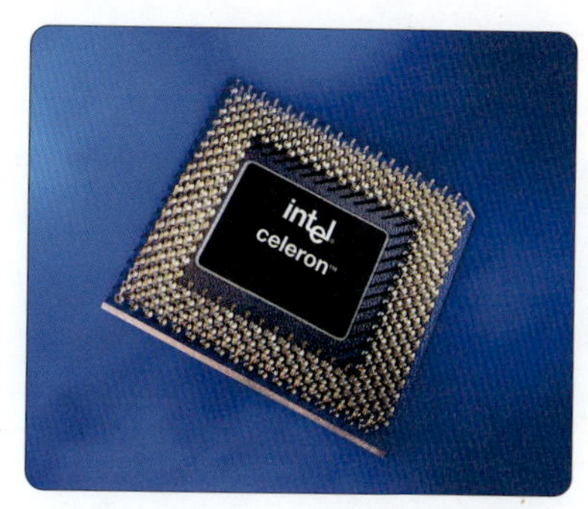

AMD의 애슬론용 소켓 방식인 소켓A(소켓462)

AMD의 애슬론 CPU가 장착된 소켓A(소켓462) 방식의 주기판

소켓A는 AMD에서 출시한 애슬론 CPU의 2기 제품인 썬더버드에서 사용하는 소켓 방식입니다. 소켓A는 462핀을 사용하기 때문에 소켓462 방식이라고도 부릅니다. 현재 출시되는 듀론과 애슬론XP도 소켓462 방식을 채택하고 있습니다.

패키징 방식의 약어와 원래 용어

CBGA = Ceramic Ball Grid Array	PQFP = Plastic Quad Flat Pack
CDIP = Ceramic Dual-In-Line	SOIC = Plastic Small Outline
CPGA = Ceramic Pin Grid Array	SSOP = Shrink Plastic Small Outline
FBGA = Fine-Pitch Ball Grid Array	TQFP = Thin Plastic Quad Flat Pack
mBGA = Micro Ball Grid Array	TSOP = Thin Small Outline Plastic
PBGA = Plastic Ball Grid Array	FCPGA = Flip Chip Pin Grid Array
PDIP = Plastic Dual-In-Line	FCBGA = Flip Chip Ball Grid Array
PLCC = Plastic Leaded Chip Carriers	

서버용인 애슬론MP도 소켓A 방식으로 출시됩니다.

소켓423은 펜티엄4 초기 제품인 윌라멧의 장착 방식

인텔은 펜티엄4를 출시하면서 슬롯 방식이 아닌 소켓 방식으로 출시했습니다. 그러나 이전의 소켓370 방식과는 다른 패키징 방식으로 만들었습니다. 423핀의 PGA 방식으로 출시했기 때문에 소켓423으로 부릅니다. 방식은 인텔의 초기 펜티엄4용 소켓을 말합니다.

소켓423 방식의 펜티엄4 CPU

소켓478은 펜티엄4 노쓰우드의 장착 방식

인텔은 펜티엄4에 사용한 소켓423을 오래 사용하지 않았습니다. 제 2기 펜티엄4에 해당하는 코드명 노쓰우드는 초기의 펜티엄4와 다른 mPGA478이라는 방식을 사용합니다. 숫자를 통해 알 수 있는 것처럼 핀 수가 478핀으로 423핀을 사용하는 초기 펜티엄4와 호환되지 않습니다. 때문에 같은 펜티엄4 주기판이라 하더라도 소켓423 방식의 주기판과 소켓478 방식의 소켓 두 종류로 따로 출시되었습니다.

478핀 방식의 펜티엄

잠깐! 라이저카드의 역할

요즘은 대부분의 CPU가 소켓 방식으로 출시되기 때문에 라이저카드를 사용할 일이 없지만 얼마 전까지도 라이저카드를 사용하는 일이 많았습니다. 불과 1~2년 전까지도 슬롯 방식의 주기판이 많이 출시되었습니다. 슬롯 방식의 주기판은 슬롯 방식의 CPU를 장착해야 하지만 가격이 저렴한 소켓 방식의 CPU를 구입하는 사용자가 많았습니다. 그래서 소켓 방식의 CPU를 장착한 다음에 CPU 슬롯에 끼울 수 있는 라이저카드가 등장한 것입니다.

라이저카드는 도트카드, 어댑터라고도 부릅니다. 먼저 소켓370 방식의 CPU를 라이저카드에 장착하고, CPU를 장착한 라이저카드를 CPU 슬롯에 끼우면 됩니다.

라이저카드에 소켓370용 셀러론 CPU를 장착한 모습

3 미세가공기술과 CPU 공정의 정밀도

최근에는 0.13 마이크론 공정으로 CPU 생산

CPU의 정보기억량을 향상시키기 위해서는 회로 사이의 폭을 더욱 가늘게 줄이는 기술이 필요한데 이처럼 회로 사이의 선폭을 줄이는 기술을 미세가공기술이라고 합니다. 최초의 MPU인 4004는 10마이크론미터였지만 현재는 0.13 마이크론에 불과할 정도로 정밀합니다.

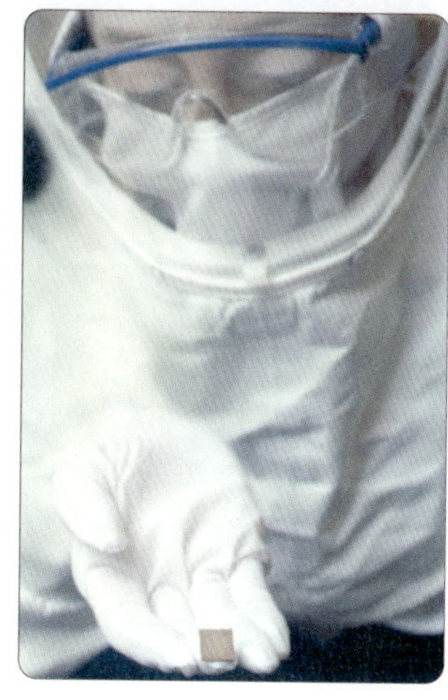

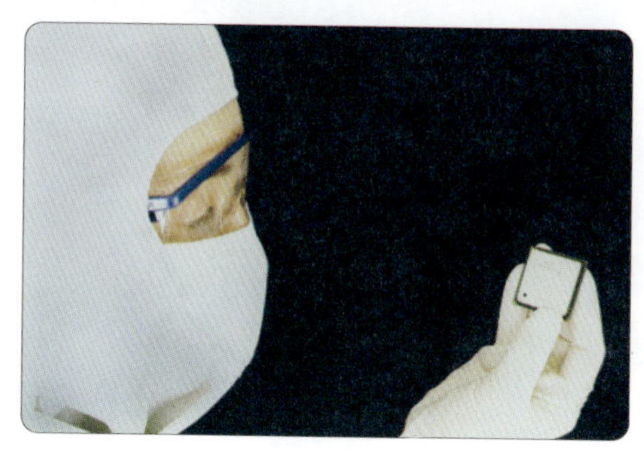

미세 가공 기술로 생산되는 CPU

회로가 정밀해지면 가격이 싸지고 속도가 빨라지며 안정성이 높아집니다.

CPU 제조에서 회로 폭이 줄어들면 세 가지 장점이 있습니다. 우선 하나의 웨이퍼에서 좀 더 많은 칩을 생산할 수 있어 원가를 낮출 수 있습니다. 두 번째로 회로의 폭이 좁으면 전자의 움직임이 빨라져 클럭 주파수를 높일 수 있습니다. 셋째, 전력 소모를 줄여 발열량을 줄일 수 있습니다.

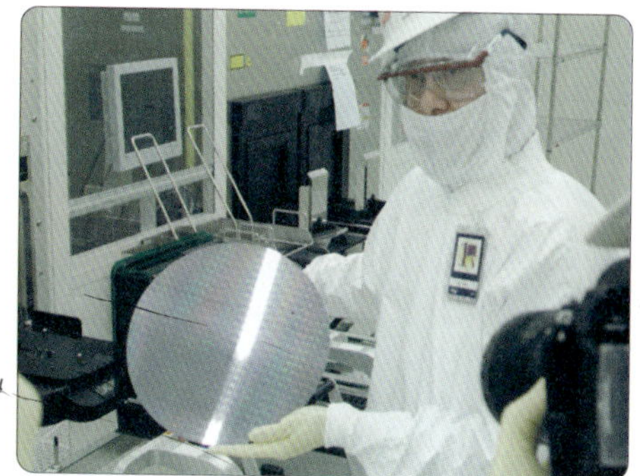

미세 가공 기술이 발달할수록 웨이퍼 한 장에서 생산하는 CPU 수가 증가하여 생산성이 높아집니다.

이런 이유 때문에 CPU의 회로 폭은 점점 더 정밀해집니다. 회로 폭을 줄여야 생산 원가도 낮출 수 있고 전력 소모를 줄여 발열을 줄일 수 있기 때문입니다. CPU의 발열을 줄이는 일은 곧 CPU의 안정적인 동작을 보장하는 일입니다.

웨이퍼 칩과 웨이퍼 칩의 가공 공정

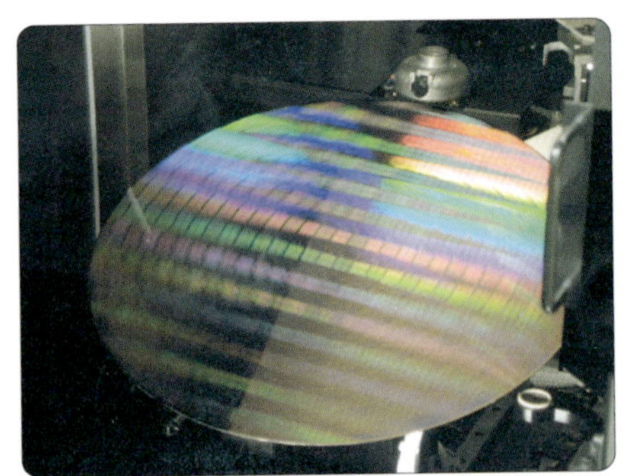

4 코드명이란?

코드명은 제품 개발에 사용하는 프로젝트 이름

CPU에 관련된 기사를 보면 'K7, 데슈츠, 윌라멧, 썬더버드' 등의 코드명이 자주 등장합니다. 코드명은 제품 이름을 뜻하는 것이 아니고 제품을 개발할 때 사용하는 프로젝트 이름입니다. 예를 들어서 펜티엄II를 만드는 동안에는 클라매스라는 프로젝트명을 사용하고 2기 애슬론을 개발하는 동안 썬더버드라는 코드명을 사용합니다. 그리고 제품이 개발되면 펜티엄II나 애슬론이라는 이름으로 발표합니다.

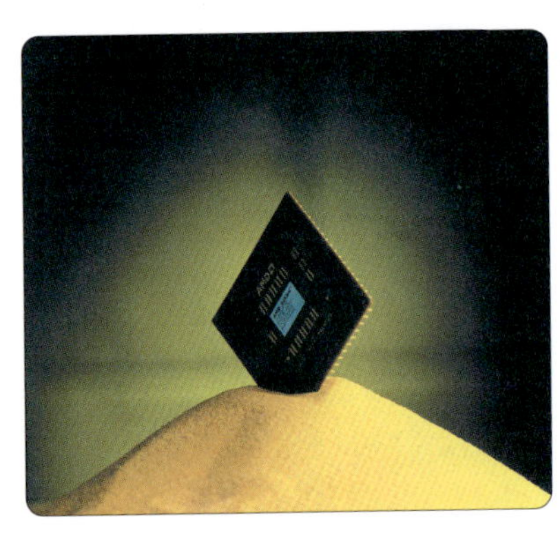

코드명 썬더버드로 개발된 애슬론 CPU

코드명은 별다른 특징이 없는 이름으로 발표하는 경우가 많습니다. M1, P6 등의 숫자를 사용하거나 클라매스와 같은 지명을 사용하기도 한다.

코드명을 쓰는 이유는 신개발품의 비밀보호 때문

기업들이 코드명을 사용하는 이유는 비밀 보호를 위해서입니다. 어느 분야나 제품을 개발할 때는 경쟁 업체에게 정보를 주지 않으려고 합니다. 때문에 아무 의미 없는 코드명을 사용합니다.

그러나 막상 제품 이름을 발표한 후에도 많은 사람들이 코드명을 더 기억하는 경우가 많습니다. 또한 같은 제품이 여러 모델로 판매될 경우에도 코드명을 통해 모델별로 제품을 구분합니다. 애슬론이나 펜티엄4는 상품 이름은 하나지만 제품 모델은 다양합니다. 이런 경우 모건, 썬더버드, 윌라멧, 클러지해머 등의 코드명은 제품을 구분하는데 유용하게 사용합니다.

코드명 클러지해머로 개발된 AMD의 8세대 CPU

5 CPU 클럭 속도는 주기판이 결정

클럭은 시스템의 동작 기준이 되는 주기

클럭은 신호가 한 번 떨어질 때의 시간 간격으로 각 부품동작의 기준이 되는 주기를 뜻합니다. 즉 한 번 주파수가 발생할 때마다 컴퓨터의 각 부품은 하나의 동작을 합니다.

클럭 주파수를 결정하는 부품은 주기판에 장착

일반인이 잘못 알고 있는 사실 중 하나는 CPU의 클럭은 CPU 자체에서 결정되는 것으로 알고 있는 점입니다. 그렇지만 CPU의 클럭을 결정하는 부품인 오실레이터(ocilliator)는 주기판에 장착된 부품입니다. 다시 말해서 CPU의 클럭은 주기판에서 결정하는 것입니다.

같은 CPU라도 주기판에서 설정하는 클럭 수에 따라서 다른 속도의 CPU로 설정됩니다.

이 말은 우리가 살 때 기준으로 삼는 CPU의 클럭 수가 사실은 CPU의 제 속도가 아니라는 말이 됩니다. 예를 들어 우리는 500MHz, 600MHz, 700MHz라는 CPU 속도에 따라서 더 비싼 돈을 주고 CPU를 구입합니다. 그렇지만 사실은 600MHz로 구입한 CPU라 하더라도 주기판에서 700MHz로 설정하면 700MHz의 CPU로 동작합니다.

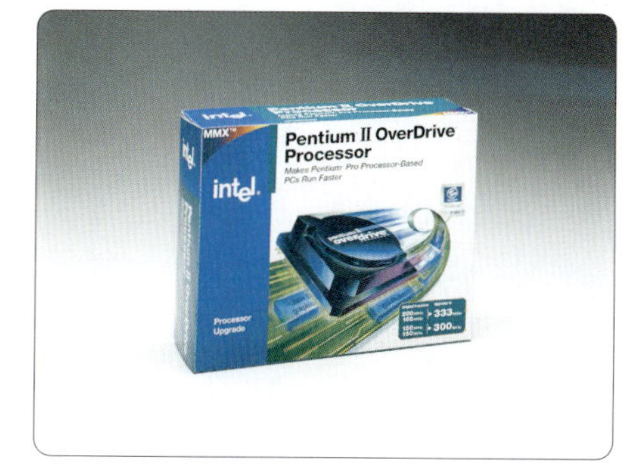

오버드라이브 프로세서는 기존의 주기판을 사용하면서 클럭 수를 높일 수 있는 CPU입니다.

CPU에 적힌 클럭 속도는 안정된 동작을 보장하는 클럭 속도입니다.

시중에서 판매되는 CPU는 포장 상자에 클럭 속도가 적혀있고 클럭 수가 높을수록 가격도 다르지만 모델이 같은 제품은 같은 공장에서 같은 공정으로 만든 제품입니다. 다만 포장할 때 속도만 달리 인쇄해서 판매하는 것입니다. 이런 일이 가능한 이유는 CPU를 생산할 때 모델별로 같은 공정에서 생산하기 때문입니다.

그렇다면 포장 상자나 CPU 표면에 적힌 CPU 속도는 무엇을 뜻하는 것일까요? CPU에 적힌 클럭 속도로 주기판에서 설정해 사용할 때 가장 안정적으로 동작한다는 의미입니다. CPU나 포장 상자에 600MHz라고 적혀있다면 주기판에서 CPU 속도로 600MHz로 설정하라는 뜻입니다. 그때 가장 안정적으로 동작한다는 뜻입니다.

CPU는 판매할 때 적힌 클럭 속도에서 가장 안정적으로 동작합니다.

6

배수 비율

배수 비율은 CPU와 주기판 버스 클럭의 비율입니다.

CPU와 주기판의 버스 속도는 다릅니다. 예를 들어 CPU는 600MHz로 움직이는데 시스템 버스는 100MHz로 움직입니다. 이 경우 두 속도 사이의 비율을 버스 주파수 비율(Bus Frequency Ratio) 또는 배수 비율(Multiplier Ratio)이라고 합니다.

CPU의 클럭 속도는 주기판에서 설정합니다.

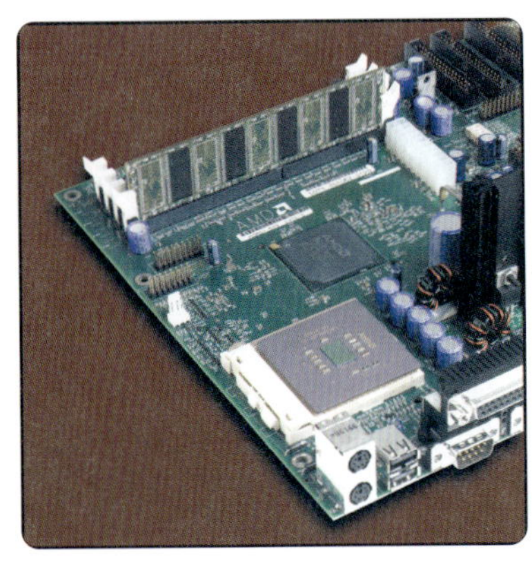

CPU의 속도는 주기판의 버스 속도 곱하기 배수 비율로 결정합니다.

주기판에서 CPU의 속도를 결정할 때는 주기판의 버스 속도에 배수 비율을 곱해 결정합니다. 즉 100MHz의 시스템 버스를 사용하는 주기판에서 600MHz의 CPU를 사용하고자 한다면 배수 비율로 6을 곱해주어야 합니다. 이렇게 하면 100MHz 곱하기 6이 되어 600MHz라는 CPU 속도가 나옵니다.

과거에는 점퍼핀을 통해 직접 주기판의 버스 속도와 배수 비율을 설정했지만 최근의 주기판은 자동으로 설정해주거나 CMOS에서 설정할 수 있습니다. 때문에 CPU 클럭을 설정하는 일이 한결 편해졌습니다.

7

오버클럭

여유능력을 활용해 CPU 속도를 높이는 기술이 오버클럭

오버클럭이란 CPU의 여유 능력을 최대한 끌어올려 사용하는 기술입니다. 예를 들어 셀러론 566MHz는 셀러론 800MHz와 같은 모델입니다. 때문에 셀러론 566MHz CPU를 장착한 다음에 주기판에서 CPU 클럭 속도 800MHz로 설정하면 셀러론 800MHz로 동작합니다.

AMD의 CPU는 열 문제 때문에 오버클럭하기 까다로운 편입니다.

단 오버클럭을 이용하게 되면 CPU가 불안정한 동작을 보이며 열도 많이 발생합니다. 때문에 오버클럭을 할 경우에는 성능 좋은 냉각팬을 필수적으로 사용했습니다.

오버클럭을 할 경우 안정성이 떨어집니다.

현재 출시되는 CPU도 대부분 오버클럭이 가능합니다. 심지어는 오버클럭을 지원하는 주기판도 출시되고 있습니다. 오버클럭은 큰 돈 들이지 않고 좀더 높은 클럭의 CPU로 둔갑시키는 매력 넘치는 기술이지만 CPU의 안정성에는 문제가 발생합니다. 따라서 지나치게 오버클럭을 하는 것으 좋지 않습니다. 시스템의 안정성을 확보할 수 있는 범위 내에서 오버클럭을 사용해야 합니다.

8 리마킹 CPU

리마킹 CPU는 원래 CPU의 정보를 속여서 파는 CPU입니다.

리마킹(Remarking) CPU란 가짜 CPU를 말합니다. 리마킹이란 CPU 표면에 적힌 원래의 인쇄 내용을 지우고 새로운 내용으로 인쇄했다는 뜻입니다. 예를 들어 펜티엄75를 구입한 뒤에 표면을 깎아버리고 펜티엄150으로 상표를 다시 인쇄해 펜티엄150으로 팔아먹습니다. 물론 두 제품의 차액만큼 쉽게 돈을 벌 수 있습니다. 리마킹 CPU는 486 시절부터 최근까지도 지속적으로 판매되었습니다.

정품이 아닌 CPU는 리마킹 CPU일 위험이 있습니다.

리마킹 CPU는 동작이 불안합니다.

사용자는 리마킹 CPU인 줄 모르고 CPU에 표시된 클럭 수에 맞게 주기판에서 클럭 수를 조정합니다. 이 경우 리마킹 CPU도 주기판에서 이상 없이 동작합니다. 그렇지만 원래의 클럭 속도보다 높게 표시했기 때문에 불안한 동작을 보입니다. 일종의 오버클럭킹 상태이기 때문에 열도 더 많이 발생하고 시스템에 손상을 가져오는 일도 잦습니다. 그렇지만 소비자가 리마킹 CPU와 정품 CPU를 구별하기는 어렵습니다. 따라서 믿을만한 업체에서 정품 BOX 제품으로 CPU를 구입하는 것이 최선의 예방책입니다.

'Cool Processing!' 주제를 내걸고 독특한 포장으로 출시된 C3 CPU. 정품 CPU일 경우 깡통 안에 CPU와 냉각팬 설명서 등이 포함되어 있습니다.

9 샤스타와 세라믹

샤스타는 포장 상자에 담긴 CPU, 세라믹은 포장 안된 CPU를 뜻합니다.

샤스타(Shastar)와 세라믹(Ceramic)은 CPU의 포장 상태에 따른 구분입니다. 샤스타라는 제품은 CPU 하나하나를 모두 상자로 포장하고 홀로그램 상표까지 붙은 개별 상품을 말합니다. 샤스타는 개인 소비자에게 판매하기 위한 제품입니다. 이에 비해 세라믹은 큰 상자에 CPU만 수 백 개를 넣어서 판매하는 제품입니다.

CPU만 파는 경우 세라믹 제품, 포장 상자에 넣어서 판매하는 제품은 샤스타 제품이라고 말합니다.

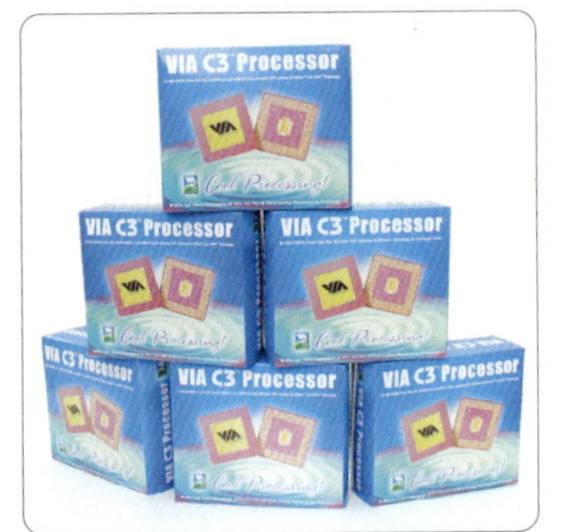

세라믹은 가격이 싸지만 리마킹 CPU의 위험이 있습니다.

샤스타와 세라믹 두 제품간의 성능 차이는 없습니다. 다만 원래 세라믹은 도매상 또는 CPU를 대량 구매하는 조립업자들에게 팔기 위해서 불필요한 포장상자를 없앴을 뿐입니다. 이런 이유로 세라믹의 경우 상당수는 밀수품으로 수입된 것입니다. 또한 리마킹 CPU의 위험성이 있습니다. 샤스타나 세라믹이냐로 리마킹 CPU를 구분할 수는 없지만 대부분의 리마킹 CPU가 세라믹 형태로 판매된다는 점을 감안하면 아무래도 샤스타 제품을 구입하는 것이 리마킹 CPU에 대한 위험부담을 줄일 수 있습니다.

포장이 안된 상태로 판매하는 제품을 세라믹 CPU라고 말합니다.

10 CPU 냉각팬과 방열판

냉각팬과 방열판은 CPU의 열을 식히기 위해 사용합니다.

요즘 나오는 CPU는 냉각팬과 방열판이 필수적으로 사용합니다. CPU는 클럭 수가 높기 때문에 고주파로 인한 열이 많이 발생합니다. 이 때문에 CPU 위에 방열판(heat sinker)을 대고 냉각팬을 돌려 CPU의 열을 식힙니다. 열을 배출하지 못할 경우에는 컴퓨터의 동작이 멈추는데 특히 여름철에 냉각팬이 고장나면 컴퓨터가 동작을 멈추는 경우가 자주 발생합니다.

방열판은 열을 발산하는 면적을 넓힌 장치이고 냉각팬(쿨링팬)은 환풍장치처럼 팬을 돌려서 열을 뽑아내는 일을 합니다. 때문에 방열판은 전원이 필요없지만 냉각팬은 팬을 돌리기 위해 전원을 필요로 합니다.

CPU의 열은 내부에 있는 트랜지스터와 전선에서 발생

CPU에서 높은 열이 나오는 이유는 내부에 집적된 트랜지스터가 일하면서 열을 발생시키기 때문입니다. 따라서 집적된 트랜지스터 수가 많을수록 열이 많이 발생할 수밖에 없습니다. 또한 일을 많이 할수록 열이 많이 발생합니다. 또한 전류가 흐르는 전선에서도 열이 나기 때문에 소비전력이 클수록 열이 더 많이 발생합니다.

열을 줄이기 위해서는 따라서 이때 발생하는 열을 줄이는 방법이 필요한데, 두 가지 방법이 있습니다. 하나는 미세공정으로 전류가 흐르는 CPU 회로도의 전선의 폭과 길이를 줄이는 방법입니다. 또 다른 하나는 저전압을 사용해서 전기의 양을 줄이는 방법입니다.

AMD의 애슬론 CPU는 펜티엄보다 열이 많이 나오는 편입니다.

방열판과 냉각팬의 구조

주름진 모양의 방열판은 열을 빨리 방출하기 위한 구조입니다.

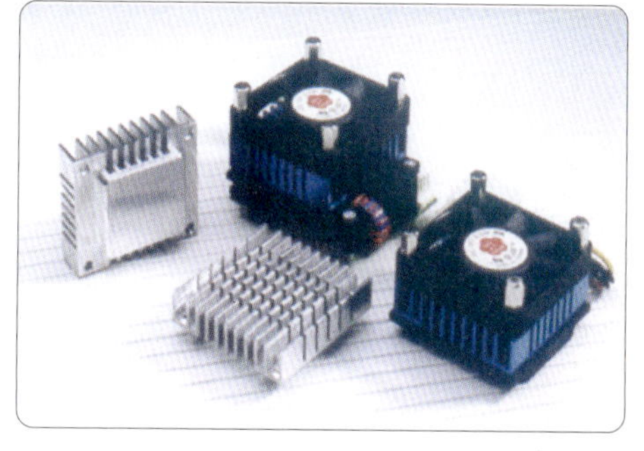

방열판과 냉각팬은 열을 빼내는 단순한 일만 하므로 구조는 간단합니다.

방열판

방열판은 보통 알루미늄이나 철과 같은 금속성 재료로 만들어 열을 빨리 전달하도록 합니다. 그래서 방열판의 윗부분은 공기에 접촉하는 면이 많도록 주름진 형태로 만듭니다.

주름 모양의 방열판 위에 냉각팬을 올려놓은 모습. 냉각팬은 방열판에서 전달하는 열을 팬을 돌려 바깥으로 배출하는 일을 담당합니다.

냉각팬 프로펠러와 팬 커버

냉각팬의 프로펠러는 방열판의 열을 밖으로 강제 배출하는 일을 합니다. 사용자들이 가장 민감하게 생각하는 부분이 프로펠러인데 프로펠러 설계에 따라서 팬 소리가 달라지기 때문입니다. 냉각팬에서 소음이 가장 심한 부분이 바로 프로펠러 부분입니다.

팬 커버는 프로펠러를 감싸고 있는데, 바람이 딴 곳으로 새지 않도록 방향을 유도하는 일을 합니다.

축과 베어링

축은 팬을 돌리는 기둥이며, 축이 원활하게 돌아가도록 해주는 베어링을 이용합니다. 베어링은 윤활유 역할을 합니다.

베어링은 볼을 이용한 '볼 베어링'과 볼을 사용하지 않는 '슬리브(Sleeve) 베어링'을 사용하는데, 성능이 더 뛰어난 볼 베어링이 비쌉니다. 슬리브 베어링은 오래 사용하면 소음이 심하고 쉽게 망가지는 단점이 있습니다. 그러나 외형으로는 둘의 구별이 안되므로 표면에 적힌 사양표를 보고 볼 베어링을 고르도록 합니다.

잠깐! 소음이 심하거나 베어링이 마찰하면 윤활유를 바릅니다.

기계를 사용할 때는 부드러운 동작을 위해 윤활유를 사용합니다. 이 중에서도 그리스는 가장 많이 사용하는 윤활제입니다. 특히 자전거 체인이나 모터 축, 베어링 등에 많이 사용하는데 축이 부드럽게 돌도록 해주는 일을 합니다.
CPU 냉각팬의 베어링 역시 그리스를 이용하는데 팬이 돌면서 소음이 심하거나 팬이 불규칙적으로 돈다면 축과 베어링 사이가 빡빡한 경우입니다. 이때는 그리스를 조금 발라서 발라주면 훨씬 부드럽게 돌고 소음도 줄어듭니다. 그리스는 자동차 정비소 등에 가면 쉽게 구할 수 있습니다.

전원과 전자석

CPU팬은 3핀으로 된 전원선을 꽂아서 사용하는데 이때 사용하는 전력은 DC 5V 짜리입니다. 3핀 중에서 2핀은 전원공급을 하고 나머지 하나는 회전수를 출력하는 센서용입니다. 이 센서를 통해서 CPU 팬의 회전수를 조절하고, 절전을 합니다.

냉각팬 사양 보는 법

CPU 냉각팬을 보면 팬의 성능을 표시하는 사양이 표시되어 있습니다. CPU의 냉각팬 사용을 이해할 수 있다면 우수한 냉각팬을 고를 수 있습니다. CPU 냉각팬의 사양표를 보면 열저항과 소비전력 두 가지 내용을 기준으로 적혀있습니다.

열저항 수치가 적을수록 좋습니다.

열저항은 냉각 성능을 나타내는 수치로 다음의 공식으로 산출됩니다.

열저항 = (CPU의 최고 온도 − 주위 온도) / CPU의 소비전력

공식을 잘 살펴보면 열저항의 수치가 작을수록 열효율이 좋은 제품임을 알 수 있습니다. CPU 제조업체에서는 CPU의 최고온도나 소비전력을 사양에 적어서 제공하므로 이 자료를 바탕으로 열 저항을 계산하면 됩니다.

예를 들어 CPU의 온도가 85도이고, 소비전력이 24.4 와트이고 주변 온도가 35 도라면 열저항은 (85-35)/24.4= 2.049가 나옵니다. 그러나 주위 온도가 50도 정도 된다면 열저항은 1.23이 나옵니다. 따라서 주위 온도가 50도 이상 올라갈 것이라고 생각한다면 열저

항이 1.2 이하인 것을 골라야 합니다. 실내 기온이 25도 정도라 하더라도 컴퓨터 안의 내부온도나 CPU에 직접 닿는 주기판의 온도는 50도를 넘기기 쉽습니다. 그러므로 열저항이 가능하면 낮은 것을 고르도록 합니다.

예상소비전력은 수치가 클수록 좋습니다.

예상소비전력(Simulated CPU Power Input)은 냉각팬의 소비 전력입니다. 따라서 냉각팬에 적힌 예상소비전력의 수치는 그 수치 이하의 소비전력을 사용하는 CPU는 안정적으로 냉각할 수 있다는 뜻이 됩니다. 즉 소비전력이 30W인 CPU를 사용한다면 냉각팬에 적힌 예상소비전력이 30W 이상이면 충분하다는 뜻입니다. 예상소비전력은 수치가 클수록 좋습니다.

06 CPU 구입 요령

가격과 업그레이드를 고려하여 CPU를 선택합니다.

현재 시중에 판매중인 CPU는 인텔과 AMD 두 회사에서 출시한 제품이 판매되고 있습니다. 기타 업체에서 제조한 CPU도 있지만 미니 PC 등에나 사용되는 정도입니다. 따라서 두 회사 제품 중에서 어떤 CPU를 선택할 것인지를 먼저 선택해야 합니다.

CPU를 살 때 가장 먼저 신경쓰는 부분은 가격이고 다음으로 업그레이드 여부입니다. CPU의 종류에 따라서 업그레이드 여부가 달라지기 때문입니다.

1 CPU 업그레이드 효과와 업그레이드 준비

3D 게임을 할 경우 CPU 업그레이드 효과가 큽니다.

CPU는 PC의 성능을 좌우하는 가장 중요한 부품이지만 업그레이드 효과는 크지 않은 부품입니다. 500MHz의 셀러론 CPU를 1GHz의 셀러론으로 업그레이드 할 경우 컴퓨터가 2배 빨라진다고 생각하면 안됩니다. 작업 환경에 따라서 다르지만 두 배 빠른 CPU로 업그레이드 할 경우 얻을 수 있는 효과는 별로 없습니다. 특히 인터넷이나 문서 편집 작업을 주로 하는 사용자라면 더욱 그렇습니다. 그렇지만 3D 게임이나 그래픽 프로그램을 많이 다루는 사용자라면 업그레이드 효과가 크게 나타납니다.

CPU는 연산 장치이기 때문에 CPU가 빨라질 경우 성능이 향상되는 부분은 연산 속도입니다. 따라서 복잡한 연산을 필요로 하는 3D 게임이나 그래픽 프로그램에서는 CPU의 속도 향상을 체감할 수 있습니다. 그렇지만 문서 편집이나 인터넷 작업을 할 때는 CPU의 연산 처리 능력이 남아돕니다. 때문에 CPU 업그레이드 효과가 크지 않습니다.

CPU 업그레이드에 필요한 내용

CPU는 가격 편차가 큰 품목에 속합니다. 때문에 최저가 CPU로 업그레이드 할 경우에는 7만원 정도의 돈이면 충분하지만 고급형 CPU로 업그레이드 하려면 60만원 정도가 필요합니다.

CPU를 조립하려면 주기판을 본체 케이스에서 분리시켜야 합니다. 때문에 주기판 교체 다음으로 시간이 오래 걸립니다. 또한 주기판 교체와 함께 가장 까다로운 업그레이드 품목에 해당합니다.

CPU 업그레이드 개요

효과	3D 게임과 그래픽 작업 속도 향상. 문서 편집과 인터넷 작업에는 효과 적음.
비용	6~60만원
작업 과정	시간 오래 걸리고 작업 난이도 높음.

2 시중에서 판매되는 제품의 성능 비교 요령

현재 판매중인 CPU들

먼저 현재(2002년 6월) 시중에서 판매되는 CPU의 제품 몇 가지를 정리하면 다음과 같습니다.

시중에 판매중인 인텔 CPU의 종류

인텔 CPU	
P42.4BGHz[BOX]	FSB 533 L2:512KB /478PIN/1.5V 598,000원
P42.4AGHz[BOX]	FSB 400 L2:512KB /478PIN/1.5V 575,000원
P42.0GHz[BOX]	FSB 400 L2:256KB /478PIN/1.7V 238,000원
P42.0AGHz[BOX]	FSB 400 L2:512KB /478PIN/1.7V 234,000원
P41.6GHz[BOX]	FSB400 L2:256KB/478PIN/1.7V 174,000원
셀러론1.7G소켓 BOX	FSB 100 L2:128KB / 0.18미크론 / 1.75V[478] 114,000원
셀러론1.3G소켓 BOX	FSB 100 L2:256KB / 0.13미크론 / 1.5V 94,000원
셀러론1.0A소켓 BOX	FSB 100 L2:256KB / 1.75V 78,000원
Xeon 1.7G BOX	소켓 603/256KB L2 캐시 470,000원
Xeon 2.0G BOX	소켓 603/256KB L2 캐시 550,000원
Xeon P3 1G BOX	슬롯2 / 32KB L1캐시 700,000원
Xeon P3 700Mhz BOX	슬롯 2 / 1MB L2캐시 1,820,000원

시중에 판매중인 AMD CPU의 종류

AMD CPU	
XP 2100+ BOX	애슬론XP 2000+ (1.74GHz) 302,000원
XP 2000+ BOX	애슬론XP 2000+ (1.67GHz) 230,000원
XP 1700+ BOX	애슬론XP 1700+ (1.47GHz) 144,000원
XP 2000+ 세라믹	애슬론XP 2000+ (쿨러별도/1.667GHz) 235,000원
MP 2000+ BOX	서버용(1.63GHz)1.75V 360,000원
MP 1800+ BOX	서버용(1.53GHz)1.75V 290,000원
듀론1.3G BOX	200 L1:128KB L2:64KB 93,000원
듀론1.1G 세라믹	200 L1:128KB L2:64KB(쿨러별도) 65,000원

C3는 현재 시중에서 구하기 어렵습니다.

많은 인터넷 사이트에서 제품의 성능을 간략하게 표시합니다. 예를 들면 앞의 표와 같이 표시합니다. 표의 내용 중에서 하나를 선택해 의미를 살펴봅시다.

P4 2.4AGHz[BOX]	FSB 400 L2:512KB / 478PIN / 1.5V	575,000원
P4 2.4BGHz[BOX]	FSB 533 L2:512KB / 478PIN / 1.5V	598,000원

P4는 펜티엄4, FSB는 주기판의 버스 속도, L2는 L2 캐시를 뜻합니다.

이 내용을 해석해봅시다. P4는 펜티엄4(Pentium4)를 뜻하는 말입니다. 2.4AGHz는 클럭 속도가 2.4GHz라는 뜻입니다. 그런데 사이에 A와 B를 넣은 것은 각기 다른 모델의 2.4GHz CPU를 구별하기 위해서입니다. 펜티엄4 2.4GHz CPU는 표에서 보는 것처럼 FSB 533MHz를 지원하는 제품과 FSB 400을 지원하는 제품의 두 종류가 출시되고 있습니다. 또한 펜티엄4 2.0GHz 제품은 L2 캐시가 256KB 인 제품과 512KB인 제품 두 종류로 출시됩니다. 때문에 클럭 수만 보고 같은 제품으로 오해하면 안됩니다.

BOX는 상자 포장 여부를 뜻합니다.

[BOX]의 의미는 샤스타냐 세라믹이냐 하는 차이를 나타냅니다. 세라믹이라고 써진 제품은 포장 상자 없이 CPU만 달랑 판매한다는 뜻입니다. [BOX] 표시된 제품은 밀봉된 포장 상자 안에 넣어서 판매하는 정품이라는 뜻입니다. 그렇지만 [BOX] 표시 되었다고 해서 인텔 공인 국내 대리점을 통해서 판매하는 제품이라는 의미는 아닙니다. 단지 포장 상자에 들어있는 제품이라는 의미일 뿐입니다.

최근 보급이 늘고 있는 애슬론 CPU

FSB는 주기판의 버스 클럭 속도를 뜻하니다.

FSB 400은 프론트사이드 버스(Front Side Bus)의 지원 속도를 나타냅니다. FSB 400은 400MHz의 속도를 지원한다는 뜻이므로 CPU와 주기판 사이를 400MHz의 클럭으로 움직인다는 뜻이 됩니다. L2:512KB는 L2 캐시의 양을 나타냅니다. 478PIN은 장착 방식을 나타냅니다. 소켓478 방식의 CPU라는 뜻입니다. 1.5V는 동작 전압을 나타내며 1.5V 전압을 지원하는 CPU라는 뜻입니다.

쿨러 별도라고 표시된 제품은 쿨러를 돈 받고 따로 판다는 뜻입니다. 따라서 가격 비교를 할 때 쿨러를 포함한 가격으로 비교해야 합니다.

3 AMD와 인텔 CPU 중에서 어느 것을 선택할 것인가?

인텔 제품을 선호하는 이유는 브랜드 이미지에 따른 욕구 때문

아직도 대부분의 사용자는 인텔의 CPU를 선호합니다. 가장 큰 이유는 브랜드 이미지 때문입니다. 가장 잘 알려진 제품을 사려는 브랜드 지향의 구매 욕구는 당연한 욕구입니다. 인텔 제품을 사야만 좋다는 막연한 생각을 가지고 있는 이유도 인텔이라는 브랜드가 워낙 강력하게 소비자에게 자리잡고 있기 때문입니다.

가격 대비 성능 면에서는 AMD가 앞서지만 초보자라면 인텔 CPU가 좋습니다.

일단 가격 대비 성능 면에서는 AMD의 CPU가 인텔 CPU보다 좀더 좋습니다. 이런 이유로 국내 대기업들도 AMD CPU를 이용한 PC를 많이 판매하고 있는 것입니다. 따라서 같은 가격에 좀더 빠른 CPU를 사용하겠다면 AMD가 더 낫다고 말할 수 있습니다. 그렇지만 아마도 많은 분들이 AMD의 CPU를 구입하는 일을 주저할 것입니다. CPU에 대한 지식이 많지 않다면 인텔을 선택하는 것이 현명합니다.

AMD의 CPU는 아직도 인텔에 비해 브랜드 이미지가 떨어집니다.

4 업그레이드 효과와 비용 계산

일반적인 업무용이라면 최저가 제품이 좋습니다.

CPU는 가격 하락폭이 가장 심한 종목입니다. 때문에 1년만 지나면 현재 최고 사양의 CPU도 최하 사양으로 변하면서 가격도 크게 떨어집니다. 다시 말해 현재 최저 사양은 1년 전의 최고 사양과 비슷한 성능을 발휘합니다. 몇 년 전에 산 컴퓨터도 잘 사용하고 있는 사람들이 대부분입니다. 따라서 정말 최고의 CPU가 꼭 필요한 업무를 하는 사람이 아니라면 현재 시중의 최저 사양을 사도 충분합니다.

C3 CPU처럼 지명도가 떨어지는 CPU는 가격이 싸지만 업그레이드가 어렵습니다.

현재 인텔 CPU의 최저 사양은 셀러론 1GHz 제품으로 정품이 78,000원입니다. 그렇지만 이 정도의 성능이면 현재 제가 사용중인 시스템보다 세 배 이상 빠른 것입니다. 필자가 사용하는 셀러론 450MHz로도 최신 3D 게임을 무리 없이 돌릴 수 있습니다. 따라서 어지간한 사람이 아니라면 셀러론으로도 충분합니다.

CPU는 싼 것으로 구입하고 주변 기기를 업그레이드 하는 것이 좋습니다.

필자가 CPU를 구입하던 1999년을 기준으로 예를 들겠습니다. 셀러론A나 펜티엄III나 같은 클럭일 때 성능 차이는 별로 없습니다. 그러나 가격은 10배나 차이 납니다. 펜티엄III-450MHz는 100만원이고 셀러론 450MHz는 10만원입니다. 그렇지만 펜티엄III-450MHz를 산다고 해서 90만원의 투자 효과를 볼 수는 없습니다. 일반적인 프로그램은 셀러론 CPU의 성능도 다 못쓰기 때문입니다.

때문에 가장 싼 제품을 구입했습니다. 셀러론과 주기판의 가격은 합쳐서 20만원에 불과한데 일단 셀러론 주기판을 구입하고 남는 돈으로 주변기기에 투자했습니다. 같은 클럭일 경우 펜티엄III와 셀러론의 가격 차이라면 메모리와 그래픽카드, 하드디스크를 좋은 것으로 구입하고도 돈이 꽤 남습니다. 그리고 1년 뒤에 펜티엄III의 가격이 내렸을 때 더 좋은 CPU로 교체하는 것이 현명합니다.

이 경우 주변기기가 좋아졌기 때문에 시스템 전체의 속도나 사용의 편리성은 CPU 클럭을 높인 것보다 더 낫습니다. 또한 1년 뒤에는 더 좋은 CPU와 주기판으로 교체하게 되므로 1년 뒤에는 더욱 좋은 시스템을 사용하게 되는 셈입니다.

펜티엄4 기준으로 구입할 경우에도 저가형 구입이 낫습니다.

현재를 기준으로 이 예를 다시 점검해보겠습니다. 요즘 판매되는 펜티엄4의 가격을 보면 2.4GHz CPU가 57만원, 2.0GHz는 23만원입니다. 2GHz와 2.4GHz의 성능 차이는 CPU의 클럭 수만 가지고 따져도 20% 차이가 나지 않습니다. 그렇지만 CPU의 성능은 클럭 수가 2배 빠르다고 작업 속도가 2배 빨라지는 것이 아닙니다. 캐시 메모리와 아키텍처에 의해서 영향을 크게 받습니다. 캐시 메모리도 2배로 늘고 아키텍처도 2배로 는다면 작업 속도가 2배 가까이 향상되겠지만 같은 캐시 메모리와 아키텍에서서 클럭 속도만 2배 빨라질 경우 성능 향상은 몇 분의 1에 불과합니다. 때문에 20%의 클럭 속도 향상으로 CPU의 성능이 20% 향상되는 것은 아닙니다.

소켓 478 방식의 펜티엄4 CPU

CPU의 클럭 속도 향상이 시스템 전체의 성능 향상에 미치는 영향력은 미미합니다.

더구나 주변기기의 속도를 포함한 시스템 전체의 작업 속도를 따지면 CPU 클럭 속도의 향상이 시스템의 작업 속도에 미치는 영향을 더욱 미미해집니다. 시스템 전체의 작업 속도의 메모리의 속도와 메모리의 양, 하드디스크와 그래픽카드의 속도 등 주변 기기의 속도에 크게 좌우되기 때문입니다. 때문에 CPU 클럭 속도가 20% 정도 빠르다고 해도 시스템 전체의 작업 속도는 1~3% 정도의 성능 향상이 있습니다. 사실상 클럭 속도가 향상된 차이를 느끼지 못하는 셈입니다.

반면 SDRAM을 램버스램으로 교체하고, 32MB의 그래픽카드를 64MB의 최신형 그래픽카드로 교체하거나 5400rpm 하드디스크를 10,000rpm의 하드디스크로 교체한다면 시스템 전체의 작업 속도는 크게 향상됩니다.

높은 클럭의 CPU보다는 주변 기기에 투자하는 것이 좋습니다.

펜티엄4 2.4GHz 제품과 2.0GHz 제품 사이에는 2002년 6월 기준으로 35만원이라는 차이가 나는데 그 정도의 차액이라면 램과 그래픽카드 하드디스크를 모두 최고 성능으로 교체할 수 있는 돈입니다. 펜티엄4 2.4GHz CPU와 SDRAM, 5400rpm 하드디스크, 32MB의 저가형 3D 그래픽카드 대신 펜티엄4 2.0GHz의 CPU와 DDR SDRAM, 10,000rpm 하드디스크, 64MB의 고급형 그래픽카드를 구입하는 것이 훨씬 효과적입니다.

당장도 훨씬 빠른 시스템을 구축할 수 있고 1년 뒤에 CPU를 교체하더라도 이번에 구입한 주변 기기의 성능 향상 효과는 그대로 볼 수 있기 때문입니다.

고성능의 CPU. 개인이 사용하기에는 투자 효과가 적습니다.

5 업그레이드를 고려한 CPU 선택

CPU 장착 방식에 따라 주기판과 전원공급기의 교체가 필요합니다.

CPU 장착 방식이 하나였던 펜티엄 시절에는 CPU를 선택할 때 성능 대비 가격만 따져보면 충분했습니다. 그때는 모두 소켓7 방식으로 CPU가 출시되었습니다. 그렇지만 지금은 장착 방식이 여러 종류이고 이에 따라 주기판의 종류와 케이스까지 달라집니다. 더구나 추후 업그레이드 문제까지 고려할 때 비용 계산이 매우 복잡해집니다.

현재로서는 CPU를 선택할 때는 패키징 방식 즉 장착 방식에 따라서 결정해야 합니다. AMD의 애슬론XP를 구입했다가 펜티엄4로 CPU만 바꾸는 일을 불가능합니다. 심지어는 인텔의 CPU를 구입했다 하더라도 전원이 다르거나 핀 수가 다르면 업그레이드가 불가능합니다.

인텔의 펜티엄4 CPU. 소켓423 방식으로 생산된 제품입니다.

과거에는 CPU를 업그레이드 한다고 하면 CPU의 클럭 속도만 높은 것으로 바꿔 장착하는 것을 뜻했습니다. 그렇지만 지금은 주기판이나 전원공급기까지 교체해야 업그레이드가 가능합니다. 따라서 업그레이드를 고려한다면 주기판과 전원공급기의 교체 여부도 따져봐야 합니다.

업그레이드 면에서는 정책의 일관성이 강한 AMD CPU가 낫습니다.

일단 AMD와 인텔의 CPU는 서로 호환이 되지 않으므로 만약 AMD CPU를 구입했다면 인텔의 CPU로 업그레이드 할 경우 주기판과 전원공급기를 교체해야 한다고 생각해야 합니다. 또한 인텔의 셀러론 CPU를 구입한 다음에 나중에 펜티엄4로 교체할 경우에도 주기판과 전원공급기를 교체해야 합니다.

AMD사의 CPU와 웨이퍼칩

현재까지의 추세로 볼 때 AMD의 애슬론 CPU를 구입한 사람은 주기판을 교체하는 경우가 많지 않습니다. 이는 AMD의 애슬론이 계속해서 소켓A 방식으로만 출시되었기 때문입니다. 2기 애슬론인 썬더버드부터 듀론, 애슬론XP까지 모두 소켓A 방식으로 출시되었습니다. 또한 앞으로도 당분간 소켓A 방식으로만 출시될 전망입니다. 따라서 업그레이드를 고려할 때 AMD의 애슬론이 좀더 낫다고 볼 수 있습니다.

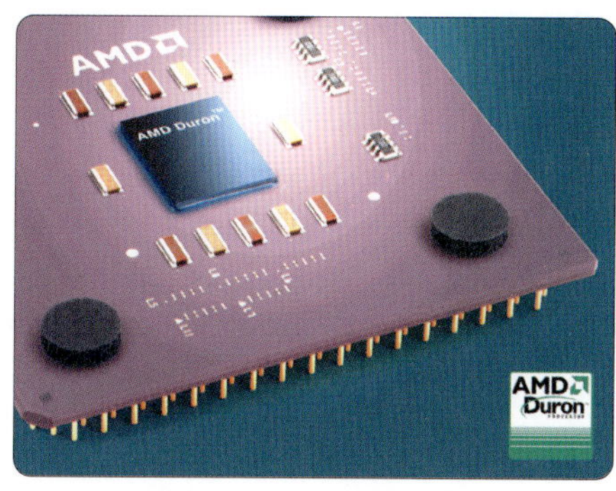

AMD사의 CPU는 아직까지 소켓A 방식으로 생산합니다.

인텔 CPU를 구입한다면 소켓478핀 방식을 선택합니다.

반면 인텔은 소켓 방식의 펜티엄4가 최근 소켓478 방식으로 출시되면서 이전의 CPU 구입자를 당황하게 만들고 있습니다. 인텔은 AMD의 애슬론 발표 이후 정책 결정에서 우왕좌왕 하는 것처럼 보입니다. 슬롯 방식으로 출시했던 셀러론과 펜티엄II, 펜티엄III는 중간에 소켓 방식으로 바뀌었습니다. 또한 같은 소켓370 방식이라 하더라도 전압이 달라 서로 호환이 되지 않습니다. 또한 소켓370 방식을 발표한지 얼마 지나지 않아 소켓 423으로 변모했고 다시 소켓478로 계속 핀 수가 바뀌었습니다. 같은 모델인 셀러론이 세 번, 펜티엄III가 두 번, 펜티엄4가 두 번이나 형태를 바꾸었습니다. 모델별 호환성이 없는 점을 감안하면 최소 7번 이상이나 패키징 방식이 바뀐 셈입니다. 전압 변화까지 고려한다면 변화의 수는 더 늘어납니다. 불과 3년 사이에 바뀐 회수입니다. 슬롯A 이후 소켓A 방식으로만 생산하는 AMD의 CPU와 비교해보면 인텔이 얼마나 자주 장착방식을 변경했는지 알 수 있습니다. 때문에 현재 인텔의 CPU를 구입하는 사람은 1년 뒤의 업그레이드조차 자신할 수 없습니다.

최고 클럭의 CPU 구입은 피합니다.

13 마이크론 공정으로 제작된 펜티엄4

이런 점을 고려할 때 펜티엄4 CPU를 구입하는 사람은 너무 비싼 최신 제품을 구입하지 않는 것이 좋습니다. 만약 2.4GHz를 60만원이나 주고 구입했는데 얼마 후에 3GHz 클럭 제품이 다른 패키징 방식으로 출시된다면 손해가 막심합니다. 이런 경우는 소켓423핀 용으로 펜티엄4 CPU를 구입한 사람들이 얼마 전에 경험한 일입니다.

이미 벌써 인텔 셀러론의 경우 0.13 마이크론 공정을 도입한 제품이 출시되면서 사용 전압이 1.5V 이하로 낮아졌습니다. 또한 1.7GHz 이상의 클럭 속도를 가진 CPU는 478핀으로 출시되고 있어 소켓370과 호환성이 없습니다. 따라서 향후 업그레이드를 고려하면서 셀러론을 구입한다면 478핀 방식의 셀러론을 구입해야 할 것입니다.

잠깐! CPU를 고성능으로 바꾸려면 주기판과 업그레이드도 전용으로 교체해야

시스템 속도에 영향을 미치는 여러 부품 중에서 CPU 하나만 바꾸어서는 시스템 전체 성능의 향상 효과는 매우 적습니다. 예컨대 CPU의 클럭 주파수가 1GHz에서 2GHz로 바뀌었다고 해서 플로피디스크의 복사 속도가 2분의 1로 줄어드는 것이 아닙니다. 플로피디스크나 하드디스크의 파일 복사 속도는 사람이 차이를 느끼기 힘들 정도만 빨라집니다. 이는 플로피디스크드라이브의 한계 때문입니다.
따라서 CPU를 고성능으로 교체할 경우에는 CPU에 최적화된 주기판과 주변 기기의 교체가 따라야 최적의 성능을 발휘할 수 있습니다. 펜티엄4로 CPU를 교체한다면 펜티엄4용 주기판에 RDRAM, 고성능 3D 그래픽카드, SCSI 방식이나 울트라ATA100 방식의 하드디스크로 교체해야 성능 향상을 실감할 수 있습니다.

6 CPU 구입 선택

업무용으로 사용한다면 인텔 셀러론이나 AMD의 듀론 CPU가 좋습니다.

지금까지의 내용을 통해 살펴본 것처럼 CPU는 최고 사양을 구입하는 것이 매우 불리합니다. 투자 대비 효과도 크게 떨어지고 업그레이드 면에서도 좋지 않습니다. 이 점을 이해한다면 여러분 스스로 자신에게 맞는 CPU를 선택할 수 있으리라 생각합니다.

여러분이 인터넷이나 사무용 또는 가정에서 일반적인 용도로 사용하고자 한다면 저가형이 좋습니다. 셀러론1.0 CPU가 가장 좋습니다. 성능 면에서는 펜티엄III에 뒤지지 않으면서도 가격은 78,000원으로 저렴합니다. 듀론 1.1GHz 역시 65,000원으로 저렴합니다. 그렇지만 듀론용 주기판보다는 셀러론용 주기판이 더 대중화된 점을 고려해보면 셀러론을 구입하는 것이 더 좋습니다. 물론 CPU나 주기판의 가격을 합쳐도 15~20만원 정도에 불과한 점을 고려해보면 듀론을 구입하더라고 큰 손해는 없을 것입니다. 몇 달만 사용하더라도 15만원의 가치는 뽑을 테니까요.

AMD의 듀론 CPU

당장은 저가를 원하고 향후 업그레이드를 고려한다면 478핀 셀러론으로 구입합니다.

단 향후 좀더 높은 클럭의 셀러론이나 펜티엄4로 업그레이드 할 것을 염두에 둔다면 478핀으로 출시된 셀러론 1.7GHz를 구입하는 것이 좋습니다. 인텔이 소켓370용 펜티엄 모델을 단종시키고 소켓423을 거쳐 소켓478로 넘어간 것을 고려해볼 때 앞으로 소켓370 방식의 CPU는 생상하지 않을 것으로 보입니다. 따라서 478핀용 셀러론과 소켓478 지원 주기판을 구입한다면 어느 정도 업그레이드가 가능합니다.

소켓478 방식의 셀러론 1.7GHz CPU

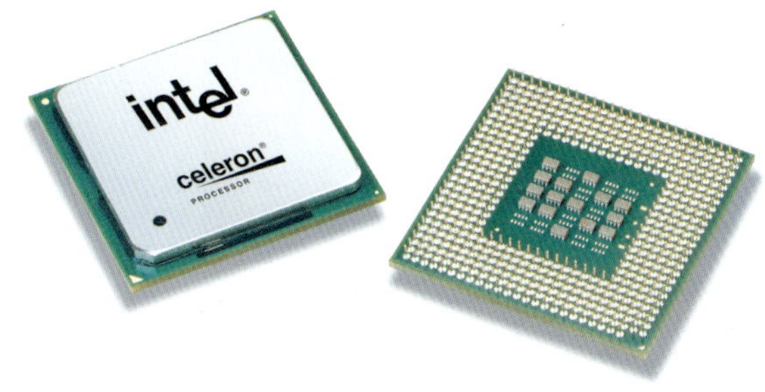

고성능 CPU를 구입할 경우 20만원 전후 제품이 적당합니다.

고성능 3D 그래픽을 사용하고자 한다면 높은 클럭의 CPU를 구입하고자 합니다. 그렇지만 앞서 가격 대비 성능 비교를 통해 본 것처럼 클럭 수가 가장 높은 것을 구입한다고 해서 시스템의 성능이 크게 향상되는 것이 아닙니다.

현재 기준으로는 AMD의 애슬론XP 1700+ CPU가 144,000원으로 가격 대비 성능 면에서 좋습니다. 펜티엄4는 2GHz CPU가 가격 대비 성능 면에서 가장 좋습니다. 물론 이것은 글을 쓰고 있는 현재 시점을 기준입니다.

그렇지만 한참 후에도 가격 대비 성능 면에서 가장 괜찮은 제품은 20만원 전후의 제품이 될 것입니다. 언제나 최고 클럭의 CPU는 가격이 매우 비싸게 책정되어 있을 겁니다. 그리고 10만원 이하의 CPU는 클럭 수가 너무 낮아서 싫을 겁니다.

그래서 20만원 전후의 CPU가 가장 좋습니다. 최고 클럭의 CPU하고 비교해도 성능은 별 차이가 없으면서도 가격은 부담스럽지 않습니다. 정리하면 다음과 같습니다.

애슬론XP 2200+ CPU

신규 구입 추천 CPU

① 업무용이나 인터넷용 PC라면 7~8만원 전후의 셀러론을 구입합니다.

② 속도가 빠르면서도 저렴한 CPU를 원한다면 10~12만원 전후의 셀러론이나 애슬론XP를 구입합니다.

③ 어느 정도의 고성능 CPU를 원한다면 20만원 전후의 478핀 펜티엄4나 애슬론XP를 구입합니다.

AMD의 애슬론 CPU

업그레이드 추천 사항

아래의 추천 사항은 20002년 6월 기준입니다. 책의 구입 시기에 따라서 추천 범위가 조금 달라질 수 있습니다. 참고하여 적절하게 응용하기 바랍니다.

① 셀러론급 이하(펜티엄MMX, 펜티엄)의 구형 CPU를 사용중이라면 셀러론이나 펜티엄4로 교체합니다. CPU와 주기판은 기본적으로 교체해야 하며 모델에 따라서는 메모리와 전원공급기, 그래픽카드도 교체해야 합니다.

② 셀러론 500MHz 이하 사용자라면 클럭 속도가 빠른 셀러론 1~1.7GHz로 교체하는 것이 좋습니다.

③ 셀러론 500MHz 이상 사용자와 펜티엄4 이상의 사용자라면 고성능 3D 그래픽 작업을 필요로 하지 않을 경우 CPU를 교체하지 않아도 됩니다.

④ 셀러론 500MHz 이상 사용자가 속도에 불만을 느껴 교체하고자 한다면 펜티엄4 CPU로 교체합니다. 가격은 20만원 전후 제품이 적당합니다.

⑤ 펜티엄4 이상의 CPU 사용자라면 당분간 업그레이드할 필요가 없지만 좀더 빠른 CPU를 원한다면 20만원 전후의 펜티엄4 2GHz 제품으로 교체합니다.

⑥ 소켓A 방식의 듀론 사용자 중에서 주기판이 애슬론을 지원한다면 애슬론XP로 교체합니다. 애슬론 사용자도 애슬론XP 2000+ 전후의 CPU로 교체합니다.

주기판 이야기

01 주기판의 의미와 종류

1 주기판(Main Board)이 하는 일

컴퓨터의 핵심 부품이 몰려 있는 곳

주기판에는 수 백 개가 넘는 부품이 장착되어 있고 이들 부품은 주기판에 있는 회로선을 따라 자료를 주고 받습니다. 이때 자료를 주고받기 위해 사용하는 회로선을 버스라고 합니다. 다시 말해서 버스는 전기적인 신호로 자료를 교환하는 도로 역할을 합니다.

CPU와 램, 롬, 슬롯이 가장 중요한 부품

주기판에는 컴퓨터에서 가장 중요한 부품이 장착됩니다. CPU와 램, ROM, 건전지 등이 주기판에 장착됩니다. 또한 확장 슬롯이라는 공간에는 각종 인터페이스 카드를 장착해 사용할 수 있습니다.

펜티엄4 주기판의 모습

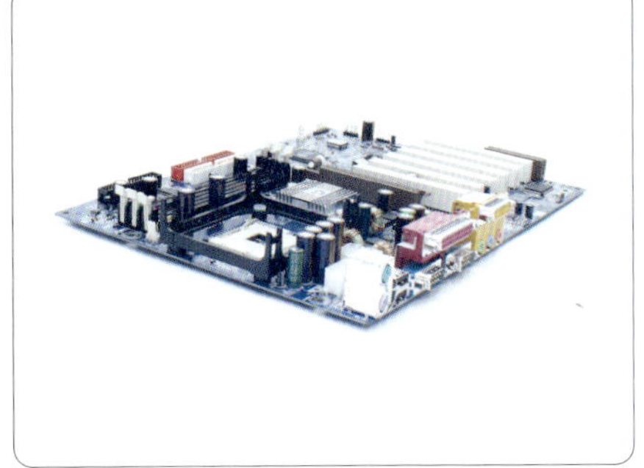

슬롯은 ISA, VESA, PCI, AGP 슬롯으로 변화

슬롯은 주기판에서 지원하는 버스의 종류에 따라 여러 가지로 구분합니다. 과거에는 ISA, VESA 슬롯 등이 사용되었지만 최근에 나오는 주기판은 PCI 슬롯과 AGP 슬롯을 사용합니다. 각 슬롯은 형태나 크기가 달라서 눈으로 쉽게 구별할 수 있습니다.

2 주기판의 종류

주기판의 종류는 크게 CPU, 버스방식, 칩셋, 형태로 구분

주기판은 여러 종류로 나눌 수 있는데 가장 기본이 되는 기준은 폼팩터입니다. 그러나 같은 폼팩터 안에서도 다양한 종류의 주기판이 출시되고 있습니다. 그래서 주기판에 장착할 수 있는 CPU와 주기판에서 사용하는 버스 방식, 주기판의 칩셋, 주기판의 형태, 주기판에 내장된 기능, 주기판의 전원 방식에 따라서 구분합니다. 하나의 주기판에서 여러 종류의 CPU를 지원하던 과거에는 버스 방식과 칩셋에 의해 주기판을 구분하는 것이 더 효율적이었지만 지금은 CPU에 의해서 구분하는 것이 효율적입니다. CPU에 의해서 구분하면 애슬론 주기판, 셀러론 주기판, 펜티엄4 주기판 등으로 구별합니다.

두 개의 CPU를 동시에 장착할 수 있는 듀얼 CPU 기능을 지원하는 주기판

주기판을 구입할 때는 지원 CPU를 먼저 따져봅니다.

현재 판매 중인 주기판은 CPU의 종류에 따라서 구분하며 CPU 종류가 다를 경우 호환성이 없기 때문에 PC를 살 때는 제일 먼저 어떤 CPU를 사용할 것인지를 결정해야 합니다. CPU를 결정한 다음에 주기판을 결정할 수 있습니다.

인텔NX 주기판

CPU에 의한 구분

CPU에 의하여 주기판을 구분할 경우 XT, AT, 386, 486, 펜티엄, 펜티엄MMX, 펜티엄 프로, 펜티엄II, 셀러론, 펜티엄3, 펜티엄4, 애슬론, 듀론 지원 주기판으로 구분합니다. 물론 이들 주기판은 다시 소켓의 형태에 따라서 세분화합니다. 셀러론의 경우 슬롯 방식과 소켓370, 소켓478 방식으로 구분하며 펜티엄4 주기판은 소켓 방식에 따라 소켓423 방식과 소켓478 방식으로 구분합니다.

인텔 펜티엄III 지온용 주기판

버스방식에 따라서 주기판의 형태와 슬롯 모양이 결정

주기판은 자료를 전송하는 버스방식에 따라서 ISA 방식, EISA 방식, VESA Loacal방식, PCI 방식, AGP 방식 등의 여러 가지로 나눌 수 있습니다. 현재 시중에서 판매되는 주기판은 대부분이 PCI 방식으로 자료를 전송하는 PCI 방식의 주기판입니다. 단 그래픽카드 슬롯은 AGP 방식을 사용합니다.

펜티엄4용 주기판은 PCI 슬롯만 있고 ISA 슬롯이 없는 경우가 대부분입니다.

잠깐! 버스가 하는 일

버스는 사람을 나르는 교통수단으로 사용합니다. PC에서도 버스는 자료를 나르는 교통수단입니다. PC에서 버스는 각 부품 사이의 전기적 신호를 송수신하는 역할을 수행합니다.

버스는 하는 역할에 따라 어드레스 버스(Address Bus)와 자료버스(Data Bus)로 나눕니다. 어드레스 버스는 각각의 버스에 접속된 메모리 셀과 디바이스 주소를 전달하기 위해서 20개의 신호 회선을 사용합니다. 자료버스는 컴퓨터의 각 부분에 자료를 운반해주는 버스로 어드레스 버스와 함께 움직입니다.

버스는 회선 폭에 따라서 몇 비트 버스냐로 구분합니다. IBM-PC 초창기에 사용한 ISA 버스는 8개의 회선을 가진 8비트 버스였지만 최근에는 32비트 버스와 64비트 버스를 사용합니다.

CPU 장착 형태에 따른 분류

CPU 장착 방식은 크게 소켓 방식과 슬롯 방식으로 구분할 수 있습니다. 과도기에는 두 가지 방식의 소켓을 모두 장착한 주기판도 판매되었습니다. 현재 슬롯 방식은 서버용인 지온 CPU용을 제외하면 거의 출시되지 않고 있기 때문에 소켓 방식의 주기판만 출시된다고 보면 됩니다.

슬롯 방식의 CPU 소켓을 장착한 주기판

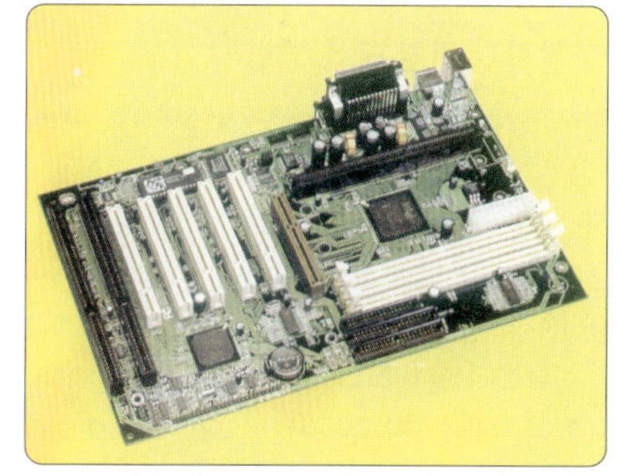

슬롯 방식과 소켓 방식의 CPU 소켓을 둘 다 장착한 주기판

소켓 방식의 CPU를 지원하는 펜티엄4용 주기판

소켓 방식은 AMD CPU에서 사용하는 소켓 A 방식 지원 주기판과 인텔의 소켓370, 소켓423, 소켓478, 소켓603 방식으로 구분됩니다. 인텔의 CPU를 지원하는 주기판은 소켓 종류가 다양하기 때문에 구입할 때 업그레이드에 신경쓰면서 선택해야 합니다.

폼팩터와 전원공급 형태에 따른 분류

폼팩터(Form Factor)란 주기판의 형태를 가리키는 말입니다. 폼팩터에 따라서 주기판의 형태도 달라지고 전원공급 방식을 비롯한 여러 가지 구조가 달라집니다. 일반적으로 폼팩터를 구분하는 가장 좋은 방법은 전원공급 방식입니다.

폼팩터 전원공급 방식의 종류에 따라서 주기판은 AT형과 ATX형으로 구분합니다. AT형은 486과 펜티엄 시절에 사용하던 전원공급 방식입니다. 요즘 사용하는 전원 방식은 ATX형입니다.

ATX형은 다시 폼팩터에 따라서 버전 별로 다시 구분할 수 있습니다. 20핀 주기판용 전원선만을 사용하던 방식은 2.1 이하 버전으로 셀러론이나 펜티엄III CPU 지원용 주기판에서 사용하던 전원 방식입니다. ATX 2.01은 펜티엄III까지 사용하던 폼팩터로 전원 규격은 ATX 전원 1.0을 사용했습니다.

ATX형 주기판 20핀 전원선 단자를 장착하고 있습니다.

반면 펜티엄4를 사용하려면 신 규약의 폼팩터인 ATX 2.0을 지원해야 합니다. ATX 2.03 버전은 ATX 전원 1.1 규격을 사용하는데 펜티엄4 CPU를 사용하려면 ATX12V를 지원해야 합니다. 따라서 대개의 경우 ATX 2.03 폼팩터를 지원하는 주기판에는 펜티엄4용 보조 전원 단자가 추가로 장착되어 있습니다.

잠깐! ATX 2.03에서 달라진 전원 공급 방법

주기판의 경우 ATX 2.03 폼팩터로 바뀌면서 전원 규격도 ATX 전원 1.1 버전으로 바뀌었습니다. 현재 주기판의 폼팩터는 ATX 2.03이 최신 규격이고 전원 규격은 ATX 1.1이 최신 전원 규격입니다.

ATX 전원 1.1 버전에서 달라진 점은 +5VSB의 추가 지원입니다. +5VSB는 전압이 늘 필요한 출력에 사용합니다. 또한 ATX12V라고 부르는 보조 전원이 추가되었습니다. 보조 전원은 기존의 20핀 주 전원선 외에 4핀의 +12V 지원 전원선과 6핀의 AUX 전원선으로 구성됩니다. 4핀 짜리는 두 개의 핀이 두 줄로 구성된 형태이고, 6핀 짜리는 한 줄로 나란히 된 형태입니다. 그래서 쉽게 구별할 수 있습니다. 두 개의 보조 전원선이 추가된 이유는 펜티엄4에서 보조 전원선을 필요로 하기 때문입니다.

그렇지만 보조 전원선은 선택 사항이기 때문에 ATX 2.03 주기판을 만들면서 꼭 제공해야 할 이유가 없습니다. 이 때문에 어떤 주기판은 20핀 주 전원선용 커넥터만 제공하는가 하면 어떤 주기판은 '20핀 주 전원선 + 4핀 짜리 보조 전원선' 커넥터 두 개를 제공합니다. 또 어떤 주기판은 '20핀 주 전원선 + 4핀 짜리 보조 전원선 + 6핀 짜리 보조 전원선' 커넥터 세 개를 모두 제공하기도 합니다.

메인 칩셋에 따른 분류

똑같은 CPU를 장착하는 주기판이라 하더라도 주기판의 성능을 결정하는 메인 칩셋에 의해 주기판의 성능은 큰 차이를 보입니다. 메인 칩셋 시장은 인텔과 VIA, SiS의 세 업체 제품이 가장 널리 사용됩니다. 그외에도 몇몇 중소 업체의 메인 칩셋이 사용됩니다.

02 버스 방식의 종류

주기판에는 다양한 버스 방식을 사용합니다. 초기의 IBM-PC와는 달리 최근의 주기판은 다양한 버스 방식을 함께 사용합니다. MCGA, VESA 등의 버스 방식은 이미 사장되었으므로 현재 시중에서 우리가 만나볼 수 있는 버스 방식에 대해서 알아보겠습니다.

1 ISA

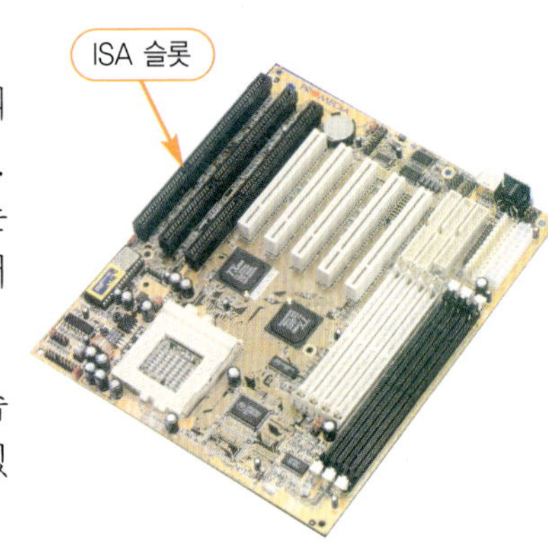

16비트 ISA 슬롯을 3개나 장착한 펜티엄MMX 주기판

ISA(Industry Standard Architecture) 방식은 초기의 PC인 IBM PC XT와 AT에서 사용하던 버스방식입니다. XT를 발표할 때는 8비트 방식의 ISA 버스였으며 속도는 4MB/초입니다. 그후 16비트인 286이 발표되면서 ISA 버스는 16비트로 확장이 되고 속도도 8.3MHz로 늘어납니다.

최근까지도 ISA 슬롯을 장착한 주기판이 가끔 볼 수 있습니다. 가장 오래된 버스 방식이지만 가장 오래 사용하고 있는 버스 방식인 셈입니다.

2 PCI 방식

PCI 슬롯과 ISA 슬롯, 슬롯 방식의 CPU 소켓을 장착한 주기판

PCI(Peripheral Component Interface) 방식은 인텔이 주축이 되어 만든 방식으로 32비트 및 64비트 버스 시스템을 지원해주기 위해 만든 것입니다. 현재 판매되고 있는 주기판은 거의 대부분 PCI 방식의 버스를 지원합니다. 초기의 버스의 전송률은 132MB/초이고 33MHz의 대역폭을 가졌습니다.

PCI 방식은 후에 성능이 계속 개선되었는데 PCI 2.1 버전에서는 버스 클럭이 66MHz까지 향상되었습니다. 또한 버스 폭도 64비트로 확장되었습니다.

주기판의 PCI 슬롯

3 AGP

빠른 그래픽 처리를 위한 그래픽카드 전용 버스 방식

PCI 방식이 빠르기는 하지만 동영상 시대가 되면서부터 더욱 높은 속도의 그래픽카드가 필요해졌습니다. 이런 욕구를 만족시키기 위하여 인텔과 몇몇 그래픽 회사들이 1996년 4월에 만들어 발표한 방식이 AGP(Accelated Graphics Port) 버스 방식입니다. 따라서 AGP는 주기판의 자료 전송 속도 향상보다는 3D 속도 향상을 우선 목표로 설정했습니다.

AGP는 기존의 PCI 버스의 전송속도를 개선하여 PCI보다 2배 이상의 속도로 향상시킨 버스 방식입니다. 기본적으로는 66MHz의 주파수와 264MB/초의 전송률을 가지며 이 속도는 계속 향상되고 있습니다.

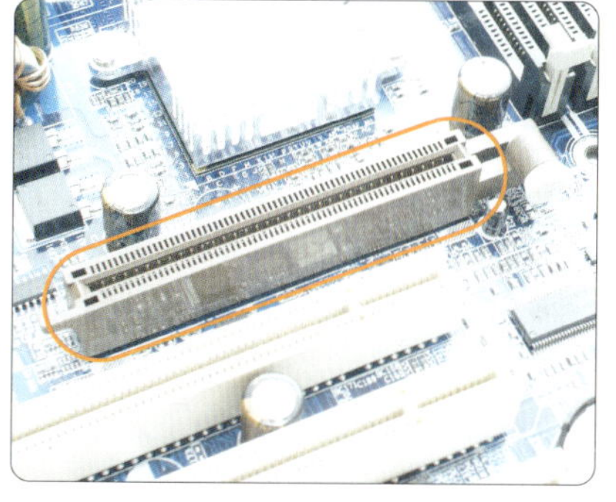

주기판의 AGP 슬롯

2배속 AGP(AGP2X)는 2배의 전송 속도를 가지면 4배속 AGP는 4배의 전송 속도를 가집니다.

4 PCMCIA

PCMCIA는 노트북 사용자를 위한 버스 방식

PCMCIA(Personal Computer Memory Card International Association)는 개인용 컴퓨터에 연결할 메모리 카드의 국제 협회를 뜻합니다. PCMCIA에서 만들어진 방식을 PC 카드 방식이라고 합니다. 보통은 협회 이름을 따서 PCMCIA 방식이라고 부른다.

PCMCIA는 데스크탑용의 버스방식이 아니라 노트북 등의 휴대용 컴퓨터에서 사용하기 위하여 만든 버스방식입니다. 시중에 판매되고 표준형 노트북은 대부분 PCMCIA 슬롯이 하나 이상 장착되어 있습니다.

PCMCIA 방식을 이용한 주변기기는 빠른 속도와 자동으로 기기를 인식하는 PnP 기능, 하드디스크 CD롬드라이브 모뎀 메모리 랜카드 등의 다양한 기기를 사용할 수 있는 넓은 확장성 때문에 오늘날에는 노트북 사용자에게 필수적인 방식이 되었습니다.

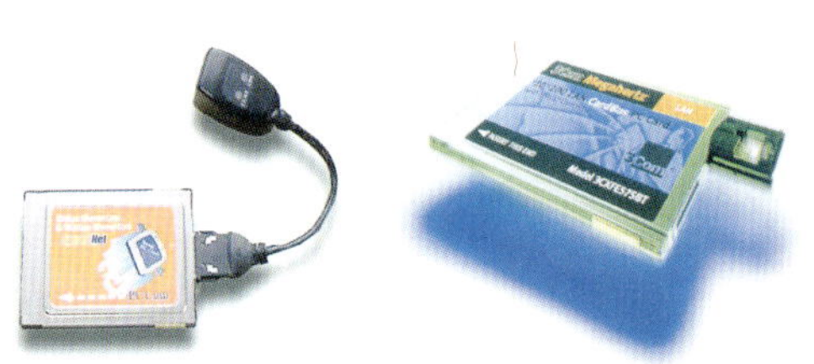

PCMCIA 슬롯에 장착하는 카드 모양의 주변기기

PCMCIA는 슬롯에 장착하는 카드가 마치 전자수첩의 확장 카드와 비슷한 모양으로 생겼기 때문에 스롯에 장착하는 주변기기를 카드라는 말로 표현합니다. 즉 메모리 확장 카드, 모뎀 카드, 랜카드 등과 같이 표현합니다.

PCMCIA는 TYPE 1부터 TYPE 4까지 규약이 존재합니다.

PCMCIA는 PCMCIA1부터 계속하여 표준안 개선작업을 벌여 현재는 4까지 네 가지 표준안이 나온 상태입니다. 따라서 PCMCIA 장비를 구입할 때는 어떤 규격을 만족하는 것인지 확인해봐야 합니다.

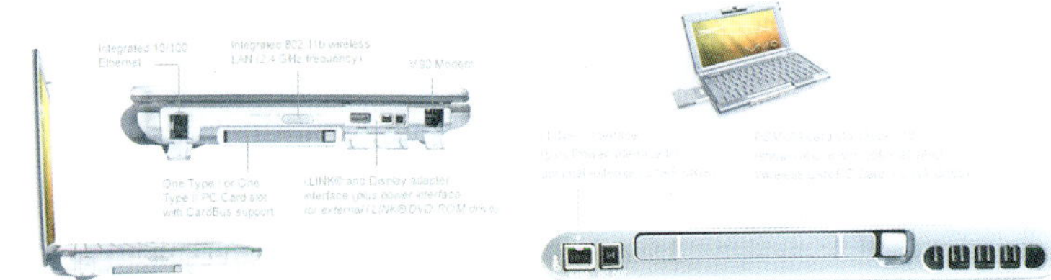

TYPE1, 2, 3을 지원하는 PCMCIA 방식의 슬롯과 슬롯에 주변 기기를 장착한 모습

PCMCIA 타입의 표준안

타입 종류	특징과 내용
TYPE 1	카드 길이 85.6mm, 폭 54.0mm, 두께 3.3mm로 SRAM. 플레시 메모리 등의 확장 메모리 카드로 주로사용
TYPE 2	카드 두께 5mm. 타입1과 함께 사용 가능. 모뎀, 랜, 비디오 오버레이 카드 등 입출력에 관계되는 제품에 주로 사용.
TYPE 3	카드 두께 10.5mm. 타입1과 2를 함께 사용 가능. 하드디스크나 무선 통신용 장비를 지원
TYPE 4	아직 안정해졌음. 타입1,2,3과 호환되며 18mm가 될 것으로 추정. 대용량 저장 장치에 사용될 것으로 예상

03 주기판의 구조

주기판의 구조는 주기판의 종류에 따라서 다릅니다. 그렇지만 대부분 비슷한 구조를 가지고 있습니다. 주기판의 구조는 위에서 내려볼 때 보이는 주기판 회로도 부분과 각종 포트가 빠져나온 포트 부분으로 구분하여 구조를 살펴보겠습니다.

주기판에는 다양한 부품이 장착되어 있습니다. 이 중에서 중요한 부품이라면 롬바이오스, 메인 칩셋, 슬롯, CPU 소켓, 메모리 소켓, 캐시 메모리, 전원 커넥터, IO포트 커넥터, 키보드 입력 단자, 건전지 등입니다. 이들 부품의 역할에 대해서 간단하게 살펴봅니다.

소켓 방식(펜티엄4용) 주기판 구조

슬롯 방식(펜티엄III용) 주기판 구조

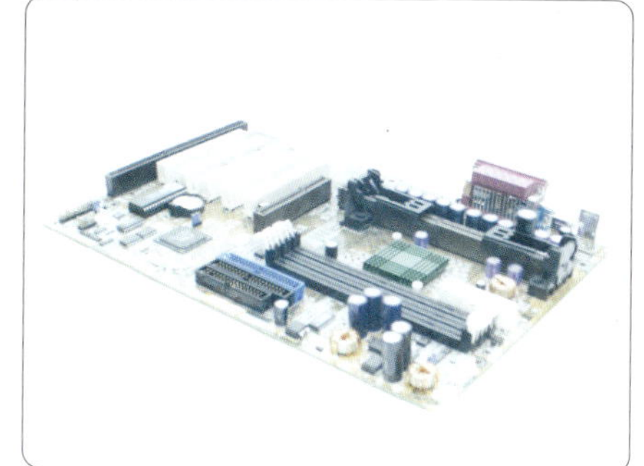

CPU 소켓

펜티엄4 CPU 소켓

CPU 소켓은 CPU를 장착하는 소켓입니다. 장착 방식에 따라서 슬롯1, 슬롯2, 슬롯A, 소켓A, 소켓370, 소켓423, 소켓478 등의 다양한 방식으로 구분합니다. CPU 소켓은 주기판의 종류를 결정하는 결정적인 부품입니다.

메모리 소켓

168핀 메모리 소켓

메모리 소켓은 지원하는 메모리의 종류에 따라서 모양이 다릅니다. 램버스램이냐 SDRAM이냐에 따라서 형태가 다르며 핀 수에 따라서 형태가 다릅니다. CPU 소켓 다음으로 중요한 소켓으로 주기판에서 지원하는 메모리 소켓의 종류에 따라서 장착할 수 있는 메모리의 종류가 결정되므로 메모리 소켓의 종류를 잘 파악하고 있어야 합니다. 주변에 DIMM1이나 BANK 0이라고 써진 소켓이 램 소켓입니다.

메인 칩셋

주기판의 성능을 좌우하는 칩셋으로 각 부품 간의 자료 교환을 제어하는 일을 합니다. 메인 칩셋의 종류와 지원 기능에 대해서는 메인 칩셋 부분에서 다시 설명하겠습니다.

메인 칩셋

롬바이오스 칩

롬바이오스는 시스템의 기본적인 입출력과 시스템 정보를 담당하는 칩입니다. 롬바이오스에서 지원하지 않는 기능은 사용할 수 없기 때문에 롬바이오스는 메인 칩셋만큼이나 중요한 칩입니다. 사용자가 컴퓨터를 부팅했을 때 시스템 관련 환경을 설정하는 일을 담당합니다. 하드디스크의 용량을 결정하고 드라이브의 이름과 각종 포트의 사용 여부 등을 결정하는 일을 CMOS 셋업이라고 하는데 CMOS 셋업 작업이 롬바이오스 칩을 통해서 이루어집니다.

롬바이오스 칩. 피닉스 바이오스입니다.

확장 슬롯

각종 인터페이스 카드를 장착하는 곳을 슬롯이라고 말합니다. 과거에는 ISA, VESA 슬롯 등이 사용되었지만 현재는 PCI 슬롯과 그래픽카드를 장착하는 AGP 슬롯만 장착해 출시하는 주기판이 대부분입니다.

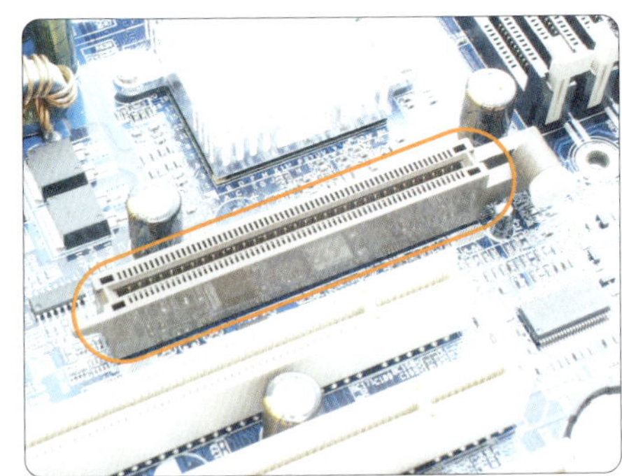

PCI 슬롯과 AGP 슬롯

내부 케이블 커넥터

486 시절 이전에는 각종 드라이브의 인터페이스 케이블을 슬롯에 장착한 컨트롤러 카드에 연결했습니다. 그렇지만 요즘은 하드디스크나 플로피디스크드라이브와 같은 기본적인 드라이브의 인터페이스를 주기판에 내장합니다. 때문에 각종 케이블을 연결하는 커넥터가 주기판에 장착되어 있습니다. 하드디스크, 플로피디스크드라이브 커넥터는 기본적으로 제공하고 있으며 사운드카드를 내장한 주기판의 경우에는 사운드카드 단자도 제공합니다. 그외 IEEE1394, USB 확장 단자, 적외선포트 등의 다양한 커넥터를 제공합니다.

사운드카드가 내장된 주기판에 달린 오디오케이블용 커넥터

적외선 포트(InfraRed Port, IR Port)는 4~5핀으로 구성된 포트로 일반적인 데스크탑용 주기판에서는 지원하지 않는 경우가 많습니다. IR포트는 IrDA 기능을 사용하기 위해서 사용하는데 IrDA는 노트북에서 주로 사용하는 무선 인터페이스입니다. IrDA를 지원하는 주기판이라면 다른 컴퓨터나 프린터, 마우스 등과 무선으로 자료 송수신이 가능합니다. 단 IR 단자에 적외선 송수신이 가능한 송수신장치를 연결해야 한다.

하드디스크 연결 단자

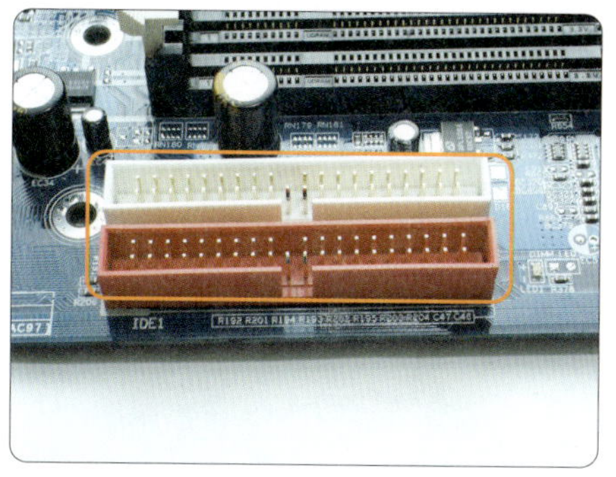

커넥터 주변을 보면 커넥터의 이름을 적어 놓았는데 IDE0이나 Primary는 첫 번째(프라이머리) 하드디스크 케이블을 연결하는 커넥터이고, IDE1이나 Secendary는 두 번째 하드디스크 케이블을 연결하는 커넥터입니다.

FDD 케이블 연결 커넥터

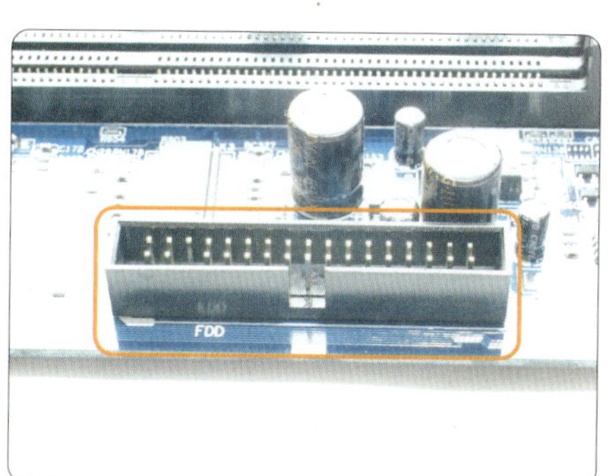

FDD라고 써진 곳은 플로피디스크드라이브 커넥터를 연결합니다. 하드디스크 커넥터는 40핀이고 FDD 커넥터는 34핀이어서 FDD 커넥터의 좌우 길이가 더 짧습니다.

건전지(Internal Battery)

건전지는 컴퓨터의 전원을 빼더라도 컴퓨터 안에 내장된 시계가 동작하게 해줍니다. 이 때문에 컴퓨터를 껐다가 다시 켜도 제 날짜를 표시하는 것입니다. 또한 CMOS에 기록된 정보를 유지하는 일도 건전지가 있기 때문에 가능합니다.

주기판에 장착된 건전지. 동전 모양입니다.

옛날에는 원통형 건전지를 많이 사용했지만 요즘 나오는 주기판은 대부분 동전형 건전지입니다. 따라서 건전지를 교체하기가 한결 쉬워졌습니다. 요즘 나오는 건전지는 리튬(Lithium) 전지를 사용하며 전기가 들어오는 동안 충전이 되기 때문에 건전지 수명이 매우 깁니다.

전원 커넥터

전원공급기로부터 주기판용 전원선을 연결하는 전원 단자는 주기판의 폼팩터에 따라서 조금 다릅니다. 현재 출시되는 ATX형은 20핀 짜리 전원 단자를 제공합니다. 그리고 펜티엄4용 주기판은 별도로 4핀 짜리 보조 전원 단자와 6핀 짜리 보조 전원 단자를 제공하기도 합니다. 그러나 주기판에 설계에 따라서 4핀 짜리 전원 단자만 제공하는 제품도 있고, 4핀과 6핀 전원 단자를 모두 제공하는 것도 있습니다. 20핀 전원 단자는 모서리의 두 귀퉁이가 대각선으로 처리되어 있어 방향이 제대로 맞아야만 케이블이 연결됩니다.

주기판용 전원 커넥터. 20핀 짜리가 주 전원선을 장착하는 커넥터이고, 왼쪽의 4핀 짜리는 펜티엄4 용 보조 전원선입니다.

냉각팬용 전원 커넥터

요즘 나오는 주기판은 냉각팬용 전원 단자가 많습니다. 기본적으로 CPU의 냉각팬을 위한 전원 단자가 있으며 케이스의 보조 냉각팬을 위한 전원 단자를 여러 개 제공하는 주기판도 많습니다.

CPU용 냉각팬 전원 커넥터

주기판에 연결된 CPU팬과 보조 냉각팬용 전원 커넥터는 3핀으로 구성된 커넥인데 각 핀은 +12V 전원을 공급하는 핀, 온도에 따라 RPM을 조절하는 핀, 접지용 핀으로 구분됩니다.

점퍼와 딥스위치, 핀 커넥터

점퍼(jumper)나 딥스위치(dip switch)는 주기판의 여러 가지 기능을 설정할 때 사용합니다. 점퍼는 2핀부터 3핀 5핀 등 여러 종류가 있는데 각 핀 위에 점퍼 이음새를 씌움으로써 점퍼를 연결해준다.

점퍼는 바늘처럼 핀에 사각형 모양의 작은 모자를 끼우거나 빼는 플러그 형태로 사용합니다. 이때 점퍼를 핀에 삽입한 상태를 주기판 설명서에서는 on이나 enable 상태라고 표현하며, 점퍼를 빼서 핀에 아무 것도 끼워진 것이 없는 상태를 off나 disable이라고 표현합니다. 또는 close와 open이라는 표현을 사용하기도 합니다. 1,2,3번의 3개 핀이 있는 상태에서 점퍼를 1과 2번 핀에 연결하면 1과 2번 핀이 on 또는 close, enable 상태가 됩니다. 그리고 3번 핀은 off, open, disable 상태가 된다.

주기판의 점퍼 핀

점퍼가 아닌 딥스위치는 스위치를 올리거나 내리는 방식을 사용하는데 이때 On과 Off의 상태 여부는 딥스위치에 써있는 방향에 따라 결정됩니다. 작은 글씨로 상단부와 하단부와 On과 Off라는 글씨가 적혀있으니 이를 참고하여 스위치를 조정하면 됩니다.

점퍼나 딥스위치는 주기판의 종류에 따라서 거의 없는 모델도 있고, 꽤 다양한 점퍼가 있는 모델도 있습니다. 점퍼가 있을 경우 주기판의 설정과 관련하여 가장 중요한 점퍼나 딥스위치는 다음과 같습니다.

CPU 전압 조절용 점퍼

CPU의 작동 전압을 조절하는 점퍼로 정상적인 상태에서는 변경할 이유가 없습니다. 그렇지만 CPU를 오버클럭하여 사용할 경우 전압을 조절해야 하는 경우가 생기는데 이때 사용하는 점퍼 핀입니다.

CPU의 FSB 속도와 배율 조절용 점퍼

CPU의 속도를 설정하기 위해서는 FSB와 배율을 설정해야 합니다. 대부분의 경우 자동으로 설정되는 주기판이 많지만 오버클럭이 용이하도록 점퍼 핀을 이용해 수동으로 조절할 수 있도록 설계된 주기판도 있습니다.

CMOS 삭제 점퍼

CMOS Clear 점퍼는 롬바이오스의 내용을 삭제하는 점퍼입니다. 평상시에는 이 점퍼를 사용할 이유가 없습니다. CMOS 삭제 점퍼는 시스템의 부팅 암호를 까먹었을 때 사용합니다. 주기판에 설명된 대로 점퍼 핀을 끼우고 전원을 켜면 CMOS에 수록된 내용이 삭제되면서 암호 설정 부분도 자동으로 삭제됩니다. 암호가 삭제된 뒤에는 다시 원래의 상태(수정 불가능 상태, Normal 상태)로 돌려놓아야 합니다.

바이오스 업그레이드용 점퍼

Flash BIOS Enable 점퍼라고 적힌 것은 주기판의 롬바이오스를 패치하고자 할 때 사용합니다. 그러니까 인터넷 등으로 받은 주기판의 최신 롬바이오스 프로그램으로 바이오스 내용을 변경하고자할 때 사용합니다.

LED 케이블 연결을 위한 핀 커넥터

주기판의 한 쪽에는 LED 케이블을 끼우는 커넥터가 줄지어 있습니다. 여기에 HDD, RESET, POWER, SPEAKER 등의 케이블을 연결해야 본체 케이스의 LED에 불이 들어오며 스피커로 소리가 납니다.

LED 케이블 연결 단자

뒷면 쪽에 나온 외부 케이블 커넥터

예전에는 시리얼포트를 비롯한 각종 포트의 커넥터도 슬롯에 카드 형태로 장착한 IO 컨트롤러 카드를 사용했지만 지금은 주기판에 장착된 형태로 출시됩니다. ATX형 주기판을 본체에 장착했을 때 본체 케이스 뒤로 튀어나오게 되어 있습니다.

주기판 뒷 면의 각종 포트들

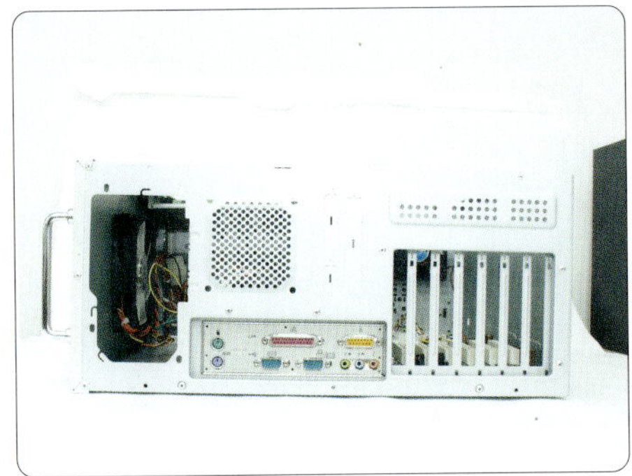

PS/2 포트

PS/2 포트는 6핀으로 구성되며, 보통 키보드용과 마우스용으로 사용할 수 있도록 2개를 제공합니다.

USB 포트

일반적으로 2개 정도의 USB 포트가 장착되어 있습니다. 그렇지만 확장 포트를 지원하는 주기판 사용자라면 4개나 6개의 USB 포트를 주기판에서 빼 쓸 수 있습니다.

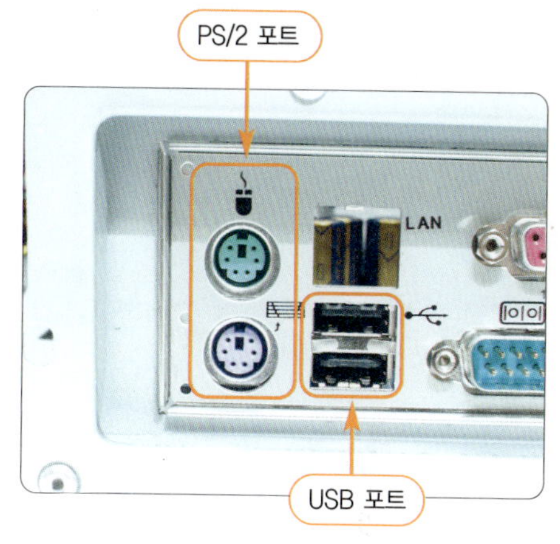

PS/2 포트와 USB 포트

시리얼 포트(직렬 포트)

시리얼 포트 커넥터(9핀)는 9핀으로 된 커넥터이며 보통은 2개가 나와 있습니다. 과거에는 시리얼 마우스나 외장형 모뎀을 연결하는 용도로 꼭 필요한 포트였지만 PS2 마우스를 사용하는 요즘은 거의 사용하지 않는 포트가 되었습니다.

패러렐 포트(프린터 포트=병렬 포트)

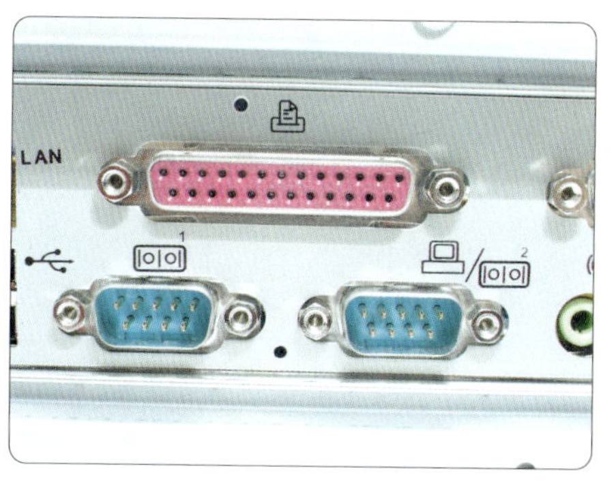

위에 있는 것이 프린터포트, 아래 두 개는 시리얼 포트

프린터 연결을 위해 사용하는 패러렐 포트 커넥터는 25핀으로 되어 있으며, LPT1 포트용으로 하나만 나와 있습니다.

사운드카드 포트

사운드카드 기능을 내장한 주기판일 경우에는 사운드카드 포트도 함께 제공합니다. 스피커나 헤드폰으로 소리를 출력해주는 Line Out 단자와 외부 오디오기기로부터 입력받는 Line In 단자, 마이크를 연결하는 MIC 단자, 조이스틱을 연결하는 조이스틱 단자 등이 있습니다.

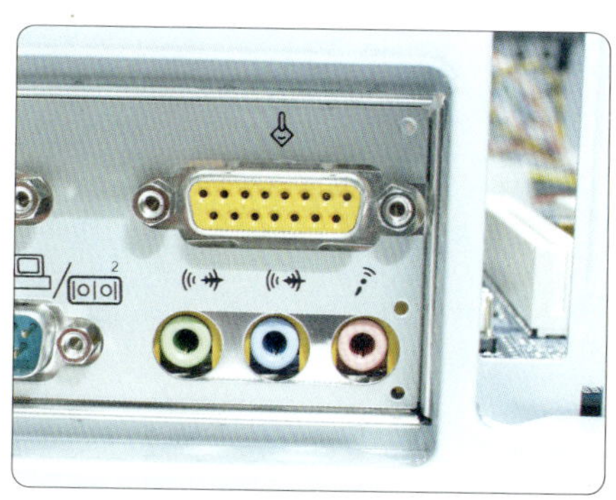

위의 것이 조이스틱 포트, 아래는 Line Out, Line In, MIC 단자

04 주기판 칩셋

1 주기판 칩셋이 하는 일

칩셋은 주기판의 각종 기능을 제어합니다.

주기판 칩셋은 주기판의 기능을 제어하는 주기판의 핵심 부품입니다. 칩셋은 다른 장치에서도 사용하는 말이지만 PC에서는 '칩셋' 이라고만 말하면 주기판에 장착된 메인칩셋을 가리키는 말로 사용합니다.

주기판의 장착된 메인 칩셋

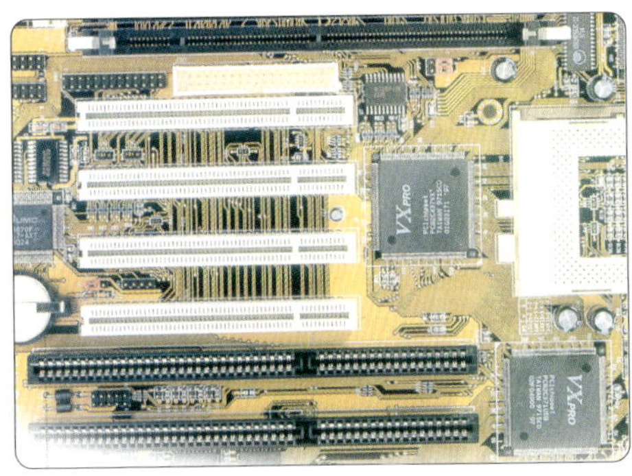

칩셋이라고만 하면 주기판에 장착된 주기판 제어 칩셋을 말합니다.

주기판의 메인 칩셋은 주기판에 장착된 핵심부품으로 주기판의 대부분 기능을 제어하는 일을 합니다. 즉 칩셋은 주기판을 제어하는 컨트롤러의 집합이라 할 수 있습니다. 예를 들면 IO, 메모리, 각종 버스, CPU 등을 제어하는 것이 주기판 메인 칩셋의 역할입니다. 따라서 메인 칩셋에서 지원되지 않는 기능은 어떠한 형태로도 컴퓨터에서 지원이 불가능합니다. 메인 칩셋에서 ATA-100이나 PCI, AGP4X를 지원하지 않는다면 제 아무리 좋은 CPU와 주변장치가 있다 해도 이들 기능은 사용이 불가능합니다. 때문에 주기판의 칩셋은 주기판과 시스템의 성능을 결정짓는 가장 중요한 핵심부품이라 할 수 있습니다.

노스 브리지 칩셋을 칩셋 이름으로 사용합니다.

주기판의 칩셋은 여러 개의 칩으로 구성됩니다. 칩(Chip)이 아닌 칩셋(Chip Set)이라는 표현을 쓰는 이유는 칩의 세트(Set)로 구성되었기 때문입니다. 이들 칩 중에서 중요 기능을 담당하는 칩을 기준으로 모델 이름을 설정한다. 그러니까 가장 중요한 칩의 이름을 따서 칩셋 이름으로 삼습니다. 보통의 경우 노스 브리지와 사우스 브리지라는 두 개의 칩을 중요 칩으로 사용하며, 이중 노스 브리지 칩의 이름을 칩셋 이름으로 사용하는 것이 일반적입니다. 그렇지만 단일 칩으로 된 메인 칩셋도 있고, 3개를 이용하는 칩셋도 있습니다.

주기판의 성능을 설명할 때에 칩셋을 자꾸 거론하는 이유는 주기판에 사용한 칩셋의 종류만 알면 주기판에서 지원하는 기능이 무엇인지 알 수 있기 때문입니다.

VIA 칩셋을 장착한 미니 주기판

칩셋의 주요 기능

메모리 제어	시스템의 메인 메모리와 캐시 메모리 관리
IO 제어	키보드, 마우스, DMA 등의 IO 장치 관리
PCI 브리지	PCI 버스 관리
EIDE 제어	하드디스크나 CD롬드라이브 관리
클럭 제어	내장된 시계 관리
전원 제어	CMOS에 공급되는 전원 관리
버스 제어, 기타	각종 시스템 버스와 주변 장치, AGP 등의 기능 관리

2 인텔에서 만든 칩셋의 종류

인텔은 CPU와 함께 칩셋을 동시에 개발 발표합니다.

칩셋은 새로운 CPU나 새로운 컴퓨터 기술이 등장할 때마다 이를 반영해야 합니다. 따라서 신기술이 등장할 때마다 새로운 칩셋을 계속 만들어 출시합니다. 현재 펜티엄 계열의 주기판은 인텔에서 만든 칩셋을 많이 사용합니다. CPU를 만든 인텔에서 CPU의 성능에 만든 칩셋이기 때문에 궁합이 잘 맞는다는 점이 장점입니다. 인텔은 새로운 CPU를 개발할 때마다 동시에 이에 맞는 메인 칩셋을 함께 발표하고 있습니다.

인텔의 CPU와 이를 지원하는 전용 칩셋

펜티엄 시절에 시장을 독점한 인텔의 메인 칩셋

인텔의 TX 칩셋

인텔이 펜티엄 시리즈에서 출시한 칩셋은 매우 다양합니다. 펜티엄 지원용 칩셋인 430MX, P54 모델용인 430 NX(Neptune), PCI 지원 칩셋 FX(Triton), 168핀 DIMM 지원 430VX, PCI 2.1과 USB 지원 칩셋 HX, MMX용 칩셋 TX, 펜티엄프로용 440FX 등이 출시되었습니다. 이때 인텔은 메인 칩셋 시장의 상당 부분을 독점하다시피 했습니다.

현재 출시되고 있는 인텔의 칩셋 목록

데스크탑용 칩셋

Intel 850E Chipset
Intel 850 Chipset
Intel 845E Chipset
Intel 845G Chipset with
Intel Extreme Graphics
Intel 845 Chipset
Intel 845GL Chipset with Intel Extreme Graphics
Intel 815 Chipset
Intel 815E Chipset
Intel 815EP Chipset
Intel 810E2 Chipset
Intel 810E Chipset

노트북용 칩셋

Intel 845MP Chipset
Intel 830MP Chipset
Intel 815EM Chipset
Intel 440MX Chipset
Intel 440ZX APGset

워크스테이션용

Intel 860 Chipset
Intel 850 Chipset
Intel 840 Chipset
Intel 440GX APGset
Intel 440BX APGset

서버용 칩셋

Intel E7500 Chipset
Intel 440GX APGset
Intel 440BX APGset

펜티엄II 지원 440LX

440LX 칩셋은 펜티엄II 지원용 칩셋으로 BX 칩셋이 나오기 전까지 널리 사용된 칩셋입니다. 펜티엄II용으로 출시되었지만 국내에서는 셀러론용으로 더 많이 보급된 칩셋입니다.

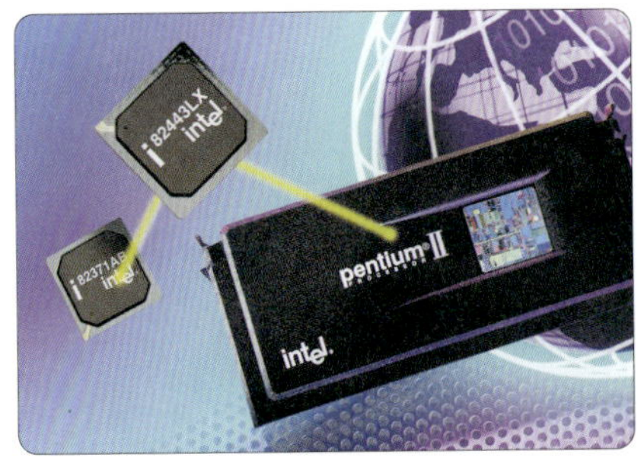

인텔의 LX 칩셋과 펜티엄II CPU

AGP 슬롯을 지원한 440LX 칩셋

LX 칩셋의 특징은 AGP 슬롯을 지원하기 시작한 점입니다. 그러나 버스 클럭은 66MHz까지만 지원합니다. 440LX는 SDRAM을 슬롯당 128MB까지 장착할 수 있으며 4개의 메모리 슬롯을 지원하므로 최대 512MB의 메모리를 지원합니다. 또한 SDRAM을 지원하며 USB와 DMA33, USB를 지원했습니다.

인텔에서 출시한 440LX 장착 주기판

인텔은 440LX에 이어 저가형 PC를 겨냥한 440EX를 출시했지만 시장 형성에 실패했습니다.

100MHz 시스템 버스 지원 440BX

440LX를 개선한 440BX는 버스 속도를 대폭 향상시킨 제품으로 기본 66MHz에서 최대 100MHz의 FSB를 지원합니다. 또한 AGP2X, IEEE 1394도 지원합니다.

인텔의 BX 칩셋

후기에 출시된 BX 주기판의 일부 제품은 133MHz의 FSB를 지원하지만 이런 주기판 중에 상당수는 비정규 클럭으로 지원하는 것이므로 안정성이 크게 떨어집니다. 기본적으로 BX 주기판은 PC100 메모리와 100MHz의 FSB를 지원하는 것으로 알고 있는 것이 좋습니다.

소켓370 지원용 440ZX

440ZX 칩은 소켓370 방식의 셀러론 CPU용 전용 칩셋으로 440BX를 기본으로 하여 소켓370 방식으로 바꾼 것입니다. 440ZX 칩셋은 440BX보다 뒤에 나온 것이지만 기능상으로 개선된 것은 없고, 단지 소켓370에 맞게 나왔다는 점만이 다릅니다. 성능이 떨어져 사용자들이 외면한 칩셋입니다.

서버용 CPU 지온을 지원하는 440GX

440GX 칩셋은 서버나 워크스테이션용 칩셋입니다. 펜티엄II 지온(Xeon)을 위한 칩셋으로 보면 됩니다. 440BX 칩셋을 기본으로 하여 기능이 개선된 칩셋으로 100MHz FSB와 최대 메모리 2GB를 지원합니다.

440GX 칩셋을 장착한 주기판

고성능 PC를 위한 450 시리즈

450 시리즈는 고성능 PC를 위한 칩셋입니다. 슬롯 2용인 450NX와 450GX는 고성능 CPU를 지원합니다. 서버용으로 적합한 450 시리즈는 최대 4개의 CPU를 장착할 수 있으며, 최대 8GB의 메모리를 지원합니다.

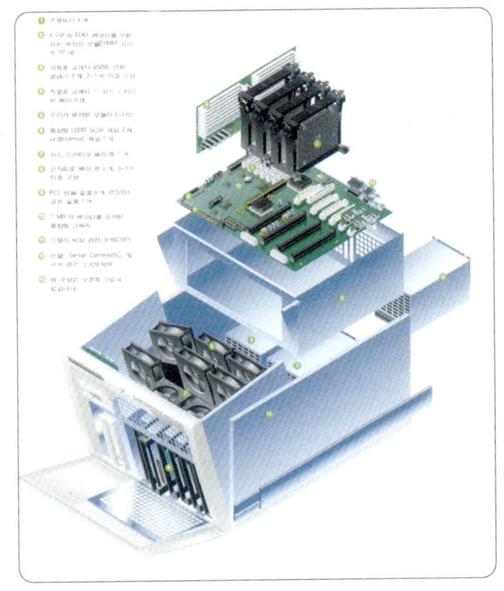

450GX를 사용한 주기판은 CPU를 4개 장착할 수 있습니다.

3D 그래픽카드 통합 칩셋인 810 칩셋

810 칩셋은 440BX 칩셋의 뒤를 잇는 모델입니다. 고급형으로는 820 칩셋을 선보였고, 810 칩셋은 저가형으로 선보였습니다. 810 칩셋은 펜티엄II용 칩셋으로 100MHz FSB와 ATA-66을 지원합니다. 특히 노스 브리지 칩셋에 3D 그래픽 기능을 내장한 통합 칩셋이라는 점이 특징입니다. 810 칩셋에 내장된 그래픽 코어는 i740 칩셋의 후속 제품인 i752 코어입니다. 그러나 810 칩셋은 3D 그래픽 기능이 미약해서 사용자들에게 인기를 끌지 못했습니다.

인텔의 810 칩셋

RDRAM을 지원하지만 결함이 있는 820 칩셋

820 칩셋은 코드명 카미노(Camino)로 개발된 칩셋으로 440BX의 후속제품에 해당합니다. 820칩셋의 가장 큰 특징은 PC에서 처음으로 RDRAM을 지원한다는 점입니다. 그렇지만 메모리 지원 기능 부분에 치명적인 결함이 발견되어 820 칩셋을 사용한 주기판의 회수와 리콜이 이루어졌습니다. 이 사건을 통해 인텔은 큰 상처를 입고 820 칩셋과 RDRAM 지원 정책도 갈팔질팡 하게 됩니다.

820의 공백을 메꾸기 위한 815 시리즈

815 칩셋은 820 칩셋 이후 등장한 칩셋이지만 820 칩셋의 후속 제품은 아닙니다. 820 칩셋의 결함으로 생간 공백을 메꾸기 위해 급하게 출시한 칩셋입니다. 초기에 나온 815 칩셋은 66MHz의 FSB를 지원하며 뒤 이어 나온 815E 칩셋은 100MHz의 FSB를 지원합니다.

815 칩셋과 다이아그램

815 칩셋은 66MHz, ATA-66 지원

815 칩셋은 66MHz의 FSB, PC133 SDRAM, 4배속 AGP, ATA-66 등을 지원합니다. 815 칩셋은 810 칩셋처럼 i752 칩셋의 그래픽 코어를 내장하고 있는 점이 특징입니다. 그러나 810과는 달리 AGP4X용 슬롯을 지니고 있으며, 이 슬롯에 AGP 카드를 장착할 경우 815 칩셋에 내장된 i752 코어가 정지되고 슬롯에 장착한 외부 그래픽카드가 동작되는 차이점이 있습니다.

815E 칩셋은 100MHz의 FSB와 울트라ATA-100 지원

815E 칩셋은 100MHz의 FSB와 울트라ATA-100을 지원하는 것이 특징입니다. 지원하는 메모리 종류는 PC100, PC133의 SDRAM이며 지원 용량은 512MB입니다. AGP4X까지 지원합니다.

815E 칩셋과 다이아그램

815 시리즈는 소켓 370용 CPU 지원 칩셋으로 자리 잡습니다.

815 시리즈는 815와 815E 이후에도 815EP, 815P, 815EG, 815G 등의 다양한 모델로 출시되면서 시장에서 자리를 잡습니다. BX 칩셋에 이어 소켓 370용 주기판은 한 동안 815 칩셋군에 의해서 출시되었습니다. 815 계열의 공통점은 소켓 370용이며 PC133/100 SDRAM을 지원하는 칩셋이라는 점입니다. 때문에 최근까지 출시된 셀러론용 주기판은 대부분 815 칩셋을 장착하여 출시되었습니다.

그외 815 시리즈 각 모델의 차이는 다음의 표를 참고하기 바랍니다.

815G 칩셋의 다이아그램

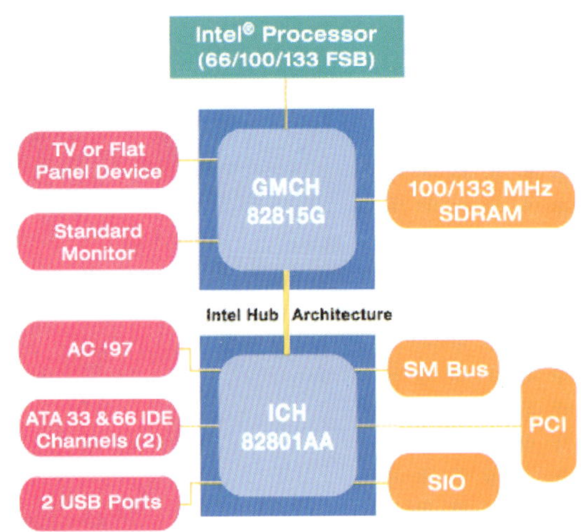

815 칩셋 모델별 특징

815E Chipset Integrated + AGP4X Port ICH2
815 Chipset Integrated + AGP4X Port ICH
815EP Chipset AGP4X Port ICH2
815P Chipset AGP4X Port ICH
815EG Chipset Integrated Only ICH2
815G Chipset Integrated Only ICH

ICH = ATA/66, 2 USB ports, AC97 2-channel audio

ICH2 = ATA/100, 4 USB ports, AC97 6-channel audio, LAN/HomePNA

815EP 칩셋과 다이아그램

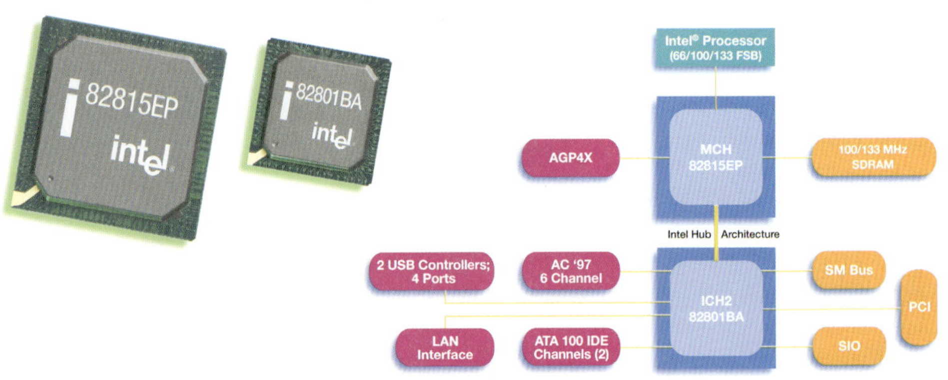

440GX의 후속 제품인 고성능 서버용 840 칩셋

고성능 PC용인 840 칩셋

840 칩셋은 440GX의 후속제품으로 고성능 PC인 서버와 워크스테이션용 칩셋입니다. 이 칩셋은 메모리를 짝수로 설치하는 불편이 있습니다. 또한 SDRAM 버전과 RDRAM 버전이 있는데 이는 820 칩셋이 고가의 RDRAM만 지원했다가 시장에서 실패했기 때문에 두 가지 모두 지원하는 방향으로 선회한 것입니다.

펜티엄4 지원용 850 칩셋

850 칩셋은 펜티엄4를 지원하는 칩셋입니다. AGP4X, 2채널의 ATA-100, RDRAM을 지원하는 것이 특징이며 PCI 버스는 133MHz를 지원합니다. 또한 4개의 USB 포트와 6개의 오디오 채널도 지원합니다.

850 칩셋과 블럭 다이아그램

850 칩셋은 소켓423 방식의 펜티엄4를 지원

초기에 출시된 850 칩셋은 소켓423 방식의 펜티엄4를 지원했습니다. 또한 FSB의 경우 쿼드펌프드 기술을 이용하여 400MHz까지 지원할 수 있는 점이 특징입니다. 메모리는 최대 2GB를 지원합니다.

소켓423 방식의 펜티엄4 CPU와 이를 지원하는 850 칩셋

850E는 소켓478용 펜티엄 4 지원 칩셋

850 칩셋

850에 이어 출시된 850E는 mPGA478 패키징 방식의 펜티엄4 지원 칩셋입니다. 850이 400MHz까지의 FSB를 지원한 것과는 달리 850E는 533MHz의 FSB까지 지원합니다. 그외 기능은 850과 같습니다.

SDRAM 지원용 펜티엄4용 칩셋인 845 칩셋

인텔이 출시한 845 칩셋은 소켓478용 펜티엄4 지원 칩셋입니다. 850 칩셋과 다른 점은 DDR 200/266 메모리와 PC133 SDRAM을 지원한다는 점입니다. 850 시리즈가 램버스램을 지원하는 칩셋으로 출시되었지만 램버스램의 보급이 더디자 인텔은 하는 수 없이 DDR 메모리와 SDRAM을 지원하는 칩셋을 출시하게 된 것입니다.

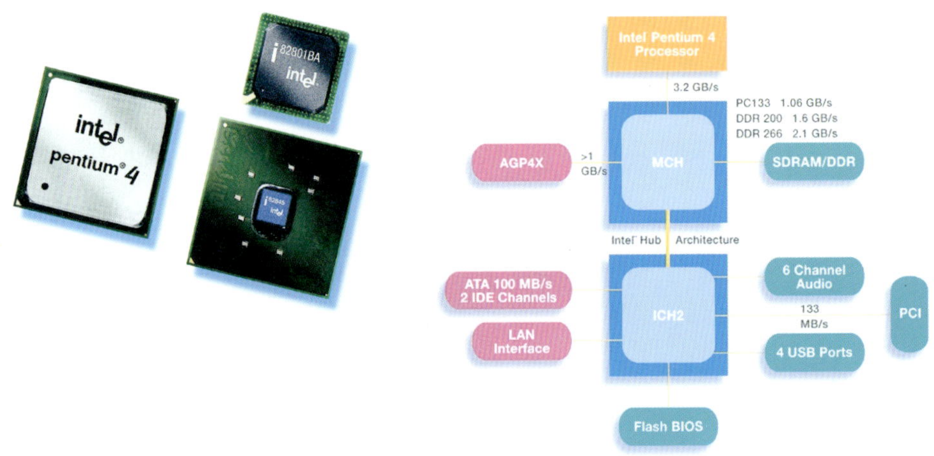

소켓478용 펜티엄4와 845 칩셋, 블럭 다이아그램

845G 모델은 533MHz의 FSB를 지원하는 모델입니다. 845E 모델은 845G와 같지만 SDRAM은 지원하지 않고 DDR 메모리만 지원하는 점이 다릅니다.

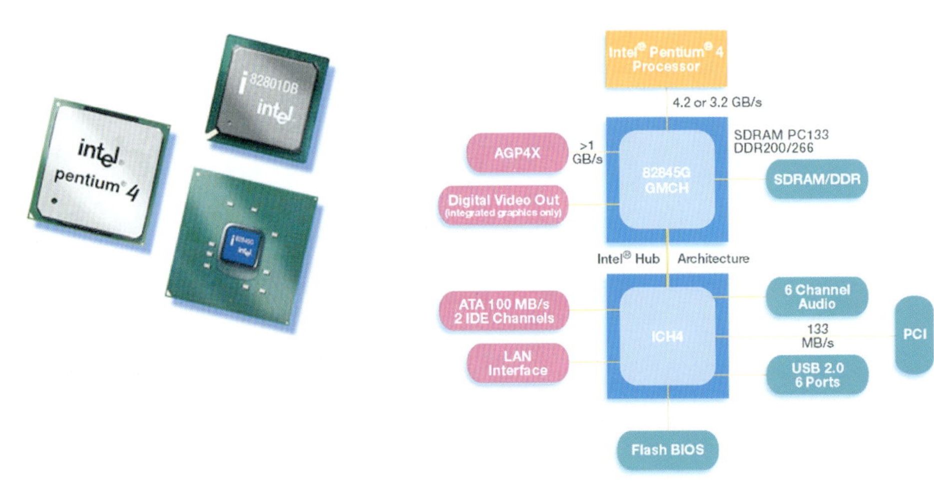

인텔의 478핀 펜티엄4 CPU와 845G 칩셋, 다이아그램

845E 칩셋의 블럭 다이아그램

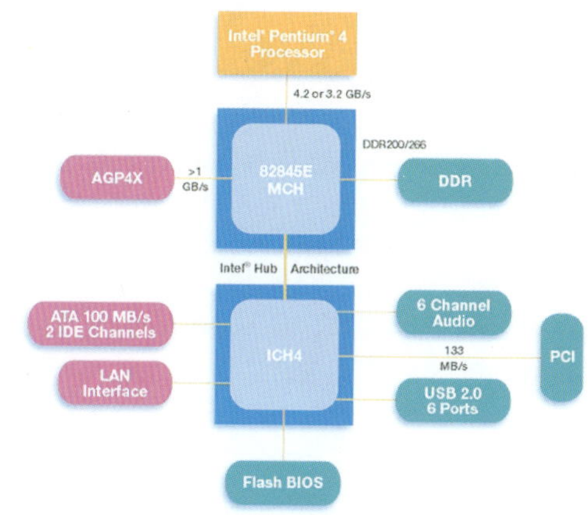

소켓478용 셀러론 지원 칩셋인 845GL 칩셋

845GL 칩셋은 소켓478용 셀러론을 지원하기 위해 출시한 칩셋입니다. 850 칩셋의 셀러론용이라고 보면 됩니다. 특징은 478핀 셀러론 지원과 400MHz의 FSB 지원, DDR 200/266 메모리와 PC133 SDRAM 지원입니다. 그외 ATA100과 AGP4X 등을 지원합니다. 다시 말해서 소켓478용 셀러론과 845 칩셋을 사용할 경우 펜티엄4에 가까운 성능을 발휘하는 셈입니다.

셀러론 CPU와 845GL 칩셋, 다이아그램

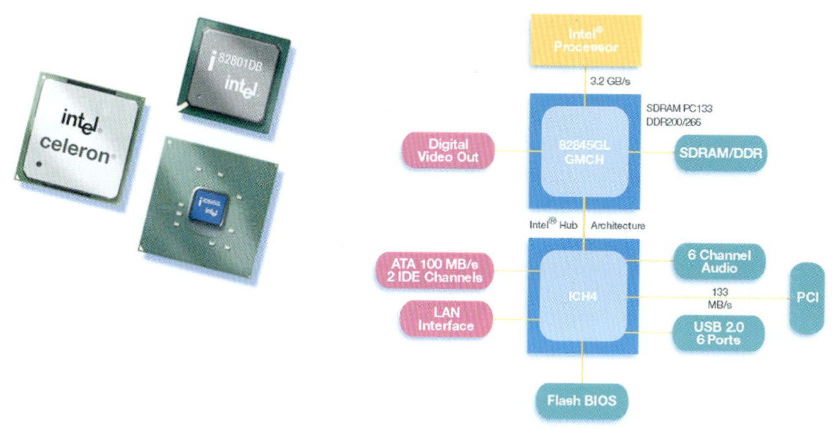

서버용인 E7500 칩셋

E7500 칩셋은 mPGA603 패키징 방식의 지온 CPU를 지원하는 서버급 칩셋입니다. 특징은 400MHz의 FSB 지원과 DDR 200 메모리 지원 기능입니다. 메모리는 최대 16GB까지 장착할 수 있습니다.

서버용으로는 이 외에도 860 칩셋을 현재 출시하고 있습니다. 860 칩셋의 특징은 PC800/600 RDRAM을 지원한다는 점입니다.

서버용 지원 칩셋인 E7500 칩셋

3 VIA에서 만든 칩셋의 종류

인텔과 함께 양대 산맥을 형성한 칩셋 시장의 강자

VIA사는 현재 인텔과 함께 주기판의 메인 칩셋 시장을 주도하고 있는 업체입니다. 인텔이 자사의 펜티엄 시리즈 CPU 칩셋만 출시하는 것과는 달리 VIA사는 AMD사의 CPU를 위한 칩셋도 출시하는 점이 특징입니다.

비아는 펜티엄 지원 칩셋으로 VP, VPX, VPX97, VP2, VP3, MVP3, MVP4 등의 칩셋을 발표했습니다. 펜티엄 지원용 칩셋으로는 아폴로 시리즈를 발표하면서 인텔의 칩셋과 경쟁합니다.

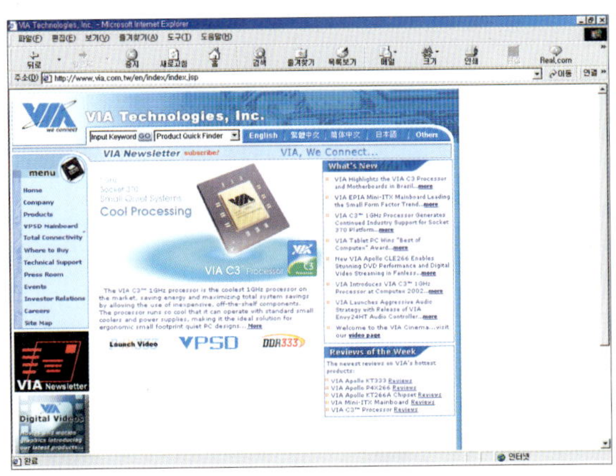

VIA의 홈페이지
(www.via.com.tw)

VIA사의 아폴로 시리즈는 다양한 버스 클럭 지원이 특징입니다.

아폴로 PM601 칩셋은 펜티엄III와 셀러론, 사이릭스III CPU를 지원했습니다. 국내에 잘 알려진 아폴로 프로(Apollo Pro)는 인텔 BX 칩셋의 경쟁 제품으로 사양은 인텔의 BX 칩셋과 조금 뛰어납니다.

특징은 다양한 버스 클럭 지원입니다. 기본적으로 66MHz와 100MHz 버스 클럭을 지원하지만 기본 클럭 외에 103, 112, 133MHz의 클럭 지원도 가능하기 때문에 데슈츠까지 모두 다 지원이 가능하며 모바일 펜티엄II도 지원하는 칩셋입니다. 아폴로 프로 플러스는 슬롯1과 소켓370용 CPU를 지원하는 칩셋입니다.

133MHz의 FSB를 지원하는 아폴로 프로133

아폴로 프로133(Apollo Pro133)는 아폴로 프로의 기능을 개선시킨 칩셋으로 133MHz의 FSB를 지원하기 때문에 아폴로 프로133 칩셋이라는 이름으로 부릅니다. 특징은 인텔 BX 칩셋과 100% 호환되는 점입니다. 이때문에 BX 칩셋과 성능은 같고 가격은 상대적으로 저렴한 아폴로 프로 133 칩셋은 시장에서 성공을 거둡니다. PC133 SDRAM과 슬롯 1 형식의 CPU를 지원합니다.

BX 칩셋을 뛰어넘은 아폴로 프로133A(694x)

VIA사의 아폴로 프로133A는 694x라는 칩셋 번호로 더 잘 알려진 칩셋입니다. 694x 칩셋은 133MHz의 FSB와 PC133용 메모리를 지원, ATA-66을 지원하는 것이 특징으로 인텔의 BX 칩셋보다 한 단계 발전한 칩셋입니다. 인텔 BX 칩셋은 100MHz와 PC100,

ATA-33 지원에 그칩니다.

이러한 강력한 성능 덕분에 694x 칩셋은 인텔의 BX 칩셋을 따라잡게 됩니다. 많은 업체의 호평을 받은 결과 BX 칩셋을 몰아내고 694x 칩셋을 장착한 주기판이 쏟아지게 되었습니다.

아폴로프로133A의 칩셋과 다이아그램

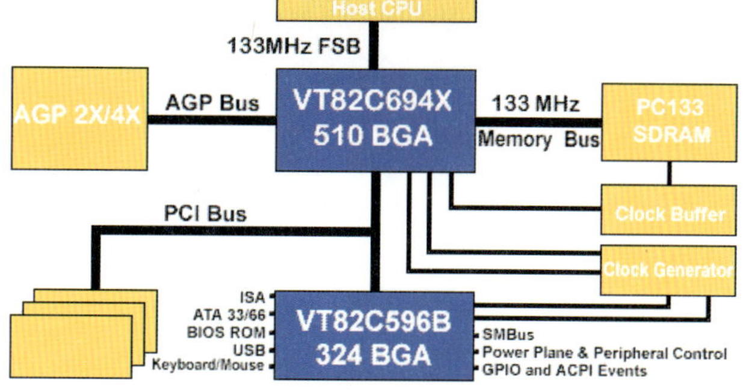

그래픽 코어를 내장한 아폴로 PLE133

아폴로 PLE133은 AGP4X의 그래픽 코어를 내장한 점이 특징입니다. 펜티엄III, 셀러론, C3의 CPU를 지원하며 133MHz의 FSB, PC133 SDRAM, AT100 등의 기능을 지원합니다.

아폴로 PLE133의 칩셋

DDR266 SDRAM을 지원하는 아폴로 프로266

VIA에서 내놓은 아폴로 프로266(Apollo Pro266)의 특징은 칩셋 이름에 적힌 것처럼 DDR266 SDRAM을 지원한다는 점입니다. 최고의 메모리를 지원하는 아폴로 프로266 칩셋은 서버나 워크스테이션급의 고성능 PC에 사용하는 칩셋입니다.

아폴로 프로266 칩셋

아폴로 프로266T는 소켓370용 칩셋

아폴로 프로266T는 소켓370 계열의 CPU인 펜티엄III와 셀러론, C3를 지원하는데 133MHz의 FSB를 지원하며 AGP4X, DDR266 SDRAM, PC133 SDRAM, AC 97, MC 97, ATA100, 6 USB 포트 등을 지원합니다.

아폴로 프로266T 칩셋

소켓478용 펜티엄4와 DDR266을 지원하는 아폴로 P4X266

P4X266은 인텔의 850 칩셋에 대응하는 소켓478용 펜티엄4용 칩셋으로 DDR266 메모리를 처음으로 지원하는 것이 특징입니다. 그외 400/533MHz의 FSB, ATA100, PC133 SDRAM, AGP4X, 4GB의 메모리를 지원합니다. AC97, MC97, 이더넷 기능을 지원하는 점도 특징입니다. 전체적인 성능 면에서 인텔의 850 칩셋보다 우위에 있습니다.

아폴로 P4X266 칩셋과 다이아그램

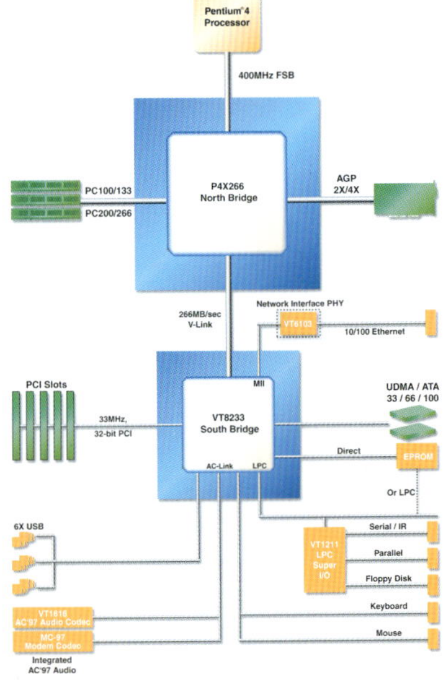

아폴로 P4X266 칩셋 로고와 칩셋 구성도

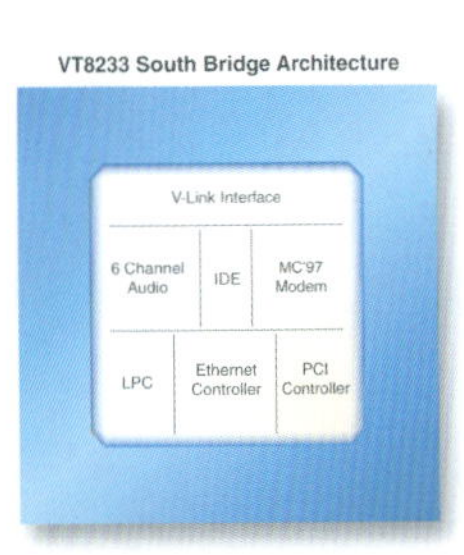

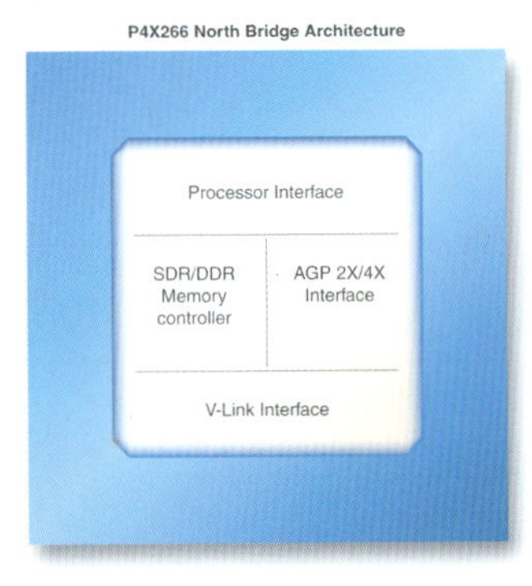

P4X266E, P4X266A는 533MHz의 FSB, 478핀 셀러론 지원

P4X266 시리즈로는 이 외에도 P4X266A와 P4X266E가 출시되었습니다. 이들 모델은 533MHz의 FSB를 지원하는 칩셋입니다. 또한 소켓478용 셀러론 CPU를 지원하는 점도 특징입니다.

아폴로 P4X266A 칩셋과 블럭 다이아그램, 로고

최고 성능의 칩셋인 아폴로 P4X333

인텔의 펜티엄4용 CPU로 533MHz의 FSB와 DDR200/266/333, AGP8X, ATA133, USB 2.0을 지원합니다. 메모리는 무려 32GByte를 지원합니다. 성능 면에서는 현재까지 나온 칩셋 중에서 최고를 자랑하며 한 마디로 타의 추종을 불허하는 고성능 칩셋이라 할 수 있습니다.

아폴로 P4X333 칩셋과 칩셋 구성도, 로고와 블럭 다이아그램

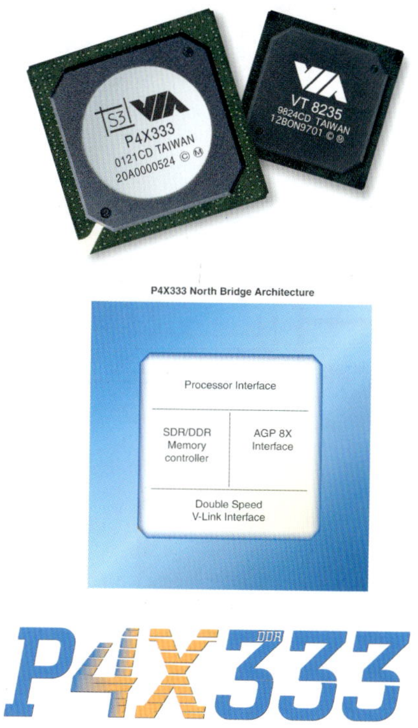

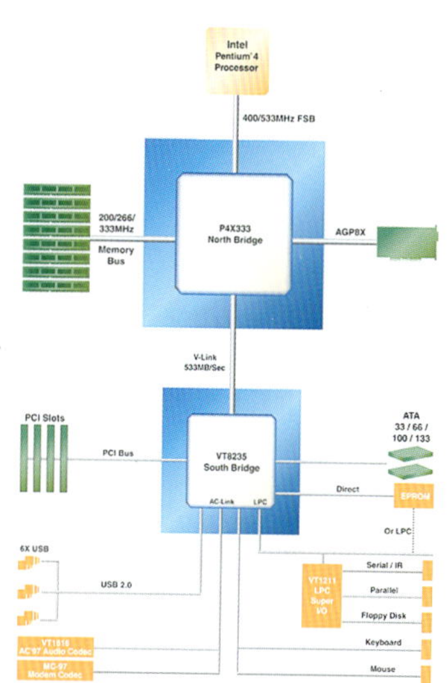

애슬론 지원용 아폴로 프로 KX133 칩셋

KX133 칩셋은 AMD의 애슬론 전용 주기판에 장착되는 칩셋입니다. 단 초기의 애슬론만 지원하며 듀론과 썬더버드는 지원하지 못합니다. KX133의 가장 큰 특징은 200MHz의 FSB를 지원한다는 점입니다. 또한 PC133 메모리와 4배속 AGP를 지원하는 고성능 칩셋입니다.

KX133 칩셋과 다이아그램

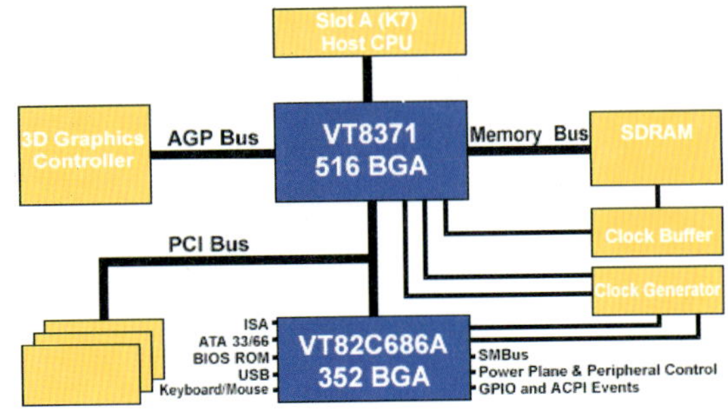

애슬론 듀론과 썬더버드 지원용 칩셋 KT133

KT133 칩셋의 특징은 2기 애슬론인 듀론과 썬더버드를 지원하는 점입니다. 또한 CPU는 슬롯과 소켓A 방식을 모두 지원합니다. 200MHz의 FSB를 지원하며, 4배속 AGP, PC133 SDRAM, ATA-66, 4개의 USB 포트를 지원합니다.

KT133 칩셋과 다이아그램

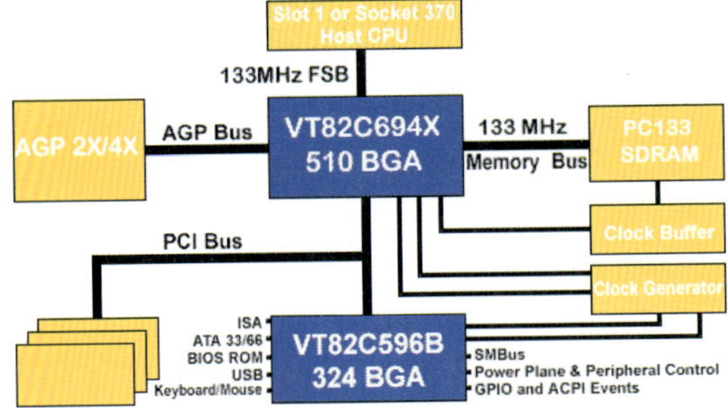

KT133A는 266MHz의 FSB와 ATA-100 지원

KT133A 칩셋

KT133A는 소켓A 방식의 애슬론을 지원하는 칩셋으로 266MHz의 FSB를 지원하는 놀라운 성능을 발휘합니다. 그 외 AGP4X, ATA-100, AC-97, MC-97, 4개의 USB 포트 등을 지원합니다.

그래픽 코어를 내장한 KLE133

KLE133은 애슬론과 듀론을 지원하는 칩셋으로 200/266MHz FSB를 지원하는 것과 AGP4X 그래픽코어를 내장한 점이 특징입니다. 그외 PC133 SDRAM과 ATA100, TV 출력 기능 등을 비롯한 다양한 기능을 지원합니다.

DDR 266 메모리를 지원하는 KT266

애슬론XP와 듀론을 지원하는 CPU로 266MHz의 메모리 버스 지원이 특징입니다. FSB도 266MHz까지 지원합니다. 그외 ATA100, AGP4X 등을 지원합니다.

KT266 칩셋

KT266A 모델은 메모리를 4GB까지 지원하며 DDR200/266 SDRAM과 PC133 SDRAM을 지원하는 것이 특징입니다. 그외 AC-97 Audio, MC-97 Modem, 10/100 BaseT Ethernet과 1/10Mb HomePNA 컨트롤러 등을 지원합니다.

DDR 333 지원하는 KT333

애슬론XP와 듀론을 지원하는 CPU로 333MHz의 메모리 버스 지원이 특징입니다. DDR200/266/333 SDRAM을 지원합니다. FSB는 266MHz까지 지원하며 AGP4X, ATA100 등의 기능을 지원합니다.

KT333 칩셋

4 AMD사의 칩셋

애슬론과 듀론 CPU를 위한 AMD의 760 칩셋

AMD의 750 칩셋의 후속 제품으로 760 시리즈를 출시했습니다. 물론 AMD에서 생산하는 애슬론XP CPU 전용 칩셋으로 개발한 것입니다.

760 시리즈는 760MPX, 760MP, 760 칩셋의 세 모델로 출시되었습니다. 이중 데스크탑용인 760 칩셋은 애슬론과 듀론을 지원하는 칩셋으로 266MHz의 FSB와 266MHz의 DDR 메모리, AGP4X, 33MHz, 32-bit PCI 버스, ATa-100 등을 지원합니다.

AMD의 760 칩셋

760MP와 760MPX는 서버용

760MPX는 'MultiProcessor eXtended'의 의미로 서버나 워크스테이션 디자인을 위한 칩셋입니다. 266MHz의 시스템 버스를 지원하며 DDR 266MHz와 PC2100 DDR 메모리를 지원합니다. 또한 ATA-100, AGP4X 등을 지원합니다. PCI 버스는 프라이머리 버스로 66MHz, 64bit/32bit PCI 버스를 지원하며 세컨더리 버스로 33MHz, 32bit PCI 버스를 지원합니다.

AMD의 760MP 칩셋

760MP 역시 애슬론MP CPU를 위한 칩셋이지만 MPX보다는 지원 사양이 떨어집니다. 266MHz의 FSB와 ATA-100, AGP4X, DDR 266MHz 메모리를 지원합니다. PCI 버스는 33MHz로 MPX보다 떨어집니다.

AMD의 760 시리즈를 장착한 주기판은 많지 않습니다.

AMD의 760 시리즈는 시장에서 보기 힘듭니다. VIA의 칩셋이 더 강력한 성능을 보이기 때문에 AMD의 760 칩셋을 장착한 주기판은 쉽게 만날 수 없습니다.

5 SiS사의 칩셋

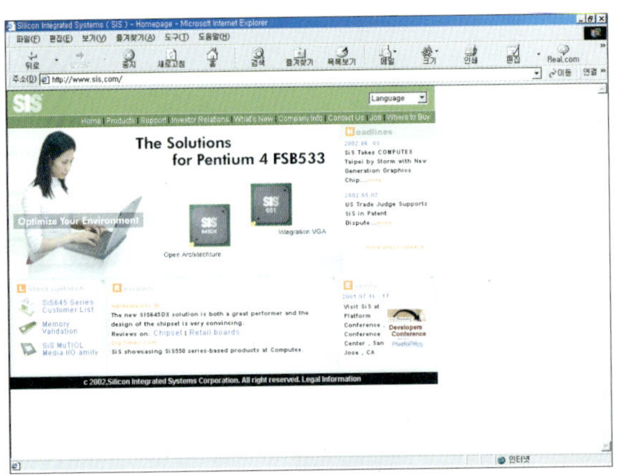

SiS사의 홈페이지(www.sis.com)

SiS사는 VIA사와 함께 칩셋 시장에서 나름대로의 영역을 갖추고 있는 회사입니다. Super Socket 7 지원 칩셋으로는 SiS530을 시장에 내놓았고 그래픽카드에 사용하는 GPU 칩셋도 출시했습니다.

그래픽코어 내장형은 0으로, 내장 안된 칩셋은 모델 번호가 3이나 5로 끝납니다.

SiS사의 최근 칩셋은 두 가지 종류로 구분하여 출시됩니다. 하나는 개방형 칩셋이라고 하여 그래픽 코어를 내장하지 않은 칩셋입니다. 개방형 칩셋은 끝 자리가 3이나 5로 끝나는 645, 745, 733, 635, 633 등이 해당합니다. 다른 종류는 그래픽 코어를 내장한 칩셋으로 내장 칩셋이라고 합니다. 내장형은 끝 자리가 0으로 끝나는 640, 740, 730, 630 계열 모델이 해당합니다.

635 시리즈는 슬롯1과 소켓370용 칩셋

SiS는 슬롯1과 소켓370 방식의 CPU 지원 칩셋으로 633, 635 시리즈를 출시했습니다. 635 칩셋은 셀러론과 펜티엄III를 지원하는데 AGP4X, DDR SDRAM, ATA-100 등을 지원합니다.

SiS 635 칩셋

630 시리즈는 635와 같은 계열이지만 그래픽 코어를 내장한 점이 다릅니다. 630 칩셋은 ATA 66까지 지원합니다. 630S 칩셋은 ATA-100, 133MHz의 FSB, AGP4X, PC133 SDRAM 등을 지원합니다.

SiS 630 칩셋과 630S 칩셋

소켓478, 소켓423 지원용 칩셋인 SiS의 645 시리즈

SiS645 칩셋은 소켓478/소켓423 지원 칩셋입니다. 펜티엄4용 칩셋으로 가장 큰 특징은 400MHz의 FSB를 지원하는 점입니다. 현재 645와 645DX 두 종류로 출시된 645 시리즈는 DDR333 메모리와 PC133 SDRADM을 모두 지원하는 고성능 메모리 지원이 특징입니다. 그외 AGP4X와 AC 97, IEEE 802.3x, 100 Base-T Ethernet 등을 지원합니다.

SiS 645 칩셋과 블럭 다이아그램

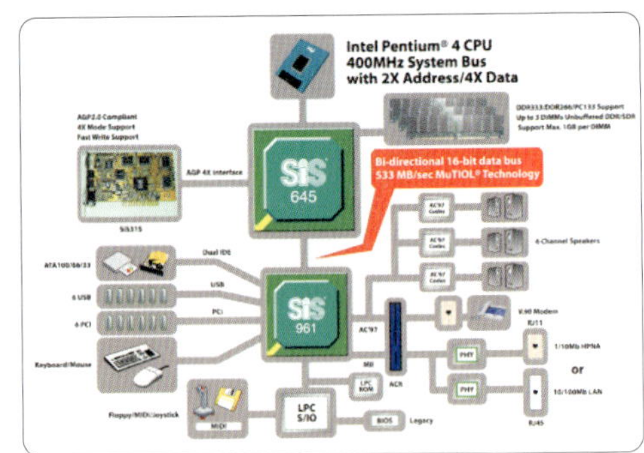

SiS650 칩셋은 645 칩셋에 그래픽 코어를 내장한 칩셋입니다. 650 칩셋은 PC133과 DDR266 메모리를 지원하는 등 지원 기능은 645보다 조금 떨어집니다.

SiS 650 칩셋과 블럭 다이아그램

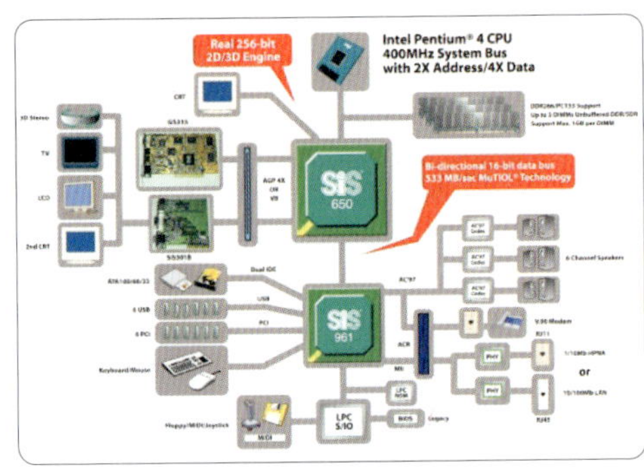

애슬론 지원용 칩셋인 SiS735 시리즈

SiS735 칩셋은 소켓A, 슬롯A 방식의 CPU를 지원하는 칩셋입니다. 애슬론과 듀론 CPU를 지원하는 735 칩셋은 AGP4X, DDR266 SDRAM, PC133 SDRAM, 266MHz의 FSB, 6 USB 포트 등을 지원합니다.

SiS 735 칩셋과 블럭 다이아그램

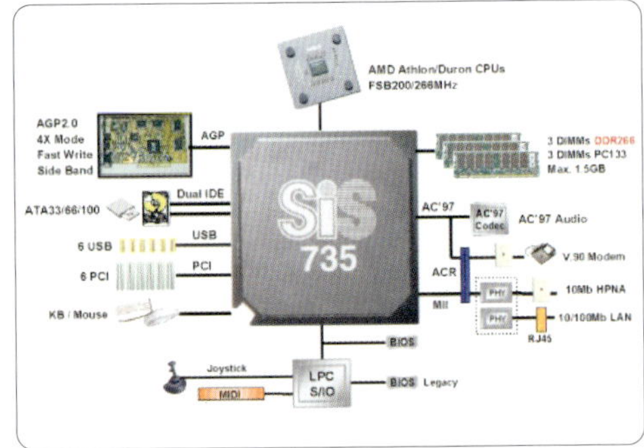

그래픽 코어를 내장한 SiS730S 칩셋

SiS730S 칩셋은 SiS735 칩셋에 그래픽 코어를 내장한 칩셋입니다. AGP4X를 지원하는 그래픽 코어가 내장되었지만 기타 지원 기능은 SiS735보다 떨어집니다. 메모리는 PC133 SDRAM을 지원합니다. 그래픽 코어를 내장한 까닭에 TV 출력 기능 등을 지원하는 점이 특징입니다.

SiS 730 칩셋과 블럭 다이아그램

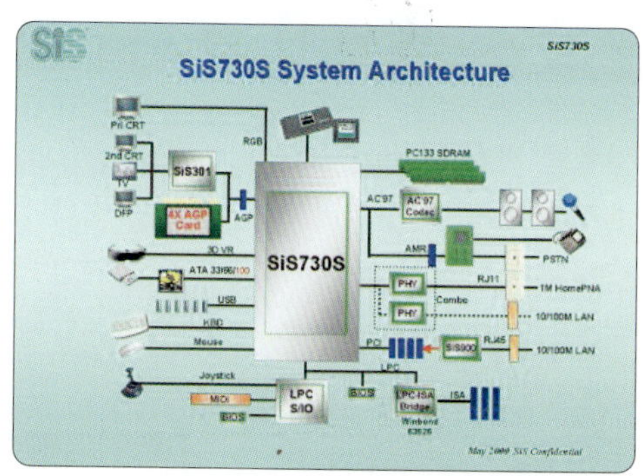

애슬론XP용 칩셋인 SiS745

SiS745 칩셋은 735 칩셋의 개선판으로 애슬론XP와 애슬론, 듀론을 지원하는 칩셋입니다. 가장 큰 특징은 266MHz의 FSB와 DDR333MHz의 지원입니다. 최대 지원 메모리는 3GB입니다. 그외 AGP4X, ATA100, IEEE1394, AC97 등의 기능을 지원합니다.

SiS 745 칩셋과 블럭 다이아그램

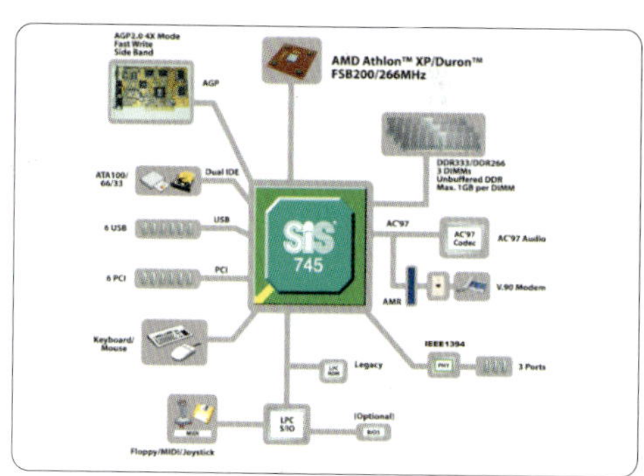

256비트 3D 엔진을 내장한 SiS740 칩셋

SiS740 칩셋은 SiS745 칩셋 계열로 그래픽 코어를 내장한 칩셋입니다. 256비트의 3D엔진을 사용한 그래픽 코어를 내장했기 때문에 MPEG1/MPRII 비디오 디코더 기능을 지원합니다. DDR266 메모리를 지원하며 266MHz의 FSB를 지원합니다.

SiS 740 칩셋과 블럭 다이아그램

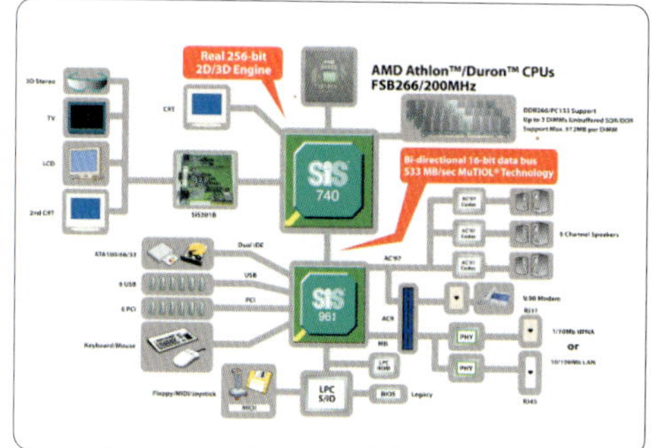

6 ALi의 칩셋

모델은 적지만 성능은 좋은 칩셋을 발표

ALi의 칩셋을 장착한 주기판도 시중에서 가끔 볼 수 있습니다. ALi는 시장 지배력이 강하지는 않지만 꾸준하게 칩셋 시장에서 자리를 지키고 있는 업체입니다. 제품의 종류가 많지는 않지만 고성능을 지원하며, 최근에는 AMD의 8세대 지원 칩셋을 CPU에 앞서 개발하고 발표함으로써 시장 확대에 더욱 적극적으로 나설 전망입니다.

ALi사 홈페이지(www.ali.com)

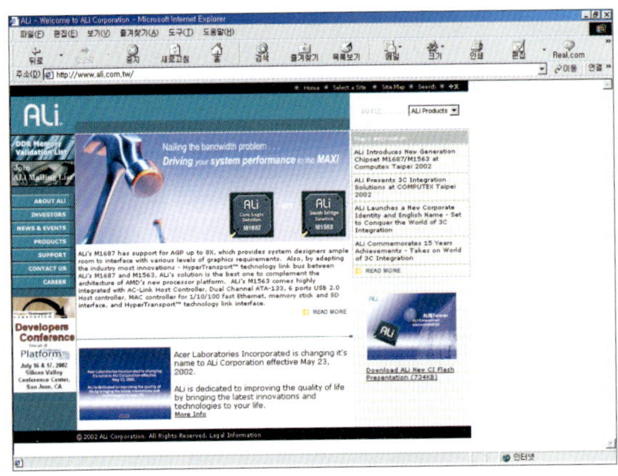

소켓370과 슬롯1 지원하는 알라딘 프로5T

알라딘 프로5T(ALADDiN-Pro 5T, M1651T) 칩셋은 소켓370과 슬롯1을 지원하는 칩셋으로 인텔의 펜티엄III와 펜티엄II, 셀러론 등을 지원합니다. 데스크탑과 모바일을 모두 지원하는 것이 특징입니다. 133MHz의 FSB를 지원하며 DDR 266MHz 메모리, PC133 SDRAM을 지원합니다. 그외 AGP4X, ATA100, 6 USB 포트 등을 지원합니다.

ALi의 알라딘프로5T 칩셋과 블럭

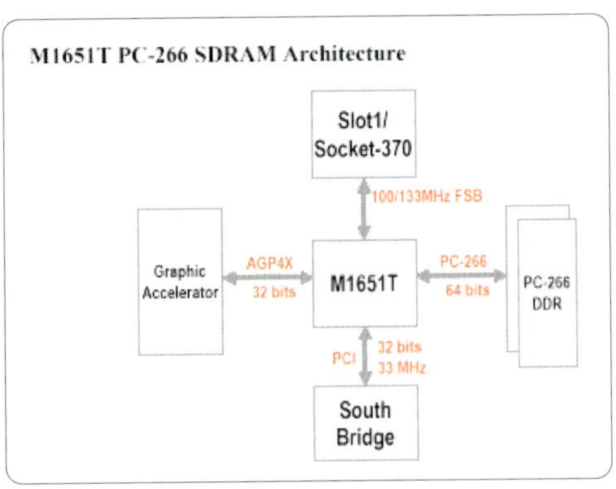

펜티엄4 지원용 칩셋인 알라딘P4

알라딘P4(ALADDiN-P4, M1671)은 펜티엄4 지원 칩셋입니다. 400MHz의 시스템 버스를 지원하며 DDR333과 PC133 SDRAM을 모두 지원하는 것이 특징입니다. 하드디스크는 ATA133을 지원하며 AGP4X를 지원하는 고성능 칩셋입니다.

ALi의 알라딘P4 칩셋과 블럭

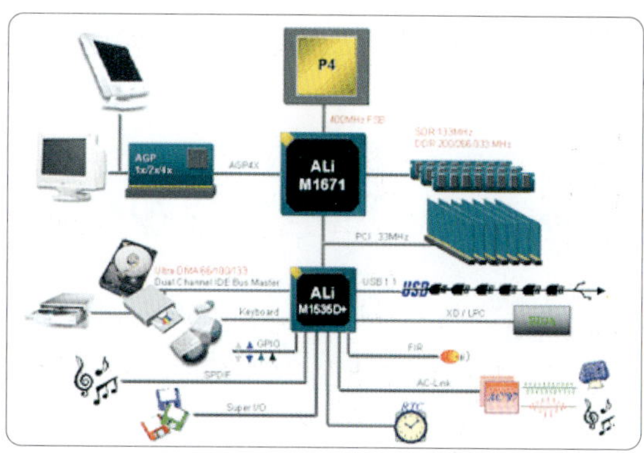

애슬론과 듀론 지원용 칩셋인 MAGiK 1

ALi의 ALiMAGiK 1 칩셋(M1647)은 AMD의 애슬론과 듀론 지원 칩셋으로 데스크탑과 모바일 양 쪽을 모두 지원합니다. PC 2100 DDR 메모리와 PC133 SDRAM을 모두 지원하며 AGP4X, 266MHz의 FSB를 지원합니다. 하드디스크 인터페이스로는 ATA-133을 지원합니다.

ALi의 매직1 칩셋

M1687 칩셋은 AMD의 제8세대 CPU를 위한 칩셋

M1687 칩셋은 AMD K8로 개발되는 8세대 CPU를 위한 칩셋으로 현재까지 발표된 칩셋 중에서는 최고 성능을 지원하는 칩셋입니다. AMD의 CPU가 출시되지 않은 관계로 아직 시장에 출시된 칩셋은 아닙니다. M1687은 AGP3.0 지원으로 8배속의 AGP를 지원하며, DDR 333MHz의 메모리, ATA133 하드디스크 인터페이스, USB 2.0 6포트 등을 지원합니다. 자료 전송 속도에서도 가장 빠른 속도를 지원합니다.

ALi의 1687 칩셋과 블럭 구조도

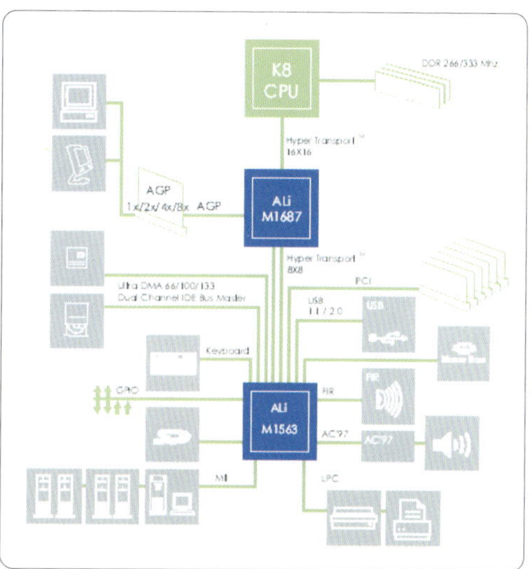

05 주기판에 대해 알고 싶은 것들

1 ATX형과 플렉스 ATX형

ATX형 주기판은 전원 관리 기능이 강화된 주기판입니다.

ATX 주기판의 가장 큰 특징은 전원 관리 부분입니다. ATX 형은 외부에서 들어오는 전원을 정류기와 EMI 필터를 통해 전자파를 걸러준 다음에 스위칭 트랜지스터로 보냅니다. 이때 100V/220V를 전환해주는 소프트웨어를 통해 전압을 결정합니다. 전원은 직류로 변환된 다음에 각 주변 장치로 공급됩니다. 이때 +3.3V, ±5V, ±12V의 직류 전압으로 변환하여 출력합니다. 3.3V는 CPU에 주로 사용하며, 5V는 플로피디스크 드라이브 등에 사용합니다. 12V는 드라이브의 모터 구동이나 냉각팬 구동에 사용합니다.

ATX형은 소프트웨어 온오프가 가능

ATX형의 전원 커넥터에는 소프트 파워 컨트롤을 위한 파워 시그널이 포함되어 있어 운영체제에서 전원관리를 할 수 있습니다. 즉 소프트웨어적으로 ON/OFF가 가능하며, 온나우 기능을 지원합니다. 이는 시스템의 전원이 꺼진 후에도 보조 전원 소프트웨어를 통해 5V의 전압이 주기판에 공급되고 있기 때문입니다.

플렉스ATX는 ATX 주기판의 크기가 훨씬 작아지는 것이 특징

플렉스ATX는 ATX 주기판의 변형판으로 주기판을 최대한 작게 만드는 것이 목표입니다. 1999년 2월 23일 인텔이 발표한 플렉스 ATX 규격은 새로운 형태의 작고 저렴한 PC를 개발할 수 있도록 개발한 새로운 주기판 규격입니다.

플렉스ATX 주기판이 작게 설계될 수 있는 까닭은 모든 슬롯을 없애버렸기 때문입니다. 플렉스ATX PC는 주변기기 인터페이스로 USB만 사용하고 ISA는 물론 PCI 슬롯도 배제시킵니다. 물론 실제로 시중에 나오는 플렉스ATX 형 주기판은 PCI 슬롯을 하나 정도는 장착한 제품이 많지만 인텔이 발표한 주기판의 경우에는 슬롯이 하나도 없는 것을 기본으로 합니다.

따라서 슬롯을 없앤 플렉스ATX 형태는 주로 사무용이나 특정 업무용의 PC를 제조하는데 적합한 형태라고 할 수 있습니다. 최근 들어 미니 PC를 선호하는 사용자가 늘고 있는데 플렉스ATX 주기판을 이용한다면 아주 작은 크기의 미니 PC를 조립할 수 있습니다.

2 롬바이오스

롬바이오스는 컴퓨터의 기본 입출력을 담당하는 부품과 프로그램

BIOS 또는 ROM BIOS는 롬 속에 컴퓨터의 기본입출력(Basic Input Output System)에 관한 프로그램을 입력해서 컴퓨터가 작동할 때 참조할 수 있도록 한 칩을 말합니다. 프로그램만 얘기할 때는 줄여서 BIOS라고 하며, 프로그램을 입력한 롬칩을 ROM BIOS 또는 롬 바이오스 칩이라고 합니다.

롬바이오스는 운영체제에 제어권을 넘겨줄 때까지 컴퓨터를 제어

롬바이오스는 늘 같은 일을 합니다. 전기가 들어오면 시스템에 이상이 없나 살펴보고 제어권을 운영체제의 시스템파일에 넘겨줍니다. 롬바이오스는 스타트업 루틴으로 시스템을 검사하고 초기화시키는 일을 하며 디스크를 부팅시켜 운영체제를 램으로 인도한 후에 기본 작업을 마치고 쉽니다.

확장 루틴을 통해 신기술의 하드웨어도 사용 가능

롬바이오스는 자신이 이해하지 못하는 장치가 있을 경우를 대비하여 확장 설치된 장치를 찾는 루틴을 가지고 있는데 하드웨어 인터럽트 처리와 서비스 처리에 대한 것이 바로 확장 루틴에 관한 것입니다. 이를 통하여 롬바이오스에 기록되지 않은 신기술의 하드웨어도 사용할 수 있는 것입니다.

잠깐! 펌웨어란?

롬바이오스는 펌웨어(Firm Ware)라고도 합니다. 펌웨어는 하드웨어에 내장된 프로그램을 말합니다. 프로그램이기 때문에 소프트웨어 성격을 지니지만 하드웨어에 내장된 형태로 하드웨어의 모든 동작을 관리하기 때문에 하드웨어의 성격도 지닙니다. 그래서 펌웨어는 하드웨어와 소프트웨어의 중간 정도로 받아들이는 것입니다.
펌웨어는 주기판의 롬바이오스를 비롯하여 그래픽카드나 모뎀의 주요 칩셋에 사용되고 있습니다. 대부분 롬에 저장되어 있으며 하드웨어의 가장 중요한 동작에 필요한 프로그램과 자료를 제공합니다.

롬바이오스의 작동 과정

전원이 켜지고 롬바이오스에 전원이 공급되면 롬에 있는 바이오스 프로그램은 바쁘게 일을 시작합니다. 사람이 볼 때는 몇 초의 짧은 시간이지만 그 사이에 롬바이오스는 무척 많은 일을 진행합니다. 많은 종류의 일을 차례대로 실행하는데 이 과정은 크게 세 과정으로 분류할 수 있습니다.

1. POST(Power-On Self Test)

롬바이오스는 제일 먼저 시스템의 장비와 부품을 점검합니다. 컴퓨터에 전원이 들어오면 시스템 점검부터 하는데 이 작업을 POST라고 부릅니다. POST 과정에서 이상이 없으면 다음 단계로 넘어가지만 이상이 있으며 이상이 있다는 것을 에러 메시지와 소리로서 알려줍니다.

소리는 정해진 박자의 삑(Beep) 소리로 표시하는데 바이오스 종류에 따라 내용이 다르기 때문에 자세한 내용은 바이오스 설명서를 참고해야 합니다.

2. 시스템 초기화

자체 진단을 통해서 어떤 장치가 연결되어 있으며 각각의 장치에 이상이 없다는 것을 확인한 다음에는 각 장치를 초기화시킵니다. 또한 확장 바이오스의 유무를 검사하여 확장 바이오스가 있는 장치를 발견하면 역시 메모리에 확장 바이오스를 설치합니다. 부팅할 때 화면을 보면 PnP 장치를 찾았다고 하거나, SCSI 장비를 찾았다면서 각 장치에 대한 정보를 표시해주는 과정이 있는데 이 과정이 바로 확장 바이오스를 설치하는 과정입니다.

3. 디스크 부팅으로 운영체제 로드

하드웨어 장비들의 초기화가 끝나면 부팅디스크로부터 운영체제를 읽습니다. 이때 지원되지 않는 운영체제이거나 운영체제가 기록된 위치가 틀리거나 운영체제가 없는 등의 이상이 생기면 각 상황에 맞는 에러 메시지를 낸 다음에 재시도를 요청합니다. 디스켓을 다시 넣으라고 하거나 다시 부팅하라고 하는 메시지가 이에 해당합니다.

성공적으로 부팅 디스크로부터 부팅 정보를 읽어 운영체제를 로드하면, 램으로 운영체제를 이동시킵니다. 최종적으로 운영체제가 메모리에 상주하게 되고 다음부터는 운영체제가 사용자의 명령을 받아서 컴퓨터를 제어합니다. 바이오스의 기본적인 역할은 여기까지입니다.

그러나 운영체제가 컴퓨터를 제어하는 상황에서도 바이오스는 계속 한 구석에 남아있으면서 컴퓨터 운영에 필요한 여러 정보를 제공하게 됩니다. 이들 정보는 함수 형태로 제공되기 때문에 사용자는 이들 함수를 호출하여 사용할 수 있습니다.

롬바이오스의 양대 산맥인 AMI와 어워드의 바이오스 셋업하기

그 동안 롬바이오스는 AMI(American Megatrends Inc.)와 어워드(Award Software), 피닉스(Phoenix Technology)의 세 종류가 시장을 장악했습니다. 바이오스는 사실상 주기판의 성능을 좌우하는 가장 중요한 부품이지만 보통은 주기판과 함께 제공되기 때문에 사용자가 따로 바이오스를 선택하는 경우는 없습니다.

국내에서 가장 많이 사용하는 것은 어워드 바이오스입니다. 부팅시에 DEL 글쇠를 누르면 셋업에 들어가며 메뉴방식으로 되어 있습니다. 설정 내용이 많기는 세밀한 제어가 가능하다는 점이 장점이다.

AMI 바이오스 역시 부팅 시에 DEL을 눌러서 CMOS 셋업을 하는데 특이한 점은 그래픽 방식으로 되어 있고, 마우스 사용이 가능하다는 점입니다. 초기에는 어워드 바이오스와 함께 시장을 양분했지만 최근에는 어워드 바이오스에 밀리는 추세입니다.

3 CMOS

CMOS는 사용자가 설정한 환경설정 값을 저장할 수 있는 램

CMOS는 'Complimentary Metal Oxide Semiconductor(상보성 금속 산화막 반도체)' 의 줄임말로, 사용자가 설정한 시스템의 환경 설정 값을 원하는대로 저장할 수 있도록 제공된 램을 뜻합니다. 다시 말해서 CMOS용 메모리는 일반 메모리와 달리 '비휘발성 메모리(NVRAM=Non Volatile Memory)' 로 만들어집니다. 이런 CMOS 램은 전력 소모가 매우 작습니다. 그래서 사용자가 정의한 시스템의 환경 설정 값을 저장하는 용도로 사용합니다.

충전지를 이용하여 저장한 내용을 계속 유지

이 CMOS는 롬과는 달리 건전지나 충전지를 이용해서 저장한 내용을 유지합니다. 때문에 다음에 다시 전원을 켰을 때에도 이전에 사용하던 환경 설정 값을 그대로 다시 사용할 수 있는 것입니다. 여기에는 날짜, 시간, FDD, HDD의 상태, 전원관리, 메모리 정보, 그래픽 어댑터, 메모리, 기타 환경 설정 값을 기록해두게 됩니다.

롬바이오스 프로그램을 이용하여 컴퓨터의 각종 환경을 설정하게 되는데 이렇게 설정한 정보는 CMOS에 보관합니다.

4 주기판에서 지원하는 IO 버스 방식

주기판에는 다양한 버스 방식이 사용되고 있습니다. 그래픽카드에서 사용하는 AGP 방식과 PCI 슬롯에서 사용하는 PCI 버스, 프린터 출력 때 사용하는 병렬 방식 등의 다양한 입출력 버스 방식이 사용됩니다. 이 중에서 요즘 우리가 가장 많이 접하는 버스 방식은 다음과 같습니다.

직렬(시리얼)포트

직렬(시리얼=Serial)포트는 PC에서 직렬 방식으로 주변 장치와 연결할 때 사용하는 포트입니다. 직력 방식으로 연결하기 때문에 직렬 포트라고 하며 마우스나 키보드, 모뎀 등이 직렬 포트를 통해 직렬 방식으로 신호를 주고 받습니다.

직렬 포트는 구조가 단순하여 사용하기 편리한 장점이 있는 반면, 한 선로에 1비트씩 보내기 때문에 전송 속도가 낮고 1개의 포트로 주변기기 1개만 연결된다는 단점이 있습니다. 초기의 PC에서는 COM1, COM2의 2개를 사용할 수 있었으며 후에 COM3과 COM4를 추가로 지원했습니다. 그렇지만 COM1과 COM3, COM2와 COM4가 같은 IRQ를 사용하기 때문에 실질적으로는 동시에 사용 가능한 시리얼 포트는 2개 밖에 되지 않습니다.

병렬(패러렐) 포트

병렬(Parallel)포트는 병렬 방식으로 자료를 주고받는 방식입니다. 병렬 방식이라 시리얼 포트보다 빠른 속도를 가집니다. 보통은 프린터 포트로 사용하기 때문에 일반적으로 프린터 포트와 병렬 포트는 동일한 것으로 간주합니다. 그러나 하드디스크, 집드라이브, 복사방지기 등 다양한 주변기기를 연결할 때도 병렬 포트를 사용합니다.

병렬 포트는 LPT1과 LPT2의 2개만 사용할 수 있으며, 포트 하나에 1대의 장치만 연결할 수 있습니다. 잡음에 약해 선의 몇 미터로 제한되는 점도 단점입니다.

USB

USB(Universal Serial Bus)는 초고속 직렬 포트입니다. 전송속도는 12Mbps로 아주 고속은 아니지만 기존의 직렬 포트 속도에 비하면 매우 빠른 속도입니다. 또한 USB의 장점 중 하나는 한 선으로 최대 128개까지의 주변장치를 연결할 수 있다는 점입니다.

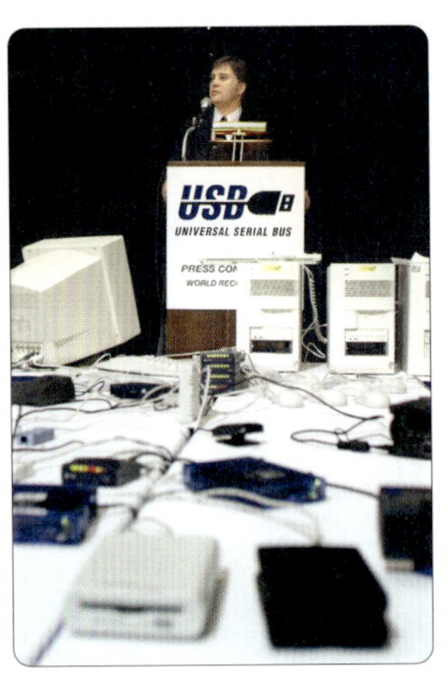

USB 방식의 기기를 설명하는 전시회

현재 USB는 4가닥의 핀과 선으로 구성되는데 2개는 전원공급선이고 두 개는 자료 전송용입니다. 4개의 핀을 자세히 보면 2개는 길고 2개는 짧은 핀으로 구성된 것을 알 수 있다. 긴 핀이 전원용으로 사용하는 핀이고 짧은 쪽이 자료 전송용으로 사용하는 핀입니다. 전원으로 공급되는 전류는 0.5A 정도에 불과하지만 저전력 장비라면 별도의 전원장치가 없어도 동작이 가능합니다. 그러나 프린터나 모니터와 같은 대형 제품은 자체 전원을 사용해야 합니다.

USB 케이블을 잘 보면 커넥터 모양이 조금씩 다르다는 점을 알 수 있는데 IBM-PC에서 사용하는 것은 직사각형의 납작한 모양으로 우리가 흔히 볼 수 있는 커넥터입니다. 그러나 정사각형 모양의 커넥터도 있다. 직사각형 모양이 커넥터를 A형태라고 하고, 정사각형 모양의 형태를 B형태라고 합니다.

IEEE 1394

IEEE 1394는 USB와 같은 직렬 인터페이스로 USB보다 훨씬 빠르다는 점이 장점입니다. 파이어와이어(FireWire)라는 이름으로 알려진 이 인터페이스는 애플이 매킨토시에서 사용할 목적으로 개발한 방식입니다.

파이어와이어는 1995년 미국전기전자기술자협회(IEEE=Institute of Electrical and Electronic Engineers)에서 고속 직렬 전송 인터페이스에 대한 규격으로 공인되었습니다. 현재 IEEE 1394는 멀티미디어 관련 제품의 자료 송수신용 규격으로 사용중입니다.

IEEE 1394는 디지털 방식이라 사용하기 편하며 고속으로 전송 속도가 빠릅니다. 또한 핫플러깅 지원으로 전원을 켠 상태에서도 손쉽게 장착, 탁찰이 가능하고 관련 기기는 자동으로 인식합니다. 최대 63개의 장비를 연결할 수 있으며 연결된 모든 기기가 호스트로 사용하는 것도 가능합니다.

케이블에는 전원 내장되어 있어 8~40V의 직류 전압과 1.5A의 전류를 공급할 수 있습니다. 때문에 대분의 주변 기기를 별도의 전원선 없이 사용할 수 있습니다. IEEE 1394 연결단자는 6개의 선이 있는데 이중 2개의 선이 전원 공급선이고, 나머지 4개는 쌍을 이루어서 자료 전송용으로 사용합니다.

현재 IEEE 1394 케이블의 경우 4핀 커넥터를 이용한 제품과 6핀 커넥터를 이용한 제품이 있습니다. 4핀 커넥터를 이용한 케이블은 주로 디지털카메라나 디지털캠코더와 같은 멀티미디어 장비에서 사용하며, 6핀 커넥터는 저장매체에서 주로 사용하는 핀 수입니다.

IrDA

IrDA(Infrared Data Association=적외선 데이터 협회) 적외선 포트 인터페이스는 보통 적외선 포트라고 부르며 무선통신 인터페이스라는 점이 특징입니다. 그래서 노트북에서 특히 많이 사용하는 자료 송수신 방식입니다.

IrDA는 적외선을 이용하여 데이터를 전송하는 기술을 협의하는 기관의 이름이자 이를 이용한 전송기술의 이름입니다. IrDA는 무선을 이용하지만 장적외선을 이용하기 때문에 전파를 이용한 방식처럼 상호 간섭하거나 다른 기기를 오동작시키는 오류가 없는 등 안정성에서도 뛰어납니다. 대신 적외선의 직진성 때문에 각도와 방해물에 제한을 받는다는 단점이 있습니다.

06 주기판 구입 요령

1 주기판 선택 기준

요즘 가장 중요한 주기판 선택 기준은 CPU 소켓의 종류

현재 주기판을 선택할 때 제일 먼저 따져보는 것은 어떤 CPU를 사용할 것이냐는 점입니다. CPU의 소켓 방식에 따라서 주기판이 달라지기 때문에 제일 먼저 CPU를 결정해야 합니다. CPU의 소켓 방식에 따라서 향후 업그레이드 가능 여부가 달라지므로 어떤 CPU를 선택할 것인지 신중하게 결정해야 합니다. CPU가 결정되면 자동적으로 FSB를 비롯한 부수적인 기능이 결정됩니다.

업그레이드를 하려면 CPU 전압 지원과 최대 지원 속도를 고려

CPU의 경우 소켓을 사용하는 모델이라 하더라도 사용하는 전압이 달라서 호환이 안됩니다. 만약 주기판에서 특정 전압만 지원한다면 향후 같은 모델의 좀더 빠른 클럭을 가진 CPU로 업그레이드 하는 일도 어렵습니다. 업그레이드 할 여지가 있다면 다양한 전압을 지원하는 주기판으로 선택합니다. 다시 말해 3.3V나 2.8V로 고정되는 것보다는 다양한 전압 지원 폭을 가지며 동작 전압을 0.1이나 0.2 단위로 설정이 가능한 것이 좋습니다.

또한 CPU의 배율 설정도 지원 폭이 넓은 것이 좋습니다. 주기판의 경우 최대 지원 클럭 수가 있습니다. 이 수치를 넘어가는 CPU는 장착하더라도 클럭 설정이 불가능합니다. 차후에 같은 모델의 높은 클럭으로 업그레이드 할 예정이라면 CPU의 최대 지원 속도가 높은 것을 선택합니다.

물론 1~2년 이상 사용하다가 업그레이드 할 생각이라면 주기판을 교체하는 것으로 생각해야 합니다. 그러나 몇 개월 정도 사용하다가 CPU 가격이 내려갔을 때 업그레이드 할 계획이라면 최대 지원 클럭이 주기판 구입의 중요한 기준이 됩니다.

메인칩셋의 종류와 기원 지능 여부를 검토합니다.

주기판은 장착된 메인 칩셋에 따라서 지원 기능이 결정됩니다. 메인 칩셋의 모델 번호만 봐도 AGP는 몇 배속까지 지원되며, PCI는 버전 몇 까지 지원되는지 알 수 있습니다. 그렇지만 메인 칩셋의 지원 기능을 모두 다 지원하는 것이 아닙니다. 메인 칩셋에서 USB 포트를 6개 지원한다 하더라도 실제로 주기판에는 2개의 USB 포트만 장착되는 것처럼 칩셋의 지원 기능과 실제로 주기판 설계하면서 지원해주는 기능에는 차이가 있습니다. 따라서 주기판의 설명서나 상자에 적힌 내용을 통해 지원 가능한 기능을 확인하고 구입해야 합니다.

메인 칩셋의 기능 중에서 가장 먼저 살펴볼 점은 FSB의 지원 부분입니다. 그외 AGP 배속과 USB, PCI 지원 규격의 버전 등도 메인 칩셋에 따라서 달라지는 부분입니다.

일반 데스크탑용이라면 슬롯이 많을수록 좋습니다.

현재 나오는 주기판은 1개의 AGP 슬롯을 가지고 있습니다. 그리고 주기판 모델에 따라서 PCI 슬롯의 수가 달라집니다. 주변기기를 거의 사용하지 않는다면 슬롯의 수가 중요하지 않지만 주변기를 많이 사용하는 사람은 슬롯이 많을수록 좋습니다. PCI 슬롯이 3개 미만인 제품도 있는데 기본적으로 PCI 슬롯이 최소한 4개 이상은 있는 제품으로 구입합니다. 랜카드, SCSI 카드, TV수신 카드, 모뎀만 장착해도 4개가 필요합니다. 여기에 기타 주변기기를 확장할 경우를 고려하면 4개도 충분하지 않습니다.

지원하는 메모리 종류를 결정합니다.

사용자가 구입해서 주기판에 장착하는 제품으로 CPU와 램이 있습니다. CPU와 마찬가지로 램도 주기판의 소켓 형태에 따라서 장착할 수 있는 종류가 달라집니다. 때문에 펜티엄 주기판이라 하더라도 램버스램과 DDR SDRAM, PC133 SDRAM 중에서 어떤 메모리를 장착하느냐에 따라서 주기판의 종류가 달라집니다. 가격과 성능을 비교하여 어떤 메모리를 지원하는 주기판을 선택할 것인지 결정합니다. 램버스램은 속도가 빠르지만 가격이 비싸고 DDR SDRAM은 속도가 조금 느리지만 호환성이 좋고 사용이 편하다는 장점이 있습니다. 향후 추세를 볼 때 DDR SDRAM 지원 주기판을 구입하는 것이 좋을 것으로 생각합니다.

만약 나중에 주기판을 교체할 경우 주기판에 장착된 메모리를 버리지 않고 활용해야 하는데 현재 추세로 볼 때는 DDR SDRAM을 지원하는 주기판의 출시가 대세를 이루고 있습니다. 심지어 펜티엄4용 주기판도 DDR SDRAM을 지원하는 주기판으로 출시되고 있습니다.

DDR SDRAM의 경우 버스 클럭이 다릅니다. 최신 주기판은 대부분 266MHz는 지원하는 편이며 333MHz의 속도는 고급형에서만 지원합니다.

일반인의 경우 주기판에서 허용하는 최대 용량까지 메모리를 장착하지 않기 때문에 최대 용량은 크게 신경 쓰지 않아도 됩니다.

그외 잡다한 부분

롬바이오스의 종류도 중요하지만 사용에 큰 영향을 미치는 부분은 아니므로 무시해도 좋습니다. 과거에는 롬바이오스의 업그레이드 지원 여부가 중요한 기준이 되었지만 요즘은 대부분 업그레이드를 지원하고 있습니다.

기본적인 입출력포트는 대부분 지원하는데 고급형은 IrDA, IEEE 1394, TV 출력 포트 등도 지원합니다. 또한 USB 포트를 4개 지원하는 주기판도 있습니다.

2 주기판 구입 결정

인텔 계열은 478핀에 DDR SDRAM 지원용으로 선택합니다.

최고급 사양의 주기판을 구입한다면 더욱 좋겠지만 가격 대비 성능을 고려하고 향후 업그레이드를 고려할 때 다음의 기능을 지원하는 주기판을 추천합니다.

① CPU는 소켓A 방식의 애슬론XP와 듀론을 모두 지원하는 주기판, 소켓478 방식의 펜티엄4와 소켓478 방식의 셀러론 CPU를 지원하는 주기판이 좋습니다. 앞으로 소켓423 방식의 펜티엄4와 소켓370 방식의 셀러론은 나오지 않을 가능성이 높습니다.

② DDR SDRAM을 지원하는 주기판을 선택합니다. 가격 대비 성능 면에서도 RDRAM보다 나으며, 앞으로 나올 주기판도 DDR SDRAM을 지원하는 것이 대세를 이루고 있기 때문에 주기판을 교체하더라도 현재 장착된 메모리를 그대로 사용할 수 있습니다.

③ FSB와 CPU 지원 전압을 자유롭게 조정할 수 있는 제품이 사용하기 좋습니다. 또한 PCI 슬롯은 최소 4개 이상이어야 하며 5~6개 정도는 있는 제품으로 선택합니다.

Section 04 PC Remodeling

케이스와 전원공급기 이야기

01 케이스의 구조

1 새시부와 베젤부

케이스는 철골부와 앞면부로 구분합니다.

케이스는 크게 철골부(새시부)와 앞면부(베젤부)로 구분합니다. 철골부는 케이스의 뼈대를 이루는 철판 부분이라고 보면 되고, 앞면부(bezel부)는 케이스의 디자인을 결정하는 부분이라고 보면 됩니다. 보통 베젤부는 플라스틱으로 만들지만 베젤부터 금속으로 만든 케이스가 있습니다. 일반적으로 철골부는 프레스로 만들며, 앞면부는 금형사출로 만듭니다.

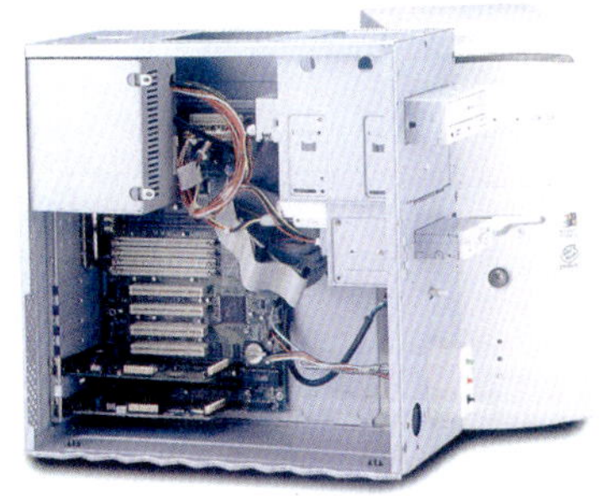

왼쪽의 철골로 된 내부 뼈대 부분을 새시부라고 하고, 케이스에 해당하는 오른쪽 사진의 외형을 베젤부라고 합니다.

베이는 드라이브를 장착하는 공간

케이스의 내부에는 드라이브를 장착하는 공간인 베이(bay)와 전원공급기를 연결하는 전원공급기 부착 부분, 주기판을 장착하는 주기판 장착 부분, 슬롯을 끼운 뒤에 케이블을 연결할 수 있도록 해주는 슬롯 부분, 전원 스위치나 LED 등을 연결할 수 있는 LED 표시부분 등으로 나눌 수 있습니다. 그리고 부속물로 나사와 내장 스피커 등이 제공됩니다. 케이스 앞면에서 보면 베이 앞 부분과 각종 깜박이, 전원 단추 등이 있습니다.

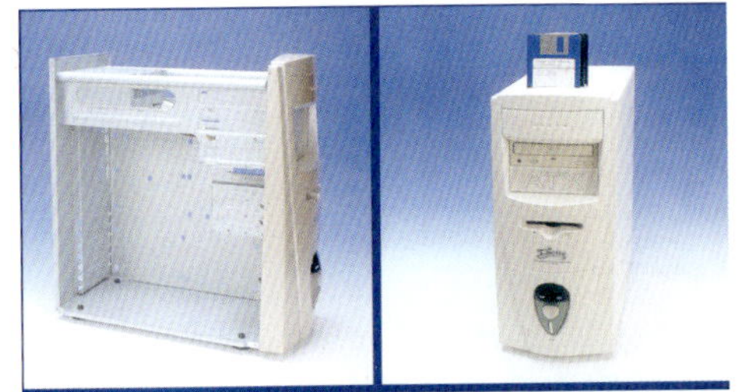

케이스의 내부 공간과 앞면 구조

2 앞부분의 LED와 스위치 종류

케이스의 앞부분을 보면 몇 개의 LED와 단추(=스위치)가 있다. 요즘은 독특한 기능을 내장한 컴퓨터가 나오면서 앞부분의 스위치가 10개 넘는 것도 있지만 기본적인 것은 몇 개 안됩니다.

파워 단추(Power Button)와 파워 램프(Power LED)

파워 단추는 컴퓨터 전체의 전원을 켜고 끄는 역할을 합니다. 파워 단추를 누르면 전원이 공급되는데 전원 공급 여부는 파워 LED에 불이 들어오기 때문에 알 수 있습니다. 물론 파워는 LED 선을 주기판에 연결해놓지 않았다면 불이 들어오지 않습니다.

리셋 단추(Reset Button)

CTRL+ALT+DEL 키를 눌러도 부팅이 되지 않을 경우에 사용합니다. 파워 단추로 전원을 다시 켰을 때와 같은 동작을 합니다.

하드디스크 LED

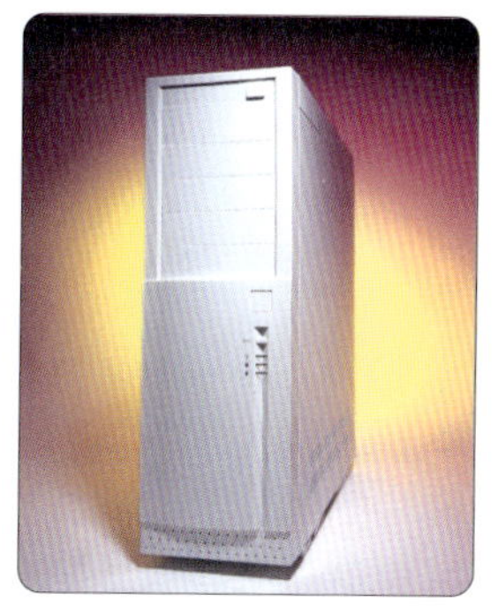
앞면부의 각종 단추와 스위치

하드디스크는 사용하지 않을 때도 항상 회전하고 있는 상태입니다. 그러나 하드디스크를 사용하지 않을 때는 단순히 회전만 하고 있을 뿐입니다. 하드디스크의 자료를 검색하거나 복사, 이동할 때는 하드디스크 LED에 불이 들어오기 때문에 하드를 사용중이라는 것을 알 수 있습니다.

02 케이스에 대해 알고 싶은 것들

1 전원공급기

전원공급기는 컴퓨터의 심장에 해당합니다.

전원공급기(power supply)는 컴퓨터에 전기를 공급하는 일을 합니다. 전기로 동작하는 컴퓨터의 기본 장치이자 주요 장치에 해당합니다. 그렇지만 대부분의 일반인은 전원공급기에 대해 관심을 안가집니다. 사람이 숨쉬기 위해 필요한 물과 공기의 중요성을 인식하지 못하고 사는 것처럼, 전원공급기의 중요성을 인식하지 못하고 컴퓨터를 사용합니다. 대부분의 사람은 전원공급기를 케이스를 살 때 함께 딸려오는 부품의 하나로만 생각하고 있습니다.

ATX형 전원공급기의 기본적인 형태

전원공급기의 중요성을 잘 느끼지 못하는 가장 큰 이유는 두 가지입니다. 첫 번째는 사용자가 구입하지 않는 부품이기 때문입니다. 대개의 경우 전원공급기는 케이스를 사면 자동으로 따라옵니다. 사용자가 별도로 전원공급기를 구매하는 경우는 거의 없습니다. 때문에 업체에서 준 제품을 그대로 사용하는 것이 보편적입니다.

전원공급기의 중요성을 인식하지 못하는 두 번째 이유는 전원공급기로 인한 심각한 고장을 겪지 않기 때문입니다. 대부분의 사용자가 케이스를 살 때 따라온 전원공급기를 사용하지만 이로 인하여 문제가 발생하는 경우는 거의 없습니다. 특별한 시스템을 꾸미는 작업을 하지 않는 이상 전원공급기로 인하여 문제를 겪는 일은 많지 않습니다.

그래서 사람들은 대부분 전원공급기의 제조회사나 제품 종류, 성능에 대해서 관심을 두지 않습니다. 아무 제품이나 사용해도 컴퓨터가 잘 돌아가더라 하는 인식이 있기 때문입니다. 그래서 케이스의 외형에는 신경을 써도 전원공급기의 종류에는 신경을 쓰지 않습니다.

전원공급기에 대한 잘못된 상식을 가진 분들이 많습니다.

일반 사용자는 전원공급기의 종류에 대해서 신경 쓸 이유가 없습니다. 케이스를 살 때 따라오는 전원공급기를 사용하면 충분합니다. 그렇지만 특별한 시스템을 만들고자 하는 분이라면 전원공급기에 대해서 관심을 가져야 합니다. 그 까닭은 전기로 동작하는 컴퓨터에 전기를 공급하는 가장 중요하고 기본적인 일을 맡은 제품이기 때문입니다.

전원공급기에 대한 다섯 가지 잘못된 상식

전원공급기는 일반 사용자들에게 물어봤을 때 가장 적은 정보를 가지고 있는 제품입니다. 하드디스크의 성능을 비교하는 방법을 잘 알지만 전원공급기의 성능을 비교하는 방법에 대해서는 깜깜합니다. 그러면서도 누구나 잘 알고 있는 제품이라고 생각합니다. '전원공급기? 그거 PC에 전원 공급하는 단순할 일을 하는 제품이지. 그래서 제품도 단순해.' 라고 생각합니다. 그래서 많은 사용자들이 전원공급기에 대한 잘못된 상식을 가지고 있습니다. 대표적으로 다음과 같이 다섯 가지 잘못된 상식을 가지고 있는 사용자가 많습니다.

① 제품별 성능 차이가 없어 아무 제품이나 사용해도 컴퓨터 사용에 문제가 없다.

② 전원공급기는 CD롬드라이브나 프린터와는 달리 고장이 거의 없다.

③ 전원공급기는 제품에 표시된 와트수만큼의 전력을 공급한다.

④ 용량이 큰 제품일수록 좋은 제품이다.

⑤ 케이스를 사면 공짜로 주는 제품이다.

이런 상식은 잘못된 것입니다. 다음과 같이 고쳐야 맞습니다.

① 제품별 성능 차이가 가장 큰 제품으로 컴퓨터 사용에 지대한 영향을 미칩니다.

② 고장이 가장 잘 나는 부품이며, PC 고장과 다른 부품 고장의 일등 원흉입니다.

③ 전원공급기에 표시된 와트수대로 전력을 공급하는 제품이 많지 않습니다.

④ 용량이 큰 제품이 좋은 것이 아니라 안정된 제품이 좋은 제품입니다.

⑤ 전원공급기는 원래 케이스와 별도로 판매하는 제품입니다.

전원공급기는 PC 고장의 가장 큰 요인입니다.

전원공급기가 중요한 이유는 PC 고장 원인의 수위를 차지하는 제품이기 때문입니다. 전원을 켰는데 PC에 불이 안 들어온다면 십중팔구 전원공급기의 고장으로 보면 됩니다. 또한 전원공급기는 다른 부품의 고장과 수명 단축에 가장 큰 영향을 미칩니다. 그래서 컴퓨터광들은 전원공급기에 큰 관심을 보이는 것입니다.

전원공급기의 내부

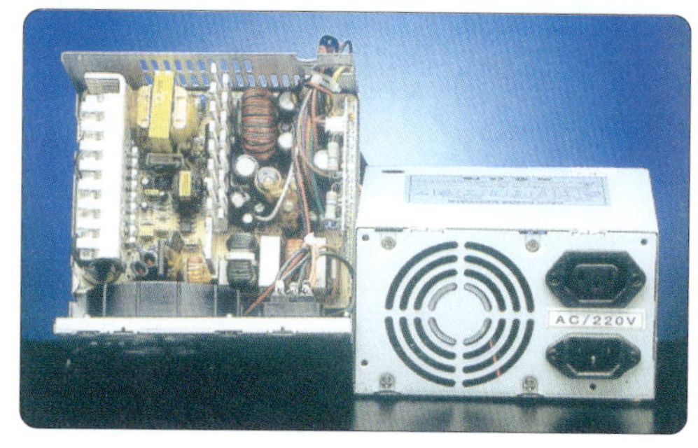

용량이 큰 것보다 안정적인 것이 좋은 제품입니다.

전원공급기의 공급용량은 PC의 부품이 사용하는 전기를 공급양을 뜻합니다. 용량이 크면 클수록 공급할 수 있는 전기의 양이 많기 때문에 주변기기를 많이 사용할 경우 시스템 동작에 안정성을 기할 수 있습니다.

그럼 공급용량이 큰 제품일수록 안정적으로 전기를 공급할까요? 대체로 그렇습니다. 용량이 큰 제품일수록 가격이 기하급수적으로 비싸집니다. 가격이 비싸진다는 말은 그만큼 고급제품으로 만들어야 한다는 뜻이고, 이에 따라서 좀더 좋은 부품으로 안정성 있게 만들게 됩니다. 때문에 대체로 용량이 큰 전원공급기일수록 동작 환경도 안정적입니다. 그렇지만 반드시 그런 것은 아닙니다. 용량이 적더라도 충실하게 회로를 만들면 안정적인 제품이 되는 것이고, 용량이 크더라도 회로 설계가 나쁘다면 불안정한 전원공급기가 되는 것입니다.

용량이 클수록 공급되는 전기 용량이 커지지만 소비 전력도 비례해서 커집니다. 따라서 PC 사양에 비해 지나치게 용량이 큰 제품을 구입하는 것은 바람직하지 않습니다. 일반인이 사용하는 PC는 대부분 250와트의 전원공급기를 사용하는데 이 정도면 충분합니다. 주변 기기를 많이 사용한다고 판단되는 사용자라 하더라도 300와트 정도의 제품이면 충분합니다. 물론 오버클러킹이나 튜닝을 한 시스템 사용자라면 좀더 안정적인 제품으로 구입해야 합니다.

정격 용량을 지원하지 않는 제품도 많습니다.

요즘은 많이 좋아진 편이지만 전원공급기의 상당수는 표시된 용량을 제공하지 않습니다. 300W라고 써진 제품을 시험해보면 200W도 안나오는 경우가 많습니다. 때문에 컴퓨터 숙련자는 유명 회사의 전원공급기를 구입하려고 합니다. 정격 출력을 지원하고 안정적인 제품을 원하기 때문입니다.

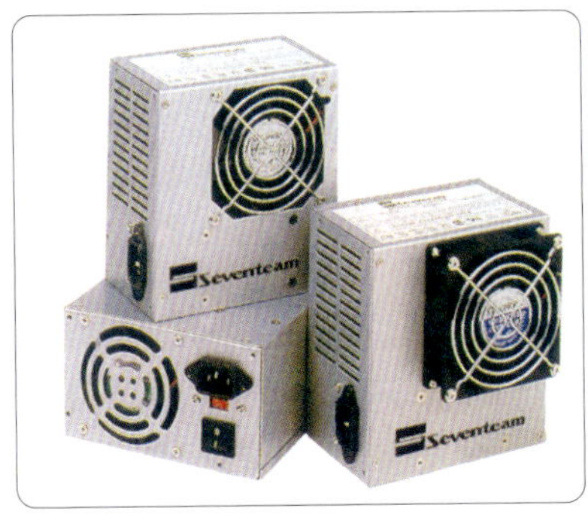

널리 알려진 세븐팀의 전원공급기

일반적으로 국내에서 가장 많이 알려진 제품은 에너맥스(ENERMAX)와 세븐팀(SEVENTEAM) 등입니다. 이 회사 제품은 대체로 성능이 좋은 것으로 알려졌습니다. 따라서 이들 회사 제품을 이용한다면 큰 문제가 발생하지 않을 것으로 생각합니다.

전원공급기는 원래 케이스와 별도 판매 제품

원래 케이스와 전원공급기는 별개의 부품으로 취급합니다. 케이스와 전원공급기를 따로 산 다음에 전원공급기를 케이스에 달아야 하는 것이 원칙입니다. 그러나 전자상가에서 케이스를 팔 때는 전원공급기도 함께 달아서 파는 것이 일반적입니다.

잠깐! 스위칭 방식과 리니어 방식의 전원공급기 차이

전자제품의 전원공급기는 크게 스위칭(Switching) 방식과 리니어(Linear) 방식으로 나눌 수 있습니다. 컴퓨터를 비롯한 단순한 전자제품은 대부분 스위칭 방식을 사용합니다. 스위칭 방식은 220V의 교류 전원을 주파수폭 변조 방법으로 정류하기 때문에 열이 덜 발생하고 효율이 좋으며 생산가격도 쌉니다. 반면 고주파에 의한 간섭현상에 약하다는 점이 단점입니다. 반대로 리니어 방식은 열 때문에 효율이 떨어지지만 주파수의 간섭현상에 강하기 때문에 주파수의 간섭현상이 문제시되는 고급 오디오 제품에 많이 사용됩니다.

듀얼 팬 제품은 냉각효과가 더 뛰어납니다.

전원공급기 중에는 듀얼 팬 구조를 가진 제품이 있습니다. 듀얼 팬 구조는 안 쪽 팬으로 본체 안의 공기를 빨아들이고 바깥 쪽 팬으로 공기를 내보는 형태입니다. 이런 듀얼 팬 구조의 전원공급기는 냉각 효과가 더 좋습니다. 가격이 좀더 비싸기는 하지만 공기 순환과 냉각 효과를 고려한다면 듀얼 팬 제품을 구입하기 바랍니다.

듀얼 팬 방식의 전원공급기

2 효과적인 시스템 냉각 방법

몇 가지 방법으로 냉각 효율을 높일 수 있습니다.

컴퓨터 본체 안은 매우 덥습니다. 각 부품에서 나오는 열기가 서로 상승 효과를 일으키기 때문입니다. 내부가 더우면 시스템의 동작이 불안정해집니다. 그래서 좀더 효율적인 냉각 방법을 찾는 것입니다. 초보자들도 간단한 작업 몇 가지를 통해 냉각 효율을 높일 수 있습니다. 여기에 한 두 가지의 보조 제품을 사용한다면 본체 안의 온도는 크게 낮아집니다.

일반적인 컴퓨터라면 냉각팬이 두 개 있습니다. CPU의 냉각팬과 전원공급기의 냉각팬입니다. 그렇지만 본체 안의 환기가 안된다면 CPU의 냉각팬으로 빼낸 열이 본체 안에서 돌면서 내부 온도를 높이기 때문에 시스템의 안정성은 물론 수명에도 큰 지장을 줄 수 있습니다. 따라서 온도를 낮출 수 있는 모든 방법을 동원해서 시스템 내부 온도를 낮추는 것이 좋다.

우선 돈이 들지 않는 냉각 방법은 다음과 같습니다.

우선 돈이 들지 않는 냉각 방법은 다음과 같습니다.

1. 먼지를 제거합니다.

컴퓨터 안에 쌓인 먼지는 정전기를 일으켜서 오동작의 원인이나 냉각 효과를 낮추는 요소입니다. 특히 전원공급기나 CPU 냉각팬 등의 팬에 먼지가 있을 경우에는 냉각팬의 효율을 떨어뜨립니다. 그러므로 가끔씩 본체를 열어 내부의 먼지를 제거해주는 것이 좋습니다. CPU 방열판 사이에 끼어있는 먼지도 구석구석 세밀하게 제거해주도록 합니다.

2. 내부의 선을 정리합니다.

본체 내부의 공기가 제대로 통하지 못하면 냉각 효과가 크게 떨어집니다. 공기의 원활한 흐름이 뒷면 팬을 통해 배출될 수 있도록 내부의 선과 카드를 정리해줍니다. 타이 등을 이용하여 펼쳐진 선을 잘 묶으면 공기의 흐름도 좋아지고 선과 팬이 부딪치는 현상도 막을 수 있습니다. 용산에서 선을 묶을 때는 '타이'라는 것을 이용하는데 몇 백원 어치만 사도 충분한 양을 살 수 있습니다. 그러나 용산까지 가기가 어렵다면 제과점의 식빵 비닐봉지를 묶는 철사끈이나 고무줄을 이용하거나 전선 등을 끊어서 사용해도 됩니다.

3. 공기의 흐름에 맞게 본체와 카드의 위치를 조정합니다.

슬롯에 장착된 카드의 위치에 따라서 공기의 흐름이 방해를 받습니다. 공기는 대부분 앞면 아래쪽에서 본체 내부의 중앙을 거쳐 온도가 높아지면서 위로 상승합니다. 그런 뒤에 본체 위에 위치한 전원공급기의 팬을 통해 본체 밖으로 빠져나갑니다. 이런 이유로 컴퓨터 본체의 전원공급기는 모두 위에 위치하는 것입니다. 따라서 미들 타워형이라면 본체를 눕혀서 사용하지 않도록 합니다. 정상적으로 세워 사용해야 전원공급기가 위에 위치할 수 있습니다.

4. 통풍이 잘 되는 곳에 본체를 둡니다.

본체 뒤가 벽으로 막히거나 환기가 안되는 곳이라면 냉각 효과가 떨어집니다. 본체는 환기가 잘 되는 곳에 둡니다. 환기가 안되는 곳에 둘 경우에는 본체를 벽면에 너무 밀착시키지 않도록 합니다.

이번에는 약간의 돈을 투자해서 냉각 효과를 높일 수 있는 방법을 살펴보겠습니다.

이번에는 약간의 돈을 투자해서 냉각 효과를 높일 수 있는 방법을 살펴보겠습니다.

1. 성능이 떨어진 냉각팬을 바꿉니다.

첫 번째로 할 일은 제 역할을 못하는 냉각팬이 있는지 확인해보고 교체해주는 일입니다. 전원공급기의 냉각팬 성능이 별로라면 냉각팬 부분만 따로 교체하면 됩니다. 냉각팬은 몇 천원이면 살 수 있는 싼 제품입니다. CPU 냉각팬도 교체할 수 있습니다. 만약 평균 이상으로 본체가 뜨겁거나 CPU가 뜨겁다면 현재 사용중인 냉각팬이 정상적으로 돌아가더라도 좀더 크고 성능이 좋은 냉각팬으로 바꾸는 것이 좋습니다.

냉각팬은 크고 빠를수록 효과가 좋습니다. 단 소음이 심하지 않은 것으로 구입해야 하므로 구입할 때 업체에서 직접 돌려보고 구입하도록 합니다.

2. 냉각 팬 자리에 추가로 팬을 답니다.

요즘 나오는 본체는 팬을 여러 개 달 수 있습니다. 앞에 두 개 뒤에 두 개 다는 제품도 있고 위에 팬을 다는 제품도 있습니다. 만약 위에 팬을 다는 케이스를 사용중이라면 팬을 달아줍니다. 팬을 달 수 있는 공간에 팬을 단다면 냉각 효과를 높일 수 있습니다.

3. 슬롯과 비어있는 베이에도 냉각팬을 사용합니다.

CPU 외에 주변장치에도 팬을 달아서 열을 줄일 수 있습니다. 하드디스크나 하드랙, CD 롬, CD레코더 등에도 냉각팬을 달면 시스템이 좀더 안정성을 가집니다.

시중에는 슬롯에 장착하는 냉각팬과 5인치 베이에 장착하는 냉각팬이 있습니다. 이들 냉각팬을 빈 슬롯이나 베이에 추가로 단다면 냉각 효과가 큽니다.

4. 금속성 제품으로 구성합니다.

하드랙을 사용중이라면 알루미늄 하드랙과 같이 금속제를 사용하는 것이 냉각 효과가 좋습니다. 본체 케이스도 알루미늄 케이스를 사용할 경우 냉각 효과가 좋습니다. 그렇지만 금속성 제품은 가격이 매우 비쌉니다. 냉각팬은 몇 천원에 불과하지만 금속성 하드랙 등은 하나에 몇 만원이나 하기 때문에 가격 부담이 큽니다. 또한 팬을 이용하는 것에 비하면 냉각 효과가 적기 때문에 권장할 만한 냉각 방법은 아닙니다.

금속제 케이스와 하드랙을 사용하면 냉각 효과를 높일 수 있습니다.

03 케이스 구입요령

케이스 구입 기준은 디자인과 기능성입니다.

케이스를 구입할 때의 기준은 두 가지이다. 디자인과 기능성이다. 일반인이라면 디자인이 최우선입니다. 케이스에 성능 차이가 있다고 생각하지 않기 때문에 디자인만 보고 고르는 것이 보편적입니다. 따라서 앞으로 설명할 구입요령은 그저 참고사항 정도로 살펴보기 바랍니다.

다만 디자인보다 기능성에 무게를 두고 케이스를 구입할 때의 아래 부분에서 지적한 부분을 꼼꼼하게 점검할 필요가 있습니다.

1. 제일 중요한 것은 디자인입니다.

케이스 선택의 첫 번째 기준은 디자인입니다. 하루 종일 보는 제품이므로 오래 봐도 싫증나지 않을 제품으로 선택하는 것이 좋습니다. 화려한 색으로 된 디자인은 얼핏 보아서는 눈에 뜨이지만 오래 보면 싫증이 날 수 있습니다. 오래 봤을 때 싫증이 안날 것인지를 다시 한 번 생각해보는 것이 좋습니다.

2. 주기판의 형태와 크기를 고려합니다.

케이스의 크기는 주기판의 크기와 관계가 있습니다. 크기가 작은 케이스를 쓰겠다고 미니 케이스를 선택할 수는 없습니다. 미니 케이스를 사용하려면 주기판도 케이스 크기에 마즌 것으로 골라야 합니다. 따라서 구입한 주기판에 맞추어 케이스의 크기를 정하거나 케이스를 먼저 정한 다음에 케이스에 맞는 주기판을 선택해야 합니다.

3. 베이가 많은 것으로 선택합니다.

아주 작은 미니 케이스를 원하는 경우가 아니라면 베이의 수가 많은 것이 좋습니다. 특히 5.25인치 베이가 많아야 합니다. CD롬드라이브나 FDD, PD, 하드랙, 앰프, 온도계, 포트랙 등의 장치를 장착할 때 5.25인치 베이를 사용하기 때문입니다. 가능한 5.25인치 베이가 3개 이상 되는 제품으로 선택합니다.

내부 공간이 넓고 베이가 많은 제품이 좋습니다.

4. 알루미늄 케이스에 집진 장치가 있는 것이 좋습니다.

고급형 케이스는 베젤부의 공기 유입구에 집진 장치(먼지 제거 필터)를 설치합니다. 먼지 유입을 차단함으로써 본체 안의 부품이 먼지에 쌓이지 않도록 합니다. 또한 알루미늄 케이스는 발열이 잘 되어 냉각 효과가 좋습니다. 비싸기는 하지만 집진 장치가 달린 알루미늄 케이스는 구입할 만 합니다. 케이스는 주기판을 교체하더라도 사용할 수 있는 제품이므로 수명이 긴 제품입니다. 여유가 된다면 조금 비싼 것을 구입하는 것도 좋습니다.

앞 면에 집진 장치가 되어 있고 알루미늄 케이스라면 고급 제품입니다.

5. 전원공급기가 마음에 안들면 교체해달라고 요구합니다.

전원공급기는 PC를 사용하면서 가장 많이 고장나는 부품입니다. 케이스에 딸려오는 전원공급기기 마음에 들지 않는다면 다른 회사 제품으로 교체해달라고 요구합니다. 전원공급기의 성능을 모르는 분이라면 국가 인증 마크를 보고 구입하면 됩니다. 전원공급기를 구입할 때는 상표에 부착된 EMI 검증 마크와 KS마크 또는 Q마크 등을 확인하고 구입합니다. 일단 EMI 마크는 기본적으로 있어야 하며 KS마크나 Q마크 중에 하나가 있으면 괜찮은 전원공급기로 볼 수 있습니다.

6. 조립이 편하고 안전한 제품으로 구입합니다.

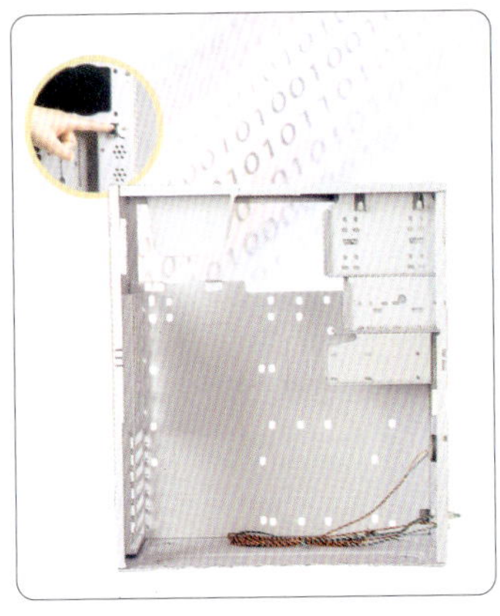

조립하기 편한 제품으로 선택합니다.

좋은 케이스를 고르는 요령 중 하나는 금속 절단면의 마무리를 살펴보는 것입니다. 싸구려는 금속 절단면에 손이 베일 정도로 날카롭습니다. 그러나 좋은 케이스는 금속 절다면이 매끄럽게 처리되거나 둥글게 말아서 처리합니다. 대체로 마무리가 매끄러운 제품이 조립하기도 편합니다.

7. 각종 포트를 앞으로 연결할 수 있는 기능성 제품도 고려합니다.

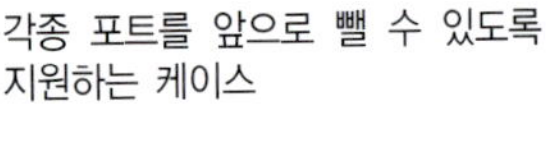

각종 포트를 앞으로 뺄 수 있도록 지원하는 케이스

몇몇 제품 중에는 특수한 기능을 추가한 경우가 있습니다. 예를 들어 각종 포트를 앞 부분으로 뺄 수 있는 제품이 있습니다. USB 포트, IEEE 1394포트, PS/2 포트, 사운드카드의 각종 포트를 비롯한 대부분의 포트를 앞 면으로 연결하여 본체 앞에서 바로 주변 기기를 연결할 수 있도록 해줍니다. 본체 뒤가 벽면이고 주변 기기 활용이 많은 분이라면 이런 케이스를 구입하는 것이 좋습니다. 가격이 조금 비싸기는 하지만 아주 유용합니다.

이상 살펴본 것처럼 케이스를 살 때도 사실 고려할 점이 많지만 튜닝 매니아나 조립을 밥 먹듯이 하는 사람이 아니라면 조립한 뒤에는 한 번도 케이스를 열어보지 않을 겁니다. 따라서 케이스를 살 때는 디자인에 가장 큰 중점을 두고 구입하는 것이 좋습니다.

① 디자인을 가장 중점적으로 보고 구입합니다.
② 앞으로 케이스를 잡아당겨서 여는 제품이 편합니다.
③ 경제적 여력이 된다면 알루미늄 케이스와 같은 제품을 구입하는 것이 좋습니다.

Section 05 PC Remodeling

메모리 이야기

01 메모리와 램

1 기억장소인 램이 하는 일

메모리는 CPU가 작업한 결과물을 보관하는 주기억장치입니다.

메모리는 CPU가 처리한 결과물을 보관하는 일을 합니다. 일반적으로 말하는 메모리는 주기판에 장착하는 램이라는 부품을 말하지만 각종 부품에는 대부분 일정 분량의 메모리가 장착되어 사용됩니다. 메모리는 시스템의 작업 결과를 보관하는 장치이기 때문에 주기억장치라고 말합니다.

램은 기억장소로 사용하는 반도체 칩을 말한다

PC에서 주기억장치로 사용하는 부품은 램입니다. 그래서 램과 메모리는 동일한 의미로 사용합니다. RAM(Random Access Memory)의 줄임말로 임의접근 기억장치라는 뜻입니다. 즉 순차적으로 접근하는 것이 아니라 접근하고 싶은 곳으로 바로 접근할 수 있는 기억장치라는 뜻입니다.

램에 전원이 나갈 경우 보관 내용이 유실됩니다.

램은 전원이 꺼지면 보관하던 내용이 모두 사라집니다. 따라서 전원을 끄기 전에 보조기억장치인 하드디스크나 플로피디스크로 결과물을 옮겨서 저장해야 합니다.

과거에 사용하던 72핀 램

2 램의 기록 방법

램은 번지를 이용하여 기억합니다.

CPU 등에서 보내온 자료를 0과 1로 된 이진수입니다. 따라서 램은 0과 1 중에서 하나를 기록하면 됩니다. 램은 CPU에서 전송된 내용을 번지(=주소)를 이용해 기록하고 다시 읽습니다.

램은 각각 하나의 빈 방이나 파이프의 역할을 하는 기억소자가 합쳐진 부품입니다. 이 기억소자는 일종의 축전지 역할을 하는 것으로 전기를 충전해서 보관하거나 보관하지 않는 역할을 합니다.

전기신호를 보내 기억소자와 연결된 파이프의 개폐를 결정

컴퓨터는 자료를 기억하기 전에 어드레스 파이프라는 파이프를 통해서 각각의 기억소자에 전기신호를 보내 기억소자에 연결된 파이프를 연결하거나 막습니다. 이어서 전기신호를 보내는데 이 전기신호는 파이프를 따라 가면서 파이프가 연결된 곳에는 전기를 보내서 충전을 시켜주고 파이프가 막힌 곳은 그냥 지나칩니다. 이를 통해 램이라는 부품의 기억 소자에 0과 1을 구분하여 기록하는 것입니다.

이렇게 해서 전기로 충전된 축전지는 1의 신호를 가지고 아무 것도 충전되지 않은 축전지는 0의 신호를 가진 것으로 판단합니다. 그러니까 우리가 보는 '00111010' 이라는 이진수는 다른 말로 표현하면 램에 만들어져 있는 각각의 기억소자 방에 전기가 충전되어 있나 없나를 나타내는 숫자로 볼 수 있습니다.

기억소자에 계속 충전시켜야 자료가 계속 유지됩니다.

기록을 그런데 램은 시간이 지나면서 전기를 자꾸 잃어버리므로 계속해서 일정시간이 지날 때마다 다시 재충전시켜주어야 제대로 자료를 기억합니다.

이렇게 기록된 신호를 판독하는 것은 저장하는 것과 반대의 과정을 거칩니다. PC가 램에 저장된 기록을 읽기 위해서 전기신호를 보냅니다. 그러면 전기가 충전된 방에서는 전기를 방전시켜 빈방으로 만들면서 전기신호를 끄집어냅니다. 즉 몇 번 방에서 전기가 튀어나와 신호를 보냈으므로 그 방은 1이 기록된 방이라고 판단할 수 있는 것입니다. PC는 이런 방법으로 램에 0과 1을 기록하고 읽어냅니다.

3 동작 과정에 따른 램의 종류

동작방법에 따라서 DRAM과 SRAM으로 나누는데 일반적으로 우리가 램이라고 부르는 것은 대부분 DRAM(Dynamic RAM)을 말합니다.

DRAM(동적 램)

DRAM은 전류가 흐를 때에만 자료를 기록하는 램입니다. DRAM은 내부의 충전기에 전기를 충전시키는 방법을 통해 자료를 기억시키는데 충전된 전류가 사라지면 자료가 유실되므로 빠른 속도로 계속 해서 자료를 다시 기록해주어야 합니다. 이처럼 다시 재충전하는

삼성전자의 1기가 DRAM

작업을 재충전(refresh) 작업이라고 합니다. D램은 재충전 작업을 해주어야 하므로 전기 소모는 적은 편이지만 속도가 느립니다. 그렇지만 가격이 싸기 때문에 PC의 주기억장치로 사용합니다.

SRAM(정적 램)

SRAM(Static RAM)은 정적 램이라는 뜻으로 DRAM보다 빠르기 때문에 주로 L2 캐시에 주로 사용합니다. 정적 램은 D램처럼 재충전하는 작업이 필요없기 때문에 속도가 좀더 빠른 대신 전기 소모가 많습니다. 가격이 비싸기 때문에 특수 용도로만 사용합니다.

02 자료 전송 방법에 따른 램의 종류

현재 시중에 판매되고 있는 메모리는 SDRAM과 DDR SDRAM, RDRAM으로 구분합니다. 이들은 자료 전송 방법에서 차이를 보입니다.

1 SDRAM

SDRAM은 시스템 클럭과 같은 속도로 움직이는 램

SDRAM은 'Syncronous Dynamic Random Access Memory'의 줄임말로, '동기식 DRAM'이라는 뜻입니다. 기존의 램은 비동기식이서 CPU와 램 사이의 정보를 교환할 때 한 방향으로만 정보를 전송했습니다. 이에 비해 SDRAM은 CPU와 RAM의 클럭에 맞추어서 양방향 교환이 가능하기 때문에 고속의 클럭 속도를 가진 CPU와 함께 사용해도 병목 현상이 적다는 장점이 있습니다. 이 때문에 기존에 시중에서 판매되던 DRAM과 EDO 램 대신 급속하게 시장의 주요 품목으로 자리 잡았습니다.

SDRAM은 시스템 클럭과 같은 속도로 움직일 수 있기 때문에 시스템 클럭이 올라갈수록 속도 향상이 커집니다. 즉 FSB 속도가 66MHz인 시스템보다 100MHz인 시스템에서 SDRAM은 더욱 빠르게 움직입니다. SDRAM은 이전의 DRAM과 동작 방식이 완전히 다르기 때문에 호환성이 없습니다.

168핀 SDRAM

PC100, PC133메모리는 100MHz, 133MHz의 FSB 지원

요즘은 SDRAM 중에서도 PC100이나 PC133이라는 메모리가 나와 있는데 이는 100MHz나 133MHz의 FSB를 지원하는 램이라는 뜻입니다. 다시 말해서 시스템의 주기판 버스 속도가 133MHz로 동작할 때 메모리도 133MHz의 클럭 속도로 움직이는 제품이 PC133이라는 램입니다.

셀러론을 비롯한 구형 컴퓨터에서는 PC100을 사용했는데 현재 시중에서 판매되는 SDRAM은 대부분 PC133입니다. 사용 전압은 3.3V이고 패키징 형태는 168핀으로 나옵니다.

2 DDR SDRAM

DDR SDRAM(Double Data Rate SDRAM)은 DDR 기술을 이용하여 기존의 SDRAM보다 두 배 빠른 자료 전송률을 보여줍니다. 때문에 램의 전송 속도가 대폭 향상되었습니다. DDR SDRAM은 기존의 SDRAM을 밀어내고 현재 시장의 가장 중요한 메모리로 자리 잡았습니다.

DDR SDRAM은 사용전압이 2.5V로 SDRAM의 3.3V보다 낮습니다. 현재 출시되는 제품은 184핀 형태로 출시되고 있습니다.

184핀 DDR SDRAM

잠깐! DDR 기술이란?

DDR(Double Data Rate)이란 클럭의 시작과 종료 에지를 동기시켜 2배의 자료 전송률을 구현하는 기술입니다. 때문에 이 기술을 SDRAM에 사용할 경우 DDR SDRAM이 되는 것이고 SRAM에 사용하면 DDR SRAM이 됩니다. DDR 기술은 램 외에도 다른 분야에서도 응용되는 기술입니다. 하드디스크의 경우 ATA-33 방식이 DDR 방식을 이용하고 있습니다.

3 RDRAM(램버스DRAM)

램버스 방식을 사용하는 램

미국 반도체 설계 회사인 램버스 사가 개발한 RDRAM(Rambus DRAM)은 다중 램버스 채널을 이용하여 고속 전송을 실현시킨 새로운 방식의 램입니다. SDRAM이 병렬 방식으로 자료를 전송하는 것과는 달리 RDRAM은 직렬 방식으로 자료를 전송합니다. 때문에 전송 속도도 빠르고 잡음에 강하다는 장점이 있지만 가격이 비싸서 쉽게 시장에 정착하지 못하고 있는 램입니다.

4 플래시 메모리

전원 공급 없어도 내용이 보존되고, 고쳐쓰기 가능한 메모리

플래시 메모리는 재기록이 가능한 읽기 전용 메모리인 PROM 중에서 전기적으로 이전의 내용을 고쳐쓸 수 있는 메모리를 말합니다. 플래시 메모리의 가장 큰 특징은 전원 공급이 없어도 메모리에 저장된 자료를 보존할 수 있는 점입니다. 이런 특징 때문에 현재 각종 전자 제품의 기억장치로 많이 사용하고 있습니다. 또한 주기판의 롬바이오스도 플래시 메모리로 생산되고 있습니다.

소형화가 쉬워 휴대용 기기의 저장매체로 활용

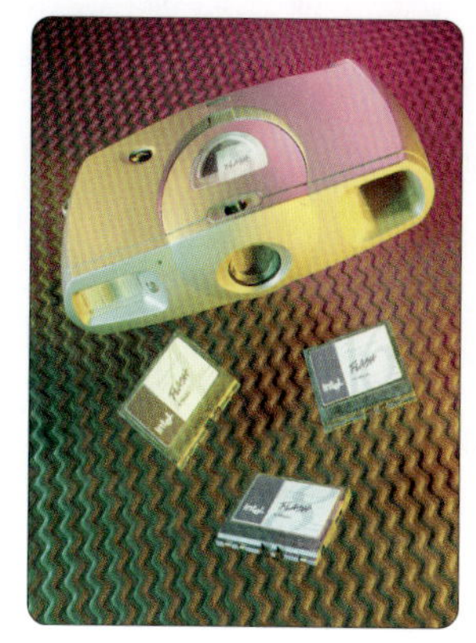

플래시 메모리를 이용한 저장 매체와 카메라

특히 MP3 플레이어, 디지털카메라 등의 휴대용 기기에서 플래시 메모리를 많이 이용하는데, 하드디스크에 비해 소형화가 쉬우며, 충격에 강하기 때문입니다. 또한 롬에 비하면 속도가 빠르면서도 최신 바이오스로 업그레이드가 손쉽다는 장점이 있습니다.

03 메모리에 대해 알고 싶은 것들

1 장착형태에 따른 분류

램 기판을 메모리 소켓에 삽입하는 방식을 DIMM 방식이라고 합니다.

램은 동작 방식이나 전송 방식, 제조 시기에 따라서 형태가 달라집니다. 과거에는 램 칩을 주기판에 바로 장착하는 형태를 취했습니다만 요즘 나오는 램은 대부분 램용 기판에 장착되어 있어 주기판의 램 소켓이나 슬롯에 장착하는 기판 소켓 방식으로 출시됩니다.

요즘의 메모리처럼 메모리 소켓에 장착할 수 있도록 기판 형태로 출시되는 메모리를 DIMM 방식이라고 말합니다. DIMM(Dual In-Line Memory Module)램은 이전의 메모리가 지닌 불편한 장착 방식을 개선하여 개발한 방식입니다.

DDR SDRAM과 RDRAM은 핀 수가 같지만 호환성이 없습니다.

DIMM 방식 메모리는 현재 메모리의 종류와 핀 수에 따라서 다시 형태가 여러 종류로 구분됩니다. 현재 시중에 판매되는 메모리는 168핀의 SDRAM 메모리와 184핀의 DDR SDRAM, 184핀의 RDRAM으로 구분됩니다. DDR SDRAM과 RDRAM은 핀 수가 같지만 핀의 형태와 홈의 위치가 다르기 때문에 서로 호환성이 없습니다. 구현 방식도 다르고 핀 수와 모양도 다르기 때문에 세 가지 종류의 램은 서로 호환되지 않습니다.

168핀 SDRAM

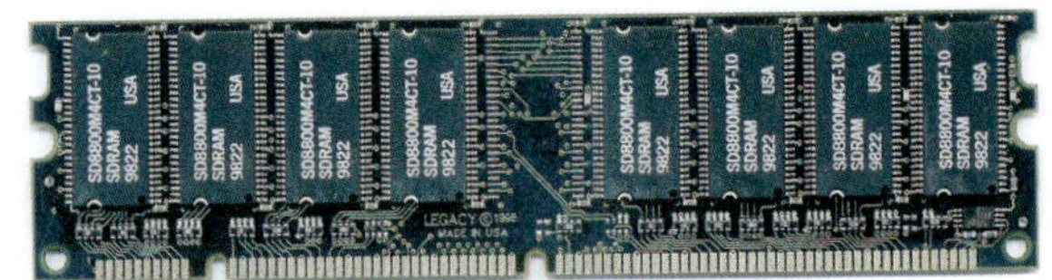

2 램과 램뱅크, 소켓의 수에 얽힌 사연

램을 끼우는 장치를 램 소켓, 램 슬롯이라고 부릅니다.

램을 끼울 수 있는 장치를 램뱅크 또는 램 소켓, 램 슬롯이라고 부릅니다. 그런데 주기판을 보면 2~8개까지 다양한 숫자의 소켓이 있습니다.

사용자는 구입한 램을 램 소켓에 장착하면 됩니다. 주의할 점은 램 소켓의 번호에 맞게 차례대로 장착해야 하며 램의 종류에 따라서 끼우는 숫자가 달라진다는 점입니다.

168핀 램 소켓(슬롯)

램은 0번 또는 1번부터 차례대로 끼웁니다.

램은 첫 번째 소켓부터 차례대로 장착해야 합니다. 첫 번째 소켓의 번호는 0번이나 1로 되어 있습니다. 램 소켓을 보면 BANK0 또는 DIMM1 등으로 표시된 부분이 있는데 이 소켓이 첫 번째 소켓입니다.

RDRAM은 짝수로 구입해 끼웁니다.

현재 판매중인 168핀 SDRAM은 램 소켓에 장착할 때 짝수를 맞춘 필요가 없습니다. 따라서 1개만 장착해도 되고 2개를 장착해도 됩니다. 따라서 SDRAM의 경우에는 256MB의 메모리를 장착하기 위해 256MB 메모리 하나만 구입해서 끼우면 됩니다.

168핀 SDRAM은 주기판에 하나만 장착해도 됩니다.

그렇지만 RDRAM은 꼭 짝수를 맞추어 끼우게 되어 있습니다. 256MB의 메모리를 장착하려면 128MB 두 개를 동시에 끼워야 한다는 이야기입니다.

하나만 장착하는 방법도 있는데, 만약 RDRAM을 하나만 구입해서 장착하고자 한다면 터미네이터라는 장치를 램 소켓에 장착해 짝수를 맞추어주면 됩니다.

잠깐! RDRAM을 짝수로 끼워야 하는 이유

이는 RDRAM의 버스 폭이 좁기 때문입니다. 168핀을 가진 SDRAM은 한 쪽 폭이 32비트로 양쪽 면을 사용하기 때문에 데이터 폭이 64비트입니다. 64비트 버스를 사용하는 CPU나 주기판의 버스 폭과 맞기 때문에 하나만 장착해도 됩니다. 그렇지만 RDRAM은 버스 폭이 16비트이기 때문에 곱하기 4를 해주어야 합니다. 양면을 곱해도 32비트에 불과하기 때문에 2개씩 장착하여 64비트를 맞추는 것입니다.

3 비짜 램과 정품 램

비짜 램은 정품 램과 달리 제품 질이 떨어지고 AS가 안됩니다.

정품 램의 반대말인 '비짜 램'은 삼성전자나 현대전자 등에서 생산하는 정품 램이 아니라 칩만 받아서 용산에서 대만산 PCB 기판에 장착해서 파는 임가공 램을 말합니다. 때문에 불량율이 정품보다 높고 나중에 AS나 교환이 안되며, 중고로 팔 때 제 가격을 받지 못한다는 문제점이 있습니다.

비짜 램은 컴포넌트 칩을 사들여 재가공한 램입니다.

국내 반도체 회사가 외국에 램을 수출할 때는 컴포넌트 칩(Component Chip) 형태로 수출합니다. 이렇게 수출한 램을 다시 국내로 들여와 싸구려 기판에 장착해 판매하는 램이 비짜 램입니다. 비짜 램은 꽤 오래 전부터 문제가 되었지만 가격 문제 때문에 쉽게 근절되지 않았습니다. 정품 램보다는 비짜 램의 가격이 싸기 때문에 전자 상가에서 비짜 램을 판매하는 것입니다.

비짜 램 판별 요령

비짜 램을 판별하기는 쉽지 않습니다. 비짜 램 제조기술도 최근 많이 좋아졌기 때문입니다. 일단 다음과 같은 요령에 의해 램을 확인해보기 바랍니다.

① 램에 국내 기업의 정품 스티커가 붙어있는가?

② PCB 기판에 회사 로고가 인쇄되어 있나? 비짜램은 해외 수입 기판을 사용하고 정품은 국내산 기판을 사용하기 때문에 정품램은 PCB에도 회사로고가 인쇄된 상태입니다. 즉 삼성 정품이라면 램 칩은 물론 PCB 기판 위에도 'SAMSUNG' 또는 'SEC'라는 회사 이름이 찍혀 있습니다.

③ PCB 기판은 매끄러운가? 정품은 8중 기판이라 두꺼우면서도 절단면 등이 매끄럽게 처리되어 있습니다. 반면 비짜 램은 납땜이 깔끔하지 못하고 PCB 기판의 모서리도 거칠게 절단되어 있는 경우가 많습니다.

④ 컴포넌트 모델번호는 모두 같은가? 정품 램은 국내에서 일괄 생산되므로 기판에 장착된 컴포넌트 칩의 모델 번호가 같습니다. 그러나 비짜 램은 아무 칩이나 급하게 장착하기 때문에 컴포넌트 칩의 모델번호가 다른 경우가 꽤 있습니다.

정품은 스티커가 붙어있고, 기판에도 제조회사 로고가 인쇄되어 있습니다.

4 DDR SDRAM은 SDRAM보다 두 배 빠른가?

DDR SDRAM은 환경이 갖추어져야 제 속도를 발휘합니다.

DDR SDRAM(Double Data Rate SDRAM)은 SDRAM보다 두 배의 자료 전송률을 가지는 것으로 발표됩니다. 예를 들어 DDR SDRAM 266MHz(PC2100)은 PC133 보다 두 배의 전송 속도를 보일까요? 그리고 램이 두 배로 빨라지면 시스템은 어느 정도 빨라질까요?

DDR SDRAM 266MHz는 PC133보다 두 배나 빠르지는 않습니다. 도한 DDR SDRAM 266이 제대로 동작하려면 우선 환경이 제대로 갖추어져야 합니다. 그 환경이란 주기판의 클럭 속도와 CPU의 클럭 속도입니다.

예를 들어 인텔의 CPU는 한 동안 DDR SDRAM을 지원하지 않았습니다. 때문에 펜티엄III CPU는 DDR SDRAM의 속도를 맛볼 수 없습니다. 펜티엄III의 FSB는 133MHz에 불과하기 때문입니다. 또한 i815 칩을 장착한 주기판 역시 메모리 전송률이 1.06GB/sec로 제한되기 때문에 DDR 266MHz의 전송률인 2.1GB/s로 전송이 불가능합니다. 따라서 DDR SDRAM 266MHz의 성능을 제대로 발휘하려면 주기판과 CPU가 모두 266MHz의 버스 클럭 속도를 지원해야 합니다.

DDR SDRAM은 SDRAM보다 월등하게 빠릅니다.

벤치마크 결과를 보면 이런 이상적인 조건을 갖출 경우 DDR 266MHz(PC2100)은 PC133보다 약 70 정도의 FPU 성능 향상을 보이는 것으로 나타났습니다. FPU 성능이 70% 향상되었다면 놀라운 수치라 할 수 있습니다. CPU 클럭 속도가 1GHz에서 1.7GHz로 높아진 것으로 비유할 수 있는 속도 향상입니다. 따라서 DDR SDRAM의 경우 조건을 갖춘 시스템에서 사용한다면 기존의 SDRAM을 사용할 때보다 무척 향상된 시스템을 사용할 수 있게 됩니다.

5 PC100, PC133, PC800, PC2100, PC2700의 차이

PC2100은 전송률을 기준으로 붙인 이름입니다.

한 동안 시중에서 메모리를 팔 때 PC2100이라는 메모리 이름을 사용했습니다. 이름만 들어보면 2100MHz로 동작하는 램으로 착각하기 쉽습니다. 그렇지만 실제로 이 메모리의 클럭 속도는 133MHz에 불과합니다. 그러면 왜 이런 착각이 나왔을까요? 램버스램의 판매 정책에 대한 반발로 나온 이름입니다.

PC66, PC100, PC133, PC200, PC266의 숫자는 클럭 속도를 뜻합니다.

이전까지 SDRAM은 클럭 속도를 기준으로 불렀습니다. 그래서 PC66, PC100, PC133이라고 구분하여 메모리의 성능을 구분했습니다. PC100은 클럭 속도가 100MHz로 동작하는 SDRAM을 뜻합니다.

PC133 SDRAM

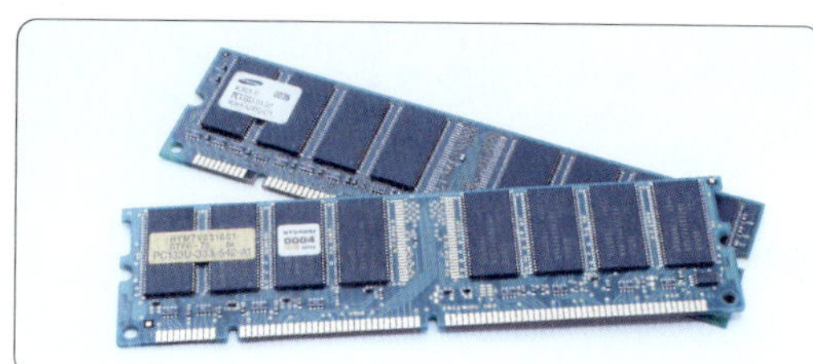

DDR SDRAM의 경우에도 처음에는 최대 클럭 속도로 표시했습니다. DDR SDRAM의 이름으로 사용한 PC200과 PC266은 버스 클럭에 DDR의 배율인 2를 곱해서 붙인 이름입니다. 즉 133×2=266MHz의 속도를 보일 수 있다는 의미입니다.

RDRAM의 명칭 PC800이 빠른 느낌을 주자 PC266을 PC2100으로 바꿉니다.

그런데 RDRAM에서 제품을 출시하면서 PC800 이라는 이름을 붙여서 출시합니다. 이 때문에 PC200이나 PC266보다 몇 배나 빠른 램이라는 인상을 주게 됩니다. 그렇지만 RDRAM의 경우 클럭 속도만 빠를 뿐 버스 폭이 16비트로 낮습니다. 때문에 전송 속도는 800Mhz(400x2)×16비트=1600MB/s가 됩니다. 800MHz를 계산할 때 400x2로 계산한 이유는 원래 RDRAM의 클럭 속도는 400MHz인데 짝수로 장착하는 관계로 한 클럭에 두 번 전송되는 결과를 가져옵니다. 그래서 2를 곱해준 것입니다.

반면 DDR SDRAM의 경우에는 PC200 규격이 1600MB/s의 전송 속도를 가집니다. 즉 'PC200(=PC1600) = 8바이트(64bit)×2×100MHz = 1600MB/s' 이 됩니다. 그렇지만 이름을 듣는 순간 느낌 상으로는 PC200보다 PC800이 네 배나 빠른 메모리라는 느낌을 가지게 됩니다.

DDR SDRAM의 PC2100과 PC2700은 전송률을 나타내는 숫자입니다.

그래서 RDRAM의 명칭에 대한 오해를 없애기 SDRAM 업계에서 제품이름을 지을 때 클럭 속도가 아닌 전송률을 기준으로 만들게 됩니다. PC1600과 PC2100이라는 이름은 그렇게 해서 나온 것입니다.

DDR SDRAM의 이름과 속도

DDR SDRAM의 이름과 속도
DDR 200MHz(=PC1600) = 64bit×2×100MHz = 1600MB/s
DDR 266MHz(=PC2100) = 64bit×2×133MHz = 2133MB/s
DDR 333MHz(=PC2700) = 64bit×2×166MHz = 2719MB/s
DDR 400MHz(=?　　) = 64bit×2×166MHz = 6553MB/s

PC2100의 경우 64bit×2×133MHz = 2133MB/s의 전송률을 가집니다. 그래서 2100이라는 숫자를 사용하는 것입니다.

6 메모리의 크기는 얼마가 적당한가?

윈도우98의 경우 128MB 이상을 장착해도 효용 가치가 크지 않았습니다.

메모리의 크기는 클수록 좋습니다. 그렇지만 필요 이상으로 메모리를 장착하는 것은 비용 낭비라 할 수 있습니다. 또한 운영체제의 메모리 관리 능력에 따라서 효율이 크게 좌우되는데 윈도우98의 경우 128MB 이상이 넘는 메모리를 제대로 관리하지 못해 메모리 업그레이드 효과가 크지 않습니다.

윈도우98의 경우 실행에는 32MB 정도면 되었고, 64메가바이트 정도라면 넉넉하다고 생각했습니다. 그렇지만 프로그램의 덩치가 커지고 CPU 고속화, 램 값 하락이 이어지면서 요즘은 윈도우98 사용자도 128~256MB의 메모리를 장착하고 있습니다.

최근의 추세는 256~512MB를 기본으로 장착합니다.

이후 운영체제에서 필요로 하는 메모리 용량은 계속 늘어났습니다. 최근 출시된 윈도우 XP 사용자라면 256MB를 적정 용량으로 보고 있지만 대개의 경우 512MB 정도를 장착하고 있습니다.

운영체제 사용에 필요한 적정 용량
윈도우95 : 32MB
윈도우95 : 64MB
윈도우Me : 128MB
윈도우2000 : 128MB
윈도우XP : 256MB

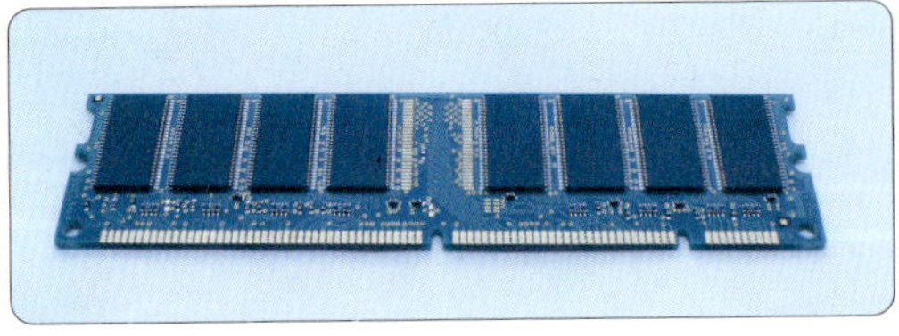

메모리가 많아지면 그래픽 프로그램 작업 때 유리합니다.

메모리가 많아질 경우 속도 향상에 큰 영향을 받는 프로그램은 메모리 의존도가 큰 그래픽 관련 프로그램입니다. 포토샵과 같은 프로그램은 메모리가 많을수록 효과를 많이 봅니다.

현재 시중에 판매되는 메모리의 최소 단위가 128MB인 까닭에 가장 적은 용량을 구입하더라도 128MB를 구입하게 됩니다. 만약 128MB의 메모리를 사용하던 기존의 시스템에 메모리를 추가하는 경우라면 128MB의 메모리를 하나 더 추가로 장착하면 됩니다. 반면 시스템을 새로 사서 조립하는 경우라면 256MB 메모리 하나를 장착하는 것이 좋습니다.

04 메모리 구입 요령

핀수보다는 램의 종류가 문제

과거에는 모두 같은 SDRAM을 사용했기 때문에 용량과 가격 두 가지만 가지고 메모리 결정이 가능했습니다. 그렇지만 현재는 메모리의 핀 수와 방식이 다른 종류가 세 종류나 되고 같은 방식의 메모리에서도 클럭 속도에 차이가 나기 때문에 메모리 선택이 어려워졌습니다.

물론 현재 사용중인 주기판에 추가로 장착하려는 상황이라면 현재 사용중인 메모리와 같은 종류의 메모리로 구입해 장착해야 합니다. 그렇지만 시스템을 처음 조립하는 경우라면 메모리 종류의 선택에 신중해야 합니다.

DDR SDRAM으로 구입하고 주기판의 지원 클럭에 맞는 제품으로 구입합니다.

주기판 구입 요령에서 설명한 것처럼 세 가지 종류의 메모리 중에서 가장 추천하는 제품은 DDR SDRAM입니다. 가격 대비 성능 면에서도 DDR SDRAM이 우수하고, 앞으로 메모리 시장의 방향으로 볼 때도 DDR SDRAM이 당분간 주도할 전망입니다. 따라서 나중에 주기판을 교체하거나 추가로 메모리를 늘릴 때도 DDR SDRAM을 사용하는 사용자가 더 유리합니다.

메모리 구입 요령

① 이미 시스템을 사용중이면서 업그레이드를 한다면 같은 종류의 메모리로 구입합니다.

② 새로운 주기판을 구입하고자 한다면 DDR SDRAM 방식의 주기판과 메모리를 선택합니다.

③ SDRAM과 DDR SDRAM을 동시에 지원하는 주기판을 사용하고 있고 현재 PC100이나 PC133 메모리를 사용중이라면 DDR SDRAM으로 업그레이드 해줍니다. 단 CPU와 주기판에서 지원 가능한 클럭을 확인하고 구입합니다.

Section 06 PC Remodeling

저장 장치 이야기

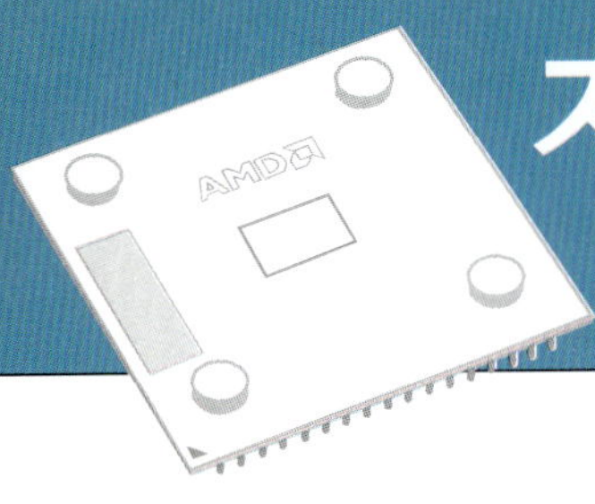

01 플로피디스크드라이브

플로피디스크드라이브는 과거에는 가장 중요한 보조기억장치였지만 최근에는 많이 사용하지 않습니다. 부팅을 하거나 드라이버 설치, 아주 간단한 파일의 복사 작업에 사용하는 정도입니다. 플로피디스크드라이브의 사용 빈도는 현격하게 줄었지만 여전히 중요한 보조기억장치로 PC에는 꼭 장착되어야 합니다.

5.25인치 플로피디스크와 3.5인치 플로피디스크

플로피디스크드라이브(FDD)는 플로피디스크를 삽입하여 파일을 기록하거나 지웁니다. 현재 시중에 판매되는 제품은 1.44MB 용량의 3.5인치 FDD이며 제조회사도 몇 회사 되지 않습니다.

1 FDD의 동작과정

디스크를 넣으면 헤드를 디스크 위로 이동

3.5인치 FDD에 플로피디스크를 밀어 넣으면 위에서 수직으로 서있던 레버가 안으로 밀리면서 그 힘으로 철로 된 보호셔터를 엽니다. 그리고 디스크 밑면을 보면 금속 허브에 두 개의 구멍이 있는데 여기에 드라이브에서 나온 두 개의 핀을 넣어서 고정시킵니다.그런 뒤에 모터를 이용하여 축을 회전시키고 디스크를 고속으로 회전시킵니다. 그 사이 헤드는 앞뒤로 이동하면서 디스크의 자료를 읽고 씁니다.

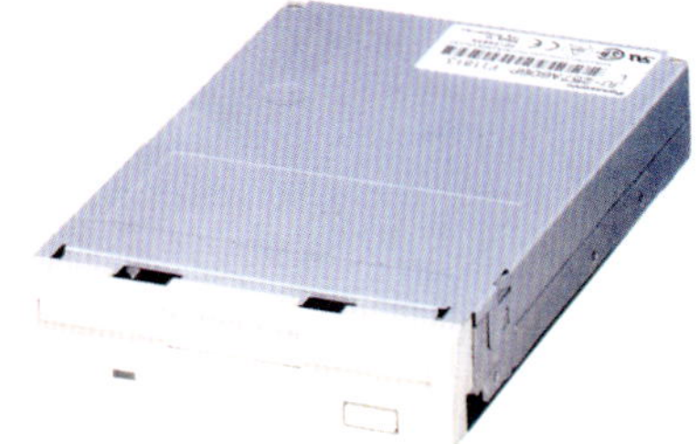
3.5인치 플로피디스크드라이브

쓰기금지막이 있으면 기록하지 않아

만약 자료를 기록하라는 명령이 나오면 쓰기금지막이 뚫려 있나 검사합니다. 3.5인치 FDD는 이 부분이 뚫려 있을 때 쓰기보호가 되어 있는 것으로 판단하여 기록하지 않습니다. 판단하는 방법은 광다이오드에서 쏜 광선이 맞은 편에 있는 센서에서 검출이 되는가로 판단합니다. 만약 막혀 있다면 빛이 통과하지 못하고 검출되지 않을 것이므로 쓰기금지 상태임을 판단할 수 있습니다.

3.5인치의 구멍 하나는 용량 구분용

왼쪽의 구멍이 쓰기 금지 구멍, 오른쪽은 용량 구분용 구멍입니다.

3.5인치의 밑을 보면 쓰기금지탭 외에 오른쪽에 또 하나의 구멍이 뚫려 있는데 이것은 720Kbye짜리인지 1.4MByte짜리 디스크인지 구별하는 구멍입니다. 720Kbye디스크는 이 구멍이 막혀 있고 1.4MByte 디스크는 이 구멍이 뚫려 있습니다.

플로피디스크드라이브는 필름에 자성체 입힌 것

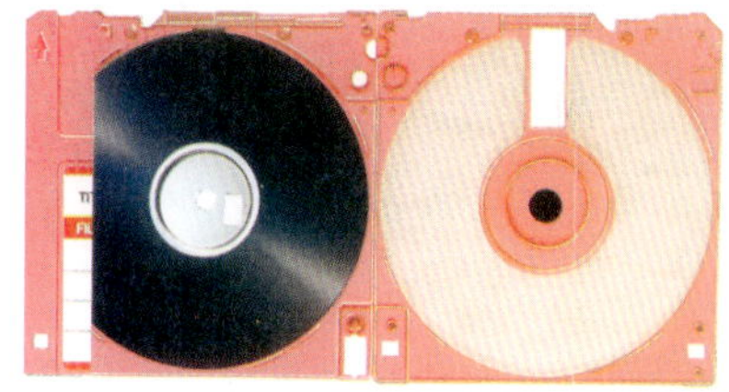

플로피디스크의 내부. 왼쪽이 필름에 자성체 입힌 디스크이고, 오른쪽은 먼지 제거용 라이너입니다.

플로피디스크는 두께가 75마이크론인 부드러운 폴리에스터 필름에 자성입자를 균일하게 입힌 것입니다. 그리고 먼지를 제거하기 위한 라이너를 대고, 자켓을 씌워 보호하고 있습니다. 플로피디스크에 파일을 복사할 때는 쓰기금지 탭을 쓰기 가능 상태로 올려놓고 사용해야 합니다.

2 FDD 구입요령

컴퓨터 부품 중에서 FDD는 사용자의 선택 폭이 매우 좋습니다. 현재 시중에는 삼성전자의 FDD를 비롯하여 몇 가지 수입 FDD가 판매될 뿐입니다. 이들 제품간의 성능 차이는 거의 없습니다. 따라서 가격이 싼 제품으로 구입하면 됩니다.

02 하드디스크

1 하드디스크의 동작 원리

하드디스크는 여러 개의 플래터로 구성됩니다.

하드디스크는 여러 장의 플로피디스크를 합쳐서 용량을 크게 늘린 저장장치라고 보면 됩니다. 하드디스크는 딱딱한 플래터(Platter)라는 판 위에 자성입자를 곱게 입혀 산화막을 씌운 것입니다. 플래터로는 알루미늄이나 철판을 사용하기 때문에 딱딱한(hard) 디스크라는 이름이 붙은 것입니다.

하드디스크는 이런 플래터를 여러 개 가지고 있습니다. 예를 들어 3.2GB의 하드라면 1.6GB 짜리 플래터 2개를 넣어서 만드는 것입니다. 여러 개의 플래터는 스핀들 축이라는 중심축에 끼워져 있고, 플래터의 위 아래로 헤드가 위치합니다.

초창기의 하드디스크. 딱딱한 플래터 사이로 여러 개의 헤드가 위치합니다.

하드디스크는 디스크와 드라이브 일체형 제품입니다.

플로피디스크는 디스크와 드라이브가 분리된 제품이라 플로피디스크를 넣었다 뺐다 할 수 있지만 하드디스크는 디스크와 읽고 쓰기 헤드가 하나의 제품 안에 장착되어 밀봉된 상태입니다. 그래서 하드디스크(HD) 또는 하드디스크드라이브(HDD)라고 말하는 것입니다.

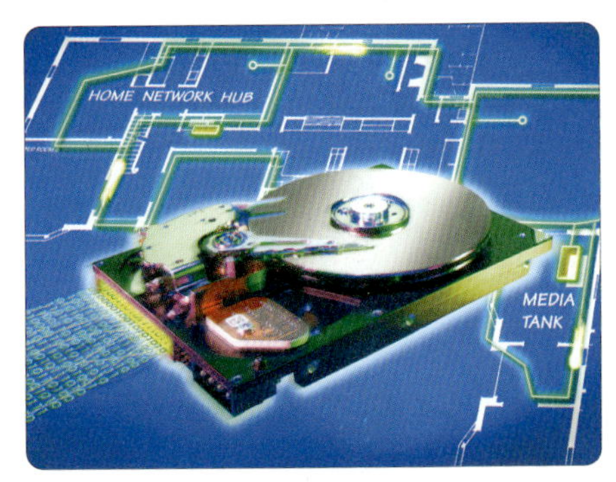

컨트롤러로 동작을 제어합니다.

하드디스크의 기판에는 컨트롤러라는 부품이 있어 하드디스크의 동작을 제어합니다. 컨트롤러는 하드디스크의 헤드를 이동시키면서 플래터에 기록된 내용을 읽거나 기록합니다.

이때 플래터는 스핀들 축을 중심으로 고속으로 회전합니다. 보통 초 당 60~100회 이상의 고속으로 회전하며 플래터가 회전하는 동안 헤드는 앞뒤로 움직이면서 플래터에 읽고 쓰기 동작을 실행합니다.

하드디스크의 속도는 모터 제어기술이 좌우

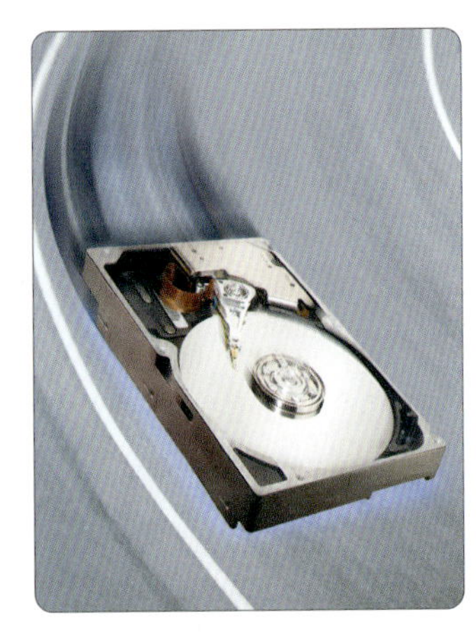

하드디스크는 컨트롤러로 움직임을 제어합니다.

때문에 하드디스크의 속도는 헤드를 이동시키는 스텝퍼(Stepper)모터와 스핀들모터의 제어기술이 큰 비중을 차지하고 있습니다. 그리고 용량을 높이기 위해서는 정밀한 플래터 가공과 미세한 자성입자의 도포제 개발이 필요합니다.

2 하드디스크 인터페이스의 종류

하드디스크는 자료를 전송하는 방식에 따라서 몇 가지 종류로 나눕니다. 과거에는 IDE(AT버스) 방식이 많이 사용되었지만 현재는 EIDE 방식과 SCSI 방식의 두 방식이 사용되고 있습니다.

IDE 방식은 컨트롤러를 하드디스크에 내장하는 방식으로 504MB의 용량을 가진 하드디스크를 두 개 달 수 있었습니다. 당시에는 획기적인 방식이었습니다. 그러나 컴퓨터가 급속도로 발전하면서 개선된 방식인 EIDE 방식이 출현했고 현재는 EIDE 방식의 하드디스크가 대부분을 차지하고 있습니다.

(1) EIDE(ATAPI) 방식

IDE 방식을 개선한 것이 EIDE 방식입니다.

EIDE 방식은 IDE(AT버스) 방식의 단점을 개선시켜 나온 방식입니다. IDE 방식은 504MB 하드디스크 두 개만 달 수 있었는데 PC가 발달하면서 이 용량은 한계를 가집니다. 그래서 하드디스크 업체는 1994년에 EIDE 방식을 개발합니다. EIDE 방식은 기가급이 넘는 고용량 하드디스크를 PC에 4개 장착할 수 있는 방식입니다.

퀀텀사 사이트
(www.quantum.com)

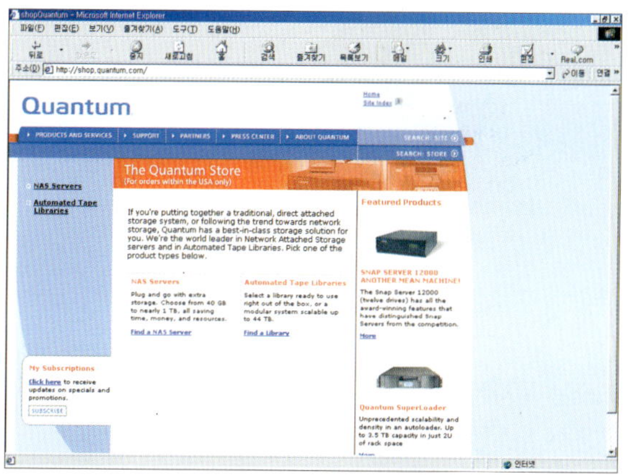

CD롬드라이브도 EIDE 방식을 사용합니다.

IDE 방식의 하드디스크

EIDE 방식은 원래 하드디스크를 위한 방식이 아니라 다른 장치를 위한 방식으로 제안된 것입니다. 즉 CD롬드라이브의 인터페이스로 제안된 방식인데 이를 하드디스크에 적용한 것입니다. 이런 이유로 EIDE 방식은 하드디스크용 인터페이스이면서 동시에 EIDE 방식의 CD롬드라이브에서도 사용하는 인터페이스 방식이 됩니다. 때문에 EIDE 방식의 하드디스크와 CD롬드라이브는 하나의 EIDE 케이블에 연결해 사용할 수 있습니다.

EIDE 방식의 하드디스크를 C: 드라이브로 설정한다면 EIDE 방식의 CD롬드라이브는 D: 드라이브로 설정하여 사용합니다.

(2) SCSI 방식

SCSI는 다양한 주변기기를 지원합니다.

SCSI(Small Computer Systems Interface)는 현재까지 대중화된 디스크 인터페이스 중에서 가장 빠르고 가장 안정적인 인터페이스입니다. 이전까지는 고성능 컴퓨터인 서버 등에서나 사용했으나 최근 가격이 하락하면서 IBM PC에도 보급이 늘고 있는 추세입니다. SCSI는 과거에는 스카시라고 불렸는데 최근에는 본토 발음에 가깝게 스커지라고 발음합니다.

SCSI는 하드디스크만을 위한 인터페이스가 아닙니다. 여러 가지 기기의 자료 송수신용 인터페이스로 개발한 방식입니다. 원래 이 인터페이스는 서버와 RAID의 설치 및 고성능 저장장치의 연결을 위해 고안된 것으로 현재까지는 주변기기를 연결하기 위한 가장 이상적인 표준 인터페이스라고 평가받고 있습니다. 초기의 규격은 채널 당 7개까지의 주변장치 연결이 가능했는데 현재는 규격이 발전하면서 지원하는 기기의 수와 속도가 크게 향상된 상태입니다.

SCSI 방식의 하드디스크

SCSI 방식의 장점

SCSI 방식은 장점이 많습니다.

① SCSI는 독자적으로 입출력을 수행할 수 있기 때문에 CPU의 사용을 최대한 줄여줍니다. 이를 통해 시스템 전체의 성능을 향상시킬 수 있습니다.

② SCSI 카드는 하나의 슬롯만 차지하면서도 8개의 ID를 지원하므로 7개의 주변장치를 연결할 수 있습니다.

③ EIDE 방식이 내장형만 지원하기 때문에 장치의 장착과 착탈 때 불편한 반면 SCSI 장치는 내장 외장형을 모두 지원해주기 때문에 장비의 장착탈이 손쉽습니다.

④ EIDE가 하드디스크와 CD롬 드라이브 등 소수의 장치만을 지원하는 반면에 SCSI는 스캐너, DAT, 이동식 매체 등 다양한 장치를 지원합니다.

⑤ EIDE와는 달리, SCSI는 동시에 여러 개의 입출력 처리가 가능하기 때문에 멀티태스킹 환경에 어울립니다.

⑥ EIDE 방식은 장치 간에 충돌이 생길 수 있지만 SCSI 장비는 ID 번호를 이용하기 때문에 충돌 현상이 거의 없습니다.

Ultra SCSI 320을 지원하는 고성능 하드디스크

SCSI 방식은 이처럼 많은 장점이 있습니다. 그런데도 SCSI 방식의 하드디스크가 널리 보급되지 못하는 이유는 SCSI 방식의 기기가 비싸기 때문입니다. SCSI 방식은 다양한 규격으로 발전했는데 앞으로는 Ultra SCSI 160이나 Ultra SCSI 360 방식이 보급될 전망입니다.

(3) 파이버 채널 방식

파이버 채널은 하드디스크의 전송 방식이 아니라 컴퓨터 장치들 사이의 전송 방식입니다. 다시 말해 컴퓨터 서버를 고유 저장장치와 연결할 때 사용하는 전송 방식입니다. 최고 1 Gbps의 속도로 자료를 전송할 수 있으며 현재 4Gbps의 전송 속도를 가진 규격을 검토중입니다.

파이버 채널 지원용 하드디스크

파이버 채널은 기존의 인터페이스보다 월등하게 빠릅니다. 또한 전화선이나 동축 케이블을 이용하여 연결하는 것이 일반적이지만 광섬유를 이용하여 연결할 수도 있습니다. 이 경우 접속 거리가 수 백 미터가 넘어도 장치 간의 전송이 가능합니다. 이런 장점 때문에 현재 서버용 저장장치에서 사용하는 SCSI 방식을 대체할 유력한 전송방식입니다. 하드디스크 업체에서도 파이버 채널을 지원하는 하드디스크를 최근 다양하게 출시하고 있습니다.

3 하드디스크의 성능 판별 요인

하드디스크의 속도를 결정하는 요인은 여러 가지가 있습니다. 이 중에서도 탐색 시간과 회전 속도 전송 방법, 버퍼 등이 큰 영향을 미칩니다.

□ Average Seek Time(=Average Access Time)

평균 탐색 시간(Average Seek Time)과 평균 접근 시간(Average Access Time), 평균 접근 속도(Average Access Speed)는 원래 의미가 다르지만 최근 잡지에서는 이들 낱말의 의미를 구분하지 않고 사용합니다. 평균 접근 시간이라는 헤드가 플래터에서 해당 섹터를 찾아내기까지 걸리는 시간입니다. 따라서 빨리 찾을수록 좋은 제품입니다. 요즘은 10msec 전후의 제품이 나오는데 수치가 적을수록 탐색 시간이 빠른 제품으로 우수한 제품입니다.

15,000rpm의 회전수를 지원하는 하드디스크

□ RPM(Revolution Per Minute)

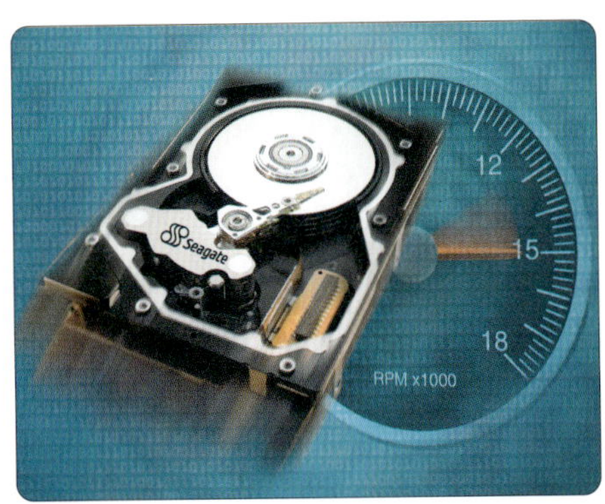

RPM은 1분 당 회전속도를 말하는 단위사로 하드디스크의 플래터가 도는 속도를 말합니다. 빨리 회전할수록 빠른 하드디스크입니다. 얼마 전까지는 5400rpm의 하드디스크가 대중적이었지만 요즘은 7200rpm의 회전수를 가진 하드디스크가 많이 출시되고 있습니다. 또한 10,000rpm과 15,000rpm의 빠른 회전수를 가진 제품도 이미 판매중입니다.

□ 버퍼

버퍼는 플래터에서 읽은 자료를 전송하기 전에 잠시 저장해두는 공간으로 클수록 좋습니다. 과거에는 128KB에 불과했지만 요즘은 대부분 2MB의 버퍼를 가지고 있습니다. 그리고 최신 제품 중에는 8MB의 버퍼를 가진 제품이 많습니다. 이처럼 버퍼가 많을수록 하드디스크의 성능은 향상됩니다.

□ 전송률

버퍼에 저장된 자료를 시스템 버스로 보내는 자료 전송속도가 전송률(Transfer Rate)입니다. 이론상의 수치와 실제 수치 사이에는 큰 차이가 있습니다. 전송률은 자료 전송 방법에 따라서 많이 달라지는데 최근에 나오는 EIDE 방식의 하드디스크는 ATA-100 규격에 따라서 1초에 100MB의 자료 전송률을 보입니다.

4 ATA-33, ATA-66, ATA-100, ATA-133

ATA는 자료 전송 방법의 규격을 뜻하는 용어입니다. 얼마 전까지는 ATA-33 규격의 하드디스크가 주종을 이루다가 최근에는 ATA-100 규격의 하드디스크가 주종을 이루고 있습니다. ATA-33은 울트라DMA-33, UDMA33, ATA33으로 표기하기도 하는데 다 같은 방식을 가리키는 말입니다.

ATA-33을 지원하지 못하는 주기판에서 ATA-33 인터페이스를 지원하는 하드디스크 컨트롤러 카드

ATA-100을 지원하는 하드디스크

ATA 다음의 숫자는 자료 전송 속도를 나타냅니다. 다시 말해서 ATA-66은 66MB/초의 속도를 가지는 하드디스크입니다. ATA-33까지는 40핀 케이블을 연결했는데 ATA-66이나 ATA-100, ATA-133을 지원하는 하드디스크에서 최대 속도를 사용하려면 하드디스크 케이블을 80핀 케이블로 연결해야 합니다.

5 병렬식 하드디스크 케이블과 시리얼ATA 케이블의 차이

하드디스크 전송 방법은 병렬식이었습니다.

하드디스크 자료 전송 방법은 지금까지 병렬 방법을 사용했습니다. 그래서 케이블의 좌우 넓이가 꽤 넓었습니다. ATA-33의 방식을 사용한 과거의 하드디스크는 40핀으로 된 하드디스크 케이블을 사용했습니다.

ATA-66부터는 자료 전송 속도가 향상되었기 때문에 80핀 케이블을 사용합니다. 따라서 ATA-66 하드디스크를 구입한 사용자가 ATA-66, ATA-100, ATA-133의 속도를 제대로 사용하려면 80핀 케이블로 연결시켜야 합니다.

ATA-100을 지원하는 하드디스크

이처럼 기존의 ATA 방식은 병렬 방식이라서 속도를 향상시키기 위해서 케이블의 핀 수가 늘어나는 문제점이 발생했습니다. 그래서 이런 단점을 보완하기 위하여 최근에는 시리얼ATA(serial ATA)라는 규격이 나왔습니다.

시리얼ATA 직렬 방식으로 자료를 전송합니다.

시리얼ATA는 직렬 방식이기 때문에 선의 수도 줄어들고 속도도 빨라집니다. 현재 시리얼ATA는 4개의 선으로 구성된 아주 좁은 케이블을 사용하면서도 기본적으로 150MB/sec의 전송속도를 보입니다. 이론상으로는 600MB/sec의 속도도 가능합니다. 선이 매우 작아지고 길이도 90cm까지 연결할 수 있어 본체 내부의 구조도 한결 깔끔해질 전망입니다.

더구나 기존의 ATA 방식을 사용하던 하드디스크도 간단한 변환 장치를 이용하여 시리얼ATA 방식을 사용할 수 있습니다. 그렇지만 아직까지 시리얼ATA를 지원하는 칩셋이 출시되지 않은 관계로 당분간은 시리얼ATA 방식의 보급을 지켜봐야 할 것 같습니다.

6 마스터와 슬레이브

하드디스크를 두 개 이상 달 때는 마스터와 슬레이브를 구분합니다.

하드디스크를 두 개 달 때는 하드디스크의 등급을 설정해주어야 합니다. 현재 EIDE 방식에서 하드디스크는 네 개 달 수 있습니다. 주기판에서는 2개의 케이블을 지원하는데 각 케이블은 프라이머리(primary)와 세컨더리(secendary) 케이블로 구분합니다. 그리고 각 케이블별로 2개의 하드디스크를 달 수 있는데 하드디스크의 등급에 따라서 지배(Master)디스크와 종속(Slave)디스크로 구분합니다.

따라서 다음과 같이 네 가지 형태로 하드디스크가 연결될 수 있습니다. 이 중에서 부팅이 가능한 디스크는 프라이머리 케이블의 마스터 디스크입니다.

EIDE 방식의 하드디스크 연결 방식

프라이머리 케이블의 마스터 디스크
프라이머리 케이블의 슬레이브 디스크
세컨더리 케이블의 마스터 디스크
세컨더리 케이블의 슬레이브 디스크

프라이머리 케이블의 마스터 디스크만이 부팅 가능합니다.

만약 두 개의 하드디스크를 PC에 장착한다면 일단 하나는 프라이머리 케이블의 마스터 디스크로 설정해야 합니다. 그래야 부팅이 가능하고 운영체제를 사용할 수 있습니다. 두 번째 하드디스크는 남는 세 가지 연결 방식에서 하나를 선택하여 장착하면 됩니다.

프라이머리와 세컨더리의 구분은 주기판에 장착된 케이블 단자로 구별합니다. 따라서 하드디스크는 마스터냐 슬레이브냐만 구별해주면 됩니다. 하드디스크에서 마스터와 슬레이브를 결정하는 장치가 DS(Disk Selection)입니다. 보통은 핀의 형태로 되어 있기 때문에 점퍼 핀을 빼거나 끼는 방식으로 결정합니다. 점퍼 핀 조정법은 하드디스크의 표면에 적혀 있습니다.

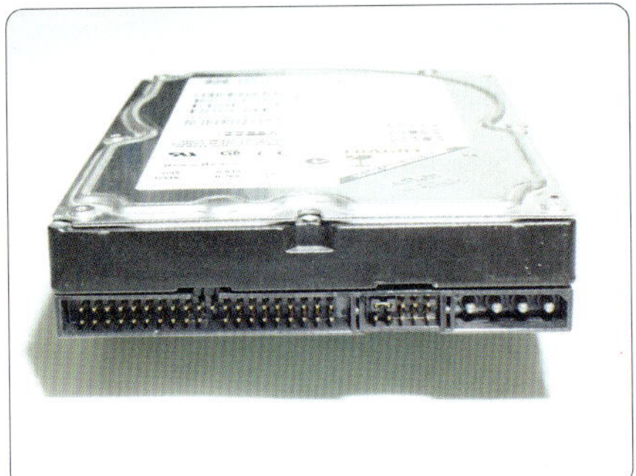

하드디스크 뒷 면의 DS 부분. 점퍼핀을 조정하여 마스터와 슬레이브를 설정합니다.

7 MA, SL, CA의 의미

원래 하드는 케이블 순서에 따라서 C:와 D:로 설정됩니다.

하드디스크의 표면을 보면 디스크의 등급을 선택하기 위한 점퍼핀 조정 방법이 적혀있습니다. 어떤 제품은 Master이라고 적혀있지만 어떤 제품은 약자인 MA로 적혀 있습니다. MA는 마스터를 뜻하고 SL은 슬레이브, CS는 케이블선택(Cable Select)을 뜻합니다.

케이블을 보면 빨간 색이 그려진 부분이 0번 핀쪽

하드디스크 케이블을 보면 양쪽 커넥터가 같은 핀의 구조를 가지고 있고 중간에 커넥터가 하나 더 있습니다. 양 쪽 중 한 곳을 IO 커넥터에 연결하는데, 이때 빨간 색이 그려진 줄이 0번(1번) 버스선이고 반대쪽이 39번(40번)입니다.

ATA-33 지원 하드디스크는 40핀 케이블을 사용했지만 최근에 출시된 ATA-66 이상의 하드디스크 케이블은 80핀 짜리를 사용합니다.

케이블의 중간에 연결된 것이 C:로 설정됩니다.

하드디스크를 하나만 사용할 때는 가운데 커넥터로 연결하나 남은 한 쪽 끝의 커넥터에 연결하나 모두 C:로 잡힙니다. 그러나 두 개를 사용할 때는 가운데의 커넥터가 C:로 설정되는 것이 기본입니다.

따라서 하드디스크의 점퍼핀을 CS로 설정할 경우에는 하드디스크의 연결 순서에 따라서 마스터와 슬레이브가 달라집니다. 반면 하드디스크의 점퍼핀을 마스터(MA)나 슬레이브(SL)로 설정해놓으면 케이블의 연결 순서에 상관 없이 마스터나 슬레이브로 설정할 수 있습니다.

EIDE 방식의 하드디스크는 케이블 하나에 두 개의 하드디스크를 연결할 수 있습니다.

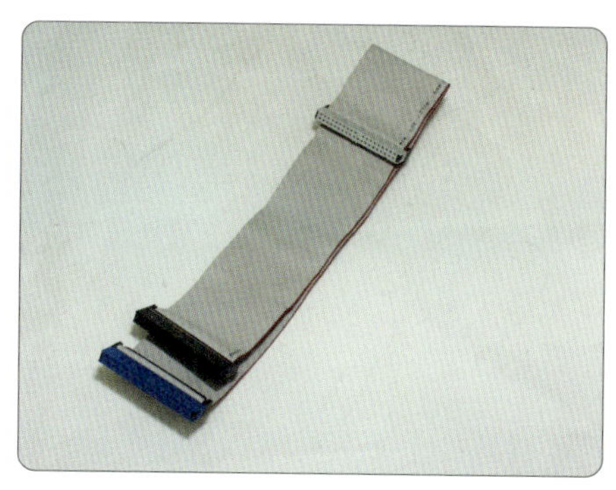

8 파티션과 포맷

파티션은 하드디스크의 공간을 나누어 운영체제에 배정하는 작업

CD롬드라이브와는 달리 하드디스크는 컴퓨터에 장착하여 케이블과 전원선을 연결하는 작업만으로 사용할 수 없습니다. 몇 가지 작업을 거쳐야 작업이 가능합니다. 하드디스크를 사용하려면 다음의 작업을 순서대로 거쳐야 합니다.

하드디스크 설치 과정

① 하드디스크를 본체에 장착한 뒤에 주기판에 연결된 하드디스크 케이블을 하드디스크에 연결하고 전원선도 연결합니다.

② 부팅할 때 CMOS 셋업을 실행시켜 하드디스크 인식 과정을 거칩니다. CMOS 메뉴에서 'Auto Detect HDD' 메뉴를 선택하면 자동으로 CMOS에서 하드디스크의 용량과 기타 사양을 인식합니다.

③ 부팅이 가능한 플로피디스크로 부팅을 합니다.

④ fdisk 프로그램을 실행시켜서 하드디스크의 파티션을 설정합니다.

⑤ 파티션 설정이 끝나면 다시 부팅한 다음에 format 프로그램을 실행시켜 하드디스크를 포맷합니다. 이때 운영체제를 함께 복사해주는 명령을 주어야 하드디스크로 부팅이 가능해집니다.

⑥ 시스템 옵션을 포함한 포맷이 끝난 뒤에 다시 부팅을 해보면 하드디스크로 부팅이 됩니다.

이처럼 하드디스크는 꽤 복잡한 과정을 거쳐야 하드디스크를 사용할 수 있습니다. 그럼 파티션 과정이란 무엇이고 포맷 과정은 무엇일까요? 파티션은 이름 그대로 하드디스크를 파트별로 나누는 작업입니다. 하드디스크의 용량을 운영체제의 업무에 맞게 분할하여 할당하는 작업이 파티션입니다.

파티션을 나누면 하나의 하드디스크에서 여러 종류의 운영체제를 사용할 수 있다

예를 들어서 용량이 100GByte인 하드디스크를 하나 구입했다고 합시다. 이 하드디스크를 모두 도스라는 운영체제 혼자서 사용하게 만들 수 있습니다. 또는 윈도우98 혼자서 다 사용하게 배정할 수도 있습니다. 아니면 앞 부분 50기가 바이트는 윈도우98이라는 운영체제가 사용하도록 배정하고 다음 30기가는 리눅스가, 다음 20기가는 도스가 사용하도록 배정할 수도 있습니다. 이처럼 하드디스크의 공간을 나누어 운영체제가 사용할 수 있도록 배정하는 작업을 파티션을 나눈다고 합니다.

파티션은 어떤 방식으로 설정하느냐에 따라서 하드디스크의 효율이 달라집니다. FAT16, FAT32, NTFS 등의 다양한 파티션 방식이 있으며 각 파티션 방식에 따라서 하드디스크를 관리하는 방법이 달라집니다.

포맷은 운영체제가 하드디스크를 사용할 수 있는 형태로 형태를 잡아주는 작업니다.

파티션 작업이 끝난 다음에는 포맷을 해야 합니다. 포맷은 운영체제가 하드디스크를 사용할 수 있도록 섹터를 구분해주는 작업입니다. 운영체제는 파티션이 된 하드디스크의 일정 부분을 자신이 사용하기 편하도록 섹터와 트랙이라는 구역을 정해 구분합니다. 이처럼 운영체제가 원하는 형태(포맷)로 하드디스크를 정리하는 작업을 포맷이라고 합니다. 모든 하드디스크와 플로피디스크는 포맷 작업을 거친 후에야 사용이 가능합니다.

다른 운영체제로 포맷한 디스크끼리는 호환되지 않습니다.

이때 각기 다른 운영체제로 포맷된 하드디스크나 플로피디스크는 서로 호환성이 없이 사용이 불가능합니다. 다시 말해 리눅스나 매킨토시 운영체제로 포맷한 하드디스크는 윈도우98 시스템에 장착하더라도 윈도우98에서 인식하지 못합니다. 또 리눅스나 매킨토시 운영체제로 포맷한 플로피디스크 역시 윈도우98의 플로피디스크드라이브에 넣을 경우 인식하지 못합니다.

9 하드디스크 구입요령

용량 대비 가격 기준으로 구입하는 것이 일반적입니다.

하드디스크의 성능을 판별하는 요소는 여러 가지입니다. 용량, 회전수, 속도, 인터페이스, 안정성, 소음, 발열 등 여러 가지를 판단하여 구입합니다. 그렇지만 이 모든 요소를 다 감안하여 구입하는 사람은 특별한 용도로 하드디스크를 사용하려는 전문가들에게 해당합니다.

일반 사용자는 가격 대비 용량과 AS를 기준으로 구입하는 것이 가장 편합니다. 현재 시중에 출시되고 있는 하드디스크의 성능 차이는 크지 않습니다. 따라서 어느 회사 제품을 구입하더라도 크게 문제될 제품은 없습니다. 안정성과 속도, 소음, 발열 요소에서 약간의 차이를 보이기는 하지만 일반적인 PC에서 사용하기에 문제될 정도는 아닙니다. 서버용으로 사용하는 하드디스크가 아니라면 가격 싸고 용량 많은 것이 좋습니다.

시게이트사 사이트
(www.seagate.com)

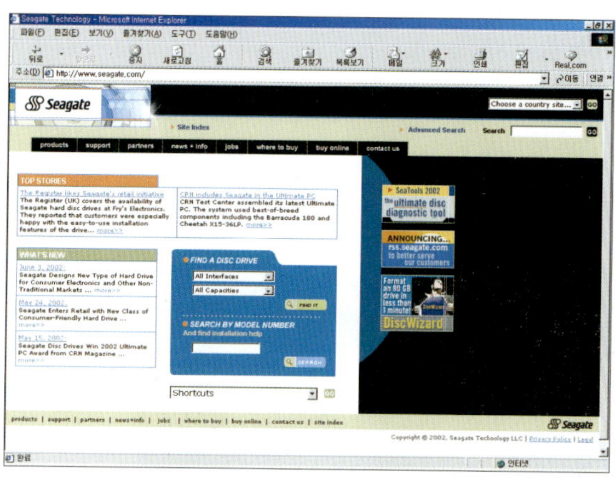

아마 일반인이 하드디스크를 구입할 때 고려하는 점은 우선 가격과 용량이고 다음으로 버스 인터페이스, 회전수와 버퍼 등이 될 겁니다. 구입에 고려할 몇 가지 기준은 다음과 같습니다.

Ulter SCSI 160 방식의 하드디스크

① EIDE 방식과 SCSI 방식 중 어느 제품을 구입할 것인지 결정합니다. 일반 사용자라면 당연히 가격이 저렴한 EIDE 방식을 선택합니다. SCSI 방식은 네트워크를 운영하는 기업에서 사용합니다.

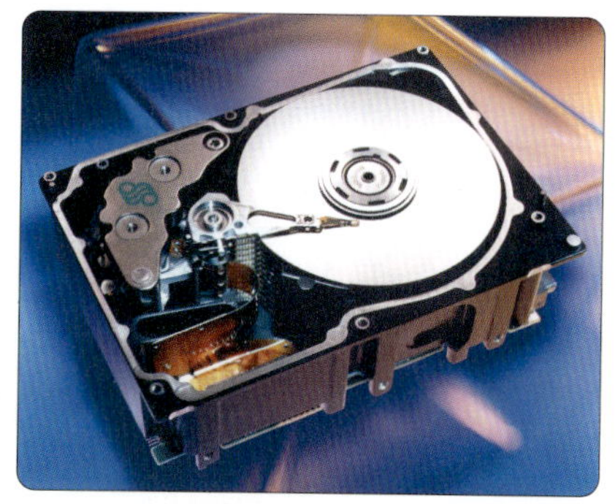

10,000rpm의 하드디스크

② 회전수는 5400rpm, 7200rpm, 10,000rpm의 제품이 있습니다. 5400rpm 하드디스크를 사용하더라도 충분히 빠르지만 용량이 많은 하드디스크를 사용할 수록 rpm 수가 높은 것을 선택해야 파일 복사 작업이 빠릅니다. 같은 용량에서 회전 수에 따른 가격 차이가 적다면 회전수가 높은 것을 선택해야겠지만 가격 차이가 난다면 회전수가 낮은 제품으로 구입해도 무방합니다.

③ 버퍼가 클수록 좋은 제품이기는 하지만 실제 사용할 때 버퍼로 인한 속도 차이를 느끼기는 어렵습니다. 같은 용량과 회전수를 보일 경우 가격 차이가 크지 않을 때만 고용량 버퍼 제품으로 구입합니다.

④ AS를 고려한다면 정품을 구입합니다. 수입품의 경우 정식 수입 업체를 통해서 판매하는 제품은 AS가 보장됩니다. 그렇지만 그레이 제품은 AS를 받을 수 없습니다. 그레이 제품의 가격이 좀더 싸기는 하지만 AS를 고려하여 정품을 구입하도록 합니다.

⑤ EIDE 방식의 전송 방법은 당시 가장 널리 보급된 방식을 선택합니다. 요즘은 ATA-100이 대중적입니다.

ATA-100을 지원하는 EIDE 방식의 하드디스크

03 CD롬드라이브

1 CD롬드라이브의 동작 원리

650MB의 용량을 자료를 저장한 CD롬을 읽을 수 있는 장치

CD롬드라이브는 CD롬을 읽는 드라이브입니다. CD롬은 컴퓨터에서 사용하는 저장매체로 CD 한 장에는 약 650MByte 정도의 자료를 저장하거나 74분 정도의 소리를 녹음할 수 있습니다. 음악을 녹음한 CD를 음악CD라고 말하고 컴퓨터용 파일을 저장한 CD를 CD롬이라고 말합니다.

CD롬은 은색의 알루미늄(반사층)과 이를 덮은 보호층(Larquer)으로 되어있습니다. 반사층인 알루미늄에는 피트(pit)라고 불리는 홈이 있어 이를 따라서 트랙이 형성됩니다. CD롬 드라이브의 헤드는 레이저를 쏘는데 미디어의 표면에 반사된 레이저빔을 통해 자료를 읽습니다.

초창기의 CD롬드라이브

CD롬은 쓰기금지된 하드디스크로 인식

컴퓨터는 CD롬을 읽을 수만 있고 쓰기가 금지된 하드디스크로 인식합니다. 즉 플로피디스크에 쓰기금지용 딱지를 붙여서 쓰기를 금지시킨 것과 마찬가지로 하드디스크에 쓰기가 금지된 것으로 받아들이는 것입니다.

2 CD롬드라이브의 부분별 명칭

앞 부분과 뒷 부분에 각종 입출력 단자 위치

CD롬드라이브는 외부적으로는 전면과 후면으로 나눌 수 있습니다. 전면에는 보통 트레이를 넣고 빼는 Eject/Stop 단추와 트레이 문, 볼륨 조절 장치, 헤드폰이나 스피커를 연결하는 Headphone Jack 구멍, 동작상태를 알려주는 램프, 비상 탈출 구멍 등으로 구성되어 있습니다.

CD롬드라이브의 앞 면과 뒷면의 주요 부분 이름

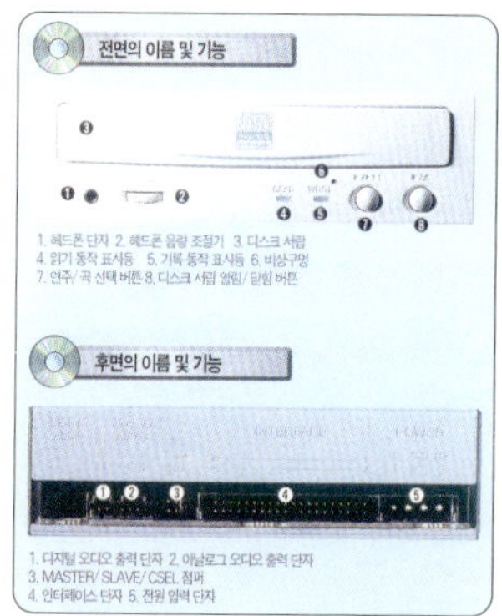

앞면 부의 부분 이름

□ **정지/꺼냄 단추**

CD롬드라이브의 동작을 정지시키거나 꺼낼 때 사용합니다. 동작 중일 때 정지/꺼냄 단추를 누르면 동작을 멈춥니다. 동작이 멈춘 상태엣 정지/꺼냄 단추를 누르면 CD롬드라이브의 트레이 문이 튀어나옵니다. 이 상태에서 한 번 더 누르면 문이 다시 들어갑니다.

□ **음악 CD 재생단추**

요즘 나오는 제품은 여기에 음악 CD를 재생할 수 있는 음악 CD 재생단추가 추가되어 있습니다. 음악 CD를 넣고 음악 CD 재생단추를 누르면 음악 CD 플레이어 역할을 합니다. 음악 CD 재생단추는 한 번 누를 때마다 다음 트랙으로 이동하면서 음악 CD를 연주합니다.

□ **깜박이**

CD롬이나 음악 CD 재생 도중에는 깜박이에 불이 들어옵니다. 깜박이 대부분 한 개가 달려있지만 두 개가 달려 있는 제품도 있습니다.

□ **비상 탈출 구멍**

비상 탈출 구멍은 자세히 살펴봐야만 겨우 보일 정도의 작은 구멍으로 바늘이 겨우 들어갈 정도의 크기입니다. 이 구멍은 CD롬드라이브가 고장 나서 안에 들어간 CD롬이 나오지 않거나 전원이 나가는 바람에 안에 들어간 CD를 뺄 수 없을 때 사용합니다. 이 구멍으로 바늘을 넣어서 누르면 트레이가 튀어나오게 되어 있어 전원이 꺼진 상태에서도 트레이를 뺄 수 있게 되어 있습니다.

□ **헤드폰 잭**

헤드폰 잭에는 보통 헤드폰 그림이 그려져 있는데 여기에 헤드폰이나 스피커를 연결한 다음에 음악 CD 재생단추를 눌러서 음악을 들을 수 있습니다.

□ **볼륨조정스위치**

볼륨은 볼륨 조절 스위치로 조절할 수 있습니다. 이때 음악 CD를 듣는 것은 사운드카드의 설치 여부와 무관하기 때문에 사운드카드가 없어도 음악 CD의 음악을 들을 수 있습니다. 대신 음악 CD의 소리만 들을 수 있으며 일반 CD롬의 효과음이나 컴퓨터 음악은 헤드폰 단자로 출력되지 않습니다.

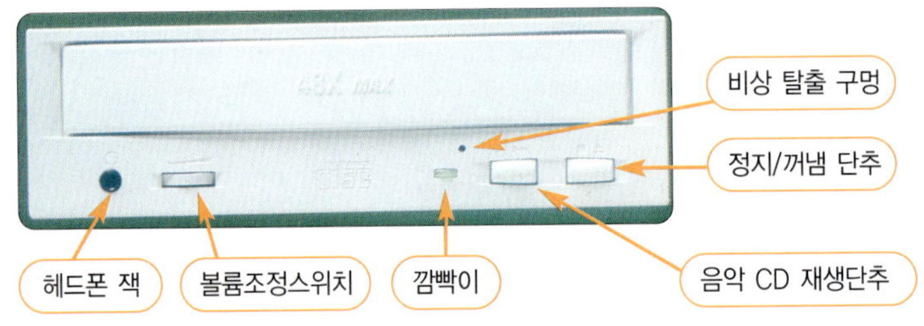

LG전자의 48배속 CD롬드라이브. 앞 부분에 음악 CD 재생 단추가 달려 있습니다.

뒷면에는 케이블 연결 단자가 있습니다.

뒷면에는 전원 입력단자와 케이블 커넥터가 있다. 그리고 왼쪽 편에 디지털 오디오 출력단자와 아날로그 오디오 출력단자가 있으며, 그 옆에는 드라이브의 마스터 슬레이브 선택 점퍼가 있습니다. 아날로그 오디오 출력 단자에 CD롬드라이브 살 때 포함된 오디오 케이블을 연결하고 반대편은 사운드카드에 연결합니다. 이렇게 하면 CD롬드라이브에서 읽은 오디오 CD의 소리가 사운드카드를 거쳐서 스피커로 출력이 됩니다.

디스크선택(Disk Select) 점퍼 핀은 Master, Slave, Cable Select 중에서 하나를 선택할 수 있는 점퍼 핀입니다. 마스터와 슬레이브에 대한 부분은 하드디스크에서 설명한 내용을 참고하기 바랍니다.

3 CD롬드라이브의 종류

CD를 넣고 꺼내는 방법에 따라 CD롬 드라이브는 몇 가지 종류로 나눕니다. 과거에는 캐디 방식, 슬롯 방식도 많이 사용했지만 요즘은 대부분 트레이 방식을 사용합니다.

삽입 방식에 따라 트레이 방식과 슬롯 방식으로 구분

트레이(tray) 방식은 마치 접시 위에 올려놓는 것 같다고 해서 붙여진 이름입니다. CD롬드라이브에서 튀어나오는 접시(tray)에 CD를 올려놓는 방식입니다. 최근의 CD롬드라이브는 대부분 트레이 방식으로 출시됩니다.

요즘 나오는 것은 대부분 트레이 방식의 CD롬드라이브입니다.

슬롯 방식은 플로피디스크처럼 CD를 입구에 밀어서 넣으면 CD가 물려서 들어가면서 삽입되고 단추를 누르면 튀어나오는 방식입니다. CD롬을 세워서 사용하더라도 안정적으로 동작하는 장점이 있지만 문제가 발생했을 때 CD를 빼기 어려우며, 미니 CD 등을 제대로 인식하지 못하는 문제 때문에 요즘은 보기 힘든 방식입니다.

인터페이스에 따른 종류

CD롬드라이브의 인터페이스는 하드디스크와 마찬가지로 EIDE 방식, SCSI 방식, USB 방식, PCMCIA 방식이 사용되고 있습니다. 이 중 PC 안에 내장하여 사용하는 방식은 EIDE 방식이 대부분이고 SCSI 방식은 특수한 층에서만 사용합니다. USB 방식은 외장형으로 사용해야 하는 사람이 사용하며 PCMCIA 방식은 노트북 사용자가 사용하는 방식입니다. 최근에는 노트북 사용자들도 PCMCIA 방식보다는 USB 방식을 더 선호하고 있습니다.

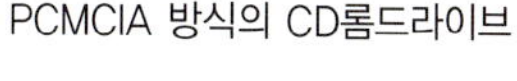

PCMCIA 방식의 CD롬드라이브

4 CD롬드라이브의 성능을 결정하는 요인

CD롬드라이브의 성능은 전송률이 크게 좌우합니다.

CD롬드라이브의 속도를 결정하는 것은 크게 3가지입니다. 이 중에서도 CD롬의 속도를 말할 때 사용하는 것은 전송률입니다.

1배속 기준은 150KB/초의 속도

전송률(Data Transfer Rate)은 자료를 전송하는 속도를 말하며 초당 150KB/초를 1배속의 기준으로 삼습니다. 따라서 50배속이라면 150KB*50=7500KB/초의 속도를 가지는 셈입니다. 물론 전송 속도만 빨라진 것이기 때문에 실제로 파일 복사 속도가 50배 빨라지는 것은 아닙니다.

현재는 52배속까지 출시된 상태

1배속에서 출발한 전송률은 현재 52배속까지 나와 있습니다. 무려 7800KB/초의 빠른 속도입니다. 사실 이렇게까지 배속이 빠른 제품은 필요 없습니다. 배속이 올라갈 경우 파일 복사 속도가 빨라지는 것을 제외하면 특별하게 크게 덕보는 일이 없습니다.

40배속 CD롬드라이브

검색 속도는 자료 찾는 속도를 말합니다.

전송률만큼이나 CD롬드라이브의 속도에 영향을 미치는 것은 검색속도입니다. 검색속도에 영향을 미치는 것은 자료에 접근하는 접근시간(Access Time)과 자료를 찾는 탐색시간(Seek Time)입니다. 특히 CD롬드라이브의 특성상 자료에 빨리 이동하는 접근시간은 매우 중요합니다. 1배속에서 접근시간은 400ms 정도였으나 요즘 출시되는 40배속 이상의 CD롬드라이브는 70~80ms 정도입니다.

접근시간은 크기가 작은 파일이 많을 때 특히 속도에 영향을 크게 미치는 요소로 제조회사별로 큰 차이를 보이기 때문에 유심히 살펴봐야 할 부분입니다.

버퍼 크기는 클수록 좋으며 버퍼가 크면 동작이 안정적입니다.

버퍼(Buffer)의 크기도 속도에 영향을 미칩니다. 같은 배속을 가진 제품이라면 실제로 버퍼의 크기에 의해서 속도 차이가 결정날 정도로 버퍼의 크기는 중요합니다. 초기에 나온 제품은 32KB의 버퍼 크기만을 가지고 있으나 속도가 빨라졌기 때문에 요즘 나오는 제품은 대부분 128~512KB의 버퍼를 가지고 있습니다.

버퍼의 크기가 특히 중요하게 작용하는 경우는 파일의 크기가 큰 동영상의 재생 때입니다. 동영상을 재생할 때는 많은 자료를 전송해야 하기 때문에 버퍼가 클수록 끊어짐이 없는 자연스러운 화면을 재생할 수 있습니다.

04 CD롬드라이브 구입 요령

1 구입 기준으로 살펴볼 내용

국산 제품이 많이 팔립니다.

현재 제조회사 기준으로 볼 때 CD롬드라이브는 LG전자 제품의 선호도가 가장 좋으며 삼성전자가 그 뒤를 따르고 있습니다. CD롬드라이브는 제조회사별 기술력 차이가 크지 않은 제품이라 어느 회사 제품을 사더라도 문제가 없습니다. 가격에 맞추어서 적당한 제품으로 구입하면 도비니다.

SCSI 방식도 고려해볼만 하지만, 외장형은 실용성이 없습니다.

인터페이스로는 EIDE 방식을 선택합니다. 빠른 속도를 원하거나 CD레코딩을 많이 하는 사람이라면 SCSI를 이용하는 것을 고려해볼 수 있습니다. 그렇지만 CD레코딩을 위해서라면 외장형 CD롬드라이브보다는 외장형 CD레코더를 구입하는 것이 더 현명합니다.

EIDE 방식으로 구입하면 당연히 내장형으로 구입해서 장착하겠지만 SCSI 방식을 구입한다면 내장형과 외장형 중에 어느 것이 좋은지 선택하게 됩니다. CD레코더라면 외장형이 더 좋지만 CD를 재생만 하는 CD롬드라이브로는 외장형이 불편합니다. 외장형은 피하도록 합니다.

외장형 CD롬드라이브는 사용하기 불편합니다.

배속보다는 버퍼 크기를 살피는 것이 좋습니다.

과거에는 성능을 따질 때 배속을 가장 중요하게 여겼지만 요즘은 모두 52배속으로 나오기 때문에 배속을 따지지 않습니다. 또한 40배속 이후부터는 배속의 증가가 사실상 의미가 없기 때문에 배속을 따질 필요는 없습니다.

성능을 좌우하는 부분으로 살펴볼 부분은 배속보다는 평균 검색속도와 버퍼의 크기입니다. 특히 버퍼의 크기에 관심을 가져야 합니다. 버퍼는 512KB 이상이고, 평균 검색 속도는 80ms 이하인 것으로 선택합니다.

인식속도가 실제 사용할 때 크게 느껴지는 부분입니다.

검색속도와 전송속도 외에 고려할 속도로는 인식속도가 있습니다. 인식속도는 CD롬을 드라이브에 넣었을 때 몇 초만에 드라이브를 인식하느냐 하는 속도인데, CD롬를 자주 갈아끼우는 사람에게는 이 속도가 체감속도로 다가오기 때문에 인식속도가 느릴 경우 매우 짜증납니다. 그렇지만 인식 속도는 실제로 사용해보기 전까지 알 수 없다는 점이 문제입니다.

세워서 사용할 수 있나 확인해봅니다.

사실상 CD롬드라이브를 선택할 때 속도 문제는 이제 선택 기준이 될 수 없습니다. 이제는 사용 환경에 눈을 돌릴 필요가 있습니다. 우선 CD롬드라이브를 세워서 사용할 수 있나를 따져볼 필요가 있습니다. 컴퓨터의 케이스에 따라서는 CD롬드라이브가 90도로 세워진 상태에서 사용해야 할 경우도 있습니다. 이런 분이라면 세워서 사용할 수 있는 제품을 구입하여야 합니다.

음악 CD를 자주 듣는 사용자는 음악 CD 재생 단추 여부를 확인합니다.

음악 CD를 자주 듣는 사람은 음악 CD 재생기능을 꼼꼼하게 살펴봐야 합니다. 요즘 나오는 제품을 보면 음악 CD 플레이 단추가 전면에 있어서 별도의 프로그램이 없어도 음악 CD의 음악을 들을 수 있습니다. 그러나 음악 CD 플레이 단추가 없는 것도 있으며, 음악 CD 감상을 편하게 하는 기능 단추가 추가된 제품도 있습니다. 음악 CD 재생 단추가 없을 경우 음악 연주 프로그램을 작동시켜야만 음악을 들을 수 있으며, 다음 곡을 선택하기 위해 마우스를 사용해야 하는 불편이 있습니다. 음악 CD 재생단추는 음악을 좋아하는 사람이라면 의외로 많이 사용하는 단추이므로 꼭 음악 CD 재생단추가 있는 제품으로 고르기 바랍니다.

음악 CD 재생단추가 없는 제품도 많습니다.

음악 CD 재생단추가 달려 있는 제품. 한 번 누를 때마다 다음 트랙으로 이동하면서 음악 CD를 연주합니다. 오른쪽 단추는 정지/꺼냄 단추입니다.

트레이 뒤의 구멍이 큰 것은 구입하지 않아야 합니다.

또 한가지 꼭 확인해야 할 부분은 트레이 뒤 쪽의 밑에 뚫린 구멍 크기입니다. 이 부분이 너무 클 경우 사각형 모양이나 별 모양의 CD롬을 사용할 수 없습니다. 요즘 각종 기관에서 제공하는 CD나 하드웨어의 드라이버 파일이 든 CD는 명함 크기의 CD로 제작해 보급하는 곳이 많습니다. 그런데 원 안의 구멍이 클 경우 이런 CD는 회전 도중에 걸리거나 빠질 수 있어 고장의 원인이 됩니다. 또한 빠지지는 않더라도 회전이 불안하여 CD에 기록된 자료를 읽지 못하는 경우가 자주 발생합니다. 따라서 명함 모양의 CD를 넣어보고 빠질 것 같으면 다른 회사 제품으로 교체하도록 합니다.

당연한 이야기지만 슬롯형 CD롬은 아예 명함 모양의 CD를 사용하지 못합니다. 슬롯형 CD롬은 시중에서 보기 드문 제품이지만 혹시 나중에라도 슬롯형 제품은 구입하지 않도록 합니다.

트레이 안의 구멍이 크지 않은 CD롬드라이브는 명함 크기의 CD도 사용할 수 있습니다.

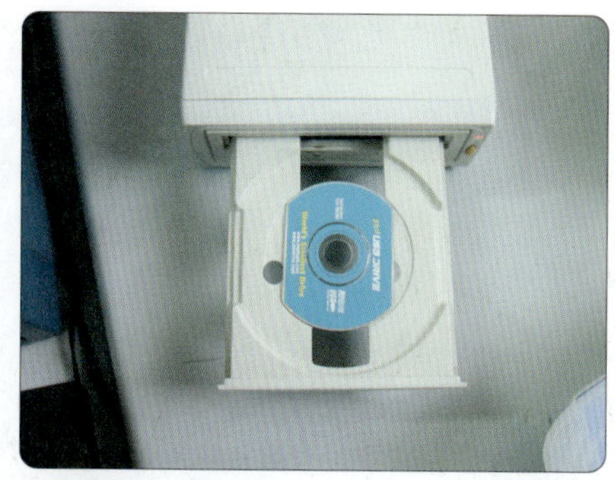

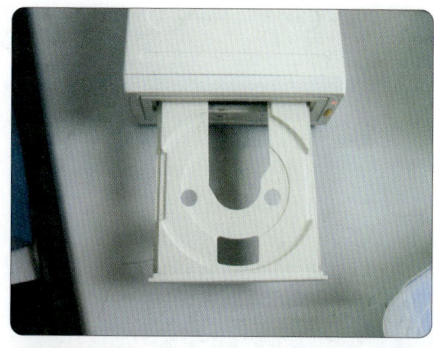

트레이 안의 구멍이 큰 CD롬드라이브에서는 명함 크기의 CD롬이 걸리면서 고장의 원인이 되거나 자료를 읽지 못하고 헛돕니다.

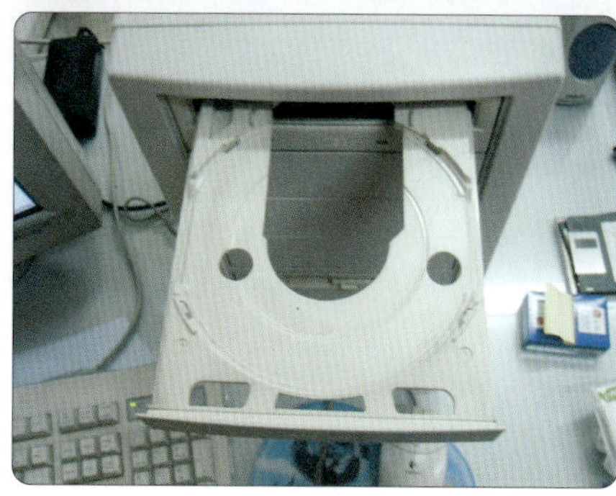

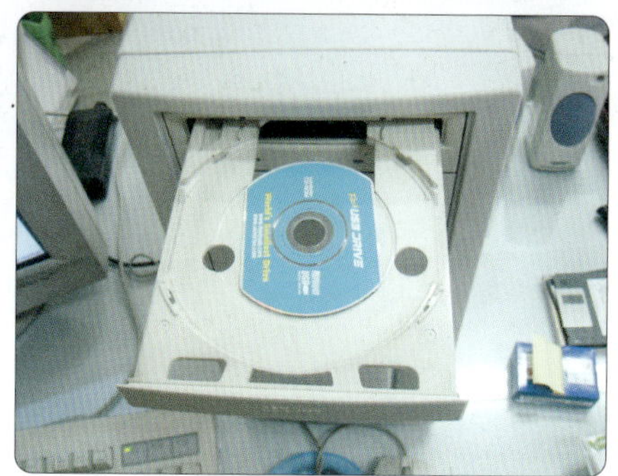

그외 진동과 소음, 열문제도 구입한 후에 사용자의 신경을 거슬리는 예민한 부분입니다. 하지만 제품 구입 때 살펴보기 어렵다는 점을 감안하면 이 문제는 PC통신에 올라온 사용자의 경험담을 고려해서 결정해야 합니다. CD롬을 사용할 때 사용자들이 가장 민감하게 반응하는 부분이 진동, 소음, 인식속도라는 점을 고려하여 어떤 제품이 진동, 소음, 인식속도, 전송속도, 안정성에서 뛰어난가 살펴보고 구입해야 할 것입니다.

2 CD롬드라이브 추천 기준

LG전자나 삼성전자 제품 중에 하나를 구입하는 것이 가장 좋습니다.

사실 현재 CD롬드라이브를 구입하려는 분은 CD롬드라이브의 성능보다는 CD롬드라이브와 CD-RW레코더, DVD롬드라이브 중에서 어느 것을 구입할 것인지가 고민입니다. 아래의 기준을 참고하면 도움이 될 것이라 생각합니다.

① 비용 문제로 CD롬드라이브를 구입하겠다면 LG전자나 삼성전자의 EIDE 방식 내장형 제품을 구입하는 것이 가장 좋습니다.

② 음악 CD를 많이 듣는 사용자라면 음악 CD 재생단추가 있는 제품으로 선택합니다.

③ 게임이나 멀티미디어를 위해 CD롬드라이브를 구입할 생각이라면 CD롬드라이브 대신 DVD롬드라이브로 구입합니다.

④ 자료 백업을 자주 하는 사용자라면 CD롬드라이브 대신 CD-RW레코더로 구입합니다.

⑤ 외장형이나 고가형, SCSI 방식은 가격 대비 효용성이 크게 떨어지므로 구입을 추천하지 않습니다.

⑥ 역수입 제품은 구입하지 않도록 합니다.

잠깐! 역수입 제품은 AS가 안됩니다.

전자상가에서 판매하는 제품 중에 '역수'라고 써진 제품이 있습니다. 역수는 역수입의 줄임말입니다. 그러니까 LG전자가 외국에 수출한 것을 다시 수입해서 파는 제품입니다. 수출한 것을 다시 수입했음에도 가격은 국내산보다 비쌉니다. 그렇지만 역수입 제품은 AS가 안되므로 구입을 피하도록 합니다. 과거에는 역수입 제품과 국내산 정품의 가격 차이가 1~2만원 정도 있었기 때문에 가격적인 이점이 있어 역수입 제품인 것을 알고도 구입했습니다. 그렇지만 지금은 가격 차이가 2천원 정도에 불과하므로 역수 제품 구입의 효과가 없습니다. AS가 되는 국내산으로 구입하도록 합니다.

05 CD레코더

1 CD레코더가 하는 일

CD레코더는 공 CD에 한 번만 기록이 가능합니다.

CDR(CD Recordable) 디스크는 CD레코더를 이용하여 딱 한 번만 기록이 가능한 디스크입니다. CD레코더는 CDR에 파일을 기록할 수 있는 드라이브입니다.

공 CD라고 부르는 CDR을 구입한 다음에 CD레코더를 이용해 기록할 때는 레이저의 파장을 이용합니다. 레이저를 공CD에 쏘면 공 CD에서 화학반응이 일어나 골과 마루를 만들어 CD롬처럼 자료를 읽을 수 있는 구조로 변화시킵니다.

CD레코더는 기본적으로 CD롬드라이브의 기능을 모두 가지고 있습니다. 그리고 추가로 레코딩 기능을 가지고 있는 것입니다. 따라서 CD롬드라이브 대신 CD레코더를 구입하는 것도 괜찮습니다.

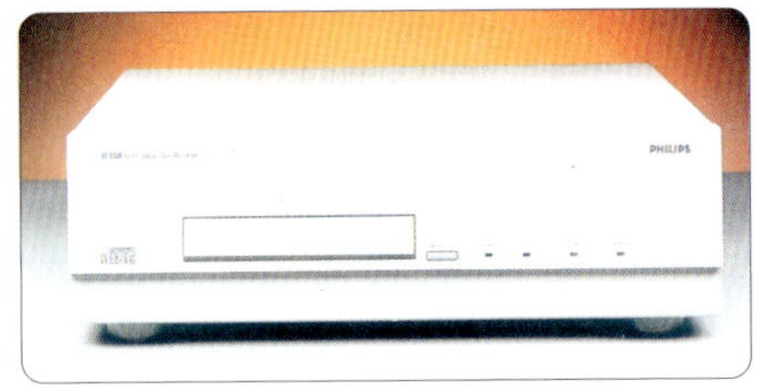

초창기의 CD레코더는 이처럼 매우 컸습니다.

2 CD레코더의 성능 기준

CD레코더는 기록 속도와 버퍼가 중요합니다.

CD레코더의 성능을 말할 때는 쓰기 속도를 기준으로 합니다. 쓰기 속도는 CD롬드라이브의 읽기 배속과 마찬가지로 배속으로 나타냅니다. 다시 말해서 8배속 CD레코더라고 하면 150×8=1200KB/초의 속도로 기록하는 CD레코더입니다. 이 정도면 대략 CD 한 장을 기록하는데 10분 정도 걸립니다.

버퍼는 안정성과 밀접한 관련

배속만큼 중요한 것은 레코딩의 안정성인데 이것은 버퍼에 의해서 좌우되는 경우가 많습니다. 버퍼가 작을 경우에는 버퍼 언더런(Buffer Under Run)이라는 에러가 자주 발생합니다. 그러나 버퍼가 많을수록 에러율은 급격하게 낮아집니다.

3 CD 레코더 구입할 때 살펴볼 점

CD 레코더는 현재 CD-RW레코더로 대체되고 있습니다.

최근에는 CD 레코더 출시가 별로 없습니다. SCSI 방식의 CD 레코더 몇 종류를 제외하면 대부분 CD-RW 레코더로 출시됩니다. 때문에 EIDE 방식은 CD레코딩만 하는 전용 CD 레코더가 출시되지 않고 CD-RW 레코더로 출시됩니다.

공 CD는 지름 12cm와 8cm의 공 CD를 가장 많이 사용하지만 사진처럼 사각형의 공 CD도 있습니다.

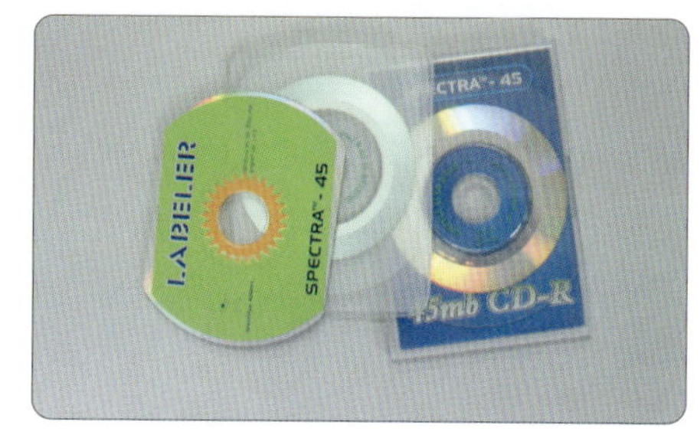

저가형도 CD 레코딩에 문제 없습니다.

과거에는 CD 레코더의 안정성이 큰 문제였지만 요즘 나오는 CD 레코더는 성능이 비슷해져서 어떤 회사 제품을 사용하더라도 레코딩에 문제가 없습니다. 따라서 고가의 제품을 구입할 필요가 없습니다. 저가형이라도 레코딩에 아무런 문제가 없습니다.

SCSI 방식으로 구입해야 다양한 CD 복사가 가능합니다.

EIDE 방식이 안나오기 때문에 CD 레코더를 구입한다면 SCSI 방식으로 구입하게 됩니다. 그리고 중고로 레코더를 구입하더라도 EIDE 방식은 피하는 것이 좋습니다. CD를 복사하려면 SCSI 방식이 좋습니다.

SCSI 방식의 경우 내장형과 외장형의 가격 차이가 있습니다. 과거에는 외장형의 안정성이 높았지만 지금은 어떤 제품을 구입하더라도 안정성에 큰 문제가 없습니다. 가격과 사용의 편리성을 고려하여 선택하면 됩니다. 다른 시스템에 가져가서 레코딩할 제품이라면 외장형으로 구입하고 자신의 시스템에서만 사용할 것이라면 내장형으로 선택합니다.

레코딩 속도가 제일 중요하고 버퍼가 크면 좋습니다.

CD 레코더의 배속은 8×40 등으로 표시합니다. 또는 W8R40 등으로 표시합니다. 이때 8은 Write 배속을 뜻하며 40은 Read 배속을 뜻합니다. 다시 말해서 8배속은 레코딩할 때의 속도를 말하면 40은 CD롬드라이브로 사용할 때의 읽는 속도를 뜻합니다. 읽는 속도는 그다지 중요하지 않고 쓰기 속도가 중요합니다.

버퍼 메모리는 클수록 좋습니다. 기본적으로 요즘 나오는 제품은 최소 2MB 정도는 가지고 있습니다. 8배속 이상부터는 2MB 이상이 기본적으로 필요합니다. 요즘은 대부분 레코딩이 안정적으로 되기 때문에 버퍼 문제는 예민하게 따져볼 필요가 없습니다.

바이오스도 업그레이드가 가능해야

대부분의 CD 레코더는 바이오스를 업그레이드 할 수 있는 형태로 되어 있습니다. 새로운 바이오스를 통신으로 받아서 업그레이드 할 수 있습니다. 만약 바이오스 업그레이드가 소프트웨어적으로 안되는 것이라면 레코딩이 불안하거나 새로 나온 공 CD와 충돌을 일으킬 때 심각한 문제가 될 수 있습니다. 따라서 바이오스는 소프트웨어적인 업그레이드가 가능한 것으로 구입해야 합니다.

06 CD-RW

1 CD-RW가 하는 일

공 디스크에 1천 번 정도는 하드디스크처럼 읽고 쓰고 지울 수 있습니다.

CDR은 한 번만 기록할 수 있는 디스크라는 단점이 있습니다. 이 단점을 개선시켜 나온 것이 CD-RW(CD-Rewritable)입니다. CD-RW는 1천 번까지 자료를 지웠다 썼다 하면서 기록할 수 있습니다. CD-RW레코더는 CD-RW 디스크에 기록을 할 수 있는 드라이브입니다. 요즘 판매되는 CD-RW레코더는 기본적으로 기본적으로 CD롬드라이브와 CD레코더의 기능을 겸하고 있습니다. 최근에는 CD레코딩만 하는 전용 CD레코더가 출시되지 않기 때문에 CD-RW레코더를 구입하는 경우가 대부분입니다.

CD-RW 디스크 가격이 비싼 것이 단점

CD-RW 레코더를 구입한다 하더라도 CD-RW 기능을 사용하는 경우는 많지 않습니다. CD-RW 디스크의 가격이 비싸기 때문입니다. 그래서 많은 사람들이 CD-RW를 가지고 CD 레코더 대용으로 사용합니다.

초기의 CDRW 레코더

2 CD-RW 레코더 구입요령

최근 출시되는 제품의 배속은 중요하지 않습니다.

CD-RW 역시 CDR 레코더 구입요령과 같습니다. 단지 CD-RW의 레코딩 배속만 추가로 따져보면 됩니다. CD-RW 레코더는 배속을 나타낼 때 세 가지 배속을 나타냅니다. W는 CD레코더로 동작할 때의 기록 속도입니다. R은 CD롬드라이브로 사용할 때의 읽기 배속입니다. RW는 CD-RW 레코더로 기록할 때의 기록 속도입니다.

CD롬드라이브가 어느 순간부터 배속 향상의 의미가 없어진 것처럼 최근 나오는 CD-RW 레코더의 배속도 큰 의미가 없습니다. 최근에는 40배속 제품이 출시되고 있는데 레코딩 속도가 8배속의 5분의 1로 줄어드는 것이 아니기 때문입니다. 때문에 16배속 제품이나 40배속 제품이나 기록 속도에서는 이제 큰 차이가 나지 않습니다.

따라서 비싼 제품을 구입할 필요가 없습니다. 8만원대의 저가형으로도 충분합니다. 저가형으로 구입하여 편하게 사용하는 것이 좋습니다.

버퍼가 큰 제품이 좋습니다.

CD-RW레코더의 경우에는 속도가 빨라졌기 때문에 아무래도 버퍼 메모리의 중요성이 더욱 큽니다. 기본적으로 4MB 정도는 장착하는데 그보다 적은 메모리를 장착했다면 안정성에서 조금 더 떨어진다는 점을 기억해야 할 것입니다.

요즘의 CD-RW레코더

잠깐! 일반 사용자는 콤보 제품을 구입하는 것이 좋습니다.

CD롬드라이브를 업그레이드 하는 사용자일 경우 CD-RW레코더로 사는 것이 좋을까, DVD롬드라이브를 사는 것이 좋을까 고민됩니다. 한 쪽을 선택하자니 한 쪽 기능을 쓸 수가 없고, 두 개를 다 사자니 비용도 두 배로 들면서 베이도 두 개를 차지하고.
결론은 두 가지를 갖춘 콤보제품이 좋습니다. 시중에는 10만원 전후로 CD롬드라이브, CD레코더, CD-RW레코더, DVD롬드라이브 기능을 갖춘 제품이 출시되고 있습니다. 콤보제품을 구입하면 네 가지 드라이브 기능을 하나로 사용할 수 있어 비용도 절약하고 공간도 절약할 수 있습니다.

07 DVD

1 DVD의 특징

DVD는 고해상도 비디오를 구현하기 위해 만든 매체입니다.

DVD는 디지털 다기능 디스크(Digital Versatile Disc) 또는 디지털 비디오 디스크(Digital Video Disc)라고 합니다. DVD는 고해상도 비디오를 구현하기 위해 개발한 매체입니다.

DVD는 어떤 목적으로 사용할 것인가에 따라서 기록이 불가능한 DVD-ROM과 기록이 가능한 DVD-RAM군으로 나눌 수 있습니다. DVD-ROM에는 DVD-Video와 DVD-ROM Title, DVD-Audio가 속하며, DVD-RAM군에는 DVD-RAM과 DVD-WO, DVD-E, DVD-R, DVD-RW가 속합니다. 이중 현재 우리가 시중에서 접하는 제품은 DVD비디오이며, DVD-R과 DVD-RW도 접할 수 있습니다.

한 면에 4.7GB를 저장, 양면에 최대 17GB를 저장합니다.

DVD는 기존의 CD와 크기는 같으면서도 한 면에 4.7GByte를 기록할 수 있는 고용량 매체입니다. 영상매체로 따지면 고화질의 영화 133분 분량을 담을 수 있는 용량입니다. 속도는 DVD 1배속이 8배속 CD롬보다 조금 빠른 1350KB/초 정도입니다. 현재는 16배속 DVD가 주류를 이루고 있습니다.

CD는 한 면에만 기록이 가능하지만 DVD의 경우 양면에 기록이 가능하며, 2층(2 Layer) 구조로 되어있습니다. 때문에 기록할 수 있는 면이 2개 층×앞뒤면=4면이 됩니다. 이렇게 하여 최대 17GB까지 저장이 가능합니다. CD의 26배에 해당하는 엄청난 양이며, 8시간 분량의 영화를 한 장에 수록할 수 있는 양입니다.

잠깐! 표면에 인쇄된 DVD와 인쇄되지 않는 DVD의 차이

일반적으로 국내에 출시된 DVD 비디오는 대부분 비디오 CD처럼 앞부분에 영화포스터가 인쇄되어 있습니다. 그런데 어떤 경우에는 양면 모두 은색으로 되어 있고, 아무것도 인쇄되지 않은 경우가 있습니다. 물론 인쇄비를 아끼기 위해서 인쇄를 안한 것이 아닙니다.

포스터가 인쇄되지 않은 제품은 양면 이상 사용하는 제품입니다. 양면을 모두 사용하기 때문에 양 쪽 면 모두 인쇄가 불가능한 것입니다.

32개국 자막과 8개국 언어를 수록할 수 있습니다.

DVD 비디오의 경우 대화형으로 진행되기 때문에 사용자가 원하는 장면부터 선택해 볼 수 있습니다. 또한 32개국의 언어로 된 자막을 수록할 수 있으며 사용자는 원하는 자막을 선택해서 볼 수 있습니다. 음성 역시 8개 나라말을 동시에 수록할 수 있기 때문에 영어, 한국어, 일본어 등 원하는 국가의 말로 영화를 감상할 수 있습니다. 물론 32개 자막이라는 것은 기록이 가능한 숫자일 뿐입니다. 실제로는 DVD 타이틀을 출시하는 업체에서 몇 개 나라의 자막만 지원하므로 32개 자막을 지원하는 DVD는 볼 수 없습니다.

돌비 디지털 서라운드, 멀티 앵글 지원

음향은 5.1채널을 지원하는 돌비 디지털 서라운드(일명 AC-3)를 지원합니다. 즉 6개의 스피커로 입체적인 소리를 들을 수 있습니다. 화면은 멀티앵글을 지원하기 때문에 9곳에서 찍은 화면을 골라서 볼 수 있습니다. 즉 하나의 장면을 각기 다른 9곳에서 찍어서 수록했을 때 이 중 하나의 앵글을 선택해서 볼 수 있는 기능입니다. 물론 각 앵글에서 찍은 화면을 함께 볼 수도 있다. 줄거리 역시 여러 가지의 줄거리 중에서 선택할 수 있습니다. 즉 서로 다른 줄거리로 영화를 진행하는 일이 가능해지므로 영화의 끝이 사용자가 원한다면 비극으로 끝낼 수도 있고 행복으로 끝낼 수도 있는 것입니다. 물론 DVD 제작 업체에서 이에 맞게 따로 제작할 때만 가능한 일입니다.

최근에 나온 DVD롬드라이브

지역코드와 등급코드를 지원합니다.

DVD는 등급코드라고 할 수 있는 Parental Code(부모코드)를 이용하면 영화의 등급을 설정하여 등급에 맞는 부분만 볼 수 있습니다. 즉 같은 영화라도 '미성년자 관람불가' 코드로 설정하고 영화를 보면 미성년자가 봐서는 안되는 부분은 건너 띄고 지나가는 것입니다. 이런 등급코드 덕분에 부모들이 자녀들과 함께 같은 영화를 보더라도 큰 문제가 되지 않게 됩니다.

또한 지역코드를 지원합니다. 지역코드는 특정 지역에서 제조된 디스크는 같은 지역에서 생산된 DVD 플레이어에서만 돌아가도록 하는 기술입니다.

2 DVD 비디오의 해상도

MPEG-1을 지원하는 비디오 CD나 VHS 비디오테이프가 352x240 해상도에 초당 30프레임을 제공하는 것에 비해 MPEG-2를 이용하는 DVD는 720x480(또는 720×576)의 고해상도에 초당 60 프레임의 속도로 영화를 볼 수 있습니다. 점으로 나타내는 해상도가 아닌 수평해상도를 기준으로 할 경우에도 500본 이상을 지원하므로 현재까지 나온 비디오 매체 중에서는 가장 해상도가 높습니다.

또한 DVD의 화면비는 16:9로 광폭 TV(HD TV)와 같습니다. 물론 일반TV의 표준 비율인 4:3 비율도 지원합니다. 따라서 사용자는 자신이 원하는 비율로 영화를 감상할 수 있습니다.

3 DVD-ROM드라이브 구입 요령

CD롬드라이브 구입 요령을 참고합니다.

DVD롬드라이브 역시 CD롬드라이브 구입 요령과 마찬가지로 구입합니다. 누차 강조하지만 미니 CD나 사각형 CD를 사용할 수 있는 제품과 음악재생 단추 여부를 확인하기 바랍니다.

슬롯 방식의 DVD롬드라이브는 구입을 피합니다.

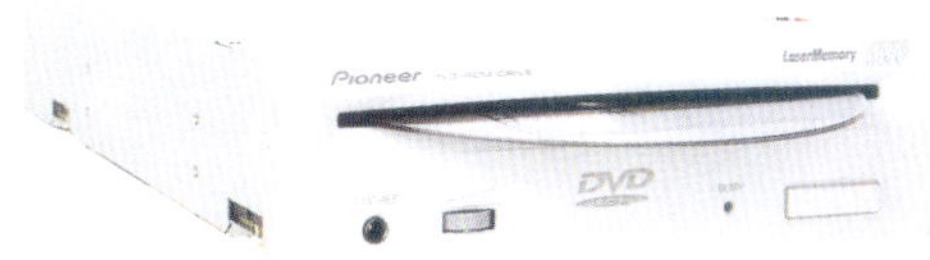

DVD의 배속 기준은 CD롬드라이브의 배속 기준하고 다릅니다.

현재 시중에는 16배속이 주류를 이루고 있습니다. DVD롬드라이브의 배속은 CD롬드라이브의 배속과 기준이 다릅니다. DVD롬드라이브는 1배속의 1,350KB/초의 전송률을 지원합니다. 따라서 16배속은 여기에 16을 곱해야 합니다.

지역코드를 채택한 국내 제품은 수입 DVD롬을 읽는데 제한을 받습니다.

최근 출시되는 DVD-ROM드라이브의 상당수는 국가코드를 채택하고 있습니다. 특히 국내회사인 LG전자와 삼성전자의 제품은 국가코드를 채택하여 출시하고 있습니다. 국가코드(지역코드)를 채택할 경우 다른 지역(국가)에서 출시된 DVD롬을 읽지 못한다는 단점이 있습니다. 이는 사용자 입장에서 볼 때 불편한 점입니다. 외국에서 사온 DVD-ROM드라이브를 읽지 못하기 때문입니다. 따라서 가능한 지역코드 기능이 넓게 지원되는 제품을 구입하는 것이 좋습니다. 지역코드 기능이 넓게 지원되는 제품은 수입품입니다.

CD-RW레코더 겸용 콤보 제품을 추천합니다.

현재 많은 사용자들이 CD-RW레코더와 DVD롬드라이브를 구입하려고 합니다. 그런데 두 개를 따로 구입하면 비용도 배로 들고 드라이브를 두 개 달아야 하므로 공간 문제도 발생합니다. 따라서 DVD롬드라이브를 구입하는 것보다는 CD-RW레코더 겸용 콤보제품을 구입하는 것이 좋습니다. 콤보제품은 CD롬드라이브, CD레코더, CD-RW레코더, DVD롬드라이브의 기능을 겸하고 있습니다. 하나의 드라이브로 네 가지 드라이브 기능을 다 사용할 수 있으면서 가격도 저렴하고 공간도 절약할 수 있습니다.

08 기타 저장 장치

1 보조 저장 장치의 역할

다양한 보조 저장 장치가 출시되었으나 시장에 정착하지 못했습니다.

보조 저장 장치는 하드디스크에 있는 자료를 디스크로 따로 보관하는 백업용 저장 매체를 말합니다. 그동안 고용량의 멀티미디어 시대로 넘어가면서 매우 다양한 미디어가 선을 보였습니다. 얼마 전까지만 해도 집드라이브를 비롯하여 재즈, 클릭, 이지 플라이어, 샤크, PD, 광드라이브와 같은 다양한 매체가 하드디스크를 보조하는 보조 매체로 시중에서 판매되었습니다.

플로피디스크와 120MB 용량의 디스크를 함께 사용할 수 있는 슈퍼디스크

그렇지만 최근에는 이들 미디어의 판매가 크게 줄었습니다. 이들 새로운 매체가 시장에서 철수하고 있는 이유는 다음과 같습니다.

① CD 레코더와 CDRW 레코더의 보급으로 인하여 대부분 공 CD나 CDRW를 보조 미디어로 사용하기 때문입니다.

② 동영상 파일을 사용하면서 파일 하나가 500MB에서 1GB에 달하는 파일을 사용자들이 많이 다루는데 대부분의 보조 미디어는 용량이 20~500MB 정도에 불과하여 보조 미디어로서 가치가 크게 떨어집니다.

PD드라이브는 650MB의 PD미디어를 자유롭게 읽고 쓸 수 있으며 CD롬드라이브 기능을 겸합니다.

③ 1GB 이상의 고용량 미디어는 매체 가격이 비쌉니다. 요즘 60GB 하드디스크이 가격이 11만 원대이므로 적어도 1GB의 미디어 가격이 60분의 1인 2천원 정도여야 하는데 대부분 몇 만 원이나 합니다. 때문에 하드디스크에 보관하는 것이 훨씬 경제적이고 편리합니다.

현재 주력 매체는 CDR입니다.

이상의 이유로 현재 시장에서 판매되는 보조 저장매체는 종류가 크게 줄었습니다. 재즈 드라이브와 광드라이브 정도가 보조 저장장치로 판매중이지만 그나마 활발하게 판매되는 것이 아닙니다. 현재 시장에서 나름대로 시장을 형성한 제품은 CDR과 CD-RW 미디어입니다. 그리고 DVD-RW 미디어가 앞으로 보급될 전망입니다.

집드라이브는 1990년대 중반에는 나름대로 시장에서 매력이 있는 매체였지만 CDRW가 보급된 요즘은 가격에 비해서 효용성이 너무 떨어집니다. 광드라이브 역시 용량이 크다는 장점은 있지만 가격이 너무 비싸 보조 저장매체로서 효용성이 크게 떨어집니다.

DAT드라이브는 그나마 보조저장매체로서 나름대로 시장을 형성하고 있습니다. 그렇지만 DAT는 개인이 사용하기에는 부담스러운 제품입니다. 아직까지는 기업에서 백업용으로 사용하는 정도에 그치고 있습니다.

2 CD-RW와 DVD-RW의 효용성이 떨어지는 이유

CD-RW는 미디어 가격이 비싸고 불편하여 효용성이 떨어집니다.

현재 많은 사람들이 CD-RW 레코더를 가지고 있습니다. 또한 시중에서 판매되고 있는 레코더도 대부분 CD-RW 레코더입니다. 그래서 CD-RW 레코더의 보급은 많이 늘었고 앞으로도 많이 늘 예정입니다. 그렇지만 CD-RW 디스크를 이용하여 자료를 보관하는 사용자는 많지 않습니다. 대부분의 사용자가 CDR 미디어 즉, 공 CD를 이용하여 자료를 백업하고 있습니다. 그리고 앞으로도 CD-RW 미디어의 활용은 높지 않을 전망입니다.

일반인들이 읽고 쓰기가 가능한 CD-RW 대신 공 CD를 선호하는 이유는 다음과 같습니다.

① 공 CD가 CD-RW 디스크보다 싸기 때문입니다.

현재 공 CD는 저가형이 300원 정도 합니다. 반면 CD-RW 디스크는 1,500원 합니다. 다섯 배나 비쌉니다. 때문에 같은 용량의 자료를 보관하기 위하여 다섯 배나 비용을 지불하려 하지 않습니다.

② 하드디스크 자료 백업보다는 CD 복사에 치중하고 있습니다.

일반적인 사용자들의 경우 CD로 따로 보관해야 할 정말 중요한 파일은 많지 않습니다. CD 몇 장이면 중요한 파일은 다 보관이 가능합니다. 결국 사람들이 공 CD를 가지고 레코딩하는 주된 작업은 게임 CD 복사를 비롯한 프로그램 CD 복사입니다. CD 복사를 위해서 비싼 CD-RW 디스크를 사용할 사람은 별로 없습니다.

즉 CD-RW 레코더로 일반인이 하는 작업의 상당 부분은 CD복사입니다. 이런 이유로 CD-RW보다는 공 CD를 선호하는 것입니다.

용량 대비 미디어 가격이 싸야 보조 저장 매체로서 가치가 있습니다.

곧 CD보다는 하드디스크를 백업용으로 사용하는 사람이 많습니다.

요즘 많은 사람들이 CD로 보관하려는 자료는 DVD 영화와 같은 동영상 자료나 게임 등의 프로그램입니다. 그런데 DVD 영화 한 편을 파일로 보관하려면 500MB에서 1GB 이상을 넘어갑니다. 때문에 650MB 용량의 CD로 영화 파일을 백업받기가 쉽지 않습니다. 또한 60기가 정도를 백업받으려면 100여 장이나 되는 CD를 구워야하는데 이도 매우 귀찮은 작업입니다. 그래서 대부분의 사람들은 하드디스크의 파일 용량이 많아지면 CD레코딩을 하기보단 용량이 더 큰 하드디스크를 구입하여 사용합니다. 물론 백 여장의 CD-RW 디스크를 교체하는 일보다 60GB의 하드디스크를 사용하는 일은 훨씬 편리합니다. 모든 파일이 다 하드디스크 있기 때문에 찾기 편하고 사용하기 편리합니다.

하드디스크를 백업용으로 사용하는 또 한 가지 이유는 미디어 가격이 싸기 때문입니다. 현재 CD-RW의 미디어 가격이 하드디스크보다 비쌉니다. CD-RW로 60GB를 저장하려면 100여장의 디스크가 필요하므로 15만원의 구입 비용이 듭니다. 반면 하드디스크는 현재 60GB가 11만원대입니다. 그렇다면 사용의 편리성은 물론이고 가격 면에서도 하드디스크가 훨씬 유리합니다. 그래서 하드디스크에 자료를 백업해두는 사용자가 많습니다.

DVD-RW도 효용성이 떨어집니다.

하드디스크의 가격 하락폭이 워낙 크기 때문에 DVD-RW가 보급된다 하더라도 CD-RW레코더의 전철을 밟을 것입니다. 현재 4.7GB 용량의 DVD-RW 디스크의 가격은 15,000원이 넘는 수준입니다. 그렇다면 DVD-RW 디스크 열 장을 구입하는데 들어가는 비용은 15만원이지만 저장할 수 있는 용량은 47GB에 불과합니다. 15만원이면 80GB의 하드디스크를 구입할 수 있습니다. 저장 속도, 복사 속도, 파일 사용의 편리, 가격 등을 고려해볼 때 DVD 10장을 구입해 보관하는 것보다 하드디스크에 보관하는 것이 월등하게 유리합니다.

백업 목적용으로는 테이프 드라이브도 좋은 매체입니다.

이런 이유로 저는 요즘 CD나 CD-RW 대신 하드디스크에 대부분의 자료를 보관하고 있습니다. 물론 자료 손실에 대비하여 중요한 파일은 두 개 이상의 하드디스크에 중복하여 복사해둡니다. 그리고 하드디스크를 편하게 사용할 수 있도록 하드랙을 이용합니다.

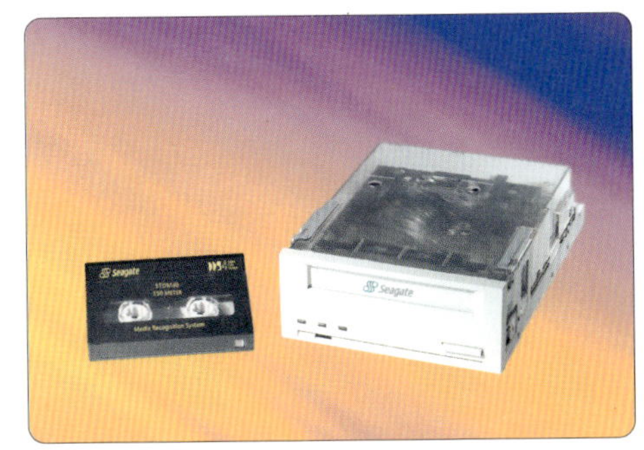

자료 보관용이라면 DVD-RW레코더보다 하드디스크를 구입하는 것이 좋습니다.

아마 최근 DVD-RW레코더가 출시되자 더 큰 용량의 매체를 탐내는 분들이 DVD-RW레코더 구입을 고려할 것으로 생각합니다. 그렇지만 DVD-RW레코더 역시 아마도 DVD 비디오의 복사 기능을 수행하는 장치로 전락할 것입니다. 미디어 가격이 비싸기 때문에 DVD-RW레코더를 구입하여 하드디스크의 자료를 백업하는 것은 효용성이 떨어집니다. 하드디스크의 자료를 보관하기 위하여 10장의 DVD-RW 디스크를 구입하는 것보다는 하드디스크를 하나 더 구입하여 복사하는 것이 훨씬 편리하고 경제적입니다. 그러므로 DVD-RW레코더 구입을 고려하는 분이라면 다시 한 번 잘 검토하고 구입 여부를 결정하기 바랍니다.

디스크를 이용한 보조 저장장치

3 시중에서 판매하는 보조 저장 장치

현재 시중에는 ORB, 집드라이브, DVD-RW레코더, DVD-R레코더, 썸브드라이브, 스마트미디어드라이브 등의 다양한 매체를 판매중입니다. 그러나 미디어 가격이 비싸기 때문에 공 CD나 CD-RW에 비해 보조 저장 장치로서의 효율성은 크게 떨어집니다. 그나마 스마트미디어, 플래시 디스크와 같은 초소형 저장 매체를 읽는 드라이브는 나름대로 시장을 넓혀가고 있습니다. 디지털카메라의 보급이 늘면서 초소형 저장 매체의 보급도 늘고 있습니다. 또한 썸드라이브처럼 휴대와 사용이 간편한 미디어도 이동용 매체로 시장을 형성하고 있습니다.

작은 크기의 저장 매체인 클릭 미디어와 드라이브

ZIP드라이브

집드라이브(ZIP Drive)는 플로피디스크 드라이브처럼 디스크를 드라이브에 넣었다가 뺐다 하는 형식으로 사용하는 저장매체입니다. 집디스크는 매체 하나에 100MByte나 250MByte의 정보를 저장할 수 있으면서도 가볍고 크기도 작아서 휴대성이 좋습니다. 또 컴퓨터의 프린터 포트나 USB포트에 연결해서 손쉽게 사용할 수 있어 사용이 간편합니다. 몇 년 전만 해도 보조 저장 장치로 인기가 있었지만 지금은 디스크에 저장할 수 있는 용량이 적다는 이유로 인기가 없습니다.

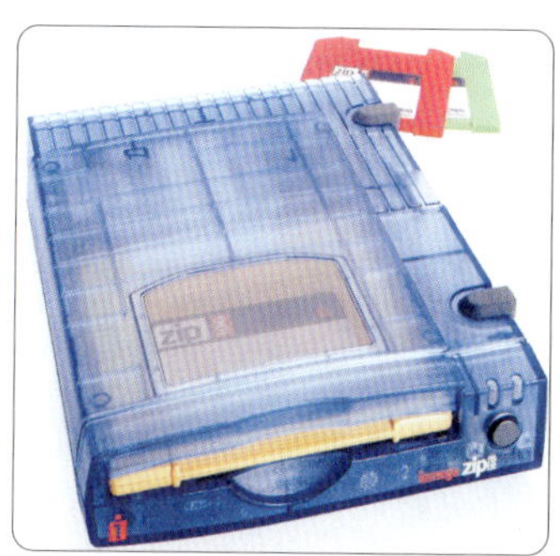

집드라이브와 미디어

JAZ 드라이브

재즈드라이브는 집드라이브를 만든 아이오메가사에서 집에 이어서 후속제품으로 내놓은 것입니다. 집드라이브와 비교할 때 용량이 1GB로 크게 향상되었다는 점만 차이가 있을 뿐 나머지 구조나 특성은 비슷합니다.

2GB의 재즈미디어와 집미디어, 클릭미디어. 요즘은 찾는 사람이 없습니다.

재즈드라이브의 장점은 미디어 용량이 집드라이브에 비교할 때 10배 정도로 늘었다는 점과 파일 복사 속도가 빠르다는 점입니다. 재즈 드라이브는 하드디스크 방식을 사용하기 때문에 복사 속도가 매우 빠릅니다. 그러나 가격이 비싼 단점을 극복하지 못해 보급이 안된 제품입니다.

광자기(MO)디스크

MOD(Magnetic Optical Disc)는 광자기디스크 또는 줄여서 광디스크라 부르는 제품으로 CD롬과 비슷한 특성을 지닌 제품입니다. 광자기 드라이브는 광자기디스크에 레이저를 이용하여 자료를 쓰고 기록하는데 고용량의 자료를 저장할 수 있습니다.

현재 시중에는 후지쯔의 다이나모 제품이 판매중이며 640MB와 1.3GB의 용량을 가진 두 가지 드라이브가 판매중입니다. 그렇지만 드라이브 가격도 몇 십만원대로 비싸고 미디어가 비싸다는 점 때문에 사용자가 별로 없습니다.

광드라이브와 매체

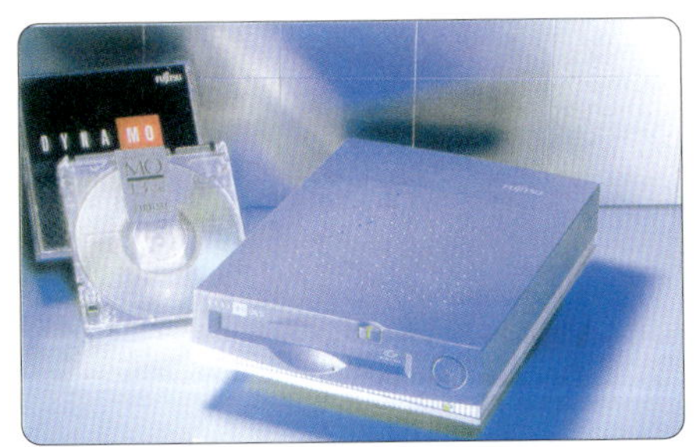

썸드라이브

썸드라이브(Thumb Drive)는 플래시 메모리를 사용하는 저장 매체로 이름 그대로 손가락만한 크기를 가지고 있습니다. USB 방식을 사용하며 보통 16~64MB의 용량을 가진 제품이 판매중입니다. 더 큰 용량도 있지만 가격이 높아서 대부분 32~64MB 용량의 제품을 가장 많이 선호합니다.

썸드라이브는 가격도 비싸고 용량도 크지 않지만 휴대성이 좋아 많은 사람들이 사용합니다. 플래시 메모리를 사용하기 때문에 충격으로 인한 자료 손실을 걱정하지 않아도 되고 워낙 작아 어느 곳에서나 들고다니기 편합니다. 그래서 플로피디스크를 대신하여 옆 컴퓨터에 자료를 복사하거나 직장과 집 사이의 이동용 보관 장치로 사용합니다.

워낙 작아서 목걸이처럼 목에 걸고다니거나 주머니에 넣고 다닐 수 있습니다. 이를 위해 휴대용 목걸이 케이스도 함께 제공합니다. 물론 저장 미디어만 따진다면 더 가벼운 저장매체도 있지만 썸드라이브의 가장 큰 장점은 별도의 드라이브가 필요없다는 점입니다. 가지고 다니다가 언제든지 USB 포트에 연결하기만 하면 하드디스크처럼 동작하면서 자료를 읽고 쓸 수 있습니다. 아주 대용량이 아닌 적당한 용량의 자료를 보관하거나 이동하는 용도, 중요한 몇몇 자료의 백업이나 비상용 파일 보관용으로는 유용합니다.

백업테이프와 DAT

DAT는 과거에 사용하던 백업테이프의 단점을 상당 부분 개선한 제품입니다. 과거의 백업테이프는 느리고 용량이 많지 않았습니다.

그러나 요즘 사용하는 백업테이프는 용량도 크게 향상되었고 속도도 빨라졌습니다. 요즘 사용하는 기업용 백업테이프는 테라바이트 수준으로 저장합니다. 엑사바이트사의 제품은 8mm 테이프에 7GB 이상을 저장할 수 있습니다.

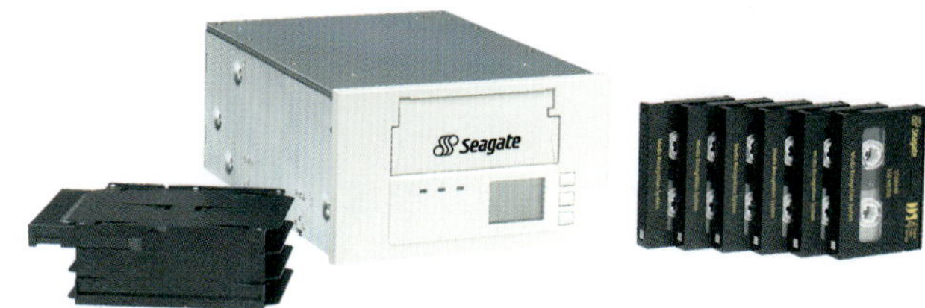

백업테이프와 드라이브

그러나 개인이 사용하기에는 고가인 장비입니다. 개인의 경우 DAT 드라이브를 사용하는 사람이 있습니다. DAT(Digital Audio Tape)는 원래 음악시장에서 사용하려고 만든 것이었으나 요즘은 백업테이프로 더 많이 각광받고 있는 매체가 되었습니다. 4mm DAT를 이용하면 24GB 이상의 용량도 가볍게 기록할 수 있으며 가격도 많이 내려갔기 때문에 백업용으로 적당합니다. 테이프 매체의 경우 속도가 매우 느리고 임의접근이 안된다는 점을 고려할 때 순수하게 백업용으로만 사용해야 합니다.

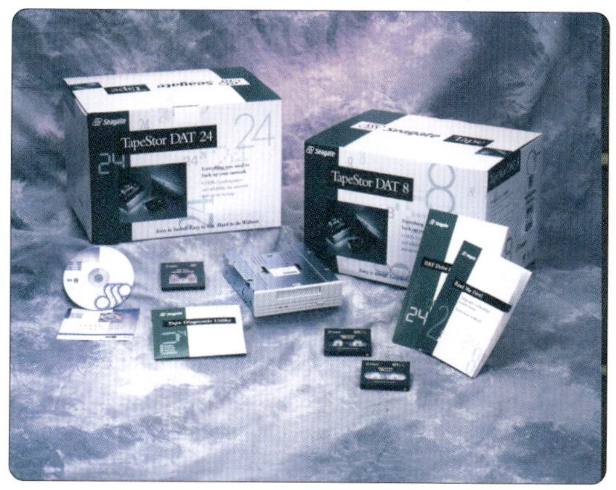

DAT와 DAT드라이브

Section 07 PC Remodeling

입출력 장치 이야기

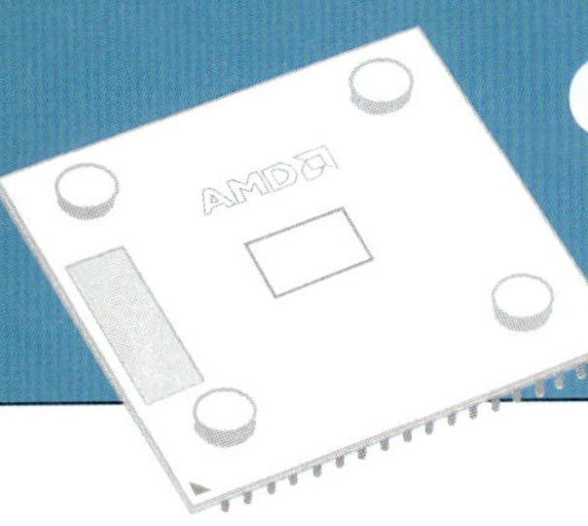

01 그래픽카드

1 그래픽카드의 동작 과정과 종류

그래픽카드는 CPU가 내린 명령을 모니터가 이해하도록 번역합니다.

그래픽카드는 출력 결과를 모니터에 보여주도록 제어해주는 인터페이스 카드입니다. 과거에는 컴퓨터에 내장되었다가 ISA 슬롯에 장착하는 형태로 PC에서 사용했습니다. 그후 VESA 방식과 PCI 슬롯에 장착하는 그래픽카드가 시장에서 몇 년 동안 판매되었고 현재는 AGP 버스 방식을 사용하는 그래픽카드가 판매중입니다.

ISA 방식의 그래픽카드

VESA 방식과 PCI 방식이 공존하던 때와 PCI 방식과 AGP 방식이 공존하던 과도기 때는 어떤 방식의 그래픽카드를 구입해야 할 지 망설였습니다. 그렇지만 지금은 AGP 방식으로 통일되었기 때문에 버스 방식을 가지고 고민하는 일은 사라졌습니다.

PCI 방식의 그래픽카드

최근 제품은 모두 3D 그래픽카드입니다.

최근에 출시되는 그래픽카드는 모두 3D 그래픽 가속 기능이 있는 3D 그래픽카드입니다. 3D 가속 기능은 3D 그래픽 처리를 대신해주는 기능입니다. 과거에는 CPU가 화면에 표시할 그래픽 내용을 계산하고 좌표와 색상을 지정했습니다. 그래서 CPU가 매우 바빴습니다. 또한 화면에 그림 하나 그리는데도 시간이 꽤 오래 걸렸습니다. 이런 단점을 보완하기 위하여 그래픽 가속을 가진 그래픽 가속기(Graphic Accelator)가 개발되었습니다. 그래픽 가속기는 CPU가 하던 그래픽 연산을 대신함으로써 CPU의 부하를 덜어주고 그래픽 출력 속도를 향상시킨 제품입니다.

AGP 방식의 3D 그래픽카드

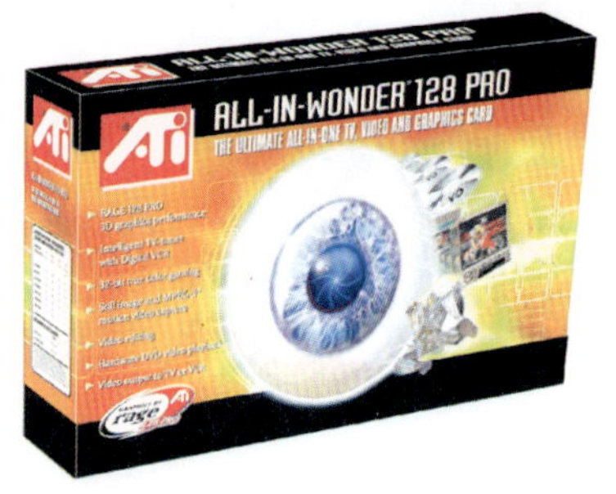

그래픽 가속 기능은 2D와 3D를 별도로 구별합니다. 초기에는 2D 가속 기능을 지원하는 그래픽카드만 출시되었지만 나중에 3D 그래픽 가속 기능을 지원하는 제품이 출시되었습니다. 현재는 대부분의 그래픽카드가 3D 그래픽 가속 기능을 지원합니다.

3D 그래픽 연산을 CPU 대신 담당하는 칩이 3D 가속기

3D 가속기는 3차원 그래픽을 빨리 처리하는 기술입니다. 3D 게임 등을 할 때 순간마다 3차원으로 계산을 해서 화면에 점을 찍어야 하는데, 이때 고성능의 부동소수점 연산이 필요합니다. 이 연산을 CPU가 담당하게 되면 시스템 전체의 속도가 느려지는 것은 물론이고 여러 개의 프로그램을 띄울 경우고 작업할 때는 안정성에 문제가 생깁니다. 그래서 이 처리를 CPU가 아닌 다른 칩이 대신하도록 해야 그래픽 처리 속도도 빨라지고 시스템이 안정됩니다.

3D 가속 칩은 텍스처 매핑과 같은 3D 연산을 담당합니다.

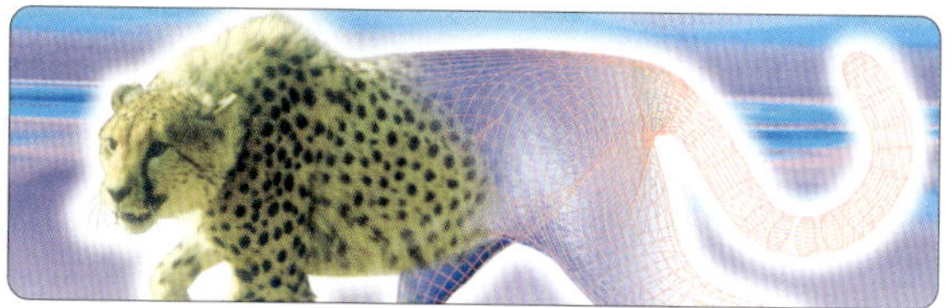

그래서 이런 3D 처리 기능을 그래픽카드에 내장시켰는데, 이 칩을 3D 가속기라고 부르고, 3D 가속기능이 내장된 그래픽카드를 3D 그래픽 카드라도 합니다. 요즘 나오는 그래픽카드는 모두 3D 그래픽 카드입니다.

2 3D 그래픽카드의 구조

3D 그래픽카드의 핵심 부품은 그래픽 칩셋(GPU)입니다.

3D(3 Dimension)카드는 3D 그래픽을 좀더 빠르고 효과적으로 표현하기 위하여 3D 그래픽 처리에 관련된 기능을 그래픽카드의 칩셋에서 지원하는 카드를 말합니다. 이전의 그래픽카드는 3D 처리에 매우 느렸으며, CPU가 3D 그래픽 처리를 대신 맡을 경우 시스템의 안정성이나 속도가 느려지는 문제가 있었습니다. 그래서 CPU가 맡아야 할 3D 그래픽 처리 기능을 3D 그래픽 전용 칩셋으로 처리하는 것입니다.

3D 그래픽카드는 다양한 부품으로 구성되어 있는데 그 중에서 주요 부품은 다음과 같다.

□ **그래픽 칩셋**

그래픽카드에서 가장 중요한 부분입니다. 컴퓨터 시스템의 CPU에 해당하며 3D 연산과 관련된 작업을 맡아서 처리합니다. 요즘은 그래픽 칩셋의 중요도가 커지면서 CPU에 버금갈 정도로 성능이 향상되었습니다. 그래서 그래픽 칩셋이라는 말을 사용하지 않고 GPU라는 말을 사용합니다.

3D 그래픽카드에 사용하는 칩셋

□ 비디오 메모리

그래픽카드에서 처리한 그래픽 정보를 임시로 보관하는 버퍼 역할을 합니다. 비디오 메모리는 그래픽카드의 처리 속도에 큰 영향을 미칩니다.

그래픽카드의 구조

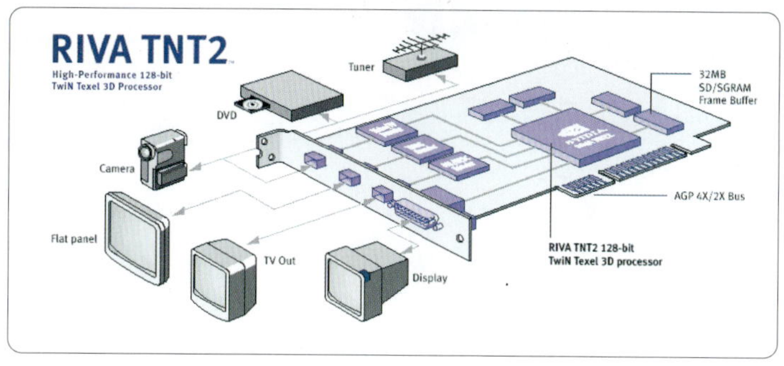

□ 방열판과 냉각팬

과거에는 그래픽카드에 냉각팬이 없었습니다. 그렇지만 그래픽 칩셋의 동작이 CPU에 버금가게 고성능화 되면서 많은 열이 발생했고, 그래픽 칩셋에서 나오는 열을 방출하는 일을 맡기 위해 그래픽카드에도 별도의 냉각팬을 설치합니다.

□ 모니터 커넥터

모니터 케이블을 연결하여 화면에 그래픽 정보를 출력하도록 해주는 통로입니다. 과거에 나온 그래픽카드는 15핀 D-SUB 커넥터만 제공했습니다. 그렇지만 최근에는 DVI(Digital Video Interface) 커넥터를 함께 제공하는 그래픽카드가 많습니다. DVI는 LCD 모니터처럼 디지털 방식의 모니터를 위한 커넥터입니다.

그래픽카드에서 DVI 포트를 제공하지 않을 경우 LCD 모니터를 그래픽카드에 직접 연결할 수 없습니다. 이럴 때는 DIV와 D-SUB 사이를 변환해주는 컨버트 장치를 중간에 끼우고 사용합니다.

그래픽카드의 각 부분별 기능을 나타내는 그림

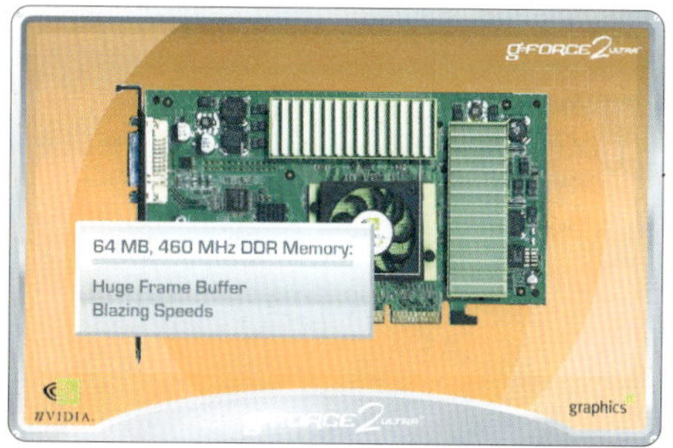

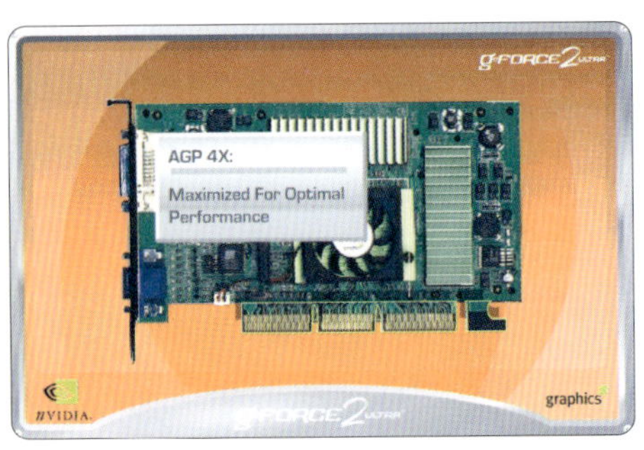

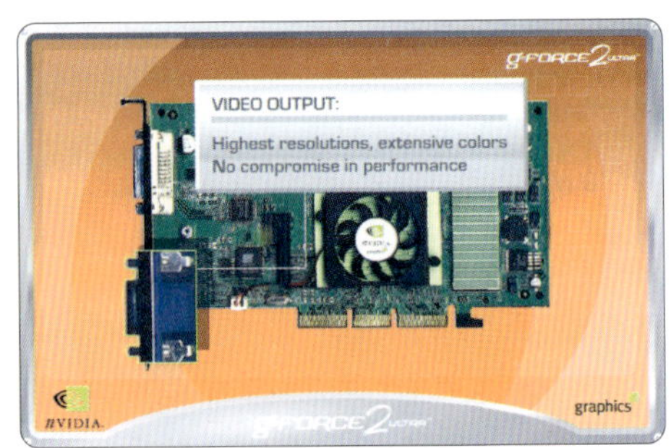

3 3D 그래픽카드 칩셋 시장

그래픽 칩셋으로는 nVIDIA 사의 지포스 계열이 가장 많이 사용됩니다.

그래픽카드에서 제일 중요한 것은 3D 그래픽 연산을 칩셋입니다. 요즘은 GPU라고 표현하는 칩셋은 현재 nVIDIA 사의 리바 TNT 계열과 지포스(GeForce) 계열 칩셋이 가장 널리 사용되고 있습니다.

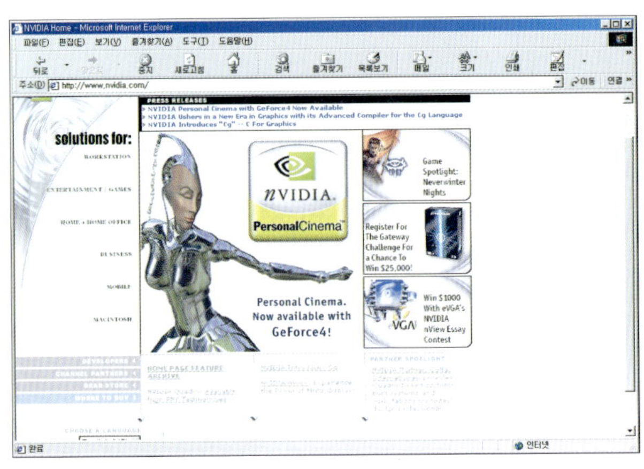

nVIDIA 홈페이지
(www.nvidia.com)

최근에는 쿼드로(Quadro)라는 고성능 칩셋을 장착한 제품도 많이 출시되고 있지만 아직까지 시중에 출시되고 있는 그래픽카드는 대부분 nVIDAI의 지포스 계열 칩셋을 채용한 그래픽카드입니다.

nVIDIA사에서 최근 생산하는 제품 로고들

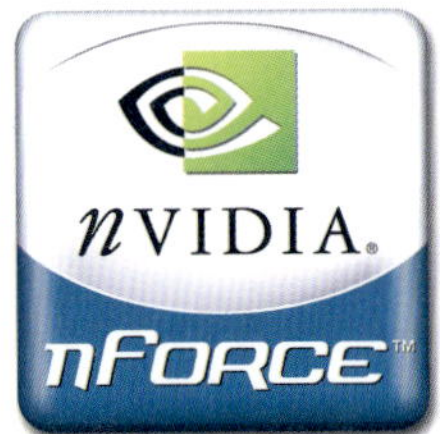

ATI사와 몇몇 업체들도 3D 그래픽 칩셋을 생산합니다.

nVIDIA의 지포스 칩셋의 경쟁 제품으로는 ATI사의 라데온(Radeon) 칩셋이 있습니다. ATI사의 라데온 칩셋 역시 뛰어난 성능을 자랑합니다. 그외 매트록스를 비롯한 몇몇 업체의 칩셋이 있지만 시장 점유율은 매우 낮은 편입니다.

ATI사의 홈페이지(www.ati.com)

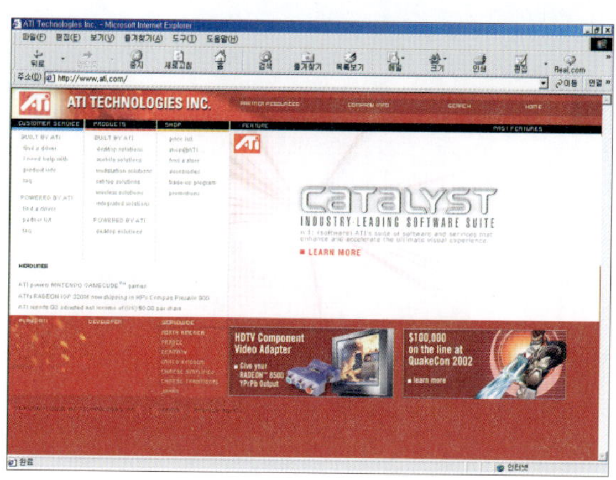

4 그래픽카드 구입요령

주기판의 AGP 배속의 지원 기능을 확인합니다.

인단 요즘은 그래픽 카드를 살 때 버스방식을 고민할 필요는 없습니다. AGP 방식 하나로 통일되었기 때문입니다. 따라서 주기판에서 지원하는 AGP 배속만 확인하면 됩니다. 현재 출시되는 3D 그래픽카드는 대부분 AGP4X 이상을 지원합니다. 그렇지만 구형 시스템이라면 주기판에서 AGP4X를 지원하지 않습니다. 따라서 주기판에서 지원하는 AGP 버스의 배속을 확인하고 주기판에서 지원 가능한 그래픽카드로 구입해야 합니다.

AGP 방식의 그래픽카드

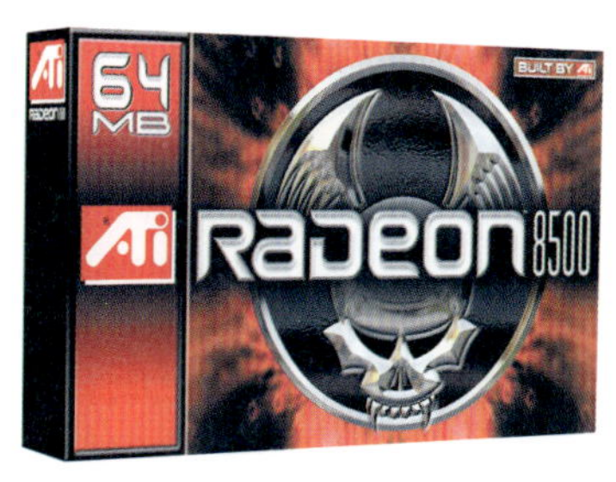

그래픽카드 구입의 첫 번째 기준은 칩셋입니다.

AGP 배속 확인 후에는 칩셋을 선택합니다. 그래픽카드의 성능은 칩셋에 의해서 결정되므로 어떤 칩셋을 선택하느냐는 매우 중요합니다. 최신 칩셋일수록 성능이 좋지만 가격이 비쌉니다. 자신의 수준에 맞는 칩셋을 선택해야 하는데 요즘 나오는 그래픽카드라면 어떤 칩셋을 선택하더라도 어지간한 3D 그래픽이나 게임을 하는데 지장이 없습니다. 리바TNT 계열의 그래픽카드로도 3D 게임을 하는데 별 지장이 없을 정도이므로 구태여 비싼 제품으로 구입할 필요는 없습니다.

3D 그래픽 가속 칩셋

비디오 메모리는 32MB가 기본

칩셋 다음으로 살펴볼 부분은 비디오 메모리의 양과 비디오 메모리로 사용하는 메모리 종류입니다. 요즘 출시되는 그래픽카드라면 32MB 정도는 기본적으로 장착하고 있습니다. 64MB와 128MB를 장착한 그래픽카드는 가격이 좀더 비쌉니다. 32MB만 되어도 비디오 메모리로는 충분하지만 64MB를 장착한 제품과의 가격 차이가 적기 때문에 64MB를 장착한 제품으로 구입하는 것이 좋습니다.

128MB의 비디오 메모리를 가진 최신 그래픽카드

비디오 메모리 종류는 무엇인가?

비디오 메모리로 사용하는 램의 종류도 중요합니다. 보통 DRAM이나 SDRAM을 사용하지만 최신 제품은 좀더 빠른 DDR SDRAM을 사용합니다. 같은 용량의 램이라면 DDR SDRAM을 사용하는 그래픽카드가 좀더 빠르다고 보시면 됩니다.

버스 속도는?

메모리 종류만큼 버스의 폭도 속도에 영향을 미칩니다. 64비트 그래픽카드와 128비트 그래픽카드로 구분할 수 있는데 당연히 128비트 그래픽카드가 고급 제품에 속합니다. 그렇지만 64비트 그래픽카드라고 해서 성능이 크게 떨어지는 것은 아닙니다.

리모콘 사용과 DVD 감상 기능을 겸한 그래픽카드

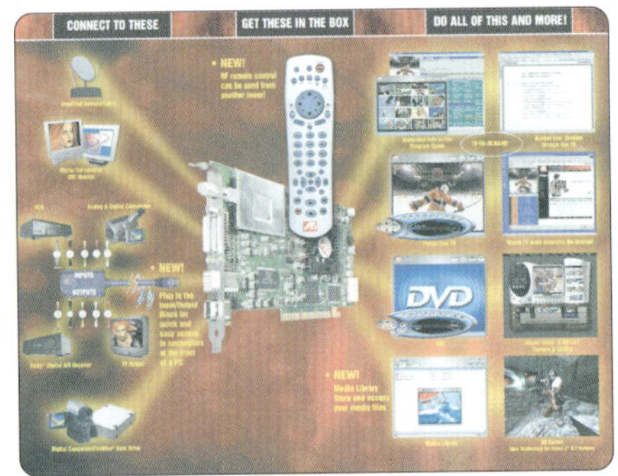

3D 게임 광이 아니라면 10만원이 넘지 않는 제품으로 선택합니다.

만약 아주 열광적인 3D 게임 광이 아니라면 최고급 그래픽카드를 구입할 필요가 없습니다. 현재 시중에 나와있는 저가형 그래픽카드만 하더라도 불과 1년 전에는 최고 성능의 그래픽카드입니다. 때문에 3D 그래픽 성능은 충분합니다. 시중에서 판매하는 4만원대 제품이라 하더라도 3D 게임을 하는데 충분합니다. 따라서 그래픽카드의 선택 폭은 다양합니다. 특별한 경우가 아니라면 10만원이 넘는 제품을 구입할 필요가 없습니다. 64MB의 메모리를 장착한 지포스2 계열의 그래픽카드라면 충분합니다.

지포스2 계열 정도면 3D 그래픽 기능도 충분하게 즐길 수 있습니다.

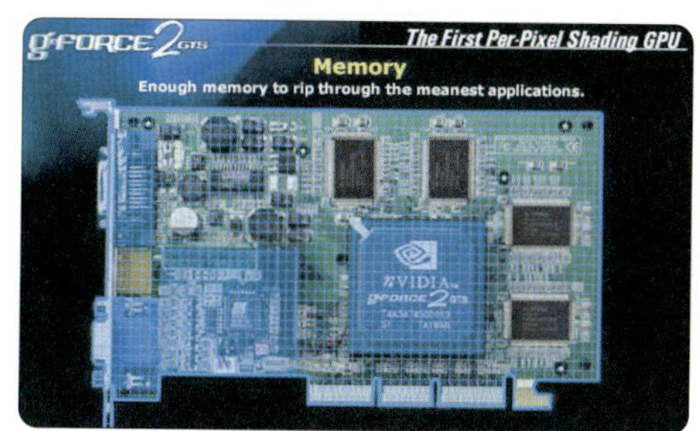

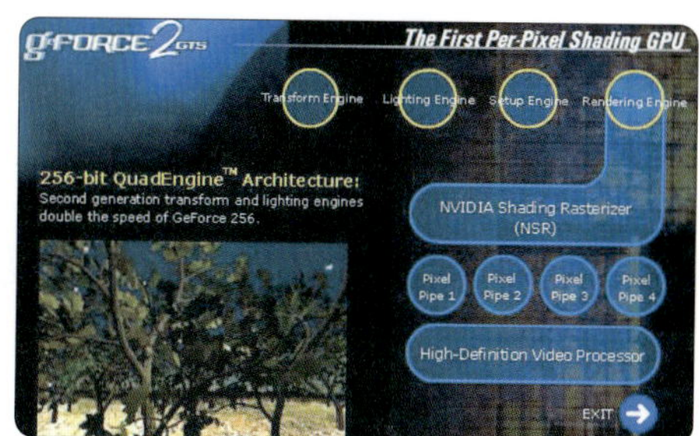

02 모니터

1 모니터가 하는 일

대각선 크기에 따라 인치로 구분

모니터는 잘 알다시피 컴퓨터가 동작하는 과정이나 결과를 보여주는 출력장치 중의 하나입니다. 사람은 이 모니터를 통해서 컴퓨터가 작업하는 결과를 볼 수 있습니다.

모니터의 크기는 인치로 표시하는데 기준은 화면의 TV와 마찬가지로 대각선 길이를 기준으로 삼습니다. 대각선의 길이에 따라서 17인치와 19인치 모니터로 구별합니다.

초창기의 컬러 모니터의 대명사였던 NEC의 멀티싱크 모니터

화면표시 방법에 따라서 CRT 방식과 액정 방식으로 구분합니다.

모니터는 화면 표시 방법에 따라서 브라운관 방식(CRT)과 액정(DSTN, TFT) 방식으로 구분합니다. 과거에는 대부분 CRT 방식만 판매되었지만 요즘은 액정 방식의 모니터 판매도 크게 증가하고 있는 상황입니다.

일반적인 모니터는 대부분 CRT 방식을 사용합니다.

보통 우리가 보는 모니터는 브라운관을 이용하는 모니터입니다. 보통 브라운관이라 부르는 CRT(Cathode Ray Tube=음극선관) 모니터는 RGB 신호를 담당하는 전자총으로 빔을 쏘아 브라운관의 형광물질을 때려서 형광물질이 발광하는 방식을 이용합니다.

브라운관 방식은 대형모니터를 만들기가 쉽고 색감이 좋다는 점이 장점이나 무게와 부피가 크고, 화면이 굴곡되며 이동성이 떨어진다는 점이 단점입니다. 요즘은 평면 브라운관이 개발되면서 화면의 굴곡문제는 거의 해결된 상태이고 부피와 무게도 많이 줄어드는 상태입니다.

아직까지는 가격이 싸기 때문에 액정 모니터보다 많이 팔리고 있습니다.

CRT 방식의 모니터

액정표시장치는 액정을 통과할 때의 굴절효과를 이용

CRT는 전자총 때문에 모니터 두께가 두텁습니다. 이와 달리 평면디스플레이 장치(FPD: Flat Panel Disply)는 책처럼 얇은 것이 특징입니다. FPD 장치 중에서 가장 널리 보급된 것은 바로 액정표시장치라고 부르는 LCD 모니터입니다.

액정 모니터

액정표시장치(LCD:Liquid Crystal Diode Display)는 두 장의 얇은 유리판 사이에 액체 결정을 넣어서 화면을 표시하는 장치입니다. LCD는 유리 기판 사이에 액정이 위치하는데, 외부에서 유입되는 전압에 의해 유리 기판 사이에 위치한 액정의 분자 상태가 변합니

다. 액정 하나하나마다 전극이 연결되어 있는데 이 전극을 통하여 전압을 가하면 액체 결정의 분자배열 방식이 달라져 액정을 통과하는 빛의 방향과 통과율이 달라집니다. 즉 광학적 굴절효과를 이용하여 색을 구현하고 화면을 표시하는 것입니다. LCD는 CRT 방식처럼 발광체를 이용하는 것이 아니므로 빛을 내기 위하여 별도의 광원이 필요합니다. 대부분의 경우 백라이트라고 하여 액정 뒷면에 광원을 설치합니다.

LCD 방식은 전력소모가 적고 부피가 적은 것이 장점입니다.

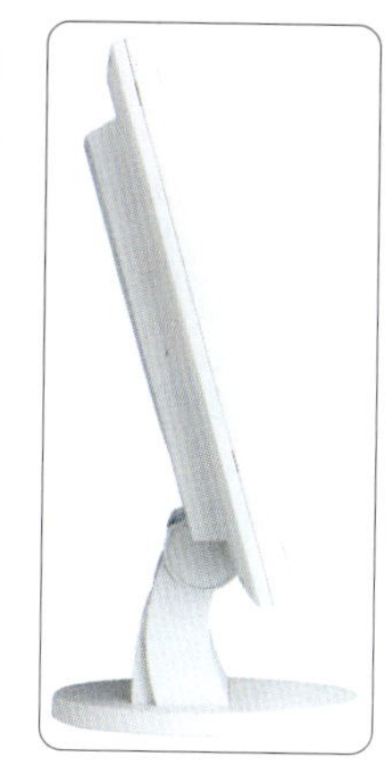

액정 모니터를 얇게 만들 수 있습니다.

액정표시장치는 전력소모가 적고 얇게 만들 수 있다는 장점 때문에 날이 갈수록 여러 분야에서 각광받고 있는 표시장치입니다. 또한 전자파 발생이 적다는 사실이 알려지면서 많은 사람들이 구입하고 있습니다.

2 도트 피치, 그릴 피치, 스트라이프 피치

도트 피치란 점의 크기이자 점 사이의 거리입니다.

도트 피치(Dot Pitch)는 모니터에서 한 점으로 찍히는 각 점의 크기를 말합니다. 그러나 정확하게 말하자면 마스크 홀(Hole=구멍) 사이의 거리를 뜻합니다. 이 거리가 짧을수록 화면에 나타나는 점의 크기와 간격도 좁아지는 것입니다. 도트 피치는 작으면 작을수록 선명한 화면을 제공하기 때문에 도트 피치가 작은 제품일수록 좋은 제품입니다.

수평 도트 피치를 기준으로 도트 피치를 말합니다.

도트 피치는 수직을 기준으로 하느냐 수평을 기준으로 하느냐에 따라서 수직 도트 피치와 수평 도트 피치로 나누어집니다. 그리고 모니터의 성능을 평가하는 기준은 수평 도트 피치입니다.

일반적인 모니터는 대부분 섀도우 마스크 방식의 모니터지만 그릴을 사용하는 모니터는 그릴 피치라는 용어를 사용하여 그릴 사이의 간격을 표시합니다. 섀도우 마스크 방식은 전자빔이 금속판의 구멍을 통과하여 하나의 점을 만드는 방식이고 그릴 방식은 빗살의 형태로 된 살 사이로 빛을 통과시켜 점을 만드는 방식입니다. 따라서 그릴 피치는 그릴 간의 간격 즉, 살과 살 사이의 간격을 말합니다.

그릴 피치, 스트라이프 피치는 모니터 방식이 다른 경우 사용합니다.

스트라이프 피치(Stripe Pitch)는 플래트론 방식의 모니터에서 사용하는 단위입니다. 스트라이프는 줄무늬라는 뜻인데 플래트론에서는 트리니트론과 비슷한 슬롯 마스크 방식을 사용하기 때문에 도트가 아닌 줄의 형태로 화면에 보여줍니다. 일종의 색띠 개념이기 때문에 스트라이프 피치라고 표현하는 것입니다.

플래트론 모니터는 스트라이트 피치 용어를 사용합니다.

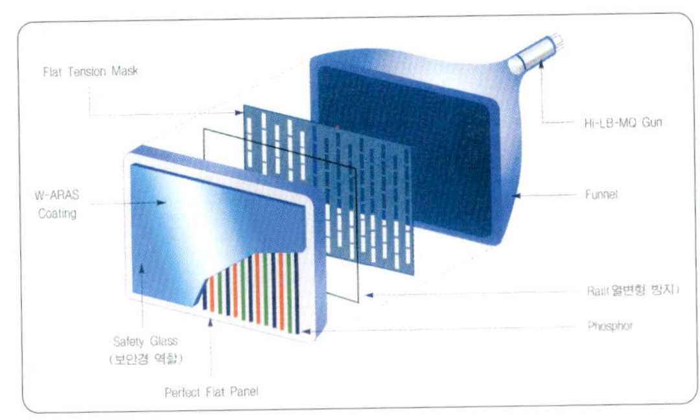

3 도트 단위의 액정화면과 픽셀 단위의 CRT

CRT는 픽셀 단위를 사용하고, 액정화면은 도트 단위를 사용합니다.

일반적으로 모니터의 해상도를 이야기할 때 픽셀 단위로 따집니다. 그런데 노트북 등에서 사용하는 액정 모니터는 도트 단위로 해상도를 말합니다. 픽셀도 점 하나를 뜻하고 도트도 점 하나를 뜻하기는 마찬가지입니다. 그렇다면 이 둘의 차이점은 무엇일까요?

픽셀은 픽셀의 크기가 고정되지 않은 점이 특징입니다. 즉 모니터에서 640×480의 해상도로 화면을 사용할 때는 모니터의 가로 폭을 640개로 나눈 크기를 하나의 픽셀로 사용합니다.. 또 1280×1024의 해상도로 사용할 때는 가로 폭을 1280으로 나눈 크기를 하나의 픽셀로 사용한다. 이 때문에 픽셀 하나의 면적은 해상도가 높아질수록 작아집니다. 픽셀의 크기는 전자총에서 쏘아주는 빔의 간격을 조정하므로서 변화시킬 수 있습니다.

CRT 모니터는 픽셀 단위를 사용합니다.

TFT 방식의 액정 모니터는 각 점마다 트랜지스터가 위치하여 한 점을 표시한다.

이에 비해 TFT 방식의 액정 모니터는 하나의 점마다 하나의 트랜지스터가 연결되어 있습니다. 이 때문에 트랜지스터의 각 점이 차지하는 위치와 크기가 고정됩니다. 이런 이유로 최대 해상도로 볼 때는 문제가 없지만 해상도를 변경할 때는 CRT 모니터와 달리 화면의 크기가 줄어듭니다.

노트북 화면은 전부 부피가 적은 액정 화면을 선택합니다.

예컨대 800×600 해상도를 지원하는 서브노트북의 경우 800×600 해상도로 사용할 때는 풀화면으로 볼 수 있다. 그러나 640×480 화면으로 해상도를 변경하여 사용할 때는 화면의 크기가 줄어들고 상하좌우로 검정색의 여백이 생깁니다. 이는 가로로 640개의 트랜지스터만 사용하고 나머지 160개의 트랜지스터는 사용할 수 없기 때문입니다. 한 점마다 트랜지스터가 고정되어 있어 그 위치의 트랜지스터를 동작시켜 화면을 표시하는 것이 TFT 액정 화면의 원리이므로 어쩔 수 없습니다.

해상도 변경시 액정화면의 표시 부위가 줄어드는 것이 액정모니터의 단점이다.

물론 640×480 해상도로 보면서 풀화면으로 볼 수도 있습니다. 이럴 때는 800과 640의 차이인 160개의 도트를 대충 적당한 위치에 집어넣어야 합니다. 이때 디더링이라는 방법을 통해 화면을 자연스럽게 처리하고자 하지만, 자연스럽고 선명할리가 없습니다. 어떤 픽셀은 두 개의 도트로 구성되고 어떤 픽셀은 하나의 도트로 구성되어 들쑥날쑥한 화면이 되고 맙니다.

때문에 액정화면에서는 풀화면으로 사용하는 최대해상도에서 더 낮은 해상도로 화면을 변경할 경우 더 작은 크기의 화면으로 사용하게 됩니다. 크기가 작더라도 1픽셀 당 1도트가 대응되어 선명하기 때문입니다. 해상도 변경에 취약하다는 점은 액정 화면이 가진 큰 단점입니다.

4 주파수와 복원율

모니터의 주파수는 화면을 그려주는 회수와 동일합니다.

모니터는 아무런 화면 변화가 없는 것 같아도 사실은 쉴 새 없이 화면을 다시 그려주고 있습니다. 그 까닭은 모니터의 형광물질이 계속해서 빛을 유지하는 것이 아니기 때문에 계속 전자총으로 빔을 쏴서 형광물질을 때려주어야 하는 것입니다.

이때 화면을 그리는데 1초에 60번을 그려준다면 주파수는 60Hz가 됩니다. 그리고 1초에 85번을 그려준다면 85Hz가 된다. 당연히 85번을 그려주는 것이 깜박임과 화면 떨림이 줄어들어 눈의 피로가 줄어듭니다. 즉 주파수가 높을수록 좋은 것입니다. 보통 60Hz 이하가 되면 모니터의 깜박거림을 느낄 수 있고 75Hz 이상은 깜박거림을 의식하지 않을 정도입니다.

모니터의 주파수는 수직 주파수를 뜻하며 복원율이라고 말합니다.

주파수 중에서도 특히 수직 주파수(Vertical Frequency)가 매우 중요합니다. 수직 주파수는 화면의 위에서 아래로 그려주는 속도를 나타내기 때문입니다. 수직 주파수가 60Hz이면 화면을 60번을 다시 그려주는 것입니다.

이처럼 화면을 다시 그려주는 것을 리프레쉬율(Refresh Rate) 또는 복원율이라고 하는데 해상도별로 적정한 복원율이 다릅니다. 그리고 수직 주파수를 보통 리프레쉬율이라고 부릅니다.

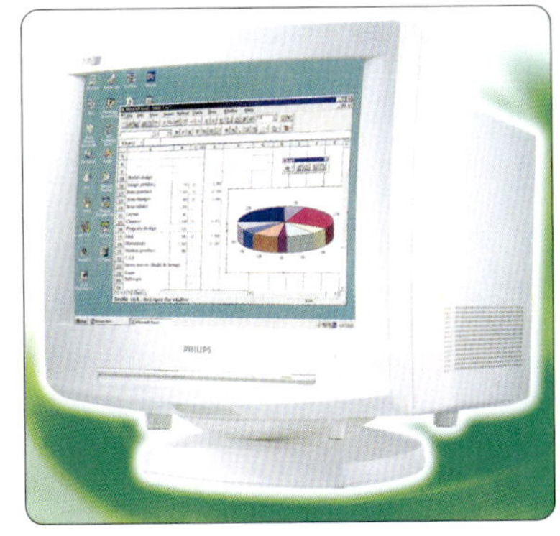

주파수가 높을수록 화면 깜박임이 적어 눈의 피로가 줄어듭니다.

수평 주파수는 Kh 단위 쓸 정도로 빠릅니다.

수평 주파수(Horizontal Frequency)는 화면의 왼쪽에서 오른쪽으로 그릴 때의 주파수로 KHz 단위를 쓸 정도로 빠르기 때문에 수직 주파수만큼 중요하지 않습니다. 그러나 수평 주파수 역시 높을수록 좋습니다.

5 BNC 단자란?

BNC는 선명한 화질을 위해 만든 케이블 단자입니다.

BNC 단자는 대형 모니터의 뒷 쪽에 있는 5개의 작은 단자를 말합니다. 원래 BNC 단자는 모니터를 연결하는 15핀 케이블을 사용할 때 생기는 문제를 대체하기 위하여 만들어놓은 단자입니다. 15핀을 사용할 경우 핀들 간의 상호 간섭으로 인하여 화면이 떨리는 등의 문제가 발생하는데, 이럴 때 BNC 단자를 이용해서 연결하면 이런 문제가 줄어듭니다.

원래는 간섭현상을 줄이기 위해서 만든 단자지만 이 원래의 D-SUB 모드로 15핀 케이블을 연결하고 BNC 단자에 다른 컴퓨터의 케이블을 연결하면 두 대의 컴퓨터로 하나의 모니터를 사용하는 방법으로 사용하기도 합니다.

BNC 단자를 제공하는 모니터

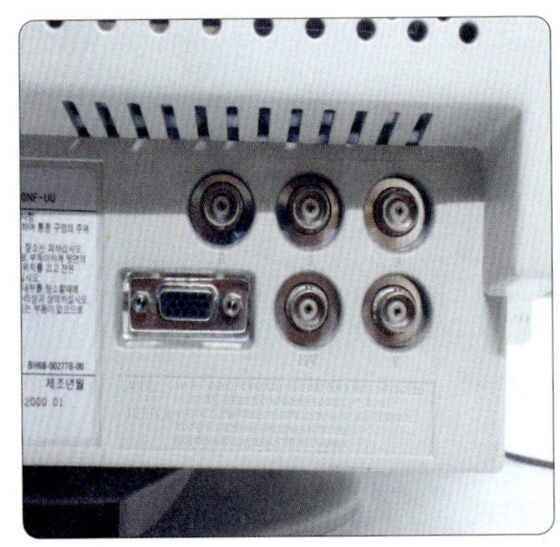

6 모니터 구입요령

화면 크기와 도트피치가 최우선

모니터를 살 때 제일 먼저 선택할 문제는 CRT 모니터를 살 것이냐 LCD 모니터를 살 것이냐 하는 점입니다. 다음으로 화면 크기를 선택하고, 화면의 형태를 선택합니다. 완전평면 모니터일 경우 가격이 더 비싸며 곡면 모니터일 경우에는 가격이 싼 편입니다.

도트 피치는 작을수록 좋습니다. 현재 시중 모니터는 0.20mm 제품도 있지만 0.24mm 정도만 되어도 도트 피치가 작은 편에 속합니다.

주파수 대역과 주사방식은 화면 깜박임과 해상도를 결정합니다.

크기와 도트 피치 다음으로 살펴보는 부분은 주파수 대역입니다. 주파수 대역은 높을수록 좋은 것이며 눈의 피로가 적습니다.

화면 굴곡률이 적은 것이 보기에 시원합니다.

또한 화면 굴곡률이 적은 완전평면 모니터나 사각 평면 모니터, 원통형 모니터 방식이 원형 모니터보다 좋지만 가격이 비쌉니다. 사각 평면 모니터 정도만 되어도 쓸만합니다.

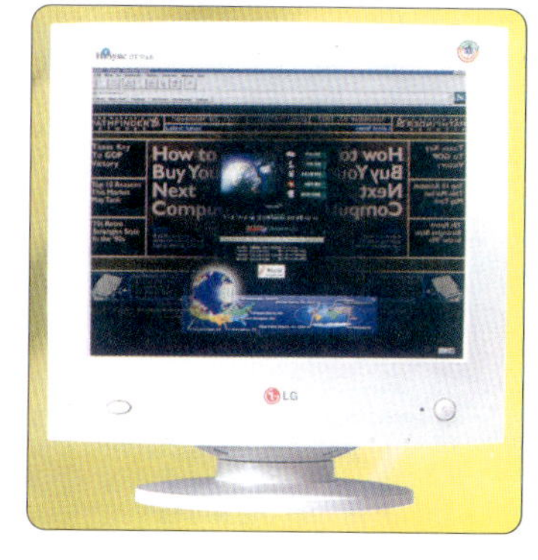

다이아몬드트론 방식과 완전평면 방식의 모니터

정전기 방지 기능 따져보고, 스피커 일체형은 피합니다.

갖추면 좋은 기능으로는 유해파 차단 기능과 정전기 방지기능이 있습니다. 특히 정전기 방지 기능은 건강과도 직결된 문제이므로 건강을 생각하는 사람은 꼭 확인해야 합니다.

한 가지 피해야 할 제품은 스피커가 함께 달린 멀티미디어형 모니터입니다. 스피커가 내장된 제품은 공간을 차지 않아서 편리하다는 장점이 있지만, 모니터의 수명에도 좋지 않은 영향을 미치며 스피커 기능도 그렇게 뛰어나지 않다는 단점이 있습니다. 가능하면 모니터 기능에 충실한 제품을 선택하는 것이 좋습니다.

그외 필요한 부가 기능을 따져봅니다. 모니터 뒤 편에 BNC 단자가 있는 제품과 USB 포트가 있는 제품은 사용에 편리합니다.

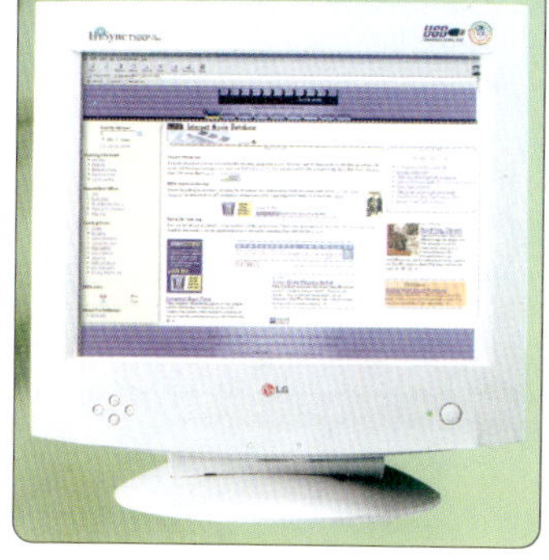

USB 방식의 모니터

제조 회사별 가격 차이가 크고, 성능 차이도 큽니다.

모니터는 제조 회사별로 가격 차이도 크고 성능 차이도 큽니다.

모니터는 제조 회사별로 가격 차이가 큽니다. 또한 제품별 성능 차이도 큽니다. 더구나 눈의 건강, 몸의 피로와 직접적으로 연관된 제품이기 때문에 선택이 까다롭습니다. 때문에 선택이 매우 까다롭습니다. 제조 회사별로 가격 차이가 나지만 가격 비싼 것이 좋은 모니터는 아닙니다.

매장에 가서 전시품의 화질을 직접 확인해보고 구입합니다.

모니터의 화질은 매장에서 직접 비교해보는 것이 좋습니다.

때문에 모니터 구입 방법으로 권장하는 것은 매장에 전시된 모니터를 보고 가장 마음에 드는 화질과 색감을 보이는 제품으로 선택하는 것입니다. 가격 여부를 떠나서 선명하고 눈의 피로가 적은 모니터가 있습니다. 이런 모니터를 선택하는 것이 가장 좋습니다.

03 프린터

1 프린터의 종류와 작동원리

프린터는 컴퓨터로 만든 결과물을 종이로 출력해주는 장비입니다. 프린터는 출력 때의 압력에 따라 충격식과 비충격식으로 나누고, 출력방법에 따라 도트, 잉크젯, 열전사, 레이저 프린터로 나눕니다. 또한 자료 전송 방법에 따라 라인 프린터와 페이지 프린터로 구분합니다.

노트북용 소형 프린터나 CD롬 인쇄용 프린터와 같은 특수 프린터도 있습니다.

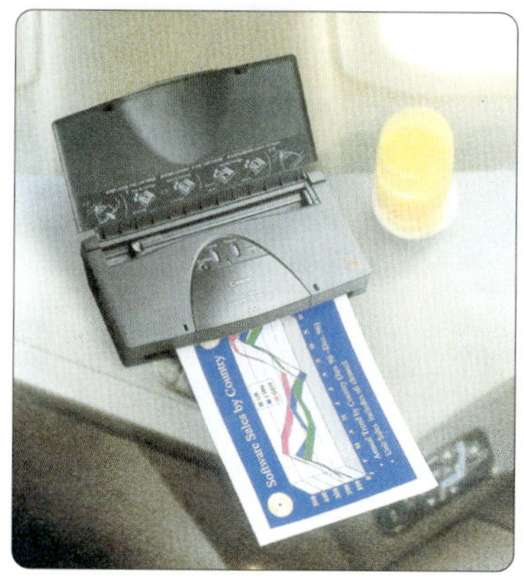

1. 충격식 프린터, 비충격식 프린터

레이저 프린터는 비충격식 프린터입니다.

프린터가 출력할 때 헤드가 종이에 가하는 충격 강도에 따라서 충격식과 비충격식으로 나눕니다. 충격식 프린터는 헤드가 리본을 때려서 리본의 먹물을 종이에 묻히기 때문에 소음이 심하다는 단점이 있습니다. 가장 많이 사용했던 도트 프린터가 대표적인 충격식 프린터입니다.

비충격식 프린터는 헤드가 종이나 리본을 때리지 않는 방식이라서 소음이 적습니다. 레이저 프린터, 잉크젯 프린터, 열전사 프린터 등이 비충격식 프린터에 속합니다.

2. 라인프린터, 페이지 프린터

□ **라인프린터**

자료를 출력할 때 어느 정도 분량으로 자료를 전송 받아 출력하느냐에 따라서 라인프린터와 페이지 프린터로 나눕니다. 라인 프린터는 한 줄 분량의 자료를 받아서 출력하는 것으로 프린터가 출력할 때 한 줄 단위로 출력합니다. 도트 프린터, 잉크젯 프린터, 열전사 프린터가 라인프린터에 속합니다.

□ 페이지 프린터

페이지 프린터는 자료를 전송받을 때 한 페이지 단위로 전송받습니다. 때문에 한 페이지 분량의 자료를 저장할 공간에 프린터 안에 없으면 출력 에러가 발생합니다. 레이저 프린터가 페이지 프린터에 해당합니다.

페이지 프린터인 레이저 프린터

3. 출력 방식에 따른 종류

출력 방식에 따라서 프린터를 구분하면 헤드가 리본을 때려서 종이에 먹물을 묻히는 도트 프린터와 잉크를 뿜어서 출력하는 잉크젯 프린터, 토너를 묻혀서 녹여 붙이는 레이저 프린터 등으로 구분합니다.

□ 도트 매트릭스 프린터

보통 줄여서 도트 프린터라고 부르는 도트매트릭스(Dot Matrix) 프린터는 먹물이 묻은 리본을 헤드 핀으로 때리고 핀에 맞은 리본이 튀어나가 종이에 닿으면서 잉크를 묻히는 방식입니다.

요즘은 도트 프린터를 사용하는 개인이 없습니다. 소음이 심하고 해상도가 떨어지는 단점이 있지만 어떤 두께와 어떤 크기의 용지라도 사용이 가능하다는 점이 큰 장점입니다. 특히 충격식이기 때문에 영수증을 출력할 때 뒷면까지 글씨가 새겨진다는 점이 큰 장점입니다. 이 때문에 동시에 두 장 이상을 출력하는 카드 전표나 각종 표 발행 시에 도트 프린터를 사용합니다.

도트 프린터

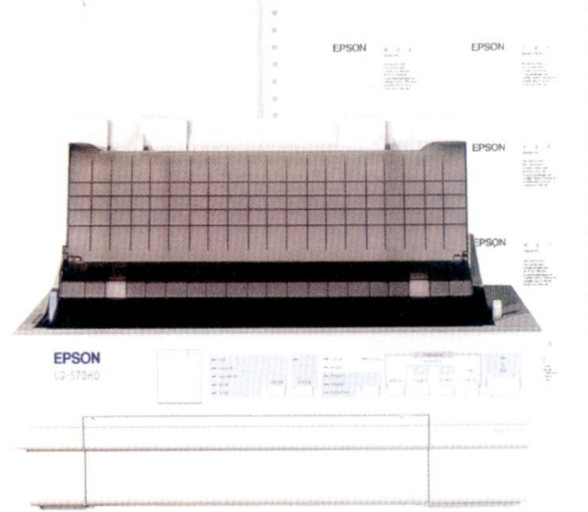

잉크젯 프린터

□ 잉크젯 프린터

잉크젯 프린터는 물총을 쏘는 것처럼 헤드의 작은 구멍에 압력을 가해 잉크를 종이에 내뿜어서 점을 찍는 방식입니다. 장점은 소음이 적고 컬러 구현이 쉽다는 점입니다. 때문에 요즘 나오는 개인용 프린터는 대부분 잉크젯 프린터로 출시됩니다. 단점은 잉크값이 비싸기 때문에 유지비가 많이 들고 출력 속도가 느리다는 점입니다.

레이저 프린터

□ 레이저 프린터

레이저는 복사기와 같은 원리로 출력하는 프린터입니다. 토너를 종이에 묻힌 후에 녹여서 접착시키는 형태로 출력합니다. 장점은 조용하고 출력 속도가 빠르며 출력 해상도가 좋아서 인쇄한 것처럼 선명하다는 점입니다. 단점은 프린터 가격이 비싸다는 점입니다. 특히 컬러 레이저 프린터의 가격은 컬러 잉크젯 프린터에 비해 10배 이상 차이 납니다.

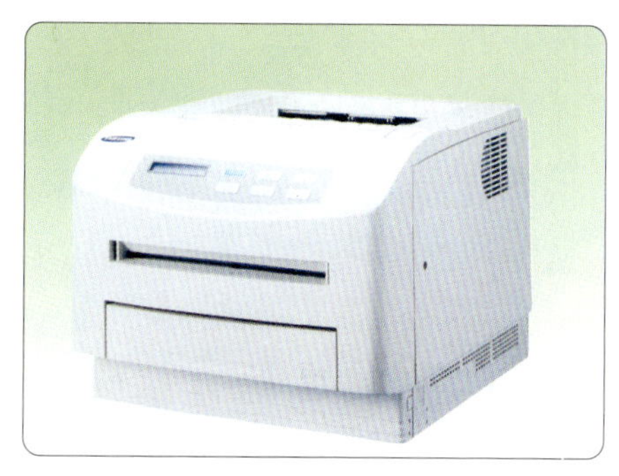

2 잉크 문제

재생잉크(리필잉크)를 쓰면 비용을 아낄 수 있다.

잉크젯 프린터를 사용할 경우 잉크 카트리지를 사용하는데 가격이 꽤 비싼 편입니다. 이 때문에 잉크젯 프린터의 유지비가 꽤 많이 듭니다. 프린터 제조회사의 광고와는 달리 몇십 장만 찍어도 잉크 한 통이 다 떨어지는 경우가 대부분입니다. 때문에 잉크 구입 비용은 결코 만만한 일이 아닙니다. 아주 고급 출력을 필요로 사용자가 아니라면 잉크 카트리지 구입비용을 고려해서 프린터를 구입하는 요령이 필요합니다.

워낙 잉크 가격이 비싸기 때문에 최근 재생잉크의 보급이 크게 늘고 있습니다. 재생잉크는 잉크를 다시 충전해서 사용할 수 있는 잉크로 프린터 회사에서 제공하는 잉크를 사용할 때보다 훨씬 싼 가격으로 프린터를 사용할 수 있습니다. 때문에 출력을 많이 하는 곳에서는 잉크값을 꽤 많이 절약할 수 있습니다.

오리지날 잉크와 재생 잉크

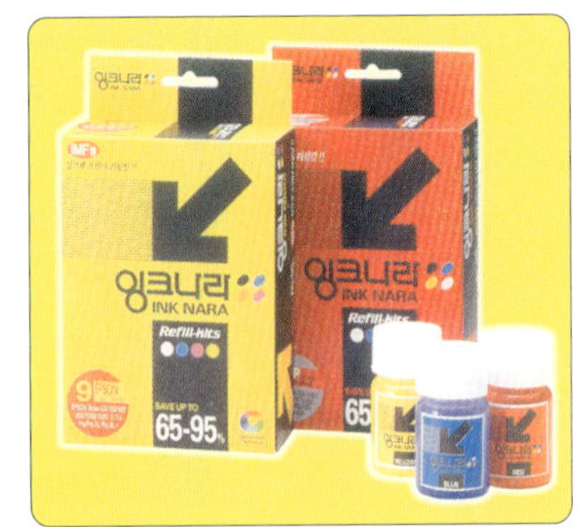

카트리지 일체형의 경우 재생잉크를 쓰는 것이 효율적입니다.

특히 카트리지 일체형의 경우 가격이 더욱 비싼데 재생잉크를 사용하면 10분의 1 이하로 잉크값을 줄일 수 있습니다. 혹시 재생잉크의 질이 떨어지거나 재생잉크를 사용할 경우 프린터가 고장나지 않을까 걱정하는 사용자도 있지만 이는 기우입니다. 재생잉크의 품질이 더 좋은 경우도 있고, 재생잉크를 쓴다고 해서 프린터 수명이 줄어드는 것은 아닙니다. 잉크 카트리지의 경우 대부분이 헤드 일체형이기 때문에 헤드가 고장난다 해도 카트리지를 교체하면 됩니다. 결국 한 번 쓰고 카트리지를 교환하나 재생잉크를 여러 번 쓰고 교환하나 결과는 마찬가지가 됩니다.

경제적인 문제를 따지나 자원재활용 문제를 따져보거나 정품 잉크의 가격 하락을 위해서도 재생잉크 사용을 권하고 싶습니다.

잉크텍의 재생잉크

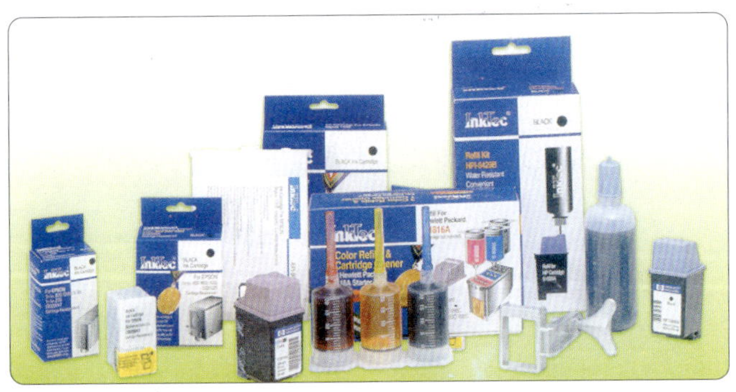

3 프린터 구입요령

문서 출력이 많으면 레이저 프린터가 좋습니다.

프린터를 구입할 때 제일 먼저 선택해야 할 부분은 출력 방식입니다. 크게 도트 프린터 잉크젯 프린터, 레이저 프린터로 구별되는데, 현재 도트 프린터는 업무용 등의 특수한 용도로 사용하려는 경우 이외에는 쓸모가 없기 때문에 개인 사용자가 도트 프린터를 구입하는 일은 없습니다.

따라서 현재 개인 사용자는 레이저나 잉크젯 중에서 하나를 선택하면 됩니다. 레이저 프린터는 출력질이 좋고 속도가 빠르기 때문에 활용도가 가장 좋습니다. 유지비도 잉크젯에 비하면 적게 듭니다. 그러나 아직까지는 잉크젯에 비해 가격이 비싸다는 점이 단점입니다. 흑백 문서 위주로 출력하거나 문서 출력이 많은 사람에게는 레이저 프린터가 적당합니다.

문서 출력이 많을 때는 출력 속도가 빠른 레이저 프린터를 사용합니다.

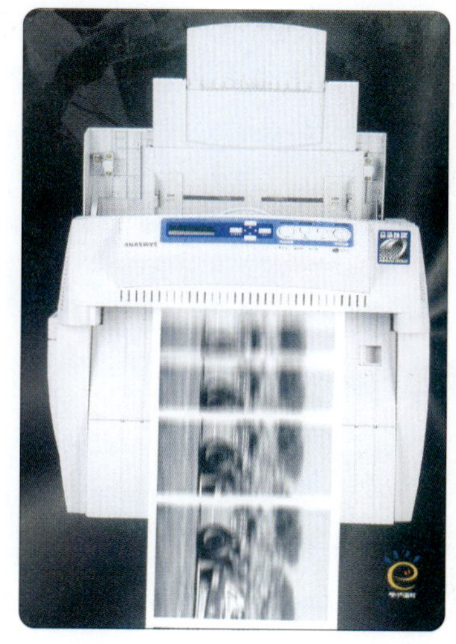

출력속도에 상관없는 개인의 경우 잉크젯 프린터가 적당합니다.

반면 잉크젯 컬러 프린터는 컬러 출력이 가능하고 가격이 싸지만 느린 속도와 레이저에 비해서 흑백의 출력질이 떨어진다는 점, 레이저에 비해서 심한 소음이 단점입니다. 또한 잉크 가격이 비싸서 보수유지비도 비싸다는 점이 단점입니다. 그렇지만 컬러 시대이기 때문에 개인이 선택할 수 있는 프린터는 잉크젯입니다.

개인용으로는 잉크젯 프린터가 적합니다.

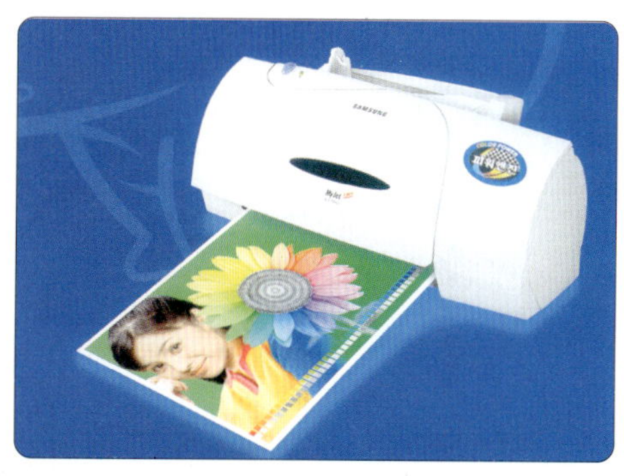

프린터를 살 때 기본적으로 살펴봐야 하는 기본 성능은 인쇄속도와 해상도, 인쇄품질, 지원하는 에뮬레이션 종류, 램의 확장 여부, 상태 표시 기능의 편리성, 조작의 편리성, 기본 글꼴의 종류, 버퍼의 크기 등입니다. 그리고 이런 기능 외에 유지비 계산도 빼놓을 수 없습니다.

출력질은 엡손이, 가격은 캐논 제품이 저렴합니다.

만약 고화질의 출력을 원한다면 엡손 프린터를 구입하는 것이 좋습니다. 화면의 해상도나 출력질 면에서는 HP나 캐논 제품을 더 낫다는 평가를 받습니다. 유지비를 생각한다면 캐논의 프린터를 권합니다. 아이들의 출력용으로 사주고자 한다면 캐논 제품이 괜찮습니다.

출력질은 엡손 프린터가 좋습니다.

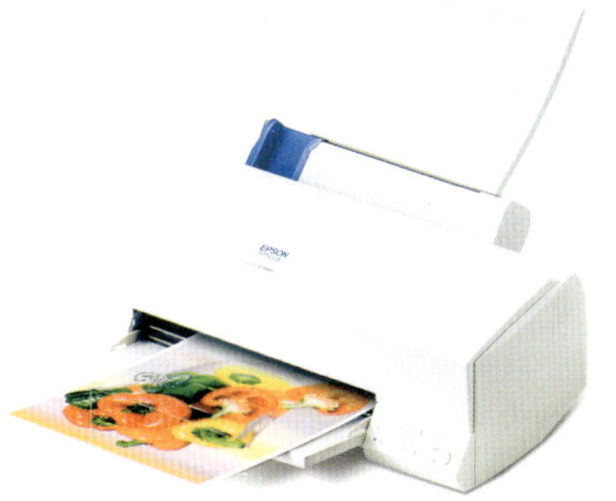

레이저 프린터는 해상도와 메모리가 중요합니다.

레이저 프린터를 선택했다면 제일 먼저 살펴볼 부분은 해상도입니다. 해상도가 높을수록 출력질이 선명합니다. 다음으로 출력 속도와 버퍼 메모리를 살펴봅니다. 분 당 몇 장이 출력되는가도 중요하며 버퍼 메모리의 용량도 중요합니다. 유지비를 생각한다면 드럼과 토너 분리형을 구입하는 것이 좋습니다. 그외 에뮬레이션 기능과 용지함에 적재할 수 있는 용지 매수, 사용 가능한 용지의 크기 등을 고려해봅니다.

삼성전자의 레이저 프린터는 비용면에서 유리합니다.

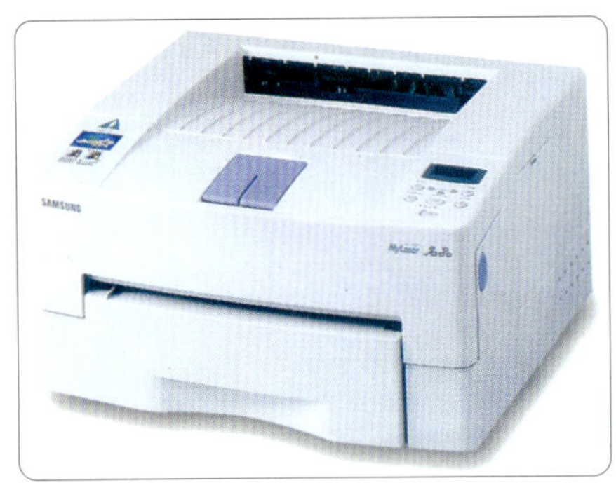

레이저 프린터는 HP 제품이 가장 출력질이 좋습니다. 출력질을 원한다면 HP 제품을 구입하는 것이 좋습니다. 유지비를 고려한다면 삼성전자의 제품이 좋습니다. 토너 가격이 저렴해 유지비가 적게 듭니다.

04 사운드카드

1 사운드카드의 구조

사운드 블라스터가 사운드 카드의 표준입니다.

사운드카드는 소리를 만드는 일을 합니다. IBM PC의 초기 시절에는 삑삑 소리만 내는 내장 스피커만 사용했습니다. 그러나 확장 슬롯에 장착하여 사용하는 사운드카드가 출현한 이후 IBM PC에서도 음악을 비롯하여 게임의 효과음과 사람의 말소리를 들을 수 있게 되었습니다.

사운드카드의 형태

초기 사운드카드 시장을 장악한 제품은 캐나다의 애드립사에서 만든 애드립(Adlib) 카드였습니다. 그러나 이후 크리에이이티브랩의 사운드 블라스터(Sound Blaster) 카드가 시장을 장악하면서 시장의 표준으로 자리 잡았습니다. 이 때문에 사운드카드는 곧 사운드 블라스터라는 공식이 성립된 상태입니다.

크리에이티브에서 나온 사운드 블라스터 시리즈

사운드카드의 구조

사운드카드는 기판 위의 부분과 슬롯 부분의 각종 각종 커넥터로 구분됩니다. 기판 위에는 음원 칩, 오디오케이블 커넥터가 있고 슬롯 옆부분에는 라인인, 라인아웃, 스피커, 마이크, 미디/조이스틱 단자가 붙어 있습니다. 최근 출시되는 고급형 제품에는 디지털 아웃 단자도 있습니다.

□ 음원 칩

사운드카드의 구조의 핵심 부품으로 소리를 만들어내는 작업을 담당하는 칩입니다.

□ 오디오케이블 커넥터

CD롬드라이브의 오디오 출력 단자와 연결하는 커넥터입니다. CD롬의 오디오케이블을 오디오케이블 커넥터에 연결해야만 음악 CD 재생시 사운드카드를 통해서 소리가 나옵니다.

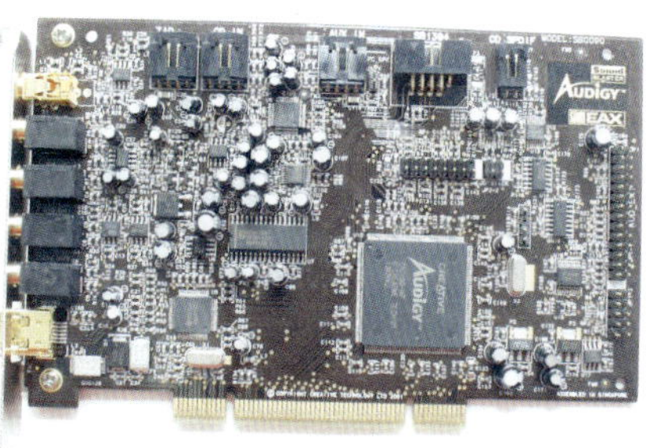

사운드카드의 구조

□ 라인 인 단자

라인 입력(Line In) 단자는 외부로부터 소리를 입력받기 위한 단자로, CD재생기, 카셋트 라디오, TV카드 사운드, 신디사이저 등을 연결하여 소리를 입력받을 때 사용합니다.

□ 라인 아웃과 스피커 아웃

라인 출력(Line Out) 단자에는 스피커, 헤드폰, 앰프 등을 연결하여 사운드카드의 소리를 출력할 때 사용합니다. 어떤 사운드카드는 스피커(Speaker) 단자를 별도로 제공하기도 하지만 대개의 경우 스피커 단자가 없고 라인 아웃 단자만 제공합니다.

두 단자의 차이점은 증폭 여부입니다. 스피커 출력 단자는 사운드 카드의 앰프를 이용하여 소리를 증폭해서 내보내는 단자입니다. 그리고 라인 출력 단자는 소리를 증폭하지 않고 내보내는 단자입니다. 따라서 증폭 앰프가 내장된 스피커에 연결할 때는 라인아웃에 연결하는 것이 좋은 음질을 들을 수 있는 방법입니다.

□ MIC 단자

MIC(Micro Phone In) 단자에는 마이크를 연결하는 곳입니다. 노래방을 사용할 때나 소리를 녹음하고자 할 때 마이크를 연결해서 사용합니다.

□ 조이스틱/미디 단자

조이스틱을 연결하거나 미디를 연결할 수 있습니다. 사운드카드에서 제공하는 조이스틱 포트는 일반 게임카드의 조이스틱 포트와 같기 때문에 15핀과 D형 커넥터가 달린 조이스틱을 연결해 사용할 수 있습니다. 또는 미디를 연결하여 미디에서 입력한 내용을 컴퓨터로 저장할 수 있도록 합니다.

사운드카드의 슬롯면에 있는 각종 단자들

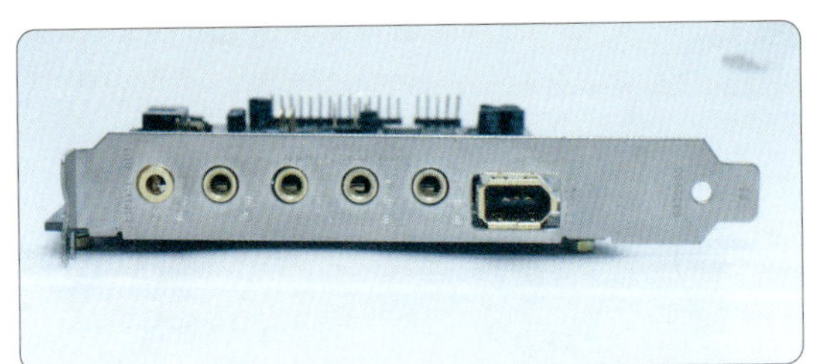

잠깐! S/PDIF 커넥터

요즘 나오는 사운드카드 중에는 S/PDIF 커넥터라는 것이 있습니다. 이것은 소니와 필립스의 디지털 입출력 공동 규격으로 LD, DAT, MD, DVD 등의 장비에서 음질 손상이 없는 디지털 사운드의 녹음과 재생을 가능하게 해주는 규격입니다. 그러나 S/PDIF 커넥터를 지원하는 사운드카드는 고급형으로 가격이 비쌉니다.

S/PDIF는 사운드 카드에만 장착된다고 되는 것이 아니라 주변 장치에도 포트가 있어야 합니다. 예를 들어서 CD롬드라이브에 S/PDIF 단자가 없다면 S/PDIF 방식의 디지털 사운드 출력을 사용할 수 없습니다. 최근 나오는 CD롬드라이브는 대부분 S/PDIF 방식의 디지털 사운드 출력 단자를 지원합니다.

CD롬드라이브에 S/PDIF 방식의 디지털 사운드 출력단자가 내장되어 있다면 역시 S/PDIF 커넥터를 지원하는 고급 사운드 카드를 사용하여 연결할 수 있으며 이 경우 CD롬에 내장된 저음질의 DA 컨버터가 아닌 사운드 카드의 고급 DA 컨버터를 사용할 수 있어 고음질의 음악 감상이 가능합니다.

SPDIF 단자와 비디오 단자까지 제공하는 고급형 사운드카드

2 사운드카드 구입요령

사운드 블라스터 제품이 표준입니다.

사운드카드는 사실상의 표준 제품인 사운드 블라스터 제품을 구입하면 가장 문제 없이 사용할 수 있습니다. 그러나 다른 기능이나 싼 가격을 원한다면 기타 업체의 사운드카드를 선택할 수 있습니다.

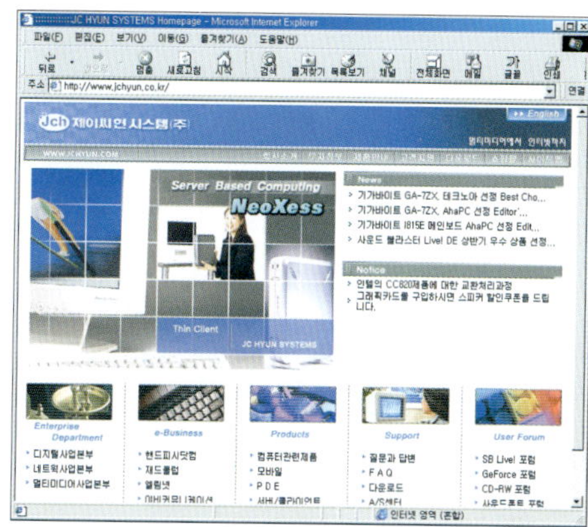

사운드 블라스터 유통사인 제이씨현의 홈페이지 (www.jchyun.co.kr)

사운드카드의 경우 음질에 관련된 부분이기 때문에 성능 차이가 적은 것 같으면서도 사실상 성능 차이가 많은 부품에 속합니다. 다시 말해서 귀가 예민하지 않은 보통 사람이라면 고급형 사운드카드를 사용하나 저가형 사운드카드를 사용하나 그 소리가 그 소리 같아 보입니다. 그렇지만 음악에 조예가 깊은 음악광들이라면 음질의 차이를 바로 알 수 있습니다.

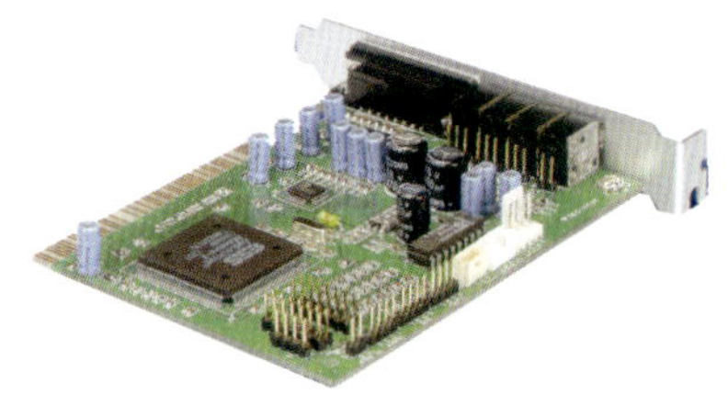

저가형 아니면 아주 고급형으로 선택합니다.

사운드카드 사용이 많지 않다면 저가형 제품도 좋습니다.

따라서 사운드카드를 선택할 때는 저가형을 선택하거나 아주 고급형을 선택하는 것이 좋습니다. 귀가 아주 예민하지 않고 PC를 이용하여 음악감상을 하는 사용자가 아니라면 저가형으로 구입해도 충분합니다. 반면 고급 DVD 시스템을 갖추고 영화를 볼 사용자라면 고급형 사운드카드를 구입하고 오디오 시스템이나 DVD 전용 스피커에 연결하는 것이 좋습니다.

05 스피커

1 컴퓨터용 스피커의 특징

자기를 막아주는 방자형 구조로 나옵니다.

컴퓨터용 스피커는 일반 스피커와 조금 다른 구조를 가지고 있습니다. 컴퓨터 부품이 자기에 약하기 때문에 자기를 막아주는 방자형 구조를 가지고 있습니다. 이 때문에 컴퓨터용 스피커는 성능에 비해서 터무니 없이 비싼 가격으로 판매되고 있습니다. 더구나 제품에 표시된 대로 출력이 나오는 제품이 거의 없을 정도입니다.

때문에 표시된 제원과 기능을 꼼꼼하게 따져보는 것은 물론이고 직접 들어보고 구입해야만 하는 것이 스피커입니다. 스피커의 성능은 다양한 수치로 표시하는데 대표적인 수치는 출력, 주파수 대역, 소리 왜곡율입니다.

□ **출력(와트 수)**

스피커의 출력은 보통 와트(Watts) 수로 표시합니다. 와트 수는 보내온 신호를 증폭시켜서 출력하는 성능을 수치로 표현한 것입니다. 시중에 나온 스피커를 보면 대부분 100W 이상이라고 적혀 있지만 수치대로 나오는 제품은 거의 없습니다.

□ 주파수 대역

주파수 대역은 스피커가 재생할 수 있는 음의 영역입니다. 주파수 대역은 넓을수록 재생할 수 있는 소리의 종류가 많습니다. 좋은 스피커는 사람의 가청주파수와 비슷한 20Hz에서 20KHz 정도의 주파수 대역을 가지면 됩니다.

□ 소리 왜곡률

왜곡률은 음의 손실과 음이 찌그러지는 비율을 수치로 표시한 것입니다. 왜곡률(Distortion Rate)이 적으면 적을수록 좋은 스피커로 잡음이 덜 합니다.

우퍼가 있는 중급형 스피커

2 스피커 구입요령

게임용은 고급형, 사무용은 저가형이 좋습니다.

스피커는 업그레이드를 잘 안해주는 제품이므로 처음 살 때 좋은 제품으로 고를 필요가 있습니다. 만약 DVD 영화 감상이나 노래 감상, 게임을 많이 하는 사용자라면 고급형으로 선택합니다. 그렇지만 사무실에서 사용하는 업무용이라면 그저 소리가 나오는 정도로 충분할 겁니다. 사무용이라면 저가형을 구입해도 충분합니다. 사무실에서 사용한다면 헤드폰 단자가 전면에 달려 있는 1만원 전후의 제품을 구입합니다.

고급형은 반드시 음직을 매장에서 확인하고 구입합니다.

요즘은 DVD를 감상하기 위해 5.1 채널 지원 스피커가 많이 출시되고 있습니다. 가격이 비싸고 업체마다 성능 차이가 크므로 스피커 구입 전에는 다른 사람의 조언을 듣거나 직접 매장에서 음직을 들어보고 결정해야 합니다.

기본적으로 살펴봐야 할 내용은 주파수 대역이 넓으며 소리의 왜곡율이 적고 출력이 큰 제품입니다. 소리의 왜곡율은 수치가 낮을수록 좋으며, 출력수는 클수록 좋지만 최대 출력수가 아닌 정격(실효) 출력수를 기준으로 살펴야 합니다.

가격과 디자인의 개인의 구매 취향에 따라서 다르므로 성능 부분만 꼼꼼하게 챙기면 좋은 스피커를 구입할 수 있을 것입니다.

고급형 제품은 음직을 확인하고 구입합니다.

상표의 제원은 참고만 합니다.

스피커의 경우 겉에 표시된 상표와 제원은 참고만 합니다. 제원대로 나오는 제품이 별로 없습니다. 상품에 적힌 출력 수는 무시하고 가능하면 직접 들어보고 구입하도록 합니다.

방자형인가 확인합니다.

PC용 스피커를 구입할 때 음질 다음으로 가장 중요한 부분이 방자형 기술입니다. 대부분의 스피커가 모니터 주변이나 본체 주변에 놓고 사용하는데 이때 스피커에서 나오는 자장이 모니터의 색을 변화시키거나 플로피디스크나 하드디스크의 자기 배열을 망치는 경우가 있습니다. 때문에 자장을 막아주는 방자형 설계가 필수적입니다.

헤드폰 단자나 헤드셋 지원용이 편리합니다.

과거의 스피커는 볼륨조정 스위치만 있었지만 요즘에는 헤드폰 단자가 앞부분에 포함된 것이 많습니다. 가능하면 헤드폰단자가 앞에 달려있는 것을 구입하는 것이 좋습니다. 헤드폰 단자에 헤드폰을 끼우면 스피커로 나올 소리가 헤드폰으로 출력됩니다. 물론 스피커의 볼륨조정을 이용해서 헤드폰으로 출력되는 소리의 크기를 조절할 수 있습니다.

사무실이나 집에서 스피커로 큰 소리가 나올 경우에 주변 사람의 눈치를 봐야할 경우가 있습니다. 이런 경우에 헤드폰 단자를 스피커에 연결하여 사용하면 주변 사람에게 전혀 방해되지 않습니다.

저가형 중에 헤드셋 단자가 달려있는 스피커가 사용하기 편리합니다.

음성채팅, 화상채팅을 많이 하는 사람이라면 헤드셋을 지원하는 스피커를 구입합니다. 스피커에 헤드셋의 마이크 입력단자와 스피커 출력단자가 함께 있어, 스피커에 헤드셋을 연결해 음성을 주고 받을 수 있어 편리합니다.

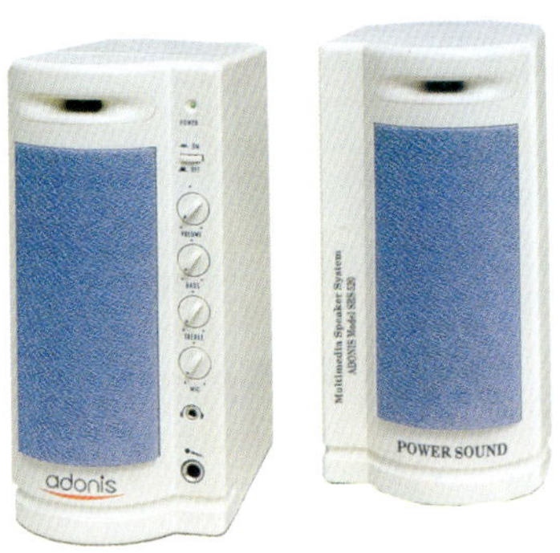

앰프와 어댑터 내장 여부

스피커의 출력을 조절하거나 음을 더욱 조정하기 위해서는 앰프가 내장된 스피커가 좋습니다. 물론 앰프가 내장된 것이면 비싸지만 출력을 증대할 수 있어 들을 때는 차이가 크게 나타납니다.

그리고 전원 어댑터가 따로 바깥에 나와 있는 제품이 있고 스피커에 내장된 제품이 있습니다. 전원 어댑터가 내장된 제품은 전원을 연결하는 한 쪽 스피커의 무게가 다른 스피커에 비해 매우 무겁습니다. 고급형이라면 전원 어댑터가 따로 분리되어 있는 것이 좋지만 저가형은 내장된 제품이 편리합니다.

06 키보드

1 키보드의 동작 원리와 종류

초기 키보드는 83키와 84 키로 시작

키보드(Keyboard, 글판)는 컴퓨터가 타자기의 배열을 그대로 따서 사용해왔으며 컴퓨터만의 특수기능을 위한 특수글쇠가 추가된 점이 다를 뿐입니다. 초기의 글판은 83개의 글쇠로 구성된 83 키보드였지만 이후로 기능이 확장되면서 현재는 106, 107 개의 글쇠로 늘어난 상태입니다.

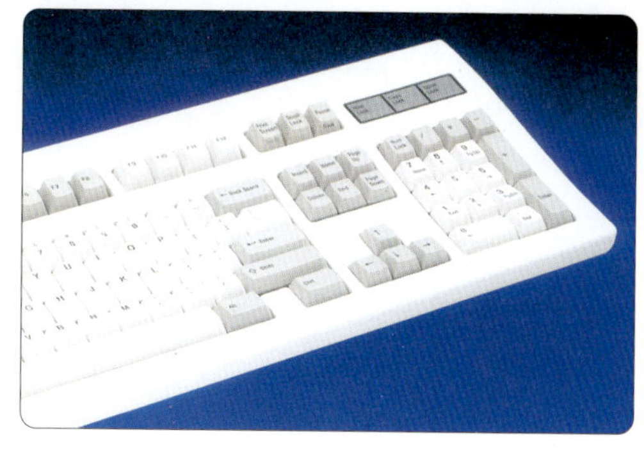

초기의 키보드는 요즘처럼 키패드가 없습니다.

요즘은 멤브레인 방식의 키보드로 출시됩니다.

키보드는 키를 눌렀을 때 키의 위치를 파악하는 방법에 따라서 몇 가지 종류로 구분합니다. 과거에는 기계식 키보드와 전자식 키보드로 구분했지만 요즘은 멤브레인식과 메커니컬 식으로 구분합니다.

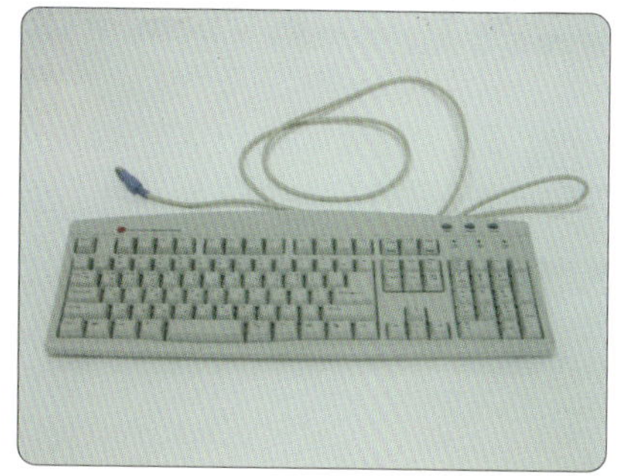

기계식과 멤브레인 방식의 키보드

요즘 나오는 키보드는 대부분 멤브레인 방식의 키보드입니다. 멤브레인 방식은 키를 눌렀을 때 멤브레인이라는 고무막을 눌러주는데 고무막을 이용해 압력을 전달하거나 고무막의 탄력을 이용하여 다시 키를 원상태로 위치시키기 때문에 붙은 이름입니다.

인터페이스 방식에 따라 AT용, PS/2용, USB용으로 구분합니다.

키보드는 인터페이스 방식에 따라 AT 방식과 PS/2 방식, USB 방식으로 구분합니다. AT 방식은 요즘 사용하지 않으며 USB 방식의 사용자도 드문 편입니다. 대부분의 키보드는 PS/2 방식으로 출시되고 있습니다.

USB 방식의 키보드

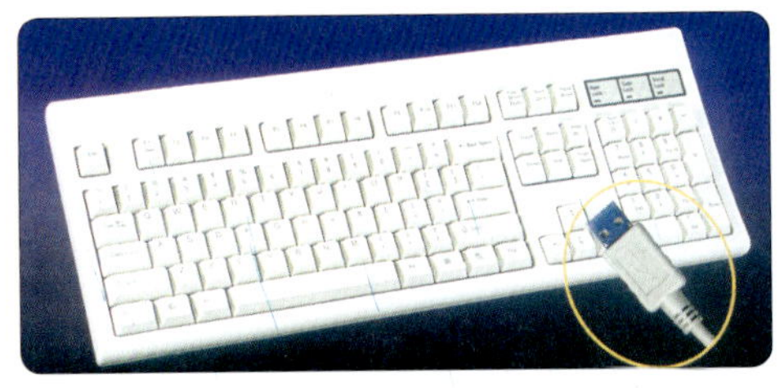

연결 형태에 따라서는 유선 키보드와 무선 키보드가 있습니다. 무선 키보드는 가격이 비싼 대신에 멀리 떨어져서도 입력이 가능해 특수 환경에서 일하는 사람들이 사용하고 있습니다.

무선 키보드

2 키보드 구입요령

키보드는 어떤 회사 제품을 쓰더라도 성능이 비슷합니다.

키보드는 가격도 저렴하고 성능도 비슷합니다. 키보드 성능을 따지는 별로 없고 타자를 칠 때의 느낌 정도만 다를 뿐입니다. 요즘 나오는 제품은 키보드의 기본적인 기능보다는 부가 기능에 따라서 가격이 달라집니다. 인터넷 단축키가 있는 제품이거나 내추럴 키보드처럼 형태가 특이한 제품이 아니라면 1만원 전후의 가격으로 판매됩니다. 제조회사별 성능 차이는 거의 없으므로 가격을 보고 구입하면 됩니다. PS/2 방식의 보급형 키보드를 구입하면 충분합니다.

PS/2 방식의 보급형 키보드

타자를 많이 치는 사람이면 내추럴 키보드 구입을 고려합니다.

내추럴 키보드는 인체공학적으로 설계되었다고는 하지만 너무 면적이 넓어서 사용하기 불편한 점도 있습니다. 또한 내추럴 키보드를 사용하다가 다른 키보드를 사용하면 타자의 어려움이 있다는 점도 감안해야 합니다. 다만 타자입력이 주업무라 손이 많이 혹사당하는 사람이라면 내추럴 키보드 구입을 고려하기 바랍니다. 아무래도 손에 부담이 덜 갑니다.

내추럴 키보드의 형태

특수한 직업 종사자는 기능적인 면을 고려해서 키보드 구입하는 것이 좋습니다.

키보드는 고만고만한 성능을 가지고 있지만 몇몇 특수한 키보드가 나와 있어 업무 효율을 도와줍니다. 인터넷을 많이 사용하는 분이라면 인터넷 키보드가 작업을 도와줄 것이며 안내 데스크에 있는 사람이거나 책상이 좁아 키보드 놓기 불편한 사람 등은 무선 키보드나 미니 키보드 등을 사용할 수도 있습니다. 또는 마우스 내장형 키보드를 사용할 수도 있다. 가격은 비싸지만 시중에는 다양한 종류의 특수 키보드가 있으므로 업무에 어울릴만한 제품으로 골라보는 것이 좋습니다.

무선 방식에 트랙볼 내장, 마우스 연결이 가능한 특수 키보드

07 마우스

1 마우스 종류와 동작원리

화면에서 자유롭게 커서를 움직이는 입력장치

컴퓨터의 입력장치인 키보드로 그림을 그리기는 어렵습니다. 마우스는 키보드의 이런 문제점을 보완하기 위해 만든 제품입니다. 마우스가 움직이면 화면 상의 원하는 위치로 쉽게 이동할 수 있는데 이를 이용해 원하는 위치로 빠르고 쉽게 이동하거나 자유롭게 선을 그릴 수 있습니다.

독특한 디자인의 광마우스

마우스가 움직이면 마우스 내에 내장된 인코더나 센서는 마우스가 움직인 거리와 방향을 측정하여 이를 수치로 변환시켜 컴퓨터에

보내줍니다. 컴퓨터는 이를 이용하여 마우스가 움직인 궤적을 따라 모니터에 마우스의 움직임을 표시합니다.

마우스는 처음에는 캐드나 컴퓨터 그래픽을 하는 일부 사용자층만 사용하던 입력도구였으나 요즘은 일반인들에게도 필수적인 입력도구가 되었습니다.

PS/2마우스와 USB 방식의 마우스가 출시중입니다.

마우스는 버스의 인터페이스에 따라서 시리얼 마우스, PS/2 마우스, USB 마우스로 구분합니다.

9핀 시리얼 포트에 연결하는 시리얼 마우스는 요즘 거의 생산되지 않고 있으면 대부분 PS/2 방식의 마우스만 판매됩니다. USB 마우스는 아직까지도 특수한 사용자만이 사용합니다.

동작 원리에 의해 볼마우스, 광마우스, 전자펜 마우스로 구분합니다.

동작 원리에 따라서 마우스를 구분하면 볼마우스, 광마우스, 전자펜 마우스로 구분합니다.

볼마우스는 볼이 굴러간 운동 방향을 측정

볼마우스는 바닥에 대고 움직이면 바닥에 나온 공이 회전합니다. 그러면 공과 닿아있는 두 개의 롤러가 함께 움직이고, 롤러 끝에 달려 연결된 엔코더라는 장치도 같이 돌아갑니다. X축과 Y축의 두 엔코더가 움직인 거리는 엔코더의 틈새로 센서를 쏘아 파악합니다. 파악된 거리는 논리 회로를 통해 PC로 전송됩니다.

PS/2 방식에 휠을 장착한 볼마우스

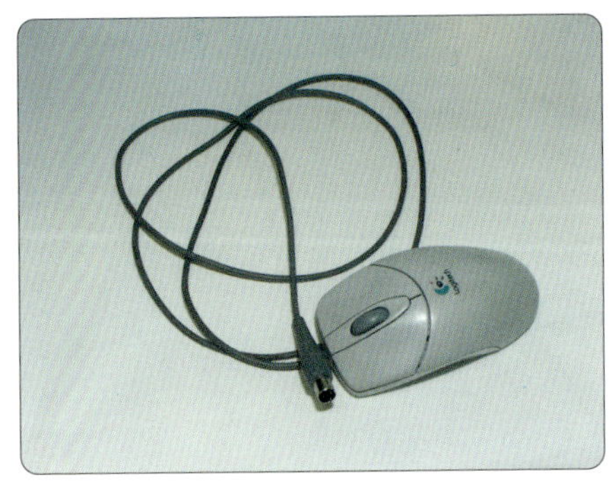

광마우스는 빛의 반사를 이용하여 거리 측정

광마우스는 깔판(패드)에 빛을 쏘아서 반사된 빛을 통해서 움직인 거리를 측정합니다. 따라서 광마우스에는 볼이나 롤러가 없고, 대신 빛을 감지할 수 있는 센서가 달려 있으며 빛을 반사하는 광마우스용 전용 깔판(패드)이 반드시 필요했습니다. 그러나 요즘에는 광 트랙킹 기술을 이용하여 패드가 필요 없는 광마우스가 판매되고 있습니다.

광마우스

전자펜 마우스는 전자기를 이용하므로 깔판이 필수적입니다.

전자펜 마우스는 전자기를 이용합니다. 마우스의 펜 끝을 깔판에 대면 깔판 밑에 배열된 전자장치가 펜의 위치를 판독하는 방식입니다. 전자펜은 전기적인 감응장치를 이용하므로 전자펜과 깔판 사이에 종이나 이물질이 있더라도 위치를 판독할 수 있으며 깔판으로부터 어느 정도 떨어져도 전자펜의 위치를 감지한다는 특징이 있습니다.

전자펜 마우스는 깔판이 필요합니다.

2 기능성 마우스

트랙볼은 볼마우스를 뒤집어놓은 형태입니다.

공마우스의 변형 제품으로 트랙볼이 있습니다. 트랙볼은 마우스를 움직이지 않고 손으로 직접 공을 움직인다는 점이 다릅니다. 즉 볼마우스를 뒤집어놓은 것으로 보면 됩니다. 볼마우스는 마우스를 움직이므로 공까지 함께 움직였으나 트랙볼은 뒤집어진 상태로 볼이 하늘을 보고 있기 때문에 볼을 굴림으로써 마우스 위치를 이동시킬 수 있습니다. 트랙볼은 마우스를 움직이기 위한 공간이 필요 없다는 점 때문에 좁은 공간에서 작업하는 사용자에게 유용합니다.

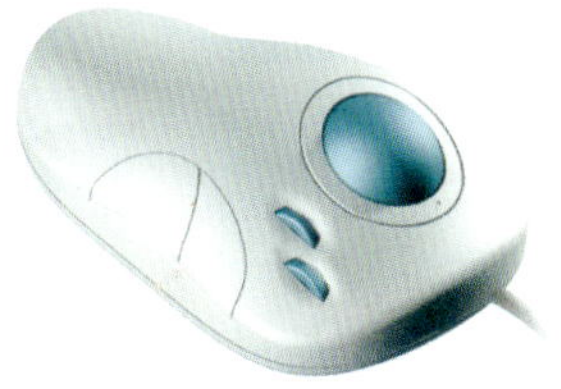

트랙볼의 모습

인터넷 사용자에게 유용한 휠마우스

휠(Wheel) 마우스는 기존의 볼마우스에 휠이라는 기능이 추가된 것입니다. 휠을 이용하면 윈도우 창의 스크롤 기능을 대신할 수 있습니다. 인터넷을 사용하면서 창의 스크롤 막대를 움직이는 일이 많은데 휠 마우스를 이용하면 마우스의 휠을 굴리는 것으로 이 작업을 대신할 수 있습니다. 일종의 아이디어 상품으로 현재 나오는 마우스는 대부분 휠 기능을 내장하고 있습니다.

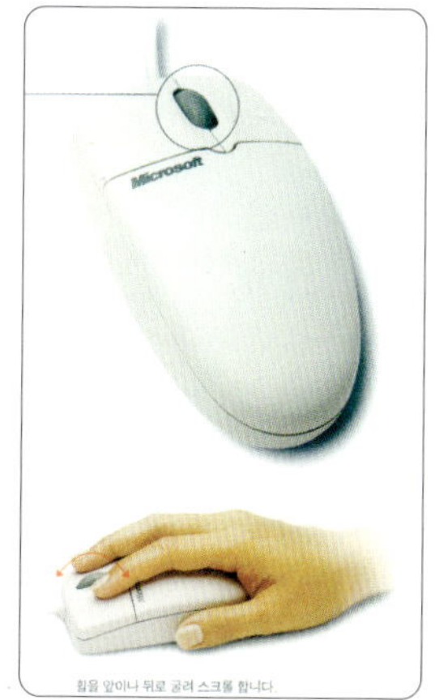

휠마우스의 대명사인 MS 마우스

이 외에도 무선으로 사용하는 무선 마우스와 전화기 기능이 들어있는 전화기 마우스 등의 기능성 마우스가 많이 출시된 상태입니다. 사용자의 작업에 맞는 기능성 마우스가 많으므로 꼼꼼하게 자신의 작업에 최적화된 마우스를 골라보기 바랍니다.

3 마우스 구입요령

요즘은 대부분 PS/2 마우스로 출시됩니다.

마우스 연결 방식은 현재 PS/2 방식과 USB 방식이 있습니다. 특별한 이유가 아니라면 PS/2 방식을 구입하도록 합니다. 휠 단추는 하나부터 여러 개까지 다양하게 있는데 너무 많아도 불편합니다. 하나나 두 개 정도 달린 제품이 좋습니다.

단 게임을 많이 즐기는 사용자나 인터넷을 많이 사용하는 사용자라면 작업에 최적화된 마우스를 구입하기 바랍니다. 3단추 방식의 로지텍 마우스는 게임하기에 편리하고 두 개 이상의 휠이 달린 마우스는 인터넷 사용에 편리합니다.

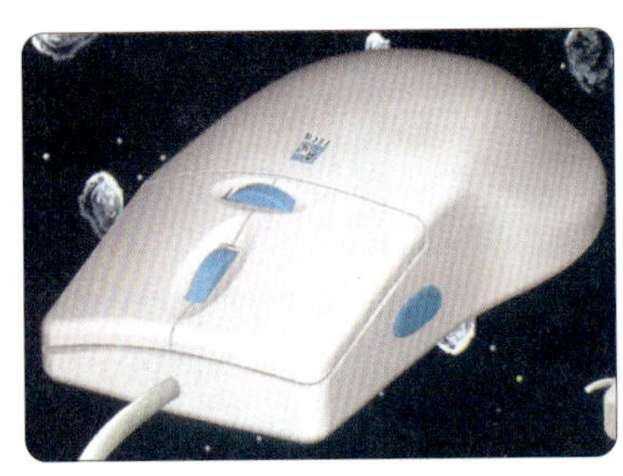

2개의 휠을 가진 마우스는 인터넷 사용 때 편리합니다.

무엇보다도 손에 잡히는 감각과 이동할 때의 감도가 중요합니다.

마우스는 무엇보다도 손에 달라붙은 감각과 이동할 때의 감도가 중요합니다. 손으로 만져볼 수 있다면 만져보고 움직이면서 손에 달라붙은 마우스를 고르는 것이 좋습니다. 감도는 정밀도라는 수치를 통해서 알 수 있지만 실제로는 제품에 적힌 정밀도보다는 작업할 때의 느낌이 더 중요합니다. 수치를 무시하고 직접 굴려서 사용해보는 것이 좋습니다.

마우스는 비싸더라도 반드시 고급 제품을 구입합니다.

마우스는 3~4천원 짜리 저가형부터 수 만원 짜리 다양한 종류가 있습니다. 마우스를 구입할 때는 일단 저가형은 구입할 생각을 안하는 것이 좋습니다. 대부분의 사용자가 하루 종일 마우스를 가지고 작업합니다. 때문에 마우스의 감도가 좋지 않으면 일의 능률도 안 오르고 피곤하며 짜증 납니다. 더구나 싸구려 마우스를 사용하면 손목에 통증까지 올 정도로 손이 뻐근해집니다. 사용자가 가장 많이 사용하는 장치이면서 가장 예민하게 반응하는 장비가 마우스입니다. 따라서 마우스만큼은 아무리 비싸더라도 고급 제품을 구입하도록 합니다.

08 조이스틱

1 조이스틱의 동작과정

조이스틱은 게임할 때 사용하는 오락용 입력기기

조이스틱은 주로 게임을 할 때 사용하는 입력장치입니다. 전자오락실에서 게임을 할 때 사용하는 방향 이동 막대기와 오른쪽의 단추를 합쳐놓은 기기로 보면 됩니다.

조이스틱은 컴퓨터에서 필수적인 장비는 아니지만 게임을 할 때는 매우 유용한 장비입니다. 특히 조종 게임이나 슈팅게임, 격투게임을 할 때는 조이스틱으로 해야만 제대로 게임의 묘미를 즐길 수 있습니다.

조이스틱

조이스틱에서 조정간을 움직이면 끝에 연결된 센서에 의하여 움직임을 감지한다. 이때 움직임을 감지하는 방법으로는 저항값을 사용합니다. 즉 조정간이 움직일 때 변하는 0에서 100옴까지의 저항값을 통해 X, Y 축의 방향 움직임을 판단하는 것입니다.

다양한 형태의 조이스틱이 있습니다.

게임이 다양화되면서 조이스틱의 종류도 다양화되었습니다. 일반적인 조이스틱과는 달리 다양한 기능을 추가한 새로운 형태의 조이스틱이 등장했습니다. 특히 한 쪽 분야의 게임을 할 때 전문적으로 사용할 수 있도록 전문성이 보강된 제품들이 많이 등장했습니다. 예를 들어 자동차 게임에 적합하도록 운전 손잡이와 페달을 가지고 있는 조이스틱이 있고, 비행기 게임에 적합하게 조종간 형태로 만든 조이스틱도 있습니다.

그리고 비디오게임기에서 많이 사용하는 게임패드라는 형태의 조이스틱도 있습니다. 게임패드는 방향을 조정할 때 막대(스틱) 대신 패드를 이용하는 것이 다릅니다.

운전에 적합한 조이스틱

2 조이스틱 구입요령

게임광이 아니면 저가형을 구입합니다.

게임을 즐기기 위해서는 조이스틱이 거의 필수적인 장비입니다. 조이스틱은 1만원 전후의 저가형이 가장 많이 팔리고 있는데, 마이크로소프트, 로지텍, 쓰러스트마스터 등에서 생산하는 고급형의 경우 가격이 비싸서 어지간한 게임광이 아니라면 쉽게 구입하기 힘듭니다. 일반적인 게임이라면 저가형으로도 충분하므로 비싼 제품을 고집할 필요는 없습니다.

게임패드

게임광이라면 고급형이나 특수형을 선택합니다.

정말 게임광이라면 저가형을 구입하지 말고 고급형을 구입하는 것이 좋습니다. 저가형은 정밀도가 떨어지고 내구성이 좋지 않아서 조금만 사용해도 못쓸 정도로 감도가 떨어지거나 커서가 흔들리는 제품이 많이 있습니다.

운전용 게임에 필요한 페달

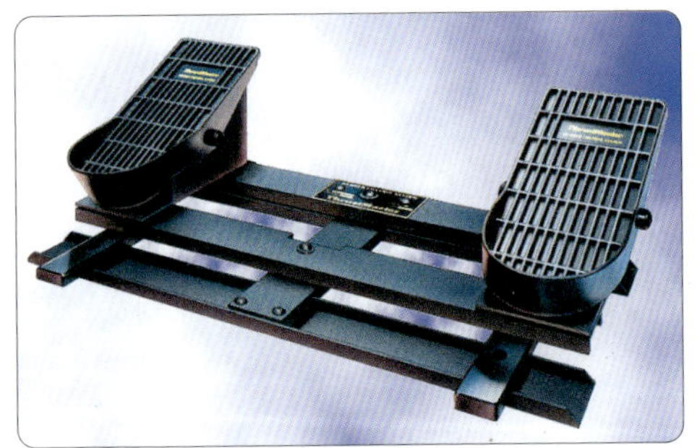

조이스틱을 고를 때는 우선 손에 달라붙는 밀착감을 확인한다. 밀착감이 떨어지면 조이스틱을 사용하는 것이 짜증날 수 있으므로 손에 잘 맞는 것으로 고릅니다. 다음으로 조정간의 움직임이 적당할 정도로 움직이는지, 중심은 제대로 서는지도 확인해야 합니다. 또 버튼을 눌렀을 때의 촉감도 괜찮은지 확인해야 합니다. 그외 여러 가지 기능도 확인해야 한다.

또한 단순한 조이스틱 외에도 휠을 이용하는 등 여러 가지 모드를 지원하는 것이 좋습니다. 또한 본체를 확실하게 고정할 수 있는 제품이 좋습니다. 그러나 이런 내용을 확인하고 구입하기란 실제로는 어려운 일이므로 유명 제품 위주로 구입하도록 합니다.

비행기 슈팅 게임에 적합한 조이스틱

09 스캐너

1 스캐너의 동작 원리

스캐너는 원래 바코드 읽기 위해 제작된 기계

스캐너는 인쇄물의 사진이나 그림, 문자 등을 읽어들여 컴퓨터에서 사용 가능한 그림파일로 만들어주는 입력장치입니다. 원래 스캐너는 컴퓨터용으로 개발된 것이 아니라 POS시스템에 사용하기 위해서 개발한 것이다.

즉 원래는 유통회사에서 상품에 붙은 바코드를 읽어들이기 위한 장비로 개발된 것입니다. 때문에 컴퓨터의 스캐너 말고도 일상에서 스캐너는 쉽게 볼 수 있습니다. 24시 편의점, 슈퍼마켓, 백화점 등에서 물건을 팔 때 바코드를 읽어들이는 장치가 스캐너인 것입니다. 이때 스캐너는 빛을 쏘고 반사되는 내용을 통해 물건에 부착된 바코드의 라벨을 읽어들이고 바코드 프로그램이 바코드의 내용을 해석합니다. 복사기가 빛을 쏘고 반사되는 빛을 통해 원본의 인쇄 형태를 판독하는 것과 마찬가지 원리입니다.

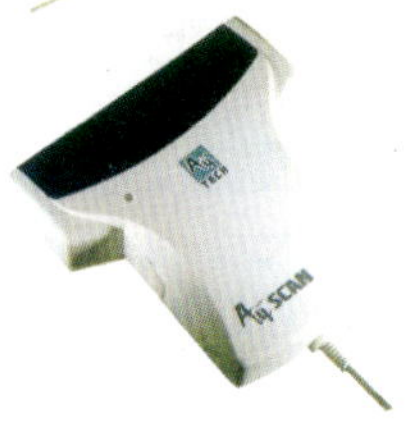

유통업체에서 사용하는 핸드 스캐너

요즘은 컴퓨터의 입력장치로 사용합니다.

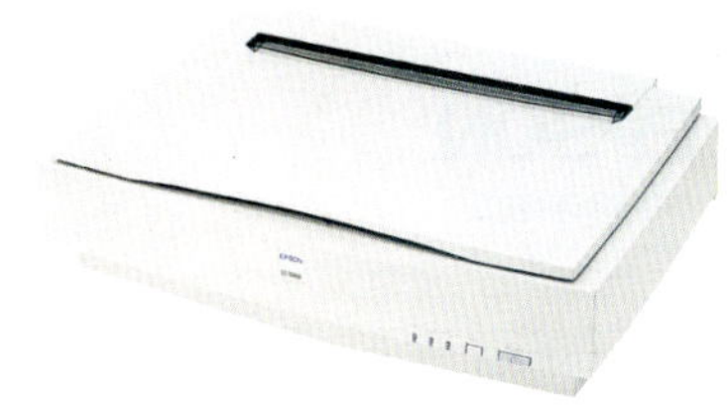

A3 용지까지 스캔할 수 있는 대형 스캐너

그러던 스캐너가 PC에서 입력장치로 사용되기 시작한 것은 1980년대 들어와서부터입니다. 처음에는 바코드를 읽는 장비처럼 흑백의 핸드 스캐너가 주로 보급되었으나 최근에는 복사기 형태의 평판형 컬러 스캐너가 주류를 이루고 있습니다.

2 스캐너 구입 요령

USB 방식 제품이 대부분입니다.

스캐너를 고를 때는 먼저 인터페이스를 따집니다. 패러렐 방식, SCSI 방식, USB 방식이 있는데 이중 SCSI 방식이 가장 빠르고 안정적입니다. 그렇지만 SCSI 카드를 설치해야 하는 불편함이 있습니다. 이런 이유로 USB 방식의 제품이 가장 많이 출시되고 있습니다. 전문적인 스캐너 작업이 필요하지 않은 사람들은 USB 방식을 선택하면 됩니다.

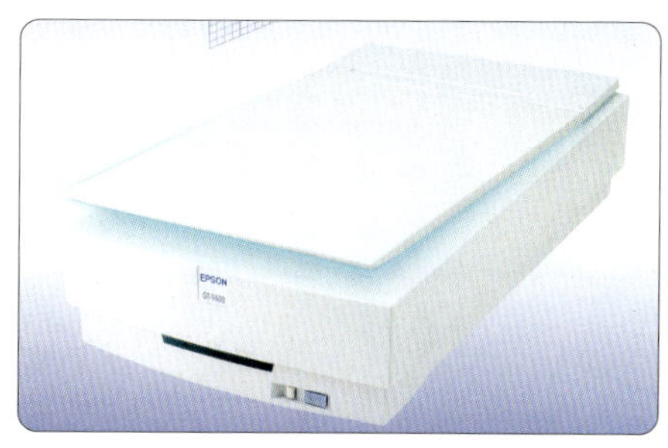

일반인이 사용하는 평판형 스캐너

광학 해상도 기준으로 해상도를 비교합니다.

스캐너의 성능은 해상도와 화질, 속도의 세 가지로 결정된다고 볼 수 있습니다. 해상도는 1인치를 몇 개의 점으로 나누어 읽어들이냐는 것입니다. 600dpi라고 하면 종이의 1인치를 600개의 점으로 나누어 읽는다는 뜻입니다. 따라서 해상도가 높을수록 세밀하게 스캔이 가능하므로 해상도가 높은 것이 좋습니다.

단 광학 해상도(엔진 해상도)가 높아야 합니다. 어떤 제품은 소프트웨어 해상도를 기준으로 설명하는데 이는 아무런 의미가 없습니다. 광학 해상도가 해상도의 기준입니다. 가끔 최대 해상도라는 표현으로 소비자를 현혹시키는데 최대 해상도는 소프트웨어 기법으로 점의 개수를 늘리는 기법에 불과합니다. 소프트웨어 해상도는 의미가 없습니다.

지원하는 컬러는 모두 1600만 컬러를 지원하므로 컬러 수를 살펴볼 필요는 없습니다. 스캔 속도는 제품마다 차이가 나는데 스캔을 많이 하는 경우라면 스캔 속도가 중요합니다. 그러나 가끔 스캔하는 사용자라면 스캔 속도에 크게 신경 쓰지 않아도 됩니다.

자동 급지 장치 달린 스캐너

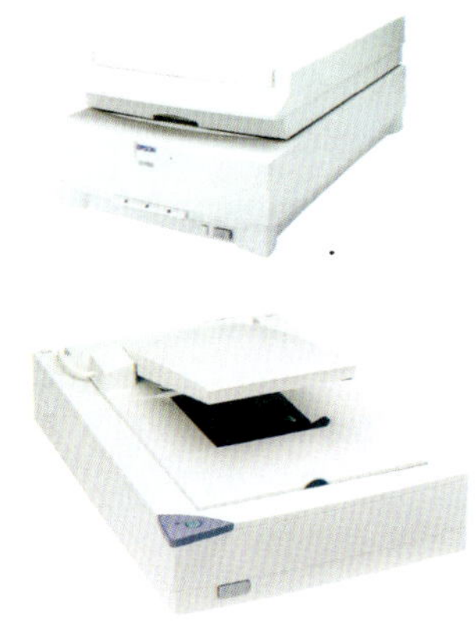

원색 구현은 HP 제품이 좋습니다.

사실 스캐너의 생명은 무엇보다도 원색을 얼마나 잘 구현하느냐에 있습니다. 아무리 속도가 빠르고 해상도가 높고 다양한 특수 기능을 지원한다 하더라도 원본과 비교했을 때 스캔한 이미지의 색이 다르다면 빵점이나 다름 없는 스캐너라 할 수 있습니다. 따라서 원본과 비교했을 때 색상이 가장 비슷한 제품을 고르는 것이 무엇보다도 중요합니다. 실제로 스캐너는 제조회사별로 색상 차이가 무척 심한 편이어서 어떤 회사의 스캐너는 스캐너로서 사용할 수 없을 정도인 것도 있습니다.

현재까지의 경험치로 볼 때 원색 구현력은 HP사의 스캔젯 시리즈가 가장 우수한 편입니다. 저가형 대만산 제품 중에는 색상 변화가 심한 것이 많으므로 추천하고 싶지 않습니다.

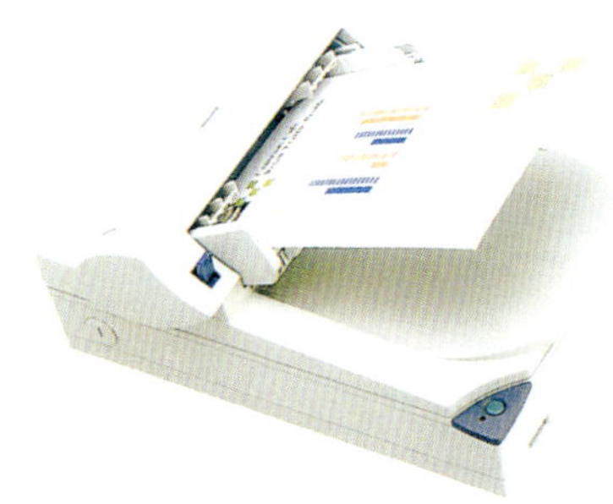

Section 08 PC Remodeling

기타 장치 이야기

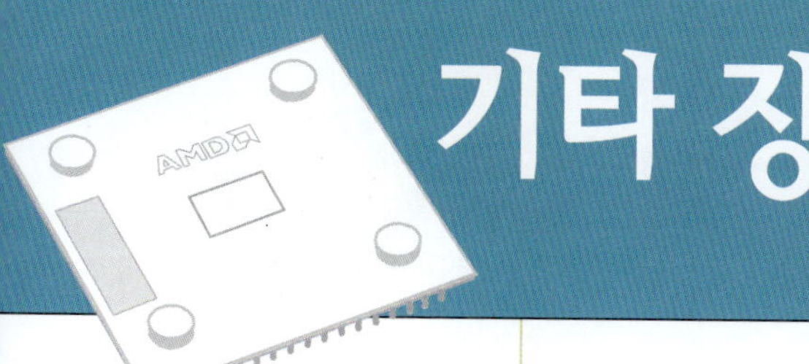

01 화상 관련 장비

1 TV수신카드

화질은 PCI 방식이 편리성은 USB 방식이 좋습니다.

TV수신카드는 컴퓨터를 이용하여 TV를 볼 수 있는 장비를 말합니다. 인터페이스에 따라서 PCI 슬롯에 장착하는 방식과 USB 방식이 있습니다. PCI 방식이 좀더 깨끗한 화질을 제공하는 편이지만 USB 방식은 휴대성이 좋아 가지고 다니면서 볼 수 있다느 장점이 있습니다.

PCI 방식의 TV수신카드

화질과 동영상 저장 기능, VCR 연결 기능이 중요한 구입 기준입니다.

TV수신카드는 지원 기능이 제품별로 차이 납니다. 우선 화질이 중요한데 화질 부분은 이전 사용자의 경험담을 참고하는 것이 가장 좋습니다. 현재까지는 온에어 TV 제품이 가장 나은 것으로 평가받고 있습니다. 다음으로 TV 화면을 동영상 파일로 저장하는 기능과 VCR(VTR)에 연결하여 비디오를 컴퓨터로 볼 수 있는 기능을 지원하는가 살펴봅니다. 두 가지 기능을 모두 지원해야 비디오테이프를 PC로 보면서 필요한 부분을 동영상으로 저장할 수 있습니다.

그외 케이블 TV 수신 기능, 최대 해상도, PC 카메라 연결 기능 등의 다양한 부가 기능을 지원하면 더욱 좋습니다. 그렇지만 가장 중요한 것은 화질과 동영상 저장, 비디오 연결 기능입니다.

2 PC 카메라

PC 카메라는 화상회의나 화상채팅용 장비로 사용합니다.

PC 카메라는 화상회의나 화상 통신을 할 때 사용합니다. 요즘은 화상채팅용으로 사용합니다. 현재는 가격이 많이 내려가 몇 만원이면 구입할 수 있는 저가형 제품이 되었습니다.

화상 대화용으로 사용하는 PC 카메라

최근 출시되는 제품은 대부분 USB 방식입니다.

요즘 나오는 제품은 인터페이스 방식이 대부분 USB 방식입니다. 제조회사별 성능 차이는 크지 않지만 색감 등은 어느 정도 차이가 납니다. 코닥사의 제품처럼 대기업 제품이 좀더 좋은 색감과 선명한 화질을 자랑합니다.

현재 시중에서 판매되는 PC 카메라는 대부분 영상만 기록 가능하고 소리는 녹음되지 않습니다. 때문에 캠코더로 찍을 때처럼 소리도 함께 녹음하려면 사운드카드에 마이크 장치를 연결하여 함께 구동시켜야 합니다.

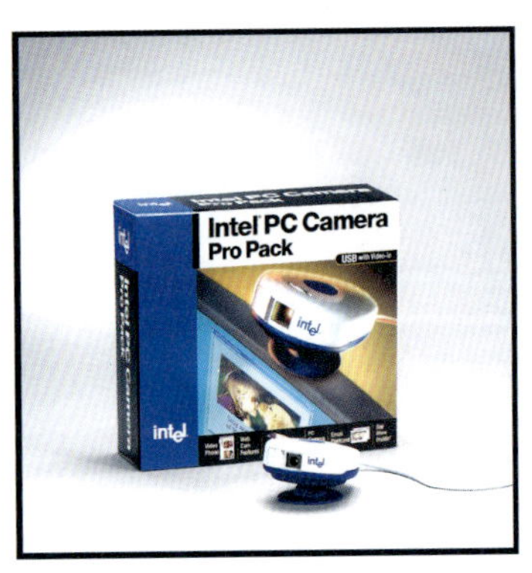

USB 방식의 PC 카메라

정지화상을 찍는 용도로 사용 가능합니다.

PC 카메라는 동영상 기능 외에 정지화면을 찍을 수 있는 기능이 있습니다. 디지털카메라에 비하면 선명도가 떨어지지만 아쉬운대로 스캐너나 디지털카메라 대용으로 쓸 수도 있습니다. 정지화면을 자주 찍는 사용자라면 화질도 중요한 구입기준이 될 것입니다. 화질에 신경 쓴다면 코닥이나 코콤사처럼 전문 업체의 제품이 좀더 나은 편이지만 가격이 비싸다는 점을 고려해야 합니다.

가격 싼 제품으로 구입합니다.

PC 카메라 구입요령은 특별한 것이 없습니다. 대부분의 경우 간단한 화상 채팅용이나 감시용으로 사용하는 것이기 때문에 화질에는 크게 신경 쓰지 않습니다. 때문에 가격 싼 제품으로 구입하는 것이 좋습니다.

02 모델과 랜카드

1 모뎀의 종류와 구입 요령

모뎀은 전화로 주고받는 신호를 컴퓨터가 이해할 수 있는 신호로 상호 변환해주는 장치

모뎀은 컴퓨터를 모르는 사람도 가장 많이 들어본 컴퓨터용 통신장비입니다. 모뎀은 일반 전화선을 통해서 통신을 하기 위한 장치입니다. 우리가 컴퓨터에서 자료를 다룰 때는 0과 1을 이용한 수치형(디지털)방식을 이용하는데 일반전화선은 파형을 이용하는 연속형(아날로그)방식입니다.

따라서 PC에서 전화기를 이용해 자료를 보낼 때는 두 방식 사이의 신호변환이 필요한데, 수치형 자료를 0.3~3.4KHz의 음성대역자료(연속형 신호)로 바꾸어주는 것을 변조라고 하고, 이를 다시 음성대역자료에서 수치형 자료로 복구하는 것을 복조라고 합니다. MODEM은 변조(MOdulation)과 복조(DEModulation)의 앞 글자를 따서 만든 이름입니다.

내장형 모뎀

컴퓨터의 디지털 자료와 전화선으로 오는 아날로그 자료를 상호 변환

그러니까 모뎀이란 장비는 자료를 보낼 때는 컴퓨터에서 사용하는 수치형 자료를 전화선에서 사용하는 연속형 자료로 바꾸어서 보내고, 자료를 받을 때는 반대로 전화선을 통해서 들어온 연속형 자료를 수치형 자료로 바꾸어주는 역할을 하는 장비입니다.

속도를 기준으로 구별하며 56Kbps가 현재 최고 속도입니다.

모뎀을 분류하는 방법은 크게 속도, 외형, 전송방식, 인터페이스로 구분합니다. 속도를 기준으로 하면 300bps 56Kbps까지 있는데 현재 시중에 판매되는 것은 56Kbps 제품 뿐입니다. bps는 bit per second라는 뜻으로 1초에 전송할 수 있는 bit 수입니다. 56Kbps라면 1초에 56Kbit를 전송한다는 뜻입니다. 주의할 점은 byte가 아닌 bit 단위라는 사실입니다. 따라서 바이트 기준으로 계산하려면 8로 나누어야 합니다.

외형에 따라서 내장형과 외장형으로 구분합니다. 내장형은 PCI 슬롯에 장착하는 방식이 대부분이지만 외장형은 시리얼 포트에 연결하는 시리얼 방식과 USB 포트에 연결하는 USB 방식으로 구분합니다. 노트북 사용자를 위한 PCMCIA 방식의 모뎀도 있습니다.

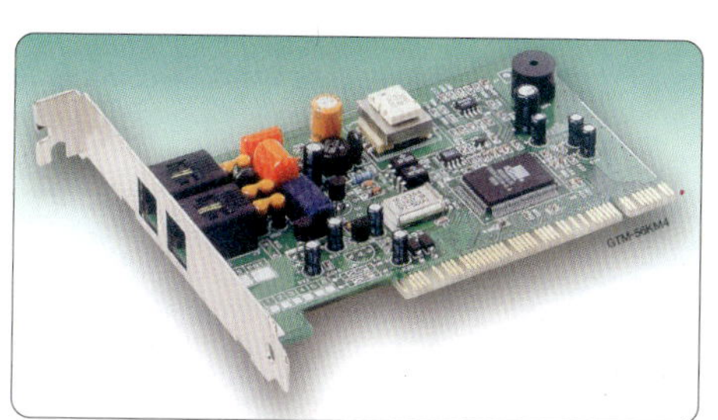

PCI 방식의 내장형 모뎀

라인 잭에는 전화국에서 들어오는 전화선을, 텔레폰 잭에는 전화기와 연결된 전화선을 연결합니다.

내장형 모뎀의 구조

내장형 모뎀의 구조를 살펴보면 슬롯 면에 두 개의 구멍이 있습니다. 이 구멍은 선을 연결하는 잭입니다. Line이라고 써진 단자에는 전화국에서 들어오는 외부의 전화선을 모뎀에 연결하는 단자입니다. Phone라고 써진 것은 모뎀에서 전화기로 연결할 때 사용합니다.

팩스 모뎀은 팩스를 보낼 수 있는 모뎀입니다.

팩스 모뎀은 모뎀으로 팩스를 보낼 수 있는 모뎀을 뜻합니다. 즉 모뎀 안에 팩시밀리 기능이 내장된 모뎀입니다. 최근 출시되는 모뎀은 대부분 팩스 기능이 내장된 제품입니다. 모뎀으로 팩스를 보내면 팩시밀리를 이용할 때보다 처리 속도가 빠르고 고해상도로 보내기 때문에 좋습니다.

요즘은 대부분 초고속통신망을 사용하기 때문에 모뎀을 사용하는 사용자는 별로 없습니다. 때문에 모뎀 시장 자체가 줄어들고 있는 추세입니다. PC통신을 하는 경우가 아니라면 모뎀을 구입할 필요조차 없습니다.

모뎀을 구입하게 된다면 가격을 보고 구입하면 됩니다. 제조회사별 성능 차이는 크지 않으므로 가격이 싼 제품으로 구입하면 됩니다. 현재 시중에는 56Kbps 속도를 가진 PCI 방식의 내장형 모뎀이 대부분입니다. 노트북 사용자라면 USB 방식의 모뎀 구입을 고려하는 것이 좋습니다.

2 랜카드

이더넷은 LAN 방식의 한 종류입니다.

이더넷(Ethernet)은 1976년 개발된 근거리 통신망(LAN) 방식의 한 종류입니다. 이더넷은 일반인에게 흔히 LAN으로 알려졌는데 LAN 중에서 가장 많이 사용하는 방식이기 때문에 이더넷 하면 LAN을 떠올리는 것입니다. 이 때문에 이더넷 카드는 곧 랜카드라는 말과 동일한 의미로 받아들입니다.

이더넷카드가 곧 랜카드입니다.

이더넷 어댑터라고 부르는 랜카드는 네트웍을 형성할 때 PC에 장착하는 인터페이스 카드입니다. 쉽게 말해 랜카드라고 부르는 이더넷 어댑터는 PC 슬롯에 장착한 다음에 케이블 연결을 통해서 PC를 네트워크로 연결해주는 장비입니다.

PCMCIA 방식의 100Mbps 랜카드

과거에는 특수 수요층에서만 사용하던 카드였지만 최근에는 초고속통신망을 사용하기 위해 일반인들도 하나씩은 장착하고 있습니다. 또한 두 대의 컴퓨터를 연결하여 게임을 즐기려는 사용자가 늘면서 랜카드를 찾는 사용자가 늘었습니다.

일반 사용자는 PCI 방식의 랜카드로 저가형을 구입하면 됩니다.

랜카드는 현재 ISA 방식과 PCI 방식, PCMCIA 방식, USB 방식이 출시되고 있으며 10Mbps와 100Mbps 제품이 나오고 있습니다. 과거와는 달리 10Mbps와 100Mbps의 가격 차이는 그다지 크지 않기 때문에 대부분 100Mbps 제품으로 선택합니다.

랜카드는 제조회사별 가격 차이가 큰 품목입니다. 저가형은 1만원 내외에 판매하지만 고급형은 1몇 만원씩 합니다. 저가형과 고급형의 차이는 안정성인데 초고속통신망이나 두 대의 PC를 연결하는 간단한 용도에 사용할 때는 저가형을 써도 충분합니다. 고급형은 기업의 네트워크를 구축할 때 사용합니다.

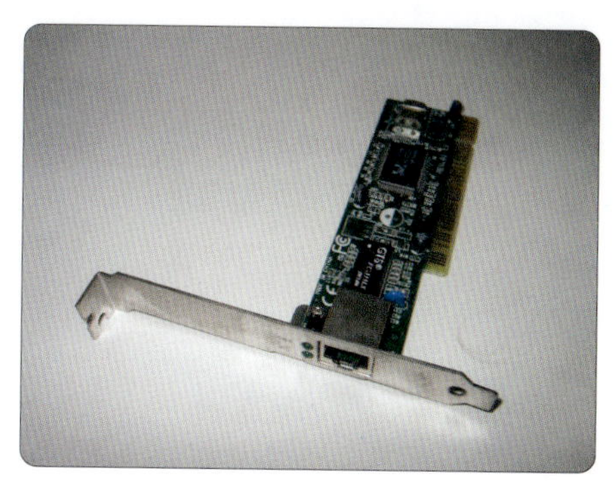

가격이 저렴한 대만산 내장형 랜카드

03 노트북

1 노트북의 종류와 성능 판별 기준

노트북은 크기와 무게로 구분하는 것이 일반적입니다.

노트북의 종류는 보통 크기, 무게에 따라 표준형, 서브 노트북, 미니 노트북으로 나눕니다. 서브 노트북은 플로피디스크드라이브를 내장하지 않은 작은 노트북을 말하며 미니 노트북은 서브 노트북보다 더 작은 노트북을 말합니다.

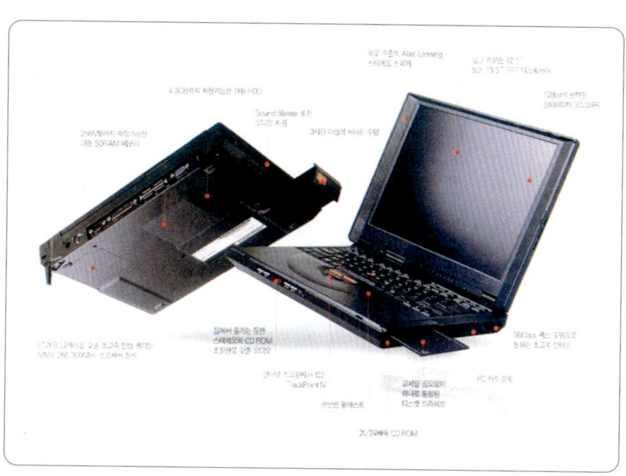

노트북의 구조

노트북을 구입할 때 기준으로 삼는 주요 부품은 CPU와 화면, 배터리입니다. CPU와 장착 메모리, 하드디스크의 용량 등은 사용자들이 성능 차이를 쉽게 판단할 수 있지만 화면과 배터리의 성능 판별은 쉽지 않습니다.

노트북 사용에 실질적인 영향을 미치는 것은 무게와 배터리입니다.

노트북을 구입하는 사용자들이 일반적으로 살펴보는 기준은 CPU와 메모리 용량, 하드디스크 용량, 액정 화면의 최대 해상도입니다. 그렇지만 실제로 노트북을 사용할 때 사용자를 당황스럽게 하는 부분은 무게와 배터리 지속시간입니다.

사실 노트북은 휴대성을 위한 제품입니다. 따라서 CPU 속도나 메모리 용량은 그렇게 중요한 기준이 아닙니다. 오히려 휴대성을 생각할 경우 무게가 가장 큰 기준이 됩니다. 노트북을 데스크탑 대용으로 사무실 책상에 올려놓고 사용하는 사용자라면 무게를 따질 필요가 없지만 매일 가지고 다니는 사용자라면 서브 노트북 이하의 가벼운 노트북을 구입해야 합니다. 2Kg만 넘어도 노트북을 들고 다니가 어렵습니다.

그리고 매일 가지고 다니는 사용자라면 배터리 지속 시간도 살펴봐야 합니다. 물론 대부분의 실내에는 전원 콘센트가 있지만 의외로 전원이 없는 곳에서 작업을 하는 경우가 많습니다. 많은 노트북이 1~3시간 정도의 배터리 지속 시간을 가지는데 이 시간은 결코 길지 않습니다. 더구나 배터리 성능은 노트북 사용 기간에 비례하면서 짧아집니다. 그래서 나중에는 1시간도 지속하지 못하게 됩니다. 이동이 많은 사용자라면 배터리 지속 시간이 긴 제품으로 선택하도록 합니다.

화면 해상도는 작업 효율에 영향을 미칩니다.

화면이 넓으면 작업할 때 편리합니다.

화면의 최대 해상도는 작업할 때 큰 영향을 미칩니다. 표준형 노트북은 모두 1024×768 이상을 지원합니다. 서브 노트북의 경우 800×600까지만 지원하면 제품이 많습니다. 이 정도로 작업은 할 수 있지만 1024×768을 지원한다면 좀더 편리합니다. 인터넷을 자주 사용한다면 서브 노트북이라 하더라도 1024×768을 지원하는 제품으로 구입하는 것이 좋습니다.

2 노트북의 업그레이드 주의 사항

노트북은 업그레이드가 어렵습니다.

노트북은 업그레이드가 쉽지 않은 제품입니다. 여러 가지 제약사항이 많기 때문이다. CPU의 경우 더 높은 사양으로 업그레이드하고 싶어도 주기판이 현재 장착된 CPU에 최적화되어 있거나 롬바이오스가 현재의 CPU에 맞추어서 제작된 경우가 있어 업그레이드가 어렵습니다. 또한 상위 CPU로 교체할 수 있다 해도 높은 클럭의 CPU를 장착했을 때 발생하는 열이 노트북의 성능에 안좋은 영향을 미칠 수 있습니다. 때문에 노트북 사용자의 경우 CPU를 교체하는 일은 거의 하지 않습니다. 또한 하지 않는 것이 좋습니다. 다만 오버클럭은 시도하는 경우가 종종 있다. CPU를 교체하지 않았기 때문에 안정적으로만 동작한다면 주기판에 별 영향을 주지 않기 때문입니다.

노트북 사용자는 하드디스크와 메모리 위주로 업그레이드 합니다.

노트북 사용자가 실질적으로 업그레이드 할 수 있는 부품은 두 가지입니다. 메모리를 증설하거나 하드디스크의 용량을 확대하는 정도입니다. 그러나 이 두 가지 부품을 교체하는데는 꽤 많은 비용이 듭니다. 노트북용 메모리와 하드디스크의 가격이 데스크탑용과는 달리 고가이기 때문입니다. 또한 대부분의 노트북이 사용하기 충분한 정도의 메모리를 장착하고 출시된 것이므로 메모리를 업그레이드할 필요성이 별로 없습니다. 처음 출시된 상태 그대로 사용하더라도 사용에 어려움이 없습니다.

사용자가 업그레이드 하는 품목은 주로 메모리와 하드디스크입니다.

업그레이드 할 때 분해가 필요한 경우에는 전문가의 손을 빌립니다.

더구나 노트북을 업그레이드 하려면 본체를 분해해야 하는데 데스크탑 PC와는 달리 본체 분해가 매우 어렵습니다. 분해하는 도중에 잘못 하여 각종 잠금장치를 파손시키는 경우가 많이 발생합니다. 따라서 가능한 업그레이드는 제품 구입처에 부탁해 하는 것이 좋습니다.

나사를 풀고 간단하게 하드디스크를 교체할 수 있는 경우라면 본인이 해도 되지만 키보드를 들어올려 분해하는 작업이라면 전문가에게 맡기도록 합니다.

3 노트북 구입 요령

성능과 가격, 무게가 최대 기준입니다.

노트북을 구입할 때는 성능 대비 가격을 따지게 됩니다. CPU나 하드디스크, 메모리 등을 고려하여 가격을 따져본다. 혹시 메모리나 하드디스크가 부족하다고 느낄 경우에는 업그레이드를 고려한 가격까지 고려합니다.

가능한 가벼운 것으로 구입한다.

가격 다음으로 중요한 것은 무게입니다. 자신에게 필요한 제품이 올인원 노트북처럼 성능이 좋은 제품이 필요한 것인지 휴대성이 필요한 것인지 잘 검토하기 바랍니다. 노트북은 가벼울수록 좋습니다. 노트북을 들고 다닐 때는 노트북 외에도 가방, 전원어댑터, 책, 수첩 등의 기타 제품을 들고 다닙니다. 때문에 노트북 무게만 가지고 휴대성을 생각하면 안됩니다. 휴대를 자주 하는 사용자라면 서브 노트북으로 구입하는 것이 좋습니다.

노트북은 최대한 가벼운 제품으로 구입하는 것이 좋습니다.

서브노트북을 구입하고 외장형 CD롬드라이브를 구입합니다.

서브 노트북을 구입한 다음에 CD롬드라이브는 PCMCIA 방식으로 따로 구입하는 것이 훨씬 경제적이고 건강에도 좋습니다. 우선 따로 구입한 CD롬드라이브는 들고 다닐 수도 있고 놓고 다닐 수도 있습니다. 두 번째로 다른 노트북에서도 사용이 가능합니다. 세 번째로 더욱 빠른 CD롬드라이브로 교체가 가능합니다. 이때 이전에 사용하던 것은 중고로 팔면 됩니다.

반면 노트북에 CD롬드라이브가 내장된 제품은 교체가 불가능하며, 사용하지 않을 때도 들고다녀야 하므로 무게만 무겁게 만듭니다. 다른 노트북에서 사용할 수도 없습니다. 따라서 CD롬드라이브나 플로피디스크드라이브가 기본적으로 장착된 모델보다는 없는 제품이 훨씬 노트북을 활용하는데 도움이 됩니다. 경제적으로도 CD롬드라이브를 따로따로 구입하는 것이 더 좋습니다.

해상도 높고, 모뎀과 랜카드 내장형이 좋습니다.

화면의 해상도도 중요합니다. 단순한 자료 출력용이라면 800×600 정도의 해상도로도 충분하지만 입력 작업도 겸하는 노트북이라면 해상도가 좀더 높아야 합니다. 해상도 외에도 부가 기능을 검토하게 되는데 모뎀과 랜카드가 내장된 제품이면 편리합니다. 마지막으로 사용 용도를 고려하여 배터리 지속 시간을 꼭 검토하기 바랍니다.

잠깐! 키보드에서 사용 안하는 키의 용도

옷이라면 장식용 단추라는 것이 있지만 전자 장비에는 장식용 단추나 키가 거의 없습니다. 꼭 필요한 최소한의 부품으로 최대의 기능을 구현하는 것이 목적입니다. 그런데 요즘 키보드를 보면 사용하지 않는 키가 몇 개 있습니다. 대부분의 키가 컴퓨터 작업 도중에 몇 번이라도 사용하기 마련이지만, 맨 윗 줄에 위치한 [F11] [F12] [Print Screen/SysReq] [Scroll Lock] [Pause/Break] 키는 하루 종일 한 번도 사용하지 않는 경우가 많습니다. 그렇지만 이들 키는 분명 어떤 필요성에 의해 만들어놓은 것이며 과거에는 꽤 중요하게 사용된 키입니다.

PC 초기의 키보드는 83개의 키로 이루어졌습니다. 이때의 키는 요즘과 키 배열이 조금 달랐습니다. F1부터 F10까지 이름 붙은 기능(Function)키는 키보드의 왼쪽에 두 줄로 붙어있었으며 키패드(Key Pad=글쇠뭉치)도 없었습니다. 또한 8비트 컴퓨터 시절에는 키보드가 본체, 모니터와 일체형이라서 키보드의 방향을 바꿀 수 없었고, 사용하기 매우 불편했습니다. 키보드가 요즘처럼 케이블 연결 방식으로 바뀐 것은 IBM PC가 등장하면서부터 입니다.
초기의 83키는 이후 여러 가지 기능 키의 수요가 생기면서 키가 추가되기 시작합니다. 제일 먼저 [Print Screen/SysRq] 키가 추가되어 84개의 키를 가진 84 키보드가 탄생합니다. 이후 화살표와 숫자를 비롯한 자주 사용하는 키를 모아 오른쪽에 하나 더 만든 키패드를 추가하고, [F11] [F12] 키를 추가하여 101, 102 키보드가 완성됩니다. 요즘에는 윈도우와 인터넷 관련 기능 키가 다양하게 추가된 제품이 있지만 호환성이 없기 때문에 101/102 키보드의 키가 아직까지 표준으로 자리잡고 있습니다.

그럼 별로 사용하지 않는 [F11] [F12] [Print Screen/SysReq] 등의 키는 왜 만들었을까요? IBM이 [SysRq]와 [F11] 등을 추가한 이유는 대형 컴퓨터의 키보드와 비슷하게 만들기 위해서입니다. 즉 대형 컴퓨터에 있는 [SysReq] 키를 PC에서도 사용할 수 있도록 PC용 키보드에 추가한 것입니다. 또한 대형 컴퓨터의 PF(Program Function) 키를 대신할 수 있도록 펑크션 키를 12개로 확장하여 [F11]과 [F12]가 생긴 것입니다.

[Print Screen/SysReq]키는 도스 시절에 화면 출력용 키로 사용했습니다. 화면 갈무리(capture) 프로그램이 발달하지 않았던 도스 시절에는 화면의 내용을 프린터로 출력해주는 이 키를 매우 유용하게 사용했습니다. 윈도우98에서는 화면 전체를 클립보드로 복사해주는 기능을 합니다. 즉 임시 버퍼에 그림 파일로 저장해줍니다.

[Print Screen]키를 누른 뒤에 '시작-프로그램-보조프로그램-그림판'을 선택해 그림판을 실행시켜 보면 그림판 프로그램이 실행되면서 비어있는 작업화면이 나옵니다. 여기에서 '편집-붙이기' 순으로 메뉴를 선택하거나 [Ctrl] + [V]를 함께 눌러보기 바랍니다. 그러면 조금 전에 [Print Screen]키를 누를 때의 윈도우98 화면 전체가 복사되는 것을 볼 수 있습니다. 이처럼 [Print Screen]키는 화면 전체를 그림으로 저장해주는 기능을 하며, 이렇게 저장된 임시 그림은 그림판이나 포토샵 등의 그래픽 프로그램에서 붙이기 기능을 이용해 불러온 다음에 편집할 수 있습니다.

[Scroll Lock]는 도스에서 커서 스크롤 관련 키로 사용했습니다. 도스에서는 [Ctrl] + [Scroll Lock] 키를 동시에 누르면 실행중인 프로그램을 멈출 수 있어 원치 않는 프로그램의 실행을 중간에 멈추게 할 수 있었습니다. 특히 가장 많이 사용하는 'dir' 명령을 취소하는 용도로 사용했던 매우 유용한 키입니다.

[Pause/Break]는 도스 상에서 프로그램의 실행을 잠시 멈추고자 할 때 사용했습니다. 예를 들어 'dir'이나 'type' 명령어를 사용해 화면에 글들이 올라갈 때 [Pause]키를 누르면 화면이 정지합니다. 초보 시절에 꼭 필요했던 키죠.

[Num Lock]과 [Caps Lock] 키도 요즘은 거의 사용하지 않는 키입니다. 그렇지만 잘 활용하면 작업 효율을 높일 수 있습니다. [Num Lock]는 키패드의 숫자를 켜고 끕니다. 누를 때마다 키보드의 [Lum Lock] 깜박이에 불이 들어왔다 꺼집니다. 불이 들어오면 오른쪽의 키패드를 숫자 키로 사용할 수 있고, 한 번 더 눌러 불이 꺼지면 화살표키로 사용할 수 있습니다. 숫자 입력 작업이 많거나 커서 이동 작업이 많은 일을 할 때 유용하게 사용할 수 있는 키입니다.
[Caps Lock]은 영어 대소문자의 입력상태를 변환해줍니다. [Caps Lock]을 눌러 깜박이에 불이 켜지면 영문을 칠 때 대문자로만 입력됩니다.

Part 03

PC 리모델링과 튜닝

Section 01 PC Remodeling

PC 청소하기

PC 리모델링은 청소, 색칠, 튜닝의 세 단계로 구분합니다.

PC 리모델링은 건축이나 가구의 리모델링처럼 현재 사용중인 PC를 새롭게 변화시키는 작업을 말합니다. PC 리모델링의 기본은 청소입니다. 깨끗하게 청소하는 것만으로도 PC는 새로운 느낌을 줍니다. 간판을 깨끗하게 청소하면 새 간판처럼 보이는 것처럼 청소만 잘 해도 PC는 새 것처럼 변모합니다.

PC 리모델링의 두 번째 작업은 낡은 부분을 손질하고 색칠하는 작업입니다. 진한 색 가구에 흰색 칠을 함으로써 밝고 환한 새 가구를 만드는 것처럼 색칠을 통해 전혀 다른 느낌의 PC로 만들 수 있습니다. 마지막 단계는 구조 변경과 기능 개선입니다. 이 단계는 요즘 튜닝이라고 부르는 작업에 해당하는데 일반인이 하기에는 무리가 있는 전문가 영역입니다. 때문에 이 책에서는 두 번째 단계까지만 설명하고 튜닝에 관해서는 간단하게 언급하고 지나가겠습니다.

반드시 전원 코드를 뽑고 청소합니다.

청소할 때 주의할 점은 역시 감전사고입니다. 분해와는 달리 청소는 외형만 걸레로 닦아주는 경우가 많기 때문에 전원 코드를 빼지 않은 상태에서 청소하는 경우가 많습니다. 이는 매우 위험한 일입니다. 반드시 전원코드를 뺀 상태에서 청소하기 바랍니다.

01 청소용 도구

1 먼지 제거용 도구

먼지 제거기는 압축공기로 틈새의 먼지를 제거해줍니다.

키보드나 주기판의 먼지를 제거하기 위해서 사용하는 기본 도구는 입으로 부는 바람입니다. 그렇지만 입으로 부는 바람에는 한계가 있습니. 좁은 틈에 낀 먼지까지 제거하기를 바란다면 좀더 강력한 먼지 제거기를 사용합니다.

먼지 제거기(dust remover)는 압축공기를 이용하여 먼지를 제거합니다. 파리약을 뿌리는 것처럼 단추를 눌러주면 빨대를 통해 강력한 바람이 분사됩니다. 분무식 먼지 제거기는 압축공기 또는 가스만 이용하는 것과 세제를 섞어서 사용하는 것으로 구별되는데 압축공기만 있는 것은 먼지제거 효과가 크며, 세제를 사용하는 것은 먼지 제거 효과는 적으나 때까지 제거하는 효과가 있습니다. 먼지 제거기는 먼지 제거 효과는 크지만 먼지를 제거하기 위한 비용이 많이 든다는 부담이 있습니다.

먼지 제거기와 공기 발사기. 강력하고 사용하기 쉽지만 비용이 부담됩니다.

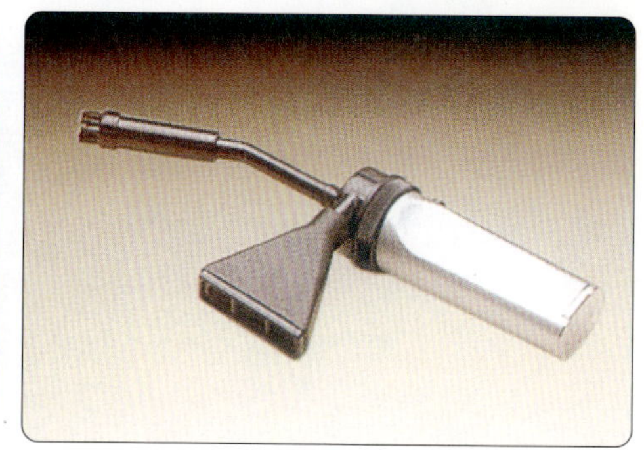

덩어리 모양의 먼지는 분해하여 청소합니다.

키보드 사이의 가벼운 먼지라면 먼지 제거기를 이용하면 되지만 전원공급기의 팬에 낀 먼지나 오래된 먼지는 먼지 제거기로 제거하기가 어렵습니다. 또한 먼지 제거기로 제거가 가능한 먼지라 하더라도 엄청난 먼지를 제거하려면 꽤 많은 양을 분무해야 합니다.돈을 주고 구입한 먼지 제거기를 덩어리 모양의 먼지 제거에 사용하기는 아깝죠.

먼지가 많이 쌓인 곳은 솔이나 붓을 이용하는 것이 좋습니다. 비용도 들지 않고 확실하게 먼지를 제거할 수 있습니다. 단점은 제품을 분해한 다음에 청소하기 때문에 번거롭다는 점입니다. 하지만 본체 내부나 전원공급기 안의 먼지는 어차피 먼지 제거기로도 제거가 불가능합니다.

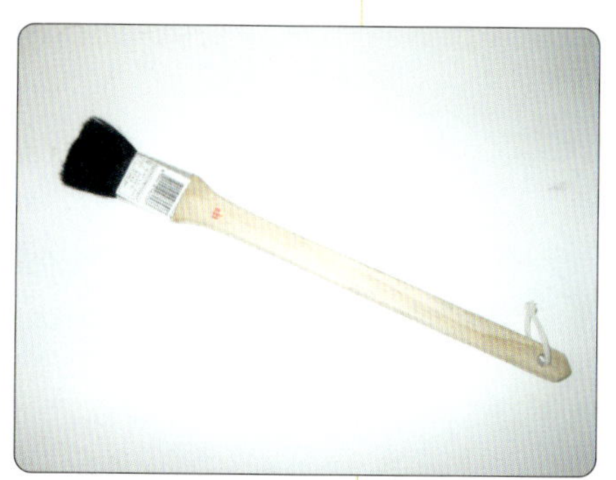

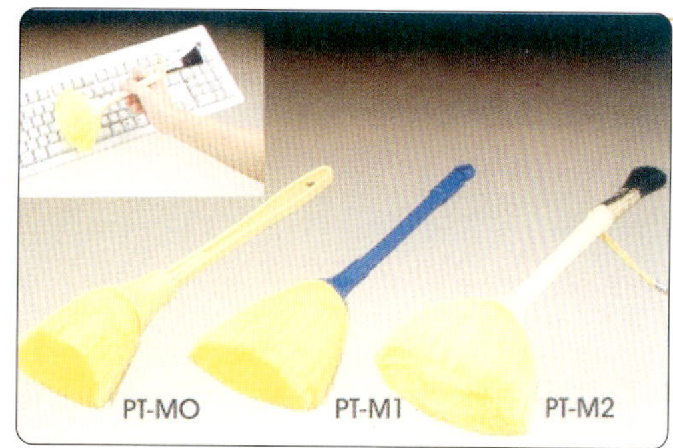

흔하게 볼 수 있는 붓과 청소용 솔. 비용 안들면서 강력하게 먼지를 털어주는 도구입니다.

2 주방 세제와 수세미

수세미와 주방 세제는 최상의 청소 도구입니다.

수세미에 퐁퐁과 같은 주방 세제를 떨어뜨린 후에 미지근한 물을 살짝 묻히면 매우 강력한 청소 도구가 됩니다. 유성으로 된 낙서와 접착제 자국과 같은 화학물질을 제외한 일반적인 때는 모두 주방 세제와 수세미만으로도 제거가 가능합니다. 수세미로 닦은 뒤에 마른 걸레도 닦아주면 아주 깨끗해집니다.

수세미는 부작용 없이 가장 강력하게 때를 벗깁니다.

수세미를 이용하면 아주 오래 묵은 때도 쉽게 벗겨낼 수 있습니다. 기본적으로 제가 주변기기를 청소할 때 가장 많이 사용하는 도구입니다. 수세미와 주방 세제의 조합은 비용도 별로 안들고 세척 효과도 최상입니다. 신나나 아세톤과 같은 부작용도 없습니다. 때문에 거의 모든 컴퓨터 제품 청소에 사용할 수 있는 가장 강력하고 경제적인 청소용 도구입니다.

수세미. 세제를 조금 묻혀 사용하면 가장 강력한 청소용품이 됩니다.

3 마른 걸레와 젖은 걸레

걸레는 가장 기본적인 도구입니다.

젖은 걸레는 가장 기본적인 청소 도구입니다. 매일매일 책상이나 모니터의 외부를 닦을 때 사용합니다. 젖은 걸레는 가장 흔한 청소 도구지만 효과는 좋지 않습니다. 그저 최근에 쌓인 먼지를 제거하는데만 효과를 발휘할 뿐 묶은 때를 벗겨내는데는 효과가 크지 않습니다.

마른 걸레는 젖은 걸레나 수세미로 닦은 뒤에 젖은 물기를 닦아내는데 사용합니다. 두 개의 걸레를 동시에 준비할 수 없다면 걸레의 일부만 물을 묻혀서 사용하는 방법으로 닦아줍니다.

4 미디어 클리너

가장 많이 사용하는 클리너는 CD롬드라이브 클리너

클리너는 각종 드라이브와 미디어를 청소하는 제품입니다. 과거에는 디스켓 클리너를 많이 사용했지만 요즘은 CD 관련 클리너 제품을 주로 사용합니다. CD 클리너는 CD를 닦는 CD 클리너와 CD롬 드라이브의 헤드를 청소해주는 CD롬 클리너가 있습니다. CD 클리너는 세정액을 넣고 뚜껑을 닿은 뒤에 손잡이를 돌리는 방식을 많이 사용합니다.

CD 렌즈 클리너. 병에 든 것은 세척액으로 습식 방식에서 사용합니다. 건식 방식은 세척액 없이, 렌즈에 붙은 솔만으로 닦습니다.

CD롬 클리너는 건성과 수성이 있는데 수성은 CD에 돌출된 솔에 세정액을 바른 다음에 CD롬드라이브에 집어넣어 헤드를 닦는 것입니다. 건성 제품은 그냥 클리너 CD를 넣으면 되는 것으로 합성수지로 된 솔로 CD 렌즈에 묻은 이물질을 닦아냅니다.

미디어별로 클리너가 나와 있습니다.

CD롬드라이브 클리너 외에도 집드라이브 클리너를 비롯하여 미디어 종류별로 클리너가 시중에 나와 있습니다. 오래 된 드라이브의 미디어 인식율이 안좋을 때 사용해보면 효과를 볼 수 있습니다.

5 세정액

뿌리는 방식의 세정액은 사용하기 편리합니다.

칙칙 뿌리는 세정액은 효과가 좋습니다. 일반적으로 세정액은 물에 세제를 섞은 것입니다. 즉 물에 주방 세제인 퐁퐁을 탄 것으로 보면 됩니다. 그런데 일부 세정액은 뿌리기만 해도 때국물이 주르륵 흘러내립니다. 이렇게 강력한 세정액은 화학물을 첨가한 세정액입니다. 아세톤류의 화학물을 첨가하면 뿌리기만 해도 때가 벗겨질 정도로 강력합니다.

뿌리기만 해도 때가 벗겨지는 세정액은 조심해서 사용합니다.

세정액은 제품마다 세척 효과가 다르기 때문에 신중하게 사용해야 합니다. 어떤 것은 세척력이 너무 약해서 탈이고 어떤 것은 너무 강해서 탈입니다. 강한 세정액을 사용했다가 제품의 로고까지 다 벗겨지는 경우가 있으니 주의해야 합니다. 세정액은 컴퓨터 상가나 이마트와 같은 할인점에서 쉽게 구할 수 있습니다.

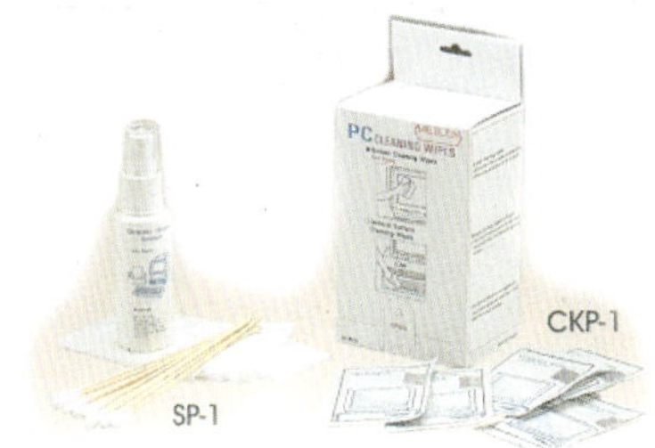

각종 클리너, 세정액 세트. 세정액과 천, 면봉으로 구성됩니다.

6 솜과 면봉, 천

솜이나 면봉은 구석진 부분을 닦을 때 유용합니다.

솜은 성냥개비나 막대기 등에 아주 작은 모양으로 만들어 사용할 수 있는 장점이 있습니다. 이 때문에 솜이나 면봉은 걸레로 닦기 어려운 구석진 부분을 닦을 때 사용합니다. 솜이나 면봉은 마른 상태로도 사용하고, 물 또는 알콜, 신나 등을 묻혀 닦기도 합니다. 천은 솜보다는 덜 정교하지만 솜으로 닦기 어려운 접착제 등을 닦을 때 유용합니다.

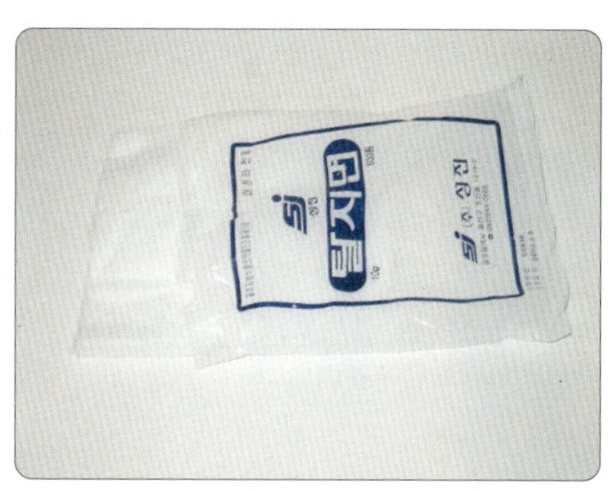

솜. 주로 성냥개비나 긴 막대에 조금씩 잘라 붙여 사용합니다.

잠깐! 솜이나 휴지는 접착제 자국에 약합니다.

솜이나 휴지는 먼지를 잘 빨아들이지만 접착력이 있는 때에는 사용할 수 없습니다. 예를 들어 접착제 자국을 닦겠다고 솜에 알콜이나 신나를 묻혀 닦으면 오히려 솜이 접착제 자국에 달라붙어 더욱 지저분해집니다.

따라서 접착제 자국을 닦을 때는 솜이나 휴지를 사용하지 말고 천을 이용하는 것이 좋습니다. 걸레나 수세미에 신나를 묻혀 닦을 때 접착제 자국은 가장 잘 닦입니다.

7 아세톤과 신나

아세톤과 신나는 가장 위험한 청소 도구입니다.

아세톤과 신나는 성능이 강력한 대신 가장 위험한 청소 도구입니다. 아세톤을 천이나 휴지, 수세미 등에 묻혀서 닦으면 묵은 때는 물론이고 유성펜으로 쓴 낙서도 지워집니다. 심지어 제품명이나 회사 로고까지 모두 지워집니다. 이는 아세톤이 매우 강력한 화학물질이기 때문입니다.

아세톤과 신나는 제품의 표면을 녹이는 성질이 있어 위험합니다.

아세톤은 여성들이 매니큐어 화장을 지울 때 사용하는 화학물로 어지간한 화공제품은 다 녹여버리는 강력한 성능을 자랑합니다. 즉 아세톤은 주방세제처럼 표면에 달라붙은 때를 분리시키는 것이 아니라 화학 작용으로 표면을 녹이는 방법을 사용합니다. 때문에 아세톤을 이용해 청소를 하면 청소한 부분의 돌기마저 녹아 밋밋해집니다.

아세톤과 같은 강력한 제품은 물과 희석하여 사용합니다.

예를 들어 모니터를 청소할 때 아세톤을 사용하면 때만 벗겨지는 것이 아니라 모니터의 플라스틱 몸체 자체가 녹아내립니다. 그 정도로 강력한 것이 아세톤입니다. 따라서 아세톤을 사용할 때는 매우 깊은 주의가 필요합니다. 또한 아세톤을 바로 사용하기보다는 물에 희석하여 사용하도록 합니다. 적당 양의 물을 타 희석해도 원하는 효과를 볼 수 있습니다. 아세톤은 약국에서 몇 백원만 주면 구할 수 있습니다.

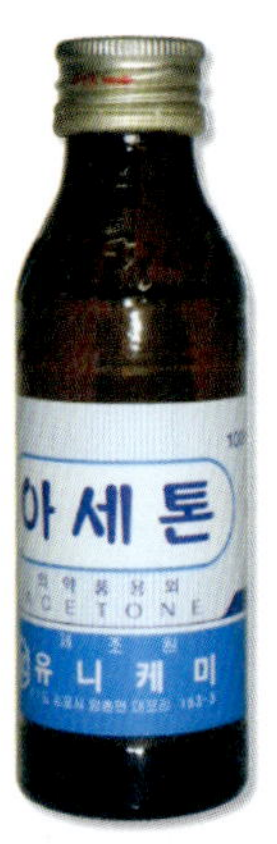

아세톤. 강력한 화학물질이라 매우 위험한 청소 도구입니다.

신나는 휘발성이 강해 화재 위험이 큽니다.

신나 역시 물질을 녹이는 성질이 있습니다. 그러나 신나는 기름이기 때문에 물로 희석해 사용할 수 없습니다. 따라서 사용자가 알아서 주의해야 합니다. 신나는 휘발성이 매우 강력한 물질이기 때문에 휘발성에 대한 주의도 각별하게 필요합니다. 약간의 화기가 있어도 쉽게 불이 붙기 때문에 화재의 주요 원인이 되고 있습니다. 특히 집 수리 때 신나를 많이 사용하는데 신나 때문에 화재가 발생하는 사례가 매우 많습니다. 신나 주변에는 절대로 담배나 라이터와 같은 불을 가까이 하면 안됩니다. 사용에도 주의가 필요하고 보관에도 각별한 주의가 필요합니다.

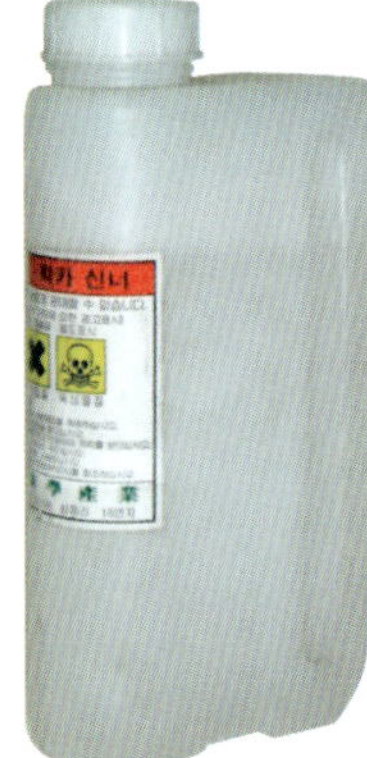

신나. 휘발성 제품이라 화재의 위험이 큽니다. 불을 멀리하면서 사용합니다.

8 알콜

알콜은 물을 대신할 수 있는 세척제입니다.

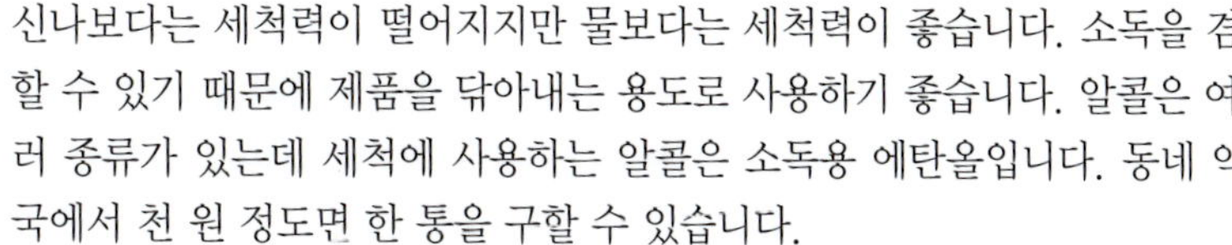

신나보다는 세척력이 떨어지지만 물보다는 세척력이 좋습니다. 소독을 겸할 수 있기 때문에 제품을 닦아내는 용도로 사용하기 좋습니다. 알콜은 여러 종류가 있는데 세척에 사용하는 알콜은 소독용 에탄올입니다. 동네 약국에서 천 원 정도면 한 통을 구할 수 있습니다.

소독용 에탄올. 역시 위험물질이므로 조심해서 다루어야 합니다.

9 기타

마스크와 장갑을 갖추면 좋습니다.

이상의 기본적인 청소 도구 외에도 갖추어야 할 청소 도구가 많습니다. 대표적인 제품으로 진공청소기 마스크, 대야, 장갑을 들 수 있습니다. 또한 더러운 부분을 긁어낼 주걱이나 커터칼 등이 필요합니다. 청소할 때 갖추면 작업이 좀더 편리해집니다.

□ **휴대용 진공 청소기**

휴대용 진공 청소기가 없다면 집 안의 강력 진공 청소기를 이용해도 무방합니다. 조금 번거로운 점이 단점입니다. 진공청소기는 간단한 먼지를 빨아들이는 용도로 사용하기도 하지만 털어낸 먼지를 흡수하는 용도에 아주 적합합니다. 방 안에서 먼지를 털면 결국 방 안에 남습니다. 휴대용 진공청소기가 있다면 먼지를 털면서 동시에 빨아들일 수 있어 좋습니다.

□ **마스크**

청소를 할 때 먼지를 들이마시지 않도록 보호해줍니다. 필수적인 것은 아니지만 마스크를 쓰고 먼지를 터는 것이 건강에 좋습니다.

□ **대야**

물청소를 할 때는 수세미와 세제 외에도 물을 담을 큰 대야가 필요합니다.

물을 이용한 청소에 사용할 큰 대야

□ **장갑**

일반적인 청소 때는 장갑이 필요하지 않지만 물청소를 하거나 신나 등을 사용할 때는 장갑을 끼고 작업하는 것이 좋습니다. 신나를 이용할 때는 면장갑이나 고무로 코팅한 면장갑이 좋습니다. 고무 장갑은 녹을 위험이 있습니다. 걸레질이나 물청소 때는 고무 장갑을 끼고 하면 좋습니다.

02 덮개와 주기판 청소하기

PC 구입의 첫 걸음은 PC가 과연 필요성과 필요한 PC의 성능을 따져보는 일입니다. PC가 필요하다고 결론이 났다면 필요한 성능에 맞는 제품을 경제적인 가격으로 구입해야 합니다.

1 본체 케이스 청소하기

본체 케이스 외부는 걸레로 닦아주면 됩니다.

본체 케이스는 외형이 중요하기 때문에 두껑을 열고 청소할 필요는 없습니다. 바깥 부분의 먼지만 닦을 생각이라면 분해하지 않고 바깥 부분에서 걸레로 닦아주면 됩니다. 이때 홈이 파인 부분을 꼼꼼하게 닦아주어야 깨끗하게 보입니다. 본체 케이스를 예로 들어 케이스 청소를 설명하지만 기타 제품의 케이스도 같은 요령으로 청소할 수 있습니다.

케이스 외부는 청소하기가 가장 쉬운 부분입니다. 분해하지 않은 상태에서 닦을 수도 있으며, 분해도 쉽기 때문입니다.

01

가장 간단한 청소는 물기를 꼭 짠 걸레로 케이스 주변을 닦아준 뒤에 마른 걸레로 닦아주는 것입니다. 그렇지만 이 정도로는 깊은 때가 없어지지 않습니다. 때를 없애려면 물 조금과 세제 묻힌 수세미로 닦은 뒤에 마른 걸레로 닦는 것입니다.

1 본체 외부는 세제가 묻은 젖은 걸레로 닦는 것이 가장 효과적입니다. 외부를 닦을 때는 전원 선만 뽑고 케이스를 분해하지 않아도 됩니다.

2 세제로 닦은 다음에 마른 걸레로 닦으면 깨끗합니다.

02

때가 심한 곳이나 좁게 구석진 곳은 알콜 묻은 면봉으로 닦아줍니다. 또는 세제를 묻혀서 닦아주어도 좋습니다.

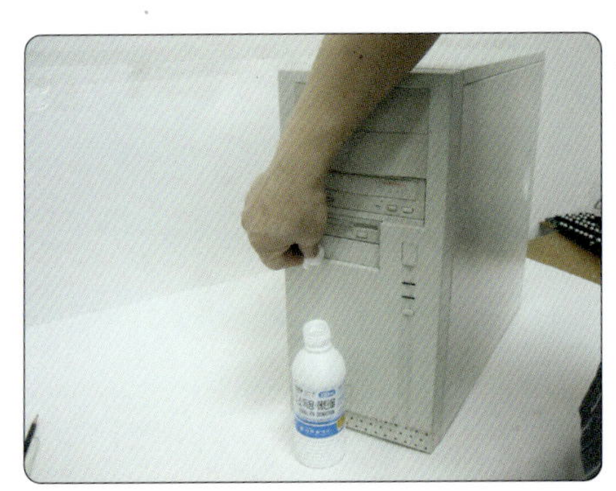

1 구석진 곳은 솜이나 면봉, 천, 휴지 등에 알콜이나 세제를 묻혀 닦습니다.

03

유성 펜 등의 낙서 자국은 신나나 아세톤을 묻혀서 닦아줍니다. 이때 강도가 너무 심하면 표면이 녹을 수 있으니 아세톤의 강도를 희석해서 사용합니다.

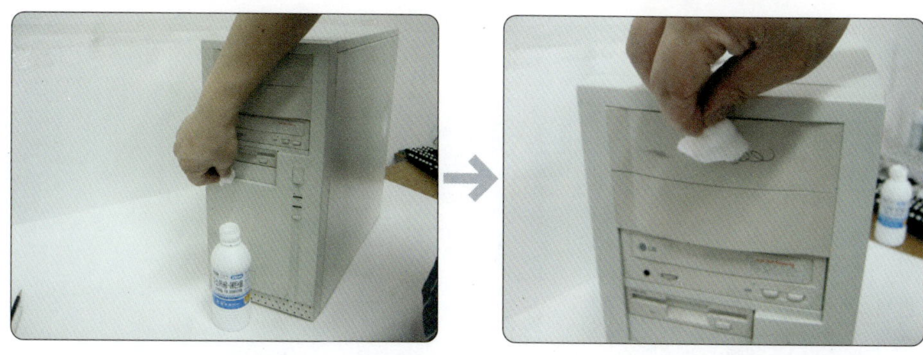

1 알콜을 묻혀서 유성펜 자국을 지워보지만 알콜로는 유성펜 자국이 지워지지 않습니다.

2 아세톤을 묻혀서 지우면 깨끗하게 지워집니다. 이 정도로 아세톤은 강력합니다.

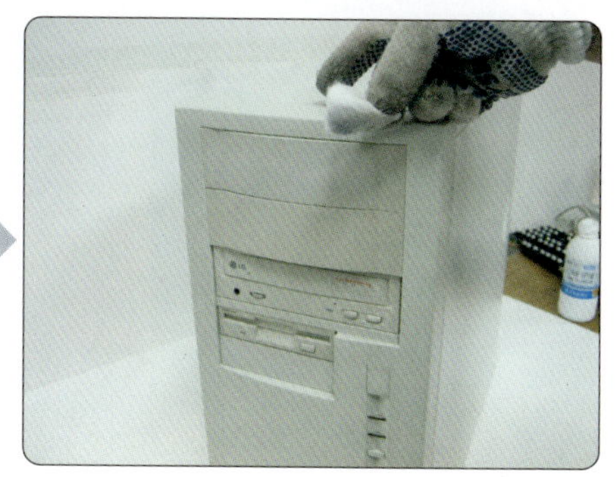

3 솜에 잉크가 묻어나오면서 아세톤 묻은 솜으로 깨끗하게 유성펜 자국을 지웠습니다. 아세톤은 강한 화학물질이므로 사용에 주의해야 합니다.

2 본체 케이스 내부와 주기판 청소하기

케이스 내부 청소는 먼지를 털어내는 청소입니다.

케이스 내부의 가장 간단한 청소 방법은 먼지털이입니다. 특히 본체 안의 먼지는 정전기와 화재의 원인이 될 수 있기 때문에 주기적으로 청소해주어야 합니다. 케이스 안에 장착된 주기판은 청소 할 일이 별로 없는 부품인 동시에 청소가 가장 어려운 부품이기도 합니다. 수 많은 부품이 있기 때문에 쓸고 닦는 일이 불가능합니다.

일단 케이스 내부나 주기판을 청소하려면 본체의 바깥 케이스를 벗겨내야 합니다. 본체 케이스를 벗겨낸 상태에서 먼지 제거기나 붓, 솔, 진공청소기 등을 이용해 먼지를 제거합니다.

01

특별한 도구가 없을 때는 입으로 불어서 먼지를 털어내거나 공책을 부채 대용으로 삼아 먼지를 털어냅니다. 먼지 제거기를 사용할 수도 있지만 먼지 제거기를 케이스 내부 청소용으로 사용하기에는 아깝습니다.

02

주기판은 분해하지 않은 상태에서 입이나 부채, 먼지 제거기, 진공청소기로 먼지를 털어내면 됩니다. 주기판을 분해하지 않은 상태에서 구석구석 틈새를 청소할 때는 먼지 제거기가 유용합니다. 솔이나 붓은 주기판 청소에 사용하지 않습니다.

1 슬롯이나 구석에 낀 먼지는 먼지 제거기의 압축공기로 털어냅니다. 여러분이 실제로 청소할 때는 사진처럼 주기판을 떼어내지 않은 상태에서 청소할 것이므로 먼지 제거기나 진공청소기가 유용하게 사용됩니다.

잠깐! 붓이나 솔은 회로도 청소에 사용하지 않습니다.

붓이나 솔은 정전기가 잘 발생하는 제품입니다. 때문에 먼지를 닦는다고 붓이나 솔로 주기판을 쓸어내릴 경우 솔에서 발생하는 정전기로 인해 회로 안의 프로그램이 손상입을 수 있습니다. 이런 이유로 붓이나 솔은 주기판과 같이 부품이 노출된 제품의 청소에는 사용하지 않습니다.

03

케이스 내부는 솔이나 진공청소기로 청소합니다.

1 사진 촬영을 위해 케이스 내부 부품을 전부 분리했습니다. 여러분이 실제로 청소할 때는 각종 부품이 장착된 상태에서 청소를 하게 됩니다. 그만큼 청소하기 어렵습니다.

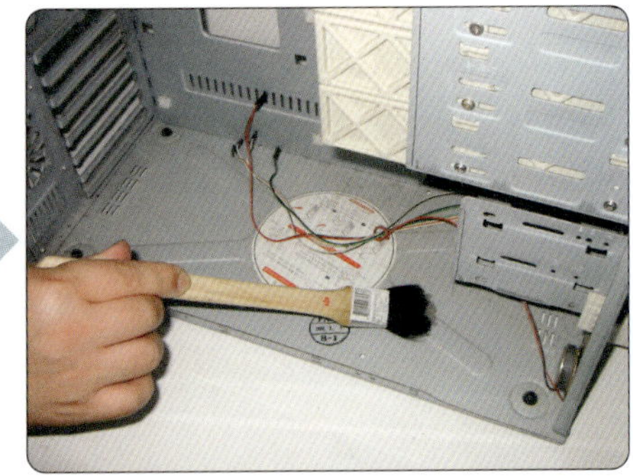

2 주기판 틈에 쌓인 먼지를 적당한 크기의 붓이나 솔로 청소합니다.

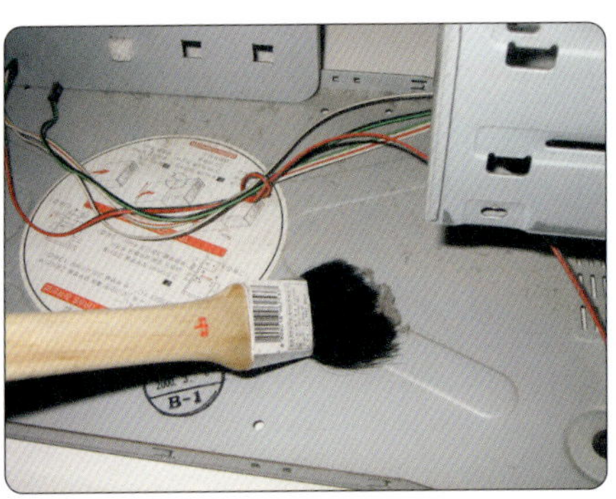

3 붓에 묻은 먼지. 붓으로 구석구석 쓸면서 진공청소기로 빨아들이는 것이 가장 효과적입니다. 진공청소기가 없다면 입으로 불면서 청소합니다. 먼지가 많이 나오므로 마스크를 쓰고 청소해야 건강에 좋습니다.

04

휴대용 진공 청소기도 먼지 털이에 유용하게 사용할 수 있습니다.

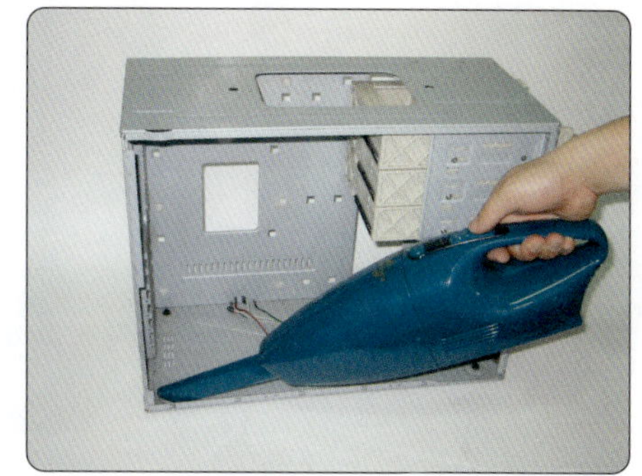

1 붓으로 쓸면서 휴대용 진공 청소기로 먼지를 빨아들이면 효과가 가장 좋습니다.

03 전원공급기의 먼지 없애기

전원공급기의 먼지를 제거하려면 전원공급기를 분해해야 합니다.

전원공급기는 먼지가 가장 많이 쌓이는 곳입니다. 시커먼 먼지가 너덜너덜 쌓인 모습은 보기에도 안좋고 건강에도 좋지 않습니다. 그런데 전원공급기는 겉 부분에 있는 먼지 닦는 것만으로는 청소가 되지 않습니다. 내부의 먼지를 제거해야만 합니다. 이를 위해서는 전원공급기를 분해하여 청소한 뒤에 다시 조립해야 합니다.

01

전원공급기 분해 요령을 참고하여 전원공급기를 분해합니다.

1 전원공급기 안에 쌓인 먼지

2 전원공급기를 분해한 상태. 냉각팬과 전원공급기 회로도에 먼지가 수북하게 쌓여 있습니다.

3 붓이나 솔로 먼지를 털어냅니다. 전원공급기 팬에는 사진에서 보는 것처럼 엄청난 양의 먼지가 쌓여 있습니다.

4 회로도에 쌓인 먼지는 먼지 제거기를 이용해 털어냅니다. 먼지 제거기가 없다면 입으로 불어서 털어냅니다. 정전기가 발생하는 붓이나 솔을 사용하지 않도록 합니다. 집에 있는 진공 청소기로 먼지를 빨아들이는 것도 좋습니다.

5 팬과 회로 부분의 먼지를 제거한 상태. 냉각팬과 기판 부분이 깨끗해졌습니다. 이제 윗 덮개의 테두리에 있는 남은 먼지만 걸레로 닦아주면 됩니다.

04 마우스 청소하기

볼마우스는 청소를 자주 해줘야 합니다.

마우스는 볼마우스냐 광마우스냐에 따라서 청소방법이 조금 다릅니다. 광마우스는 기본적으로 청소를 하지 않습니다. 다만 센서 부분에 먼지가 묻어서 센서가 제대로 동작하지 않을 때만 청소하는데 어지간해서는 청소할 일이 없습니다.

볼마우스는 때가 자주 끼는 편이라서 청소를 자주 해줘야 합니다. 청소 부위는 볼과 롤러 부분입니다. 롤러는 인코더에 연결된 롤러 2개와 지지롤러 1개로 구분합니다. 이중 인코더에 연결된 롤러는 자주 청소해줘야 합니다.

01

마우스를 뒤집고 가운데 원형 마개를 여는 방향으로 돌려 마개를 분리하고 볼을 꺼냅니다.

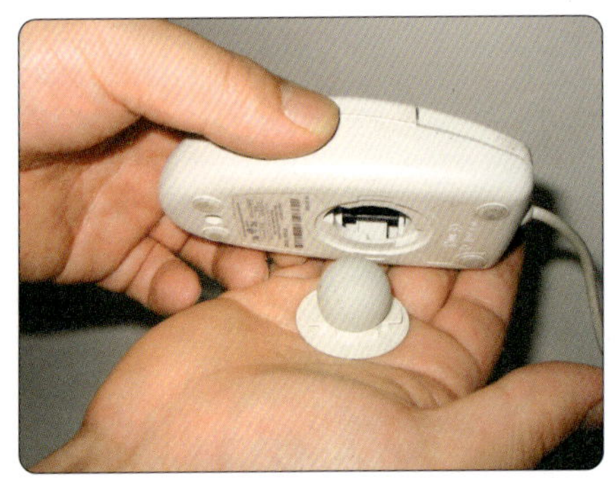

1 마우스 잡은 반대편 손에 뒤집으면 마개와 볼이 빠집니다.

02 볼을 닦습니다.

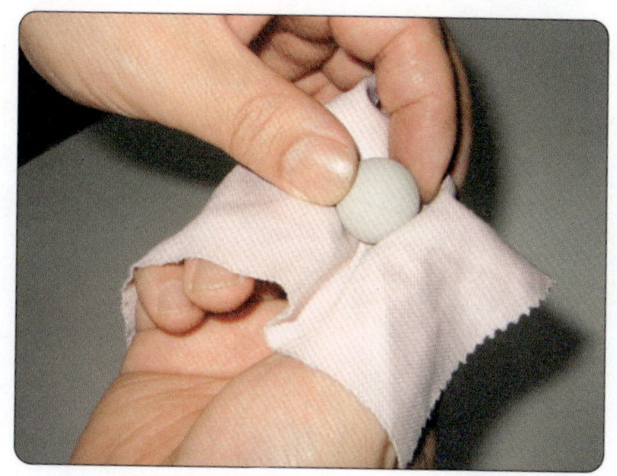

1 볼에 묻은 먼지나 이물질을 걸레나 기타 천, 휴지로 닦습니다.

03 마우스 내부의 롤러에 묻은 물질은 면봉 등을 이용하여 닦아줍니다.

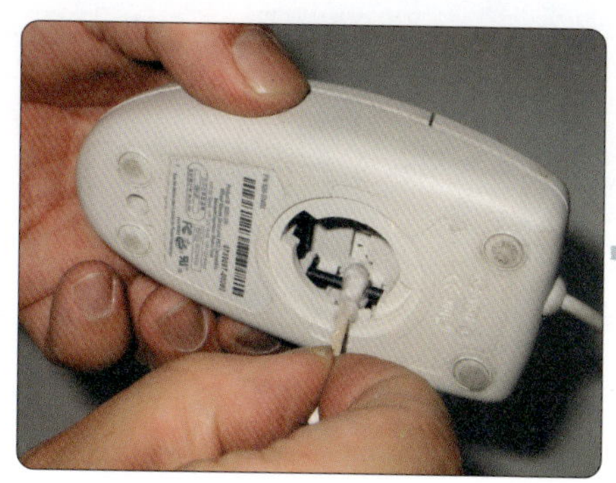

1 인코더용 롤러 가운데에 까맣게 먼지가 띠를 두르고 있습니다. 면봉을 이용하여 닦아줍니다. 면봉에 알콜을 묻혀 닦으면 효과가 좀더 좋습니다. 또는 커터칼이나 핀셋을 이용하여 긁어주는 방법을 사용할 수도 있지만 롤러가 마모되므로 주의가 필요합니다.

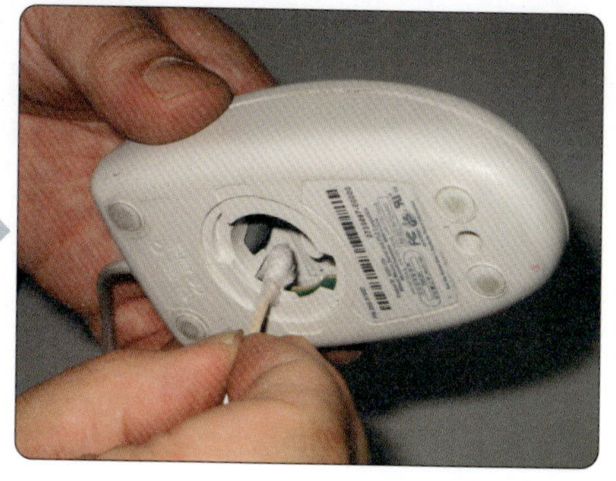

2 지지롤러는 스프링 장치가 되어있어 들어갔다 나왔다 하는 경우가 대부분입니다. 그래서 롤러에 묻은 이물질을 닦기가 쉽지 않습니다. 인코더 롤러를 닦은 요령으로 닦아줍니다.

04 마개 주변의 이물질을 닦아 냅니다.

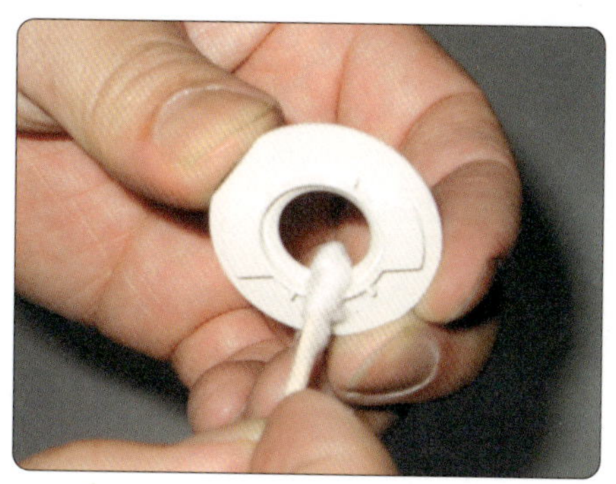

1 마개 주변을 돌아가면서 닦습니다.

05

마우스 선이나 마우스 외부는 세제 묻은 수세미로 닦고 마른 걸레로 닦아줍니다.

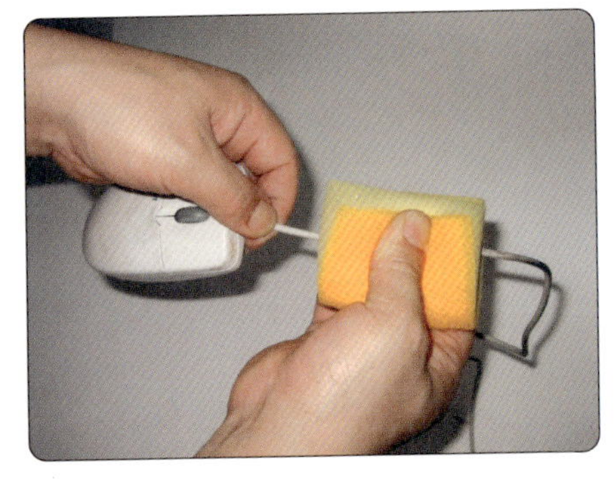

1 마우스 선이나 외부는 세제가 묻은 수세미로 닦는 것이 가장 좋습니다. 마우스 선을 닦을 때는 선이 끊어지지 않도록 선의 중간을 잡고 닦아줍니다. 마우스를 잡은 상태에서 선을 닦으면 선이 끊길 우려가 있으니 주의해야 합니다.

06

청소가 끝났으면 다시 조립합니다.

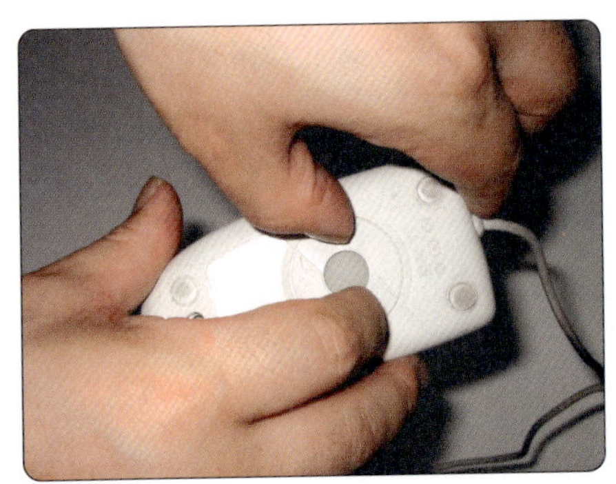

1 공을 넣고 마개를 덮고 열 때의 반대방향으로 돌려 잠급니다.

05 키보드 청소하기

키보드는 청소가 가장 까다로운 제품입니다. 부품의 수도 많고 틈새도 많기 때문입니다. 제대로 청소하려면 분해를 한 다음에 청소를 해야 하므로 매우 번거롭습니다. 아주 심하게 더럽거나 사용하기 곤란할 정도로 때가 낀 상태가 아니라면 분해하여 청소하는 일은 안하는 것이 좋습니다.

1 분해하지 않고 젖은 걸레로 닦기

01

겉 부분은 젖은 걸레나 세제가 묻은 걸레로 때 부분을 닦고, 마른 걸레로 물기를 닦아줍니다.

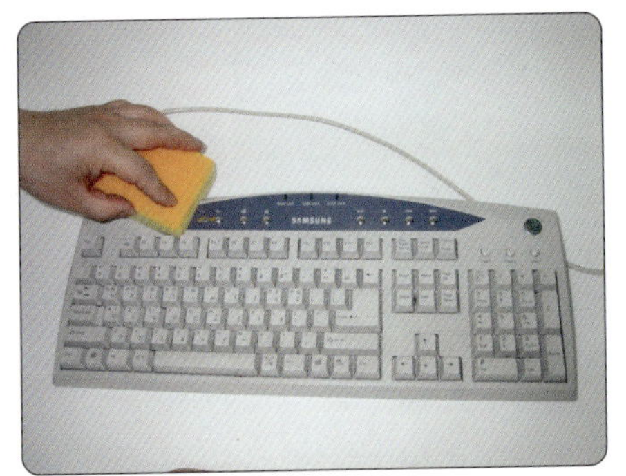

1 세제 묻은 수세미로 닦으면 때가 가장 잘 닦입니다.

02

홈 사이의 먼지는 먼지제거기를 이용하거나 거꾸로 뒤집어 탈탈 텁니다.

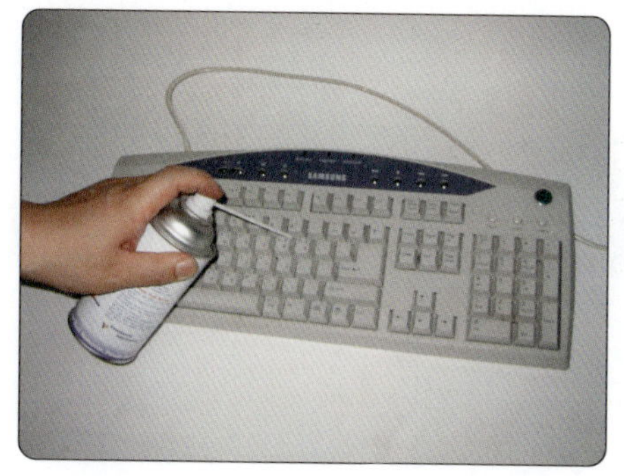

1 글쇠 사이의 홈에 있는 먼지를 제거하는 방법으로는 먼지 제거기나 압축 공기를 이용하는 방법과 키보드를 거꾸로 들어 탈탈 털어내는 방법을 사용합니다.

2 키보드를 분해 한 뒤에 닦기

01

8장의 키보드 분해 방법을 참고하여 키보드를 분해합니다.

1 분해된 기계식 키보드

02

적당한 크기의 솔이나 붓을 이용해 기판에 묻은 이물질과 먼지를 털어냅니다.

1 중간 크기의 붓이나 솔로 기판에 묻은 이물질을 닦습니다.

2 크기가 작은 붓이나 솔을 이용하여 구석구석 먼지를 털어냅니다.

03

아주 구석진 곳은 먼지 제거기로 털어냅니다.

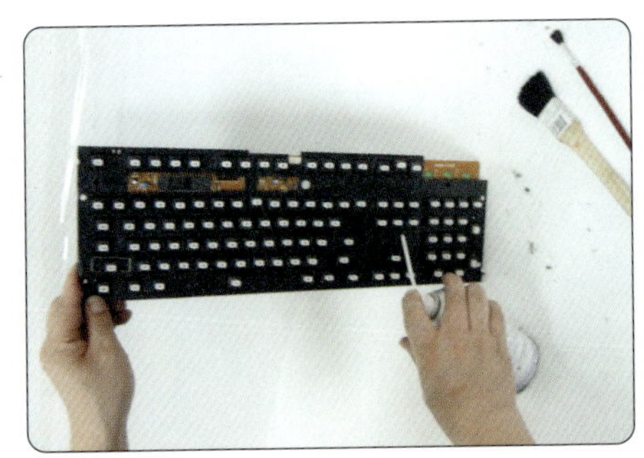

1 붓이나 솔로 안되는 부분은 먼지 제거기로 제거합니다.

3 키보드 물청소 하기

키보드 물청소의 핵심은 충분하게 잘 말리는 일입니다.

키보드를 물로 청소하는 일은 어렵지 않습니다. 그렇지만 말리는 일이 어렵습니다. 키를 물에 청소한 경우 키 안에 막을 형성하고 있는 물기를 말리려면 꽤 오랜 시간이 걸립니다.

기계식 키보드의 경우 기판이 꽤 큰데 기판도 물에 넣어서 닦을 수 있습니다. 이 경우 기판은 깨끗해지지만 기판을 말리려면 하루 이상이 걸립니다. 기판의 홈에 들어간 물기가 자연 상태에서 마르려면 무척 오래 걸립니다. 확실하게 물기가 마르기 전에 키보드를 조립해 사용할 경우 문제가 발생할 수 있으니 오래 걸리더라도 확실하게 물기를 말린 후에 사용하기 바랍니다.

01

대야에 물을 넣고 세제를 타 세정액을 만듭니다.

1 대야에 물을 넣고 주방용 세제를 탑니다. 물은 미지근한 물이 가장 좋지만 찬물이라도 상관 없습니다.

02

대야에 키를 넣고 수세미로 닦은 다음에 건져냅니다.

1 세제 탄 물로 키를 닦습니다. 대충 휘젓거나 손에 넣고 문지르기만 해도 어지간한 때는 다 벗겨집니다. 좀더 깨끗하게 닦으려면 하나씩 꺼내 수세미로 닦아줍니다.

2 다 닦은 키는 따로 건져내 보관합니다.

03

키보드 덮개도 수세미로 깨끗하게 닦습니다.

1 바닥 덮개와 윗 덮개도 세제가 든 대야에 넣고 수세미로 구석구석 닦아줍니다. 아주 깨끗하게 닦입니다.

04

깨끗한 물로 키를 헹굽니다.

1 깨끗한 물로 갈아주면서 키를 몇 차례 헹굽니다.

05

물기를 빼고 종이 위에 올려놓은 뒤에 말립니다.

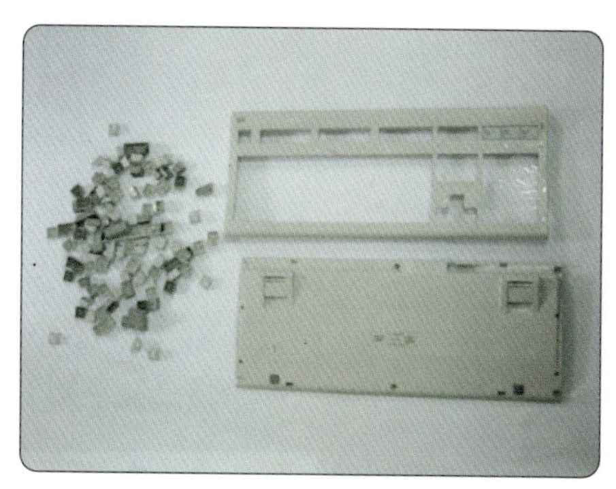

1 신문지를 깔고 대야에서 건져올려 물기를 뺀 키를 올려놓습니다.

06

키보드 선은 수세미로 닦습니다.

1 키보드 줄을 잡고 당기면서 세제 탄 수세미로 닦아줍니다.

잠깐! 물청소한 부품 빨리 말리는 법

물청소한 키보드 부품 중에서 가장 안 마르는 부품은 키와 키톱 부분입니다. 덮개는 수건이나 걸레로 닦으면 따로 말리지 않아도 될 정도로 물기를 닦을 수 있습니다. 키톱이나 기계식 방식의 기판, 멤브레인 방식의 윗덮개는 요철 부분에 고인 물기 때문에 닦을 수도 없고 쉽게 마르지도 않습니다. 이때 아래의 방법을 병행하면 빨리 마릅니다.

1. 손으로 부품을 잡고 물기를 털어냅니다.
2. 수건으로 키나 키톱을 어느 정도 닦아줍니다.
3. 햇볕이 잘 들고 바람이 잘 통하는 곳에서 말립니다.

그러나 가장 빠르게 키보드 부품을 말리는 방법은 열풍기로 뜨거운 공기를 내뿜어 말리는 것입니다. 물론 일반 가정집에 열풍기는 없죠. 그렇지만 아내나 엄마가 사용하는 헤어드라이기는 하나씩 있을 겁니다. 헤어드라이기를 이용해 열풍을 젖은 부품에 쐬어주면 몇 분만에 부품을 말릴 수 있습니다.
단 너무 가까운 곳에서 집중적으로 열풍을 뿜어내면 키나 기판이 녹아내릴 수 있습니다. 따라서 적당한 간격을 두고 헤어드라이기를 움직여가면서 골고루 열풍을 뿜어주어야 합니다.

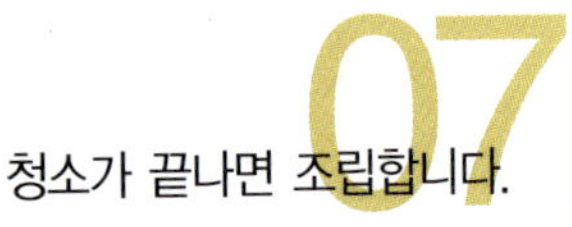

07 청소가 끝나면 조립합니다.

1 청소 전의 지저분한 키보드가 물 청소를 마친 후에 새것처럼 깨끗해졌습니다.

08 다른 키보드도 앞서의 방법으로 닦아줍니다.

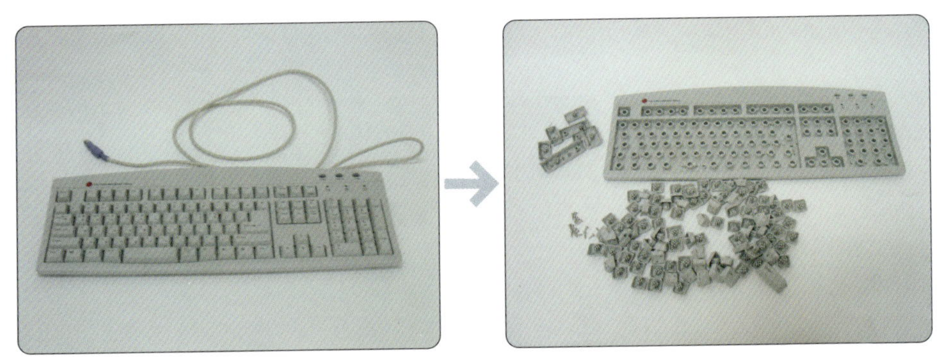

1 멤브레인 방식의 키보드 역시 덮개를 세제 탄 물에 넣고 수세미로 깨끗하게 닦아줍니다.

잠깐! 키보드 기판도 물로 빨 수 있나?

키보드 기판 역시 세제 탄 대야에 넣고 빨 수 있습니다. 실제로 제가 사용하던 기계식 키보드의 기판은 세제 탄 물로 자주 빨아서 사용했습니다. 대부분의 기판이나 회로도는 물에 넣어도 부식되지 않는 재료로만 제작됩니다. 때문에 물에 넣었다가 건져도 아무 이상 없이 사용할 수 있습니다.

황학동 개미 시장 등의 가전 제품 중고 판매점에 가보면 대부분의 전자제품을 세제 탄 물로 닦고 있는 모습을 볼 수 있습니다. 정교한 전자제품 회로도를 물로 닦는 것이 이상해보이지만 부식되는 재료가 없기 때문에 물로 닦고 잘 말리면 안전합니다.

그래도 이해가 안되는 분은 장마철에 수해를 입은 집의 전자제품을 생각하면 됩니다. 물에 완전히 잠겼던 전자제품은 물로 깨끗하게 씻은 다음에 잘 말려서 사용합니다. 수해를 당한 전자제품은 흙이나 이물질이 달라붙은 경우 동작에 문제를 일으키는 것입니다. 때문에 흙탕물로 인한 이물질을 깨끗한 물로 잘 닦아내고 잘 말리면 이상 없이 사용 가능합니다.

키보드 기판 역시 물로 씻어서 사용할 수 있습니다. 그렇지만 기판은 구석진 곳이 많아 물기를 말리는데 꽤 오랜 시간이 걸립니다. 하루 이상이 걸린다는 점을 감안하여 키보드 기판은 물로 닦지 않는 것이 좋습니다. 마르지 않은 상태에서 키보드를 사용할 경우에는 키보드 고장의 원인이 됩니다.

06 모니터 청소하기

1 먼지와 손 때 자국 청소 방법

모니터는 주로 외부 케이스 부분의 때만 닦아주면 됩니다. 특별히 분해하여 청소할 제품은 아닙니다. 외부 케이스 부분은 먼지를 닦을 때는 젖은 걸레를 이용하고 때가 심한 경우에는 세제 묻은 수세미를 이용합니다.

누차 강조하지만 주의할 점은 반드시 전원 코드를 빼고 청소해야 한다는 점입니다. 특히 모니터는 전압이 높아 감전될 경우 심각한 문제가 발생할 수 있습니다.

01 약간 쌓인 먼지는 젖은 걸레와 마른 걸레로 닦습니다.

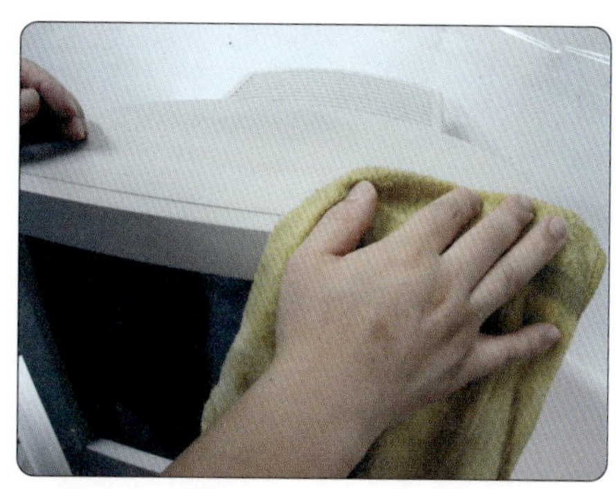

1 젖은 걸레와 마른 걸레는 외부 덮개를 닦는데 가장 기본적으로 사용하는 청소 용품입니다.

02

화면도 젖은 걸레와 마른 걸레를 이용해 닦아줍니다. 화면에 묻은 손자국이나 지문은 휴지로 잘 안 닦입니다. 이때는 안경 닦는 수건을 이용하는 것이 좋습니다. 모니터에 묻은 기름기나 지문을 쉽게 닦을 수 있습니다.

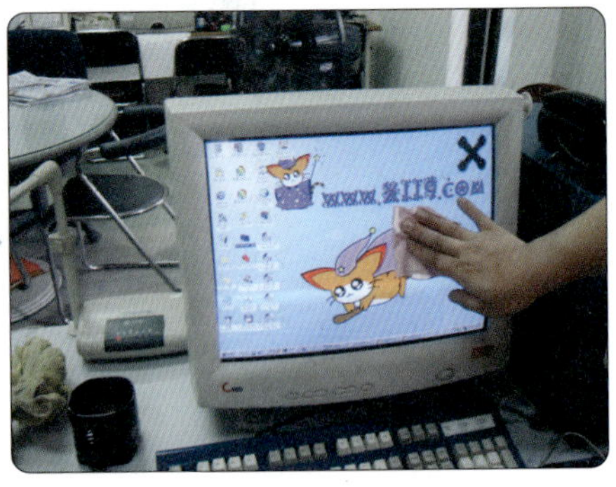

1 안경 닦은 수건을 이용하면 모니터에 묻은 때와 지문을 쉽게 닦을 수 있습니다.

2 수세미로 외부 덮개 닦기

01

전원 콘센트에서 전원선을 빼 분리합니다.

1 청소 전에 전원선을 빼고 작업해야 합니다.

02

세제 묻은 수세미로 닦은 다음에 마른 걸레로 물기를 닦아줍니다.

1 세제 묻은 수세미로 닦습니다.

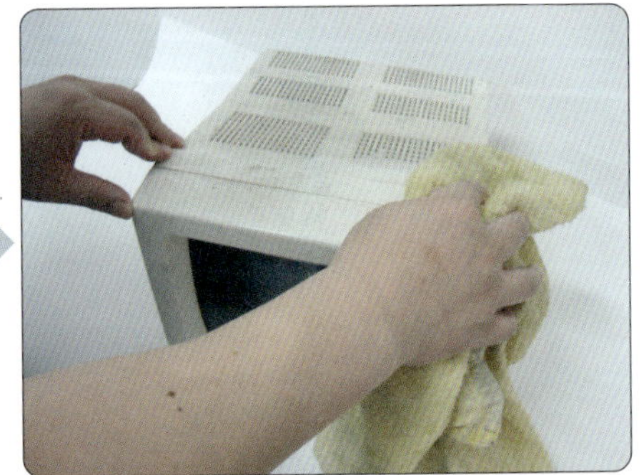

2 마른 걸레로 물기를 닦아줍니다.

3 수세미로 닦은 부분이 깨끗해졌습니다. 왼쪽의 안 닦은 부분과 쉽게 구별됩니다.

3 모니터를 분해한 다음에 닦기

01

8장의 분해 방법을 참고하여 모니터를 분해합니다.

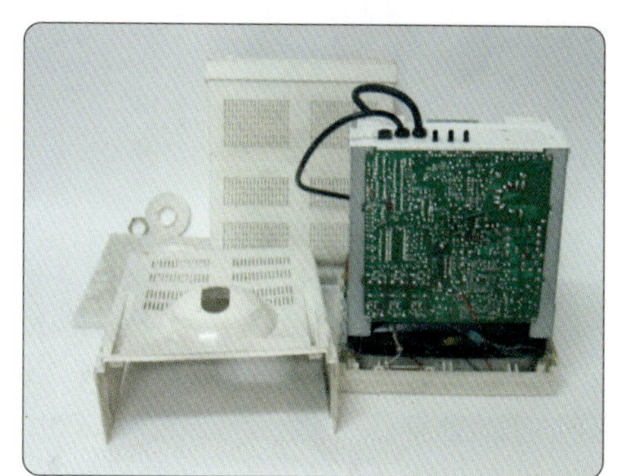

1 모니터를 분해합니다.

02

분해한 덮개는 수세미로 닦거나 키보드를 청소할 때처럼 세제 탄 물로 닦은 다음에 잘 말립니다.

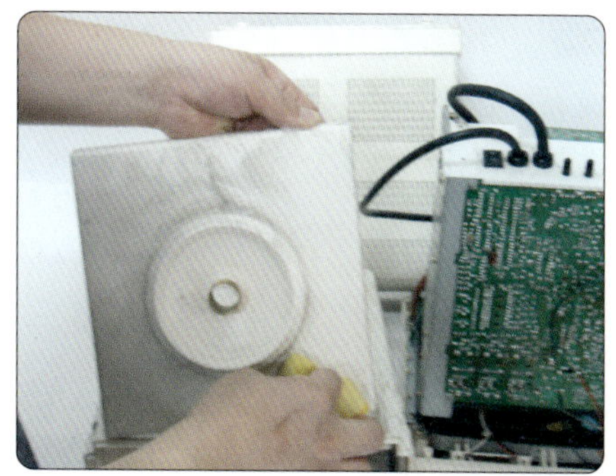

1 분해를 하면 청소하기가 한결 쉬워집니다. 분해한 받침대를 세제 묻힌 수세미로 닦습니다.

07 광학 제품 청소하기

1 광매체용 드라이브 청소하기

01

내부 헤드는 CD크리너로 닦습니다. 외부 케이스는 세제 묻힌 수세미와 마른 걸레를 이용해 닦습니다.

02

CD롬드라이브나 CD레코더 등의 트레이 부분도 세제 묻은 수세미와 마른 걸레로 닦습니다.

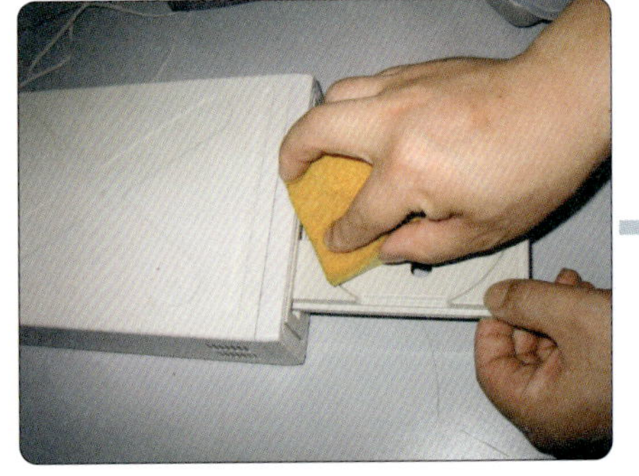

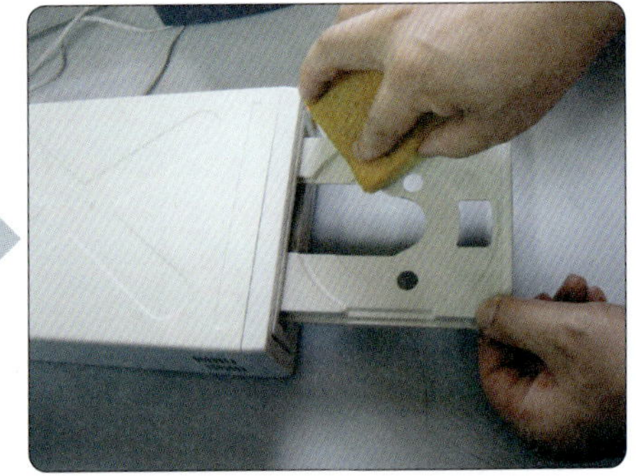

1 드라이브 문(트레이)을 열고 트레이의 때를 세제 묻힌 수세미로 닦고 마른 걸레로 물기를 닦습니다. 드라이브 문을 열 때만 전원을 연결시키고 드라이브 문이 열린 상태에서 전원을 꺼야 드라이브 문이 다시 닫히지 않습니다. 다 닦은 다음에 다시 전원을 연결시킵니다.

2 스캐너나 PC 카메라, 디지털 카메라 청소

01

외부 케이스는 세제 묻힌 수세미와 마른 걸레를 이용해 닦습니다.

02

스캐너 유리 판은 안경 닦은 수건으로 닦는 것이 가장 좋습니다. PC 카메라나 디지털 카메라의 렌즈도 안경 닦는 수건으로 닦는 것이 가장 좋습니다. 안경 닦는 수건으로 닦아야 렌즈에 흠이 생기지 않습니다. 마른 걸레로 렌즈를 닦으면 렌즈에 흠이 생길 수 있습니다.

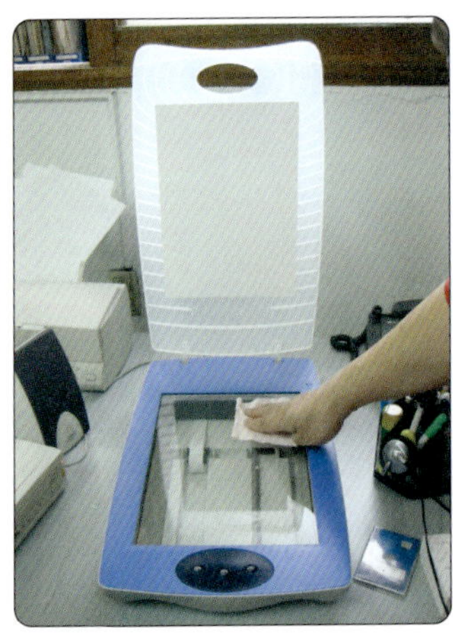

1 스캐너의 유리면은 안경 닦는 수건으로 닦는 것이 좋습니다.

08 기타 제품의 접착제 흔적, 낙서, 때 없애기

세제 묻은 수세미가 가장 효과적인 청소 도구입니다.

앞서 설명한 대표적인 부품 외에도 대부분의 컴퓨터용 제품과 부품은 앞서 설명한 청소 방법을 이용해 깨끗하게 청소할 수 있습니다. 설명하지 못한 대부분의 컴퓨터용 제품과 컴퓨터용 가구 역시 세제 묻은 수세미로 닦는 것이 가장 효과적입니다.

청소 요령을 다시 한 번 정리하면 다음과 같습니다.

① 외부에 먼지가 묻은 것은 젖은 걸레로 닦아줍니다.
② 가벼운 낙서나 때는 알콜 묻은 솜으로 닦습니다.
③ 때가 심하게 낀 것은 세제 묻은 수세미로 닦습니다.
④ 세제와 수세미로도 안 닦이는 때나 유성펜 등은 아세톤이나 신나를 이용합니다.
⑤ 먼지가 심하게 달라붙은 경우에는 붓이나 솔, 진공청소기를 이용합니다.
⑥ 광학용 렌즈나 유리면은 안경 닦는 수건으로 닦습니다.

접착제는 신나를 이용하여 닦습니다.

때가 아닌 접착제 자국은 솔이나 걸레로 닦을 수 없습니다. 접착제 자국은 다음과 같은 요령으로 닦습니다.

① 접착제가 있는 곳은 휘발유가 포함된 파리약이나 휘발유 또는 신나를 뿌려둡니다.
② 약간의 시간이 흘러 접착제가 흐물거리면 수세미로 닦아냅니다.
③ 젖은 걸레도 닦고 마른 걸레로 닦습니다.
④ 신나로 안녹는 것은 아세톤을 이용합니다.
⑤ 신나나 아세톤으로도 녹지 않는 두껍고 오래된 접착제는 칼로 긁어냅니다.
⑥ 칼로도 긁을 수 없는 부분은 줄로 갈거나 모래천으로 연마합니다.

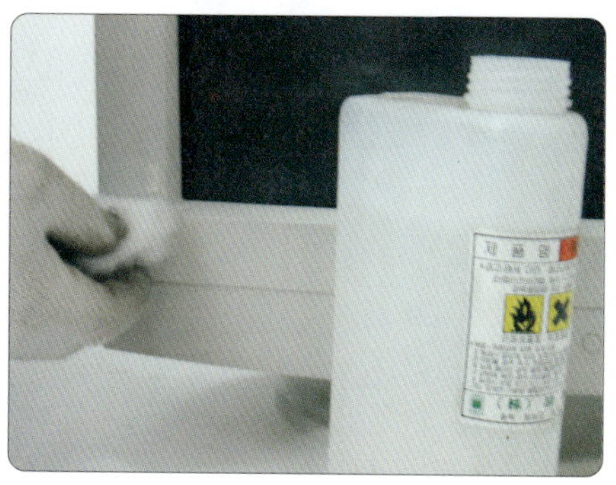

그리고 홈이 파이거나 균열이 된 부분은 떡을 이용해 메꿉니다.

① 홈이 파인 곳은 홈을 메꿉니다.
② 떡이 마르면 홈을 메꾸고 튀어나온 곳을 줄이나 모래천으로 갈아서 매끈하게 만듭니다.

Section 02 PC Remodeling

PC 색칠하기

01 색칠 준비

1 색칠의 의미

색칠은 가장 손쉬우면서도 가장 효과 높은 리모델링 기술입니다.

이 책의 주제인 PC 리모델링의 핵심은 '색칠하기' 입니다. 고급 사용자처럼 PC 튜닝을 할 수 있는 실력이라면 PC의 형태부터 완전히 바꾸는 리모델링이 가능하겠지만 초보자나 중급자가 본체를 절단하고 구멍 내고 연마하는 식으로 리모델링을 할 수는 없는 일입니다.

그러나 색칠만 잘 해도 PC의 외형을 바꾸는 것에 버금가는 리모델링 효과를 낼 수 있습니다. 씽크대의 겉면 시트지 색만 바꾸어도 새로 산 씽크대처럼 변모하고, 외벽의 색을 검정색에서 노랑색으로 칠하면 새집처럼 바뀌는 법입니다. 색칠은 가장 손쉽고 경제적이면서도 가장 눈에 뜨이는 리모델링 방법입니다.

색칠 재로는 다양하지만 분무식 자동차 페인트가 사용하기 가장 편리합니다.

색칠 재료나 방법은 매우 다양합니다. 흔히 사용하는 유성페인트는 물론이고, 라카, 수성페인트, 에나멜, 니스, 황토, 모래, 점토, 천연소재 물감 등 다양한 소재를 사용할 수 있습니다. 색칠 방법도 다양합니다. 단색의 표면 도색부터 붓을 이용한 그림 그리기와 동판 방식까지 다양한 방식으로 색칠이 가능합니다.

색칠 재료나 색칠 방법은 미술 회화 기법의 종류만큼이나 다양합니다. 이렇게 다양한 소재와 방법 중에서 우리는 가장 손쉬운 방법을 선택합니다. 이 책은 가장 쉬운 색칠방법으로 분무식 자동차 페인트를 이용한 도색 작업을 선택했습니다.

자동차 페인트를 이용한 색칠은 누구나 손쉽게 할 수 있는 방법이면서도 가장 효과가 좋은 방법입니다. 단순한 표면 도색으로 만족하지 못하는 분이라면 셀로판지나 테이프로 멋진 문양을 만들어 색칠하는 것도 좋습니다. 형형색색으로 칠하거나 문양이 새겨진 표면은 더욱 멋있습니다.

색칠 과정은 생각보다 까다롭습니다.

이 책에서는 색칠 과정을 약식으로 보여줍니다. 원래의 색칠 과정은 다음과 같습니다.

① 제품을 깨끗하게 청소합니다.

② 흠이 있거나 튀어나온 부분은 메꾸고 모래천이나 줄로 다듬어줍니다.

③ 제품을 분해합니다.

④ 칠할 면과 칠하지 않을 면을 구분하여 테이프로 밀봉합니다.

⑤ 착색재를 바릅니다.

⑥ 페인트를 칠합니다.

⑦ 마감재를 칠합니다.

⑧ 밀봉한 테이프를 떼어냅니다.

⑨ 미진한 부분을 붓으로 칠합니다.

이 과정을 제대로 소화하려면 키보드 하나 칠하는데도 반나절에서 하루가 걸립니다. 이런 식으로 각 제품을 칠하려면 꽤 넓은 작업 장소와 며칠의 시간이 걸릴 수 있습니다. 그렇지만 여러분은 가장 빠르고 간단한 색칠 방법을 원할 것입니다. 또한 여러분에게 가장 필요한 내용은 어떻게 분해하고, 어디를 어떤 방식으로 가려야 하며, 어떤 요령으로 색칠을 해야 실패하지 않느냐 하는 것입니다.

가장 빠르고 간단한 색칠 방법을 설명드립니다.

그래서 가장 빠르고 간단하게 칠할 수 있는 방법을 보여드립니다. 각 제품별 분해와 청소 과정은 앞서 설명한 내용을 참고하시면 됩니다. 착색재나 마감재를 칠하는 과정은 말로만 설명드립니다. 물론 착색제나 마감재를 칠하지 않아도 좋습니다. 자동차 페인트를 이용할 경우에는 착색재나 마감재를 칠하지 않아도 꽤 고급스러운 칠이 가능합니다. 그렇지만 마감재는 가능한 사용하기를 권합니다. 마감재를 사용하지 않을 경우 페인트 종류에 따라서는 상처에 쉽게 긁히는 문제가 발생합니다.

책에서는 분해된 부품의 어디를 어떤 식으로 칠할 것인가에 초점을 두고 설명합니다. 가장 손쉬운 색칠 방법이므로 여러분도 쉽게 따라할 수 있을 것이라 생각합니다.

2 색칠에 필요한 도구

자동차용 페인트를 이용하는 방법이 가장 쉽습니다.

색칠에 사용할 수 있는 도구는 다양합니다. 일단 조립용 도구는 기본적으로 갖추어야 합니다. 제품을 분해하려면 드라이버를 비롯한 기본적인 조립 도구가 필요합니다. 또한 지저분한 겉모습을 청소하기 위한 청소 도구도 필요합니다. 걸레, 수세미, 세제 등의 청소 도구로 색칠할 제품을 깨끗하게 닦아주어야 합니다.

조립 도구와 청소 도구를 갖추었다면 색칠용 도구를 갖추면 됩니다. 색칠 도구는 무엇으로 색칠하느냐에 따라서 다양한 재료를 사용할 수 있습니다. 가장 쉬운 방법은 분무식 자동차용 페인트를 이용하는 것입니다. 자동차용 페인트를 이용하는 색칠 방법은 가장 손쉬운 색칠 방법입니다. 이 작업에 사용하는 도구는 다음과 같습니다.

색칠하기에 사용하는 색칠 용품

분무식 자동차용 페인트

자동차용 페인트는 가장 손쉬운 색칠 도구입니다. 가스를 이용하여 페인트를 뿌려주기 때문에 골고루 쉽게 칠할 수 있습니다. 또한 주택용 페인트와는 달리 다양한 혼합색이 준비되어 있고, 금속성과 진주빛 느낌을 주는 색도 있어 고급스러운 색을 연출할 수 있습니다.

주택에 사용하는 일반 페인트에 비하면 가격이 비싼 것이 단점이지만 사용하기 쉽고, 고급스러운 색을 칠할 수 있어 초보자들이 쉽게 사용할 수 있는 색칠 도구입니다. 가격은 3,500~4,000원 정도 하며 할인점이나 동네의 자동차용품점에서 손쉽게 구할 수 있습니다. 용품점에서 마음에 드는 색으로 고르기 바랍니다.

키보드나 마우스와 같이 덩치가 작은 제품을 칠할 때는 하나 정도만 있어도 칠이 가능하지만 본체나 덩치가 큰 모니터를 칠할 때는 두 개 이상 구입해야 칠이 가능합니다.

분무식 자동차용 페인트

기타 페인트와 락카

자동차용 페인트 중에는 붓펜 방식이 있습니다. 펜 방식이나 붓 방식으로 사용할 수 있는 자동차용 페인트입니다. 미세한 부분을 칠하거나 글씨를 쓰고자 할 때 유용합니다. 가격에 비해 용량은 적은 편입니다.

또한 프라모델과 같은 완구를 칠할 때 사용하는 플라스틱용 페인트가 있습니다. 섬세한 부분도 색이 예쁘게 칠해지는 페인트로 플라스틱 제품을 칠할 때 사용합니다.

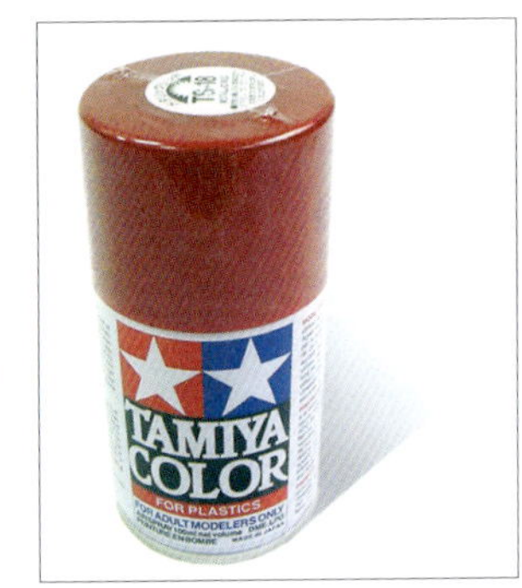

프라모델 색칠에 사용하는 플라스틱용 페인트는 플라스틱 부분을 칠할 때 유용합니다.

분무식 자동차용 도장 마감재(=투명 페인트) 또는 투명 락카

자동차용 페인트의 한 종류로 윤택제, 투명 광택제라고 부릅니다. 투명 페인트로 색칠한 곳에 광택을 내기 위한 마무리 용도로 사용합니다. 예컨대 노랑색으로 제품을 칠한 다음에 도장 마감재인 투명 페인트를 뿌리면 반짝반짝 윤기가 나서 더욱 고급스럽게 보입니다. 또한 기본 칠이 잘 벗겨지지 않아 내구성을 강화시킵니다.

마감재로는 페인트 가게에서 파는 투명 라카도 괜찮습니다. 투명 라카를 칠하면 어지간한 상처에도 칠이 잘 벗겨지지 않는 효과가 생깁니다.

분무식 자동차용 도장 마감재

모래천(사포)

사포라고 부릅니다. 거친 면을 매끄럽게 다듬기 위해서 사용합니다. 칠하기 전에 제품의 표면을 다듬는 용도로도 사용하지만 칠 도중에 잘못 칠한 곳을 긁어내거나 튼튼한 칠을 위해서 칠의 표면을 다듬는 용도로 사용합니다.

모래천은 굵은 모래천과 가는 모래천 두 가지를 준비하는 것이 좋습니다.

기본적으로 칠을 할 때는 칠한 곳이 마르면 고운 모래천으로 밀어주고 다시 칠하는 과정을 반복합니다. 칠할 때마다 모래천으로 칠한 곳을 다듬어주는 이런 방식은 시간이 오래 걸리고 인력도 많이 들지만 매끈하게 칠해지는 성과와 칠이 튼튼해지는 효과를 얻을 수 있습니다.

칼과 테이프, 신문지, 전지

테이프와 신문지 종이는 칠하지 않을 부분을 가리는 용도로 사용합니다. 테이프는 투명테이프가 아니라도 좋습니다. 아무 테이프라도 좋지만 칠을 한 다음에 떼어내야 하므로 떼어낼 때 자국이 남지 않는 테이프를 이용해야 합니다.

신문지나 전지는 칠할 바닥에 까는 용도로 사용합니다. 아무 종이나 사용해도 되는데 두꺼운 종이일수록 좋습니다. 신문지를 칠할 바닥에 깐다면 여러 겹을 깔아야 바닥에 페인트가 배이지 않습니다.

테이프는 면적이 넓은 테이프로 준비합니다.

붓

작은 붓 하나 정도만 준비해도 충분합니다.

분무식 페인트로는 칠하기 곤란한 미세한 부분을 칠할 때 또는 글씨를 쓰고자 할 때 사용합니다.

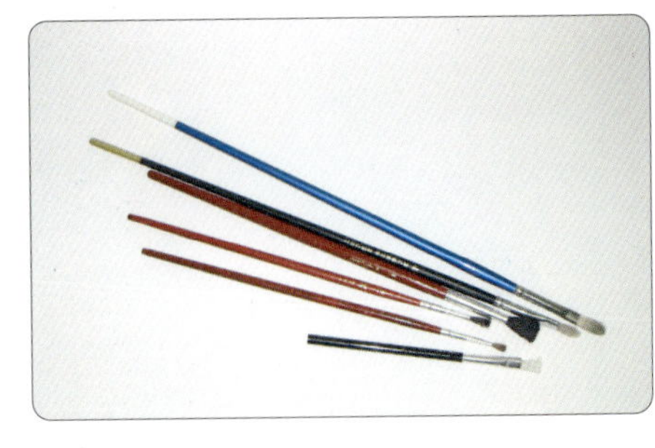

신나

신나는 페인트를 지울 때 사용합니다.

잘못 칠한 부분을 지우거나, 붓을 이용하여 색칠할 때 희석용으로 사용합니다.

마스크와 장갑

장갑은 페인트가 손에 묻는 일을 방지하며 제품 모서리에 상처나는 것을 막아줍니다. 또한 분무식 페인트를 사용할 때 마스크는 필수적입니다. 분무식 페인트는 미세 먼지 형태로 페인트를 뿌리기 때문에 호흡기를 통해서 순식간에 인체에 유입됩니다. 그래서 분무식 페인트로 작업을 한 뒤에 코를 풀거나 가래를 뱉으면 페인트가 까맣게 묻어나오는 것을 볼 수 있습니다. 분무식 페인트를 사용할 때는 귀찮더라도 마스크를 쓰고 작업하는 것이 좋습니다.

3 색칠 준비와 색칠 장소

색칠을 하려면 깨끗하고 넓은 장소가 좋습니다. 또한 바람이 잘 통하는 야외가 좋습니다. 바닥면은 평평해야 하며 바닥에는 신문지를 여러 겹으로 깔아 페인트가 배이지 않도록 배려합니다.

① 색칠할 제품은 깨끗하게 청소하고 오돌토돌한 부분은 모래천으로 잘 닦아줍니다.

② 홈이 있는 곳은 떡이나 접착제 등으로 메꿉니다.

③ 바닥에 신문지나 모조지 전지 등을 깝니다. 두껍게 여러 겹을 깔아야 바닥에 페인트가 배이지 않습니다.

④ 신문지 모서리를 무거운 물건으로 눌러주어야 신문지가 날아가지 않습니다.

잠깐! 실내에서 색칠할 경우의 문제점

분무식 페인트(스프레이식 페인트)로 색칠할 경우에는 미세한 페인트 먼지가 무수하게 날립니다. 이 먼지는 나중에 다시 바닥으로 가라앉습니다. 때문에 실내에서 페인트를 할 경우에는 분무식 페인트 사용을 자제해야 합니다. 분무식 페인트로 칠을 하고 난 뒤에 실내의 책상이나 바닥, 책 등을 닦으면 페인트가 까맣게 묻어나옴을 볼 수 있습니다. 실내 전체에 골고루 퍼진 상태이기 때문에 페인트 먼지를 닦는 일이 매우 어렵습니다.

따라서 실내에서 페인트 작업을 할 때는 붓을 이용한 작업 위주로 해야 하며, 분무식 페인트를 사용할 때는 바깥에서 작업해야 합니다.

4 칠하는 요령

요령 있게 칠해야 고급스럽게 색칠할 수 있습니다.

분무식 페인트로 칠하는 것이 쉽다고 하지만 아차 실수하면 몇 시간 동안 고생하고도 좋지 않은 결과를 얻을 수 있습니다. 물론 전문 칠 장비로 칠을 하면 좋겠지만 그것은 일반인에게 무리한 요구입니다. 자동차 페인트로 칠을 하더라도 어느 정도의 요령만 익히면 많은 도움이 됩니다.

① 분무식 페인트는 세워서 칠하는 것이 기본입니다. 그러나 부품을 바닥에 깐 상태에서는 세워서 칠하기 곤란합니다. 그렇다고 해서 바닥과 평행으로 눕혀서 칠하면 곤란합니다. 페인트통을 약간만 눕혀서 대각선 방향으로 칠을 하도록 합니다.

② 분무식 페인트의 단추를 눌렀을 때 처음 나오는 페인트는 덩어리 페인트인 경우가 많습니다. 이는 처음부터 균일하게 압력을 주기 어렵기 때문에 발생합니다. 따라서 페인트를 칠할 제품 옆의 빈 종이에 먼저 페인트를 뿌리면서 단추 누르는 압력을 조절한 다음에 페인트통을 칠할 제품이 있는 곳으로 이동시키면서 칠해야 합니다.

③ 페인트 칠의 성공은 일정한 시간 동안 같은 속도로 움직여주는 것입니다. 또한 페인트 칠의 방향은 리을자 모양으로 뿌려주는 것이 가장 균일하게 분포됩니다. 이때 꺾이는 부분은 짧게 일자 부분은 조금 길게 뿌려주면 더욱 효과적입니다.

④ 너무 멀면 페인트가 날려 칠이 안되고 너무 가까우면 진한 곳과 흐린 곳의 차이가 생깁니다. 분무식 페인트의 적당한 간격은 20~30cm 정도의 거리입니다. 특별한 경우가 아니면 항상 이 간격을 유지하도록 합니다.

⑤ 칠을 하다보면 칠이 많이 된 곳과 적게 된 곳이 생깁니다. 이때 칠이 덜 된 곳에 다시 칠을 집중적으로 해주면 안좋습니다. 한 곳에 오래 칠하면 페인트가 흘러 보기 흉합니다. 흘러내린 자국은 감추기 어렵습니다. 다시 긁어내고 칠하는 수밖에 없습니다. 따라서 가볍게 여러 차례 칠한다는 생각으로 칠해야 합니다. 칠이 덜 된 부분은 앞서의 칠이 다 마른 다음에 다시 칠해야 합니다.

⑥ 칠은 한 번에 되는 것이 아닙니다. 여러 차례에 걸쳐서 칠을 하고 마르기 과정을 반복합니다. 한 번 칠할 때 약하게 조금씩 칠하고 마른 다음에 다시 칠하기를 반복합니다. 한 번에 칠을 끝내려고 욕심을 내면 페인트가 흘러내리는 역효과가 발생합니다.

⑦ 페인트통이 거의 비워진 상태라면 아깝다 생각 말고 새 페인트통으로 교체합니다. 페인트가 거의 비워진 상태에서 나오는 페인트는 찌꺼기(=덩어리) 페인트입니다. 몇 시간 동안 잘 칠해놓고 마지막에 찌꺼기 페인트가 뿜어지는 바람에 색칠을 망치는 경우가 많습니다. 종이에 먼저 페인트를 뿌릴 때 찌꺼기가 나오기 시작하면 과감하게 페인트통을 새것으로 교체합니다.

⑧ 기본 색을 칠한 다음에 투명페인트나 마감재를 칠할 때는 좀더 멀리서 빠른 속도로 균일하게 칠해야 하며 아주 얇게 여러 차례 칠해야 합니다. 투명페인트를 처음부터 진하게 뿌릴 경우 기존의 색칠이 투명페인트에 포함된 신나에 의해 녹아내리는 사태가 발생하여 칠을 망칠 수 있습니다. 때문에 투명페인트를 칠할 때는 더욱 주의를 기울여야 합니다.

02 키보드 색칠하기

키보드는 분해가 가장 어려운 제품입니다.

PC 주변 기기 중에서 가장 색칠하기 까다로운 제품은 키보드입니다. 그 까닭은 분해가 가장 어렵기 때문입니다. 과거와는 달리 요즘 나오는 키보드는 수 많은 키를 모두 제거해야만 색칠이 가능합니다. 키보드 분해 과정에서 본 것처럼 키를 분해하는 일은 쉽지 않습니다. 또한 키를 뽑은 구멍이 페인트로 인해 막히지 않도록 처리해야 합니다. 칠이 끝난 다음에 다시 조립하는 것도 큰 일입니다. 그래서 키보드 색칠이 제일 어렵다고 말하는 것입니다.

그렇지만 색칠을 끝낸 키보드는 매우 독특한 느낌을 줍니다. 본체는 다양한 컬러와 소재로 만들기 때문에 색상을 선택할 수 있는 여지가 있지만 키보드는 거의 모든 제품이 흰색입니다. 때문에 자신이 선택한 고급스러운 색으로 칠을 한 키보드는 매우 독특하면서도 고급스러운 느낌을 줍니다. 흰색 키와 대비되는 키보드 덮개의 색은 타자 작업을 좀더 유쾌하게 만들어줍니다.

두 가지 종류의 키보드를 색칠하는데 기계식 키보드와 멤브레인 방식의 키보드입니다. 청소 과정과 분해 과정은 앞서 설명한 청소 부분을 참고하기 바랍니다.

1 기계식 키보드 색칠하기

01

앞에서 설명한 키보드 분해 과정을 참고하여 키보드의 바닥과 윗두껑을 키보드 자판과 분리합니다.

1 분해 방법에 따라 키보드를 분해합니다.

02

키보드 윗두껑의 경우 깜박이(LED)가 있는 부분이나 칠이 되면 안되는 부분을 투명 테이프로 가립니다. 가위나 칼로 투명테이프를 오려서 깜박이나 인쇄 면을 충분하게 가려줍니다.

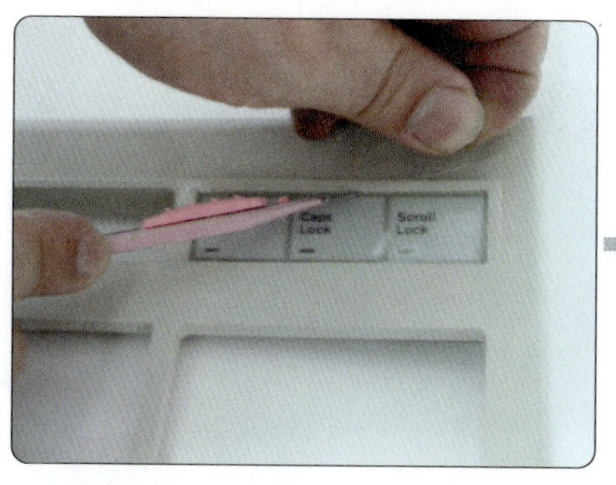

1 투명테이프를 붙인 다음에 커터칼이나 문구용 칼로 색칠 안할 부분만 남기고 주변 테이프는 도려냅니다.

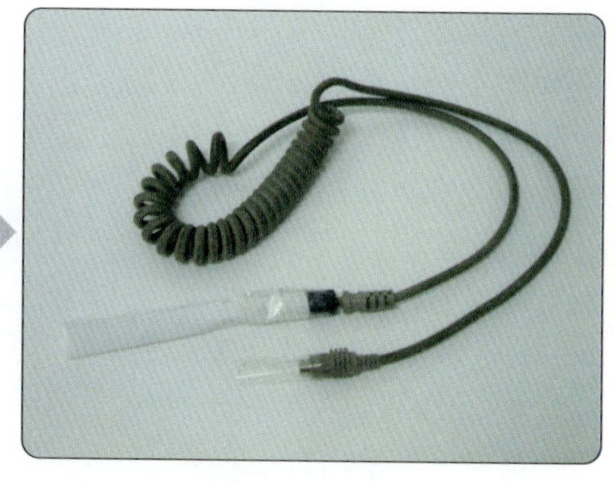

2 키보드 케이블의 양 쪽 끝도 테이프를 이용하여 막아줍니다.

03

키보드는 윗두껑과 바닥만 칠하면 됩니다. 두 부품을 종이 위에 펼쳐 놓고 칠할 면이 위로 향하게 놓습니다.

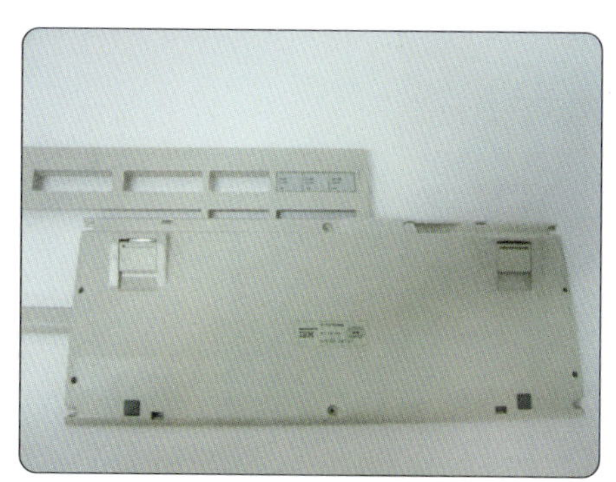

1 키보드에서 칠을 하려는 부분

04

자동차 페인트로 키보드에 칠을 뿌려줍니다.

1 처음 칠을 할 때는 가볍게 칠을 뿌려줍니다.

05

약하게 칠해 준 뒤에 마를 때까지 기다립니다.

1 처음부터 파란 색으로 진하게 칠하지 않고 약하게 칠을 합니다.

06

페인트가 마르면 다시 칠을 뿌려줍니다. 마르고 뿌리고 과정을 반복하여 여러 차례 골고루 칠해줍니다. 이때 한 쪽 방향에서만 칠을 뿌리지 말고 칠을 할 때마다 네 방향을 바꾸어가면서 칠을 해주어야 합니다. 그래야 칠이 구석구석 골고루 잘 묻습니다.

1 방향을 바꾸어가면서 여러 차례 반복해서 마르기와 칠을 반복합니다.

07

기본 색칠이 다 되었으면 투명페인트(광택제)를 뿌려서 마무리 합니다.

08

칠이 다 끝났으면 키보드에 붙인 투명테이프를 뜯어내고, 칠이 미진한 부분은 작은 붓으로 덧칠해줍니다.

09

완전히 다 말랐으면 다시 조립합니다.

1 칠하기 전의 상태와 칠이 끝난 후 조립이 된 완성품. 착색제와 마감재(투명 페인트)를 사용하지 않고 한 가지 페인트만 칠한 것이지만 고급스러운 키보드로 변모했습니다.

2 멤브레인 방식의 키보드 색칠하고 글씨 쓰기

멤브레인 방식을 칠할 때는 윗 덮개의 키톱 부분을 테이프로 막고 칠합니다.

멤브레인 방식의 키보드는 키톱이 기판이 아닌 윗뚜껑에 주물 형태로 존재합니다. 때문에 키를 끼우는 키톱 부분을 테이프로 막고 칠하는 것이 좋습니다. 아래 보기에서는 시간을 절약하기 위하여 테이프로 막지 않고 바로 칠을 했는데 키를 끼우는 부분이 페인트로 칠해지면 나중에 조립 후에 키의 움직임이 빡빡해질 수 있습니다.

이번 키보드는 윗뚜껑의 기능 단추와 깜박이 이름 부분을 테이프로 막지 않았습니다. 테이프로 가리면 그 부분만 흰색으로 남아 보기에 예쁘지 않습니다. 일단 모두 칠한 다음에 붓 펜페인트로 글씨를 써주기로 했습니다. 물론 키보드의 기능 단추 이름과 깜박이 이름은 따로 종이에 적어두어야 합니다. 그래야 나중에 다시 그 이름을 제대로 적을 수 있습니다.

01

분해한 키보드의 주요 부분을 투명테이프로 막고 종이 위에 펼쳐놓고 얇게 칠을 시작합니다. 이번에는 깜박이 이름 부분을 테이프로 막지 않았습니다.

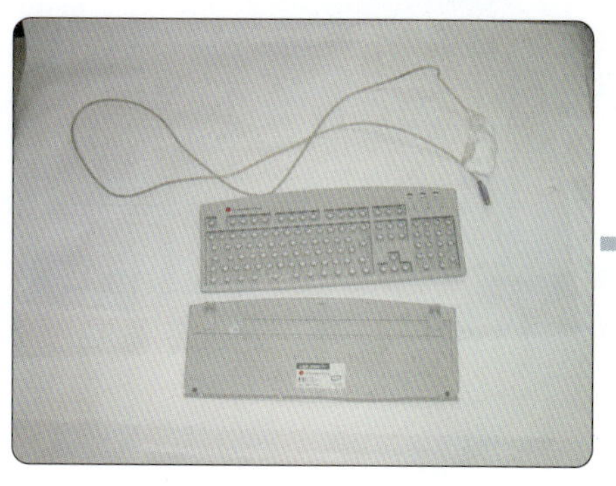

1 키보드를 분해하고 칠이 들어가면 안되는 부분은 테이프로 막아줍니다.

2 중요한 부분을 테이프로 감싼 뒤에 칠을 뿌려줍니다.

02

계속 해서 칠 작업과 마르기 작업을 반복합니다.

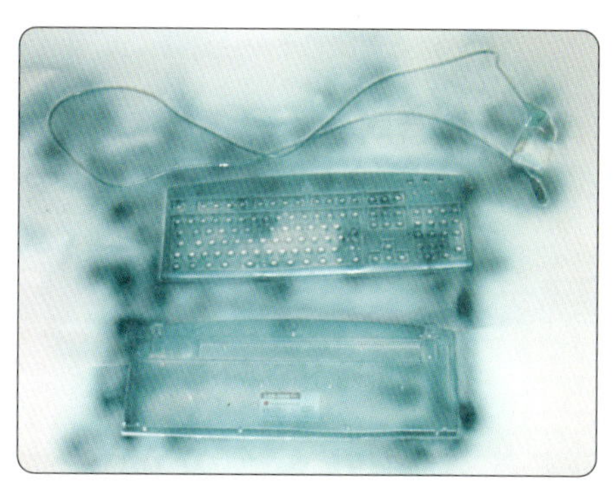

1 칠을 얇게 여러 차례 합니다.

03

키보드 선은 한 방향으로만 놓고 칠하면 밑 면이 안 칠해집니다. 가끔 뒤집어가면서 칠을 해줍니다.

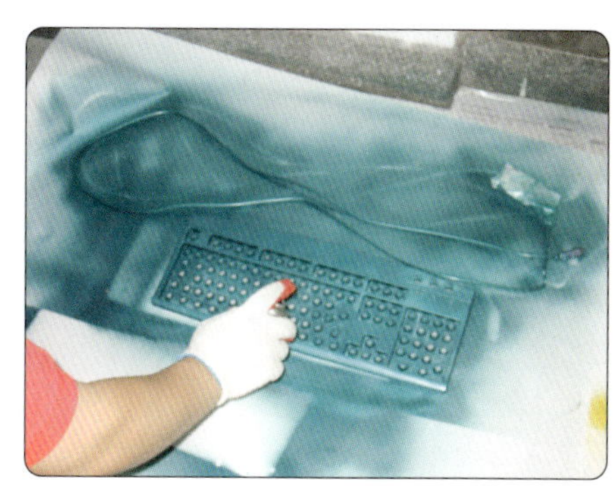

1 여러 차례 칠을 해 어느 정도 색이 칠해진 상태입니다.

04

기본 색칠이 끝나면 투명페인트로 칠하는 작업을 몇 차례 반복합니다.

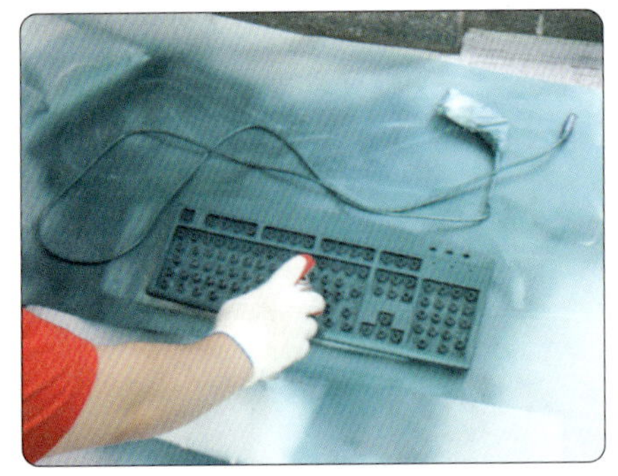

1 투명페인트를 칠할 때는 기존의 색칠한 칠이 흐르지 않도록 빠르고 균일하게 칠해주어야 합니다.

05

투명페인트를 칠하고 마르기를 기다립니다.

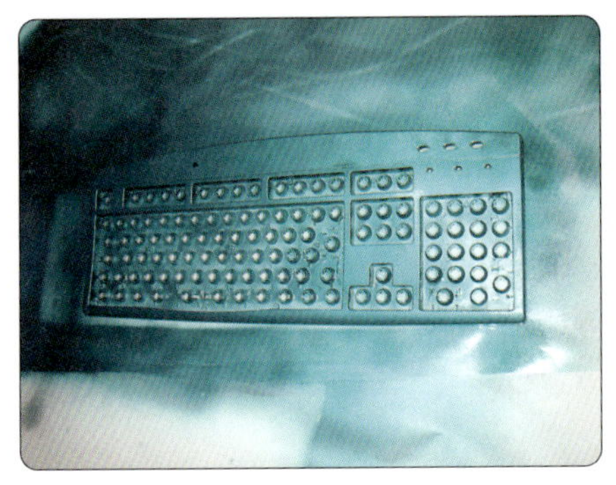

1 투명페인트를 칠하면 광택이 나고 내구성이 좋아집니다.

06

칠이 다 말랐으면 조립합니다.

1 칠을 마친 후 조립한 상태. 에메랄드 그린 색이라 초록빛으로 광택이 납니다. 이 상태로 일단 키보드 색칠은 끝난 것입니다.

07

키보드의 기능 단추와 깜박이 이름을 자동차용 붓펜페인트로 써줍니다.

1 펜 기능을 이용하여 글씨를 가늘게 적습니다.

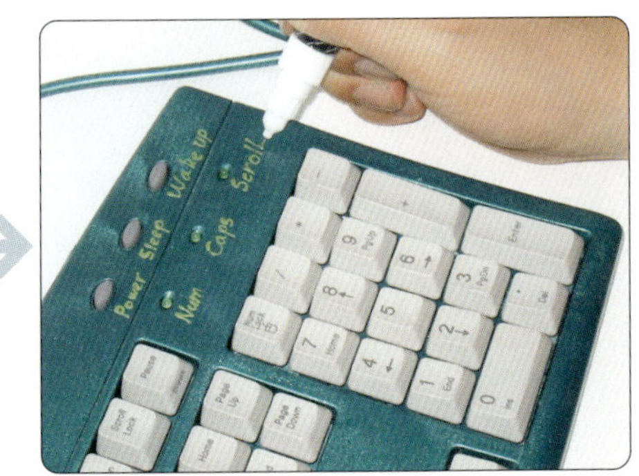

2 펜 기능을 이용하여 기능 단추와 깜박이 이름을 적었습니다.

08

키보드 상단에도 자신의 이름이나 그림 등을 그립니다. 이번에는 붓기능을 이용하여 www.X119.com이라고 키보드에 적었습니다.

1 키보드 상단에 붓기능을 이용하여 www.X119.com이라고 적었습니다.

09

잠시 후면 다 마르고 키보드 색칠이 끝납니다.

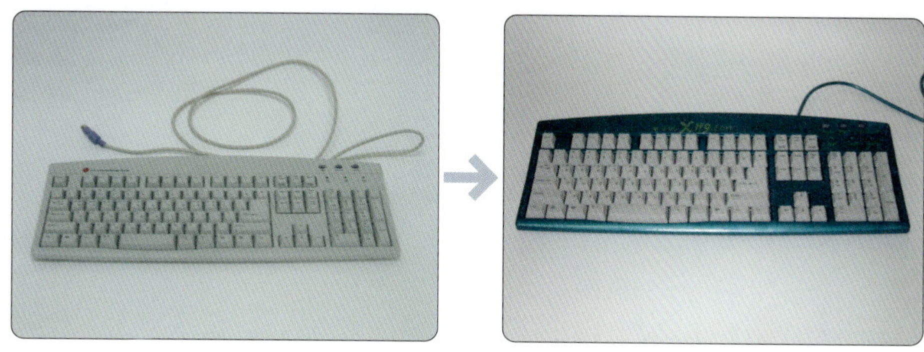

1 원래의 키보드와 색칠이 끝난 후의 키보드

03 마우스 색칠하기

분해하지 않아도 되는 부분은 분해하지 않고 색칠합니다.

마우스 색칠 과정에서 가장 어려분 부분은 분해 과정입니다. 특히 단추 부분의 분해가 어렵습니다. 단추 부분을 분해하려다 잘못 하면 단추 고리 부분이 부러질 수 있습니다. 그래서 이 책에서도 마우스의 단추는 분해하지 않는 상태에서 색칠합니다. 단추 부분을 분해하지 않더라도 골고루 색칠이 되므로 무리해서 단추까지 분해하지 않도록 합니다.

01

마우스 밑면의 나사를 풀어 마우스 분해합니다.

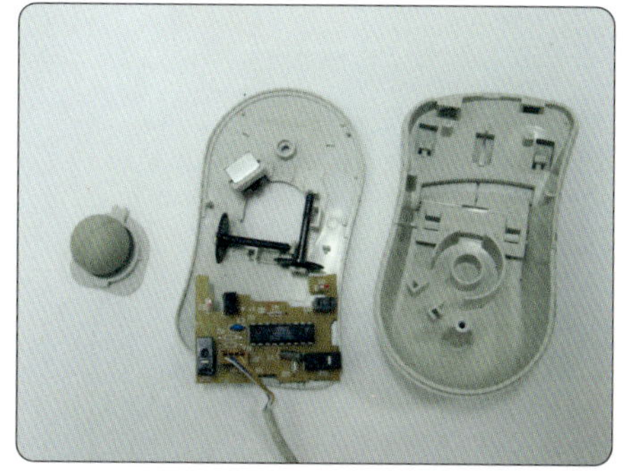

1 마우스를 분해한 상태

02

휠을 비롯한 중요 부분을 테이프로 감싸거나 밀봉합니다.

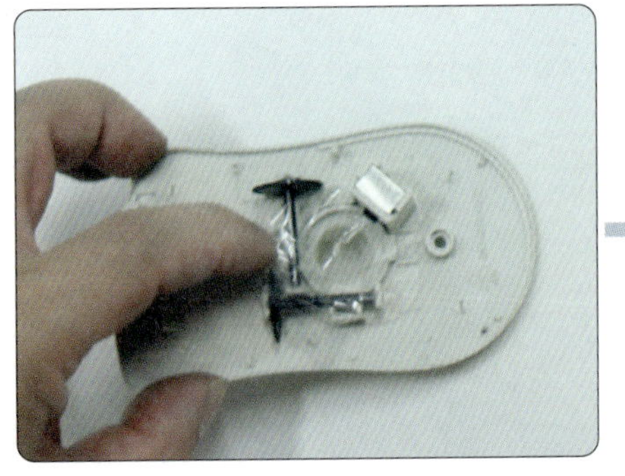

1 칠을 안할 부분은 테이프로 감쌉니다.

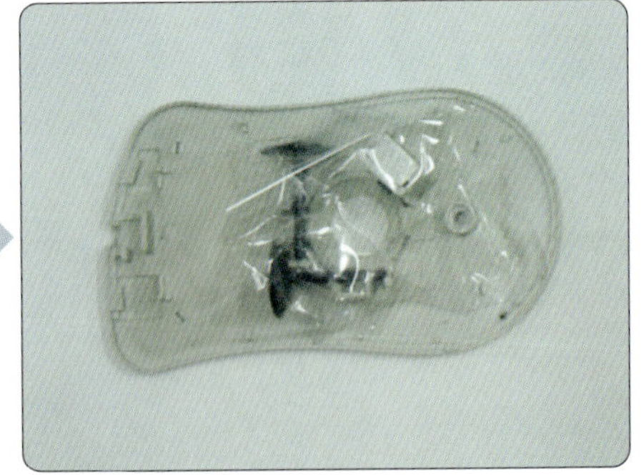

2 중요 부분을 테이프로 감쌌습니다.

03

마우스 선과 회로도 부분도 테이프로 감쌉니다.

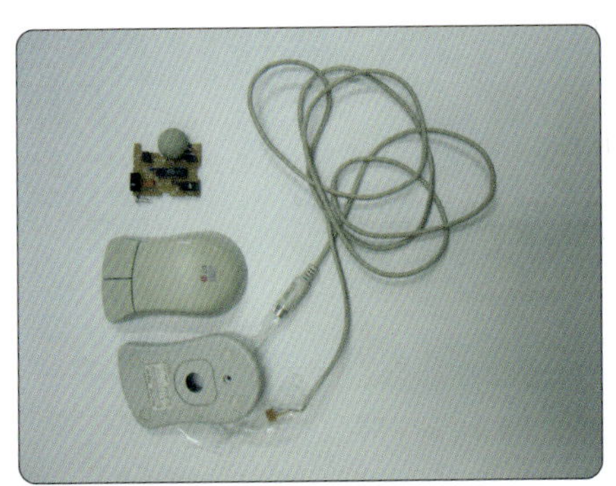

1 마우스 선의 양 쪽 끝 부분을 테이프로 밀봉했습니다.

04

칠할 부품을 종이 위에 올려 놓고 페인트를 칠합니다.

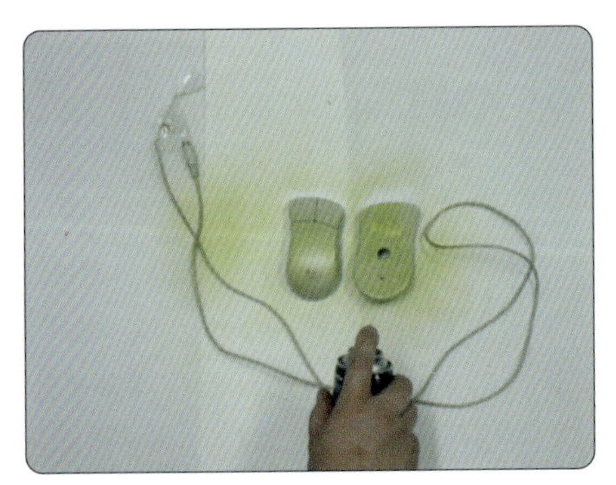

1 칠할 부품을 페인트로 칠해줍니다.

05

여러 차례 칠 작업과 말리기 작업을 반복합니다.

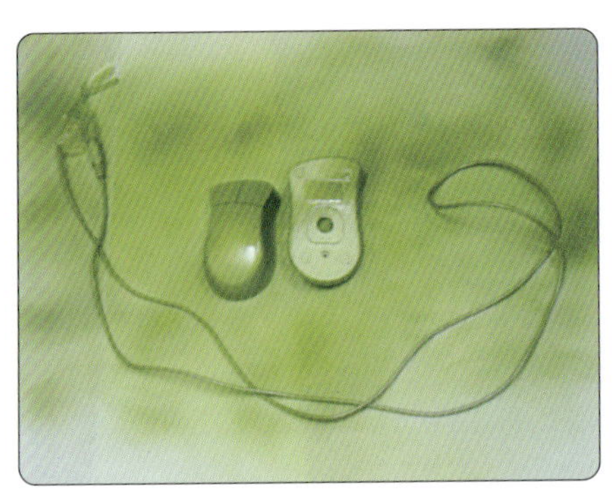

1 마우스 선은 가끔 뒤집어가면서 칠해줍니다.

06

여러 방향에서 부품을 뒤집어가면서 칠해주고, 칠이 끝난 다음에는 투명페인트나 투명라카로 마감해줍니다.

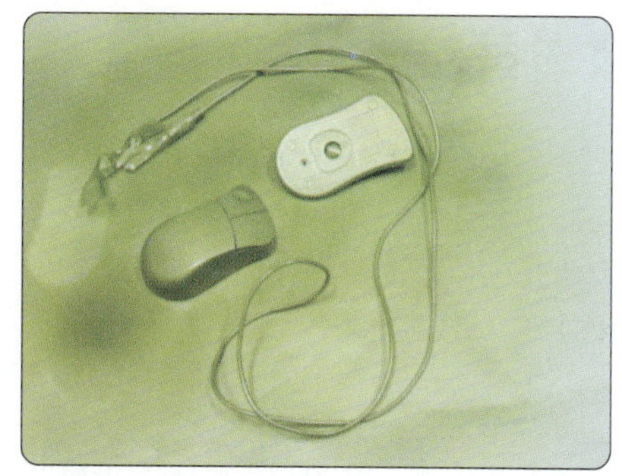

1 칠이 어느 정도 완료된 상태

07

투명테이프를 떼어냅니다.

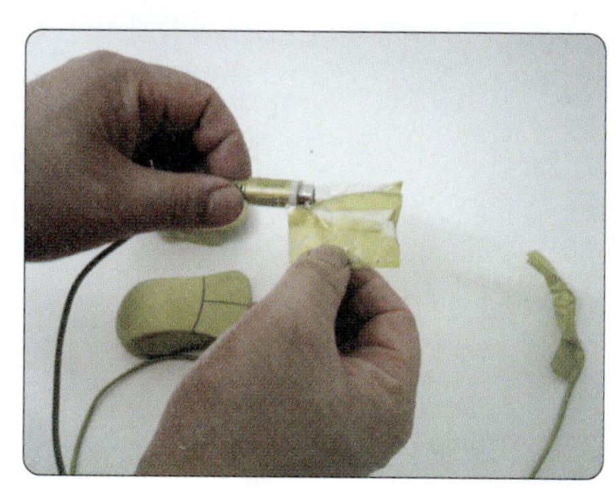

1 마우스 선을 감은 테이프와 휠을 감싼 테이프 등을 떼어냅니다.

08

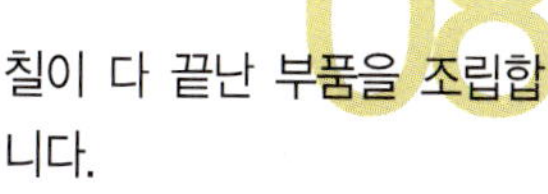

칠이 다 끝난 부품을 조립합니다.

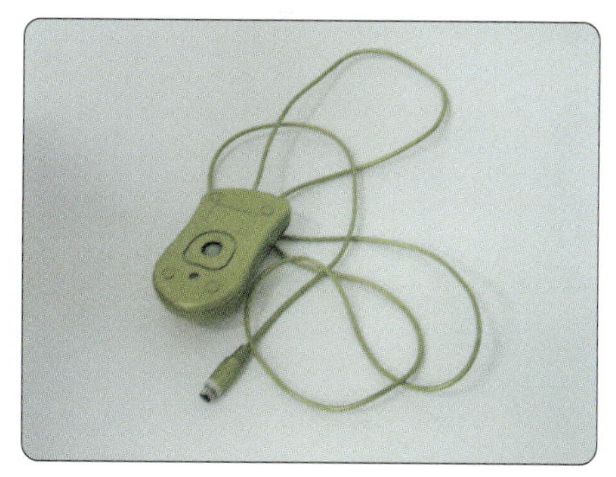

1 볼까지 집어넣고 밑면의 두껑을 닫아 조립이 완료된 상태

09

칠이 미진한 부분은 붓으로 칠해주고, 필요한 글씨를 붓펜페인트로 적습니다.

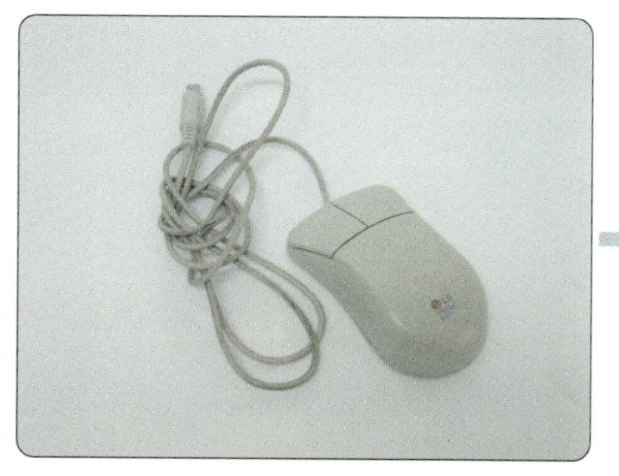

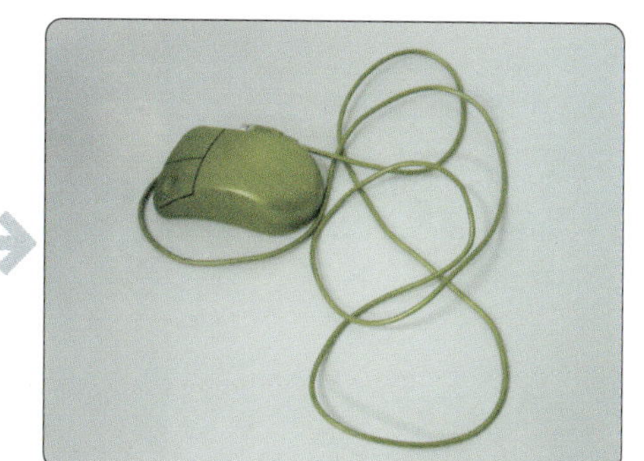

1 칠하기 전의 상태와 칠이 끝난 상태

04 본체 색칠하기

본체는 색칠하기 쉽습니다.

본체는 색칠하기 가장 편한 제품에 속합니다. 케이스의 모든 면이 손쉽게 분해되고 색칠할 곳도 평면적으로 생겼기 때문입니다. 그렇지만 색을 가장 안먹는 제품이라 색칠이 완성되기까지 시간이 많이 소요됩니다.

본체는 페인트 소모량이 많습니다.

대부분의 본체는 베젤부는 매끈한 플라스틱으로 만들지만 좌우면은 금속으로 만듭니다. 좌우면은 금속에 도장을 한 상태인데 이 상태가 매우 거칩니다. 그래서 어지간한 페인트 칠로는 매끈한 느낌을 주기 힘듭니다. 좌우면까지 매끈하게 칠을 하려면 꽤 많은 양의 페인트를 소모해야 합니다. 따라서 본체를 칠할 때는 적당한 정도에서 페인트칠을 마무리 한 다음에 투명페인트로 광택을 내는 것이 좋습니다.

1 미들타워형 케이스 색칠하기

01

바깥 케이스와 윗케이스를 분리합니다. 칠을 할 부분과 칠을 하지 않을 부분을 분리하여 칠하지 않을 부분은 테이프로 막아줍니다. 깜박이 부분도 분리가 가능하다면 분리해주는 것이 좋습니다. 만약 분리가 안된다면 투명 테이프로 막아주거나, 칠한 다음에 칼로 칠 부분을 긁어 냅니다.

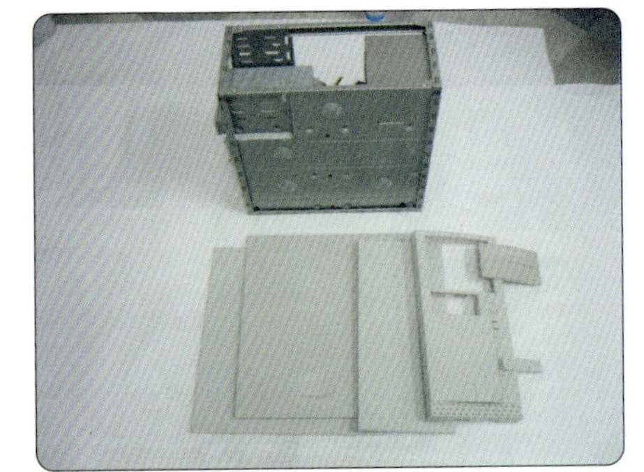

1 케이스의 좌우면과 앞면, 윗면을 분리한 상태. 바닥면은 칠하지 않습니다.

02

분해된 케이스 중에서 칠할 부분만 종이에 올려놓고 엷게 첫 번째 칠을 시작합니다.

1 종이 위에 분해된 케이스 부품을 올려놓고 칠합니다.

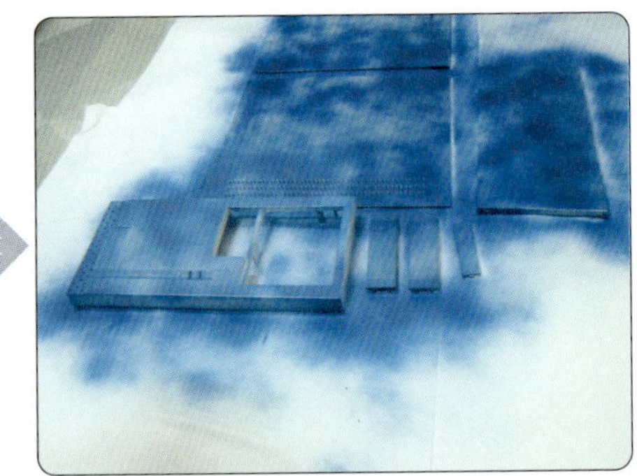

2 한 번에 진하게 칠할 생각을 하지 말고 엷게 여러 번 칠합니다.

03

칠하기와 말리기 과정을 반복하면서 점차 두껍게 칠을 합니다.

1 여러 차례에 걸쳐서 칠을 합니다.

04

칠이 어느 정도 되면 광택제가 마감재 칠합니다.

1 칠이 충분하게 되었다면 광택제로 투명 페인트를 칠합니다.

05

투명테이프 붙인 곳이 있다면 떼어내고 칠이 미진한 부분은 작은 붓으로 덧칠해준 다음에 조립합니다.

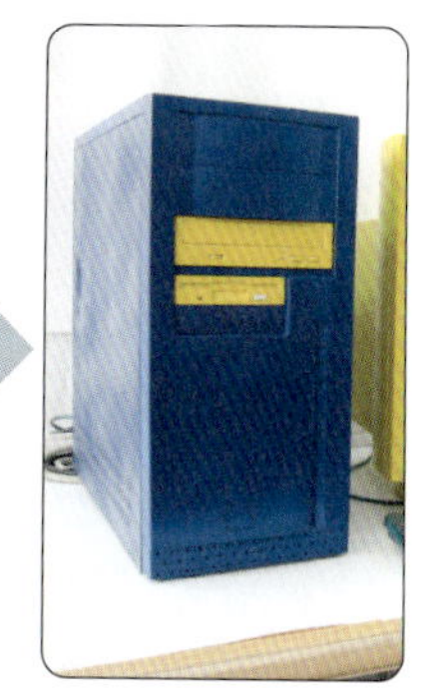

1 칠 하기 전의 상태와 칠이 끝난 상태. 플로피디스크드라이브와 CD 롬드라이브는 다른 색으로 칠했습니다.

2 스탠다드형 케이스 칠하기

01

케이스를 분해합니다. 베이 마개와 깜박이 가림판, 전원 단추 등을 베젤부에서 다시 분해합니다.

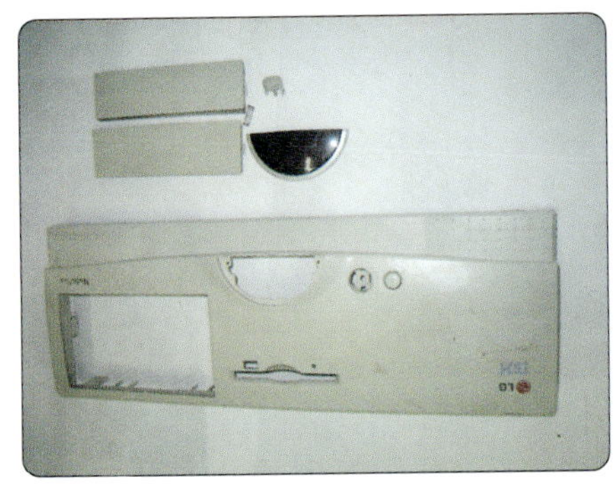

1 케이스의 앞면 베젤부를 분해한 상태

02

분해한 케이스를 종이 위에 올려놓습니다.

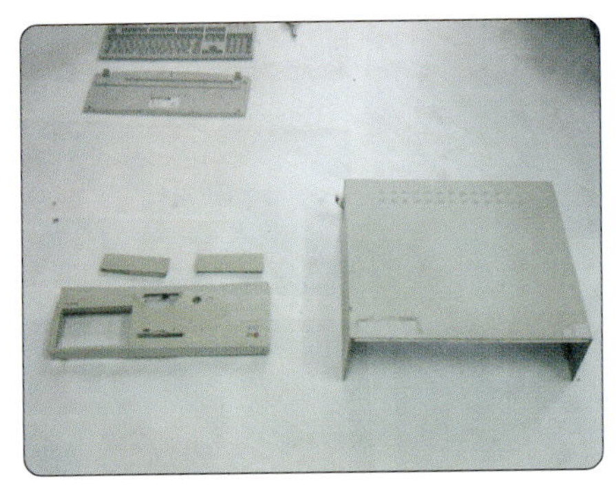

1 분해한 케이스를 펼쳐놓습니다.

03

엷게 초벌 칠을 합니다.

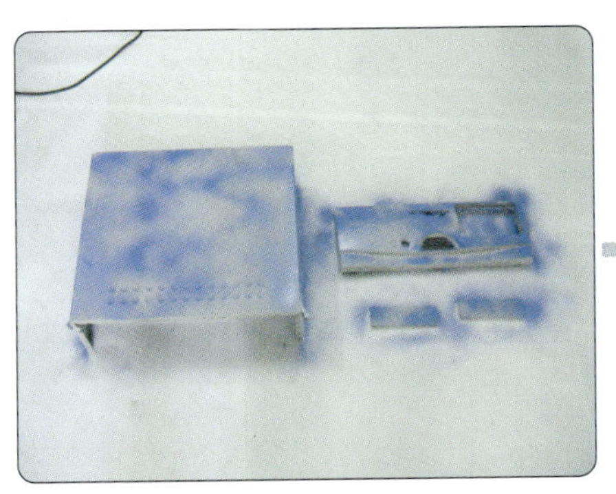

1 엷게 골고루 페인트 칠을 합니다.

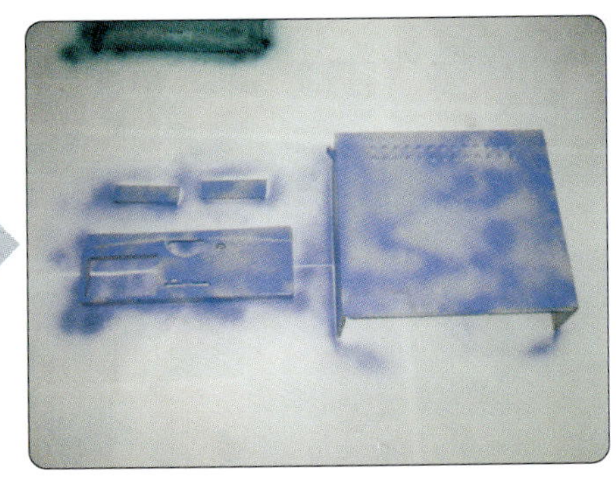

2 방향을 바꾸어가면서 칠을 해줘야 골고루 칠이 됩니다.

04

전원 단추는 본체 색과 다른 색을 칠합니다. 눈에 잘 뜨이도록 노란색으로 칠합니다.

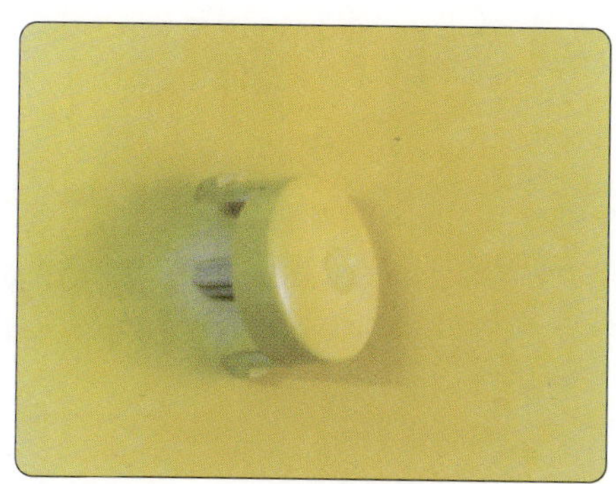

1 전원 단추는 노란색으로 칠합니다.

05

기본 색칠이 끝난 뒤에는 투명페인트를 칠하고 마른 뒤에 조립합니다.

1 칠이 다 되어 조립한 상태

06

미진한 부분은 붓을 이용하여 칠해줍니다.

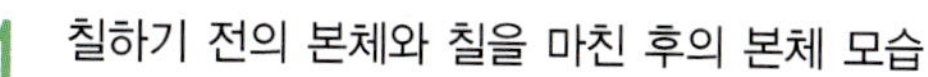

1 칠하기 전의 본체와 칠을 마친 후의 본체 모습

05 모니터 색칠하기

모니터 색칠할 때는 회로 보호에 신경 씁니다.

모니터를 색칠할 때는 칠이 들어가지 않도록 회로 부분을 종이로 잘 감싸주는 것이 필요합니다. 또한 모니터를 분해할 때 분해하자마자 전자총 부분을 손으로 만지지 않도록 합니다. 전자총 부분에는 충전된 전기가 있어 감전 위험이 있습니다.

1 최신형 17인치 모니터 색칠하기

01

모니터 분해 방법에 따라 모니터를 분해합니다.

1 17인치 모니터를 분해한 상태

02

칠하지 않을 부분은 테이프를 이용하여 가립니다. 모니터 앞면에서는 화면의 유리 부분과 깜박이 부분을 가립니다. 케이스 자체를 분리하면 더욱 좋겠지만 이 경우 앞의 단추와 연결되는 부분을 부러뜨리는 사태가 자주 발생하므로 브라운관과 앞면 케이스는 분리하지 않은 상태에서 칠하도록 합니다.

1 두꺼운 종이를 대고 주변을 투명테이프로 붙입니다. 두꺼운 종이가 없다면 테이프를 면에 골고루 붙여줍니다.

2 커터칼을 이용하여 화면 테두리를 따라서 테이프를 잘라내고, 바깥 부분 테이프는 걷어냅니다.

03

뒷면의 모니터 제원 표시 부분도 투명테이프로 막아줍니다. 테이프를 붙인 뒤에 테두리 선을 따라 칼로 도려내고 바깥 부분을 떼어냅니다.

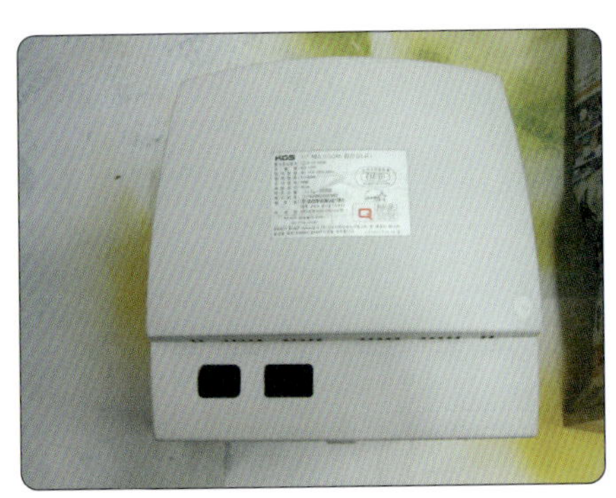

1 뒷면에는 모니터 제원 표시 부분에 테이프를 붙입니다.

04

모니터의 회로도 주위에 페인트가 칠해지지 않도록 종이를 씌우고 투명테이프로 경계선 부분을 밀봉합니다.

1 모니터 회로도 주변을 종이로 감싸고 테이프로 경계선을 밀봉하여 칠이 되지 않도록 조치합니다.

05

종이 이에 올려놓고 엷게 칠하기 시작합니다.

1 페인트로 엷게 칠합니다.

06

지지대 부분은 많이 칠할 필요 없습니다. 적당하게 칠합니다.

1 지지대 부분도 칠합니다.

07

칠과 마르기 과정을 반복하여 칠을 합니다. 모니터 앞부분은 칠이 마른 뒤에 위아래를 바꾸어가면서 아래 부분까지 칠합니다. 이때 칠이 마르기 전에 모니터를 돌리면 바닥의 종이에 페인트가 달라붙습니다. 완전히 마른 다음에 방향을 바꾸어주기 바랍니다. 기본 칠이 끝나면 투명 페인트를 칠합니다.

1 여러 번에 걸쳐서 칠을 합니다.

08

칠이 끝났으면 투명테이프를 떼어냅니다.

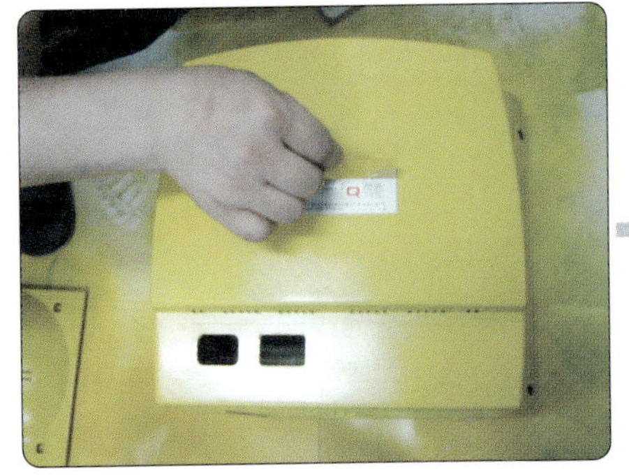

1 모니터 뒷 케이스에 붙였던 테이프를 떼어냅니다.

2 테이프를 떼어낸 상태의 모니터 뒷 면

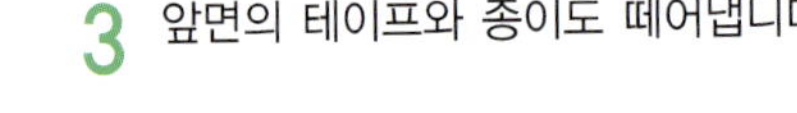

3 앞면의 테이프와 종이도 떼어냅니다.

09

칠이 미지한 부분은 붓으로 칠해주고, 칠이 번진 부분은 커터칼을 이용하여 긁어냅니다. 특히 브라운관의 유리 부분 주변에 칠이 번지는 경우가 많습니다. 유리 부분이므로 칼날을 눕혀서 긁어내면 됩니다.

1 칠이 번진 부분에는 커터칼을 이용하여 페인트를 긁어냅니다.

10

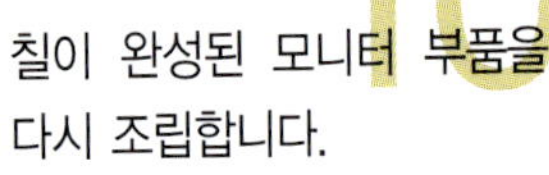

칠이 완성된 모니터 부품을 다시 조립합니다.

1 칠하기 전과 칠 한 후의 모니터 상태

2 구형 10인치 모니터 색칠하기

01

모니터를 분해합니다.

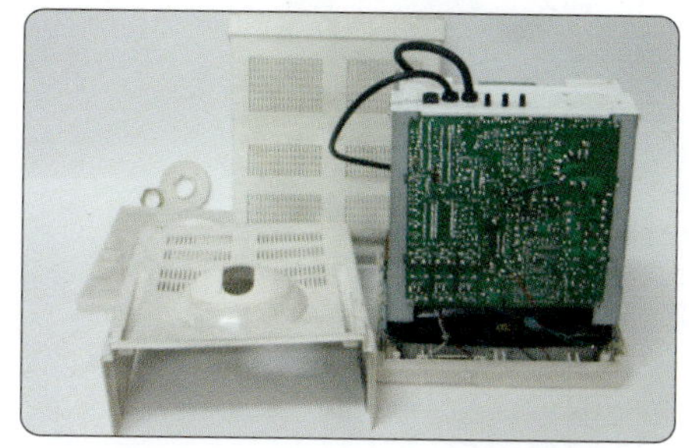

1 모니터가 분해된 상태

02

모니터 뒷면의 제원 표시 부분은 칠이 안되도록 투명 테이프로 막아줍니다.

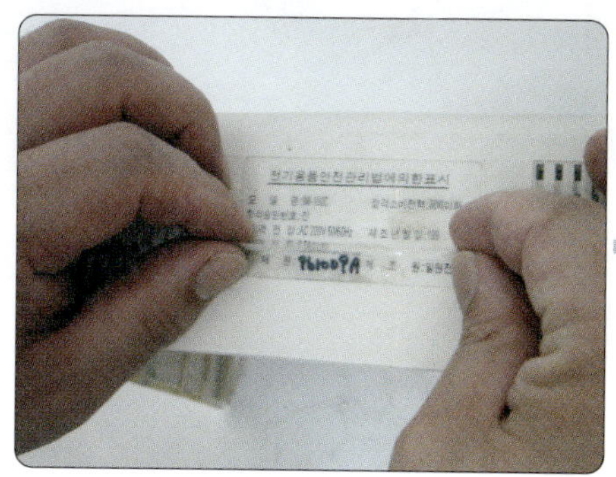

1 제원 표시 부분에 테이프를 붙입니다.

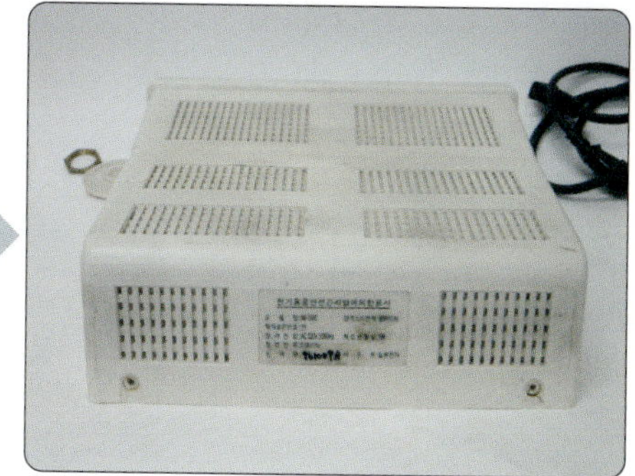

2 제원 표시 부분에 테이프를 붙인 상태

03

모니터 앞 부분의 브라운관 화면도 종이와 투명 테이프로 막아줍니다.

1 종이를 대고 테이프로 화면의 경계선 부분까지 붙여줍니다.

2 일단 종이와 테이프를 이용하여 화면을 여유 있게 감쌌습니다.

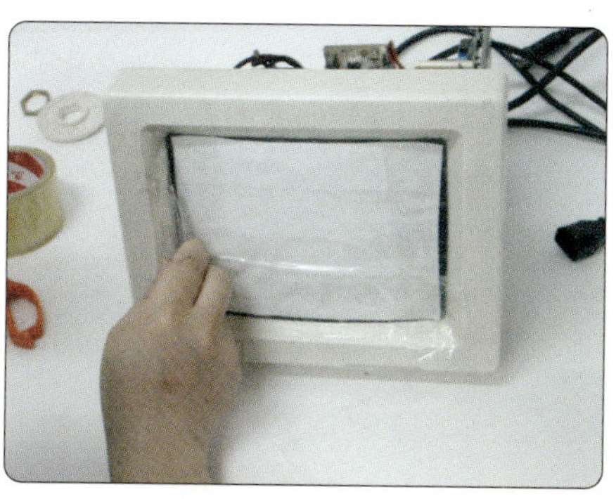

3 화면 테두리 선을 따라서 커터칼로 자른 다음에 바깥 부분의 테이프는 떼어 냅니다.

4 화면 부분만 테이프로 감싼 상태

04

회로 부분에 칠이 안되도록 회로 주변을 종이와 테이프로 감싸줍니다.

1 회로 부분을 종이로 감싸고 투명테이프로 경계선 부분을 밀봉합니다.

2 회로도 주변과 화면을 종이와 테이프로 감싼 상태

05

칠하기와 마르기 과정을 반복하면서 여러 차례에 걸쳐서 칠을 합니다.

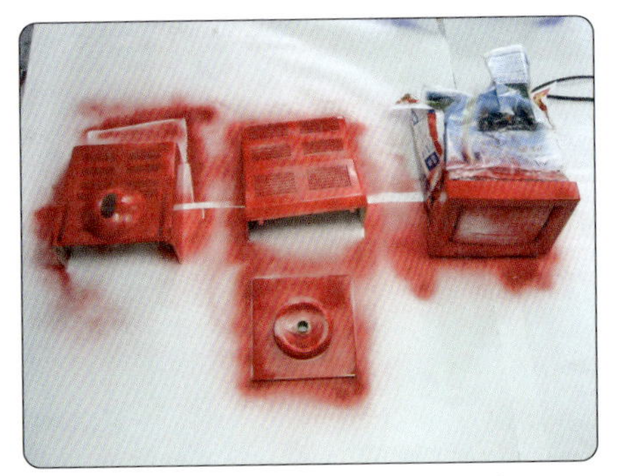

1 충분히 마른 다음에 다시 칠하기를 반복합니다.

06

투명 페인트로 마감하고 조립합니다. 투명 테이프로 막은 부분을 떼어냅니다.

1 조립한 후에는 칠이 안되거나 번진 부분을 수정해줍니다.

07

칠이 미진한 부분은 붓으로 칠해주고, 칠이 번진 부분은 커터칼로 긁어냅니다.

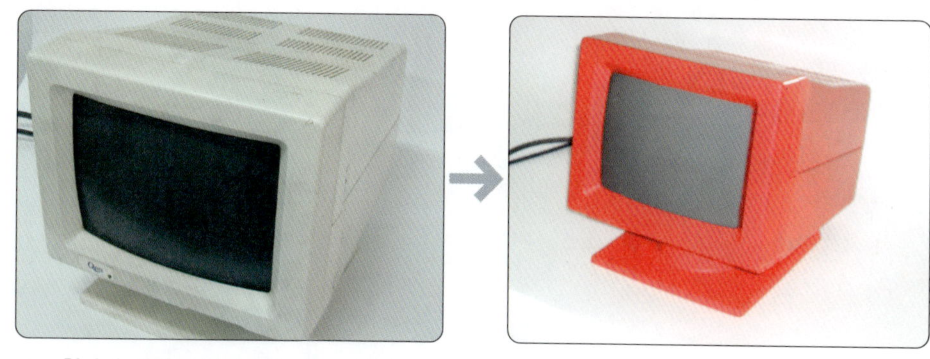

1 칠하기 전의 상태와 칠한 후의 상태

06 드라이브 색칠하기

초보자도 칠하기 쉬운 제품이 드라이브입니다.

본체 케이스를 칠하더라도 드라이브는 잘 칠하지 않는 품목에 속합니다. 그렇지만 본체 케이스와 같은 색 또는 대비되는 색으로 칠해주면 훨씬 돋보입니다. 칠도 매우 간단하므로 초보자도 어렵지 않게 칠할 수 있습니다.

01

내장형은 앞 면만 칠하면 됩니다. 앞 면만 칠할 생각이라면 칠하지 않을 부분만 종이와 테이프로 감쌉니다.

1 앞 면을 제외한 부분은 종이로 감싸고 테이프로 경계선 부분을 밀봉합니다. 깜박이 부분은 매우 작은데 테이프로 잘 붙입니다.

02

엷게 여러 번 칠을 합니다.

1 앞 부분만 칠하면 되므로 페인트가 많이 소모되지 않습니다.

03

칠하는 방향을 바꾸면서 여러 차례 칠을 합니다.

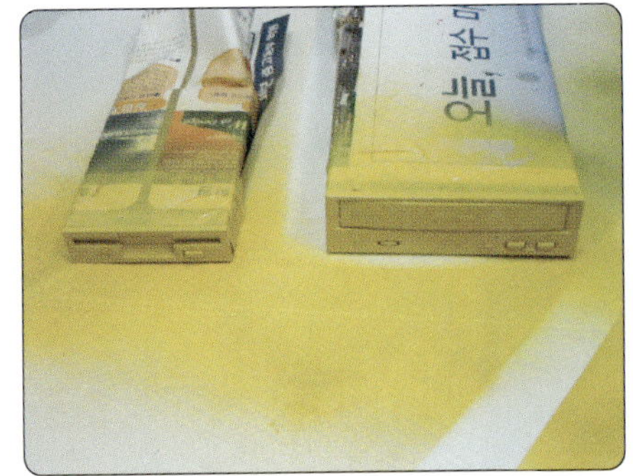

1 여러 번 칠이 된 상태

04

칠이 끝나면 테이프로 밀봉한 부분을 떼어냅니다.

1 칠이 끝난 상태

07 칠한 제품 완성품

색칠만 잘 해도 제품은 새로운 모습으로 바뀝니다.

지금까지 칠한 제품을 적당하게 조합해 사진을 찍어봤습니다. 원래의 지저분한 제품과 비교해보면 환골탈태한 셈이죠.

좀더 다양하고 고급스러운 색으로 문양까지 넣어가면서 멋지게 색칠을 하고 싶었지만 시간이 많지 않아 그러지 못했습니다. 사진을 찍으면서 칠해야 했기 때문에 너무 오랜 시간을 투자할 수 없었습니다.

하지만 이 책에서 보여드린 간단한 맛보기를 응용한다면 여러분은 훨씬 더 예쁘고 멋지게 PC를 바꿀 수 있을 것이라 생각합니다. 이제 직접 한 번 여러분의 PC를 칠해보기 바랍니다.

1 노란색과 진청색이 조화를 이룬 조합

2 제비꽃색의 본체가 어느 곳에도 잘 어울리죠.

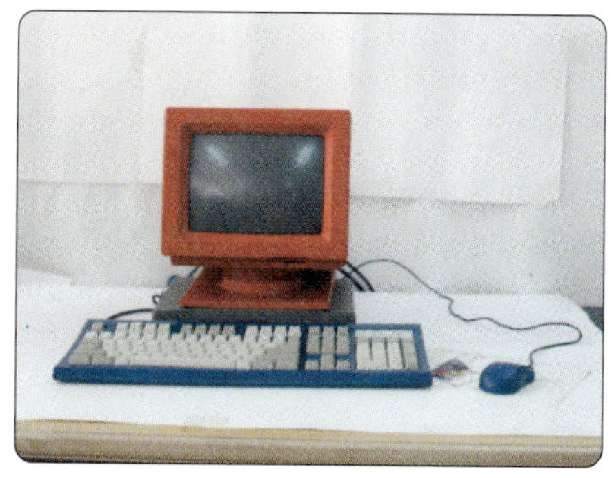

3 빨갛고 작은 모니터에는 노트북이 잘 맞는 짝입니다.

Section 03 PC Remodeling

PC 튜닝

01 튜닝과 자작 PC, 리모델링의 차이

튜닝은 성능을 향상시키기 위한 행위를 말합니다.

튜닝(tuning)은 장치를 조율하는 작업입니다. 즉 피아노의 음을 조율하거나 각종 기기의 성능을 조율하는 행위를 말합니다. 튜닝은 오토바이나 자동차, 오디오 등의 각종 기기 성능을 개선하거나 변형시키는 작업을 가리키는 말로 사용합니다. 오토바이나 자동차 엔진을 튜닝했다면 엔진을 깨끗하게 세척하고 성능을 향상시켰다는 의미를 지닙니다.

PC에서도 튜닝은 하드웨어의 성능을 조율하거나 성능을 향상시키는 행위를 뜻합니다. 그러나 현재 사용하는 튜닝의 개념은 꼭 성능 향상을 위한 작업만을 의미하지 않습니다. 남과 다른 제품으로 변형시키는 작업을 튜닝으로 이해하는 사람이 많기 때문입니다. 즉 외형 변경을 튜닝으로 받아들이는 분이 많습니다.

PC 튜닝은 PC 개조 작업을 뜻합니다.

따라서 요즘 말하는 'PC 튜닝' 의 의미는 'PC의 성능을 향상시키는 작업 + PC에 개성을 부여하기 위한 변형' 의 의미를 가집니다. 이 개념을 한 마디로 설명하라면 'PC 개조' 라고 할 수 있습니다. 원래의 PC를 개조하는 작업을 튜닝 작업이라고 부르며 이 책에서도 이런 의미로 사용합니다.

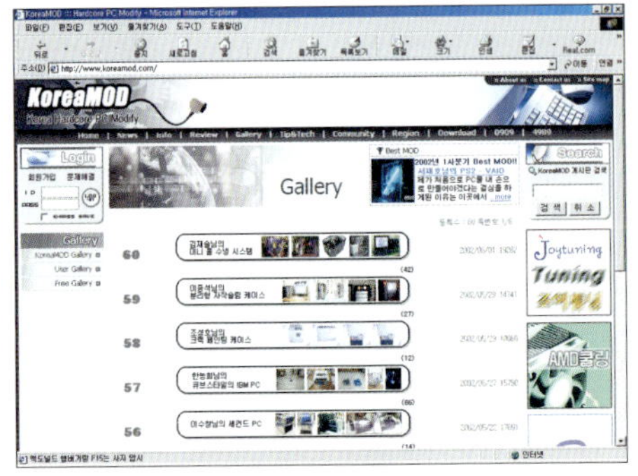

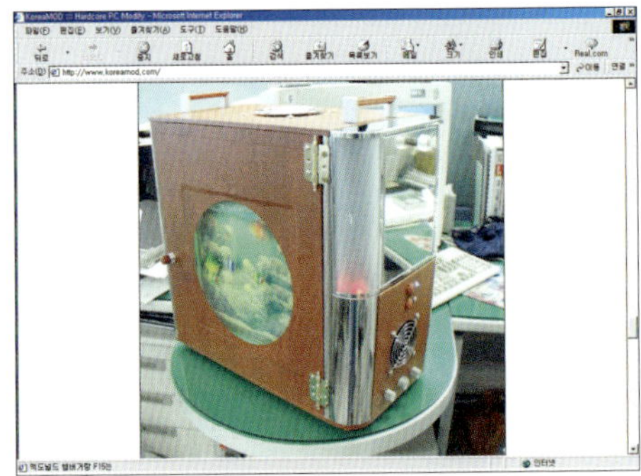

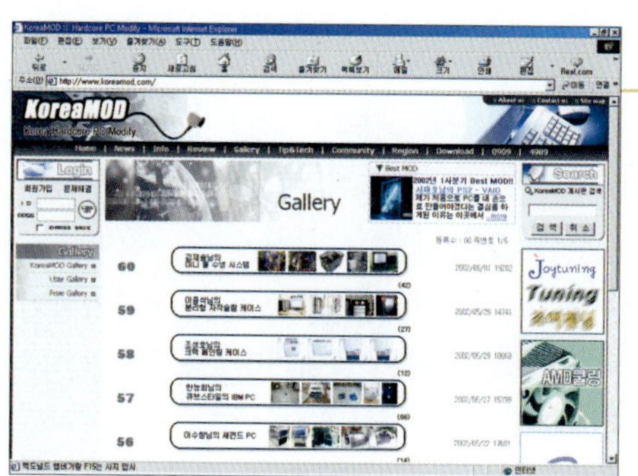

튜닝 사이트인 www.koreamod.com 사이트의 갤러리에 들어가면 이처럼 잘 만든 튜닝 제품의 모습과 튜닝 작업 과정에 대해 살펴볼 수 있습니다.

자작 PC는 개인이 직접 만든 PC를 가리킵니다.

자작 PC는 개인이 직접 만든 PC를 말합니다. 그러나 개인이 CPU나 주기판 등의 부품을 만들 수는 없는 일이죠. 그렇다면 무엇을 자작 PC라고 불러야 할까요. PC의 틀을 직접 만들 경우 자작 PC로 보는 것이 옳습니다.

자동차나 무선 조종 장치의 경우 엔진이나 모터는 공장에서 나온 것을 사용하지만 틀에 해당하는 케이스를 직접 만들어 사용할 경우 자작 제품으로 분류합니다. 틀을 바꿀 경우 자연스럽게 운전대의 모양과 위치, 브레이크 시스템의 연결 형태도 바뀔 수밖에 없습니다. 그래서 틀을 직접 만들어 사용하는 것을 자작 제품으로 분류합니다.

마찬가지로 PC의 틀에 해당하는 케이스를 직접 만들어 PC를 만들 경우 자작 PC로 분류할 수 있습니다. 공장에서 나온 케이스를 사용하지 않기 때문에 전원장치를 비롯하여 각종 케이블과 스위치, 주변기기의 연결 형태 역시 달라질 수밖에 없습니다.

많은 사람들이 자작 PC를 튜닝의 한 분야로 생각하고 있습니다. 튜닝의 범위를 넓게 잡아주고 있는 것이죠. 그렇지만 튜닝과 자작 PC는 구별해주는 것이 좋습니다. 나무로 3단 케이스를 만들어 3단으로 분리된 PC를 만드는 작업과 냉각 장치를 개선하여 냉각 효과를 높이는 작업을 동일하게 보는 것은 무리가 있습니다.

튜닝과 자작 PC는 어떤 틀을 사용하는가로 구분합니다.

그럼 튜닝과 자작 PC의 경계점은 무엇으로 삼아야 할까요? 필자는 공장 케이스를 사용하는가 여부로 잡고 있습니다. 공장에서 나온 그랜저 자동차를 구입한 다음에 네온을 붙이고, 운전대와 오디오, 장식판을 모두 바꾼다해도 튜닝이라고 말합니다. 그렇지만 그랜저 엔진에 나무로 만든 틀을 앉히고 브레이크 등을 직접 만들면 자작 자동차로 분류합니다. 마찬가지로 공장 케이스에 구멍을 내고 칠을 해서 변형을 한 PC는 튜닝 PC로, 직접 나무나 철판을 자르고 붙여서 만든 케이스로 조립한 PC는 자작 PC로 분류하는 것이 적절하다고 생각합니다. 물론 공장에서 만든 케이스를 완전히 조각을 낸 다음에 다른 용도로 사용하는 것은 예외입니다. 공장 케이스의 원형을 유지한 상태로 변형했을 때 튜닝으로 볼 수 있습니다.

자작 PC는 전문가 영역에 속합니다.

튜닝과 자작 PC의 개념은 이처럼 다르지만 일반인은 이 둘을 구별하지 않습니다. 사람들이 관심 가지는 것은 어떻게 개조하느냐의 문제이지 튜닝과 자작 PC의 개념 정립은 아닙니다. 그런데 제가 구태여 튜닝과 자작 PC를 구분하는 이유는 일반인과 전문가의 영역을 구분하기 위해서입니다.

네온 사인을 설치하는 튜닝은 컴퓨터 고수가 아니더라도 가능한 작업 영역에 속한다고 볼 수 있습니다. 반면 자작 PC를 만드는 작업은 전문가만이 할 수 있는 영역으로 구분하고자 합니다.

자작 PC를 만드는 일은 회로도를 볼 줄 아는 전문가만이 할 수 있는 영역이므로 일반인들은 자작 PC를 만들려고 해서는 안됩니다. 왜냐하면 자작 PC를 만드는 일은 매우 위험천만의 일이기 때문입니다.

자작 PC를 만드는 일은 매우 위험천만한 일입니다.

그랜저 자동차의 오디오를 교체하고 네온사인을 단 다음에 운전하는 일과 자동차 엔진에 자신이 만든 브레이크와 운전대를 설치해 만든 차로 운전하는 일의 차이를 생각해보기 바랍니다. 자작 자동차를 모는 일은 그야말로 목숨을 걸고 하는 일이며, 자동차 설계에 통달한 전문가만이 가능한 일입니다.

마찬가지로 자작 PC를 만드는 일이나 자작 PC를 이용하는 것은 전문가만이 가능한 영역임을 분명하게 인식해야 합니다. 남이 한다고 자신도 철판 몇 개 사다가 케이스를 만들 경우 감전으로 인한 사망 또는 과부하로 인한 화재 발생을 겪을 수 있습니다.

성능에 영향을 주지 않은 외형 변화가 PC 리모델링입니다.

PC 리모델링은 모델만 새롭게 변화시킨다는 점에서 튜닝과 구별됩니다. 튜닝은 성능 향상이 일차 목표이고 이 과정에서 외형에 변화를 줄 수 있습니다. 그렇지만 리모델링은 성능의 향상과는 무관하게 외형만 변화시키는 작업을 말합니다. 엔진을 청소하여 출력 상태를 향상시키면 튜닝했다고 말합니다. 그렇지만 자동차에 스티커를 비롯한 장식품 몇 개 달았다고 해서 튜닝했다고 말하지 않습니다. 싱크대에 필름을 입혀 다른 질감의 싱크대로 변모시키는 것을 리모델링이라고 말하는 것처럼 성능에는 무관하게 모델의 색이나 디자인을 바꾸는 것을 리모델링이라고 말합니다.

따라서 일반적으로 튜닝이라고 두리뭉실하게 표현할 경우에는 다음과 같은 세 가지 형태의 작업을 가리킵니다.

① 자작 PC를 만드는 일

② PC의 성능을 향상시키는 튜닝 작업과 동시에 외형을 변화시키는 리모델링을 병행하는 작업

③ PC 성능과는 무관하게 외형만 변화시키는 리모델링 작업

02 튜닝 관련 사이트

KoreaMOD가 가장 활발한 튜닝 사이트입니다.

국내에 있는 튜닝 관련 사이트는 많지 않습니다. 가장 활발하게 활동하는 사이트는 koreamod입니다. koreamod 사이트에 접속하면 튜닝 과정을 소개한 글과 튜닝을 마친 제품 사진을 볼 수 있습니다.

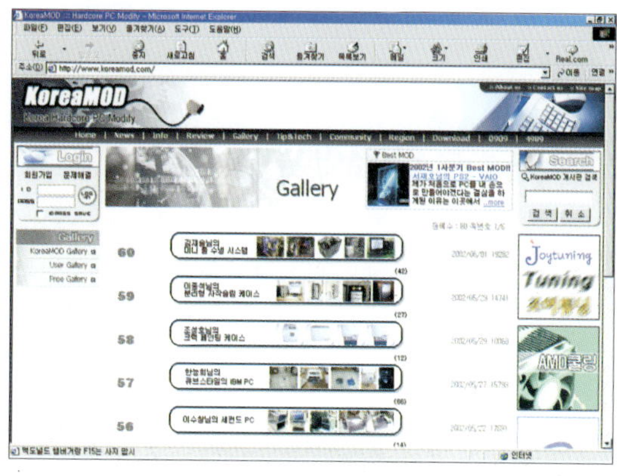

KoreaMOD 사이트
(www.koreamod.com)

기타 튜닝 관련 사이트와 튜닝 용품점

기타 튜닝 관련 용품을 파는 사이트는 튜닝용품에 대한 정보와 사용자들이 올리는 정보가 있어 튜닝을 하는데 도움을 받을 수 있습니다.

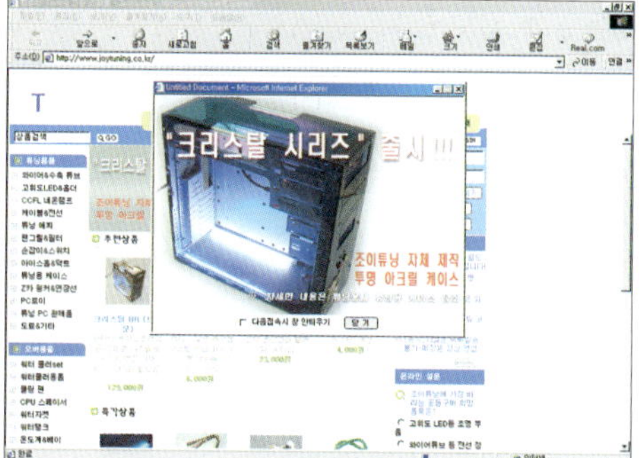

조이튜닝 사이트
(www.joytuning.co.kr) 튜닝 전문 쇼핑몰입니다.

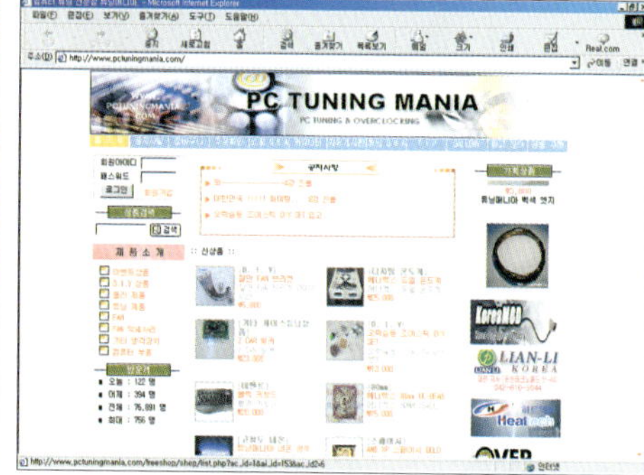

PC튜닝매니아
(www.pctuningmania.com)

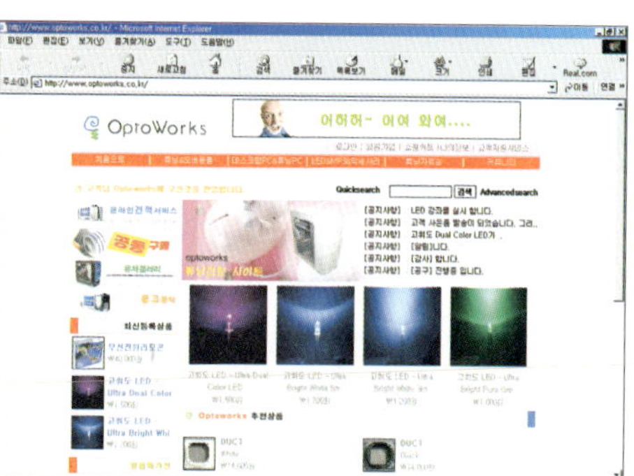

optoworks 사이트
(www.optoworks.co.kr)

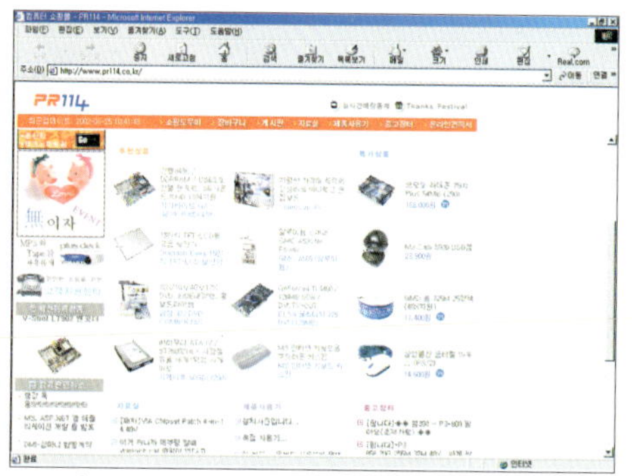

pr114 사이트(www.pr114.co.kr)

03 튜닝할 때 주의할 점

튜닝은 매우 위험한 작업입니다. 때문에 사전 지식을 충분하게 갖춘 다음에 작업해야 합니다. 특히 공구 다루는 법과 부품별 전압, 전류 조정법은 확실하게 배워두셔야 합니다.

일단 튜닝할 때는 다른 무엇보다 안전 사고에 주의해야 합니다. 튜닝 작업에 자주 발생하는 안전 사고의 유형을 정리했습니다. 참고하여 꼭 안전 장비를 갖춘 다음에 작업하기 바랍니다.

1 절단 과정에서 자주 발생하는 사고

직소 등을 이용할 때는 손가락 절단에 주의합니다.

케이스의 면을 절단하는 과정에서 발생할 수 있는 사고는 손가락 절단 사고입니다. 특히 직소(전기톱)를 사용하여 절단할 때 위험합니다. '에이, 누가 자기 손가락 근처에 직소를 가져가. 졸면서 PC 튜닝을 하는 것도 아닌데' 라고 웃으면 안됩니다. 공구를 사용하다 생기는 안전 사고는 대개 두 가지 원인 때문에 발생합니다. 하나는 졸음과 부주의입니다. 공장 등의 작업장에서 발생하는 안전사고의 상당수가 졸음이나 한 눈 팔다가 발생합니다. 두 번째로는 서툰 공구 사용법 때문에 발생합니다. PC 튜닝을 하는 사용자는 졸음으로 인한 사고가 발생할 일은 없습니다. 그렇지만 서툰 조작법 때문에 사고가 발생할 수 있습니다.

제대로 된 작업대가 없는 곳에서 직소나 전기톱, 전동 드릴을 이용할 때는 한 손으로는 절단하려는 재료를 잡고 한 손으로만 공구를 사용하기 마련입니다. 그런데 금속 재료처럼 단단한 재료를 절단하다보면 순간적으로 방향이 틀어지거나 공구가 튀는 경우가 발생합니다. 이런 일로 인하여 아차 하는 순간에 안전 사고가 발생합니다.

때문에 직소나 전동 드릴, 전동 그라인더 등을 사용할 때는 특히 주의해야 합니다.

안전 장비를 갖추고 공구 사용법을 충분하게 익힌 다음 작업합니다.

사고를 막기 위해서는 제대로 된 작업대에서 안정 장비를 갖추고 공구 사용법을 충분하게 익힌 다음에 작업해야 합니다. 특히 삐딱한 자세로 작업하면 위험합니다. 방향이 틀어지면서 사고가 발생할 위험이 큽니다. 항상 공구를 사용할 때는 자세를 바로 잡고 사용하며 경사진 작업을 할 때는 방향이 틀어지더라도 안전한 방향으로 틀어지도록 자세를 잡습니다.

만약 직소나 드릴을 양 손으로 잡고 바깥 쪽에서 가슴을 향해 공구를 밀어올 경우에는 예상치 못한 재료의 파손 때 사고가 발생할 수 있습니다.

절단 재료에 의한 사고를 막기 위해 보안경을 착용합니다.

또 다른 안전 사고의 유형은 절단 재료의 파편에 의한 사고입니다. 금속 재료를 절단할 경우 파편이 강하게 튀는데 이로 인하여 상처를 받는 경우가 많습니다. 특히 눈 쪽에 파편을 맞으면 심각합니다. 직소 등의 전기톱이나 전동 그라인더로 금속 재료나 유리 재료를 절단 연마할 때 파편이 사람 눈에 튀는 사고가 종종 발생합니다. 이를 막기 위해서는 보안경을 쓰거나 그라인더 위에 투명 아크릴로 된 안전판을 설치해야 합니다. 장비를 고정시켜 사용하는 안경점이나 열쇠점에서는 그라인더 위에 투명판을 설치해 파편으로부터 눈을 보호합니다. 그렇지만 자유로운 형태로 PC 튜닝을 하면서 투명판을 설치하는 것은 사실상 어렵습니다. 또한 보안경을 끼고 작업하는 사람도 거의 없습니다. 이런 경우 최소한 안경이나 선글라스라도 끼고 작업해야 합니다. 적어도 금속이나 유리 파편이 눈에 박히는 최악의 상황은 막을 수 있습니다.

스위치를 잡아당길 때만 동작하는 공구가 안전합니다.

대형 안전 사고를 줄일 수 있는 방법 중에서 가장 유용한 것은 공구를 구입할 때 안전한 공구로 구입하는 것입니다. 즉 사용자가 스위치를 잡아당길 때만 동작하는 전동 공구를 구입하는 것이 좋습니다. 전동 드릴이나 직소의 경우 스위치를 켜면 계속 동작하는 제품이 있는데 이런 제품은 매우 위험합니다. 전원을 켜고 사용자가 스위치를 잡아당길 때만 동작하는 제품으로 선택합니다. 이렇게 하면 순간적으로 공구를 놓치거나 방향이 바뀔 경우 공구의 동작도 정지하기 때문에 안전 사고를 줄일 수 있습니다.

안전 사고를 막는 방법을 정리하면 다음과 같습니다.

① 공구 사용법을 제대로 익힙니다.
② 전동 공구는 몸 바깥 쪽으로 향하도록 잡고 자세를 바로 잡으며 사용합니다.
③ 안전 장비를 갖춥니다. 절연과 날카로운 면에서 보호해주는 장갑을 낍니다.
④ 파편이 튀는 작업에는 보안경이나 선글라스 등의 눈보호 장비를 걸치고 작업합니다.
⑤ 사용자가 스위치를 당길 때만 동작하는 공구를 사용합니다.

2 전기 사고 주의

감전 사고를 막기 위해 절연이 되는 장갑을 낍니다.

튜닝은 전기용품을 다루는 것이기 때문에 감전 사고도 주의해야 합니다. 감전 사고를 막기 위해서는 절연이 되는 장갑을 끼고 작업해야 하며, 전기가 통하는 부품이 케이스나 다른 부품에 접촉되어 쇼트가 발생하지 않도록 주의합니다. 만약 케이스 등에 부품이 닿아 쇼트가 발생할 경우에는 화재의 위험과 함께 부품의 손상이라는 손해를 볼 수 있습니다.

장비를 설치할 때는 누수와 감전에 주의합니다.

튜닝 작업 중에서도 가장 위험한 고난도의 작업은 수냉식 냉각 장치를 설치하는 것입니다. 워터자켓과 라디에이터를 설치하는 작업은 항상 누수의 위험이 있어 초보자에게 권장하지 않은 튜닝 기술입니다. 수냉식 장치를 PC에 장착할 때는 누수와 절연 작업을 철저하게 점검해야 합니다.

전기용품은 규격에 맞는 것만 사용합니다.

작업할 때는 발생하지 않지만 나중에 큰 화를 미칠 수 있는 전기 사고도 있습니다. 제대로 된 전기용품을 사용하지 않을 경우 당장은 문제가 없지만 PC 사용 도중에 큰 위험이 발생할 수 있습니다.

예를 들어 3.3V 짜리 용품을 5V나 12V 전원선에 바로 연결해 사용하는 경우입니다. 낮은 전압 용품을 높은 전압에 연결하면 사용 도중 점차 과열되어 누전과 화재의 위험이 있습니다. 따라서 항상 전기 용품은 제품에 적힌 전압과 전류에 맞게 사용하도록 합니다. 만약 다른 전압에 연결해 사용할 때는 변환장치를 이용하여 전압을 맞추어주도록 합니다.

잠깐! 전원공급기의 전선 색이 의미하는 것은

전기를 교류와 직류로 구별합니다. 한국 전력을 통해 공급받은 전기를 교류로 220V의 전압을 가집니다. 그러나 PC를 비롯한 정밀 제품에 사용하는 전압은 대부분 직류를 사용합니다.
컴퓨터가 직류를 사용하는 이유는 안정적인 전기를 공급받기 위해서입니다. 직류는 특성 상 전류나 전압의 변화가 심하지 않습니다. 때문에 안정적인 전원을 필요로 하는 정밀한 전자제품은 대부분 직류를 사용합니다.
컴퓨터 본체에 장착된 전원공급기는 교류로 공급되는 전기를 직류로 변환하여 안정적인 전기를 공급하는 일을 합니다. 이때 전원공급기에서 공급되는 전기는 크게 두 종류입니다. 5V와 12V의 전압을 가진 전기를 공급합니다. 이때 전류의 방향과 전압의 세기는 전선 색으로 구별합니다.
컴퓨터에서 사용하는 전기를 검정색으로 - 방향을 나타냅니다. 그리고 빨간색이나 노란색으로 + 방향을 나타냅니다. 이때 빨간색은 5V를 공급하는 선이고 노란색은 12V를 공급하는 선입니다. 따라서 검정색과 빨간색 선을 연결하면 5V의 전압이 공급되고, 검정색과 노란색을 연결하면 12V의 전압이 공급됩니다.

04 튜닝 도구

튜닝은 어느 등급까지 할 것이냐에 따라서 필요한 공구의 수가 달라집니다. 가장 기초적인 단계는 공장에서 만들어진 튜닝 용품을 부착하는 단계로 이 단계라면 조립 도구만 있으면 됩니다. 다시 말해서 십자 드라이버 하나로도 충분합니다. 그렇지만 좀더 복잡한 용품을 다양한 각도로 부착하는 2단계나 직접 자신이 자르고 붙이는 3단계를 진행하려면 다양한 종류의 공구가 필요합니다.

1 조립 도구

십자드라이버

조립의 기본 도구입니다. 어지간한 조립은 십자드라이버 하나로 거의 가능합니다. 길이와 머리 부분의 직경에 따라서 크기가 다양한 제품을 갖추면 좋습니다. 하나만 산다면 20cm 이상의 길이에 중간 크기의 직경을 가진 드라이버를 선택합니다. 머리 끝이 자석으로 처리된 제품이 나사를 놓치지 않아 사용하기 좋습니다.

소형 드라이버

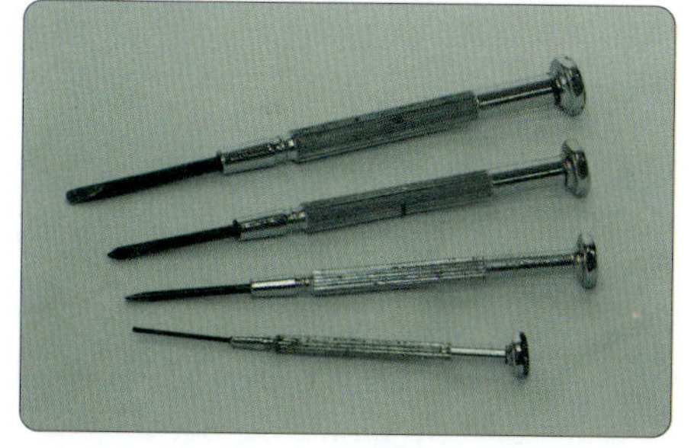

소형 드라이버

드라이버 머리가 아주 작은 드라이버입니다. 매우 작은 나사를 돌릴 때 사용하는 드라이버로 안경테에 사용하는 나사나 소형 전자제품의 분해에 사용합니다. 컴퓨터용으로 사용할 때는 제품의 정밀 분해 때 사용합니다.

전동드라이버

손의 힘으로 이용하는 수동식 드라이버는 많은 양의 나사를 풀고 조일 때 불편합니다. 전동드라이버는 전기의 힘을 이용하기 때문에 나사를 풀고 조일 때 힘이 덜 들고 작업 시간을 단축시킬 수 있습니다. 충전식과 전원식이 있는데 충전식이 사용하기 편리합니다.

전동 드라이버

렌치와 스패너

렌치는 나사를 조이는 도구를 말합니다. 그 중 소켓렌치는 렌치 기능이 주기능이지만 각종 스패너와 드라이버 역할도 어느 정도 수행합니다. 볼트와 너트 작업이 많을 경우 필수적으로 갖추어야 할 장비 중 하나입니다.

렌치는 볼트 너트의 머리 모양에 따라서 다양한 종류로 구분합니다. 육각형의 머리를 가진 볼트와 너트를 돌릴 때는 스패너를 많이 사용합니다. 홈이 파진 머리를 가진 볼트는 L-렌치를 사용합니다.

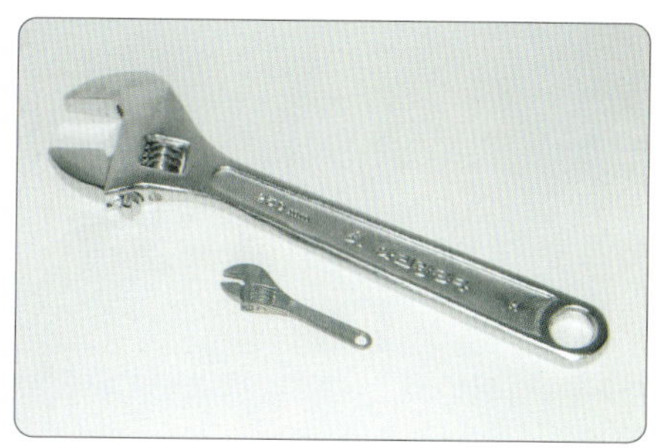

멍키 스패너. 초미니 형태의 제품도 있습니다.

일반적인 렌치는 너트의 머리 크기에 따라서 다양한 크기를 갖추어야 하는 부담이 있습니다. 따라서 조이는 너트의 크기에 맞추어 스패너의 폭을 조절할 수 있는 멍키 스패너를 하나 정도만 갖추어도 무난합니다.

집게류

각종 자름집게 류는 조립과 간단한 절단에 사용합니다. 또는 제품을 꽉 물고 지탱하는 용도로도 사용합니다.

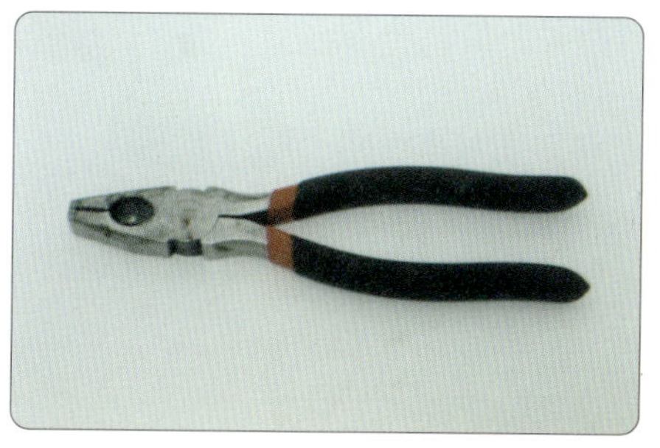

자름집게(핀처)

2 연마 도구

연마 도구는 절단면이나 평면을 갈아서 손질하는 도구입니다. 금속이나 아크릴 등의 플라스틱을 절단하면 절단면이 매우 날카롭습니다. 때문에 날카로운 면을 부드럽게 갈아줄 필요가 있습니다.

가는 줄(세줄)

막대기 형태로 된 줄입니다. 열쇠 수리공이 열쇠를 만들 때 많이 사용하는 줄입니다. 막대 모양은 원형, 반달형, 사각형, 삼각형, 평면형으로 크게 구분됩니다. 절단한 면의 날카로운 면을 처리하기 위해 사용하는 줄로 절단된 면의 형태에 따라서 원형이나 삼각형 등의 형태를 선택해 사용합니다. 모든 형태의 줄을 다 구입할 수는 없고 하나만 구입해야 한다면 원형과 평면형을 함께 사용할 수 있는 반달형을 구입하는 것이 좋습니다.

막대 모양의 가는 줄

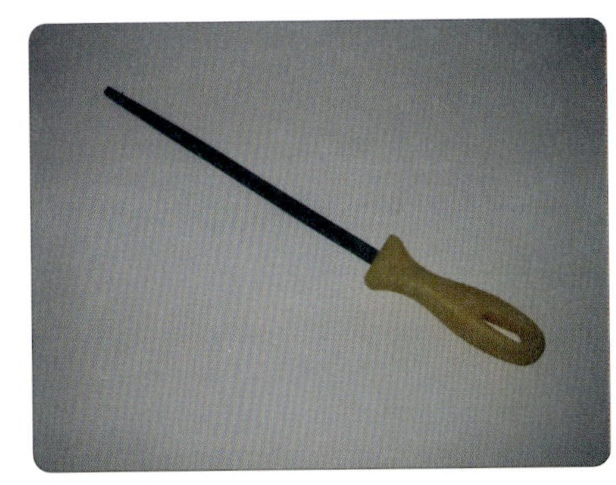

전동 그라인더

전기의 힘으로 돌리는 줄이라고 보면 됩니다. 그라인더는 거칠거나 모나 난 부분을 갈아서 다듬을 때 사용하는 도구입니다. 또는 금속을 절단하는 용도로 사용할 수도 있습니다. 열쇠 가게에 가면 쉽게 볼 수 있는 도구입니다.

원반 형태의 날을 사용하는 그라인더는 디스크 그라인더라고 부르고, 원뿔형이나 버섯 모양의 날을 사용하는 그라인더는 핸드 그라인더라고 부릅니다. 전동드릴처럼 그라인더 날도 다양하며 필요에 따라서 날을 교체하여 사용합니다.

열쇠 수리공에게는 필수적인 도구지만 일반적인 컴퓨터 튜닝 작업에서는 거의 사용하지 않습니다. 어지간한 작업은 줄로 가능하기 때문입니다.

전동 그라인더. 제품을 연마할 때 사용합니다.

전동 그라인더로 작업할 때는 금속 파편이 눈에 튀어 상처를 입힐 수 있기 때문에 반드시 보안경을 쓰거나 보호판을 중간에 대고 작업해야 합니다.

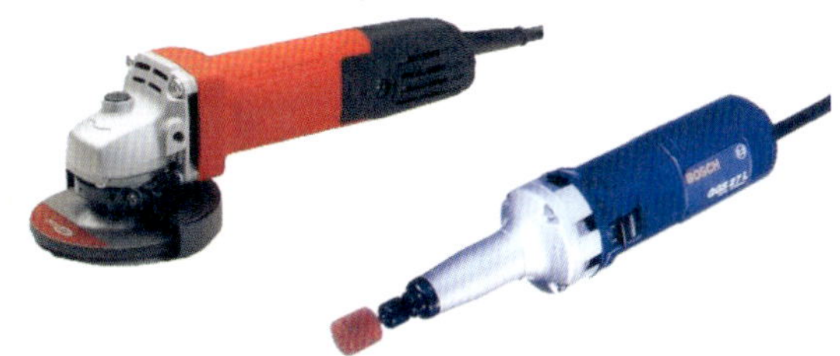

모래천(사포)

가장 기본적인 연마 도구입니다. 모래의 굵기에 따라서 매우 고운 모래천에서부터 거친 모래천까지 다양한 제품이 있습니다. 고운 것, 중간 것, 매우 거친 것 세 종류를 갖추면 구색이 맞습니다.

연마를 많이 해야 하는 경우에는 모래천을 손으로 잡고 사용하기 곤란합니다. 화상을 입을 염려가 있습니다. 이럴 때는 모래천을 끼워서 사용하는 도구를 따로 장만하는 것이 좋습니다.

손잡이에 끼워서 사용하는 모래천. 손으로 문지르지 않기 때문에 물집이 생길 염려가 없습니다.

전동 샌더

전동 샌더는 전기를 이용해 움직이는 전동 모래천입니다. 전동 그라인더와 비슷해보이지만 아주 세밀하게 연마할 때 사용한다는 점에서 차이가 납니다. 그라인더는 튀어나온 부분을 갈아서 없애거나 자르거나 거칠게 대충 다듬는 용도에 사용하고, 전동 샌더는 이미 다 연마된 부분을 가는 아주 곱고 부드럽게 다듬을 때 사용합니다. 그래서 실제로 모래천을 붙여서 사용합니다.

전동 샌더. 표면을 연마할 때 사용합니다.

전동 샌더를 사용하면 먼지처럼 미세한 금속 가루나 돌가루가 날리기 때문에 호흡기 질환에 조심해야 합니다. 마스크를 쓰고 작업하거나 환기가 잘 되는 곳에서 작업하도록 합니다.

만능 조각기

만능 조각기라는 이름으로 부르지만 전기 드릴에 가깝습니다. 다만 다양한 날을 이용하여 연마, 절단, 구멍뚫기, 자르기 등의 다양한 작업이 가능하다는 점이 특징입니다.

만능조각기로 할 수 있는 일

3 절단 도구, 구멍뚫기(천공) 도구

각종 용품을 자르거나 뚫을 때 사용하는 도구로 금속용과 나무용, 플라스틱용, 석재용이 따로 있습니다. 사용하는 재료에 맞는 공구를 사용해야 사고가 발생하지 않습니다.

직소와 직소톱날

직소는 가느다란 날의 빠른 운동을 이용하여 재료를 절단하는 전기톱의 한 종류입니다. 톱날이 절단하려는 제품에 직각으로 세워진 상태에서 고속으로 위아래 왕복운동을 하면서 재료를 절단합니다.

특징은 다양한 형태로 출시되는 톱날(직소날)을 갈아끼울 수 있어 절단 작업이 손쉽다는 점입니다. 톱날은 나무용과 금속용, 직선용과 곡선용 등으로 다양하게 구분됩니다. 작업에 맞는 톱날을 사용하는 것이 중요합니다.

직소. 전기톱이라고 생각하면 됩니다.

출력(와트 수)가 클수록 두껍고 딱딱한 자료를 쉽게 자를 수 있지만 비례해서 가격도 비싸집니다.

전동 드릴

드릴 하면 구멍을 뚫을 때 사용하는 기본 도구입니다. 옛날에는 수동 드릴도 사용했지만 지금은 대부분 전동 드릴을 사용합니다. 구멍 크기에 따라서 여러 가지의 드릴날을 갈아끼워가며 구멍을 뚫습니다. 드릴은 전동 공구 중에서도 가장 다양한 종류를 가지고 있는 공구입니다.

전동 드릴을 구멍을 뚫는 용도 외에도 다양한 용도로 사용합니다. 비트날 대신 드라이버 날로 교체하면 나사를 풀거나 조일 때 전동 드라이버 대용으로 편리하게 사용할 수 있습니다. 또한 연마용 날로 교체하면 전동 그라인더나 전동 샌더 대용으로 사용할 수 있습니다.

전동 드릴

드릴의 출력과 날의 재질에 따라서 나무용, 금속용, 돌용으로 구별되며 드릴 방식과 형태에 따라서 다시 수 십 종류로 구분합니다. 일반적으로 말하는 드릴은 손가락보다 작은 구멍을 뚫을 때 사용하는 트위스트드릴(twist drill)을 가리킵니다.

전동드릴은 충전식과 전원식 두 종류가 있는데 충전식은 힘이 약하지만 어느 곳에서나 사용할 수 있다는 편리함이 있습니다. 나사 조이고 풀기나 간단한 구멍 뚫기 작업용으로는 충전식이 좋습니다.

전원식은 힘이 좋은 편이지만 전원 코드에 선을 연결해야 사용할 수 있는 점이 단점입니다. 그러나 컴퓨터 조립 작업은 전원이 있는 실내에서 주로 이루어지기 때문에 전원식을 사용해도 괜찮습니다.

드릴을 구입할 때는 용도와 형태, 출력, 직경을 고려해야 합니다. 특히 초보자가 빼먹기 쉬운 구입 기준이 직경입니다. 드릴은 아무 드릴날이나 끼울 수 있는 것이 아니고 최대 직경 범위 안에서만 끼울 수 있습니다. 따라서 뚫을 구멍의 직경을 고려하여 최대 직경이 어느 정도인지 확인하고 구입해야 합니다.

튜닝용으로는 300W 정도의 출력에 역방향회전 기능과 속도 조절 기능이 있는 제품이 적당합니다. 가격은 4~6만원대 전후의 제품을 구입하면 됩니다. 전기 공급 방식은 충전식이 좋습니다.

비트, 드릴 날

전동 드릴을 사면 기본적으로 몇 가지 드라이버와 드릴날을 제공하는 편입니다. 만약 원하는 드라이버와 드릴날이 없다면 별도로 판매하는 전동드라이버용 비트세트(드라이버나 드릴날을 모은 세트)를 구입해 사용하면 됩니다.

홀소

일반적인 드릴로 뚫기 어려운 큰 구멍을 뚫거나 곡선 형태로 뚫을 때 사용하는 도구입니다. 방문이나 대문에 손잡이들 달 때 동그랗게 구멍을 뚫어야 하는데 이때 홀소를 이용해 동그랗게 구멍을 뚫습니다. 드릴에 홀소를 끼우고 회전시키면 홀소의 모양대로 구멍이 뚫립니다. 초경홀소와 하이스홀소의 두 종류를 많이 사용하며, 직경과 크기에 따라서 가격 차이가 납니다.

홀소

4 칠 도구

용품을 칠할 때 사용하는 도구입니다. 칠 도구는 재료에 따라서 특성을 많이 탑니다. 반드시 해당 재료의 성질에 맞는 칠을 선택해 칠해야 합니다.

락카

시중에서 가장 쉽게 구할 수 있는 페인트입니다. 쉽게 칠할 수 있고 빨리 마르며 광택이 나고 내구성이 좋아 가장 많이 사용하는 페인트 재료입니다. 페인트 업체에 가면 분무식 형태로 출시된 제품을 쉽게 구할 수 있습니다.

자동차 페인트

락카보다 가격이 비싸지만 고급스러운 질감을 낸다는 점이 특징입니다. 차량용 페인트는 자동차용품 업체에서 구입할 수 있으며 3,000~4,000원 정도에 원통형의 스프레이 제품을 구입할 수 있습니다. 원통형 외에도 붓펜 형태의 제품이 나오는데 붓펜 형태는 표면을 넓게 칠할 때 사용하는 것이 아니고 틈새 부분을 칠하거나 로고나 이름을 표면에 그릴 때 사용합니다.

5 접착 도구

접착제(본드)

가장 기본적인 접착 도구입니다. 접착제는 목공용 본드와 금속용, 순간 접착제 등 다양한 종류가 있습니다. PC 튜닝에서는 금속용이나 순간 접착제를 사용합니다.

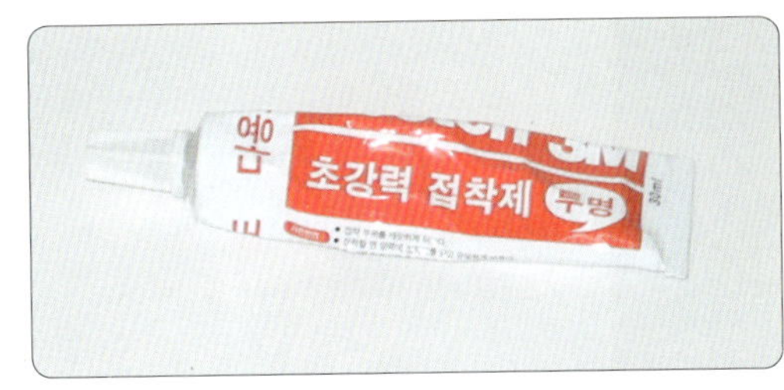

다용도 접착제. 다양한 재질에 사용할 수 있습니다.

핫멜트건

글루건이라고 하는 접착 도구입니다. 플라스틱을 녹여서 접착제로 쓸 수 있는데 방수 기능도 겸할 수 있어 유용합니다. 막대의 직경이 여러 종류인데 직경이 큰 제품이 사용하기 편리합니다. 직경이 작으면 넓은 면을 접척해야 할 때 많은 시간을 소모합니다.

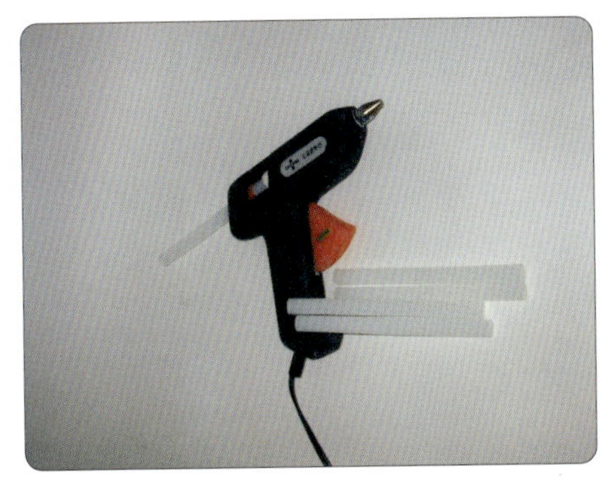

글루건이라고 부르는 핫멜트건

주의할 점은 핫멜트건의 접착력이 좋지 않다는 점입니다. 접착이 된 다음에는 다시 굳는데 접착력이 좋지 않아 손으로 잡아당기면 접착면에서 잘 떨어집니다. 따라서 접착력을 과신하지 않도록 합니다. 정말 튼튼하게 접착해야 할 부분은 순간접착제를 사용하는 것이 좋습니다.

전기인두기

납땜기라고 부르며 납땜(soldering)용 공구로 사용합니다. 납땜을 하거나 납을 녹이는 등의 작업에 주로 사용하지만 프라스틱의 특정 부분을 녹이는 용도로 사용할 수도 있습니다. 납을 이용한 배선 작업이 있을 경우에 꼭 필요한 도구입니다.

모양에 따라서 권총형과 일자형으로 구분합니다. 권총형은 쓰기 편하지만 구석진 곳의 납땜이 어렵습니다. 일자형은 쓰기 불편하지만 세밀하게 납땜할 때 유용합니다.

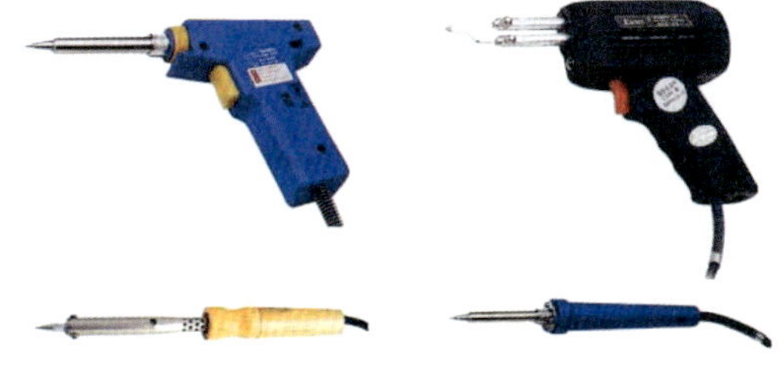

전기 인두기는 권총형과 일자형이 있습니다.

절연테이프

제품을 감싸거나 붙이는데 사용하는 테이프는 일반적으로 투명테이프나 초록색 종이 테이프를 많이 사용합니다. 그렇지만 전기용품이나 전선을 감을 때는 반드시 절연 테이프를 사용해야 합니다. 절연테이프는 전파상이나 문구점에서 쉽게 구할 수 있습니다. 검정색으로 되어 있고 신축성이 좋은 테이프입니다.

전기용품은 반드시 절연 테이프로 감아야 합니다.

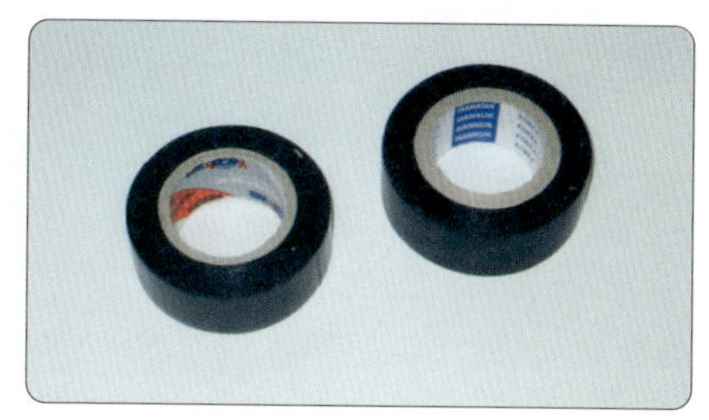

6 측정 도구

측정 도구의 기본은 줄자와 쇠자입니다. 그러나 좀더 세밀한 측정이 필요할 때는 각종 게이지를 사용하는 것이 좋습니다.

막대형 자(쇠자와 뿔자)

막대기 형태로 된 자로 우리가 자 하면 떠올리는 대표적인 형태의 자입니다. 필기용 자는 플라스틱으로 된 뿔자(셀로로우즈자 또는 방안자)를 많이 사용하지만 PC 작업에는 쇠로 된 쇠자를 사용합니다.

뿔자는 약해서 절단 작업 때 함께 잘리는 경우가 많아 측정용으로만 사용하고, 절단할 때 기준선 지지용으로는 사용하지 않습니다. 특히 칼로 아크릴 등을 자를 때 쇠자가 매우 유용합니다.

형태는 일자형과 기역자형, T자형, 삼각형 등으로 다양합니다. 자신의 작업에 어울리는 형태를 구입하면 됩니다.

줄자

막대형 자와 함께 가장 많이 사용하는 자가 줄자입니다. 짧은 길이는 막대형 자를 이용하기 때문에 주로 길이가 긴 제품이나 공간을 측정할 때 사용합니다. 쇠로 된 딱딱한 제품과 얇은 천(또는 합성수지)으로 된 제품이 있는데 혼자 작업할 때는 쇠로 된 줄자가 좋습니다. 천이나 합성수지 형태는 기준점에서 누군가 잡아주어야 하지만 쇠로 된 줄자는 사용자 혼자 기준점까지 밀어넣거나 기준점에 고리를 걸어둔 상태에서 측정이 가능하다는 장점이 있습니다.

단 쇠로 된 줄자는 안전사고에 유의해야 합니다. 잘못 하면 손을 비롯하여 신체 주요 부분에 상처를 입을 수 있습니다. 쇠로 된 줄자를 감을 때는 반드시 조심스럽게 천천히 감아야 합니다. 한 손으로 자 통과 자의 입구 부분을 잡고, 한 손으로 밀어넣어주는 형태로 감아주는 것이 안전한 사용법입니다.

천으로 된 줄자 중에는 테이프 부분을 나일론으로 코팅 처리 한 제품이 있는데 좀더 튼튼하고 테이프의 변형이 덜해 좋습니다. 쇠로 된 줄자 중에는 스프링 장치는 물론이고 테이프 부분까지 스테인레스로 처리된 제품이 녹슬지 않고 좋습니다.

각종 자들

버어니어 캘리퍼스

부품의 두께나 원의 직경, 깊이 등을 측정할 때 사용하는 도구입니다. 두 개의 기준 막대를 이용하여 안 쪽 직경과 바깥 쪽 직경을 모두 측정할 수 있는 유용한 도구입니다. 매우 정밀한 수치로 측정이 가능한데 측정 단위가 50분의 1mm인 제품이면 꽤 정밀한 제품에 속합니다. 가능한 측정 단위가 정밀한 제품을 선택하는 것이 좋습니다.

테스터기

회로시험기라는 말보다는 테스터기라는 말을 주로 사용합니다. 전기 저항 값이나 전압, 전류의 양을 측정하는 장치입니다. 몇 천원 짜리 저가형부터 몇 만원에 달하는 중급 제품이 있습니다. 테스터기를 가지고 있으면 선이나 회로의 어느 부분이 끊어졌는지 확인할 수 있습니다. 고장난 곳을 진단하는 기기로 가장 유용하게 사용되는 장치입니다.

테스터기

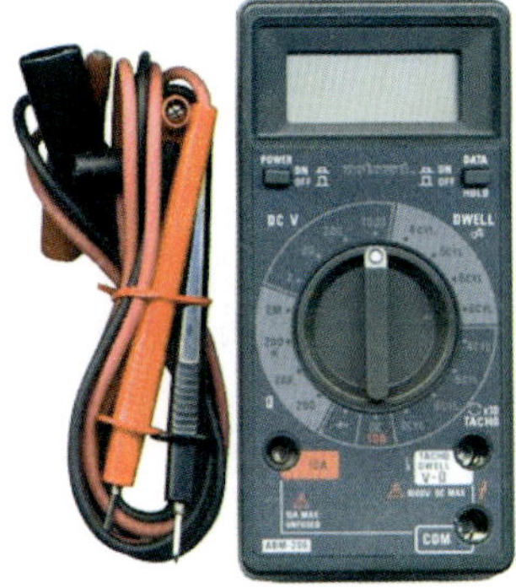

7 기타

작업대

필수적인 장비는 아니지만 작업대가 있다면 튜닝 작업이 한결 편해집니다. 작업 시간도 단축시켜주고 작업의 정밀도도 향상됩니다. 또한 작업을 좀더 안전하게 할 수 있습니다.

열풍기

선풍기와는 반대로 열풍을 뿜어내는 장비입니다. 출력이 강한 헤어드라이기라고 보시면 됩니다. 각종 제품의 건조 등에도 사용하지만 비닐이나 플라스틱, 튜브 등을 밀착시킬 때 유용하게 사용합니다.

각종 그릇

물감이나 페인트를 담아둘 팔레트용 그릇이나 신나, 본드 등을 담아두고 사용할 그릇이 필요합니다.

잠깐! 전동 드릴로 가능한 작업들

전동 드릴은 드릴에 끼우는 척이나 비트날의 형태에 따라서 정말 다양한 일을 할 수 있습니다. 출력에 따라서 할 수 있는 일이 제한될 수 있지만 어지간한 드릴이라면 5번까지의 작업은 무리 없이 할 수 있습니다.

1. 구멍 뚫기 : 비트날을 끼우면 철판부터 콘크리트, 나무, 아크릴에 구멍을 뚫습니다.
2. 드라이버 : 드라이버날을 끼우면 전동 드라이버 기능을 합니다.
3. 그라인더 : 연마용 날인 페파추니 플렉시블을 이용하여 각종 재료를 연마할 수 있습니다.
4. 자르기 : 절단용 날을 끼우면 철판도 쉽게 잘라낼 수 있습니다.
5. 랜치 : 충격을 가해서 볼트와 너트를 풀고 조이는 임팩 랜치 기능도 가능하지만 임팩 기능을 지원하는 특정 모델에서만 가능합니다.

드릴의 한 종류인 태퍼 드릴

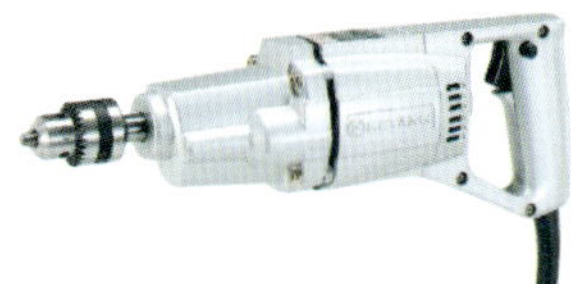

05 튜닝 용품

이미 시중에는 공장에서 만들어 제공하는 튜닝 용품이 꽤 많이 출시된 상태입니다. 이 중에서 일반인들도 쉽게 사용할 수 있는 튜닝 용품을 몇 가지 살펴보겠습니다.

1 케이블을 정리하는 튜브 용품

튜브 용품은 복잡한 내부 배선을 깔끔하게 정리하는 용도로 사용합니다. 복잡한 내부 배선을 정리하기 때문에 보기에 깔끔하고 예뻐보입니다. 또한 공기의 흐름이 원활해져 방열 효과나 냉각 효과가 높아집니다. 고급형 제품을 사용하면 디자인 측면에서도 높은 점수를 받을 수 있습니다. 다양한 튜브 제품이 나와있는데 미래 지향적인 느낌을 주는

금속 튜브를 많이 선호하는 편입니다.

수축튜브와 익스펜더

수축튜브는 각종 선을 하나의 튜브에 집어넣어서 정리하는 선 정리용 튜브입니다. 이중 익스펜더는 망사 튜브라는 이름으로 더 잘 알려진 제품입니다. 신축성이 좋아 어지간한 케이블은 하나의 튜브에 다 넣을 수 있습니다. 열수축튜브나 열접착 수축 튜브를 이용하면 좀

더 깔끔하게 선을 정리할 수 있습니다. 크기가 다양하므로 정리할 선의 두께를 고려하여 알맞은 것으로 선택합니다.

다양한 크기와 색을 가진 수축튜브

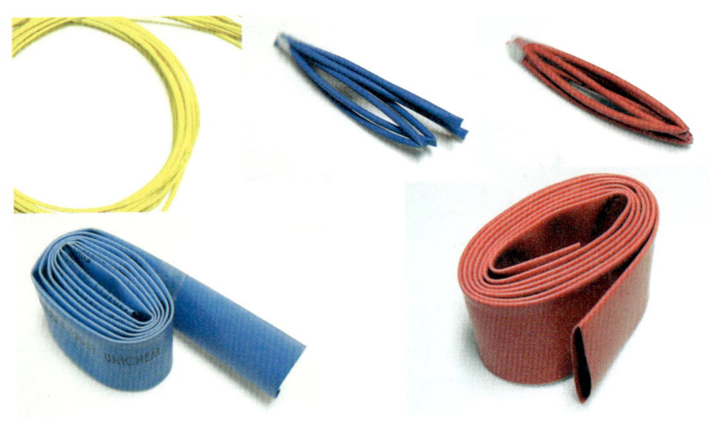

라운드 케이블

선을 정리할 때 사용하는 대표적인 케이블입니다. FDD용과 HDD용으로 따로 판매하는데 40핀 케이블을 둥글고 가는 선으로 묶은 형태입니다. 양 쪽 끝에는 드라이브 연결 커넥터가 있습니다. 일반 하드디스크 케이블 대신 라운드 케이블을 이용하여 선을 정리할 경우 보기에도 한결 좋으며, 케이스 내부의 공기 흐름을 덜 막아 공기 순환이 잘 되게 해준다는 장점이 있습니다.

라운드 케이블 중에는 메탈 쉴드 라운드 케이블이 있습니다. 메탈 쉴드 라운드 케이블은 금속성의 케이블로 미래 지향적 느낌을 주는 케이블입니다. 금속으로 만들어졌기 때문에 튼튼하며 접지 기능도 겸하고 있습니다. 외부를 투명 튜브로 한 번 더 감싼 제품은 전자파 간섭을 줄여주기 때문에 좀더 고급품으로 쳐줍니다.

라운드 케이블의 한 종류인 메탈 쉴드 라운드케이블

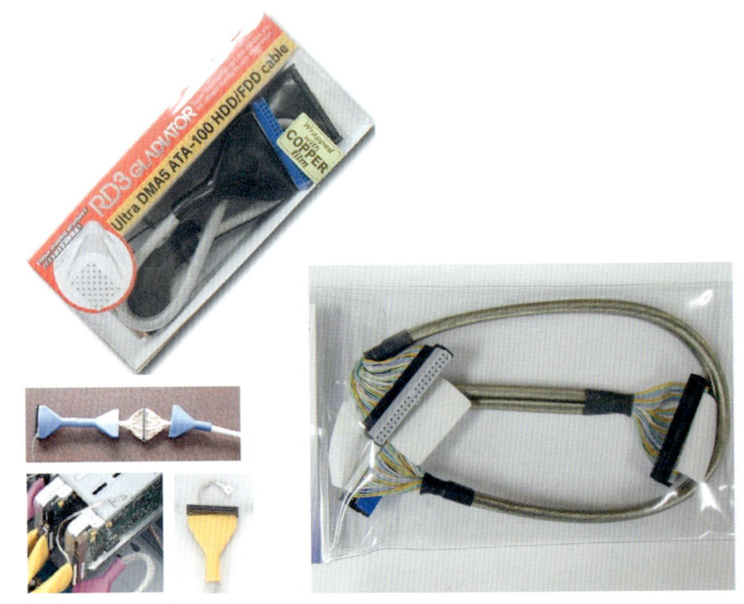

케이블 튜브, 와이어 튜브

케이블을 정리할 때 사용하는 튜브입니다. 케이스 옆면을 뚫었을 케이블을 정리하지 않으면 매우 지저분하게 보입니다. 케이블을 타이나 끈으로 묶어서 정리할 수도 있지만 튜브로 묶어서 정리하면 더 멋지게 보입니다. 튜브는 각종 케이블을 감싸기 때문에 복잡한 케이블 선을 깔끔하게 정리해줍니다.

케이블 튜브는 다양한 종류가 있는데 가장 인기 있는 품목은 스마트 튜브라는 이름으로 판매되는 와이어 튜브입니다. 와이어 튜브는 신축성은 적지만 금속성의 디자인이 멋있어 많이 사용하는 전선 정리 튜브입니다.

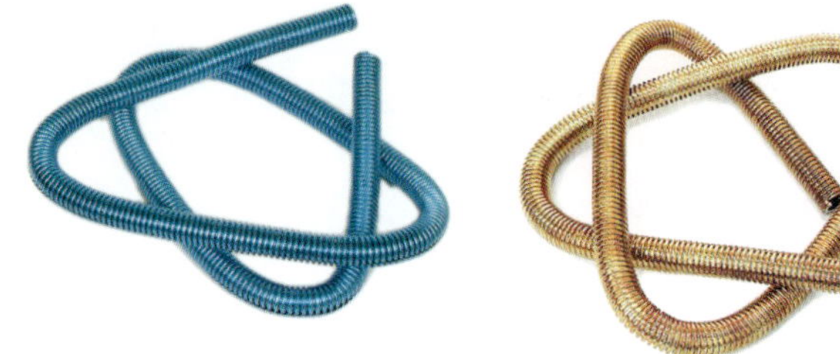

케이블 튜브의 한 종류인 와이어 튜브. 광택이 나는 금속성 재질로 나옵니다.

2 조명용품과 조명 효과를 위한 용품

네온등

네온등은 자동차에 다는 네온등을 생각하면 됩니다. 구입할 때는 부속품이 노출되지 않은 등으로 구입합니다. 고전압을 사용하는 인버터가 외부로 노출되는 것은 여러 면에서 좋지 않습니다.

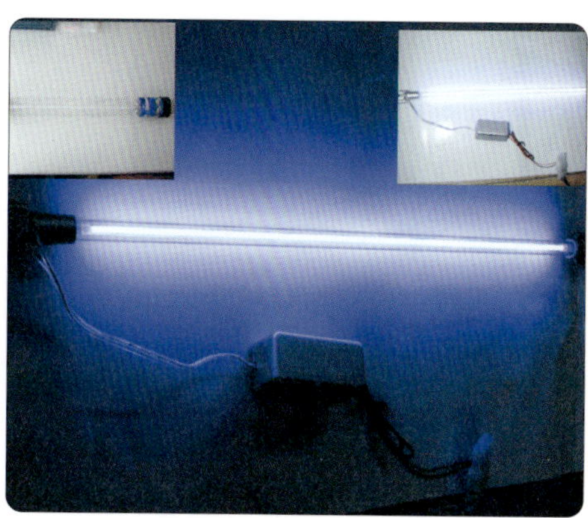

네온등을 달기 전과 단 후의 상태

잠깐! 자동차용 네온 사용하는 법

CCFL이 출시되기 전까지는 자동차에 다는 네온 등을 PC 튜니용으로 많이 사용했습니다. 인버터를 사용하며 12V의 직류를 사용합니다. CCFL보다 밝기가 떨어집니다.
자동차용 네온은 시가잭에 연결하게 된 상태이므로 시가잭 부분을 잘라내고 전선만 따로 정리해 PC용 전원선에 연결하면 됩니다. 대부분의 경우 전원선에서 –선은 검정색입니다. 검정색 선이 –선이라는 점만 기억하면 극성을 혼동하지 않습니다.

CCFL 등

네온 대신 CCFL을 이용한 조명등입니다. 네온등을 대신하여 시장에 많이 출시되고 있습니다. CCFL에서 사용하는 인버터는 고압의 AC를 사용하기 때문에 감전의 위험이 있습니다. 특히 본체 케이스에 접촉될 경우에는 시스템 고장의 원인이 됩니다. 따라서 누전 방지와 절연 처리에 주의해야 합니다.

CCFL 등

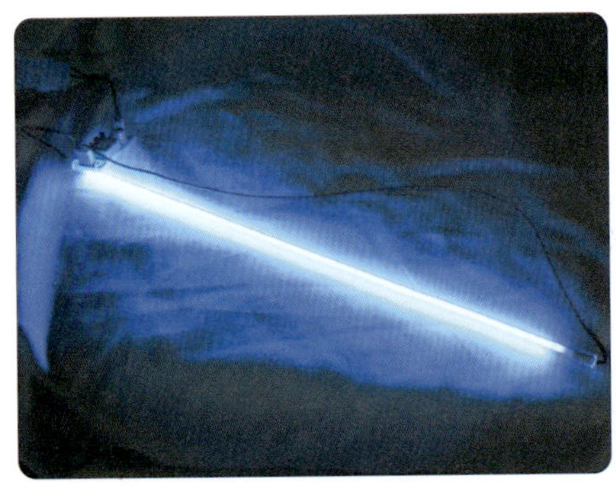

잠깐! CCFL이란?

최근 PC 튜닝에 많이 사용하는 CCFL은 냉음극 형광램프(Cold Cathode Fluorescent Lamp)의 줄임말입니다. 낮은 전류로 동작하며 열이 적게 발생합니다. 이에 따라 수명도 긴 편입니다. 여러 가지 전자제품의 액정 화면에 백라이트(backlight)로 많이 사용합니다. 밝기가 높기 때문에 최근에 나오는 액정 화면의 상당수가 CCFL을 사용합니다. 자동차 카오디오를 비롯하여 휴대폰, 복사기 등에 많이 사용합니다.
단 CCFL은 고압의 AC 전류로 동작하기 때문에 인버터가 필요합니다. 물론 이 경우에는 DC를 AC로 바꾸어주는 인버터를 말하는 것이며, PC 튜닝용 제품에는 DC 12V용으로 설정되어 있어 별도의 인버터가 필요하지 않습니다.
조명등은 등의 지름(두께)과 길이, 색상, 조명 방법에 따라서 가격이 다양합니다. 일반적으로 PC 튜닝용으로 사용하는 제품의 지름은 약 2~3ø 정도이고 길이는 30~40cm의 제품을 많이 사용합니다.

소리 반응 네온등

파워볼트

파워볼트 또는 댄스 네온등이라는 이름으로 판매되는 이 제품은 조금 독특한 장식품입니다. 소리에 반응하는 전등입니다. 소리에 따라서 불빛이 켜지거나 꺼지는데 네온관 안에 발광도료가 칠해진 유리파편이 들어있어 번개처럼 보이는 것이 특징입니다. 늘 켜있는 상태로 설정할 수도 있고 소리에 따라서 반응하게 설정할 수도 있습니다. 반응 감도도 조정이 가능합니다. 원래 자동차용으로 개발된 제품이라 시가잭이 달려있는 점도 특징입니다.

로프네온

로프네온은 줄네온, 논네온, 네오네온, 유사네온, 듀라라이트 등으로 부릅니다. 수 많은 전구를 연결한 전선 위에 투명한 PVC 관을 씌워 만듭니다. 네온이나 CCFL 등의 조명에 비하면 빛도 약하고 색도 예쁘지 않아 많이 사용하는 조명 장치가 아닙니다. 그렇지만 전용 컨트롤러 장치를 연결하면 점멸 순서를 조절할 수 있고 하나의 선에 다양한 색으로 연결된 불빛을 보여줄 수 있다는 장점이 있습니다. 또한 가격이 저렴하다는 장점이 있습니다. 1m 단위에 천원대에 구할 수 있습니다.

윙커

여러 개의 깜박이가 주기적으로 반짝이는 깜박이 등을 말합니다. 회로도와 함께 판매합니다. 시중에는 zcar윙커라는 제품이 판매중입니다.

고휘도 깜박이

고휘도 깜박이(LED)

일반적인 깜박이에 비해 밝기가 훨씬 밝은 깜박이 제품을 말합니다. PC 튜닝용은 일반적인 깜박이에 비해 빛이 뻗어나가는 직진성이 좋고 발광부를 감싸는 수지 부분이 투명하다는 특징이 있습니다.

입력 전압은 약 3.3V 정도이고, 소비 전류는 약 20~30mA 정도로 전압은 기존의 일반 깜박이와 같습니다. 따라서 일반 깜박이를 고휘도 깜박이로 바꿀 경우에 다른 것은 손대지 않고 깜박이만 교체하면 됩니다. 그렇지만 3.3V가 아닌 전압에 연결할 때는 저항이나 다이오드를 이용하여 전압차를 조절해주어야 합니다. 물론 너무 높은 전압에 연결할 경우에는 열이 많이 발생하여 좋지 않습니다.

고휘도 깜박이

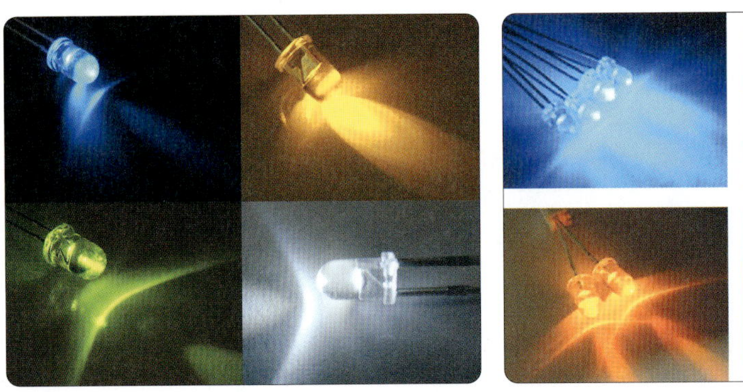

하프 미러

하프 미러는 양 면 중 한 면만 거울인 제품입니다. 일반인은 매직 거울이라고 부르기도 하는데 한 쪽은 빛을 통과하지 못하고 반대 쪽은 빛을 통과시키는 거울입니다. 그래서 빛이 없을 때 보면 거울로 보이지만 빛이 있을 때는 반대편의 사물이 보이는 독특한 거울입니다. 즉 PC 본체에 조명등을 설치한 후에 하프 미러로 옆면을 장식할 경우 조명등이 켜지지 않은 상태에서는 거울처럼 사용자 얼굴이 보이지만 조명등이 켜지만 유리처럼 내부가 들여다보이는 독특한 제품입니다. 영화에서 범죄자 취조실 장면에 자주 등장하는 거울이죠. 어두운 곳에 있는 형사들은 범죄자를 볼 수 있지만 범죄자는 밀실에 있는 형사를 보지 못하는 장면에 등장합니다.

투명팬과 컬러팬

냉각팬으로 기존의 냉각팬이 검정색 일색인 것에 비해 투명하거나 옅은 반누드 형태의 색상을 지닌 점이 특징입니다. 또는 날개만 투명하고 다른 부분은 컬러인 팬들도 많습니다. 투명팬을 사용하는 이유는 냉각팬 자체가 예쁘기도 하지만 본체 내부에 장착한 네온 불빛이 투명 냉각팬을 통해 비치는 효과가 멋있기 때문입니다. 가격은 1만원 전후입니다.

구입할 때는 팬의 날개만 투명한 것인지, 테두리도 투명한 것인지 여부를 확인하고 색상과 회전수, 소음 등을 비교합니다.

날개가 투명인 투명팬과 일반 팬

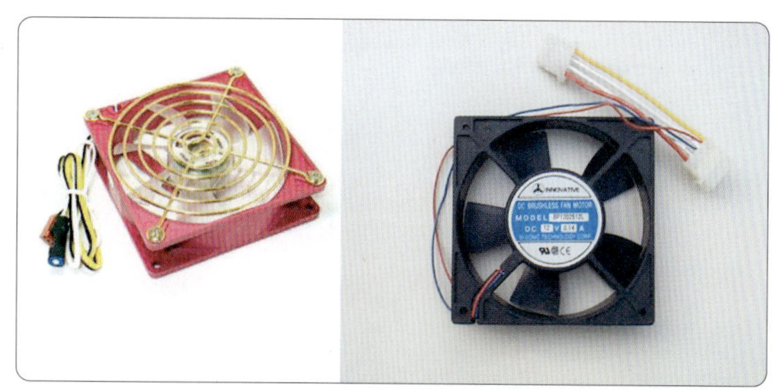

3 튜닝 케이스

튜닝용 케이스는 크게 두 종류로 구분할 수 있습니다. 처음부터 튜닝용으로 만들어져 나오는 제품과 튜닝용으로 개조하기 좋은 제품입니다.

튜닝 전용 케이스. 옆에 투명 아크릴 판으로 속이 보이게 되어 있고, 위에는 팬이 달렸으며 손잡이와 온도계도 달려 있습니다.

튜닝 케이스 중에는 알루미늄 재질을 사용한 제품이 많은데 냉각 기능과 방열 기능이 좋기 때문입니다. 또한 알루미늄 케이스가 무게도 훨씬 가볍습니다.

금속으로 된 세련된 디자인의 튜닝용 케이스. 열에 강한 장점이 있습니다.

앞 부분에 방진 필터가 부착된 케이스

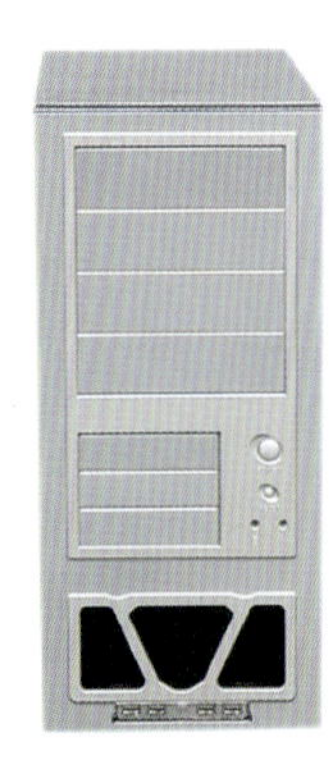

다음과 같은 항목을 점검하여 갖추고 있을수록 고급 케이스에 속합니다.

① 방진 필터가 제대로 달려 있나?

② 베젤부의 착탈이 쉬운가?

③ 손나사 등을 이용하여 도구 없이도 케이스 분해가 가능한가?

④ 펜 속도 콘트롤러가 갖추어졌나?

⑤ 팬은 크고 힘이 세며 여러 개를 달 수 있나?

⑥ 팬의 위치는 정확하고 공기 유입구로부터의 흐름은 좋은가?

⑦ 알루미늄 재질인가?

⑧ 팬은 전선이 닿지 않게 가드가 부착되어 있나?

⑨ 온도 센서가 부착되어 있나?

방진 필터가 부착된 고급형 케이스

아크릴 케이스

아크릴 케이스

투명 아크릴로 만든 케이스입니다. 직접 케이스를 만들기 어려운 사용자를 위해 출시되었습니다. 분해된 형태로 판매되므로 사용자가 구매 후에 조립해 사용합니다.

금속 케이스

금속제 케이스

다양한 질감을 가진 케이스가 있습니다. 특히 튜닝 전용 케이스는 튜닝에 적합한 공간을 확보해주고 있어 가격이 비싸지만 사용자들의 호평을 받고 있습니다.

4 냉각, 방열, 온도 관련 용품

써멀구리스

써멀구리스는 열 전달이 가능한 구리스를 뜻합니다. 주로 CPU의 코어와 방열판 또는 수냉 자켓 사이에 사용합니다. 써멀구리스를 사용하는 이유는 열 전달이 감소되는 CPU코어와 방열판(자켓)과의 미세한 공극을 메꾸어 주어 최대의 냉각 효과를 얻고자 함입니다.

디지털온도계

CPU 및 본체 내부 여러 곳의 온도를 측정할 수 있는 제품입니다. 건전지를 사용하기 때문에 PC 전원이 꺼진 상태에서도 독자적으로 동작합니다. 현재까지 출시된 제품은 대부분 회색 바탕에 검정색 글씨인데 백라이트 기능이 없는 제품이 대부분입니다. 때문에 어두운 곳에서는 온도를 읽기가 어렵습니다.

디지털 온도계

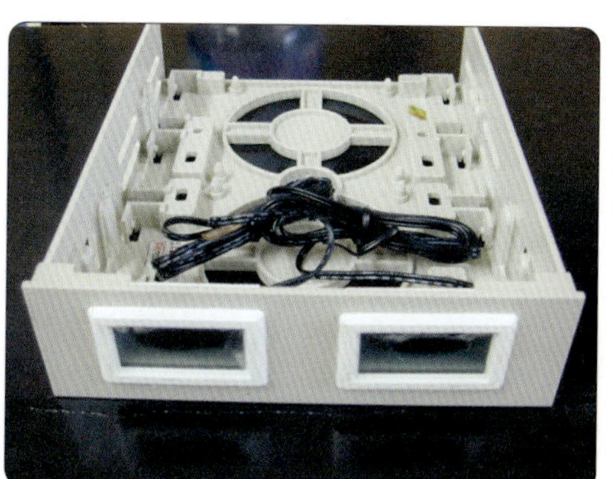

5 기타 제품

라디오 방식의 무선 리모콘

라디오 방식의 무선 리모콘은 원격 조종 장치입니다. 이 중에서도 PC 전원용 무선 리모콘은 RF(라디오 주파수 방식) 방식으로 전원을 켜고 끌 수 있는 리모컨입니다. 라디오 주파수 방식이라 방향을 잘 타지 않으며 먼거리에서도 쉽게 전원을 켜고 끌 수 있습니다.

무선 리모콘

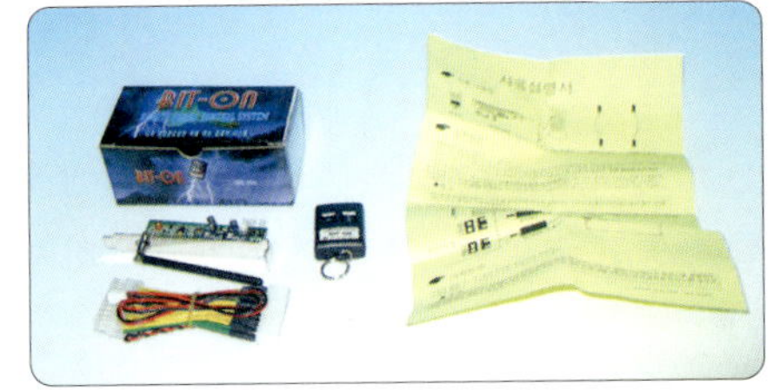

팬 그릴과 팬 필터

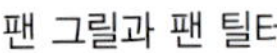

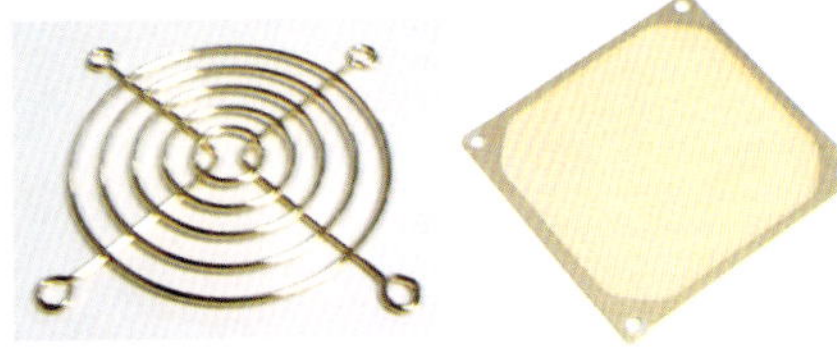

팬 그릴은 팬에 장착하는 망으로 팬의 날개를 보호하고 손가락이 팬에 의해 다치는 것을 보호하는 기능과 디자인을 위해 사용합니다. 팬 필터는 팬으로 인해 발생하는 먼지 흡입을 조금이라도 더 막아보기 위해 설치합니다. 팬 필터는 주로 전면부의 흡입용 팬에 부착합니다.

팬 변환 덕트

팬변환 덕트

방열판의 60mm 팬 대신 80mm를 사용할 수 있도록 해주는 변환장치입니다. 온도 하락보다는 소음 감소에 탁월한 성능을 발휘합니다.

안전 쫄대(Safety edge)

안전 쫄대(엣지)

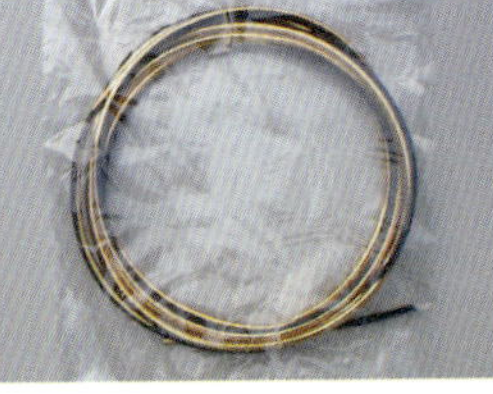

엣지라고 말하는 쫄대는 튜닝 작업으로 인해 절단된 면의 날카로운 부분에 부착하는 고무 마개입니다. 날카로운 면을 탄력 있는 고무 재질의 쫄대로 감쌀 경우 안전에도 도움이 되지만 아크릴판과 케이스 사이에 생기는 간격을 메꾸어주는 효과도 있습니다.

하드디스크 젠더

하드디스크 젠더

3.5인치 하드디스크 대신 노트북용 하드디스크를 사용하고자 할 때 사용하는 변환 장치입니다. 주로 미니 PC나 벽걸이형 PC 같이 크기가 작은 PC를 만들 때 사용합니다. 일반 하드디스크 케이블에 노트북용 하드디스크를 연결해 사용할 수 있도록 해줍니다.

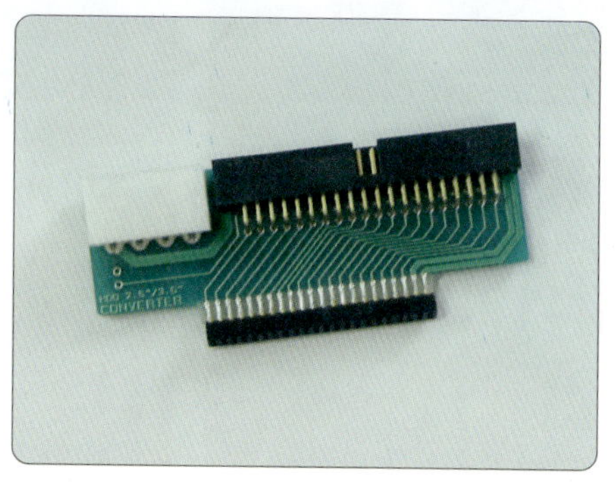

알루미늄 하드랙(Aluminum HDD Rack)과 냉각팬

알루미늄 방식의 하드랙은 방열과 냉각 기능이 뛰어나기 때문에 고가임에도 불구하고 튜닝 사용자가 많이 사용하는 하드랙입니다. 냉각팬은 다양한 종류가 있는데 5인치 베이나 슬롯에 장착하여 공기를 배출시키는 방식의 냉각팬도 많이 찾는 품목입니다.

이상 소개한 제품 외에도 다양한 튜닝 용품이 튜닝 전문 쇼핑몰에 출시되고 있습니다. 더욱 다양한 튜닝 용품을 찾고 싶다면 쇼핑몰을 검색해보기 바랍니다.

Section 04 PC Remodeling

PC 장식하기

01 장식의 의미

장식은 PC를 건드리지 않고 변화를 줄 수 있는 손쉬운 방법입니다.

늘 변화 없는 집 안의 분위기를 바꿀 때 가장 손쉽게 할 수 있는 방법이 무엇일까요? 벽지를 바꾼다고요? 그 많은 가구 다 들어내고 집 안을 난장판으로 만들 엄두가 나서 못합니다. 구조 변경은 더욱 힘들죠. 그래서 많은 주부들이 식탁보, 커튼, 침대보를 바꿉니다. 또는 꽃병을 추가로 올려놓거나 멋진 그림을 걸기도 합니다. 그도 어렵다면 가구의 위치라도 바꾸죠. 즉 장식품을 바꾸거나 장식품의 위치를 바꾸는 방법으로 변화를 줍니다.

PC에도 장식품을 이용하여 변화를 줄 수 있습니다. 아주 손쉽게 PC 환경에 변화를 줄 수 있는 가장 간단한 PC 리모델링이 장식 활용입니다.

장식품은 개성이 넘치고 활력을 주는 요소가 될 수 있습니다.

한 동안 모니터 테두리에 네모난 인형을 끼워놓은 제품이 유행했습니다. 모니터에 사용한 장식품은 단조롭기만 모니터를 좀더 부드럽고 예쁘게 만들어줄 수 있습니다. 장식품은 밋밋한 PC에 변화를 주는 활력소가 될 수 있습니다. 또한 톡톡 튀는 개성을 살리고 나른한 일상 생활에 변화를 주는 청량제 역할을 할 수 있습니다.

휴대전화에 스티커를 붙이고 몸에 문신을 붙이며, 목걸이 귀고리를 비롯한 각종 장식을 하는 이유도 변화를 원하기 때문입니다.

1 PC 장식의 장점

PC 장식의 장점은 쉽게 설치할 수 있고 변화를 주기 쉽다는 점입니다.

그 동안 우리가 살펴본 PC 리모델링 기법에는 청소, 색칠, 튜닝이 있습니다. 그런데 어느 것 하나 만만한 작업이 없습니다. 기본적으로 PC를 분해하고 닦는 작업이 들어갑니다. 튜닝은 멋있지만 비용도 많이 들고 위험합니다. 색칠은 비용이 적게 들지만 한 번 색칠하면 다시 변화를 주기가 쉽지 않다는 점이 단점입니다. 이에 비해 장식품을 이용한 PC 장식은 변화 주기가 쉽다는 장점이 있습니다.

장식품을 이용한 PC 장식은 다양한 장점이 있습니다.

① 누구나 손쉽게 설치할 수 있습니다.

그저 시중에서 파는 제품을 사다가 붙이면 되는 간단한 일입니다.

② 장식에 변화를 주기 쉽습니다.

색칠이나 튜닝한 PC는 멋있지만 그 이미지가 고착됩니다. 반면 장식품은 언제든지 장식 내용을 변화시킬 수 있습니다. 고정된 자리에 오래 있는 장식품이 싫어졌다는 자리를 옮길 수 있습니다. 모니터 위에 붙였다가 마음에 안들면 왼 쪽 면에 붙일 수 있고, 본체 위로 자리를 옮길 수도 있습니다. 또는 다른 장식품을 사다가 붙이면 됩니다.

③ 원하는 분위기로 꾸밀 수 있고 참신함과 활력을 얻을 수 있습니다.

색칠이나 튜닝으로 얻을 수 있는 효과는 단순하고 한정됩니다. 반면 장식품은 새롭게 출시되는 장식물의 참신함에 따라서 독특한 효과를 얻을 수 있습니다. 그리고 장식품은 계속해서 신제품이 개발됩니다.

또한 장식을 이용하면 자신이 원하는 분위기를 손쉽게 구현할 수 있습니다. 참식하고 엽기적인 PC 환경을 원한다면 엽기적인 장식을 하면 됩니다. 부드럽고 포근한 PC 환경을 원한다면 사랑스러운 인형을 이용해 장식하면 됩니다. 섹시한 분위기를 원한다면 섹시한 인형을 하나 올려놓으면 됩니다. 아주 간단하게 독특한 분위기를 연출할 수 있는 점이 장식의 매력입니다.

2 장식품 구입 요령

장식품은 PC 전용품이 아직 많지 않습니다.

장식품은 두 종류로 구분합니다. PC 전용 장식품으로 개발된 것과 PC와는 상관 없지만 PC에 접목시켜 사용하는 장식품입니다. PC 전용 장식품 대중적인 제품과 특수 제품으로 구분되는데 대중적인 제품은 전자 상가에서 쉽게 구할 수 있습니다. 일반적인 모니터 가리개 등은 전자상가에서 쉽게 구할 수 있습니다. 그렇지만 튀는 제품은 인터넷의 쇼핑몰을 이용해야 합니다.

PC 전용 장식품은 아직까지 종류가 많지 않습니다. 따라서 감각이 있는 분이라면 일반 제품을 PC에 장식하는 것이 좋습니다. 사실 PC에 장식을 한다는 사실 자체에 눈을 뜨지 않아서 PC 환경이 단조로운 것입니다. PC에 장식을 해 변화를 줄 수 있다는 사실만 인지한다면 시중에 판매되는 모든 장식품은 PC 전용 장식품이 될 수 있습니다. 마치 검정 머리 일색이던 머리색이 염색이 가능하다는 사실을 알고는 다양한 색으로 뒤바뀐 것처럼 말입니다.

PC 장식은 개인의 개성과 재능에 의해 창조적인 장식이 가능합니다.

예컨대 연예인 사진을 붙이는 것도 장식이며, 천으로 문양을 만들어 모니터나 PC 옆 면에 붙이는 것도 일종의 장식입니다. 본체 옆에 멋진 명화 액자를 붙이는 것도 괜찮은 발상이죠. 구슬을 꿰거나 십자수로 만든 문양을 붙이는 것도 좋고요. 장식은 가장 간단한 PC 리모델링 방법이지만 가장 창조적이면서도 가장 다양한 방법으로 PC 리모델링 할 수 있는 방법입니다. 그야말로 개성이 튀는 자기만의 PC를 꾸밀 수 있는 방법이라 할 수 있습니다.

3 장식품 관련 사이트

PC 장식품 전용 사이트는 아직 없습니다.

일반적인 장식품이 모두 PC용으로 사용될 수 있지만 아무래도 PC용품으로 나온 장식품을 사용하기가 간단하고 쉽습니다. 인터넷에는 PC 관련 장식품만 판매하는 사이트는 거의 없습니다. 따라서 튜닝용품 판매점이나 엽기 상품, 특화 상품 전문 쇼핑몰을 이용해야 합니다.

독특한 아이디어 장식품을 원한다면 엽기 상품이나 특화 상품 몰을 이용하면 되고, 인형으로 장식하기를 원한다면 프라모델 쇼핑몰이나 인형 관련 쇼핑몰을 이용해 구입하면 됩니다.

엽기 상품 판매 사이트인 오마이갓

02 장식품의 종류

장식품은 개인이 손으로 만들어 붙이는 것이 독특하고 좋습니다. 예를 들어 소형 액자에 빨판이나 양면 테이프를 붙여 모니터에 붙이는 방법을 사용하면 독특하고 개성 만점인 장식품이 됩니다.

다음에 나오는 상품들은 특정 쇼핑몰에서 나오는 재미있는 상품들입니다. 꼭 이 상품을 구입하지 않더라도 이 상품의 아이디어를 이용하여 자기만의 헤드폰 걸이나 장식품을 만들 수 있습니다. 여러분에게 아이디어를 제공하기 위해 톡톡 튀는 장식품을 몇 종류 소개합니다.

1 PC용 장식품

모니터 장식품

모니터 가리개

한 동안 시중에서 판매했던 모니터 가리개는 트위티 등의 외국 캐릭터를 이용한 제품이었습니다. 이들 제품은 모니터 주변을 빙 둘러가면서 감싼 제품이기 때문에 조금은 답답해 보였습니다. 모니터와 별개로 노는 듯한 느낌도 있었고요.

반면 아래에 소개하는 제품은 이와는 차별성을 두었습니다. 귀나 팔 입 등의 꼭 필요한 부분만 붙여서 모니터 자체가 하나의 장식품처럼 보입니다. 더구나 제품에 포함된 화면보호기 프로그램을 실행시키면 사진처럼 모니터 화면 자체가 완벽한 동물 얼굴로 바뀝니다. 자리를 잠시 비웠다가 돌아올 때마다 귀여운 동물 얼굴을 볼 수 있겠죠.

화면보호기 프로그램이 실행되면 모니터 주변에 붙인 장식품과 완벽하게 일치하여 멋진 모습을 연출합니다. 모니터 장식품용으로는 그야말로 참신하고 귀여운 제품입니다.

헤드폰 걸이

전자상가에서 판매하는 헤드폰 걸이는 매우 단순합니다. 평범한 모양이죠. 하지만 다음 사진에 나오는 제품들은 사람을 즐겁게 합니다. 가격은 2,000~5,000원 정도로 비싸지 않습니다. 적은 비용으로 즐거움을 느끼고자 하는 분이라면 구입해서 붙여보기 바랍니다.

단추 장식품

엉덩이 모양의 인형을 전원 단추에 붙이고 전원을 켤 때마다 엉덩이를 누릅니다. 묘한 느낌이 들겠죠.

모니터를 장식하는 각종 장식품. 전원 단추에 붙이는 여자 엉덩이, 헤드폰 걸이 용도의 변기와 강아지 등으로 모니터를 장식해보세요. 묘한 웃음이 배어나옵니다.

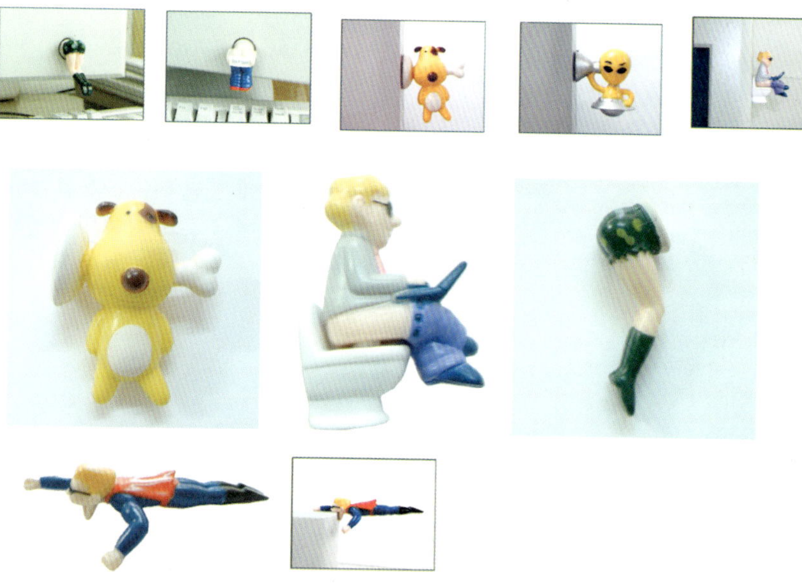

키보드 마우스 장식품

키보드나 마우스에 붙일 수 있는 장식품도 있습니다. 마우스 장식품은 마우스를 움직일 때마다 함께 움직입니다. 꼭 이 제품이 아니라 하더라도 인형 형태로 된 작은 클립을 마우스 선이나 키보드 선에 붙이면 장식 효과가 생깁니다. 인형 모양의 클립은 문구점이나 악세서리 가게에 가면 많습니다.

키보드에 끼울 수 있는 누드 인형과 마우스에 끼우는 강아지 클립

CD꽂이

CD꽂이 역시 누구나 만들 수 있습니다. 종이 찰흙이나 CD로 판을 만들고 그 위에 적당한 모양의 막대를 장식하면 CD꽂이가 됩니다.

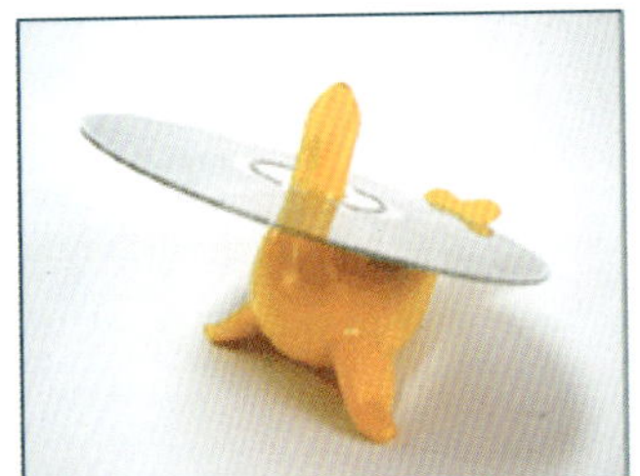

CD꽂이. CD 보관함과는 달리 몇 장의 CD를 간단하게 보관하는 용도로 사용합니다. 책상에 아무렇게나 CD를 내려놓는 것보다는 본체 위에 CD꽂이를 올려놓고 여기에 끼워주는 것도 괜찮겠죠.

아무 곳에나 붙이는 장식품

자동차용품점이나 장식품 가게에 가면 다양한 장식품이 있습니다. 이들 장식품은 어떤 것이라도 PC에 붙일 수 있습니다. 만약 마음에 드는 장식품이 없다면 직접 만드는 것도 좋습니다.

좋아하는 인형이나 작은 소품에 양면 테이프를 붙여서 붙이는 장식품을 만들 수 있습니다. 또는 접착제나 빨판을 이용하여 소품과 빨판을 연결시키면 작은 소품은 어떤 것이라도 PC나 모니터에 붙일 수 있는 장식품이 됩니다.

스파이더맨. 빨판으로 되어 있어 유리와 같이 매끄러운 곳이라면 어디든 붙일 수 있습니다. 빨판으로 된 장식품은 자동차용 장식품으로 특히 많이 나옵니다. 할인점의 자동차용품 코너나 자동차용품점에서 독특한 장식품을 구해 모니터나 본체 위에 붙이는 것도 좋습니다.

2 프라모델(=피겨)

프라모델은 분위기 연출 장식품으로 가장 좋습니다.

밋밋한 PC 위에 멋진 인형이나 모형 오토바이 등을 올려놓는다면 어떤 느낌이 들까요? 매우 독특한 느낌이 들겁니다. 그 중에서도 PC에 어울리는 멋진 인형을 올려놓는다면 더욱 멋있습니다.

일반 인형을 올려놓으면 귀엽고 포근한 느낌을 줄 수 있습니다. 반면 정교한 프라모델은 PC에 맞게 미래 지향적인 분위기나 섹시한 분위기 등의 다양한 분위기를 연출할 수 있습니다.

파이널판타지에 등장하는 주인공 인형. 화려한 게임에 등장하는 인물로 PC를 장식하면 PC도 화려해 집니다.

프라모델은 가격이 비싼 것이 단점입니다.

프라모델은 싼 제품도 대부분 몇 만원 대의 가격이며 조금 멋있는 제품은 수십 만원대입니다. 가격이 부담스럽기는 하지만 PC에 장착해 원하는 분위기를 연출하는 용도를 가장 좋습니다. 특히 여러 개를 동시에 올려놓으면 더욱 멋있습니다.

프라 모델 중에서도 매트릭스는 사이버 분위기를 연출하는데 가장 좋죠. PC와 가장 어울리는 인형입니다.

울티마에 등장하는 주인공들을 이용하면 판타지 분위기를 연출할 수 있습니다.

사이버 분위기가 아닌 동양적인 분위기를 원한다면 이소룡이나 와호장룡의 인형을 이용해보기 바랍니다.

깜찍하거나 섹시한 분위기를 원한다면 이런 인형으로 장식합니다.

잠깐! 제가 사용하는 컴퓨터 사양

컴퓨터 하드웨어 관련 책을 쓴 이후로 독자들에게 자주 받는 질문 중 하나는 제가 사용하는 컴퓨터 시스템의 사양에 관한 것입니다. 그냥 궁금해서 물어보는 독자도 있고, 자신의 컴퓨터 구입에 참고하려는 독자도 있습니다. 그래서 이번에는 아예 책을 통해 제가 사용하는 컴퓨터 사양을 공개합니다.

2002년 8월 현재 제 사무실에서 사용하는 PC는 셀러론600MHz CPU와 128MB의 SD램, 리바TNT 그래픽카드, 모뎀, 저가형 랜카드, 60GB의 하드디스크를 장착한 데스크탑 PC입니다.

그리고 가끔 출장 중일 때 사용하는 노트북 컴퓨터가 있는데 삼성전자의 486노트북입니다. 작년에 5만원을 주고 중고로 구입한 것입니다. 486 노트북으로 무엇을 하느냐고요? 옛날에는 486 노트북에 아래아한글 2.x 버전과 폭스프로 2.0만 설치하면 부러울 게 없었습니다. 당시에는 최첨단 사양이었죠. 지금도 다른 장소에 갈 때는 486 노트북을 가지고 다니는데, 틈 나는대로 아래아한글로 문서를 작성하거나 '수호지' '테트리스' '페르시아 왕자' 등의 도스용 게임을 즐깁니다. 물론 제 아이도 도스용 게임을 좋아해서 외가집이나 할아버지 집에 놀러갈 때마다 꼭 챙겨가는 품목입니다. 5만원 이상의 가치가 있는 고성능 노트북인 셈이죠.

현재 시중의 최하 사양이 59,000원에 판매하는 셀러론 1GHz CPU임을 고려할 때 제 PC의 사양은 많이 떨어지는 편입니다. 자료를 많이 다루는 제 작업 특성상 하드디스크만 고용량입니다. 그렇지만 제가 하는 일을 고려할 때 3D 게임을 돌려볼 수 있고 인터넷과 문서 편집 작업이 가능하면 되는데 이 정도의 사양이라면 셀러론 600MHz도 엄청난 고급 제품인 셈입니다.

현재로서는 당분간 업그레이드를 고려하지 않지만 만약 지금 제가 PC를 업그레이드하고자 한다면 10만원에 판매되는 셀러론 1.7GHz의 CPU로 교체할 생각입니다. 현재의 컴퓨터로도 못하는 작업이 없는데 3배의 클럭 수를 가진 셀러론 1.7GHz라면 매우 만족스럽죠. 현재 펜티엄4 2.5GHz CPU의 가격이 73만원인데 10만원 짜리 셀러론 1.7GHz와 비교해볼 때 시스템 전체의 성능 향상 효과는 크지 않습니다. 이 점을 고려하면 셀러론 선택이 가장 경제적이라 할 수 있습니다.

만약 여러분이 현 시점에서 고성능 게임을 위해 시스템 전체의 성능을 크게 향상시키고자 한다면 23만원 하는 펜티엄4 2.0GHz CPU를 구입하고 주기판과 메모리, 그래픽카드, 하드디스크 추가 교체에 차액 50만원을 투자하라고 권하고 싶습니다. 이 책을 보는 시점에는 제품 가격 변동이 있겠지만 대개의 경우 20만원 전후의 CPU를 구입하는 것이 가장 경제적인 선택이라는 점은 분명합니다.

물론 저는 지금의 PC 사양으로도 매우 만족스럽습니다. 아마 내년까지도 제 PC는 하드디스크의 용량 확대 외에는 업그레이드가 안 될 것입니다. 그리고 이 책을 꼼꼼하게 본 분이라면 제가 사용하는 시스템이 고급 사양이라는 제 주장에 대해 공감하실 것으로 생각합니다.

Part 04

PC 관리와 문제 해결

Section 01 PC Remodeling

PC 활용과 PC 사용 환경

01 남은 구형 PC 활용하기

시스템을 새로 샀다면 이전에 사용하던 구형PC가 남을 것이고 업그레이드를 했다면 해당 부품이 남습니다. 이들 부품을 처리하는 것도 고민입니다. 가지고 있자니 귀찮고 버리자니 아깝고, 중고로 팔자니 파는 방법도 모르고 귀찮기도 하고. 업그레이드 후에 남은 부품의 활용법을 알아보겠습니다.

판매와 보관, 활용, 폐기의 구분

PC나 부품이 남을 경우 선택할 수 있는 방법은 네 가지입니다. 중고로 팔거나 그냥 가지고 보관하는 방법, 재활용하는 방법, 폐기하는 방법입니다. 그런데 많은 사람들이 극단적인 방법을 사용합니다. 아예 폐기 처분하거나 아깝다고 버리지 못하는 사람이 많습니다. 다음 의견이 여러분의 판단에 도움이 되었으면 합니다.

1 중고 부품 판매하기

중고 가격이 높은 제품은 중고 시장에 판매합니다.

중고 가격이 높은 경우에는 중고 시장에 내다 파는 것이 좋습니다. 셀러론 시스템을 사용하다가 펜티엄4 본체를 새로 구입했다면 이전에 사용하던 본체는 중고 시장에 판매하는 것이 좋습니다. 또 하드디스크만 업그레이드 한 경우에도 하드디스크를 중고로 판매할 수 있습니다. 부품 가격이 1만원도 안되는 제품이라면 판매하는 비용이 더 들 수 있지만 1~3년 이내의 시스템이나 부품이라면 어느 정도 중고 가격을 받을 수 있습니다.

아주 구형이 아닌 중고 시스템이나 부품은 판매하기 쉽습니다. 예를 들어 요즘은 펜티엄4에 60GB 이상의 하드디스크를 사용합니다. 그렇지만 저속의 셀러론 본체나 10GB 정도의 하드디스크도 중고로 잘 팔립니다. 따라서 사용하지 않는 부품은 팔아서 업그레이드 비용에 충당하는 것이 좋습니다.

중고 PC 중 판매하기 좋은 부품과 판매가 어려운 부품

1. 시스템을 다 갖추어야 높은 가격을 받습니다.

본체, 모니터, 키보드 등의 일체를 갖춘 시스템일 때 가장 잘 팔립니다. 셀러론급은 물론이고 몇 년 전 제품도 구입하려는 사람이 많습니다. 특히 오래된 구형 모델일수록 시스템 전체를 팔아야 잘 나갑니다. 구형 모델은 주변 기기를 구하기 힘들기 때문에 일부 부품만 판매하려고 하면 안 삽니다. 예를 들어 펜티엄 모델의 경우 PS/2 포트를 사용하지 않습니다. 따라서 펜티엄 PC를 본체만 구입할 경우에는 AT 방식의 키보드와 시리얼 마우스를 따로 구해야 합니다. 또한 구형 그래픽카드의 경우 최신 모니터를 지원하지 않기 때문에 모니터도 구형으로 따로 구해야 합니다. 이런 일은 매우 번거롭습니다. 그래서 중고를 구입하려는 사람의 상당수는 풀셋(full set) 시스템 형태로 구입하려고 합니다.

2. 본체만 판다면 최근 주변 기기를 사용할 수 있는 제품이어야 합니다.

본체만 판매하려고 한다면 셀러론급 이상이어야 합니다. AGP 그래픽카드와 USB를 지원하고 168핀을 사용하는 본체라면 사람들이 잘 구매하고 가격도 높습니다.

3. 하드디스크, 프린터 처럼 최신 PC에서 사용 가능한 제품은 잘 팔립니다.

부속품이나 주변 기기 중에는 중고로 팔 경우 높은 가격을 받거나 구매 수요가 많은 제품이 있습니다. 이런 제품은 시스템 사양에 따른 특성을 많이 타지 않거나 어떤 시스템에 사용하더라도 도움이 되는 제품들입니다.

예를 들어 하드디스크는 어떤 용량의 제품이라도 아무 PC에나 추가로 장착하여 쓸 수 있습니다. 그래서 하드디스크는 가장 잘 팔리는 제품이며 가격도 가장 높게 형성됩니다.

프린터나 스캐너, 모니터 역시 구형 제품이라 하더라도 최신 PC에 장착하여 사용할 수 있는 제품입니다. 때문에 프린터나 스캐너도 잘 팔리는 품목입니다.

4. 카드류 중에서는 TV수신 카드처럼 특수 기능 카드가 잘 팔립니다.

인터페이스 카드 중에는 특수 기능을 구현하는 카드가 잘 팔립니다. 역시 최신 PC에 장착하여 기능을 발휘할 수 있기 때문입니다. TV수신카드, SCSI 카드, 랜카드, 동영상 편집 카드와 같은 카드는 몇 년 째 기능 변화가 별로 없는 제품입니다. 이처럼 기능 변화가 거의 없고 최신 PC에서도 사용이 가능한 카드류는 높은 가격을 형성합니다.

5. 성능 변화가 심한 그래픽 카드와 구형 램은 안 팔립니다.

인터페이스 카드 중에서도 성능 변화가 심한 제품은 잘 안 팔리거나 매우 저가로 팔립니다. 대표적인 카드는 그래픽카드입니다. 요즘은 64MB의 비디오 메모리를 가진 그래픽카드가 사용 중입니다. 4MB나 8MB의 비디오메모리를 가진 그래픽카드를 최신 PC에 사용할 사람은 아무도 없습니다. 그래서 구형 그래픽카드는 단품으로 판매하기 어려운 제품입니다.

또한 구형 램도 잘 안 팔립니다. 램 가격 자체가 요즘 많이 하락한 상태이고, 구형 램(72핀, 168핀 PC66)은 최신 주기판에서 사용이 불가능하기 때문에 수요가 적습니다. 이런 제품은 판다 해도 몇 천원 못 받습니다.

6. 신제품 가격이 1만원 전후인 제품은 안 팔립니다.

키보드나 마우스는 신제품으로 사도 몇 천원이나 1만원 전후로 구입이 가능합니다. 이런 제품을 중고로 사려는 사람은 거의 없습니다. 중고 제품을 구입하는데 들어가는 시간과 교통비가 아깝기 때문입니다. 잘 안 팔리는 품목은 단품으로 팔기가 어려우므로 묶어서 판매하도록 합니다.

이상의 내용으로 볼 때 풀셋 시스템이거나 그럭저럭 쓸만한 본체, 하드디스크, 프린터, 스캐너, TV수신카드, 동영상 편집카드, SCSI 카드, 랜카드 등은 중고로 판매하는 것이 좋습니다. 어느 정도 돈을 받을 수 있습니다. 반면 아주 구형이거나 잘 안 팔리는 단품 형태의 부품은 묶어서 싸게 판매하거나 폐기 처분, 재활용 방법을 찾아야 합니다.

PC통신망, 포탈사이트, 중고전문 사이트, 하드웨어, 가격 비교 사이트를 이용해 팝니다.

중고 제품을 판매하려면 인터넷의 벼룩 시장에 판다는 게시물을 올려야 합니다. 이때 다음, 하이텔과 같은 인터넷 포탈 사이트, 중고 전문 사이트, 하드웨어 정보 사이트, 가격 비교 사이트의 중고 거래 게시판을 이용하는 것이 가장 효과적입니다.

제품을 팔기 전에는 비슷한 제품이 어느 정도의 가격으로 판매되는지 알아본 뒤에 적정한 가격을 받도록 합니다. 일단 같은 성능의 신제품과 비교해서 10~70% 가격으로 내놓아야 하며 같은 성능의 신제품이 없다면 다른 사람이 내놓은 가격을 참조하여 가격을 매기는 것이 좋습니다.

2 세컨드 PC나 부품 창고로 활용합니다.

집에 공간이 있다면 세컨드 PC나 아이들 장난감, 교육용, 장식용 등으로 재활용합니다.

구형 PC를 폐기 처분하는 가장 큰 이유는 두 가지입니다. 집에 둘 공간이 없는 경우와 활용하는 방법을 찾지 못하는 경우입니다. 그렇지만 이 책의 서두에서 말씀 드린 것처럼 이제는 개인마다 한 대의 PC가 있어야 합니다. 또한 두 대 이상의 PC가 있으면 다양한 용도로 활용할 수 있습니다. 만약 집 안에 이전의 PC를 둘 공간이 충분하다면 집에 두고 활용하는 것이 좋습니다. 세컨드 PC로 활용하면 유용합니다.

펜티엄MMX 이상이나 셀러론급이라면 랜으로 연결하여 자녀와 함께 네트워크 게임을 하는 것이 좋습니다. 레이싱 게임이나 전투 게임, 전략 게임을 하면 아이들이 매우 좋아합니다. 퍼스트 PC가 고장났을 때 임시로 사용할 수도 있고, 퍼스트 PC가 다운로드 중에는 세컨드PC로 게임을 즐기거나 문서를 작성할 수 있어 시간 활용 면에서도 좋습니다. 아주 구형 PC라면 아이들 장난감이나 교육용, 장식용, 다른 기기 변용으로 재활용할 수 있습니다.

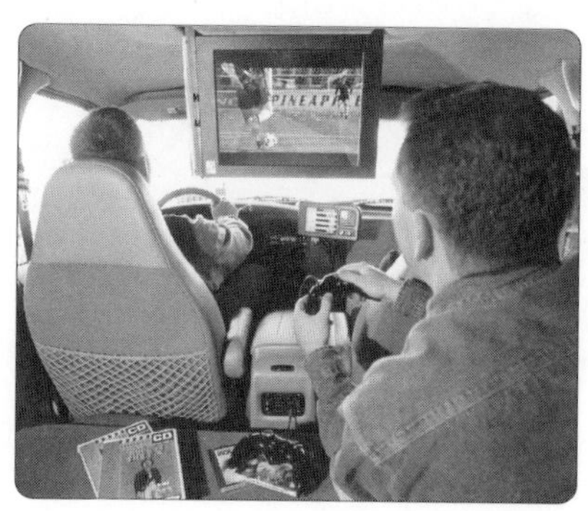

앞으로 필요할 것 같은 부품은 남겨두었다가 추가 조립 때 활용합니다.

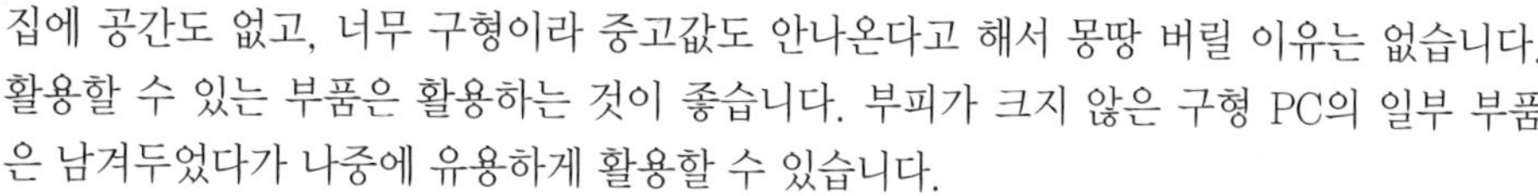

집에 공간도 없고, 너무 구형이라 중고값도 안나온다고 해서 몽땅 버릴 이유는 없습니다. 활용할 수 있는 부품은 활용하는 것이 좋습니다. 부피가 크지 않은 구형 PC의 일부 부품은 남겨두었다가 나중에 유용하게 활용할 수 있습니다.

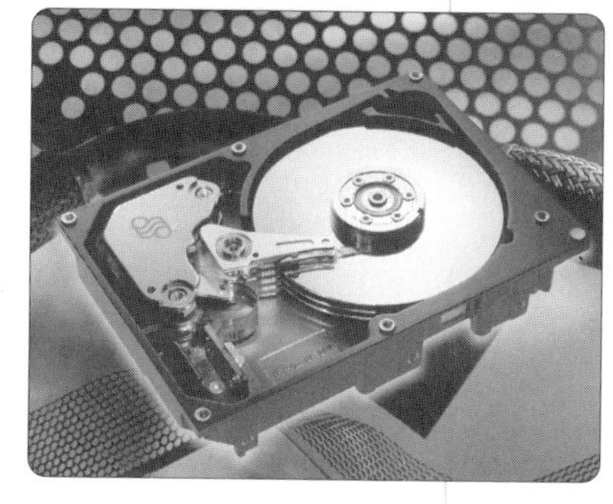

예컨대 3.5인치 FDD와 하드디스크, 카드류, 입출력 장치는 따로 보관하는 것이 좋습니다. 3.5인치 FDD는 현재 사중용인 PC의 FDD가 고장났을 때 대체 용품으로 사용할 수 있습니다. 또한 향후 한 대의 PC를 더 조립하게 될 경우에도 사용할 수 있습니다. PS/2 방식의 마우스나 키보드 역시 현재 시스템이 고장나거나 PC를 한 대 더 조립할 때 사용할 수 있습니다. 랜카드, 모뎀, SCSI 카드 등도 마찬가지 이유입니다.

그래픽카드는 앞으로 사용할 일은 별로 없습니다. 새로운 PC를 조립한다 하더라도 구형 그래픽카드를 사용하는 경우는 없기 때문입니다. 그렇지만 현재 사용중인 PC의 그래픽카드가 고장났을 때 임시 변통으로 사용하기 좋습니다.

하드디스크는 백업용이나 이동용 장치로 만들어 사용하면 좋습니다. 새 PC의 하드디스크가 100GB이고 구형 하드디스크는 3GB에 불과할 경우 두 개의 하드디스크를 동시에 사용하는 것은 의미가 없습니다. 그렇지만 하드랙을 활용하여 3GB 용량의 하드디스크를 하드랙으로 연결해 사용하면 새 PC의 중요 자료 백업용으로 사용할 수 있습니다. 또한 하드랙을 이용하여 집과 직장 사이의 파일 교환용으로 활용하기 좋습니다. 어차피 들고다니다가 고장 나더라도 아까울 것이 없는 하드디스크입니다. 하드랙을 양 쪽에 설치하고 파일 복사용으로 활용하면 구형 하드디스크라도 활용 가치가 큽니다.

활용 가치가 없다면 과감하게 폐기 처분합니다.

어떤 분은 무조건 버려서 문제가 되는가 하면 어떤 분은 비싼 돈 주고 산 부품이 아깝다는 이유로 버리지 못해 문제가 됩니다. 앞으로 활용할 계획이 없다면 과감하게 버리기 바랍니다. 아주 구형 PC라면 앞서 말한 대로 FDD와 HDD, 몇 가지 카드 제품을 제외하고는 버리는 것이 좋습니다. 가지고 있어봐야 쓰레기입니다.

3 구형 PC를 게임기로 활용하기

구형 PC는 아이들 장난감으로 활용합니다.

구형 PC는 아이들의 장난감으로 좋습니다. 특히 노트북은 아이들이 좋아하는 장난감입니다. 현재 시중에는 간단한 디지몽 액정게임기도 2~3만원 합니다. 이런 액정 게임기를 자꾸 사주는 것보다는 중고 노트북을 하나 사주는 것이 훨씬 좋습니다. 물론 이미 중고 PC가 있다면 이를 활용하면 됩니다.

제 경우 486 중고 노트북이 있는데 제 아이들의 장난감으로 활용합니다. 486 중고 노트북의 시세는 5만원 정도에 불과합니다. 그런데 시중에는 아이들 교육용 노트북이라는 장난감이 10만원에 판매중입니다. 이 제품은 아주 간단한 흑백 액정에 몇 가지 키를 가진 제품입니다. 액정 게임 몇 가지 내장하고 모양만 노트북 형태로 만든 장난감입니다. 이 제품을 10만원 주고 사주는 것보다는 486에 윈도우95나 도스용 게임을 깔아주는 것이 훨씬 좋습니다. 일단 액정게임기보다 화면이 넓고 화려한 컬러로 나옵니다. 사운드도 좋습니다. 또한 수 백 개의 게임을 설치할 수 있어 한 가지 게임만 할 수 있는 액정게임기보다 월등하게 좋습니다.

구형 PC로 자기 것을 가지려는 아이들의 심리를 만족시켜줍니다.

아이들의 심리는 묘해서 3D 게임이 되는 데스크탑 PC를 사용하면서도 자기만의 PC에 욕심을 냅니다. 이런 이유 때문에 3D 게임이 발달한 지금도 아이들은 액정게임기에 매달리는 것입니다. 자기 것이라는 인식 때문입니다. 그래서 필자의 아이도 486 노트북을 보면서 늘 '자기 것' 이라고 중얼거립니다. 그리고 남의 집에 갈 때도 노트북을 들고갑니다.

예컨대 외가집이나 할아버지 집에 갈 때도 486 노트북을 들고 갑니다. 집에서는 데스크탑 PC로 3D 게임을 하지만 PC가 없는 집에 가서는 486 노트북도 훌륭한 게임기 역할을 합니다. 무엇보다도 자기만의 노트북을 가지고 있다는 점은 다른 친구들에게 자랑거리가 됩니다. 아이들은 자기 집에 3D 게임이 되는 펜티엄4 컴퓨터를 가지고 있지만 노트북으로 게임하는 것을 더 신기하게 생각하고 즐거워합니다. 자기만의 것, 남들이 안 가진 것에 대한 만족감 때문일 것입니다.

중고 PC와 노트북은 액정게임기나 비디오게임기보다 좋습니다.

또한 중고 노트북은 액정 화면을 사용하기 때문에 TV를 사용하는 비디오게임기보다 시력보호에 좋습니다. 제가 아이들에게 비디오게임기를 사주지 않는 이유는 TV를 가까이 하면서 게임을 하기 때문입니다. TV는 시력 저하에 큰 영향을 미칩니다. 그래서 비디오 게임기를 사주지 않는데 중고 노트북이나 PC는 그런 점에서 아이들 게임기로 적합니다.

저도 가끔 심심풀이 게임기로 사용합니다. 너무 빨라서 못하는 도스용 게임을 486 노트북으로 즐기는 맛도 괜찮습니다.

중고 PC와 노트북은 아무리 구형이라 하더라도 액정 게임기나 싸구려 비디오 게임기보다 훨씬 좋은 장난감입니다. 또한 액정 게임기처럼 고장도 잘 안나고 고장 나더라도 부품을 교체할 수 있어 유지비도 적게 듭니다.

4 중고 PC를 교육용과 장식용, 보조 업무용으로

구형 PC도 여전히 업무용으로 사용할 수 있습니다.

지금 보면 보잘 것 없는 486조차 당시에는 수 백 만원이 넘는 고가의 장비입니다. 중고 PC와 노트북은 여전히 다양한 용도로 사용할 수 있습니다. 중고 PC나 노트북에 교육용 프로그램도 설치해 사용할 수 있고, 워드프로세서나 그림 그리기 프로그램을 설치하여 아이들의 그림 그리기 연습용으로도 활용합니다. 간혹 데스크탑 PC가 고장나거나 다른 일을 하는 동안에는 제가 문서 작성용으로 사용하기도 합니다.

지금은 구형으로 취급하지만 불과 5년 전만 해도 펜티엄133에 윈도우98과 아래아한글, 엑셀 등의 프로그램을 설치해 업무용으로 사용하고 스타크래프트와 같은 게임을 즐겼습니다. 지금도 펜티엄133으로 당시 했던 수준의 업무는 다 할 수 있습니다. 따라서 여전히 교육용과 업무용으로 활용이 가능합니다.

중고 PC는 색칠이나 장식품 부착을 통해 장식품으로 만들 수 있습니다.

중고 PC는 고장에 대한 부담이 없기 때문에 아이들과 함께 전자 제품을 설명하거나 미술용 도구로 활용하기도 합니다. 또는 장식용으로도 괜찮습니다. 이 책의 세 번째 마당에서도 구형 PC를 색칠해 하는 예를 들었습니다. 모든 것을 다 보여드리지는 못했지만 미니 모니터나 마우스, 노트북 등을 색칠해놓으면 정말 예쁜 장식품이 됩니다. 조그마한 제품을 색칠하여 집에 두면 예쁘고 신기한 장식품처럼 보입니다.

또한 남은 전원공급기에 적당한 상자에 부착시킨 뒤에 윙커나 네온 등, 고휘도 LED 등을 연결하여 잘 장식하면 멋진 조명 기구가 됩니다.

중고 PC를 이용하여 조립, 분해, 색칠을 함께 하는 교재로 활용합니다.

또한 아이들과 함께 색칠하는 과정 자체가 훌륭한 교육 과정입니다. 아이들은 비싸고 고급 제품으로만 알고 있는 PC를 분해하고 색칠하는 과정을 통해 전자 제품에 대한 호기심을 느끼고 창의력을 발휘하려고 합니다. 교육용 프로그램을 실행시켜 가르치는 것만이 PC를 이용한 교육이 아닙니다. PC를 함께 분해하고 조립하고 색칠하는 과정이 훌륭한 교육 과정입니다.

사실 전자 제품 중에서 색칠이 가능한 제품은 거의 없습니다. 오디오시스템이나 CD 플레이어 같은 정밀한 제품은 색칠이 곤란합니다. 냉장고는 덩치가 커서 페인트 값도 엄청 들지만 균일하게 색칠하지 못하면 오히려 지저분해 보입니다. 청소기는 이미 고급스럽게 색칠되어 있고 전자레인지나 밥통은 열기구라 색칠할 수 없습니다. 집에 있는 전자제품 중에서 만만하게 색칠할 수 있는 제품은 PC 뿐입니다.

또한 못쓰는 부품은 분해 교재로 활용하여 컴퓨터의 원리를 설명할 수 있습니다. 고장나거나 사용할 가치가 없는 하드디스크는 버리지 말고 아이들과 함께 분해해보기 바랍니다. 하드디스크를 분해하면 거울처럼 매끄러운 플래터가 나타납니다. 금속으로 된 둥근 거울은 아이들의 장난감과 컴퓨터를 가르치는 교재로 활용할 수 있습니다.

중고 PC를 아이들용 PC로 만들어주는 것도 좋은 활용법입니다.

구형 PC를 가지고 있다면 아이들과 함께 색칠해보기 바랍니다. 자유롭게 페인트를 뿌리고, PC에 그림과 이름을 비롯한 낙서를 하게 한다면 아이들이 너무 좋아합니다. 색칠하는 과정도 신이 나고 색칠이 끝난 후에 만들어진 예쁜 PC를 활용하는 즐거움도 있습니다. 그러다가 또 싫증이 나면 또 다시 색칠하는 일을 반복해도 좋습니다.

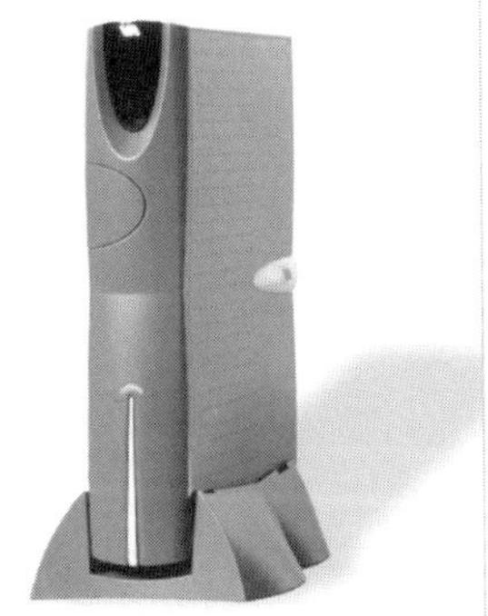

이 글을 읽는 분 중에 자녀가 있는 분도 많을 겁니다. 그리고 아마 많은 분들이 여러분의 자녀가 컴퓨터를 함부로 만지지 않도록 주의를 줄 겁니다. 제 주변에 있는 사람들은 대부분 아이들이 컴퓨터를 만지지 못하게 하는 편입니다. 사실 비싼 컴퓨터가 고장날까 두려워서 못만지게 하는 것이지 아이들의 컴퓨터 사용을 막고 싶은 부모는 많지 않으리라 생각합니다. 구형 PC가 생겼다면 아이들이 자유롭게 만질 수 있는 컴퓨터로 활용하도록 해보기 바랍니다. 구형이라 하더라도 자신만의 PC가 있다는 사실에 대부분의 아이들은 좋아할 겁니다. 구형 PC라 하더라도 아이들과 함께 즐길 수 있도록 용도를 변경한다면 훌륭한 교육용 도구가 될 수 있습니다.

5 제 2의 기기로 탈바꿈하기

PC를 응용하여 PC 외의 용도로 사용할 수 있습니다.

PC에 사용하는 부품은 사실 매우 고급 전자 기기입니다. 우리가 대수롭지 않게 생각하는 전원공급기조차 사실은 매우 고가의 장비이고, 고급 제품에 속합니다. 중고 CD롬드라이브는 요즘 1만원도 안되지만 사실 CD롬드라이브는 한 때 CD 플레이어보다 몇 십 배 비싼 장비였습니다. 지금도 중고 CD롬드라이브가 오디오 시스템의 CD 플레이어보다 더 고급 장비에 속합니다. 오디오 시스템의 CD플레이어는 음악 CD만 읽을 수 있고 속도도 1배속이지만 PC의 CD롬드라이브는 비디오 CD를 비롯한 다양한 종류의 CD 양식을 읽을 수 있고 속도도 빠릅니다.

조립비를 주면 부품가격으로 시스템을 맞출 수 있습니다.

고급 제품에 속하는 PC 부품을 활용하여 제 2의 전자 제품으로 활용할 수 있습니다. 또는 사용하지 않는 다른 전자제품을 PC에 연결하여 제 2의 인생(?)을 창조할 수 있습니다. 간단하게 PC를 활용하는 예를 몇 가지 들겠습니다.

1. 개성 만점인 나만의 CD 플레이어 만들기

CD 플레이어를 만들기 위해 필요한 장비는 두 개입니다. PC 본체의 전원공급기와 CD롬 드라이브만 있으면 됩니다. 적당한 상자를 만들고 여기에 PC용 전원공급기를 장착합니다. 나무나 아크릴, 쓰다 남은 플라스틱 상자에 나사를 이용해 전원공급기를 장착하면 됩니다.

전원공급기의 12V 전원선에 CD롬드라이브를 연결시키면 CD 플레이어가 완성됩니다. 정말 간단한 일이죠. 단 음악 CD 재생 단추가 있는 CD롬드라이브여야 합니다. 대부분의 CD롬드라이브는 음악 CD 재생 단추가 있습니다.

모든 CD롬드라이브는 전원만 연결하면 CD 플레이어 기능을 수행할 수 있습니다. 이제 전원공급기에 달린 스위치를 눌러 전기를 공급하고 CD롬드라이브 앞면에 있는 헤드폰 구멍에 남는 스피커를 연결합니다. 그리고 음악 CD를 넣고 재생 단추를 누르면 훌륭한 CD 플레이어가 탄생하는 것이죠.

이처럼 CD 플레이어 만들기는 너무 간단합니다. 이미 CD롬드라이브가 CD플레이어가 가진 기능을 대부분 가지고 있기 때문입니다. 만약 좀더 멋진 앰프를 사용하고 싶다면 쓰다 남은 앰프와 CD롬드라이브의 헤드폰 구멍 사이를 연결해주면 됩니다.

여러분이 이 작업에서 손을 써야 할 일은 전원공급기와 CD롬드라이브를 고정시키는 상자를 하나 멋있게 만드는 일입니다. 나무나 아크릴을 이용하여 상자를 만들고 리모델링 편에서 배운 지식을 활용하여 색칠을 한다면 독특한 형태의 CD 플레이어가 하나 만들어지는 셈입니다.

전원공급기의 남는 전원선을 이용하여 고휘도 LED나 네온 등, 윙커 등의 조명기를 함께 장착한다면 더욱 멋진 CD 플레이어가 됩니다.

2. 고장난 오디오 시스템을 PC에 활용하기

필자의 친구 중 한 명은 PC를 알람 시계로 활용합니다. 10년 전부터 PC를 오디오 시스템과 연결한 다음에 정해진 시간에 음악이 연주되도록 설정해두었습니다. PC 프로그램 중에는 정해진 시간과 날짜에 특정 프로그램을 실행시킬 수 있는 프로그램이 있습니다. 도스용과 윈도우98용으로 여러 가지 프로그램이 있습니다. 이런 프로그램을 이용하여 알람 시간을 설정하고 정해진 시간에 음악이 나오게 만든 것입니다. 물론 이 친구처럼 오디오 시스템에 PC를 연결할 필요는 없습니다. PC용 스피커를 연결해도 음악은 정해진 시간에 나오니까요.

또 오디오시스템의 CD플레이어가 고장나서 버려야 하는 상황일 때 오디오 시스템을 PC와 연결했습니다. 오디오 시스템의 경우 CD 플레이어가 의외로 잘 고장나는 품목에 속합니다. 오래된 제품이라 교체 비용이 더 많이 든다면 고치지 않았습니다. 대신 오디오 시스템의 앰프와 스피커가 고급이라면서 PC에 연결했습니다.

연결 방법은 간단합니다. 사운드카드의 라인 아웃 단자와 오디오시스템의 AUDIO IN 또는 PHONO 단자를 케이블로 연결하면 됩니다. 보통 PHONO 단자에 연결하는데 이렇게 연결하면 PC의 사운드카드가 턴테이블 기능을 수행합니다. 연결 케이블은 동네 전파상에서 천원 이내로 구입할 수 있습니다.

CD 플레이어가 고장난 오디오 시스템을 PC와 연결한 뒤에 MP3나 게임을 해보기 바랍니다. 그 소리는 정말 감동적입니다. 몇 만원 짜리 PC용 고급 스피커의 음질과 앰프 기능이 좋다 하더라도 오디오 시스템의 앰프와 스피커 소리를 따라갈 수는 없습니다. 쓰다 남은 오디오 시스템은 버리지 말고 PC용 앰프와 스피커로 활용하기 바랍니다.

3. TV 대신 모니터로 봅니다.

혼자 사는 한 친구는 TV가 있습니다. 방이 좁아서 TV 놀 공간도 없지만 TV를 보기에는 거리가 너무 가깝기 때문입니다. 그래서 모니터를 TV 대용으로 사용합니다. 중고 TV 수신 카드를 하나 구해서 구형 PC에 장착한 다음에 VCR과 케이블 TV선을 연결했습니다.

모니터로 비디오와 TV 방송을 볼 때 좋은 점이 무엇일까요? 선명한 화질입니다. 똑 같은 비디오라도 모니터로 보면 더욱 선명하게 보입니다. TV처럼 점과 점 사이에 줄이 안 생기기 때문입니다. 더욱 좋은 점은 아주 가까이서 봐도 눈이 안 아프다는 점입니다. 모니터는 바로 앞에 두고 볼 수 있는 장치입니다. 반면 TV를 모니처럼 바로 앞에 두고 보면 한 두 시간 후에는 어지러워 쓰러지게 되죠. 시력 저하는 말할 필요가 없고요.

하여간 이 친구는 PC로 작업하면서 바로 옆에 있는 모니터로는 TV나 비디오를 봅니다. 그러다가 괜찮은 장면이 나오면 동영상이나 정지 화면으로 갈무리해둡니다. 쓸모 없는 구형 PC에 몇 만원을 투자해 TV수신 카드를 설치해보기 바랍니다. 십 몇 만원 짜리 소형 TV를 구입한 것 이상의 효과를 얻을 수 있습니다.

4. 기타 활용 사례

PC는 고급 장비이기 때문에 다양하게 활용할 수 있습니다. 팔면 몇 만원도 안받을 구형 PC라 하더라도 어지간한 전자 기기보다는 고급 제품입니다. 때문에 각종 감시 장비나 송수신 장비, 응답 장비 등으로 다양하게 활용할 수 있습니다.

구형 시스템이라 하더라도 팩스 프로그램만 실행시켜 놓으면 팩시밀리로 동작합니다. 팩시밀리 가격은 수 십만원이 넘습니다. 그렇지만 PC를 팩시밀리로 둔갑시켜 놓으면 고급 팩시밀리의 기능을 다 사용할 수 있습니다. 일단 수신한 파일은 파일로 보관되므로 종이 낭비가 없습니다. 그리고 팩스 프로그램을 이용하기 때문에 하나의 명령어로 수 십 군데의 기업으로 팩시밀리 전송이 가능합니다. 모뎀을 이용한 팩스 전송은 워드 프로세서로 작업한 파일을 그대로 전송하기 때문에 팩시밀리로 전송하는 것보다 훨씬 선명하게 받게 됩니다. 또한 전송 시간도 매우 짧습니다.

드문 경우지만 자동 응답기 대용으로 사용하는 경우도 있습니다. 별도의 프로그램을 구해서 설치할 경우 걸려온 전화 내용을 녹음하거나 자동 응답해주는 기계로 변모합니다.

또 감시 카메라를 설치했을 경우에는 모니터링용 시스템을 따로 구입할 필요가 없습니다. PC 자체가 어떤 모니터링용 시스템보다 훌륭한 시스템이기 때문입니다. 감시 카메라만 구입해서 설치하면 모니터링용 시스템으로 사용할 수 있습니다.

시스템이 아니라 하나의 부품만 잘 활용해도 괜찮은 제품을 만들 수 있습니다. 남는 전원 공급기가 있다면 앞서 말한대로 장식용 전구를 구해서 연결하기 바랍니다. 아크릴이나 기타 재료로 적당한 상자를 만들고 전원공급기를 부착한 다음에 깜박이나 윙커를 부착하면 멋진 조명 기구가 됩니다.

그외 원격 제어용 시스템으로 사용하는 경우도 있고 전원 관리용 시스템으로 사용하기도 합니다. 이처럼 구형PC도 자신의 환경에 잘 활용하면 다양한 용도로 쓸 수 있습니다. 조금만 생각을 해보면 PC를 이용한 훌륭한 제 2의 전자 제품이 탄생할 수 있습니다.

02 PC와 건강

PC를 사용할 때는 올바른 자세와 올바른 사용 습관을 가지도록 해야 합니다. 특히 자라나는 청소년들의 경우 이 문제는 매우 중요합니다. 자녀들을 가진 분이라면 자녀들이 올바른 자세와 습관을 가지고 PC를 사용할 수 있도록 지도해줄 필요가 있습니다.

1 주변 기기의 위치와 가구의 배치

모니터는 눈과 수평되는 지점에서 약간 아래에 위치

주변 기기를 올바르게 배치하는 것은 바른 자세와 바른 습관을 위해서 갖추어야 할 조건입니다.

먼저 모니터는 눈과 수평되는 지점에서 약간 아래에 위치하는 것이 좋습니다. 모니터가 눈보다 위에 있으면 올려다 봐야 하기 때문에 안좋습니다.

모니터를 책상 밑에 45도 각도로 넣고 사용하는 컴퓨터 책상을 사용하는 경우도 있습니다. 이 경우 고개를 숙여서 아래를 내려다봐야 하므로 건강에 매우 안 좋습니다. 고개도 숙여야 하고 허리도 자동적으로 구부리게 됩니다. 눈높이에서 모니터를 약간 뒤로 젖혀서 모니터 면이 눈과 수직을 이루게 하는 정도라면 몰라도 책상 안에 들어간 상태로 작업하는 것은 잘못입니다.

고개를 숙이고 보는 모니터 위치는 잘못된 것입니다.

모니터가 들어가게 된 컴퓨터 책상은 기업용으로 제작된 책상입니다. 기업에서는 모니터가 책상 위에 있을 경우 모니터가 고객을 가려 불편하기 때문에 모니터를 책상 밑으로 넣고 그 위에 유리를 올려놓고 사용하는 것입니다. 고객 상담용 창구에서 사용하기 위한 책상으로 민원 서류 발급하는 곳에서 주로 사용합니다. 건강에는 좋지 않는 책상입니다.

보안경 사용 여부는 사용자의 선택 문제입니다.

모니터의 보안경 문제는 함부로 말하기 어려운 문제입니다. 보안경을 사용할 경우 전자파가 차단되는 효과가 있습니다. 반면 화면의 선명도가 떨어지고 시선이 분산됨으로 인해서 발생하는 짜증(스트레스)과 피로 가속 문제는 단점에 속합니다. 때문에 보안경이 좋다 나쁘다라고 잘라 말하기는 어렵습니다. 이는 전자파 차단이냐 선명한 화면이냐 하는 선택의 문제라 할 수 있습니다.

필자의 경우에는 언제나 보안경을 사용하지 않았습니다. 보안경을 씌우고 사용하는 분이라면 보안경을 벗겨보기 바랍니다. 화면이 선명해지면서 시원한 느낌을 받을 겁니다. 하루 종일 모니터를 바라보는 일을 하기 때문에 저는 전자파 문제보다 스트레스를 덜 받는 쪽을 택했습니다. 그래서 보안경을 씌우지 않고 좀더 선명한 모니터로 작업했습니다. 선택은 여러분의 몫입니다.

키보드나 마우스를 많이 사용하면 마비 증세나 떨림 증세가 나타납니다.

테니스를 많이 치면 엘보 현상에 의해 관절의 손상을 입는 것처럼 키보드나 마우스를 잘못 사용하면 손에 무리가 갑니다. 마우스를 잘못 사용할 경우 생기는 여러 가지 신체적 증상을 마우스 증후군이라고 하는데 손가락 손목의 저림과 통증, 어깨 목의 결림, 뻐근함, 두통 등이 해당합니다. 의학적으로는 이런 현상을 '반복 사용 긴장성 손상(RSI=Repetitive Strain Injuries)' 또는 '반복적 가압 증후군' 이라고 말합니다.

손을 많이 사용하기 때문에 수근관증후군(CTS=Carpal Tunnel Syndrome) 증상도 발생합니다. 수근관증후군은 키보드나 마우스를 사용해서 생기는 것이 아니고 피아니스트, 바이올리니스트, 타자수처럼 손을 많이 사용하는 직업을 가진 사람에게 많이 발생하는 질병입니다. 그러나 요즘은 키보드를 많이 사용하는 젊은 사람에게도 이런 증상이 많이 나타납니다.

마우스는 비싸더라도 좋은 것으로 구입하기 바랍니다.

마우스나 키보드를 사용하는 사람들이라면 손이 떨리는 증상 또는 손이 뻐근한 증상을 자주 겪어보았을 것입니다. 이런 증상을 막는 방법은 물론 키보드 사용을 줄이는 것이지만 그것이 불가능하다면 올바른 자세로 사용하고, 자주 운동하고 근육을 풀어주어야 합니다. 또한 좋은 마우스와 키보드를 사용해야 합니다.

특히 마우스는 가격이 비싸더라도 손에 맞고 감도가 좋은 고급형을 사용하도록 합니다. 손을 골고루 사용하는 키보드보다 특정 손가락과 손목에 의존하는 마우스를 오래 사용하는 사용자들이 마비 증세를 많이 느낍니다. 저도 한 동안 마우스 단추를 누르는 오른손 두 번째 손가락과 세 번째 손가락 사이가 며칠이나 마비되어 걱정했던 적이 있습니다. 거듭 말하지만 마우스는 좋은 것으로 구입하기 바랍니다.

키보드의 높이는 손을 편하게 내려놓을 수 있는 높이여야 합니다.

마우스나 키보드를 사용할 때는 손목이 꺾이지 않도록 높이와 손목의 위치를 잡아주어야 합니다. 마우스와 키보드의 적절한 높이는 손을 편하게 내려놓을 수 있는 높이여야 합니다. 이 높이는 앉았을 때 허벅지나 배꼽에 손을 올려놓은 높이입니다. 즉 키보드를 올려놓은 책상의 수평면이 사람의 배꼽 밑에 위치하는 것이 좋습니다.

책상은 낮추고 의자는 높여서 손목이 꺽이지 않도록 합니다.

이를 위해서는 책상이 낮거나 의자가 높아야 합니다. 만약 의자가 낮고 책상이 높을 경우에는 독수리 손목 자세가 됩니다. 책상이 높아지면 키보드에 올려놓는 손목이 팔꿈치보다 높은 위치에 놓이게 되고 독수리처럼 손목을 꺾은 상태에서 타자를 쳐야 합니다. 이처럼 독수리 손 자세가 되면 손목과 손가락에 무리한 힘이 들어가게 되고 건강에 안 좋은 영향을 미칩니다.

마우스는 팔의 앞 쪽에 위치시킵니다.

또한 마우스는 팔의 앞 쪽에 놓음으로써 손목이 좌우로 꺾이는 것을 방지해야 합니다. 간혹 일부 사용자는 마우스를 지나치게 오른쪽에 위치시켜 오른 쪽 손목이 심하게 꺾이는 상태에서 작업합니다. 이는 매우 안 좋은 자세입니다.

키보드의 키스킨은 하지 않는 것이 건강에 좋습니다.

키스킨(Key Skin)은 키보드를 덮는 얇은 비닐을 말합니다. 키스킨의 역할은 키보드가 때를 덜 타도록 하는 것과 먼지 등 이물질과 물, 커피 등이 키보드 안에 들어가지 않도록 보호하는 기능입니다. 그러나 키스킨을 이용할 경우 손가락과 손목에 무리가 가기 때문에 키스킨의 사용은 바람직하지 않습니다. 키스킨을 하면 타자 때 힘이 많이 들어가고 오타 여부를 확인하기 어렵습니다. 결과적으로 손이 떨리는 등 부작용이 생깁니다.

또한 키의 눌림이 힘들기 때문에 타자 속도도 느려집니다. 손가락과 손목에 힘이 많이 들어가기 때문에 쉬 피로해져 입력 속도가 전반적으로 늦어지게 됩니다. 힘이 들어가는 타자 때문에 심리적으로 짜증이 나고 답답함도 많이 느끼게 됩니다. 이로 인하여 생기는 일 년 동안의 생산력 감소만 하더라도 키보드 가격의 수백 배를 넘을 것입니다.

키보드가 먼지 때문에 고장나는 일이 있더라도 손을 혹사시키는 것은 어리석은 일입니다. 고장나면 중고 키보드를 구입하거나 새것으로 하나 구입하는 것이 더 현실적이라고 할 수 있습니다. 손목 보호와 생산성 증대를 위해서 키스킨은 안하는 것이 좋습니다.

손목받침판을 사용하는 것이 건강에 좋습니다.

키보드의 스페이스 바 밑에 붙여서 사용하는 푹신푹신한 받침판을 손목받침판 또는 손목보호대라고 합니다. 요즘은 키보드에 기본적으로 달려 있는 부품입니다. 타자를 치는 동안 손목을 이 받침판 위에 올려놓고 치면 손목 꺾임 현상이 줄어들어 한결 손의 피로가 덜합니다. 장시간 타자를 많이 치는 사람들이라면 손목받침판을 사용하는 것이 좋습니다.

조명은 밝게 하되 모니터에 반사되지 않도록 합니다.

어두침침한 곳에서 모니터를 보면 모니터에 대한 집중력이 강해집니다. 눈이 쉬 피로해지고 눈을 깜박이지 않게 되므로 좋지 않습니다. 책을 읽거나 모니터를 사용할 때도 조명은 가능한 밝게 해줍니다. 단 조명이 모니터 앞 쪽에 설치될 경우 모니터에 반사되는 문제가 있으니 모니터에 조명이 반사되지 않도록 배치해주어야 합니다.

2 올바른 습관

컴퓨터를 사용하면서 건강을 지키려면 좋은 제품 좋은 가구도 중요하지만 무엇보다도 올바른 자세가 중요합니다. 자세가 나쁘면 불과 며칠 사이에도 건강이 크게 나빠질 수 있습니다.

① 허리는 항상 폅니다. 의자에 앉아서 작업할 때는 당연히 꼿꼿한 자세를 유지해야 합니다. 책을 보건 모니터를 보건 항상 엉덩이를 의자에 밀착시켜 허리는 곧게 펴주어야 합니다.

② 작업 도중에 시선을 자주 다른 곳으로 돌려줍니다.

③ 작업 도중 눈을 자주 깜박입니다.

④ 손목이나 팔을 자주 흔들어주면서 풀어줍니다.

⑤ 손의 위치는 힘이 들어가지 않고 편안함을 느낄 수 있는 위치에 놓여야 합니다.

⑥ 시선이 위로 향하지 않도록 모니터의 위치를 조정합니다.

⑦ 가장 중요한 것은 적당한 휴식입니다. 한 시간 간격으로 휴식을 취하면서 근육을 풀어주는 간단한 체조를 해줍니다.

03 전자파

1 전자파의 종류

전자파는 전계와 자계로 구성됩니다.

PC와 건강을 이야기할 때 빼놓을 수 없는 이야기가 전자파에 대한 이야기입니다. 그래서 전자파 부분은 좀더 자세하게 알아보겠습니다.

전자파는 전기의 흐름이 있는 곳에 발생하는 파장으로 전기장과 자기장 두 가지 파장을 모두 일컫는 말입니다. 전자파는 전계와 자계로 나누는데 전계는 전압의 세기에 의해 결정되고 자계는 전류의 크기에 비례하여 발생합니다. 이중 전계는 전도성이 높은 물질로 차단할 수 있지만 자계는 차단이 어렵습니다. 또한 전자파는 파장과 진폭, 파형에 의해 몇 가지로 구분됩니다.

전자파의 종류

전자파 종류	주파수	관련 기기
극저주파(ELF=Extremely Low Frequency)	0~1kHz	가정용 전자제품, 사무용 기기들
저주파(VLF=Very Low Frequency)	1~500kHz	
통신 주파(RF=Radio Frequency)	500~3,000kHz	라디오, TV 방송용
마이크로파(MW=MicroWave)	300k~300GHz	휴대폰, 레이더 장비

2 전자파가 인체에 미치는 영향

전자파가 인체에 미치는 영향은 아직 증명되지 않았습니다.

사실 아직까지도 전자파에 대한 연구는 이렇다할 진전이 없는 상태입니다. 아직까지도 전자파가 유해하다는 증거를 누구도 내놓지 못하고 있습니다. 또한 전자파가 인체에 어떤 영향을 미치는지도 밝혀지지 않은 상태입니다. 그렇지만 현재로서는 전자파가 인체에 악영향을 미친다는 것이 정설처럼 굳어진 상태입니다. 아직 증거는 없지만 인체에 나쁜 영향을 미칠 것이라는 생각이 지배적입니다.

일단 전자파가 이롭다는 증거 또한 없습니다. 또한 지금까지의 기술로 전자파의 위험성을 발견하지 못한 것으로 보는 것이 일반적인 견해입니다. 때문에 전자파가 인체에 해롭지 않다고 주장하는 것 역시 타당성이 없습니다.

외국의 경우 고전압 전력선(송전선)이 지나는 지역의 주민과 동물들에게 여러 가지 병이 많이 발생한다는 통계가 있습니다. 이런 병의 원인이 전자파 때문이라고 뚜렷하게 증명하지는 못하지만 송전선 근처의 주민과 동물들이 어떤 영향을 받은 것이라는 심증은 가지고 있습니다.

전자파에 대한 상식을 알아야 전자파를 막습니다.

하여간 전자파를 차단하겠다면 전자파에 대한 상식을 어느 정도 알고있어야 대처할 수 있습니다.

- 전자파는 거리에 따라 지수함수로 감소합니다. 즉 거리가 멀수록 급격하게 감소합니다. 모니터와 눈의 거리가 50cm 이상 두는 것이 좋습니다.
- 모니터의 앞면보다 옆면과 뒷면에서 전자파가 더 강하게 나오며, 가장 많이 나오는 부분은 윗면입니다. 따라서 여러 대의 모니터를 작업할 때는 모니터의 옆면이나 뒷면이 자신에게 향하지 않도록 하는 것이 좋습니다.
- 전원을 내리더라도 접지가 안될 경우에는 전자파가 발생합니다. 따라서 전자파를 확실하게 없애려면 전원코드를 뽑는 것이 좋습니다.
- 접지를 하면 전자파 발생이 크게 줍니다. 전자파 차단을 위해 사용하는 보안경도 접지 안된 제품일 경우에는 효과가 크게 떨어집니다. 전자 기기를 사용할 때는 접지를 하도록 합니다.
- PC 부품을 비롯한 전자 제품에는 EMI 검증 마크와 MPRII 마크가 붙어있는 제품이 전자파가 적게 배출되는 제품입니다. 모든 전자제품을 구입할 때는 EMI 검증 마크가 붙은 것으로 구입합니다.
- 모니터 중에는 에너지스타 마크(=EPA 마크)나 TCO 마크를 획득한 모니터가 있습니다. 이들 마크를 부착한 모니터는 특히 전자파가 덜 나옵니다.

3 전자파 차단 제품은 정말 전자파 차단 효과가 있을까?

광고에 나오는 전자파 차단 제품의 효능은 믿지 않는 것이 좋습니다.

시중에는 전자파를 차단한다는 제품이 꽤 많이 나와 있습니다. 보안경부터 시작하여 전자파 차단 앞치마, 전자파 차단 장판까지 다양합니다. 심지어는 선인장이나 몇몇 식물도 전자파 차단 제품으로 판매되었습니다. 선인장이 물로 되어 있어 전자파를 흡수한다는 소문이 돌면서 한 때는 선인장이 잘 팔렸던 시절이 있습니다.

그렇지만 전자파 차단 제품의 효과는 크지 않습니다. 오히려 불편하여 작업 효율성만 떨어뜨리게 만드는 요인이 됩니다. 그 까닭은 전자파 차단 방법이 엉뚱하게 적용되었기 때문입니다.

직진하는 빛이나 파장을 막기 위해서는 사람 앞에 차단제가 설치되어야 합니다.

아무리 과학에 무지한 사람이라 하더라도 직진하는 빛이나 파장을 차단하기 위해서는 사람 앞에 차단제가 설치되어야 한다는 사실 정도는 알고 있습니다. 따라서 모니터에서 나오는 전자파를 차단하려면 모니터와 사람의 신체 사이에 차단 제품을 설치해야 합니다. 아니면 사람의 몸을 우주인복과 같은 복장으로 감싸야 합니다. 그외는 전자파 차단 효과가 사실상 없습니다. 몇몇 기업의 전자파 차단 제품 광고를 예로 들겠습니다.

1. 전자파 차단 앞치마가 얼굴이나 팔을 가려주나요?

모니터에서 나오는 전자파는 가슴 위의 얼굴과 모니터에 가까이 있는 팔에 집중적으로 영향을 줍니다. 그런데 전자파 차단 앞치마는 얼굴과 팔을 가려주지 않습니다. 앞치마를 입으면 배 부분만 가려줄 뿐 정작 중요한 부분인 얼굴과 모니터에 가까운 팔은 그대로 전자파에 노출됩니다. 그런데도 홈쇼핑 업체는 전자파 차단 앞치마만 두르면 전자파에서 해방될 수 있는 것처럼 광고합니다. 앞치마를 두르면 작업에 방해만 될 뿐입니다.

2. 장판이 PC와 사람 사이에 있나요?

어느 대기업의 바닥재 TV 광고를 보면 개그맨과 아이가 전자파 때문에 PC를 무서워하는 장면이 나옵니다. 이때 전자파 차단 바닥재가 도착하여 바닥재를 깐 다음에 마음 놓고 PC나 TV를 사용합니다. 그렇지만 TV나 모니터에서 나오는 전자파는 앞에 있는 사람에게 바로 직진하여 영향을 줍니다. 도대체 모니터에서 나오는 전자파를 바닥에 깔린 장판이 어떻게 막아준다는 겁니까? 장판은 사람에게 가는 전자파 차단에 아무런 도움도 주지 못합니다. 물론 장판을 오려서 사람과 모니터 사이에 끼워둔다면 전자파 차단 효과가 있을지 모릅니다.

3. 강력한 모니터는 놔두고 PC 본체의 전자파를 막으면 무슨 소용이 있나요?

국내 유명 컴퓨터 업체는 PC 케이스에 전자파 차단 도장을 해서 전자파를 차단했으니 안심하고 컴퓨터를 사용하라는 광고를 내보냈습니다. 그렇지만 PC 본체는 전자파가 많이 나오지 않는 제품입니다. 원래 PC 케이스는 기본적으로 전자파 차단 도장을 하고 EMI 검사를 마쳐서 나오기 때문에 전자파 노출이 심하지 않습니다. 가장 강력한 전자파는 모니터에서 나옵니다. 모니터에서 나오는 전자파를 0으로 막아준다면 획기적인 제품이 되겠지만 PC 본체의 전자파를 막는 것이 무슨 의미가 있습니까?

4. 선인장이 직진하는 전자파까지 빨아들이나요?

선인장을 모니터 옆에 두었습니다. 그럼 모니터 앞에서 나오는 전자파가 갑자기 180도 방향을 바꾸어서 선인장으로 빨려들어갑니까? 아니죠. 선인장에게 향하는 전자파만 흡수할 뿐입니다. 선인장이나 기타 전자파 흡수 물질은 사람과 모니터 사이에 두지 않는 이상 아무 의미가 없는 것입니다.

결국 전자파를 막는 제대로 된 방법은 전자파 차단 소재로 만든 우주인복을 입거나 전자파 발생 제품과 사람 사이를 전자파 차단 투명 물질로 가리는 수밖에 없습니다. 앞치마니 장판이니 하는 것은 아무런 의미가 없는 것입니다.

4 전자파 위험보다 더 위험한 인식들

전자파보다 전자파에 대한 잘못된 상식이 더 위험할 수 있습니다.

전자파를 제대로 막으려면 전자파와 기타 환경 요인의 위험성을 제대로 알아야 합니다. 정작 중요한 것은 놓치고 사소한 것에 신경 쓰를 우를 범해서는 안됩니다. 예를 들어 전자파에 잘못된 소문만 믿고 거기에 신경 쓰는 경우입니다.

'전자파는 몸에 해롭다. 미생물에 실험하니 발육에 이상이 왔다고 하더라.' '전자파를 많이 쐬면 딸만 낳는다고 하더라' 하는 소문들도 한 때 많이 떠돈 소문입니다. 그러나 결과적으로 볼 때 이런 소문 중에 증명된 것은 없습니다.

예를 들어 컴퓨터 보급이 증가한 이후 우리나라의 남아 출생률이 여아 출생률을 크게 앞질렀다는 점을 생각해볼 때 전자파와 딸 생산 관계도 오히려 반비례관계로 봐야 하는 상황입니다. 물론 남아 출생률이 증가한 이유는 성별 감정과 낙태에 의한 요인 때문이지만 수치상으로는 전자파를 많이 쐴수록 아들이 더 많이 태어난 셈입니다.

더 큰 피해를 주는 환경 요소에 관심을 두어야 합니다.

사실 전자파도 문제지만 더 큰 문제는 환경 요소의 경중을 가리지 못하는 사람들의 잘못된 상식입니다. 몇 가지 사례를 살펴봅시다.

1. 전자파는 강력하게 규제하지만 더 해로운 물질은 규제가 심하지 않습니다.

전자파가 몸에 이롭다고 말할 수는 없지만 그 해독의 심각성 면을 놓고 본다면 화공약품이나 매연이 더 심각합니다. 아직까지 모니터나 TV, 전기선의 전자파 쐬고 죽은 미생물과 파리 모기는 없어도 파리약 농약, 매연, 공해 물질에 죽는 생물체와 짐승은 수두룩합니다. 전자파가 1의 해를 끼친다면 우리가 숨쉬며 들이키는 파리약이나 자동차 매연은 그와 비교할 수 없는 해독을 끼친다는 뜻입니다. EMI 검사 등을 통해 전자파 규제는 강력하게 진행하면서 정작 길거리의 자동차 매연과 각종 오염물질에 대해서는 무관심합니다.

2. PC의 전자파보다 더 강력한 전자파에 대해서는 오히려 무관심합니다.

PC에서 나오는 전자파는 강력하지 않습니다. 우선 PC가 대형 소비 제품이 아니며, PC 관련 제품은 강력한 EMI 검사를 통과합니다. 또한 모니터나 본체는 어느 정도의 거리를 두고 사용하기 때문에 전자파의 특성상 사람에게 전달되는 도중에 급격하게 소멸됩니다. 반면 더 강력한 전자파를 발산하는 제품들에 대해서는 무관심 상태로 노출되고 있습니다.

TV나 각종 가전제품, 대형 장비에서 나오는 전자파의 세기가 훨씬 강력합니다. 인체에 붙여서 사용하는 휴대폰이나 헤드폰 등은 전자파를 여과 거리 없이 인체에 바로 침투시킵니다. 전철, 엘리베이터를 비롯한 대형 전자 기기는 강력한 전자파 속에 사람을 가두어 버립니다. 따라서 이들 제품에 대한 전자파 차단에도 큰 관심을 가져야 합니다.

3. 전자파보다 더 해로운 것은 잘못된 PC 사용 습관입니다.

전자파에 대해 무관심으로 대응할 수는 없습니다. 그러나 당장 전자파의 피해보다 더 무서운 환경이 주변에 많이 도사리고 있습니다. 대표적으로 잘못된 컴퓨터 사용 습관을 들 수 있습니다. 허리를 구부린 자세, 손목이 꺾이는 자세, 눈 한 번 깜박이지 않고 모니터만 뚫어지게 바라보는 자세, 컴퓨터에만 몰두하는 심리적 자폐증 등이야말로 심각한 피해를 불러옵니다.

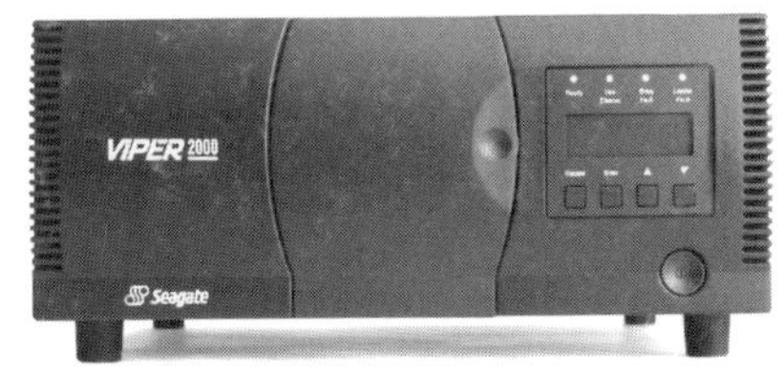

5 컴퓨터를 오래 만지면 시력이 떨어지고, 보안경을 달면 시력이 보호되나요?

보안경은 시력 보호와 상관없습니다.

컴퓨터를 오래 만진다고 해서 시력이 떨어지는 것은 아닙니다. 또한 보안경을 단다고 해서 시력이 보호되는 것이 아닙니다. 이런 생각은 잘못된 선입견입니다. 이런 선입견이 나온 이유는 잘못된 설문조사 방식 때문입니다.

예를 들어 시력이 떨어진 사람에게 '컴퓨터를 만진 이후로 시력이 나빠졌나요?' 라고 물어보면 모두 '예' 라고 답할 것입니다. 이런 설문 조사를 모은 다음에 컴퓨터를 오래 하면 시력이 떨어진다는 통계를 내면 큰 오류를 범하는 것입니다.

사실 요 근래 몇 년 동안 시력이 떨어진 사람에게는 어떤 질문을 하더라도 예를 대답하기 마련입니다. 몇 년 사이 시력이 떨어진 사람들에게, '독서에 몰두한 후로 시력이 떨어졌는가?' '직장에 들어간 후 시력이 떨어졌는가?' '전자오락을 접한 후로 시력이 떨어졌는가?' 'TV 시청을 많이 한 이후 시력이 떨어졌는가?' 라고 물어봐도 모두 '예' 라고 답할 것이라는 점에서 설문조사의 헛점이 있는 것입니다. 이런 식으로 설문 조사를 한다면 '시력이 떨어진 이유는 직장에 들어가서 받은 스트레스와 과중한 업무 때문이다' 라는 결론도 나올 수 있습니다.

시력 저하는 컴퓨터 사용 자체보다는 컴퓨터 사용 습관의 영향이 큽니다.

물론 컴퓨터 사용이 시력 저하의 요인이 되는 점은 분명하지만 결정적인 이유는 아닙니다. 시력 저하는 다양한 요인에 의해서 이루어집니다. 시력 저하의 가장 중요한 요인은 나쁜 자세, 스트레스, 좋지 않은 작업 환경 등입니다. 즉 업무에 시달려 최근 갑자기 피로를 심하게 느낄 정도로 일을 하면 시력이 순식간에 급격하게 떨어집니다. 또한 어두침침하거나 탁한 장소에서 눈을 많이 쓰는 작업을 해도 시력이 크게 떨어집니다. TV나 책을 볼 때 눈을 바짝 대고 볼 경우에도 시력은 급속하게 떨어집니다.

따라서 시력 저하의 주요 요인은 컴퓨터 사용 자체보다는 잘못된 환경과 자세 때문입니다.

어두운 곳에서 컴퓨터를 사용하거나 삐딱한 자세로 컴퓨터를 사용하는 일, 업무가 많아 피로가 누적되는 것입니다.

저를 비롯하여 내 주변의 컴퓨터 전문가들은 십 년이 넘게 컴퓨터를 만지지만 시력 저하가 된 사람이 거의 없습니다. 반면 최근 컴퓨터를 배우기 시작한 일부 사람들은 시력이 급격하게 떨어지는 경우가 있는데, 이는 나쁜 환경, 나쁜 습관과 자세, 과중한 스트레스 때문입니다.

컴퓨터를 사용하면서 시력이 저하되는 이유는 눈을 혹사시키기 때문입니다.

컴퓨터를 사용하면서 시력이 급격하게 떨어지는 가장 큰 이유는 눈을 혹사시키기 때문입니다. 예컨대 PC방에 가보면 담배 연기가 눈을 아프게 하고 어두침침합니다. 이런 곳에서 하루 종일 PC를 사용하는 청소년이 많습니다. 이들의 특징은 한 시간 내내 눈 한 번 돌리지 않고 화면만 쳐다본다는 점입니다. 책이건 모니터건 어떤 것이라도 한 시간 내내 눈 한 번 안돌리고 한 곳만 쳐다본다면 눈의 피로가 심해지고 시력이 떨어질 수밖에 없습니다.

눈을 깜박이지 않으면 망막 건조증으로 눈의 피로가 커집니다.

특히 눈을 거의 깜박이지 않는 사람들도 많은데 이럴 경우 망막이 건조해지면서 시력 저하가 더욱 가속화됩니다. 여기에 하루 종일 의자에만 앉아서 일하는 데서 오는 피로감과 운동부족으로 인한 몸의 불균형도 시력 저하를 부추깁니다.

시력 보호를 위해 자주 몸을 풀고 시선을 돌려주며, 눈을 깜박입니다.

따라서 시력을 보호하기 위해서는 다음의 세 가지를 꼭 지켜야 합니다. 첫 번째로 작업 중에는 가벼운 운동으로 자주 몸을 풀어줍니다. 두 번째로 몇 십분 동안 화면을 보면서 작업했다면 십 분 정도는 쉬는 시간을 가집니다. 마지막으로 자주 화면에서 다른 곳으로 시선을 돌려주고, 화면을 보는 도중에도 의식적으로 눈을 자주 깜박거려 눈물이 충분하게 공급되도록 합니다.

보안경은 전자파를 차단해 주는 제품이지 시력을 보호하는 제품이 아닙니다.

또한 보안경은 전자파를 차단해주지만 시력을 보호해주지는 않습니다. 좀더 엄밀하게 말하자면 보안경을 사용하지 않는 모니터 사용자에 비해 시력 저하 현상이 더 빨리 나타날 수도 있습니다. 이는 보안경에 비치는 반사광으로 인해 눈의 초점이 보안경 표면과 모니터 표면 두 군데로 분산되기 때문입니다. 이로 인해 눈의 피로가 더욱 가속화됩니다. 따라서 보안경을 달았으니 시력이 보호되겠지라는 잘못된 생각은 버려야 합니다. 보안경을 설치했다면 더더욱 눈운동을 자주 해줘야 합니다.

Section 02 PC Remodeling

좀더 편한 PC

01 좀더 편하게 사용하기

1 본체 뒷 면의 포트에 장치를 연결하기 힘들 때

뒷 면에 있는 포트에 주변기기를 연결하기 힘들 때는 포트를 본체 앞으로 빼냅니다.

본체가 벽이나 책상 밑에 붙어있는 경우 본체 뒤에 주변 기기를 장착하기가 쉽지 않습니다. 특히 요즘 많이 사용하는 USB 기기를 끼우고 빼는 일이 어렵습니다. 이런 불편을 해소하는 방법은 주변 기기를 끼우는 각종 포트와 단자를 본체 앞으로 설치하는 것입니다. 이를 위해 세 가지 방법을 사용할 수 있습니다.

1. 케이스를 교체합니다.

본체 앞에 각종 포트가 위치한 케이스를 사용합니다. 고급 제품 중에는 USB 포트와 사운드카드 관련 단자, PS/2 포트 등이 본체 앞에 달려 있는 케이스가 있습니다. 이런 케이스는 본체 앞에서 주변 기기를 끼울 수 있어 편리합니다. 이 방법은 일단 가격이 비싸다는 점이 단점이지만 가장 효과적인 방법입니다. 포트의 위치도 케이스 하단에 위치하여 사용하기 편하고, 사용하지 않을 때는 문을 닫아놓는 제품도 있어 깔끔합니다.

각종 포트를 앞으로 빼낼 수 있는 케이스

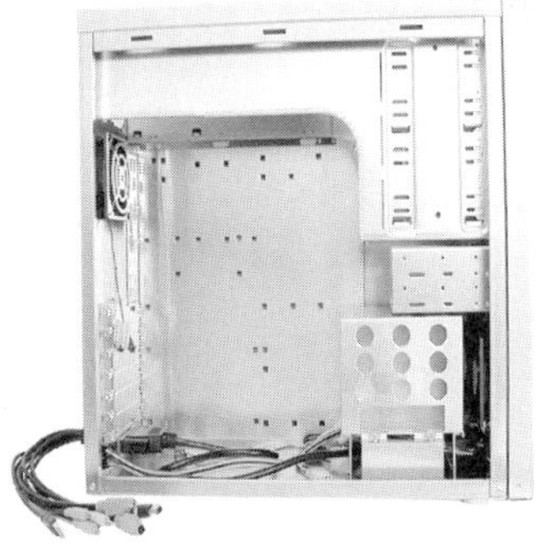

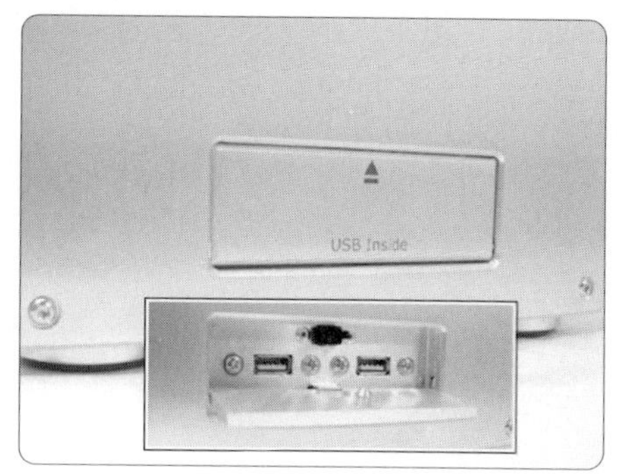

USB 포트만 앞으로 빼낸 케이스. 사용 안할 때는 닫아두기 때문에 깔끔합니다.

2. 5.25인치 베이용 멀티IO 패널을 장착합니다.

멀티IO 패널이라고 부르는 제품은 패널 부분에 USB 포트와 사운드카드 단자, PS/2 포트 등의 각종 단자를 내장한 5.25인치 베이용 패널입니다. 사용자는 이 패널을 5.25인치 베이에 CD롬드라이브를 장착하는 것처럼 장착하고 본체 뒷면이나 주기판, 인터페이스의 단자와 멀티IO 패널 사이를 케이블로 연결해주면 됩니다.

멀티IO 패널. USB 포트 등을 본체 앞으로 빼낼 수 있습니다.

베이의 위치가 약간 위쪽이라는 점이 깔끔하지 못하고, 패널 가격이 조금 비싸기는 하지만 부담스러울 정도는 아니며 케이스를 교체하는 것보다는 편리하다는 점이 장점입니다.

3. 연장 케이블을 사용합니다.

전에 한 번 설명한 것처럼 연장 케이블을 사용하여 뒤의 포트를 앞으로 끌어올 수 있습니다. USB 포트를 주로 사용한다면 USB 연장 케이블을 끼우고 케이블의 남은 끝을 테이프나 고정 걸쇠 장치 등으로 본체 앞에 고정시키면 됩니다. 가격이 제일 저렴하며 뒤에 케이블을 끼우기만 하면 되므로 설치도 쉽습니다. 선이 치렁치렁해지는 점은 단점입니다.

2 스피커와 헤드셋을 바꾸어 끼는 것이 불편할 때

동시에 두 개의 제품을 끼울 수 있는 장치를 사용하면 해결됩니다.

음악이나 게임을 하다 보면 어떤 경우에는 남에게 방해되지 않도록 헤드폰으로 들어야 하고 어떤 경우에는 스피커로 틀어놓고 사용하는 것이 좋을 때가 있습니다. 그런데 그때마다 헤드폰 단자와 스피커 단자를 사운드카드에 끼웠다 뺐다 하는 일이 매우 번거롭습니다.

이런 불편을 해결하는 방법은 다음과 같습니다.

① 앞서 설명한 것처럼 사운드카드 포트가 앞에 위치한 케이스를 사용하건, 멀티IO 패널을 설치합니다. 이 방법은 가격이 비싼 것이 단점입니다.

② 사운드카드용 연장 케이블을 이용하여 사운드카드용 단자를 앞으로 끌어옵니다. 가격은 싸지만 보기에 안좋다는 점이 단점입니다.

③ 5.25인치 베이용 앰프를 설치합니다. 시중에는 5.25인치 베이용 앰프를 판매하는데 여기에 사운드카드 출력 단자를 연결하고 앰프의 헤드폰 구멍을 이용하면 끼우고 빼기 편합니다.

④ 헤드폰 셋을 지원하는 스피커를 사용하고 스피커의 헤드폰 구멍에 헤드폰을 연결하는 것이 좋습니다. 가장 많이 사용하는 방법이며 깔끔합니다.

⑤ 1번 2번 3번 4번 답은 여전히 헤드폰의 단자를 끼우고 빼야 하는 불편이 있습니다. 가장 저렴하고 편리한 방법 중 하나는 사운드카드의 라인아웃 단자에 포트를 분기시키는 와이자형 단자를 끼우고 여기에 헤드폰과 스피커를 동시에 연결하는 것입니다. 시중에 가면 두 포트로 분리해주는 단자가 몇 백원에 판매중입니다. 이 단자를 사운드카드에 연결하고 스피커와 헤드폰 단자를 동시에 연결하면 동시에 두 개의 제품으로 소리가 출력됩니다. 헤드폰만 사용할 때는 스피커를 꺼주면 됩니다.

3 하드랙으로 케이스 안 열고 하드디스크 장착하기

여러 개의 하드디스크를 사용하는 사용자는 하드랙을 사용합니다.

백업용 하드디스크를 이용하여 하드디스크에서 하드디스크로 파일을 복사하기 위해서는 하드디스크를 케이블에 연결해주어야 합니다. 이를 위해서는 본체 케이스를 들어내야 합니다. 이 일은 매우 귀찮은 일입니다. 하드디스크를 자주 사용하거나 여러 개의 하드디스크를 사용하는 사용자라면 하드랙을 사용하는 것이 좋습니다.

하드랙

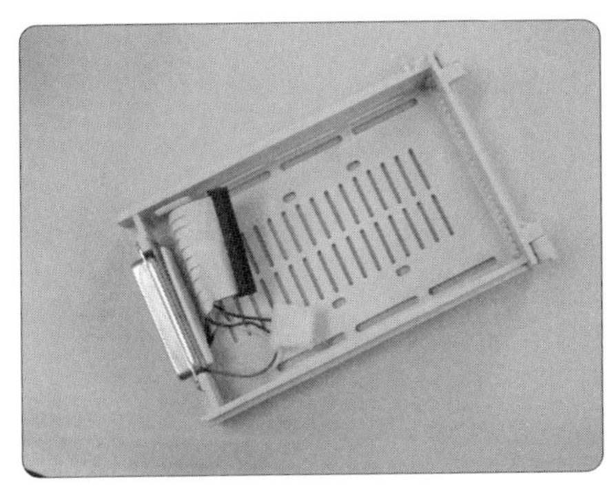

하드랙은 본체의 하드를 쉽게 교환할 수 있는 장치입니다.

하드랙은 하드디스크를 5.25인치 베이용 랙에 넣어서 손쉽게 하드디스크를 컴퓨터 본체로부터 넣었다 뺐다 하는 보조장비입니다. 하드랙은 사용하기에 따라서 매우 유용하게 쓸 수 있는 제품입니다. 백업용 하드디스크를 끼울 때 하드랙에 끼우면 되므로 편리합니다. 또한 각기 다른 운영체제로 설정한 여러 개의 하드디스크를 가진 경우 하드랙을 갈아끼움으로써 원하는 운영체제로 부팅할 수 있어 편리합니다. 두 대의 컴퓨터에 하드랙을 설치한 경우에는 컴퓨터 사이의 대용량 파일 복사 작업이 편리합니다. 집과 직장에 하드랙을 달고 사용한다면 출퇴근하면서 하드랙만 들고다니면 되므로 대용량 파일 교환도 손쉽게 할 수 있습니다.

같은 모델로 구입하며 스위치 방식이 편리합니다.

하드랙은 제조회사와 모델에 따라서 호환성이 달라집니다. 따라서 같은 회사의 같은 모델로 구입해야 합니다. 재질은 금속성과 플라스틱이 있는데 금속성이 열에 강하지만 가격이 비쌉니다. 플라스틱 제품도 사용에 문제 없으니 1만원 전후의 저가형으로 구입합니다.

하드랙을 살 때 살펴볼 점은 ATA-66이나 ATA-100이 지원되는지 여부입니다. 자신의 하드디스크가 최신형일 경우 하드랙과의 호환 문제를 살펴봐야 합니다. 그리고 열쇠로 잠그는 방식과 스위치를 이용하는 방식이 있는데 하드 도난을 염려하는 경우가 아니라면 스위치를 사용하는 것이 편리합니다. 하드랙을 교환할 때마다 열쇠를 찾아서 돌리는 일도 꽤 귀찮은 일입니다.

열쇠로 잠그는 하드랙

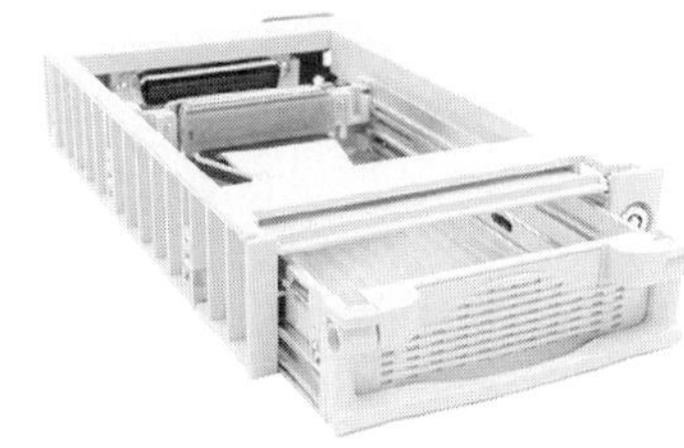

하드랙 사용 방법

01

하드랙 드라이브(본체 부분)을 PC 본체의 베이에 장착하고 하드디스크 케이블과 하드디스크용 전원선을 연결합니다.

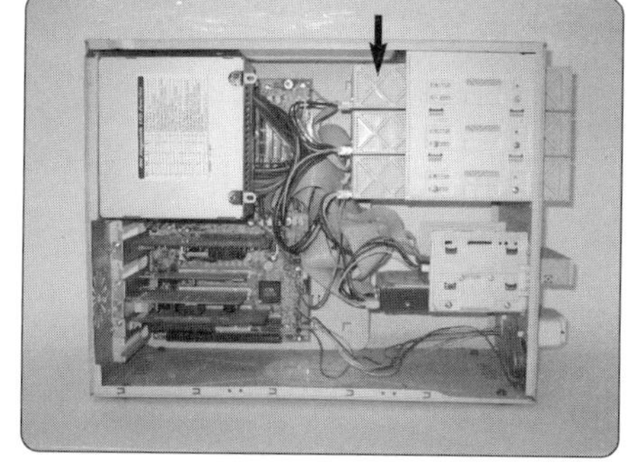

1 하드랙 드라이브를 본체에 끼운 상태

02

하드랙의 인터페이스 케이블과 전원선을 하드디스크와 연결합니다.

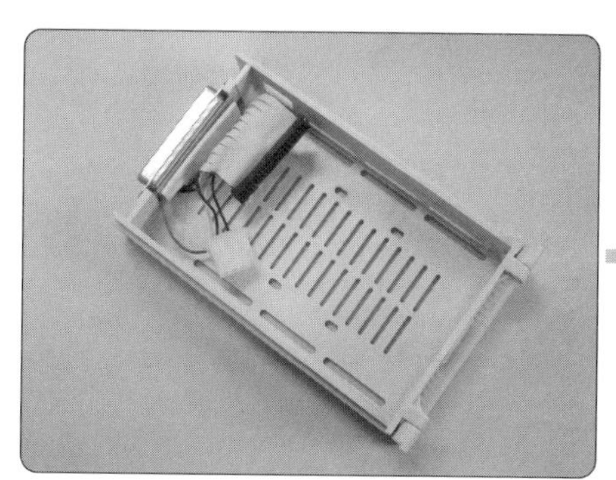

1 하드랙

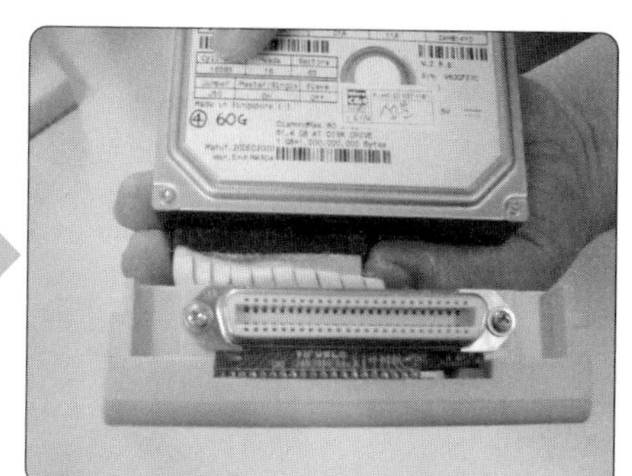

2 하드디스크에 케이블을 연결합니다.

03

하드디스크를 집어넣고 두껑을 닫은 다음에 나사로 하드디스크를 하드랙에 고정시킵니다.

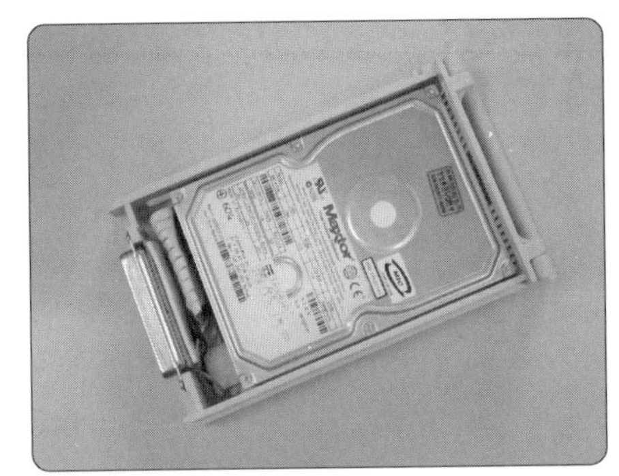

1 하드디스크를 연결한 상태

04

하드랙을 하드랙 드라이브에 넣고 스위치를 잠가줍니다.

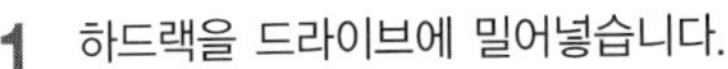

1 하드랙을 드라이브에 밀어넣습니다.

2 스위치를 잠그고 불을 켜면 하드디스크 사용이 가능합니다.

이렇게 하면 하드디스크가 설치된 것입니다. 앞으로는 편리하게 하드디스크를 장착할 수 있습니다.

4 내장형을 외장형으로 바꾸기

외장형 케이스는 내장형 제품을 외장형으로 만드는 장비입니다.

외장형 케이스는 내장형 제품을 외장형으로 만들어줍니다. 내장형인 하드디스크나 CD롬 드라이브를 외장형으로 쓸 수 있게 해주기 때문에 휴대성을 높일 수 있습니다.

외장형 케이스는 크기와 인터페이스에 따라서 구분합니다. 인터페이스는 SCSI 방식, 패러렐 방식, USB 방식, PCMCIA 방식, IEEE 1394 방식 등으로 구별하며 크기는 5.25인치용과 3.5인치용, 2.5인치용, 그외 크기용으로 구별할 수 있습니다.

외장형 케이스

USB 방식이 사용하기 편리합니다.

패러렐 방식은 프린터포트에 연결해 사용하므로 어떤 PC에서도 사용 가능하지만 속도가 느린 것이 단점입니다. 100MB를 복사하는데 30분이 걸립니다. PCMCIA 방식은 속도는 빠르지만 노트북 사용자만 사용할 수 있는 점이 단점입니다. 노트북 사용자가 3.5인치 하드디스크를 외장형으로 만들어 백업용으로 사용할 때 주로 사용합니다. USB 방식은 속도가 빠른 편은 아니지만 대부분의 PC가 USB 포트를 지원하기 때문에 사용이 편리합니다. IEEE 1394(파이어와이어) 방식은 속도도 빠르고 PC 외의 다양한 멀티미디어 기기와 호환성이 좋다는 점이 장점이지만 이 방식을 지원하는 PC가 적다는 점이 단점입니다. SCSI 방식은 가장 빠르지만 SCSI 카드를 장착한 시스템에서만 사용할 수 있는 점이 단점입니다. 주로 내장형 CD레코더를 구입한 사람이 외장형으로 바꿀 때 사용합니다.

결국 요즘 추세로 볼 때 외장형 케이스의 선택은 두 가지입니다. 가장 빠른 속도를 원하고 자신의 PC에서만 주로 사용할 생각이라면 SCSI 방식을 선택합니다. 그러나 다른 사람의 PC에서 사용할 일이 많다면 USB 방식으로 구입합니다.

구입할 때는 인터페이스와 크기, 전원 어댑터 사용 여부를 확인합니다.

외장형 케이스는 크기에 따라서 5.25인치 케이스와 3.5인치 케이스, 그 이하의 케이스로 구분할 수 있습니다.다. 5.25인치 케이스는 주로 CD롬드라이브나 DVD-ROM드라이브, CD-RW레코더를 외장형으로 만들 때 사용하고 3.5인치 케이스는 3.5인치 하드디스크를 외장형으로 바꿀 때, 그 이하의 케이스는 노트북용 하드디스크를 외장형으로 바꿀 때 사용합니다.

자신의 용도에 따라서 케이스의 크기와 전송 방식을 선택하도록 합니다. 3.5인치 하드디스크를 외장형으로 만들어 휴대용 하드디스크로 만들고자 한다면 3.5인치 크기에 USB 방식의 케이스를 구입하는 것이 좋습니다. 가장 저렴한 비용으로 고용량의 외장형 하드디스크를 만들 수 있습니다. 휴대성을 생각한다면 노트북용 하드디스크를 외장형 케이스에 담아서 사용하는 것이 좋습니다.

5 두 대의 PC 사이 파일 전송은 USB 파일 전송 케이블로

USB 파일 전송 케이블을 사용하면 근접한 두 대의 PC 사이에서 파일 교환이 가능합니다.

두 대의 PC 사이에서 파일을 교환하는 일은 쉽지 않습니다. 파일 용량이 크거나 많을 경우 플로피디스크를 이용하는 일도 어렵고, 인터넷에 올렸다가 받는 일도 쉽지 않습니다. 그렇다고 하드디스크를 떼어내서 연결하자니 불편합니다. 특히 노트북과 데스크탑 사이의 파일 교환이 많은데 이때는 하드디스크를 연결하는 일도 불가능합니다. 이럴 때는 USB 파일 전송 케이블을 사용하는 것이 좋습니다.

USB 파일 전송 케이블은 사용하기 편리하고 휴대가 간편합니다.

USB 파일 전송 케이블은 양 쪽 PC의 USB 포트를 연결한 다음에 전용 프로그램을 실행시켜 파일을 복사할 때 사용합니다. USB 포트가 있는 PC끼리는 쉽게 파일 전송이 가능하고 속도도 빠른 편이기 때문에 유용합니다. 특히 노트북 사용자가 데스크탑 PC와 파일을 주고받을 때 가장 편리하게 사용할 수 있는 장비입니다. 케이블만 사용하므로 휴대도 간편하고 사용법이 쉬우며 가격도 저렴하고 사용이 편리하다는 장점이 있습니다.

02 변환 장치와 공유기 이용하기

1 110V와 220V 장치 사용하기

컨버터를 이용하여 110V 제품을 사용할 수 있습니다.

현재 국내는 대부분 220V를 사용하지만 외국에서 수입한 기기나 구형 제품, 몇몇 특수 제품은 110V를 사용합니다. 예를 들어 요즘 수입되는 디지털카메라의 경우 110V용이 의외로 많습니다. 110V 제품을 220V에서 사용하려면 교류 컨버터를 사용해야 합니다.

교류 컨버터는 승압기와 감압기로 구분합니다. 110V 전원을 220V로 올려서 컴퓨터와 연결해주는 것을 승압기라 하고, 반대로 220V로 들어오는 전기를 110V로 내려서 컴퓨터와 연결할 수 있게 해주는 트랜스를 감압기라고 합니다. 트랜스를 구입하면 110V 제품도 사용할 수 있습니다.

2 본체 내부의 전원선이 부족할 때는 Y자 케이블을 이용

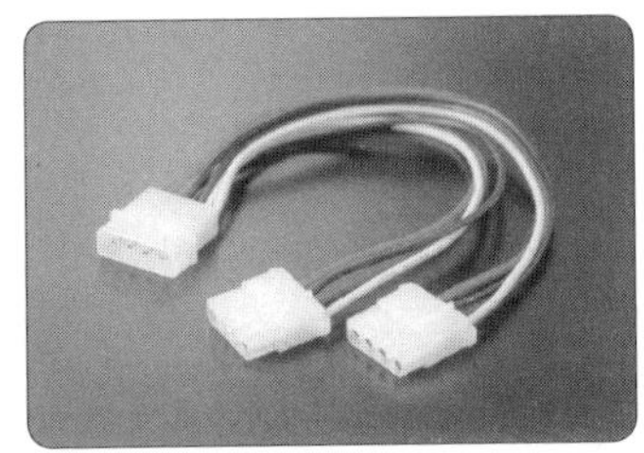

Y자 케이블

베이가 많은 시스템에 각종 드라이브나 주변 장치를 추가하다 보면 전원공급기에서 제공하는 12V용 전원선이 부족합니다. 이럴 때는 Y자 케이블이라는 것을 구입해서 전원공급기에서 나오는 전원선을 두 개로 분기하여 사용합니다. Y자 케이블은 전자상가에서 쉽게 구할 수 있으면 천 원 정도입니다.

3 전원 인버터로 차 안에서 노트북 사용하기

차량 운전자는 인버터를 사용합니다.

노트북 사용자라면 차량을 운전하는 동안 차량용 시가잭을 이용하여 노트북을 충전하거나 차 안에서 노트북을 사용하고자 합니다. 이럴 때는 차량용 인버터 장치를 연결하여 노트북을 사용할 수 있습니다. 차량용 인버터는 노트북 제조사에서 판매하는 전용 제품과 모든 전기 제품에 사용이 가능한 범용 제품으로 구분합니다.

인버터의 지원 전압을 확인하고 구입합니다.

범용 제품은 자동차의 시가잭에 연결하여 220V의 교류로 변환하여 제공해줍니다. 노트북 외에도 220V 전원을 사용하는 각종 전자 제품을 사용할 수 있습니다. 구입할 때는 자신의 차종에 맞는 전압을 확인합니다. 보통 승용차나 1톤 이하의 화물차, 15인승 이하의 승합차인 경우는 12V를 사용하고 대형 화물차나 승합차인 경우 24V를 사용합니다. 따라서 일반적인 자가용 운전자라면 12V용 인버터를 구입해야 합니다.

4 USB 방식의 각종 카드 리더기

USB 방식의 각종 카드 리더기는 매체에 따라서 여러 가지 제품으로 구분합니다. 요즘 많이 사용하는 리더기로는 CF카드 리더기와 스마트미디어 카드 리더기가 있습니다.

CF카드 리더기는 저장매체인 CF카드(Compact Flash Card)를 데스크탑 PC나 노트북컴퓨터에서 읽어들이고자 할 때 사용하는 장비입니다. USB 포트에 리더기를 연결한 다음에 리더기에 CF카드를 끼우면 일반 PC에서도 CF카드를 사용할 수 있습니다. 마찬가지로 스마트카드(SMC) 리더기는 저장매체인 스마트미디어카드(Smart Media Card)를 데스크탑PC나 노트북컴퓨터에서 읽어들이고자 할 때 사용하는 장비입니다.

5 여러 대의 PC가 여러 대의 장치를 공유하는 공유분배기

분배기와 공유기를 이용하면 여러 대의 장치를 사용할 수 있습니다.

시중에는 분배기와 공유기라는 제품이 있습니다. 분배기는 한 대의 PC에서 두 대 이상의 장치를 연결할 때 사용합니다. 예를 들어 한 대의 PC에 두 대 이상의 모니터를 연결할 때 분배기를 사용합니다. 공유기는 여러 대의 PC에서 한 대의 장치를 공유하고자 할 때 사용합니다. 즉 여러 대의 PC에서 하나의 모니터를 사용할 때 사용합니다. 물론 두 기능을 모두 가진 다대다 공유분배기도 있습니다. 이럴 경우 여러 대의 PC에서 여러 대의 장비를 분배하거나 공유할 수 있습니다.

한 대의 프린터를 여러 대의 PC가 사용할 때는 공유기 기능을 사용합니다.

예를 들어 한 대의 레이저 프린터를 여러 대의 PC가 사용하고자 할 경우에는 프린터 공유기를 사용하면 편리합니다. 물론 모든 PC와 주변 기기가 랜으로 연결된다면 더욱 좋겠지만 랜을 사용할 수 없는 환경이라면 프린터 분배기를 이용하여 여러 대의 PC가 한 대의 프린터를 사용할 수 있습니다. 또 회의실에서 모니터 공유기를 이용하여 각 사원의 노트북과 연결할 경우 여러 사원이 각자의 노트북으로 설명하는 내용이 중앙의 메인 모니터로 표시되어 편리합니다.

하나의 PC에서 각기 다른 프린터를 선택하고자 할 때는 분배기 기능을 사용합니다.

반대로 레이저 프린터와 잉크젯 프린터를 함께 사용하고자 할 때는 분배기를 사용합니다. 문서 출력 때는 레이저프린터로, 컬러 출력 때는 잉크젯으로 출력하고자 하는데 그때마다 프린터 포트에 케이블을 빼고 끼우는 일은 번거롭습니다. 분배기에 두 대의 프린터를 연결하고 스위치로 원하는 프린터를 선택하여 출력하면 매우 편리합니다.

공유기는 공유하는 기기의 수에 따라서 종류가 달라지며 공유방법에 따라서 자동공유기와 수동공유기로 구별합니다. 자동 프린터 공유기는 공유기가 알아서 각 PC에서 오는 신호를 차례대로 처리하는 방식이고, 수동 프린터 공유기는 프린터를 사용할 때마다 사용하려는 PC 쪽으로 스위치를 돌려놓는 방식입니다. 자동 방식이 좀더 편하지만 가격이 좀더 비쌉니다.

03 좀더 빠르고 좋은 PC

1 스피커에서 나는 잡음 줄이는 방법

스피커에서 잡음이 나는 이유

스피커에서 잡음이 많이 나오는 이유는 다음과 같습니다.

① 사운드카드 성능이 안좋아서입니다.

② 스피커 성능이 안좋아서입니다.

③ 잭의 연결 상태가 안좋아서입니다.

④ 사운드카드 주변에 전자파가 많이 발생하여 방해하기 때문입니다.

⑤ 스피커 단자에 스피커를 연결했기 때문입니다.

⑥ 마이크 기능이 켜진 상태라서 그렇습니다.

커넥터에 연결하는 케이블을 좋은 것으로 교체합니다.

1번과 2번은 좋은 제품으로 교체하기 전까지는 방법이 없습니다. 3번이 원인일 경우에는 잭만 바꾸어 효과를 볼 수 있습니다. 고급형 사운드카드와 스피커를 사용하더라도 싸구려 케이블을 사용하면 잡음이 많이 발생합니다. 케이블은 잡음이나 출력을 좌우하는 주요 요인이 되므로 괜찮은 케이블로 바꾸어볼 필요가 있습니다.

요즘은 고급형 사운드카드의 경우 커넥터 부분을 금으로 도금 처리하고 있습니다. 잡음을 좀더 줄이기 위해서입니다. 금으로 도금된 케이블을 사용한다면 잡음이 좀더 줄어듭니다.

현재의 사운드카드와 스피커를 가지고 잡음을 줄이는 방법은 다음과 같습니다.

라인아웃에 연결합니다.

라인아웃과 스피커라는 단자가 동시에 있는 사운드카드라면 라인아웃에 연결합니다. 스피커 단자는 사운드 카드의 앰프를 이용하여 증폭된 소리가 나오는 것이고, 라인 출력 쪽으로는 증폭되지 않은 소리가 나옵니다. 따라서 증폭 기능이 있는 스피커를 사용할 경우에는 라인아웃 단자에 연결하는 것이 좋습니다.

만약 증폭 스피커의 단자를 스피커 단자에 연결하면 내장앰프의 증폭 기능과 스피커의 증폭기능이 상충하면서 잡음이 발생합니다. 물론 증폭 기능이 없는 스피커라면 스피커 출력에 연결해야 하지만 별도의 전원으로 연결하는 대부분의 스피커는 증폭 기능이 있는 것이므로 라인아웃에 연결합니다. 특히 오디오의 앰프에 연결해서 사용할 경우에는 꼭 라인아웃 단자에 연결해야 합니다. 요즘 나오는 사운드카드는 앰프를 내장하지 않기 때문에 스피커 출력 단자가 없는 사운드카드가 대부분입니다. 스피커 단자가 없는 경우에는 라인아웃 단자에 연결할 수밖에 없습니다.

마이크 기능을 꺼놓거나 사운드카드를 CPU에서 먼 슬롯에 장착합니다.

마이크 증폭 기능이나 믹서 기능은 사용하지 않을 때는 꺼놓는 것이 외부의 잡음 유입을 막는 방법이 됩니다. 또한 사운드카드의 위치에 따라서 주변 부품의 전자파로 인해서 외부 잡음이 입력될 수도 있으므로 사운드카드의 장착 위치를 바꾸는 방법도 시도해봅니다.

CPU에서 멀리 떨어진 쪽에 장착하는 것이 고주파를 발산하는 CPU 쪽에 있는 것보다 좋습니다.

2 좀더 좋은 음질로 듣는 방법

음질이 나빠지는 이유는 사운드가 출력되는 동안 음의 손실이 생기기 때문

사운드카드를 이용하여 듣는 소리는 오디오컴포넌트를 통해 듣는 소리에 비해 매우 나쁩니다. 이는 여러 가지 이유가 있는데 기본적으로 앰프와 스피커 기능이 오디오 시스템보다 나쁘기 때문입니다. 그러나 앰프와 스피커가 오디오시스템과 같은 것이라 하더라도 음질은 더 나쁠 수밖에 없습니다. 이는 디지털 방식으로 기록된 음악 CD가 스피커까지 전달되는 과정에서 몇 차례의 변환 과정을 거치기 때문입니다.

음악 CD의 소리는 CD롬드라이브에서 읽힌 후에 아날로그 케이블을 통해 사운드카드로 전달됩니다. 그리고 사운드카드에서 디지털로 변환된 다음에 다시 스피커로 가기 위하여 아날로그 방식으로 전환됩니다. 따라서 디지털-아날로그-디지털의 두 차례 변환이 생깁니다. 이 과정에서 많은 음이 손실되며 잡음이 들어갑니다. 그래서 소리가 나빠지는 것입니다.

따라서 좋은 음질을 얻으려면 변환 과정을 적게 거치고, 케이블과 커넥터의 품질이 좋아야 하며, 앰프와 스피커의 성능이 좋아야 합니다. 변환 과정을 적게 거치는 방법으로는 S/PDIF 단자를 이용하는 방법이 있습니다.

좋은 소리를 얻으려면 좋은 스피커와 케이블을 사용합니다.

현실적으로 사용자가 조치할 수 있는 부분은 사운드카드와 스피커를 고급 제품으로 바꾸는 것입니다. 이는 비용이 듭니다. 그러나 집의 오디오 시스템에 사운드카드의 출력을 연결한다면 비용을 들이지 않고도 좋은 음질을 얻을 수 있습니다. 오디오 시스템의 앰프와 스피커의 품질은 아무래도 조그마한 컴퓨터용 스피커보다 월등하게 뛰어납니다.

또한 금도금으로 커넥터 부분을 처리한 케이블로 스피커를 연결하는 것도 한 방법입니다.

스피커는 설명서대로 분산시켜 놓습니다.

스피커를 여러 개 사용하는 경우라면 스피커를 잘 분산시켜야 합니다. 스피커를 한 곳에 몰아 놓으면 음의 간섭현상으로 인하여 소리가 손상을 입습니다. 가장 이상적인 배치 방법을 찾아서 분산시켜 놓는 것이 좋습니다. 세 개의 스피커를 사용한다면 두 개의 좌우 스피커를 분산시키고 가운데 우퍼 스피커를 둡니다. 5.1 채널용 스피커라면 설명서에 적힌대로 간격을 두고 배치합니다. 두 개의 스피커라 하더라도 좌우 간격을 어느 정도 벌려서 배치하는 것이 좋습니다. 또한 스피커 높이는 귀의 높이와 비슷한 것이 좋습니다. 이는 책상 밑처럼 너무 낮은 곳에 배치하면 안좋다는 뜻입니다.

3 키보드 입력 속도 빠르게 만들기

CMOS의 RATE DELAY 조정으로 빠르게 만들기

컴퓨터에서 문서 입력이 많은 사용자들은 타자 속도가 매우 빠릅니다. 그런데 키보드 속도가 타자 속도를 따라오지 못하는 경우도 많습니다. 이런 경우 매우 답답하므로 키보드 속도를 향상시키는 작업이 필요합니다.

키보드 속도 향상은 다음의 방법으로 가능합니다. 우선 CMOS에서 키보드 속도를 향상시키는 방법입니다.

CMOS의 [BIOS FEATURES SETUP]에서 [Typematic Rate(Chars/초)]를 30으로 설정하고, [Typematic Delay(Msec)]는 250msec로 설정합니다. 이렇게 하면 타자 속도가 빨라집니다.

윈도우98의 키보드 항목으로 입력 속도 빠르게 설정하기

윈도우98 사용자라면 제어판의 키보드 항목을 이용하여 키보드 속도를 향상시킬 수 있습니다.

01 윈도우98에서 [내 컴퓨터]를 선택합니다.

02 [제어판]을 선택합니다.

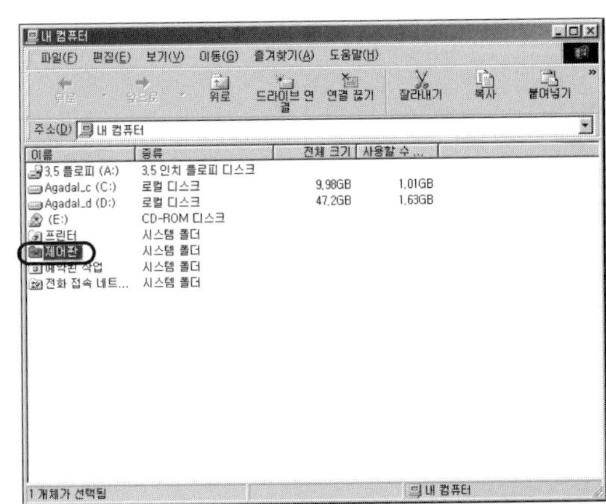

03

키보드를 선택합니다.

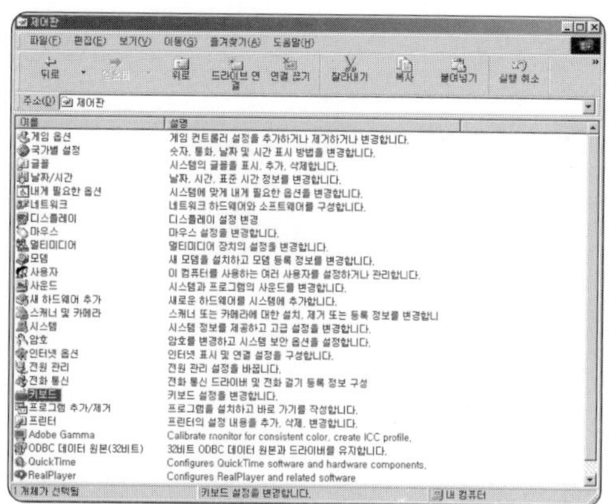

04

'키 재입력 시간'과 '키반복 속도'를 조절합니다. 중간에 있다면 둘 다 오른쪽 끝까지 막대를 이동시켜놓습니다.

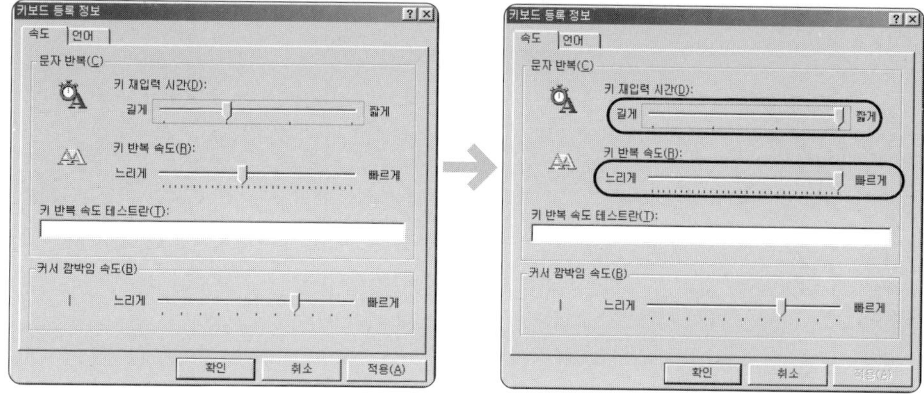

1 막대가 중간에 위치하고 있습니다.

2 '키 재입력 시간'과 '키반복 속도'를 조절하여 막대를 오른쪽 끝까지 이동시킵니다.

05

테스트란에서 키 입력 속도를 시험해본 뒤에 [적용(A)] 아이콘를 눌러 설정을 마칩니다.

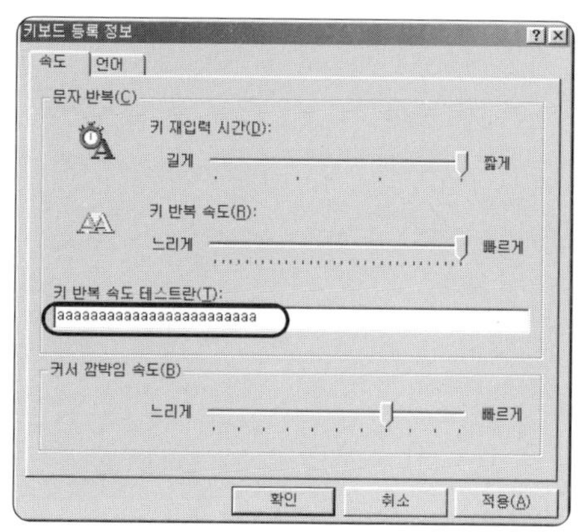

이렇게 설정해두면 훨씬 빨라진 입력 속도를 체감할 수 있습니다.

4 마우스 감도 높이기

제어판의 마우스 항목으로 감도를 조정합니다.

마우스를 움직였는데 마우스 커서가 한참 뒤에 따라오는 경우 아주 답답합니다. 또 마우스를 손으로 움직이는 움직임에 비해 화면 상의 이동 거리가 매우 짧을 때도 답답합니다. 이런 경우 마우스 감도를 조정하여 해결이 가능합니다.

01

[내 컴퓨터] – [제어판] – [마우스] 순으로 선택합니다.

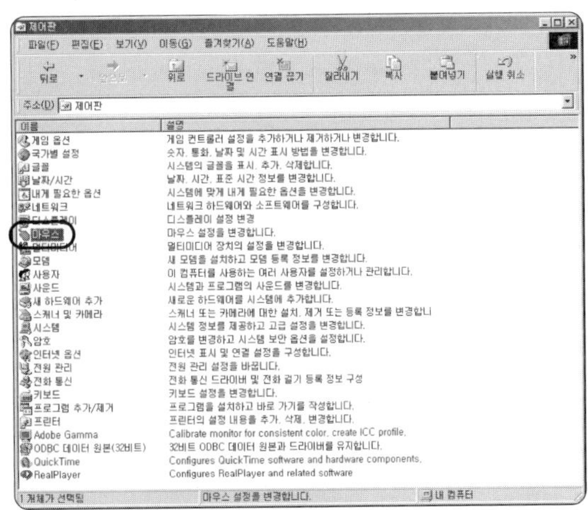

02

마우스 등록 화면에서 [기본] 시트를 선택합니다.

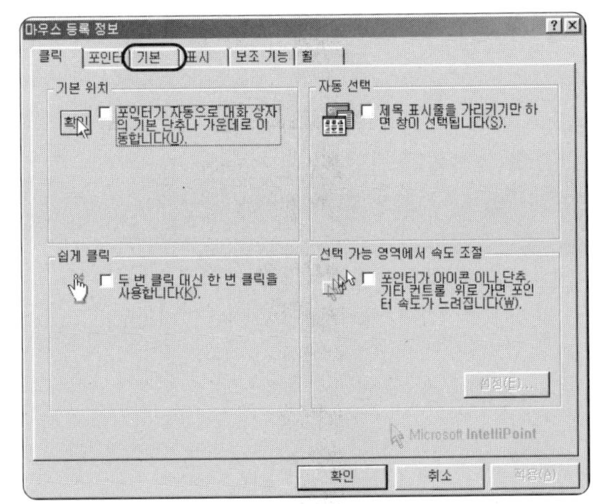

03

[포인터 속도] 메뉴의 막대를 이동시켜 빠르게 설정한 다음에 [확인]을 눌러 설정을 마칩니다.

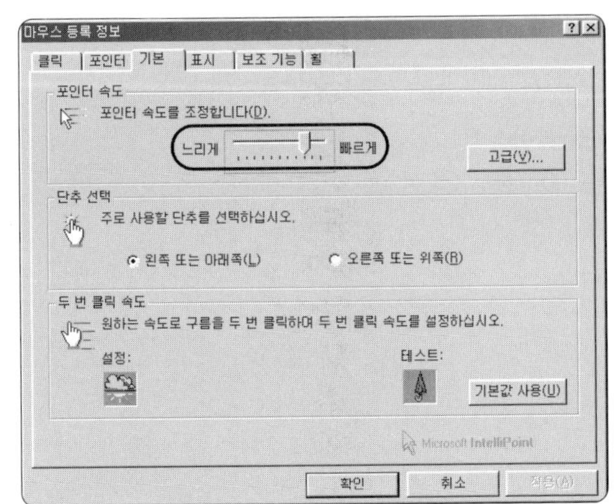

이렇게 설정하면 마우스를 움직일 때 마우스 커서가 빠르게 움직이며 넓게 움직입니다. 시험해보고 적당한 감도로 설정하여 사용합니다.

5 부팅 시간 단축 시키는 요령

부팅 시간을 줄이려면 CMOS 설정과 운영체제의 환경 설정이 최적화되어야 합니다.

도스 시절에는 불과 몇 초면 부팅이 되었습니다. 그렇지만 윈도우98은 부팅 시간이 1분 이상 걸리는 경우가 대부분입니다. 이렇게 지루한 부팅 시간을 줄이는 방법을 몇 가지 살펴보겠습니다. 부팅 시간은 CMOS 셋업을 통하여 운영체제를 램으로 불러올 때까지의 시간을 줄이는 방법과 하드디스크와 운영체제의 환경 설정 상태를 최적화하여 운영체제가 부팅되는 시간을 줄이는 방법을 사용합니다.

CMOS의 설정 방법을 최적화하는 것은 아래의 내용을 보고 따라 하면 되므로 누구나 할 수 있습니다. 그렇지만 초보자가 운영체제나 하드디스크의 상태를 최적화하는 일은 쉽지 않습니다. 최적화 해야 하는 항목이 워낙 많고 또한 개인마다 최적화할 수 있는 여건이 다르기 때문입니다. 따라서 운영체제의 최적화 부분은 참고만 하기 바랍니다.

CMOS 셋업을 통해 부팅 시간 줄이기

① [STANDARD CMOS SETUP]의 하드디스크 설정 부분인 Primary Master, Primary Slave, Secondary Master, Secondary Slave 등이 있습니다. 여기가 'Auto'로 설정되어 있으면 부팅할 때마다 하드디스크의 용량을 검사하느라고 시간이 소모됩니다. 본체 내부에 설치한 하드디스크만 사용 중이라면 CMOS 셋업의 [IDE HDD Auto Detection] 기능을 이용하여 하드디스크의 모델과 용량을 잡아줍니다. 이렇게 하면 부팅할 때 하드디스크의 종류를 알아보기 위해 검사하는 과정이 생략됩니다.

또한 사용하지 않는 채널의 하드디스크는 모두 'None'으로 설정해줍니다. 하드디스크를 하나만 사용중이라면 1번(Primary 채널의 Master 하드디스크) 하드디스크만 설정해주고 나머지 3 개의 하드디스크 설정 상태는 모두 'None'으로 설정합니다. 이렇게 하면 나머지 세 개의 하드디스크를 검사하기 위한 과정이 생략됩니다.

잠깐! HDD를 'None'으로 설정해도 CD롬드라이브를 인식할까?

CMOS 셋업에서 하드디스크 설정 부분에서 마스터 하드디스크만 설정하고 나머지 세 개의 하드디스크 설정 상태를 'Auto'가 아닌 'None'으로 할 경우 D: 드라이브로 설정한 CD롬드라이브를 인식할까요? 인식합니다. 'None'으로 설정해도 CD롬드라이브는 부팅할 때 장치 드라이버를 통해 CD롬드라이브를 인식합니다. 따라서 CD롬드라이브가 연결된 하드디스크 채널도 'None'으로 해놓는 것이 좋습니다. 'None'으로 설정해두면 부팅할 때 연결된 하드디스크를 파악하기 위한 과정이 생략되어 부팅 시간이 단축됩니다.

② [BIOS FEATURES SETUP] 항목을 다음과 같이 설정합니다.

(1) Virus Warning - Disabled

이 부분을 Enabled로 설정해놓으면 시스템이 부팅되면서 부트섹터나 하드디스크에 접근을 시도할 때 바이러스를 검사합니다. Disabled로 설정하고 가끔씩 백신 프로그램을 사용하는 것이 좋습니다.

(2) CPU Internal Cache - Enabled

당연히 CPU 안에 있는 내부 캐시를 사용해야 합니다.

(3) External Cache - Enabled

CPU의 외부 캐시 역시 사용 가능 상태로 설정합니다.

(4) Quick Power On Self Test - Enabled

POST 속도를 빠르게 설정해주는 옵션입니다. Enable로 해놓으면 메모리 검사 등을 짧게 진행합니다.

(5) Boot Sequence - C, A

부팅 되는 저장장치의 순서를 선택하는데 하드디스크를 1순위로 설정해 C: A:의 순서로 부팅하도록 설정합니다. 플로피디스크드라이브로 부팅해야 할 경우에만 A: C:로 잠시 바꾸어주고 평상시에는 C: A:의 순서로 부팅해야 합니다. A: C:의 순서로 하면 부팅 때마다 플로피디스크드라이브를 검사합니다.

(6) Swap Floopy Drive - Disabled

플로피드라이브의 순서를 바꾸는 옵션입니다. A: B:의 순서를 바꿀 이유가 없으므로 Disabled로 설정합니다.

(7) Boot Up Floppy Seek - Disabled

이 부분이 Enabled로 설정되면 부팅할 때마다 벅벅 소리를 내면서 플로피디스크 드라이브를 검사하는 과정을 거칩니다. Disabled로 설정해 놓으면 플로피디스크드라이브를 검사하지 않습니다.

운영체제를 최적화하여 부팅 시간을 줄이기

윈도우98의 운영체제에서 부팅할 때 시간을 많이 잡아먹는 부분을 생략하면 부팅 시간이 많이 줄어듭니다. 또한 하드디스크의 상태를 최적화하고 사용해도 부팅 시간이 많이 줄어듭니다. 다음 내용은 아는 분은 아는대로 실행해주고 모르는 분은 이런 것이 있구나 한 정도로 참고하기 바랍니다.

① config.sys 파일과 autoexec.bat 파일에서 부팅에 꼭 필요한 내용이 아니면 모두 삭제합니다. 윈도우98에서는 config.sys 파일이 없어도 부팅이 되므로 필요한 내용이 없다면 파일 자체를 삭제합니다.

② win.ini나 system.ini 파일 등의 빈 줄을 당겨서 빈 줄이 없도록 해줍니다.

③ 글꼴(Font) 파일 중에서 사용하지 않아도 되는 글꼴 파일을 삭제합니다. 제어판의 글꼴 항목을 선택하여 필요 없는 글꼴을 지웁니다. 글꼴이 많아질수록 윈도우98의 부팅 속도는 급격하게 느려집니다.

④ 사용하지 않는 프로그램은 [제어판] [프로그램 추가/제거]을 통해 지워줍니다.

⑤ 시작 프로그램에는 꼭 필요한 프로그램만 등록하고 윈도우98 사용 도중 실행시켜도 되는 것은 모두 지워줍니다.

⑥ 바탕 화면에 너무 많은 아이콘를 두는 것은 바람직하지 않습니다. 바탕 화면의 아이콘 수를 줄여줍니다.

잠깐! 바탕 화면의 아이콘을 줄이면서 프로그램 빨리 찾아 실행하기

바탕 화면에 아이콘을 깔아두면 프로그램을 찾기가 편하고 실행하기도 편합니다. 그렇지만 아이콘이 너무 많으면 부팅할 때 시간도 오래 걸리고, 해당 아이콘을 찾을 때마다 아이콘을 둘러보느라고 시간이 많이 소모됩니다. 바탕 화면의 아이콘이 50~100여개 정도 되면 원하는 프로그램이나 게임 아이콘을 찾는데만 꽤 많은 시간을 투자해야 합니다. 따라서 아이콘 수는 적정수(30내 이내)로 줄이는 것이 좋습니다. 저는 항상 20개 이내로 줄여서 사용합니다.
그렇지만 바탕 화면에서 아이콘을 없애면 [시작] - [프로그램] 순서를 통해 프로그램을 찾아야 하는데 이 또한 매우 번거롭습니다. 더구나 프로그램이 몇 백 개 등록된 사용자일 경우에는 [시작] - [프로그램]을 이용하여 밑까지 스크롤해가면서 프로그램을 찾는 일이 난감합니다.

가장 좋은 방법은 바탕 화면에 폴더를 만들어 이용하는 것입니다. 즉 자주 하는 게임이 10개 있다면 일단 바탕 화면에 아이콘으로 전부 만듭니다. 그런 다음에 바탕 화면에서 마우스 오른쪽 단추를 눌러 [새로 만들기] - [폴더]를 선택하여 폴더를 만듭니다. 폴더 이름을 '게임 모음'으로 정하고 이 폴더 안에 게임 아이콘을 모두 이동시킵니다. 마찬가지 방법으로 유틸리티 프로그램은 모두 '프로그램 모음' 등의 폴더를 만들어 이동시킵니다. 이렇게 하면 자신이 원하는 게임을 실행시키고자 할 때 바탕 화면에서 '게임 모음' 폴더를 선택하고 그 안에 있는 게임 아이콘을 선택하면 됩니다. 바탕 화면의 아이콘 수도 줄이고, 자신이 찾는 프로그램을 유형별로 정리했기 때문에 프로그램을 쉽게 찾을 수 있는 장점이 있습니다.

Section 03 PC Remodeling

환경 설정하기

01 CMOS(롬 바이오스) 설정하기

1 바이오스 셋업 들어가는 키

국내에서 사용하고 있는 주기판 중에는 어워드 바이오스를 많이 사용합니다. 따라서 어워드 바이오스를 기준으로 CMOS 셋업 방법을 설명합니다. 기타 회사의 바이오스도 대부분 어워드 바이오스 사용법과 주기판 설명서를 참고하면 대부분 무난하게 사용법을 익힐 수 있습니다.

바이오스의 메뉴는 주기판의 종류나 바이오스 버전에 따라서 자주 추가되거나 삭제됩니다. 그렇지만 대략적인 사용법은 386 시절부터 큰 변화가 없습니다. 따라서 바이오스 셋업의 기본적인 설정 방법만 알아두면 CMOS 셋업을 무난하게 할 수 있습니다. 추가된 기능은 주기판 설명서를 참고하면 됩니다.

자주 사용하는 바이오스는 어워드, AMI, 피닉스, MR 바이오스 등이 있습니다. 각 바이오스의 셋업으로 들어가려면 부팅할 때 해당 키를 눌러주어야 합니다. 해당 키는 부팅할 때 화면에 표시됩니다.

① AWARD : 부팅할 때 [Delete] 키를 누릅니다.

② AMI : 부팅할 때 [Delete] 키를 누릅니다.

③ PHOENIX : 버전에 따라 키가 다른데 부팅할 때 [F1] 또는 [F2] 또는 [Delete] 키를 누릅니다.

④ MR : 부팅할 때 [Ctrl+Alt+Esc]를 동시에 눌러야 합니다.

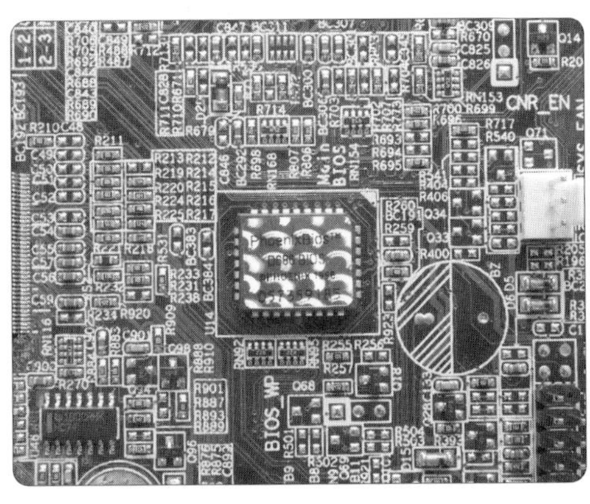

피닉스 바이오스

셋업 후에는 SAVE를 선택해야 설정 내용이 저장됩니다.

어워드 바이오스라 하더라도 버전 별로 차이가 있습니다. 아래 설명 내용이 지원되지 않는 것도 있고, 아래 설명에 빠진 내용도 있습니다. 그러나 기본 셋엇 부분은 큰 변화가 없습니다. 일단 부팅할 때 DEL 키를 누르면 셋업 화면으로 들어갈 수 있습니다.

메뉴 사이의 이동은 방향키를 이용합니다. 자세한 사용법은 화면을 자세히 보면 어딘가에 적혀 있습니다. 초기화면에서는 아래 부분에 사용하는 키의 종류가 적혀있습니다.

셋업을 마친 후에는 메뉴에 있는 'SAVE & EXIT SETUP'을 선택하거나 F10을 눌러서 'Save & Exit Setup'을 선택할 수 있습니다. 셋업을 취소하고 빠져나가려면 'EXIT WITHOUT SAVING'을 선택하거나 'ESC' 키를 누른 다음에 'Quit Whithout Saving(Y/N)' 이라는 메시지가 나올 때 'N'을 입력해주면 됩니다.

각 메뉴별 설정 방법은 다음 내용을 참고합니다. 지면 관계로 메뉴 설명은 줄이고 가장 보편적인 설정 내용만 적어놓았습니다. 메뉴 설명에 대한 내용은 제 홈페이지에 접속한 다음에 참고하기 바랍니다.

어워드 롬바이오스의 초기 화면

```
ROM PCI/ISA BIOS(2A69KTJ9)
   CMOS SETUP UTILITY
   AWARD SOFTWARE, INC
------------------------------------------------------------
STANDARD CMOS SETUP          INTEGRATED PERIPHERALS
BIOS FEATURES SETUP          SUPERVISOR PASSWORD
CHIPSET FEATURES SETUP       USER PASSWORD
POWER MANAGEMENT SETUP       IDE HDD AUTO DETECTION
PNP/PCI CONFIGURATION        HDD LOW LEVEL FORMAT
LOAD BIOS DEFAULTS           SAVE & EXIT SETUP
LOAD SETUP DEFAULTS          EXIT WITHOUT SAVING
------------------------------------------------------------
ESC : Quit                   ↑↓→← : Select Item
F10 : Save & Exit Setup      (Shift)F2 : Change Color
------------------------------------------------------------
```

2 STANDARD CMOS SETUP

가장 기본적인 환경을 설정합니다. Page Up이나 Page Down, +, - 키를 이용하여 설정된 내용을 변경시킬 수 있습니다. 도움말이 필요하면 F1을 누릅니다.

Date

날짜를 설정합니다. 달은 1~12사이의 숫자로, 날짜는 31일까지 가능한데 숫자키로도 입력이 가능합니다. 요일인 Day는 자동으로 인식됩니다. 날짜와 시간은 윈도우98에서 설정해도 자동으로 CMOS에 반영됩니다.

Time

시간을 설정합니다. 시간은 Time(hh:mm:ss=시:분:초) 순으로 설정합니다.

Primary Master, Primary Slave, Secondary Master, Secondary Slave

하드디스크를 설정하는 곳입니다. 초기 메뉴인 [IDE HDD AUTO DETECTION]을 이용하면 하드디스크를 자동으로 설정할 수 있습니다. 수동으로 변경할 수도 있지만 일반인이 이 부분을 수동으로 설정할 일은 없습니다.

하드랙을 이용하여 하드디스크를 자주 교체하는 경우라면 TYPE와 MODE를 AUTO로 설정해놓으면 됩니다. AUTO로 설정하면 하드디스크를 교체하더라도 자동으로 하드디스크의 TYPE와 MODE를 잡아줍니다.

Drive A/Drive B

플로피디스크 드라이브의 용량을 설정하는 곳이다. 1.44MByte 짜리 3.5인치 플로피디스크드라이브 하나만 장착했을 경우에는 자동적으로 A: 드라이브로 설정됩니다.

Floppy 3 Mode Support

1.44MB의 3.5인치 플로피디스크드라이브만 사용하므로 Disabled로 설정합니다.

Video

그래픽카드를 설정하는 곳으로 컬러 모니터를 사용하므로 'EGA/VGA' 를 선택합니다.

Halt on

부팅과정 중에 에러가 났을 경우 어떻게 처리할 것인지를 결정하는 메뉴로 'All errors' 로 설정하면 됩니다.

Memory

메모리 용량에 관련된 부분으로 사용자가 변경하는 부분이 아닙니다.

3 BIOS FEATURES SETUP

시스템의 전체적인 속도와 관련된 부분을 설정하는 곳으로 가장 까다로운 옵션을 설정하는 곳입니다. 가능하면 건드리지 않도록 합니다. 다만 부팅 속도 향상을 위해서 아래의 내용대로 설정하는 것이 좋습니다.

Virus Warning

바이러스 경고를 설정하는 것인데 Enabled로 설정하면 골치 아픕니다. Disabled로 설정합니다.

CPU Internal Cache

CPU 안에 있는 내부 캐시를 사용한다는 뜻입니다. Enabled로 설정합니다.

External Cache

CPU 2차 캐시를 사용한다는 뜻입니다. 역시 Enabled로 설정합니다.

CPU L2 Cache ECC Checking

2차 캐시에서 에러 정정기능인 ECC 기능을 사용하겠냐는 뜻으로 Enabled로 설정합니다.

Quick Power On Self Test

POST 속도를 빠르게 설정해주는 옵션으로 Enabled로 설정합니다.

Boot Sequence

부팅 되는 저장장치의 순서를 선택합니다. 플로피디스크드라이브로 부팅할 때만 A: C: 의 순서로 설정하고 보통 때는 C: A:(C,A)의 순서로 설정합니다.

Swap Floopy Drive

플로피드라이브의 순서를 바꾸는 메뉴입니다. Disabled로 설정합니다.

Boot Up Floppy Seek

부팅할 때 플로피디스크 드라이브를 검사하는 과정입니다. Disabled로 설정합니다.

Boot Up NumLock Status

부팅시 키보드에 있는 NumLock 키가 눌린 상태로 만들어주는 옵션입니다. NumLock 키를 켜놓은 상태가 되면 숫자패드의 키를 숫자키로 사용할 수 있고, 켜놓지 않으면 방향키로 사용할 수 있습니다. 키패드를 숫자용으로 주로 사용하는 업무를 보는 사람이라면 Enabled로 설정해놓는 것이 편리합니다. 대부분의 경우 키패드의 키를 숫자키로 사용하므로 Enabled로 설정합니다.

Boot Up System Speed

터보 기능을 제어하는 옵션으로 구형 시스템에서 사용합니다. High로 설정해 놓으면 됩니다.

Gate A20 Option

Fast로 설정합니다.

Typematic Rate Setting

타이핑 속도를 제어합니다. Enabled로 설정합니다.

Typematic Rate(Chars/초)

타이핑 속도로 1초에 몇 글자나 입력받을 수 있나를 결정하는 메뉴입니다. 30으로 설정합니다.

Typematic Delay(Msec)

타자 칠 때 다음 글자를 입력받을 때까지의 대기시간입니다. 250msec로 설정합니다.

Security Option

암호 설정 메뉴입니다. Setup으로 설정합니다.

PS/2 Mouse Function Control

PS/2 마우스 사용 여부를 묻는 것입니다. Enabled로 설정합니다.

Hardware Rset in Warm Boot

Alt+Ctrl+Del을 눌러 웜부팅을 했을 때도 콜드부팅과 같은 효과를 나타냅니다.

PCI/VGA Palette Snoop

그래픽카드 팔레트에 관한 부분으로 Disabled로 설정합니다.

OS Select For DRAM > 64M(Non-OS2)

OS/2 사용자가 아니므로 Non OS/2(또는 Disabled)로 설정합니다.

Report No FDD for WIN95

Yes-Disabled로 설정합니다.

Video Bios Shadow

Enabled로 설정합니다.

C8000-CBFFF Shadow~DC000-DFFFF

Disabled로 설정합니다.

4 CHIPSET FEATURES SETUP

칩셋에 관한 내용을 설정하는 곳으로 가능한 그대로 사용하는 것이 좋습니다.

Auto Configuration

Enabled로 설정하면 그 이하의 아래의 메뉴를 설정할 필요가 없습니다. Enabled로 설정합니다.

5 POWER MANAGEMENT SETUP

절전 기능 등 전원 관리 기능에 대한 것을 설정합니다.

Power Management

절전 기능에 대한 설정 부분입니다. 잘 모르겠다면 Disabled로 설정합니다.

□ Disable

절전기능을 사용하지 않습니다.

□ Max Saving

1분 간격으로 'Doze 모드→Standby Mode→Suspend Mode→HDD Power Down' 순으로 절전 상태에 들어가는 방식의 절전 기능입니다.

□ Min Saving

하드디스크를 제외한 나머지 장치들이 1시간 간격으로 절전모드에 들어갑니다.

□ User Define

사용자가 설정하는 방식으로 절전 기능에 들어가며 4가지 중에서 선택할 수 있습니다.

- Doze Mode : CPU 속도를 저하시키고 다른 장치는 원래 속도로 동작함.
- StandBy Mode : 하드디스크와 모니터는 끄고 나머지 장치는 원래 속도대로 동작함.
- Suspend Mode : CPU를 제외한 모든 장치의 전원이 꺼지는 상태.
- HDD Power Down : 하드디스크의 동작이 멈추는 상태.

PM Control by APM

APM 기능 지원 설정입니다. Enabled로 설정합니다.

Video Off Method

DPMS Support로 설정합니다.

Video Off After

Standby 상태로 설정합니다.

Wake Up Events In Doze & Standby

절전 모드에 돌입했다가 다시 해제할 때의 IRQ 번호 설정입니다. PS/2 마우스를 이용한다면 IRQ 12번으로 설정합니다.

Power Down & Resume Events

변경하지 않습니다.

HDD Power Down

변경하지 않습니다.

Throttle Duty Cycle

변경하지 않습니다.

Soft-Off by PWR-BTTN

Instant-off로 설정하면 전원 단추를 누르자마자 전원이 꺼집니다. Delay 4sec로 설정하면 전원 단추를 한 번 눌렀을 때는 Suspend 모드로 들어가고, 4초 이상 누르고 있어야 꺼집니다. 절전 기능을 이용하려면 Delay 4sec를 선택하고, 전원을 끄기 위해서 4초 동안 전원 단추를 누르고 있는 것이 짜증나는 사람은 Instant-off로 설정합니다. Delay 4sec를 만든 이유는 실수로 전원 단추를 눌렀을 때 컴퓨터가 꺼지면서 작업하던 내용이 손상되는 것을 막기 위해서입니다.

Resume by Ring

Disabled로 설정합니다.

Resume by Alarm

Disabled로 설정합니다.

6 PNP/PCI CONFIGURATION(PCI & ONBOARD I/O SETUP)

PNP(플러그앤플레이) 관련 설정과 PCI 슬롯 관련 내용을 설정합니다.

PnP OS Installed

PnP 운영체제를 설치 여부로 Yes로 설정합니다.

Resourced Controlled by(PnP BIOS Auto-Config)

Auto로 설정해놓으면 이하 메뉴를 사용자가 설정하지 않아도 됩니다. Auto로 설정합니다.

7 INTEGRATED PERIPHERALS

각종 주변 장치와 하드디스크에 대해 설정을 합니다.

IDE HDD BLOCK MODE

Enable로 설정합니다.

IDE Primary Master PIO/Secondary Slave

4나 Auto로 설정합니다.

IDE Primary Master PIO/Secondary UDMA

Auto로 설정합니다.

PCI Slot IDE 2nd Channel

Disabled로 설정합니다.

On-Chip Primary PCI IDE/On-Chip Secondary PCI IDE

Enabled로 설정합니다.

USB Keyboard Support

USB 방식의 키보드 사용 여부를 설정합니다. USB 키보드를 사용하는 사람만 Enabled로 설정하고 그외 사용자는 Disabled로 설정합니다.

USB Controller

Enabled로 설정합니다.

Onboard FDD Controller

Enabled로 설정합니다.

Onboard Serial Port 1/Onboard Serial Port 2(Onboard UART 1/2)

Auto로 설정합니다.

UART 2 Mode(Onboard UART 2 Mode)

Standard로 설정합니다.

Onboard Parallel Port

변경하지 않습니다.

Onboard Parallel Mode

변경하지 않습니다.

ECP Mode Use DMA

변경하지 않습니다.

Parallel Port EPP Type

변경하지 않습니다.

8 LOAD BIOS DEFAULTS

롬바이오스의 제조회사에서 기본값을 설정한 내용을 읽어 CMOS 설정을 해줍니다. 즉 공장 출하시의 초기 상태로 되돌릴 때 사용합니다. 이 메뉴는 일반 사용자가 롬바이오스를 잘못 건드려서 하드웨어 충돌이 일어났지만 이를 다시 조정하지 못할 경우에 사용합니다.

'Load BIOS Defaults (Y/N)?' 라는 질문에 대해 Y를 입력하면 공장 출하 초기 상태로 롬바이오스 설정이 바뀝니다.

9 Load Setup Defaults

Load Bios Defaults와 비슷한 메뉴로 해당 시스템에 가장 알맞은 값으로 자동 설정해주는 메뉴입니다. 초보자가 바이오스를 이것저것 건드리다가 엉망이 되어서 원래의 상태로 변경시키는 것이 어려울 때 이 메뉴나 Load Bios Defaults 메뉴를 이용하면 됩니다.

10 SUPERVISOR PASSWORD

시스템이 부팅될 때 암호를 물어볼 것인가 설정합니다. Supervisor Password는 사용자가 모든 CMOS 세팅을 변경할 수 있는 권한을 부여합니다. 암호를 잊으면 곤란하므로 이 메뉴는 사용하지 않도록 합니다.

11 USER PASSWORD

시스템이 부팅될 때 암호를 물어볼 것인가 설정합니다. Supervisor Password와 다른 점은 모든 CMOS 변경 권한을 부여하지 않는다는 점입니다. 역시 건드리지 않습니다.

12 IDE HDD AUTO DETECTION

하드디스크를 자동으로 찾아서 하드디스크의 용량을 설정해주는 메뉴입니다. 하드디스크를 새로 장착했을 때 한 번만 해주면 됩니다. 메뉴를 선택한 다음에 나오는 질문에 Y를 네 번 입력하면 됩니다. 자동으로 진행될 경우에는 하드디스크가 잡힌 다음에 빠져나오면 됩니다.

13 HDD LOW LEVEL FORMAT

하드디스크를 로우레벨로 포맷시키는 메뉴로 사용하면 안되는 메뉴입니다.

14 SAVE & EXIT SETUP

현재까지 설정한 내용을 롬바이오스에 저장하고 빠져나갑니다. 저장하고 빠져나가면 다시 부팅이 됩니다.

15 EXIT WITHOUT SAVING

지금까지 설정했던 것을 다 취소하고 지난 번에 설정한 내용을 그대로 사용합니다. 이번에 새로 바꾼 내용을 저장하지 않고 빠져나가는 메뉴입니다.

02 부팅 과정과 부팅 에러

PC는 전원이 들어오면 POST 과정과 부팅 과정을 실행합니다.

PC에 전원을 넣으면 한동안 여러 가지 작업을 하다가 윈도우98을 실행시킵니다. 이때 PC는 시스템 검사를 하고 각종 하드웨어의 환경을 설정합니다. 시스템을 검사하다가 문제가 생기면 에러 메시지를 내면서 에러 원인을 알려줍니다. 부팅 과정은 다음의 순서로 진행됩니다.

① 전원이 공급되면 CPU가 롬바이오스에 저장된 내용을 읽어 바이오스 내용대로 작업을 시작합니다.

② 롬바이오스의 내용에 따라서 기본 입출력 장치의 이상유무를 검사합니다. 이때 에러가 발생하면 에러 메시를 표시하고 동작을 멈춥니다. 에러 메시지는 문자나 삑 하는 소리로 나타냅니다. 이때 표시하는 에러음의 의미는 다음과 같습니다.

시스템 부팅 도중 발생하는 에러음 회수와 대응 방법

1 번 – DRAM 리플레시 실패(메인 메모리를 다시 설치 또는 교체)
2 번 – 패리티 점검 실패(메인 메모리를 다시 설치 또는 교체)
3 번 – 기본 64KB 램 점검 실패(메인 메모리를 다시 설치 또는 교체)
4 번 – 시스템 타이머 오류(주기판을 수리 또는 교체)
5 번 – 프로세서 오류(주기판을 수리 또는 교체)
6 번 – 키보드 컨트롤러, Gate A20 오류(키보드 수리 또는 교체, 키보드 바이오스 수리)
7 번 – 가상 모드 오류(주기판을 수리 또는 교체)
8 번 – 비디오 메모리 읽기, 쓰기 오류(비디오카드 교체 또는 수리)
9 번 – 롬 바이오스 점검 오류(롬바이오스 교체 또는 수리)
10 번 – CMOS 레지스트리 읽기, 쓰기 오류(롬바이오스 교체 또는 수리. 배터리 교체)

③ 기본 입출력 장치에 이상이 없을 경우에는 보조기억장치인 하드디스크에서 운영체제를 불러옵니다.

④ 운영체제를 불러오면 먼저 입출력을 담당하는 파일이 실행되고 이어서 환경 파일인 config.sys 파일의 내용을 수행합니다.

⑤ 이어서 COMMAND.COM 파일이 실행되고 autoexec.bat 파일을 실행합니다.

⑥ 마지막으로 운영체제인 윈도우98이 실행되면서 각종 환경 파일을 읽어들입니다.

03 절전 기능

1 전원 관리 기능으로 전기 절약하기

운영체제의 절전 기능을 이용하는 것이 편리합니다.

윈도우98 등에서는 절전 기능을 지원합니다. 이를 이용하면 꽤 많은 전기를 절약할 수 있습니다. 특히 작업을 하던 도중에 회의나 상담을 위해서 컴퓨터를 오래 사용하지 못하는 직장인들에게 유용합니다. 몇 분이 걸릴지 모르는 회의나 상담 때마다 컴퓨터를 끄고 나가기도 곤란합니다. 이럴 때 절전 모드를 설정해놓으면 최소의 전원만을 사용하면서 시스템의 전원 사용을 중단하므로 전기 요금이 크게 절약됩니다.

절전 기능은 CMOS에서도 설정할 수 있지만 기능을 변경하려면 컴퓨터를 재부팅해야 하는 번거로움이 있습니다. 따라서 운영체제의 절전 기능을 활용하는 것이 좋습니다.

절전 기능을 사용하려면 윈도우98에서 [제어판] [전원관리] [전원 구성표] 순으로 선택합니다. 그리고 각 항목별로 적절한 시간을 설정합니다. 노트북 사용자라면 배터리 사용 시간도 설정해주어야 하겠지만 데스크탑 사용자는 [전원 연결] 부분의 시간만 설정해주면 됩니다.

01

[제어판]에서 [전원 관리] 항목을 선택합니다.

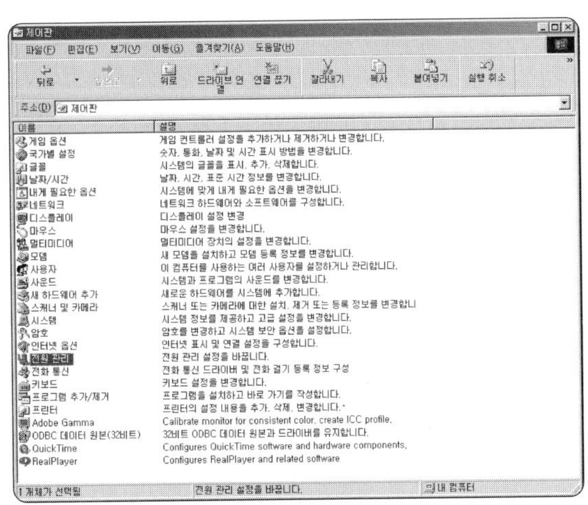

02

전원 관리 화면이 나타나면 전원 구성표에서 [가정 사무용]을 선택하고 시스템 대기모드와 모니터, 하드디스크의 절전 기능을 적절한 시간으로 선택합니다.

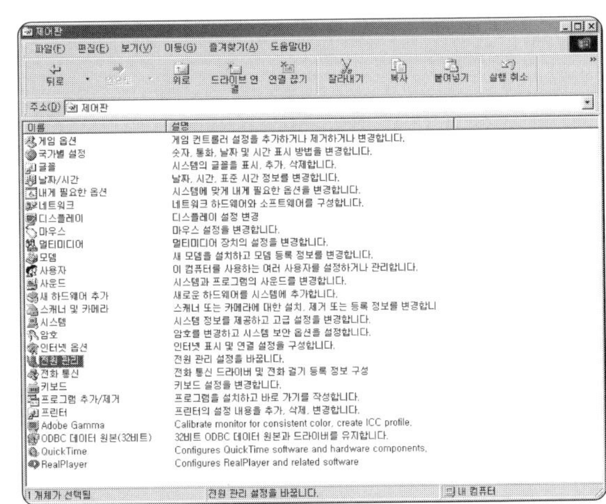

03

적절한 시간을 설정했으면 [적용(A)]이나 [확인]을 눌러 설정을 끝냅니다.

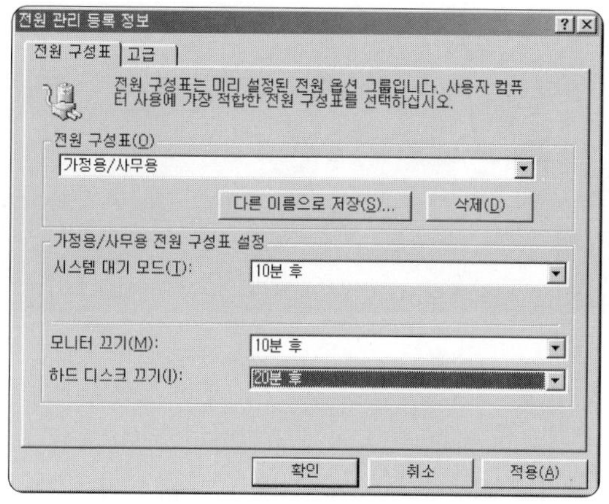

예를 들어 전원 관리에서 15분으로 설정한 다음에 15분 동안 키보드나 마우스의 움직임이 없을 경우 시스템이나 하드디스크의 동작이 정지됩니다. 그리고 사용자가 자리에 돌아와 다시 키보드나 마우스를 움직였을 때 시스템이 동작하기 시작합니다.

2 노트북 배터리 시간 늘리기

절전 기능을 활용하고 배경 화면을 어둡게 설정합니다.

절전 기능에 가장 관심을 가지는 사용자는 노트북 사용자입니다. 몇 시간이면 배터리가 소모되기 때문에 노트북의 절전 기능에 관심을 가집니다.

노트북의 배터리 사용 시간을 늘리는 방법은 몇 가지 있습니다.

① CMOS와 운영체제에서 절전 기능을 최대한 최적화합니다. 잠시라도 사용하지 않을 때는 모니터나 하드디스크의 사용을 중단하도록 설정하는 것이 좋습니다.

② 배경 화면을 어둡게 만들어 사용합니다. 노트북 중에서 배터리 소모가 큰 부분 중 하나는 LCD입니다. 노트북 전원의 60% 정도를 LCD에서 사용하고 있을 정도입니다. 이때 LCD의 배경이 흰색이면 RGB의 색을 내는 세 개의 트랜지스터를 모두 최대치로 발광시켜야 합니다. 그러나 검정색으로 배경을 해놓는다면 트랜지스터를 발광시키기 위한 전력소모가 크게 줄어듭니다. 다시 말해 배경화면을 흰색이 아닌 검정색 계통으로 할 경우 전력소모를 줄일 수 있습니다. 따라서 윈도우95/98의 배경화면으로 검정색 계열을 쓰는 것이 전력소모를 줄이는 방법입니다.

Section 04 PC Remodeling

문제와 해결

PC를 사용하다 보면 많은 문제에 직면합니다. 수 만 종류의 문제가 발생하고 문제의 원인도 수 만 가지나 됩니다. 이 모든 문제에 대한 해답을 제시하기는 어렵습니다. 그러나 자주 접하는 문제나 기본적인 문제에 대한 원인과 해결 방법 정도는 알아두는 것이 좋습니다. 사용자가 가장 많이 물어보는 질문을 위주로 문제와 해결 방법을 정리했습니다. 참고하기 바랍니다.

01 전원을 켜도 동작을 안 해요

1 본체의 전원 단추를 눌러도 본체가 안 켜집니다.

Q **전원 단추를 눌렀는데 컴퓨터가 안 켜집니다.**

A **전기선 연결과 스위치를 확인합니다.**

조립을 마친 후에 전원 단추를 눌렀을 때 컴퓨터가 안 켜진다면 다음의 내용을 확인합니다.

① 전기선이 제대로 끼워졌나 확인합니다. 의외로 본체의 전원공급기에 전기선을 꽉 끼우지 않는 경우가 많습니다.

② 전원공급기와 멀티콘센트의 전원 스위치를 확인합니다. 어떤 전원공급기는 전원공급기에 별도의 전원 스위치를 제공하는 경우가 있습니다. 본체 뒤의 전원공급기를 보고 전원 스위치가 ON 상태인가 확인해봅니다. 그리고 전기선을 멀티콘센트에 연결하는 경우가 대부분인데 멀티콘센트에도 대부분 스위치가 따로 달려 있습니다. 이 스위치도 [켜짐] 상태로 켜진 것인지 확인합니다.

③ 멀티콘센트와 전기선의 이상 유무를 확인합니다. 이상 유무 확인은 간단합니다. 본체 전기선을 끼웠던 콘센트 구멍에 다른 전기 제품(모니터나 밥통 등)을 끼워서 동작 여부를 확인하면 콘센트의 이상 유무는 확인이 됩니다. 전기선의 이상 유무는 다른 전기선으로 본체를 연결해 보면 확인할 수 있습니다.

④ 조립하면서 주기판이 케이스의 금속 면에 닿을 경우 컴퓨터가 동작하지 않습니다. 주기판이 제대로 케이스에 고정되었나 확인해봅니다.

멀티콘센트와 전원공급기의 휴즈 상태를 확인합니다.

어제까지 잘 사용하다가 오늘 갑자기 컴퓨터가 안 켜진다면 위의 내용 중에서 1, 2, 3번을 먼저 확인하고 이어서 다음의 내용을 확인합니다.

① 멀티콘센트의 휴즈가 끊어진 상태인가 확인합니다. 멀티콘센트 중에는 과부하가 들어올 때 휴즈가 끊어지도록 설계된 제품이 많습니다. 휴즈는 선이 연결되는 부분에 작도 둥근 스위치 형태로 장착되어 있습니다. 평상시에는 이 휴즈 스위치가 눌러진 상태여야 합니다. 그렇지만 전기 공급이 불안정할 경우에 이 스위치가 위로 튀어오르면서 휴즈를 끊어놓습니다. 휴즈 스위치를 다시 눌러준 다음에 컴퓨터를 켜서 불이 들어오나 확인해봅니다.

② 전기선과 콘센트에 이상이 없다면 전원공급기가 고장났을 가능성이 큽니다. 전원 공급기의 고장은 크게 두 단계로 구성됩니다. 첫 번째는 전원공급기 안의 휴즈가 나간 경우입니다. 본체가 안 켜질 때의 고장 중 90% 이상은 전원공급기의 휴즈가 나간 경우라고 봐도 됩니다. 이런 경우 휴즈를 교체해주어야 합니다.

잠깐! **냉각팬이 도는데도 전원공급기가 고장일까요?**

본체의 전원은 안 켜지는데 전원공급기의 냉각팬은 돌아가는 경우가 많습니다. 이런 경우 전원공급기의 고장을 의심하지 않는 분이 많습니다. 그러나 휴즈가 나가더라도 냉각팬이 돌아가는 경우가 많습니다. 왜냐하면 냉각팬의 전원과 주기판의 전원은 별도로 동작하기 때문입니다. 냉각팬은 전기선으로부터 전기가 들어오는 입구에 있기 때문에 회로 중간의 휴즈나 트랜지스터 등이 고장 나더라도 전원 공급이 가능한 경우가 많습니다. 이 때문에 전원공급기가 고장 나더라도 냉각팬은 돌아가는 것입니다.

휴즈 고장이 아닌 다른 고장 이유의 상당수는 회로도의 저항이나 트랜지스터가 고장났을 경우입니다. 회로도의 저항이 불타거나 트랜지스터가 과열에 의해 갈라지는 경우도 자주 발생합니다. 이런 경우에는 고장난 부품을 교체해야 하는데 전자상가의 수리점이나 동네 전파상에 맡겨서 수리해야 합니다.

주기판 고장인 경우 불이 안 들어옵니다.

③ 주기판이 고장난 경우에는 본체가 안 켜집니다. 주기판만 고장났을 경우에도 전원공급기의 냉각팬은 돌아갑니다. 따라서 전원공급기에 이상이 없는 상태에서 시스템이 안 켜진다면 주기판 고장으로 판단합니다.

④ CPU나 램 등 주요 부품이 제대로 장착되지 않았거나 불량인 경우입니다.

잠깐! 주기판과 전원공급기 중 어느 것인 고장인지 판별하는 방법

전원공급기 냉각팬이 동작하는 것과 전원공급기의 고장 여부는 별개입니다. 전원공급기의 설계도에 따라서 전원공급기가 고장나더라도 전원공급기의 냉각팬이 동작할 수 있습니다. 물론 냉각팬이 돌지 않는다면 전원공급기 고장으로 보면 됩니다.

냉각팬이 도는 경우 전원공급기의 고장 여부는 어떻게 판별할 수 있을까요? 전원공급기와 주기판 중에서 어느 것이 고장인지 알 수 있는 방법은? 드라이브를 연결해보면 압니다.

전원공급기의 드라이브용 전원선인 4핀 짜리 12V에 CD롬드라이브나 하드디스크를 연결해 드라이브의 동작 여부를 확인하면 전원공급기의 고장 여부를 알 수 있습니다. 전원공급기에서 나오는 전원선은 주기판 용 외에도 드라이브용 전원선이 함께 제공됩니다. 전원공급기가 고장 나지 않았다면 주기판의 동작 여부에 상관 없이 CD롬드라이브나 하드디스크는 동작해야 정상입니다. 따라서 본체의 LED에 불이 들어오지 않더라도 CD롬드라이브와 하드디스크의 LED에는 불이 반짝거려야 합니다. 또한 하드디스크가 동작하는 소리가 들려야 합니다.

가장 정확한 것은 CD롬드라이브의 정지/꺼냄 단추를 눌러 CD롬드라이브의 트레이가 앞으로 튀어나오나 확인하는 것입니다. 주기판이 고장난 것이고 전원공급기는 이상이 없을 경우 CD롬드라이브의 전기적 동작은 이상 없이 동작합니다. 때문에 정지/꺼냄 단추를 누르면 트레이가 튀어나옵니다. 단추를 눌러 CD롬드라이브의 트레이가 튀어나온다면 전원공급기는 이상이 없는 것입니다. 반대로 CD롬드라이브의 LED가 깜박이지 않고 트레이도 튀어나오지 않는다면 전원공급기가 고장 난 것입니다.

2 휴즈가 고장나면 전원이 안들어온다던데 휴즈는 어떻게 확인합니까?

Q **휴즈가 고장나면 전원이 안들어온다던데 휴즈는 어떻게 확인합니까?**

A **컴퓨터용 휴즈는 유리로 된 원통형 휴즈를 사용합니다.**

잘 사용하던 모니터나 컴퓨터가 어느 순간부터 불이 들어오지 않으면서 고장났다면 대개의 경우 휴즈가 나간 경우입니다. 이런 경우 무턱 대고 수리점에 들고 가는 것보다는 휴즈의 고장 여부를 확인해보는 것이 좋습니다. 휴즈가 나갔다면 휴즈만 새것으로 갈아주면 됩니다.

단 휴즈의 상태를 알아보려면 모니터나 전원공급기 케이스를 분해한 다음에 확인해봐야 하는 불편이 있습니다. 분해 요령에서 설명한 것처럼 모니터나 전원공급기를 분해할 때는 반드시 전기선을 콘센트에서 뺀 다음에 분해하여 감전 사고를 예방해야 합니다. 또한 모니터는 전기선을 뺀 뒤에도 코일 부분에 충전된 전기에 감전될 수 있으니 조심합니다.

케이스를 분해하고 외부의 전원공급선을 따라서 시선을 옮기다 보면 2~3cm 길이의 작은 원통형 휴즈를 만날 수 있습니다. 휴즈는 대부분 유리로 된 원통형 휴즈입니다. 휴즈는 교체가 쉽도록 보통 두 개의 금속 팔 사이에 끼워져 있는 상태입니다. 그렇지만 휴즈가 납땜 상태로 연결된 경우도 많습니다. 끼워진 형태라면 핀셋이나 손으로 잘 꺼내서 유리 안의 코일을 살펴봅니다. 테스터기로 시험해보면 더 좋겠지만 눈으로도 확인이 가능합니다. 코일은 아주 가는 일자형 선으로 연결된 상태여야 하는데 고장이 났다면 선이 끊긴 상태입니다. 이 경우 새것으로 교체해야 합니다.

원통형 휴즈

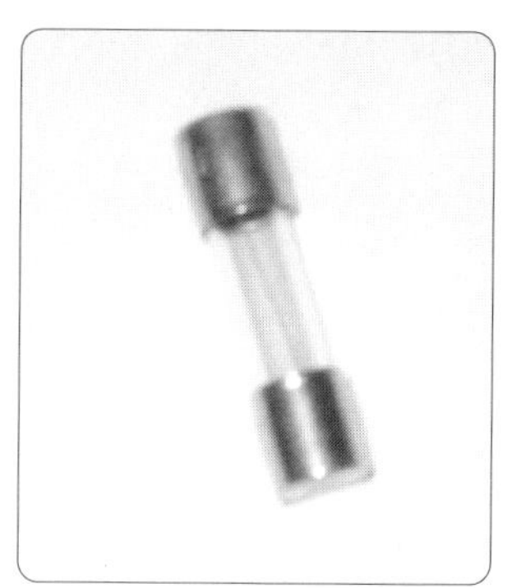

휴즈는 사용 전압과 전류의 크기에 맞는 것을 사용합니다.

원통형 휴즈는 모양이 비슷해보여도 종류가 다양합니다. 전압과 전류에 따라 크기도 다르고 전기적 특성이 다양하게 구분됩니다. 따라서 휴즈를 사러 나갈 때는 휴즈 표면에 적힌 모델 이름이나, 몇 볼트에 몇 암페어 짜리인지를 꼭 적어가야 합니다. 보통은 금속표면에 전압 수와 전류 수치가 적혀 있습니다.

휴즈는 몇 백원밖에 하지 않는 무척 싼 부품으로 보통 동네 전파상에서 구하면 되는데, 모니터 휴즈와 같은 것은 동네 전파상에서 구하기 어려울 수도 있습니다. 이럴 때는 용산전자 상가에 가서 휴즈만 전문적으로 파는 가게에 가야 원하는 휴즈를 구할 수 있습니다.

잠깐! 모니터나 전원공급기용 휴즈를 임시변통으로 만드는 방법

PC로 작업 하는 도중에 컴퓨터가 고장날 경우가 있습니다. 대개의 경우 휴즈 고장인데 밤 늦은 시간이거나 수리를 맡길 시간이 없을 경우에는 난감합니다. 일단 PC가 부팅이 되어야 안의 작업하던 파일을 복사해 다른 곳에 가서 작업을 계속할 수 있는데 전원공급기가 고장나서 작업을 못합니다.

이런 경우 임시 변통으로 휴즈를 연결해줍니다. 휴즈가 고장 났을 때 사용할 수 있는 임시변통 방법은 다양하지만 가장 쉬운 것은 알루미늄 호일을 사용하는 방법입니다. 원통형 휴즈를 보면 양 쪽 끝이 알루미늄으로 된 전극이고 유리 안에 코일이 연결되어 있음을 알 수 있습니다. 보통은 유리 안의 코일선이 부하를 견디지 못하고 끊어지는 것입니다. 따라서 양 쪽 전극 사이를 철사나 전도성 물체로 연결해주기만 하면 일단 전원을 흐르게 할 수 있습니다.

양 쪽 전극을 연결하는 방법은 간단합니다. 부엌에서 사용하는 알루미늄 호일을 조금 뜯어서 원통형 휴즈를 둥글게 말면 됩니다. 이렇게 하면 유리 바깥 쪽으로 양 쪽 전극이 연결되므로 전기가 흐릅니다. 알루미늄 호일조자 없다면 다른 알루미늄 종이를 쓰면 됩니다. 보통 은박 종이라고 하는 것은 대부분 알루미늄을 사용하는 종이입니다. 예를 들면 담배를 감싼 안쪽 포장지나 과자 봉지 등이 알루미늄을 이용한 포장지입니다. 주방용 알루미늄 호일이 없다면 담배포장지의 종이를 뜯어서 휴즈를 감싸면 됩니다.

휴즈가 분리되는 것이라면 알루미늄 종이로 감싼 휴즈를 다시 원래의 핀에 끼워넣은 뒤에 전원을 넣으면 전원이 공급되고 이상 없이 모니터나 컴퓨터가 동작되는 것을 경험할 수 있습니다. 휴즈가 납땜된 제품이라면 잘 말아서 떨어지지 않게 해줍니다. 물론 이렇게 할 경우에는 과부하가 흘러도 전원을 차단해주지 못하므로 임시로 잠깐만 사용하고 제대로 된 휴즈로 교환해주어야 합니다. 컴퓨터가 켜진 다음에는 중요 파일을 복사하여 PC방에 가서 작업하고 날이 밝는대로 휴즈를 교환해주도록 합니다.

3 부팅 중 가끔씩 멈추다가 다시 켜면 동작합니다.

Q **부팅 도중에 가끔씩 멈춥니다. 그러다가 다시 전원 단추를 눌러서 재부팅하면 부팅이 됩니다.**

A 전기 사용 환경이 안 좋거나 전원공급기의 문제입니다.

① 전기 사용 환경이 안 좋은 곳에서 PC를 사용할 경우 발생할 수 있습니다. 일시적으로 주변 건물의 전기 사용량이 많아지는 경우에 발생할 수 있습니다. 여름 철에 에어컨 등을 많이 켜면서 전기 사용량이 많아질 경우 전기 공급이 불안정해 발생할 수 있습니다.

② PC에 전원을 공급하는 콘센트의 전기 공급량이 딸릴 경우에도 전원 공급은 불안정합니다. 사무실이나 가정의 전기 사용 습관을 보면 하나의 멀티콘센트에 여러 개의 전기 제품과 멀티콘센트를 연결하고, 연결된 두 번째 멀티콘센트에 또 여러 개의 전기 제품을 연결하는 형태로 사용합니다. 이 경우 하나의 전기 공급선으로 여러 개의 전자 기기가 사용하는 전기를 공급하게 되므로 각 전기 제품에 공급되는 전기의 양은 약해지기 바랍니다. 더구나 마지막 콘센트에 연결된 전기 제품은 더욱 불안정한 전기를 공급받게 됩니다.

따라서 전기 제품을 연결할 때는 연속적으로 콘센트를 연결하지 말고 여러 개의 전기선으로 분산시킨 후에 균등하게 전기가 공급되도록 전기 제품의 연결을 분산시켜 줍니다.

③ 전원공급기가 안좋아서 그럴 수 있습니다. 전원공급기의 질이 나쁘거나 출력이 약한 제품일 경우 전원 공급 상태가 불안정합니다. 이런 경우라면 전원공급기를 교체해주어야 합니다.

4 부팅할 때 화면에 아무 것도 나타나지 않고 정지합니다.

Q 조립 후 전원을 켜면 아무 것도 나타나지 않습니다.

A 부품 장착과 케이블 연결이 잘못된 경우이거나 부품 불량입니다.

부팅할 때 본체에 불만 들어오고 화면이 나타나지 않을 때는 두 가지 상태로 구분하여 확인합니다. 하나는 삐 소리가 나면서 화면에 아무 것도 나나타지 않을 경우인데 이때는 중요 부품이 제대로 끼워지지 않은 상태일 가능성이 높습니다.

① 그래픽카드가 슬롯에 제대로 끼워졌나 확인합니다. 그래픽카드를 끼우다보면 한 쪽이 아주 약간 들리는 경우가 있는데 이 경우 부팅이 되지 않습니다. 그래픽카드의 핀 부분이 수평으로 완전히 들어가게 제대로 꽉 끼워주기 바랍니다.

② 램이 제대로 끼워졌나 확인합니다. 메모리 역시 딱 소리가 날 정도로 제대로 끼워야 하는데 적당한 힘으로 밀었을 경우에는 한 쪽이 다른 한 쪽보다 들리는 경우가 발생합니다. 메모리의 양 쪽 걸쇠가 제대로 걸렸나 확인합니다.

삐 소리도 나지 않고 화면에 아무 것도 나타나지 않는다면 케이블 연결이 잘못되거나 부품 고장일 가능성이 높습니다.

③ FDD의 전원선을 반대로 장착하면 부팅이 되지 않습니다. 플로피디스크드라이브의 전원선이 좌우로 뒤바뀐 것이 아닌가 확인합니다.

④ 이상 살펴본 부분의 이상을 발견하지 못했다면 주기판이나 CPU, 메모리, 전원공급기기의 불량일 수 있습니다. 각 부품별로 이상 유무를 확인합니다.

5 컴퓨터 사용 도중 컴퓨터가 순간적으로 꺼졌다가 켜집니다.

Q 컴퓨터 사용 도중 컴퓨터가 순간적으로 꺼졌다가 켜지면서 부팅되는 경우가 자주 발생합니다.

A 전기 공급이 불안정해서입니다.

① 전기 사용 환경이 안 좋은 곳이나, 전기 용품의 콘센트 연결이 한 선으로만 집중된 경우, 전원공급기가 안좋은 경우 이런 현상이 발생합니다. 이에 대해서는 바로 앞의 질문과 답변을 참고하기 바랍니다.

② 특정 시간에 주로 이런 일이 발생한다면 전기 사용이 집중되는 시간에 컴퓨터를 사용해서 그렇습니다. 특정 시간 대에 컴퓨터가 순간적으로 꺼졌다가 나가는 경우는 주변 건물에서 전기

를 많이 사용하는 경우와 자신의 집에서 전기를 많이 사용하는 경우로 구분할 수 있습니다. 에어컨을 많이 사용하는 경우에는 주변 건물에서 전기를 많이 사용하기 때문에 전원 공급이 불안정합니다.

또한 하숙집에서 컴퓨터를 사용하는 사람들이 특히 이런 현상을 자주 겪습니다. 전기 인입선은 하나인데 수 십 명의 하숙생이 전기를 쓰다보니 전기 공급이 딸려서 전기가 약하게 공급됩니다. 이런 경우 모니터가 흔들리는 등 이상한 동작을 보입니다. 하숙집의 경우 주로 전기 사용량이 많은 저녁 시간에 특히 전기 공급이 불안합니다. 낮에는 괜찮은데 저녁만 되면 모니터가 흔들리거나 컴퓨터가 순간적으로 꺼지면서 부팅된다면 전원 공급이 불안정한 환경 탓으로 볼 수 있습니다.

전원 공급이 불안정한 곳에서 PC를 쓰려면 매우 불안합니다. 문서 작업 도중 언제 컴퓨터가 꺼질 지 몰라 불안합니다. 전기가 불안정한 곳에서는 전기를 안정적으로 공급해주어야 하는데 이럴 때는 UPS(무정전 전원장치)를 구입해서 사용하는 것이 해결책입니다. UPS를 사용하면 일시 정전 중이라도 전기를 공급받을 수 있을 뿐만 아니라 전압과 전류의 차이가 심한 환경에서도 안정적인 전압을 공급받을 수 있습니다.

6 새로 추가한 장치가 인식되지 않거나 인식은 되는데 동작하지 않습니다.

Q **CD레코더를 하나 추가로 장착했는데 운영체제에서 인식이 안되거나 인식이 된 후에 동작을 하지 않습니다.**

A **카드와 케이블, 전원선의 연결 상태를 확인해보고 이상이 없다면 전원공급기 문제입니다.**

주변 기기 추가 후에 인식이 안되거나 동작이 안된다면 먼저 제대로 끼워졌나부터 확인합니다. 인터페이스 카드와 인터페이스 케이블, 전원선의 연결 상태를 꼼꼼하게 검사해봅니다.

① 슬롯에 인터페이스 카드가 꽉 안 끼워진 상태일 수 있습니다. SCSI 카드나 모뎀, 그래픽카드, 사운드카드 등을 다시 빼서 제대로 슬롯에 장착해봅니다. 그리고 인터페이스 케이블의 연결 상태도 확인하고 드라이브에 연결되는 전원선의 연결 상태도 확인합니다.

② 모든 것이 제대로 연결되었다면 전원선이 고장난 것이 아닌가 확인해봅니다. 본체 내부의 드라이브 전원선은 핀이 휘어지거나 접점 상태가 나빠질 수 있습니다. 동작하고 있는 드라이브의 전원선을 빼서 끼우고 동작 안되는 장치에 연결한 전원선을 동작 잘되는 드라이브에 바꿔 끼워보는 방법으로 전원선의 이상 유무를 확인합니다.

③ 전원공급기의 용량이 딸려서 전기 공급이 제대로 안 이루어진 경우에도 장치가 인식되지 않거나 동작하지 않습니다. 이 경우에는 전원공급기를 교체해주어야 합니다.

7 메모리 검사 중 'RAM PARITY ERROR'가 발생합니다.

Q 메모리 검사 과정에서 'RAM PARITY ERROR' 문장이 표시됩니다.

A 패리티 램 불량이거나 램 패리티 검사 항목이 설정된 경우입니다.

램 패리티 에러는 패리 검사 과정에서 패리티 에러가 발생했기 때문입니다. 패리티 램은 램의 에러를 측정하기 위해 추가한 램을 말합니다.

① 패리티 램이 있는 램을 장착하고 패리티 검사를 하는 도중에 이 에러가 나타났다면 램의 패리티 기능에 문제가 있는 불량 램입니다.

② 패리티 램이 없는 램을 장착하고 패리티 검사를 한다면 당연히 패리티 에러가 발생합니다. 대부분의 사용자는 패리티 램이 없는 램을 구입해서 사용합니다. 따라서 패리티 검사 항목을 꺼놓아야 합니다. 주기판마다 패리티 검사하는 항목의 이름이 조금은 다르지만 패리티 검사하는 부분을 Disabled로 설정해주면 됩니다.

CMOS 설정에서 [DRAM DATA INTEGRITY MODE] 항목을 'NON-ECC'로 설정하거나 [PARITY ERROR CHECKING] 항목을 'Disabled'로 설정합니다.

8 모니터에 'No signal' 메시지가 나타나고 화면이 안 나타납니다.

Q 모니터에 'No signal' 메시지가 나타나고 화면이 안 나타납니다.

A 케이블 연결 상태를 확인합니다.

'No signal' 메시지는 그래픽카드에서 신호가 안온다는 뜻입니다. 따라서 PC의 전원이 꺼져이는 경우, 그래픽카드와 모니터 사이의 케이블 연결이 빠져있는 경우, 그래픽카드가 슬롯에 제대로 끼워진 상태가 아닐 때 나타나는 메시지입니다.

PC에 전원을 켠 상태라면 먼저 케이블 연결이 제대로 되었나 확인해보고 그래픽카드가 빠지지 않았나 확인해봅니다. 그래픽카드는 충격을 받을 때 슬롯에서 약간 빠져나올 수 있습니다.

9 모니터에 아무 것도 안 나타납니다.

Q 본체에 불은 들어오는데 모니터에 아무 것도 안 나타납니다.

A 케이블 연결 상태나 그래픽카드 장착 상태를 확인합니다.

역시 그래픽카드와 모니터 사이의 케이블 연결이 빠져있는 경우, 전원선이 빠진 경우, 그래픽카드가 슬롯에 제대로 끼워진 상태가 아닐 때 나타나는 현상입니다.

그외 그래픽카드가 불량일 경우, 메모리가 제대로 끼워지지 않았거나 CPU 등이 불량인 경우에도 모니터에는 아무 것도 나타나지 않습니다. 만약 메모리나 그래픽카드 CPU 등의 부품에 문제가 있다면 삑 하는 경고음도 함께 표시될 겁니다. 이때는 경고음 종류를 통해 에러 원인을 파악할 수 있습니다. 만약 경고음이 없는 경우라면 케이블 연결 부분을 다시 한 번 확인해봅니다.

모니터 깜박이에 불이 들어오고 화면이 안들어온다면 케이블 연결을 확인해보고, 깜박이에도 불이 안들어온다면 전원이 제대로 공급되는지 확인해봅니다. 또한 모니터 전원은 켰는지도 확인해봅니다. 가끔 보면 모니터 전원을 켜지 않은 상태에서 PC를 켜는 경우도 많습니다.

02 PC가 이상해졌어요

1 우리 집이나 내 방에서만 모니터가 잘 안나오거나 시스템이 이상하게 동작합니다.

Q **모니터 화면이 찌글찌글 나오거나 흔들리는 등 상태가 좋지 않습니다. 또 본체도 이상하게 동작합니다. 그런데 환장할 일은 본체나 모니터를 교환하려고 업체에 가져가면 동작이 잘 되는 겁니다. 우리 집에서만 이상하게 나오는 것입니다. 왜 그럴까요?**

A **전원 공급이 불안하거나 고압선이 근처에 있습니다.**

필자 주변 사람 중에 여러 사람이 겪은 상황 중 하나가 자기 집에서는 동작이 잘 안되는데 고치러 가져가면 동작이 잘 되는 경우입니다. 예를 들어 모니터 화면이 찌글찌글하게 나오거나 덜덜덜 떨리면서 나오는 경우, 시스템이 가끔 오동작을 하는 경우 등이 있어 모니터 불량인 줄 알고 가져가면 잘 동작하는 것입니다. 나중에 보면 자기 집에서만 기계가 이상하게 동작한다는 사실을 파악합니다. 심지어는 자기 집에서도 마루나 안방에서는 괜찮은데 자기의 공부방에서만 이상하게 동작하기도 합니다.

특정 집이나 특정 방의 전자 기기가 비정상적으로 동작하는 이유는 두 가지입니다.

① 특정 시간 대에 주로 비정상적인 동작을 보인다면 전원 공급이 불안정 하기 때문입니다. 앞서 질문에서 말한대로 하숙집에서 컴퓨터를 사용하는 사람들이 특히 이런 현상을 자주 겪습니다. 낮에는 괜찮은데 저녁만 되면 모니터가 흔들리는 등 이상하게 동작하는 경우라면 전원 공급이 불안정하기 때문입니다. 해결책은 앞서 말한대로 UPS를 사용하는 것입니다.

② 늘 비정상적인 동작을 보인다면 계량기에서 벽의 콘센트에 연결되는 선의 회선 상태가 안좋거나 주변에 고압전선이 있기 때문입니다. 예를 들어 대부분의 공부방이 창문 쪽에 책상과 컴퓨터를 놓고 작업하기 마련인데 창 밖으로 고압전선이 지나가면 고압전선의 영향을 받습니다. 고압전선의 영향으로 모니터가 흔들리며 동작하는 경우는 의외로 많습니다.

이런 경우 다른 방으로 PC를 가져가서 사용하면 정상적으로 동작하는 경우가 많습니다. 고압전선이 지나가는 경우라면 PC의 위치를 바꾸어줌으로써 어느 정도 해결이 가능합니다.

2 어느 날부터 컴퓨터에서 소음이 납니다.

Q **어느 날부터 컴퓨터에서 붕 하거나 타타닥 하는 소음이 발생합니다.**

A **팬의 성능을 확인합니다.**

소음이 발생하는 이유는 여러 가지입니다. 각 원인을 하나씩 검토하면서 확인해봐야 합니다.

① 전원공급기나 CPU 냉각팬의 성능이 약해진 경우 소음이 발생합니다. 냉각팬의 프로펠러가 기울어졌거나 팬의 베어링 상태가 나빠진 경우, 윤활유가 다 말라서 팬의 마찰이 심할 때 팬으로 인한 소음이 발생합니다.

② 냉각팬에 먼지가 많이 낀 경우에도 소음이 발생합니다. 먼지 때문에 팬 날개가 매끄럽게 돌지 못하고 마찰을 일으키면서 소음이 심해집니다.

③ 냉각팬에 전원선이나 케이블이 닿아서 소리가 날 수 있습니다. 대부분의 사용자는 케이블을 정리하지 않는데 이 경우 케이블이 CPU 냉각팬이나 그래픽카드의 냉각팬에 닿으면서 타타닥 하는 소리를 냅니다. 케이스를 열어서 케이블이 닿는지 확인해보고 케이블을 정리해줍니다.

④ 드라이브가 제대로 고정되지 않은 경우에도 소리가 납니다. 특히 CD롬드라이브는 잘 고정시켜주어야 합니다.

3 갈수록 냉각 팬의 소음이 심해집니다.

Q **처음에는 냉각팬 도는 소리가 안났는데 요즘은 냉각 팬이 소음이 심해졌습니다.**

A **팬의 교체하거나 윤활유를 바릅니다.**

전원공급기나 CPU 팬이 처음에는 조용했는데 갈수록 소음이 심해질 수 있습니다. 이런 경우는 먼지가 낀 경우, 베어링 부분의 윤활유가 마른 경우, 베어링 부분이나 팬의 축이 기울어서 마찰이 되는 경우입니다.

먼지가 낀 경우는 먼지를 털어주면 조용해집니다. 윤활유가 마른 경우에는 그리스 등의 윤활유를 발라주면 다시 조용해집니다. 그러나 축이 기울어진 경우에는 방법이 없습니다. 팬을 교체하도록 합니다.

4 사용 도중에 먹통이 됩니다.

Q **예전에는 안 그랬는데 요즘은 컴퓨터 사용 도중에 먹통이 되는 경우가 자주 발생합니다.**

A **CPU 과열이거나 운영체제의 환경 설정이 엉킨 경우입니다.**

컴퓨터 사용 도중에 컴퓨터가 먹통이 되는 경우라면 운영체제의 환경이 복잡하게 설정된 경우이거나 메모리 관리가 엉성한 경우, CPU가 과열된 경우 등입니다. 운영체제를 최적화하거나 CPU의 열을 냉각시켜야 먹통이 안됩니다.

① 운영체제 문제일 경우에는 운영체제의 환경을 최적화시켜야 합니다.

② CPU 과열일 가능성이 큽니다. 이때는 CPU와 전원공급기의 냉각팬을 확인합니다. 특히 날씨 더운 여름철에 CPU의 냉각팬이 고장나면 CPU가 금방 뜨거워집니다. CPU 냉각팬이 고장난 경우에는 컴퓨터 켜고 1시간 정도만 되어도 먹통이 될 정도로 컴퓨터는 열에 약합니다. 냉각팬의 이상 유무를 확인하고 교체합니다. 그리고 냉각팬이 이상 없이 동작한다 하더라도 CPU나 본체 내부가 지나치게 뜨거워지면 성능 좋은 냉각팬으로 교체합니다.

5 시스템 정보가 엉뚱하게 표기됩니다.

Q **새로운 하드웨어로 교체했는데도 이전 하드웨어로 표시됩니다. 시스템 정보가 엉뚱하게 표시되는 경우가 있습니다.**

A **주기판의 바이오스가 구형이라 그럽니다.**

새로운 하드웨어를 주기판에서 지원하지 않는 경우일 때 이런 일이 나타납니다. 예를 들어 가장 많이 팔린 BX 주기판의 경우 초기 제품은 펜티엄II까지만 인식하기 때문에 펜티엄III CPU로 교체하더라도 펜티엄II로 표시될 수 있습니다. 이런 경우에는 바이오스를 업그레이드 해주어야 합니다.

6 부팅 때마다 CMOS가 초기값으로 변경됩니다.

Q **가끔 보면 부팅할 때마다 CMOS의 값이 공장 초기값으로 바뀌어 있습니다. 분명 CMOS에서 하드디스크를 비롯한 여러 가지 환경을 잡았는데 얼마 후에 부팅해보면 CMOS 값이 공장 초기값으로 바뀐 상태입니다.**

A **건전지 수명이 다 된 상태입니다.**

건전지가 다 된 것이니 건전지를 갈아줍니다. 부팅할 때 바이오스 셋업을 통해 설정한 각종 하드웨어 환경은 CMOS에 기록됩니다. 이렇게 기록된 값은 PC의 전원을 꺼도 주기판에 내장된 건전지를 통해서 계속 유지됩니다. 그런데 건전지가 다 되면 기록된 내용이 유실됩니다.

주기판에 장착된 건전지

요즘 나오는 건전지는 충전 기능이 있어서 PC를 사용하는 동안에 어느 정도의 전기가 충전됩니다. 이때 충전되는 양은 건전지의 수명에 따라서 다릅니다. 이렇게 충전된 전기 덕분에 PC를 껐다가 얼마 후에 다시 켜면 CMOS 내용이 살아 있습니다. 그렇지만 몇 시간이나 며칠 동안 컴퓨터를 사용하지 않으면 건전지가 다 방전되어 CMOS에 기록된 값이 사라집니다. 그러므로 CMOS의 설정 내용이 공장 초기값으로 바뀌면 주기판의 건전지를 교환해주기 바랍니다.

잠깐! 주기판의 건전지 수명

요즘 나오는 주기판의 건전지는 PC 사용 도중에 자동으로 충전이 됩니다. 또한 사용 도중에는 전원이 공급되기 때문에 CMOS나 시계가 건전지를 사용할 이유가 없습니다. 때문에 PC를 계속 켜놓을 경우 건전지의 수명이 깁니다.
그렇지만 PC를 꺼놓은 상태로 며칠이나 몇 달을 보내면 이 기간 동안 PC는 건전지의 힘에 전적으로 의존하게 됩니다. 물론 꺼놓은 동안에는 건전지 재충전 작업도 안됩니다. 때문에 건전지 수명이 급속도로 줄어듭니다. 이런 이유로 PC를 자주 사용할 경우에는 10년이 지나도 건전지를 갈지 않는 반면 PC를 자주 사용하지 않으면 1년 안에도 건전지 수명이 다 될 수 있습니다.

7 부팅하면 시각이 틀리거나, 가끔씩 시계가 느려지거나 빨라집니다.

Q **부팅하면 시각이 틀리거나, 가끔씩 시계가 느려지거나 빨라집니다.**

A **건전지를 교체해줍니다.**

부팅을 해보면 시계가 정상 시간보다 느린 경우가 있습니다. 시간을 다시 제대로 맞추어도 며칠 뒤에 보면 또 느려진 상태입니다. 시계가 이처럼 느려지거나 제 시간을 맞추지 못하는 이유는 주기판에 장착된 배터리가 다 되어서 그런 경우가 대부분입니다. 따라서 배터리를 새것으로 교환해주면 됩니다.

또한 컴퓨터에 내장된 시계는 손목시계처럼 정교하지 않아서 조금씩 빨리 가거나 조금씩 느리게 가는 경우도 있습니다. 시스템에 이상이 있는 것은 아니고 시계가 정교하지 못해서 나타나는 현상이므로 가끔씩 시간을 맞추어주면서 사용하면 됩니다.

8 부팅하면서 메모리 검사를 세 번에 걸쳐 합니다.

Q **예전에는 메모리 검사를 한 번만 한 것 같은데 요즘은 세 번씩이나 하기 때문에 부팅 시간이 느려졌습니다.**

A CMOS의 [BIOS FEATURES SETUP] 항목을 선택하고 [Quick Power On Self Test] 항목을 Enabled로 선택해놓으면 메모리 검사를 짧게 진행합니다.

9 모니터 화면에 줄이 생기면서 흐려진 것 같습니다.

Q **모니터 화면이 어느 날부터 점과 점 사이에 흐릿한 줄이 생기면서 흐려진 것 같습니다.**

A **주사율을 최적으로 설정합니다.**

모니터 화면의 선명도는 주사율에 의해서 달라집니다. 주사율이 떨어지면 모니터가 흔들려 보이거나 덜 선명하게 보입니다. 제어판에서 주사율을 제대로 설정할 필요가 있습니다.

① 윈도우98에서 [내컴퓨터] – [제어판] – [디스플레이] 순으로 선택합니다.

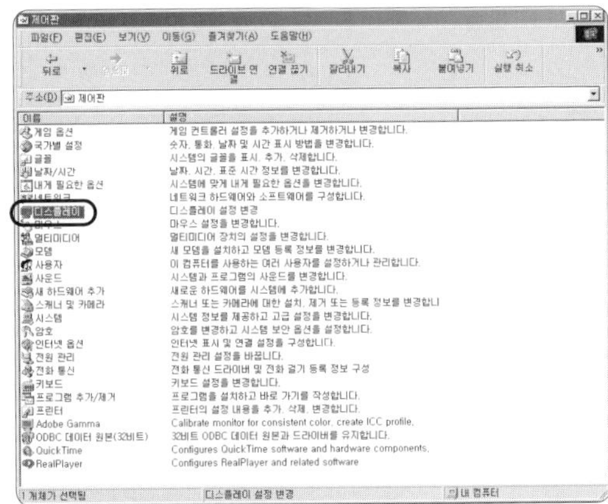

② [설정] 항목을 선택합니다.

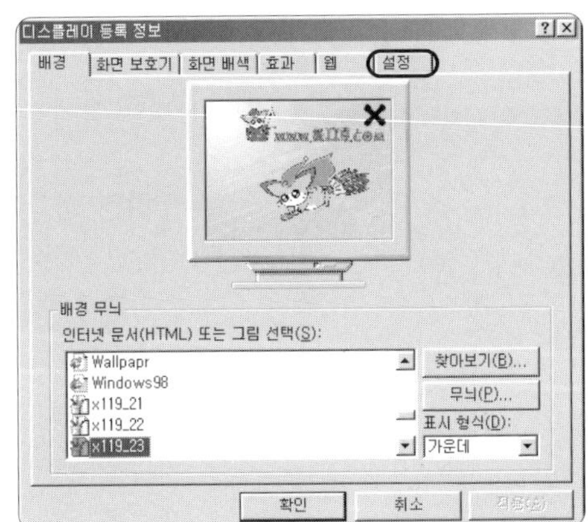

③ [고급] 아이콘을 선택합니다.

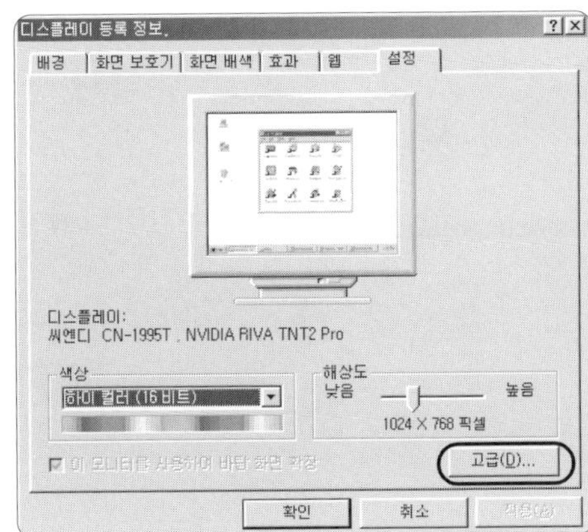

④ [어댑터]를 선택합니다.

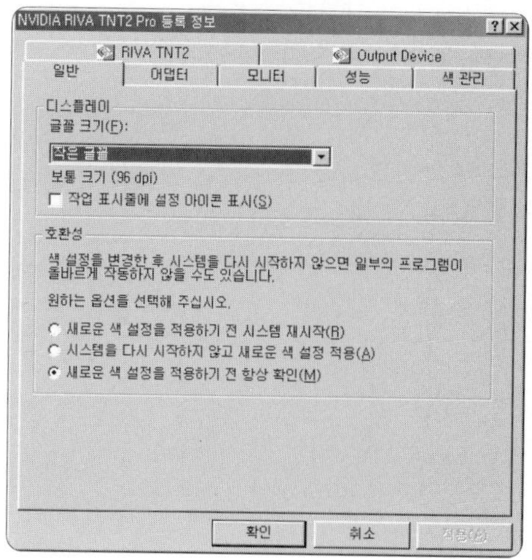

⑤ 어댑터 항목이 나타나면 [화면 주사율] 메뉴가 표시됩니다. 이곳을 선택하여 그래픽카드와 모니터에서 지원하는 최상의 주사율을 설정하면 화면이 선명해집니다. 75MHz, 80MHz 등으로 설정 내용을 바꾸가면서 [확인]을 눌러가며 화면의 선명도를 측정해보고 가장 마음에 드는 화면이 나왔을 때의 주사율로 설정해 두면 됩니다.

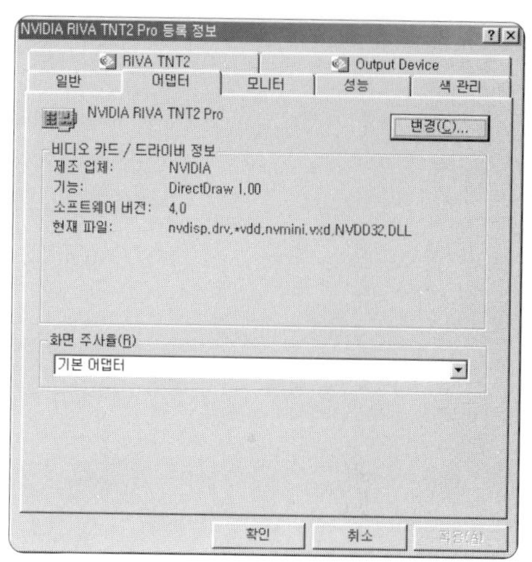

⑥ 그러나 초보자라면 주사율 부분을 [최적]으로 설정하는 것이 가장 좋습니다. 최적 설정 상태가 마음에 들지 않으면 [기본 어댑터]를 선택합니다.

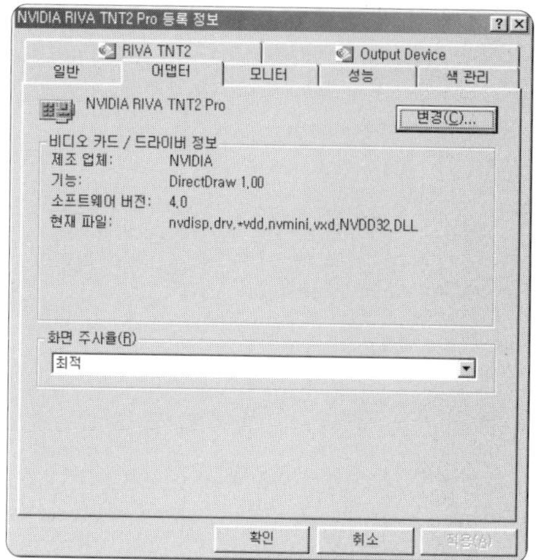

10 USB 방식의 주변 기기가 가끔 이상한 동작을 합니다.

Q **USB 허브에 USB 방식의 외장형 장치를 연결해 사용하는데 가끔 오동작을 합니다. 왜 그럴까요?**

A **전원 문제일 수 있습니다. 자체 전원을 사용하는 허브를 사용해보세요.**

전원 공급이 부족해서일 가능성이 큽니다. USB는 2개의 선을 통해서 전원을 공급하지만 실제로 이 전력 용량이 너무 적어서 어지간한 USB 기기는 제대로 동작하지 않습니다. 키보드나 마우스 정도만이 케이블을 통한 전원으로 동작이 가능합니다. 그외 스캐너나 외장형 드라이브 등은 별도로 전원 어댑터를 사용하여 전기를 공급해주어야 하는 경우가 대부분입니다. 외장형 드라이브의 경우 별도의 전원선을 제공하지 않는 것이 많은데 USB 포트로 제공되는 전력이 약할 경우 오동작을 일으킵니다. 이 경우 '허브가 제공하는 이상의 전력을 요구하고 있습니다'라는 경고문이 나오기도 하지만 정상적으로 동작하는 것처럼 보일 때도 있습니다. 그렇지만 실제로는 오동작을 하고 있는 경우도 많습니다.

이런 경우에는 자체 전원을 사용하는 허브를 이용하도록 합니다. USB 허브 중에는 단지 본체의 USB 포트에 연결해 사용하는 것과 자체 전원을 연결하는 제품이 있습니다. 자체 전원을 사용하는 허브를 사용하면 허브에 연결된 주변 기기에 충분하게 전원을 공급할 수 있습니다.

11 모니터 색이 바뀌었습니다.

Q **컬러로 나오던 모니터가 푸른색 계열로 나오거나 흑백처럼 나옵니다. 어떤 때는 모니터가 깜박거립니다.**

A **그래픽카드 고장이거나 모니터 케이블 고장입니다.**

모니터 색이 컬러에서 특정 색이 강하게 표시되거나 모니터가 자주 깜박이는 경우는 모니터가 고장난 경우와 케이블이 고장난 경우, 그래픽카드가 고장난 경우로 볼 수 있습니다. 먼저 모니터와 그래픽카드를 연결하는 케이블의 이상 유무를 확인해봅니다. 다른 모니터에 연결해보고 이상이 없으면 케이블에는 문제가 없는 것입니다.

모니터를 다른 시스템에 연결해서 같은 증상이 나타나면 모니터 고장입니다. 모니터를 다른 시스템에 가져갔을 때 이상 없이 잘 나온다면 그래픽카드의 부품이 고장난 경우입니다. 각 경우에 적절한 조치를 취합니다.

03 알려주세요. 도와주세요

1 부팅 암호를 설정했는데 CMOS 비밀 번호를 잊었습니다.

Q **장난 삼아 부팅할 때 암호를 묻도록 CMOS에서 Password 기능을 설정했는데 그만 암호를 잊었습니다. 암호가 틀려서 부팅도 안되고 CMOS 셋업도 못들어가고 있습니다.**

A **CMOS를 공장 초기 상태로 돌려놓아야 합니다.**

CMOS 설정에서 'User Password Setup' 기능이나 'Supervisor Password Setup' 기능을 설정해놓으면 부팅할 때 암호를 묻습니다. 이때 암호를 틀리게 입력하면 부팅은 물론이고 CMOS 셋업도 들어갈 수 없습니다. 이런 경우에는 암호를 삭제하거나 CMOS 셋업의 상태를 공장 초기 상태로 바꾸어주어야 합니다. CMOS를 초기화하하는 방법은 두 가지입니다.

① 가장 쉬운 방법은 케이스를 열고 배터리를 잠시 꺼내는 방법입니다. 우선 본체에 연결된 전기선을 콘센트에서 완전히 뽑아서 분리합니다. 전기선이 끼워진 상태라면 미세하지만 전기가 공급되는 상태이므로 배터리를 꺼내는 방법이 통하지 않습니다. 전기선은 완전히 분리합니다.

이어 주기판의 배터리를 잠깐 꺼냈다가 다시 끼웁니다. 이 방법은 CMOS에 공급되는 전원을 모두 일시 차단함으로써 CMOS에 기록된 내용을 정보를 지우는 방법입니다. 대부분의 주기판은 이 방법으로 암호를 지울 수 있지만 이 방법이 통하지 않는 주기판도 있습니다.

② 건전지 꺼내기로도 암호가 안 지워진다면 CMOS clear 칩을 사용하여 CMOS 내용을 지웁니다. 주기판 설명서를 보면 CMOS clear 점퍼 핀이 있습니다. 이 점퍼핀을 주기판에서 찾은 뒤에 설명서대로 점퍼 핀을 동작시킵니다. 주기판 설명서를 잘 보면 주기판의 점퍼 핀 설명 중에 'CLR CMOS(Clear CMOS)'라는 항목이 있습니다. 이 항목에 '2-3 CLR CMOS'라고 적혀있을 경우 점퍼 핀의 2번 핀과 3번 핀이 연결되도록 점퍼를 끼워준 뒤에 전원을 켜면 CMOS에 저장된 모든 정보가 지워집니다. 암호가 지워진 다음에는 다시 원상태로 점퍼핀을 연결하여 재부팅하고 CMOS 셋업을 합니다.

2 윈도우98이 자동으로 종료되지 않습니다.

Q **윈도우98이 자동으로 종료되지 않습니다.**

A **CMOS에서 전원 관리 기능을 설정해주어야 합니다.**

윈도우98이 자동으로 종료되지 않는 경우는 두 가지입니다.

① 언제나 자동 종료 기능이 실행되지 않는다면 CMOS에서 운영체제의 전원 관리 기능을 사용할 수 있도록 설정해주어야 합니다.

전원 관리 기능에서 [Soft-Off by PWR-BTTN]이라는 항목이 운영체제 온나우(OnNow) 기능의 핵심인 소프트웨어적인 파워 ON/OFF를 결정합니다. 이 부분이 Disabled로 설정되었다면 사용 가능 상태(Enabled)로 설정해야 합니다.

② 가끔씩 자동 종료가 안된다면 윈도우98에서 실행시킨 일부 프로그램이 메모리에 남아있는 상태이기 때문입니다. 실행 중인 프로그램이 무엇인지 알아보고 종료할 때 프로그램을 끝내도록 합니다. 만약 부팅할 때 메모리에 상주하는 시작 프로그램에 등록된 프로그램이라면 시작 프로그램에서 제거해주도록 합니다.

③ 구형 주기판 사용자라면 자동 종료 기능을 지원하지 않을 수 있습니다. 또는 주기판 불량일 수 있습니다. 이런 경우에는 주기판을 교체해야 합니다.

3 파티션 작업이나 윈도우98을 설치할 때 바이러스 감염 경고가 나타나면서 설치가 중단됩니다.

Q **윈도우98을 설치하거나 파티션 작업을 할 때 바이러스 경고가 나타나면서 작업이 중단됩니다.**

A **바이러스 검사 기능을 해제합니다.**

CMOS에서 바이러스 감시 기능을 설정해두었기 때문입니다. CMOS에서 [VIRUS WARNING] 기능을 설정해두면 파티션 작업처럼 하드디스크의 부트 영역을 건드리는 작업을 할 때 경고문이 나타납니다. 따라서 CMOS의 바이러스 검사 기능을 꺼놓아야 합니다.

[BIOS FEATURES SETUP] 항목의 Virus Warning 항목을 Disabled로 설정합니다. 또는 [Anti Virus Protection] 항목을 Disabled로 설정합니다.

4 하드디스크를 찾지 못합니다.

Q **하드디스크를 장착했는데 CMOS 셋업의 [IDE HDD AUTO DETECTION]을 실행했을 때 하드디스크를 찾지 못합니다.**

A **점퍼 설정과 케이블 상태를 확인합니다.**

하드디스크를 찾지 못하는 경우 원인은 여러 가지입니다.

① 이미 사용 중이던 컴퓨터에 하나를 더 추가했는데 추가한 하드디스크가 인식되지 않을 경우에는 추가한 하드디스크의 점퍼핀 설정을 확인해봅니다. 기존의 하드디스크가 마스터로 설정된 상태이므로 추가한 하드디스크는 슬레이브로 설정하거나 세컨더리 케이블의 마스터로 설정해야 합니다.

② 하드디스크 케이블의 연결 방향이 틀렸거나 꽉 안 끼워진 상태입니다. 케이블의 좌우가 바뀌었나 확인해보고 케이블이 제대로 꽉 끼워졌나 확인합니다.

③ 하드디스크 케이블 자체의 불량일 수 있습니다. 40개의 선 중에서 하나만 끊어져도 케이블은 불량입니다. 정상적으로 동작하는 다른 케이블로 대체하여 확인해봅니다.

5 윈도우98을 설치하려고 부팅했는데 CD롬을 인식하지 못합니다.

Q **윈도우98을 설치하려고 하드디스크를 포맷하고 부팅했는데 CD롬드라이브를 인식하지 못합니다.**

A **도스용 드라이버 파일을 설치해줍니다.**

윈도우98은 자동으로 CD롬드라이브를 인식하지만 도스는 드라이버 파일을 실행시켰을 때만 CD롬드라이브를 인식합니다. 따라서 부팅 디스크에 CD롬드라이브의 드라이버 파일을 불러오도록 설정해주어야 합니다.

① 하드디스크로 부팅할 경우에는 config.sys와 autoexec.bat 파일 안에 드라이버 파일의 경로를 적어주고 드라이버 파일을 하드디스크에 복사해주어야 합니다. 보통 CD롬드라이브를 구입할 때 드라이버 파일이 든 플로피디스크를 하나 제공합니다. 여기에 도스용 드라이버 파일이 들어있거나 설치 프로그램이 있습니다. 설치 프로그램이 있다면 설치 프로그램(install.exe나 setup.exe)을 실행시키면 자동으로 CD롬드라이브의 드라이버 파일이 설치됩니다. 만약 설치 프로그램이 없다면 CD롬드라이브의 설명서를 참고하여 직접 config.sys와 autoexec.bat 파일을 고쳐주어야 합니다.

② 플로피디스크드라이브로 부팅할 경우에는 어떤 디스크로 부팅하느냐에 따라서 결과가 달라집니다. 도스의 format a: /s 명령어로 포맷한 디스크라면 1번에서 설명한 것처럼 config.sys와 autoexec.bat 파일과 드라이버 파일을 플로피디스크에 복사한 다음에 파일 내용을 수작업으로 고쳐주어야 합니다. 초보자가 하기에는 좀 어려운 작업입니다.

이 책의 두 번째 마당에서 설명한 윈도우98의 '시동디스크 만들기' 기능으로 만든 시동디스크라면 부팅할 때 'with CD-ROM' 항목을 선택해 부팅합니다. 'with CD-ROM' 항목은 CD롬드라이브를 인식하도록 부팅한다는 뜻입니다. 윈도우98의 시동디스크로 부팅한다면 CD롬드라이브를 자동으로 인식합니다.

6 주변 기기들이 충돌하는 바람에 에러가 발생합니다.

Q **새로운 기기를 추가로 장착했는데 충돌이 일어나 사용할 수 없습니다. 시스템 정보를 보면 같은 IRQ를 사용하기 때문인 것으로 나타납니다. 충돌을 막을 수 있을까요?**

A **슬롯에 장착된 카드의 순서를 바꾸거나 IRQ를 강제 할당해줍니다.**

IRQ 충돌이 일어나는 경우의 해결책은 두 가지입니다.

① 먼저 주기판의 슬롯에 장착된 카드의 순서를 바꾸어봅니다. PCI 슬롯에 장착된 각종 카드의 순서를 하나씩 차례대로 바꾸어주면서 부팅을 해보고 충돌이 되는 장치들을 검사해봅니다. 카드 순서를 바꾸면 PCI 슬롯과 IRQ의 위치가 변동되는데 이를 통해 충돌이 안 일어나는 IRQ 배정이 이루어질 수 있습니다.

② 주기판의 슬롯에 장착된 카드를 바꾸어도 충돌이 일어나면 CMOS 셋업에서 슬롯 번호에 배정된 IRQ를 강제로 배정해줍니다. 이 경우 강제로 배정된 슬롯에 연결된 주변 기기는 사용이 가능하므로 꼭 사용하고자 하는 주변 기기는 수동으로 IRQ를 배정해줍니다.

7 드라이버 파일을 업그레이드 하면 성능이 향상되나요?

Q 그래픽카드의 드라이버 파일을 최신 것으로 바꾸면 속도가 향상되나요?

A 드라이버 파일을 바꾸면 속도나 성능이 향상될 수도 있습니다.

드라이버 파일을 최신 것으로 바꾼다고 해서 반드시 속도가 향상되는 것은 아닙니다. 그러나 속도가 향상될 가능성은 많습니다.

하드웨어 업체에서 드라이버 파일을 갱신시키는 이유는 두 가지입니다. 첫 번째는 하드웨어 사용에 문제가 되는 부분을 수정하기 위해서입니다. 즉 벌레(=버그)라고 부르는 프로그램 상의 문제점을 해결하기 위한 목적이 첫 번째입니다. 이 경우에는 드라이버를 바꾼다고 해도 성능이 향상되는 것은 아닙니다.

드라이버 갱신의 두 번째 이유는 하드웨어의 성능을 최적화시키기 위해서입니다. 이 경우에는 드라이버를 바꿀 경우 하드웨어의 성능이나 속도가 빨라질 수 있습니다. 그래픽카드의 드라이버를 바꿀 경우 화질이 더욱 선명해지거나 화면 표시 속도가 빨라질 수 있습니다.

8 일정 시간 후에 모니터가 꺼진 후 먹통이 됩니다.

Q 일정 시간 이상 컴퓨터를 사용하지 않고 있으면 모니터가 꺼지거나 하드디스크 또는 소리가 안들리면서 시스템이 정지합니다. 키보드나 마우스를 움직여도 컴퓨터가 다시 동작하지 않아서 전원을 껐다가 켭니다.

A 절전 기능을 해제합니다.

일정 시간 동안 컴퓨터를 사용하지 않았을 때 모니터가 꺼지거나 하드디스크 또는 소리가 들리지 않는다면 절전 기능이 작동되기 때문입니다. 정상적인 시스템이라면 절전 기능이 작동되어도 키보드나 마우스를 다시 움직일 때 시스템이 이전 상태로 복원되어야 합니다. 하지만 이전 상태로 복원되지 않고 먹통이 된 상태로 유지된다면 절전 기능 설정에 문제가 생긴 것입니다.

문제의 원인은 CMOS에서 절전 기능 복구용 기기의 IRQ 설정을 잘못 했거나 운영체제의 환경 문제 등 다양합니다. 초보자가 문제를 해결하기는 어려우므로 이런 경우에는 절전 기능을 해제하는 것이 좋습니다.

윈도우98에서 [제어판] [전원관리] [전원 구성표] 순으로 선택합니다. 전원 구성표에서 시스템 대기모드와 모니터, 하드디스크의 절전 기능이 시간으로 설정되어 있을텐데 [항상 켜있음]으로 설정하면 모니터나 하드디스크가 항상 동작합니다. 전기는 더 소모하지만 일정 시간 후에 모니터나 시스템이 꺼지는 일은 발생하지 않습니다.

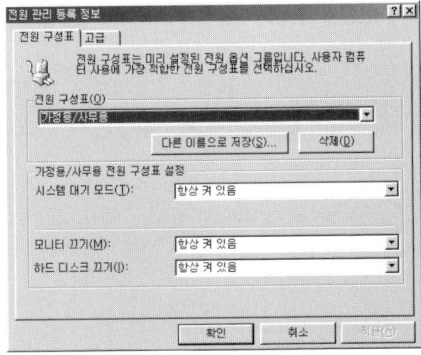

전원 관리 기능을 선택하고 각 항목을 [항상 켜있음]으로 선택해 절전 기능을 해제시킵니다.

9 램이 고장났는데 고칠 수 있나요?

Q 램이 고장난 것 같습니다. 비싸게 주고 산 것이라 아까운데 램도 고쳐쓸 수 있나요?

A 칩 하나만 나갔다면 고쳐쓰는 것이 좋습니다.

램이 고장난 경우는 모듈램의 기판에 장착된 여러 개의 램 칩 중에서 한 두 개가 타버렸거나 납땜이 잘못 된 경우가 대부분입니다. 따라서 고장난 칩만 교체하거나 납땜만 제대로 하면 다시 사용할 수 있습니다. 용산의 선인상가 등에 가면 PC 수리점이 많이 있습니다. 램을 가져가면 고장난 컴포넌트 칩만 교체하거나 납땜을 다시 해 사용할 수 있습니다. 새로 사는 것보다 훨씬 비용이 적게 듭니다.

10 클린 부팅은 어떻게 하나요

Q CD-RW레코더나 주기판의 바이오스를 업그레이드 하려면 클린 부팅을 한 다음에 바이오스 프로그램을 실행시키라고 합니다. 클린 부팅은 어떻게 합니까?

A 도스로 포맷한 디스크를 사용합니다.

요즘은 사용자가 바이오스 프로그램을 최신판으로 업그레이드 할 수 있습니다. 이때 업그레이드 설명서를 살펴보면 바이오스 프로그램을 실행하기 전에 클린부팅을 해야 한다고 적혀 있는 경우가 있습니다. 물론 클린 부팅이 필요 없는 업그레이드 제품도 있지만 클린 부팅을 요구하는 제품도 많습니다. 클린 부팅은 기본적인 운영체제 파일 이외에는 램에 어떤 프로그램도 상주시키지 않는 상태를 말합니다. 각종 주변 장치 드라이버는 물론, himem.sys나 emm386.exe과 같은 메모리 관리 프로그램도 실행시키면 안됩니다.

클린 부팅을 하는 가장 간단한 방법은 도스로 부팅 디스크를 만든 다음에 플로피디스크로 부팅하는 방법입니다. 도스의 포맷명령을 이용하여 'format a: /s' 라는 명령을 이용해서 플로피디스크를 포맷한 다음에 이 디스크로 부팅하면 됩니다. 이렇게 만든 부팅 디스크에 바이오스 업그레이드 프로그램만 복사한 다음에 플로피디스크로 부팅하여 업그레이드 프로그램을 실행시키면 됩니다.

윈도우98로 부팅할 때는 'SAFE MODE WITH COMMAND PROMPT' 모드를 선택합니다.

윈도우98 운영체제를 설치한 하드디스크로 부팅할 경우에는 부팅할 때 F8키를 눌러서 나오는 부팅 메뉴 중에서 'SAFE MODE WITH COMMAND PROMPT' 모드를 선택하여 부팅합니다.

잠깐! 바이오스 업그레이드는 위험하니 가능한 삼가세요.

주기판에 심각한 문제가 있거나 꼭 사용하고 싶은 기능이 바이오스 업그레이드를 통해서 가능한 경우가 아니라면 주기판의 바이오스 업그레이드는 하지 않는 것이 좋습니다. 업그레이드 도중에 실패하면 주기판의 바이오스가 동작하지 않는 사태가 발생합니다. 따라서 주기판의 바이오스 업그레이드는 하지 않도록 합니다.
바이오스 업그레이드를 할 경우에는 백업을 받아두고 합니다. 플로피디스크드라이브로 부팅한 다음에 바이오스 프로그램을 실행시킨 후에 먼저 기존 바이오스 프로그램의 백업 이미지 파일을 만들어 플로피디스크에 저장한 다음에 새로운 바이오스 프로그램으로 업그레이드 합니다. 이전의 바이오스 이미지를 디스켓에 복사해 두어야 업그레이드 도중 문제가 발생하더라도 예전의 바이오스로 복원할 수 있기 때문입니다.
만약 바이오스 업그레이드중 문제가 발생하여 중단된 경우에는 재부팅을 하면 안됩니다. 다시 업그레이드 작업을 시도하거나 백업한 이전의 바이오스 프로그램으로 복원해 준 다음에 부팅해야 합니다. 바이오스 업그레이드 도중에 재부팅하 경우 바이오스 프로그램이 동작하지 않을 가능성이 높습니다.

11 롬바이오스의 업그레이드가 안됩니다

Q **통신망으로 다운로드 받은 롬바이오스 프로그램을 실행시켰지만 여전히 예전 롬바이오스 버전으로 부팅됩니다.**

A **바이오스 업그레이드 금지 점퍼 핀을 해제합니다.**

바이오스 업그레이드가 안된다면 두 가지 경우입니다.

① 플래시 롬을 사용하지 않은 주기판일 경우 업그레이드를 지원하지 않습니다. 초기부터 요 근래까지 주기판의 롬바이오스는 EPROM을 사용했습니다. 구형 주기판이나 구형 주변 기기는 플래시 롬을 사용하지 않습니다. 이런 경우 바이오스 업그레이드가 안됩니다.

② 플래시 롬으로 된 롬바이오스를 사용 중이라면 실행 파일 형태로 된 업그레이드 롬 바이오스 프로그램을 실행시키면 됩니다. 이때 기록방지 점퍼를 가진 주기판을 사용할 경우에는 점퍼를 조정해서 기록이 가능하도록 바꾸어놓아야 합니다. 또한 클린 부팅해서 램에 시스템 파일 이외에는 어떤 프로그램도 상주하지 않도록 해야 합니다.

12 모니터에 빨간 멍과 파란 멍이 들었어요

Q **모니터가 빨갛거나 파랗게 멍들었는데 이유와 해결 방법은 무엇인가요?**

A **자기장 영향 때문으로 디가우스 기능을 이용하거나 심하면 AS를 받습니다.**

모니터에 붉고 푸른 색이 번져 나오는 이유는 자기장의 영향을 받기 때문입니다. 오래된 모니터일 경우 많이 나타나는 현상이지만 새로 산 모니터도 반점이 생길 수 있습니다. 이는 주변에 강한 자석이 있을 경우 나타나는 현상입니다. 예를 들어 모니터 옆에 스피커를 두거나 헤드폰을 걸어놓을 경우 이런 현상이 나타날 수 있습니다.

자석이 영향을 어떻게 영향을 미치는지 알고 싶다면 작은 자석을 구해서 모니터 근처에 대고 움직여보기 바랍니다. 모니터가 붉게 번지거나 어둡게 변하는 사실을 볼 수 있습니다. 따라서 강한 자석이 든 스피커나 헤드폰을 주변에 두지 않도록 합니다.

모니터나 TV의 멍을 제거하는 방법으로는 모니터에 내장된 자성제거 회로를 이용하는 방법이 있습니다. 모니터의 OSD 메뉴 중에 'DEGAUSS' 라는 메뉴가 있습니다. 이 메뉴를 선택하여 실행하면 자화 소거 기능인 디가우스 기능이 실행됩니다.

디가우스 기능을 실행하면 약간의 멍은 치료가 됩니다. 그렇지만 멍이 많이 들어 디가우스 기능으로도 치료가 안되면 AS 기사를 부릅니다. 이때 멍이 들었다고 말해주면 AS 기사가 전문 치료 기기를 가지고 와서 고쳐줍니다.

잠깐! 컴퓨터용 스피커는 멀리 놓고 사용합니다.

스피커가 가까이 있으면 스피커의 영향으로 모니터가 멍들거나 화질이 급격하게 떨어집니다. 이는 스피커를 모니터 앞에 가져가서 이리저리 움직여보면 알 수 있습니다. 스피커에서 나오는 자기장이 모니터에 심한 영향을 줍니다.
스피커로부터 모니터를 보호하는 방법은 두 가지입니다. 첫 번째는 방자형 스피커를 구입하는 것입니다. 방자형 스피커는 '자기를 막아주는' 기술을 채용한 스피커로 스피커 바깥으로 자기장이 새지 않도록 처리한 스피커입니다. 그렇지만 방자형 스피커가 완벽하게 자기장을 막아주는 것은 아닙니다. 따라서 두 번째로 스피커를 모니터에서 멀리 두는 것이 좋습니다. 가능한 모니터에서 멀수록 좋습니다.

13 모니터 켤 때나 해상도 변경할 때 소리가 나요

Q **모니터를 켜거나 해상도를 변경할 때 '퉁' 하는 소리가 납니다.**

A **정상적인 동작 때 나는 소리입니다.**

제가 사용하는 KDS 모니터는 모니터를 켤 때는 '퉁' 하는 대포 소리가 납니다. 또 이전에 사용하던 삼성전자의 모니터는 해상도를 바꿀 때마다 딸깍 거리는 소리가 났습니다. 이런 소리가 나는 이유는 자기장을 소거하느라고 나는 소리입니다.

모니터에 색이 번지는 현상이 나타나는 자기장의 영향을 없애는 기술을 '자화 소거 기능'이라고 합니다. 모니터를 켰을 때 '퉁' 하는 소리가 발생하는 이유는 이런 자기장을 제거하는 과정에서 나는 소리입니다. 소리를 내는 부품은 실드 케이스로, 실드 케이스는 모니터가 켜지면서 강제로 발생하는 역 전기장 때문에 안으로 당겨졌다가 다시 바깥으로 퍼지게 됩니다. 이 과정에서 퉁 소리가 나는 것입니다.

해상도를 조절할 때 나는 딸깍 소리는 화면 전환에 사용하는 릴레이 스위치라는 것이 동작하는 소리입니다. 따라서 이런 소리가 나는 모니터는 불량 모니터가 아니고 정상적인 모니터입니다.

14 다른 모니터는 본체가 꺼졌을 때 'No Signal'이라는 메시지가 나오는데 제 것은 안나옵니다.

Q **다른 모니터는 본체가 꺼졌을 때 'No Signal'이라는 메시지가 나오는데 제 것은 안나옵니다.**

A **마이컴을 지원하지 않는 모니터라 그렇습니다.**

요즘 출시되는 모니터는 대부분 마이컴 기능과 OSD 기능이 있습니다. 마이컴 기능은 화면의 해상도에 따라서 바뀌는 화면의 크기와 위치를 기억했다가 해상도가 바뀔 때마다 이전에 설정된 상태로 표시해주는 기능입니다. 모니터 화면은 해상도를 바꿀 때마다 한 쪽으로 화면이 쏠리는 현상이 나타납니다. 주로 게임을 할 때 화면 해상도가 저해상도로 바뀌는데 이럴 때 화면 쏠림 현상이 나타납니다. 사용자는 화면을 조정하여 보기 좋게 화면을 보정하는데 마이컴 기능이 지원되지 않을 때는 해상도 변경 때마다 다시 쏠림 현상이 나타났습니다. 그렇지만 마이컴 기능을 지원하는 모니터가 출시된 이후로는 사용자가 보정한 내용을 기록했다가 해상도 변경 때 적용하기 때문에 화면이 쏠리는 현상이 안나타납니다.

모니터만 켜지고 본체가 꺼진 상태일 경우 'No Signal'이라는 메시지가 모니터에 나타나는 이유는 마이컴 기능을 지원하는 모니터이기 때문입니다. 마이컴 기능이 없는 구형 모니터는 그냥 까만 화면으로 표시됩니다.

OSD 기능은 모니터 보정 메뉴를 말합니다.

OSD(On Screen Display) 기능은 화면에 표시되는 메뉴를 통해서 모니터를 보정하는 기능입니다. 과거에는 단추를 돌려서 모니터를 보정했지만 요즘 나오는 모니터는 대부분 모니터 앞의 기능 단추를 눌러 나타나는 화면의 메뉴를 통해 모니터를 보정합니다. 화면에 모니터 보정 메뉴를 표시하는 기능을 OSD 기능이라고 말합니다.

15 모니터 화면이 휘거나 기울어진 상태입니다.

Q **모니터를 새로 샀는데 화면이 휘거나 기울어진 상태입니다.**

A **모니터 보정 기능을 사용해 보정합니다.**

모니터 설명서를 보면 OSD 기능이 있습니다. 이 기능을 이용하면 모니터가 반듯하지 않을 때 어느 정도 보정이 가능합니다. 요즘 출시되는 모니터는 OSD 메뉴에서 기울기, 면의 비율, 휘어짐, 색 온도 등의 다양한 기능을 지원합니다. 이런 보정 기능을 이용하여 모니터의 기울어짐을 보정하도록 합니다.

모니터는 다양한 보정 기능이 있는 것이 좋습니다. 요즘은 S자 보정, W자 보정, 핀쿠션, 모아레, 컨버전스, 색감, 색상, 퓨리티 보정 등의 다양한 보정 기능을 지원합니다.

잠깐! 색온도란?

색온도(color temperature)는 최저 온도인 절대온도 0도(-273℃)에서 열을 가했을 나오는 광원의 성질을 절대온도 단위로 나타낸 것입니다. 색온도는 켈빈(Kelvin)이라고 하며, 단위로는 'K'를 사용한다. 일반적으로 태양빛은 5,500~6,000K, 카메라 플래시로 사용하는 스트로보광은 5,600~5,800K, 전구빛은 3,200~3,600K, 촛불은 1,800~2,000K입니다.
색온도가 낮으면 붉은 색이 강하고 색온도가 높으면 푸른색이 강합니다. 예를 들어 쇠를 가열하면 검정색인 쇠가 빨간색, 오렌지색, 노랑, 흰색, 파란색으로 바뀌어감을 볼 수 있습니다. 이처럼 온도에 따라서 색이 바뀌기 때문에 색온도라는 말을 사용합니다.
모니터에서도 색온도를 조절할 수 있는데 색온도 조정에 따라서 흰색이 표시될 때 붉은색 기운이 많아지거나 푸른색 기운이 많아지는 시각적인 차이를 느낄 수 있습니다.
백열등 빛과 형광등 빛 중에서 어떤 빛을 더 좋아하느냐 하는 기호의 차이가 있는 것처럼 모니터를 볼 때도 마음에 드는 빛을 선택해 사용하면 됩니다.

16 레이저 프린터에 종이가 잘 걸립니다.

Q **레이저 프린터를 사용하는데 종이가 잘 걸립니다.**

A **이면지를 사용하지 않도록 합니다.**

종이가 잘 걸리는 이유는 두 가지입니다. 레이저 프린터의 구조가 종이가 잘 걸리는 구조로 되어 있는 경우와 이면지를 사용하는 경우입니다.

레이저 프린터는 일명 잼(JAM)이라고 부르는 종이 걸림 현상이 자주 발생합니다. 잼 현상이 많이 발생하는 이유는 레이저 프린터의 원리상 종이가 전하를 띠기 때문입니다. 그래서 그래서 삽입구의 롤러와 고정롤러의 성능이 뛰어나지 않으면 두 장 이상의 종이가 달라붙어서 삽입되는 일이 자주 발생합니다. 또한 출력된 종이가 배출되면서 걸리기도 합니다. 특히 종이를 두 세번 말아서 배출하는 형태의 프린터는 잼 현상이 심합니다. 그래서 몇몇 프린터는 이런 잼 현상을 줄이기 위해 종이가 일직선으로 출력되는 프린터로 제작되기도 했습니다.

프린터의 구조와 성능상 발생하는 잼 현상은 막을 방법이 없습니다. 종이를 급지함에 넣기 전에 충분하게 털어주고 달라붙지 않도록 해주는 것이 최선의 방법입니다.

이면지를 사용하는 경우에는 특히 잼 현상이 잘 나타납니다. 이면지는 반대 쪽 면이 이미 출력된 면입니다. 그런데 레이저 프린터로 출력한 이면지는 다시 레이저 프린터 안을 지나면서 고온의 압착롤러를 지나게 됩니다. 이 경우 이면지의 글씨가 다시 녹으면서 롤러에 달라붙는 현상이 발생합니다. 레이저 프린터로 인쇄한 글씨는 일종의 왁스이기 때문에 다시 압착롤러를 지날 때 녹는 현상이 발생합니다. 때문에 이면지를 사용할 경우 특히 용지 걸림 현상이 많습니다.

따라서 용지 걸림 현상을 줄이려면 이면지를 사용하지 말고 출력 안된 백지만 사용해야 합니다.

17 사운드카드의 S/PDIF에 스피커를 연결해도 소리가 좋아진 것 같지 않습니다.

Q 소리가 깨끗하게 나온다고 해서 사운드카드의 S/PDIF 단자에 스피커를 연결했지만 소리가 좋아진 것 같지 않습니다.

A 오디오케이블 연결을 확인해봅니다.

S/PDIF는 디지털 입출력 공동 규격으로 LD, DAT, MD, DVD 등의 장비를 사용할 경우 음질 손상이 없이 재생이 가능합니다. 단 CD롬드라이브나 DVD롬드라이브에 있는 S/PDIF 단자에 오디오 케이블을 연결해야 합니다. 스피커만 사운드카드의 S/PDIF 단자에 연결하면 안되고 DVD롬드라이브와 사운드카드에 있는 S/PDIF 단자도 서로 연결해주어야 합니다.

18 비가 오거나 천둥 번개가 친 날부터 통신이 안됩니다.

Q 천둥 번개가 많이 치던 날 이후로 통신이 안됩니다.

A 벼락을 맞아서 고장난 경우입니다.

비가 오거나 번개 친 이후로 통신이 안된다면 모뎀이나 랜카드가 벼락에 맞은 경우입니다. 천둥 번개가 많이 칠 때는 전화선을 타고 벼락이 PC로 들어오는 경우가 많습니다. 이때 전화선에 연결된 모뎀이나 ADSL이 연결된 랜 카드가 고장나는 경우가 많습니다. 제 경우는 얼마 전에 벼락을 맞아 동시에 두 개가 다 고장난 적도 있습니다.

이 경우 다시 한 번 모뎀이나 랜카드를 뺐다가 끼워보면서 이상 유무를 확인해봅니다. 다시 끼워도 동작을 안한다면 벼락 맞아서 고장난 것으로 봐야 합니다. 새 제품으로 교체해주어야 합니다. 벼락으로부터 예방을 하려면 천둥 번개가 유난히 강하게 치는 날에는 전화선을 PC와 연결하지 않는 것이 좋습니다.

19 음악 CD를 넣었는데 CD만 돌아가고 소리가 안납니다.

Q CD롬드라이브에 음악 CD를 넣었는데 CD만 돌아가고 소리는 안납니다.

A 케이블 연결을 확인하고 윈도우98의 볼륨조절 메뉴에서 '음소거'를 삭제합니다.

다음과 같은 원인이 있습니다.

① CD롬드라이브와 사운드카드 사이를 오디오케이블로 연결하지 못한 경우 소리가 안납니다. 오디오케이블이 CD롬드라이브의 오디오케이블 단자와 사운드카드의 CD IN 단자에 제대로 끼워졌는지 확인합니다. 또한 오디오케이블의 이상 유무도 확인합니다.

② 케이블 문제가 아니라면 윈도우98의 볼륨 컨트롤 정보에서 CD 오디오 항목이 '음소거'로 설정되었거나 볼륨을 최소로 설정한 상태입니다. 사용자가 이렇게 설정한 적이 없더라도 가끔 이렇게 설정되는 경우가 종종 있습니다.

01

윈도우98의 오른쪽 하단에 있는 스피커 모양의 아이콘을 더블클릭합니다.

1 화면 오른쪽 하단에 있는 스피커 모양의 아이콘을 더블클릭합니다.

02

볼륨 컨트롤 메뉴가 나타납니다. 여기에서 [CD 오디오]나 [CD Player] 항목의 '음소거'에 선택 표시되어 있거나 소리가 최소로 된 상태이면 소리가 안 납니다.

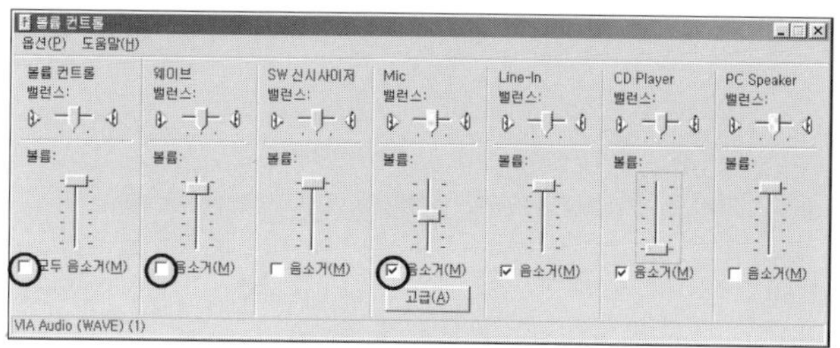

'음소거' 상태이거나 볼륨이 최소인 상태라면 소리가 안납니다.

03

'음소거' 선택 표시를 제거합니다. 그리고 볼륨 크기가 최소로 되어있는 상태라면 막대를 끌어올려 가장 큰 소리로 설정해줍니다.

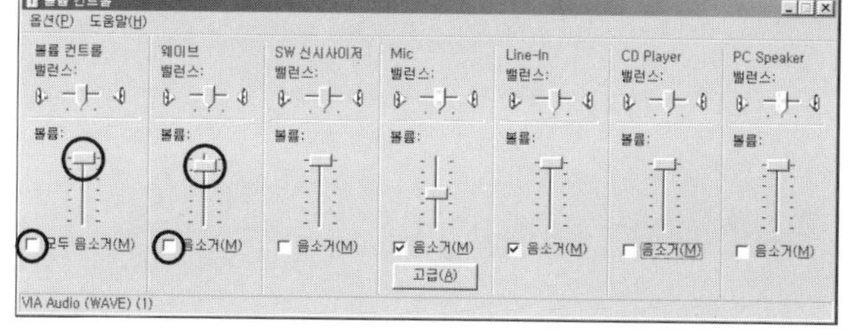

20 스피커에서 소리가 안납니다.

Q 사운드카드를 새로 설치했는데 스피커에서 소리가 안납니다.

A 케이블 연결, IRQ 충돌과 볼륨 조절 장치를 확인합니다.

사운드카드를 새로 설치한 후에 소리가 안난다면 다음 경우입니다.

① 스피커의 단자가 라인아웃에 연결되지 않은 상태라면 소리가 안납니다. 사운드카드의 라인아웃이나 speaker 단자에 연결합니다.

② IRQ나 드라이버 파일의 충돌로 사운드카드가 윈도우98에서 인식되지 않는 경우입니다. 이 경우 제어판의 시스템 항목을 통해 사운드카드가 제대로 설치되었나 확인해봅니다. 만약 충

돌이 일어난 상태라면 느낌표로 표시될 겁니다. 이런 경우에는 드라이버를 새로 설치해보거나 사운드카드의 위치를 바꾸어 다른 슬롯에 장착해봅니다.

③ 윈도우98의 볼륨 조절 메뉴에서 웨이브 밸런스와 볼륨 컨트롤 밸런스가 '음소거'로 설정되거나 최소 음으로 설정된 상태일 수 있습니다. 음소거 상태를 해제하거나 볼륨을 올려줍니다.

01

윈도우98의 오른쪽 하단에 있는 스피커 모양의 아이콘을 더블클릭하여 볼륨 컨트롤 항목을 표시합니다. 웨이브 밸런스와 볼륨 조절 밸런스가 최소로 되어있거나 '음소거'로 선택된 상태라면 소리가 안납니다.

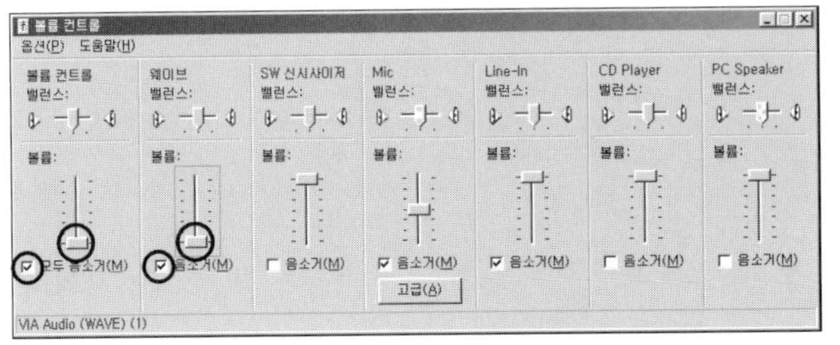

볼륨 컨트롤 항목에서 볼륨 컨트롤 밸런스와 웨이브 밸런스를 확인합니다.

02

볼륨 컨트롤 밸런스와 웨이브 밸런스를 올려주거나 '음소거' 상태를 해제합니다.

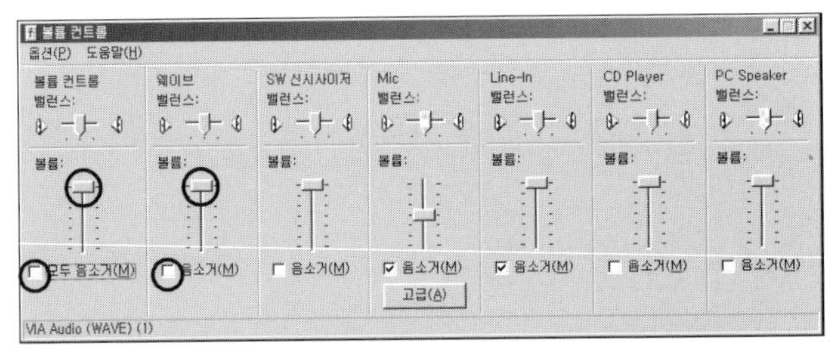

볼륨 컨트롤 밸런스와 웨이브 밸런스를 올려주거나 '음소거' 상태를 해제합니다.

21 키보드 에러가 나타납니다.

Q 부팅할 때 키보드 에러가 나타납니다.

A 키보드 연결 상태를 확인합니다.

키보드 에러가 나타나는 이유는 키보드를 잘못 연결했을 경우입니다. 키보드 커넥터가 제대로 연결되었는지 확인해봅니다.

본체 뒤에는 PS/2 포트가 두 개이 있는데 PS/2키보드는 마우스 아래에 연결해야 합니다. 키보드를 마우스 포트에 연결한 것이 아닌지 확인해봅니다.

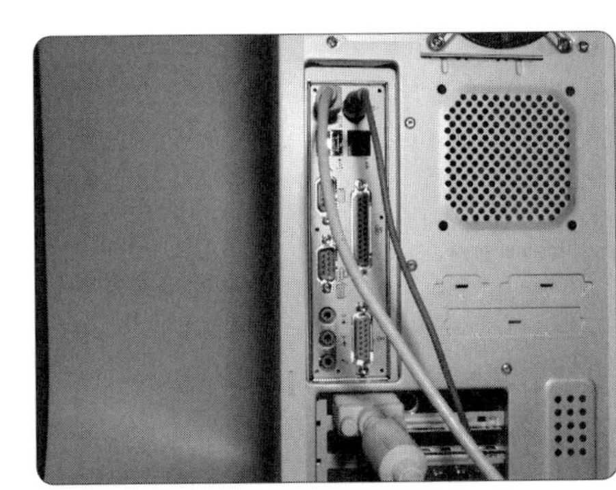

그리고 부팅되기 전에 키보드를 누르고 있는 상태일 때도 에러가 발생합니다. 키보드를 누른 상태가 아닌가 확인합니다.

22 하드디스크에서 갑자기 이상한 소리가 납니다.

Q **하드디스크에서 갑자기 철커덩 또는 딸깍 하는 이상한 소리가 납니다.**

A **일단 무조건 컴퓨터를 끄고 조치를 취합니다.**

일단 무조건 컴퓨터를 끄고 봅니다. 하드디스크에서 소리가 나는 이유는 여러 가지가 있는데 기본적으로 하드디스크가 고장났을 경우와 하드디스크가 잘못 동작하는 경우입니다. 이미 고장난 경우라면 어쩔 수 없이 하드디스크를 교체해야 합니다. 만약 순간적으로 잘못 동작하는 경우라면 계속 동작하게 놔두면 안됩니다. 전원은 내려서 일단 동작을 멈추게 한 다음에 다시 컴퓨터를 켜서 계속 소리가 나는지 확인해봅니다. 계속 같은 소리가 나면 하드디스크에 문제가 발생한 것이지만 소리가 없어졌다면 일시적인 오동작으로 끝난 것입니다.

23 CD를 잘 읽지 못하거나 특정 부분을 읽을 때 에러가 발생합니다.

Q **CD롬을 넣으면 잘 읽지 못하는 경우도 자주 발생하고, 특정 부분을 읽을 때는 에러가 발생하거나 시스템이 멈춥니다.**

A **CD롬드라이브 고장이거나 CD 불량입니다.**

CD롬드라이브가 고장났거나 헤드 부분에 이물질이 묻었을 때, CD 자체가 불량이거나 CD에 이물질이 묻었을 때 나타나는 현상입니다. 다른 CD를 넣어도 잘 읽지 못한다면 CD 클리너로 CD의 헤드 부분을 닦아줍니다. 그래도 읽지 못한다면 CD롬드라이브 고장으로 봐야 합니다.

24 특정 CD롬을 넣으면 CD롬드라이브가 계속 깜박이면서 회전만 합니다.

Q **CD롬을 CD롬드라이브에 넣으면 계속 깜박이에 불이 들어오면서 회전만 하고 CD롬을 읽지 못합니다. 정지/꺼냄 단추를 눌러도 트레이가 튀어나오지 않습니다.**

A **CD 불량일 가능성이 높습니다.**

특정 CD를 넣을 때만 그런 현상이 발생한다면 CD가 깨졌을 확률이 제일 높습니다. CD롬은 바늘보다 작은 흠이 발생해도 읽지 못합니다. CD를 형광등 밑에 대고 인쇄된 뒷면에서 보면 구멍이 난 부분은 형광등 빛이 보입니다. 구멍이 나거나 흠이 난 상태라면 사용할 수 없습니다. 또 구멍이 안 보이더라도 CD롬드라이브에서 계속 맴돌기만 하면 고장난 CD로 판별해야 합니다.

다른 시스템의 CD롬드라이브에서 CD롬을 시험해봅니다. 역시 마찬가지로 계속 회전하면 CD가 고장난 것입니다. 만약 다른 시스템의 CD롬드라이브에서는 CD를 잘 읽는다면 사용자의 CD롬드라이브와 CD의 궁합이 맞지 않은 경우입니다. 이런 경우에는 CD를 CD레코더로 다시 복사해 사용해보는 것이 방법이 될 수 있습니다. 복사한 CD는 제대로 읽힐 수 있습니다.

25 'FDD Controller Failuer' 메시지가 나타나면서 FDD를 사용할 수 없습니다.

Q **부팅할 때 'FDD Controller Failuer' 메시지가 나타나면서 플로피디스크드라이브를 사용할 수 없습니다.**

A **FDD 고장이거나 케이블 연결, 컨트롤러 이상입니다.**

FDD 컨트롤러 에러가 발생했다면 정말로 FDD 컨트롤러에 이상이 생겼거나 FDD 케이블의 연결 방향을 잘못 끼웠거나 FDD 케이블에 이상이 생긴 경우입니다. 케이블 방향을 확인해서 이상이 없으면 FDD와 FDD 케이블을 다른 시스템에 가져가서 시험해봅니다. 다른 시스템에서 FDD가 잘 돌아간다면 FDD 컨트롤러 에러입니다. 다른 시스템에서도 같은 에러가 나타난다면 FDD나 케이블 이상입니다. 다른 케이블이나 FDD를 이용해 둘 중 어느 쪽에 이상이 있는지 확인하기 바랍니다.

만약 FDD 컨트롤러 이상이라면 주기판을 교체해주거나 수리를 맡겨야 합니다.

26 FDD에서 플로피디스크를 읽지 못하거나 깜박이에 계속 불이 들어온 상태입니다.

Q **FDD에 디스크를 넣고 파일을 복사하려는데 플로피디스크를 읽지 못합니다. 소음만 크게 납니다. 또는 깜박이에 계속 불이 들어온 상태입니다.**

A **디스크 불량이나 케이블 방향 바꾼 경우입니다.**

조립 후에 이런 증상이 나타났다면 케이블 불량일 수도 있습니다. 그러나 잘 사용하던 중에 이런 증상이 나타났다면 디스크 불량이거나 FDD 불량입니다. 다른 플로피디스크를 넣어도 마찬가지 증상이 나타나면 FDD가 고장난 것입니다.

불이 계속 들어온 상태라면 FDD 케이블의 방향을 바꾸어 끼웠을 가능성이 높습니다. 케이블의 방향을 확인하고 제대로 끼웁니다.

27 부팅 때 'Floppy disk Drive 0 Seek Failure' 메시지가 나타납니다.

Q **부팅 때 'Floppy disk Drive 0 Seek Failure' 메시지가 나타나면서 FDD를 사용할 수 없습니다.**

A **FDD 설정이 잘못된 상태입니다.**

플로피디스크드라이브 설정이 잘못 되었거나 케이블 불량입니다. CMOS에서 3.5인치 FDD를 다른 용량의 FDD로 설정해놓았을 경우 이런 메시지가 나타날 수 있습니다. CMOS 셋업에서 FDD의 용량이 제대로 설정되었는지 확인합니다.

CMOS의 설정이 제대로 되었다면 케이블의 불량 여부를 확인해봅니다. 케이블도 문제가 없다면 FDD의 불량입니다.

index

B

C

index

D

E

F

index

나

다

라

마

index

바

사

아

자

차

카

index

타

파

index

하

편 집 후 기

컴퓨터 전원만 잘못켜도 터지는 줄 아는 초보시절이 있었다.

지금은 고수냐고?

남들 앞에서 컴퓨터 부품에 대해서나 컴퓨터 상식에서는 꽤 잘난 척 할 단계는 되었지만
그래도 공구들고 컴퓨터를 뜯었다 붙였다 하기엔 아직도 두려움이 앞서는 기계치다.

탄탄한 이론(?)은 바탕으로 깔려있겠다 이젠 이 책을 통해 PC에 대한 실전 실력을 쌓아
내공지수를 무한으로 끌어 올린 다음 명실상부한 달인의 경지에 올라야겠다는 욕심이 든다.

컴퓨터 상식은 나보다 잘 모르면서 PC도 기계의 하나일 따름이라고 기계에 대한 거부감 없이
컴퓨터 속을 마구 헤집어 보고 뜯어놓고 조립도 하는 남편을 이젠 더이상 경이의 눈으로
보지 않으련다.

왜? 이 책 하나면 나두 이젠 할 수 있으니깐.... -신데렐라-

PC튜닝에 관심이 많았던 사용자들이 기다리던 전문서...
기존에 나온 어떠한 하드웨어 책도 이러한 내용을 다룬 적은 없었다.
이 시대에 꼭 필요한 도서!!
난 항상 구닥다리 같은 내 PC가 불만이었지만...
이번 기획에 멋지게 리모델링 할 계획이다.
독자 여러분들도 멋지고 개성 있는 PC를 만들어 보세요.···· -TAM-

난 믿는 구석이 있다.
김중태님의 끝없는 노력이 반드시 이비컴의 매출 또한 리모델링(100%)할 수 있다는 것을...
그동안 수고하신 많은 분들께 아낌 없는 찬사를 보냅니다.
글빨 짱, 편집 짱, 표지 짱, 짱!짱!짱! 영업부....역쉬나 변함 없는 미남

주택을 리모델링하는 것은 봤어도 PC를 리모델링한다니...
발상을 바꾸면 일상적인 사물조차 그냥 넘어가지지 않는 것이 인지상정일까.
성능을 개조하는 것이 튜닝이라면 이 참에 나를 한번 튜닝해보면 어떨까? -강가딘-

피 : 피서기간에 열심히 만들었습니다.
시 : 시원한 계곡을 그리워하며 사무실에서 만들었습니다.
리 : 이렇게 좋은 책을 만들고 말았습니다. (아~ 감격 ^^)
모 : 모두들 좋다고 합니다. (ㅊㅋ~ ㅊㅋ~)
델 : 될(델)듯합니다. (베스트셀러) 그런데
링 : 링~ 삐리리 삐리리 출판사 에서도 PC튜링 책을 만들었습니다.
좋은 경쟁자 입니다. 열심히 하겠습니다. -닌자

PC에러진단과 문제해결

김중태 지음

PC를 사용하면서 겪을 수 있는 하드웨어 문제는 매우 많습니다. 이 중에서도 가장 자주 발생하는 문제와 해결법을 책의 본문에 수록했습니다. 본문 4부의 [문제와 해결] 편에는 우리들이 자주 접하는 하드웨어 관련 문제와 원인, 해결 방법을 수록했습니다. 본문의 [문제와 해결] 편은 상세한 설명을 통해 초보자들도 쉽게 이해하고 해결할 수 있도록 구성했습니다.

부록은 좀더 다양한 문제 유형에 대한 정보를 제공하기 위하여 만든 것입니다. 부록에는 본문에서 설명하지 못한 문제를 다룹니다. 한정된 지면에 가능한 좀더 많은 유형의 문제를 다루기 위하여 가장 간단 명료하게 현상과 원인, 해결법을 정리했습니다.

부록에 수록한 문제와 해결 방법이 여러분의 컴퓨터 사용에 도움이 되었으면 합니다. 고맙습니다.

CONTENTS

동작을 안해요 01

Q 전원 단추를 눌렀는데 컴퓨터가 안 켜집니다.

책 본문 [문제와 해결] 편 참고.

Q 본체 뒷 면의 냉각팬은 도는데 본체는 불이 들어오지 않습니다.

책 본문 [문제와 해결] 편 참고.

Q 부팅 도중에 가끔씩 멈춥니다. 그러다가 다시 전원 단추를 눌러서 재부팅하면 부팅이 됩니다.

책 본문 [문제와 해결] 편 참고.

Q 조립 후 전원을 켜면 본체는 불이 켜지는데 화면에는 아무 것도 나타나지 않습니다.

책 본문 [문제와 해결] 편 참고.

Q 부팅 후 바이오스 표시 화면에서 멈춥니다.

① CPU를 오버클럭한 경우입니다. CPU의 클럭을 확인합니다.

② 메모리와 주기판의 FSB가 맞지 않은 경우입니다. FSB를 메모리 클럭과 맞춥니다.

③ 하드디스크 케이블 연결 상태를 확인합니다.

Q 조립 후에 전원을 켜면 깜박이에 불은 들어오지만 삐삐 소리가 나면서 부팅은 되지 않습니다.

① CPU나 메모리, 그래픽카드가 제대로 꽉 끼워졌나 확인합니다.

② 주기판이나 CPU, 램, 키보드, 전원장치가 불량일 수 있습니다. 부품별로 이상 유무를 확인해봐야 합니다.

Q 전원을 켜면 컴퓨터는 동작하지만 본체 앞의 깜박이(LED)에는 불이 안들어옵니다.

주기판의 깜박이 핀에 케이블을 연결하지 않았거나 제대로 연결하지 않은 상태입니다. 케이블을 연결했나 점검해보고, 케이블의 방향이 반대가 아닌가 확인합니다. 케이블의 +, - 표시가 점퍼 핀에 반대로 끼워지면 깜박이에 불이 안들어옵니다.

Q 'Starting Windows9x..' 안내문이 표시되고 부팅을 멈춥니다.

① 하드디스크의 파티션 정보가 손상되거나 FAT, 시스템 파일이 손상된 경우입니다. 하드디스크를 다시 포맷합니다.

② CMOS의 하드디스크 설정이 잘못된 경우입니다. CMOS를 확인합니다.

③ 운영체제 관련 파일이 손상된 경우입니다. 운영체제를 다시 설치합니다.

④ 바이러스에 걸린 경우입니다.

Q 윈도우 시작화면에서 시스템이 멈춥니다.

config.sys와 autoexec.bat 파일에 기록한 명령이 제대로 실행되지 않는 경우입니다. 드라이버 파일이나 응용 프로그램이 제대로 동작하지 못하는 경우입니다. 부팅할 때 [F8]키나 [Shift] + [F8] 키를 눌러 config.sys, autoexec.bat 파일에 기록한 명령을 한 줄 씩 확인합니다.

부팅 때 나타나는 에러 메시지 02

Q 부팅할 때 'DRIVE FAILURE INVALID CONFIGURATION Press [F1] to continue' 안내문이 표시됩니다.

A ① 키보드와 마우스 케이블의 연결 상태를 확인합니다.

② CMOS의 하드디스크 정보가 정확하게 설정되었나 확인합니다.

Q 하드디스크로 잘 부팅했던 시스템인데 갑자기 'Missing Operating System' 또는 'Disk boot failure, Invalid boot disk' 'Disk boot failure, insert system disk and press enter' 'NO ROM BASIC' 'Non-system disk or disk error' 에러가 나타나며 부팅이 안됩니다.

A ① 드라이브에 부팅 가능한 디스크가 없을 경우입니다. FDD로 부팅하는 경우라면 부팅 가능한 플로피디스크를 삽입해야 하며, 하드디스크로 부팅할 경우라면 부팅 가능한 하드디스크로 부팅해야 합니다.

FDD에 부팅이 안되는 디스크를 삽입해 둔 경우가 대부분입니다. CMOS의 부팅 순서에 A: C: 순으로 설정된 상태에서 사용자들이 자신도 모르게 플로피디스크 드라이브에 플로피디스크를 삽입해두고는 이 사실을 잊습니다. 이 경우 다음에 컴퓨터를 사용하려고 부팅하면 PC가 A: 드라이브를 먼저 읽게 되고, 부팅이 안되는 플로피디스크가 삽입된 상태이므로 부팅 에러가 나타나는 것입니다. 일단 플로피디스크를 빼낸 다음에 부팅합니다. 그리고 CMOS의 부팅 순서는 가능한 C: A: 순으로 설정하도록 합니다.

② 플로피디스크나 하드디스크의 부트 정보가 파괴된 상태입니다.

③ 시스템 파일이 손상되었거나 바이러스에 걸린 경우입니다.

Q 부팅할 때 'Bad or missing Command Interpreter' 또는 'invalid command.com Cannot load Command.com, system halted' 안내문이 표시됩니다.

A ① 바이러스에 감염된 경우입니다. 플로피디스크로 부팅한 다음에 백신으로 바이러스 검사를 합니다.

② command.com 파일이 깨졌거나 없는 경우입니다. command.com 파일을 복사해줍니다.

③ command.com 파일을 복사해도 문제가 발생하면 command.com 파일의 위치를 제대로 잡아주는 명령을 적어주어야 합니다. 'sys c:' 명령으로 시스템 파일을 전송합니다.

또는 config.sys 파일에 'shell=c:\dos\command.com /p' 명령을 추가해 command.com 파일의 위치를 제대로 잡아줍니다.

Q 부팅할 때 'BIOS ROM Checksum ERROR' 또는 'BIOS ROM checksum error - System halted' 가 표시됩니다.

A 롬바이오스의 롬칩이 고장나거나 정보가 잘못 기록된 경우입니다. CMOS 정보를 읽지 못하는 경우이므로 CMOS 설정에 들어가 설정 내용을 확인하고 제대로 설정이 되었다면 [SAVE AND EXIT SETUP] 메뉴로 CMOS 값을 저장해봅니다. 제대로 설정했는데도 에러가 계속 나타난다면 롬칩의 에러로 봐야 합니다. 바이오스 칩의 에러라고 생각하면 주기판을 교체하거나 바이오스 칩을 교체 또는 수리합니다.

Q 부팅할 때 'Staring MS-DOS...' 안내문이 표시되고 부팅이 안됩니다.

A 하드디스크의 부트 영역이 손상되었거나 시스템 파일이 손상된 경우입니다. 하드디스크를 다시 포맷하거나 시스템 파일을 옮겨봅니다.

Q 부팅할 때 'CMOS Checksum Error' 가 표시됩니다.

A ① CMOS에 기록된 정보가 잘못된 경우 발생합니다. 보통 CMOS에 기록된 정보가 지워진 경우에 나타납니다. CMOS 셋업에 들어가 필요한 항목을 설정하고 설정한 내용을 저장하고 재부팅하면 해결되는 경우가 대부분입니다.

② 설정 내용을 잘 모르겠다면 CMOS 메뉴 중에서 [Load Setup Defaults](=[Load Optimized Defaults]) 메뉴를 선택해 초기 상태로 설정하고 저장한 뒤에 다시 부팅합니다.

③ 주기판의 건전지 성능이 다 되었을 경우 나타날 수 있습니다. 건전지를 교체합니다.

Q 부팅할 때 'CMOS Checksum Error'가 표시되어 CMOS 설정을 저장하면 제대로 부팅되지만 컴퓨터를 꽤 오래 동안 껐다가 다시 켜면 다시 같은 에러가 나타납니다.

A 주기판의 건전지 수명이 다 된 경우입니다. 이런 경우 전원 코드가 연결된 상태에서는 컴퓨터를 끈 상태라 하더라도 계속 약한 전기를 공급받기 때문에 CMOS 정보가 기록되지만 전원 코드를 빼놓은 상태에서는 전기 공급이 원천적으로 차단되어 CMOS에 기록된 정보가 사라지는 것입니다. 건전지가 방전된 경우라면 건전지를 교체해줍니다.

Q 부팅할 때 'CMOS memory size mismatch'가 표시됩니다.

A 시스템에 장착된 메모리를 제대로 인식하지 못하는 경우입니다. 주기판의 종류에 따라서 램을 추가한 후에 CMOS 셋업을 실행해야 메모리 용량을 제대로 인식하는 경우가 있습니다. CMOS 셋업을 하고 [SAVE AND EXIT SETUP] 메뉴로 CMOS 값을 저장한 다음에 재부팅하면 대부분 해결됩니다.

Q 부팅할 때 'Memory size has changed since last boot' 안내문이 표시됩니다.

A 메모리를 새로 추가하거나 제거했을 때 나타납니다. 요즘 주기판은 자동으로 CMOS 정보를 변경하지만 구형 주기판은 메모리 변동 사항을 인식하지 못합니다. 이런 경우 CMOS 셋업을 실행시키고, CMOS 내용을 [Save] 시킨 후에 부팅하면 없어집니다.

Q 부팅할 때 'Cache Memory Bad'가 표시됩니다.

A 주기판의 캐시 메모리가 불량이거나 캐시 메모리의 대기 상태를 지정하는 항목이 잘못 설정된 경우입니다. 메모리 불량일 때는 캐시 메모리를 교체하거나 CMOS에서 캐시 메모리 사용 여부 항목을 'Disable'로 설정해 해결합니다. 대기 상태 문제일 경우에는 [Cache Write] 항목을 제대로 설정합니다.

Q 부팅할 때 'Press ESC to skip momory test' 안내문이 표시됩니다.

A [ESC] 키를 누르면 메모리 검사를 건너뛰고 다음 단계로 진행한다는 뜻입니다.

Q 부팅할 때 'Memory address error at nnnn' 안내문이 표시됩니다. nnnn은 번지를 가리키는 숫자입니다.

A 메모리의 nnnn 번지 에러이므로 에러가 발생한 메모리의 장착 상태를 확인합니다. 제대로 장착했는데도 에러문이 표시되며 메모리를 교체합니다.

Q 부팅할 때 'Memory parity error at nnnn' 안내문이 표시됩니다.

A

① nnn 번지에서 발생한 패리티 에러입니다. 주기판에서 지원하는 메모리 종류인지 확인하고 메모리 장착 상태를 확인합니다.

② 패리티 램을 사용 중이라면 CMOS에서 패리티 점검 항목을 Enabled로 설정하고 패리티 없는 램을 사용 중이라면 CMOS에서 패리티 점검 항목을 Disabled로 설정합니다.

③ 1, 2번 검사에 문제가 없다면 메모리 불량이므로 메모리를 교체합니다.

Q 부팅할 때 'Memory verify error at nnnn' 안내문이 표시됩니다.

A nnnn 번지의 읽기, 쓰기 과정에 문제가 발생한 경우입니다. 메모리의 장착 상태를 확인하고 제대로 장착되었다면 메모리를 교체합니다.

Q 부팅할 때 'CMOS display type mismatch' 또는 'Display type has changed since last boot' 안내문이 표시됩니다.

A CMOS의 그래픽카드 설정 내용이 잘못 설정된 경우입니다. 그래픽카드 종류로 'VGA' 가 설정된 상태인가 확인합니다.

Q 부팅할 때 'Bad or missing command interpreter' 가 표시됩니다.

A 시스템 파일인 command.com, msdos.sys, io.sys 파일 중에서 문제가 발생한 경우입니다. 시스템 파일 중에서 특정 파일이 없거나 특정 파일의 버전이 틀린 경우입니다. 시동디스크나 시스템디스크를 이용하여 플로피디스크로 부팅한 후에 'sys c:' 명령을 주면 복구됩니다.

Q 부팅할 때 'Diskette drives or types mismatch error – Run setup' 안내문이 표시됩니다.

A CMOS 셋업에서 FDD 정보를 잘못 설정한 경우입니다. CMOS의 [Standard CMOS Setup]에서 FDD 종류를 정확하게 설정합니다.

Q 부팅할 때 'Mismatched Hard Disk Type' 안내문이 표시됩니다.

A CMOS에서 하드디스크의 정보를 잘못 설정한 경우입니다. 하드디스크를 Auto로 설정하면 이런 문제가 발생하지 않습니다.

Q 부팅할 때 'Error encountered initializing hard drive' 안내문이 표시됩니다.

A 하드디스크가 제대로 설정되지 않은 경우입니다. 하드디스크 케이블 접속 상태를 확인하고 마스터 슬레이브 설정 상태를 확인합니다. 그래도 이상이 없다면 케이블 불량으로 의심합니다.

Q 부팅할 때 'Error initializing hard drive controller' 안내문이 표시됩니다.

A 하드디스크 컨트롤러가 초기화되지 않는다는 안내문입니다. 하드디스크 불량이거나 마스터 슬레이브 설정에 문제가 있습니다.

Q 부팅할 때 'Floppy disk fail' 안내문이 표시됩니다.

A FDD가 없는 시스템에서 FDD가 있는 것으로 CMOS 셋업을 설정했을 때 발생합니다. FDD가 없는 시스템이라면 FDD 설정 항목을 'None'으로 설정합니다.

Q 부팅할 때 'Hard disk install failure' 안내문이 표시됩니다.

A 하드디스크 케이블 연결 상태가 잘못되었거나 컨트롤러가 고장난 경우입니다. 케이블 연결 상태를 확인해도 에러문이 표시되면 컨트롤러가 고장난 것으로 보고 AS를 받아야 합니다.

Q 부팅할 때 'Hard disk diagnosis fail' 안내문이 표시됩니다.

A 하드디스크가 동작하지 않는다는 뜻입니다. 케이블 연결 상태와 CMOS 셋업 내용을 확인합니다.

Q 부팅할 때 'Primary master hard disk fail' 안내문이 표시됩니다.

A 프라이머리 마스터 하드디스크의 케이블 장착을 확인하고 마스터 설정이 제대로 되었나 확인합니다. 그외 'Primary slave hard disk fail' 'Secondary master' 'Secondary slave' 안내문이 나오면 해당 하드디스크 상태를 확인합니다.

Q 부팅할 때 'No ROM Basic system halted' 안내문이 표시됩니다.

A 하드디스크가 Active 상태로 설정되지 않은 경우입니다. fdisk 프로그램을 실행시켜 C: 드라이브를 Active 상태로 설정해줍니다.

Q 'Devide overflow' 안내문이 표시되면서 부팅이 되지 않습니다.

A 바이러스로 인하여 파일이 손상되었을 가능성이 제일 높습니다. 바이러스에 의해 실행 파일이 감염되면 실행 파일이 실행될 때 'Devide overflow' 에러가 발생합니다.

Q 부팅할 때 키보드 에러가 나타납니다.

A 책 본문 [문제와 해결] 편 참고.

Q 부팅할 때 'Keyboard error' 'No keyboard present' 안내문이 표시됩니다.

A 키보드가 연결되지 않았거나 키보드가 고장난 상태입니다. 키보드가 제대로 연결되었나 확인하고 연결 상태가 바르다면 키보드 고장으로 보고 교체합니다.

Q 키보드가 고장난 상태인데 키보드를 교체할 시간이 없습니다. 일단 윈도우를 부팅하여 마우스만 가지고 사용할 수 있는 방법이 없을까요?

A 키보드를 연결하지 않은 상태에서 부팅하려면 CMOS의 [Halt on] 항목에서 에러 검색 조건을 'All, But Keyboard' 로 설정합니다.

Q 부팅할 때 'Keyboard is locked out - Unlock the key' 안내문이 표시됩니다.

A 키보드를 잠근 경우입니다. 그러나 요즘 시스템은 키보드 락 기능을 사용하지 않으므로 이런 안내문이 나타났다면 부팅 도중에 키보드의 키가 무언가에 의해 눌린 상태라고 봐야 합니다.

Q **부팅할 때 'Override enabled – Defaults loaded' 안내문이 표시됩니다.**

A CMOS에 기록된 값으로 부팅이 불가능할 때 나타나는 안내문으로 설정된 값을 무시하고 공장 출하 상태의 기본값으로 부팅합니다.

Q **부팅할 때 'Press TAB to show POST screen' 안내문이 표시됩니다.**

A 대기업 컴퓨터에서 볼 수 있는 안내문으로 [TAB] 키를 누르면 POST 진행 화면을 표시해줍니다. POST 진행 과정을 보여주지 않을 때는 기업의 로고나 업체 지정 화면을 보여줍니다.

사용 도중 발생하는 문제 03

Q 컴퓨터 사용 도중 컴퓨터가 순간적으로 꺼졌다가 켜지면서 부팅되는 경우가 자주 발생합니다.

A 책 본문 [문제와 해결] 편 참고.

Q 예전에는 안 그랬는데 요즘은 컴퓨터 사용 도중에 먹통이 되는 경우가 자주 발생합니다.

A 책 본문 [문제와 해결] 편 참고.

Q 예전에는 메모리 검사를 한 번만 한 것 같은데 요즘은 세 번씩이나 하기 때문에 부팅 시간이 느려졌습니다.

A 책 본문 [문제와 해결] 편 참고.

Q 일정 시간 이상 컴퓨터를 사용하지 않고 있으면 모니터가 꺼지거나 하드디스크 도는 소리가 들리지 않으면서 시스템이 정지합니다. 키보드나 마우스를 움직여도 컴퓨터가 다시 동작하지 않아서 전원을 껐다가 켭니다.

A 책 본문 [문제와 해결] 편 참고.

Q 전원 단추를 안 눌렀는데도 컴퓨터가 자동으로 켜지는 경우가 있습니다.

A CMOS의 원격 조정 기능이나 알람 기능을 Enable 상태로 설정해두면 모뎀이나 LAN카드, 키보드나 마우스에 신호가 들어올 경우 컴퓨터가 켜집니다. CMOS의 [Power Management Setup]에서 [Resume On PCI Event] [Resume On Ring] [Resume On LAN] [USB KB Wake-Up From S3] [Resume by Alarm] 등의 기능을 Disabled로 설정합니다.

Q 전원 단추를 눌러도 컴퓨터가 꺼지지 않습니다.

A ① CMOS의 파워 설정에서 [Instant Off]로 설정하지 않으면 4초 이상 눌러야 꺼집니다. 이는 사용자의 실수로 살짝 전원 단추를 눌렀을 때 시스템이 꺼지는 것을 방지하기 위해서입니다.

② 주기판에 따라서 전원 단추가 동작하지 않도록 설정하거나 7초 이상 눌러야 전원을 차단하는 제품이 있습니다.

Q 이상하게도 며칠 전부터 PC 속도나 프로그램 속도가 전체적으로 느려진 것 같습니다.

A 바이러스에 감염되었을 가능성이 높습니다. 바이러스 검사를 해봅니다.

Q USB 허브에 USB 방식의 외장형 장치를 연결해 사용하는데 가끔 오동작을 합니다. 왜 그럴까요?

A 책 본문 [문제와 해결] 편 참고.

Q 새로운 기기를 추가로 장착했는데 충돌이 일어나 사용할 수 없습니다. 시스템 정보를 보면 같은 IRQ를 사용하기 때문인 것으로 나타납니다. 충돌을 막을 수 있을까요?

A 책 본문 [문제와 해결] 편 참고.

Q CD레코더나 기타 장비를 하나 추가로 장착했는데 운영체제에서 인식이 안되거나 인식이 된 후에 동작을 하지 않습니다.

A 책 본문 [문제와 해결] 편 참고.

Q 새로운 하드웨어로 교체했는데도 이전 하드웨어로 표시됩니다. 시스템 정보가 엉뚱하게 표시되는 경우가 있습니다.

A 책 본문 [문제와 해결] 편 참고.

케이스, 전원공급기 04

Q 어느 날부터 컴퓨터에서 붕 하거나 타타닥 하는 소음이 발생합니다.

A 책 본문 [문제와 해결] 편 참고.

Q 처음에는 냉각팬 도는 소리가 안났는데 요즘은 냉각 팬이 소음이 심해졌습니다.

A 책 본문 [문제와 해결] 편 참고.

Q 본체의 소음과 진동이 심해진 것 같습니다.

A 소음과 진동이 심해지는 이유는 먼지나 이물질이 쌓인 경우, 주변 장치의 고정 상태가 나쁜 경우, 팬의 수명이 다 된 경우로 구분할 수 있습니다.

CPU 냉각팬에 먼지가 끼거나 케이블 등이 걸리게 되면 소음이 심해집니다. 특히 케이블이 닿으면 '타타탁' 하는 소리가 크게 들립니다. 냉각팬의 베어링이 마모될 경우에는 CPU 근처에서 덜덜 거리는 소리가 심하게 납니다.

전원을 넣는 순간 케이스 전체가 심하게 덜덜거린다면 하드디스크나 CD롬드라이브 등이 케이스에 제대로 밀착 고정되지 않은 경우입니다. 또는 전원공급기의 냉각팬이 고정되지 않은 경우입니다.

Q 리셋과 파워 스위치가 하는 일은 같은데 리셋 스위치가 컴퓨터 하드웨어 보호에 좋다는 말을 들었습니다.

A 두 단추 모두 전원을 껐다가 다시 켜는 역할을 하지만 동작 방식은 다릅니다. 파워 단추는 실제로 전원공급기의 전기를 차단했다가 다시 켜므로 전압 변화도 크고 과부하도 많이 걸립니다. 반면 리셋은 전원이 꺼지지 않은 상태에서 하드웨어를 재부팅시키는 것이므로 무리가 덜 갑니다. 그래서 파워 단추보다는 리셋 단추로 부팅하는 것이 하드웨어 수명 연장에 도움이 됩니다.

Q **주기판과 전원공급기 중 어느 것이 고장인지 알 수 없어요.**

A 책 본문 [문제와 해결] 편 참고.

Q **휴즈 고장은 어떻게 확인합니까?**

A 책 본문 [문제와 해결] 편 참고.

Q **휴즈 고장 때 임시 변통 방법이 있나요?**

A 책 본문 [문제와 해결] 편 참고.

Q **컴퓨터에서 하드디스크를 떼어내려고 보니 황당하게도 별표 모양의 나사로 장착되어 있네요. 별표 모양의 나사는 어떤 드라이버로 분해합니까?**

A 별표 모양의 나사는 미국산 컴퓨터에서 많이 사용합니다. 십자나 일자 드라이버를 사용하다가는 나사만 망가집니다. 전자상가에 가면 별표 나사용 드라이버를 따로 판매합니다.

Q **IBM 컴퓨터를 분해하려고 보니 나사가 육각형이네요. 드라이버 끼우는 곳이 없는데 무엇으로 분해합니까?**

A IBM 컴퓨터는 십자 드라이버나 일자 드라이버로 분해할 수 없습니다. 전자상가에서 육각나사용 드라이버나 렌치를 구입해 나사를 돌려야 합니다. 그러나 킨코자름집게나 자름집게를 이용해도 나사를 돌릴 수 있습니다.

주기판과 CMOS 05

Q **가끔 보면 부팅할 때마다 CMOS의 값이 공장 초기값으로 바뀌어 있습니다. 분명 CMOS에서 하드디스크를 비롯한 여러 가지 환경을 잡았는데 얼마 후에 부팅해보면 CMOS 값이 공장 초기값으로 바뀐 상태입니다.**

A 책 본문 [문제와 해결] 편 참고.

Q **CMOS에서 설정한 내용을 Save 메뉴로 저장하고 부팅해보면 여전히 이전 상태로 설정된 상태입니다.**

A 주기판의 건전지가 불량입니다. 수명이 다한 건전지이므로 건전지를 교체합니다.

Q **부팅하면 시각이 틀리거나, 가끔씩 시계가 느려지거나 빨라집니다.**

A 책 본문 [문제와 해결] 편 참고.

Q **주기판의 건전지 수명은 얼마나 되나요?**

A 책 본문 [문제와 해결] 편 참고.

Q **장난 삼아 부팅할 때 암호를 묻도록 CMOS에서 Password 기능을 설정했는데 그만 암호를 잊었습니다. 암호가 틀려서 부팅도 안되고 CMOS 셋업도 못들어가고 있습니다.**

A 책 본문 [문제와 해결] 편 참고.

Q **CD-RW레코더나 주기판의 바이오스를 업그레이드 하려면 클린 부팅을 한 다음에 바이오스 프로그램을 실행시키라고 합니다. 클린 부팅은 어떻게 합니까?**

A 책 본문 [문제와 해결] 편 참고.

Q 통신망으로 다운로드 받은 롬바이오스 프로그램을 실행시켰지만 여전히 예전 롬바이오스 버전으로 부팅됩니다.

A 책 본문 [문제와 해결] 편 참고.

Q CMOS 설정 내용을 바꾼 이후에 부팅이 되지 않습니다. 그런데 무엇을 변경해 부팅이 안되는지도 모르겠고 이전의 설정 내용을 정확하게 기억하지 못합니다.

A CMOS에서 엉뚱한 내용으로 설정하면 부팅이 안됩니다. 이전 상태로 바꾸어야 하는데 이전 상태를 제대로 기억하지 못한다면 공장 출시 초기 상태로 변경하는 것이 좋습니다. CMOS 메뉴 중에서 [Load Setup Defaults](=[Load Optimized Defaults]) 메뉴를 선택하면 공장 출시 상태로 설정됩니다.

CPU 06

Q 부팅할 때 CPU 종류가 다른 것으로 표시됩니다.

A ① 가짜(리마킹) CPU를 구입했을 경우 발생하는 일입니다.

② 우리가 알고 있는 모델 이름과 주기판 또는 운영체제에서 표시하는 모델 이름이 달라서 오해할 수 있는 경우도 많습니다. 예를 들어 셀러론 CPU를 장착하고 부팅하면 셀러론이라는 이름 대신에 MMX 계열의 CPU로 이름이 표시되는 경우도 있습니다.

Q 부팅시 화면에는 PENTIUM 3-MMX CPU at 450MHZ이라고 나타나는데 윈도우의 [내컴퓨터]를 마우스 오른쪽 클릭을 이용해 [등록정보]로 살펴보면 PENTIUM(r)2 processor intel MMX(TM) technology]라구 나타납니다. 왜 펜티엄2라고 표시되죠?

A 펜티엄III나 펜티엄4 주기판은 CPU가 먼저 개발되고 발표된 다음에 만든 주기판이기 때문에 부팅할 때 CPU 정보를 정확하게 표시하는 편입니다. 그렇지만 윈도우98이 출시되었을 때는 펜티엄III나 펜티엄4 CPU가 발표되지 않은 시기입니다. 이 때문에 윈도우98이 발표될 당시의 기술력에 의하여 포괄적으로 CPU를 판단하도록 운영체제를 만들었습니다. 그래서 두리뭉실하게 묶어서 하나의 제품군으로 인식합니다.

펜티엄Ⅲ는 기본적으로 펜티엄Ⅱ와 구조가 같습니다. 셀러론도 마찬가지고요. 그래서 윈도우98의 등록정보에서는 펜티엄Ⅱ, 셀러론, 펜티엄Ⅲ가 모두 '펜티엄Ⅱ MMX' 로 표시됩니다. 이처럼 윈도우98을 비롯한 운영체제는 CPU 외에도 하드웨어에 관해서는 전반적으로 제대로 인식하지 못하는 약점이 있습니다. 따라서 윈도우98에서 잘못 표시되는 내용에 대해서는 신경쓰지 않으셔도 됩니다.

Q 펜티엄III를 장착했는데 주기판과 윈도우98의 등록정보는 모두 펜티엄II로 표시됩니다.

A 주기판에서 펜티엄III를 지원하지 않는 경우이거나 롬바이오스가 제대로 업데이트되지 않은 것입니다. 펜티엄III를 지원하는 주기판이라면 롬바이오스를 최신 것으로 업데이트 합니다.

Q 부팅할 때 CPU 속도가 낮게 표시됩니다.

A ① 가짜(리마킹) CPU를 구입했을 경우 발생하는 일입니다.

② FSB나 CPU 배율을 잘못 설정해서 그렇습니다. 자동으로 CPU를 인식하지 않고 점퍼 핀을 이용해 설정하는 주기판일 경우에는 FSB와 CPU 배율을 정확하게 맞추지 않으면 실제 CPU의 속도와 다르게 표시됩니다. 예를 들어 800MHz의 CPU인 경우 (100MHz의 FSB×10배)의 배율로 CPU를 설정해야 800MHz의 클럭 수가 나옵니다. 그런데 FSB를 66MHz로 설정하면 부팅할 때 660MHz로 낮게 표시됩니다. 따라서 주기판 설명서를 보고 FSB와 CPU 배율을 정확하게 설정해줍니다.

Q AMD CPU를 사용하려고 하는데 냉각팬 없이 AMD CPU를 사용할 경우 CPU가 탄다고 해서 구입을 망설이고 있습니다. 정말로 CPU가 타나요?

A AMD CPU의 최대 약점은 발열 문제입니다. 이 때문에 AMD는 쿨러의 성능이 매우 중요하게 여겨집니다. AMD는 원래 불량률이 높으며 쿨러가 제대로 동작하지 않을 경우 AMD CPU의 파손율은 높은 편입니다.

그러나 AMD의 CPU가 쿨러가 동작하지 않을 때 정말로 타느냐 하는 문제는 간단하게 결론을 내릴 수 있는 문제가 아닙니다. 첫 번째로 차를 사용할 때 에어컨이 켜진 상태에서도 차가 잘 동작하고 힘이 좋으냐를 따집니다. 에어컨이 고장났을 때 어느 회사 차는 사람이 운전하기 힘들 정도로 덥더라 하는 비교는 의미가 없습니다. 일단 정상적으로 쿨러가 동작하는 상태에서 동작의 이상 여부를 비교하는 것이 기본이라 생각합니다. 물론 정상적으로 냉각팬이 동작한다면 파손 걱정을 염려할 필요는 없겠죠. 두 번째로 만약에 냉각팬이 동작하지 않더라도 모든 경우에 AMD CPU가 타는 것은 아닙니다. AMD CPU의 경우 90도 이상의 온도를 견딜 수 있게 설계되어 있기 때문에 어지간한 온도에는 견디는 편입니다. 또한 과열 방지 기능을 갖춘 주기판을 사용한다면 냉각팬이 동작하지 않을 경우에 CPU 사용을 중단시켜 CPU의 과열을 막을 수 있습니다. 참고로, AMD는 과열 방지 기능이 없습니다.

Q 컴퓨터 사용 도중에 본체가 뜨거운 것 같아 열어보면 CPU가 지나치게 뜨겁습니다.

A ① 리마킹 CPU를 사용 중이거나 오버클럭을 하면 CPU가 쉽게 과열됩니다.

② 냉각팬이 불량이거나 성능이 떨어지는 경우입니다. 냉각팬의 팬이 돌아가는 속도와 바람이 배출되는 정도를 확인하고 성능이 별로라면 교체합니다.

Q CPU에서 소음이 납니다. 해결책이 있나요?

A CPU에서 소리가 나는 것은 냉각팬 때문입니다. CPU는 소리가 나지 않는 부품입니다. 따라서 소리가 난다면 모두 냉각팬에 관련된 소음이라고 보시면 됩니다. 냉각팬에서 소리가 나는 경우는 세 가지입니다. 첫 번째는 냉각팬에 주변의 케이블이 닿았을 때입니다. 따라서 먼저 냉각팬에 케이블이 안닿도록 한 다음에 컴퓨터를 켜보기 바랍니다. 그래도 소음이 난다면 두 번째 이유입니다. 두 번째는 냉각팬의 축이 기울어져서입니다. 그러니까 냉각팬의 중심축이 기울 경우 안쪽 팬과 바깥쪽 케이스 사이에서 생기는 마찰 때문에 소리가 납니다. 이 경우 방법이 없습니다. 냉각팬을 교체해야죠. 세 번째는 냉각팬에 베어링을 사용하는 방식일 경우 베어링 구르는 소리가 심해져서입니다. 이럴 때는 그리스와 같은 윤활제나 윤활유를 발라주면 한결 소음이 줄어듭니다. 냉각팬은 가격이 싼 제품이므로 소음이 심하다면 냉각팬을 교체하는 것이 좋습니다.

Q CPU를 장착하다가 실수로 CPU 핀이 휘었습니다. 핀이 휘면서 소켓에 들어가지도 않고요. 제 실수라 교환도 안해줄 것 같은데 펴서 사용해도 지장이 없나요?

A CPU나 기타 칩의 핀(=다리)이 휘었을 경우 펴서 사용하면 됩니다. 주의할 점은 CPU 핀이 워낙 가늘어 부러질 위험이 많다는 점입니다. CPU 핀을 펴는 도구로 유용한 것은 핀셋이나 샤프 연필의 주둥이 부분입니다. 샤프 심이 나오는 구멍에 CPU 핀을 끼우고 펴면 쉽게 펼 수 있습니다. 그리고 핀셋을 이용하면 더욱 안전하게 구부러진 핀을 펼 수 있습니다.

메모리 07

Q 부팅할 때 메모리 검사 과정에서 'RAM PARITY ERROR' 문장이 표시됩니다.

A 책 본문 [문제와 해결] 편 참고.

Q 램이 고장난 것 같습니다. 비싸게 주고 산 것이라 아까운데 램도 고쳐쓸 수 있나요?

A 책 본문 [문제와 해결] 편 참고.

Q 조립 후 부팅이 안되는데 시스템에서 램을 인식하지 못하는 것 같습니다. 램은 확실하게 잘 끼웠습니다.

A

① 램을 장착하는 램소켓(램뱅크) 번호를 확인해보세요. 램은 bank1(또는 0)부터 장착해야 합니다. bank3쪽에 장착한 것이 아닌가 확인하기 바랍니다.

② 램의 종류에 따라서 짝수로 끼워야 하는 램이 있습니다. 이에 대해서는 책 본문에 설명을 해두었으니 본문을 참고하세요.

Q 부팅할 때 메모리를 검사하다가 멈춥니다.

A

① 메모리가 슬롯에 제대로 장착되지 않은 경우입니다. 메모리를 빼서 다시 잘 끼워보기 바랍니다.

② FSB와 메모리 속도가 맞지 않을 경우입니다. 예를 들어 PC100 메모리를 사용하면서 주기판의 FSB를 133MHz로 설정하면 문제가 발생할 수 있습니다. 주기판의 FSB 속도를 메모리의 클럭 수에 맞추어 설정합니다.

③ 추가로 메모리를 장착한 경우에는 추가 메모리가 불량이거나 메모리의 궁합이 맞지 않아서입니다.

Q 부팅할 때 메모리 용량이 다르게 표시됩니다.

A ① 양면 메모리를 장착했을 경우 주기판에서 한 쪽 면만 인식할 수 있습니다. 이런 경우 256MB를 장착했는데 128MB 표시될 수 있습니다. 다른 주기판에서 메모리를 시험해서 이상이 있으면 메모리 불량이고, 다른 주기판에서 제대로 동작하면 주기판 불량이거나 최신 메모리를 제대로 인식하지 못하는 구형 주기판입니다.

② CMOS의 [Chipset Features Setup] - [Memory Hole At 15M-16M] 항목이 Enable로 설정되었을 경우입니다. 이 항목을 Disabled로 설정합니다.

Q ECC 기능이 있는 메모리는 속도가 더 빠르며 ECC 지원하는 주기판에서만 사용이 가능한가요?

A ECC 지원 메모리는 가격이 조금 더 비싸며 일반 메모리처럼 아무 주기판에서나 사용 가능합니다. ECC는 메모리의 에러 체크 기능으로 성능 향상과는 별 상관이 없습니다. 메모리의 에러를 검사해주므로 안정성을 높여주는데 도움이 됩니다. 이 때문에 서버용 메모리로 많이 사용합니다. 반면 일반인이 집에서 사용하는 PC에는 ECC 메모리의 필요성이 크지 않습니다. 그래서 요즘 나오는 일반 소비자용 메모리의 상당수는 ECC 기능이 없습니다.

물론 일반인도 ECC 기능이 있는 메모리를 사용하면 안정성이 좋아집니다. 특히 3D 디자인이나 캐드처럼 수치 연산이 높거나 벡터형 그래픽 처리를 할 때 좋은 효과를 발휘합니다. 따라서 ECC 메모리를 장착한다면 3D 게임 실행 때 한결 안정적인 동작이 가능합니다.

Q LG전자의 64M 메모리를 장착해 사용하다가 현대전자의 64M 메모리를 추가한 이후로 부팅이 안되거나, 긴 삑 소리가 납니다. 메모리 슬롯을 바꾸어 끼우면 부팅이 되기도 하지만 다시 꺼진 이후에 부팅이 안되기도 합니다.

A ① 메모리 궁합이 맞지 않은 경우입니다. 기본적으로 동작방법이 같은 램은 속도가 다르거나 제조회사가 다르다 하더라도 함께 사용하는데 아무 문제가 없어야 하지만 실제로 램을 추가해보면 충돌이 일어나는 경우가 의외로 많다는 사실을 알게 됩니다. 우선 속도가 다를 경우에 충돌이 일어나는 경우가 의외로 많으며, 속도가 같더라도 제조회사가 다르면 충돌이 일어납니다. 심지어는 같은 회사에서 나온 메모리라도 컴포넌트의 수가 다르면 충돌이 일어나기도 합니다. 추가로 메모

리를 장착했을 때 생기는 문제의 대부분은 궁합이 맞지 않은 경우로 볼 수 있는데, 해결볍은 추가 메모리를 같은 모델로 교체하거나 64메가 두 개를 팔고 128메가 하나로 교체하여 장착하는 것입니다.

② 추가로 장착한 메모리가 불량이거나 비짜 램이라 안정성이 떨어질 수 있습니다. 메모리 불량 여부는 메모리를 하나씩 장착하여 정상 부팅 여부를 확인해보면 알 수 있습니다. 즉 먼저 장착한 메모리만 하나 장착해 시스템의 이상 유무를 확인해보고, 다음에는 추가로 구입한 메모리만 하나 장착하여 시스템의 이상 유무를 확인해봅니다. 둘 다 잘 동작한다면 메모리 이상이 없는 것이며 메모리 궁합이 안맞는 것으로 판단해야 합니다.

③ 메모리와 주기판의 궁합이 안맞는 경우도 드물지만 있습니다. 두 개의 메모리를 다른 시스템에 장착했을 때 제대로 동작한다면 메모리 문제가 아니고 주기판과 메모리의 궁합이 안맞아서라고 봐야 합니다.

플로피디스크 드라이브(FDD) 08

Q 부팅할 때 'FDD Controller Failuer' 메시지가 나타나면서 플로피디스크드라이브를 사용할 수 없습니다.

A 책 본문 [문제와 해결] 편 참고.

Q 부팅 때 'Floppy disk Drive 0 Seek Failure' 메시지가 나타나면서 FDD를 사용할 수 없습니다.

A 책 본문 [문제와 해결] 편 참고.

Q 플로피디스크드라이브의 깜박이에 계속 불이 들어옵니다.

A ① FDD 케이블의 연결 방향이 반대로 되어있거나, 꽉 끼워지지 않은 상태입니다. 케이블을 제대로 꽉 끼워주세요.

② CMOS의 FDD 설정이 잘못 되었을 가능성이 있습니다. 예를 들어 1.44MB의 3.5인치 FDD로 설정되어 있어야 하는데 1.2MB의 5.25인치 FDD로 설정되었거나 FDD가 연결 안된 것으로 설정되었을 가능성이 있습니다.

Q FDD에 디스크를 넣고 파일을 복사하려는데 플로피디스크를 읽지 못합니다. 소음만 크게 납니다. 또는 깜박이에 계속 불이 들어온 상태입니다.

A 책 본문 [문제와 해결] 편 참고.

Q FDD를 디스크를 읽으면 배드섹터가 났다고 표시되거나 소음이 심하게 나면서 읽습니다.

A FDD가 불량일 경우이거나 플로피디스크가 불량입니다. 플로피디스크를 다른 시스템에서 읽어서 잘 읽으면 드라이브가 불량이고, 다른 시스템에서도 플로피디스크를 잘 읽지 못하면 플로피디스크 불량으로 판단합니다.

Q 탐색기에서 FDD 선택하면 시스템이 다운됩니다.

A ① FDD 케이블의 연결 방향이 반대로 되어있거나, 꽉 끼워지지 않은 상태입니다. 케이블을 제대로 꽉 끼워주세요.

② CMOS의 FDD 설정이 잘못 되었을 가능성이 있습니다. 다른 용량의 FDD로 설정되었는지 확인해보고 올바른 정보로 수정합니다.

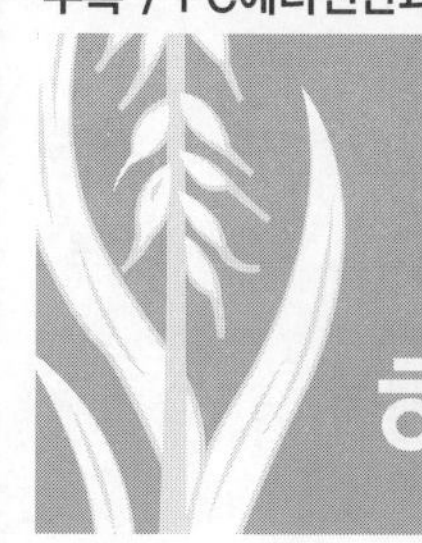

하드디스크 09

Q 부팅 도중에 [HDD Controller Error]가 나타납니다.

A ① 하드디스크의 디스크 상태 설정이 잘못되었습니다. 마스터, 슬레이브 상태를 제대로 설정하기 바랍니다.

② 케이블이 올바르게 끼워진 상태가 아닙니다. 하드디스크 케이블을 제대로 꽉 끼웁니다.

Q 하드디스크를 장착했는데 CMOS 셋업의 [IDE HDD AUTO DETECTION]을 실행했을 때 하드디스크를 찾지 못합니다.

A ① 책 본문 [문제와 해결] 편 참고.

② 구형 주기판에서는 고용량 하드디스크를 인식하지 못합니다. 주기판의 성능을 확인해보기 바랍니다.

Q 새로 산 하드디스크를 제대로 연결시켰는데 CMOS에서 하드디스크를 인식하지 못하거나, 적은 용량으로 인식합니다.

A ① 구형 주기판일 경우 고용량 하드디스크를 인식하지 못합니다. 예를 들어 초기의 셀러론 컴퓨터에 60GB의 고용량 하드디스크를 연결하면 인식하지 못합니다. 이 경우 주기판을 최신형으로 교체하거나 인식이 가능한 하드디스크로 바꾸어 설치하는 수밖에 없습니다.

② 구형 주기판이라 하더라도 롬바이오스를 업그레이드했을 경우 고용량 하드디스크를 인식할 수 있습니다. 주기판 업체의 홈페이지에 접속해 자신의 주기판에서 고용량 하드디스크를 인식할 수 있도록 롬바이오스가 업그레이드가 되었나 확인해보기 바랍니다. 업그레이드 된 롬바이오스를 제공한다면 롬바이오스를 업그레이드 합니다.

③ 하드디스크의 마스터 슬레이브 설정 상태를 다시 한 번 확인합니다.

Q 어느 용량 이하의 하드디스크는 인식하는데 그 이상은 인식하지 못합니다.

A ① 고용량 하드디스크를 지원하지 못하는 구형 주기판을 사용하면 고용량 하드디스크를 인식하지 못합니다. 특정 용량을 기준으로 그 이하의 하드디스크만 인식하는 경우는 주기판에서 고용량 하드디스크를 지원하지 못하기 때문입니다. 이런 경우 주기판을 교체하거나 롬바이오스를 최신형으로 업그레이드 해줍니다.

② 운영체제에서 지원하지 못하는 경우에도 고용량 하드디스크는 사용할 수 없습니다. 이런 경우 운영체제를 교체해야 합니다.

Q CMOS에서 하드디스크 설정을 AUTO로 설정하고 사용중입니다. 파일 복사를 위해 하드디스크를 추가로 장착한 다음에 윈도우에서 확인해보니 추가로 장착한 하드디스크가 보이지 않습니다.

A ① 추가 장착한 하드디스크의 마스터 슬레이브 설정 상태가 기존의 하드디스크와 중복되었나 확인합니다.

② 추가 장착한 하드디스크의 케이블과 전원선 연결을 확인합니다.

Q 하드디스크 깜박이에는 불이 켜지는데 하드디스크는 인식하지 않습니다.

A ① 하드디스크 케이블이 제대로 꽉 끼워지지 않은 상태입니다.

② 하드디스크의 점퍼 핀 설정이 잘못 될 경우입니다. 두 개 이상의 하드디스크를 사용할 경우 마스터 설정 여부를 중복시켰을 경우 하드디스크를 제대로 인식하지 못하는 문제가 발생합니다. 즉 하나의 케이블에 두 개의 하드디스크를 연결하고 둘 다 마스터로 설정한 경우, 하나의 케이블에 두 개의 하드디스크를 설정하고 둘 다 슬레이브로 설정한 경우 발생할 수 있는 문제입니다.

Q 하드디스크를 하나만 설치한 상태에서 CMOS에서 인식하고 불도 제대로 들어오는데 하드디스크로 부팅이 되지 않습니다.

A ① 하드디스크가 슬레이브로 설정된 상태입니다. 하드디스크 상태를 마스터로 바꿉니다.

② 시스템 파일로 하드디스크를 포맷하지 않았습니다. C: 드라이브를 포맷할 때는 'format c: /s' 와 같이 /s 옵션을 붙여주어야 부팅 가능한 하드디스크로 포맷됩니다.

③ 포맷을 제대로 했다면 하드디스크의 상태가 Active 상태가 아닌 경우입니다. Fdisk 프로그램을 실행시켜 하드디스크의 상태를 Active 상태로 설정해줍니다.

④ 세컨더리 케이블에 하드디스크를 연결했을 가능성이 있습니다. 어떤 케이블에 연결했는지 확인해봅니다.

⑤ 하드디스크의 부트 테이블 영역이 파괴된 상태입니다. 하드디스크의 부트 영역을 제대로 고쳐줍니다.

⑥ MBR(Master Boot Record)에 문제가 있습니다. MBR 영역을 제대로 고쳐줍니다. 특히 리눅스를 설치했던 하드디스크에 윈도우98을 설치하거나, 두 개의 운영체제를 하나의 하드디스크에 설치할 경우에 부팅이 되지 않는 경우가 많은데 이는 MBR 영역이 잘못 설정되었기 때문입니다. 이럴 경우에는 fdisk 프로그램으로 고칠 수 있습니다.

도스 상태에서 'fdisk /mbr' 명령을 주면 제대로 수정이 됩니다.

Q 리눅스를 설치했다가 지우고 윈도우98을 설치했는데 부팅이 되지 않습니다.

A MBR 부분의 정보가 잘못 기록된 상태입니다. 이럴 경우에는 fdisk 프로그램으로 고칠 수 있습니다.

도스 상태에서 'fdisk /mbr' 명령을 주면 제대로 수정이 됩니다.

Q 하드디스크 깜박이에도 불이 안들어오고, CMOS에서도 하드디스크를 인식하지 못합니다.

A ① 하드디스크에 전원선을 연결하지 않은 상태입니다.

② 하드디스크 불량입니다.

Q 하드디스크 깜박이(LED)에 불이 계속 켜진 상태입니다.

A ① 하드디스크가 정상적으로 작동을 하는데 본체의 깜박이 불만 켜진 상태라면 하드디스크 깜박이선을 잘못 연결한 경우입니다. 주기판의 깜박이 케이블의 장착 상태나 방향을 확인하기 바랍니다.

② 하드디스크가 비정상적으로 동작하거나 동작하지 않는다면 하드디스크 케이블의 방향을 반대로 끼웠거나, 꽉 끼워지지 않은 상태입니다. 케이블 연결 부분을 확인하여 제대로 끼워줍니다.

③ CMOS의 하드디스크 정보가 잘못 설정되었을 가능성도 있으니 CMOS의 하드디스크 정보를 확인해봅니다.

Q **부팅 때마다 'Press a key to reboot' 안내문이 나타납니다.**

A ① 하드디스크가 Active 상태가 아닙니다. fdisk를 실행시켜 C: 드라이브를 Active 상태로 설정합니다.

② 하드디스크가 손상된 경우이므로 AS를 받습니다.

Q **C:로 부팅할 때는 이상이 없는데 플로피디스크인 A: 로 부팅하면 C: 드라이브가 인식되지 않습니다.**

A ① 바이러스에 걸렸을 가능성이 높습니다. 바이러스 검사를 해보세요.

② 플로피디스크의 운영체제 버전이 하드디스크의 버전과 다른 경우입니다. 예를 들어 플로피디스크의 시스템 파일은 도스 6.0이고, 하드디스크는 윈도우XP라면 하드디스크를 인식하지 못하는 것이 당연하겠죠.

Q **부팅할 때 하드디스크의 모델이름이 다르게 표시되거나 이상한 문자로 표시되는 일이 잦습니다.**

A 하드디스크 불량이거나 IO 컨트롤러 불량입니다. 하드디스크를 다른 시스템에 연결했을 때 이상이 없다면 IO 컨트롤러 부분의 문제이므로 주기판을 AS 받아야 합니다.

Q **부팅할 때 '1701' 에러가 표시됩니다.**

A 케이블 연결 불량입니다. 케이블 장착 상태를 확인합니다.

Q **하드디스크 진동이 심해서 컴퓨터 본체가 덜덜덜 떨릴 정도입니다.**

A ① 하드디스크가 본체에 제대로 장착되지 않은 상태입니다. 하드디스크를 본체 케이스에 장착하는 나사를 꽉 조여주기 바랍니다.

② 하드디스크 불량일 가능성이 있습니다. 하드디스크 불량 여부를 알려면 하드디스크를 단단한 책상 위에 올려놓고 사용해보면 알 수 있습니다. 책상 위에 하드디스크만 올려놓은 상태에서도 진동이 심하다면 하드디스크 불량이므로 AS를 받아 교환합니다.

Q 하드디스크에서 갑자기 철커덩 또는 딸깍 하는 이상한 소리가 납니다.

A 책 본문 [문제와 해결] 편 참고.

Q 하드디스크에서 규칙적으로 '딱딱딱' 하는 이상한 소리가 납니다.

A 하드디스크의 모터가 돌면서 나는 소음이나 진동에 의한 소음 외에 규칙적인 소리가 난다면 하드디스크 이상을 의심해야 합니다. 하드디스크의 소리를 정리하면 다음과 같은 것이 있습니다.

① 규칙적으로 나는 '딱딱' 소리: 컨트롤 칩의 문제로 인해 헤드의 위치를 찾지 못할 경우 발생하며 하드디스크가 고장난 상태입니다. 하드디스크를 교체합니다.

② 찢어지는 것 같은 날카로운 소리: 플래터의 축이 기울어졌거나 헤드가 제 위치를 벗어났을 때 발생하는 소리입니다. 스핀들 축을 교정하는 방법이 없기 때문에 하드디스크를 교체해야 합니다.

③ 하드가 긁히는 것 같은 약한 소리: 헤드가 플래터에 닿을 경우 발생하는데 물리적으로 닿을 경우에는 날카로운 소리가 나지만 내부의 습기로 인하여 닿을듯 말듯 닿았을 때는 약하게 '지직' 하는 소리가 납니다. 배드섹터가 발생하지 않는다면 그럭저럭 쓸 수 있는 상태입니다.

Q 하드디스크 돌아가는 소리가 나지 않습니다.

A 대개의 경우 하드디스크가 고장날 경우 특이한 소리나 규칙적인 소리가 납니다. 또한 하드디스크가 고장나더라도 모터가 회전하는 소리가 들리고 진동이 느껴지기 마련입니다. 그런데 헤드가 도는 소리가 나지 않거나 헤드가 움직이지 않는 것 같을 때는 컨트롤러 칩에 문제가 발생한 경우입니다. 이런 경우 하드디스크 전체를 못쓰는 것이 아니고 컨트롤러 칩 부분만 수리하여 사용 가능합니다. AS 기간이 넘은 하드디스크라면 전자상가의 수리점에서 수리를 받아 사용할 수 있습니다.

Q 하드디스크가 몇 분 간격으로 동작을 멈추거나 읽는 일을 반복합니다.

A 전원공급기의 출력에 문제가 있습니다. 주변 기기가 많이 장착되었거나 전원공급기의 성능이 나쁜 경우 발생할 수 있습니다.

Q 하드디스크의 파일들이 자꾸 깨지거나 손상됩니다.

A ① 하드디스크가 긁히는 등의 물리적 손상을 입은 경우입니다. 이런 경우 배드 마킹을 하고 하드디스크를 사용합니다.

② PIO 모드를 잘못 설정한 경우 자료 손상이 심합니다. 원래 대부분의 컴퓨터는 주기판에서 PIO 모드를 자동으로 검색하고 설정합니다. 그런데 사용자가 성능 향상을 위해 PIO 모드를 변경할 경우 데이터 입출력 에러가 자주 발생하여 FAT 부분의 정보가 손상될 수 있습니다. 그러므로 PIO 모드는 AUTO로 설정해주는 것이 좋습니다.

또한 오버클럭을 위해 FSB 클럭을 시도한 경우에도 버스 클럭의 차이로 인한 병목 현상으로 인해 하드디스크의 동작에 에러가 발생할 가능성이 높습니다. 오버클럭을 할 경우 자료 손실 위험은 더욱 커지는 셈입니다.

③ 하드디스크의 수명이 다 된 경우에는 시간이 지날수록 배드섹터가 늘어납니다.

Q 하드디스크에 배드섹터(bad sector)가 발생했는데 배드섹터를 고칠 수 있나요? 또 배드섹터가 난 하드디스크를 계속 사용할 수 있나요?

A ① 소프트웨어적인 배드섹터나 로스트체인 클러스터라면 디스크 정리 프로그램으로 고칠 수 있습니다. 또한 포맷으로 고칠 수 있습니다.

소프트웨어적인 배드마킹을 없애는 방법은 '(1) 포맷을 다시 합니다. (2) 포맷해도 배드가 있으면 FDISK 프로그램으로 파티션을 지웠다가 다시 설정한 다음에 포맷해봅니다.'

대부분의 경우 fdisk를 하면 소프트웨어적인 배드섹터를 치료됩니다. 그러나 그래도 안 없어진다면 로우레벨 포맷을 해봐야죠. 로우레벨 포맷을 해도 안없어진다면 배드마킹하고 써야합니다.

② 하드디스크가 헤드 등에 의해 긁혀서 생긴 물리적인 배드섹터는 치료가 거의 불가능합니다. 따라서 물리적인 배드섹터가 발생한 경우에는 하드디스크를 수리하거나 교환해야 합니다. AS 기간이 아직 남았다면 하드디스크 구입업체나 총판을 통해 교환받을 수 있습니다. AS 기간이 끝난 하드디스크라면 배드마킹을 하고 사용합니다. 배드마킹이란 배드섹터가 발생한 지점을 기록해두고 운영체제에 알려줌으로써 그 부분을 사용하지 않도록 하는 방법을 말합니다. 배드마킹 방법은 두 가지입니다. 첫 번째는 배드난 부분의 파티션을 잡지 않음으로써 그 지역을 안쓰는 것입니다. 예를 들어서 100만개의 섹터 중에서 90만 번째 섹터에 배드가

생겼다면 파티션을 90만 섹터까지만 잡아서 쓰는 방법입니다. 그러나 이 방법은 가장 확실한 방법인 대신에 손실되는 부분이 많으며, 배드섹터가 하드디스크의 앞부분에 있을거나 여러 곳에 생겼을 경우에는 사용하기 곤란한 방법입니다.

두 번째 방법은 프로그램으로 배드섹터 부분을 배드마킹 해놓아서 운영체제가 그 곳을 사용하지 않도록 알려주는 방법입니다. 노턴유틸리티 등의 몇몇 프로그램을 이용하면 배드마킹을 하고 나머지 정상적인 섹터를 사용할 수 있습니다.

Q 하드디스크에 로스트 클러스터가 발생했는데 치료되지 않습니다.

A 물리적으로 손상을 입었을 가능성이 제일 크며 이 경우는 치료되지 않습니다. 배드마킹을 하고 사용해야 합니다. 물리적인 손상이 아니라면 fdisk로 파티션을 다시 설정하고 포맷을 하면 사라질 수 있습니다.

Q fdisk로 하드디스크의 파티션을 새로 설정하기 위해 이전의 파티션을 지우려고 합니다. 그런데 하드디스크의 볼륨라벨이 소문자로 바뀐 상태입니다. fdisk에서는 대문자로만 글씨가 입력되기 때문에 기존의 파티션을 지울 수 없습니다. 그리고 도스의 label 명령으로도 볼륨라벨을 대문자로 바꿀 수 없습니다.

A format 명령어에 /q 옵션을 주면 해결됩니다. 'format /q' 명령으로 quick 포맷을 하면 볼륨라벨(volume label)을 고칠 수 있습니다. 이후 다시 fdisk를 실행시켜 기존 파티션을 지웁니다.

Q 파일을 읽으려고 하면 'Sector not found read on drive C: Abort, Ignore, Retry, Fail?' 안내문이 종종 나타납니다.

A 파일이 저장된 섹터에 배드섹터가 발생했거나 FAT에 손상이 생긴 경우입니다. 하드디스크 검사 유틸리티인 scandisk 등을 통해 손상된 클러스터를 치료하면 사라집니다.

Q 디스크 검사를 수행하면 루트 디렉토리에 'file000.chk'와 같은 chk 파일이 계속 생깁니다.

A FAT 영역이 손상되었거나 배드섹터가 생긴 경우입니다. 자꾸 chk 파일이 발생한다면 하드디스크를 포맷하는 것이 좋습니다.

Q UDMA 66, 100 하드디스크를 UDMA 33 지원 주기판에서 사용할 수 있습니까?

A 사용 가능하지만 속도는 UDMA 33만 나옵니다. 물론 UDMA 100 하드디스크를 UDMA 66까지만 지원하는 주기판에 장착했을 때도 하드디스크 성능은 UDMA 66 성능으로 낮게 나타납니다.

Q UDMA 100 지원 주기판에서 UDMA 100 하드디스크를 사용 중인데도 속도가 빨라졌다는 느낌이 안듭니다.

A ① 윈도우98, 윈도우ME, 윈도우2000 운영체제는 UDMA 100을 지원하지 않습니다. 이들 운영체제는 UDMA 66까지만 지원하므로 별도의 드라이버 파일을 설치해야 UDMA 100의 성능을 사용할 수 있습니다.

② CMOS에서 UDMA 상태로 설정되었는지 확인합니다. CMOS에서 UDMA 설정을 최적의 상태로 하지 않으면 UDMA 100 성능이 안나옵니다.

③ 속도가 느린 구형 하드디스크를 같은 케이블에 연결한 경우 구형 하드디스크의 속도에 맞추어 동작하기 때문에 속도가 빨라지지 않습니다. 구형 하드디스크는 다른 케이블에 연결해 사용하는 것이 좋습니다.

④ 바이러스에 걸렸는지 검사해봅니다. 바이러스에 걸리면 하드디스크 속도가 느려집니다. 또한 하드디스크에 자주 파일을 읽고 쓰면서 조각 모음을 안한 상태일 경우에도 하드디스크의 속도는 느려집니다.

Q 5,400rpm 하드디스크를 사용하다가 10,000rpm 하드디스크를 구입해서 사용해봐도 파일 복사 속도가 2분의 1로 줄어들지 않습니다. 성능 차이가 크지 않은 것 같습니다.

A rpm은 하드디스크의 성능을 결정하는 요인 중 하나에 불과합니다. 하드디스크의 성능은 rpm 외에도 버퍼, 버퍼의 속도, 전송속도, 검색시간, 접근시간, 버스 방식, DMA 성능 등의 다양한 요인에 의해 결정됩니다. rpm이 떨어지더라도 버스방식이나 버퍼 등의 성능이 더 뛰어나면 처리 속도가 더 빠릅니다. 예컨대 5400rpm의 SCSI 방식 하드디스크는 일반적으로 7200rpm의 EIDE 하드디스크보다 작업 속도가 빠릅니다. 때문에 rpm 수가 5,400rpm에서 10,000rpm으로 두 배 정도 증가하였다고 해서 하드디스크의 파일 복사 속도가 두 배로 빨라지는 것이 아닙니다. 물론 rpm이 높은 하드디스크일수록 최신 제품이고 고가의 하드디스크이기 때문에 버퍼의 양이나 전송 방식 등도 5400rpm 제품보다 향상되기 마련이어서 하드디스크의 전체적인 성능이 향상됩니다. 그렇지만 2배로 빨라지는 것은 아닙니다.

Q 6.4 기가 하드디스크를 구입했고 하드디스크 표면에는 6.4GByte로 표시되는데 '내 컴퓨터'의 등록정보에는 5.99 기가로 표시됩니다.

A 모든 디스크는 포맷할 경우 실제로 사용할 수 있는 용량이 줄어듭니다. 보통 원래의 용량보다 약 5~10%가 줄어듭니다. 우리가 사용하는 3.5인치 플로피디스크의 용량은 원래 2메가입니다. 도스 프로그램이 아닌 특별한 유틸리티로 포맷할 경우 1.8~1.9메가까지 사용할 수 있습니다. 그러나 도스나 윈도우98로 포맷할 경우에는 1.44메가 정도로 줄어듭니다. 무려 30% 가까이 주는 것이죠. 하드디스크는 그나마 비율로 볼 때는 적게 줄어드는 편입니다.

그래서 CMOS에서는 6.4기가라고 나오지만 포맷한 후에 윈도우98의 등록정보로 보면 그보다 훨씬 적게 나오는 것입니다. 포맷 후에 용량이 줄어드는 것은 정상적입니다. 모든 하드디스크가 공장에서 표기된 용량보다 5~10% 정도 줄어든다고 보시면 됩니다.

Q 윈도우에서 하드디스크의 용량이 매우 적게 표시됩니다.

A ① CMOS에서 하드디스크의 용량을 잘못 설정한 것이 아닌가 확인합니다.

② 바이러스 감염을 확인합니다.

Q 특정 폴더나 파일을 읽을 때 에러가 납니다. 또는 쓰려고 할 때 에러가 납니다.

A ① 윈도우2000을 사용하는 경우라면 권한 없는 폴더나 파일에 접근할 때 에러가 납니다. 윈도우2000 이상의 운영체제는 폴더나 파일 별로 권한을 설정할 수 있는데 권한 없는 사용자가 특정 폴더나 파일 접근할 경우 에러가 발생합니다.

② 파일이 저장된 곳이 배드섹터로 변했을 경우에는 읽기 쓰기 에러가 발생합니다. 또는 파일이 배드섹터에 저장된 경우 에러가 납니다.

③ 장치간의 충돌이 일어난 경우 에러가 날 수 있습니다. 예를 들어 이동식 저장장치를 연결할 상태에서 파일을 복사하려고 하면 에러가 날 때도 있고, 그렇지 않을 때도 있습니다. 이런 경우에는 추가로 장착한 장치를 제거하면 이상이 없이 파일 읽기가 가능해집니다.

Q 윈도우98 사용중인데 윈도우2000 하드디스크를 연결해 파일을 복사하려고 했습니다. CMOS에서는 하드디스크를 인식했는데 윈도우98에서는 하드디스크가 나타나지 않습니다.

A NTFS로 포맷한 경우는 인식이 안됩니다. 윈도우2000은 FAT16, FAT32, NTFS의 파티션 방식을 모두 지원합니다. 따라서 이들 방식으로 포맷한 하드디스크를 모두

인식합니다. 그렇지만 윈도우98은 FAT16과 FAT32만 지원하며, 윈도우95는 FAT16만 지원합니다. 때문에 윈도우98을 사용하는 시스템에 NTFS로 포맷한 하드디스크를 연결하면 운영체제에서 인식하지 못합니다. 또한 윈도우95 시스템에 FAT32로 포맷한 하드디스크를 연결해도 인식하지 못합니다.

Q 몇 달 동안 쓴 논문 파일을 실수로 삭제했습니다. 아주 중요한 파일인데 휴지통에서도 삭제한 파일을 복구할 수 있나요?

A 파일을 삭제한 상태에서 더 이상 작업을 하지 말고 데이터 복구 업체에 가져가면 가능합니다. 하드디스크에서 파일을 삭제할 경우 FAT의 정보에서만 파일 관련 정보를 변경시키는 것이며 실제로 파일 내용을 삭제하지는 않습니다. 때문에 파일을 지우자마자 컴퓨터 사용을 중지한 상태로 파일 복구 유틸리티를 사용하거나 파일 복구 업체에 하드디스크를 가져가면 복구가 가능합니다. 그렇지만 파일을 지운 후에 다른 파일을 복사하는 작업을 했다면 복구 가능성이 점점 떨어집니다. 새로 복사한 파일이 자신이 지운 논문 파일 위에 겹쳐 써질 경우 복구가 안되기 때문입니다.

Q 하드디스크 뒷면의 커넥터 부분에 있는 핀이 휘어졌는데 핀을 펴서 사용하더라도 문제가 없을까요?

A 하드디스크의 핀을 비롯하여 각종 점퍼 핀은 휘어졌다 하더라도 다시 펴주면 이상 없이 사용이 가능합니다. 촘촘하게 박힌 하드디스크 커넥터의 핀을 펴려면 긴코자름 집게나 핀셋 등을 이용해야 합니다.

Q 하드디스크를 이동식 드라이브로 인식합니다.

A [제어판] [시스템] [장치 관리자] 순으로 들어가 하드디스크 등록정보에서 [리무버블]에 선택 표시가 된 상태인가 확인합니다. 이 부분에 선택 표시 해놓으면 이동식 드라이브로 인식합니다. 선택 표시를 해제합니다.

Q 구형 주기판의 CMOS에서 하드디스크 관련 부분을 보면 precomp라는 말이 나오는데 이 수치에 무엇을 적어주어야 합니까?

A precomp는 Precompensation의 줄임말입니다. 보통 하드디스크에서 WPcom이라고 써진 부분은 'Write Precompensation' 의 줄임말입니다. 간단하게 이야기하자면 랜딩존, 그러니까 하드디스크를 끌 때 헤드가 파킹되는 구역을 뜻합니다. 그런

데 하드디스크의 CMOS 셋업부분을 보면 Precomp라는 부분이 있고, 옆에 LandZone이 따로 있죠. 과거에 나온 하드디스크의 경우 랜딩존과 Precomp는 같은 숫자를 입력합니다. 사용자가 입력하지 않으면 자동적으로 2바이트의 최대값인 65535라는 숫자가 입력됩니다.

과거의 하드디스크 즉, MFM, RLL 방식의 하드디스크에서는 데이터의 안정성을 보장받기 위해 하드디스크에 기록되는 실린더의 시작점을 지정하는 방법을 사용했습니다. 다시 말해 'Write Precompensation'는 구형 하드디스크에서 데이터 안정성을 확보하기 위한 '선보상 실린더 지정'의 의미로 사용된 기술입니다.

예를 들어서 1~65535까지의 실린더를 가진 하드디스크에서 Precomp 존으로 50000이라고 적으면 50000 이후의 실린더를 안쓴다는 말이나 다름 없습니다. 곧 헤드를 파킹할 때도 50000번 실린더에 파킹합니다. 그러나 비싼 하드디스크의 일부분을 사용 안할 사람이 없겠죠. 그래서 보통 Precomp존은 하드디스크의 실린더 수와 일치합니다. 또한 맨 마지막 실린더에 하드디스크의 헤드를 파킹시키기 때문에 랜딩존과도 일치합니다. 그래서 CMOS의 하드디스크 셋업을 보시면 Cyl(실린더) 수와 Precomp 또는 WPcom 번호, LandZone 번호는 같습니다.

몇 년 전부터는 하드디스크(IDE, SCSI)에서는 Precomp를 사용하지 않습니다. 그래서 Precomp를 지원하던 메인보드에서 Precomp를 사용하지 않는 하드디스크를 설정할 때는 Precomp 숫자를 0이나 -1로 설정합니다. 물론 가장 최근에 요즘 나오는 주기판에서는 아예 Precomp라는 부분이 사라져버렸습니다.

Q 하드랙을 설치하고 하드디스크를 랙에 끼워 넣었는데 하드디스크가 인식되지 않습니다.

A ① 주기판과 하드랙을 연결하는 케이블과 전원선, 하드랙과 하드디스크 사이의 케이블과 전원선이 잘 끼워졌나 확인합니다.

② 하드랙의 잠금 장치가 잠근 상태인가 확인합니다.

③ 하드디스크가 과열된 상태라면 인식하지 못하는 경우가 있습니다.

④ 케이블 연결이 확실하고 처음 샀을 때부터 하드디스크를 인식하지 못한다면 하드랙이 구형 하드디스크만 지원하는 제품입니다. 하드랙도 하드디스크의 용량과 UDMA 방식에 따라 지원 여부가 달라집니다. UDMA 33 지원 하드랙에 UDMA 100 방식의 하드디스크를 장착하거나 8GB 이하만 지원하는 하드랙에 100GB의 하드디스크를 연결할 경우 하드디스크를 인식하지 못합니다.

Q 파일을 읽거나 쓰지 않는데도 하드디스크 깜박이에 불이 들어오면서 하드디스크가 열심히 무언가 작업을 합니다.

A 램에 임시로 저장했던 자료들을 하드디스크의 스왑 파일로 저장하는 과정입니다. 윈도우는 사용자가 작업할 때는 램에 저장해두었던 내용들을 쉬는 틈을 이용하여 하드디스크에 임시 파일로 저장합니다. 그래서 사용자가 아무 일도 안하고 있는 동안에 하드디스크 혼자서 동작하는 것처럼 보입니다.

광학저장장치 10

Q **윈도우98을 설치하려고 하드디스크를 포맷하고 부팅했는데 도스 상태에서 CD롬 드라이브를 인식하지 못합니다.**

A 책 본문 [문제와 해결] 편 참고.

Q **CD롬드라이브에 음악 CD를 넣었는데 CD만 돌아가고 소리는 안납니다.**

A 책 본문 [문제와 해결] 편 참고.

Q **CD롬을 넣으면 잘 읽지 못하는 경우도 자주 발생하고, 특정 부분을 읽을 때는 에러가 발생하거나 시스템이 멈춥니다.**

A 책 본문 [문제와 해결] 편 참고.

Q **CD롬을 CD롬드라이브에 넣으면 계속 깜박이에 불이 들어오면서 회전만 하고 CD롬을 읽지 못합니다. 정지/꺼냄 단추를 눌러도 트레이가 튀어나오지 않습니다.**

A 책 본문 [문제와 해결] 편 참고.

Q **CD롬을 읽는 도중에 시스템이 먹통이 되는 경우가 종종 발생합니다.**

A ① 사용한 CD롬 디스크가 긁히거나 파손되어 손상을 입은 경우입니다. 또는 CD롬에 기록된 자료를 CD롬드라이브가 제대로 읽지 못하는 경우입니다. 특정 CD롬을 넣었을 때만 시스템이 먹통이 된다면 CD롬의 불량 여부를 먼저 검사합니다. CD롬의 불량 여부는 다른 시스템에서 CD롬을 넣어서 실행 여부를 확인해보면 됩니다.

② 전력 부족이나 전압 불안정일 가능성이 있습니다. 본체 전원공급기에서 제공하는 전력이 약하거나 살고 있는 지역의 전압이 불안정할 경우 특정 하드웨어를 사용 도중에 시스템이 먹통될 수 있습니다. 만약 전원공급기의 출력이 약해서라면 전

원공급기를 교체해주어야 하고 살고 있는 지역의 전압이 불안정해서라면 UPS를 구입해 사용해야 합니다.

③ CD롬드라이브의 렌즈에 이상이 있을 수 있습니다. 렌즈에 이물질이 낀 경우라면 CD 클리너로 닦아서 해결이 가능하지만 렌즈 자체의 결함이라면 CD롬드라이브를 교체해주어야 합니다.

Q 특정 CD롬을 넣으면 계속 CD롬드라이브에 불이 켜진 상태에서 회전만 하고 프로그램이 다음 단계로 진행하지 않습니다.

A CD롬의 불량일 가능성이 큽니다. CD롬 디스크에 흠이 생겼을 경우나 이물질이 끼었을 경우 등에는 CD롬의 자료를 제대로 읽지 못하고 CD롬드라이브만 계속 읽기 시도를 하느라고 불이 켜진 상태입니다. CD롬의 불량 여부를 알아보기 바랍니다.

Q CD롬이 들어간 상태에서 CD롬 트레이가 안 열립니다. 꺼냄(eject) 단추를 눌러도 트레이가 나오지 않아 CD를 꺼낼 수 없습니다.

A CD롬이 잘못 들어가거나 CD롬드라이브에 문제가 발생했을 때는 꺼냄 단추를 눌러도 트레이가 나오지 않습니다. 이럴 때는 CD롬드라이브 전면에 만들어놓는 좁쌀만한 비상구(emergency hole)에 바늘을 넣어서 눌러줍니다. 비상구에 바늘을 넣어서 눌러주면서 트레이를 잡아당기면 트레이가 열립니다.

Q 윈도우의 '내 컴퓨터'에 CD롬드라이브 아이콘이 나타나지 않습니다.

A ① [제어판]-[시스템]-[장치관리자]를 선택하여 CD롬드라이브가 설치되어 있나 확인합니다. 이 부분에 CD롬드라이브가 표시되지 않는다면 [제어판]-[새 하드웨어 추가] 항목으로 CD롬드라이브를 다시 설치해줍니다.

② 장치관리자에 CD롬드라이브가 설치된 것으로 나타나는데도 '내 컴퓨터'에서 아이콘이 안보인다면 CMOS의 IDE 자동 검색 기능이 'Enable'로 설정된 상태인가 확인합니다.

③ 1, 2번에 문제가 없다면 config.sys와 autoexec.bat 파일에 도스용 드라이버를 적재하는 명령을 적어주고 부팅해봅니다. 대개의 경우 도스용 드라이버를 부팅할 때 읽으면 '내 컴퓨터'에 아이콘이 나타납니다.

④ 3번까지의 방법으로도 해결이 안되면 최종적으로 윈도우98을 다시 설치합니다.

Q 윈도우98의 '내 컴퓨터'에 CD롬드라이브가 두 개로 나옵니다.

A ① 가상 CD롬드라이브 프로그램이 설치된 경우 두 개로 표시됩니다. 이때 하나는 물리적인 진짜 CD롬드라이브가 아니라 논리적인 CD롬드라이브로 잡힙니다. 가상 CD롬드라이브 프로그램을 제거해주어야 합니다.

② CD레코더를 장착할 경우 업체에서 제공하는 CD롬드라이브 관리 프로그램을 설치할 경우 CD롬드라이브 관리 프로그램에서 논리적인 CD롬드라이브를 설치하는 경우가 있습니다. 이런 경우 관리 프로그램을 제거하거나 관리 프로그램의 환경 설정을 바꾸어주어야 합니다.

③ config.sys autoexec.bat 파일에 도스용 CD롬드라이브의 드라이버를 인식하도록 설정한 상태라면 부팅할 때 도스용 드라이버 파일을 인식하고 윈도우에서 다시 자동으로 인식하는 경우가 되어 두 개의 CD롬드라이브로 인식할 수 있습니다. config.sys와 autoexec.bat 파일의 내용 중에 CD롬드라이브의 드라이버 실행 명령 부분을 지우거나 맨 앞에 'rem' 명령을 추가해주어 도스용 드라이버의 메모리 적재를 막아주어야 합니다.

예를 들어 config.sys 파일에 'DEVICEHIGH=CDROM\GSCDROM.SYS /D:MSCD000' 라는 명령문이 있다면 'REM DEVICEHIGH=CDROM\GSCDROM.SYS /D:MSCD000' 으로 고쳐주고, autoexec.bat 파일에 있는 'LH MSCDEX /D:MSCD000' 라는 명령문도 'REM LH MSCDEX /D:MSCD000' 로 고쳐줍니다.

④ config.sys autoexec.bat 파일에 도스용 CD롬드라이브의 드라이버 적재 명령를 두 번 적어주었을 경우에 CD롬드라이브를 두 개로 인식할 수 있습니다. 이때도 명령문을 지워주거나 REM 명령을 앞에 붙여 실행을 막아주어야 합니다.

⑤ 레지스트리에 CD롬드라이브 관련 정보가 두 번 기록된 경우입니다. 레지스트리 편집기로 CD롬드라이브 정보를 찾아서 두 개 이상 있을 경우 하나만 남기고 모두 삭제합니다.

Q CD롬드라이브를 이동식 드라이브로 인식합니다.

A ① CD롬드라이브의 등록정보에 [리무버블]로 선택 표시해놓은 상태입니다. [제어판] [시스템] [장치관리자] 순으로 들어가 CD롬드라이브의 등록정보를 선택하고 [리무버블]의 선택 표시를 해제합니다.

② cdfs.vxd의 파일 버전이 다를 경우에 발생할 수 있습니다. win98_55.cap에 있는 cdfs.vxd, ddvsd.vxd, cdtsd.vxd 파일을 cap 파일에서 압축 해제로 복사한 다음에 c:\windows\system\iosubsys에 복사해줍니다.

Q 잘 사용하던 CD롬드라이브가 '내 컴퓨터'에서 사라졌습니다.

A ① 하드디스크 컨트롤러와 다른 장치와의 충돌이 발생한 경우입니다. [장치관리자]의 하드디스크 컨트롤러가 노란색 느낌표로 표시된다면 다른 장치와 충돌 중이거나 32bit 보호 모드 제어기 파일이 손상된 경우입니다. 또는 '제어판 - 시스템 - 성능 - 파일 시스템 - 문제해결 - 32bit 보호 모드 디스크 제어기를 사용 안함'에 선택 표시가 된 경우입니다. 선택 표시를 지웁니다.

② 하드디스크 컨트롤러가 인식되지 않는 경우입니다. [장치관리자]에서 하드디스크 컨트롤러가 존재하는지 확인하고 존재하지 않는다면 하드디스크 컨트롤러를 설치해줍니다.

③ [장치관리자]에서 하드디스크 컨트롤러 정보가 빨간색의 X자 표시가 되어있다면 'Original configuration' 에 선택 표시 안된 상태입니다. 이 부분을 선택 표시해줍니다.

④ 그외 램상주 프로그램과의 충돌, 바이러스 감염을 의심할 수 있습니다. 바이러스 검사를 해봅니다.

Q 이상하게 백업 CD를 넣으면 CD롬드라이브에서 잘 인식하지 못합니다. 그런데 다른 사람의 시스템에서는 이상 없이 잘 읽습니다.

A CD롬드라이브의 성능이 좋지 않아서 생기는 문제입니다. 사용하는 CD롬드라이브가 구형이거나 성능이 좋지 않을 경우 백업 CD 인식율이 나쁩니다. CD롬드라이브를 교체하는 수밖에 없습니다.

Q CD롬드라이브에 CD를 넣고 파일을 복사할 때 용량이 큰 파일을 복사하는 도중에 에러가 발생합니다. 작은 크기의 파일은 이상 없이 복사됩니다.

A CD롬드라이브의 배속 속도가 낮게 설정되거나 CD롬드라이브의 보조 캐시가 적게 설정된 경우에 용량이 큰 파일을 복사하면 에러가 발생할 수 있습니다. '제어판-시스템-성능-파일 시스템-CD롬' 을 선택한 후에 보조캐시의 크기를 가장 크게 설정하고, 최적화 액세스 방식에서 '데이터를 미리 읽지 않음' 으로 설정합니다.

Q 예전에는 CD를 넣으면 자동으로 게임이나 기타 프로그램이 실행되었는데 어느날부터 CD를 넣어도 CD의 프로그램이 실행되지 않습니다.

A CD롬드라이브의 설정 항목 중에서 '자동 삽입 통지' 기능을 꺼놓은 상태입니다. '제어판-시스템-장치관리자-CD롬드라이브-등록정보-설정'에서 '자동 삽입 통지' 기능에 선택 표시합니다.

Q 부팅 CD를 만들었는데 부팅 CD로 부팅이 안됩니다.

A ① 부팅 CD 자체가 불량이거나 잘못 만들어진 경우입니다. 다른 시스템에서 CD의 이상 유무를 확인해보기 바랍니다.

② 부팅 순서에 CD롬이 설정 안된 경우입니다. 부팅 순서에 C: A:로만 설정해두면 부팅 CD로 부팅이 안됩니다. CMOS에서 부팅 순서에 CD롬이 포함되도록 설정합니다. 'CD-ROM, C, A'의 순서로 설정해두면 CD롬으로 부팅이 가능합니다.

Q CD에 음식물이나 설탕물이 묻었습니다. 비누로 닦으면 쓸 수 있나요?

A CD에 음식물이나 커피 등이 묻었다면 미지근한 물에 담가서 음식물을 떨어내고 다시 말리면 사용할 수 있습니다. 심하게 달라붙은 것은 안경 닦은 부드러운 천으로 닦으면 됩니다. 주의할 점은 물에 심하게 담근 CD는 변형이 일어나 나중에 에러가 발생할 가능성이 높습니다. 따라서 일단 CD를 읽을 수 있게 되면 자료를 하드디스크나 다른 CD에 복사해두어야 합니다.

모니터 11

Q 본체에 불은 들어오는데 모니터에 아무 것도 안 나타납니다.

A 책 본문 [문제와 해결] 편 참고.

Q 모니터 화면이 어느 날부터 점과 점 사이에 흐릿한 줄이 생기면서 흐려진 것 같습니다.

A 책 본문 [문제와 해결] 편 참고.

Q 모니터가 빨갛거나 파랗게 멍들었는데 이유와 해결 방법은 무엇인가요?

A 책 본문 [문제와 해결] 편 참고.

Q 모니터를 켜거나 해상도를 변경할 때 '퉁' 하는 소리가 납니다.

A 책 본문 [문제와 해결] 편 참고.

Q 모니터를 새로 샀는데 화면이 휘거나 기울어진 상태입니다.

A 책 본문 [문제와 해결] 편 참고.

Q 모니터의 OSD를 보면 색온도 설정 기능이 있는데 색온도가 무엇인가요?

A 책 본문 [문제와 해결] 편 참고.

Q 모니터에 'No signal' 메시지가 나타나고 화면이 안 나타납니다.

A 책 본문 [문제와 해결] 편 참고.

Q 다른 모니터는 본체가 꺼졌을 때 'No Signal'이라는 메시지가 나오는데 제 것은 안나옵니다.

A 책 본문 [문제와 해결] 편 참고.

Q 부팅할 때 모니터에 'Out of Range' 안내문이 표시됩니다.

A ① 모니터에 PC에서 전송되는 신호가 없다는 뜻이므로 케이블이 제대로 연결되었나 확인해봅니다.

② 케이블의 핀이 부러지거나 휘어진 경우에도 발생합니다. 케이블 커넥터의 핀 상태를 확인합니다.

③ 그래픽카드 장착 상태를 확인하고 다시 한 번 꽉 끼워줍니다. 그래픽카드의 슬롯 접촉면에 이물질이 낄 경우도 있으니 지우개를 이용하여 그래픽카드의 슬롯 접촉면을 닦아줍니다.

Q 모니터 화면이 찌글찌글 나오거나 흔들리는 등 상태가 좋지 않습니다. 또 본체도 이상하게 동작합니다. 그런데 이상하게도 본체나 모니터를 교환하려고 업체에 가져가면 동작이 잘 되는 겁니다. 우리 집에서만 이상하게 나오는 것입니다. 왜 그럴까요?

A 책 본문 [문제와 해결] 편 참고.

Q 컬러로 나오던 모니터가 푸른색 계열로 나오거나 흑백처럼 나옵니다. 어떤 때는 모니터가 깜박거립니다.

A 책 본문 [문제와 해결] 편 참고.

Q 화면 색이 갑자기 이상해졌습니다. 푸른 색 계열이 강하게 보이거나 초록색이 많아진 것 같습니다.

A ① 그래픽카드가 고장났거나 모니터가 고장난 경우입니다. 둘 중에 어느 것이 고장났는지 확인해보기 바랍니다.

② 그래픽카드의 삽입 상태가 안 좋은 경우입니다. 잘 사용하던 시스템이라 하더라도 조금씩의 충격이 쌓여 어느날 그래픽카드가 약간 빠져나올 수 있습니다. 그래픽카드를 다시 한 번 빈 틈 없이 꽉 끼워보기 바랍니다.

Q 모니터를 정면으로 설치하면 모니터 한 구석이 초록색으로 물듭니다. 그런데 모니터를 약간 옆으로 돌리면 정상 색깔로 나옵니다.

A 모니터 주변에 자성체가 있습니다. 초록색으로 물든 쪽에 자석을 이용한 물체(스피커, 전화기 등)가 있나 확인하고 모니터 주변의 물체를 치워주세요.

Q 모니터를 켜고 한 시간 정도 지나면 점차 어두워집니다. 컴퓨터를 끄고 몇 시간 후에 다시 켜면 괜찮지만 시간이 지나면 다시 어두워집니다.

A 케이블 접속 상태가 불량이거나 케이블의 핀이 휘어진 상태입니다. 케이블 이상이 없다면 AS를 맡겨야 합니다.

Q 3D 게임을 실행시켰는데 모니터 화면이 안개 낀 것처럼 뿌옇게 나와 게임을 할 수 없습니다.

A 모든 프로그램에서 부옇게 나온다면 케이블 연결 상태를 의심해야 하지만 특정 게임에서만 부옇게 나온다면 게임의 비디오 옵션이 조정된 경우입니다. revolt를 비롯한 3D 게임 중 상당수는 자체적으로 화면의 명암과 선명도를 조정하는 옵션이 있습니다. 게임의 Video 옵션을 살펴보면 contrast가 아주 낮게 설정되어 있을겁니다. bright와 contrast 옵션을 조정하면 됩니다.

Q 부팅할 때 화면이 떨립니다. 부팅이 된 후 윈도우에서는 이상이 없습니다.

A ① 그래픽카드의 장착 상태나 모니터 케이블 연결 상태를 확인합니다. 대개의 경우 그래픽카드의 삽입 상태에 문제가 있거나 케이블 연결 상태가 꽉 맞지 않은 경우입니다.

② 이상이 없다면 모니터 불량이므로 AS를 받습니다.

Q 모니터 화면이 위아래로 떨리는 현상이 나타납니다.

A 모니터 고장이 아니라면 지역의 전압이 불안하거나 사용하는 방에 들어오는 전압이 불안한 경우입니다. 모니터를 다른 동네에서 시험해보기 바랍니다. 다른 동네나 다른 시스템에서는 떨리지 않고 자신의 시스템에서만 떨리는 현상이 나타난다면 UPS 등을 이용하여 전압을 안정시켜야 합니다. 다른 동네에서도 모니터가 떨린다면 모니터 불량이므로 교환합니다.

Q 모니터 설명서에 적힌 최대 지원 해상도로 설정이 되지 않습니다.

A 최대 지원 해상도는 모니터와 그래픽카드에서 동시에 지원해야 사용할 수 있습니다. 따라서 그래픽카드의 성능이 떨어지면 그래픽카드의 최대 지원 해상도로 설정이 되고, 모니터의 성능이 떨어진다면 그래픽카드의 성능이 뛰어나더라도 모니터의 최대 지원 해상도까지만 설정할 수 있습니다.

Q 모니터 화면에 가는 선이 생기거나 잔상이 남습니다.

A
① 그래픽카드가 과열될 경우 생기는 현상입니다. 컴퓨터를 끄고 식혔다가 나중에 다시 컴퓨터를 켭니다. 충분히 식힌 다음에 켰을 때도 마찬가지 현상이 나타나면 그래픽카드 불량일 가능성이 높습니다.

② 늘 화면에 선이 생기거나 잔상이 남는다면 그래픽카드 드라이버 파일의 문제일 수 있습니다. 최신 드라이버로 다시 설치해봅니다.

③ 최근 들어 부쩍 그런 현상이 심해졌다면 모니터 노후화에 따른 현상으로 볼 수 있습니다. 이런 경우 모니터를 AS 받아야 합니다.

Q 시스템을 켠 지 오래 되면 화면이 흔들리거나 흐려지는 등의 이상한 현상이 발생합니다.

A 그래픽카드가 과열되면 화면 출력에 이상한 현상이 발생합니다. 최근 출시되는 3D 그래픽카드는 GPU용 냉각팬을 장착하고 있습니다. 그래픽카드에 장착된 냉각팬의 성능을 확인해보기 바랍니다.

Q 트리니트론 방식의 모니터가 좋다고 구입했는데 좌우로 희미한 줄이 나타납니다. 불량 제품인가요?

A 트리니트론 방식은 수직으로 된 애피처그릴을 고정시키기 위하여 가로 방향으로 댐퍼선이라는 것을 이용해 그릴을 고정시킵니다. 트리니트론 모니터에 가로줄의 희미하게 나타나는 것은 댐퍼선 때문으로 정상적인 현상입니다.

Q 도트 피치가 적을수록 좋은 모니터라는데 도트 피치의 기준은 무엇인가요?

A 도트 피치(dot pitch)는 도트(=점) 간의 좌우 거리를 뜻합니다. 일반 모니터는 새도우마스크 구멍을 통과하여 빛이 모니터의 유리에 칠해진 형광물질을 때려서 빛을 발

합니다. 이때 도트 피치란 두 점 사이의 거리를 뜻하는데, 모니터는 빛의 삼원색으로 색을 구현하기 때문에 전자총이 통과하는 점 역시 RGB(Red Green Blue)로 이루어져 있습니다. 그래서 Red 점(도트)과 Red 점 사이의 거리를 도트 피치로 삼습니다.

Q 옆에 있는 시스템을 보니 모니터가 매우 선명하게 나옵니다. 그런데 제 모니터는 다른 시스템 것에 비해 어둡게 보입니다.

A ① 모니터의 밝기나 선명도가 낮게 설정된 경우입니다. OSD를 이용하여 밝기(bright)나 선명도(contrast)를 최대값으로 설정해보기 바랍니다.

② OSD로 밝기나 선명도를 최대값으로 설정해도 어둡게 보인다면 모니터가 오래된 것이라 그렇습니다. 모니터는 소모품으로 오래될수록 밝기나 선명도가 떨어집니다. 모니터를 교체하는 수밖에 없습니다.

Q 모니터를 보면 줄무늬가 위에서 아래로 내려가는 것이 보입니다.

A ① 모니터 성능이 나빠서입니다. 같은 회사의 같은 크기 제품이라도 비싼 제품과 싼 제품은 성능 차이가 납니다. 대표적인 차이가 주파수 지원 부분입니다. 저가형은 주파수가 낮아서 모니터에 줄무늬가 내려가는 현상이 나타나거나 깜박임 현상이 심합니다.

② 수직주파수를 낮게 설정한 경우입니다. 제어판의 [디스플레이] 항목에서 [설정] [고급]을 선택하여 주파수를 높게 조정하면 좋아질 수 있습니다.

Q 모니터를 잘 살펴보면 지도의 등고선 같은 물결무늬가 보입니다. 또는 무지개빛처럼 등고선 무늬가 움직이는 것 같아 보기에 피곤합니다.

A ① 등고선 같은 물결 무늬가 생기는 이유는 빛의 간섭현상 때문으로 이런 현상을 모아레 현상이라고 합니다. 이런 모아레 현상이 생기는 가장 큰 이유는 모니터 성능이 나빠서입니다. 성능이 좋은 모니터일수록 모아레 현상이 잘 나타나지 않습니다. 모아레 현상은 모니터의 성능 문제이므로 특별한 대책이 없습니다.

② 단 제어판의 [디스플레이] 항목에서 주파수 설정 설정을 변경하거나, OSD 기능을 이용하여 화면의 좌우폭, 기울기, 위치 등을 조절하면 수정이 가능할 수 있습니다. 모아레 현상의 빛의 간섭 현상에 의해 발생하기 때문에 점(픽셀) 사이의 간격이나 주파수를 변경할 경우 모아레 현상의 정도가 변화할 수 있습니다.

Q 모니터 화면의 좌우로 날카롭게 삐친 선이 보이면서 찌글찌글한 모습을 보여 화면을 알아보기 힘듭니다.

A ① 모니터나 그래픽카드 고장일 가능성이 가장 큽니다. 어느 쪽이 고장인지 판별하여 고장난 제품을 수리하거나 교체합니다.

② 수직주파수가 잘못 설정된 경우에도 이런 문제가 발생할 수 있습니다. 제어판의 [디스플레이] 항목에서 수직주파수를 변경하여 적용해봅니다.

Q 모니터가 고장나서 중고 모니터를 구해 장착했는데 화면이 찌글찌글해 알아볼 수 없습니다.

A 구형 모니터는 최신 그래픽카드의 주파수 출력을 감당하지 못합니다. 그래서 구형 모니터를 최신 그래픽카드에 연결하면 화면이 심하게 흔들리거나 찌글찌글해지면서 도저히 알아볼 수 없습니다. 모니터를 교체해야 합니다.

반대로 구형 그래픽카드에 최신 모니터를 연결해 사용하는 것에는 별 문제가 없습니다.

Q 모니터를 새 제품으로 교체한 후에 부팅을 하니 화면이 나타나지 않습니다. 새 모니터 드라이버를 설치하려고 해도 화면이 안보여 설치 작업을 할 수 없습니다.

A 모니터 정보와 드라이버 파일의 불일치 때문에 나타나는 일입니다. 일단 안전모드로 부팅한 다음에 기존의 모니터 드라이버를 삭제하고 재부팅하면 기본 화면으로 부팅이 됩니다. 이 상태에서 새 모니터의 드라이버를 설치합니다.

Q 바탕 화면의 아이콘 모양이 이상한 것 같아 자세히 보니 아이콘의 색이 바뀐 것 같습니다. 동영상의 화질도 나빠진 것 같습니다.

A 화면 색상이 256컬러나 16컬러로 설정된 것 같습니다. 특정 프로그램을 실행하는 도중에 프로그램이 비정상적으로 종료되거나 윈도우 자원이 부족하여 화면 상태를 원래대로 변환하지 못하는 경우가 종종 있습니다. 이런 경우 화면 상태가 256컬러로 바뀌게 되는데 256컬러로 바뀔 경우 일반적인 프로그램을 실행 도중에는 색상 변화를 눈치채지 못합니다. 대부분의 윈도우 프로그램은 몇 가지 색만을 사용하거나 게임처럼 자체적으로 설정한 색상과 해상도를 사용하기 때문에 바탕 색상의 변화를 눈치채지 못하고 윈도우를 사용하는 경우가 많습니다. 그러나 자세히 살펴보면 아이콘 색이 약간 이상해졌다는 것을 알 수 있고, 동영상 화질도 떨어진다는 것을 알 수

있습니다. '제어판 - 디스플레이 - 설정'을 통해 해상도와 색상을 확인하고 6만5천 컬러 이상으로 다시 설정해주면 됩니다.

Q 게임을 하고 나면 화면 해상도가 640×480으로 떨어지거나 화면 색이 256컬러로 바뀝니다.

A ① 특정 게임의 경우 강제로 해상도를 변경시킨 후에 원래 해상도로 바뀌지 않는 경우가 있어서 그럽니다. 특히 옛날에 만든 구식 게임 중 일부는 해상도를 낮추어 게임을 진행한 다음에 다시 이전 상태로 복구시키지 않고 종료하는 경우가 있습니다. 이런 경우 해당 게임을 가급적 안하는 것이 좋습니다.

② 특정 프로그램이나 게임을 하다가 비정상적으로 종료되거나 윈도우의 자원(resource)이 부족하여 화면 상태를 제대로 전환하지 못하는 경우가 있습니다. 이런 경우는 일시적인 현상이므로 화면을 원래 해상도로 설정해주면 됩니다.

Q 모니터의 해상도를 바꾸려 해도 바뀌지 않습니다.

A 그래픽카드의 드라이버 파일이 손상된 경우입니다. 그래픽카드의 드라이버 파일을 다시 설치합니다.

Q 모니터가 파르르 떨리는 것 같은 현상이 느껴집니다. 마치 형광등처럼 아주 빠른 속도로 번쩍거리는 현상이 있어 화면을 볼 때 피곤합니다.

A 모니터가 떨리는 현상은 수직 주파수가 낮아서 생기는 현상입니다. 제어판의 '디스플레이' 항목에서 주파수를 조절해주어야 합니다. 가능한 주파수를 높게 설정해주어야 화면 떨림 현상이 줄어듭니다. 그렇지만 모니터 자체의 성능이 낮아 화면이 떨리는 경우에는 모니터를 교체해주어야 합니다. 1024×768 이상의 해상도라 하더라도 70~75Hz 이상의 주파수를 지원하는 것이 바람직한데 이보다 낮은 주파수만 지원할 경우에는 화면 떨림 현상이 심하게 느껴집니다.

Q 해상도를 변경할 때마다 화면의 크기와 위치를 조절하지만 다시 해상도를 바꾸면 이전 형태로 돌아갑니다.

A ① 화면 기억 기능이 없는 구형 모니터라서 그렇습니다. 요즘 나오는 모니터는 화면 기억 기능이 있어 해상도별로 적절한 화면 크기를 설정해놓으면 해상도별 화면 상태를 기억했다가 해상도가 바뀌면 설정한 상태로 보여줍니다. 그렇지만 구형

모니터는 이런 기능이 없습니다.

② 화면 기억 기능이 있는 모니터라 하더라도 설정 내용을 사용자가 저장해야 하는 모니터가 있습니다. OSD 메뉴 중에 [Save] 항목이나 [Save] 단추가 있는 모니터라면 사용자가 [Save] 항목을 선택해 현재 설정한 내용을 저장해주어야 합니다.

Q 모니터의 해상도를 특정 해상도로 변경하면 화면이 떨리거나 화면이 보이지 않는 상태로 됩니다.

A ① 모니터에서 지원하지 않는 해상도입니다.

② 모니터에서 지원하는 해상도라면 해상도에 맞는 주파수를 지원하지 못하기 때문입니다. 다시 말해 주파수를 너무 높게 설정한 상태입니다.

이런 경우 주파수를 낮추어 설정하면 해결될 수 있습니다. [제어판]의 [디스플레이] 항목에서 [설정] [고급] [어댑터] [화면주사율] 순으로 선택하고 [기본 어댑터]를 선택합니다. 그래도 같은 문제가 발생하면 더 낮은 주사율을 선택하면서 상태를 확인합니다.

Q AGP의 3D 성능을 최적화하려면 CMOS의 [Assign IRQ to VGA] 항목을 어떻게 설정해야 합니까?

A AGP 그래픽카드의 3D 성능을 최적화하려면 CMOS의 [Assign IRQ to VGA] 항목을 Enabled로 설정해야 합니다. 그리고 [VGA Palette Snoop] [ideo BIOS Cache] [Video BIOS Shadow] [C800-CBFFF Shadow] 항목은 모두 Disabled로 설정합니다. 그리고 [AGP Aperture Size]는 시스템 메모리의 절반 이하로 설정해야 하며, AGP 그래픽카드의 IRQ가 다른 주변기기와 공유되지 않도록 설정해야 합니다.

Q TCO 인증 마크가 붙은 모니터는 보안경을 설치할 필요가 없다는데 정말인가요?

A TCO 마크는 전자파와 안전, 환경 등에 대한 규격으로 TCO 마크가 붙은 모니터는 전자파의 노출이 매우 낮은 모니터입니다. 또한 전자파 코팅이 되어 있는 모니터가 많아 사용자에게 미치는 전자파 영향은 일반 모니터에 비해 매우 적은 편입니다. 때문에 보안경을 장착하지 않아도 전자파의 위험이 심하지 않은 모니터입니다.

Q **남는 본체가 있어 가끔씩 사용하는 세컨드PC로 사용하려고 합니다. 그런데 모니터를 하나 더 살 돈도 없고, 모니터를 한 대 더 둘 공간도 없습니다. 현재 사용중인 모니터를 두 대의 시스템에서 함께 사용할 수 있는 방법이 있을까요?**

A 모니터 공유기를 이용하면 두 대 이상의 시스템에서 하나의 모니터를 사용할 수 있습니다.

Q **모니터 공유기에 모니터를 연결한 이후로 모니터 화질이 나빠진 것 같습니다. 모니터 공유기에 연결하지 않고 모니터를 PC에 바로 연결할 때는 화질이 원래대로 돌아옵니다. 공유기 성능이 나빠서 그런가요?**

A PC 본체에서 모니터까지 연결되는 케이블의 길이가 길어서 생기는 현상입니다. 모니터 케이블은 모니터 공유기에 연결하고, PC 본체에서 공유기까지는 새로운 케이블로 연결합니다. 따라서 PC 본체에서 공유기까지 연결한 케이블의 길이만큼 케이블 길이가 길어지는 셈입니다. 이 때문에 잡음으로 인한 간섭 현상도 많아지고 출력도 약해져 화질이 나빠지는 것입니다. 성능이 좋은 모니터는 화질 약화가 눈에 뜨이지 않을 정도지만 저가형 모니터는 화질 약화를 눈으로 쉽게 느낄 수 있을 정도입니다.

해결책은 본체에서 모니터까지의 케이블 길이를 최대한 줄이는 것입니다. 보통 모니터 공유기를 사용할 경우 추가로 연결하는 케이블은 1~2m 짜리 케이블을 사용하는데 이렇게 긴 케이블을 추가로 연결하면 모니터 화질이 크게 나빠집니다. 따라서 본체와 공유기 사이에 연결하는 케이블과 공유기와 모니터 사이를 연결하는 케이블을 매우 짧은 케이블로 연결해주는 것이 좋습니다. 길이가 짧은 케이블은 케이블 전문점에서 판매하거나 만들어줍니다.

Q **CRT 모니터의 성능을 말할 때 수직 도트 피치를 기준으로 도트 피치를 표시하면 '사기다' 라고 말하는데 왜 그렇죠? 수직 도트 피치도 적을수록 품질이 좋은 것 아닌가요?**

A 도트 피치는 수평이 되었건 수직이 되었건 작을수록 좋습니다. 문제는 모니터의 성능을 평가할 때 무엇이 기준이 되는가입니다. 그동안은 수직도트피치를 기준으로 삼았습니다. 그런데 수평을 기준으로 발표하는 업체가 나오면서부터 문제가 된 것이죠.

15인치 보급화시대 들어서면서부터 도트피치는 0.28mm가 기준이 되었고, 17인치 모니터에 와서는 0.25mm 이하로 줄었습니다. 과거에는 수직을 기준으로 삼았습니다. 그런데 몇 년 전에 한 기업이 수평을 기준으로 발표하면서 도트피치 거리가 0.20mm이라고 광고했습니다. 모니터의 도트피치는 좌우보다 위아래가 더 간격이 좁기 때문에 수평을 기준으로 발표하면 0.03~0.05mm 정도 작은 수치가 나옵니다. 졸지에 상대업체의 광고보다 0.05mm가 더 줄어든 셈이고, 경쟁업체에서는 수평을 기준으로 발표한 것은 말장난이라고 반격했습니다.

그럼 왜 수평이 기준이 되지 못하고 수직을 기준으로 삼을까요? 첫 번째로 과거의 관행이 그랬습니다. 두 번째로 새도우마스크 뿐만 아니라 트리니트론 방식을 비롯한 다른 방식의 모니터 역시 좌우의 거리를 기준으로 삼습니다. 세 번째로 점의 크기를 따질 때 큰 쪽을 기준으로 따져야 하기 때문입니다. 우리가 점의 크기나 해상도를 따질 때를 생각해보시기 바랍니다. 위아래가 아주 날씬하여 무척 작지만 좌우로는 엄청 넓은 큰 점이 있습니다. 이럴 때 크기가 큰 좌우 쪽을 무시하고 위아래만 기준으로 따지면서 점 하나가 거의 안보이네 하고 말하지는 않죠. 점의 크기를 말할 때는 시각적으로 크게 보이는 쪽을 기준으로 삼아야 합니다.

그리고 실질적인 이유라고 할 수 있는 네 번째 이유는 과거의 모니터가 인터레이스드 방식(비월주사 방식)을 사용했기 때문입니다. 또한 현재도 고해상도에서는 인터레이스드 방식을 사용합니다. 인터레이스드 방식이란 홀 수줄 먼저 다 그린 후에 짝 수줄을 그리는 방식입니다. 이처럼 한 줄 씩 빼먹는 수평선을 해상도의 기준으로 삼는다는 것은 웃기는 일이죠.

화면에 그리는 것은 1번과 3번 줄인데 1번과 2번 줄 사이의 간격으로 모니터의 정밀도를 결정하는 일은 말이 안되는 일입니다. 그래서 수평선이 아닌 수직선 즉, 좌우의 점 사이 간격을 기준으로 삼는 것입니다.

그래픽카드 12

Q 그래픽카드의 드라이버 파일을 최신 것으로 바꾸면 속도가 향상되나요?

A 책 본문 [문제와 해결] 편 참고.

Q 듀얼 모니터 기능을 사용하려고 두 개의 그래픽카드를 설치했는데 부팅이 되지 않습니다.

A ① CMOS의 [Integrated Peripherals] 항목에서 그래픽카드의 부팅 순서를 바꾸어봅니다. [Init Display First] 항목이 AGP로 설정된 상태라면 PCI로 바꾸어 부팅해봅니다.

② 인텔의 칩셋을 사용한 주기판에서는 듀얼 모니터 기능에 문제가 있는 제품이 많습니다. 특히 i845, i850 계열 주기판이라면 듀얼 모니터 기능 사용을 삼가는 것이 좋습니다.

Q 게임을 할 때 24비트 컬러를 선택하면 16비트 컬러를 선택하는 것보다 속도가 느려지나요?

A 16비트 컬러를 사용할 때보다 8비트 많은 컬러를 계산해야 하므로 속도가 조금 느려집니다. 그러나 사람이 볼 때 16비트 컬러나 24비트 컬러의 색 차이는 별로 없기 때문에 많은 사람들이 16비트 컬러로 설정하고 3D 게임을 합니다.

Q 같은 칩과 같은 메모리를 사용하는 그래픽카드의 성능은 제조회사에 상관 없이 같은가요?

A 아닙니다. 칩셋과 메모리의 성능이 그래픽카드의 가장 중요한 요인이기는 하지만 설계 기술도 중요합니다. 바이오스나 드라이버, 부품의 배치가 최적화될 때 그래픽카드의 성능이 최고를 발휘합니다. 그래서 같은 부품을 사용하더라도 성능 차이가 나는 것입니다.

Q 리바 TNT2 M64 그래픽카드를 사용 중인데, TNT2 보다 성능이 떨어진다고 들었습니다. TNT2 울트라는 TNT2보다 성능이 좋다는데 M64는 왜 성능이 떨어지죠?

A 그래픽카드 중에서 리바 TNT2 제품군은 국내에서도 많이 보급된 제품입니다. TNT 제품군은 크게 4 가지로 나눕니다. TNT2 반타와 TNT2 M64, TNT2, TNT2 울트라로 구분되며, 반타, M64, TNT2, TNT2 울트라 순으로 성능이 향상됩니다. 이들 4 종류의 그래픽카드는 TNT2 코어를 사용한 칩셋을 사용하기 때문에 TNT2 제품군으로 구분합니다.

TNT2 코어는 그래픽 칩셋의 코어 부분이 128비트 그래픽 엔진을 사용하며 램댁은 300Mhz를 사용합니다. 이 부분은 4가지 제품이 모두 같습니다. 4 제품의 차이는 메모리 버스의 폭과 용량, 코어 클럭, 메모리 클럭 등에서 납니다. TNT2 울트라와 TNT2는 128비트의 메모리 버스를 가집니다. 반면 반타와 M64는 64비트 메모리 버스를 사용합니다. 그리고 TNT2 울트라는 코어클럭이 150Mhz, 메모리 클럭이 183MHz이며, TNT2와 M64는 125MHz와 150MHz입니다. 반타는 100Mhz과 125MHz입니다.

이런 차이로 인하여 TNT2 울트라의 성능이 가장 좋고 반타의 성능이 가장 떨어지는 것입니다. M64라는 이름은 메모리 버스의 폭이 64비트라는 뜻입니다.

Q 매트록스 그래픽카드로 두 개의 모니터를 동시에 사용하는 화면 복제 기능을 사용했는데 윈도우2000으로 운영체제를 바꾼 이후로는 화면 복제 기능이 잘 동작하지 않습니다.

A 윈도우2000이 화면 복제 기능을 잘 지원하지 않습니다. 일단 그래픽카드 제조 회사의 홈페이지에서 최신 드라이버를 받아서 드라이버를 설치해봅니다. 최신 드라이버를 사용해도 문제가 발생한다면 윈도우98이나 윈도우XP로 운영체제를 교체하도록 합니다.

프린터 13

Q 프린터를 운영체제에서 인식하지 못합니다.

A ① 프린터 케이블 연결이 제대로 되었나 확인합니다.

② 프린터 드라이버를 최신 드라이버로 설치합니다.

③ 윈도우의 [제어판] [시스템] [장치관리자]의 포트 항목에 LPT1 포트가 설정되었나 확인해보고 LPT1 포트가 설정되지 않았다면 LPT1 포트를 추가합니다.

④ CMOS의 Parallel 포트를 Disabled로 설정했거나 엉뚱한 IRQ로 설정했나 확인합니다. 프린터는 보통 LPT1 포트로 설정해야 하는데 LPT2나 LPT3로 설정해 놓았을 경우 프린터를 인식하지 못합니다. LPT1 포트는 IRQ 7번과 038 번지의 입출력 주소를 사용합니다. 따라서 CMOS에 038/IRQ7이라고 설정되어 있어야 LPT1로 설정된 것입니다. 만약 '278/IRQ 5' 로 설정되었다면 LPT2로 설정된 것입니다.

⑤ CMOS에서 Parallel 포트의 모드를 확인해봅니다. 구형 프린터일 경우 ECP+EPP 등의 모드를 제대로 인식하지 못해 통신이 안되는 경우가 있습니다. 구형 프린터라면 SPP(Standard Parallel Port) 모드로 설정해 사용합니다.

⑥ 이상을 다 확인해봐도 프린터가 인식되지 않는다면 프린터 포트나 주기판의 문제입니다. 프린터 포트를 사용하는 다른 장치를 이용하여 포트의 이상 유무를 확인해봅니다.

Q 윈도우에서는 출력이 잘 되는데 도스에서 아래아한글 등으로 문서를 출력하면 이상하게 출력됩니다.

A 도스에서 프린터를 사용하려면 프로그램별로 드라이버를 지원해주어야 합니다. 보통 도스용 프로그램은 옛날 프로그램이라 최신 프린터를 지원하지 않습니다. 때문에 도스에서 문서를 출력하면 프린터를 제대로 인식하지 못해 출력이 깨져보입니다.

Q 최신형 프린터인데 도스나 도스창에서 문서를 출력할 수 없나요?

A ① 프린터 제조회사에서 제공하는 도스용 드라이버를 설치하고 부팅할 경우 사용이 가능합니다.

② 프린터의 에뮬레이션 기능을 이용하여 프린터 모드를 KS나 KSSM 모드로 설정하면 도스에서도 출력이 가능합니다. 단 아스키 문서만 출력이 가능하며, 아래아 한글 문서처럼 특정 프로그램의 문서 출력은 불가능합니다.

Q 도스용 드라이버를 설치하고 아스키 문서를 출력해보니 영문은 제대로 나오는데 한글은 이상한 글씨로 깨진 상태입니다.

A 프린터에 한글 모듈이 없는 경우입니다. 이런 프린터를 사용 중이라면 아래아한글과 같은 워드프로세서에서 문서를 불러와 출력해야 합니다.

Q 최신형 주기판으로 교체한 이후 프린터의 출력 속도가 더 느려진 것 같습니다.

A ① ECP나 EPP로 프린터 모드를 설정해 사용하다가 SPP로 설정하면 프린터 출력 속도가 느려질 수 있습니다. CMOS에서 프린터 모드가 SPP로 설정되었나 확인해보고 ECP+EPP로 설정을 바꾸어줍니다.

② 프린터 모드가 제대로 설정되었다면 PC 주기판 불량이거나 바이오스의 버그일 수 있습니다. 주기판의 바이오스를 최신 것으로 업그레이드 해줍니다.

Q 출력한 종이를 보면 줄과 줄 사이에 가늘지만 사이가 벌어져 출력됩니다. 인쇄된 그림이나 글씨 중간마다 흰 줄이 보이게 출력됩니다.

A 잉크젯 프린터를 사용 중이라면 프린터의 헤드 부분 노즐이 막힌 것입니다. 노즐 부분을 뚫어줍니다. 막힌 노즐을 뚫는 방법은 프린터 관리 프로그램에서 제공하는 헤드/노즐 청소 프로그램을 이용하거나, 잉크의 헤드 부분을 미지근한 물에 약간 담갔다가 꺼내는 방법을 사용합니다.

도트젯 프린터에서 흰 줄이 생겼다면 헤드의 핀에 이상이 생긴 경우로 AS를 받아야 합니다.

레이저젯 프린터의 출력물에 흰 줄이 생겼다면 드럼 부분에 이상이 생겼거나 토너가 뭉친 경우입니다. 보통 드럼에 이물질이 묻었거나 드럼이 긁혔을 가능성이 높습니다. 이물질이 묻었을 경우라면 드럼 부분을 돌려가면서 안경 닦는 부드러운 천으로 닦아주면 어느 정도 해결됩니다. 토너가 뭉쳤을 경우라면 토너를 골고루 잘 섞어줄 필요가 있습니다. 토너 일체형 드럼이라면 드럼을 꺼내 골고루 흔들어주고, 토어 분리형이라면 토너를 꺼내 흔들어준 다음에 몇 장 시험 출력을 해봅니다. 드럼이 긁힌 경우라면 드럼 부분을 교체하거나 수리 받아야 합니다.

Q 종이가 한 쪽으로 기울어진 상태로 출력되어 출력물이 삐딱하게 인쇄됩니다.

A 종이를 너무 많이 넣거나 용지를 잘 정리하지 않으면 처음 종이가 들어갈 때 약간 어긋나게 들어가게 되면서 출력이 삐딱해질 수 있습니다. 그러나 이런 경우는 가끔 발생하는 일로 항상 종이가 기울어진 상태로 인쇄되지 않습니다. 만약 늘 종이가 한 쪽으로 기울어진 상태로 나온다면 종이를 밀어올리는 롤러 중 하나가 고장난 것으로 볼 수 있습니다. 늘 종이가 기울어진다면 AS를 받아야 합니다.

Q 레이저 프린터를 사용하는데 종이가 잘 걸리거나 두 장 이상이 겹쳐서 출력됩니다.

A 책 본문 [문제와 해결] 편 참고.

Q 처음에는 소음이 없었는데 요즘은 프린터 출력 때 소음이 심합니다.

A 헤드가 좌우로 이동하는 봉에 이물질이 묻어 마찰이 심해질 경우 소음이 커집니다. 프린터 두껑을 열고 헤드를 이동시키는 쇠막대 부분을 잘 닦아줍니다.

Q 컬러 레이저 프린터의 토너는 빨강 파랑 노랑의 삼원색을 사용하나요?

A 컬러 레이저 프린터의 토너는 3색이 아닙니다. 3색으로는 옅은 색을 구현할 때 문제가 많습니다. 즉 토너 색보다 옅은 색을 구현할 때 망점으로 구성해서 처리해야 하므로 고해상도에는 적합하지 않습니다. 그래서 보통 인쇄 때 사용하는 CMYK의 네 가지 색 토너를 사용합니다.

Q 레이저 프린터용 토너 대신에 복사기에 사용하는 토너를 사용해도 될까요?

A 안됩니다. 레이저 프린터용 토너와 복사기용 토너는 완전히 다른 제품입니다. 복사기용 토너를 넣고 사용할 경우 기름이 번지고 뿌연 상태로 출력됩니다.

사운드카드와 스피커 14

Q 사운드카드를 새로 설치했는데 스피커에서 소리가 안납니다.

A 책 본문 [문제와 해결] 편 참고.

Q 사운드카드는 제대로 설치된 것으로 나타납니다. IRQ 충돌도 없고 스피커 단자도 제대로 연결했고, 볼륨 정보에서도 제대로 설정이 되었는데도 소리가 안납니다.

A 소리 관련 코덱이 설치 안되었거나 삭제된 경우입니다. '제어판 - 멀티미디어 - 오디오 코덱'을 선택해 코덱이 제대로 설치되었나 확인해봅니다. 만약 오디오 코덱이 설치되어 있지 않다면 '제어판-프로그램추가/제거-Windows 설치-오디오 압축'을 선택하여 오디오 코덱을 설치합니다.

Q 시작할 때 나는 웨이브 파일은 소리가 나는데 기타 프로그램에서는 소리가 안납니다.

A ① 가장 많은 경우는 특정 프로그램의 볼륨을 꺼놓은 상태입니다. 예컨대 리얼오디오나 WinAMP 프로그램을 사용할 때 해당 매체 재생기 프로그램의 볼륨 항목에서 음소거 상태로 설정했거나 볼륨을 최소로 설정해놓으면 소리가 안납니다. 해당 프로그램의 볼륨 상태를 확인해보기 바랍니다.

② 특정 동영상이나 오디오 관련 코덱이 설치 안되었거나 삭제된 경우입니다. 해당 오디오 코덱이 설치되었는지 확인해보기 바랍니다.

Q 윈도우에서는 소리가 나는데 도스에서는 소리가 나지 않습니다. 사운드카드를 인식하지 못하는 것 같습니다.

A ① PCI 방식의 사운드카드라면 도스에서 인식하지 못하므로 사용이 곤란합니다. 그러나 도스창을 이용할 경우에는 인식이 될 수도 있습니다.

② ISA 방식의 사운드카드는 config.sys와 autoexec.bat 파일에 사운드카드 드라이버를 적재하는 명령을 삽입해주고 부팅해야 사용이 가능합니다.

Q 사운드블라스터를 사용하는데 다른 곳에서는 이상이 없이 소리가 나는데 몇몇 통신 프로그램에서는 소리가 안납니다.

A 이야기나 유니원과 같은 몇몇 프로그램은 사운드카드 드라이버로 자체 드라이버를 이용합니다. 이 때문에 윈도우와 별도로 사운드카드 환경을 다시 제대로 설정해주어야 소리가 납니다.

Q 소리가 깨끗하게 나온다고 해서 사운드카드의 S/PDIF 단자에 스피커를 연결했지만 소리가 좋아진 것 같지 않습니다.

A 책 본문 [문제와 해결] 편 참고.

Q S/PDIF 단자에 스피커를 연결했지만 소리가 나지 않습니다. 케이블 연결은 맞게 했습니다.

A CD롬드라이브의 등록정보에서 디지털 CD 오디오 사용 설정이 안된 상태입니다. [제어판]의 '시스템 – 장치관리자 – CD롬드라이브' 를 선택하고 등록정보에서 '이 CD-ROM 장치에 디지털 CD 오디오 사용' 이라는 항목에 선택 표시를 합니다.

Q 사운드카드를 설치한 다음에 MP3 노래나 기타 음악이 재생되는 도중에 시스템이 멈춥니다.

A ① 드라이버 파일의 문제입니다. 최신 드라이버 파일로 사운드카드 드라이버를 설치해주기 바랍니다.

② IRQ 충돌이 일어난 경우입니다. IRQ 충돌이 일어나지 않도록 설정을 바꿉니다. 사운드카드를 다른 슬롯에 장착하거나 CMOS에서 IRQ 번지를 강제로 할당하거나, 다른 주변 기기의 IRQ를 옮기는 방법 등을 사용하여 충돌을 피하도록 합니다.

③ 사운드카드가 불량입니다. AS를 받거나 다른 제품으로 교체합니다.

Q 볼륨 조절기에서 볼륨 조절 기능이 동작하지 않습니다.

A 특정 사운드카드와 특정 운영체제의 궁합이 맞지 않을 경우에 발생하는 현상입니다. 예컨대 윈도우ME에서 특정 회사의 사운드카드를 사용하면 볼륨 조절 항목이 동작하지 않습니다. 이런 경우 사운드카드 제조 회사의 사이트에서 윈도우ME 전용 최신 드라이버를 받아서 설치해봅니다.

Q WinAMP와 같은 특정한 재생기 프로그램에서 볼륨 조절 기능이 동작하지 않습니다.

A 특정 프로그램의 환경 설정에서 볼륨 컨트롤 기능을 활성화시키지 않은 경우입니다. WinAMP의 경우라면 'Options – Preferences – Plug Ins – Output – Nullsoft Waveout Plug' 순으로 선택한 다음에 [Configure] 아이콘을 누르면 Volume control 항목이 아래에 나타납니다. Volume control 항목의 Enabled 항목에 선택 표시를 되어있어야 볼륨 조절이 가능합니다.

Q 윈도우 하단의 [작업표시줄]에 표시되던 스피커 모양의 볼륨조절 아이콘이 사라졌습니다.

A ① 소리가 정상적으로 나온다면 대개의 경우 '작업표시줄에 볼륨조절 표시' 항목이 해제된 상태입니다. [제어판]의 [멀티미디어] 항목을 선택하고 '작업표시줄에 볼륨조절 표시' 항목에 선택 표시하면 스피커 모양의 아이콘이 작업표시줄에 다시 나타납니다.

② 1번 방법으로 안 나타난다면 프로그램이 설치되지 않은 경우입니다. 제어판에서 '프로그램 추가/제거'를 실행시킨 후 'Windows설치' 메뉴를 선택하고 멀티미디어 구성요소를 선택하여 '볼륨 조절기' 항목을 선택하고 프로그램을 다시 설치합니다.

③ 사운드카드가 다른 장치와 충돌이 발생했을 경우에도 볼륨 조절기 아이콘이 사라집니다. [장치관리자]에서 '사운드, 비디오 및 게임컨트롤러'이 정상적인가 확인해봅니다. 충돌이 일어났다면 충돌 원인을 제거해주어야 합니다.

Q 다른 사람의 시스템에서는 MP3와 동영상, 게임을 동시에 실행시켰을 때 동시에 소리가 나는데 제 시스템에서는 동시에 나지 않습니다. 왜 이런 차이가 나는걸까요?

A WDM 드라이버가 없거나 멀티 웨이브를 지원하지 않는 사운드카드라 그렇습니다. 저가형 사운드카드는 멀티 웨이브를 지원하지 않습니다. WDM 드라이버는 윈도우98에서는 제공하지 않지만 윈도우ME와 윈도우2000에서는 기본적으로 제공되는 드라이버입니다. WDM 드라이버를 설치해보면 대부분 멀티 웨이브가 가능해지는데 WDM 드라이버를 설치하고도 소리가 안난다면 사운드카드를 고급형으로 바꾸어야 합니다.

Q 마이크를 연결했는데 스피커로 소리가 안납니다.

A ① 마이크 단자를 사운드카드 단자에 잘못 연결한 상태입니다. 마이크를 사운드카드의 MIC 단자에 제대로 끼웠나 확인합니다.

② 볼륨 정보에서 마이크 항목을 꺼놓은 상태입니다. 윈도우98의 볼륨 정보를 실행시킨 후에 [마이크] 항목에 '음소거' 로 설정되었다면 소리가 안납니다. 이 부분을 선택 표시합니다. 또한 볼륨을 최소화해 놓아도 소리가 안납니다. 마이크 항목의 볼륨을 최대치로 설정합니다.

③ 마이크에는 별도의 동작 단추가 달려 있습니다. 마이크의 스위치를 ON 상태로 올려놓았는지 확인합니다.

④ 마이크가 불량이거나 고장입니다.

Q 윈도우98의 [볼륨 조절기]를 선택하면 마이크 볼륨 정보가 안나타납니다.

A 볼륨 정보에 표시되는 항목은 옵션에서 설정한 항목만 나타납니다. 볼륨 정보의 [옵션]을 선택하고 [등록정보]를 선택한 다음에 [다음 볼륨 컨트롤 표시] 항목에서 표시하고자 하는 항목에 선택 표시를 해야 합니다. 이 부분에서 [마이크] 항목에 선택 표시하고 [확인] 아이콘을 누르면 볼륨 정보에 마이크 항목이 추가되어 표시됩니다.

Q 마이크 소리는 나는데 녹음기 프로그램으로 녹음을 한 웨이브 파일을 들어보면 마이크로 녹음한 소리가 안납니다.

A 볼륨 조절기에서 [녹음 컨트롤] 항목과 [마이크 밸런스] 항목에 선택 표시가 되어 있어야 하고 컨트롤 막대는 최대치로 설정해놓아야 합니다. [녹음 컨트롤] 항목이 안보인다면 볼륨 정보에서 '옵션 – 등록정보' 순으로 선택하고 [녹음]을 선택한 다음에 표시할 항목에 선택 표시하면 볼륨 정보에 표시됩니다.

Q TV 수신 카드를 장착했는데 TV 소리가 안납니다.

A ① 케이블 연결이 제대로 되었나 확인합니다. TV 수신카드의 Line Out 단자와 사운드카드의 Line In 단자가 연결되어야 합니다.

② 자원 충돌을 확인합니다. IRQ가 충돌하거나 IRQ 자원이 부족하면 소리가 안납니다. IRQ가 충돌한다면 메모리 범위를 다른 범위로 조정해야 소리가 납니다.

Q 윈도우98에서는 소리가 나는데 도스용 게임이나 도스용 프로그램에서 소리가 안납니다.

A 도스용 게임은 사운드카드 드라이버가 설치되어야 소리가 나는 게임들이 대부분입니다. config.sys 파일과 autoexec.bat 파일에 도스용 드라이버를 적재하는 명령을 추가해주어야 합니다.

Q 특정 게임을 실행하면 소리가 안납니다.

A ① 게임의 사운드 관련 기능에 문제가 있는 경우입니다.

② 해당 게임에서 사운드카드 드라이버를 제대로 지원하지 못하는 경우입니다.

③ 구형 사운드카드를 사용 중이라면 DirectX의 다이렉트사운드를 지원하지 못하기 때문입니다.

Q 동영상 파일을 미디어 재생기로 재생할 때 소리가 화면보다 조금 빠르거나 조금 늦게 나옵니다.

A 위성 방송을 보면 입 모양하고 소리가 약간의 시차를 두고 나오는 것을 볼 수 있습니다. 이처럼 소리와 화면이 맞지 않는 경우는 하드웨어 문제가 아니고 편집할 때 싱크가 맞지 않아서입니다. 동영상 파일을 다시 편집하여 싱크를 맞추는 수밖에 없습니다.

Q 스피커에서 소리가 재생될 때 잡음이 심합니다.

A ① 스피커 성능이 안좋아서입니다. 스피커를 교체해야 합니다.

② 사운드카드 성능이 안좋아서입니다. 사운드카드를 교체해야 합니다.

③ 노이즈 물체가 가까이 있어서 그렇습니다. 전원 콘센트나 자석 등이 가까이 있으면 잡음이 심해집니다.

④ 증폭 기능이 있는 스피커를 사운드카드의 Speaker Out 단자에 연결하면 잡음이 심합니다. 증폭 기능이 있는 스피커는 사운드카드의 Line Out 단자에 연결하도록 합니다.

⑤ 볼륨 정보에서 [마이크]나 [Line In] 항목의 볼륨을 최대치로 설정할 경우에도 잡음은 심합니다. 두 항목의 볼륨을 줄여봅니다.

Q 한 쪽 스피커에서만 소리가 나고 다른 한 쪽 스피커는 소리가 안납니다.

A ① 소리 안나는 스피커가 불량이거나 고장입니다. 스피커 불량이라면 스피커를 교체해야 합니다. 다른 시스템에서도 해당 스피커가 동작하지 않는다면 스피커 불량으로 봐야 합니다.

② 사운드카드의 'Line In' 단자에 연결한 스피커 케이블의 단자가 불량이거나 접촉 상태가 좋지 않습니다. 스피커 케이블 단자를 이리저리 간격 조절을 해가면서 끼워보고 출력 상태를 점검해봅니다.

③ 사운드카드의 스테레오 기능이 고장입니다.

④ 볼륨 정보에서 좌우 스피커의 밸런스를 한 쪽으로 설정한 경우입니다. 볼륨 정보에서 막대기가 좌우에 있는 스피커 모양의 가운데 위치해야 하는데 한 쪽 끝에 위치한다면 한 쪽 스피커로만 소리가 나옵니다.

⑤ 스피커를 연결한 케이블의 잭이 모노용이거나 잭의 링 하나가 파손된 경우입니다.

Q 오디오 시스템의 스피커로 소리를 들으려고 사운드카드의 Line Out 단자에 오디오 시스템을 연결했는데 소리가 안납니다.

A ① 사운드카드의 라인아웃(Line Out) 단자와 오디오의 라인인(Line In) 단자가 연결되었나 확인해봅니다. 오디오 시스템에 연결하는 단자는 Line In) 단자에 연결해야 합니다.

② 오디오의 기능 상태가 AUX로 설정되어 있나 확인합니다. 오디오의 종류로 CD나 TAPE 상태로 설정된 상황이라면 소리가 안나옵니다.

Q 녹음테이프의 노래를 사운드카드를 이용하여 MP3나 웨이브 파일로 만들 수 있나요?

A 카셋트테이프나 오디오의 LP, CD를 재생하면서 나오는 소리를 웨이브 파일로 만들려면 오디오의 라인아웃 단자와 사운드카드의 라인인 단자를 케이블로 연결하면 됩니다. 이렇게 연결해놓으면 오디오의 라인아웃으로 출력된 소리가 사운드카드로 입력됩니다. 따라서 사운드카드의 라인아웃(또는 스피커) 단자에 연결된 스피커로 오디오 시스템이나 카셋트 플레이어에서 재생되는 소리를 들을 수도 있고, 재생 도중에 웨이브 파일로 저장할 수 있습니다. 웨이브파일로 저장하는 방법은 윈도우98의 녹음기나 쿨에디트, 케이크워크와 같은 프로그램을 이용합니다.

Q 오디오 시스템의 라인인과 라인 아웃 단자는 빨간색 흰색의 두 가지 잭을 이용하도록 되어 있고 사운드카드는 가늘고 작은 하나의 잭을 사용하는데 어떻게 두 시스템을 연결합니까?

A 전파상이나 전자상가에서 컨버터 잭을 구입하면 됩니다. 오디오 쪽은 두 개를 연결해야 하고(빨간색,흰색) 사운드카드는 하나만 끼우게 되어있는데 양 쪽이 서로 다른 잭으로 된 컨버터 잭을 전파상에서 팝니다. 주의할 점은 사운드카드에 연결되는 잭이 스테레오 잭인지 확인해야 합니다. 중간에 링이 하나만 있는 것은 모노이고, 두 개의 링(주로 검정색, 금색, 초록색 링)이 있으면 스테레오 잭입니다. 카세트플레이어와 연결할 때는 양쪽 구멍이 모두 작은 스테레오 잭으로 된 케이블을 사용하면 됩니다.

Q LAN카드를 장착한 뒤로는 소리가 안나는데 [장치관리자]에는 문제가 없는 것으로 나옵니다.

A 랜카드를 장착하면 사운드카드의 코덱이 사용하는 5번 IRQ를 먼저 사용하는 경우가 있습니다. 그렇지만 [장치관리자]에는 노란색 느낌표가 표시되지 않아 두 장치의 충돌을 알기 힘듭니다. 이런 경우 양쪽 장치의 드라이버를 제거한 뒤에 랜카드를 빼고 사운드카드만 다시 드라이버를 설치하여 정상 작동을 확인합니다. 이때 사운드카드의 코덱이 5번으로 되어있는지 확인하고 이후 랜카드를 장착하면 정상 작동이 가능합니다.

통신 장비 15

Q 모뎀을 장착했는데 윈도우에서 인식되지 않습니다.

A ① 모뎀과 같은 IRQ를 사용하는 COM 포트가 있어 충돌을 일으키는 경우입니다. 구형 ISA 방식의 모뎀은 점퍼 핀이나 딥스위치로 COM 포트를 조정해야 합니다. 모뎀에서 설정한 COM와 같은 IRQ를 사용하는 장치가 있는지 확인합니다. 예컨대 COM1 포트에 시리얼 마우스를 장착해 사용하면서 COM1이나 COM3 포트로 모뎀 포트를 설정하면 충돌이 일어납니다. COM1 포트를 사용하는 기존 장치가 있다면 모뎀은 COM2나 COM4로 설정하고, COM2 포트를 사용하는 기존 장치가 있다면 모뎀은 COM1이나 COM3으로 설정해야 합니다. PCI 방식의 모뎀이라면 제어판의 [시스템] 항목에서 모뎀과 충돌하는 IRQ가 있는지 확인합니다.

② CMOS에서 모뎀과 같은 IRQ를 사용하는 주기판의 COM 포트 사용을 Enabled로 설정해놓았을 경우 주기판의 COM 포트와 충돌합니다. 비록 주기판의 COM 포트에 다른 장치를 연결하지 않았다 하더라도 주기판의 COM 포트가 활성화되면 모뎀과 충돌합니다. PCI 모뎀을 사용하는 중이라면 CMOS 설정에서 주기판의 COM 포트 사용을 Auto로 설정합니다. Auto로 설정해도 문제가 발생하면 Disabled로 설정합니다. ISA 방식의 구형 모뎀 사용자라면 주기판의 COM 포트 사용을 Disabled로 설정합니다.

③ PCI 방식의 모뎀을 장착했을 경우에는 모뎀 회사에서 제공하는 모뎀 드라이버를 설치해주어야 모뎀을 인식합니다.

④ 윈도우98의 COM 포트 설정이 안된 상태입니다. PCI 방식의 모뎀을 사용하려면 먼저 윈도우98의 '제어판 - 시스템 - 장치 관리자' 부분에 COM 포트가 설치된 상태여야 합니다. COM 포트가 설치되었나 확인해보고 설치가 안되었다면 COM 포트부터 설치해줍니다.

Q 윈도우 제어판에는 모뎀이 제대로 등록되었는데 통신 프로그램에서 모뎀을 찾지 못합니다.

A ① 통신 프로그램의 모뎀 포트 설정이 잘못되었나 확인합니다. 이 경우 통신 프로그램의 '모뎀 찾기' 명령을 이용하여 모뎀을 찾아봅니다.

② '모뎀 찾기' 명령으로 모뎀을 찾지 못하면 제어판의 모뎀 등록정보 내용대로 통신 프로그램의 모뎀 정보를 수정해줍니다. 모뎀 정보를 바르게 입력해도 통신 프로그램에서 모뎀을 찾지 못하면 통신 프로그램의 문제(버그)입니다. 통신 프로그램을 바꾸어줍니다.

Q 모뎀의 접속 속도가 최고 속도인 56Kbps로 나오지 않는 것 같습니다.

A ① PCI 방식의 모뎀이라면 모뎀 드라이버에 문제가 있을 가능성이 높습니다. 모뎀 드라이버를 최신형으로 업그레이드 해줍니다.

② 서버 쪽의 모뎀에 이상이 있거나 시스템이 불안정한 경우 속도가 낮게 접속될 수 있습니다. 014xx 망으로 접속할 경우 구형 모뎀을 사용하는 서버에 접속할 수 있습니다.

③ 통신 프로그램의 전화걸기 또는 전화번호부 기능에 접속 속도를 낮게 설정해두었나 확인해봅니다. 전화번호부에 접속 속도를 14400으로 설정해놓으면 14400bps 속도로 접속됩니다.

④ 전화 선로 상태가 좋지 않을 경우 속도가 낮게 동작합니다. 특히 비가 오는 날에 모뎀 성능이 크게 떨어집니다.

Q 천둥 번개가 많이 치던 날 이후로 통신이 안됩니다.

A 책 본문 [문제와 해결] 편 참고.

Q 윈도우에서는 모뎀이 인식되는데 도스용 통신 프로그램에서는 모뎀이 인식되지 않습니다.

A PCI 방식의 모뎀은 도스에서 인식되지 않습니다. 그러나 도스창을 이용할 경우에는 인식될 수도 있습니다.

Q 모뎀이 먼저 전화를 받습니다. 전화를 안받게 하려면 어떻게 하죠?

A 'ats0=0' 이라는 명령을 내리면 모뎀이 전화를 받지 않습니다. 모뎀이 다시 전화를 받게 하려면 'ats0=1' 이라는 명령을 내리면 됩니다.

Q 모뎀에서 나는 소리가 시끄럽습니다. 접속할 때 나는 소리가 안나게 할 수 없나요?

A 'atm0' 이라는 명령을 내리면 소리가 안납니다.

Q 모뎀이 접속을 끊지 못합니다.

A 일단 공장 초기화 명령인 'at&f&w' 명령을 내린 후에 모뎀을 사용해보기 바랍니다. 여전히 접속을 제대로 끊지 못하면 모뎀 불량입니다.

Q '포트가 이미 열렸다'는 안내문이 표시되며 모뎀을 사용할 수 없습니다.

A 팩스 프로그램이나 자동 응답 프로그램과 같은 통신 프로그램을 실행시켜 놓은 경우에 모뎀 포트를 사용하고 있기 때문에 나타나는 안내문입니다. 모뎀 포트를 사용하는 프로그램을 종료시키고 사용합니다.

Q ADSL을 사용 중인데 어느날 갑자기 접속이 되지 않습니다.

A ① ISP의 서버 쪽에 문제가 발생한 경우가 대부분입니다. 컴퓨터 시스템과 외장형 모뎀의 전원을 껐다가 몇 분 후에 다시 켜서 접속을 시도해봅니다. 몇 시간 이상 계속 접속이 안되면 고속통신망 업체에 AS를 신청합니다.

② 몇몇 모뎀의 경우 과열되면 접속이 잘 안되는 수가 있습니다. 컴퓨터 시스템과 외장형 모뎀의 전원을 껐다가 몇 분 후에 다시 켜서 접속해봅니다.

③ 접속 프로그램에 문제가 발생한 경우입니다. 접속 프로그램을 제거(uninstall)하고 다시 설치해봅니다. 접속 프로그램 제거는 제어판의 [프로그램 추가 제거] 항목을 사용하거나 접속 프로그램에서 제공하는 Uninstall 프로그램을 사용합니다.

④ 전화기를 사용 중에 접속이 안되는 경우인가 확인해봅니다.

Q ADSL을 사용 중인데 전화를 사용하는 도중에는 고속통신망 접속이 안되거나 접속이 끊어집니다.

A 전화를 사용하는 도중에는 ADSL 모뎀 접속이 안되는 경우가 많습니다. 이는 전화기 쪽에 필터링을 제대로 안해주었기 때문입니다. ADSL 모뎀을 사용할 경우에는 전화기마다 필터링을 해주어야 합니다. 전화 사용 도중에 접속이 안되거나 끊어지면 통신망 업체에 AS를 신청합니다.

Q 옛날에는 허브에 랜 선을 연결하여 하나의 ADSL 선으로 동시에 두 대 이상의 컴퓨터가 인터넷에 접속할 수 있었는데 어느날부터 한 대만 접속이 가능해졌습니다.

A 초고속통신망 업체에서 동시 접속을 막았기 때문입니다. 초고속망 초기에는 동시 접속이 가능했지만 요즘은 대부분 동시 접속을 막고 있는 상황입니다. 아직도 지역에 따라서는 동시 접속이 가능한 지역이 있습니다. 동시 접속이 막힌 상황이라면 허브를 사용하지 말고 두 번째 컴퓨터를 서버 컴퓨터와 랜으로 연결하고 공유 기능을 이용하여 인터넷을 공유할 수 있습니다. 또는 IP 공유기를 사용해야 합니다.

Q LAN카드를 장착한 이후로 부팅 속도가 오래 걸립니다.

A 랜카드를 설치하면 랜카드가 IP 주소를 부여받고 이를 컴퓨터에 인식시키는 과정 때문에 부팅 속도가 느려집니다. 특히 랜카드를 두 개 이상 설치한 경우와 'IP주소를 자동으로 설정함' 으로 설정한 경우 심할 정도로 느려집니다. 이는 랜카드끼리 자료를 주고받으면서 IP주소를 결정하고 이를 윈도우 운영체제에 알려준 다음에 윈도우가 시동하기 때문입니다. 또한 ISA 방식이 PCI 방식보다 느리고, 10Mb의 랜카드가 100Mb 랜카드보다 부팅 속도가 느립니다.

따라서 IP를 고정 IP로 설정해주면 부팅 시간이 단축됩니다. ADSL 등은 유동 IP를 사용하므로 고정 IP 설정이 어렵지만 고정 IP로 인식시키는 유틸리티를 통해 고정 IP 주소를 부여할 수 있습니다. 예를 들어 한국통신 사용자라면 랜카드의 TCP/IP 등록정보에서 고정 IP를 선택하고 적당한 주소(보기: 10.1.1.1)를 적어주면 부팅 속도가 빨라집니다.

기타 입출력 장치 16

Q 시리얼포트에 연결해 사용하는 장치를 연결했는데 장치를 인식하지 못합니다.

A CMOS에서 주기판의 시리얼 포트 사용 여부를 Disabled로 설정했나 확인하고, Enabled로 설정합니다.

Q USB 포트에 연결해 사용하는 외장형 저장장치를 연결했는데 장치를 인식하지 못합니다.

A CMOS에서 USB 포트를 활성화시켰나 확인합니다. [Integrated Peripherals] 항목에서 [USB Controller] 항목이 Disabled로 설정된 상태라면 Enabled로 설정해줍니다.

Q USB 방식의 키보드를 구해 USB 포트에 끼웠는데 키보드를 인식하지 못합니다. 그런데 다른 USB 장비는 잘 인식합니다.

A USB 방식의 키보드는 CMOS에서 따로 사용 여부를 설정해주어야 합니다. CMOS의 [Integrated Peripherals] 항목에서 [USB Keyboard Support] 부분을 확인하고 Enabled로 설정합니다.

Q SCSI 스캐너를 설치했는데 윈도우에서 인식하지 못합니다.

A ① 스캐너 드라이버를 설치되었나 확인합니다.

② SCSI 방식의 스캐너는 보통 별도의 SCSI 카드를 함께 제공하는데 이미 시스템에 SCSI 카드가 장착된 상태라면 스캐너의 SCSI ID 번호를 확인하고 같은 ID를 사용하는 SCSI 장비가 있나 확인합니다. 같은 ID를 사용하는 SCSI 장치가 있다면 스캐너의 ID를 바꾸어줍니다. 만약 스캐너 하나만 사용하는 시스템이라면 터미네이터를 통해 스캐너 장비를 터미네이션해주어야 합니다.

Q 윈도우로 부팅한 후에 마우스가 움직이지 않습니다.

A ① system.ini 파일에 마우스 관련 명령이 삭제되거나 손상된 경우입니다. 도스로

부팅한 다음에 편집기 프로그램을 이용하여 system.ini 파일을 읽어보고 [386Enh] 부분에 'mouse=*vmouse, msmouse.vxd' 가 있는지 확인합니다. 만약 이 명령문이 없다면 해당 명령문을 추가해주면 됩니다. 그런 후 다시 부팅합니다.

도스 편집기를 사용하지 못하는 경우에는 윈도우 상에서 키보드를 이용하여 [장치관리자]의 마우스 장치를 제거한 후에 다시 부팅합니다. 각 항목을 이동하는 방법은 윈도우키, [Tab]키와 화살표키, [Enter]키를 이용하면 됩니다.

② [장치관리자]에서 마우스가 사용하는 포트를 Disabled로 설정된 경우입니다. 키보드를 이용하여 마우스가 사용하는 포트의 등록정보를 Enabled로 설정합니다.

③ CMOS SETUP에서 시리얼 포트나 PS/2 포트가 Disabled로 설정되어 있습니다. CMOS 셋업에서 Enabled로 설정합니다.

Q 마우스 이동이 예전처럼 부드럽지 않습니다. 이동 도중에 커서가 걸리기도 하고 멈춘 상태에서 이동하지 않는 등 움직임이 매우 짜증납니다.

A ① 마우스의 공이나 롤러, 휠, 센서 등에 이물질이 끼었을 가능성이 높습니다. 본문의 청소 요령을 참고하여 마우스를 청소합니다. 광센서 마우스일 경우에는 센서 부분을 부드러운 천으로 닦아서 이물질을 제거합니다. 공마우스나 광학식 공마우스의 공과 롤러를 닦아도 감도가 크게 좋아지지 않는다면 이동 거리를 감지하는 센서 부분까지 청소해주어야 합니다.

② 마우스 패드가 휘어진 경우에도 마우스 이동이 걸립니다. 패드 상태도 확인합니다.

③ 청소를 해도 상태가 좋아지지 않는다면 마우스 수명이 다한 것으로 보고 마우스를 교체합니다.

Q 마우스를 움직였을 때 커서의 이동 속도가 갑자기 크게 느려졌습니다. 또한 마우스를 꽤 많이 움직여도 커서가 화면에서 움직이는 거리가 매우 작습니다.

A 제어판의 마우스 등록정보에서 마우스 감도를 낮게 설정한 상태입니다. [제어판] [마우스] 순으로 선택하고 [마우스 등록정보] 창이 나타나면 [기본] 시트를 선택한 다음에 [포인터 속도] 부분을 [빠르게] 설정합니다. 포인터 속도를 빠르게 설정하면 마우스를 조금만 움직여도 마우스 커서가 많은 거리를 움직이고 커서가 움직이는 속도도 빨라집니다.

윈도우 운영체제 17

Q 윈도우98이 자동으로 종료되지 않습니다.

A 책 본문 [문제와 해결] 편 참고.

Q 특별한 문제가 없는데도 윈도우가 종료되지 않습니다.

A 윈도우98 SE 버전의 경우 종료 버튼을 선택하면 먹통이 되는 에러가 발생합니다. 패치 파일을 내려받아서 설치하도록 합니다.

Q 윈도우98을 설치하거나 파티션 작업을 할 때 바이러스 경고가 나타나면서 작업이 중단됩니다.

A 책 본문 [문제와 해결] 편 참고.

Q 윈도우98이 부팅된 후 바로 종료 화면이 나오면서 종료됩니다.

A 대개의 경우 vmm32.vxd 나 wininit.exe 파일이 손상되었을 때 발생하는 현상입니다. 따라서 두 파일을 다시 설치해주면 됩니다. wininit.exe 파일은 윈도우가 시동되는 동안 에러 메시지를 담당하는 윈도우 셋업 초기화 프로그램입니다.
wininit.exe 파일은 win98_42.cap 파일에 있습니다.

vmm32.vxd 파일이 손상된 경우에는 도스로 부팅해 'windows\system' 폴더의 vmm32.vxd 파일을 지운 뒤에 윈도우98을 다시 설치해야 합니다.

Q 윈도우가 안전모드로 부팅이 됩니다.

A ① 이전에 정상적으로 종료되지 않으면 안전모드로 부팅이 됩니다. 즉 윈도우에서 종료 아이콘을 선택하지 않고 전원을 눌러 종료한 경우에는 비정상적인 종료로 인식되어 안전모드로 부팅이 됩니다. 이런 경우에는 안전모드로 부팅한 다음에 다시 재부팅하면 일반모드로 부팅이 됩니다.

② 하드웨어를 새로 추가한 이후에 계속 안전모드로만 부팅이 된다면 하드웨어 드라이버에 문제가 발생한 것입니다. 하드웨어나 드라이버를 제거해주고 최신 드라이버를 구해 다시 설치합니다.

③ 계속해서 안전모드로만 부팅이 된다면 msdos.sys 파일에 안전모드로만 부팅하게 설정되었을 가능성이 높습니다. msdos.sys 파일 내용 중에 'BootFailSafe=1' 로 설정되어 있으면 안전모드로 부팅합니다. 이 항목을 'BootFailSafe=0' 으로 변경해주면 정상적으로 부팅됩니다.

④ 하드디스크의 파일이 손상되었거나 윈도우 시스템의 손상, 각종 환경 파일이나 레지스트리 내용이 손상되었을 경우에도 안전모드로만 부팅될 수 있습니다. 이런 경우에는 디스크검사를 통해서 손상된 파일을 복구해주거나 윈도우를 재설치해 주어야 합니다.

Q 윈도우98을 설치하는 도중에 하드웨어를 검색하다가 멈춥니다.

A 윈도우98은 설치 도중에 하드웨어와 통신을 하면서 해당 장치에 대한 정보를 얻어 윈도우98에 포함된 드라이버 파일을 설치합니다. 그런데 특정 장치에 신호를 보냈는데 응답이 없을 경우 응답을 기다리느라고 설치 과정이 멈추는 현상이 발생합니다.

이런 경우에는 문제가 되는 장치를 먼저 알아내는 것이 필요합니다. 부팅할 때 Safe Mode(안전 모드)를 선택하여 안전모드로 윈도우98를 시작합니다. 안전모드로 부팅이 되면 '제어판 – 시스템 – 장치 관리자' 를 선택한 다음에 노란색 느낌표나 붉은색의 X자 아이콘 표시가 된 장치를 모두 제거합니다. 다음으로 중복된 장치도 제거합니다. 그런 이후 다시 재부팅하여 윈도우98을 설치해봅니다. 역시 하드웨어 검색 과정에서 멈추면 슬롯에 장착된 주변 기기를 하나씩 제거해가면서 문제가 되고 있는 장치를 파악해봅니다. 대개의 경우 이 과정까지 오는 동안 문제가 되는 장치가 무엇인지 파악할 수 있습니다.

그러나 그래픽카드를 제외한 모든 주변 장치를 제거한 상태에서도 윈도우98 설치에 문제가 발생한다면 주기판이나 롬바이오스 불량이므로 주기판을 교체해야 합니다.

Q 윈도우 사용 도중에 시스템이 먹통이 되는 경우가 많습니다.

A ① 특정 하드웨어를 사용하는 도중에 먹통이 자주 발생한다면 해당 하드웨어 장치의 드라이버 파일로 인하여 발생할 수 있습니다. 최신 드라이버로 다시 설치합니다.

② 메모리 불량이거나, 다른 종류의 메모리를 혼용하는 경우입니다. 예를 들어 단면

메모리와 양면 메모리를 함께 장착하여 사용할 경우 시스템 안정성이 떨어지면서 먹통이 되는 확률이 높아집니다.

③ CPU가 과열된 경우입니다. CPU의 냉각팬이 고장났거나 성능이 약하면 발생하므로 냉각팬을 성능 좋은 제품으로 교체합니다. 특히 여름철에 CPU 냉각팬이 멈추면 30분 정도만 되어도 시스템이 먹통 됩니다.

④ CPU를 오버클럭한 시스템일 경우 먹통이 되는 경우가 많습니다.

Q 제어판의 [시스템] [장치관리자]를 보면 노란색 느낌표, 파란색 i자 아이콘, 빨간색 X자 아이콘이 있습니다. 각 아이콘이 뜻하는 의미가 무엇인가요?

A [제어판] [시스템] [장치관리자]를 보면 여러 가지 아이콘으로 장치의 상태를 표시합니다. 이때 장치 옆에 표시되는 아이콘은 다음과 같은 뜻입니다.

① 검정 색 바탕에 노란색 느낌표: 문제가 있는 장치로 드라이버가 제대로 설치되지 않아 사용이 불가능한 장치입니다.

② 빨간색 X표: 기능 해제 상태의 장치, 다시 말해 사용하지 않고 있는 장치입니다. 이 장치는 시스템에 장착된 상태이고 리소스를 사용하고 있지만 보호모드 드라이버를 갖고 있지 않은 장치를 말합니다.

③ 흰색 바탕에 파란색 i자 아이콘: '자동설정사용(Use Automatic Settings)' 이 선택된 것이 아니고 리소스를 수동으로 설정한 장치임을 표시합니다.

Q 새로운 장치를 하나 추가한 다음에 윈도우98로 부팅이 안됩니다.

A ① CMOS 정보가 잘못 설정된 경우입니다. CMOS에서 정확하게 새 장치 정보를 입력합니다.

② 새 장치의 드라이버 파일에 문제가 있습니다. 새 장치 때문에 부팅이 안되는 상태이므로 일단 새 장치를 제거하여 윈도우로 부팅한 다음에 새로 구한 드라이버 파일로 드라이버를 설치해봅니다.

③ 주변 기기나 슬롯의 위치와 궁합이 맞지 않은 경우, IRQ 충돌이 일어나는 경우입니다. 새 장치를 연결하는 슬롯의 위치를 변경해보거나 CMOS에서 IRQ를 변경해봅니다. 윈도우에서는 같은 IRQ를 쓰는 장치를 PC에서 제거한 다음에 부팅을 해보면 IRQ 충돌 여부를 알 수 있습니다.

Q 특정 장치를 사용하려고 하면 장치 드라이버에 문제가 있다는 메시지가 나타나면서 장치를 사용할 수 없거나 윈도우가 먹통이 됩니다.

A 해당 장치의 드라이버를 최신 파일로 업데이트 해주어야 합니다.

Q 새로 추가한 장치를 사용할 수 없습니다.

A ① 드라이버 파일의 오류입니다. 최신 드라이버 파일을 구해 다시 설치합니다.

② 리소스나 IRQ의 충돌이 일어난 경우입니다. [장치관리자]에서 해당 장치의 IRQ나 메모리 번지를 변경시켜가면서 충돌이 일어나지 않는 번지를 찾아내야 합니다.

Q 부팅할 때마다 scandisk 프로그램이 뜨면서 디스크 검사를 합니다.

A scandisk.exe 파일은 디스크의 이상 유무를 검사하는 프로그램입니다. 보통은 이전에 비정상적으로 윈도우가 종료되었을 경우에만 실행되도록 설정된 상태지만 msdos.sys 파일에 늘 실행되도록 설정될 수도 있습니다.

msdos.sys 파일의 내용을 보면 'AutoScan=1' 이라는 부분이 있습니다. 이 부분의 수치가 0이면 항상 scandisk가 실행되지 않으며, 1이면 시스템이 불안정하거나 이전에 비정상적으로 종료되었을 경우에만 실행합니다. 그리고 'AutoScan=2' 로 설정된 상태라면 부팅할 때마다 항상 디스크 검사를 합니다. 따라서 이 부분을 'AutoScan=1' 로 수정하고 msdos.sys 파일을 저장하면 문제가 발생할 때만 디스크검사를 실시합니다.

Q DirectX 설치 후 게임을 하면 먹통이 됩니다.

A ① 그래픽카드 드라이버가 DirectX를 지원하지 않을 경우입니다. 그래픽카드 드라이버를 최신 버전으로 구해서 다시 설치해주도록 합니다.

② 게임에서 지원하는 DirectX가 특정 버전의 DirectX만 지원하는 경우입니다. 구형 게임의 경우 하위 버전의 DirectX만 지원하는 경우가 있습니다. 구형 게임을 하면서 최신 버전의 DirectX를 설치할 경우 게임이 제대로 실행되지 않는 경우가 있습니다. DirectX를 낮은 버전으로 다시 설치해야 하지만 하나의 게임을 위하여 구 버전으로 다운그레이드 하는 것은 바람직하지 않습니다. 문제가 되는 게임을 안하는 것이 해결책입니다.

③ 그래픽카드 자체가 구형일 경우에는 그래픽카드를 교체해주어야 합니다. 그래픽카드는 구형이 아니지만 그래픽카드 드라이버를 구입할 때 한 번 설치한 이후로 최신 버전으로 설치한 적이 없다면 그래픽카드 드라이버를 최신 버전으로 다시 설치해줄 필요가 있습니다.

④ 시스템 사양이 미달될 경우에도 시스템이 먹통 됩니다.

Q 윈도우의 에러 코드를 없앨 수 있나요?

A 윈도우의 에러 코드(Error Code)는 코드 번호를 통해서 에러 원인과 해결책을 알 수 있습니다. 이때 대부분의 경우 에러 해결 방법은 아래 두 방법 중의 하나입니다.

① [장치관리자]에서 일단 장치를 제거하고 '새 하드웨어 추가' 항목으로 다시 설치하면 문제가 해결될 수 잇습니다.

② 드라이버를 업데이트 하면 해결될 수 있습니다.

그외 드라이버 재설치, 윈도우 재설치, 윈도우 재시동 등의 방법으로 에러 코드를 없앨 수도 있지만 대개의 경우는 ①, ②번 방법으로 해결이 가능합니다.

Q 윈도우의 부팅 속도가 점점 느려지는데 좀더 빨리 부팅시킬 수 없나요?

A 윈도우의 부팅 속도가 느려지는 이유는 여러 가지입니다. 모든 항목을 다 점검하기는 어렵고 다음의 몇 가지만 점검하고 조치를 취해도 꽤 빨라집니다.

① '시작 프로그램' 항목(폴더)에 프로그램을 많이 등록하면 부팅 속도가 크게 느려집니다. '시작 프로그램' 항목에 등록된 프로그램은 윈도우가 부팅하면서 실행시키기 때문입니다. 따라서 시작 프로그램에 등록된 응용 프로그램을 지워주면 부팅 속도가 크게 빨라집니다. '시작 프로그램' 폴더나 상태선에서 아이콘을 지우면 부팅할 때 프로그램을 로드하지 않습니다.

② 바탕 화면에 아이콘을 많이 깔면 부팅 속도가 느려집니다. 바탕 화면에 너무 많은 아이콘을 깔지 않도록 합니다. 꼭 필요한 몇 가지만 깝니다. 그리고 나머지 아이콘은 폴더를 만들어 폴더에 모아놓는 것이 좋습니다.

③ 바탕 화면의 배경 그림의 용량이 크면 부팅 속도가 느려집니다. 배경 그림이 없으면 속도가 빨라지며, 배경 그림을 사용하겠다면 가능한 그림 파일의 크기를 줄여줍니다.

④ 글꼴 파일을 너무 많이 설치하면 부팅하면서 글꼴 파일을 읽기 때문에 부팅 속도가 느려집니다. 필요하지 않은 글꼴 파일을 지워주는 것이 좋습니다.

⑤ 하드디스크를 오래 사용하다보면 파일이 여기 저기 흩어져 검색 속도가 오래 걸립니다. 디스크 조각 모음을 가끔 해주면 파일 읽는 속도가 빨라져 부팅 속도가 많이 빨라집니다.

Q 바탕화면의 아이콘들이 이상한 그림으로 바뀌거나 깨져 보입니다.

A 아이콘이 들어있는 파일이 손상된 경우입니다. 윈도우의 아이콘 파일은 프로그램별로 따로 저장되어 있지만 실제로 사용할 때는 'c:\windows' 폴더에 있는 ShellIconCache 파일에 임시로 묶어 사용합니다. 이 파일은 여기 저기 있는 아이콘 파일을 하나로 묶어 윈도우가 아이콘을 빨리 읽도록 해주는 캐시 파일입니다. 탐색기로 이 파일을 찾아서 지우고 다시 부팅하면 아이콘이 제대로 보입니다. 주의할 점은 숨김(hidden) 파일 속성을 가지고 있으므로 '보기' 항목에서 '모든 파일 표시'를 선택한 후에 검색해야 찾을 수 있습니다.

Q 부팅할 때 부팅 메뉴가 나타나게 하려면 어떻게 합니까?

A 윈도우가 시스템 검사를 마치고 부팅하려고 할 때 [F8]키를 누르면 부팅 메뉴가 나타납니다. [F8]을 눌렀을 때 나타나는 메뉴 중에서 원하는 메뉴로 부팅하려면 화살표키를 이용하거나 원하는 메뉴의 번호를 입력하면 됩니다. 그리고 [F4], [F5], [Shift] + [F5], [Shift] + [F8] 등의 키를 이용하여 원하는 모드로 바로 부팅할 수도 있습니다.

Q [F8]을 누르면 여러 가지 메뉴가 나타나는데 각 메뉴의 뜻과 도스로 부팅하는 모드는 무엇인가요?

A [F8]을 눌렀을 때 나타나는 메뉴는 여러 가지가 있는데 시스템 상황에 따라서 표시되는 메뉴의 종류가 다릅니다. 이중 도스 모드는 'Command prompt only'를 선택하면 됩니다.

아래 내용은 부팅 메뉴에 나타날 수 있는 메뉴의 종류와 뜻입니다.

Microsort Windows 98 Startup Menu

1. Normal
2. Logged (\BOOTLOG.TXT)
3. Safe mode
4. Safe Mode with network support

5. Step-by-step confirmation
6. Command prompt only
7. safe mode command prompt only
8. Previous version of MS-DOS

① Normal

일반적인 부팅 메뉴로 윈도우98 바탕 화면으로 부팅됩니다. 선택하지 않으면 자동으로 일반 모드로 부팅됩니다.

② Logged(BOOTLOG.TXT)

부팅될 때 로딩되는 각종 드라이버와 글꼴 목록을 기록할 때 사용하는 모드입니다. 부팅 후에 C: 드라이브의 루트 폴더에 'BOOTLOG.TXT' 파일이 저장됩니다. 이 파일을 통해 로딩된 드라이버 목록과 문제 발생 여부를 알 수 있으며, 어떤 장치의 드라이버가 로딩되지 않았는지 알 수 있습니다.

③ Safe mode

안전모드는 윈도우에 에러가 발생할 경우 자동으로 선택되어 부팅됩니다. 각종 드라이버나 환경 설정 내용을 무시하고 윈도우의 최저 사양과 기본 환경만 가지고 부팅됩니다. 때문에 윈도우에 에러가 발생하여 부팅이 안될 때는 안전모드로 부팅하여 일단 윈도우를 실행시키고 안전모드에서 이상 유무를 확인하고 잘못된 부분을 수정합니다. 간단한 문제는 안전모드로 한 번 부팅했다가 다시 재부팅하면 일반모드로 부팅이 되는 경우가 많습니다.

④ Safe Mode with network support

네트워크에 연결된 컴퓨터에서 안전모드 부팅을 할 때 사용합니다. 네트워크에 연결된 컴퓨터의 문제를 고치고자 할 때 사용합니다.

⑤ Step-by-step confirmation

부팅할 때 환경 설정 내용이나 초기화 파일의 실행 여부를 각 항목마다 물어보면서 부팅합니다. 따라서 특정 드라이버나 응용 프로그램의 실행을 확인해가면서 부팅이 가능하며, 특정 드라이버의 실행을 막을 수 있습니다. 주로 특정 드라이버로 인하여 윈도우가 부팅되지 않을 때 어떤 드라이버를 실행하다가 에러가 난 것인지 찾고자 할 때 사용합니다.

⑥ Command prompt only

일반적인 도스 상태로 부팅합니다.

⑦ Safe mode command prompt only

도스로 부팅하는데 'config.sys' 와 'autoexec.bat' 파일을 실행시키지 않고 부팅하므로 도스용 드라이버나 환경 설정이 무시된 채 부팅됩니다.

⑧ Previous version of MS-DOS

이전 버전의 도스로 부팅합니다. 단 이전 버전의 도스에서 윈도우를 설치한 경우에만 해당하므로, 하드를 포맷하고 윈도우를 설치한 최근에는 거의 사용하지 않는 모드입니다.

Q 'dll 연산 오류' 가 나면서 윈도우가 먹통이 됩니다.

A dll은 동적 라이브러리 파일로 이 파일에 에러가 발생했다면 해당 프로그램을 삭제하고 다시 재설치하는 것이 좋습니다. 해당 프로그램을 다시 설치해도 문제가 생긴다면 시스템의 dll 파일에 문제가 생긴 것이므로 '시스템 파일 검사기' 로 파일을 검사하도록 합니다.

'시작 – 프로그램 – 보조프로그램 – 시스템도구 – 시스템 정보 – 도구 –시스템 파일 검사기' 순으로 선택하고 '시작' 아이콘을 선택하면 윈도우를 처음 깔았을 때와 비교해서 바뀐 시스템 파일을 검사해줍니다. 바뀌거나 지워진 파일을 찾았을 때 '파일 복원' 을 선택하고 '확인' 아이콘을 누른 다음 '파일 복원' 창이 뜨면 백업할 폴더를 골라 '확인' 아이콘을 눌러 시스템 파일을 복원합니다.

Q 부팅할 때 '000.vxd 파일이 없다' 는 안내문이 표시됩니다.

A 응용프로그램을 언인스톨(uninstall) 프로그램을 이용하지 않고 탐색기로 바로 지웠을 때 나타납니다. 일단 해당 파일 이름을 잘 기억합니다. 그리고 레지스트리 편집기 프로그램(regedit.exe)을 실행시키고 '내 컴퓨터 – HKEY_LOCAL_MACHINE – system – currentcontrolset – services – VxD' 을 열어 해당 파일을 지워줍니다.

Q 바이러스 걸린 파일을 치료하거나 삭제하지 못합니다.

A 현재 윈도우에서 사용 중인 파일은 치료나 삭제가 불가능할 수 있습니다. 이런 경우에는 깨끗한 시동디스크로 부팅하여 도스 상에서 백신을 실행시켜 치료하거나 도스 상에서 감염된 파일을 삭제하도록 합니다.

Q 윈도우에서 '치명적인 오류' 안내문이 표시됩니다.

A 시스템 파일의 손상, 프로그램의 충돌, 시스템 자원이 부족할 때 나타납니다. 재부팅해도 자주 나타나면 윈도우를 처음부터 다시 설치해야 합니다.

Q 'kernel32.dll에서 잘못된 페이지 오류 발생' 안내문이 표시됩니다.

A ① 메모리 장착이 제대로 안된 경우 주로 발생합니다. 또는 오버클럭을 했을 때도 자주 나타납니다. 메모리 장착 상태를 확인해보고, 메모리 이상 유무를 확인합니다. 또한 CPU의 오버클럭을 중단합니다.

② 패스워드 파일이 손상되었을 가능성이 큽니다. 확장자가 pwl인 패스워드 관련 파일을 찾아서 모두 삭제해보기 바랍니다.

Q 익스플로러를 쓰다 보면 PC가 먹통이 되는 경우가 많습니다.

A 외장형 ADSL 모뎀을 쓸 때 자주 발생합니다. 이유는 ADSL PPPO 가상네트워크 드라이버와 인터넷 익스플로러가 충돌해서입니다. ADSL의 PPPO 가상 네트워크 드라이버는 고정 IRQ를 쓰기 때문에 다른 응용프로그램과 자주 충돌합니다. 해결 방법은 랜카드를 다른 PCI 슬롯에 장착하고 ADSL 접속 프로그램을 다시 설치하는 것입니다.

Q '윈도우 파일이 손상되었습니다'는 안내문이 표시됩니다.

A 윈도우의 시스템 파일이 손상된 것이므로 윈도우 파일을 다시 설치해줍니다. '시작 – 프로그램 – 보조프로그램 – 시스템 도구 – 시스템 정보 – 도구 – 시스템 파일 검사기' 순으로 실행시켜 손상된 파일을 검사하고, 손상된 파일을 찾으면 '설치 디스크에서 한 파일의 압축해제'를 선택해 파일을 복구해줍니다.

Q 윈도우 시작 때마다 ID와 비밀번호 묻는 창이 안 나타나게 하고 싶습니다.

A 생각 없이 윈도우 설치 후 비밀번호를 넣은 경우 부팅 때마다 비밀번호를 넣어주느라고 고생하는 사람들 많습니다. 비밀번호를 없애려면 비밀번호를 기록한 pwl 파일을 지워주면 됩니다.

탐색기를 이용하여 windows 폴더에서 '이용자이름.pwl'로 만들어진 파일을 찾아서 지웁니다. 그리고 네트워크 환경 항목에서 마우스 오른쪽 버튼을 눌러 '등록정보' 를 엽니다. 'Windows 로그온' 을 골라 '확인' 아이콘을 누르고 윈도우를 다시 시작하면 비밀번호 묻는 창이 사라집니다.

Q **부팅할 때 nwnblink.vxd 파일과 관련한 에러가 표시됩니다.**

A ① nwnblink.vxd 에러는 네트워크 관련 에러입니다. MS 네트워크 클라이언트를 재설치 하면 해결됩니다. 이 에러는 네트워크 관련 프로그램을 [프로그램 추가/제거]나 언인스톨(Uninstall) 기능으로 삭제하지 않고 다른 방법으로 삭제했거나, 네트워크 클라이언트 프로그램이 잘못 설치된 경우에 나타납니다.

② 네트워크를 사용하지 않는다면 레지스트리를 수정하여 nwnblink.vxd 항목을 삭제하면 됩니다.

Q **부팅할 때 vnetsup.vxd 파일과 관련한 에러가 표시됩니다. 시스템 사용에는 이상이 없지만 [Enter]키를 눌러야 하므로 불편합니다.**

A 레지스트리 편집기를 이용하여 vnetsup.vxd 관련 항목을 찾아서 없애줍니다.

Q **부팅할 때 파란 화면과 함께 '치명적인 오류 0D가 00457: 000040B1에서 발생했습니다. 프로그램이 종료됩니다.' 안내문이 표시됩니다. 안전모드로 부팅하면 부팅이 되지만 일반 모드로 부팅하면 이런 에러 메시지가 표시되며 부팅되지 않습니다.**

A ① 그래픽카드의 가속 기능에 문제가 생긴 경우입니다. 안전모드로 부팅한 다음에 '내컴퓨터에' 서 마우스 오른쪽 버튼을 눌러 [등록정보]를 선택하고 [성능]을 선택하고 [그래픽(G)]을 선택합니다. 그리고 [그래픽 고급 설정] 상자에서 가속기능이 '최대사용' 으로 지정되어 있다면 조금씩 낮추어가면서 부팅을 시도합니다. 반대로 '사용 안함' 으로 설정되었다면 조금씩 높여주면서 부팅을 시도해봅니다.

② 드라이버 설정의 문제일 수도 있습니다. 안전모드로 부팅한 후에 그래픽카드의 드라이버 파일을 다른 것으로 바꾸어 설치합니다.

Q **'04X!:00000ef3의 모듈 xxxxxxx.DLL 에서 zzz 이(가) 일반 보호 오류를 일으켰습니다.' 라는 안내문이 표시됩니다.**

A xxxxxxx.DLL 파일은 오류를 일으킨 모듈 이름이고 zzz는 실행 파일을 뜻합니다. 먼저 잘못된 연산 오류를 일으킨 모듈과 파일이 계속해서 같은 것이 나타나는지, 다르게 나타나는지 확인합니다. 만약 같은 모듈과 파일 이름이 나타난다면, 사용자의

프로그램 버전이 운영체제에 맞는 것인지 확인합니다. 모듈 이름과 파일 이름이 다르게 나타난다면 메모리 충돌 문제일 가능성이 높습니다. 즉 다른 회사의 메모리를 함께 장착한 경우, 종류가 다른 메모리를 함께 장착한 경우, 메모리의 불량 등을 의심할 수 있습니다.

Q **'치명적 오류 OE가 VXD VCACHE(01)+00000B20의0028:C004EA20 에서 발생하였습니다' 안내문이 표시됩니다.**

A 드라이버가 잘못 설치되었거나 CMOS 셋업이 잘못된 경우입니다. CMOS의 [SHADOW RAM] 항목이 ON으로 설정되었거나 [DRAM WRITE WAIT STATE / CACHE WRITE WAIT STATE] 설정 수치가 시스템의 지정 수치를 초과할 때 발생합니다. 설정값을 공장 초기 상태로 복구하는 것이 좋습니다.

Q **Msgsrv32.exe 파일 관련 에러가 발생합니다.**

A Msgsrv32.exe는 드라이버를 로딩하고, 종료 때 언로딩하는 일을 합니다. 그외 explorer.exe와 같은 쉘 프로그램을 실행하고, 운영체제에서 필요로 하는 다양한 플러그앤플레이 메세지를 중개하며, 셋업 프로그램의 자동 응답을 조정하는 등 다양한 일을 합니다. 때문에 Msgsrv32.exe 에러가 발생했을 경우에는 에러 원인이 매우 다양하여 문제 해결이 쉽지 않습니다. 일단 다음의 내용을 확인해보는 수밖에 없습니다.

① 호환성 없는 드라이버를 최신 드라이버로 다시 설치합니다.

② 전원관리 프로그램을 설정한 장치들을 하나씩 비활성화시키면서 원인을 찾아봅니다.

③ 패스워드 리스트 파일의 손상 여부를 확인합니다.

④ Product Key가 틀리거나 레지스트리 손상 여부를 확인합니다.

Q **윈도우 창의 '최대화, 최소화, 닫기' 아이콘 모양이 숫자로 나타납니다.**

A 제가 가끔 겪는 현상 중 하나로 어느날 갑자기 아이콘이 숫자 모양으로 바뀌는 경우가 종종 있습니다. 이는 글꼴 캐시 파일이나 Marlett.ttf 파일이 손상된 경우입니다. 이런 경우 다음 순서대로 문제를 해결합니다.

① 안전모드로 부팅한 다음에 다시 재시작합니다.

② 1번 방법으로 해결이 안되면 글꼴 캐시 파일을 삭제하고 다시 설치해줍니다. 글꼴 캐시 파일은 'C:\Windows\ttfcache' 입니다.

③ 'C:\Windows\Fonts\Marlett.ttf' 가 손상 손상된 경우에는 윈도우98 원본 CD 안의 WIN98_47.CAB 파일에서 MARLETT.TTF 파일을 압축에서 푼 뒤에 'C:\WINDOWS\FONT' 폴더로 복사하고 재부팅 합니다.

참고로 도스 상에서 압축을 푸는 명령어는 다음과 같습니다.

```
extract /e d:\win98\win98_47.cab marlett.ttf /l c:\windows\fonts
```

Q 윈도우 화면의 글씨가 알 수 없는 글씨로 표시됩니다.

A 한글 글꼴이 손상된 경우입니다. 윈도우의 기본 글꼴인 굴림체를 다시 복사해주어야 합니다. gulim.ttc 파일을 fonts 폴더에 복사해주면 됩니다.

먼저 'c:\windows\fonts' 폴더에 잇는 GULIM.TTC 파일을 삭제합니다. 그리고 다음 명령으로 윈도우98 원본 CD에서 압축을 풀고 fonts 디렉토리에 복사해줍니다. 그런 후 다시 재시동합니다.

```
extract /e d:\win98\win98_44.cab gulim.ttc /l c:\windows\fonts
```

Q '내 컴퓨터'의 C: 드라이브 아이콘을 더블클릭하면 setup.exe 파일을 찾을 수 없다고 나타납니다. 탐색기로 살펴보면 C: 드라이브가 정상적으로 동작합니다.

A C: 드라이브 루트에 autorun.inf 파일이 있을 때 생기는 현상입니다. autorun.inf 파일은 보통 CD롬에 들어있는 자동 실행용 파일인데 이 파일이 C:에 복사된 경우 C: 드라이브를 클릭할 때마다 autorun이 실행되는 것입니다. 그리고 autorun.inf에 자동 실행 파일로 setup.exe가 설정되어 있는 상태인 것입니다. 그러므로 C: 드라이브 루트에 있는 autorun.inf 파일을 삭제하면 됩니다.

Q 탐색기를 실행시키면 FDD를 읽습니다. 매번 FDD를 검색하기 때문에 소리도 나고, 시간도 오래 걸립니다. FDD를 못 읽게 할 수 없나요?

A '제어판-시스템-성능'의 파일 시스템을 선택하고 플로피디스크 탭에서 '시스템 시동시 새로운 플로피디스크 드라이브 검색'에 선택 표시된 상태입니다. 선택 표시를 지우면 탐색기 실행 때 플로피디스크를 읽지 않습니다.

Q 부팅할 때 'Internal stack over flow' 안내문이 표시됩니다.

A 스택에서 발생한 에러로 원인은 다양합니다. 해결책은 config.sys 파일에 'Stack=0,0' 이나 ' Stack=9,256 '로 적어주고 부팅해보는 것입니다. 그래도 에러가 발생한다면 하드디스크의 불량 섹터로 인한 문제일 가능성이 큽니다.

Q 프로그램을 삭제했는데도 [제어판]의 '프로그램 추가/제거'를 살펴보면 여전히 해당 프로그램이 남아 있습니다.

A 레지스트리에 기록된 정보가 완벽하게 삭제되지 않은 상태입니다. 레지스트리 편집기로 해당 정보를 레지스트리에서 지워주면 됩니다.

Q 윈도우 사용 중에 'Fatal Error'가 나타납니다.

A 대개의 경우 msgsvr(메시지 서버)의 문제입니다. 따라서 [Ctr] + [Alt] + [Del] 키를 동시에 눌러 나오는 프로세스 중에서 msgsvr 프로그램을 종료시키면 됩니다.

msgsvr 는 윈도우의 이벤트 메시지 버퍼로 에러가 발생하는 이유는 버퍼나 큐(Que) 에 잘못된 메시지나 쓰레기 값이 쌓였기 때문입니다.

Q 바탕화면 상태에서 시스템이 먹통이 됩니다. 바이러스 검사도 했고 하드웨어 충돌도 없는 상태인데 무슨 문제일까요?

A 마우스 포인터 파일(ani, cur)이 손상된 경우입니다. 해결하려면 안전모드로 부팅하여 마우스 포인터를 다른 것으로 변경한 후 다시 부팅합니다. 또는 윈도우의 마우스 포인터 관련 파일을 'C:\Windows\Cursors' 폴더에 복사해주어야 합니다. 윈도우에서 사용하는 커서 파일은 다음과 같습니다.

보통 선택 : Arrow_1.cur	도움말 선택 : Help_1.cur
백그라운드에서 작업 : Wait_1.cur	사용 중 : Busy_1.cur
정확한 선택 : Cross_1.cur	텍스트 선택 : Beam_1.cur
필기입력 : Pen_1.cur	사용할 수 없음 : No_1.cur
수직 크기 조절 : Size4_1.cur	수평 크기 조절 : Size3_1.cur
대각선 방향 크기 조절 1 : Size2_1.cur	대각선 방향 크기 조절 2 : Size1_1.cur
이동 : Move_1.cur	대체 선택 : Up_1.cur

Q 어떤 프로그램을 실행시키려고 더블클릭하면 프로그램이 실행되지 않거나 실행 도중에 다시 종료되거나, 에러 메시지가 나타납니다.

A ① 바이러스에 감염되었을 가능성이 큽니다.

② 윈도우의 리소스가 부족한 상태일 경우에는 프로그램이 실행되지 않습니다. 이런 경우 부팅 후 다시 실행시켜보면 실행이 됩니다.

③ 먼저 실행된 다른 프로그램과 충돌하는 경우입니다. 이런 경우에는 부팅 후 먼저 해당 프로그램을 실행시키면 실행이 됩니다.

④ 해당 프로그램의 벌레이거나 관련 파일이 손상된 경우입니다.

Q 어떤 프로그램을 실행하려고 하면 파일이 손상되었다는 메시지가 표시되고 실행되지 않습니다.

A ① 해당 프로그램이 바이러스에 감염된 경우입니다.

② 하드디스크에 에러가 발생했거나 해당 파일이 손상된 경우입니다.

Q XP로 업그레이드 할 수 있는 운영체제의 버전은?

A ① Windows XP Home Edition으로 업그레이드 할 수 있는 운영체제

- Windows 98/98 Second Edition, Windows Millennium,
- Windows XP Home Edition

② Windows XP Professional Edition으로 업그레이드 할 수 있는 운영체제

- Windows 98/98 Second Edition, Windows Millennium,
- Window NT Workstation(Service Pack 5 이상),
- Windows 2000 Professional
- Windows XP Home Edition, Windows XP Professional

Q XP를 설치하기 위한 최소 사양은?

A
- 233MHz 이상의 펜티엄 CPU
- 최소 64MB, 권장128MB의 메모리
- 1.5GB의 하드디스크 공간
- 기타: 컬러 모니터, 키보드, 마우스, CD롬드라이브

Q 특정 하드웨어나 소프트웨어의 Windows XP 호환 여부 확인 방법

A 윈도우XP는 아래의 주소로 접속하면 HCL 목록이 나오며 여기에 수록된 장치만 지원합니다.

http://www.microsoft.com/hcl/

Q XP를 도스 상태에서 설치할 수 있나요?

A 도스에서 설치가 가능합니다. 다음의 순서대로 합니다.

① 도스로 부팅한 후, CD롬드라이브에 XP 설치 CD를 넣습니다.

② smartdrv를 실행시킵니다.

③ 'cd \i386' 명령으로 디렉토리를 이동합니다.

④ 'winnt' 명령을 입력하면 설치가 시작됩니다.

Q 하드웨어 설치 때마다 XP의 정품 인증을 요청해야 합니까?

A XP의 정품인증(Product Activation) 제도는 제품의 라이센스를 확인하는 제도로 전화나 인터넷으로 정품임을 인증받아야 합니다. 그리고 하드웨어의 대폭적인 업그레이드 때마다 다시 윈도우 XP의 제품 인증을 받아야 하는 경우도 있습니다.

Q XP에서 최대 사용 가능한 하드디스크 용량은 얼마죠?

A XP는 FAT16, FAT32, NTFS의 파일 시스템을 지원하는데 FAT32로 포맷할 경우에는 최대 32GB, NTFS로 포맷할 때는 약 16TB 까지 포맷할 수 있습니다. 따라서 32GB 이상의 파티션을 포맷할 때는 NTFS 파일 시스템으로 포맷합니다.

Q XP를 삭제하고 이전 운영체제로 복구할 수 있나요?

A [제어판]의 [프로그램 추가/삭제]에서 Windows XP 삭제를 선택하면 됩니다. 단 윈도우98과 윈도우ME에서 업그레이드 설치를 했을 때만 가능하며 그외 운영체제로는 복구가 불가능합니다.

Q 영문 윈도우를 한글 윈도우XP로 업그레이드 할 수 있나요?

A 영문 윈도우에서 한글 윈도우XP로 업그레이드는 불가능합니다.

Q XP와 다른 윈도우 운영체제의 멀티 부팅이 가능하가요?

A 가능합니다. 단 이전 운영체제와 다른 파티션에 설치해야 하며 먼저 구 버전의 운영체제를 설치한 이후에 윈도우XP를 설치해야 합니다.

연산자 오류 및 기타 18

Q 마우스 가격이 너무 싼 것 같아 이유를 물었더니 벌크 제품이라 싸다고 합니다. 벌크 제품은 무엇을 말합니까? 벌크 제품의 성능은 정품하고 같은가요?

A 벌크라는 단어는 싸구려라는 뜻을 포함한 것입니다. 즉 싸구려 물건을 벌크 제품이라고 합니다. 현재 시중에서 사용하는 벌크라는 단어는 세 가지 의미로 통용됩니다.

① 기업의 정식 출하제품이지만 포장상자가 없는 제품

사운드카드나 CPU의 경우 포장비를 줄이고 대신 공급가격을 낮추어서 제조업체들에게 판매되고 있습니다. 이런 제품을 벌크라고 표현합니다. 또는 OEM 제품이라고 말합니다. 이런 제품은 포장상자만 없을 뿐 제품의 성능과 내용은 포장된 박스제품과 완벽하게 동일합니다. 그렇지만 가짜 제품과 구별이 쉽지 않은 것이 단점입니다.

② 무명기업의 제품인 경우

플로피디스크를 비롯한 몇몇 제품은 이름도 모르는 회사 제품이거나 아예 회사 이름이 안 적힌 것이 있습니다. 이들 제품은 당연히 이름 있는 회사 제품에 비하여 쌉니다. 이런 제품도 벌크 제품이라고 합니다. 대기업 제품보다 성능이 좋을 수도 있지만 대체로 대기업 제품보다 성능이 조금 떨어지는 편입니다. 그러나 성능 차이가 크지 않습니다.

③ 복사본일 경우

로지텍마우스, MS마우스, CD롬타이틀을 비롯하여 몇몇 유명 회사의 유명 제품은 대만이나 중국 등에서 불법으로 복제 생산하여 국내에 유통 판매됩니다. 이런 제품의 겉은 대기업의 유명 제품과 같습니다. 그러나 성능은 아주 떨어집니다. 2번에서 말한 무명 기업의 제품보다 성능이 떨어지는 경우가 대부분입니다.

만약 MS마우스를 벌크 제품이라고 판매한다면 3번의 경우에 해당합니다. 따라서 겉모습만 MS마우스인 싸구려 복제품이라고 보시면 됩니다. 가격이 싸더라도 구입하지 않도록 합니다.

Q 헤르쯔(Hz)와 클럭(clock)은 같은 의미인가요? 즉 1클럭은 1헤르쯔인가요?

A 헤르쯔는 주파수의 한 사이클을 말합니다. 우리가 AM, FM, 무선, 휴대폰 등의 주파수를 말할 때 사용하는 단위인 헤르쯔와 동일합니다. 즉 주파수의 한 사이클을 뜻하는 단위사입니다.

클럭은 컴퓨터가 하나의 동작을 할 때 사용하는 단위를 말합니다. 우리가 함께 물건을 들 때 영차 또는 시작이라는 구령에 맞추어 물건을 든다면 이때의 영차라는 구령 하나가 1 클럭입니다.

컴퓨터에서 클럭은 클럭발생기라는 부품이 만들어내는데 이때 한 클럭을 발생시킬 때 한 개의 주파수가 발생합니다. 때문에 보통 1Hz가 진행할 때 1 클럭이 동작합니다. 그래서 클럭 속도와 Hz수는 같은 의미로 사용합니다.

그러나 본질적으로는 다른 의미입니다. 즉 물건을 던질 때 '하나 두~울 셋' 하는 구령에 맞추어 물건을 던질 수도 있고, '하나 둘' 이나 '하나' 라는 구령에 물건을 던질 수도 있습니다. 따라서 1클럭이 반드시 1Hz일 이유는 없습니다. 영문 한 글자가 1바이트이지만 때로는 7비트가 영문 한 글자의 단위가 될 수 있는 것처럼 1클럭이 1Hz여야 하는 이유는 없습니다. 실제로 요즘 나오는 컴퓨터는 1Hz를 나누어 여러 개의 동작을 실시합니다. 따라서 1Hz가 여러 클럭일 수도 있습니다.

Q 특정 인터넷 사이트에 접속하면 403 에러 안내문이 나타납니다. 403 에러 안내문은 무슨 뜻인가요?

A '403 Forbidden/Access Denied' 은 특별한 권한을 가진 사람만 접근할 수 있다는 뜻입니다. 따라서 암호를 입력한 경우에만 접속이 가능한 문서입니다.

그외 자주 접하는 안내문의 뜻은 다음과 같습니다.

① Connection refused by host

403 에러와 마찬가지로 호스트에서 접속을 거부하는 경우입니다.

② 404 Not Found

웹브라우저가 호스트 컴퓨터는 찾았지만 요청한 파일(문서)는 찾지 못한 경우입니다.

③ Not found

404 에러와 마찬가지로 문서가 존재하지 않아 찾을 수 없는 상태입니다.

④ Bad file request

잘못된 파일을 요청한 경우입니다.

⑤ 503 Service Unavailable

해당 사이트의 서버에 과부하가 걸려서 서비스가 불가능합니다. 나중에 다시 접속을 시도합니다.

⑥ Site unavailable

과부하가 걸렸거나 해당 사이트가 존재하지 않아서 사용이 불가능한 경우입니다.

⑦ Failed DNS lookup

해당 사이트의 DNS 찾기에 실패한 것으로 URL이 IP 주소로 바뀌지 못한 경우입니다. 주소를 잘못 입력한 경우에도 나타나지만 그보다는 IP 주소 전환을 담당하는 컴퓨터의 과부하로 인하여 나타나는 에러입니다. 나중에 다시 접속을 시도합니다.

Q 외국의 사이트나 몇몇 문서를 보면 'to meet sub-799 affordable PC requirement and target at 3D AGP 2X gaming market' 이라는 문구를 자주 봅니다. sub-799란 PC98처럼 PC 규격을 뜻하나요?

A 'sub-799 affordable PC requirement' 는 PC 규격이 아닙니다. 미국에서는 저가형 PC의 가격을 표시할 때 sub-$799라고 표시합니다. 그러니까 sub-799는 799달러 미만의 가격이라는 뜻입니다. 따라서 sub-599라고 적힌 것은 600달러 미만의 PC라는 뜻입니다.

질문한 'sub-799 affordable PC requirement and target at 3D AGP 2X gaming market' 의 뜻은 '799달러 이하의 가격을 만족시키면서도 AGP 2배속으로 게임을 할 수 있는 시장을 목표로 하는 PC 또는 CPU 칩' 이라는 뜻입니다. 원래는 sub-799 dollor 또는 sub-$799 라고 표기해야 하는데 달러 표시를 생략한 것입니다.

Q 매킨토시에도 PCI, AGP, SCSI, USB 슬롯이 있던데 IBM용 장비를 그대로 가져가서 사용할 수 있나요?

A PCI, AGP 슬롯에 IBM용을 끼워서 사용 가능한 것도 있고 그렇지 않은 것도 있습니다. IBM전용, 맥전용, 겸용으로 나눌 수 있는데 겸용 제품이라면 맥에서도 잘 동작합니다. 이는 USB, SCSI, 패러렐, 시리얼 등의 기타 인터페이스를 사용하는 경우에도 마찬가지입니다. USB나 SCSI 방식이라 하더라도 IBM전용, 맥전용, 겸용으로 따로 출시됩니다.

Q 연산자 오류와 vxd 코드

A 아래 표는 연산자 오류가 났을 때의 코드 번호와 의미입니다. 아래 코드 표는 인터넷의 게시판에 올라온 문서를 참고했습니다.

0 0x0000	작업을 완료했습니다.
1 0x0001	올바르지 않은 함수입니다.
2 0x0002	지정한 파일을 찾을 수 없습니다.
3 0x0003	지정한 경로를 찾을 수 없습니다.
4 0x0004	파일을 열 수 없습니다.
5 0x0005	접근이 거부되었습니다.
6 0x0006	잘못된 핸들입니다.
7 0x0007	저장 컨트롤 블록이 손상되었습니다.
8 0x0008	저장 공간이 부족해서 이 명령을 수행할 수 없습니다.
9 0x0009	저장 컨트롤 블록 주소가 올바르지 않습니다.
10 0x000A	환경이 올바르지 않습니다.
11 0x000B	잘못된 형식의 프로그램을 로드하려고 했습니다.
12 0x000C	액세스 코드가 올바르지 않습니다.
13 0x000D	데이터가 올바르지 않습니다.
14 0x000E	저장 공간이 부족해서 이 작업을 완료할 수 없습니다.
15 0x000F	지정한 드라이브를 찾을 수 없습니다.
16 0x0010	디렉터리를 삭제할 수 없습니다.
17 0x0011	파일을 다른 디스크 드라이브로 이동할 수 없습니다.
18 0x0012	더 이상 파일이 없습니다.
19 0x0013	매체가 쓰기 금지되었습니다.
20 0x0014	지정한 장치를 찾을 수 없습니다.
21 0x0015	장치가 준비되지 않았습니다.

22 0x0016	장치가 명령을 인식하지 않습니다.
23 0x0017	데이터 오류 (주기적 중복 검사)
24 0x0018	프로그램에서 명령을 내렸으나 명령 길이가 올바르지 않습니다.
25 0x0019	드라이브에서 디스크의 특정 영역이나 트랙의 위치를 지정할 수 없습니다.
26 0x001A	지정한 디스크나 디스켓을 액세스할 수 없습니다.
27 0x001B	드라이브에서 요청한 섹터를 찾을 수 없습니다.
28 0x001C	프린터에 용지가 떨어졌습니다.
29 0x001D	지정한 장치에 쓸 수 없습니다.
30 0x001E	지정한 장치로부터 읽을 수 없습니다.
31 0x001F	시스템에 부착된 장치가 작동하지 않습니다.
32 0x0020	다른 프로세스에서 이 파일을 사용하고 있기 때문에 이 파일을 액세스할 수 없습니다.
33 0x0021	다른 프로세스에서 이 파일의 일부를 잠궜기 때문에 이 파일을 액세스할 수 없습니다.
34 0x0022	드라이브에 잘못된 디스켓이 있습니다. %2 (볼륨 일련 번호: %3)을(를) in%1 드라이브에 넣으십시오.
36 0x0024	공유하기 위해 연 파일이 너무 많습니다.
38 0x0026	파일의 끝입니다.
39 0x0027	디스크가 가득 차 있습니다.
50 0x0032	네트워크 요청이 지원되지 않습니다.
51 0x0033	원격 컴퓨터를 사용할 수 없습니다.
52 0x0034	네트워크에 중복된 이름이 있습니다.
53 0x0035	네트워크 경로를 찾을 수 없습니다.
54 0x0036	네트워크가 사용 중입니다.
55 0x0037	지정한 네트워크 리소스 또는 장치를 더 이상 사용할 수 없습니다.
56 0x0038	네트워크 BIOS 명령 한계에 도달했습니다.
57 0x0039	네트워크어댑터 하드웨어 오류가 발생했습니다.
58 0x003A	지정한 서버에서 요청한 작업을 수행할 수 없습니다.
59 0x003B	예기치 않은 네트워크 오류가 발생했습니다.
60 0x003C	원격 어댑터가 호환되지 않습니다.
61 0x003D	프린터 대기열이 가득 찼습니다.
62 0x003E	서버에 인쇄 대기 중인 파일을 저장할만한 공간이 없습니다.
63 0x003F	인쇄 대기 중인 파일이 삭제되었습니다.
64 0x0040	지정한 네트워크 이름을 더 이상 사용할 수 없습니다.
65 0x0041	네트워크 접근이 거부되었습니다.
66 0x0042	네트워크 리소스 종류가 올바르지 않습니다.

67 0x0043	네트워크 이름을 찾을 수 없습니다.
68 0x0044	지역 컴퓨터 네트워크 어댑터 카드의 이름 한계를 초과했습니다.
69 0x0045	네트워크 BIOS 세션 한계를 초과했습니다.
70 0x0046	원격 서버가 일시 중지되었거나 프로세스가 시작 중입니다.
71 0x0047	수용할 수 있는 최대 개수의 연결이 이미 있으므로 더 이상 연결을 작성할 수 없습니다.
72 0x0048	지정한 프린터나 디스크 장치가 일시 중지되었습니다.
80 0x0050	파일이 존재합니다.
82 0x0052	디렉터리나 파일을 작성할 수 없습니다.
83 0x0053	INT 24에서 오류
84 0x0054	이 요청을 처리할만한 저장 공간이 없습니다.
85 0x0055	지역 장치 이름이 이미 사용 중입니다.
86 0x0056	지정한 네트워크 암호가 올바르지 않습니다.
87 0x0057	매개 변수가 올바르지 않습니다.
88 0x0058	네트워크에서 쓰기 오류가 발생했습니다.
89 0x0059	지금 다른 프로세스를 시작할 수 없습니다.
100 0x0064	다른 시스템 신호기를 작성할 수 없습니다.
101 0x0065	단독 신호기를 다른 프로세스가 소유하고 있습니다.
102 0x0066	신호기가 설정되었으므로 닫을 수 없습니다.
103 0x0067	신호기를 다시 설정할 수 없습니다.
104 0x0068	인터럽트 시간에 단독 신호기를 요청할 수 없습니다.
105 0x0069	이 신호기의 이전 소유권이 끝났습니다.
106 0x006A	%1 드라이브에 디스켓을 넣으십시오.
107 0x006B	선택 디스켓을 넣지 않았으므로 프로그램이 중지되었습니다.
108 0x006C	디스크가 사용 중이거나 다른 프로세스에서 잠겼습니다.
109 0x006D	파이프가 종료되었습니다.
110 0x006E	지정한 장치나 파일을 열 수 없습니다.
111 0x006F	파일 이름이 너무 깁니다.
112 0x0070	디스크에 충분한 공간이 없습니다.
113 0x0071	사용할 수 있는 내부 파일 식별자가 이제 없습니다.
114 0x0072	대상 내부 파일 식별자가 올바르지 않습니다.
117 0x0075	응용 프로그램의 IOCTL 호출이 올바르지 않습니다.
118 0x0076	쓰기 확인(verify-on-write) 스위치 매개 변수 값이 올바르지 않습니다.
119 0x0077	요청한 명령이 지원되지 않습니다.
120 0x0078	이 함수는 Win32 모드에서만 유효합니다.
121 0x0079	신호기 시간 초과 기간이 만료되었습니다.

122 0x007A 시스템 호출에 전달된 데이터 영역이 너무 작습니다.
123 0x007B 파일 이름, 디렉터리 이름, 또는 디스크 이름의 구문이 올바르지 않습니다.
124 0x007C 시스템 호출 수준이 올바르지 않습니다.
125 0x007D 디스크에 디스크 이름이 없습니다.
126 0x007E 지정한 모듈을 찾을 수 없습니다.
127 0x007F 지정한 프로시저를 찾을 수 없습니다.
128 0x0080 대기 중인 하위 프로세스가 없습니다.
129 0x0081 %1 응용 프로그램을 Win32 모드에서 실행할 수 없습니다.
130 0x0082 원시 디스크 I/O 이외의 작업에 열려 있는 디스크 분할 영역의 파일 핸들을 사용하려고 했습니다.
131 0x0083 파일의 시작 부분 앞으로 파일 포인터를 옮기려고 했습니다.
132 0x0084 지정한 장치나 파일에 설정할 수 없는 파일 포인터입니다.
133 0x0085 JOIN이나 SUBST 명령을 이전에 결합된 드라이브를 포함하는 드라이브에 사용할 수 없습니다.
134 0x0086 이미 결합된 드라이브에 JOIN이나 SUBST 명령을 사용하려고 했습니다.
135 0x0087 이미 대체된 드라이브에 JOIN이나 SUBST 명령을 사용하려고 했습니다.
136 0x0088 결합되지 않은 드라이브의 JOIN을 삭제하려고 했습니다.
137 0x0089 대체되지 않은 드라이브의 대체품을 삭제하려고 했습니다.
138 0x008A 결합된 드라이브의 디렉터리로 드라이브를 결합하려고 했습니다.
139 0x008B 대체된 드라이브의 디렉터리로 드라이브를 대체하려고 했습니다.
140 0x008C 대체된 드라이브의 디렉터리로 드라이브를 결합하려고 했습니다.
141 0x008D 결합된 드라이브의 디렉터리로 드라이브를 SUBST하려고 했습니다.
142 0x008E 지금 JOIN이나 SUBST를 수행할 수 없습니다.
143 0x008F 같은 드라이브의 디렉터리로 드라이브를 결합하거나 대체할 수 없습니다.
144 0x0090 루트 디렉터리의 하위 디렉터리가 아닙니다.
145 0x0091 디렉터리가 비어 있지 않습니다.
146 0x0092 지정한 경로가 대체용으로 사용 중입니다.
147 0x0093 사용할 수 있는 리소스가 부족하므로 이 명령을 처리할 수 없습니다.
148 0x0094 지금 지정한 경로를 사용할 수 없습니다.
149 0x0095 드라이브의 디렉터리가 이전 대체 대상인 드라이브를 결합하거나 대체하려고 했습니다.
150 0x0096 CONFIG.SYS 파일에 시스템 추적 정보가 지정되지 않았거나 추적이 허용되지 않습니다.
151 0x0097 DosMuxSemWait용으로 지정한 신호기 사건의 개수가 올바르지 않습니다.
152 0x0098 DosMuxSemWait가 실행되지 않았습니다. 너무 많은 신호기가 이미 설정되었습니다.

153 0x0099 DosMuxSemWait 목록이 올바르지 않습니다.
154 0x009A 입력한 디스크 이름이 대상 파일 시스템의 이름 한계를 넘었습니다.
155 0x009B 다른 스레드를 작성할 수 없습니다.
156 0x009C 수신측 프로세스에서 신호를 거부했습니다.
157 0x009D 세그먼트가 이미 삭제되었거나 잠글 수 없습니다.
158 0x009E 세그먼트가 이미 잠금이 해제되었습니다.
159 0x009F 스레드 ID의 주소가 올바르지 않습니다.
160 0x00A0 DosExecPgm에 전달된 인수 문자열이 올바르지 않습니다.
161 0x00A1 지정한 경로가 올바르지 않습니다.
162 0x00A2 신호가 이미 대기 중입니다.
164 0x00A4 시스템에서 더 이상의 스레드를 작성할 수 없습니다.
167 0x00A7 파일의 영역을 잠글 수 없습니다.
170 0x00AA 요청한 리소스가 사용 중입니다.
173 0x00AD 잠금 요청이 제공된 취소 영역에서 두드러지지 않습니다.
174 0x00AE 파일 시스템에서 잠금 유형의 자동 변경을 지원하지 않습니다.
180 0x00B4 올바르지 않은 세그먼트 번호가 검색되었습니다.
182 0x00B6 운영체제에서 %1 프로그램을 실행할 수 없습니다.
183 0x00B7 그 파일이 이미 존재하면 파일을 작성할 수 없습니다.
186 0x00BA 전달된 플래그가 올바르지 않습니다.
187 0x00BB 지정한 시스템 신호기 이름을 찾을 수 없습니다.
188 0x00BC 운영체제에서 %1 프로그램을 실행할 수 없습니다.
189 0x00BD 운영체제에서 %1 프로그램을 실행할 수 없습니다.
190 0x00BE 운영체제에서 %1 프로그램을 실행할 수 없습니다.
191 0x00BF Win32 모드에서 %1 프로그램을 실행할 수 없습니다.
192 0x00C0 운영체제에서 %1 프로그램을 실행할 수 없습니다.
193 0x00C1 %1은 올바른 Win32 응용 프로그램이 아닙니다.
194 0x00C2 운영체제에서 %1 프로그램을 실행할 수 없습니다.
195 0x00C3 운영체제에서 %1 프로그램을 실행할 수 없습니다.
196 0x00C4 운영체제에서 이 응용 프로그램을 실행할 수 없습니다.
197 0x00C5 운영체제가 현재 이 응용 프로그램을 실행하도록 구성되어 있지 않습니다.
198 0x00C6 운영체제에서 %1 프로그램을 실행할 수 없습니다.
199 0x00C7 운영체제에서 이 응용 프로그램을 실행할 수 없습니다.
200 0x00C8 코드 세그먼트가 64KB 이상일 수 없습니다.
201 0x00C9 운영체제에서 %1 프로그램을 실행할 수 없습니다.
202 0x00CA 운영체제에서 %1 프로그램을 실행할 수 없습니다.
203 0x00CB 입력한 환경 옵션을 찾을 수 없습니다.

205 0x00CD	명령 하위 트리에 신호 핸들러를 갖고 있는 프로세스가 없습니다.
206 0x00CE	파일 이름이나 확장명이 너무 깁니다.
207 0x00CF	링 2 스택이 사용 중입니다.
208 0x00D0	전역 파일 이름 문자, * 또는 ?가 잘못 입력되었거나 너무 많은 전역 파일 이름 문자가 지정되었습니다.
209 0x00D1	통지된 신호가 올바르지 않습니다.
210 0x00D2	신호 핸들러를 설정할 수 없습니다.
212 0x00D4	세그먼트가 잠겼으므로 다시 할당할 수 없습니다.
214 0x00D6	이 프로그램이나 동적 연결 모듈에 너무 많은 동적 연결 모듈이 부착되었습니다.
215 0x00D7	LoadModule로의 호출을 중첩할 수 없습니다.
230 0x00E6	파이프 상태가 올바르지 않습니다.
231 0x00E7	모든 파이프 인스턴스가 사용 중입니다.
232 0x00E8	파이프를 닫고 있습니다.
233 0x00E9	파이프의 다른 쪽 끝에 프로세스가 없습니다.
234 0x00EA	사용 가능한 데이터가 더 있습니다.
240 0x00F0	세션이 취소되었습니다.
254 0x00FE	지정한 확장된 속성 이름이 올바르지 않습니다.
255 0x00FF	확장된 속성에 일관성이 없습니다.
259 0x0103	사용 가능한 데이터가 더 이상 없습니다.
266 0x010A	복사 API를 사용할 수 없습니다.
267 0x010B	디렉터리 이름이 올바르지 않습니다.
275 0x0113	확장된 속성이 버퍼에 맞지 않습니다.
276 0x0114	탑재된 파일 시스템의 확장된 속성 파일이 손상되었습니다.
277 0x0115	확장된 속성표 파일이 가득 찼습니다.
278 0x0116	지정한 확장 속성 핸들이 올바르지 않습니다.
282 0x011A	탑재된 파일 시스템에서 확장된 속성을 지원하지 않습니다.
288 0x0120	호출자가 소유하지 않는 mutex를 해제하려고 했습니다.
298 0x012A	신호기에 너무 많이 통지했습니다.
299 0x012B	Read/WriteProcessMemory 요청의 일부만 완료되었습니다.
317 0x013D	%2용 메시지 파일에서 메시지 번호 0x%1의 메시지를 찾을 수 없습니다.
487 0x01E7	잘못된 주소를 액세스하려고 했습니다.
534 0x0216	계산 결과가 32비트를 초과했습니다.
535 0x0217	파이프의 다른 쪽 끝에 프로세스가 있습니다.
536 0x0218	프로세스에서 파이프의 다른 쪽 끝을 열기를 기다리는 중입니다.
994 0x03E2	확장된 속성의 액세스가 거부되었습니다.

995 0x03E3 스레드 종료나 응용 프로그램 요청 때문에 I/O 연산이 취소되었습니다.
996 0x03E4 중복된 I/O 사건에 대해 신호가 없습니다.
997 0x03E5 중복된 I/O 연산이 진행 중입니다.
998 0x03E6 메모리 위치의 액세스가 올바르지 않습니다.
999 0x03E7 Inpage 연산을 수행하는 중에 오류가 발생했습니다.
1001 0x03E9 되돌이 수준이 너무 깊어서 스택 오버플로가 발생했습니다.
1002 0x03EA 전송된 메시지에 대한 작업을 창에서 할 수 없습니다.
1003 0x03EB 이 함수를 완료할 수 없습니다.
1004 0x03EC 잘못된 플래그입니다.
1005 0x03ED 볼륨에 인식된 파일 시스템이 없습니다. 모든 필요한 파일 시스템 드라이버를 로드하였고 볼륨이 손상되지 않았는지 확인해 주십시오.
1006 0x03EE 파일의 볼륨이 표면상 변경되었으므로 열려진 파일은 더 이상 유효하지 않습니다
1007 0x03EF 전체 화면 모드에서 요청한 작업을 수행할 수 없습니다.
1008 0x03F0 존재하지 않는 토큰을 참조하려고 했습니다.
1009 0x03F1 구성 레지스트리 데이터베이스가 손상되었습니다.
1010 0x03F2 구성 레지스트리 키가 올바르지 않습니다.
1011 0x03F3 구성 레지스트리 키를 열 수 없습니다.
1012 0x03F4 구성 레지스트리 키를 읽을 수 없습니다.
1013 0x03F5 구성 레지스트리 키에 쓸 수 없습니다.
1014 0x03F6 레지스트리 데이터베이스의 파일 중 하나를 기록 또는 선택 복사를 사용하여 회복해야 할 경우였습니다. 회복이 완료되었습니다.
1015 0x03F7 레지스트리가 손상되었습니다. 레지스트리 데이터를 포함하는 파일 중 하나의 구조가 손상되었거나 메모리에 있는 파일의 시스템 이미지가 손상되었거나, 사본이나 로그 파일이 없거나 손상된 이유로 파일을 복구할 수 없습니다.
1016 0x03F8 레지스트리에서 초기화된 I/O 작업에 복구 불가능한 오류가 발생했습니다. 레지스트리의 시스템 이미지를 포함하는 파일 중의 하나를 읽거나 쓰거나 내용을 지우는 것이 불가능합니다.
1017 0x03F9 파일을 레지스트리로 로드하거나 복구하려고 했으나 지정한 파일이 레지스트리 파일 형식이 아닙니다.
1018 0x03FA 삭제 표시가 된 레지스트리 키에서 잘못된 연산을 하려고 했습니다.
1019 0x03FB 레지스트리 기록에 필요한 공간을 할당할 수 없습니다.
1020 0x03FC 이미 서브키나 값을 갖고 있는 레지스트리 키에 기호 연결을 작성할 수 없습니다.
1021 0x03FD 소멸성 상위 키 하에서 안정된 서브키를 작성할 수 없습니다.

1022 0x03FE	통지 변경 요청이 수행 중이며 그 정보가 호출자의 버퍼에 반환되지 않았습니다. 호출자는 지금 변경 사항을 알기 위해 파일을 이뉴머레이트할 필요가 있습니다.
1051 0x041B	정지 컨트롤이 다른 실행 중인 서비스가 의존하는 서비스로 전송되었습니다.
1052 0x041C	요청한 컨트롤이 이 서비스에 유효하지 않습니다.
1053 0x041D	서비스가 시작이나 컨트롤 요청에 적시에 반응하지 못했습니다.
1054 0x041E	서비스용으로 스레드를 작성할 수 없습니다.
1055 0x041F	서비스 데이터베이스가 잠겼습니다.
1056 0x0420	서비스의 인스턴스가 이미 실행 중입니다.
1057 0x0421	계정 이름이 올바르지 않거나 존재하지 않습니다.
1058 0x0422	지정한 서비스가 실행 불능 상태이거나 시작할 수 없습니다.
1059 0x0423	원형 서비스 종속성이 지정되었습니다.
1060 0x0424	지정한 서비스가 설치되어 있지 않습니다.
1061 0x0425	지금 서비스에서 컨트롤 메시지를 받아들일 수 없습니다.
1062 0x0426	서비스가 시작되지 않았습니다.
1063 0x0427	서비스 프로세스를 서비스 컨트롤러에 연결할 수 없습니다.
1064 0x0428	서비스에서 컨트롤 요청을 처리할 때 오류가 발생했습니다.
1065 0x0429	지정한 데이터베이스가 존재하지 않습니다.
1066 0x042A	서비스에서 서비스 고유의 오류 코드를 돌려주었습니다.
1067 0x042B	프로세스가 예기치 않게 종료되었습니다.
1068 0x042C	종속성 서비스나 그룹을 시작할 수 없습니다.
1069 0x042D	로그온할 수 없으므로 서비스를 시작할 수 없습니다.
1070 0x042E	시작한 후 서비스가 시작 대기 상태에 걸려 있습니다.
1071 0x042F	지정한 서비스 데이터베이스 잠금이 올바르지 않습니다.
1072 0x0430	지정한 서비스가 삭제 표시되었습니다.
1073 0x0431	지정한 서비스가 이미 존재합니다.
1074 0x0432	시스템이 현재 가장 좋은 시스템 구성으로 실행 중입니다.
1075 0x0433	종속성 서비스가 존재하지 않거나 삭제 표시되었습니다.
1076 0x0434	현재 시동은 '마지막으로 인식된 양호한 컨트롤 세트'로 사용하도록 받아들여졌습니다.
1077 0x0435	지난 시동 이후로 서비스를 시작하려는 시도가 없었습니다.
1078 0x0436	그 이름이 서비스 이름이나 서비스 디스플레이 이름으로 이미 사용 중입니다.
1100 0x044C	테이프의 실제 끝에 도달했습니다.
1101 0x044D	테이프 액세스가 파일 표시에 도달했습니다.
1102 0x044E	테이프의 앞부분이나 분할 영역에 도달했습니다.

1103 0x044F 테이프 액세스가 파일 세트의 끝에 도달했습니다.
1104 0x0450 테이프에 더 이상의 데이터가 없습니다.
1105 0x0451 테이프를 분할할 수 없습니다.
1106 0x0452 다중 볼륨 분할 영역을 가진 새 테이프에 액세스할 때 현재 블록 크기가 올바르지 않습니다.
1107 0x0453 테이프를 로드할 때 테이프 분할 영역 정보를 찾을 수 없습니다.
1108 0x0454 매체를 꺼내는 메카니즘을 잠글 수 없습니다.
1109 0x0455 매체의 적재를 해제할 수 없습니다.
1110 0x0456 드라이브의 매체가 변경되었을지도 모릅니다.
1111 0x0457 I/O 버스가 재설정되었습니다.
1112 0x0458 드라이브에 매체가 없습니다.
1113 0x0459 대상 멀티바이트 코드페이지에 Unicode 문자의 매핑이 없습니다.
1114 0x045A 동적 연결 라이브러리 (DLL) 초기화 루틴이 실패했습니다.
1115 0x045B 시스템 종료 중입니다.
1116 0x045C 시스템 종료 중이 아니므로 시스템 종료를 취소할 수 없습니다.
1117 0x045D I/O 장치 오류때문에 요청을 처리할 수 없습니다.
1118 0x045E 초기화가 완료된 직렬 장치가 없습니다. 직렬 드라이버의 로드가 해제됩니다.
1119 0x045F 다른 장치들과 인터럽트 요청(IRQ)을 공유 중이던 장치를 열 수 없습니다. 그 IRQ를 사용하는 다른 장치가 이미 하나 이상 열려 있습니다.
1120 0x0460 직렬 포트에 씀으로써 직렬 I/O 연산이 완료되었습니다. (IOCTL_SERIAL_XOFF_COUNTER이 0에 도달했습니다.)
1121 0x0461 시간 초과 기간이 만료되어 직렬 I/O 연산이 완료되었습니다.
(IOCTL_SERIAL_XOFF_COUNTER이 0에 도달하지 않았습니다.)
1122 0x0462 플로피 디스크에서 ID 주소 표시를 찾을 수 없습니다.
1123 0x0463 플로피 섹터 ID 필드와 플로피 디스크 컨트롤러 트랙 주소가 일치하지 않습니다.
1124 0x0464 플로피 디스크 드라이버가 플로피 디스크 컨트롤러를 인식하지 못하는 오류가 보고되었습니다.
1125 0x0465 플로피 디스크 컨트롤러가 레지스터에 일관성이 없는 결과값을 돌려주었습니다.
1126 0x0466 하드디스크를 액세스하는 동안 위치 재조정 작업이 여러 번의 재시도에도 불구하고 실패하였습니다.
1127 0x0467 하드디스크를 액세스하는 동안 디스크 연산이 여러 번의 재시도에도 불구하고 실패하였습니다.
1128 0x0468 하드디스크를 액세스하는 동안 디스크 컨트롤러 재설정이 필요하였으나 실패하였습니다.

1129 0x0469	테이프의 실제 끝에 도달했습니다.
1130 0x046A	이 명령을 처리하는데 사용할 서버 저장 공간이 부족합니다.
1131 0x046B	잠재적 교착 조건이 검색되었습니다.
1132 0x046C	기본 주소나 지정된 파일 오프셋의 맞춤이 올바르지 않습니다.
1140 0x0474	다른 응용 프로그램이나 드라이버에서 시스템 전원 상태를 변경하지 못하게 했습니니다.
1141 0x0475	시스템 BIOS로 시스템 전원 상태를 변경하려고 했으나 실패했습니다.
1150 0x047E	지정한 프로그램에 새 버전의 Windows가 필요합니다.
1151 0x047F	지정한 프로그램이 Windows 또는 MS-DOS용 프로그램이 아닙니다.
1152 0x0480	지정한 프로그램의 인스턴스를 하나 이상 실행할 수 없습니다.
1153 0x0481	지정한 프로그램이 구 버전의 Windows에서 작성되었습니다.
1154 0x0482	이 응용 프로그램을 실행하는데 필요한 라이브러리 파일 중의 하나가 손상되었습니다.
1155 0x0483	지정한 파일로 이 작업을 할 수 있도록 연결된 프로그램이 없습니다.
1156 0x0484	응용 프로그램에 명령을 보내는 동안 오류가 발생했습니다.
1157 0x0485	이 응용 프로그램을 실행하는데 필요한 라이브러리 파일 중의 하나를 찾을 수 없습니다.
1200 0x04B0	지정한 장치 이름이 올바르지 않습니다.
1201 0x04B1	장치가 현재 연결되어 있지 않지만 연결을 기억하고 있습니다.
1202 0x04B2	이전에 기억된 적이 있는 장치를 기억하려고 했습니다.
1203 0x04B3	네트워크 공급자에서 네트워크 경로를 알 수 없습니다.
1204 0x04B4	지정한 네트워크 공급자 이름이 올바르지 않습니다.
1205 0x04B5	네트워크 연결 초기화 파일을 열 수 없습니다.
1206 0x04B6	네트워크 연결 초기화 파일이 손상되었습니다.
1207 0x04B7	컨테이너가 아닌 것을 이뉴머레이트할 수 없습니다.
1208 0x04B8	확장 오류가 발생했습니다.
1209 0x04B9	지정한 그룹 이름의 형식이 올바르지 않습니다.
1210 0x04BA	지정한 컴퓨터 이름의 형식이 올바르지 않습니다.
1211 0x04BB	지정한 사건 이름의 형식이 올바르지 않습니다.
1212 0x04BC	지정한 도메인 이름의 형식이 올바르지 않습니다.
1213 0x04BD	지정한 서비스 이름의 형식이 올바르지 않습니다.
1214 0x04BE	지정한 네트워크 이름의 형식이 올바르지 않습니다.
1215 0x04BF	지정한 공유 이름의 형식이 올바르지 않습니다.
1216 0x04C0	지정한 암호의 형식이 올바르지 않습니다.
1217 0x04C1	지정한 메시지 이름의 형식이 올바르지 않습니다.
1218 0x04C2	지정한 메시지 대상의 형식이 올바르지 않습니다.

1219 0x04C3 신용장이 기존의 신용장들과 충돌을 일으킵니다.
1220 0x04C4 네트워크 서버에 세션을 설정하려고 했으나 이미 그 서버에 너무 많은 세션이 설정되어 있습니다.
1221 0x04C5 워크그룹 또는 도메인 이름이 이미 네트워크상의 다른 컴퓨터에서 사용중입니다.
1222 0x04C6 네트워크가 없거나 시작되지 않았습니다.
1223 0x04C7 사용자가 작업을 취소했습니다.
1224 0x04C8 사용자 매핑 섹션이 열려 있는 파일에서 요청한 작업을 수행할 수 없습니다.
1225 0x04C9 원격 시스템에서 네트워크 연결을 거부했습니다.
1226 0x04CA 네트워크 연결이 닫혔습니다.
1227 0x04CB 네트워크 전송 끝점이 이미 그것과 연결된 주소를 갖고 있습니다.
1228 0x04CC 주소가 아직 네트워크 끝점과 연결되지 않았습니다.
1229 0x04CD 존재하지 않는 네트워크 연결에서 작업이 시도되었습니다.
1230 0x04CE 활성 네트워크 연결에서 잘못된 작업이 시도되었습니다.
1231 0x04CF 원격 네트워크에 전송할 수 없습니다.
1232 0x04D0 원격 시스템에 전송할 수 없습니다.
1233 0x04D1 원격 시스템에서 전송 프로토콜을 지원하지 않습니다.
1234 0x04D2 원격 시스템의 대상 네트워크 끝점에 실행중인 서비스가 없습니다.
1235 0x04D3 요청이 취소되었습니다.
1236 0x04D4 네트워크 연결이 지역 시스템에서 취소되었습니다.
1237 0x04D5 작업을 완료할 수 없습니다. 재시도하십시오.
1238 0x04D6 이 계정에 동시에 연결할 수 있는 개수의 한계를 초과했으므로 서버에 더 연결할 수 없습니다
1239 0x04D7 허용되지 않는 시간에 이 계정에 로그인 하려고 했습니다.
1240 0x04D8 이 국에서 그 계정에 로그인할 수 없습니다.
1241 0x04D9 네트워크 주소를 요청한 작업에 사용할 수 없습니다.
1242 0x04DA 서비스가 이미 등록되었습니다.
1243 0x04DB 지정한 서비스가 존재하지 않습니다.
1244 0x04DC 사용자에게 권한이 없으므로 요청한 작업을 수행할 수 없습니다.
1245 0x04DD 사용자가 네트워크에 로그온하지 않았으므로 요청한 작업을 할 수 없습니다. 지정한 서비스가 존재하지 않습니다.
1246 0x04DE 처리중인 작업을 계속하기 위해 호출기를 필요로 하는 것을 되돌립니다.
1247 0x04DF 초기화가 이미 완료되었을 때 초기화 작업을 수행하려고 했습니다.
1248 0x04E0 지역 장치가 더 이상 없습니다.
1300 0x0514 참조되는 모든 특권이 호출자에게 지정되어 있지는 않습니다.
1301 0x0515 계정 이름과 시스템 보안 ID간의 일부 매핑이 완료되지 않았습니다.

1302 0x0516 이 계정에 특정하게 설정되어 있는 시스템 할당량 제한이 없습니다.
1303 0x0517 사용 가능한 암호화 키가 없습니다. 잘 알려진 암호화 키가 리턴되었습니다.
1304 0x0518 NT 암호가 너무 복잡하여 LAN Manager 암호로 변환할 수 없습니다. 리턴된 LAN Manager 암호가 NULL 문자열입니다.
1305 0x0519 수정 수준을 알 수 없습니다.
1306 0x051A 두 수정 수준이 호환되지 않습니다.
1307 0x051B 이 시스템 보안 ID가 이 개체의 소유자로서 지정되지 않을지도 모릅니다.
1308 0x051C 이 시스템 보안 ID가 개체의 주 그룹으로서 지정되지 않을지도 모릅니다.
1309 0x051D 현재 클라이언트를 의인화하고 있지 않은 스레드를 이용하여 의인화 토큰 방식으로 작업하려고 했습니다.
1310 0x051E 그룹을 사용할 수 없을지도 모릅니다.
1311 0x051F 로그온 요청을 처리하는 데 사용할 수 있는 로그온 서버가 현재 없습니다.
1312 0x0520 지정한 로그온 세션이 존재하지 않습니다. 이미 종료되었을지도 모릅니다.
1313 0x0521 지정한 특권이 존재하지 않습니다.
1314 0x0522 요청한 특권을 클라이언트가 갖고 있지 않습니다.
1315 0x0523 제공한 이름이 올바르게 형성된 계정 이름이 아닙니다.
1316 0x0524 지정한 사용자가 이미 존재합니다.
1317 0x0525 지정한 사용자가 존재하지 않습니다.
1318 0x0526 지정한 그룹이 이미 존재합니다.
1319 0x0527 지정한 그룹이 존재하지 않습니다.
1320 0x0528 지정한 사용자 계정이 이미 지정한 그룹의 구성원이거나, 지정한 그룹에 구성원이 있어서 삭제할 수 없습니다.
1321 0x0529 지정한 사용자 계정이 지정한 그룹 계정의 구성원이 아닙니다.
1322 0x052A 마지막 남은 관리 계정을 사용 불능 상태로 하거나 삭제할 수 없습니다.
1323 0x052B 암호를 업데이트할 수 없습니다. 현재 암호로 제공된 값이 올바르지 않습니다.
1324 0x052C 암호를 업데이트할 수 없습니다. 새 암호로 제공된 값이 암호에 사용할 수 없는 문자를 포함합니다.
1325 0x052D 암호 업데이트 규칙을 위반했으므로 암호를 업데이트할 수 없습니다.
1326 0x052E 로그온할 수 없음: 사용자 이름을 알 수 없거나 암호가 틀립니다.
1327 0x052F 로그온할 수 없음: 사용자 계정 한계.
1328 0x0530 로그온할 수 없음: 계정 로그온 시간 한계 위반
1329 0x0531 로그온할 수 없음: 이 컴퓨터에 로그온할 수 없는 사용자입니다.
1330 0x0532 로그온할 수 없음: 지정한 계정 암호 사용 기간이 만료되었습니다.
1331 0x0533 로그온할 수 없음: 계정이 현재 사용할 수 없는 상태입니다.
1332 0x0534 계정 이름과 시스템 보안 ID간에 매핑이 되지 않았습니다.

1333 0x0535 한번에 너무 많은 지역 사용자 식별자(LUID)를 요청했습니다.
1334 0x0536 사용 가능한 지역 사용자 식별자(LUID)가 더 이상 없습니다.
1335 0x0537 시스템 보안 ID의 부인증 부분이 이 특별 사용에 적합하지 않습니다.
1336 0x0538 액세스 컨트롤 목록(ACL) 구조가 올바르지 않습니다.
1337 0x0539 시스템 보안 ID 구조가 올바르지 않습니다.
1338 0x053A 시스템 보안 기술자 구조가 올바르지 않습니다.
1340 0x053C 상속된 액세스 컨트롤 목록(ACL)이나 액세스 컨트롤 항목(ACE)를 작성할 수 없습니다.
1341 0x053D 서버가 현재 사용불능 상태입니다.
1342 0x053E 서버가 현재 사용가능 상태입니다.
1343 0x053F 제공된 값이 식별자 인증에 부적합합니다.
1344 0x0540 시스템 보안 정보의 업데이트에 필요한 메모리가 더 이상 없습니다.
1345 0x0541 지정한 속성이 올바르지 않거나 전체적으로 그룹의 속성과 호환되지 않습니다.
1346 0x0542 의인화 수준이 올바르지 않거나 제공한 내용이 올바르지 않습니다.
1347 0x0543 익명 수준의 시스템 보안 토큰을 열 수 없습니다.
1348 0x0544 요청한 확인 정보 클래스가 올바르지 않습니다.
1349 0x0545 토큰의 종류가 사용 목적에 부적합합니다.
1350 0x0546 연결된 시스템 보안이 없는 개체에서 시스템 보안 작업을 수행할 수 없습니다.
1351 0x0547 Windows NT 서버에 연락할 수 없거나 도메인 내의 개체가 필요한 정보를 검색당하지 않도록 보호되고 있습니다.
1352 0x0548 시스템 보안 계정 관리자(SAM)나 지역 시스템 보안 권한(LSA) 서버가 시스템 보안 작업을 수행하기에 부적절한 상태에 있습니다.
1353 0x0549 시스템 보안 작업을 수행하기에 도메인의 상태가 부적절합니다.
1354 0x054A 이 작업은 도메인의 주 도메인 컨트롤러에서만 할 수 있습니다.
1355 0x054B 지정한 도메인이 존재하지 않습니다.
1356 0x054C 지정한 도메인이 이미 존재합니다.
1357 0x054D 서버 당 도메인 수의 한계를 초과하려고 했습니다.
1358 0x054E 심각한 매체 오류나 디스크상의 데이터 구조 손상때문에 요청한 작업을 완료할 수 없습니다.
1359 0x054F 시스템 보안 계정 데이터베이스에 내부적인 불일치가 있습니다.
1360 0x0550 일반 액세스 종류가 이미 비일반 종류에 매핑되어야 하는 액세스 마스크에 포함되어 있습니다.
1361 0x0551 시스템 보안 기술자의 형식이 올바르지 않습니다(절대적 또는 자기 상대적).
1362 0x0552 요청한 작업을 로그온 과정에서만 수행할 수 있습니다. 호출 과정이 로그

온 과정으로 등록되지 않았습니다.

1363 0x0553 이미 사용중인 ID로 새 로그온 세션을 시작할 수 없습니다.
1364 0x0554 지정한 인증 패키지를 알 수 없습니다.
1365 0x0555 로그온 세션이 요청한 작업과 일치하는 상태에 있지 않습니다.
1366 0x0556 로그온 세션 ID가 이미 사용 중입니다.
1367 0x0557 로그온 요청에 잘못된 로그온 유형 값이 있습니다.
1368 0x0558 파이프에서 데이터를 읽기 전까지 이름 파이프를 통해 의인화가 불가능합니다.
1369 0x0559 레지스트리 하위 트리의 트랜잭션 상태가 요청한 작업과 호환되지 않습니다.
1370 0x055A 내부 시스템 보안 데이터베이스가 손상되었습니다.
1371 0x055B 제공된 계정에서 이 작업을 수행할 수 없습니다.
1372 0x055C 제공된 특별 그룹에서 이 작업을 수행할 수 없습니다.
1373 0x055D 제공된 특별 사용자에서 이 작업을 수행할 수 없습니다.
1374 0x055E 그룹이 현재 사용자의 주 그룹이므로 그룹에서 사용자를 제거할 수 없습니다.
1375 0x055F 기본 토큰에서 이미 이 토큰을 사용 중입니다.
1376 0x0560 지정한 지역 그룹이 존재하지 않습니다.
1377 0x0561 지정한 계정 이름이 지역 그룹의 구성원이 아닙니다.
1378 0x0562 지정한 계정 이름이 이미 지역 그룹의 구성원입니다.
1379 0x0563 지정한 지역 그룹이 이미 존재합니다.
1380 0x0564 로그온할 수 없음: 사용자가 이 컴퓨터에서 요청한 로그온 유형을 받지 못했습니다.
1381 0x0565 단일 시스템에 저장할 수 있는 기밀의 최대 개수를 초과했습니다.
1382 0x0566 기밀의 길이가 허용되는 최대 길이를 초과했습니다.
1383 0x0567 지역 시스템 보안 권한 데이터베이스에 내부 불일치가 있습니다.
1384 0x0568 로그온하려는 동안 사용자의 시스템 보안 환경에 너무 많은 시스템 보안 ID가 쌓였습니다.
1385 0x0569 로그온할 수 없음: 사용자가 이 컴퓨터에서 요청한 로그온 종류를 받지 못했습니다.
1386 0x056A 사용자 암호를 변경하는데 교차 암호화된 암호가 필요합니다.
1387 0x056B 구성원이 존재하지 않으므로 새 구성원을 지역 그룹에 없습니다.
1388 0x056C 구성원이 잘못된 계정 종류를 가지므로 지역 그룹에 추가할 수 없습니다.
1389 0x056D 너무 많은 시스템 보안 ID가 지정되었습니다.
1390 0x056E 이 사용자 암호를 변경하려면 교차 암호화된 암호가 필요합니다.
1391 0x056F ACL에 상속 가능한 구성요소가 없습니다.
1392 0x0570 파일이나 디렉터리가 손상되었으므로 읽을 수 없습니다.

1393 0x0571 디스크 구조가 손상되었으므로 읽을 수 없습니다.
1394 0x0572 지정한 로그온 세션에 사용자 세션 키가 없습니다.
1395 0x0573 액세스 중인 서비스는 특정 수의 연결에만 사용할 수 있습니다. 서비스에서 허용하는 연결 수에 이미 도달했으므로 더 이상 연결할 수 없습니다.
1400 0x0578 잘못된 창 핸들입니다.
1401 0x0579 잘못된 메뉴 핸들입니다.
1402 0x057A 잘못된 커서 핸들입니다.
1403 0x057B 잘못된 바로 가는 키 표 핸들입니다.
1404 0x057C 잘못된 후크 핸들입니다.
1405 0x057D 다중 창 위치 구조에 부적합한 핸들입니다.
1406 0x057E 최상위 수준의 하위 창을 작성할 수 없습니다.
1407 0x057F 창 클래스를 찾을 수 없습니다.
1408 0x0580 다른 스레드에 속한 잘못된 창입니다.
1409 0x0581 바로 가는 키가 이미 등록되었습니다.
1410 0x0582 이미 존재하는 클래스입니다.
1411 0x0583 존재하지 않는 클래스입니다.
1412 0x0584 클래스에 여전이 열려 있는 창이 있습니다.
1413 0x0585 잘못된 색인입니다.
1414 0x0586 잘못된 아이콘 핸들입니다.
1415 0x0587 개인 DIALOG 창 단어를 이용 중입니다.
1416 0x0588 목록 식별자를 찾을 수 없습니다.
1417 0x0589 대표 문자를 찾을 수 없습니다.
1418 0x058A 스레드에 열려 있는 클립보드가 없습니다.
1419 0x058B 바로 가는 키가 등록되어 있지 않습니다.
1420 0x058C 올바른 대화 창이 아닙니다.
1421 0x058D 컨트롤 ID를 찾을 수 없습니다.
1422 0x058E 편집 컨트롤 기능이 없으므로 명령 실행 상자에 부적절한 메시지입니다.
1423 0x058F 창이 명령 실행 상자가 아닙니다.
1424 0x0590 높이가 256보다 작아야 합니다.
1425 0x0591 잘못된 장치 환경 (DC) 핸들입니다.
1426 0x0592 잘못된 후크 프로시저 종류입니다.
1427 0x0593 잘못된 후크 프로시져입니다.
1428 0x0594 모듈 핸들 없이 지역 후크가 아닌 후크를 설정할 수 없습니다.
1429 0x0595 이 후크 프로시저는 전역으로만 설정가능합니다.
1430 0x0596 저널 후크 프로시저가 이미 설치되었습니다.
1431 0x0597 후크 프로시저가 설치되어 있지 않습니다.

1432 0x0598 단일 선택 목록에 부적합한 메시지입니다.
1433 0x0599 LB_SETCOUNT가 비지연 목록에 전송되었습니다.
1434 0x059A 이 목록에서는 탭 정지를 지원하지 않습니다.
1435 0x059B 다른 스레드에서 작성한 개체를 삭제할 수 없습니다.
1436 0x059C 하위 창에서 메뉴를 가질 수 없습니다.
1437 0x059D 창에 시스템 메뉴를 가질 수 없습니다.
1438 0x059E 잘못된 메시지 상자 유형입니다.
1439 0x059F 잘못된 시스템 범위의 (SPI_*) 매개 변수입니다.
1440 0x05A0 화면이 이미 잠겨졌습니다.
1441 0x05A1 다중 창 위치 구조에서 창의 모든 핸들은 같은 상위 핸들을 가져야 합니다.
1442 0x05A2 하위 창이 아닙니다.
1443 0x05A3 잘못된 GW_* 명령입니다.
1444 0x05A4 잘못된 스레드 식별자입니다.
1445 0x05A5 다중 문서 인터페이스(MDI) 창이 아닌 창으로부터 메시지를 처리할 수 없습니다.
1446 0x05A6 돌출 메뉴가 이미 실행중입니다.
1447 0x05A7 창에 스크롤 막대가 없습니다.
1448 0x05A8 스크롤 막대 범위는 0x7FFF보다 클 수 없습니다.
1449 0x05A9 지정한 방식으로 창을 표시하거나 제거할 수 없습니다.
1450 0x05AA 시스템 리소스가 부족하여 요청한 서비스를 완료할 수 없습니다.
1451 0x05AB 시스템 리소스가 부족하여 요청한 서비스를 완료할 수 없습니다.
1452 0x05AC 시스템 리소스가 부족하여 요청한 서비스를 완료할 수 없습니다.
1453 0x05AD 할당된 리소스가 부족하여 요청한 서비스를 완료할 수 없습니다.
1454 0x05AE 할당된 리소스가 부족하여 요청한 서비스를 완료할 수 없습니다.
1455 0x05AF 페이징 파일이 너무 작아서 이 작업을 완료할 수 없습니다.
1456 0x05B0 메뉴 항목을 찾을 수 없습니다.
1500 0x05DC 이벤트 로그 파일이 손상되었습니다.
1501 0x05DD 열 수 있는 이벤트 로그 파일이 없으므로 사건 기록 서비스를 실행할 수 없습니다.
1502 0x05DE 이벤트 로그 파일이 가득 찼습니다.
1503 0x05DF 이벤트 로그 파일이 읽는 동안 변경되었습니다.
1700 0x06A4 문자열 바인딩이 올바르지 않습니다.
1701 0x06A5 바인딩 핸들의 종류가 올바르지 않습니다.
1702 0x06A6 바인딩 핸들이 올바르지 않습니다.
1703 0x06A7 RPC 프로토콜 시퀀스가 지원되지 않습니다.
1704 0x06A8 RPC 프로토콜 시퀀스가 올바르지 않습니다.

1705 0x06A9 문자열의 범용 유일 식별자(UUID)가 올바르지 않습니다.
1706 0x06AA 끝점 형식이 올바르지 않습니다.
1707 0x06AB 네트워크 주소가 올바르지 않습니다.
1708 0x06AC 끝점을 찾을 수 없습니다.
1709 0x06AD 시간 초과 값이 올바르지 않습니다.
1710 0x06AE 개체의 범용 유일 식별자(UUID)를 찾을 수 없습니다.
1711 0x06AF 개체의 범용 유일 식별자(UUID)가 이미 등록되었습니다.
1712 0x06B0 유형의 범용 유일 식별자(UUID)가 이미 등록되었습니다.
1713 0x06B1 RPC 서버가 이미 듣고 있습니다.
1714 0x06B2 등록된 프로토콜 시퀀스가 없습니다.
1715 0x06B3 RPC 서버가 듣고 있지 않습니다.
1716 0x06B4 관리자 유형을 알 수 없습니다.
1717 0x06B5 인터페이스를 알 수 없습니다.
1718 0x06B6 바인딩이 없습니다.
1719 0x06B7 프로토콜 시퀀스가 없습니다.
1720 0x06B8 끝점을 작성할 수 없습니다.
1721 0x06B9 이 작업을 완료하는 데 사용할 리소스가 부족합니다.
1722 0x06BA RPC 서버를 사용할 수 없습니다.
1723 0x06BB RPC 서버가 너무 바빠서 이 작업을 완료할 수 없습니다.
1724 0x06BC 네트워크 옵션이 올바르지 않습니다.
1725 0x06BD 이 스레드에 활성 상태의 원격 프로시저 호출이 없습니다.
1726 0x06BE 원격 프로시저 호출을 할 수 없습니다.
1727 0x06BF 원격 프로시저 호출을 할 수 없으므로 실행되지 않았습니다.
1728 0x06C0 원격 프로시저 호출(RPC) 프로토콜 오류가 발생했습니다.
1730 0x06C2 RPC 서버에서 지원하지 않는 전송 구문입니다.
1732 0x06C4 지원되지 않는 범용 유일 식별자(UUID) 종류입니다.
1733 0x06C5 태그가 올바르지 않습니다.
1734 0x06C6 배열 한계 값이 올바르지 않습니다.
1735 0x06C7 바인딩에 항목 이름이 없습니다.
1736 0x06C8 이름 구문이 올바르지 않습니다.
1737 0x06C9 지원되지 않는 이름 구문입니다.
1739 0x06CB 범용 유일 식별자(UUID)를 작성하는 데 사용할 수 있는 네트워크 주소가 없습니다.
1740 0x06CC 끝점이 중복되었습니다.
1741 0x06CD 알 수 없는 인증 유형입니다.
1742 0x06CE 호출의 최대 횟수가 너무 작습니다.

1743 0x06CF 문자열이 너무 깁니다.
1744 0x06D0 RPC 프로토콜 시퀀스를 찾을 수 없습니다.
1745 0x06D1 프로시저 개수가 범위를 벗어났습니다.
1746 0x06D2 바인딩에 인증 정보가 없습니다.
1747 0x06D3 알 수 없는 인증 서비스입니다.
1748 0x06D4 인증 수준을 알 수 없습니다.
1749 0x06D5 시스템 보안 환경이 올바르지 않습니다.
1750 0x06D6 알 수 없는 인증 서비스입니다.
1751 0x06D7 항목이 올바르지 않습니다.
1752 0x06D8 서버의 끝점에서 작업을 수행할 수 없습니다.
1753 0x06D9 끝점 매퍼에서 사용 가능한 더 이상의 끝점이 없습니다.
1754 0x06DA 저장된 인터페이스가 없습니다.
1755 0x06DB 항목 이름이 불완전합니다.
1756 0x06DC 버전 옵션이 올바르지 않습니다.
1757 0x06DD 더 이상의 구성원이 없습니다.
1758 0x06DE 저장을 해제할 대상이 없습니다.
1759 0x06DF 인터페이스를 찾을 수 없습니다.
1760 0x06E0 항목이 이미 존재합니다.
1761 0x06E1 항목을 찾을 수 없습니다.
1762 0x06E2 이름 서비스를 사용할 수 없습니다.
1763 0x06E3 네트워크 주소 패밀리가 올바르지 않습니다.
1764 0x06E4 요청한 작업이 지원되지 않습니다.
1765 0x06E5 의인화하는데 시스템 보안 환경을 사용할 수 없습니다.
1766 0x06E6 원격 프로시저 호출(RPC)에서 내부 오류가 발생했습니다.
1767 0x06E7 RPC 서버에서 정수를 0으로 나누려고 했습니다.
1768 0x06E8 RPC 서버에서 주소 지정 오류가 발생했습니다.
1769 0x06E9 RPC 서버에서 0으로 나누는 부동 소수점 연산이 있었습니다.
1770 0x06EA RPC 서버에서 부동 소수점 언더플로가 발생했습니다.
1771 0x06EB RPC 서버에서 부동 소수점 오버플로가 발생했습니다.
1772 0x06EC 자동 핸들의 바인딩에 사용할 수 있는 RPC 서버 목록을 다 써버렸습니다.
1773 0x06ED 문자 번역표 파일을 열 수 없습니다.
1774 0x06EE 문자 번역표가 수록되어 있는 파일의 바이트 수가 512보다 적습니다.
1775 0x06EF 원격 프로시저 호출동안 클라이언트로부터 호스트로 널 컨텍스트 핸들이 전달되었습니다. 1777 0x06F1 원격 프로시저 호출동안 컨텍스트 핸들이 변경되었습니다.
1778 0x06F2 원격 프로시저 호출로 전달된 바인딩 핸들이 일치하지 않습니다.

1779 0x06F3 스터브에서 원격 프로시저 호출 핸들을 가져올 수 없습니다.
1772 0x06F4 널 참조 포인터가 스터브에 전달되었습니다.
1781 0x06F5 정리 값이 범위를 벗어났습니다.
1782 0x06F6 바이트 수가 너무 작습니다.
1783 0x06F7 스터브에 불량 데이터가 수신되었습니다.
1784 0x06F8 공급된 사용자 버퍼가 요청한 작업에 부적합합니다.
1785 0x06F9 디스크 매체를 인식할 수 없습니다. 포맷되지 않은 것같습니다.
1786 0x06FA 워크스테이션에 신뢰성 있는 기밀이 없습니다.
1787 0x06FB Windows NT Server의 SAM 데이터베이스에 이 워크스테이션의 신뢰성 있는 관계를 위한 컴퓨터 계정이 없습니다.
1788 0x06FC 주 도메인과 신뢰성 있는 도메인 간에 신뢰성 있는 관계를 설정할 수 없습니다.
1789 0x06FD 이 워크스테이션과 주 도메인 간에 신뢰성 있는 관계를 가질 수 없습니다.
1790 0x06FE 네트워크 로그인 할 수 없습니다.
1791 0x06FF 이 스레드에 대한 원격 프로시저 호출이 이미 진행주입니다.
1792 0x0700 로그온을 시도했지만 네트워크 로그온 서비스가 시작하지 않았습니다.
1793 0x0701 사용자의 계정이 만료되었습니다.
1794 0x0702 네트워크 재지정이 사용 중이므로 해제할 수 없습니다.
1795 0x0703 지정한 프린터 드라이버가 이미 설치되었습니다.
1796 0x0704 지정한 포트는 알 수 없는 포트입니다.
1797 0x0705 알려지지 않은 프린터 드라이버입니다.
1798 0x0706 인쇄 프로세서가 알 수 없는 것입니다.
1799 0x0707 지정한 분리자 파일이 잘못되었습니다.
1800 0x0708 지정한 우선순위가 잘못되었습니다.
1801 0x0709 프린터 이름이 잘못되었습니다.
1802 0x070A 프린터가 이미 존재합니다.
1803 0x070B 프린터 명령이 잘못되었습니다.
1804 0x070C 지정한 데이터 형식이 잘못되었습니다.
1805 0x070D 지정한 환경이 잘못되었습니다.
1806 0x070E 바인딩이 더 이상 없습니다.
1807 0x070F 사용된 계정이 도메인 상호 신탁 계정입니다. 전역 사용자 계정이나 지역 사용자 계정을 사용해서 서버에 액세스하십시오.
1808 0x0710 사용한 계정이 컴퓨터 계정입니다. 전역 사용자 계정이나 지역 사용자 계정을 사용하여 서버에 액세스하십시오.
1809 0x0711 사용한 계정이 서버 신탁 계정입니다. 전역 사용자 계정이나 지역 사용자 계정을 사용하여 서버에 액세스하십시오.

1810 0x0712 지정한 도메인의 이름이나 시스템 보안 ID (SID)가 해당 도메인의 신탁 정보와 일치하지 않습니다.
1811 0x0713 서버가 사용 중이며 언로드할 수 없습니다.
1812 0x0714 지정한 이미지 파일에 리소스 영역이 없습니다.
1813 0x0715 지정한 리소스 형식을 이미지 파일에서 찾을 수 없습니다.
1814 0x0716 지정한 리소스 이름을 이미지 파일에서 찾을 수 없습니다.
1815 0x0717 지정한 리소스 언어 ID를 이미지 파일에서 찾을 수 없습니다.
1816 0x0718 할당된 리소스가 부족하여 이 명령을 처리할 수 없습니다.
1817 0x0719 등록된 인터페이스가 없습니다.
1818 0x071A 호출을 처리하는 과정에서 서버가 수정되었습니다.
1819 0x071B 바인딩 핸들에 필요한 정보 중 일부가 없습니다.
1820 0x071C 통신 오류.
1821 0x071D 요청한 인증 단계가 지원되지 않습니다.
1822 0x071E 주요 이름이 등록되지 않았습니다.
1823 0x071F 지정한 오류는 올바른 Windows RPC 오류 코드가 아닙니다.
1824 0x0720 이 컴퓨터에서만 유효한 UUID가 할당되었습니다.
1825 0x0721 보안 패키지 특정 오류가 발생했습니다.
1826 0x0722 스레드가 취소되지 않았습니다.
1827 0x0723 인코딩/디코딩 핸들에서 잘못된 작동이 발생했습니다.
1828 0x0724 일련의 순차적인 패키지 중 호환되지 않는 버전입니다.
1829 0x0725 RPC 중 호환되지 않는 버전입니다.
1898 0x076A 그룹 멤버를 찾을 수 없습니다.
1899 0x076B 엔드포인트 매퍼 데이터베이스를 작성할 수 없습니다.
1900 0x076C 개체 일반 고유 식별자(UUID)에 아무런 값이 없습니다.
1901 0x076D 지정한 시간이 잘못되었습니다.
1902 0x076E 지정한 폼 이름이 잘못되었습니다.
1903 0x076F 지정한 폼 크기가 잘못되었습니다.
1904 0x0770 지정한 프린터 핸들이 이미 대기중입니다.
1905 0x0771 지정한 프린터가 삭제되었습니다.
1906 0x0772 프린터의 상태가 올바르지 않습니다.
1907 0x0773 최초로 로그온하기 전에 사용자 암호를 바꾸어야 합니다.
1908 0x0774 이 도메인에 대한 도메인 컨트롤러를 찾을 수 없습니다.
1909 0x0775 참조 계정이 현재 잠겨 있어서 로그온할 수 없습니다.
2000 0x07D0 픽셀 포맷이 올바르지 않습니다.
2001 0x07D1 지정한 드라이버가 올바르지 않습니다.
2002 0x07D2 창 모양 또는 클래스 속성이 이 작업에 올바르지 않습니다.

2003	0x07D3	요청한 메타파일 작업은 지원하지 않습니다.
2004	0x07D4	요청한 변환작업은 지원하지 않습니다.
2005	0x07D5	요청한 자르기 작업은 지원하지 않습니다.
2202	0x089A	지정한 사용자 이름이 올바르지 않습니다.
2250	0x08CA	네트워크 연결이 없습니다.
2401	0x0961	네트워크 연결에 열려 있는 파일이 있거나 처리되지 않은 요청이 있습니다.
2402	0x0962	사용중인 연결이 아직 있습니다.
2404	0x0964	장치가 활성 프로세서에서 사용 중이며 연결 해제할 수 없습니다.
3000	0x0BB8	지정한 인쇄 모니터를 알 수 없습니다.
3001	0x0BB9	지정한 프린터 드라이버가 현재 사용중입니다.
3002	0x0BBA	스풀 파일을 찾을 수 없습니다.
3003	0x0BBB	StartDocPrinter 호출이 사용되지 않았습니다.
3004	0x0BBC	AddJob 호출이 사용되지 않았습니다.
3005	0x0BBD	지정한 인쇄 프로세서가 이미 설치되었습니다.
3006	0x0BBE	지정한 인쇄 모니터가 이미 설치되었습니다.
4000	0x0FA0	명령을 처리하는 동안에 WINS에서 오류가 발생했습니다.
4001	0x0FA1	지역 WINS를 삭제할 수 없습니다.
4002	0x0FA2	파일로부터 들여오기 작업이 실패했습니다.
4003	0x0FA3	백업을 실패했습니다. 이전에 전체 백업을 하셨습니까?
4004	0x0FA4	백업을 실패했습니다. 데이터베이스를 백업한 디렉터리를 확인해 보십시오.
4005	0x0FA5	WINS 데이터베이스에 이 이름이 없습니다.
4006	0x0FA6	구성되지 않은 파트너를 갖는 이중화는 사용할 수 없습니다.
6118	0x17E6	이 작업 그룹의 서버 목록을 현재 사용할 수 없습니다.